U0861776

要把发展职业教育放在更加突出的位置，使教育真正成为面向全社会的教育，这是一项重大变革和历史任务。

——温家宝

全国教育科学“十一五”规划教育部重点课题研究成果

30年重大变革

——中国1979—2008年职业教育要事概录

下卷

主编 杨金土

副主编 翟海魂 刁哲军 张志增

教育科学出版社

·北京·

第四篇

高等职业教育

第一章 综 合

第一节 法规、方针和政策

DAA001－19850527

党中央决定积极发展高等职业技术院校

1985年5月27日发布的《中共中央关于教育体制改革的决定》指出："高中毕业生一部分升入普通大学，一部分接受高等职业技术教育。""积极发展高等职业技术院校，优先对口招收中等职业技术学校毕业生以及有本专业实践经验、成绩合格的在职人员入学，逐步建立起一个从初级到高级、行业配套、结构合理又能与普通教育相互沟通的职业技术教育体系。"

DAA002－19861215

国务院规定高专、高职院校设置标准

1986年12月15日，国务院发布《普通高等学校设置暂行条例》，其中第二章"设置标准"规定，高等专科学校及高等职业学校在建校招生时，各门公共必修课程和专业基础必修课程，至少应当分别配备具有讲师职务以上的专任教师二人；各门主要专业课程至少应当分别配备具有讲师职务以上的专任教师一人。具有副教授职务以上的专任教师人数，应当不低于本校专任教师总数的5%。高等专科学校的兼职教师人数，应当不超过本校专任教师的三分之一；高等职业学校的兼职教师，应当不超过本校专任教师的二分之一。高等专科学校及高等职业学校的适用图书，文科、政法、财经学校应当不少于五万册；理、工、农、医学校应当不少于四万册。并应当按照专业性质、学生人数分别配置必需的仪器、设备、标本、模型。理、工、农院校应当有必需的教学实习工厂或农（林）场和固定的生产实习基地。

DAA003 – 19910513

何东昌为中国高等职业技术教育研究会题词

1991 年 5 月 13 – 18 日，中国高等职业技术教育研究会第二届第三次理事会暨高等职业技术教育理论与实践研讨会在天津职业大学召开。国家教委党组书记、副主任何东昌为会议题词：“立足中国的国情，面向高水平的经济、技术发展，培养有社会主义觉悟的有文化的高级技艺型人才。”

DAA004 – 19930213

国家重申要积极发展高等职业教育

1993 年 2 月 13 日，中共中央、国务院印发的《中国教育改革和发展纲要》指出：“各地要积极发展多样化的高中后教育……要大力加强和发展地区性的专科教育。”1994 年 6 月 14 日，全国教育工作会议召开，江泽民在讲话中指出：“要大力发展各种层次的职业教育和成人教育。”李鹏在报告中提出：“适当发展高等专科教育和高等职业教育……今后一个时期，适当扩大规模的重点是高等专科教育和高等职业教育。”“高中后的分流，即高中毕业生除进入普通高等学校外，都能逐步接受多种形式的职业培训或进入高等职业学校。”国务院副总理李岚清强调指出：“大力发展职业教育和成人教育，这是这次会议所研究解决的一个重大课题。”“高中后的分流要多样化，培养更多的工艺型、应用型人才。”国家教委主任朱开轩提出：“要按照小学后、初中后、高中后‘三级分流’的办学方针，大力发展职业教育和成人教育。”“高等教育规模扩展的重点是高等专科教育和高等职业教育。”

DAA005 – 19940617

国家提出发展高等职业教育的“三改一补”方针

1994 年 6 月 17 日，国务院副总理李岚清在全国教育工作会议上的讲话中指出：“发展高等职业学校，主要走现有职业大学、成人高校和部分高等专科学校调整专业方向及培养目标，改建、合并和联办的路子。”1994 年 7 月 3 日发布的《国务院关于〈中国教育改革和发展纲要〉的实施意见》提出：“通过改革现有高等专科学校、职业大学和成人高校以及举办灵活多样的高等职业班等途径，积极发展高等职业教育。”1996 年 6 月 17 日，国家教委主任朱开轩在全国职业教育工作会议上的报告中作如下表述：“发展高等职业教育要与高等教育的结构调整相结合，充分利用现有教育资源，主要通过现有职业大学、部分专科学校、独立设置的成人高校改革办学模式、调整专业方向和培养目标来促进高等职业教育的发展。特别要积极鼓励专科办高职的探索与试点。在仍不能满足需要时，经批准可利用少数具备条件的国家级重点中专举办高职班或转制等方式作为补充。”即通过以改建、改制、改革现有部分高校为主和以少量重点中专学校举办高职班作补充的途径发展高等职业教育。

DAA006－19960515

国家确立高职教育的法律地位

1996 年 5 月 15 日颁布的《中华人民共和国职业教育法》第十二条规定：国家“建立、健全职业学校教育与职业培训并举，并与其他教育相互沟通、协调发展的职业教育体系”。第十三条规定：“职业学校教育分为初等、中等、高等职业学校教育。”“高等职业学校教育根据需要和条件由高等职业学校实施，或者由普通高等学校实施。”这是我国高等职业教育、高等职业学校教育和高等职业学校的社会地位第一次以法律的形式被确立，其中“高等职业学校”与“普通高等学校”相对应。1998 年 8 月 29 日颁布的《中华人民共和国高等教育法》第二条规定：“本法所称高等教育，是指在完成高级中等教育基础上实施的教育。”第六十八条规定：“本法所称高等学校是指大学、独立设置的学院和高等专科学校，其中包括高等职业学校和成人高等学校。”进一步确立了高等职业教育在高等教育系列中以及高等职业学校在高等学校系列中的法律地位。

DAA007－19960617

国家教委提出发展高等职业教育的“24 字”原则

1996 年 6 月 17 日，国家教委主任朱开轩在全国职业教育工作会议上所作的《大力推进依法治教为实现跨世纪发展职业教育的目标而奋斗》报告中提出：“我国高等职业教育尚处在起步阶段，为适应科技进步与经济和社会发展的需要，要按照统筹规划、合理布局、面向基层、办出特色、积极试点、逐步规范的原则积极发展高等职业教育。”关于高等职业教育特色，朱开轩指出：“从我国的国情出发，高等职业教育主要培养高中后接受两年左右学校教育的实用型、技能型人才，优先满足基层第一线和农村地区对高等实用人才的需要。”有关“积极试点”的问题，朱开轩提出：“国家教委将部署在几个省市就高等职业教育的招生对象、办学形式、培养方式等方面先行试点，积累经验，逐步推广。”

DAA008 – 19960900

李岚清指示要防止刮起新建高职风

1996 年 9 月和 10 月，国家教委两次向国务院副总理李岚清递交了关于高等职业教育的汇报。汇报中提出高等职业教育的基本特点体现在培养目标和培养模式上，它的培养目标是在生产、服务、管理第一线从事技术工作和运行管理工作的高层次实用人才。李岚清肯定了汇报内容，指出："发展高职有两方面需求，首先是高教改革，其次是各行各业需要。发展高职千万不要刮起新建高职之风，主要在现有高校、职业学校基础上发展，名称赞成叫职业技术学院。"

DAA009 – 19970925

国家教委进一步规范高职院校的设置标准

1997 年 9 月 25 日，国家教委印发《关于高等职业学校设置问题的几点意见》，对于高等职业学校的设置，除具备《普通高等学校设置暂行条例》规定的有关标准外，还对校长人选、首次招生专业数、专任教师结构、教学仪器设备总值、实践教学课时比例、实验和实训课开出率、实践活动基地、全日制在校生规模、院校名称以及申报和审批程序等方面提出具体要求。

DAA010 – 19980316

有关部委对高职教育发展的要求进一步具体化

1998 年 3 月 16 日，国家教委、国家经贸委和劳动部联合印发的《关于实施〈职业教育法〉加快发展职业教育的若干意见》指出，高等职业教育是高等教育的组成部分。要根据需要，积极地、有步骤地发展高等职业教育。发展高等职业教育，要坚持统筹规划、合理布局、面向基层、办出特色、积极试点、逐步规范的原则。要充分利用现有的教育资源，主要通过对现有高等专科学校、职业大学、独立设置的成人高校改革办学模式、调整专业方向和培养目标以及改组、改制来发展高等职业学校教育。在尚不能满足对高职人才的需求时，根据地方和行业的需求以及学校的办学条件，经国家教委审批，可以利用重点中专学校举办高职班或转制来补充。今后，国家每年新增的高校招生计划指标应主要用于发展高等职业学校教育。各类教育机构举办高等职业学校教育按国家教委有关规定审核批准。地方和部门要加强统筹规划，采取积极措施推动高等职业教育发展。

DAA011 －19990111

教育部、国家计委明确高职教育的实施机构，提出“三不一高”政策

1999 年 1 月 11 日，教育部和国家计委联合印发的《试行按新的管理模式和运行机制举办高等职业技术教育的实施意见》明确提出，高等职业教育由以下机构实施：短期职业大学、职业技术学院、具有高等学历教育资格的民办高校、普通高等专科学校、本科院校内设立的高等职业教育机构（二级学院）、经教育部批准的极少数国家级重点中等专业学校、办学条件达到国家规定合格标准的成人高校等。《意见》提出，按新的管理模式和运行机制举办的高等职业技术教育为专科层次学历教育，其招生计划为指导性计划，教育事业费以学生缴费为主，政府补贴为辅。毕业生不包分配，不再使用《普通高等学校毕业生就业派遣报到证》，由举办学校颁发毕业证书，与其他普通高校毕业生一样实行学校推荐、自主择业。对这部分高等职业技术教育，国家不再统一印制毕业证书内芯。后来被俗称为“三不一高”政策。

DAA012 －19990224

《面向 21 世纪教育振兴行动计划》对高职教育提出新要求

1999 年 2 月 24 日，教育部颁布《面向 21 世纪教育振兴行动计划》。《计划》再次强调“积极发展高等职业教育”的方针，招生计划的增量将主要用于地方发展高等职业教育，重申按“三改一补”的原则发展高等职业教育，同时提出如下新的要求和举措：挑选 30 所现有学校建设示范性职业技术学院；发展职业资格证书教育；要逐步建立普通高等教育与职业技术教育之间的立交桥；必须面向地区经济建设和社会发展，适应就业市场的实际需要，培养生产、服务、管理第一线需要的实用人才；主动培养农村现代化需要的各类人才；要通过试点逐步把招生计划、入学考试和文凭发放等方面的责权放给省级人民政府和学校；探索多种招生方法，中等职业学校毕业生中有一定比例（近期为 3% 左右）可进入高等职业学校学习；普通高中毕业生除进入普通高等学校外，多数应接受多种形式的高等职业教育，提高素质；进行“学校面向市场自主办学，学生自谋职业”的试点；要大力推进高等专科教育的人才培养模式的改革，特别是改革课程结构，加强实践教学基地和“双师型”教师队伍建设。

DAA013 －19990613

国家规定高等职业教育是高等教育的重要组成部分

1999 年 6 月 13 日发布的《中共中央国务院关于深化教育改革，全面推进素质教育的决定》指出，高等职业教育是高等教育的重要组成部分。要大力发展高等职业教育，培养一大批具有必要的理论知识和较强实践能力，生产、建设、管理、服务第一线和农村急需的专门人才。现有的职业大学、独立设置的成人高校和部分高等专科学校要通过改革、改组和改制，逐步调整为职业技术学院（或职业学院）。支持本科高等学校举办或与企业合作举办职业技术学院（或职业学院）。职业技术学院（或职业学院）可采取多种方式招收普通高中毕业生和中等职业学校毕业生。职业技术学院（或职业学院）毕业生经过一定选拔程序可以进入本科高等学校继续学习。经国务院授权，把发展高等职业教育和大部分高等专科教育的权力以及责任交给省级人民政府，省级人民政府依法管理职业技术学院（或职业学院）和高等专科学校。

DAA014—20000117

教育部提出制订高职高专教育专业教学计划原则

2000年1月17日，教育部印发《教育部关于加强高职高专教育人才培养工作的意见》和《关于制订高职高专教育专业教学计划的原则意见》，明确高职高专教育的基本特征，它的培养目标是“拥护党的基本路线，适应生产、建设、管理、服务第一线需要的，德、智、体、美等方面全面发展的高等技术应用性专门人才”。高职高专毕业生在具有必备的基础理论知识和专门知识的基础上，重点掌握从事本专业领域实际工作的基本能力和基本技能；具备较快适应生产、建设、管理、服务第一线岗位需要的实际工作能力；具有创业精神、良好的职业道德和健全的体魄。制订高职高专教学计划要遵循六大原则：要坚持主动适应经济社会发展需要；坚持德、智、体、美等方面全面发展；突出应用性和针对性；加强实践能力培养；贯彻产学结合思想；从实际出发，办出特色。高职高专教育专业的基本修业年限为2~3年，非全日制的修业年限应适当延长。三年制专业的课内总学时一般以1600~1800学时为宜；二年制专业的课内总学时一般以1100~1200学时为宜。三年制专业的实践教学一般不低于教学活动总学时的40%，二年制专业的实践教学一般不低于教学活动总学时的30%。

附录　教育部关于加强高职高专教育人才培养工作的意见（摘录）

高职高专教育人才培养模式的基本特征是：以培养高等技术应用型专门人才为根本任务；以适应社会需要为目标、以培养技术应用能力为主线设计学生的知识、能力、素质结构和培养方案、毕业生应具有基础理论知识适度、技术应用能力强、知识面较宽、素质高等特点；以“应用”为主旨和特征构建课程和教学内容体系；实践教学的主要目的是培养学生的技术应用能力，并在教学计划中占有较大比重；“双师型”（既是教师，又是工程师、会计师等）教师队伍建设是提高高职高专教育教学质量的关键；学校与社会用人部门结合、师生与实际劳动者结合、理论与实践结合是人才培养的基本途径。

今后一段时期，高职高专教育人才培养工作的基本思路是：以教育思想、观念改革为先导，以教学改革为核心，以教学基本建设为重点，注重提高质量，努力办出特色。力争经过几年的努力，形成能主动适应经济社会发展需要、特色鲜明、高水平的高职高专教育人才培养模式。

DAA015 －20000300

教育部颁布高等职业学校设置标准

为落实国家教委《关于高等职业学校设置问题的几点意见》有关精神，2000 年 3 月，教育部颁发《高等职业学校设置标准（暂行）》。《标准（暂行）》对高等职业学校校系两级领导的配备、专兼职教师队伍、土地和校舍面积、实习实训场所、教学仪器设备和图书资料、课程与专业设置、基本建设投资以及正常教学等各项工作所需的经费条件等作出了规定。《标准（暂行）》提出，新建高等职业学校，四年内在规模、师资、图书设备、教学管理等方面应达到教育部提出的基本要求。对达不到基本要求的学校，视为不合格学校，进行适当处理；对位于边远地区、民办或特殊类别的高等职业学校，在设置时，其办学规模及其相应的办学条件可以适当放宽要求；对在此标准发布之日以前制定的高等职业学校有关设置标准与本标准不一致的，以本标准为准。

DAA016 －20000300

教育部启动高职高专教育人才培养模式的改革与建设项目计划

2000 年 3 月，教育部在《关于组织实施〈新世纪高职高专教育人才培养模式和教学内容体系改革与建设项目计划〉的通知》中指出，实施该《计划》的目标是，经过五年的努力，初步形成适应社会主义现代化建设需要的具有中国特色的高职高专教育人才培养模式和教学内容体系。《计划》选题分为三类：人才培养模式研究；有关专业大类人才培养模式与教学内容体系建设与改革研究；有关基础课程教学内容与课程体系建设与改革研究。《计划》研究包括 34 个研究项目，涉及高职高专教育的地位、作用、性质、培养目标、培养模式、教学内容与课程体系、教学方法与手段、教学管理等诸多方面。2001

年 9 月 13 – 14 日，《新世纪高职高专教育人才培养模式和教学内容体系改革与建设项目计划》项目工作会议在北京召开，60 个立项项目主持单位主持人及人才培养工作委员会理论课题组全体成员出席了会议，交流首批立项单位的工作经验，并对《计划》第二批立项项目进行了审定。

DAA017 – 20000323

教育部加强高职高专教材建设

为贯彻落实《教育部关于加强高职高专教育人才培养工作的意见》的精神，2000 年 3 月 23 日，教育部高等教育司印发了《关于加强高职高专教育教材建设的若干意见》。《意见》指出，加强教材建设力度是今后一段时间内高职高专教育教学工作的重点之一。成立教育部高职高专规划教材编写委员会，制定各类基础课程教学基本要求和专业大类培养规格，组织教材编写、出版队伍，力争经过五年的努力，编写、出版 500 本左右高职高专教育规划教材；建立一支老、中、青相结合的高水平的教材编写队伍，充分发挥教师的积极性，鼓励、支持教师编写一批具有高职高专教育特色的高质量教材；教材编写工作要与学校人才培养模式和教学内容体系改革相结合，教材建设要推进高职高专教育人才培养模式改革，促进各类高职高专院校协调发展。

DAA018 – 20020515

教育部发文要加强高职院校师资队伍建设

2002 年 5 月 15 日，教育部办公厅印发《关于加强高等职业（高专）院校师资队伍建设的意见》。《意见》指出，为切实推进高职高专院校的师资队伍建设工作，就有关师资队伍建设目标、提高专任教师业务水平、改善师资队伍学历结构、兼职教师队伍和“双师型”教师队伍建设、加强教师的培训培养工作等方面提出原则性意见，要求各类高职高专院校制定师资队伍建设规划和对教师的激励政策，加大投入，健全措施，确保既定目标的实现。

DAA019 – 20030529

国务院有关部门提出在高职（大专）毕业生中实施职业资格证书工程

2003 年 5 月 29 日，《国务院办公厅关于做好 2003 年普通高等学校毕业生就业工作的通知》印发。《通知》指出，对 2003 年就业困难的应届高职（大专）毕业生，由劳动保障、人事和教育部门共同实施“高职（大专）毕业生职业资格培训工程”，对需要培训的应届高职（大专）毕业生进行职业技能培训和职业技能鉴定。培训费由教育系统承担，职业技能鉴定费由劳动保障部门适当减免。

DAA020－20040406

教育部要求“以就业为导向深化高等职业教育改革”

2004年4月6日，教育部印发的《关于以就业为导向深化高等职业教育改革的若干意见》指出，以就业为导向，切实深化高等职业教育改革，是满足我国社会发展和经济建设需要、促进高等职业教育持续健康发展、办人民满意的教育的关键环节。为进一步促进高等职业教育改革的深入开展，要求坚持科学定位，明确高等职业院校办学方向；紧密结合地方经济和社会发展需求，科学合理调整和设置专业；以培养高技能人才为目标，加强教学建设和教学改革；积极开展“订单式”培养，建立产学研结合的长效机制；大力推行“双证书”制度，促进人才培养模式创新；大力推进灵活的教学管理制度，引导学生自主创业；积极进行高等职业教育两年制学制改革，加快高技能紧缺人才培养；以就业为导向，进一步完善高等职业教育人才培养工作水平评估制度；加大宣传力度，在全社会树立高等职业教育主动服务于社会经济发展的良好形象。

DAA021－20041022

教育部公布高职高专教育指导性专业目录

2004年10月22日，教育部下发的《普通高等学校高职高专教育指导性专业目录（试行）》的通知指出，印发《目录（试行）》是为引导我国高职高专教育持续健康发展，扩大高等学校办学自主权，尽快形成高职高专教育专业管理的科学运行机制。《目录（试行）》是国家对高职高专教育进行宏观管理的一项基础指导性文件，是指导高等学校设置、调整高职高专教育专业、制订培养方案、组织教育教学、安排招生、组织毕业生就业以及行政管理部门进行教育统计和人才预测等工作的主要依据，也是社会用人部门选用高等学校毕业生的重要参考。印发《目录（试行）》是关系我国高职高专教育改革与发展的一项带有全局性的重要举措，对于改革人才培养模式、提高人才培养质量、增强高职高专教育毕业生的适应性等方面都具有十分重要的意义。从2005年起，高职高专教育的招生和统计等工作要使用该《目录（试行）》。与《目录（试行）》配套的“专业简介”由相关部门出版发行。

DAA022－20050317

教育部推进高职高专院校人才培养工作水平评估工作

2005年3月17日，《教育部关于进一步推进高职高专院校人才培养工作水平评估的若干意见》印发。《意见》提出，高职高专院校人才培养工作水平评估的范围为独立设置的专科层次院校，主要为高等专科学校和职业技术学院。评估工作应遵循“只升不降、只增不减”的原则；树立科学健康的评估观念，增强高职高专院校改革与建设的针对性，切实达到“以评促建、以评促改、以评促管、评建结合”的目的。

DAA023－20061116

教育部提出提高高职教育教学质量的意见

2006年11月16日，教育部印发《关于全面提高高等职业教育教学质量的若干意见》。《意见》指出，为进一步落实《国务院关于大力发展职业教育的决定》精神，以科学发展观为指导，促进高等职业教育健康发展，教育部就全面提高高等职业教育教学质量提出九个方面意见：一、深刻认识高等职业教育全面提高教学质量的重要性和紧迫性；二、加强素质教育，强化职业道德，明确培养目标；三、服务区域经济和社会发展，以就业为导向，加快专业改革与建设；四、加大课程建设与改革的力度，增强学生的职业能力；五、大力推行工学结合，突出实践能力培养，改革人才培养模式；六、校企合作，加强实训、实习基地建设；七、注重教师队伍的“双师”结构，改革人事分配和管理制度，加强专兼结合的专业教学团队建设；八、加强教学评估，完善教学质量保障体系；九、切实加强领导，规范管理，保证高等职业教育持续健康发展。

DAA024－20070607

教育部和财政部颁布国家示范性高职院校建设计划的管理办法

为规范和加强国家示范性高等职业院校建设计划的项目管理，促进高等职业教育的改革与发展。根据《教育部、财政部关于实施国家示范性高等职业院校建设计划加快高等职业教育改革与发展的意见》，2007年6月7日，教育部和财政部联合发布《国家示范性高等职业院校建设计划管理暂行办法》。《暂行办法》共6章29条。

第二节　领导与管理

DAB001－19940000

国家教委成立高职协调小组

1994年，国家教委成立高职协调小组，国家教委副主任张孝文任高职协调小组组长，国家教委副主任王明达任副组长，成员是有关部委和国家教委有关司局的负责同志。协调小组的第一项工作成果，是在正副组长带队、组织有关司局的人员深入部分行业、企业、院校广泛调查研究基础上起草的《高等职业教育发展几个问题的汇报》，并呈送国务院领导。

DAB002－19981000

高职、高专和成人高教统归高教司管理

1998年10月，教育部进行机构改革并调整各司局的职能范围，普通高等教育、高等职业教育和成人高等教育有关人才培养的宏观管理和质量监控等工作职能，统归到高等教育司。1998年11月，高教司为更好地行使此项职能，会同规划司、学生司及有关高等学校组成调研工作组，分两个小组分赴浙江、山东、湖北和四川等省，对高等专科教育、高等职业教育和成人高等教育展开调研。同时，委托北京市、上海市、广东省、吉林省和黑龙江省的教育行政部门按照调研提纲和有关要求开展本省市的调研工作，并写出调研报告。

DAB003－19990505

全国高职高专教育人才培养工作委员会成立

1999年5月5－7日，全国高等专科教育人才培养工作委员会成立大会在北京召开。教育部副部长周远清出席会议并讲话。会议特邀北京市、上海市、天津市、江苏省教委的领导参加。委员会成员由高等专科学校、职业技术学院和成人高等学校等各类高职高专院校的部分院校长及教育行政部门的领导50余人组成，承担全国高职高专教育人才培养工作的研究和指导任务。会议决定将该委员会定名为“全国高职高专教育人才培养工作委员会”；研究并提出了委员会下一步的工作重点；讨论修改了《关于加强高职高专教育人才培养工作的意见》《关于组织实施〈21世纪高职高专教育人才培养模式和教学内容体系改革项目与建设计划〉的通知》《关于制订高职高专教育专业教学计划的原则意见》《高等职业院校、高等专科学校和成人高等学校教学管理要点》四个教学指导文件。

附录 全国高职高专教育人才培养工作委员会顾问和主要负责人名单

顾 问：王 浒 杨金土 朱传礼

主 任：刘志鹏

副主任：郑家泰 杨应崧 俞仲文 李宗尧 李海波 刘军谊

秘书长：刘军谊 副秘书长：王 伟（常务） 杨 祥

课题研究组组长：郑家泰 副组长：闵光太 吕鑫祥

实践教学组组长：俞仲文 副组长：王式正 李正熙

教学评价组组长：杨应崧 副组长：陈希天 王建勋

教材建设组组长：李海波 副组长：康乃真 刘金桂

师资队伍建设组组长：李宗尧 副组长：关秉贤 徐 萍

DAB004－20000308

教育部具体负责新设高职院校的审核批复工作

2000年3月8日发出的《教育部关于申请国务院授权省、自治区、直辖市人民政府审批设立高等职业学校有关问题的通知》规定，根据《国务院办公厅关于国务院授权省、自治区、直辖市人民政府审批设立高等职业学校有关问题的通知》精神，教育部受国务院委托，具体负责国务院授权省、自治区、直辖市人民政府审批设立高等职业学校的有关审核批复工作。凡申请国务院授权自行审批设立高等职业学校的省、自治区、直辖市人民政府，须向教育部提供有关申请文件，教育部在审核上述有关文件的基础上，下达有关批复文件。自本通知发出之日起，教育部开始受理国务院授权的申请。

DAB005－20040407

教育部组建高职高专教育教学指导委员会

2004年4月7日，教育部办公厅发出《关于组建高职高专教育专业教学指导委员会的通知》。《通知》明确指出，该专业教学指导委员会是协助国家教育行政部门对高职高专教育专业教学工作进行研究、咨询、指导和服务的专家组织，其职能主要为研究咨询、指导推动、质量监控和交流服务，分教学指导委员会和教学指导分委员会两个层次，由教育专家、各专业领域优秀的“双师型”教师，以及行业企业的专家组成。2005年12月6日，教育部高教司发出《教育部关于成立2006—2010年教育部高等学校有关科类教学指导委员会的通知》。2006年3月30日，第一届教学指导委员会在教育部召开成立大会。第一届教学指导委员会的任期为2006年1月1日起至2010年12月31日止。首批成立的有生物技术类、机电设备技术等类专业共计40个教学指导委员会。

第三节　重要活动

DAC001－19860702

国家明确高等职业教育机构的大体范围

国家教育委员会、国家计划委员会、国家经济委员会、劳动人事部于1986年7月2－6日联合召开全国职业技术教育工作会议，国务院副总理兼国家教委主任李鹏在闭幕式上的讲话中提出："像我们的高等职业学校、相当一部分广播电视大学、高等专科学校的学生，在毕业之后，小部分人继续进行深造，但是大部分人要走上各种职业岗位，走上各行各业的生产第一线，在基层工作。所以，这类学校属于职业性的高等教育。"国家教委副主任、党组书记何东昌在会议报告中提出："到目前为止……高等职业技术学校已经发展到121所，在校生6万多人，加上高等专科学校（不计师范专科学校）在校学生34万多人，合起来相当于普通高等学校本科（师范在外）现有规模的40%以上。"当时全国尚无以"高等职业学校"或"高等职业技术学校"为校名的学校，根据直接参与此会筹备工作、时任国家教委职业技术教育司副司长孙震瀚回忆，"当时是把职业大学划入高等职业技术教育范围的"，"何东昌同志提到高等职业技术学校，实际上是单指短期职业大学"。

DAC002－19880420

中国职业大学教育研究会更名为高等职业技术教育研究会

中国职业大学教育研究会第五次理事会讨论决定，为了更好地联系同层次的各类高等职业技术院校，共同探讨有关深化教育教学改革、办出特色、提高质量等事宜，使其更加主动地为国民经济建设服务，拟将中国职业大学教育研究会更名为高等职业技术教育研究会，并向中国高等教育学会申报。1988年4月20日，中国高等教育学会行文通知中国职业大学教育研究会："关于你研究会需要更改名称一事，经我们研究同意，你研究会定名为'高等职业技术教育研究会'。"

DAC003 －19910125

邢台高等职业技术学校成立

1991 年 1 月 25 日，国家教委与中国人民解放军总后勤部联合发出《关于试办邢台高等职业技术学校的通知》，同意试办邢台高等职业技术学校，指出学校的培养目标为拥护中国共产党领导、坚持社会主义方向、德智体全面发展、掌握有关专业的基础理论知识、具有较强的动手能力、一般应达到五级及其以上技术等级的技艺型人才；该校属专科层次。1997 年 5 月 30 日，中国人民解放军总后勤部生产管理部致函邢台高等职业技术学校："根据国家教委《关于同意邢台高等职业技术学校更名的通知》（教计厅［1997］9 号），你校由'邢台高等职业技术学校'更名为'邢台职业技术学院'。"

DAC004 －19940428

深圳职业技术学院成立

深圳市委、市政府经过两年多的调查、论证，于 1993 年 7 月 12 日发出《关于成立深圳高等职业技术学院建校领导小组的通知》，时任副市长的李容根任领导小组组长，市长助理邵汉青任副组长，俞仲文任副组长兼学院筹备组组长。同年 9 月，借外校名义招收第一批学生 59 名，设环境艺术设计、服装设计与工艺两个专业。1994 年 4 月 4 日，广东省人民政府对深圳市人民政府作出《关于建立深圳高等职业技术学院的批复》。《批复》指出："为适应你市社会、经济发展的需要，发展职业技术教育，培养技艺型、操作型人才，同意建立深圳高等职业技术学院。" 1994 年 4 月 28 日正式挂牌成立。1997 年 10 月，国家教委批准该院更名为"深圳职业技术学院"。

DAC005 －19941031

张孝文、王明达考察邢台高等职业技术学校

1994 年 10 月 31 日至 11 月 1 日，国家教委副主任张孝文、王明达及职教司司长刘来泉、成教司司长董明传、高教司副司长朱传礼一行，在中国人民解放军总后勤部生产管理部刘世义局长、河北省政府副秘书长李曙光、省教委顾问周志华等人的陪同下，到邢台高等职业技术学校考察并与学校领导座谈。在座谈中，张孝文指出，高等职业教育是高等教育发展的重点之一。他认为该校办学路子对头，指导思想明确，从培养目标的确定到实践性教学体系的确立和"双证书"制度的实施，都体现了高等职业教育的特色。王明达认为，该校对高等职业教育所做的探索和贡献，在我国职业教育史上具有重要意义。他希望学校沿着现在这个方向坚定不移地走下去，继续探索。

DAC006－19950613

中国高职研究会决定建立三个委员会

1995年6月13－16日，中国高等职业技术教育研究会在武汉江汉大学召开会长（扩大）会议。国家教委职教司司长刘来泉，国家教委高校师资培训交流武汉中心副主任裴淑娟、副主任张荣凡参加会议。中国高等职业技术教育研究会名誉会长，正副会长，东北分会，福建、江苏高等职业技术教育研究会的负责人，部分理事学校校长以及辽宁省教育科学研究院职业教育研究所人员共计26人参加会议。会议决定建立学术委员会、对外交流协作委员会、编辑出版委员会三个专门机构。

DAC007－19951107

中国高职研究会举行成立十周年庆祝大会

1995年11月7－10日，中国高等职业技术教育研究会第四届第二次理事会暨研究会成立十周年庆祝大会在长沙召开，来自全国75所高等职业技术院校的97名代表出席了会议。国家教委职教司副司长刘占山到会致贺词，长沙市市委副书记易希文和研究会名誉会长王千弓发表讲话。全国人大教科文卫委员会副主任杨海波和中国高等教育学会、中华职业教育社以及中国高教学会副会长潘懋元发来贺信或贺电。潘懋元在贺信中说："你会十年来，对高等职业技术教育办学方向的指导、办学热情的鼓舞、职教理论的探索、办学经验的交流，在促进高等职业技术教育的健康发展、高等职业技术院校的团结协作上，起到了极为重要的积极作用。"研究会会长戴国家在会上作了题为《为促进中国高等职业技术教育事业的发展而共同奋斗——纪念中国高等职业技术教育研究会成立十周年》的工作报告，系统阐述研究会十年来发挥的五大作用和研究会工作的四条基本经验。

DAC008－19960620

王明达谈高职教育主要特点

1996年6月20日，国家教委副主任王明达在全国职业教育工作会议上的总结讲话中谈到，职业教育的本质特征应体现在培养目标和培养模式上。这种特定的培养目标决定了高等职业教育应该具有的主要特点：它应面向基层、面向生产和服务第一线，特别应面向农村和边远地区培养实用人才；高等职业学校的专业设置必须根据社会的需求及时调整，社会有需要才办，而不应按学校有学科带头人就办；其教学内容是成熟的技术和管理规范，教学计划、课程设置不是按学科要求来安排，而是按适应职业岗位群的职业能力要求来确定；基础课按专业学习要求，以必需和够用为度；职业教育要求在校期间完成上岗的实践训练，实训所占比例较大，以使学生毕业就能基本顶岗工作；职业教育注重学校与企业紧密结合，实行学历证书与职业资格证书制度。

DAC009－19970618

李岚清两次为深圳职业技术学院题词

1997 年，国务院副总理李岚清先后两次为深圳职业技术学院题词，6 月 18 日的题词是“办好高等职业教育，培养具有高尚职业道德和熟练职业技能的优秀人才”。9 月 11 日的题词是“希望把这所学校办好，为我国高等职业学校提供经验”。

DAC010－19971020

中国高职研究会更换会长单位

1997 年 10 月 20－22 日，中国高等职业技术教育研究会第五届第一次理事会议暨第六次学术年会在北京联合大学举行。本届理事会进行了换届选举。会议选举天津职业大学为会长单位；副会长单位依次为广州大学、长沙大学、江汉大学、成都大学、鹭江职业大学、大连大学、西安大学、金陵职业大学、北京联合大学、深圳职业技术学院、沈阳大学。会后，中国高等职业技术教育研究会秘书处迁至天津职业大学。此后的第六届、第七届理事会会长单位均由天津职业大学连任。

DAC011－19980223

张天保谈高等职业教育发展的问题

1998 年 2 月 23 日，全国职业教育工作座谈会在湖南长沙举行，国家教委副主任张天保出席会议并作了题为《认真贯彻十五大精神，积极推进职业教育发展与改革》的讲话。在谈到高等职业教育发展时，张天保指出，发展高等职业教育，培养生产第一线技术应用、技术管理和服务的实用型人才，是我国改革开放和经济建设、社会发展的迫切需要，推动高等职业教育的发展，不仅是全国职业教育发展中的一项迫切任务，也是高等教育改革和发展的迫切需要。张天保强调指出，高等职业教育是培养在生产第一线擅长应用的人才的教育，其主体虽然是专科层次，但有较强的针对性，要求学生实践动手能力强，上岗适应快。只有认清了自己的特色，真正办出了特色，高职才能赢得社会信誉，才能获得健康发展。办高职不能只抓数量，一定要把讲求质量、办出特色放在重要的位置。

DAC012－19981005

周远清听取高职研究会专题汇报

1998 年 10 月 5 日，教育部副部长周远清约请高等职业技术教育研究会会长李宗尧汇报全国高等职业教育情况。周远清说："发展高职的方针已定了，现在要研究如何发展，想听听各方面的意见。"李宗尧就当前高等职业教育发展中存在的认识不到位、政策不到位、改革不到位、投入不到位和管理体制不顺畅等问题谈了自己的看法。然后，周远清对一些问题进行询问，如职业大学的专业设置、规模以及教学计划等情况，招生生源中招中等职业学校毕业生多少比例为宜，校名如何确定，怎么实现大力发展高职，中专办高职是否可行，民办高职是否可行等，李宗尧和随行的俞克新、许国强两位研究会的工作人员逐一作答。

DAC013－19981207

国际高等职业技术教育研讨会在深圳举行

1998 年 12 月 7－10 日，中国联合国教科文组织全国委员会秘书处和教育部高教司在深圳联合主办国际高等职业技术教育研讨会，来自法国、菲律宾、美国、中国等 10 个国家和地区的代表共 80 余人参加了此次研讨会。教育部高教司司长钟秉林在研讨会开幕式上讲话，教育部高教司高职高专处处长刘军谊宣读了题为《中国高等职业教育的回顾与展望》的国家报告。会议最后形成了"最终报告"，其要点是：一、关于高等职业技术教育的特征及概念；二、关于高等职业技术教育发展所需要的社会经济条件；三、关于高等职业技术教育发展的策略及措施。

DAC014－19991019

海峡两岸四校联办的高职教育研讨会连续举行

1997 年，北京联合大学、上海第二工业大学和深圳职业技术学院在国家教委副主任王明达提议下，成立校长协作组，随后邀请台北科技大学共同发起筹办海峡两岸高等职业技术教育学术研讨会。1999 年 10 月 19－26 日，首届海峡两岸高等职业（技职）教育学术研讨会先后在北京、上海和深圳三地分三段举行，由北京联合大学承办，另三所学校协办。与会代表 70 人，其中台湾代表 16 人。北京市教委副主任耿学超、教育部港澳台办公室副主任张栋、北京市台办副主任于建明、教育部高教司高职高专处处长刘军谊、中华职教社总干事陈一如、中国职教学会副会长孟广平、中国高等职业技术教育研究会会长李宗尧参加了开幕式并致辞。论坛主题是：面向 21 世纪的高等职业（技职）教育改革与发展。此后十年，分别在中国大陆和中国台湾的有关城市以不同的主题连续举办论坛，从未间断。2008 年 11 月 4 – 6 日，第十届论坛在北京举行。根据形势发展，论坛从本届开始更名为"2008 海峡两岸应用性（技术与职业）高等教育学术研讨会"，同时举办海峡两岸高职论坛十周年活动，发行了画册和电视短片。10 届论坛与会者总计达 1300 余人次，交流论文 1029 篇。

DAC015 – 19991108

第一次全国高职高专教学工作会议在北京召开

1999 年 11 月 8 – 10 日，第一次全国高职高专教学工作会议在北京召开，各省、自治区、直辖市教委和有关高校院校长等 200 余人出席会议。会议主要内容是贯彻第三次全教会精神，确定今后高职高专教育教学改革与建设工作的思路和主要任务，启动教学改革与建设项目。教育部部长陈至立出席开幕式并讲话，高教司司长钟秉林作了题为《努力开创高职高专教学工作的新局面》的主题报告，北京市、上海市、广东省主管部门和沈阳电力高等专科学校、金陵职业大学、上海第二工业大学、白云职业技术学院、同济大学职业技术学院等 12 所院校作大会发言。在闭幕式上，教育部副部长周远清作了讲话。

附录　1999 年我国高职高专学校的基本情况

1999 年末，普通专科学校 313 所，高等职业院校 161 所，独立设置的成人高等学校 871 所，以上三类学校共计 1345 所，占高等教育学校总数的 69.26%。普通本科高等学校的成教院、职教院 982 所。专科层次教育在校生共有 398.06 万人，占高等教育在校生总数的 55.37%，其中，普通专科学校 112.73 万人，高等职业院校 23.42 万人，成人高等教育专科层次在校生 261.91 万人。专科层次学校毕业生 118.90 万人，占高等教育毕业生总数的 68.50%，其中，普通专科学校 36.53 万人，高等职业学校 4.14 万人，成人高等教育专科层次毕业生 78.23 万人。专科层次学校共招生 147.96 万人，占高等教育本、专科招生总数的53.62%，其中，普通专科招生47.84万人，成人专科招生99.85万人。

DAC016－20000117

首批高职高专教改项目计划正式启动

2000年1月17日，教育部发出《关于组织实施〈新世纪高职高专教育人才培养模式和教学内容体系改革与建设项目计划〉的通知》，由此启动实施《项目计划》。从2000年4月开始，组织专家对720个单位申报的1000余个项目进行评审，初审确定91个主持单位、361个参加单位、共105个研究项目。6月28－29日，在北京召开《项目计划》立项工作会议，最后确定第一批60个项目正式立项，同时确定项目主持单位，并明确项目任务和工作重点。会后发出批准立项通知，第一批项目正式启动。

DAC017－20000127

高职高专教育人才培养工作委员会一届二次会议在深圳召开

2000年1月27日，教育部高职高专教育人才培养工作委员会一届二次会议在深圳召开。会议制订《新世纪高职高专教育人才培养模式和教学内容体系改革与建设项目计划》的实施办法；讨论修改《关于在高等职业教育、高等专科教育和成人高等教育中开展专业教学改革试点工作的意见》；讨论修改《关于开展高职高专教育教学工作优秀学校建设与评价的意见》；制订高职高专教育人才培养工作委员会各小组工作计划。

DAC018－20000506

江泽民为上海第二工业大学建校40周年题词

2000年5月6日，国家主席江泽民为上海第二工业大学建校40周年题词："发展高等职业教育　为四化建设培养合格的专业人才。"

DAC019－20000515

教育部开展全国高职高专师资队伍专题调研

为摸清高职高专教育师资队伍现状和存在问题，2000年5月15日至6月30日，教育部高教司组织5个调研小组，分赴江苏、辽宁、湖南、四川和陕西进行实地调研，还委托北京、上海、天津、重庆4市和湖北、广东2省教育行政部门对所在地的高职高专院校按照调研提纲自行组织调研。调研结果表明，各级教育行政部门和高校普遍重视高职高专师资队伍建设，师资队伍数量有所增加，学历层次有所提高；但存在着“双师型”教师偏少，具有博士、硕士学位的教师和具有副高级及以上技术职称的教师数量过少，师资进修、培训经费不足，技术职务评聘政策与高职高专教育不相配套，高学历和高水平教师流失严重等问题，应采取措施，尽快解决。据此，草拟《关于加强高职高专教育师资队伍建设的若干意见》。

DAC020 - 20000612

教育部启动高职高专教育专业教学改革试点工作

2000年6月12日，教育部高教司下发《关于在高职高专教育中开展专业教学改革试点工作的通知》，决定“进行以提高人才培养质量为目的、人才培养模式改革与创新为主题的专业教学改革试点，经过五年的努力，力争在全国建成300个左右特色鲜明、在国内同类教育中具有带头作用的示范专业，推动高职高专教育的改革和发展”。《通知》提出了专业试点工作的目标、管理、原则以及专业试点的申报、遴选、实施和验收等办法和要求。自2000年底至2002年底的试点工作，经过考察遴选，教育部高教司分四批公布了教学改革试点专业，前三批共为346个专业，第四批为60多个专业。并出版了《高职高专教育专业教学改革试点方案选编》一书，选编了282个试点方案。

DAC021 - 20001128

全国高职教育师资培训基地建设启动

1999年，教育部高教司下发《关于同意上海市筹建全国高职高专教育师资培训基地（华东地区）的批复》，决定华东地区高职教育师资培训基地由同济大学、上海第二工业大学、上海商业职业技术学院3所院校组成。要求基地力争经过3~5年的努力，逐步形成多层次、多类型、高质量、有特色的高职高专师资培养培训模式和体系。2000年11月28日，教育部高教司下发《关于批准成立全国高职高专教育师资培训基地（天津）的通知》，决定天津培训基地下设天津大学、南开大学、天津工业大学、天津财经学院、天津职业技术师范学院、天津中德职业技术学院6所基地院校。从2002年开始，全国高职高专教育师资培训基地也在其他地区陆续建立。

DAC022－20011118

全国高等职业技术教育产学研结合研讨会在宁波召开

2001 年 11 月 18－21 日，由中国高等职业技术教育研究会举办的全国高等职业技术教育产学研结合研讨会在浙江宁波职业技术学院召开。教育部高教司、浙江省教委、宁波市有关领导和来自全国 105 个单位的 167 名代表出席了会议。本次会议以“高等职业技术教育产学研结合”为主题，交流关于产学研结合人才培养的做法和经验，组织现场参观，重点考察宁波职业技术学院的校企合作情况。

DAC023－20020729

25 所职业技术学院荣获“全国职业教育先进单位”荣誉称号

2002 年 7 月 29－30 日，在全国职业教育工作会议上，经教育部、劳动和社会保障部、国家经贸委审定，授予 238 个单位“全国职业教育先进单位”荣誉称号，其中 25 所职业技术学院获此项殊荣：北京海淀走读大学、天津中德职业技术学院、邢台职业技术学院、内蒙古农业大学职业技术学院、沈阳电力高等专科学院、黑龙江林业职业技术学院、上海电机技术高等专科学校、浙江交通职业技术学院、福建交通职业技术学院、蓝天职业技术学院、山东南山职业技术学院、山东劳动职业技术学院、郑州铁路职业技术学院、武汉职业技术学院、长沙民政职业技术学院、永州职业技术学院、湖南涉外经济职业学院、广州白云职业技术学院、广州交通职业技术学院、四川工程职业技术学院、贵州电子信息职业技术学院、西安航空职业技术学院、兰州职业技术学院、宁夏石嘴山职业技术学院、新疆农业职业技术学院。

DAC024－20021029

教育部在湖南省永州市召开第一次全国高职高专教育产学研结合经验交流会

2002 年 10 月 29－31 日，教育部在湖南省永州市召开第一次全国高职高专教育产学研结合经验交流会。教育部部长周济在会议开幕式上的讲话高度评价了永州职业技术学院坚持“以服务求支持，以贡献求发展”，走产学研道路的思路。会议传达了当年召开的全国职业教育工作会议精神，通报高教司关于高职高专的主要工作，交流产学研结合经验，参观永州职业技术学院的产学研结合成果，研讨如何推动高职高专院校产学研结合的深入开展。教育部高教司于当年 11 月 25 日印发了《全国高职高专教育产学研结合经验交流会会议纪要》。

DAC025－20021210

教育部确定第一批国家高职高专精品专业和实训基地建设项目

2002年12月10日，教育部印发《关于确定第一批国家高职高专精品专业建设项目和国家高职高专学生实训（师资培训）基地建设项目的通知》和《关于申报国家重点职业技术学院、精品专业、国家高等职业教育实训基地建设项目的通知》，批准北京工业职业技术学院机电技术应用专业等62个专业为第一批国家高职高专精品专业建设项目，成都电子机械高等专科学校机电技术实训基地等12个基地为国家高职高专学生实训（师资培训）基地建设项目。以上两个项目由国家和学校主管部门共同支持建设。同时，启动上海职业技术教育实训基地等10个基地的筹建项目，启动经费由各单位自筹，教育部酌情投入。

附录1　第一批国家高职高专精品专业建设项目名单

序号	学　校	专　业
1	北京工业职业技术学院	机电技术应用专业
2	北京联合大学	通信技术专业
3	天津医学高等专科学校	高级护理专业
4	天津电子信息职业技术学院	计算机网络技术专业
5	上海第二工业大学	机床数控技术专业
6	上海电机技术高等专科学校	工业电气自动化专业
7	西南农业大学	养殖技术专业
8	重庆工业职业技术学院	模具制造专业
9	防灾技术高等专科学校	信息技术与地球物理专业
10	华北航天工业学院	数控技术应用专业
11	河北职业技术学院	雕塑专业
12	石家庄铁路工程职业技术学院	智能建筑专业
13	广播电影电视管理干部学院	动画专业
14	山西工程职业技术学院	钢铁冶金专业
15	内蒙古农业大学职业技术学院	设施园艺技术
16	包头职业技术学院	模具设计与制造
17	辽宁农业职业技术学院	园艺（分配保护地园艺）

续表

序号	学　校	专　业
18	沈阳电力高等专科学校	计算机应用与维护专业
19	吉林特产高等专科学校	经济动物专业
20	长春汽车高等专科学校	数控技术应用专业
21	哈尔滨金融高等专科学校	金融会计专业
22	黑龙江建筑职业技术学院	建筑工程技术专业
23	南京林业大学	园林专业
24	南通纺织职业技术学院	纺织专业
25	浙江工贸职业技术学院	鞋类设计与工艺专业
26	浙江交通职业技术学院	道路与桥梁工程技术专业
27	安徽纺织职业技术学院	纺织机电技术应用专业
28	安徽水利水电职业技术学院	水利水电工程专业
29	南昌水利水电高等专科学校	计算机网络技术专业
30	江西科技师范学院	影像技术专业
31	山东商业职业技术学院	制冷与空调专业
32	青岛远洋船员学院	远洋船舶驾驶专业
33	河南机电高等专科学校	工业外贸专业
34	黄河水利职业技术学院	水利水电工程专业
35	郑州铁路职业技术学院	电气工程及自动化专业
36	信阳农业高等专科学校	茶叶专业
37	武汉船舶职业技术学院	数控机床加工技术专业
38	武汉职业技术学院	现代通信技术
39	湖南铁道职业技术学院	电力牵引与传动控制专业
40	湖南冶金职业技术学院	冶金机械及控制技术专业
41	湖南工业职业技术学院	数控加工技术专业
42	广州民航职业技术学院	飞机机电维修专业
43	深圳职业技术学院	电子工程专业
44	海南大学	种植养殖专业
45	海南职业技术学院	动物生产专业

续表

序号	学 校	专 业
46	四川工程职业技术学院	数控技术应用专业
47	四川交通职业技术学院	汽车运用工程专业
48	贵州商业高等专科学校	市场营销专业
49	贵州电子信息职业技术学院	模具设计与制造专业
50	昆明大学	导游专业
51	昆明冶金高等专科学校	电气工程及自动化专业
52	陕西工业职业技术学院	机械设计及自动化专业
53	西安航空技术高等专科学校	数控技术应用专业
54	甘肃林业职业技术学院	森林资源管理专业
55	甘肃工业职工大学	矿山工程技术专业
56	宁夏工业职业学院	机电一体化专业
57	新疆工业高等专科学校	采矿工程专业
58	新疆轻工职业技术学院	食品工程专业
59	福建工程学院	机械及自动化技术专业
60	厦门大学	飞机维修工程专业
61	青海省交通职业技术学院	公路与桥梁专业
62	南宁职业技术学院	室内设计与装修专业

附录2 国家高职高专学生实训（师资培训）基地建设项目名单

序号	省市	基 地	依托单位
2002年启动建设基地（2个）			
1	四川	四川机械电子工程实训基地	成都电子机械高等专科学校
2	河南	数控技术实训基地	郑州工业高等专科学校
2003年启动筹建基地（10个）			
1	上海	职业技术教育实训基地	同济大学职业技术学院
2	湖南	先进制造技术实训基地	湖南铁道职业技术学院
3	天津	机电类实训基地	天津中德职业技术学院
4	吉林	汽车技术、自动化控制、数控技术类实训基地	长春汽车工业高等专科学校

续表

序号	省市	基　地	依托单位
5	贵州	商贸管理运作实训基地	贵州商业高等专科学校
6	安徽	合肥工程实训基地	合肥通用职业技术学院
7	山西	热能、电气及自动化综合实训基地	太原电力高等专科学校
8	辽宁	农业高等职业教育实训基地	辽宁农业职业技术学院
9	山东	机电类高等职业教育实训基地	山东劳动职业技术学院
10	浙江	下沙大学园区高职实训基地（经贸类）	浙江省教育厅

DAC026－20030118

全国高职高专校长联席会成立

2002年11月11日，由数所高职高专院校发起的全国高职高专校长联席会筹备组会议在上海举行。高教司高职高专处有关负责人及全国各地15所重点高职院校的校院长及负责人出席了会议。2003年1月18日，全国高职高专校长联席会议成立大会暨第一次全体会议在上海第二工业大学举行。联席会由67家成员单位组成，其宗旨是：坚持政府统筹、面向社会、地方为主、依靠企业发展职业教育的原则，在教育部的指导下，以成员单位为主体，共同努力、积极示范，在配合我国政府实施各项教育改革重大工程中，起到连接政府、学校与社会的桥梁作用，扩大高职高专教育的影响，打造高职高专品牌，形成教育集团效应。

DAC027－20030212

教育部启动高职高专院校人才培养工作水平评估试点工作

为了推动高职高专教育人才培养质量的提高，2003年2月12日，教育部办公厅发出《关于开展高职高专院校人才培养工作水平评估试点工作的通知》，印发了“评估方案”（试行）。该《通知》要求选择30所左右独立设置的高等职业院校、高等专科学校和成人高等学校开展评估试点工作。参评院校需举办高职高专教育满3年以上，并有一届毕业生。2003年4月，高教司决定在郑州铁路职业技术学院等28所高职高专院校开展评估试点工作。

DAC028－20030408

教育部启动国家级精品课程建设工作

2003年4月8日，教育部下发《关于启动高等学校教学质量与教学改革工程精品课程建设工作的通知》。按照既定程序，国家精品课程评审从 2003 年开始，2003 年度 151 门课程中，高职高专类课程 24 门（《教育部关于公布 2003 年度国家精品课程名单的通知》）；2004 年度 300 门课程中，高职高专类课程 51 门；2005 年度 314 门课程中，普通高等学校 299 门，军队院校 15 门，分布在 149 所高等学校，其中高等职业技术学院和高等专科学校为 61 门；2006 年度共 374 门课程，军队院校 16 门，普通高等学校 358 门，其中高职高专类课程 106 门；2007 年度共 633 门课程，其中本科课程 411 门，高职高专类课程 172 门，网络教育课程 50 门；2008 年度共 650 门课程，其中本科课程 400 门，高职高专类课程 200 门，网络教育课程 50 门。自 2003 年至 2008 年，高职高专共有 614 门课程被评为国家级精品课程，占评审课程总数的 25.38%。

DAC029 -20030603

两部门联合实施高职院校毕业生职业资格培训工程

根据《国务院办公厅关于做好 2003 年普通高等学校毕业生就业工作的通知》要求，劳动和社会保障部、教育部于 2003 年 6 月 3 日联合发出实施“2003 年高职院校毕业生职业资格培训工程”的通知，该“工程”按照“瞄准市场需求、提升职业能力、转换择业观念、加强就业服务”的要求，集中职业技能培训优质资源，结合专业特点，有针对性地强化职业技能培训；组织开展职业资格培训和创业培训。2004 年 4 月 13 日，两个部门继续联合发文实施“2004 年高职院校毕业生职业资格培训工程”。

DAC030 -20030709

教育部试办示范性软件职业技术学院

为了落实国务院于 2000 年 6 月发布的《鼓励软件产业和集成电路产业发展的若干政策》和 2002 年 9 月国务院办公厅转发国务院信息化工作办公室制定的《振兴软件产业行动纲领》，教育部办公厅于 2003 年 7 月 9 日下发了《关于试办示范性软件职业技术学院的通知》，对示范性软件职业技术学院的建设目标、试点内容、扶持政策、规模与布点、检查评估、申报条件等作出具体规定。随后通过申报和评审，确定 35 所高等职业技术院校为首批试办单位，并于 2004 年 2 月 8 -9 日在北京举行了示范性软件职业技术学院建设单位第一次工作会议，交流工作计划，部署建设工作，成立示范性软件职业技术学院院长联席会。

DAC031－20030909

高职高专院校人才培养工作水平评估委员会成立

2003年9月9日，教育部高教司下发《关于成立高职高专院校人才培养工作水平评估委员会的通知》。高职高专院校人才培养工作水平评估委员会由杨应崧任主任委员，朱传礼、高林、陈希天任副主任委员，李志宏任秘书长。委员会的主要任务是对高职高专院校人才培养工作水平评估的方针、政策、规章、方法等进行研究，为教育部提供建议和咨询；对高职高专院校人才培养工作水平评估方案组织研究和修订工作；审议评估专家组对学校考察后的评估意见和结论建议，向教育部提出被评学校评估结论的建议等。

DAC032－20031119

“中德职教师资进修项目”签字仪式在北京举行

2003年11月19日，教育部和德国继续教育与发展协会共同出资合作的“中德职教师资进修项目”签字仪式在北京举行。此项目将于3年内，在德国的现代企业和优秀培训机构中，为国家级和省部级重点职业学校及全国职教师资培训基地培养数控技术应用、机电技术应用等6个专业的900名教师。

DAC033－20031130

中国高职教育研究会举办第九次学术年会

2003年11月30日至12月4日，中国高等职业技术教育研究会第六届二次理事会暨第九次学术年会在上海召开。教育部全国产学研结合研究会主任、全国高职高专院校人才培养工作水平评估委员会副主任朱传礼，中国职业技术教育学会常务副会长刘来泉，上海市政协教科文卫体委员会副主任薛喜民，上海电气集团总公司总裁马新生以及来自全国各地的高职院校代表240多人参加会议。会议对第九次学术年会优秀论文特别奖（专著）5项、一等奖6项、二等奖14项、三等奖28项进行颁奖。

DAC034－20031211

教育部召开第二次全国高职高专教育产学研结合经验交流会

2003年12月11－12日，教育部在湖北省武汉市召开第二次全国高职高专教育产学研结合经验交流会，交流高职高专制造类专业人才培养的产学研结合经验，研讨在新的形势下，如何以就业为导向，加快培养社会紧缺的制造业高等技术应用型人才，推动高等职业教育持续健康发展。教育部部长周济在会上强调，高等职业教育应坚决贯彻教育“要服务于社会主义现代化建设，要与生产劳动和社会实践相结合”的宗旨，在结构调整、人才培养模式等方面大胆改革、勇于创新，努力培养一大批制造业紧缺的高等技术应用型人才。周济指出，高等职业教育要积极探索进行深层次的产学研结合，开展“订单式”培养，大力推进“双证书”制度，集成各方优势推动教学基本建设，将产学研结合的思想落到实处。

DAC035 -20040229

教育部召开第三次全国高职高专教育产学研结合经验交流会

2004 年 2 月 29 日下午，第三次全国高职高专教育产学研结合经验交流会在江苏省无锡市闭幕。教育部部长周济出席会议并讲话，教育部副部长吴启迪作会议总结报告。会议提出，教育部和财政部将加大投入，充分依托现有职业院校和实训基地，用 3 ~5 年的时间，在全国兴建一批具有示范作用的国家级职业教育实训基地，5 年内要为国家培养 100 万名高技能人才。会议要求“高职教育要以服务为宗旨，以就业为导向，走产学研结合改革发展之路，培养数以千万计的高技能人才，办让人民满意的高职教育”。通过研讨，会议达成以下共识：一、高职教育发展总的形势越来越好，社会认同度越来越高，办学思路越来越清晰，高职教育战线同人的信心越来越足，高职学生就业率不断提高；二、一个具有中国特色、充满生机活力的、基本适应社会主义现代化建设需要的高职教育体系初步形成；三、随着人才强国战略的实施，高职教育面临着千载难逢的发展机遇和广阔的发展空间，同时也面临着严峻的挑战，机遇与挑战并存；四、地方政府对高职教育的重视，是高职教育健康发展的保障。

DAC036 -20040307

陈至立强调高职院校要有好布局

2004 年 3 月 7 日，国务委员陈至立在参加全国政协教育界委员讨论时说，高等职业院校在培养“留得住、用得上”的人才方面十分重要，地级市设置职业院校对高等教育长远发展具有战略意义。高等职业院校必须要有好布局，布局很重要，“就像种菜一样，种好了苗苗会慢慢长大，如果不种就不会有收获”。

DAC037 -20040412

教育部启动高职高专院校人才培养工作水平评估

2004 年 4 月 12 日，教育部办公厅发出《关于全面开展高职高专院校人才培养工作水平评估的通知》，正式启动高职高专院校人才培养水平评估工作。教育部制定的《高职高专院校人才培养工作水平评估方案（试行）》《高职高专院校人才培养工作水平评估工作指南（试行）》《高职高专院校人才培养工作水平评估专家组工作细则（试行）》等文件，是根据高职高专教育的特点和全国高职高专院校的现实状况制定的评估指导文件。该《通知》要求各省、自治区、直辖市在开展评估时，可从本地区的实际情况出发，在坚持《评估方案（试行）》标准的前提下，制订本地区的评估实施方案。各省级教育行政部门应制定本地区高职高专院校人才培养工作水平评估工作的总体规划和年度计划，保证5年内完成对本地区所有高职高专院校的第一轮评估。

DAC038－20050517

“中国（上海）高技能人才实训中心”揭牌成立

2005年5月17日，“中国（上海）高技能人才实训中心”揭牌成立。这是全国第一个“高技能人才实训中心”，标示“国家高技能人才东部地区培训工程”正式启动。该中心涉及京、沪、苏、浙、闽、鲁、粤7个省、直辖市和苏州、宁波、厦门、青岛、深圳5个重点城市，是劳动和社会保障部实施国家高技能人才培训工程、落实人才强国战略的一项重大决策和重要部署。

DAC039－20050603

周济考察兰州石化职业技术学院

2005年6月3日，教育部部长周济考察兰州石化职业技术学院时说，我国职业教育的体系已经很完善，职业教育改革和发展的思路更加清晰，以服务为宗旨、以就业为导向的职业教育越来越得到社会的认可。周济指出，衡量一所职业院校的标准，就是看培养的人才是否受到社会的欢迎。不同类型的教育都有自己的一流，你们要在高职这个层面上争创全国一流。

DAC040－20050821

25名高职院校校长获首届“中国职业教育杰出校长”殊荣

2005年8月21日，中国职业教育首届百名杰出校长受到表彰。此次活动由中国职业技术教育学会和中国教育报社等5家单位共同组织，共评选出100名校长为2005年“中国职业教育杰出校长”；其中中等职业学校校长75名，高等职业院校校长25名。同时，会议授予97名院校校长获得2005年“中国职业教育杰出校长”提名奖荣誉称号。

DAC041 –20050902

高职高专院校获 39 项教学成果奖

2005 年 9 月 2 日，《教育部关于批准第五届高等教育国家级教学成果奖项目的决定》下发，公布了第五届高等教育国家级教学成果奖获奖项目。本届教学成果奖共评出特等奖 3 项、一等奖 59 项、二等奖 537 项。其中，高职高专教育院校共获得一等奖 6 项、二等奖 33 项。

DAC042 –20051010

教育部开展两年制高职高专教育教学改革项目研究

2005 年 10 月 10 日，教育部高教司印发《关于开展两年制高职高专教育教学改革项目研究的通知》，提出从课程体系、教学内容、师资培训、管理机制、资源建设等方面组织开展两年制高职高专教育教学改革项目研究。

DAC043 –20051203

中国高职研究会召开第七届全体理事会

2005 年 12 月 3 –6 日，中国高等职业技术教育研究会第七届全体理事会暨第十次学术年会在广西南宁职业技术学院举行。出席会议的有来自全国职业技术院校、高等专科学校的代表 350 余人。中国职教学会会长王明达、中国高教学会会长周远清出席开幕式并讲话。中国高等职业技术教育研究会会长李宗尧作了《回顾、总结、改革、发展》的主题发言。会议进行了中国高等职业技术教育研究会常务理事会换届工作，选举出第七届常务理事会会长单位、副会长单位 21 个。天津职业大学继续担任新一届会长单位。

DAC044 –20060825

高职联合革新计划——高职教师教育与培训项目启动

2006 年 8 月 25 日，教育部办公厅印发《关于组织实施“中国高等职业教育联合革新计划——高职教师教育与培训”项目的通知》，正式启动该项目，并对做好项目实施工作的要求予以明确。该项目是由教育部向联合国教科文组织职业教育国际中心申请的，由教育部高教司、学位管理与研究生教育司和中国联合国教科文组织全国委员会秘书处联合组织协调与指导，由项目专家组和参与学校（单位）负责落实项目的具体实施工作。项目旨在更好地借鉴国外高等职业教育师资建设的先进经验，加强高职师资对外交流。2007 年 9 月 15 日，该项目工作会在北京联合大学举行。中国联合国教科文组织全国委员会秘书处副秘书长杜越等出席会议，参与项目的15个单位的代表参加会议。会议就承担项目试点任务的各单位2007年的工作情况、高职教师教育与培训研究课题的进行情况等进行了总结。会议还就项目结题、项目证书以及组团考察等问题进行了讨论。

附录　承担项目培训的单位

北京师范大学教育技术学院
北京联合大学高等技术与职业教育研究所
中国高等教育培训中心
大连东软信息学院
广播电影、电视干部管理学院
天津大学职业技术教育学院
天津工程技术师范学院
天津中德职业技术学院
华中科技大学
同济大学职业技术教育学院
上海第二工业大学
深圳职业技术学院
顺德职业技术学院
宁波职业技术学院
浙江经济职业技术学院

DAC045－20061103

百所国家示范性高职院校建设计划全面启动

2006年11月3日，教育部和财政部联合印发《关于实施国家示范性高等职业院校建设计划 加快高等职业教育改革与发展的意见》，决定在“十一五”期间，将支持百所高等职业院校实施为期三年的国家示范性院校建设计划。该计划完成后，将使60万名以上在校生直接受益；为社会提供各类培训200万人次；重点建成500个左右产业覆盖广、办学条件好、产学结合紧密、人才培养质量高的特色专业群；培养和引进高素质“双师型”专业带头人和骨干教师，聘请企业行业技术骨干与能工巧匠，专兼结合的专业教师队伍建设取得明显成效；建成4000门左右优质专业核心课程，1500种特色教材和教学课件，每个专业带动区域和行业内3个以上相关专业主干课程水平的提高，教学质量显著提升；围绕国家重点支持发展的产业领域，研制并推广共享型教学资源库，为学生自主学习提供优质服务；运用现代信息手段，搭建公共服务平台，为共享优质教学资源提供技术支撑；推动示范院校与经济欠发达地区的对口支援，与区域内中高等职业院校的对口交流，促进高等职业教育整体质量的提升。2006 年年底，经各地推荐与教育部、财政部联合组织专家评审，确定首批“国家示范性高等职业院校建设计划”立项建设单位 28 所，重点专业建设 142 个。

附录　2006 年度“国家示范性高等职业院校建设计划”立项建设名单

序　号	院校名称	省　份
1	天津职业大学	天津
2	邢台职业技术学院	河北
3	山西财政税务专科学校	山西
4	辽宁省交通高等专科学校	辽宁
5	长春汽车工业高等专科学校	吉林
6	黑龙江建筑职业技术学院	黑龙江
7	上海医药高等专科学校	上海
8	南京工业职业技术学院	江苏
9	无锡职业技术学院	
10	宁波职业技术学院	浙江
11	浙江金融职业学院	
12	芜湖职业技术学院	安徽
13	福建交通职业技术学院	福建
14	青岛职业技术学院	山东
15	威海职业学院	
16	黄河水利职业技术学院	河南
17	平顶山工业职业技术学院	
18	长沙民政职业技术学院	湖南
19	湖南铁道职业技术学院	
20	番禺职业技术学院	广东
21	深圳职业技术学院	
22	南宁职业技术学院	广西

续表

序　号	院校名称	省　份
23	重庆工业职业技术学院	重庆
24	成都航空职业技术学院	四川
25	四川工程职业技术学院	
26	杨凌职业技术学院	陕西
27	兰州石化职业技术学院	甘肃
28	新疆农业职业技术学院	新疆

DAC046－20070720

高等职业教育国际研讨会召开

2007年7月20日，2007年高等职业教育国际研讨会在青岛举行。来自德、美、荷、加等国家的高职院校和研究机构专家学者，以及国内高等职业教育研究专家、高等职业教育院校负责人和企业界代表200余人参加了会议。为期两天的研讨会由青岛职业技术学院主办，海信集团有限公司、青岛啤酒股份有限公司、青岛海晶化工集团有限公司等协办。论坛本着“交流、合作、发展”的态度，旨在搭建国际高职教育对话平台。国内外职教专家、职业教育院校负责人和企业代表围绕“全球化背景下高等职业教育办学模式”的主题，就职业教育的学科建设、教育模式、教育体制、教师专业化、工学结合、课程体系、发展趋势等热点、难点问题进行了探讨。

DAC047－20071013

2007年度“国家示范性高等职业院校建设计划”立项单位公布

2007年10月13日，《教育部、财政部关于确定2007年度国家示范性高等职业院校建设计划立项建设单位的通知》印发，公布了北京工业职业技术学院等42所高等职业院校为2007年度“国家示范性高等职业院校建设计划”立项建设单位，项目建设期为3年。

附录　2007年度“国家示范性高等职业院校建设计划”立项建设单位名单

序　号	院校名称	省　份
1	北京工业职业技术学院	北京
2	北京电子科技职业学院	

续表

序　号	院校名称	省　份
3	天津中德职业技术学院	天津
4	承德石油高等专科学校	河北
5	石家庄铁路职业技术学院	
6	山西工程职业技术学院	山西
7	内蒙古建筑职业技术学院	内蒙古
8	沈阳职业技术学院	辽宁
9	大连职业技术学院	
10	长春职业技术学院	吉林
11	黑龙江农业工程职业学院	黑龙江
12	上海公安高等专科学校	上海
13	上海工艺美术职业学院	
14	江苏农林职业技术学院	江苏
15	常州信息职业技术学院	
16	苏州工业园区职业技术学院	
17	浙江机电职业技术学院	浙江
18	温州职业技术学院	
19	金华职业技术学院	
20	安徽水利水电职业技术学院	安徽
21	安徽职业技术学院	
22	漳州职业技术学院	福建
23	九江职业技术学院	江西
24	山东商业职业技术学院	山东
25	淄博职业学院	
26	商丘职业技术学院	河南
27	武汉职业技术学院	湖北
28	武汉船舶职业技术学院	
29	永州职业技术学院	湖南
30	湖南交通职业技术学院	
31	广州民航职业技术学院	广东

续表

序 号	院校名称	省 份
32	柳州职业技术学院	广西
33	重庆工程职业技术学院	重庆
34	四川交通职业技术学院	四川
35	四川建筑职业技术学院	
36	贵州交通职业技术学院	贵州
37	云南交通职业技术学院	云南
38	西安航空职业技术学院	陕西
39	甘肃林业职业技术学院	甘肃
40	青海畜牧兽医职业技术学院	青海
41	宁夏职业技术学院	宁夏
42	克拉玛依职业技术学院	新疆

DAC048 -20071226

国家示范性高等职业院校建设一周年成果展举办

2007年12月26日，国家示范性高等职业院校建设一周年成果展示会在北京举办，教育部副部长吴启迪出席。首批立项建设的28所院校坚持以服务为宗旨，以就业为导向，积极探索校企合作、工学结合的人才培养模式改革，扎实推进示范院校建设工作，其中，合作5334个校外实习基地，聘请了5394位行业企业技术骨干和能工巧匠担任兼职教师；有5009家企业与这些建设院校签订了合作协议，共计接收实习学生23.7万人、就业毕业生3.5万人，接收实习学生比原来增长八成以上，接收就业学生增长六成。同时，以工学结合为切入点，在专业建设、课程设置、教学内容和教学方法改革等方面形成了一批典型案例。

DAC049 -20071226

各级财政支持示范性高职院校建设计划

为实施“国家示范性高等职业院校建设计划”，中央财政计划拨发20亿元资金，按照“地方为主、中央引导、突出重点、协调发展”的原则，选择办学定位准确、产学结合紧密、改革成绩突出、制度环境良好、辐射能力较强的高等职业院校，以专业建设为核心，进行重点支持。在2006

年度中央财政累计投入 4 亿元的引导下，地方财政已到位资金 8.17 亿元，企业行业支持投入已到位 1.63 亿元。2007 年度，中央财政继续投入 5.8 亿元，带动更多的地方资金、企业行业资金对该项目的投入，各院校生均预算内经费平均升幅为 20%，明显增强了这些院校对社会的服务能力。例如，跨省招生平均比例从 16% 提高到 22%，最高达到 51%；中部、东部院校对西部招生平均比例从 4.4% 提高到 8.6%，最高达到 20%；对口支援培训教师与学生近万人，对口支援 188 所院校，面向社会开展技能培训与鉴定 21 万人次。

DAC050 -20071227

国家示范性高等职业院校建设一周年论坛在北京召开

2007 年 12 月 27 日，在北京举行了国家示范性高等职业院校建设一周年论坛，教育部、财政部等部门和各地教育、财政部门的有关领导，以及包括示范建设院校在内的 180 所高职院校和 100 多家企业、新闻媒体的代表共 900 人参加了会议。在论坛上，代表们就校企合作、工学结合、劳动合同法、就业促进法的实施等问题进行研讨。国防科工委、民政部、机械工业协会发布了行业相关信息。中国高等教育学会会长周远清在会上讲话，他指出，示范性高职院校建设为我国教育加强与经济社会的紧密联系积累的有益的经验，不仅对高等职业教育，而且对整个高等教育改革与发展具有重大的战略意义。最后，70 所立项建设院校还提出了题为《培养高技能人才，为人力资源强国建设服务》的北京论坛倡议。

DAC051 -20080908

2008 年度“国家示范性高等职业院校建设计划”立项单位公布

2008 年 9 月 8 日，《教育部、财政部关于确定“国家示范性高等职业院校”2008 年度立项建设院校的通知》下发，公布了北京农业职业学院等 30 所院校为“国家示范性高等职业院校建设计划”2008 年度立项建设院校，同时确定山西煤炭职业技术学院等 8 所院校作为重点培育的高等职业院校进行建设。

附录 1　2008 年度"国家示范性高等职业院校建设计划"立项建设单位名单

序号	院校名称	省份
1	北京农业职业学院	北京
2	北京财贸职业学院	
3	天津医学高等专科学校	天津
4	天津电子信息职业技术学院	
5	河北工业职业技术学院	河北
6	包头职业技术学院	内蒙古
7	辽宁农业职业技术学院	辽宁
8	吉林工业职业技术学院	吉林
9	大庆职业学院	黑龙江
10	黑龙江农业经济职业学院	
11	上海旅游高等专科学校	上海
12	南通纺织职业技术学院	江苏
13	徐州建筑职业技术学院	
14	浙江警官职业学院	浙江
15	日照职业技术学院	山东
16	山东科技职业学院	
17	河南职业技术学院	河南
18	湖北职业技术学院	湖北
19	武汉铁路职业技术学院	
20	湖南工业职业技术学院	湖南
21	广东轻工职业技术学院	广东
22	海南职业技术学院	海南
23	重庆电子工程职业学院	重庆
24	绵阳职业技术学院	四川
25	四川电力职业技术学院	
26	昆明冶金高等专科学校	云南
27	西藏职业技术学院	西藏
28	陕西工业职业技术学院	陕西

续表

序 号	院校名称	省 份
29	宁夏财经职业技术学院	宁夏
30	新疆石河子职业技术学院	兵团

附录2 重点培育高等职业院校名单

序 号	拟培育院校名称	省 份
1	山西煤炭职业技术学院	山西
2	上海医疗器械高等专科学校	上海
3	安徽机电职业技术学院	安徽
4	福建信息职业技术学院	福建
5	江西现代职业技术学院	江西
6	顺德职业技术学院	广东
7	广西机电职业技术学院	广西
8	新疆轻工职业技术学院	新疆

DAC052－20081219

国家示范性高等职业院校建设两周年专业改革成果展举办

2008年12月19－21日，由中国高等教育学会、国家示范性高等职业院校建设工作协作委员会联合主办的“百所名高职、百家名企业”合作发展论坛暨国家示范性高等职业院校建设两周年专业改革成果展示会在北京举行。100所国家示范性高等职业院校建设计划立项建设院校代表、近140家合作企业代表、百余所其他高职院校及本科院校代表，以及教育部、财政部、中国工程院等20余家相关单位代表共计700余人到会。本次展示会按照“大家事情大家办、院校围绕企业转”的理念，28个会议服务项目由25所高职院校自愿承担，并以教师带领学生开展生产性实训的方式完成，推动承担院校进一步解放思想、深化专业教学改革。

附录 2008年全国高职高专教育规模和示范性高职院校建设投入情况统计

至2008年年底，全国有独立设置的高职高专院校1168所，占普通高校数的61%；2008年招生299万人、在校生近880万人，占全日制普通高校本专科在校生数的47%。“国家示范性高等职业院校建设计划”项目于2006年启动，分3批在全国1168所独立设置的高职高专院校中遴选了100所立项建设院校，重点支持了先进制造业、现代服务业和农、林、牧、渔业等440个专业点建设。至2007年底，地方财政投入共计20.30亿元，行业企业专项投入5.5亿元。截至2008年年底，中央财政已累计到位17.8亿元。

第四节　学术研究

DAD001－19910400

《高等职业技术教育概论》出版

1991年4月，由叶春生任主编、周丕创任副主编的《高等职业技术教育概论》出版。江苏省副省长高德正为该书作序，他指出，该书“提出多形式、多层次、多规格培养社会主义现代化建设人才的思路，正是适应了社会的这种需要……这对我省进一步改革职业教育具有重要的参考价值”。此书是江苏省哲学社会科学“七五”规划项目所编选的“江苏社会科学文丛”之一。全书分“综合研究篇”和“江苏专题篇”两部分，“综合研究篇”较系统地论及高等职业技术教育的概念、社会根据、培养目标、教学过程的组织、政治思想教育工作，以及我国高等职业技术教育改革和国外同类教育简析；“江苏专题篇”主要介绍了江苏省有关高中后教育的历史和现状。

DAD002－19910400

《高等职业技术教育之探索》出版

由江汉大学校长王千弓任组长、多所职业大学联合组成的高等职业技术教育课题研究组，承担了国家教委“七五”科研规划课题“发展有中国特色的高等职业技术教育研究”。这是高等职业技术教育科研课题首次被纳入国家科研规划项目，并取得成果。1991年4月，由王千弓任主编、张薇之任副主编，以该课题成果汇编而成的《高等职业技术教育之探索》一书出版。国家教委副主任王明达为此书作序。王明达指出，这“是一本研究我国高等职业技术教育的论文集，这在我国教育科学研究方面，算是填补了一个空白”。

DAD003－19910806

高中后教育研究获得良好成果

以董明传为组长的课题组所承担的“七五”哲学、社会科学重点项目“高中后教育模式研究”，于1991年8月6日通过鉴定。该课题从研究高中后教育培养规格入手，把人才知识能力结构作为把握社会主义建设与高中后教育关系的中介，提出了我国要选择以职业技术教育为主体，向非学历教育倾斜，建立与学历文凭证书制度并存、并用、并重的职业资格证书制度，形成具有多导向分流、多层次结构和开放特征的教育模式。该课题鉴定认为，此项课题成果对于建立面向 21 世纪具有中国特色的社会主义教育体系具有重要的理论意义和实践意义，对我国教育发展将会起长远的积极影响和作用。国家教委副主任何东昌在为该研究报告所作的序言中说道："高中后教育模式研究做了大量的调查研究，的确很有意义，也很有成绩。应该做点宣传，造点舆论，引起重视。"

DAD004 - 19941106

"上海职教论坛"发表首篇论文

"上海职教论坛"是由十几位长期从事职业技术教育工作的人员自愿组合起来，在上海电机学院、上海第二工业大学、上海职业技术教育研究所三家单位的资助下，无偿开展职业技术教育研究的学术性民间活动。这一活动开始于 1994 年 11 月 6 - 10 日在上海举行的一次高等职业技术教育研讨会，此后以不同形式延续至今，其秘书处设在上海电机学院。研究的第一项成果是撰写了《对发展高等职业教育几个重要问题的基本认识》一文，该文首先以若干调查案例说明发展高等职业教育是产业部门的客观需求，然后就社会人才类型与教育类型，社会、经济、科学、技术的发展与职业教育层次的提高，高等职业教育的标准和特点，高等职业教育的发展途径，发展高等职业教育的政策措施等重大问题，做多维度的论证和阐释。该文发表于《教育研究》1995 年第 5 期，《新华文摘》于当年 9 月摘登。

DAD005 - 19980500

中国工程院两次进行工程教育研究

1998 年 5 月，中国工程院由朱高峰、张维为组长，张光斗、路甬祥、韦钰为顾问，以"工程教育改革与发展咨询项目组"名义形成报送国务院的一份咨询报告，题为《我国工程教育改革与发展》。该咨询报告指出，工程教育与技术教育，在我国尚未形成具有不同特点的两大系列。存在的轻视技术与工艺，这也是造成我国工业产品质量差、缺乏竞争力的主要原因之一。为此，建议逐步地把工程和技术分为两个系列。技术系列应有独立的职称体系和院校体系（包括本科、大专、中专等）……按不同系列的特点，确定教育目标，组织教学……提倡"行行出状元"，改变目前的"千军万马过独木桥"的畸形。

建议正规的技术型本科和专科学校应得到加强。2004 年，中国工程院工程教育研究课题组再次进行我国工程师培养重要性与培养途径研究，就高等工程教育的地位、我国工业发展要求与工程技术人才培养之间的差距、高等工程教育的前瞻性要求做深入探索，并对如何培养现代工程师提出建议。

DAD006 –19980723

“上海职教论坛”提出高等职业教育的五个基本特征

“上海职教论坛”的学者们经过几年的调查研究，形成了《论高等职业教育的基本特征》一文，首先刊登于《高中后教育与人力资源开发》1998 年第 4 期，然后又在《教育研究》杂志 1999 年第 4 期上发表。其主要观点是：教育类型与院校类型有联系又有区别，研究高等职业教育的基本特征是为了进一步证明高等职业教育作为高等教育类型之一是一种客观存在，它的根据是高等职业教育所培养的人才类型及其培养过程与其他高等教育存在显著区别。作者认为，高等职业教育的基本特征包括培养目标特征、入学标准特征、培养过程特征、用人部门参与特征和培养条件特征五个方面。

DAD007 –19981104

教育部高教司提出高职教育的六个共性

中国高等职业技术教育研究会会长扩大会于 1998 年 11 月 4 –5 日在北京联合大学召开。教育部高教司副司长刘志鹏与会并讲话，他认为，高等职业教育的发展，首先是抓本质、抓共性，不在名词上争论。职业大学、高等专科学校、职业技术学院、成人高校等，这几种教育机构具有六个共性：一是都是以培养生产第一线的应用技术型人才为主。二是这种教育应该是以技术应用能力和基本素质的培养来共同构建教学体系。三是专业设置宽窄并存。四是实践教学应占有比较大的比重。五是产学结合是培养这种人才的根本途径。六是教师应该是“双师型”的。

DAD008 –19991108

教育部高教司提出高职高专教育的六项基本特征

1999 年 11 月 8 日，教育部高教司司长钟秉林在第一次全国高职高专教学工作会议上以《努力开创高职高专教学工作的新局面》为题所作的主报告中，提出了高职高专教育人才培养的六项基本特征。钟秉林指出，经过多年的改革实践，大家对高职高专教育人才培养模式的基本特征取得以下共识：1. 以培养适应生产、建设、管理、服务第一线需要的高等技术应用型人才为根本任务。2. 以社会需求为目标、技术应用能力的培养为主线设计教学体系和培养方案。3. 以“应用”为主旨和特征构建课程和教学内容体系，基础理论教学以应用为目的，以必需、够用为度；专业课加强针对性和实用性。4. 实践教学的主要目的是培养学生的技术应用能力，在教学计划中占有较大比例。5. “双师型”师资队伍的建设是高职高专教育成功的关键。6. 产学结合、校企合作是培养技术应用型人才的基本途径。

DAD009 - 20001020

何东昌为《高级技能人才培养》一书作序

由李宗尧、张明德、王义智、费重阳主编的《高级技能人才培养》一书于 2001 年 4 月出版。2000 年 10 月 20 日，原国家教委副主任、党组书记何东昌为此书作序。序言写道：《高级技能人才培养》一书的出版，为我国人才培养工作做了一件好事。它克服世俗偏见和传统人才观及教育观的束缚，另辟蹊径，为教育培训和人才培养工作提出一条新思路。全书以大量优秀高级技能人才的案例研究为基础，对这类人才的内涵、特征、素质构成等作出了理论界定，提出了其素质标准；通过若干行业、地方、企业调查和对经济社会未来走势分析，论述了高级技能人才在经济、科技、社会发展等方面的重要地位和作用，并提出了今后五年的需求预测；在总结十几年来高级技能人才培养经验，并借鉴国际经验的基础上，提出了岗位成才、企业培训、院校培养和校企合作等主要途径及方法；全书还以重要篇章从资格认定、立法、社会保障和运用市场经济的杠杆加速高级技能人才的培养与质量提高，提出了政策导向和措施的建议。

DAD010 - 20000000

高职高专人才培养工作委员会完成两项重要的专题研究

2000 年，高职高专人才培养工作委员会秘书组完成了“我国高职高专教育回顾与展望”专题报告。其基本内容为：（1）“九五”期间我国高职高专教育基本情况；（2）“九五”期间我国高职高专院校发展状况分析；（3）“十五”期间我国高职高专教育发展趋势；（4）改革和发展我国高职高专教育的建议。同年，还完成了“我国西部地区高职高专教育教学改革和建设计划”的编制工作。

DAD011 -20021125

高职与大专发展问题的调研项目完成

北京联合大学高等职业教育研究所受教育部高教司高职高专处委托，于2002年开展“关于我国高职与大专发展问题”的调查研究，2002年11月25日形成了《关于我国高职与大专发展问题的调研报告》上报教育部领导。该《报告》以广泛采集国内外同类情况的有关资料为基础，通过比较、分析和归纳，提出如下基本观点：1. 高等职业教育是一种重要的教育类型。2. 高等专科教育是社会需要的一种教育层次。3. 专科层次教育应以高等职业教育为主，兼顾其他。4. 努力办出专科层次的高等职业教育是当前的主要任务。

DAD012 -20021213

教育部系统部署高职高专教育产学合作研究与实践

2002年12月13日，教育部高教司印发《关于设立一批高职高专产学合作研究与实践项目的通知》，决定设立“计算机网络技术专业产学合作研究与实践”等21个高职高专产学合作研究与实践项目，力争通过2~3年的改革与实践，针对不同类型的高职高专院校和不同类型的专业，制订具有特色、同时又切实可行的高职高专产学合作实施方案，改善实验、实训条件，推动高职高专产学合作机制的建立。此前，高教司曾经组织过一个“产学研合作教育的教育模式和办学模式研究”课题，其成果从产学研合作教育的发展历史、社会背景、发展趋势入手，较系统地阐述了产学研合作教育的本质特征、理论依据、有效模式、试点实验和几个关键问题。2003年3月7日，高教司在杭州举行了高职高专产学合作研究与实践项目建设工作会议，具体布置了有关工作。

DAD013 -20031210

高职教育研究会对高职高专院校毕业生就业状况进行调研

中国高等职业技术教育研究会受教育部高教司委托，于2003年12月10日至2004年1月10日对高等职业技术学院、高等专科学校、普通本科院校的职业技术学院和成人高校，开展了2003年毕业生就业状况调查。截至2004年1月10日，共收到28个省、市、自治区347所院校19.4万名高职高专毕业生就业状况的反馈资料。该调查数据显示，截至2003年12月底，高职高专毕业生就业率平均为87.6%、未就业率平均为11.7%、不就业率平均为0.7%。在此基础上，该研究会又委托天津职业大学做了更深入的调查分析，据对 337 所院校 27.1 万名毕业生的统计，截至 2004 年 12 月底，平均就业率达 93.34%，未就业率为 6.66%。

DAD014－20051000

教育部开展两年制高职高专教育教学改革项目研究

2005 年 10 月，教育部高教司下发《关于开展两年制高职高专教育教学改革项目研究的通知》，提出从课程体系、教学内容、师资培训、管理机制、资源建设等方面组织开展两年制高职高专教育教学改革项目研究。

第二章　职业大学

第一节　方针政策

DBA001 – 19830510

世界银行贷款支持职业大学建设

1983 年 5 月 10 日，教育部转发经国务院批准的教育部、财政部、国家计委、对外经济贸易部《关于利用世界银行贷款促进广播电视大学及短期职业大学发展的请示》，提出选择 16 所短期职业大学进行试点。这些短期职业大学都是由大中城市利用地方财力、物力举办的，宗旨是为地方培养急需的各类专门人才，办学方针是短期（一、二、三年制）、职业性、实行收费走读、毕业生不包分配、择优推荐给用人单位录用。16 所短期职业大学是：北京短期职业大学（经济经管学院、机电学院）、上海工商管理学院、天津职业大学、金陵职业大学、常州职业大学、合肥联合大学、长沙职业大学、江汉大学、成都大学、沈阳大学、西安基础大学、广州短期职业大学、哈尔滨大学、济南职业大学、杭州工业专科学校、洛阳大学。（编者注：由于在实际办学中北京短期职业大学的两个学院形成互相独立的两个办学实体——学校，因此后来都说“17 所短期职业大学”。）

DBA002 – 19910513

中国高等职业技术教育研究会提出职业大学不宜分流

1991 年 5 月 13 – 18 日，高等职业技术教育研究会第二届理事会第三次会议暨高等职业技术教育理论与实践研讨会在天津职业大学召开。国家教委副主任何东昌特为会议题词，天津市副市长钱其璈出席开幕式并讲话。会议本着总结经验、肯定成绩、坚定信心、坚持改革、继续探索、巩固提高的精神，就职业大学面临的形势及发展的前途问题进行讨论。国家教委于 1991 年 1 月 6 日印发的《关于加强普通高等专科教育工作的意见》提出，职业大学一部分应办成以培养高级技艺型人才为目标的高等职业教育；一部分根据需要，经过上级主管部门审定并报国家教委批准，可以明确为普通高等专科学校。这一办学原则引起与会者的高度关注。经过认真分析与研讨，会议一致认为，“这实际上是否定了职业大学这种类型及其办学模式”。“专科也应属于高等职业技术教育范畴，十年来，专科与职业大学呈现了一种合流的趋势……因此，不宜把专科学校一概划入普通高校范畴，也不要把现有的职业大学排除在高等职业技术教育之外”。为此，“我们要求对‘分流’的做法慎重考虑，不要规定期限，草率从事”。以上意见写入该次会议的会议纪要并上报上级有关部门。

DBA003 – 19911017

国家决定积极推进现有职业大学的改革

1991 年 10 月 17 日，国务院颁布《关于大力发展职业技术教育的决定》。《决定》指出，积极推进现有职业大学的改革，努力办好一批培养技艺性强的高级操作人员的高等职业学校。

DBA004 – 19951006

国家教委发文推动职业大学改革和建设

1995 年 10 月 6 日，国家教委发布《关于推动职业大学改革与建设的几点意见》。《意见》提出：一、进一步明确职业大学在我国高等职业教育事业发展中的地位和作用。职业大学是我国高等教育的一种办学形式，是高等职业教育的重要组成部分。积极发展高等职业教育，推动职业大学的改革与建设，是我国高等教育进行结构调整，主动适应地方经济建设和社会发展需要的一项重大改革。二、推动职业大学改革与建设的基本要求：1. 密切围绕培养应用型人才的特点，深化教育教学改革，努力办出高等职业教育的特色；2. 要加强与行业部门的联合，积极实行校企结合；3. 努力改善办学条件，提高办学水平；4. 加强师资队伍建设；5. 改革职业大学的招生制度；6. 实行学生缴费上学制度。三、地方政府要加强对学校的领导，制定必要的政策措施，为职业大学的健康发展创造条件。

DBA005 – 19951219

国家教委发布《关于开展建设示范性职业大学工作的原则意见》

1995 年 12 月 19 日，国家教委印发《关于开展建设示范性职业大学工作的原则意见》，其主要内容是：一、申请试点建设示范性职业大学的基本条件；二、试点学校的申报与审定；三、示范性建设试点学校的检查验收；四、示范性职业大学建设的标准，其中对示范性职业大学的办学规模及硬件方面的标准要求是：在校生规模达到3000人以上；占地面积250亩以上；建筑面积8万平方米以上；图书总数25万册以上；实验实习设备总值1200万元以上。

第二节 重要活动

DBB001－19800827

我国第一所职业大学诞生

1980年8月27日，江苏省人民政府发出《关于同意创办金陵职业大学的批复》，批复南京市革命委员会“同意你市创办金陵职业大学”。我国第一所职业大学由此诞生。《批复》规定：“金陵职业大学为市属、走读、不包分配的全日制高等学校”，“费用全部自理，并适当交纳学杂费”。《批复》指出：“创办走读职业大学，是发展高等教育事业，加速培养技术人才的又一种办学形式。”该校于当年9月招收首届新生777名，10月正式开学，在全市16个教学点开展教学活动。建校后的最初三年，每生每年交费50元，学杂费收入占学校总收入的5.3%。2002年6月，经教育部和省市政府批准，该校与南京市农业专科学校合并组建金陵科技学院，是以培养高级应用型人才为主的全日制普通本科院校。

附录 江苏省人民政府《关于同意创办金陵职业大学的批复》

南京市革命委员会：

1980年8月6日宁革发［1980］225号报告收悉。经研究，同意你市创办金陵职业大学。现将有关问题批复如下：

一、金陵职业大学为市属、走读、不包分配的全日制高等学校。学制为三年制专科，招生对象为城区有走读条件的非在职高中毕业生。学习期间，不享受助学金待遇，书籍、交通、医疗等费用全部自理，并适当交纳学杂费；学习期满，考试成绩合格者，发给毕业证书。其毕业生，根据生产、建设需要和本人条件，由用人单位或劳动部门择优录用，可在全民所有制单位，也可在集体所有制单位，工资参照全日制大专学校毕业生的同等待遇。

二、专业设置应按照你市工农业生产和建设事业发展的需要，本着需要与可能兼顾、当前与长远结合的原则，报省计委、高教局研究确定。初办时专业不宜设得过多，招生人数也可少一些，一定要保证质量。1980年可招收500人左右，在你市今年高考未录取而成绩较好且有走读条件的城区非在职考生中，从高分到低分择优录取。

三、职业大学人员编制，除调配少数管理人员外，应有一定的基本教学力量，目前任课教师主要聘请有关高等院校教师兼任。

四、职业大学的经费来源：第一，市地方财力；第二，学生交纳的学杂费；第三，省高教事业费给予一定补助，1980年省补助20万元，其中开办费5万元。

五、创办走读职业大学，是发展高等教育事业，加速培养技术人才的又一种办学形式，有许多问题需要在实践中研究解决。望切实加强领导，认真解决办学过程中遇到的问题，不断总结办学经验，使之逐步完善。

在宁各大专院校应在师资、教材、实验条件等方面给职业大学以大力支持，提供方便，共同为四化建设培养合格人才作出贡献。

江苏省人民政府

1980年8月27日

（抄送：国家计委、教育部，省委办公厅，省人大常委会办公厅，省各委、办、厅、局，在宁各高等院校。）

DBB002－19840423

全国职业大学第一次校际协作会议举行

1984年4月23－29日，由江汉大学、金陵职业大学、成都大学、无锡职业大学、合肥联合大学和杭州工业专科学校6校发起，经教育部同意支持的全国职业大学第一次校际协作会议在武汉市江汉大学举行。来自20个省、市的36所学校的79名代表参加会议。这次会议的任务是：沟通情况、交流经验、组织协作、建立网络。会议决定在武汉市江汉大学设立职业大学联络站，提出筹建“中国职业大学教育研究会”的倡议，草拟了《中国职业大学教育研究会章程（草案)》。湖北省副省长梁淑芬，湖北省委科教部部长尤洪涛，湖北省教育厅厅长邹时炎，武汉市市委书记、市长吴官正，副市长高顺龄，市顾委常委李春鉴，武汉大学校长刘道玉等参加会议。梁淑芬、尤洪涛、吴官正、刘道玉等在会上讲话。《光明日报》《中国教育报》《湖北日报》《长江日报》、武汉电视台、中央教育科学研究所等媒体和研究机构的代表参加会议。大会交流了32所学校提供的教学计划、大纲、教材、学报、校刊、经验总结等共计158种。

附录　参加全国职业大学第一次校际协作会议学校名单

十堰市职业大学、大连大学、广州大学、上海大学工商管理学院、开封市走读大学、天津职业大学、无锡职业大学、四平市职业大学、北京职业大学机电学院、北京职业大学经济管理学院、合肥联合大学、江汉大学、安阳市职业大学、西安大学、长沙大学、成都大学、沈阳大学、沙市职业大学、昆明大学、宜昌职业大学、邯郸职业大学、青岛职业大学、洛阳大学、哈尔滨大学、济南职业大学、南京金陵职业大学、郑州市走读大学、唐山职业大学、浙江大学附属杭州工业专科学校、常州工业技术学院、新乡市走读大学、黄石市职业大学、厦门鹭江职业大学、渝州大学走读部、襄樊职业大学、潍坊职业大学

DBB003 －19840423

全国职业大学区域校际协作活动相继展开

根据 1984 年 4 月 23 日召开的全国职业大学第一次校际协作会议精神，全国短期职业大学按区域就近划片建立校际协作小组，定期开展协作活动。1984 年 8 月、11 月和 12 月，全国 78 所短期职业大学分 6 片举行区域会议，分别传达了 1983 年全国高等教育工作会议精神，交流了各校的建设情况和工作经验，建立了各片区的校际协作组织，商议了活动方式和近期活动计划。

DBB004 －19850330

职业大学联络站向中共中央书记处研究室汇报情况

1985 年 3 月 30 日，全国短期职业大学联络站的三位同志——江汉大学党委书记宋捷、副校长张薇之和教务处长伍骅，到中共中央书记处研究室汇报全国短期职业大学的发展情况和职业大学希望上级帮助解决的主要问题。中共中央书记处研究室 1985 年 4 月 19 日的《情况简报》上登载《一种新型的地方大学（短期职业大学）的发展情况》一文，如实记述了这次汇报的情况和意见。

DBB005 －19851104

中国职业大学教育研究会成立

1985 年 6 月 27 －30 日，全国短期职业大学联络站与江汉大学共同邀请部分职业大学校长在武汉市江汉大学举行座谈会，就召开第二次职业大学校际协作会和成立中国职业大学教育研究会进行商讨并取得了共识。1985 年 11 月

4－10日，全国职业大学第二次校际协作会暨中国职业大学教育研究会成立大会在长沙市举行，来自全国 25 个省、自治区、直辖市的 96 所学校的代表 136 人参加了会议。国家教委副主任邹时炎、中共中央书记处研究室文化组副组长路逸等出席开幕式。邹时炎在讲话中充分肯定了全国职业大学的办学成绩，强调指出职业大学是符合我国国情的，是我国高教战线上一支充满活力的重要方面军，希望各地政府和教育部门给予积极扶持。同时分析了职业大学在发展过程中出现的困难和问题，对今后的工作提出了原则性意见。会议产生了由 26 人组成的第一届理事会并召开了理事会第一次会议，江汉大学校长王千弓当选理事会会长，金陵职业大学校长钟海涛、天津职业大学副校长李宗芳、沈阳大学校长陈鸿滨、成都大学校长魏柏良、长沙大学校长刘湘皋当选副会长。

DBB006－19860705

《中国教育报》报道职业大学办学成就

1986 年 7 月 5 日，《中国教育报》头版刊登齐之思的文章《适应社会急需的职业大学日益引人注目》。文章指出，近年来，适应社会和经济发展需要的职业大学先后在各地兴起。目前，全国已有 24 个省（市）举办职业大学 118 所，开设近百个专业，共有在校生 63000 余名，几年中，已向国家输送 6300 余名各类专业的毕业生。许多用人单位认为，职业大学的毕业生“肯干、好用、顶用”，不少地方出现争要职业大学毕业生的可喜现象。职业大学的特点是：（一）面向社会，把社会需要作为办学的出发点；（二）自费上学，不包分配，学生学习刻苦，具有强烈的求学紧迫感；（三）学生走读，学校不必设一套庞杂的生活服务机构，学校依靠社会各方面的支持，集资办学，具有上马快、花钱少、效率高的优势。

DBB007－19861004

中国职业大学教育研究会第一次学术年会举行

1986 年 10 月 4－10 日，全国职业大学第三次校际协作会暨中国职业大学教育研究会第一次学术年会在西安举行。国家教委职业技术教育司司长孟广平到会并讲话。出席会议的有全国 27 个省、自治区、直辖市的 106 所职业大学的 142 位代表。会议的中心内容是：1. 传达学习全国职业技术教育工作会议精神；2. 专题讨论职业大学建设和改革的几个重要问题；3. 广泛交流办学经验。

DBB008－19861016

职业大学开始与国外有关机构建立交流合作关系

1986年10月至1988年10月，我国的职业大学曾三次组团出访欧美部分国家，与有关机构交流情况，探索进一步交流与合作的途径。其中1988年6月29日至7月25日，以中国高等职业技术教育研究会会长王千弓为团长的考察团在对美国、加拿大的访问期间，代表中国高等职业技术教育研究会，与全美社区学院协会会谈并签署了合作意向备忘录；在多伦多市与加拿大社区学院联合会会谈并磋商了进一步交流合作的意向。

DBB009－19861125

《高等职业教育》创刊发行

1986年11月25日，武汉市市委宣传部发出《关于同意创办内部刊物——〈高等职业教育〉的批复》，由中国职业大学教育研究会主办的专业性、学术性季刊《高等职业教育》正式创刊发行，报刊准印证为（1987）鄂刊字38号，由中国职业大学教育研究会《高等职业教育》编辑部编辑、发行，编辑部设在江汉大学内。1997年10月20－22日，中国高等职业技术教育研究会第五届第一次理事会议上，天津职业大学当选为会长单位，中国高等职业技术教育研究会秘书处与《高等职业教育》编辑部随之迁至天津职业大学。自2002年起，《高等职业教育》与《天津职业大学学报》合刊为《高等职业教育——天津职业大学学报》并改为双月刊。截至2008年年底，该刊共出刊78期，发表文章1600余篇，总计约800万字。该刊现为天津市一级期刊，国内刊号CN12－1283/G4，国际刊号ISSN 1008－8415，天津市报刊准印证（2008）第060号。

DBB010－19890117

国家教委对世行贷款短大项目毕业生追踪调查

1986年3月至1989年9月，国家教委针对17所参与世界银行贷款项目的职业大学1985届2410名毕业生，就组织教学质量和用人单位进行评价调查，最后形成了《世界银行贷款短大项目十七所院校毕业生质量追踪调查报告》。调查数据显示，17所院校1983—1988年直接为地方输送了5.5万名各类专业人才，普遍受到用人单位的肯定，对毕业生的基本评价是：1. 总体质量合格，基本素质良好；2. 专业设置符合社会经济发展变化的要求；3. 教学管理水平基本满意。1989年1月17日，职业大学毕业生追踪调查工作会议在武汉市江汉大学召开，出席会议的有17所世界银行贷款项目学校和中央电视大学有关负责人近30人，英国开放大学高级讲师朱蒂·斯卡尔德女士和英国开放大学研究员爱伦·伍德先生，应邀参加会议并作了咨询。

DBB011-19890500

《人民画报》介绍金陵职业大学

1989年5月，《人民画报》1989年第5期（总第491期），用两页整版的篇幅，图文并茂地介绍了金陵职业大学。文中指出："1980年秋，中国第一所高等职业技术学校——金陵职业大学在南京诞生。学校以培养适应地方经济建设需要、具有较强实践能力的学生为己任，对传统的高等教育模式进行了改革。""金陵职业大学率先实行'收费、走读、不包分配、择优推荐'的方针。""在教学上，学校着眼于培养学生解决实际问题的能力，提倡理论联系实际，实践课时增到总课时的1/3，并运用先进的教学仪器和设备，加强实践性教学环节。""金陵职业大学教育上的探索，引起了国内外同行和专家的瞩目。目前，在中国先后兴办了120余所同类大学，成为中国高等教育新的重要组成部分。世界银行代表团到该校考察时，赞扬他们的办学方向，并给以无息贷款，帮助充实图书和教学设备。"

DBB012-19911203

职业大学教师代表出席全国高等学校教书育人座谈会

1991年12月3-7日，中宣部、国家教委和全国教育工会在北京联合召开全国高等学校教书育人座谈会。出席座谈会的有27个先进个人、10个先进集体的代表，以及6个省市党政有关部门或教育工会的代表。会议期间，中共中央政治局委员、国务委员兼国家教委主任李铁映到会与代表座谈。天津职业大学教师史国有作为全国职业大学先进个人的唯一代表出席了这次座谈会，并以《教书育人 培养合格人才》为题在会上发言交流。

DBB013-19950926

李岚清为江汉大学建校十五周年题词

1995年9月26日，国务院副总理李岚清为江汉大学建校十五周年题词："办好高等职业教育，为培养更多的优秀应用型人才作贡献。"

DBB014－19951228

周远清考察鹭江大学

1995 年 12 月 28 日，国家教委副主任周远清考察鹭江大学。在听取了校长刘金桂的汇报后，周远清指出，鹭江大学在办学上一要确定好培养目标；二要加强与企业合作，调动企业与学校合作办学的积极性；三要紧贴地区经济和社会发展需要。

附录　职业大学（1990—1998 年）发展情况表

年　份	学校数	招生人数	在校学生数	毕业生数
1990	114	24059	72449	26425
1991	114	22930	63459	24943
1992	85	27053	66219	20315
1993	83	35274	79909	19647
1994	87	35518	93939	21456
1995	86	27050	98300	28863
1996	82	38596	98831	31716
1997	80	44665	112092	29818
1998	101	62751	148561	35482

第三章　高等专科教育

第一节　改革与发展历程

DCA001 – 19820425

教育部、卫生部召开座谈会提出调整高等医学专科教育的意见

1982 年 4 月 25 – 30 日，教育部、卫生部在镇江联合召开全国高等医学专科教育座谈会。全国 25 所医学专科学校的领导同志及有关部委和地方教育厅局负责人共 54 人出席会议。卫生部部长崔月犁、教育部副部长黄辛白主持会议并讲话。会议着重对三年制高等医学专科教育面临的问题进行深入分析，认为"修业年限短，学习时间不足"和"办学条件普遍较差"，需要进一步贯彻调整、改革、整顿、提高的方针，逐步将三年制医学专科改为五年制医学院，提出了三年制医学专科学校升格为五年制医学院的六个基本条件。6 月 24 日，教育部、卫生部联合印发了这次座谈会纪要。

DCA002 – 19821126

国家第六个五年计划提出提高专科比重的要求

1982 年 11 月 26 日至 12 月 10 日，第五届全国人民代表大会第五次会议批准了《中华人民共和国国民经济和社会发展第六个五年计划（1981—1985）》，其中的第二十八章"高等和中等专业教育"中提出："提高大学专科比重。试办一批花钱少、见效快、酌收学费、学生尽可能走读、毕业生择优录用的专科学校和短期职业大学。"

DCA003－19830428

国务院要求多办一些专科

1983年4月28日，《国务院批转教育部、国家计委关于加速发展高等教育的报告的通知》指出，高等学校是培养专门人才的重要基地，要采取多层次、多种规格和多种形式加快高等教育的发展。要在发展中逐步调整好高等教育内部的比例关系，多办一些专科。《关于加速发展高等教育的报告》提出，考虑到目前高等学校中，专科学生较少，而各方面所需要的专门人才中又急需补充专科毕业生，因此，各类高等院校所增加的招生任务，特别是工科主要应招收专科学生。拟采取的措施有：第一，充分发挥现有高等学校，特别是老校的潜力。有条件的本科院校要办些专科；采取“下蛋”的办法举办分校或夜大学。第二，积极提倡大城市、经济发展较快的中等城市和大企业举办高等专科学校和短期职业大学。第三，大力发展广播电视大学、函授大学、夜大学。1983年5月，教育部在武汉市召开了新中国成立以来的第二次全国高等教育会议，要求高等教育应该坚持低重心，适当发展专科教育，并努力办出特色。

附录　1978—1986年全国普通高等教育层次结构变化情况

年　份	本、专科在校学生数（万人）		专科学生所占比例（%）
	合　计	其中专科	
1978	85.63	39.78	46.5
1979	102.00	34.85	24.6
1980	114.37	28.18	34.2
1981	127.94	21.88	17.1
1982	115.40	22.51	19.5
1983	120.68	27.75	23.0
1984	139.56	38.79	27.8
1985	170.31	58.05	34.1
1986	187.83	67.45	35.9

1987年，全国专科类型的普通高等学校468所，比1982年增长了1.46倍；招生数从1982年的8.4万人发展到28.4万人，增长了2.4倍，占普通高等学校当年招生总数的比例从27%上升到46%；在校生数从1982年的22.51万人发展到68万人，增长了2倍，占普通高等学校在校生总数的比例由19%上升到34%。

DCA004 –19840405

高等农林专科教育座谈会召开

1984年4月5–12日，教育部会同农牧渔业部、林业部在郑州召开了全国高等农林专科教育座谈会。参加座谈的有47所农林院校，21个省、自治区、直辖市的教育、农林部门，国务院有关部门及4个教育研究机构的代表共91人。教育部副部长黄辛白、农牧渔业部副部长相重扬和河南省副省长胡廷积出席会议并讲话。会议回顾了新中国成立以来高等农林专科教育的演变情况（当时全国高等农林类专科学校共10所）；讨论了农林专科教育的地位、作用及其发展和改革的问题；明确高等农林专科教育是高等农林教育中一个相对独立、不可缺少、长期存在的层次；对农林专科教育的培养目标及德、智、体、美方面的要求作出规定。同年8月13日，教育部、农牧渔业部、林业部联合印发了座谈会的纪要。同年，教育部组织成立了"高等农林专科教育研究协作组"。同时7月，教育部确定张家口农业专科学校、郑州畜牧兽医专科学校为发展、改革高等农林专科教育的试点学校，进行专科教育改革实验。

DCA005 –19841203

建立高等专科学校审批权重归国家教委

1983年国务院批转的《教育部、国家计委关于加速发展高等教育的报告》规定："成立高等专科学校和短期职业大学以及其他各类段学制的院校分别由主管的省、市、自治区人民政府和中央各部委按规定的办学标准和审批程序审批，报教育部、国家计委备案。"1984年12月3日，教育部、国家计委《关于重申中等专业学校改办大专院校审批权限的通知》指出，中等专业学校一般不要戴帽改办大专院校，如确有必要改的，须报教育部，由教育部会商国家计委审批。1985年11月25日国家教育委员会《关于新建普通高等学校有关问题的通知》规定，高等学校统一由国家教委负责审批。1986年3月12日，国务院发布《高等教育管理职责暂行规定》重申，高等学校（含高等专科学校）审批权归国家教委。

DCA006 –19850527

党中央提出着重加快高等专科教育的发展

1985年5月27日颁布的《中共中央关于教育体制改革的决定》指出："高等教育的结构，要根据经济建设、社会发展和科技进步的需要进行调整和改革……改变专科、本科比例不合理的状况，着重加快高等专科教育的发展。”其后，高等专科教育的规模得到进一步稳步发展。但专科招生增长的相当部分由本科院校承担，从20世纪80年代中后期开始，出现了本科院校举办专科教育的热潮。

附录 1982—1989年高等专科教育的发展情况

1982—1989年，专科类型的学校数从190所增加到458所，专科招生数从8.4万人增加到29.7万人，占本专科招生总数的比例从27%上升到近50%；专科在校生数从22.5万人增加到76万人，占本专科在校生总数的比例从19%上升到36%。10年累计专科毕业生达178万人。

DCA007－19861125

国家教委和卫生部重新认定高等医药专科教育的现实作用

从1986年开始，国家教委批复升格为本科的高等医药专科学校的文件中，都明确规定：“坚持面向农村、面向基层的办学方向，要求学校升格后本专并举，继续举办医学专科教育。”1986年8月，国家教委高等教育二司在牡丹江召开全国高等医学专科教育研讨会。多数与会者认为，根据我国的现实状况，高等医学专科教育将在今后的一个时期内，作为高等医学教育中一个相对独立的层次存在，并需适当发展。1986年11月25－30日，国家教委高等教育二司在成都市召开全国高等医学教育学制改革专题研讨会，会议确定除研究生培养外，高等医学教育列三种不同规格和层次，其中第一层次为农村和基层医疗卫生机构培养从事实际医疗预防工作的高等专科人才。1988年5月，卫生部部长陈敏章在《中国高等教育》发表《适应社会需要　发展医学专科教育》一文。

附录 《适应社会需要发展医学专科教育》（摘录）

我国现有普通高等医药院校131所，其中本科院校105所、专科学校16所，设置在综合大学内的医学院（或系、部）10所。本专科年招生规模达4.2万人，在校生数17万人……但是，现有的培养能力和发展速度与社会的需要仍存在不相适应的矛盾……我们不能简单地用发达国家办医学教育的经验和标准来规划我国医学人才的培养。

在20世纪50年代，我国曾采取医学专科教育的形式培养了大量的医学人才，缓和了当时高等医学人才紧缺的状况，取得了较好的效果。以后由于种种原因，我国高等医学专科教育经历了曲折的发展过程。一度曾提出要逐步取消这个层次，全部以本科教育代替，但经过这些年的实践，效果如何呢……事实证明，发展医学专科教育，不仅培养周期短、投资少、实用性强，而且更主要的是学生毕业后下得去、留得住、用得上，广大农民能够真正得到医疗服务的实惠。因此，根据农村的实际需要，医学专科教育作为医学教育的一个层次，在社会主义初级阶段恐怕要存在相当长的时期，并且，要把发展医学专科教育作为解决农村高等医学人才缺乏的一项战略措施来对待……发展医学专科教育，要破除一些传统观念。保证医学专科教育人才的培养质量，关键是对现行的一些教育制度、教学内容和教学方法进行认真的研究和改革。在培养过程中，要充分体现医专学生具有实用型专门人才的特点，使他们毕业后更好地适应和胜任基层卫生工作。

DCA008－19880127

国家教委对高等专科教育进行系统调研和评价

1988年1月27－31日，国家教委在北京召开了新中国成立以来的第三次全国高等教育工作会议。会议认为，十一届三中全会以来，“由于种种历史原因，专科教育事业长期处于大起大落的不稳定状态。1983年以后，虽然事业规模有了较大发展，但是在专科教育的性质、地位、作用、发展方针、办学特色等一系列根本问题上，认识很不一致，方向很不明确，相应的某些政策措施也不利于专科教育的稳定和发展”。1988年10月，国家教委在北京举办了一次有70多所高等专科学校负责人参加的、历时一个月的高等专科教育研讨班，对高等专科教育事业发展和改革中的某些重大问题进行了认真研究和讨论。1989年初，国家教委高教司提出了《关于加强普通高等专科教育工作的意见（征求意见稿）》，并在一年多时间内再次广泛征求意见，数易其稿。

DCA009－19901127

全国专科教育工作座谈会研讨专科教育改革的重大问题

1990年11月27日至12月1日，国家教委在广州召开全国普通高等专科教育工作座谈会。参加会议的有来自全国63所高等专科学校、短期职业大学和举办专科专业的本科院校的代表共147人。会议的中心议题是研究讨论稳定普通高等专科教育、办好普通高等专科教育、加强普通高等专科教育工作等重大问题。国家教委副主任朱开轩在开幕式上作《关于加强普通高等专科教育工作的几个问题》的主报告；有关部委、有关省市教育行政部门和普通高等专科学校等12个单位在会上介绍各自的办学情况和办学经验。会议讨论了《关于加强普通高等专科教育工作的意见》。国家教委副主任何东昌在闭幕式上讲了话。高教司司长龙正中作总结。会议形成共识，明确提出了普通高等专科教育的主要任务是培养能够坚持社会主义道路、适应基层部门和企事业单位生产工作第一线需要的、德智体诸方面都得到发展的高等应用型专门人才。

附录1　何东昌在全国普通高等专科教育工作座谈会上的讲话（摘录）

专科教育，过去50年代就发展过，当时作为人才急需的应急措施，现在看来，恐怕不能这么看。社会对人才的需求是多种多样的，有不同的侧重、不同的层次。对我们国家来说，能不能这样说，专科教育是与本科教育具有同样重要性，又是有不同特色的一种高等教育。不仅仅是目前我们生产力水平低的时候是这样，就是发展到像西德这样具有经济实力的国家也同样需要，不是应急措施，而是使我们培养的人才结构更加适应于高度现代化经济发展的需要。

我们要对专科的概念有一个更明确的认识。这次座谈会我们着重解决严格意义上专科的问题，至于技艺型人才培养，要专门开会、研究讨论。我们的专科，要培养有一定理论基础的、有扎实专业知识的、有较强实践能力的人才。

附录2　关于加强普通高等专科教育工作的几个问题

——朱开轩在全国普通高等专科教育工作座谈会上的报告（摘录）

在今后一个时期，普通高等专科教育的基本工作方针是：坚持社会主义办学方向，逐步理顺上下内外关系，深化教育改革，改善办学条件，提高教育质量。

……长期以来，在一部分高等专科学校的领导和教师中间，存在着不安心于专科教育的思想状况。其原因……现在，这些问题已被重视并正在逐步解决。这次会议的主文件《关于加强普通高等专科教育工作的意见》（讨论稿），就是试图从我国社会主义初级阶段的基本国情和社会主义现代化建设的实际需要出发，力求明确阐述专科教育的性质、地位、作用和发展方针，提出了一些拟采取的政策措施，其目的在于促进高等专科教育的稳定。从国家教委来讲，方针是明确的，即不但要稳定专科教育，办好专科教育，而且要有重点地抓好若干所在国内能起带头、示范作用，国外有影响的高等专科学校。

DCA010－19910106

国家教委印发《关于加强普通高等专科教育工作的意见》

1991年1月6日，国家教委发出的《关于印发〈关于加强普通高等专科教育工作的意见〉的通知》提出了我国普通高等专科教育的办学指导思想、今后一段时期内的工作方针和加强普通高等专科教育工作要采取的具体政策措施，是今后一段时期内我国普通高等专科教育工作的指导性文件。该《意见》从培养目标、办学方向、专业设置、教学要求、科技工作、教师队伍建设、招生等13个方面，对加强普通高等专科教育（不含师专）工作提出意见。

附录 关于加强普通高等专科教育工作的意见（摘录）

普通高等专科教育是在普通高中教育基础上进行的专业教育，培养能够坚持社会主义道路、适应基层部门和企事业单位生产工作第一线需要的、德智体诸方面都得到发展的高等应用型专门人才。它同本科教育、研究生教育一样，都是我国普通高等教育体系中不可缺少的重要组成部分。

普通高等专科教育的修业年限，定为2～3年。其中，工程、医药、政法类专科教育的基本修业年限定为3年。

普通高等专科教育的专业，应强调针对经济建设和社会发展的实际需要设置，可以宽窄并存。

普通高等专科教育的教学要突出理论知识的应用和实践动手能力的培养。基础理论的教学要以应用为目的，以必需、够用为度，以掌握概念、强化应用为教学的重点。专业课的教学内容要加强针对性和实用性。各类课程都要精简理论的推导和讲课时数，加强各种实践性教学环节。实践教学（尤其是专业实践教学）环节要在教学计划中占有较大的比重，使学生受到较好的专业训练和实践动手能力的培养。实践教学的安排方式，可分散在教学全过程中，也可相对集中安排在一个或两个学期中进行。

专科教材，是反映专科特色的重要方面。国家教委和有关部委将有领导、有组织地抓好专科教材建设。在近5年内，首先解决专科教材的有无问题，然后再经若干年的努力，形成特色明显的专科教材体系。

各普通高等专科学校要在主管部门的支持下，努力争取社会用人部门参与、承担专科人才的培养工作，包括：参与制订专业教学计划，选派有丰富实践经验和一定学术水平的人员到学校兼课，优惠提供教学仪器设备，提供社会实践和生产实习场所，参与评估学校的办学水平，协助开展专科教育教学改革试点工作，等等。

积极开展科学技术工作，是普通高等专科学校为社会主义现代化建设服务的一项重要任务，也对加强学校与社会的联系、更新和丰富教学内容、提高教师的学术水平和实践能力起着十分重要的作用……科技工作应以科技成果推广和科技服务为主。

各地各办学部门应增加专科教育的投资，切实改善专科学校的办学条件。

每所专科学校都要建立能基本满足实践教学要求的校办工厂、校办农场、附属医院。同时，要……建立起相对稳定的校外实习基地。

从事专科教育工作的教师应具有较高的学术水平和较丰富的专业实践经验。当前，专科教师队伍建设的重点是提高教师的专业实践能力。各校要努力创造条件，有计划地安排教师到生产第一线和工作现场，参加社会主义建设实践。

DCA011－19921114

第四次全国高教会议对高专教育提出新要求

1992 年 11 月 14－18 日，国家教委在北京召开了第四次全国普通高等教育工作会议。会议提出“八五”乃至 20 世纪末高等教育改革的思路和方针、政策。会议讨论了主文件《关于加快改革和积极发展普通高等教育的意见》和 6 个子文件。1993 年 1 月 12 日，国务院转发了会议的主文件，1993 年 2 月 8 日，国家教委《关于印发全国普通高等教育工作会议有关文件的通知》印发了会议的子文件。会议主文件指出，在高等教育的层次上，要大力发展专科教育，特别是着重发展面向广大农村、中小企业、乡镇企业和第三产业的专科教育。要进一步发挥学校的办学潜力，提高整体效益，到 2000 年，专科院校的校均规模要由 1000 人提高到 2000 人左右。在子文件《关于进一步深化普通高等学校教学改革的意见》中规定，专科专业的审批办法由学校主管部门自行研究确定，专科专业建设要充分体现应用性、针对性和灵活性的特点，使人才培养能很快适应各种职业和岗位的需要。

DCA012－19930213

中共中央强调要大力加强和发展地区性的专科教育

1993 年 2 月 13 日，中共中央、国务院颁发的《中国教育改革和发展纲要》指出：“要区别不同地区、科类和学校，确定发展目标和重点。制定高等学校分类标准和相应的政策措施，使各种类型的学校合理分工，在各自的层次上办出特色。要大力加强和发展地区性的专科教育。特别注重发展面向广大农村、中小企业、乡镇企业和第三产业的专科教育。”

DCA013－19940111

三部委联合提出高等农林专科教育发展的基本思路

1994 年 1 月 11－15 日，国家教委、农业部、林业部联合在杭州召开全国普通高等农林教育工作会议。国家教委副主任张孝文代表一委两部在会上作题为《解放思想、振奋精神、加快改革，开创高等农林教育工作的新局面》的报告。4月23日，国家教委、农业部、林业部联合下发了《关于印发全国普通高等农林教育工作会议有关文件的通知》；6月20日，国家教委、农业部、林业部联合印发了《关于进一步推进高等农林教育改革和发展的若干意见》，提出了关于高等农林专科教育改革和发展的基本思路。

附录　《关于印发全国普通高等农林教育工作会议有关文件的通知》的附件目录

附件一、关于进一步深化高等农林院校教学改革的意见

附件二、普通高等学校农林本科教育培养目标和基本规格

附件三、普通高等学校农林专科教育培养目标和基本规格

附件四、普通高等学校农林本科专业制订教学计划的若干意见

附件五、普通高等学校农林专科专业制订教学计划的若干意见

附件六、关于加快农科研究生教育改革和发展的意见

附件七、关于高等农林院校深化本专科生招生制度改革的意见

DCA014 – 19940614

国家提出部分高等专科学校发展高职教育的要求

1994年6月14－17日，党中央、国务院在北京召开改革开放以来第二次全国教育工作会议。国务院总理李鹏在题为《动员起来，为实施中国教育改革和发展纲要而努力》的主题报告中指出，今后一个时期，适当扩大规模的重点是高等专科教育和高等职业教育，注重培养广大农村、中小型企业以及乡镇企业所需要的人才。国务院副总理李岚清在总结报告中提出，发展高等职业学校，主要走现有职业大学、成人高校和部分高等专科学校调整专业方向及培养目标，改建、合并和联办的路子。1994年7月3日，国务院印发《关于〈中国教育改革和发展纲要〉的实施意见》，提出："通过改革现有高等专科学校、职业大学和成人高校以及举办灵活多样的高等职业班等途径，积极发展高等职业教育。"同时提出："各类大专层次的高等教育应适当扩大规模，注意充分利用电视、广播、函授等办学形式，为广大农村、乡镇企业以及中小型企业生产第一线培养人才。"

DCA015 – 19941116

全国高等工程专科学校校长工作研讨会在北京召开

1994年11月16－20日，全国高等工程专科学校校长工作研讨会在北京召

开。国家教委主任朱开轩出席并讲话。出席会议的除国家教委有关司局负责人外，还有来自全国27个省、市、自治区的80所高等工程专科学校的校长，其中有12位校长在会上发言。朱开轩讲话肯定了自《关于加强普通高等专科教育工作的意见》（“教高［1991］3号”）文件发布以来取得的成绩；重点宣讲了全国教育工作会议对于高等专科教育的主要精神；联系会前18位校长联名反映高等专科教育当前存在的主要问题，就专科与本科是类型区别还是层次区别、联合办学、本科院校办专科、专科的外部条件等方面谈了他的看法。与会代表对高等工程专科教育是否要承担和如何承担高等职业教育任务、高等专科教育与高等职业教育的区别、技术教育和职业教育的关系等问题展开热烈讨论，发表了不同的观点和各自的困惑。

附录　全国高等工程专科学校校长工作研讨会纪要（摘录）

会议用了较多的时间进行小组讨论……校长们比较集中地讨论了以下几个主要问题。

一、高等专科教育与高等职业教育的关系问题

与会校长完全赞同全教会提出的大力发展高等职业教育的意见，认为这对正在建设有中国特色的社会主义国家来说是一个提高劳动者素质的至关重要的问题。但是，校长们认为，高等专科教育是专业技术教育，学生受到工艺类型工程师的初步训练，高等职业教育培养具有一定专业技能的熟练劳动者和各种实用型人才，这两者是有明显区别的。高等专科教育要在国家教委教高［1991］3号文件的基础上进一步改革、发展和提高，办出自己的特色。同时，普通高等专科学校也应积极承担发展高等职业教育的任务。

二、关于高等工程专科教育的层次类型问题

校长们很同意朱开轩同志讲的“从主要特征来把握实质，不能把专科教育看成本科教育的前教育”，认为，培养两种类型的高等工程人才要从战略的高度来考虑，因为这两种类型的人才都是社会主义现代化建设所不可缺少的，在当前，培养高等应用型人才更为重要和紧迫。国家提出专科要适度发展的方针是完全正确的，普通高等专科教育是我国普通高等工程教育体系的一个基本组成部分，是与本科教育同等重要而又类型不同的教育形式。

三、高工专发展中的几个主要政策问题（专科学校与本科合并问题、毕业生学位问题、评高级工程师的规定学历问题、本科办专科问题、四年制试点问题）

DCA016 – 19950620

国家教委重申本科院校举办专科专业的规范化要求

1995 年 6 月 20 日，国家教委办公厅下发的《关于当前高等工程专科教育几个问题的通知》指出，高等工程专科与本科教育是两种不同类型的高等教育，在培养目标、培养模式、教学方针、教学内容等方面均有重大区别，那种把在校的不合格的本科生转为专科生（本降专）和把优秀专科生转为本科生（专升本）作为一种激励制度的做法是不当的，应予终止。重申本科院校举办普通高等工程专科专业要经过上级主管部门批准；本科院校的招生计划专科生所占比例不宜过大；本科院校要使专科教育的教学管理实现科学化、制度化、规范化。1997 年 1 月 21 日，国家教委发布的《关于转变职能，加强宏观管理，扩大直属高校办学自主权的若干意见》提出，国家教委所属学校应逐步减少招生普通专科生的数量。

DCA017 – 19950719

国家提出高等专科学校逐步划转为省级管理

1995 年 7 月 19 日，国务院办公厅转发国家教委《关于深化高等教育体制改革若干意见》提出："高等教育管理体制改革的目标是，争取到 2000 年或稍长一点时间，基本形成举办者、管理者和办学者职责分明，以财政拨款为主多渠道经费投入，中央和省、自治区、直辖市人民政府两级管理、分工负责，以省、自治区、直辖市人民政府统筹为主，条块有机结合的体制框架。""中央部门可与企业或企业集团共同举办高等专科学校；高等专科学校也可以加入大型企业集团，或者进行其他改革试验，积极探索高等学校多种形式的办学途径。"此后，原国务院部门（单位）所属高等专科学校逐步划转为所在省、自治区、直辖市管理。2000 年 2 月 12 日，国务院办公厅转发教育部、国家计委、财政部《关于调整国务院部门（单位）所属学校管理体制和布局结构的实施意见》公布，承德石油高等专科学校等 25 所专科学校改为中央与地方共建、以地方管理为主，石家庄邮政高等专科学校等 3 所专科学校改为部门（单位）培训中心。仍由国务院部门管理的华北矿业高等专科学校和防灾技术高等专科学校分别于 2004 年、2006 年升为本科院校。

DCA018 – 19950925

国家教委启动示范性普通高等工程专科学校建设

1990 年的广州专科教育工作座谈会提出要建设若干所示范性高等专科学

校的意见，1993 年高教司开始组织专家对此进行专题研究。1995 年 6 月 28 日至 7 月 1 日，普通高等工程专科学校校长协作组常务成员暨示范性普通高等工程专科学校课题组组长会议在江西省井冈山市召开，讨论“遴选示范性普通高等工程专科重点建设学校评估方案”第七次修改稿。9 月 25 日，国家教委下发《关于开展建设示范性普通高等工程专科学校的通知》，决定在全国开展建设示范性普通高等工程专科学校工作，并印发了《关于开展建设示范性普通高等工程专科学校工作的意见》。1996 年 3 月 20 日，国家教委高教司发出《关于做好示范性普通高等工程专科重点建设学校遴选确定工作的通知》，公布了《示范性普通高等工程专科重点建设学校遴选评价方案》和《示范性普通高等工程专科重点建设学校遴选评价工作指南》。

附录 1　示范性普通高等工程专科重点建设学校遴选过程

1995 年 12 月 12－17 日，国家教委在沈阳电力高等专科学校进行示范性普通高等工程专科重点建设学校的遴选试点工作。根据试点工作经验，修改了重点建设学校遴选评价方案和工作指南。

1996 年 9 月 4 日，高教司发出《关于同意对南京动力高等专科学校等六校进行示范性普通高等工程专科重点建设学校遴选评价工作的通知》等一系列通知，遴选评价工作由各校主管部门组织进行。

1997 年 3 月 5 日，国家教委发文确定沈阳电力高等专科学校等 27 所学校为示范性普通高等工程专科重点建设学校（2008 年又增加 4 所备案学校）。

1997 年 3 月 20 日，高教司发出《关于做好示范性普通高等工程专科重点建设学校建设工作的几点意见》。

1997 年 7 月 14－15 日在南京，8 月 18－19 日在哈尔滨，分别召开两次示范性高等工程专科重点建设学校研讨会。

1998 年 6 月 3 日，高教司《关于开展示范性普通高等工程专科重点建设学校中期检查工作的通知》确定中期检查要点。

附录 2　国家教委确定的示范性普通高等工程专科重点建设学校一览表

序号	学　校	主管部门
1	沈阳电力高等专科学校	国家电力总公司
2	南京动力高等专科学校	化学工业部
3	南京机械高等专科学校	机械工业部
4	洛阳工业高等专科学校	国家建筑材料工业局

续表

序号	学　校	主管部门
5	承德石油高等专科学校	中国石油天然气总公司
6	长春建筑高等专科学校	中国有色金属工业总公司
7	南京电力高等专科学校	国家电力总公司
8	上海冶金高等专科学校	上海市冶金工业局
9	上海轻工业高等专科学校	上海市轻工业局
10	石家庄邮电高等专科学校	国家邮政局
11	华北矿业高等专科学校	国家煤炭局
12	太原电力高等专科学校	国家电力总公司
13	本溪冶金高等专科学校	冶金工业部
14	长春水利电力高等专科学校	国家电力总公司
15	长春工业高等专科学校	冶金工业部
16	吉林电气化高等专科学校	中国有色金属工业总公司
17	哈尔滨理工大学工程技术学院	黑龙江省人民政府
18	黑龙江交通高等专科学校	黑龙江省交通厅
19	宁波高等专科学校	浙江省宁波市
20	山东潍坊高等专科学校	山东省潍坊市人民政府
21	湘潭机电高等专科学校	机械工业部
22	湖南城建高等专科学校	湖南省建设委员会
23	郑州工业高等专科学校	机械工业部
24	南昌水利水电高等专科学校	水利部
25	成都电子机械高等专科学校	电子工业部
26	重庆建筑高等专科学校	中国建筑工业程总公司
27	福建建筑高等专科学校	福建省教育委员会
28	郑州电力高等专科学校	河南省电力公司
29	山东水利专科学校	山东省水利厅
30	河南机电高等专科学校	河南省
31	重庆石油高等专科学校	中国石油天然气总公司

DCA019 -19961014

国家教委推动高等工程专科学校发展高等职业教育

1996 年 8 月 13 -18 日，国家教委高教司在新疆乌鲁木齐市召开普通高等工程专科学校校长协作组常务会议，对普通高等工程专科学校积极发展高等职业教育的问题进行了专题研究，提出了具体意见。1996 年 10 月 14 日，高教司转发了这次会议纪要，同时下发《关于普通高等工程专科学校积极发展高等职业教育的意见》。《意见》对高等职业教育的培养目标、专业设置、教学内容和课程体系、实践教学、教学评价以及实践教学条件、教师队伍、校企合作等方面提出要求；拟在已进行了三批专科专业教学改革试点的基础上，开展以探索高等职业教育教学规律为主要内容的高等职业教育专业教学改革试点工作。1997 年底，高教司启动了以专业针对性强和产学结合为特点的高职专业改革试点，推动普通高等工程专科学校发展高等职业教育。

附录　关于普通高等工程专科学校积极发展高等职业教育的意见（摘录）

实践表明，高等专科学校的许多改革，其目标与国家提出的积极发展高等职业教育的目标是一致的，因此专科的改革也为探索我国高等职业教育事业的发展提供了有益的经验。

目前，我国各类企业中高级技术工人和技师严重短缺，从事各种实务运作和基层管理工作的合格人才匮乏，迫切需要积极探索和发展培养这类人才的高等职业教育。

在发展高等职业教育各种资源中，高等工程专科学校在教育思想与观念、人才培养模式、实践教学条件和师资条件等方面有着明显优势。因此，高等工程专科学校要加快深入开展教育改革，积极担负起发展高等职业教育的任务。

各校要积极成立由用人部门、学校和社会各界人士组成的高等职业教育领导、咨询和协商机构，共同研究从专业设置、培养目标、教学计划、各种教学环节到相应的教学保障条件的种种问题；共同承担人才培养任务；建立毕业生反馈系统；广泛争取教育经费和各种教学资源等。有条件的学校，在用人部门的支持下，也可以开展半工半读、工读交替等教学模式。

DCA020 -19970408

国家教委提出专科文科教育改革的意见

1995 年，国家教委在全国 52 所高等学校开展加强大学生文化素质教育的试点工作，得到高等专科学校的响应，逐步转变单纯技术教育的思想，树立全面素质培养的观念，把专业教改试点初期确定的“以专业技术应用能力培养为主线”，修改为“以基本素质和专业综合工作能力培养为主线”。1996 年 7 月和 10 月，国家教委分别在大连和吴江召开高等学校文科教育改革座谈会，探讨高等学校如何贯彻党的十四届六中全会精神，推动文科教育的改革与发展。1997 年 4 月 8 日，国家教委印发《关于深化文科教育改革的意见》，对文科本科、专科教育改革提出若干措施。

DCA021－19980829

《中华人民共和国高等教育法》规定专科教育的学业标准和修业年限

1998 年 8 月 29 日第九届全国人民代表大会常务委员会第四次会议通过的《中华人民共和国高等教育法》第六十八条指出：“本法所称高等学校是指大学、独立设置的学院和高等专科学校，其中包括高等职业学校和成人高等学校。”第十六条对高等学历教育的学业标准提出明确规定：“专科教育应当使学生掌握本专业必备的基础理论、专门知识，具有从事本专业实际工作的基本技能和初步能力。”第十七条规定：“专科教育的基本修业年限为二至三年。”

DCA022－19990113

国家进一步明确部分高等专科学校调整为职业技术学院

1999 年 1 月 13 日，国务院批转教育部《面向 21 世纪教育振兴行动计划》，重申通过“三改一补”来发展高等职业教育。提出要大力推进高等专科教育的人才培养模式改革。6 月 13 日，中共中央、国务院发布的《关于深化教育改革全面推进素质教育的决定》提出，现有的职业大学、独立设置的成人高校和部分高等专科学校要通过改革、改组和改制，逐步调整为职业技术学院（或职业学院）。

DCA023－19990525

国家规定办学不允许超越原规定的层次

1999 年 5 月 25 日，《教育部关于实施〈中华人民共和国高等教育法〉若干问题的意见》提出，根据《中华人民共和国高等教育法》第十八条“高等教育由高等学校和其他高等教育机构实施”和“高等专科学校实施专科教育”的规定，从 1999 年起不再批准中等专业学校招收专科生和高等专科学校招收本科生。

DCA024 –19990525

国家决定大部分高等专科教育的权力及责任交给省级人民政府

1999 年 5 月 25 日，《教育部关于实施〈中华人民共和国高等教育法〉若干问题的意见》提出，根据《中华人民共和国高等教育法》第二十九条规定，国务院教育行政部门待国务院制定有关规定后，将尽快实施“设立实施专科教育的高等学校，经国务院授权，也可以由省、自治区、直辖市人民政府审批”的制度。中共中央、国务院发布的《关于深化教育改革全面推进素质教育的决定》提出：“经国务院授权，把发展高等职业教育和大部分高等专科教育的权力以及责任交给省级人民政府，省级人民政府依法管理职业技术学院（或职业学院）和高等专科学校。高等职业教育（包括高等专科学校）的招生计划改由省级人民政府制定，其招生考试事宜由省级人民政府自行确定。”根据《国务院办公厅关于国务院授权省、自治区、直辖市人民政府审批设立高等职业学校有关问题的通知》精神和教育部等部门《关于医药卫业类高职高专教育的若干意见》规定，医药、师范类高等专科学校的设置及调整仍由教育部负责。

第二节　专业、教学、师资

DCB001 –19840000

部分部委和省市组织专科教育调研工作

1984 年，机械工业部组织部属 5 所专科学校和 11 所行业专科学校的教师深入到十几个省、市的企业进行调查，了解企业对生产第一线技术人员的素质要求。在调查研究的基础上提出了机械制造工艺及设备等 3 个专业的“人才培养业务规格建议书”。水利电力部 1985 年、1988 年两次组织大范围的专科教育调研工作，对全国电力系统的人才结构现状、人才需求和专科教育基本情况有了全面认识。江苏省 1985 年对专科毕业生的质量进行了广泛的社会调查。这些调研成果对此后专科教育的改革和发展具有重要影响。

DCB002 –19840000

南京机械专科学校率先开展专业教学改革试点工作

1984 年，在机械工业部和联邦德国巴符州政府支持下，南京机械专科学校与康斯坦茨高等专科学校（FHK）建立长期合作关系。学校在机械类专业实行 2 +1 学制改革，率先发展机电一体化、数控技术新专业，以现代机床制造业为办学背景，走产学结合道路，积极为机床制造重点企业培养急需人才。南京机械专科学校与康斯坦茨高专合作关系在“中华人民共和国和德意志联邦共和国1986年至1987年文化交流计划”中继续立项。1990年在该校的机械制造专业进行了小范围、大幅度的教学改革试点，为全国开展高等工程专科教育专业教学改革试点工作提供了经验。

DCB003－19840523

高等农林专科教育分两种类型提出人才培养基本规格

1984年5月23日，教育部发文成立全国高等农林专科教育研究协作组，同年12月举行全国高等农林专科教育研究协作组成立大会暨第一次年会，重点研讨高等农林专科教育的培养目标及基本业务规格。会议认为，为了使基本规格能切实指导学校工作，有必要将现有专业适当归并为若干类型，进而根据不同类型制定基本规格。根据专业的学科性质和主要服务方向，可分为技术推广应用和生产管理两种类型，在两类专业共同的培养目标基础上，制定不同的具体规格。1987年6月7－13日，全国高等农林专科教育研究协作组举行第四次年会，进一步研讨了普通高等学校农科、林科专科生培养基本规格和制订专业教学计划的基本要求。

DCB004－19860724

国家教委组织农林专科基础课程教材建设工作

1986年7月24日，国家教委办公厅发文（［1986］教高二厅字006号）成立全国高等农林专科基础课程教材委员会。10月13日，国家教委办公厅印发《全国高等农林专科基础课程教材委员会暂行工作条例》。1987年10月，教材委员会第二次全体会议讨论拟定《高等农林专科基础课程教材建设五年规划（1987—1991）》，决定从基础课教材入手，首先解决高等农林专科教材的有无问题。1988年6月，该教材委员会高等数学、化学、植物、土肥气象、生物统计、家畜解剖生理、兽医、畜牧、淡水渔业、农业经济、农产品加工11个课程组成立。同年8月，教材委员会第四次全体扩大会议研究讨论了高等农林专科教材建设的指导思想、基本原则、各级教材组织的职责、主编及参编人员的职责问题。会后，统一组织52所高等农林院校推荐的260多名教师，编写农学、畜牧、兽医、林学、淡水渔业、农业经济管理、农产品储藏加工、果树8个专业的基础课程系列教材。

DCB005－19870919

国家要求高等专科学校加强校内外实习基地建设

1987年9月19日，国务院批转国家教委《关于改进和加强高等学校生产实习和社会实践工作的报告》，要求学校和接受实习的单位要签订实习合同，建立相对稳定的实习基地；要求有关部委和地方主管部门在审批企业、事业单位基本建设计划、安排投资等方面，对有关实习基地建设的项目，应给予支持；要求认真解决校内实习基地在人员编制、设备更新、管理体制、生产经营等方面存在的问题，在保证完成实习教学任务的前提下，正确处理好实习教学和经济创收、社会服务之间的关系。1989年1月28日，国家教委颁布的《普通高等学校校办工厂管理的规定》指出，高校工厂是学校教学、科研、生产三结合的基地，是学校工作的重要组成部分，并对校办工厂的管理体制、教学管理、生产管理、劳动人事管理、财务管理等作出规定。随后，机械电子工业部所属的专科学校与企业订立合作培养人才合同，试行把专科第三年放在企业去培养。1990年7月7日，能源部发布《关于部属电力高等学校学生校外实习的若干规定》，对接收实习的单位如何保证实习工作的组织领导、教育管理、业务指导和生活条件及实习经费都提出了具体措施。江苏省提出“分类指导，典型引路，制定政策，组织协调，条块结合，逐步落实”的工作原则，帮助专科学校落实校外实习基地。

DCB006－19880805

国家教委组织研讨和印发高等医药专科教育的四个教学文件

1988年8月5－7日，国家教委高等教育二司在大连市召开全国普通高等医药专科教育座谈会，深入研究我国高等医药专科教育的发展和改革问题，会议研讨、修改了《普通高等学校设置医药专科专业的原则规定》《普通高等学校医药专科基本专业目录》《普通高等学校医药专科专业基本规范》《制订高等医药专科教育专业教学计划的原则与基本要求》4个指导性文件。经反复征求意见后，1990年5月20日，国家教委高教司印发了这4个文件。这些文件提出了普通高等学校设置医药专科专业的4条原则及增设专科专业的审批程序；普通高等学校医药专科教育的基本专业目录；高等医药专科教育总体培养目标、制订教学计划的原则和基本要求。

DCB007－19901012

上海纺织高等专科学校率先探索产学合作教育

1990年10月12－16日，由清华大学等17所大专高等院校发起的全国教育与生产劳动相结合研讨会在深圳大学举行，上海纺织高等专科学校以《企业介入教育对学生进行全方位培养的办学模式》为题，作为大会重点发言，介绍经验。该校从 1981 年开始陆续在染整 81 级、机织 85（1）班和服装 88 级进行教改试点，逐步形成了企业介入、工学交替的合作教育模式。1987 年初，学校与服装公司、有关服装厂组成合作教育委员会；与上海西服厂等企业建立合作关系和专业实习基地；服装厂专门拨出 100 多平方米的车间和 18 台设备，供学生实习；共同制订学生下厂实习计划，安排 1 年的专业实习和顶岗劳动；聘请企业兼职教师指导和评价学生，学生在实习过程中学习必要的工艺理论。从 1991 级起，该校在 60% 的专业推广合作教育试点，力图走出“本科压缩型”的框框，真正办出专科特色。

DCB008 –19901127

国家教委连续发文要求加强“双师型”师资队伍建设

1987 年，国家教委印发《关于高等学校青年教师参加社会实践的意见》，促使大多数专科学校提出了教师参加社会实践的具体措施，在 1990 年 11 月 27 日国家教委召开的专科教育工作座谈会上，有 10 所高等专科学校提供了培养“双师型”教师的经验材料。1991 年 1 月 6 日，国家教委印发的《关于加强普通高等专科教育工作的意见》指出，专科教师队伍建设的重点是提高教师的专业实践能力。1993 年 6 月国家教委《关于做好高等工程专科专业教学改革试点工作的意见》和 1996 年 3 月公布的《示范性普通高等工程专科重点建设学校遴选评价方案》中，都提出了“双师型”教师队伍建设的要求，使之成为高等专科学校办出自身特色的重要内容之一。

DCB009 –19910219

国家教委组织高等工程专科基础课程建设工作

1991 年 2 月 19 日，国家教委高教司下发《关于印发〈高等工程专科教育部分基础课程教学基本要求〉的通知》，规定了工程专科学生学习有关课程必须达到的合格要求，提出制定教学基本要求所遵循的 6 条主要原则。同时指出，各校可根据本校不同专业的实际情况选择恰当的学时，如有特殊需要还可以调整某些课程的学时数。1993 年 8 月 20 日，国家教委高教司下发“教高司［1993］109 号”文件，决定成立高等工程专科专业教学改革试点专业部分基础课程改革协作组，以深化对专科基础课教学内容体系和课程设置体系的改革。同时公布了英语、高等数学与工程数学、化学系列课程、力学系列课程、电工电子系列课程、工程制图课程改革协作组牵头单位名单。

DCB010 – 19910301

国家教委规定高等工程专科的培养目标和制订教学计划的原则

1991 年 3 月 1 日，国家教委印发了《普通高等学校工程专科教育的培养目标和毕业生的基本要求（试行）》，明确规定普通高等学校工程专科教育的培养目标是：能够坚持社会主义道路的、德智体诸方面全面发展的、获得工程师初步训练的高等工程技术应用型人才。学生毕业后主要去工业、工程第一线，从事制造、施工、运行、维修、测试等方面的工艺、技术和管理工作。同时印发了《普通高等学校制订工程专科专业教学计划的原则规定（试行）》，提出制订工程专科专业教学计划的 6 个方面的基本原则，对修业年限、教学计划课内总学时、各类课程、实践教学学时的控制比例作出具体规定。《规定（试行）》强调专科教育具有针对性、实用性特点，尤其是专业课教学更需体现这两个特点；要求提高实践教学比例；基础理论教学要以应用为目的，以必需、够用为度。

DCB011 – 19911119

国家教委组织制定“八五”期间高专教材建设规划

1991 年 11 月 19 日，国家教委下发的《全国普通高等教育“八五”期间教材建设规划纲要》指出，高等专科教材的编写出版是“八五”期间高等教育教材建设的一项重要任务，首先要集中力量抓好适合专科教育特点的基础课和主要专业课的教材的编写出版。高等专科教材的编审出版工作，同样要贯彻与本科教材编审出版一致的专业分工原则，并由国家教委统一协调，以避免不必要的人力、财力浪费。专科教材的内容要体现专科教育的针对性、实用性较强等特点，要适应各类高等专科教育培养目标的需要。要注意理论的应用和实践技术的训练，恰当地掌握内容的深度和广度。至“八五”期末，一批高等专科教育统一规划教材陆续出版，例如工程专科就出版了基础课程教材 7 类 64 种。

DCB012 – 19920526

高等专科学校积极参加产学合作教育试点工作

1992 年 5 月 26 – 28 日，由中国产学合作教育协会委托天津大学和华北制药厂主办的全国第二次教育与生产劳动相结合、产学合作教育研讨会在石家庄市举行。济南交通高等专科学校等 10 所高等专科学校递交了论文参与大会交流，上海市介绍了本市 8 所高等工程专科学校进行“三明治式”的产学合作教育试点工作和成立上海市中国产学合作教育协会的情况。从 1993 年 5 月在中国矿业大学召开的全国第三次产学合作教育研讨会，到 2006 年由昆明冶金高等专科学校承办的第七次全国产学合作教育研讨会，每次研讨会都有许多高等专科学校积极参与。

DCB013 – 19920708

国家教委启动高等工程专科教育专业教学改革试点工作

1992 年 7 月 8 日，国家教委高教司下发的《关于遴选部分普通高等工程专科学校进行专业教学改革试点的通知》指出，国家教委拟从部分高等工程专科学校中选择 20 个专业点，进行机、电、土、化各类专业“小范围、大幅度”的教学改革试点，以期经过 5 年左右的研究和试验，逐步探索能主动适应社会主义经济建设需要、能培养出高质量的高等工程技术应用性专门人才的专科教学模式。1993 年 2 月 23 日，国家教委高教司下发《关于对普通高等工程专科专业教学改革试点单位进行评估考察的通知》。在分区考察评估的基础上，高教司于 5 月下旬在福州召开评估总结会议，遴选试点专业，提出做好专业教学改革试点工作的建议。6 月 20 日，高教司下发《关于确定高等工程专科专业教学改革第一批试点单位的通知》，确定了 37 个专业为专业教学改革第一批试点单位。随后于 1994 年 7 月和 1995 年 8 月公布了第二、第三批试点专业，共计 136 个。少量职业大学和本科院校的工科类专科专业也参与其中。

DCB014 – 19930505

国家教委印发《普通高等学校工程专科基本专业目录》

1990 年 5 月 12 日，国家教委高教司发出《关于组织制订高等工程专科基本专业目录工作的通知》，国务院有关部委教育司（局），各省、自治区、直辖市教委和有关高等学校进行了广泛的调查研究和分析论证，提出专业设置改革的初步方案；11 月中旬，在南昌召开有 30 多所院校参加的研讨会；高教司又两次在全国范围广泛征求意见，两次组织专家进行汇总工作；1992 年 8 月，在太原召开了普通高等学校工程专科专业目录审定会；1993 年 5 月 5 日，国家教委高教司印发了《普通高等学校工程专科基本专业目录》和《普通高等学校工程专科专业名称对照表》。1995 年 5 月，高教司编辑出版了《普通高等学校工程专科专业目录和专业简介》，介绍各专业的业务培养目标、业务范围和对毕业生的基本要求、主要课程、主要实践环节及要求、相近专业等。

DCB015－19940109

高等工程专科产学合作教育专题研讨会在上海举行

1994 年 1 月 9－13 日，高等工程专科教育产学合作教育专题研讨会在上海举行，出席研讨会的有 41 所专科学校和有关企事业单位 80 多名代表。国家教委副主任张孝文致函祝贺；高教司副司长朱传礼、工科处处长刘志鹏到会讲话；中国产学合作教育协会会长樊恭烋教授应邀出席并作了题为《高等专科教育更应积极试行产学合作教育》的报告。研讨会由上海纺织高等专科学校等 9 所学校联合筹办，任务是交流专科学校实践教学和产学合作教育的经验和理论研究成果，进一步探讨实践教学和产学合作教育在培养高等工程技术应用型人才中的作用和应用人才的培养途径，促进产学合作教育在专科学校中的发展。

DCB016－19940420

国家教委组织高等工程专科校内实习教学评估工作

1992 年 1 月，国家教委高教司召开高等工程专科金工实习教学评估研讨会。在对黑龙江、吉林等 6 省金工实习教学评估的基础上，1994 年 4 月 20 日，国家教委高教司发出《关于开展普通高等工程专科金工实习教学检查评估工作的通知》，由国家教委高教司统一领导、委托各省（市）教育行政部门具体实施，在 12 省市进行金工实习教学评估。1994 年 8 月 1 日，国家教委发出《关于下发普通高等工程专科电工、电子实习教学评估指标体系实施细则的通知》，要求黑龙江、辽宁、江苏省教委及有关高等学校做好普通高等工程专科电工、电子实习教学检查评估试点工作。1995 年 10 月 10 日，国家教委发出《关于下发高等学校工程专科电工、电子实习教学基本要求（试行）的通知》；同时出台了《高等工程专科教育电工（或电子）实习教学评估指标体系（试行）》《高等工程专科教育电工（或电子）实习教学评估指标体系实施细则（试行）》。

DCB017－19940620

三部委联合修订农林专科教育培养目标和基本规格

1994 年 6 月 20 日，国家教委、农业部、林业部联合印发了《关于进一步推进高等农林教育改革和发展的若干意见》，提出《普通高等学校农林专科教育培养目标和基本规格》《普通高等学校农林专科专业制订教学计划的若干意见》。

DCB018－19951130

高等专科学校参加国家教委面向 21 世纪教学改革计划

1994 年初，国家教委提出制订《高等教育面向 21 世纪教学内容和课程体系改革计划》，并于次年 3、4 月份全面启动实施。1995 年 11 月 30 日，高教司以“教高司［1995］191 号”文公布了高等工程教育第一批 34 个立项项目，其中普通高等专科学校承担 4 个项目。2000 年，教育部高教司推出《新世纪高职高专教育人才培养模式和教学内容体系改革与建设项目计划》，有 40 余所普通高等专科学校参与此项计划的立项研究与改革实践。

DCB019－19960320

教育部提出高等工程专科学校师资队伍结构要求

1996 年 3 月 20 日，国家教委公布了《示范性普通高等工程专科重点建设学校遴选评价方案》，规定了关于师资队伍专任教师结构的遴选条件：A 级标准为高级职称教师所占比例≥20%，具有硕士及以上学位≥15%。1999 年 8 月 16 日，教育部《关于新时期加强高等学校教师队伍建设的意见》提出，到 2005 年高等学校教师队伍建设的具体目标一是优化职务结构：教授、副教授岗位占专任教师编制总数的比例，职业技术学院和高等专科学校一般为 15%～25%。二是提高学历层次：具有研究生学历教师的比例，职业技术学院和高等专科学校达到 30% 以上。

DCB020－19970410

国家教委组织修订高等工程专科基础课程教学基本要求

1997 年 4 月 10 日，国家教委高教司发出《关于印发〈高等学校工程专科基础课程教学基本要求〉（1996 年修订版）的通知》，印发试行 35 个基础课程教学基本要求。新的教学基本要求去掉了各门课程的参考学时，把教学计划的制订权真正交给学校，使学校在制订教学计划时不受各门课程学时的限制，而着眼于教学计划的整体优化。同时指出，各示范性普通高等工程专科重点建设学校以及各教学改革试点专业的教学可不受新修订的基础课程教学基本要求的限制。

DCB021－19971005

教育部推动高等工程专科学校发展高职的教改试点

国家教委高教司于1997年10月5日印发《关于做好高等工程专科教育第四批专业教学改革试点工作的意见》，1998年4月9日下发《关于分批对申报产学结合（第四批）教学改革试点专业进行实地考察的通知》，部署、遴选部分高等工程专科学校实施第四批专业教学改革试点工作。然后以“教高司［1998］63号”文和“教高司［1998］98号”文，先后两次确定49所学校的80个专业为高等工程专科产学结合（第四批）教学改革试点单位。试点工作是以专业针对性强和产学结合为主要特点，以探索高等职业教育教学规律为主要内容，目的是推动专科学校发展高等职业教育。

DCB022－19971110

中德高等应用型人才培养经验与发展趋势研讨会在杭州召开

1997年11月10－12日，由国家教委主办、杭州应用工程技术学院（当时是高等专科学校）承办的中德高等应用型人才培养经验与发展趋势研讨会在杭州召开。出席会议的代表共111人，其中，德国官员和专家12人，中方代表99人（有本科院校16人，全国高等工程专科示范性重点建设学校代表41人，中专学校代表2人，企业界人士5人，研究院2人，省市部门代表10人）。国家教委副主任韦钰出席会议并讲话。韦钰认为，中国相当多的正规高校和成人高等学校培养的都是应用型人才。“杭州应用工程技术学院早在20世纪80年代中期就和德方友好合作，在中德双方政府的支持下，借鉴德国办学经验，立足中国具体国情，对中国高等应用型（技术）教育做了有益的尝试。我同意德国专家的意见，在德国，FH（高等专科学校）不是大专，中国怎么去对照和发展，还可以研究，但是杭州应用工程技术学院是对照模式在实施。”国家教委高教司副司长朱传礼在开幕式和闭幕式上分别讲话。

DCB023－19990318

教育部公布高等工程专科专业教改试点工作评估验收结果

教育部高教司根据《关于对高等工程专科教学改革试点专业进行评估验收的通知》和《高等工程专科教学改革试点专业验收评估方案》，组织专家对有关学校的各试点专业逐个进行实地评估和验收。1999年3月18日，发出《关于公布1998年度高等工程专科教学改革试点专业评估验收结果的通知》。然后按专家评估打分、投票的结果，经教育部高教司审定，从1999年3月至

2004年1月，分9批授予其中45所学校的76个专业为“高等工程专科示范专业”和“高等工程专科有特色专业”称号。

附录1 授予“高等工程专科示范专业”的学校及专业

学　校	示范专业
南京机械高等专科学校	机械制造工艺及设备、数控技术应用
承德石油高等专科学校	内燃机（汽车）制造与维修、机械制造工艺及设备计算机应用与维护
南京电力高等专科学校	电网监控技术、电力财务会计
南京动力高等专科学校	热能动力工程
长春建筑高等专科学校	房屋建筑工程、工业电气自动化
福建建筑高等专科学校	房屋建筑工程
山东水利专科学校	水资源与水文
湖南城建高等专科学校	城乡规划、城乡规划、房地产经营与管理
宁波高等专科学校	房屋建筑工程、计算机应用与维护、财务会计
本溪冶金高等专科学校	炼钢及铁合金
上海轻工业高等专科学校	香料香精工艺
洛阳工业高等专科学校	盐酸盐工艺、建材机械制造与维修、工厂计算机集中控制
沈阳电力高等专科学校	发电厂及电力系统、电厂热能动力、热工检测与控制技术、火电厂集控运行
吉林电气化高等专科学校	热能动力工程
上海理工大学	电气技术
上海冶金高等专科学校	生产过程自动化
北京电力高等专科学校	发电厂及电力系统、电力系统计电保护及自动化技术
郑州工业高等专科学校	磨料磨具制造、模具设计与制造、工业企业管理
湘潭机电高等专科学校	机制工艺及设备、工业电气自动化
淮阴工业高等专科学校	机械设备与自动化
潍坊高等专科学校	计算机应用与维护
黑龙江交通高等专科学校	公路与城市道路
哈尔滨工程高等专科学校	测量工程、会计电算化
长春水利电力高等专科学校	水利水电建筑工程
济南交通高等专科学校	汽车运用技术

续表

学　校	示范专业
成都电子机械高等专科学校	模具设计与制造
重庆石油高等专科学校	石油与天然气开采、钻井专业、汽车运用技术专业、应用会计专业
重庆工业高等专科学校	炼铁、商品检验、工业控制计算机应用技术
河南机电高等专科学校	机械制造及计算机辅助技术、汽车拖拉机制造与维修、电线电缆制造技术
长春汽车工业高等专科学校	汽车检测与维修
常熟高等专科学校	机械设备及自动化
唐山高等专科学校	工业会计专业
沙洲工学院	机械制造及自动化
华北航天工业学院	机械制造工艺及设备
河南纺织高等专科学校	纺织工程、财务会计

附录2　授予“高等工程专科有特色专业”称号的学校及专业

学　校	有特色专业
广东工业大学番禺学院	机械制造工艺及设备
济南交通高等专科学校	汽车运用技术
合肥联合大学	应用电子技术
重庆建筑高等专科学校	工程造价管理
南京动力高等专科学校	工业电气自动化
长春水利电力高等专科学校	水电站动力设备
黑龙江交通高等专科学校	水利水电建筑工程
天津职业大学	化工工艺
常州工业技术学院	工商企业管理
本溪冶金高等专科学校	工业电气自动化技术
吉林粮食高等专科学校	食品工程
河北工程技术高等专科学校	市政工程
盐城工学院	盐酸盐工艺
上海化工高等专科学校	精细化工工艺
上海纺织高等专科学校	服装工艺

第三节　学生管理、招生与就业

DCC001－19830120

教育部对高专学生学籍管理不同时期作出不同规定

1978 年教育部下发试行的《高等学校学生学籍管理的暂行规定》，没有对本、专科教育学生管理加以区别。1983 年 1 月 20 日，教育部下发《全日制普通高等学校学生学籍管理办法》，对本、专科学生的留级、降级，转专业、转学，退学等学籍管理问题作出了不同规定。1990 年 1 月 20 日，国家教委发布《普通高等学校学生管理规定》，重申“专科学生在校学习期间只能留、降级一次”；“专科二年级（含二年级）以上者”不予转专业、转学。2005 年 3 月 25 日，教育部发布《普通高等学校学生管理规定》，对本、专科学生的学籍管理不作不同处理。

DCC002－19840624

高等专科学校试行招生分配制度改革

从 1983 年开始，高等农林专科学校率先试行招收部分“定向生、委托培养生、自费生、保送生”和面向农业职业中学的对口招生，实行“双向选择，供需见面”，大部分学生仍然实行“定向分配、对口分配”制度。1984 年 6 月 24 日，国家计委、教育部、财政部联合颁发《高等学校接受委托培养学生的试行办法》。1985 年发布的《中共中央关于教育体制改革的决定》明确提出，改革大学招生计划制度和毕业生分配制度，改变高等学校全部按国家计划统一招生，毕业生全部由国家包下来分配的办法。国家教委从 1986 年到 1990 年，先后发布了《普通高等学校接受委托培养学生管理工作暂行规定》《普通高等学校招收少数职业技术学校应届毕业生的暂行规定》《普通高等学校定向招生、定向就业暂行规定》《普通高等学校招收自费生暂行规定》等规章，要求各类高等专科学校都开始招收“定向生、委托培养生、自费生”，开始面向中等职业技术学校对口招生。

附录 1　高等学校接受委托培养学生的试行办法（摘录）

按现行管理体制，高等学校在保证完成国家下达的指令性招生计划的前提下，试行委托培养学生的办法，可以发挥高等学校的办学潜力，开辟高等学校经费来源，加强学校和用人单位的联系与合作，打通高等学校为城乡集体所有制单位及个体户培养专门人才的路子，推动高等教育的改革，达到增加培养数量，提高教育质量，更好地适应经济建设和社会发展对专门人才的实际需要的目的。

附录2 普通高等学校接受委托培养学生管理工作暂行规定（摘录）

农场、牧场、生产建设兵团、林区、林场、矿区、基地、油田、野外地质队、水电施工单位和国防科技工业三线地区的企事业单位，城乡集体所有制企事业单位，个体户，以及山区、边远地区、少数民族聚居地区的委托培养、招生时，由考生填写委托培养志愿书；或由委托单位与考生签订合同，明确学生与学校、委托单位之间须承担的义务和享有的权利，学生毕业后按志愿书或合同到委托单位工作。

附录3 普通高等学校招收少数职业技术学校应届毕业生的暂行规定（摘录）

为适应职业技术教育迅速发展的需要，加速培养中等职业技术学校专业课和实习指导教师，在国家核定培养职业技术师资的招生计划中，安排从中等职业技术学校招收少数优秀应届毕业生升入普通高等学校学习，毕业后分配到中等职业技术学校任教。

附录4 普通高等学校定向招生、定向就业暂行规定（摘录）

农业、林业、能源、地质、气象、建材、测绘、轻工、司法、国防军工系统所属的某些学校，可分别按隶属关系面向农场、牧场、生产建设兵团、林区、林场、矿区、油田、野外地质队、水电施工基地、远洋捕捞生产船队、海水淡水养殖场、气象台站、盐场、劳动劳教场所，以及国防军工三线等地区定向；农业、林业院校应注意为农村培养农村中学专业技术课师资。

附录5 普通高等学校招收自费生暂行规定（摘录）

自费生毕业后根据国家需要在多种所有制范围内就业。主管毕业生调配部门要积极引导和鼓励毕业自费生到基层、边远与艰苦地区、集体所有制单位及乡镇企业等国家最需要用人的地方去工作。全民所有制单位录取毕业自费生要在当年国家下达的增人计划内进行。毕业生调配部门必须根据由用人单位出具、经主管部门批准的同意接收证明函开具国家统一制发的《普通高等学校毕业自费生报到证》。

DCC003－19870731

普通高等学校学生实行奖学金制度和贷款制度

1987年7月31日，国家教委、财政部下发《关于重新印发〈普通高等学校本、专科学生实行奖学金制度的办法〉和〈普通高等学校本、专科学生实行贷款制度的办法〉的通知》，决定在当年入学的本科普通高等院校的新生中全面实行奖学金制度和学生贷款制度，对专科学校当年是否实行奖学金和助学贷款制度，由各省、自治区、直辖市人民政府和中央主管部门决定。奖学金有优秀学生奖学金、专业奖学金和定向奖学金。优秀学生奖学金用于鼓励德、智、体、美、劳全面发展，品学兼优的学生；专业奖学金用于鼓励报考师范、农林、民族、体育、航海专业的学生；定向奖学金是有关部门和地区为鼓励立志毕业后到边疆地区、经济贫困地区和自愿从事煤炭、矿业、石油、地质、水利等艰苦行业的学生设立的。为了帮助部分家庭经济确有困难、无力解决在校学习期间的生活费用的学生，国家向学生提供无息贷款，由学校负责发放和催还等全部管理工作。其后，专科学校逐步普遍实行了奖学金和助学贷款制度。2002年财政部、教育部联合发布《关于印发〈国家奖学金管理办法〉的通知》，国家首次设立“国家奖学金”，专项用于资助品学兼优但经济困难的学生。

DCC004 –19890302

高等专科学校试行双向选择的预分配制度

1986年，国家教委会同国家计委、财政部、劳动人事部出台了《高等学校毕业生分配制度改革方案》。1988年春，南京机械专科学校对“2+1学制”试行了4年的基础上，决定对部分学生在二年级下学期试行用人单位与学生双向选择的预分配制度，预分配后，学校按照企业需要进行教学计划的调节，逐步形成主动适应社会需要和校企合作教育的机制。1989年3月2日，《国务院批转国家教委关于改革高等学校毕业生分配制度报告的通知》发布，再次强调高等学校毕业生分配制度改革的目标是：在国家就业方针政策指导下，逐步实行毕业生自主择业，用人单位择优录用的双向选择制度。国家教委在《关于做好1994年全国普通高等学校毕业生就业工作的通知》中提出，国家任务招生计划的毕业生，原则上仍由国家负责在一定范围内安排就业，实行供需见面和一定范围内双向选择的办法落实毕业生就业方案。要发挥宏观调控下的市场机制在资源配置中的基础性作用，培育和建立不同层次的毕业生就业市场，规范市场行为，创造平等竞争的环境。到1998年，全国高等专科学校普遍实行双向选择、自主择业。

DCC005 –19891117

高等学校学生管理制度逐步完善

1989年11月17日，国家教委发布《高等学校学生行为准则（试行）》，对高等学校学生在日常生活中须自觉遵守的行为准则作出规定。1990 年 1 月 20 日，国家教委发布《普通高等学校学生管理规定》；1990 年 9 月 18 日，国家教委发布《高等学校校园秩序管理若干规定》；1992 年 4 月 15 日，国家教委发出《关于试行〈高等学校学生安全教育及管理暂行规定〉的通知》；1994 年 12 月 30 日，国家教委办公厅又下发了《关于加强高等学校校园秩序管理的通知》。

DCC006－19900301

高等农林专科学校试招有一定实践经验的学生

从 1989 年开始，部分高等农林院校以专科层次为主开始试招具有实践经验的学生。1990 年 3 月 1 日，农业部和国家教委联合发出《关于普通高等农业院校试行招收有一定实践经验学生的通知》。1991 年，国家教委和农业部又联合印发了《关于进一步做好高等农业院校招收有一定实践经验学生试点工作意见》，对这项招生工作改革又作了具体规定。至 1991 年底，全国有 27 个省、市、自治区的 40 多所高等农林院校招收有实践经验的学生 2630 人，其中专科生 2570 人。

DCC007－19921226

国家教委纠正一些地区计划之外扩招大专生的问题

1992 年 12 月 26 日，国家教委发出《关于加强普通高等学校招生计划管理工作的通知》。《通知》指出，少数地区、部门放松管理，层层放权，一些学校不顾国家政策规定，乱招生、乱收费、乱办学现象不断出现；有些学校盲目扩大招生，造成办学水准下降，出现了一批新的不合格学校、校外办学点，扰乱了正常的招生和办学秩序，在社会上产生了不良影响。1993 年 7 月 14－16 日，国家教委计划建设司召开 12 个省（市）有关人员参加的关于高校招生问题形势分析会和对策研究会。会议汇总的情况表明，一些地区在全国招生计划之外，又增加了 8 万人的招生计划，未经国家教委批准的大专班（点）明显增多，会议要求各地认真注意并提出对策。

DCC008－19940407

国家推进普通高等专科学校招生和毕业生就业制度改革

根据《中国教育改革和发展纲要》和《国务院批转国家教委关于加快改革和积极发展普通高等教育意见的通知》精神，1994 年 4 月 7 日，国家教委印发《关于进一步改革普通高等学校招生和毕业生就业制度的试点意见》，要求普通高等学校从招生开始，通过建立收费制度，改变学生上大学经费由国家包下来、毕业时国家包分配的做法。同时，建立相应的奖学金、贷学金制度，鼓励学生努力学习，引导学生毕业后参与劳动力市场的竞争，国家将以方针政策指导、奖学金制度和发布社会就业需求信息来引导毕业生自主择业，以逐步建立起“学生上学自己缴纳部分培养费用、毕业后多数人自主择业”的机制。1994 年 7 月 3 日，国务院下发了《关于〈中国教育改革和发展纲要〉的实施意见》，要求到 1997 年，大多数学校都按新制度运作。1997 年，所有普通高等专科学校的招生计划都不再区分国家任务、委托培养、自费生三种计划形式。

DCC009 – 19960226

高等农林专科学校实践生招生、对口招生工作的规范化

1994 年 12 月 20 日，在华南农业大学召开了全国高等农业学校招生和毕业生就业制度改革研讨会。会议全面总结“实践生”、“定向生”、“对口招生”等招生改革试点工作，研讨并修订有关政策性文件，研究探讨国家在高等学校学习“两包”变“两自”、双轨并单轨的改革中，农业高校面临的问题和应采取的对策等。1996 年 2 月 26 日，农业部和国家教委联合下发了《关于印发〈高等农业学校招收有一定实践经验学生的暂行办法〉的通知》和《关于印发〈高等农业学校对口招收农业职业高中、农业中专、农业广播学校优秀应届毕业生暂行办法〉的通知》，推动高等农业院校的招生、就业制度改革进一步规范化和制度化。

DCC010 – 19970324

国家高度重视高教改革过程中高校毕业生的就业问题

从 1994 年实施高等学校招生计划并轨和毕业生自主就业制度改革之后，由于国企改革速度加快，用人单位的用人自主权扩大，但用人观念和人事制度的改革比较滞后，同时，高等学校毕业生的就业观念、择业行为的转变和就业能力不足等原因，毕业生就业形势比较严峻，高等专科毕业生的困难尤甚。1999 年专科生就业率对比本科生就业率，各部委所属院校约低 30%，地方院校约低 40%。1997 年 3 月 24 日，国家教委发布了《普通高等学校毕业生就业工作暂行规定》，对毕业生就业工作程序、就业指导、供需见面和双向选择活动，以及各教育主管部门和高等学校在其中的主要职责，作出了规定。人事部连续发文要求做好全国高校毕业生接收工作。1999 年 5 月 31 日，国务院办公厅转发教育部、中共中央组织部、人事部、中央机构编制委员会办公室、财政部等部门《关于进一步做好1999年普通高等学校毕业生就业工作意见的通知》，要求各地区、各有关部门采取有效措施，千方百计地做好高校毕业生的接收和安置工作。2000年后，高职高专毕业生的就业形势逐步好转。

第四节　教育教学研究团体与成果

DCD001－19840523

全国高等农林专科教育研究协作组成立

1984年5月23日，教育部下发《关于成立全国高等农林专科教育研究协作组的通知》，决定成立全国高等农林专科教育研究协作组。其任务是：从我国的实际出发，对高等农林专科教育的发展规模、专业设置、修业年限、招生工作、教学工作、学校管理、毕业生就业及专科教育的社会效果等一系列问题进行研究，并向有关部门和学校提出建议。协作组采取分工研究、不定期组织统一活动的方式开展工作。工作计划由教育部审定，集中活动的经费从教育部事业费中列支。协作组成员“定校不定人”，由百泉农业专科学校、张家口农业专科学校和沈阳农学院为筹备小组的牵头单位。1984年12月，召开成立大会暨协作组第一次年会，明确提出“以教育研究为先导，以教育实践为基础，把调查研究和实践结合起来，积极稳步地推动改革”的工作方针。

DCD002－19891228

专科学校44项教学成果获首届普通高等学校国家级教学成果奖

1989年12月28日，国家教委发布《关于奖励全国普通高等学校优秀教学成果的决定》，公布国家级普通高等学校优秀教学成果。在52项国家级优秀教学成果特等奖中，有6项专科学校的成果（含师范类3项）；在381项教学成果优秀奖中有专科学校成果38项（含师范类23项）。

附录　首届普通高等学校国家级教学成果奖非师范类专科学校获奖项目名单

国家级教学成果一等奖：

辽宁商业专科学校“模拟实践教学法”

南京化工动力专科学校“多功能实践教学基地——试验变电所的建设与开发”

郑州畜牧兽医专科学校“增强牧业专科教育有效机制的探讨”

国家级教学成果优秀奖：

张家口农业专科学校“遵循专科教育规律，进行综合配套改革”

本溪冶金专科学校“立足专科培养目标加强实践技能培养”

吉林粮油食品专科学校“高等专科粮油食品学科建设”

长春建筑专科学校“英语教学模式的改革与教学内容的更新”

上海纺织专科学校“专科机制专业教学特色的探讨”

常州工业技术学院“管理专业建设与企业管理学教材体系建设”

江苏商业专科学校“统计专业教学改革研究与实践”

绍兴高等专科学校“立足经济建设，努力培养应用型人才”

福建建筑工程专科学校“加强实践教学环节，建立校内实习基地”

九江医学专科学校“高等医学专科教育模式改革”

武汉河运专科学校“内河雷达引航模拟器的研制和使用”

湖北公安专科学校“系统模拟教学法”

湘潭机电专科学校“电气化专业实验教学改革”

绵阳农业专科学校“适应农村两个转化的需要，努力办出农村专科教育的特色”

昆明冶金专科学校“矿井通风防尘课的全面建设”

DCD003－19900400

国家教委组织研究高等工程专科教育的结构改革

1990年4月上旬，国家教委高教司约请南京机械专科学校、长春建筑专科学校、沈阳冶金机械专科学校、北京电力高等专科学校和上海纺织专科学校为发起单位，在北京商讨建立课题组的筹备工作。1990年6月下旬，由发起单位邀请11所有关院校和机电、能源两部门的教育司，吉林、江苏两省教育委员会人员，于江苏盐城召开课题组成立大会，制订出工作计划。高教司司长刘一凡、副司长王冀生、江苏省高教局局长叶春生等到会。会议决定分为8个子课题征集参与院校。到1996年，各子课题陆续结题。1996年3月提出总课题结题报告。参与本课题研究的单位有专科学校50多所，有关部委及省市政府教育管理部门、教育研究院所和企业共计10余个单位；参与者400人次，完成论文250余篇。

附录　8个子课题名称及其负责召集单位

子课题名称	负责召集单位
1. 高等工程专科教育的性质、地位与发展方向	北京电力高等专科学校
2. 高等工程专科教育的培养目标、基本规格	南昌水利水电高等专科学校

续表

子课题名称	负责召集单位
3. 高等工程专科教育的专业划分原则及专业设置原则	长春建筑高等专科学校
4. 高等工程专科教育的教学模式与课程设置体系	盐城工业高等专科学校
5. 高等工程专科教育的“产学结合”及社会办学	上海纺织高等专科学校
6. 高等工程专科教育的师资队伍及其建设	南京化工动力专科学校
7. 高等工程专科教育的建设与发展的政策与建议	沈阳工业高等专科学校
8. 高等工程专科教育的比较研究	南京机械高等专科学校

DCD004 – 19901127

高等工程专科教育特色探讨活动深入推进

1983 年，第二次全国高等教育会议就要求专科教育要努力办出特色，1988 年第三次全国高等教育工作会议继续讨论了专科办学特色问题，认识仍然很不一致。1990 年 11 月 27 日—12 月 1 日，在广州举行的全国普通高等专科教育工作座谈会，对高等专科教育特色形成了较多共识，普遍认为专科教育的主要特色是应用性、实践性、针对性、灵活性和产学结合。1993 年 7 月，南京机械高等专科学校校长冯轩撰写了《试论高等工程专科教育之特色》，同年 9 月，又发表了《刍议专业教学改革试点与专科特色》；1994 年，刘志鹏、杨传箭发表了《中国高等工程专科教育的六大特色》；1998 年，朱传礼、刘志鹏、王伟发表《探索高等应用型人才培养之路——高工专 10 年改革和发展回顾》，提出对高等应用型人才培养规律的几点认识。

附录 1　刍议专业教学改革试点与专科特色（概要）

高等工程专科教育“是一种偏重于工程实际应用，善于将科技成果转化为生产力的高等工程技术专业教育，它的教育特色在于，对理论教育强调专业技术工作必需的基础理论和专业知识，实践教学强调严格的规范化工作的过程实际训练，办学体系则偏重产学结合之必要和必然性”。构成高等工程专科教育特色之要素，主要是以下五项：一是专业设置，以及它所蕴涵的培养目标和业务规格（与社会企业结合）；二是教学模式，及其运行机制和功能（产学结合、开放型）；三是理论教学，其核心是理论教学之体系及内容（应用为目的、必需够用为度）；四是实践教学，其关键在于进一步认识实践教学对培养应用型人才之重要性，充分发挥其教育功能，广泛挖掘其教育潜力；五是工程技术的应用研究（在专业教学中的作用）。

附录2　中国高等工程专科教育的六大特色（概要）

中国高等工程专科教育有六大特色：一、以造就受过工程师初步训练的高等应用性专门人才为其培养目标；二、大专生的知识和能力结构是应用型的；三、教学模式是理论与实践相结合，以培养学生工程实践能力为主线；四、办学途径强调产学结合；五、高工专的教师队伍强调“双师型”；六、应用技术研究和科技服务是高工专科技工作的特点。

附录3　探索高等应用型人才培养之路——高工专10年改革和发展回顾（概要）

对高等应用型人才培养规律的几点认识：一、培养工业、工程生产第一线所需要的、高质量的高等工程技术应用型人才是当前高工专教育的办学宗旨；二、应建立以工程素质和专业技术应用能力培养为主线的教学体系；三、建立学校与社会、教学与生产和科技工作相结合的人才培养机制；四、学校应具有良好的工程实践教学条件和环境；五、要具有一支教学水平较高、具有较强实践能力的教师队伍。

DCD005－19930620

国家教委提出高等工程专科专业教改的基本思路

1993年6月20日，国家教委印发《关于做好高等工程专科专业教学改革试点工作的意见》，提出专业教学改革的基本思路是：从本行业、本地区工业、工程生产第一线对高等工程技术应用型人才的实际要求出发，以专业技术应用能力培养为主线，以专业教学内容体系、课程设置体系改革和推进产学结合、强化专业实践能力培养为基本内容，加强学风建设、师资队伍建设和专业实践教学基地建设，在试点专业形成特色明显的专科教育模式。此后，各试点专业均在上述思路指导下实施了专业教学改革工作。

DCD006－19930620

高等工程专科教改咨询评议委员会成立

1993年6月20日，国家教委高教司《关于确定高等工程专科专业教学改革第一批试点单位的通知》公布了高等工程专科教学改革咨询评议委员会名单，成员共计32人，其中有部分高等工程专科学校的领导和教育研究人员，有部分省级地方政府和部委教育主管部门的领导人员。在此后下发的《关于做好高等工程专科专业教学改革试点工作的意见》指出，高等工程专科教学改革咨询评议委员会现阶段的主要任务是：1. 组织对试点专业的遴选工作；2. 检查试点工作进程；3. 具体组织对试点专业的评估验收；4. 对高等工程专科教育的建设和改革问题进行咨询，提出建议。1994 年 7 月和 1995 年 8 月两次增补委员 21 人，并按照专业划分为机类、电类、土建类、化工类 4 个专业组，任命了各组组长、副组长及秘书。咨询委员会办公室挂靠在长春建筑高等专科学校。1997 年 12 月 30 日，国家教委高教司下发《关于对高等工程专科教学改革咨询评议委员会进行调整的通知》，将该委员会成员调整、增补为 64 人。

DCD007 – 19930904

专科学校 25 项教学成果获第二届普通高等学校国家级教学成果奖

1993 年 9 月 4 日，国家教委《关于批准 1993 年普通高等学校国家级优秀教学成果获奖项目的决定》公布了普通高等学校国家级优秀教学成果获奖项目。在 4 项国家级优秀教学成果特等奖中，有上海幼儿师范高等专科学校的“幼师高专数学教学实践与研究”；在 51 项一等奖中，有乐山师范专科学校“校县结合　双向育人——师专培养合格农村初中师资道路的探索”；在 313 项二等奖中，专科学校获得 23 项，其中非师范类专科学校的成果 8 项。

附录　第二届普通高等学校国家级教学成果奖二等奖非师范类专科学校获奖项目名单

项目名称	获奖单位	项目主持人
金工实习教学的改革与实践	沈阳工业高等专科学校	刘振和　等
办出专科特色　建立产学结合的教学模式	长春汽车工业高等专科学校	侯家驹　等
“建筑力学”课程建设与教学内容体系的改革	长春建筑高等专科学校	卢存恕　等
“金工”课程建设与改革	哈尔滨机电专科学校	司乃钧
电气技术专业的改革与建设	上海机械专科学校	孔凡才　等
畜牧专业“双循环”教学系统工程的实践	郑州牧业工程高等专科学校	林文忠　等
突出实践教学　面向经济建设　建设高等专科城市规划新专业	湖南城建专科学校	曹永卿　等
农科科技企业型教学实习基地建设	绵阳农业专科学校	罗学刚　等

DCD008 – 19940500

《高等工程专科教育研究》创刊

1994 年 5 月，国家教委高教司委托江苏省教委主办的内部刊物《高等工程专科教育研究》创刊，编辑部设在盐城工业高等专科学校。

DCD009 －19950410

国家教委成立普通高等工程专科基础课程教学委员会

普通高等工程专科基础课程教学委员会成立会议于 1995 年 4 月 10－14 日在扬州大学工学院召开。出席会议的有国家教委高教司、江苏省教委、高等教育出版社、扬州大学的有关领导，各教学委员会委员，高等教育出版社有关编审组的联络员，特邀的原工程专科基础课程教材编审组各组组长，《高等工程专科教育研究》编辑部的代表，共 154 人。国家教委高教司副司长朱传礼作了题为《抓住机遇、迎接挑战，深化教学内容和课程体系改革，为更好地办出专科特色而努力奋斗》的报告，讲了基础课程教学委员会面临的形势、其职能、组成原则及工作任务。

附录　普通高等工程专科基础课程教学委员会成立会纪要（摘录）

会议研讨了课委会的职能、工作任务及近期工作计划，研讨课程教学基本要求的修订工作，研讨“九五”教材建设规划问题。

与会同志一致认为，原高等工程专科基础课程教材编审组自 1990 年成立后，做了大量的卓有成效的工作，相继制定出 22 门课程的教学基本要求；编审出版了 67 种教学用书，印数达 200 万册左右；在部分省市开展了金工、电工、电子、建工工艺等实习的评估工作。这些工作，对国家教委宏观控制专科教学质量、对各学校教学秩序和教学质量的稳定、校内实习基地的建设和发展，都起到了重要作用。

高等工程专科基础课程教学委员会是国家教委高教司领导下的专家咨询组织。它的主要职能是：协助制定基础课程的教育质量标准；指导工程专科基础课程的教学工作；组织工程专科基础课程的教材建设工作；参与有关工程专科教育质量的检查与评估。

DCD010 －19970220

普通高等专科英语课程教学指导委员会成立

1993 年 6 月 4 日，国家教委高教司以“教高司［1993］102 号”文转发了普通高等专科英语课程教材编审组成立会暨工作会议的纪要。1997 年 2 月 20 日，国家教委高教司发文“教高司［1997］22 号”，3 月 14－16 日在北京电力高等专科学校召开普通高等专科英语课程教学指导委员会成立暨第一次工作会议。高教司副司长朱传礼、高等教育出版社社长于国华及高教司外语处、工科处的有关同志出席会议。1997 年 3 月 28 日，国家教委高教司提出《关于加强普通高等专科英语课程教学工作的意见》，并转发了会议纪要。

DCD011－19971024

专科学校部分教学成果获第三届普通高等学校国家级教学成果奖

1997年10月24日，国家教委《关于批准1997年普通高等学校国家级教学成果获奖项目的决定》公布普通高等学校国家级教学成果奖获奖项目。这次奖励工作是国务院颁布《教学成果奖励条例》以来的第一次。在53项国家级一等奖中，有南京电力高等专科学校沈金官等完成的"电网监控专业'两条线'教学改革模式的探索与实践"；在368项国家级二等奖中，高等专科学校获得20项（含师专9项）。

附录 第三届普通高等学校国家级教学成果奖二等奖非师范类专科学校获奖项目名单

项目名称	获奖单位	项目主持人
区域开发型"三结合"办学模式的研究与实践	张家口农业高等专科学校	马院良 等
建立教学、科技、生产三结合教学管理体制，培养机械类高等工程技术应用型人才	沈阳工业高等专科学校	张晓林 等
高工专涂装防护工艺专业教学改革的理论与实践	沈阳工业学院专科分校	邢贵仁 等
专科教学以应用能力培养为主线的研究与实践	长春工业高等专科学校	张 平 等
专科房屋建筑工程专业人才培养模式改革	长春建筑高等专科学校	陈希天 等
液压与气压传动（教材）	南京机械高等专科学校	左健民 等
概率与数理统计（教材）	盐城工学院（盐城工业高等专科学校）	常柏林 等
金属工艺学（教材）	哈尔滨理工大学工业技术学院	司乃钧 等
借鉴国外经验，加强能力培养，深化职大改革	鹭江职业大学	纪亚木 等
"两加强一优化"教学改革的十年实践	九江医学专科学校	涂明华 等
确立三层次实践教学模式，面向农村，全面提高专科人才培养质量	西昌农业高等专科学校	夏明忠 等

第四章　五年制高等职业教育

第一节　国家教委部署试办

DDA001－19840410

教育部提出可试办五年制技术专科学校

1984 年 4 月 10 日，教育部在《关于高等工程教育层次、规格和学习年限调整改革问题的几点意见》中提出“办学方式灵活多样，可以办高等工程专科学校、短期职业大学，或由普通高等工科学校办专科，还可以试办从初中毕业生中招生，学习年限五年”，确立了初中毕业生经过五年学习达到大学专科教育的学制形式。

DDA002－19840414

集美航海专科学校招收第一届五年制专科班

1984 年 4 月 14 日，教育部就交通部《关于集美航海专科学校试办五年制专科的函》复函交通部：“鉴于航海事业的特殊性，经研究，同意集美航海专科学校试办招收初中毕业生、学制五年的专科班。”分“海洋船舶驾驶”和“轮机管理”两个专业，1984 年计划共招生 60 人，实际录取 53 人。这是我国改革开放以来试办初中后五年一贯制专科教育的开端。

DDA003－19850704

试办“四五套办”形式的五年制技术专科教育

1985 年 7 月 4 日，国家教委向航空工业部、国家地震局、上海市人民政府发出《国家教育委员会关于同意试办三所五年制技术专科学校的通知》，同意在西安航空工业学校、国家地震局地震学校、上海电机制造学校三所中等专业学校的基础上试办五年制技术专科学校。校名分别定为西安航空工业技术专科学校、国家地震局地震技术专科学校、上海电机制造技术专科学校。这三所学校均为专科与中专并存。招生时以中专名义招收初中毕业生，两年期满，在全校按学习成绩及学生志愿，择优选拔一部分学生升入专科，再学习三年，经考试合格发给专科毕业证书。入学两年后未能升入专科学习的学生，继续按中专教学计划学习两年，完成四年制中专学业。在后来的实施过程中，有关人员通称这种教育形式为“四五套办”的五年制技术专科教育。1991 年，国家教委同意在总后勤部邢台军需工业学校基础上，建立邢台高等职业技术学校，试办五年制技术专科教育。

DDA004 –19941018

国家教委部署试办五年制高职班

为贯彻 1994 年全国教育工作会议关于发展高等职业教育的精神，根据经济建设对高等职业技术人才的迫切需求，经国家教委和有关部委及地方政府协商，1994 年 10 月 18 日，国家教委下发了《关于在成都航空工业学校等 10 所中等专业学校试办五年制高职班的通知》。10 所学校共计 22 个专业，招收初中毕业生，招生规模为 1200 人，学制五年。《通知》要求试办高职班的部门和行业，要明确制定高职班的培养目标和规格要求，逐步制定高职班培养人才的岗位资格标准；试点学校要从职业分析入手，制订试办专业的教学计划和教学大纲，课程设置注重职业能力训练和实践性教学环节，实践性教学应在教学计划中占到 50% 左右的课时，努力办出高等职业教育的特色。

DDA005 –19960614

国家教委发文扩大五年制高职班试点

1996 年 6 月 14 日，国家教委新批大连海运学校等 8 所中等专业学校举办初中后五年制高职班；1997 年 5 月 19 日，国家教委办公厅发文同意成都航空工业学校等第一批 10 所高职班试点学校扩大试行五年制高职的专业点数量和招生规模。至此，试办初中后五年一贯制高等职业教育的学校达到 22 所，开办专业 66 个，专业点总数达 74 个，涉及公路运输、铁道运输、水上运输、民航运输、化工技术、资源勘查、地质工程与技术、矿业工程、矿物加工、测绘、材料、电力技术、工程管理、水利水电设备、机械设计制造、自动化技术、机电设备、汽车、电子信息、通信、纺织服装 21 个专业种类，在校生规模达到 25594 人。

第二节 协作组织及其主要活动

DDB001－19951118

五年制高职班试点校举行第一次例会

1995 年 11 月 18 日，试办五年制高职班的 10 所中等专业学校齐聚江苏无锡，召开了第一次五年制高等职业教育例会。会议着重讨论了以下内容：1. 关于五年制高职教育的内涵和培养目标，认为五年制高职教育的培养目标是高层次技术人员。2. 关于五年制高职教育的特色和优势，认为学生专业思想稳定、减少课程重复、职业技术课程和能力训练环节多、对学生进行系统技能培养的年龄较小等，是五年制高职的特点和优势。3. 制订高职教学计划的原则，提出了要遵循行业牵动与主动适应相结合、以能力培养为主线、教学计划整体优化、重视职业素质教育、强调专业知识的综合性与先进性等原则。会议确定此项例会今后每年举行一次，与会者除相关学校代表外，还将邀请国家教委和有关行业组织派员出席指导。

DDB002－19961116

全国五年制高职教育学校协作会成立

1996 年 11 月 16 日，本年度五年制高等职业教育例会在河南郑州召开。国家教委职成司司长刘来泉出席会议。会议决定成立全国五年制高等职业教育学校协作会，通过了《五年制高等职业教育学校协作会工作条例》。《工作条例》规定，协作会的任务是收集和交流国内外高等职业教育情报和最新动态资料，组织开展校际联系，举办学术会议，协助教育行政部门组织编写高职教辅材料和评估五年制高职教育教学。会议推举郑州铁路机械学校为会长单位，无锡机械制造学校和株洲冶金工业学校为副会长单位。协作会秘书处设于郑州铁路机械学校，负责日常工作和《全国五年制高等职业教育信息》的编辑和发行工作。在 1997 年全国五年制高等职业教育株洲例会上，选举产生协作会常务理事会，推选郑州铁路机械学校为理事长单位。1999 年在广州举行的例会上，协作会第二次调整了理事会常务理事单位，由原郑州铁路机械学校升格的郑州铁路职业技术学院继续被推选为理事长单位。

DDB003－19971100

五年制高职教育学校协作会相继成立各项工作指导委员会

为了提高教育教学质量，加强五年制高职试点校之间的协作，1997 年 11 月成立了公共课开发指导委员会和专门课开发指导委员会，作为五年制高等职业教育学校协作会的两个分支机构，开展课程研发、教材编写等工作。1998 年，协作会增设德育工作指导委员会；2000 年增设理论研究指导委员会、专业建设指导委员会、师资队伍建设委员会。

DDB004－19991125

全国五年制高等职业教育研讨会召开

1999 年 11 月 25－30 日，全国五年制高等职业教育研讨会在郑州铁路职业技术学院召开。此次会议召开的背景是为了认真贯彻落实全国第一次高职高专教学工作会议精神，其目的是为了加强五年制高等职业教育管理工作者队伍建设，提高学校的教育教学改革与建设水平。国家督学杨金土、教育部职业技术教育中心研究所副所长余祖光、中国铁道学会铁道教育委员会副主任徐陶朱等作了四场学术报告，介绍了第二次世界职教大会的情况，探讨了高等职业教育的特色，指出了高等职业教育课程开发中的问题，强调了高职教育中更新教育观念的重要性。来自全国 56 所举办五年制高等职业教育院校的 80 余名主管教学副院长、高职部主任、教务处长听取了报告，并进行了热烈讨论。

DDB005－20000216

五年制高职教育学校协作会组织编制五年制高职课程基本要求

1997 年 5 月起，五年制高等职业教育学校协作会开始组织制定 6 门公共课的基本要求；1997 年 10 月通过专家鉴定；2000 年 2 月 16－18 日在上海召开审定会，形成了“五年制高职”6 门公共课程基本要求审定稿，它是各公共课课程开发组此后组织教材编写的基本依据。2000 年 5 月，专门课开发指导委员会编制出《制订五年制高职教育专门课课程基本要求的原则意见》，随后将专门课分为 10 个大类，分别制定出各大类以主干课程为主的一系列“课程基本要求”，并陆续出版了系列教材。

DDB006－20000323

五年制高职第一套公共课国家规划教材出版

2000 年 3 月 23 日，教育部高教司下发《关于加强高职高专教育教材建设的若干意见》，成立了教育部高职高专规划教材编写委员会，公布了当年拟出版的高职高专规划教材书目，其中包含语文、数学、物理、化学、政治和外语 6 门五年制高职规划教材。根据该文件要求，五年制高职教育学校协作会的公共课开发指导委员会和各课程开发组于 2000 年 7 月至 2002 年 7 月，分批出版了第一套五年制高职公共课规划教材，分别是《实用语文》《应用数学基础》《技术物理基础》《实用化学基础》《计算机文化基础》和《英语教程》（后更名为《实用英语》），填补了五年制高职公共课教材的空白。

第三节　综　　合

DDC001 –19981101

五年制高职教育成果展示会在沪举办

1998 年 11 月 1 日，全国五年制高等职业教育成果展示会在上海举行，展示会分为三部分：第一部分是图片展览，介绍五年制高等职业学校取得的成绩；第二部分是教学开发专题展览，展出了五年制高职教材、学校讲义、职业技能分析表等资料，全国五年制高职教育学校协作会各个指导委员会的工作成果；第三部分是五年制高等职业学校学生的科技制作作品展览。教育部职成教司和高教司领导参观了成果展示会。

DDC002 –19991021

媒体关注五年制高职的毕业生质量

1999 年 10 月 21 日，《中国教育报》以《首届五年制高职生毕业啦!》为题，逐一报道了首批 10 所五年制高职班试点学校第一届毕业生的就业率，突出了 10 所学校实行“双证书”制的成果。报道指出，实践能力强是五年制高职毕业生深受用人单位欢迎的原因之一，这些试点学校能够坚持以地方经济结构调整为依据，以支柱产业和高新技术产业为主导，深入行业、企业了解人才需求，转变以往“学校有什么条件办什么专业”的状况，能以社会需要什么专业就创造条件办什么专业，从而逐步形成了适应、新兴、现代、复合的高等职业教育的特征。

DDC003 –20000530

教育部加强五年制高等职业教育管理工作

2000 年 5 月 30 日，教育部下发《关于加强五年制高等职业教育管理工作的通知》。《通知》指出，五年制高等职业教育是我国高等职业教育的组成部分。培养拥护党的基本路线，适应生产、建设、管理、服务第一线需要的，德、智、体、美等全面发展的高等技术应用型专门人才。同时要求五年制高等职业教育的专业设置要以工业类、艺术类及其他复合型专业为主。作为该文件的附件，还下发了《关于制订五年制高等职业教育教学计划的原则意见》，其中规定，理论教学与实践教学周学时平均按 25 ~ 28 个学时计，教学总学时为 5000 ~ 6000 个学时，基础课总学时不低于 2000 个学时，专业课与专业实践课时数之比为 1∶1，选修课学时占教学总学时的 10% 左右。

DDC004 －20010800

教育部变更五年制高职的综合管理部门

在 1998 年国务院机构改革中，教育部将包括五年制高等职业教育在内的所有高等职业教育都划归高等教育司管理。由于五年制高等职业教育含有中等职业教育和高等职业教育于一体的特点，随着五年制高职规模的扩大，为了加强其宏观管理工作，教育部于 2001 年 8 月决定把五年制高等职业教育的综合管理职能从高等教育司划转到职业教育与成人教育司。

DDC005 －20020327

教育部提出办好五年制高职的几点意见

2002 年 3 月 27 日，教育部职业教育与成人教育司下发《教育部关于进一步办好五年制高等职业技术教育的几点意见》，提出五年制高职要根据当地经济建设、技术进步和社会需求的客观实际，坚持适度发展方针，合理确定发展规模；要坚持以独立设置的职业技术学院为主要办学主体，在高职学校较少、专业发展欠完善的地区，可以按现行举办高等职业技术学院的审批程序，把符合条件的重点中等职业学校改办成以举办五年制为主的职业技术学院，独立设置的职业技术学院及有关高等学校也可以利用优质的中等职业教育资源进行五年制高职前三年的教育教学工作，但后两年必须在高等学校举办；五年制高职的专业设置应定位在一些特殊行业的相关专业，注意设置专业能力培养要求年龄小、专业技能的掌握要求反复训练、培养时间较长、复合性教学内容多的专业；中等职业学校不得单独举办五年制高职，对目前已举办五年制高职的高等学校要进行评估，逐步调整。

DDC006－20030421

社会重视五年制高职教育的内在优势

2003 年 4 月 21 日，《中国教育报》在第 4 版刊登专题报道《五年制高职优势渐明晰》，其“编者按”认为，初中后五年一贯的学制，有利于整体设计培养目标所要求的知识、能力和素质结构，避免衔接中的学时损耗，提高了教育效益，较好地解决了中高职的衔接问题；五年一贯的修业年限，有利于增加实践教学和统筹安排实训环节，增强技能训练水平，尤其在培养复合型技术人才方面取得了更显著的成效；学生入学年龄小，可塑性强，有利于学生专业归属感的加强以及职业意识和职业能力的培养，有益于职业道德的养成。五年制高等职业教育各举办学校，充分发挥五年制高等职业教育的内在优势，增强了办学特色，提高了教育教学质量和毕业生就业率，社会反映良好。

第五章　民办高等职业教育

第一节　开创性探索实践

DEA001 －19820313

中华社会大学在北京成立

1982 年 3 月 13 日，北京市工农教育办公室批复全国科学社会主义学会筹备委员会和北京科学社会主义学会关于举办中华社会大学的申请，“经研究同意立案”。该校由范若愚、聂真、张友渔等著名教育家主持创办。1982 年 4 月 29 日，《人民日报》以《集体所有制的民办大学　中华社会大学在北京成立》为题作了报道，称它是我国第一所社会主义开放性大学，学校设有文、理、工、医、艺术类 15 个系，近 30 个专业，每系下设半工半读、函授、科学研究 3 个部，其中的半工半读部，以走读和半工半读方式培养人才，学制 2 ~4 年。2002 年 12 月 31 日，北京市教育委员会以“京教计（2002）105 号”文件通知该校，“根据《北京市人民政府关于同意设立北京经贸职业学院的批复》，同意你们在中华社会大学的基础上设立‘北京经贸职业学院’。该院为社会力量举办的高等职业学校，主要开展专科层次高等职业教育”。

DEA002 －19840306

北京海淀走读大学诞生

1984 年 3 月 6 日，北京市人民政府批复海淀区人民政府，同意该区试办一所“区办校助”的大专性质的学校。定名为海淀走读大学，学制三年。学生一律实行自费、走读。学习期满考试合格，发给大专毕业证书。国家不包分配工作，由学校向用人单位推荐，择优录用。办学经费，包括基建投资，由海淀区自筹。当年设置秘书、工业企业管理、图书与档案、财务会计、土木工程、锅炉工程与节能技术、计算机应用与控制、实验技术8个专业，计划招收240人，实际录取287人。2003年4月16日，《教育部关于同意建立北京城市学院的通知》发出，批复北京市人民政府，“同意在海淀走读大学的基础上建立北京城市学院，同时撤销海淀走读大学的建制”。“北京城市学院系民办的本科层次普通高等学校”，近期实行本科、专科教育并重，逐步扩大本科教育。截至2008年，该校向社会输送毕业生总计40987人，其中专科层次37915人。

DEA003－19880108

《光明日报》等媒体力推民办高等学校

1988年1月8日，《光明日报》第1版在显著位置刊登了记者杨智苗《不用国家经费依靠社会力量培养人才——民办高等教育显示生命力》的报道，引起了社会各界关注。报道说：“目前北京市设有民办高等学校17所，在校学生达1.2万人。是一批热心办学的知识分子创办的。”同年1月22日，《人民日报》在第3版以《个体办学6年　学生人人合格》为题，报道了内蒙古自治区察右旗一名因学校减员被解聘的原代课教师师汉斌个人办学的事迹。报道中还提及该旗已有7所个体办的学校。这些报道，引起了社会各界特别是教育理论工作者的关注。此后不久，在北京召开的高等教育政策国际研讨会上，厦门大学高等教育研究所所长潘懋元宣读了题为《关于民办高等教育体制的探讨》的论文，此文相继在《光明日报》和《上海高教研究》（1988年第3期）上发表并经《新华文摘》转载，在全国激起强烈反响。

DEA004－19990000

20世纪末成批建立民办高校

1998年12月和1999年7月，教育部高校设置评议委员会分别在湖南长沙市和河北三河市举行会议，共计通过了25所民办高等职业技术学院的建立，至1999年10月，全国具有颁发学历文凭资格的民办高校共达37所。

附录　截至1999年10月，全国具有颁发学历文凭资格的37所民办高校名单

仰恩大学（本科），海淀走读大学，民办内蒙古丰州学院，民办黑龙江东方学院，民办杉达学院，民办三江学院，民办明达职业技术学院，民办浙江树人学院，民办金华职业技术学院，民办福建华南女子职业学院，民办山东万杰医学高等专科学校，民办黄河科技学院，湘南医学高等专科学校，民办南华工商学院，私立华联学院，民办培正商学院，民办白云职业技术学院，邕江大

学，凉山大学，民办四川天一学院，西安培华女子大学，天津联合业余大学，上海工商学院，湖北函授大学，广东业余大学，宁夏石嘴山职工大学，民办天狮职业学院，民办万成经贸职业学院，民办东海职业技术学院，民办新侨职业技术学院，民办蓝天职业技术学院，民办长江职业学院，民办青岛滨海职业学院，民办中原职业技术学院，民办三联职业技术学院，民办潮汕职业技术学院，民办吉林华侨外语职业学院。

DEA005－20050226

教育部高校设置评议委员会分批批准部分民办高职升格

2005 年 2 月 26－27 日和 2008 年 1 月 15－17 日，教育部高校设置评议委员会分别在浙江杭州市和福建厦门市召开会议，共计通过 30 所民办高职高专院校升格为普通本科学校。2005 年 3 月和 2008 年 4 月，教育部正式发文批准升格为本科院校的民办高职高专院校总计 33 所。

第二节　政策支持与法规建设

DEB001－19830428

党中央国务院鼓励社会力量举办高等职业教育

中共中央书记处于 1983 年 1 月召开的第 45 次会议在讨论高等教育问题时提出，支持大型工矿企业、民主人士和新兴城市自办大学。1983 年 4 月 28 日，国务院批转教育部、国家计委《关于加速发展高等教育的报告》中指出，积极提倡大城市、经济发展较快的中等城市和大企业举办高等专科学校和短期职业大学，为本地区、本单位培养人才，此外，还要鼓励民主党派、群众团体和爱国人士举办这类学校。

DEB002－19930817

国家教委发布《民办高等学校设置暂行规定》

1993 年 8 月 17 日，国家教委发布《民办高等学校设置暂行规定》，其适用范围为：除国家机关和国有企事业组织以外的各种社会组织以及公民个人，自筹资金，依照本规定设立的实施高等学历教育的教育机构。规定民办高等学校及其教师和学生享有与国家举办的高等学校及其教师和学生平等的法律地位。民办高等学校招收接受学历教育的学生，纳入高等教育招生计划。学生毕业后自主择业，国家承认学历，民办高等学校不得以营利为办学宗旨，民办高等学校由所在地方省级教育行政部门负责管理。

DEB003－19990613

国家重申对民办高职教育的鼓励政策

1999 年 6 月 13 日发布的《中共中央、国务院关于深化教育改革全面推进素质教育的决定》明确规定，积极鼓励和支持社会力量以多种形式办学，在发展民办教育方面可以迈出更大的步伐，鼓励社会力量以各种方式举办高中阶段和高等职业教育。1999 年 6 月 18 日，国务院总理朱镕基在全国教育工作会议上的讲话中再次强调指出："要鼓励社会力量以各种方式举办高中阶段和高等职业教育。""发展民间办学，吸引社会各方面力量共同办教育，才能实现大国办大教育……我们是穷国办大教育，不走多种形式办学的路子，别无选择。"

DEB004－20040305

《中华人民共和国民办教育促进法实施条例》规定民办高校教学自主权

国务院于 2004 年 3 月 5 日公布的《中华人民共和国民办教育促进法实施条例》第二十二条规定："实施高等教育和中等职业技术学历教育的民办学校，可以按照办学宗旨和培养目标，自行设置专业、开设课程，自主选用教材。"

DEB005－20051020

上海市连续出台对民办高校的支持政策

2005 年 10 月 20 日发出的《上海市教育委员会关于促进上海民办高校教学高地建设的通知》指出，为促进民办高等教育事业发展，提高民办高校人才培养质量，决定自通知之日起，在全市实施民办高校教学高地建设工程。通过政府对民办高校教学工作的择优支持，引导民办高校加强教学内涵建设，促进民办高校不断改善教学条件。2006 年 4 月 28 日，上海市教育委员会、上海市财政局联合发布《上海市促进民办教育发展专项资金管理办法》，经上海市人民政府批准，从 2006 年开始，设立上海市促进民办教育发展专项资金，该专项资金列入市级财政年度教育经费预算，其用途之一是鼓励、扶持民办普通高等学校发展。2008 年 12 月 5 日发出的《上海市教育委员会关于推进本市民办学校建立年金制度的通知》指出，积极鼓励和支持本市民办学校建立年金制度。"本通知所称年金制度，是指民办学校在依法参加国家法定的基本养老保险并履行缴费义务的基础上，根据民办学校的经济承受能力自愿建立的补充养老保险制度。"

第三节　民间组织与活动

DEC001－19950500

中国成人教育协会民办高等教育委员会成立

1995年5月，中国成人教育协会民办高等教育委员会成立。这是新中国成立以来民办高等教育第一个全国性团体组织。由全国范围内的民办高等院校根据自愿参加的原则组成，并经国家教委批准、民政部备案。农业部原副部长刘培植任会长，北京海淀走读大学常务副校长陈宝瑜兼任秘书长。该会的主要宗旨是：遵照国家的有关政策、法律，团结一切热心民办高等教育和民办高等职业教育的社会力量，为推动中国民办高等教育质量，促进民办高等教育事业的健康发展作贡献。1995年5月25－27日，中国成人教育协会民办高等教育委员会成立会暨研讨会在京召开。臧伯平、浦通修、关世雄、李正文、冯佩之受聘担任全国民办高等教育委员会高级顾问。

DEC002－20040516

第一个民间的民办高校教育券计划设立

2004年5月16日，国内第一个由民间发起、面向全国民办高等学校的教育券计划——“先锋教育券”在杭州设立。“先锋教育券”由浙江大学教育学院民办教育研究中心、中国教育先锋网联合部分民办高校共同发起，面值500元，向参与该计划的民办学校当年就读学生中的持券人发放，资助民办高校大学新生部分入学费用，鼓励考生积极报考优秀民办高校，扶持民办高校快速发展。

DEC003－20050518

中国民办高等教育峰会在北京举行

2005年5月18日，由中华职业教育社主办的以“机遇、挑战、核心竞争力”为主题的2005年中国民办高等教育峰会在北京举行。教育部副部长吴启迪出席会议并发表讲话。吴启迪指出，教育部将坚决贯彻落实《中华人民共和国民办教育促进法》，积极为民办高等教育持续健康发展创造条件，落实相关的扶持鼓励政策，用制度和政策来保障民办高等教育公平、公正、和谐、可持续健康发展。今后，高等教育发展的增量部分将主要靠发展民办高等教育来实现，民办高等教育会成为高等教育发展的一个重要方面。因此，一定要做好民办高校发展的规划工作，统筹民办高校和公办高校协调发展。要加快建立健全民办高校内部管理体制，用制度来保障学校的健康发展，要严格执行校董事会领导下的校长负责制。民办高校要坚持公益性办学原则，认真处理好办学中经济效益和社会效益的关系，重视学校“软件”建设。不仅要注重对学生的知识技能的培养，更要注重学生思想品德的培养和思想政治工作。

DEC004－20080517

中国民办教育协会成立并拟组建高等教育专业委员会

2008年5月17日，中国民办教育协会成立大会暨第一次代表大会在北京召开，在该协会下组建包括民办高等教育在内的各类专业委员会。教育部副部长袁贵仁出席大会并作题为《引导民办教育健康发展》的讲话，他指出，三十年来，民办教育沐浴在党的教育方针下兴起、发展，伴随着国家改革开放的步伐前行、壮大。经过全国民办教育工作者的辛勤努力和不懈探索，我国民办教育事业有了长足的发展。

附录 2008年全国民办高等教育简况

民办高等学校（含独立学院）总数为640所，比上年增加25所。

普通及成人民办本专科招生134.6万人，比上年增加15.6万人，增长13%。其中普通民办本专科招生130.5万人，比上年增加14.9万人，增长12.8%；占普通本专科招生总数的21.5%，比上年增加14.9万人，比上年增加1个百分点。其中民办专科招生67.6万人，比上年增加7.6万人，增长12.7%；占民办本专科招生总数的50.2%。

2007年、2008年分地区民办高等教育招生情况如下表。

（单位：万人）

地区／年份	全　国	东　部	中　部	西　部
2007年	119.1	60.6	35.9	22.5
2008年	134.6	66.2	41.4	27.1

2008年，全国民办高等教育在校学生401.3万人，比上年增加51.6万人，增长14.8%。其中民办普通本专科在校生393万人，比上年增加48.8万人，增长14.2%；占普通本专科在校生总数的19.4%，比上年增加1.2个百分点。其中民办专科在校生178.0万人，比上年增加15.1万人，增长9.3%；占民办

本专科在校生总数的 44.4%。

2002—2008 年民办高等教育招生、在校生变化情况如下表。

（单位：万人）

项目＼年份	2002	2003	2004	2005	2006	2007	2008
招　生	17.3	38.9	63.9	88.0	102.6	119.1	134.6
在校生	34.1	83.6	142.1	212.6	280.5	349.7	401.3

2008 年，全国民办高校的专任教师 20.3 万人，其中具有研究生学位者占 42.6%，比上年提高 3.8 个百分点，从 2004 年以来逐年有所上升；具有高级专业技术职务者占专任教师总数的 32.4%，从 2004 年以来逐年有所下降。具体情况如下表。

项目＼年份	2004	2005	2006	2007	2008
研究生学位比例（%）	27.1	31.4	34.2	38.8	42.6
博士研究生学位比例（%）	3.3	3.4	3.7	4.1	4.3
高级专业技术职务比例（%）	37.0	36.5	35.0	33.4	32.4

第六章　成人高等教育

第一节　独立设置的成人高校

DFA001－19800400

国家开展职工大学、职工业余大学的审批备案工作

根据国务院批转教育部《关于举办职工、农民高等院校审批程序的暂行规定》和教育部《关于职工大学和职工业余大学建校审批工作及毕业生学历等若干问题的意见》，各地区、各部门于1980年至1982年对职工大学、职工业余大学进行了审批、复查。从1980年4月到年底，教育部集中办理了备案批复。在办理时，分别邀请省、市、自治区和国务院部委负责职工大学工作的人员共同审核每一所学校，确认合格学校。同时派人到湖南、湖北、四川等省的职工大学进行现场审核。截至1982年年底，各省、市、自治区和国务院部委共批准820所学校，在校生14.27万人，其中经教育部审核同意备案的共602所，有在校生10.5万人，专职教师1.75万人。

DFA002－19821200

职工大学教学工作座谈会召开

1982年12月，教育部在广州市召开了职工大学教学工作座谈会。会议修改审定了《教育部关于制定职工高等工业专科学校教学计划的意见（征求意见稿）》和“机械制造工艺与设备”、“工业电气自动化”、“工业与民用建筑”、“化工工艺”四个专业的教学计划，并讨论修改了《教育部关于制定职工大学工业专科基础课和技术基础课教学大纲的几项原则（征求意见稿）》。会议还对上述四个专业教学计划中基础课、技术基础课40种类型教学大纲的组织编写工作进行了研究。在此基础上，1983年4月，教育部分别颁发了

《关于制定职工高等工业专科学校教学计划的暂行规定》和《关于制定职工高等工业专科学校基础课程和技术基础课程教学大纲的几项原则（试行草案）》。

DFA003 – 19830530

《职工大学、职工业余大学学生学籍管理暂行规定》印发

1983 年 5 月 30 日，教育部印发《职工大学、职工业余大学学生学籍管理暂行规定》。《暂行规定》共 6 节 27 条，对学生的入学与学籍，成绩考核，升级、留级、转学、退学、休学，纪律、考勤，奖励和处分，毕业、结业、肄业等都作出了具体规定。这是新中国成立以来，针对职工大学、职工业余大学的第一个较为全面的学生学籍管理方面的规定。

DFA004 – 19860000

成人高校试办高等职业教育

根据《中共中央关于教育体制改革的决定》中的“积极发展高等职业技术院校”和国务院批转《国家教育委员会关于改革和发展成人教育的决定》中的“职工大学、职工业余大学、管理干部学院应当利用自己同企业、行业关系紧密的有利条件，结合需要，举办高等职业技术教育，为企业事业单位培养生产、经营管理方面的专业技术人才”的精神，从 1986 年开始，上海、天津、沈阳、江苏等省市的少数办学条件较好的职工大学试办了高等职业教育班。到 1994 年止，全国有 10 个省、2 个部委共 41 所成人高校、4 所普通高校成人教育学院试办了 35 个专业的高职班。其招生对象主要是中等职业技术学校和普通高中毕业的在职人员。入学参加国家统一的成人高考并加试专业知识和技能考核。成绩合格者颁发国家统一印制的大学专科毕业证书，部分学校还颁发职业资格证或技术等级证书。

DFA005 – 19880129

成人高校开展招收“三生”试点工作

1988 年 1 月 29 日，国家教委印发了《关于做好 1988 年各类成人高等学校招生改革试点工作的几点意见》。《意见》要求，1988 年在部分省、自治区、直辖市进行成人高等学校招收预科生、资格生、往届生试点工作。预科生：对文化水平偏低、单位急需的先进模范、生产骨干及少数民族聚居区的少数民族考生，在照顾一定分数段后仍未被录取的，经单位推荐，可适当降分录入预科班，补习高中文化一年，经考试合格，升入成人高校对口专业学习。资格生：

对参加成人高校统一招考成绩达到1988年最低控制分数线而未入学考生，招生部门发成绩证明，在1989年、1990年两年内，招生部门仍承认其达到成人高校学习的文化知识水平，上成人高校可不再参加入学文化考试。往届生：对1985年以来参加普通高校考试达到一定分数的往届高中毕业生，符合《1988年各类成人高等学校招生规定》报考条件，经单位推荐，省、自治区、直辖市成人高校招办审核，可免试进入成人高校对口专业学习。凡有条件的省、自治区、直辖市，经地方政府同意，1988年均可进行预科生、资格生试点。而往届生试点难度大，1988年国家教委批准在四川等12个省进行。1988年全国各类成人高校招收预科生6602人、资格生14907人、往届生3435人。

DFA006－19931122

高等学校继续教育协作组成立

1993年11月22－25日，高等学校继续教育协作组成立大会在清华大学召开。来自全国41个协作组成员高等学校以及其他高等学校或继续教育中心、企业等100多人参加会议。国家教委副主任王明达、人事部副部长蒋冠庄、国家经贸委副主任陈清泰分别到会讲话。高等学校继续教育协作组的宗旨和任务是：推动高等学校积极开展继续教育工作；促进继续教育自觉为经济建设和改革开放服务；加强宣传，交流继续教育的信息和经验，探讨继续教育的规律和有关政策，推动高校合作，参加国际和国内的交流；为四个现代化建设作出更大贡献。会议通过了《高等学校继续教育协作组章程》，并选举清华大学、吉林大学、天津大学、四川大学等17所高等学校为第一届协作组组长单位。

DFA007－19931218

成人高等学校举办“二学历”与试办“双招”

根据《国家教育委员会关于进一步改革和发展成人高等教育的意见》中关于“根据需要开办第二专业学历教育”和“要努力建立各类成人高等学校与企业、部门双向介入，生产、工作和教学相互渗透、相互促进的运行机制”的精神，国家教委于1993年12月18日印发了《关于各类成人高等学校举办第二专业专科学历教育的实施意见》和《关于成人高等学校试办“双招”专科学历教育班的实施意见》。所谓“二学历”，是指成人高等学校为已具有专科毕业学历者开办的另一专业的专科学历教育。所谓“双招”，是指从参加普通高考的高中毕业生中，用招工与招生相结合的方式，在上岗前实行高等职业教育，以实现“先培训，后上岗”的要求。

DFA008－19931230

国家教委开展各类成人高等学校评估工作

根据《中国教育改革和发展纲要》关于“各地教育部门要把检查评估学校教育质量作为一项经常性的任务”的精神和《国家教育委员会关于进一步改革和发展成人高等教育的意见》提出的“建立办学方向、办学水平和教学质量评估制度”的要求，国家教委于1993年12月30日印发了《关于各类成人高等学校评估工作的意见》。《意见》提出，要逐步建立各类成人高等学校评估制度；要根据国家对各类成人高等学校办学的有关规定制订科学的评估方案；评估一般分为综合评估和单项评估；要逐步建立国家、地方（或部门）和学校三级评估体制；完善评估工作的一般程序；成人高等教育评估是一项十分严肃的工作，各级人民政府要予以支持和指导。

DFA009－19950602

成人高等学校招生由指导性计划管理向严格的计划管理转变

1995年6月2日，国家教委下发《关于加强1995年普通高等学校和成人高等教育招生计划管理工作的通知》。从1995年开始，成人高校的招生工作由指导性计划管理向宏观调控下严格的计划管理转变，表现出以下几个特点：(1）坚决维护国家计划的严肃性，确保招生规模不突破国家下达的招生计划。(2）严格报考资格审查和新生入学资格复查，严肃考风考纪，及时处理各种违纪行为。(3）新生质量明显提高。

DFA010－19951109

国家教委印发《关于成人高等学校试办高等职业教育的意见》

为认真贯彻《中国教育改革和发展纲要》及实施意见、国家教委《关于改革和发展成人高等教育的意见》中关于积极发展高等职业教育的精神，1995年11月9日，国家教委在调研和总结试点经验的基础上，印发了《关于成人高等学校试办高等职业教育的意见》，决定在一部分有条件的成人高等学校试办高等职业教育。《意见》将成人高等学校试办的高等职业教育的培养目标定为德、智、体全面发展的实用性、技能性较强的生产、工作第一线的专科层次技术（含管理、操作、服务等）人才，毕业生应掌握职业岗位所要求的专业(技术理论)，具有较高的职业技能和实际工作能力。《意见》还进一步对高职班的招生对象及入学、专业设置与教学计划、证书及颁发、审批程序等作出了相关规定。

DFA011 - 19970203

国家教委制定成人高校招生部分免试录取的相关规定

1997 年 2 月 3 日，国家教委印发了《1997 年全国各类成人高等学校招生规定》，规定，近五年以来，获得全国劳动模范称号，参加重大国际比赛（由世界及国际体育组织主办的各种体育单项比赛、锦标赛、综合性比赛和运动会）获得前三名成绩者，经省、自治区、直辖市招生部门审核，报国家教委批准，可免试进入各类成人高等学校学习。1997 年，国家教委批准免试录取全国劳模和参加重大国际体育比赛获得前三名成绩者共计 113 人。

第二节　函授教育和夜大学

DFB001 - 19790115

补发“文革”前函授、夜大学学员学历证书

改革开放后，教育部收到不少“文革”前高等学校举办的函授、夜大学学员的来信，反映“文革”中，由于林彪、“四人帮”的干扰破坏，教学工作中断，有的已学完全部课程，经毕业考试及格，但未及时发给毕业文凭；有的学完全部课程，没有进行毕业考试；有的只学完了部分课程。他们要求补发毕业证书、肄业证书、学科结业证明等，以证明他们的学历。教育部认为这一要求是合理的，应当根据具体情况实事求是地予以解决。为此，教育部于 1979 年 1 月 15 日下发了《教育部关于补发文化大革命前高等学校举办的函授、夜大学学员学历证书的通知》，对因“文革”而中断学习的学生的证书发放办法作出了具体规定。

DFB002 - 19800905

国务院批转《关于大力发展高等学校函授教育和夜大学的意见》

为了推动高等学校举办函授教育和夜大学工作进一步发展，1980 年 9 月 5 日，国务院批转了教育部《关于大力发展高等学校函授教育和夜大学的意见》。国务院在批语中指出，各地、各部门应当把这方面工作当做一项重要的事业，切实加强领导，充分发挥高等函授教育和夜大学在发展我国教育事业中的作用。《意见》对高等学校举办函授教育和夜大学的方针任务、办学形式、教学工作、人员编制和经费、毕业生的使用和待遇以及组织领导等问题都作出了相关规定。1981 年，全国举办函授教育和夜大学的高等学校有 208 所，其中办函授教育的有 83 所，办夜大学的有 91 所，两者都办的有 34 所；有函授生 17.7 万人，夜大学生 3.8 万人。函授教育开设的专业有 102 种，夜大学开设的专业有 126 种。

DFB003 – 19830310

教育部开展授予函授、夜大学学士学位试点工作

根据《中华人民共和国学位条例暂行实施办法》的有关规定，1983 年 3 月 10 日，教育部下发了《关于授予高等学校举办的函授、夜大学本科毕业生学士学位试点工作的几点意见》，确定先在同济大学、哈尔滨工业大学等四所高等学校进行函授、夜大学本科毕业生学士学位试点工作。《意见》规定，学士学位的授予，政治方面，必须坚持四项基本原则，遵守纪律和社会主义法制，品行端正，工作积极，愿为社会主义“四化”建设服务。业务方面，必须完成教学计划规定的各项要求，经审核准予毕业，其课程学习（包括外语）和毕业论文（毕业设计或其他毕业实践环节）的成绩，表明确已较好地掌握本门学科的基础理论、基本知识和基本技能，并具有从事科学研究或担负专业技术工作的初步能力。凡政治、业务达不到要求的，不能授予学士学位。试点授予学士学位的高等学校，要按照《中华人民共和国学位条例暂行实施办法》第四条、第五条要求，严格审批手续。

DFB004 – 19860616

全国高等函授教育工作会议召开

为了贯彻《中共中央关于教育体制改革的决定》，研究拟定在新的历史时期发展高等函授教育的任务、工作方针和政策措施，从而使我国的高等教育能够主动适应国民经济和社会发展的需要，更好地为社会主义建设服务，1986 年 6 月 16 – 20 日，国家教委在北京召开了全国高等函授教育工作会议。来自各省、自治区、直辖市和有关部委教育部门以及部分高校的代表共 160 余人出席了会议。国家教委副主任、党组书记何东昌在开幕式上作了《适应国民经济和社会发展的需要，大力发展高等函授教育》的报告。代表们还讨论和修改了国家教委高教三司提交会议的《普通高等学校函授教育暂行工作条例》和《关于高等函授教育教材建设的意见》的讨论稿。

DFB005 – 19870207

国家教委颁发《普通高等学校函授教育暂行工作条例》

为贯彻全国成人教育工作会议的精神，加强对普通高等学校举办函授教育的宏观指导和管理，促使其进一步发展和提高，1987年2月7日，国家教委印发了《普通高等学校函授教育暂行工作条例》。本《条例》包括总则、教学、科研、教师、函授生、函授辅导站、组织管理、经费、附则等9章36条内容，加强了对普通高等学校举办函授教育的宏观指导和管理。《条例》精神同样适用于普通高等学校举办的夜大学。

DFB006－19880116

高等学校试办函授、夜大学专科起点本科班

1988年1月16日，国家教委同意北京大学、中国人民大学、南开大学、天津大学、吉林大学、上海交通大学等21所高等学校试办函授、夜大学专科起点本科班，并规定招生对象为年龄在40岁以下，具有专科毕业后两年以上工作实践、专业对口的优秀在职人员。学制一般为3年。

DFB007－19880823

国家教委下放普通高等学校函授、夜大学专科教育审批权限

为深化普通高等学校函授、夜大学教育的改革，1988年8月23日，国家教委印发《关于下放普通高等学校举办函授、夜大学专科教育审批权限的意见》。《意见》规定，从发文之日起，普通高校举办国内招生的函授、夜大学专科教育审批改为学校申请、按隶属关系经国务院部委或省、自治区、直辖市、计划单列市教育部门批准，报国家教委备案。国家教委直属高校举办函授、夜大学专科教育仍由国家教委审批。函授、夜大学专科教育可设本科全日制已有的专业，名称以全日制专业名称为依据；需注明专业方向的，可加括号说明。申报举办本校全日制未开设专业，要确属经济社会发展急需；有较好的函授、夜大学条件；具有合格配套的师资力量；有符合专科培养规格要求的教学计划、教学大纲和教材。医学（中医除外）、外语、艺术等专业是否以函授方式开办，有待进一步论证。确需试点的，主管部门应商国家教委后再审批。1988年，省、自治区、直辖市及计划单列市和国务院有关部委根据《意见》规定，共审核批准了160余所普通高校举办函授、夜大学专科教育。

DFB008－19950614

全国开展普通高校函授、夜大学教育评估工作

为了加强对普通高等学校函授、夜大学教育的管理、监督和评估，提高教育质量，1994年10月17日，国家教委办公厅印发了《普通高等学校函授教育评估基本内容和准则》《普通高等学校夜大学评估基本内容和准则》《普通高等学校函授教育评估指标体系（试行）》《普通高等学校夜大学评估指标体系（试行）》4 个文件；1995 年 6 月 14 日，国家教委下发了《关于做好普通高等学校函授、夜大学教育评估工作的通知》。至此，新中国成立以来首次普通高等学校函授、夜大学教育评估工作正式开始。本次评估的组织实行国家、地方（部门）、学校三级评估体制。评估对象是经国家教委审批、备案具有举办函授、夜大学本专科教育办学资格的普通高校。评估的内容主要是普通高等学校举办成人教育的投入、教育管理过程、教育质量等。评估工作分为启动试点、全面展开、检查总结三个阶段，从 1995 年开始至 1997 年 5 月底结束。根据统计，参加此次评估的学校有：函授大学 684 所，其中被评为优良校的有 229 所，合格校 446 所，不合格校 9 所；夜大学 549 所，被评为优良校的有 202 所，合格校 338 所，不合格校 9 所。

第三节　中央广播电视大学及远程教育

DFC001 －19790111

国务院批示要求努力把广播电视大学办好

1979 年 1 月 11 日，国务院批转教育部、中央广播事业局《关于全国广播电视大学工作会议的报告》。国务院在批语中指出，举办广播电视大学是我国高等教育事业发展中的新事物，对于扩大高等学校规模，提高广大群众的科学文化水平，加速培养又红又专的人才，将会起到重大作用。要努力把广播电视大学办好。

DFC002 －19790206

广播电视大学举行开学典礼

1979 年 2 月 6 日，中央电大和 28 所省级电大同时开学并在北京举行首次开学典礼，中央电视台向全国实况转播。大会由中央广播事业局局长张香山主持。国务院副总理王任重到会讲话，号召全国都来做好广播电视大学的促进派。教育部部长蒋南翔在讲话中指出，中央广播电视大学开学是一件大事，是我国教育战线为迎接四个现代化开创的一项新事业。2 月 8 日，中央电视台通过微波通信网正式向全国播出课程，著名数学家华罗庚主讲了第一节课。在第一学期，电视播放了高等数学、英语、化学三门课程。当时开设的是理工专业，在总的教学计划中，分为电子、机械和理科三类，课程 3 年播完。至此，广播电视大学正式诞生并开始专业教学。中央广播电视大学由教育部、中央广播事业局直接领导。教学方面由教育部负责，演播技术方面由中央广播事业局负责。各省、市、自治区广播电视大学由各省、市、自治区政府教育行政部门和广播事业局共同领导。各地广播电视大学分校（或工作站）由行署、市教育局领导。

DFC003－19820708

广播电视大学举行首届毕业生典礼

1982 年 7 月 8 日，全国广播电视大学举行首届毕业生典礼，经过 3 年学习，有 7.8 万多人成绩合格，准予毕业。教育部部长何东昌、广播电视部部长吴冷西、国家经委副主任袁宝华在毕业典礼上讲话。何东昌在讲话中指出，事实说明，办电大是多种形式发展高等教育事业的一种途径，电大是有生命力的，是受群众欢迎的一种办学形式，它能够较省、较快地为实现四化培养更多的建设人才。今后，电大的工作方针应该是，在巩固提高的基础上，继续前进。中央电视台现场直播毕业典礼实况。

DFC004－19860409

广播电视大学开始招收参加普通高考高中毕业生

1986 年 4 月 9 日，国家教委、国家计委和财政部联合下发《关于广播电视大学招收参加普通高考高中毕业生的通知》，规定从 1986 年起广播电视大学举办普通专科班，招收参加普通高等学校统一考试的高中毕业生。1986 年，全国共有 24 个省、自治区和 8 个计划单列市，在所属的 200 多个电大分校开办了近 1000 个普通专科班教学点，理工、经济和师范三类共招生 3.4 万人。广播电视大学成为既面向成人教育，又兼有普通高等学校职能的新型高等学校。

DFC005－19930203

纪念邓小平同志批准广播电视大学成立 15 周年座谈会召开

1993 年 2 月 3 日，中央广播电视大学在北京举行座谈会，纪念邓小平同志批准广播电视大学成立 15 周年。国务院总理李鹏、国务委员兼国家教委主任李铁映分别为中央广播电视大学成立 15 周年题词。李鹏题词：开拓创新为电大，不拘一格育英才。李铁映题词：办好电大教育，送教千家万户。

DFC006－19950814

广播电视大学试招高等专科“注册视听生”

为了充分利用广播电视大学的现代教育手段和教育资源，为高中和中等职业技术学校毕业的在职从业人员和社会青年提供更多的接受高等教育的机会，国家教委于1995年8月14日下发了《关于广播电视大学招收高等专科“注册视听生”的试点的通知》。《通知》指出，“注册视听生”免试注册入学，以自学和收听、收看广播、电视、录音、录像课为主，不组织班教学，接受适当的教学辅导，实行完全学分制；“注册视听生”取得规定的总学分，实践教学环节考核合格，思想品德符合要求，即准予毕业；国家承认其大学专科学历。按照《通知》有关精神，1995年9月，国家教委在四川、浙江、辽宁、内蒙古、江西、福建、黑龙江、甘肃、重庆、哈尔滨10所广播电视大学开展了“注册视听生”试点工作，开设了财务会计、法律、英语三个专业，参加注册学习的有42161人。各试点单位均于11月初之前正式开课，并于1996年1月底完成了第一次全国统考。

DFC007－19960314

广播电视大学试行“专升本”教育试点

1996年3月14日，国家教委下发《关于广播电视大学举办“专升本”教育试点的通知》。从1996年秋季开始，在北京、上海、天津、江苏、广东、广西、新疆、云南8个省、自治区、直辖市试行“专升本”教育，培养适应社会主义经济建设和社会发展需要的，德、智、体全面发展的，重点面向基层的，达到大学本科毕业要求的高级应用型专门人才或从事普通中学和中等职业学校理论课教学的教师。1996年在法学、英语教育、计算机应用（软件）三个专业进行试点。“专升本”试点由中央广播电视大学主办，即在中央广播电视大学统一规划、统一管理的前提下，选择办学条件较好的省、自治区、直辖市广播电视大学设置“专升本”教学班。招生对象为在职大专毕业生，英语教育专业应以大专毕业的中学、中等专业学校和职业学校教师为主。参加国家教委统一组织的“专升本”入学考试。“专升本”学制一般为两年，可按三年业余学习安排教学，也可按两年全脱产安排教学。根据所学专业和学科的需要，设置必要的主干专业基础课和专业课。学生通过学习取得规定的毕业总学分，完成实践性教学环节，思想品德符合要求，即准予毕业，由中央电大颁发国家教委统一印制的本科毕业证书。

DFC008 －19990600

中央电大开展人才培养模式改革和开放教育试点项目研究

经教育部批准，“中央广播电视大学人才培养模式改革和开放教育试点”（以下简称“试点”）项目于 1999 年 6 月正式启动。到 2000 年秋，已开设计算机科学与技术（与清华大学合作）、金融学（与中国人民大学合作）、英语（与北京外国语大学合作）、法学（与中国政法大学合作）、工商管理（与东北财经大学合作）、会计学（与北京工商大学合作）6 个专科起点本科专业，教育管理、金融、水利水电工程（与水利部合作）、计算机应用、小学教育 5 个专科专业，另有园艺学、动物生产、药学 3 个专科专业实行课程开放，全国 44 所省级电大全部开展试点。“试点”采用项目研究的方式运作，由教育部高教司直接领导，普通高校合作参与，中央电大负责在全国电大系统内组织实施；根据入学水平测试结果，实行“免予国家统一入学考试，验证择优注册”的招生方式，并实行春秋两季招生；以学生个体学习为主，电大采用现代信息技术和教育技术手段为学生学习提供多种媒体课程资源和多种形式的教学组织活动，以学生为中心提供多种学习支持服务；随着试点的深入，不断完善学生学习支持服务系统，逐步形成具有中国特色的现代远程开放教育的理论和实践成果。

DFC009 －20020814

中央广播电视大学西藏学院成立

2002 年 8 月 14 日，中央广播电视大学西藏学院在拉萨正式成立，由中央电大和西藏大学合作建立，设在西藏大学内。至此，广播电视大学远程开放教育教学网络已经覆盖全国 31 个省、自治区、直辖市。西藏学院于 2002 年秋季开始招生，首期开设开放教育试点专科起点本科汉语言文学、会计学、专科护理学、会计学 4 个专业；共计注册学生 377 人。

DFC010 －20040117

教育部加强网络教育质量监管

2004 年 1 月 17 日，教育部印发《教育部办公厅关于对现代远程教育试点高校网络教育学生部分公共课实行全国统一考试的通知》。《通知》指出，为进一步加强网络教育的规范管理，提高网络教育的社会声誉，确保网络教育人才培养的质量，促进网络教育健康、有序地发展，经研究，教育部决定对现代远程教育试点高校网络教育学生的部分公共课实行全国统一考试。考试由全国高校现代远程教育协作组成立全国高校网络教育考试委员会具体组织落实，实行全国统一大纲、统一试题、统一标准，考试对象为试点普通高校的本科层次网络学历教育的学生和中央广播电视大学“人才培养模式改革和开放教育试点”项目的本科层次学历教育的学生，统考初期原则上每年组织两次。统考初期以常规纸笔形式进行或机考、网考，逐渐过渡到完全无纸化的机考、网考。2004 年统考科目为英语和计算机基础。2005 年开始，统考科目增加高等数学或大学语文。

DFC011 –20040200

中央电大组织实施“一村一名大学生计划”

2004 年 2 月，教育部“一村一名大学生计划”正式启动，该计划由中央广播电视大学组织实施，每年每村招收一名大学生，培养高等职业技术教育层次的农村实用科技人才和管理人才。招收对象主要为具有高中（含职高、中专）毕业或具有同等学力的农村青年，鼓励复员退伍军人、农业科技示范户、村干部，以及乡镇企业从业人员参加学习。2004 年，“一村一名大学生计划”开设了具有职业教育特色的种植类、养殖类和管理类等 10 个专业。24 所省级电大及其所属的 64 所县级电大招生 4963 人。为了推进“一村一名大学生计划”的实施，2005 年初，教育部启动实施“一村一名大学生计划”非西部地区县级电大援助计划，由中央电大投入 200 万元，援助 20 所参加“一村一名大学生计划”试点的非西部地区县级电大，相关省级电大配套投入 10 万元，用于信息化基础设施建设，完善网络教学环境，提升教学现代化水平。2005 年 6 月，教育部又专门印发了《关于推进中央广播电视大学实施“一村一名大学生计划”的通知》，要求各省级教育行政部门和中央广播电视大学积极推进“一村一名大学生计划”的实施。截至 2007 年，由中央电大牵头、30 多所省级电大参与了该计划的试点项目，已面向农村开设具有职业教育特色的种植类、养殖类和管理类专业 15 个，累计招收学员 9.22 万人。

DFC012 –20040216

中央电大开展残疾人远程教育

2004 年 2 月 16 日，中央广播电视大学残疾人教育学院在深圳正式揭牌，并在深圳学习中心启动试点招生，首次招收学员 50 名，4 月 30 日举行首期开学典礼。年内设立学习中心 1 个（深圳）、教学点 18 个，开设数字媒体设计与制作、英语（商务方向）、会计（财务会计方向）3 个高等专科学历教育专业，年内在校生 203 人。2007 年 11 月 27 日，中央电大残疾人教育学院送走了首届毕业生，并在深圳电大举行了中央电大残疾人教育学院暨深圳学习中心 2007 年秋毕业典礼。本届毕业生共计 249 人，其中残疾学生 221 人，占总毕业人数的 88.8%。这些毕业生分别来自南京、武汉、青岛、江门、哈尔滨、郑州、广州、深圳及浙江和贵州等省市的教学中心和教学点。

DFC013 - 20040301

中央电大启动“西部地区百所县级电大援助计划”

2004 年 3 月 1 日，中央电大印发《中央广播电视大学关于实施“西部地区百所县级电大援助计划”的通知》，启动了“西部地区百所县级电大援助计划”，计划从 2004 年至 2006 年，从内蒙古、广西、四川、重庆、贵州、云南、陕西、甘肃、青海、宁夏、新疆、西藏 12 个省、自治区、直辖市和湖南湘西、湖北恩施、吉林延边 3 个地区，遴选 100 所县级电大，投资 1000 万元人民币，旨在提升其教学现代化水平，推动电大远程开放教育向下延伸，为基层培养更多的应用型人才。

DFC014 - 20071207

中央电大人才培养模式改革和开放教育试点项目通过教育部评估

2007 年 4 月 24 - 27 日，教育部组织专家对“中央广播电视大学人才培养模式改革和开放教育试点”项目进行总结性评估。2007 年 12 月 7 日，《教育部办公厅关于公布“中央广播电视大学人才培养模式改革和开放教育试点”项目总结性评估结论的通知》印发。《通知》指出，试点项目实现了预期目标，形成了开放教育人才培养模式的基本框架，以及相应的教学模式、管理模式和运行机制，为广播电视大学的发展奠定了基础，为国家现代远程教育的发展积累了经验。开放教育已经成为推进远程教育和继续教育发展的一种重要形式。《通知》要求，中央广播电视大学要统筹规划，科学管理，发挥系统优势，办好开放教育。地方各级教育行政部门要以科学发展观为指导，加强对当地广播电视大学的领导，明确开放教育在其发展中的主体地位，促进开放教育持续健康发展。

第四节　高等教育自学考试

DFD001 - 19810113

国家建立高等教育自学考试制度

1980 年，邓小平同志指出，在全日制和业余教育之余，还要发展“自学”，使之成为与学校教育相并列的培育人才的另一条道路，从而将高等教育推向大众。循着邓小平同志的思路，中共中央书记处在 1980 年 5 月讨论教育工作问题时又指出：为了促使青年人自学上进，应该拟订一个办法，规定凡是自学有成绩的人，经过考核确实达到大学水平的，就授予证书，照样使用，而且要认真执行，使青年人不迷信上全日制大学。根据邓小平和中共中央书记处的指示精神，教育部在《自学考试办法（试行草案）》的基础上，起草了《高等教育自学考试办法（试行草案）》，并广泛征求意见。1980 年 12 月，教育部向国务院提交了《关于〈高等教育自学考试试行办法〉的报告》，1981 年 1 月 13 日国务院正式批转，并要求“为切实做好这项工作，先在北京、天津、上海等地进行试点”。北京、天津、上海三市和辽宁省分别于 1980 年 11 月和 1981 年 8 月、6 月、4 月成立了自学考试机构，并于 1981 年 6 月（北京）、1982 年 11 月（天津、上海）和 12 月（辽宁）举行首次考试，共有 19909 人报考了 35058 个科次，有 7838 人获得了 11144 个单科合格证书。

DFD002 –19830500

全国高等教育自学考试指导委员会成立

1983 年 5 月初，国务院批准教育部、国家计委、劳动人事部、财政部的请示，同意成立全国高等教育自学考试指导委员会，并要求各省、市、自治区人民政府认真进行准备，建立本地区的高等教育自学考试指导委员会，积极开展工作。全国高等教育自学考试指导委员会的任务是：拟订有关考试的方针政策；指导各省、市、自治区高等教育自学考试工作；按照培养人才的规划拟订开考专业的规划原则；拟订统一的考试计划、考试大纲等文件；逐步开展对考试工作的研究。全国高等教育自学考试指导委员会由国务院有关部委、有关团体和军队的负责人，部分高等学校的院校长、专家、教授组成。主任由教育部部长何东昌担任，副主任由教育部原副部长主管高等教育自学考试工作的臧伯平、劳动人事部黄葳、国家计委孙钰、共青团中央书记处书记胡锦涛、北京大学副校长沈克琦、清华大学副校长赵访熊、中国人民大学副校长李震中担任。

DFD003 –19830523

国家积极推广高等教育自学考试制度

全国高等教育自学考试指导委员会第一次全体会议于 1983 年 5 月 23 –26 日在北京举行。中共中央书记处书记、中宣部部长邓力群出席会议并指出，自学考试是件很好的事情，一定要认真办好，现在应该逐步推广。教育部部长、全国高等教育自学考试指导委员会主任何东昌在会上就高等教育自学考试制度的试点工作、它在我国高等教育事业中的意义、保证考试质量、在全国逐步推广和有关政策等问题作了报告。1983 年 8 月，教育部在云南昆明又召开了全国高等教育自学考试工作座谈会，专门部署了高等教育自学考试的推广工作。按照这两次会议的精神，各地积极开展自学考试推广工作，到 1985 年下半年，全国 29 个省、自治区、直辖市都建立了自学考试工作机构，开展了自学考试工作，全国共开考本科专业 20 种、专业点 29 个，专科专业 54 种、专业点 259 个，一次考试有 142 万多人报考；累计报考人数超过 431 万人，本科毕业 26 人，专科毕业 1 万余人。

DFD004 －19880303

国务院颁布实施高等教育自学考试暂行条例

1988 年 3 月 3 日，国务院颁布了《高等教育自学考试暂行条例》。这是在 1981 年 1 月国务院批转教育部《关于高等教育自学考试试行办法的报告》后，总结各地试点工作经验基础上制定的。《暂行条例》总结了几年来的实践经验，将《试行办法》加以扩展、充实和改进，其内容包括总则、考试机构、开考专业、考试办法、考籍管理、社会助学、毕业人员的使用与待遇、考试经费、奖励和处罚、附则，全文共 10 章 42 条。这些内容对高等教育自学考试工作涉及的主要方面都作了原则性的规定，作为各地进行高等教育自学考试工作的基本依据。《暂行条例》的发布，以国家法规形式确立了自学考试制度的地位，标志着我国自学考试制度已经基本成熟。

DFD005 －19930900

国家教委要求稳定和完善高等教育自学考试机构

国家教委针对个别省在机构调整中出现撤销省考委，其职能任务改由其他机构行使的情况，于 1993 年 9 月发出《关于对山东省撤销高等教育自学考试委员会的意见》。《意见》指出，这种做法违背了国务院《高等教育自学考试暂行条例》的有关规定。《意见》在分析我国自学考试制度创立十余年来的成绩，指出撤销省考委带来的弊端后，强调颁发高等教育自学考试毕业证书，国家只委托省考委承担。今后，高（中）等教育自学考试的各种证书，必须以省、自治区、直辖市高等教育自学考试委员会的名称签署并颁发，其他任何机构无权颁发，否则将不予承认。对于已撤销省考委的地区，国家教委希望能严格按照国家有关文件精神执行，尽快做好恢复省考委建制的工作，使其继续履行国家赋予的职责。文件下发后，有关省政府、教育行政部门的高度重视，并积极采取措施，做好恢复稳定省考委的工作。

DFD006 －19940400

国家教委决定自学考试进一步开放

为适应社会各方面的需要，国家教委决定自学考试要进一步开放，并委托广东省考试指导委员会于 1994 年 4 月首次在香港设立自学考点，接受港澳台同胞、海外侨胞参加。

DFD007 －20010216

高等教育自学考试制度建立 20 周年纪念大会召开

2001 年 2 月 16 日，教育部和北京市政府在人民大会堂联合召开高等教育自学考试制度建立 20 周年纪念大会。教育部部长、全国高等教育自学考试指导委员会主任陈至立和北京市副市长林文漪讲话，全国人大副委员长许嘉璐等出席。大会对全国自学考试先进集体、先进个人进行了表彰。

DFD008 －20040800

全国考办修订《高等教育自学考试暂行条例》

1988 年，国务院颁布了《高等教育自学考试暂行条例》。2004 年初，全国考办开始进行《暂行条例》的修订工作。在广泛征求全国考委各专业委员会(专家组)、教育部有关司局、自学考试战线及社会有关方面意见的基础上，同年 8 月在天津召开了《高等教育自学考试暂行条例》修订工作专题研讨会，会议确定了这次修改以“小改”为原则，以“以人为本”为基本理念，集中修改三个方面：一是与现行法律、法规尤其是《中华人民共和国教育法》《中华人民共和国高等教育法》明显冲突或相违背的条款；二是现行工作有重大变化而实践证明现行做法是正确的相关条款；三是《暂行条例》自身有明显疏漏、需要补充的条款。经过修改，形成了《暂行条例》修改稿及修改说明报教育部法制办。

第五节　综　　合

DFE001 －19860205

各类成人高等学校实行全国统一招生

为了解决试题标准不一、组织分散、考试次数多、延续时间长、考生重复参考的问题，加强对成人高等教育的宏观管理，保证新生入学质量，国家教委决定从1986年开始，各类成人高等学校实行全国统一招生。1986年2月5日，国家教委、财政部联合印发了《1986年各类成人高等学校招生规定》，对招生学校、招生计划、招生对象及报考条件、命题、录取等作了规定。1986年，各类成人高等学校计划招生82.1万人，有近130万人报考，实考人数109万人，录取新生60.3万人，占实考人数的55%，实际招生人数占计划招生人数的73.4%。通过全国统一招生，在社会上形成一个共识：要取得国家承认的学历，学校要经过国家审批备案，招生计划要经过国家批准，入学要经过全国统一考试。

DFE002－19870200

试办成人高等教育非师范类专科起点本科班

在成人高等学历教育办学序列中，专科起点本科教育原只限于允许普通高等学校和教育学院举办，招收普通中学教师，含各类中等学校普通课教师。根据《国家教育委员会关于改革和发展成人教育的决定》中提出“试办以专科为起点的本科教育”的改革意见，应国家教委直属高校和部分省、部委的要求，1987年2月，国家教委发出《关于同意北京大学等十一所高等学校试办函授、夜大学大专起点本科班的复函》和《关于同意四川经济管理干部学院等十三所成人高等学校试办大专起点本科班的复函》，以试点的方式将“专升本”的招生范围扩大到非师范类，将招生对象规定为年龄在40岁以下，具有专科毕业后两年以上实践经验的优秀的在职干部和职工。

DFE003－19870623

国家提出了改革和发展成人高等教育的决定

1987年6月23日，国务院批转了《国家教育委员会关于改革和发展成人教育的决定》，对我国成人高等教育改革和发展提出一些指导性意见，是此后我国成人高等教育改革和发展的重要依据。

附录　国家教育委员会关于改革和发展成人教育的决定（摘录）

成人高等和中等专业学校要突破单一的培养规格，对学员实行三种证书制度。一种是达到国家对高等学校本科、专科和中等专业学校学历规格要求的毕业证书；一种是达到相应学历层次单科知识水平的单科及格证书；一种是达到岗位必需的专业文化知识水平，在本行业从事所学专业工作范围内适用的专业证书。专业证书制度要随着岗位培训的开展，经过试点，逐步实施。

成人学校要发挥多种功能。成人高等学校和中等专业学校既要办学历教育，又要办非学历教育，还可以承担函授和广播电视教育的教学辅导，有条件的还可以根据用人单位招工和录用干部的需要，招收应届高中、初中毕业生进行定向培养。职工大学、职工业余大学、管理干部学院应当利用自己同企业、行业关系紧密的有利条件，结合需要，举办高等职业技术教育，为企业事业单位培养生产、经营管理方面的专业技术人才。广播电视大学和广播电视中等专业学校覆盖面大，教学手段先进，要发挥开放性的优势，在进一步办好本科、专科、中专等学历教育的同时，积极地为岗位培训、继续教育等提供教学服务。普通高等学校要大力发展函授、夜大学。要完善和发展高等和中等专业教育自学考试制度，充实自学考试机构，逐步扩大开考专业的范围，按照社会需要调节应考者报考专业的比例。对社会力量举办的学校要加强指导和监督。职工学校要按照企业事业单位的实际需要，灵活办学。

凡举办国家承认其毕业证书的高等和中等专业学校，必须符合国家的有关规定，并经教育部门审查批准；未经批准的学校，学生要取得国家承认的大学、中专毕业证书，应按国家关于自学考试的有关规定办理。对办学质量低劣、以办学为名牟取私利的学校，要进行整顿，直至取缔。

DFE004 －19870418

国家教委开展电视、函授、自学考试三结合开放教育试点工作

1987 年 4 月 18 日，国家教委决定开展电视、函授、自学考试三结合开放教育，即按照高等教育自学考试的考试计划，利用广播、电视大学的教学手段，采用电视播课和高等学校函授进行助学辅导，由高等教育自学考试委员会组织考试的教育形式。并决定先由上海市进行试点，先开展乡镇企业通用机械和乡镇企业经营管理两个专业，实行学历证书和单科合格证书两种证书制度。学员可学全科，也可学单科，也允许跨专业选读有关课程，经考核，合格一门发一门单科合格证书，取得全科合格证书后，可换发大专学历证书。

DFE005 －19880428

成人高等教育试行《专业证书》制度

1988 年 4 月 28 日，国家教委、人事部联合印发《关于成人高等教育试行〈专业证书〉制度的若干规定》。《专业证书》是我国实行的一种新的教育证书制度，是学员经过学习、考试合格，表明已达到岗位要求的大专层次专业知识水平的一种证明，它只在本行业本专业的工作范围内适用，仅作为评定、聘任专业技术职务、管理职务和其他职务的任职资格的依据之一。参加《专业证书》学习的学员，由所在单位根据实际专业岗位的需要选拔产生。一般应具备：从事专业技术工作或专业性较强管理工作，确属本系统、本单位工作需要而未达到岗位所要求的大专程度在职人员；具有高中毕业文化程度；5 年以上本岗位业务工龄，所学专业对口；年龄一般在 35 岁以上。学员须经学校文化考核合格后，方可入学。截至 1989 年，全国有 30 个省、自治区、直辖市，21 个行业主管部委相继在一部分高等学校试办了《专业证书》教学班。1989 年 12 月，国家教委、人事部针对试办过程中出现的一些问题，联合发出《关于加强成人高等教育试行〈专业证书〉制度管理的若干意见》，进一步明确要严格执行《规定》的有关要求，目前主要抓好《专业证书》制度的试点工作，严格控制办班规模；《专业证书》的审批工作由教育主管部门会同人事部门共同负责。

DFE006 – 19900605

国家教委对成人高等教育进行治理整顿

为落实七届人大三次会议《政府工作报告》中提出“以整顿成人高等学历教育为重点，努力提高成人教育的水平”的精神，国家教委决定从 1990 年起，利用 2 ~ 3 年的时间，对成人高等教育进行治理整顿。1990 年 4 月在上海召开了全国普通高校成人教育工作会议，部署了普通高校成人教育治理整顿工作。1990 年 6 月 5 日，国家教委发出了《关于普通高等学校成人教育治理整顿工作的若干意见》，明确了治理整顿的目的；指出了存在的问题；对治理整顿工作的方法、步骤作了部署并提出了要求。继普通高校成人教育部署开展治理整顿工作之后，国家教委又于 1991 年 2 月 26 日印发了《关于成人高等学校治理整顿工作的意见》，对独立设置成人高校的治理整顿工作进行了部署。

DFE007 – 19920811

全国成人高等教育工作会议召开

1992 年 8 月 11 – 14 日，国家教委在北京召开了全国成人高等教育工作会议。这是新中国成立以来第一次全国成人高等教育工作会议，各省、自治区、直辖市和计划单列市教委主任，国务院有关部门教育司（局）长，部分省、市、企业和学校负责人出席会议。会议由国家教委副主任王明达主持，国家教委常务副主任朱开轩作报告，国务委员兼国家教委主任李铁映讲话。会议总结了十一届三中全会以来成人高等教育工作的成绩、问题和基本经验，研究、部署了下一阶段成人高等教育改革与发展的方针和政策措施。会上还表彰了80所成人高等教育先进学校、40所普通高等成人教育先进单位和180所成人中专先进学校。

DFE008－19921008

国家加强成人高等教育非师范类专科起点本科班招生管理

1992年10月8日，国家教委印发了《举办成人高等教育非师范类专科起点本科班招生计划的暂行办法》，对举办学校、办学目的、招生考试、管理等作出了规定。此后，师范类和非师范类的“专升本”招生，一并列入国家教委关于各类成人高校招生工作的规定文件。

DFE009－19930107

国务院批转国家教委《关于进一步改革和发展成人高等教育的意见》

1993年1月7日，国务院办公厅转发了国家教委《关于进一步改革和发展成人高等教育的意见》。《意见》指出，我国的经济体制、科技体制、教育体制的改革要求成人高等教育必须加大改革力度，加快发展步伐。今后一个时期，成人高等教育改革和发展的总体目标是：动员社会各方面的力量大力支持、积极举办多种形式、多种层次、多种规格的成人高等教育，进一步增加和拓宽社会成员接受高中后教育的机会和渠道，使成人高等教育为经济和社会发展提供更加广泛的服务。把高等层次岗位培训、大学后继续教育作为成人高等教育的重点。完善学历教育体系，根据需要积极发展学历教育。建立起能够适应不断变化的经济、社会需求的新的办学机制。建立分级管理、分级负责的管理体制，形成科学的管理、调控制度。《意见》进一步提出促进成人高等教育改革和发展的10条政策措施。

DFE010－19930212

国家教委加强成人高等教育毕业证书的管理

1993年2月12日，国家教委印发《关于成人高等教育毕业证书统一印制及加强管理的若干规定》。指出，为了保证成人高等学历教育毕业证书的管理，便于用人部门对成人高等教育证书的认定，促进成人高等教育的改革和发展，决定从1993年起，国家承认学历的成人高等教育毕业证书由国家教委统一印制。

DFE011－19971100

成人高等教育面向 21 世纪百门课程教材建设工程启动

1997 年 11 月，国家教委正式启动成人高等教育面向 21 世纪百门课程教材建设工程。工程涉及各学科门类中使用量大、通用性强的一些主要课程，目的是通过控制主要课程的教学质量，把握住成人高等教育教学的总体水平，提高成人高等教育质量。1998 年 4 月，完成了工学、法学和经济学 3 个学科门类和公共课主要课程的设置方案，制定了 81 门主要课程的教学基本要求。教育部在 1998 年 6 月正式颁布实行。新教材在 1999 年秋季投入使用。

附录 1　1980—2005 年广播电视大学基本情况

（单位：万人）

年　份	学校数	在校学生数	招生数	毕业生数	教职工数	
					总　数	其中专任教师
1980	29	32.44	—	9.27	—	—
1981	29	26.80	—	4.76	1.49	0.65
1982	29	34.72	25.31	18.66	2.06	1.09
1983	29	47.88	25.43	12.92	2.28	1.15
1984	29	—	—	—	—	—
1985	29	—	—	—	—	—
1986	29	—	—	—	—	—
1987	39	56.59	13.00	17.89	2.35	0.91
1988	40	—	—	—	—	—
1989	39	41.74	12.45	13.12	2.51	1.03
1990	40	38.78	11.25	11.59	2.86	1.12
1991	42	28.24	8.62	13.30	3.55	1.41
1992	44	33.55	14.58	12.22	3.86	1.56
1993	45	43.79	21.33	10.16	4.11	1.72
1994	46	53.64	22.14	9.99	4.43	1.95
1995	46	54.16	19.35	15.68	4.50	2.04
1996	45	52.66	19.71	18.79	4.77	2.18

续表

年　份	学校数	在校学生数	招生数	毕业生数	教职工数	
					总　数	其中专任教师
1997	45	50.60	19.36	18.46	4.97	2.35
1998	45	48.44	17.01	16.99	4.84	2.36
1999	45	48.92	19.62	17.02	5.32	2.57
2000	45	34.70	15.91	9.90	5.53	2.83
2001	45	40.03	16.49	10.92	5.83	2.95
2002	45	38.51	14.36	13.97	6.46	3.43
2003	45	34.70	15.91	9.90	5.53	2.83
2004	—	21.40	11.82	13.45	6.95	3.79
2005	45	38.51	14.36	13.97	6.46	3.`43

附录2　1980—2005年职工高等学校基本情况

（单位：万人）

年　份	学校数	在校学生数	招生数	毕业生数	教职工数	
					总　数	其中专任教师
1980	1194	23.63	12.56	4.42	2.08	1.14
1981	1140	24.55	11.06	6.25	2.95	1.56
1982	820	14.27	4.35	3.72	3.97	2.25
1983	841	17.32	5.68	3.32	4.58	2.50
1984	850	—	—	—	—	—
1985	863	—	—	—	—	—
1986	952	—	—	—	—	—
1987	915	33.79	8.22	7.69	7.89	3.63
1988	888	—	—	—	—	—
1989	848	25.42	6.71	8.86	7.75	3.73
1990	835	23.03	6.92	7.66	8.38	3.69
1991	776	21.91	8.64	9.13	8.07	3.69

续表

年份	学校数	在校学生数	招生数	毕业生数	教职工数	
					总数	其中专任教师
1992	726	23.01	8.46	6.34	8.08	3.61
1993	714	27.52	11.25	5.92	7.97	3.58
1994	703	30.75	13.09	8.33	8.13	3.77
1995	694	31.39	10.75	8.59	8.48	4.01
1996	680	32.62	11.47	9.33	8.31	3.92
1997	664	32.53	12.01	11.46	8.39	4.02
1998	567	32.60	11.65	9.55	8.16	3.98
1999	507	34.82	14.40	10.20	8.15	4.11
2000	466	33.24	14.18	9.86	7.38	3.81
2001	409	35.11	15.10	9.03	6.58	3.43
2002	357	36.73	15.89	8.89	5.18	2.74
2003	466	33.24	14.18	9.86	7.38	3.81
2004	—	22.81	12.88	11.51	4.08	2.27
2005	357	36.73	15.89	8.89	5.18	2.74

附录3　1980—2005年农民高等学校基本情况

（单位：万人）

年份	学校数	在校学生数	招生数	毕业生数	教职工数	
					总数	其中专任教师
1980	165	1.53	1.08	0.78	0.29	0.11
1981	72	0.46	0.36	0.59	0.12	0.06
1982	4	0.08	0.04	—	0.02	0.01
1983	4	0.08	0.04	0.04	0.02	0.01
1984	4	—	—	—	—	—
1985	4	—	—	—	—	—
1986	5	—	—	—	—	—
1987	5	0.11	0.04	0.06	0.04	0.02

续表

年 份	学校数	在校学生数	招生数	毕业生数	教职工数	
					总 数	其中专任教师
1988	5	—	—	—	—	—
1989	5	0.06	0.03	0.03	0.04	0.02
1990	5	0.04	0.01	0.04	0.03	0.01
1991	5	0.02	0.01	0.02	0.03	0.01
1992	5	0.03	0.02	0.01	0.03	0.01
1993	5	0.03	0.02	0.01	0.03	0.01
1994	4	0.07	0.05	0.01	0.03	0.01
1995	4	0.10	0.05	0.02	0.03	0.10
1996	4	0.10	0.05	0.04	0.03	0.01
1997	4	0.09	0.04	0.04	0.03	0.01
1998	3	0.09	0.04	0.04	0.03	0.01
1999	3	0.09	0.04	0.04	0.02	0.01
2000	3	0.08	0.04	0.04	0.02	0.01
2001	3	0.08	0.03	0.03	0.03	0.02
2002	3	0.10	0.05	0.03	0.03	0.02
2003	3	0.08	0.04	0.04	0.02	0.01
2004	3	0.21	0.21	0.01	0.03	0.02
2005	3	0.10	0.05	0.03	0.03	0.02

附录4　1980—2005 年管理干部学院基本情况

（单位：万人）

年 份	学校数	在校学生数	招生数	毕业生数	教职工数	
					总 数	其中专任教师
1980	0	—	—	—	—	—
1981	0	—	—	—	—	—
1982	0	—	—	—	—	—

续表

年　份	学校数	在校学生数	招生数	毕业生数	教职工数	
					总　数	其中专任教师
1983	15	0.19	0.18	—	0.20	0.08
1984	54	—	—	—	—	—
1985	102	—	—	—	—	—
1986	165	—	—	—	—	—
1987	168	5.58	2.76	2.93	3.65	1.36
1988	171	—	—	—	—	—
1989	172	6.31	2.84	2.71	3.70	1.47
1990	172	5.42	2.29	3.00	3.92	1.43
1991	175	5.19	2.48	2.56	4.05	1.43
1992	168	5.68	3.00	2.39	3.88	1.38
1993	166	9.31	5.96	2.27	3.70	1.36
1994	170	13.54	7.05	2.93	3.70	1.42
1995	166	14.77	6.24	4.63	3.73	1.46
1996	164	15.38	6.72	6.18	3.75	1.45
1997	161	16.07	7.39	6.04	3.60	1.40
1998	153	17.23	7.59	6.07	3.42	1.36
1999	146	18.93	9.03	6.63	3.21	1.34
2000	117	16.70	7.35	6.41	2.84	1.20
2001	104	15.39	6.69	5.71	2.50	1.08
2002	97	15.55	6.63	5.53	2.44	1.17
2003	—	15.55	—	5.09	2.24	1.09
2004	—	9.33	5.71	5.39	2.11	1.13
2005	—	7.83	3.20	3.12	1.95	1.07

附录5　1980—2005年教育学院基本情况

（单位：万人）

年　份	学校数	在校学生数	招生数	毕业生数	教职工数	
					总　数	其中专任教师
1980	1259	72.51	—	16.80	2.56	1.4
1981	247	49.64	—	16.21	1.24	0.65
1982	255	38.25	—	14.02	1.67	0.91
1983	268	16.53	6.43	4.80	2.11	1.19
1984	218	—	—	—	—	—
1985	216	—	—	—	—	—
1986	262	—	—	—	—	—
1987	268	25.12	8.43	8.82	4.83	2.49
1988	265	—	—	—	—	—
1989	265	28.04	10.01	9.16	4.61	2.46
1990	265	25.30	7.60	9.32	4.89	2.49
1991	254	18.56	6.03	10.48	4.66	2.33
1992	251	17.92	7.65	7.65	4.66	2.28
1993	249	21.69	9.56	6.46	4.59	2.24
1994	245	23.04	8.71	6.16	4.57	2.26
1995	242	21.37	7.77	8.83	4.47	2.23
1996	240	20.54	8.00	8.06	4.42	2.23
1997	229	22.84	8.65	7.42	4.33	2.17
1998	190	21.20	8.22	6.62	3.69	1.87
1999	166	23.47	10.36	6.86	3.22	1.68
2000	138	25.78	13.19	6.25	2.71	1.44
2001	122	30.44	13.36	5.52	2.36	1.27
2002	103	32.64	12.38	7.65	2.33	1.33
2003	—	32.64	—	10.96	2.24	1.30
2004	—	19.38	11.48	11.17	2.09	1.25
2005	—	18.80	8.00	7.77	2.11	1.31

附录 6　1980—2005 年独立函授学院基本情况

（单位：万人）

年　份	学校数	在校学生数	招生数	毕业生数	教职工数	
					总　数	其中专任教师
1980	4	1.49	0.76	0.35	0.02	0.01
1981	5	1.43	0.08	0.04	0.02	0.01
1982	4	1.05	0.62		0.04	0.02
1983	3	0.81	0.14	0.27	0.05	0.03
1984	2	—	—	—	—	—
1985	2	—	—	—	—	—
1986	7	—	—	—	—	—
1987	4	3.33	0.47	0.14	0.05	0.02
1988	4	—	—	—	—	—
1989	4	1.59	0.53	0.25	0.07	0.05
1990	4	1.58	0.41	0.39	0.08	0.05
1991	4	1.31	0.34	0.47	0.09	0.05
1992	4	1.25	0.52	0.48	0.09	0.05
1993	4	1.21	0.40	0.36	0.07	0.04
1994	4	1.36	0.53	0.29	0.14	0.08
1995	4	1.35	0.48	0.41	0.14	0.07
1996	4	1.36	0.45	0.35	0.13	0.07
1997	4	1.37	0.46	0.43	0.14	0.07
1998	4	1.25	0.34	0.42	0.13	0.07
1999	4	1.24	0.42	0.44	0.09	0.05
2000	3	1.27	0.59	0.44	0.08	0.05
2001	3	1.55	0.71	0.43	0.08	0.05
2002	2	1.00	0.52	0.43	0.05	0.04
2003	—	1.00	—	0.47	0.05	0.04
2004	—	0.37	0.37	0.45	0.05	0.04
2005	—	0.59	0.22	0	0.05	0.04

附录7　1980—2004年全国独立设置成人高校数量统计

（单位：所）

年度＼名称	职工高等学校	广播电视大学	农民高等学校	管理干部学院	教育（教师进修）学院	独立函授学院	总　计
1980	1194	29	165	—	1259	4	2651
1981	1140	29	72	—	247	5	1493
1982	820	29	4	—	255	4	1012
1983	841	29	4	15	268	3	1060
1984	850	29	4	54	218	2	1157
1985	863	29	4	102	216	2	1216
1986	952	29	5	165	262	7	1420
1987	915	39	5	168	268	4	1399
1988	888	40	5	171	265	4	1373
1989	848	39	5	172	265	4	1333
1990	835	40	5	172	265	4	1321
1991	776	42	5	175	254	4	1256
1992	726	44	5	168	251	4	1198
1993	714	45	5	166	249	4	1183
1994	703	46	4	170	245	4	1172
1995	694	46	4	166	242	4	1156
1996	680	45	4	164	249	4	1137
1997	664	45	4	161	229	4	1107
1998	567	45	3	153	190	4	962
1999	507	45	3	146	166	4	871
2000	466	45	3	117	138	3	772
2001	409	45	3	104	122	3	686
2002	357	45	3	97	103	2	607
2003	—	—	—	—	—	—	558
2004	—	—	—	—	—	—	505

第七章　本科院校举办高等职业教育

第一节　本科院校高等职业教育的试办

DGA001 – 19960515

本科院校举办高等职业教育有了法律政策依据

1996 年 5 月 15 日颁布的《中华人民共和国职业教育法》第十三条规定："高等职业学校教育根据需要和条件由高等职业学校实施，或者由普通高等学校实施。"1998 年 12 月 24 日，教育部颁发的《面向 21 世纪教育振兴行动计划》在重申高等职业教育"三改一补"发展方针以外，首次提出部分本科院校可以设立高等职业技术学院，基本不搞新建。1999 年 6 月 13 日，《中共中央国务院关于深化教育改革全面推进素质教育的决定》进一步提出，支持本科高等学校举办或与企业合作举办职业技术学院（或职业学院）。这些法律法规文件为我国本科院校举办高等职业教育提供了政策依据。在这些法律政策的引导下，不少本科院校陆续开始新办高等职业教育，其中包括部分重点大学。据不完全统计，到 2000 年 9 月，我国举办高等职业教育的本科院校已有 230 多所，其中有约三分之一的学校设置了高等职业学院、职业技术学院、职业教育学院或高等技术学院等，招收学生近 10 万人。

DGA002 – 19961000

全国首个专门从事高等职业教育的二级学院成立

20 世纪 90 年代中期，一些大学开始探索按照高职人才的培养模式造就专门的新型技术应用型人才，同济大学高等技术学院就是在这种背景下于 1996 年 10 月成立的。这也是全国第一所由重点普通高等学校成立专门从事高等技术教育的二级学院。1997 年，同济大学高等技术学院开设房屋建筑工程、环境治理工程、汽车运用技术、化工工艺 4 个专业。

DGA003－19990111

本科院校承担按新的管理模式和运行机制举办高等职业教育的任务

为了贯彻落实科教兴国战略，加快高等教育的改革和发展，积极探索以多种途径发展高等职业技术教育，1999 年 1 月 11 日，教育部和国家计委印发了《试行按新的管理模式和运行机制举办高等职业技术教育的实施意见》，决定在 1999 年普通高等教育年度招生计划中，安排 10 万人专门用于部分省（市）试行与现行办法有所不同的管理模式和运行机制举办高等职业技术教育。《意见》明确要求本科院校内设立的高等职业教育机构（二级学院）以及短期职业大学、职业技术学院、具有高等学历教育资格的民办学校、普通高等专科学校、极少数国家级重点中等专业学校、办学条件达到国家规定合格标准的成人高校 7 类学校共同承担试行工作。此后，不少地方普通本科院校以二级学院的方式举办高职教育。

DGA004－19990921

全国本科院校高等职业教育协作会成立

由教育部高等教育司主办、同济大学承办的全国本科院校高等职业教育研讨会暨全国本科院校高等职业教育协作会成立大会于 1999 年 9 月 21－23 日在同济大学召开。全国本科院校高等职业教育协作会在会议期间成立，同济大学当选理事长单位，北京理工大学、厦门大学、华中理工大学、重庆大学、吉林工业大学等为副理事长单位，同济大学和北京理工大学为秘书长单位。会议还通过了《全国本科院校高等职业教育协作会章程（试行）》，明确了协作会的宗旨是认真贯彻《中共中央、国务院关于深化教育改革全面推进素质教育的决定》《面向 21 世纪教育振兴行动计划》和第三次全国教育工作会议精神，理论联系实际，积极推进我国高等职业教育发展，努力探索具有中国特色的高等技术应用性人才培养道路；工作任务是研究本科院校举办高等职业教育的办学规律和特点，探索适合我国实际的高等职业教育发展模式，在教育改革、人才培养和有关政策制定等方面，为教育主管部门提供参考性建议和意见，协助教育主管部门进行高等职业教育的质量评估，开展国内外校际交流活动。

第二节　本科院校高等职业教育改革与发展

DGB001－20000422

清华大学创办应用技术学院

清华大学应用技术学院于 2000 年 4 月 22 日在清华大学昌平校区正式成立。教育部副部长周远清出席了学院成立的挂牌仪式。清华大学应用技术学院的培养目标是造就高素质的现代职业技术与管理人才。学院的专业设置将对应于当前经济活动中最活跃、贡献率较高的产业，如软件业、信息服务和管理等，并可进行适时的调整。学院定位于以第二学士学位方式培养高层次的现代职业人才，是对我国高等职业教育模式的新探索。其生源主要有三种：一是从清华大学在读本科毕业生中通过专门的考试，择优录取；二是对已有一定工作经验并已获得普通高校学士学位的理科本科以上人员，通过专门的考试择优录取；三是对学习成绩优秀的部分重点大学理工类专业毕业生，经考核审查和综合面试，择优免笔试录取。《中国教育报》2000 年 4 月 25 日第 1 版报道，这是我国第一个以培养“第二学位”为主的高层次职业技术学院。

DGB002－20000609

教育部要求加强本科院校举办高等职业教育管理

为保证本科院校举办高等职业教育的健康发展，2000 年 6 月 9 日，教育部下发了《关于加强本科院校举办高等职业教育管理工作的通知》。《通知》要求，本科院校举办高等职业教育，应进行可行性论证和评估，确有需要的，经学校审批报教育主管部门备案后，可成立职业技术学院。本科院校里的系、室不得自行举办高等职业教育班，对外招生。专业设置应根据社会经济发展的需要及学校的办学条件来确定。要加强实践教学基地的建设，加强师资队伍建设，建立、健全各项管理制度。各级教育行政部门要以积极的态度支持和关心本科院校举办高等职业教育，充分发挥本科院校的办学优势，同时又要注意与各类高职高专院校统筹规划，协调发展。要加强管理和质量检查，对不符合有关办学要求的本科院校职业技术学院，教育主管部门应限期进行整改，减少或暂停招生。本科院校举办高等职业教育要端正办学指导思想，做到“领导重视、政策支持、经费投入”，对职业技术学院在办学上遇到的困难和问题要及时帮助解决，不断提高教育质量，努力办出特色。

DGB003－20000628

10所本科院校的高等职业学院被评为第一批示范性职技学院建设单位

2000年6月28日，教育部发出《关于确定北京工业职业技术学院等15所高等学校为示范性职业技术学院建设单位的通知》，确定北京工业职业技术学院、邢台职业技术学院、黄河水利职业技术学院、长沙航空职业技术学院、广州民航职业技术学院、天津大学、东北林业大学、同济大学、东南大学、中国药科大学、厦门大学、青岛海洋大学、华中师范大学、重庆大学、兰州大学15所高等学校为第一批进行示范性职业技术学院建设单位。其中，前5所为独立建制的职业技术学院，后10所为本科院校中的高等职业技术学院。第一批示范性职业技术学院建设单位是经示范性职业技术学院建设专家组评审，并报教育部领导审核同意后确定的。

DGB004－20021210

本科院校9个专业被批准为第一批国家高职高专精品专业建设项目

为贯彻落实全国职业教育工作会议精神，加快推进高职高专教育改革和建设，2002年12月10日，教育部下发了《关于确定第一批国家高职高专精品专业建设项目和国家高职高专学生实训（师资培训）基地建设项目的通知》，决定批准北京工业职业技术学院机电技术应用专业等62个专业为第一批国家高职高专精品专业建设项目。其中有12所本科院校的12个专业进入第一批国家高职高专精品专业建设项目名单。

附录　国家高职高专精品专业建设项目本科院校名单

专业名称	学　校	专业名称	学　校
通信技术专业	北京联合大学	园林专业	南京林业大学
机床数控技术专业	上海第二工业大学	飞机维修工程专业	厦门大学
养殖技术专业	西南农业大学	影像技术专业	江西科技师范学院
设施园艺技术	内蒙古农业大学职业技术学院	机械及自动化技术专业	福建工程学院
种植养殖专业	海南大学		

DGB005－20030300

教育部组织开展本科院校举办高等职业教育规范化管理研究

2003年3月，教育部高教司下发了《关于成立〈本科院校举办高等职业教育规范化管理研究〉项目组的通知》，全国本科院校高职教育协作会据此组建了"本科院校举办高等职业教育规范化管理研究"项目组，此项目为"'十五'期间高职高专教育改革与发展趋势研究"（教育部《新世纪高职高专教育人才培养模式和教学内容体系改革与建设项目计划》1～18）的子项目。该项目由同济大学高等技术学院和西北工业大学金叶信息技术学院共同承担完成。项目研究内容有二：一是本科院校举办高等职业教育规范化管理的内容与要求；二是针对本科院校办高职教育的特点，制订本科院校高等职业教育人才培养工作水平评估方案，使之适用于本科院校举办的高等职业教育评估工作。项目执行时间为 2003 年 3－10 月，其间项目组组织了若干次工作会、座谈会和研讨会，项目成果为《关于加强本科院校举办高等职业教育规范化管理的若干意见》和《本科院校高等职业教育人才培养工作水平评估方案》。

DGB006－20030627

全国部分重点大学技术（职业）教育专题研讨会在重庆举办

2003 年 6 月 27－30 日，全国部分重点大学技术（职业）教育专题研讨会在重庆举行。此次研讨会由全国本科院校高职教育协作会主办，重庆市高职教育研究会、重庆大学应用技术学院承办。参加会议的有同济大学、华中科技大学、西北工业大学、东南大学、哈尔滨工业大学、西南交通大学、西南师范大学、重庆医科大学、重庆邮电学院、重庆大学共 10 所高校。出席本次会议的有部分学校校领导、各校职业技术学院院长近 30 余人。此次研讨会对重点本科院校举办技术（职业）教育的定位、专业人才的培养规格及办学层次、示范性学院的定位、举办技术（职业）教育办学管理模式等内容进行了专题研讨，并对《本科院校职业技术学院人才培养工作水平评估方案》和《本科院校举办职业教育规范管理》两个文件稿进行了研讨和修订。

DGB007－20031126

14 所本科院校被批准首批试办示范性软件职业技术学院

2000 年 6 月，国务院发布《鼓励软件产业和集成电路产业发展的若干政策》，明确提出到 2010 年使我国软件产业研究开发和生产能力达到或接近国际先进水平，并要求教育部门根据市场需求进一步扩大软件人才培养规模。2002 年 9 月，国务院办公厅转发了国务院信息化工作办公室制定的《振兴软件产业行动纲要》。该《纲要》明确提出要改善软件人才结构，大规模培养软件初级编程人员，满足软件工业化生产的需要。为了落实这两个文件精神，教育部决定选择部分高等学校采取多项扶持政策，支持试办示范性软件职业技术学院，以尽快满足国家软件产业发展对高素质软件职业技术人才的迫切需求，并推动高等职业教育办学体制、培养模式的改革。经统一部署，有关高校申报，省、自治区、直辖市教育厅（教委）推荐和专家评审，教育部于2003年11月26日下发了《关于批准有关高等学校试办示范性软件职业技术学院的通知》，批准北京信息职业技术学院等35所高等学校首批试办示范性软件职业技术学院，其中本科院校14所（名单附后）。

附录 首批试办示范性软件职业技术学院的本科院校名单

北京联合大学	华北工学院	长春工程学院	上海第二工业大学
长春工业大学	浙江工业大学	福州大学	青岛大学
郑州大学	华南师范大学	西北工业大学	西安电子科技大学
西北大学	杭州电子工业学院		

DGB008 - 20040000

部分研究型大学停办高等职业教育

2004年，部分研究型大学停办高等职业教育，如2004年厦门大学校长办公会议决定把高职学院、成人教育学院、网络教育学院合并为继续教育和职业教育学院，同时决定从2005年起停止职业教育专业招生（仅保留飞机维修专业），着力办好继续教育。

DGB009 - 20050000

教育部组织开展本科院校举办高职教育的规律及发展趋势研究

2005年，教育部高教司提出“本科院校举办高职教育的规律及发展趋势研究”，由全国本科院校高职教育协作会承担，并由重庆大学城市学院、同济大学高等技术学院和哈尔滨工业大学华德应用技术学院组成课题组进行研究。课题组采用书面问卷的形式对全国各省、直辖市、自治区的100多所本科院校的二级职技学院发出了调查函，内容包括本科院校的职技学院2000—2005年的招生情况、办学类型、办学层次、办学条件，各校高职教育发展趋势以及对本科院校高职教育改革发展的建议等，共有50所院校回复了调查表。该项目研究表明，有部分本科院校因本科招生计划指标不足、有富余办学硬件设施和师资资源，在一定时期内仍将保留高职教育；多数本科院校已经减少或停招高职，正在积极探索技术应用型本科教育。该项目研究结论认为，本科院校的职技学院应与独立设置的高职院校及普通本科教育“错位”发展，探索技术应用型本科人才培养新模式，开展职教师资培养和培训，为构建并完善我国高技能和技术应用型人才培养体系作出贡献。

DGB010－20070701

教育部开展本科院校举办高职教育情况调研

2007 年 7 月 1 日，教育部下发了《关于开展本科院校举办高职教育与高职院校举办中职教育情况调研的通知》，对各地普通本科院校举办高职教育，高职院校举办中职教育的现状和规划以及中职学校举办高职教育的情况进行调研。《通知》要求各地对本地区普通本科院校举办高职教育、独立设置高职院校举办中职教育的情况以及中职学校举办高职教育的情况进行调查了解，填写相关调查表。

第五篇

中等职业教育

第一章　综合管理

第一节　宏观政策

EAA001 －19800817

中共中央决定改革中等教育制度，发展职业技术教育

1980 年 8 月 2－7 日，中共中央在北京召开全国劳动就业工作会议。8 月 17 日，中共中央转发了这次会议议定的文件《进一步做好城镇劳动就业工作》。文件强调，必须对我国经济体制包括劳动体制进行全面改革，同时有步骤地改革现行的教育制度，改变中等教育单一化，与经济建设严重脱节的情况，并把改革中等教育制度，发展职业技术教育作为从根本上解决就业问题的重要措施之一。文件指出，必须积极地逐步地把一部分普通中学改为职业学校。今后企业单位增人，应以经过职业训练的毕业生为重点。在管理体制上，中等专业学校和由普通中学改建的职业学校，以教育部门为主，劳动部门配合；技工学校和各种职业训练班以劳动部门为主，教育部门配合。办学方式要灵活多样。国家、厂矿企业、集体和个人都可以办，可以是全日制的，也可以是半工半读。学习年限按不同专业的要求，可长可短，不强求一律。新举办的职业技术学校，毕业生不采取统一分配的办法。

EAA002 －19801007

国务院批转教育部、国家劳动总局《关于中等教育结构改革的报告》

1980 年 10 月 7 日，国务院批转教育部、国家劳动总局《关于中等教育结构改革的报告》，并指出："改革中等教育的结构，发展职业技术教育，适应四化建设的需要，是当前亟待解决的问题。"《报告》提出，中等教育结构改革，主要是改革高中阶段的教育。改革的方针是，"要使高中阶段的教育适应社会主义现代化建设的需要”，“实行普通教育与职业、技术教育并举，全日制学校与半工半读学校、业余学校并举，国家办学与业务部门、厂矿企业、人民公社办学并举”。要求经过调整改革，“使各类职业（技术）学校的在校学生数在整个高级中等教育中的比重大大增长”。改革的内容和途径是：（一）改革普通高中的课程，逐步增设职业（技术）教育课；（二）将部分普通高中改办为职业（技术）学校、职业中学、农业中学。职业（技术）学校招收初中毕业生，学制二至三年，主要进行职业（技术）教育，同时开设有关普通文化课；（三）鼓励各行各业、集体和个人举办各种职业（技术）学校；（四）积极发展和办好技工学校；（五）努力办好中等专业学校。《报告》还就职业学校毕业生安排、经费和编制、教师配备、领导和管理等提出了意见和建议。

EAA003－19830506

国务院要求增加农村农业高中和其他职业学校数量，不拘一格办学

1983 年 5 月 6 日，中共中央、国务院《关于加强和改革农村学校教育若干问题的通知》指出，改革农村中等教育结构，发展职业技术教育，是振兴农村经济，加速农业现代化建设的一项战略措施。各地要根据本地区的实际需要与可能，统筹规划，有步骤地增加一批农业高中和其他职业学校。除在普通高中增设职业技术课，开办职业技术班，把一部分普通高中改为农业中学或其他职业学校外，还要根据可能，新办一些各类职业学校。力争到 1990 年，农村各类职业学校在校生数达到或超过普通高中。农业中学和各类职业学校的毕业生，主要回农村参加工作，农村有关单位应从中优先择优录用，也可以对口升学。农业中学和各类职业学校，办学应当不拘一格，学习期限长短结合，一般为二、三年，也可以为一年，职业技术课的比重不少于 30%，也可以更大一些。要把教学、生产劳动与科学技术的推广应用等活动紧密结合起来。

EAA004－19830509

国家四部委要求各级政府加强对改革城市中等教育结构发展职业技术教育工作的领导

1983 年 5 月 9 日，教育部、劳动人事部、财政部、国家计委联合发出《关于改革城市中等教育结构、发展职业技术教育的意见》。《意见》指出，改革中等教育结构、发展职业技术教育，涉及计划、教育、劳动人事、财政、经济等许多部门的工作，是一项十分复杂的事业。各级政府要加强统一领导，有关部门要明确分工，各负其责，搞好协作。教育部门要设立职业技术教育机构，与计委、劳动人事部门一起，制定职业技术教育的发展规划；会同有关部门制定专业目录；负责制定职业技术教育的具体政策、规章制度和教学计划。计划部门要把职业技术教育列入国民经济和社会发展计划。劳动人事部门要把职业中学和职业（技术）学校（班）的毕业生正式列为劳动力资源的一部分，按照“三结合”的就业方针进行统筹安排，并负责综合管理技工学校和就业前的各种职业训练班。财政部门要会同有关部门负责职业技术教育经费的落实。

EAA005－19850527

中共中央提出发展职业技术教育要以中等职业技术教育为重点

1985年5月27日，《中共中央关于教育体制改革的决定》提出，调整中等教育结构，大力发展职业技术教育。发展职业技术教育要以中等职业技术教育为重点，发挥中等专业学校的骨干作用，充分发掘现有中等专业学校和技工学校的潜力，扩大招生，并且有计划地将一批普通高中改为职业高中，或者增设职业班。力争用5年左右的时间，使大多数地区的各类高中阶段的职业技术学校招生数相当于普通高中的招生数。《决定》指出，中等职业技术教育要同经济和社会发展的需要密切结合，要注重职业技能的训练，重视职业道德和职业纪律的教育。当前制约发展中等职业技术教育的突出矛盾是师资严重不足。各单位和部门办的学校，一要依靠自身力量解决专业技术师资问题，二可以聘请外单位的教师、科学技术人员兼任教师，三可以请专业技师、能工巧匠来传授技艺。同时要建立若干职业技术师范院校，有关大专院校、研究机构都要担负培训职业技术教育师资的任务，使专业师资有一个稳定的来源。《决定》明确，中等职业技术教育主要由地方负责。

EAA006－19860702

国家四部委要求加强中等职业教育

1986年7月2－6日，经国务院批准，国家教育委员会、国家计划委员会、国家经济委员会、劳动人事部在北京联合召开了改革开放后第一次全国职业技术教育工作会议。会议认为，《中共中央关于教育体制改革的决定》发布以来，职业技术教育出现了加快发展的势头，但也存在一些突出问题需要注意解决。问题之一就是中等专业学校和技工学校发展缓慢，招生规模同“七五”期间的需求差距很大。中专发展缓慢，问题在于没有根据这个教育层次的作用和性质，恰当地确定它在整个教育体系中的地位，并采取相应的政策。中专一般不要改为专科，应该坚持办下去。要采取积极措施，完善工人的技术等级制度，积极推行“先培训，后就业”，大力发展和加强培养技术工人的技工学校和职业高中。要改革中等专业学校和技工学校毕业生的分配制度，逐步将包分配改为不包分配，由用人部门择优录用。“七五”期间全国职业技术教育发展的主要目标是：在1990年前后，使全国大多数地区高中阶段职业技术学校的招生数与普通高中的招生数大体相当；5年内培养出800万名新的初级、中级技术人员、管理人员；办成一批起示范作用的学校和培训中心。

EAA007－19870617

国家有关部门要求把工读学校逐步办成职业技术教育性质的学校

为落实中共中央《关于进一步加强青少年教育预防青少年违法犯罪的通知》中“对有轻微违法犯罪行为的青少年进行职业训练，使他们掌握就业本领”的要求，1987年6月17日，国务院办公厅转发国家教委、公安部、共青团中央《关于办好工读学校的几点意见》。《意见》指出，工读学校是对有违法或轻微犯罪行为的中学生进行特殊教育的半工半读学校，是普通教育中的一种特殊形式，也是实施九年义务教育的一种不可缺少的教育形式。要逐步创造条件，把这类学校办成职业技术教育性质的学校。工读学校的任务是全面贯彻执行教育方针，把有违法和轻微犯罪行为的学生教育、挽救成为有理想、有道德、有文化、有纪律并掌握一定生产劳动技术和职业技能的社会主义公民。

EAA008－19880930

“燎原计划”要求项目所在县努力办好一二所综合性的中等职业技术学校和成人学校

在广泛调研的基础上，1988年5月4日，国家教委向国务院呈报了《关于组织实施“燎原计划”的请示》。“燎原计划”旨在建立一批真正依靠教育、科技促进农业发展，使农民致富的乡，通过推进和深化农村教育改革，在新技术与农村经济之间，架起教育的“桥梁”，使科学技术大面积地得到推广应用，转化为生产力。计划要求在建设示范乡的县，努力办好一二所综合性的中等职业技术学校和成人学校，并注意发挥学校的多功能作用。1988年9月30日，国务院批准实施“燎原计划”。

EAA009－19911017

国家要求加强规范化建设，集中力量办好起示范和骨干作用的职业学校

1991年10月17日，国务院颁布《大力发展职业技术教育的决定》。《决定》指出，党的十一届三中全会以来，特别是《中共中央关于教育体制改革的决定》公布以来，我国的职业技术教育有了很大发展。到1990年底，各类职业技术学校已发展到1.6万多所，在校生超过600万人，高中阶段各类职业技术学校和普通高中的招生数比例已接近1∶1，中等教育结构单一的状况有了较大改变。但是，目前我国的职业技术教育无论规模、规格和质量都还不能适应经济建设和社会发展的需要，在整个教育事业中仍然是很薄弱的环节。为此，必须积极贯彻大力发展职业技术教育的方针。20世纪90年代发展职业技术教育的主要任务之一，就是努力办好现有各类职业技术学校。要有计划地对现有各类职业技术学校加强规范化建设，并集中力量办好一批起示范和骨干作用的学校。要挖掘现有学校的潜力，扩大招生规模，特别是扩大中等职业技术学校的招生规模，使全国高中阶段职业技术学校的在校生人数超过普通高中的在校生人数。

EAA010 – 19930703

《中国教育改革和发展纲要》明确中等职业教育改革发展方向

1993年7月3日，中共中央、国务院颁布《中国教育改革和发展纲要》。《纲要》指出，党的十一届三中全会以来，职业和技术教育得到相当程度的发展，中等职业技术学校招生和在校学生人数占高中阶段的比例，均已超过50%。20世纪90年代，要贯彻积极发展的方针，把提高劳动者素质，培养初、中级人才摆到突出的位置。到20世纪末，中心城市的行业和每个县，都应当办好一二所示范性骨干学校或培训中心，同大量形式多样的短期培训相结合，形成职业技术教育的网络；高中阶段职业技术学校在校学生人数有较大幅度的增加，城乡新增劳动力上岗前都能得到必需的职业技术训练。基本普及九年义务教育的地区，应以发展初中后职业技术教育为重点。在办学体制上，职业技术教育和成人教育主要依靠行业、企业、事业单位办学和社会各方面联合办学。在管理体制上，中等及中等以下教育实行校长负责制。中等专业教育和技工教育的重大方针政策由国家制定，地方政府负责统筹规划和指导。提倡联合办学，走产教结合的路子，更多地利用贷款发展校办产业，增强学校自我发展的能力，逐步做到以厂（场）养校。

EAA011 – 19930703

中央决定逐步扩大中专技校委托培养和自费生比重，逐步实行“自主择业”

《中国教育改革和发展纲要》提出，改变全国按国家统一计划招生的体制，实行国家任务计划和调节性计划相结合。在保证完成国家任务计划的前提下，逐步扩大招收委托培养和自费生的比重，这部分调节性计划由学校及其主管部门根据社会需求和办学条件确定。改革学生上大学由国家包下来的做法，逐步实行收费制度。改革高等学校毕业生“统包统分”和“包当干部”的就业制度，实行少数毕业生由国家安排就业，多数由学生“自主择业”的就业制度。中等职业教育参照高等学校招生、毕业生就业制度改革的精神，加快改革中专、技校招生、毕业生就业制度。通过联合办学和委托培养、自费等形式，使毕业生面向城乡多种所有制单位就业。

EAA012 – 19940703

国务院要求扩大中等职业教育招生规模，加强骨干学校建设

1994 年 7 月 3 日，国务院发布《关于〈中国教育改革和发展纲要〉的实施意见》。《意见》进一步明确，到 2000 年中等职业教育的发展目标是：大部分地区以初中后分流为主，大力发展中等职业教育，逐步做到 50% ~ 70% 的初中毕业生进入中等职业学校或职业培训中心。到 2000 年，各类中等职业学校年招生数和在校生数占高中阶段学生数的比例，全国平均保持在 60% 左右；普及高中阶段教育的城市可达到 70%。全国逐步建成约 2000 所重点中等职业学校或培训中心。到 2000 年，中等职业学校平均规模中专学校达到 1000 人以上，技工学校达到 500 人以上，职业高中达到 600 人以上。

EAA013 – 19960410

《全国教育事业“九五”计划和 2010 年发展规划》描绘中等职业教育发展蓝图

1996 年 4 月 10 日，国家教委印发《全国教育事业“九五”计划和 2010 年发展规划》。《规划》提出，“九五”期间，职业教育以初中后为重点，实行小学后、初中后和高中后三级分流；高中阶段各类职业学校在校生达到 1275 万人左右，比 1995 年增加 335. 7 万人。到 2010 年，高中阶段各类学校在校生增加到 3500 万人左右，其中中等职业学校在校生达到 2100 万人。基本形成学历教育和非学历教育并重，不同层次教育相衔接，职业教育和普通教育相沟通的职业教育制度和体现终身教育特点的现代社会教育体系。《规划》要求，进一步深化教育改革，积极发展各类民办学校。到 2010 年，基本形成以政府办学为主，社会各界共同参与的办学体制及公立学校和民办学校共同发展的格局；积极推动高等学校和中等专业学校公费生和自费生并轨，普遍实行学生缴费上学制度，同时建立完善奖学金、贷学金、勤工俭学制度，对家庭经济困难学生实行减免学杂费制度；积极推动毕业生就业制度改革，基本实行在国家政策指导下自主择业的就业制度。《规划》强调，要相对稳定中等专业学校的办学层次；鼓励非师范院校毕业生到中学任教，为职业学校输送专业课师资。

EAA014 – 19960515

《中华人民共和国职业教育法》强调中等职业教育是职业学校教育的重点

1996 年 5 月 15 日，第八届全国人民代表大会常务委员会第十九次会议审议通过了《中华人民共和国职业教育法》，自 1996 年 1 月 1 日起施行。《职业教育法》第十二条明确规定："国家根据不同地区的经济发展水平和教育普及程度，实施以初中后为重点的不同阶段的教育分流，建立、健全职业学校教育与职业培训并举，并与其他教育相互沟通、协调发展的职业教育体系。"《中华人民共和国职业教育法释义》解释：初中后分流是指完成九年义务教育之后的毕业生或肄业生，一部分流向高级普通中学，另一部分流向中等专业学校、技工学校、职业高中或职业培训机构。职业学校教育的重点主要是初中毕业生，他们所受的教育属于高中阶段的中等职业教育。

EAA015 – 19980211

国家教委要求以中等职业教育为重点，加快推进中西部地区职业教育发展

1998 年 2 月 11 日，国家教委印发了《关于加快中西部地区职业教育改革与发展的意见》。《意见》指出，由于各种原因，与东部发达地区相比，中西部地区特别是西部地区职业教育的发展还有较大差距。根据目前经济和教育发展水平，西部地区特别是农村地区和边远贫困地区，职业教育层次结构的重心不能急于求高，应以中等职业教育为重点，积极发展多种形式的初中阶段的职业教育，广泛开展职前和职后的各种职业培训；必须把办好农村职业教育，特别是农业职业教育放在十分重要的位置。县级以上各级人民政府应集中力量兴办骨干示范性中等职业学校，一般每个县应首先办好一所，在人口特别稀少和分散的地方也可每个地区办好 1 ~ 2 所。骨干示范性职业学校要在人才培养、科技推广、生产示范、信息服务、促进农民脱贫致富等方面发挥多功能作用，在当地职业教育发展中发挥示范和辐射作用。东部地区的国家级重点职业学校应带头与中西部地区的职业学校建立校际联系。

EAA016－19980316

国家三部委要求加强骨干学校建设、规范学制、推进招生收费并轨

1998 年 3 月 16 日，国家教委、国家经贸委、劳动部印发了《关于实施〈职业教育法〉加快发展职业教育的若干意见》。《意见》重申了《中国教育改革和发展纲要》及国务院实施意见对中等职业教育 2000 年发展目标的有关要求，提出到 2010 年，进一步发展职教特色明显、能起骨干示范作用的国家级和省部级重点职业学校的数量，并进一步提高质量；各类职业学校教师都要基本达到任职资格标准的要求。《意见》提出要逐步规范和理顺职业学校教育的学制。中等职业学校教育主要招收完成初中阶段教育的毕业生，学习期限一般为三年，有些可为两年和四年。今后，除一些特殊专业（工种）外，要逐步实现中等职业学校不再招收高中毕业生。要积极推进中等专业学校招生、收费并轨改革，实行缴费上学。1998 年绝大多数省、自治区、直辖市要实行并轨，2000 年基本完成新旧体制转轨。随着劳动力市场的完善，所有职业学校和职业培训机构毕（结）业生的就业应逐步转到面向社会、进入市场、公平竞争、自主择业的轨道。

EAA017－19980701

国务院调整部门所属职业学校管理体制

1998 年国务院机构改革中，机械工业部、煤炭工业部、冶金工业部、化学工业部、国内贸易部、中国轻工总会、中国纺织总会、国家建筑材料工业局、中国有色金属工业总公司九个部门改组或组建为国家经贸委管理的九个国家局。1998 年 7 月 1 日，国务院发布《关于调整撤并部门所属学校管理体制的决定》，对上述这些部门所属学校管理体制进行调整。7 月 3 日，国务院办公厅批转了教育部、国家经贸委、国家发展计划委员会、财政部《关于调整撤并部门所属学校管理体制实施意见》。《实施意见》明确，原由企事业单位举办的中等专业学校、技工学校，其人、财、物和基本建设继续由举办单位负责和管理；由财政部拨付事业费的学校，按财政部核定的 1998 年年末基数指标划转；不由财政部拨付事业费的学校，其经费指标的划转，由地方人民政府与国家经贸委协商解决。这批学校原则上在本地招生，培养本地所需要的人才，其中个别行业性强的学校和专业可以继续少量跨省招生。选择江苏省、河南省进行这些学校管理体制调整的试点，7 月上旬全面部署这批学校的调整工作。

EAA018 –19990613

中央要求全面推进素质教育，实行学业证书和职业资格证书并重的制度

1999 年 6 月 13 日，《中共中央、国务院关于深化教育改革全面推进素质教育的决定》颁布。《决定》指出，职业学校要加强职业道德教育；要使学生在掌握必需的文化知识的同时，具有熟练的职业技能和适应职业变化的能力；要实行产教结合，鼓励学生在实践中掌握职业技能；要创造条件实行弹性的学习制度，放宽招生和入学的年龄限制，允许分阶段完成学业；要通过多种方式，为加快提高劳动者素质，为转岗、分流、下岗职工再就业提供教育和培训；要采取灵活多样的教育培训形式，抓紧培养一大批农村急需的实用技术推广人才、乡镇企业管理人才和医疗卫生人才；要注意吸收企业优秀工程技术和管理人员到职业学校任教，加快建设兼有教师资格和其他专业技术职务的“双师型”教师队伍；要增强专业的适用性，开发和编写体现新知识、新技术、新工艺和新方法的具有职业教育特色的课程及教材；要使教育科研网络进入骨干中等职业学校。《决定》提出，在非义务教育阶段，要适当增加学费在培养成本中的比例；国家要抓紧制定国家职业（技能）标准，明确对各类劳动者的岗位要求，积极推行劳动预备制度，坚持实行“先培训、后上岗”的就业制度，继续改革大中专毕业生就业制度，在全社会实行学业证书、职业资格证书并重的制度。

EAA019 –19990909

教育部调整中等职业学校布局结构

1999 年 9 月 9 日，教育部印发《关于调整中等职业学校布局结构的意见》。《意见》指出，调整中等职业学校布局结构的工作目标是：经过 2 ~ 3 年的努力，初步建立起面向 21 世纪、布局结构合理、专业门类齐全、办学质量和整体效益好、适应社会主义市场经济体制和现代化建设需要的中等职业学校布局结构。这次调整，在教育部制定的统一原则下，条块结合，以块为主进行。重点工作：一是改变“条块分割”，建立起在当地政府的统筹规划下，适应区域经济和社会发展需要的中等职业学校布局结构；二是改变教育内部职、成教的分别管理，建立起按照学生的培养目标和规格要求统筹规划、相互沟通的中等职业学校（成人学校）布局结构；三是改变分散办学、重复办学，资源配置不合理，办学效益低的状况，通过合并、共建、联办、划转等形式，进行资源重组，建设好一批规模大、水平高、有特色的骨干示范性学校；四是改变中等职业教育主要靠外延发展的状况，通过调整，使中等职业教育在规模上进一步发展、结构更加合理（层次结构、学校、专业布局结构）、质量和效益明显提高。这次调整，淡化了中专、职高、技工学校间的界限。

EAA020－20020824

国务院提出“十五”期间中等职业教育改革与发展的目标任务

2002 年 7 月 28－30 日，国务院在北京召开了全国职业教育工作会议，明确了“十五”期间职业教育改革发展的指导思想、基本思路和目标任务，提出了一系列推进职业教育发展的重大举措。8 月 24 日，国务院印发了《关于大力推进职业教育改革与发展的决定》。《决定》强调，要以中等职业教育为重点，保持中等职业教育与普通高中教育的比例大体相当；要以农村和西部地区为工作重点，“十五”期末中等职业学校面向农村的年招生规模要达到 350 万人，面向西部地区的年招生规模要达到 120 万人。职业学校要加强与企业、行业等用人单位的联系，建立与劳动力市场密切联系的机制；要把教学活动与生产实践、社会服务、技术推广及技术开发紧密结合起来，把职业能力培养与职业道德培养紧密结合起来，保证实践教学时间，严格要求，培养学生的实践能力、专业技能、敬业精神和严谨求实的作风；要推行学分制等弹性学习制度，实行学历教育与职业培训相结合、全日制与部分时间制相结合、职前教育与职后教育相结合，努力办成面向社会的、开放的、多功能的教育和培训中心。《决定》还就严格就业准入、扩大毕业生进入高等学校继续学习的比例、增加职业教育投入等，提出了明确要求，并要求实施高中阶段学历教育的各类职业学校统一规范为“××职业技术学校”。

EAA021－20030917

国务院要求以就业为导向，大力发展农村职业教育

2003 年 9 月 17 日，国务院颁布《关于进一步加强农村教育工作的决定》，要求以就业为导向，大力发展农村职业教育。要实行多样、灵活、开放的办学模式，把教育教学与生产实践、社会服务、技术推广结合起来，加强实践教学和就业能力的培养。在开展学历教育的同时，大力开展多种形式的职业培训，适应农村产业结构调整，推动农村劳动力向第二、第三产业转移。实行灵活的教学和学籍管理制度，方便学生工学交替、半工半读、城乡分段和职前职后分段完成学业。在整合现有资源的基础上，重点建设好市（地）级、县级骨干示范职业学校和培训机构。要积极鼓励社会力量和吸引外资举办职业教育，促进职业教育办学主体和投资多元化。

EAA022－20040303

《2003—2007 年教育振兴行动计划》提出以促进就业为目标，推进中等职业学校改革

2004 年 3 月 3 日，国务院批转了教育部《2003—2007 年教育振兴行动计划》。《行动计划》强调，要以促进就业为目标，进一步转变中等职业技术学校的办学指导思想，实行多样、灵活、开放的人才培养模式。加强实践教学和就业能力的培养，推广“订单式”、“模块式”培养模式，使培养培训与定向定岗就业紧密相连；实行灵活的教学和学籍管理制度，方便工学交替、半工半读、城乡分段和职前职后分段完成学业；推动就业准入制度和职业资格证书制度的实施，使 80% 以上的职业学校毕业生能够取得相关的职业资格证书；实施“职业教育与培训创新工程”和“促进毕业生就业工程”。中等职业技术学校全面推行校长聘任制和校长负责制，建立公开选拔、竞争上岗、择优聘任的校长选拔任用机制；推行教职工聘任制度，实行资格准入、竞争上岗、全员聘任。要强化市（地）级人民政府对职业教育工作的统筹责任，建立对县级人民政府教育工作的督导评估机制。

EAA023－20040617

国家七部委要求中等职业教育进一步扩大规模办出特色

2004 年 6 月 17－18 日，经国务院批准，教育部、国家发展和改革委员会、财政部、人事部、劳动和社会保障部、农业部、国务院扶贫办在江苏省联合召开了职业教育工作会议。2004 年 9 月 14 日，经国务院同意，印发了《教育部等七部门关于进一步加强职业教育工作的若干意见》。《意见》提出，从 2004 年到 2007 年，在高中阶段教育中，要加大结构调整工作力度，进一步扩大中等职业教育招生规模，使中等职业教育与普通高中教育的比例保持大体相当，在有条件的地方职业教育所占比例应该更高一些。中等职业学校不再升格为高等职业院校或并入高等学校。每个县要重点办好一所中等职业技术学校或职业教育中心，并把县级中等职业技术学校或职业教育中心建设放到与普通高中学校建设同等重要的位置；每个市（地）原则上要重点办好一所高等职业技术院校和若干所中等职业技术学校。要坚持以服务为宗旨，以就业为导向，面向社会、面向市场，深化办学模式和人才培养模式改革。中等职业教育专业实训时间应为半年至一年。专业教师每两年必须有两个月以上时间到企业或生产服务一线进行实践。要发挥县级中等职业技术学校或职业教育中心的龙头作用，有效整合并充分利用农村中小学、乡镇成人文化技术学校、农业广播电视学校

和农业推广、培训机构资源，大力开展农民实用技术培训。

EAA024－20050228

教育部《关于加快发展中等职业教育的意见》印发

2005年2月28日，教育部印发《关于加快发展中等职业教育的意见》。《意见》指出，2004年全国普通高中招生820万人，中等职业学校招生550万人，中等职业教育在高中阶段教育招生总数中的比例仅占40%，有些地方不足30%。今后一个时期，要采取强有力的措施，加快中等职业教育发展，力争2005年中等职业学校招生人数在2004年的基础上增加100万人，达到650万人，经过几年的努力，到2007年，中等职业教育和普通高中教育规模大体相当。要通过稳定现有中等职业教育资源，积极发展远程中等职业教育，采取联合、连锁、集团化办学等多种形式，进一步提高和增强中等职业教育培养能力。要把毕业生具有良好的职业道德、胜任工作岗位要求、顺利实现就业，作为衡量中等职业学校教育质量和办学水平的重要指标。全国要重点扶持建设1000所起骨干示范作用的县级中等职业学校（职业教育中心），重点建设400个装备水平较高的实训基地。《意见》还就发展民办中等职业教育，推进东西部和城乡联合招生合作办学，深化教育教学改革，加强职业指导和就业服务，统筹管理高中阶段教育招生，多渠道增加经费，充分依靠行业企业发展职业教育等，提出了明确要求。

EAA025－20051028

国务院提出“十一五”中等职业教育发展的目标任务和政策措施

2005年10月28日，《国务院关于大力发展职业教育的决定》发出，明确提出把发展职业教育作为经济社会发展的重要基础和教育工作的战略重点。到2010年，中等职业教育招生规模达到800万人，与普通高中招生规模大体相当；“十一五”期间，为社会输送2500余万名中等职业学校毕业生，职业教育办学条件普遍改善，师资队伍建设进一步加强，质量效益明显提高。相关配套政策有：（一）以服务为宗旨，实施“四大工程”（国家技能型人才培养培训工程、国家农村劳动力转移培训工程、农村实用人才培训工程、成人继续教育和再就业培训工程），强化职业教育的社会服务功能；（二）以就业为导向，深化“四项改革”（转变办学思想、强化能力培养、推行工学结合、推进东西部与城乡合作办学），走出一条中国特色的职业教育新路子；（三）实行“四个计划”（实训基地建设计划、县级职教中心建设计划、示范性院校建设计划、教师素质提高计划），进一步加强职业教育的基础能力，提高办学水平和质量。重点扶持1000个县级职教中心、重点建设1000所示范性中等职业学校、建立职业学校贫困家庭学生助学制度，保证城市教育费附加不低于20%（普及九年义务教育地区不低于30%）用于职业教育。

EAA026－20060724

教育部要求完善中等职业教育贫困家庭学生资助体系，建立奖学金制度

2006年7月24日，财政部、教育部印发《关于完善中等职业教育贫困家庭学生资助体系的若干意见》，对加快建立和完善中等职业学校学生资助体系提出了系列实施意见，包括：建立贫困家庭学生助学金制度，安排专项资金，对中等职业学校贫困家庭学生就学提供补助；建立奖学金制度；建立以学生参加生产实习为核心的助学制度；由学校安排不低于事业收入5%的资金，建立学费减免制度；建立助学贷款或延期支付学费制度；建立社会资助制度等，并要求加强资助工作的监督管理和宣传，以确保中等职业教育贫困家庭学生资助工作深入开展。

EAA027－20070513

国家助学金资助中职所有全日制在校农村学生和城市家庭经济困难学生

2007年5月13日，国务院《关于建立健全普通本科高校高等职业学校和中等职业学校家庭经济困难学生资助政策体系的意见》印发。《意见》提出了建立健全家庭经济困难学生资助政策体系的主要目标与基本原则，规定了建立健全家庭经济困难学生资助政策体系的主要内容。在中等职业学校，国家助学金资助所有全日制在校农村学生和城市家庭经济困难学生，资助标准为每生每年1500元，国家资助两年，第三年实行学生工学结合、顶岗实习。国家助学金所需资金由中央与地方按照国家励志奖学金的资金分担办法共同承担。《意见》还明确了建立健全家庭经济困难学生资助政策体系的有关工作要求。

附录　国家励志奖学金的资金分担办法

国务院《关于建立健全普通本科高校高等职业学校和中等职业学校家庭经济困难学生资助政策体系的意见》规定，中央与地方共同设立国家励志奖学金，用于奖励资助普通本科高校和高等职业学校全日制本专科在校生中品学兼优的家庭经济困难学生，资助面平均约占全国高校在校生的3%，资助标准为每生每年5000元。中央部门所属高校国家励志奖学金所需资金由中央负担。

地方所属高校国家励志奖学金所需资金根据各地财力及生源状况由中央与地方按比例分担。其中，西部地区，不分生源，中央与地方分担比例为8∶2；中部地区，生源为西部地区的，中央与地方分担比例为8∶2，生源为其他地区的，中央与地方分担比例为6∶4；东部地区，生源为西部地区和中部地区的，中央与地方分担比例分别为8∶2和6∶4；生源为东部地区的，中央与地方分担比例根据财力及生源状况等因素分省确定。人口较少民族家庭经济困难学生资助资金全部由中央负担。鼓励各地加大资助力度，超出中央核定总额部分的国家励志奖学金所需资金由中央给予适当补助。省以下分担比例由各地根据中央确定的原则自行确定。

EAA028－20070518

“以中等职业教育为重点，加快发展职业教育”成为国家教育发展的三大重点之一

2007年5月18日，国务院批转教育部《国家教育事业发展“十一五”规划纲要》。《规划纲要》在发展思路中明确提出，以中西部农村地区为重点，普及和巩固九年义务教育；以中等职业教育为重点，加快发展职业教育，培养高素质劳动者和高技能人才；以培养学生创新精神和实践能力为重点，着力提高高等教育质量；要求到2010年高中阶段教育普及程度明显提高，在校生规模达到4510万人，毛入学率达到80%左右，中等职业教育与普通高中规模基本相当；健全覆盖城乡的职业教育和培训网络，努力使城乡劳动力人人有知识、个个有技能。《规划纲要》特别提到要完善中等职业教育资助政策体系。建立中等职业教育国家助学金制度，资助所有农村学生和城市家庭经济困难学生接受职业教育，国家资助两年，第三年实行学生工学结合、顶岗实习。鼓励地方政府、企业和社会团体设立多种形式的中等职业学校学生奖学金、助学金。完善以国家助学金为主，多种形式的奖学金、学生工学结合、顶岗实习、学校减免学费等为辅的资助政策体系。

EAA029－20081012

党中央提出重点加快发展农村中等职业教育并逐步实行免费

2008年10月12日，中国共产党第十七届中央委员会第三次全体会议通过了《中共中央关于推进农村改革发展若干重大问题的决定》。《决定》要求，发展农村教育，促进教育公平，提高农民科学文化素质，培育有文化、懂技术、会经营的新型农民。要加快普及农村高中阶段教育，重点加快发展农村中等职业教育并逐步实行免费。健全县域职业教育培训网络，加强农民技能培训，广泛培养农村实用人才。

第二节　重大举措

EAB001 – 19820511

教育部要求有计划地培养职业学校专业课师资

1982年5月11日，教育部发出了《关于编报1983—1985年培养职业学校专业课师资计划的通知》，要求各省、市、自治区教育厅（局）“必须从现在起，通过各种途径，对专业课师资进行有计划的培养”，“应抓紧与有关高等院校协商，提出1983—1985年培养专业课师资的计划，分别报学校主管部门审批，并报教育部、国家计委，纳入高等学校统一招生计划，向社会统一招生，毕业后分配到职业学校任教”。此后，江苏、山东、吉林、辽宁、北京、河北、江苏、上海、江西等省市，通过举办高等职业技术师范院校、在高等学校设立职业技术师范系、在大专院校和部分条件较好的老中专学校设立农（职）业中学师资班等，有计划地为农（职）业中学培养专业课师资，使专业师资有了稳定的来源。

EAB002 – 19820811

教育部推广辽宁省改革中等教育结构的经验

1982年8月11日，教育部发出《关于批转辽宁省改革中等教育结构，发展职业技术教育经验交流会纪要的通知》，把辽宁省改革中等教育结构、发展职业技术教育的经验推向全国，供各地研究参考。

辽宁省自1979年开展中等教育改革试点以来，下大力调整中等教育结构，恢复发展中专110所、技工学校294所、职业中学378所、农业中学（农业技术学校）264所，高中阶段职业教育在校生比例由1976年的2.03%增加到41%。辽宁省的经验表明，改革中等教育结构、发展职业技术教育不仅势在必行而且切实可行；解决认识问题特别是各级领导的认识问题是搞好中等教育结构改革的关键；有关部门分工明确、各负其责、紧密配合、通力合作，是实现职业教育快速发展的机制保障；调整好职业学校的专业设置，建立职业教育教学体系，加强学校班子队伍建设，加强师资教材和实习基地建设，妥善解决毕业生出路问题，是巩固发展职业教育的长远大计。

EAB003 – 19840421

国家在部分普通高等学校举办中等学校教师本科班和专科班

1984 年 4 月 21 日，教育部、国家计委和财政部联合发出《关于普通高等学校举办中等学校教师本科班和专科班的通知》，决定从 1984 年起，在一部分普通高等学校举办中等学校教师本科班和专科班，以尽快改变各类中等学校教师质量偏低的状况。本科班和专科班的学制均为 2 年。招生对象为年龄在 35 岁以下、有 5 年以上教龄的各类中等学校（包括普通中学、中等专业学校、农业中学、职业中学等）的教师。报考本科班的，须具有专科毕业文化程度；报考专科班的，须具有高中毕业文化程度。教育部所属北京师范大学等 8 所大学举办的中等学校教师本科班，招生专业主要为政治、历史、英语、日语、地理、生物、教育学、心理学、学前教育、音乐、美术和体育等。各省、市、自治区举办的中等学校教师本科班和专科班，除了在所属师范院校举办外，所属综合大学和理工、农林、医药、财经等院校也可举办（专科学校只能举办专科班），招生专业主要为政治、历史、地理、生物、外语、音乐、体育、美术、教育学、心理学以及中等专业学校和农（职）业中学所需要的各类专业。1984 年全国计划招生 1 万人左右。其中一半，原则上在国家已确定的普通高等学校计划招生总指标内调剂安排，另一半另行追加。

EAB004 – 19850500

国家教委在苏州等 6 市开展“双元制”职教模式试点

1985 年 5 月下旬，国家教委经过与有关省人民政府协商，确定苏州、无锡、常州、沙市、沈阳和芜湖 6 市引进联邦德国“双元制”职教模式，探索我国职业技术教育的新路，先行试点。参与试行“双元制”职教模式的有无锡油泵油嘴厂技工学校、无锡市技工学校、苏州市电子职业中学、苏州丝绸职业中学、芜湖市第一职业高中、常州刘国钧职教中心、沙市湖北汽车电机厂技工学校和沈阳市高级技工学校等 14 所职业技术学校和工厂。

EAB005 – 19860626

国家教委要求建立健全职业技术教育师资培养系统

1986 年 6 月 26 日，国家教委发布《关于加强职业技术学校师资队伍建设的几点意见》，要求建立健全职业技术教育师资培养系统。一是要保证职业技术教育师资有稳定的来源。高等师范院校，应根据学校师资、设备等条件，增设相关或相近专业的职业技术师范系、科、班，担负起培养部分专业课、专业基础课师资的任务；职业技术师范院校及有关高等院校开设的职业技术师范系、科、班，可以招收一定数量的中等职业技术学校优秀应届毕业生，毕业后分配到各类职业技术学校担任实习指导教师和某些技艺性较强的专业课教师。二是采取多种形式、多种渠道培训在职教师。专业课、专业基础课和实习指导教师的业务进修、技能培训，由职业技术师范院校、师范学院、教育学院、师资培训中心及有关高等院校、科研、企事业单位负责。他们的教育学、教学法和文化基础知识的提高，由高等师范院校、教育学院和有条件的综合大学承担。三是明确教师的学历要求。中等职业技术学校文化课、专业基础课、专业课教师，一般应具有本科学历或同等学力，其中某些技艺性较强的专业教师，也可为专科学历；从事教学工作多年、经验丰富、教学效果较好的教师，其学历要求可以适当放宽；实习指导教师，一般应具有中等职业技术学校及以上的学历。

EAB006－19890000

上海市建立中等职业技术教育数据库

1989年，上海市政府教卫办委托上海市智力开发研究所和上海市职业技术教育研究中心（筹）对上海市中等职业技术教育的现状开展综合调查，收集近10万个数据，建立上海市中等职业技术教育数据库。数据库包括所有中等职业技术学校的专业构成、学生构成、教职员工构成、经费投入与支出总额及构成、学校基本办学设施投入等。

EAB007－19890820

国家对农、林区职业技术教育体系建设提出要求

1989年8月20日，农业部、国家科学技术委员会、国家教委、林业部、中国农业银行联合下发《关于农科教结合，共同促进农村、林区人才开发与技术进步的意见（试行）》。《意见（试行）》指出，农科教各部门要统筹规划，建立职前与职后教育互相衔接，多层次、多形式、多功能的农村、林区职业技术教育体系。加快建立和完善农村、林区成人教育体系。各乡都要建立农民文化技术学校。要从发展农村以及林区经济、农民脱贫致富的需要出发，共同抓好农民技术教育，广泛开展各种实用技术培训和初、中级农民技术人才的培养。由农业部牵头，四部委和中国农业银行联合成立农科教统筹与协调指导小组，负责制定有关政策，进行宏观协调指导，了解掌握各地情况，表彰推广先进典型等。省、地政府和农科教部门，要从实际需要出发，建立相应的组织，明确分工与职责，定期部署与检查工作。农科教结合的重点在县、乡两级。《意见（试行）》提出，对职业技术学校的毕业生和经过培训合格的人员，由有关部门发给技术等级或合格证书，技术岗位要优先录用上述人员。对其回乡从事农业生产的，要在承包土地、果林、提供贷款、化肥、农药、良种等方面给予优惠，并制定相应的政策。

EAB008－19900607

国家教委动员农林中专和农村职业中学做好科技兴农工作

经商农业部和林业部，国家教委拟定了《关于农林中专和农村职业中学做好科技兴农工作的几点意见》及《关于表彰科技兴农先进集体和回乡务农优秀毕业生的办法》。1990年6月7日，国家教委发出《关于动员农林中专和农村职业中学做好科技兴农工作的通知》，印发了这两个文件。《意见》指出，要把科技兴农作为农林中专和农村职业中学的一项长期重要任务。一方面，要为农村培养大量的坚持四项基本原则、掌握一定科学文化技术知识和实际操作本领的技术人员和新型农民；另一方面，要利用学校具有的智力、技术优势，设备和基地等办学条件，直接为振兴农业、林业服务。这是办好学校的根本问题，也是评估学校、考核干部的重要内容。《意见》要求，有关学校要根据地方农林生产开发的需要，适应农村家庭经营的特点，及时调整专业设置，积极办好为农林牧服务的专业；积极承担对广大农民的培训任务，对在乡初中、高中毕业生和复员军人进行多途径、多形式、多层次的实用技术培训和职业技术教育，积极支持和参与农村科技协会和农业技术推广站的工作；努力搞好生产实习基地建设，向广大农村发挥示范作用；改革招生分配制度，为农村培养下得去、留得住、用得上的技术人才。《意见》还就改革农村职业中学办学体制提出了建议，就中央和地方财政重点支持部分农村职业中学的生产实习基地建设、表彰科技兴农先进学校和回乡务农优秀毕业生等作出安排。

EAB009－19901030

国家利用世界银行贷款推进职业学校建设

1984年，国家教委开始酝酿利用世界银行贷款发展职业技术教育项目。1986年提出《项目意向书》，并接待了世界银行专家对项目的考察。1988年，国家计委批准了国家教委报送的《世界银行贷款职业技术教育项目建议书》。1989年，国家教委提出《世界银行贷款职业技术教育项目可行性研究报告》，对使用贷款的总额及分配方案、指导原则、项目目标等作出明确计划和要求。1989年4月28日至5月11日，财政部率团，国家教委、国家计委派员参加，赴华盛顿与世界银行进行谈判并草签了协议。经世界银行执行董事会批准，协议于1990年10月30日生效。第一批贷款额度为5000万美元（按当时的汇率约合3.6亿元人民币）。这笔贷款投向了12所职业技术师范院校（系）和国内条件较好的33所中专、22所职业高中、4所技工学校。到世界银行贷款项目完成，项目总投资量达4亿元人民币。59所中等项目学校均在地区发挥了示范辐射作用。1994年，有50所项目学校被国家认定为省部级以上重点学校，其中的35所被评为国家级重点职业技术学校。

EAB010－19901126

国家使用农业贷款支持涉农的职业学校发展

1990年11月26日，中国农业银行、国家教委下发了《关于支持农、林中专和农村职业中学开展生产经营活动的联合通知》，就农、林中专和农村职业中学使用农业贷款发展生产实习基地和开展生产经营活动的有关问题作出安排。《通知》指出，农、林中专和农村职业中学所属的校办工厂、农场、林场和技术服务组织均可向当地农业银行、农村信用社申请贷款开展生产经营活动；毕业生回乡从事农副业生产，农业银行和信用社可按农户贷款条件优先扶持。贷款主要解决在生产经营过程中的流动资金需要和添置小型机械设备，不能用于基本建设。《意见》还就贷款条件、贷款期限和利率、项目申报和贷款管理等作出明确规定。1991年9月13日，中国农业银行、国家教委发出补充通知，将贷款范围扩大到农村基础教育、职业技术教育、成人教育的各级各类学校、农业广播电视学校所属的校办工厂、农场、林场和技术服务组织开展生产经营活动及实施“燎原计划”项目。

EAB011－19911019

国家教委明确中等职业学校德育工作的主要内容

1991年8月13－15日，国家教委在吉林省长春市召开了全国中等职业技术学校德育工作座谈会。国家教委副主任王明达出席会议并讲话。王明达指出，劳动者素质不单只是一个技术素质问题，更是思想政治素质和职业道德问题。要从中等职业技术教育的特点出发，明确德育工作的主要内容。综合中等职业教育与其他各类教育的德育共性特点及培养目标主要在第一线从事生产和服务工作的特殊性，职业技术学校的德育工作应强调以下几点：一是要对学生进行思想政治教育，二是要培养学生树立科学的世界观和正确的人生观，三是要对学生进行职业道德教育，使他们具有良好的职业道德，四是要加强全心全意为人民服务的思想教育。王明达强调，要采取有力措施，进一步加强德育工作。1991 年 10 月 19 日，国家教委办公厅印发了王明达的讲话。

EAB012 –19911020

国家四部委颁发《中等职业技术学校收取学费的暂行规定》

根据多渠道筹措职业技术教育经费的原则，1991 年 10 月 20 日，国家教委、国家物价局、财政部、劳动部联合下发了《关于颁发〈中等职业技术学校收取学费的暂行规定〉的通知》。《暂行规定》明确：中等职业技术教育属于非义务教育，自 1991 学年起，对中等专业学校（不含中师）、技工学校和职业高中新入学的学生适当收取学费。1990 及以前学年入学的学生仍按原规定执行。学费标准制定的原则是：1. 高于普通高中学费标准。其中中等专业学校要低于同类普通高等院校的学杂费，职业高中和技工学校要低于同类中等专业学校；2. 培养费用较高或报考人数较多的热门专业（工种），其学费标准可适当高一些；3. 工作条件艰苦或国家重点扶持的专业，可以免收或减收学费。具体收费标准由省级教育、劳动部门根据地方经济发展水平、群众承受能力、办学需要和专业（工种）特点提出，经同级物价、财政部门审定，并报国家教委、国家物价局、财政部、劳动部备案。国务院各部门直属的学校按驻地省（区、市）的规定执行。《暂行规定》特别强调，收取的学费由学校财务部门统一管理，全部用于补充学校办学经费不足，不得挤占和挪作他用。学校主管部门不能因收取学费而减少拨付学校的经费。

EAB013 –19911119

中国人民银行设职教专项贷款支持校办厂及生产实习基地建设

1991 年 11 月 19 日，国家教委下发《关于使用中国人民银行职教专项贷款的通知》，就中国人民银行 2000 万元职教专项贷款的用项与申报、管理作出安排。《通知》指出，此项贷款主要用于加强职业中学校办厂及生产实习基地建设。每省申报的总金额不超过 300 万元，单项申请金额不低于 10 万元，具体要求和申报程序按《中国科技财务公司职业技术教育专项贷款发放暂行办法》执行。要求各省教育行政部门成立或确定相应贷款管理机构，专人负责贷款日常管理工作。有条件的省份应以“分项贷款、统一管理、统一收息还本”的方式进行。经商财政部同意，各省可用中央下拨的职教专项补助费按利率的 50% 对此项贷款贴息。

EAB014 －19920408

国家教委要求少数民族地区以中等职业技术教育为骨干建立职业教育和培训网络

为贯彻落实《国务院关于大力发展职业技术教育的决定》，推进少数民族和民族地区的职业技术教育，1992 年 4 月 8 日，国家教委印发了《关于加强少数民族与民族地区职业技术教育工作的意见》。《意见》指出，发展少数民族与民族地区的职业技术教育，是直接关系这些地区经济振兴、社会安定和民族团结的重大问题，既要符合职业技术教育的基本特点和规律，又要注意切合这些地区的实际。在办学方向和培养目标上，应把培养具有较高政治、文化和技术素质的新型农（牧）民和农（牧）业技术骨干作为主要任务；在专业设置上，要首先注重办好直接为农、林、牧业服务的专业，逐步发展为第二、第三产业服务的专业；在教育层次上，多数地区目前应以中等职业技术教育为骨干，以初等职业技术教育为主体，广泛开展各种实用技术短期培训；在学制上，可长可短；在招生上，既可招职前的，也可招职后的；在教学内容和方法上，要加强针对性和适用性，加强实践教学环节和职业技能的训练，并适当拓宽专业知识面。“八五”期间，每县要首先办好一所示范性职业技术学校。个别人口稀少、居住分散、交通不便的地方，可由地（州）集中办好职业技术培训中心，统筹为各县培养初、中级技术人才。

EAB015 －19930110

国家三部委要求加强农、林类中职学校专业师资队伍建设

1993 年 1 月 10 日，国家教委、农业部、林业部联合印发了《关于加强农村、林区中等职业技术学校和农民中专农、林类专业师资队伍建设的几点意见》。经商国家计委、人事部，《意见》提出了加强农、林类专业师资队伍建设的四条措施：一是明确普通高等农林院校是培养农林类专业师资的主要基地。各省应有计划地选择一二所条件较好的本科高等农林院校设置职业技术教育师范系、专业或班，主要招收应届或往届普通全日制农林中专、农村、林区职业高中、农民中专毕业生及有两年以上农林生产实践经验的农村普通高中毕业生。二是明确从社会上聘任专、兼职教师是职教、成教师资队伍建设的一条重要原则。各级政府及农林、科技等部门应积极抽调部分适宜做教学工作的科技人员到学校担任专职或兼职教师。凡到县以下（含县城）学校任兼职教师的，工资（含津贴、奖金等）由原单位照发，各地可根据经济情况给予适当补贴。调到学校任专职教师的，应享受同级教师待遇。三是各级教育、计划、人事部门在分配高等院校毕业生时，应动员并安排一定比例的毕业生到上述学校任教。四是加强在职教师的培训、进修。对达不到规定学历的，学校及上级主管部门可有计划地安排进行脱产或不脱产的培训。对所有文化、专业和技能教师均应定期、不定期组织业务进修、技能培训，逐步形成制度。

EAB016－19930513

国家教委印发《关于职业技术教育教材规划工作的意见》

1993 年 5 月 13 日，国家教委印发了《关于职业技术教育教材规划工作的意见》。《意见》指出，职业技术教育教材实行国家和省两级规划。国家规划教材又分为国家教委规划部分和中央业务部门规划部分，其范围是：必须统一教学要求的课程教材；必须保证基本教学要求的课程教材；地区、行业差异性不大或跨若干行业具有较强通用性的课程教材；与部分示范性教学计划相配套的职业高中专业教材；各类学校教改需要的试验性教材，翻译国外同类教材。在两级规划的基础上，地、县两级还要因地制宜编写必要的适合地方职教需要的乡土教材及补充教材，并切实落实出版规划。到 20 世纪末，争取基本解决职业高中大多数稳定设置的专业的教材，一部分主干专业教材品种系列配套；中专教材要重点抓好教材质量的提高，努力编印出符合中专要求的系列教材。同时，结合教改实际，摸索编写少部分教改试验性教材。

EAB017－19930513

国家教委印发《关于建立两级职业技术教育教材审定组织的意见》

1993 年 5 月 13 日，国家教委印发了《关于建立两级职业技术教育教材审定组织的意见》。《意见》提出，国家教委成立职业技术教育教材审定委员会。其主要职责是：审定国家教委规划的教材；审定各地、各部门组织编写并拟向全国范围发行的教材（含配套教材、教学参考书、教学挂图、教学录音带、教学录像带、练习册及其他具有教材性质的图书）。《意见》要求，各省、自治区、直辖市教育行政部门建立职业技术教育教材审定委员会。在各省（自治区、直辖市）教育行政部门领导下，负责审定在全省（自治区、直辖市）范围内出版发行的职业技术教育教材，审查和评价本地职教教材质量，提出向全国推荐的书目和送审意见。

EAB018－19950502

国家五部委要求企业继续办好职业、技术学校和成人学校

1995 年 5 月 2 日，国家经贸委、国家教委、劳动部、财政部、卫生部印发《关于若干城市分离企业办社会职能分流富余人员的意见》的通知。《意见》明确：企业自办的职业、技术学校和成人教育学校主要为企业培养人才，可采取"企业为主，政府支持"的办学形式，也可采取社会各方联合办学的形式继续办好。

EAB019－19951124

国家教委要求在成人专科起点本科班中安排一定指标用于中职教师的学历进修

1995 年 11 月 24 日，国家教委发布了《关于制定并落实职业教育师资培养计划的通知》。《通知》要求在制订成人专科起点本科班的招生计划时，应根据本地区职业学校在职教师学历达标的需要，每年在国家核定的地区专科起点本科班的总规模内划出一定比例，用于中等职业学校在职教师的学历进修。1996 年，国家教委发布了《关于一九九五年各类中等学校专业课教师专科起点升本科考试科目的通知》，规定 1995 年各类中等学校专业课教师（属教师类）专科起点升本科考试科目中将英语改为教育学。调整后的考试科目为：政治、高等数学、教育学（职）和一门专业基础课，这更加符合职教师资特点。

EAB020－19951225

国家教委、财政部明确职教师资班学生享受师范生待遇

根据《中华人民共和国教师法》及《国家教育委员会关于〈中华人民共和国教师法〉若干问题的实施意见》的有关规定，1995 年 12 月 25 日，国家教委与财政部联合下发了《关于职教师资班学生享受师范生待遇的通知》。《通知》指出，职教师资班的学生属于职业技术教育师范生，应享受师范生待遇，免收学费，并实行专业奖学金制度。中央部委所属院校经费来源由主管部门自行解决，地方院校经费来源由地方财政部门解决，以鼓励中等职业技术学校优秀毕业生和高中毕业生投身职教事业，切实保障我国职教师资队伍有稳定的来源。

EAB021－19960226

农业部和国家教委印发高等农业院校对口招收农业类中职优秀毕业生暂行办法

1996 年 2 月 26 日，农业部和国家教委联合印发了《高等农业院校对口招收农业职业高中、农业中专、农业广播学校应届优秀毕业生暂行办法》。《暂行办法》规定，高等农业院校招收此类中等职业学校应届优秀毕业生，是国家招生计划的一部分。凡有此招收计划的高等农业院校，须在1996年4月30日前将对口招收的专业、人数、收费标准和招生范围等报各有关省、自治区、直辖市普通高等学校招生办公室备案，由各省、区、市招生办汇集后向社会公布。推荐学校依据分配指标和报考条件按不低于3：1的比例择优推荐考生。考试方式：由省（区）招生部门统一组织命题、考试，时间一般与全国普通高考同步进行。考试科目：文科考语文、数学、历史（或政治）；理科考语文、数学、物理（或化学），文理科均加试农业综合技术知识，本科必须测试外语。学生进入高校后与同类招生计划形式的学生同等待遇；毕业后凭学校所在省、自治区、直辖市主管部门开具的《普通高等学校毕业生报到证》到农业职业教育系统和基层生产单位就业，其工资待遇依据国家有关文件规定执行。对于不服从安排的，追回全部培养费，将户口转回原籍。

EAB022－19960429

国家教委、农业部联合发出《关于进一步办好农村中等职业学校农业类专业的意见》

1996年4月29日，国家教委、农业部联合发出《关于进一步办好农村中等职业学校农业类专业的意见》。《意见》指出，近两年来，农村中等职业教育中的农业类专业在发展中遇到较大困难，一些地方出现了滑坡现象，这与实现农业现代化对农业技术人才的需求很不适应。各级政府要进一步强化科教兴农意识，采取有力措施，支持和办好农村中等职业教育。每县要首先办好一两所能起示范作用的骨干学校，并把农业类专业作为学校的长线专业来办。农村职业学校要坚持面向农业、面向农村、面向农民，为农民致富服务，为发展高产、优质、高效农业服务，不断深化教育教学改革，建立教书育人、科学实验、技术推广、生产经营、社会服务一体化的、具有多功能的教学组织，增强办学生机与活力。要充分发挥学校的人才和技术优势，结合专业办产业，逐步形成有竞争能力的拳头产品，并在生产经营中为农民提供产前、产中、产后服务，做到选择一个项目，培养一批人才，带动一个产业，致富一方农民。各地对招收农、林、牧专业的考生应实行宽进严出的管理办法。《意见》还就地方政府和有关部门制定、采取扶持性倾斜政策，在师资、经费、毕业生升学与创业等方面加大对农村职业学校的支持，提出了建议。

EAB023－19960711

国家教委规范中等职业学校实习指导教师的学历要求

1996年7月11日，国家教委发出《关于取得中等职业学校实习指导教师资格应当具备的学历的规定的通知》。根据《中华人民共和国教师法》授权，考虑到中等专业学校、技工学校和职业高中实习指导教师的岗位职责以及现阶段实习指导教师来源的实际情况，国家教委规定：取得中等职业学校实习指导教师资格，应当具备各类中等职业学校、普通高级中学毕业及以上学历。但对于确有特殊技艺者，经省级教育行政部门核准，其学历要求可以适当放宽。

EAB024－19970527

国家教委在高职院校试点招收应届中等职业学校毕业生

1997年5月27日，国家教委发布《关于招收应届中等职业学校毕业生举办高等职业教育试点工作的通知》。《通知》指出，招收应届中等职业学校毕业生举办高等职业教育，是指经国家教委批准设置的普通高等院校按科类对口招收与普通中等专业学校、职业高中、技工学校三类中等职业学校相近、相关科类的应届毕业生，举办专科层次的高等职业教育。学制一般为两年。从1997年起在北京、上海、江苏、广东、河南、天津、辽宁、浙江、黑龙江、河北10个省（直辖市）开展试点工作。1997年试点省市招收应届中等职业学校毕业生的规模，一般按国家教委、国家计委下发的《一九九七年普通高等学校和普通中等职业学校招生计划》中省（市）属普通高等学校招生计划数的3%安排。招生采取学校推荐和入学考试考核相结合的办法进行。推荐工作由提供生源的中等职业学校，以学生在校期间的综合表现、学习成绩、实践能力等为依据，择优推荐。推荐学生总数与招生总数的比例一般为3∶1。考试内容分为文化课和专业综合课，按1∶1的比例计入总分。文化课考三门，其中两门为语文、数学，另一门由省级招生部门确定。考核内容为职业技能，与报考专业相关的职业技能证书、职业资格证书经省级招生部门认可，可作为通过职业技能考核的依据。考试考核和录取工作由省级招生部门组织。学生毕业后在一定范围内实行学校推荐、自主择业制度。

EAB025－19990727

全国中等职业教育教学指导委员会成立

1999年7月27日，教育部印发《关于成立全国中等职业教育教学指导委员会的通知》，组建了全国中等职业教育教学指导委员会（简称全指委）。全指委的职责是分析国家经济建设、科技进步和社会发展对劳动者和专门人才知识、能力的总体要求，按照全面推进素质教育的要求，探讨中等职业教育的培养目标和教学基本要求，对中等职业教育专业划分、教学计划制订、课程开发和教材建设工作提出建议等。全指委由职业教育行政管理人员、行业技术和业务管理等方面的专家以及从事职业教育教学、教学研究、教学管理的专业人员和特邀专家学者等组成。全指委设主任委员 1 人，副主任委员若干人。全指委委员由教育部聘任并颁发聘书，每届任期 4 年。首届聘任吴文虎等 45 人为全指委委员，任期从 1999 年 8 月 1 日起至 2003 年 7 月 31 日止。全指委下设文化基础课程教学委员会、德育课程教学指导委员会和 33 个行业中等职业教育教学指导委员会（简称行指委）。全指委秘书处设在教育部职业教育与成人教育司教学指导处。

附录 1　全国中等职业教育教学指导委员会组成名单

主任委员：黄尧（教育部职业教育与成人教育司司长）

副主任委员：刘占山（教育部职业教育与成人教育司副司长）
周稽裘（江苏省教育委员会副主任）
刘伯安（国家经贸委培训司副司长）
沈以华（交通部科技教育司副司长）
杨金土（教育部国家督学）

委员：（排名不分先后）

吴文虎（清华大学教授、博士生导师）、吴代华（武汉工业大学力学研究所所长、教授、博士生导师）、梁忠义（东北师范大学国际与比较教育研究所教授、博士生导师）、倪文锦（华东师范大学教授）、石伟平（华东师范大学课程、教学与比较教育研究所所长助理、教授）、裴娣娜（北京师范大学教育与心理科学院副院长、教授）、汤生玲（河北职业技术师范学院院长、教授）、王军伟（高等教育出版社总编辑助理、编审）、辛浚（中华职业教育社副总干事）、邬宪伟（上海市化学工业学校副校长、高级讲师）、曾玉琨（北京无线电工业学校高级讲师）、谢海泉（上海市二轻工业学校高级讲师）、张又昌（上海航空工业学校高级讲师）、黄森彬（福建机电学校高级讲师）、胡亚东（武汉电力学校高级讲师）、何锐连（广东省顺德梁銶琚中学校长、高级讲师）、眭平（江苏省教委职教办助理调研员）、尚志平（山东省教学研究室副主任、高级讲师）、詹万生（中央教育科学研究所德育研究中心主任、教授）、刘京辉（教育部职业技术教育中心研究所副所长、副研究员）、成永林（上海职业技术教育研究所所长顾问、高级讲师）、乔正康（全国商业中专教育研究会高级讲师）、刘庆昌（陕西省职业教育中心职教所副所长）、祁国明（卫生部科技教育司司长、研究员）、陈肖安（农业部科技教育司调研员、农艺师）、戴嘉枋（文化部教育科技司副司长、研究员）、许守祜（铁道部科技教育司副司长、高级工程师）、霍宪丹（司法部法规教育司副司长）、苏金秀（财政部人事教育司助理巡视员）、徐仁惠（中国冶金教育学会研究员）、秦兰仪（中国建设教育协会教授）、肖潜辉（国家旅游局人教司司长、西南财经大学兼职教授）、彭世明（国家轻工业局人事司副处长、高级工程师）、惠新才（国家机械工业局机械工业教育发展中心处长、高级工程师）、周功亚（国家建筑材料工业局职业技术鉴定指导中心副主任、教育副专员）、李淑琴（中国纺织工业协会公共事业部副主任、经济师）、郭智奇（中央农业广播电视学校副校长、高级经济师）、石有为（东风汽车公司教育培训部主任）、于庆鸿（中国电子信息产业集团公司人事部副总经理）。

附录2　33个行业中等职业教育教学指导委员会名单

1. 农业职业教育教学指导委员会
2. 公安职业教育教学指导委员会
3. 民政职业教育教学指导委员会
4. 司法职业教育教学指导委员会
5. 财政职业教育教学指导委员会
6. 国土资源职业教育教学指导委员会
7. 建设职业教育教学指导委员会
8. 铁道职业教育教学指导委员会
9. 交通职业教育教学指导委员会
10. 信息产业职业教育教学指导委员会
11. 邮政职业教育教学指导委员会
12. 水利职业教育教学指导委员会
13. 国防科技工业职业教育教学指导委员会
14. 外经贸职业教育教学指导委员会
15. 艺术职业教育教学指导委员会
16. 中医药职业教育教学指导委员会
17. 卫生职业教育教学指导委员会
18. 气象与环保职业教育教学指导委员会
19. 统计职业教育教学指导委员会
20. 林业职业教育教学指导委员会
21. 旅游职业教育教学指导委员会
22. 税务职业教育教学指导委员会
23. 体育职业教育教学指导委员会
24. 商业职业教育教学指导委员会
25. 煤炭职业教育教学指导委员会
26. 机械职业教育教学指导委员会
27. 冶金职业教育教学指导委员会
28. 石油和化工职业教育教学指导委员会
29. 轻工职业教育教学指导委员会
30. 纺织职业教育教学指导委员会

31. 建材职业教育教学指导委员会
32. 电力职业教育教学指导委员会
33. 供销职业教育教学指导委员会

EAB026 -20000516

《中等职业学校教师职业道德规范（试行)》印发

2000 年 5 月 16 日，教育部、全国教育工会发出《关于印发〈中等职业学校教师职业道德规范（试行)〉的通知》。《通知》指出，应组织广大教师认真学习江泽民总书记《关于教育问题的谈话》和《中共中央关于加强和改进思想政治工作的若干意见》，增强广大教师教书育人的使命感和责任感，更加严格要求自己，在工作和生活等各个方面都能做到为人师表。各地教育行政部门和中等职业学校应根据《规范》的内容，结合本地实际情况，制订本地区、本学校贯彻实施《规范》的意见，要特别突出青年教师的师德建设工作，注意结合青年特点，因地制宜，循序渐进，灵活多样地开展工作。各地中等职业学校要对每个教师的职业道德情况进行考核，对于其中优秀的教师，要给予必要的表扬和鼓励。对师德考核不合格者，依照法定程序严肃予以处理。

EAB027 -20000530

教育部、国务院学位委员会决定每年招收千名中职教师在职攻读硕士学位

2000 年 5 月 30 日，教育部、国务院学位委员会联合发出了《关于开展中等职业学校教师在职攻读硕士学位工作的通知》，决定在 2000—2005 年，平均每年招收约 1000 名中等职业学校教师在职攻读硕士学位。《通知》指出，对中等职业学校从事 3 年（含 3 年）以上教育教学工作的在职教师，通过政治、英语、数学和职业教育学考试达到录取分数线即可录取，学习年限 3 年，经课程考核合格并通过硕士学位论文答辩者，并且无须参加以研究生毕业同等学力申请硕士学位的全国外语和综合水平考试，就可授予硕士学位。2001 年 4 月 8 日，国务院学位委员会办公室、教育部研究生工作办公室和教育部职业教育与成人教育司又专门委托全国中等职业学校教师在职攻读硕士学位工作专家指导小组编写了《关于制定中等职业学校教师在职攻读硕士学位培养方案的指导意见》，并对中等职业学校教师在职攻读硕士学位培养的指导思想、培养目标、培养方式及学习年限、课程设置及学分要求、学位论文选题、评审与答辩以及学位授予问题都作出了具体规定。

EAB028 -20000718

教育部发出关于进一步做好2000年招生工作的明传电报

由于多方面的原因，从1999年开始，中等职业教育招生数出现下降趋势。2000年7月18日，教育部发出《关于进一步做好2000年中等职业学校招生工作的通知》[（2000）教电237号（特急）]，要求各地努力扩大高中阶段职业教育规模，促进中等职业教育与普通高中协调发展。放开招生计划限制，允许一些办学条件好、社会需求旺盛的学校，根据要求和学校办学能力自主确定招生规模，自主招生；国家级重点中等职业学校可跨地区、跨省市招生。放宽中等职业学校入学限制，允许愿意接受高中阶段职业教育而未参加当年统一升学考试的应、往届初中毕业生及具有同等学力的人员入学；允许一些学校和专业提前招生；允许学校根据新生入学情况组织补录，有条件的地区可试行春、秋两季招生。另外，还要尊重考生升学志愿，严禁以任何形式限制考生报考中等职业学校。

EAB029 -20000818

《关于进一步加强中等职业教育师资培养培训基地建设的意见》印发

2000年8月18日，教育部印发了《关于进一步加强中等职业教育师资培养培训基地建设的意见》。《意见》提出，职教师资基地建设的总体目标是：经过2~3年的努力，教育部在全国重点建设50个功能齐全、管理规范、培养能力强、教学质量高、具有职教特色，能在全国起示范带头作用的职教师资基地，带动各地职教师资基地建设。经过3~5年的努力，各省、自治区、直辖市建立500个左右主要面向本地的职教师资培训基地；全国初步建立起布局合理、功能完备的，与中等职业教育事业发展的规模和要求相适应的职教师资培养培训基地网络，为建立职教师资培养培训体系打下良好的基础。职教师资培训基地的主要任务：一是培养培训中等职业学校专业课教师和实习指导教师；二是培训中等职业学校校长及其他管理干部；三是开展中等职业教育师资工作科学研究；四是承办职教主管部门交办的其他工作。职教师资培训基地要以培训项目建设为重点加强自身建设，各级教育行政部门要加强领导，统筹规划，狠抓落实。

EAB030 -20000918

全国中等职教师资工作会议召开

2000年9月18-20日，教育部职业教育与成人教育司在云南省昆明市召开改革开放以来第一次全国中等职业教育师资工作会议。31 个省（市）教育厅分管职业教育与成人教育的厅长、职成教处长及 44 个全国重点建设职教师资培训基地院（校）长共 160 人参加会议。教育部副部长王湛、教育部职成教司司长黄尧出席会议并讲话。王湛指出，当前，中等职业教育教师队伍建设的一项重要任务，就是要认真学习贯彻江泽民总书记《关于教育问题的谈话》精神，把教师职业道德建设放在整个队伍建设的突出位置。要建立职教师资培训基地，构建职教师资培养、培训的支撑体系，希望各地要参照教育部重点建设 50 个职教师资基地的做法，尽快启动本地师资基地的建设工作。

EAB031 -20010308

教育部取消中专招生计划指标限制

2001 年 3 月 8 日，教育部发出《关于做好 2001 年中等职业学校招生工作的通知》。《通知》指出，要彻底打破中专招生的计划指标限制。中等职业学校的招生规模，由学校根据社会需求和学校培养能力自主确定。省级以上重点学校可以跨省招生，鼓励东部地区重点中等职业学校面向西部地区招生。部分中等职业学校可实行免试入学，省级以上重点学校可试行提前招生。有条件的省（区、市）可以试行中等职业学校自主招生，一年多次招生。

EAB032 -20010320

教育部要求加大调整改革力度、做大做强职业教育

2001 年 3 月 20 -21 日，2001 年度全国职业教育与成人教育工作会议在上海举行。会议提出了“十五”期间我国职成教改革的总体目标。教育部副部长王湛在讲话中指出，职教要做大，首先需要做强，不做强就难以做大。职业教育要做强，必须加大调整和改革的力度。一是调整办学模式，因地制宜地实行教育对象、办学层次以及教育目标取向的多元化；二是调整职业教育体系结构，发挥高职发展对中职的拉动作用，把举办各种形式的培训作为开拓职业教育发展新空间的重要措施；三是调整中等职业学校布局结构，加强骨干示范性学校建设，提高职业学校办学效益；四是调整职业学校专业结构，深化专业教学改革，提高教育教学质量；五是调整管理模式，促进职业学校面向社会和市场自主办学；六是调整投资机制，鼓励社会力量兴办职业学校和职业培训机构，探索有利于吸引更多学生接受职业教育的激励办法。“十五”期间，全国各省、自治区、直辖市要结合布局结构调整，创建 2000 所省级重点中等职业学校。到 2005 年，中等职业学校在校生的规模力争达到 2000 万人左右，招生数和在校生数与普通高中保持相当的规模；国家级重点中等职业学校的校均规模要达到3000人以上，省级重点学校达到2000人以上。

EAB033 -20010514

教育部要求中等职业学校面向农村进城务工人员开展教育与培训

为适应经济社会发展的需要，满足农村进城务工人员的学习要求，2001年5月14日，教育部印发了《关于中等职业学校面向农村进城务工人员开展职业教育与培训的通知》。《通知》要求各地教育行政部门按照“实际、实用、实效”的原则，因地制宜地抓紧抓好中等职业学校面向农村进城务工人员开展职业教育与培训工作。要贯彻学历教育与非学历教育并举、学历证书和职业资格证书并重的原则，推动国家劳动预备制度和职业资格证书制度的实施。在招生上要取消年龄限制，简化招生入学手续，允许他们分阶段完成学业。学习期满、学分修满或培训课程结束并通过考核者，学校应当发给其毕业证书或其他相关的培训结业证书，并积极组织他们参加有关技术等级鉴定，以取得相应的资格证书。对于已经取得普通高中毕业证书且要求接受中等职业学历教育的人员，应主要对他们进行专业教育，学习时间以1~1.5年为宜，在补学专业课程并成绩合格后，可发给中等职业学校毕业证书。毕业证书、资格证书和培训结业证书可作为接受高等职业教育、就业、晋级和增加工资的依据。

EAB034 -20011121

教育部提出“十五”期间中等职业学校教师队伍建设目标

2001年11月21日，教育部印发了《关于“十五”期间加强中等职业学校教师队伍建设的意见》。《意见》规定了中等职业学校教师队伍建设标准，强调“十五”期间，“双师型”教师和具有硕士学位的教师要达到一定比例。要进一步改善教师队伍结构，使具有高级专业职务的专任教师的比例，中等专业学校（含成人中专）要达到25%，职业高中要达到20%，技工学校要达到15%；专业课教师在教师总量中的比例要达到60%左右，每个专业至少应有3~5名专业课教师。兼职教师比例一般应不少于10%。大部分教师能在教育教学活动中熟练运用现代教育技术。要初步建成中等职业教育师资培养培训体系。在全国建立350个左右中等职业教育师资培养培训基地，其中，全国重点建设50个，省、自治区、直辖市建设300个左右。

EAB035 –20021202

国家三部委鼓励企业兴办职业学校

2002 年 12 月 2 日，教育部、国家经贸委、劳动和社会保障部联合下发了《关于进一步发挥行业、企业在职业教育和培训中作用的意见》。《意见》进一步明确了行业主管部门、行业组织和企业举办职业教育的有关责任，要求充分依靠企业举办职业教育，并对企业兴办职业学校制定了若干鼓励政策。企业在国家法律和法规许可范围内，结合生产实际和发展需要，可以自主选择单独、联合、委托等办学方式，自主确定集团化、合作制、公有民办、民办等办学模式，自主推进学校内部管理和教育教学改革，自主决定学校的发展规模，自主决定学校的专业设置、教学重点和教学内容。鼓励和支持企业和学校发挥各自优势，联合建立研究开发机构和实验中心。规模较大的各类所有制企业，应与职业学校或职业培训机构建立对口联系，其负责人可成为对口联系学校的咨询委员会或理事会成员。对企业举办的职业学校的办学设施、办学规模等考核条件可适当放宽。对改制为公办民助、民办的企业职业学校，应享受民办学校的优惠政策。

EAB036 –20030424

教育部对东西部地区中等职业学校合作办学跨省招生事宜作出安排

为贯彻落实中央农村工作会议精神和全国职业教育会议精神，东西部地区教育行政部门经过协商，选择确定了一批优质中等职业学校面向西部和农村地区招生或开展合作办学、联合招生。教育部将有关情况汇总后，编制了《东西部地区中等职业学校合作办学跨省招生生源安排》。2003 年 4 月 24 日，教育部办公厅发出的《关于印发〈东西部地区中等职业学校合作办学跨省招生生源安排〉的通知》明确要求，东部地区中等职业学校到西部地区招生，收费标准按生源所在地中等职业学校收费标准执行；中东部地区普通中等专业学校跨省招收的学生，其入学及毕业后的户口迁移，按照国务院有关部门（单位）所属学校跨省招生办法执行；对东西部地区中等职业学校合作办学，各相关省市要在招生、收费、户口迁徙、学籍管理和毕业生就业等方面制定切实可行的办法及优惠政策。

EAB037 –20031009

教育部加强对中等职业学校校长的培训工作

2003 年 10 月 9 日，教育部印发了《关于进一步加强职业技术学校校长培训工作的若干意见》，对中等职业技术学校校长培训的指导思想和原则、工作目标和主要任务、培训内容与形式、组织管理与职责分工、考核与发证、主要措施和要求都作出了明确规定。同时还配发了《职业技术学校校长任职资格培训指导性教学计划》《职业技术学校校长提高培训指导性教学计划》《职业技术学校校长高级研修指导性教学计划》，作为开展校长培训工作的指导性文件。

EAB038 –20031110

国家三部委推进东部对西部、城市对农村中等职业学校联合招生合作办学

2003 年 11 月 10 日，教育部、财政部、劳动和社会保障部联合印发了《关于东部对西部、城市对农村中等职业学校联合招生合作办学工作的意见》。《意见》指出，东部地区、城市的骨干示范性中职学校，一是可依据东部地区、城市经济建设特别是制造业发展需要，按照“订单培养”模式面向西部和农村跨地区单独招生；二是可到西部地区和农村，特别是到国家级、省级扶贫重点开发县与当地中职学校开展合作办学（一对一或一对多)、联合招生、分段培养；三是可以定向招生、定向培养方式，为西部大开发和西部地区国家重点建设工程培养急需的实用技术人才。教育部负责指导、统筹协调东部对西部、城市对农村联合招生合作办学工作。从 2003 年开始，每年安排东部地区 9 个省市（含 5 个计划单列市）中职学校到西部地区招生。劳动和社会保障部负责确定技工学校联合招生合作办学的工作方案并组织实施。到 2007 年，东部与西部、城市与农村联合招生合作办学年招生规模要达到 10 万人以上。

EAB039 –20031119

教育部启动“中德职教师资进修项目”

2003 年 11 月 19 日，教育部与德国国际继续教育和发展协会签订协议，“中德职教师资进修项目”正式启动。该项目内容涉及汽车运用与维修、数控技术应用、机电技术应用、电子技术应用、旅游管理与服务、国际商务 6 个专业，培训对象主要为省级以上重点中等职业学校骨干教师和职教师资培养培训基地在任教师。项目由中德合作开发，培训在中德两国进行。项目于 2004 年开始执行，合作期为 3 年，每年培训 300 人，由中德双方各出资一半，累计派出了 900 名骨干职教师资赴德进修。

EAB040 – 20031203

340 多所职业学校成为首批“技能型紧缺人才培养培训工程”示范性基地

2003 年 12 月 3 日，教育部、劳动和社会保障部、国防科工委、信息产业部、交通部、卫生部联合发出《关于实施“职业院校制造业和现代服务业技能型紧缺人才培养培训工程”的通知》。教育部办公厅分别会同有关部委办公厅或行业组织印发了相关专业领域技能型紧缺人才培养培训指导方案，并公布了参加此项工程的 500 多所职业院校作为示范性培养培训基地，其中中等职业学校 340 多所。该“工程”有以下四个特点：实施“订单式”培养，建立校企合作进行人才培养的新模式；重视学生职业道德和职业能力的培养；实行灵活的学籍管理和教学管理制度，扩大相关院校的自主权；实行学历教育与和职业培训相结合，实行学历证书、培训证书和职业资格证书相结合，加强学历教育与职业培训的沟通。

EAB041 – 20040928

国家推进职业教育发展专项建设计划

2004 年 9 月 28 日，国家发展和改革委员会、教育部、劳动和社会保障部印发了《关于组织制订推进职业教育发展专项建设计划的指导意见》。建设目标是：用 4 年左右的时间，加强 1000 所左右市、县级骨干中等职业学校的建设，形成一批设施、设备条件基本满足技能型人才培养要求和基本满足农村劳动力转移培训要求的职教基地。建设资金由中央专项资金、地方政府配套、学校自有资金、利用银行贷款和社会投资办学等多渠道筹措解决，主要用于加强职业院校基础设施建设和实训设备装备。2004 年安排中央专项资金 5 亿元。

EAB042 – 20050228

教育部要求 2005 年中等职业教育扩招 100 万

2005 年 2 月 28 日，教育部印发了《关于加快发展中等职业教育的意见》。《意见》要求“力争 2005 年中等职业学校招生人数在 2004 年的基础上增加 100 万人，达到 650 万人，经过几年的努力，到 2007 年，中等职业教育和普通高中教育规模大体相当，实现中等职业教育快速健康持续发展。”2005 年 3 月 24 – 25 日，教育部职业教育与成人教育司在河南省郑州市召开中等职业学校招生工作会议，学习贯彻教育部 2005 年年度职业教育与成人教育工作会议精神，总结 2004 年各地中等职业学校招生工作的经验，研究部署 2005 年中等职业学校招生工作，并听取各省、自治区、直辖市落实 2005 年中等职业学校招生任务安排的工作进展情况汇报。

EAB043 －20050326

教育部要求各地统筹管理高中阶段教育学校招生工作

2005 年 3 月 26 日，教育部发布了《关于统筹管理高中阶段教育学校招生工作的通知》。《通知》指出，由于历史原因，我国高中阶段教育学校（包括普通高中、普通中专、成人中专、职业高中、技工学校等，下同）招生工作分属不同部门管理和实施，缺乏统筹规划和协调管理，已不适应新形势下加快发展中等职业教育，进一步扩大高中阶段教育规模的需要。统筹管理的目标是，改变学校按归属部门和类别分别组织招生的现行做法，由教育行政部门牵头建立统一的高中阶段教育学校招生工作领导小组，统筹高中阶段教育协调发展，统一制定高中阶段教育学校招生政策和措施，确定招生工作专门机构，统一领导招生工作。《通知》还就领导小组的组成、职责等作出了明确规定。

EAB044 －20050621

中央财政设立实训基地奖励专项资金

2005 年 6 月 21 日，教育部和财政部联合印发了《中央财政支持的职业教育实训基地建设项目支持奖励评审试行标准》。《试行标准》指出，要进一步加大专项资金投入力度，继续支持和引导各地职业教育实训基地建设工作，在全国引导性奖励、支持建设一批能够资源共享，集教学、培训、职业技能鉴定和技术服务为一体的职业教育实训基地。7 月，教育部与财政部联合召开了职业教育实训基地建设工作会议，对职业教育实训基地建设工作进行了部署，明确了 2005 年度的工作方案。9 月，教育部组织专家对各地提出的建设规划和项目进行了研究复核，确定了支持方案并呈报财政部。2005 年 12 月，财政部印发了《关于下达 2005 年中央职业教育实训基地建设支持奖励专项资金的通知》，决定安排 7.4 亿元，对涉及数控、计算机、汽修、护理、电工电子、建筑技术、煤矿安全、生物技术 8 个专业类别的 392 个职业教育实训基地项目给予奖励支持，其中中等职业学校项目 220 个。

EAB045 －20051113

2006 年中等职业教育继续扩招 100 万

2005 年 11 月 13 日，教育部印发了《关于学习贯彻国务院关于〈大力发展职业教育的决定〉和全国职业教育工作会议精神的通知》。《通知》要求，

2006 年中等职业学校要继续扩大招生规模 100 万人，各地要及早作出部署，采取强有力措施，确保发展任务的完成。2005 年 12 月 15 日，教育部办公厅发出《关于报送 2006 年高中阶段教育指导性招生计划的通知》，要求各地根据当地经济和社会发展实际，坚持科学发展观，统筹规划“十一五”期间，特别是 2006 年高中阶段教育的发展目标，按照逐步达到大体相当的原则，分别确定 2006 年普通高中和中等职业学校的具体招生计划和所要达到的职普比例，并于 2006 年 1 月 6 日之前将本地高中阶段教育招生计划分别报送教育部职业教育与成人教育司、基础教育司、发展规划司。教育部将中等职业学校工作纳入各级教育工作年度考核内容，加强督导检查力度，建立招生激励机制。

EAB046 －20060328

教育部要求中等职业学校面向未升学高中毕业生开展职业教育与培训

2006 年 3 月 28 日，教育部发布了《关于中等职业学校面向未升学高中毕业生开展职业教育与培训的意见》。《意见》指出，要充分认识中等职业学校面向未升学高中毕业生开展职业教育与培训的重要性，加大宣传力度，营造良好的氛围，推动面向未升学高中毕业生开展职业教育与培训工作健康持续地开展。对于参加中等职业学校学历教育的高中毕业生，以单独编班组织教学为主，也可将他们安排在相应的班级随班就读，学习时间必须在一年或一年以上，其中顶岗实习时间不得少于半年，学习期满或者修满学分，考核合格者，学校发给中等职业教育学历证书；对于参加短期职业技术培训的高中毕业生，学习期限可以根据特定专业内容和学生具体情况宜长则长、宜短则短，培训课程结束并通过考核者，学校发给职业技能培训证书，并帮助他们取得相应的职业资格证书。面向未升学高中毕业生开展职业教育与培训，要注重学生职业能力、就业能力和创业能力的培训，切实提高他们的综合职业素质。教学内容以专业知识和实践技能训练为主，不再开设文化基础课程。在教学管理上，要大力推行校企合作、工学结合培养模式，实行“订单培养”，积极推行学分制，便于学生工学交替、分阶段完成学业。

EAB047 －20060619

国家编制中等职业教育基础能力建设规划

2006 年 6 月 19 日，国家发展和改革委员会、教育部、劳动和社会保障部发布《关于编制中等职业教育基础能力建设规划的通知》。《通知》明确提出，中等职业教育基础能力建设规划由中央和地方政府共同投入和组织实施。中央专项投入重点支持建设1000所左右县级职教中心（或县级职业学校）和1000所左右示范性中等职业学校。《通知》要求纳入建设规划的县级职教中心和示范性中等职业学校，必须坚持以服务为宗旨：一是加快先进制造业和现代服务业等技能型紧缺人才的培养培训，为走新型工业化道路、推进信息化和建设现代化服务；二是推动农村劳动力转移和农村实用技术培训，提高城乡劳动力的就业和创业能力，为解决好“三农”问题和推进新农村建设服务；三是加快培养适应区域协调发展及其产业结构调整所需的技能型人才，为西部开发、中部崛起和振兴东北等老工业基地服务。在建设内容上：一要立足于扩大培养规模，支持教学楼、实验楼（实习车间）等基础设施建设；二要立足于提高实践能力和技能水平，支持实验实训设备的配置和更新；三要立足于推动资源整合和共享、提高设备使用率，支持校际开放共用的实验实训设施建设。

EAB048 -20060724

《中等职业教育国家助学金管理暂行办法》印发

2006年7月24日，财政部和教育部联合印发了《中等职业教育国家助学金管理暂行办法》。《暂行办法》规定了国家助学金资助对象为全国中等职业学校（包括公办和民办的普通中专、成人中专、职业高中和技工学校等）全日制正式学籍的在校一、二年级所有农村户籍的学生和县镇非农户口的学生以及城市家庭经济困难学生。国家助学金用于中等职业学校特困家庭学生的生活补助，由中央和地方政府共同出资，资助标准为每生每年1500元。国家将建立全国统一的中等职业学校学生信息管理系统，实行统一电子注册，为中等职业学校国家助学金的发放和管理提供支持。2006年8月，教育部和财政部联合召开新闻发布会，就建立中等职业教育贫困家庭学生助学制度向全社会进行了广泛的宣传。9月，财政部和教育部联合印发了《关于下达2006学年中等职业教育国家助学金预算的通知》，其中中央财政安排资助专项经费8亿元，资助学生80万人。

EAB049 -20060928

教育部建立中等职业学校教师到企业实践制度

2006年9月28日，教育部下发了《关于建立中等职业学校教师到企业实践制度的意见》。《意见》明确要求，中等职业学校专业课教师、实习指导教师每两年必须有两个月以上时间到企业和生产服务一线实践。教师到企业实践，一是了解企业的生产组织方式、工艺流程、产业发展趋势等基本情况；二是熟悉企业相关岗位（工种）职责、操作规范、用人标准及管理制度等具体内容；三是学习所教专业在生产实践中应用的新知识、新技能、新工艺、新方法；四是结合企业的生产实际和用人标准，不断完善教学方案，改进教学方法，积极开发校本教材，切实加强职业学校实践教学环节，提高技能型人才培养质量。职业学校文化课教师和相关管理人员也应定期到企业进行考察、开展调研，了解企业的生产情况及其对职业教育的需求，不断改进职业学校的教育教学和管理工作。要把组织教师到企业实践和学生到企业实习有机结合起来。

EAB050 －20061226

教育部、财政部实施中等职业学校教师素质提高计划

教育部与财政部于2006年12月26日联合下发了《关于实施中等职业学校教师素质提高计划的意见》。计划到2010年，培训15万名中等职业学校（含办学特色鲜明、成绩突出的技工学校）专业骨干教师。其中中央财政重点支持培训3万名，省级培训12万名；支持全国重点建设职教师资培养培训基地开发80个专业的师资培养培训方案、课程和教材。对于专业骨干教师国家级培训，教育部、财政部每年下达骨干教师国家级培训年度计划，公布培训专业、培训机构名单，分配各省（区、市）教师培训名额，中央财政按实际培训量将经费划拨到培训机构。对于专业骨干教师省级培训，教育部、财政部根据各地培训工作完成情况，以及国家级培训的选派组织等情况，对各省（区、市）予以奖励资助。对于重点专业师资培养培训方案、课程和教材开发项目，教育部、财政部组织专家评审，评审结果经教育部、财政部审核同意后将经费拨付项目实施单位。对于中等职业学校紧缺专业特聘兼职教师的资助，教育部、财政部根据各地上报的经费申请和经费使用方案，确定并下达经费控制数。各地要严格按照中央财政资助额度，足额使用经费，并确保专款专用。

EAB051 －20070413

教育部明确“十一五”期间中等职业学校教师队伍建设工作重点

2007年4月13日，《教育部关于“十一五”期间加强中等职业学校教师队伍建设的意见》印发。《意见》肯定了“十五”期间教师队伍建设工作取得的显著成效，确定了“十一五”期间中等职业学校教师队伍建设的指导思想和工作目标。要求不断完善中等职业学校教师队伍的补充机制，进一步优化教师队伍的结构、完善职教师资培养培训体系和师资管理制度。“十一五”期间中等职业学校教师队伍建设的工作重点是：进一步加强师德建设，提高教师职业道德水平；拓宽渠道，专兼结合，广泛吸引优秀人才充实教师队伍；加大培训力度，提高教师队伍整体素质；完善职教师资培养培训体系，大幅度提高职教师资基地的培养培训能力；深化改革，不断完善中等职业学校教师管理制度。2007 年 4 月 22 - 23 日，教育部在江苏省南京市召开全国中等职业教育师资工作会，对“十一五”期间中等职业教育师资队伍建设工作作出部署。教育部副部长吴启迪出席会议并讲话。

EAB052 - 20070523

教育部、财政部实施中等职业学校专业骨干教师培训

2007 年 5 月 23 日，教育部办公厅和财政部办公厅联合印发了《关于组织实施中等职业学校专业骨干教师培训工作的指导意见》。《意见》指出，实施专业骨干教师培训是“中等职业学校教师素质提高计划”的重要内容和主干项目，旨在为中等职业学校造就一大批专业理论水平高、实践教学能力强，在教育教学工作中起骨干示范作用的“双师型”优秀教师和一批高水平的职业教育教学专家。培训对象与遴选条件是：中等职业学校教学一线的专业课或实习指导课骨干教师，品行端正，具有中级及以上教师职务，从事职业教育教学工作 5 年以上，年龄不超过 45 周岁。曾获市（地）级以上优秀教师称号的教师优先考虑。国家级培训每期时间为 2 个月，安排各类教学不少于 260 学时；省级培训每期培训时间不少于 1 个月，安排各类教学不少于 130 学时。培训内容包括：教学理论与方法，占总学时的 20% 左右；专业知识与技能训练，占总学时的 30% 左右；企业实践活动，约占总学时的 50%。2007—2010 年，教育部、财政部每年从经过国家级培训的教师中选拔 250 名成绩优异者赴国外学习考察。国家级培训经费主要由中央财政负担。省级培训经费由地方财政、学校和教师个人分担。

EAB053 - 20070829

教育部、财政部启动重点专业师资培养培训方案、课程和教材开发项目

2007 年 8 月 29 日，教育部办公厅和财政部办公厅联合印发了《中等职业学校重点专业师资培养培训方案、课程和教材开发项目实施办法》。《办法》指出，“十一五”期间，中央财政安排专项资金，支持全国重点建设职教师资培养培训基地（以下简称职教师资基地）等有关机构，开展职教师资培训项目建设，开发 80 个重点专业的师资培养培训方案、课程和教材，形成一系列具有应用价值和示范作用的中等职业学校教师培训包、校长培训包和公共基础研究成果，促进职教师资培养培训工作的科学化、规范化，提升职教师资基地的培养培训能力，完善职教师资培养培训体系。各职教师资基地申报拟承担的相关专业的开发项目，经教育部、财政部组织专家评审批准后立项。项目所需经费由中央财政安排专项资金予以支持。

EAB054－20070829

教育部、财政部启动紧缺专业特聘兼职教师资助项目

2007 年 8 月 29 日，教育部办公厅和财政部办公厅联合颁布了《中等职业学校紧缺专业特聘兼职教师资助项目实施办法》。项目所需经费由中央财政安排专项资金予以资助。项目资助学校应是当年在校生规模排位在全省（区、市、兵团）前 30% 以内，或者招生年增幅超过全省（区、市、兵团）平均水平，以及省级及以上重点学校优先支持。项目资助专业主要是制造业和现代服务业等技能型紧缺人才相关专业，服务当地支柱产业的重点专业，以及其他急需扶植的特色专业等。特聘兼职教师须具备良好的职业道德、专业素养和较高的技能水平，具有中级以上专业技术职务或高级工以上职业资格，或者是在相关行业领域享有较高声誉、具有丰富实践经验和特殊技能的“能工巧匠”，品行端正，身心健康，能胜任相应的教学工作。特聘兼职教师要面向社会公开招聘，严格考核，择优录用。各地要采取灵活的聘任和报酬支付方式，聘期可根据教学需要由学校自行确定，但原则上不少于一学期。

EAB055－20080331

教育部要求把加快发展中等职业教育作为整个教育事业发展的战略突破口

2008 年 3 月 31 日，教育部在北京召开全国职成教工作会议暨中职招生工作会议。会议总结交流了近五年来特别是 2007 年职业教育工作的成绩和经验，研究分析了职业教育改革与发展面临的新形势、新机遇，同时对 2008 年的职成教工作进行了部署。教育部部长周济出席会议并讲话。周济强调，要以十七大精神为指导，把加快发展中等职业教育作为深入贯彻落实科学发展观的战略重点，作为整个教育事业发展的战略突破口。要振奋精神，全力以赴，坚决完成今年中等职业教育招生 820 万人的任务。周济指出，继续巩固和扩大中等职业教育规模，是以全面提高职业教育质量和保证职业学校办学水平为前提的。质量是方向，是基础，是保证。培养的学生能否顺利就业，是否受社会欢迎，是衡量职业学校办学质量的重要标准。

EAB056－20081106

国家三部委加强中等职业学校国家助学金发放管理工作

2008年11月6日，财政部、教育部、人力资源和社会保障部联合发出《关于进一步加强中等职业学校国家助学金发放管理工作的通知》。《通知》指出，各地认真贯彻落实《国务院关于建立健全普通本科高校、高等职业学校和中等职业学校家庭经济困难学生资助政策体系的意见》和《中等职业学校国家助学金管理暂行办法》，已取得良好成效，但是在政策执行过程中，个别地区和学校存在与国家政策不相符甚至违规等行为。《通知》要求，各地要不折不扣地落实中等职业学校国家助学金政策，把符合条件的学生（包括非本地生源的学生）全部纳入资助政策范围，绝不允许以任何理由改变资助对象、缩小资助范围、降低资助标准。各省（区、市）教育、劳动保障部门要全面清查中等职业学校办学资质。各级学生资助管理机构要加强对助学金等信息的审核和统一监管。各级财政、教育、劳动保障部门和学生资助管理机构要加大监督检查力度。严肃查处违法违纪行为，建立中等职业学校学生资助工作奖惩机制。

第三节　重要活动与事件

EAC001－19820916

联邦德国巴伐利亚州援建的建筑职业技术教育中心落户南京

经教育部、城乡建设环境保护部协商，并征得江苏省人民政府同意，决定将联邦德国巴伐利亚州文化部援建的建筑职业技术教育中心建在南京市。1982年9月16日，教育部、城乡建设环境保护部印发《关于发送〈关于建设南京建筑职业技术教育中心方案〉的通知》。《关于建设南京建筑职业技术教育中心方案》明确指出，以城乡建设环境保护部所属的南京建筑工程学院为主，南京市教育局选一所中学和南京市第一建筑公司参加，组建建筑职业技术教育中心。中心属联合办学性质，由城乡建设环境保护部和教育部共同领导，以城乡建设环境保护部为主。中心实施三种不同程度的职业技术教育，包括一级培训技术工人，招收初中毕业生，学制三年。二级培训技术员即中等专业教育，招收初中毕业生，学制四年，或高中毕业生、对口专业的职业学校毕业生，学制两年四个月。以上两级培训从1983年秋季开始招生。三级培训工程师即大学本科，为全国建筑行业的职业学校和中等专业学校培养师资，招收高中毕业生，学制四年，1984年秋季开始招生。

EAC002 – 19901100

香港华夏基金会资助农村职教发展项目

1990 年 11 月，香港华夏基金会决定于 1991—1994 年，对内地 10 所农村职业中学和 1 所农业学院提供赠款 150 万美元，支持内地职业技术教育发展。1994 年，国家教委组织有关部门对华夏基金会资助农村职教发展项目（第一期）执行情况进行了评估。从评估结果看，11 所项目学校均完成或超额完成了规定的项目目标。资助项目的实施，对项目学校的发展和改革起到了较大的促进作用。项目共捐助仪器设备 873 台（件），价值 75 万美元，加上当地政府的各种配套建设（设备、图书、实验实习场所、学生宿舍、食堂等），项目学校的办学条件有大幅度改善，办学规模均有所增大。

EAC003 – 19920623

国家教委召开委属职业技术教育师资培训基地研讨会

1992 年 6 月 23 – 25 日，国家教委在北京召开了委属职业技术教育师资培训基地研讨会。国家教委副主任王明达到会作了讲话。会议总结交流了培训基地工作情况，研究了在委属大学筹建第二批职业技术学院等问题。同时对委属高校如何更好地为职业技术教育服务提出了很好的建议。会议认为，两年多来，委属培训基地举办了各种培训班共 69 期，培训 2855 人，提高了受训职教管理干部和专业课师资的政策水平、理论水平及管理水平。同时为各省、市及部门搞好职业技术教育师资培训工作起到了积极示范作用。

EAC004 – 19930401

全国政协教育文化委员会建议理顺中等职业教育管理体制

1992 年 9 月至 11 月，全国政协教育文化委员会组织调查组，对北京市、辽宁省、四川省的职业技术教育进行了调查，并写出了《关于北京市、辽宁省、四川省职业技术教育的调查报告》。1993 年 4 月 1 日，国家教委办公厅转发了这个《报告》。《报告》认为，自《中共中央关于教育体制改革的决定》颁行以来，三省（市）的职业技术教育取得了显著成绩。但也存在一些问题，其中之一就是管理体制不顺，条块分割，政令不一，难以发挥整体效益。《报告》指出，中专、技校、职业高中这三类学校分属于不同的管理部门，缺少统筹规划，致使有些地区学校布局分散，规模普遍偏小，专业设置重复，互相争夺生源，人力、物力、财力难以协调，办学效益不高。北京市中专、技校、职业高中平均在校生仅 260 余人。四川省乐山市共有职业高中 35 所，每校平均3.3个班，在校生人数不足200人的有11所。同时，由于多头领导，条块分割，政出多门，使中等职业技术学校在毕业生分配、教师和在校生的福利待遇、校办企业税收等方面的政策、规定不一，也给学校建设和管理带来困难。《报告》建议，改革管理体制，加强地方政府的统筹。重新研究三类学校的分工，统一相关政策，对其培养目标、学习年限、教学要求、招生和毕业等方面进行统一规范，可先在一些地区进行试点。

EAC005－19950601

国家教委决定将职教师资培训工作重点转向专业课教师

1995年6月1－3日，国家教委在北京召开职业技术教育师资培训基地工作会议。国家教委副主任王明达到会讲话。会议指出，在新形势下，全国各培训基地的工作任务必须实行重点转移，由原来的培训职教干部为主，转移到培训和培养中等职业学校的专业课教师为主，兼顾职教管理干部培训。

EAC006－19950705

国家教委就社会力量办学管理体制问题作出批复

1995年2月28日，北京市成人教育局就职业培训实体管理问题请示国家教委，提出“劳动部于1994年12月15日印发了《职业培训实体管理规定》，明确规定社会组织和个人单独或联合举办的技工学校、职业技术学校、就业训练中心、职工培训中心（学校）等职业培训实体由县级以上劳动行政部门综合管理，并对职业培训实体的开办、更名、撤销程序作出了不同于国家教委［87］教高三字014号和［88］教高三字016号文件的规定”（编者注：文件分别为《关于社会力量办学的若干暂行规定》《关于社会力量办学几个问题的通知》），如此将部分改变现行的职工教育培训管理体制，造成对职工培训中心（学校）管理工作的混乱。对此，国家教委在1995年7月5日《关于社会力量办学管理体制问题的批复》中指出，按照《中华人民共和国教育法》和《〈中国教育改革和发展纲要〉实施意见》的有关要求，社会力量办学（包括社会力量举办的职业培训）应由县级以上人民政府的教育行政部门归口主管。对于社会力量举办实施职业培训及卫生、文化、体育等专业性培训的教育机构，可由有关行业主管部门按照社会力量办学的有关规定审批后，由教育行政部门登记注册。县级以上教育行政部门对批准设立或准予登记注册的社会力量举办的学校及其他教育机构发给办学许可证。各省级教育行政部门和计划单列市教育行政部门按上述意见和国家教委《关于社会力量办学的若干暂行规定》

（［87］教高三字 014 号）及教学、财务、印章等管理规定对社会力量办学实施管理。

EAC007 - 19950807

国家教委对职业教育师资队伍状况进行抽样调查

1995 年 5 月，国家教委职教司和人事司联合委托国家教委高校师资培训中心，及部分省市高校师资培训中心和教育行政部门，对职业教育师资队伍建设现状进行了一次抽样调查。重点调查学校 153 所，其中职业中学 107 所、中等专业学校 42 所、技工学校 4 所。国家教委于 8 月 7 - 9 日在北京召开职业技术教育师资队伍建设调查情况交流会。调查表明，十几年来，职业教育师资队伍建设取得了显著成绩，特别是职业中学的专业课教师队伍建设，从无到有，从少到多，从弱到强，取得了历史性的成就。基本形成了一支专兼结合、热爱职教事业、相对稳定的职教师资队伍。存在的主要问题是：专业课教师和实习指导教师数量严重不足，专业课教师队伍学历层次偏低。中等职业技术学校专任教师的学历达标率大体上与全国平均水平相接近，即职业高中的专任教师中具有大学本科学历的约占 27.4%，中专学历的约占 62%。教师队伍结构不合理。首先是专业结构不合理，全国职业高中的专任教师队伍中，文化课教师占 52.5%，专业课教师和实习指导教师占 47.5%。其次是职务结构不合理，全国职业高中专业课教师中，具有高级职务的仅占 5.8%，中级职务的占 41%。缺少专业带头人，有不少职业中学至今没有一名高级职务的教师。会议还总结了各地加强职教师资队伍建设的做法和经验。

EAC008 - 19960200

上海市全面启动深化中职课程改革行动计划

1996 年 2 月，上海市正式启动中等职业教育课程改革与教材建设计划“10181”工程，即用 5 年左右的时间，完成 10 门公共课的课程改革以及示范教材的编写工作，完成 18 个典型专业、工种的课程改革以及同步编写出部分典型示范性专业工种教材；经过对这些课程和教材的试验、评价、修改、完善和总结，在 10 年左右的时间内基本形成一个反映中国特色、上海特点、时代特征的中等职业教育课程和教材体系。这一工程被作为研究项目列为全国教育科学“九五”规划重点课题。在探索实践中，他们提出了“综合职业能力观”和课程目标由知识客体转向学生主体、教育导向由传统的教育专家导向转向企业专家导向、教育程式由“教程”向“学程”转化等思想。

EAC009－19990923

全国中等职业学校布局结构调整工作会议在山东烟台举行

1999年9月23－25日，教育部职业教育与成人教育司在山东烟台市召开全国中等职业学校布局结构调整工作会议。会议的主要任务是学习贯彻《中共中央国务院关于深化教育改革全面推进素质教育的决定》和全教会精神，交流地方、行业近几年调整中等职业学校布局结构的经验，研究落实教育部《关于调整中等职业学校布局结构的意见》的措施，进一步促进中等职业教育体制改革，提高中等职业教育的质量和整体效益，推动中等职业教育的健康发展，使中等职业教育更好地为经济建设和社会发展服务。教育部副部长张天保、职业教育与成人教育司司长黄尧出席会议并讲话。会议提出要集中建设好3000所重点中等职业学校，使它们在中等职业教育改革和发展中发挥骨干和示范作用。来自12个省市分管职业教育的主任、21个部委行业职教管理部门的领导和各地教育行政部门的代表共170人参加了会议，山东、上海、黑龙江、湖北、大连、攀枝花钢铁集团公司的代表作了交流发言。会议期间，与会代表还参观了蓬莱、龙口、莱州、招远等地布局调整后的高级职业学校。

EAC010－19991116

教育部公布首批全国重点建设职业教育师资培训基地名单

根据《面向21世纪教育振兴行动计划》的有关要求，在各地、各有关部门推荐的基础上，经过由各方面专家组成的全国重点建设职教师资培训基地工作小组评审，教育部批准天津大学等20所学校为首批全国重点建设职业教育师资培训基地。1999年11月16日，教育部下发了《关于公布首批全国重点建设职业教育师资培训基地名单的通知》。

EAC011－20000000

吉林省、四川省实施“职教移民”项目，加强企校联合培训

2000年，川王福集团与吉林省移民办、四川省乐山财贸学校开始实施“职教移民”项目。项目规定：由企业与具有良好资质的中等专业学校实施联合办学；在企业设立分校性质的扶贫学校，并提供符合办学条件的场所和教育教学设施；移民办负责检查验收；扶贫学制两年，第一年进行文化理论课程学习和基本职业能力训练，第二年进入企业顶岗带薪实习。具体教学方案由企校双方制订，移民办组织专家审定。企业保证学生免费学习、接受职业技能培训，合格者获得国家承认学历的中专文凭，学生毕业后与企业签订劳动用工合同，由企业全部聘用。移民办根据国家有关政策规定，并考虑企业用工意见，确定招生标准和数量；负责每年向全省各库区所在县（市、区）相关机构下发招生通知。由移民办和企业共同组成招生委员会，每年 8 月组织有关人员到移民所在的乡村实行与移民子女“面对面”式招生，生源资格由移民办认定。移民办根据实际招收的学生数量，按照一定标准向企业拨付学费，同时为每个学生拨付保险费、教材费和一定数额的生活补贴。2003 年 9 月，川王福集团扶贫学校第二届 270 名毕业生顺利完成了两年学业，获得中专文凭，全部进入川王福就业。至此，按照“政府资助、企校联合培训、企业安排就业”的办法，川王福集团已经让 900 多名来自吉林省水库区的移民子女走出大山，完成高中段教育，接受职业能力培训，并在城里顺利就业。

EAC012－20000531

教育部公布首批 960 所国家级重点中等职业学校名单

2000 年 5 月 31 日，教育部印发《关于公布首批国家级重点中等职业学校名单的通知》。《通知》指出，国家教委于 1994 年开展了国家级重点普通中等专业学校和国家级重点职业高级中学教育评估工作，审批公布了一批国家级重点中等专业学校和职业高级中学。这批学校在基本办学条件、管理水平、教育教学改革及教育质量和办学效益等方面都起到了良好的示范作用，有力地促进了我国中等职业教育的改革和发展。但是，近年来，原有的国家级重点中等职业学校已经发生了很大的变化，有的学校已经改办为高等职业学校，有的学校已与职工大学、普通高等学校合并，有的学校已经转变为主要承担短期培训任务的培训机构等。因此，对原国家级重点中等职业学校进行调整已成为新形势下加强骨干示范学校建设的重要任务。1999 年 6 月，教育部部署了调整国家级重点中等职业学校工作。各省、自治区、直辖市教育行政部门按要求，认真组织了调整国家级重点中等职业学校的申报和初评工作，推荐上报了国家级重点中等职业学校备选学校。教育部组织国家级重点中等职业学校评估专家组对各地上报的备选学校进行了初审、抽查和复审，提出了国家级重点中等职业学校建议名单。经研究，决定批准北京市农业学校等 960 所职业学校为首批国家级重点中等职业学校，其中国家级重点中等专业学校 460 所，国家级重点职业高级中学 500 所。

EAC013－20001227

教育部职成教司要求加强中等职业教育教材信息服务网站建设

2000 年 12 月 27 日，教育部职业教育与成人教育司发布了《关于加强中等职业教育教材信息服务网站建设的意见》。《意见》要求，省级网站要在省、自治区、直辖市教育行政部门的领导下，遵守国家法令，贯彻国家有关中等职业教育教材建设的方针、政策和法规；坚持在注重社会效益的同时，提高经济效益，增强服务意识，及时、准确地做好中等职业教育教材信息服务工作。要严格遵照网络运行规则运营，遵循社会主义市场经济规律，搞好教材的信息传递、征订、供应等服务工作，自觉维护中等职业教育教材信息服务网络的正常工作秩序。《意见》还对省级网站建立条件、建立的审批程序和评估验收、职责、管理监督及奖惩等作出了具体规定。

EAC014 -20010103

行指委研究制订中职学校83个重点建设专业教学改革方案

2000年，教育部组织指导各行业职业教育教学指导委员会开展83个重点建设专业的教学改革方案（包括指导性教学计划、专业设置标准）开发工作，分两批审定通过了77个重点建设专业的教育改革方案。2001年1月3日，教育部职成教司印发《关于各行业指导委员会近期工作若干问题的通知》，布置了近期主要的工作任务和时间要求：一方面要做好首批研究与开发项目中重点专业教学改革方案的研究制订工作，另一方面要抓好中等职业学校专业目录制订工作。各行指委要抓紧制订2000年工作规划。根据各行指委所承担的任务和经费状况，从“面向21世纪职业教育课程改革和教材建设规划”专项经费中向各行指委提供少量的日常工作补助经费。《通知》还向各行指委派遣了联络员，以便及时沟通职成教司和全国职业教育教学指导委员会与各行指委的联系。

EAC015 -20010118

教育部启动中等职业教育国家规划教材建设项目

2000年9月，中等职业教育教材编写研讨会在北京召开。会议发布了首批中等职业教育国家规划教材选题目录66种，其中包括德育课程、文化基础课程和部分专业技术基础课程。14家出版基地参与了选题竞争，共申报选题143项。经组织有关专家评审，有112项通过审定立项。2001年1月18日，教育部印发《中等职业教育国家规划教材申报、立项及管理意见》。《意见》明确国家规划教材的组织工作由教育部职业教育与成人教育司负责，并确定国家规划教材选题的申报、审批、立项等方法，以及国家规划教材的编写、审定、出版、发行办法。《意见》规定国家规划教材的经费来源由中央财政投入和承担国家规划教材出版任务的出版基地配套投入的资金组成，主要用于与国家规划教材相关的各项工作，专款专用。

EAC016－20010200

教育部审定 2001 年中等职业教育国家规划教材

2001 年 2 月和 9 月，教育部先后对德育课程、文化基础课程和 59 个重点建设专业的主干课程共 517 种教材选题进行了评审立项。有 20 余家出版社参与竞争，共申报教材选题 926 项。2001 年 4 月和 9 月，教育部组织专家分别审定德育课程、文化基础课程、专业技术基础课程和农业、林业等 19 个重点建设专业的 222 种共 319 本教材书稿，其中 273 本通过了审定并出版。从 2001 年秋季起，新的国家规划教材已陆续供应各类中等职业学校选用。2001 年 6 月，为了推广新的职业教育教学改革成果，帮助广大教师全面了解并把握新教材的编写思想、内容特点及结构体系，提高教材选用与驾驭能力，教育部职业教育与成人教育司和有关出版社共同组织了 19 期新开发的国家规划教材使用培训班，对 4 门德育课程、7 门文化基础课程和 16 门专业技术课程的新开发教材进行培训，来自 30 个省、自治区、直辖市的 1300 多名教师和教研人员参加了培训。

EAC017－20010305

教育部实施现代远程中等职业教育与成人教育资源建设项目

2001 年 3 月 5 日，教育部《关于印发〈现代远程中等职业教育与成人教育资源建设项目开发指南〉的通知》公布了《现代远程中等职业教育与成人教育资源建设首批项目目录》。之后，教育部职业教育与成人教育司组织专家对 150 个申报项目进行终审答辩，2001 年 7 月 18 日，教育部《关于公布〈现代远程中等职业教育与成人教育资源建设工程〉首批开发项目的通知》，公布了首批 31 个项目。2001 年，这些项目进入正式开发阶段。11 月初，修订的《现代远程中等职业教育与成人教育资源建设项目开发指南》公布了《现代远程中等职业教育与成人教育资源建设第二批项目目录》，确定 88 个网络课程开发项目。这些网络课程涉及农林、建筑、机械、化工、铁路、信息技术、商贸与旅游、财政、管理、师资培训、文化艺术等 18 个专业门类，可供开展现代远程教育职业教育与成人教育的学校和其他教育机构使用。

EAB018 －20010316

全国中职学校教师在职攻读硕士学位工作专家指导小组成立

2001 年 3 月 16 日，教育部职业教育与成人教育司、国务院学位委员会办公室专家指导小组联合印发《关于成立全国中等职业学校教师在职攻读硕士学位工作专家指导小组的通知》，明确全国中等职业学校教师在职攻读硕士学位工作专家指导小组是国务院学位委员会办公室、教育部职业教育与成人教育司领导下的专家咨询组织，其主要职责任务是在调查研究的基础上，根据我国研究生教育和职业教育发展的实际，对有关专业的培养目标和培养方案进行审议，协助组织编写和审定教学大纲及相应的教材，完善考试办法，确定对有关培养学校教育教学情况的评估检查办法。小组成员由国务院学位委员会办公室、教育部职业教育与成人教育司选聘。

附录　全国中等职业学校教师在职攻读硕士学位工作专家指导小组名单

组　长：郁道银（天津大学副校长、教授）
副组长：谢维和（北京师范大学副校长、教授）
成　员：俞启定（北京师范大学教师培训学院常务副院长、教授）
钟登华（天津大学研究生院副院长、教授）
刘春生（天津大学职教所所长、教授）
邢天才（东北财经大学职教学院院长、教授）
吴林志（哈尔滨工业大学研究生处处长、教授）
刘龙洋（黑龙江商学院职教学院副院长、副教授）
陈祝林（同济大学职教学院副院长、教授）
石伟平（华东师范大学职教所所长、教授）
黄顺力（厦门大学研究生院培养处处长、教授）
张　立（湖南农业大学研究生处处长、副教授）
明道绪（四川农业大学职教学院常务副院长、教授）
宋晓平（西安交通大学研究生院副院长、教授）
王跃进（西北农林科技大学研究生部主任、教授）
孟庆国（天津职业技术师范学院院长、教授）
汤生玲（河北职业技术师范学院院长、教授）
董群朴（北京市信息管理学校校长、高级教师）
孙俊台（中德无锡高级职业技术学校校长、高级教师）

秘书长：李增武（天津大学职教学院院长、教授）

副秘书长：周志刚（天津大学职教学院副院长、副教授）

EAC019 -20010412

全国中职教材审定委员会成立

2001 年 4 月 12 日，教育部成立全国中等职业教育教材审定委员会。审定委员会是教育部领导下的全国中职教材编写质量认证机构，主要职责是：审定中等职业教育国家规划教材；审查拟在全国范围出版发行的中等职业教育教材和改革试验教材；调查研究教材使用情况，为有关教育主管部门决策提供信息和建议。审定委员会委员由教育部聘任，每届任期 4 年，主要由知名教育教学专家、学者、职业学校教师、研究人员、工程技术人员和教育行政管理人员组成。下设文化基础、综合、德育、农林、能源、资源与环境、土木水利工程、加工制造、交通运输、信息技术、医药卫生、商贸与旅游、财经、文化艺术与体育、社会公共事务课程等类教材审查组。教育部此举旨在深化职业教育教材改革，促使教材建设管理走上科学化、规范化轨道。

EAC020 -20010510

浙江省长兴县试行职业教育券制度

2001 年 5 月 10 日，在长兴县县委、县政府和浙江省教育厅的支持下，长兴县教委出台《长兴县教委关于使用“教育券”办法的通知》，对要求报读职业学校的初中毕业生，每人发放一张教育券，学生到县内职业学校办理入学手续时，凭教育券抵缴 300 元费用。

实施教育券制度以来，长兴县共发行了四种不同类型的教育券。对各类教育券的发放管理，由教育局统筹管理安排。教育券发放的工作流程是：学校确定需要发放教育券人员名单，由教育行政部门审核、发放教育券，学生收到教育券将“教育券”交给学校充抵学杂费和书本费等有关费用，学校凭券及在校生名册到教育局把券兑换成现金。

EAC021 -20020700

教育部启动中职国家规划教材配套多媒体课件开发工作

2002 年 7 月，教育部职成教司启动了中等职业教育国家规划教材配套多媒体课件开发工作。首批开发的 120 个课件均是从德育课、文化基础课、专业技术基础课和 80 个重点建设专业主干课程中选出。为保证课件质量，2003 年

2 月和 7 月，全国中等职业教育教材审定委员会分别对课件项目进行了阶段性检查和结题验收。通过审查的课件以“中等职业教育国家规划教材配套多媒体课件”的名义出版发行。

EAC022－20020722

教育部职成教司在长春市举办全国首届职业教育成果展示会

2002 年 7 月 22－27 日，经教育部批准，由教育部职业教育与成人教育司、长春市人民政府联合举办全国首届职业教育成果展示会，围绕“展示、交流、合作、发展”的主题，内地各省、自治区、直辖市充分展示了所属职业学校在办学模式、管理模式、教学模式等方面的改革成果。全国中等职业学校学生烹饪技能大赛、“蒙妮坦”美容美发技能大赛、服装设计技能大赛、计算机技能大赛同时举行。全国近 30 个省市 2000 名中等职业学校学生参加了此次技能比赛。

EAC023－20030420

中等职业学校采取多种措施抗击“非典”

2003 年，非典型肺炎疫情在我国部分省市相继出现。4 月 20 日，“非典”被列入我国法定传染病。5 月 9 日，温家宝总理签署国务院第 376 号令，公布施行《突发公共卫生事件应急条例》。职成教战线按照党中央、国务院的部署和教育部党组的要求，坚持一手抓“非典”防治这件大事不松劲，一手抓改革与发展的各项工作不动摇。教育部职成教司先后发出 4 个文件，对职成教战线抗“非典”期间的招生、毕业生就业、教育教学等工作作出部署和安排。各有关省（区、市）根据教育部的安排，做了大量艰苦细致的工作，尽可能减小“非典”疫情对职成教事业带来的影响。“中国职业教育与成人教育网”及时开通了“抗‘非典’网上教育服务”。在疫情较重的北京，市教委在“北京职成教网”上开通了“职成教空中课堂”。广东、山西、河北、内蒙古等“非典”疫情相对较重的地方，也都采取了切实有效的措施，在抗击“非典”疫情的同时，确保了招生规模的稳定增长、毕业生就业率继续提高和职业学校教育教学工作的正常运转。2003 年，全国中等职业学校完成招生 509.53 万人，比上年增加近 40 万人，毕业生就业率达到 95% 以上。

EAC024－20031011

香港华夏基金会 2003—2004 年度资助内地职业教育项目启动

2003—2004 年度香港华夏基金会资助内地职业教育发展项目于 2003 年

10月11日由教育部和华夏基金会代表正式签署，批准项目立项并开始执行。项目执行期为2003年9月至2005年9月。该项目主要资助中西部农村地区职业学校的建设。在地方推荐的基础上，在青海、云南、安徽、河南、广西、西藏、新疆等省（自治区），选择7所有一定办学基础和规模的农村中等职业学校作为项目学校。项目目标是：进一步扩大华夏基金会在内地职业教育领域的影响；支持中西部地区职业教育事业的改革与发展；促进中西部地区骨干示范性中等职业学校的建设。华夏基金会为本期项目提供资助经费56万美元，约合460多万元人民币。这些经费主要用于项目学校购置实验实习设备。各项目学校所在地地方人民政府根据项目的要求，对项目学校原则上按照1∶1的比例提供配套资金和扶持政策等方面的支持。各地承诺的配套资金为450万元人民币，主要用于对项目学校实施项目所需的基本建设费用。本期项目由教育部职成教司负责具体组织实施，并接受华夏基金会对项目实施的指导和监督。各项目学校所在省（自治区）教育行政部门在教育部指导下，参与项目的管理。项目学校的设备供货委托中国教学仪器设备总公司执行。

EAC025－20031021

辽宁省在中等职业学校教师职务系列中增设正高级职务

2003年10月，辽宁省人民政府颁发《关于大力推进职业教育改革与发展的决定》。《决定》提出，要加强职业教育师资和干部队伍建设。积极开展以骨干教师为重点的全员培训，提高教师的职业道德、实践能力和教学水平。鼓励教师在职攻读相关专业学位、提高学历层次。坚持教师职务评聘工作的政策导向，制定符合职业教育特点的“双师型”教师职务任职条件，鼓励职业学校教师取得其他专业技术职务资格。职业高中（含职业中专）、技工学校教师职务评聘工作纳入中等职业学校教师职务系列，可评聘高级讲师、讲师、助理讲师职务。吸引和稳定高层次人才从事中等职业学校教育教学工作，在中等职业学校教师职务系列中增设教授级高级讲师和教授级高级工程师职务。教授级高级讲师、教授级高级工程师任职资格分别由省中等职业学校高级职务评委会和省教授研究员级高级工程师评委会评审。2004年4月2日，《辽宁省中等职业学校教师职务任职条件具体要求》印发。从2004年起，辽宁省在中等职业学校教师职务系列中增设教授级高级讲师职称，至2008年已连续进行三年，全省有80多名教师获得了教授级高级讲师职务。

EAC026－20031104

教育部召开全国职业技术学校职业指导工作经验交流会

2003年11月4－6日，全国职业技术学校职业指导工作经验交流会在河南省郑州市召开。这次会议是教育部召开的第一次专题研究职业技术学校职业指导工作、交流各地经验的会议。来自全国各省、自治区、直辖市、计划单列市教育行政部门、职业教育研究机构和部分职业技术学校的代表参加了会议。会上，表彰了北京商贸学校等143个全国职业技术学校职业指导工作先进单位。上海、河南、宁波、潍坊、镇江5个地方的教育行政部门以及北京劲松职业高中、河南新县职业高中、湖南安化县职业中专、陕西渭南职业中等专业学校在会上作了经验交流发言。教育部副部长王湛出席会议并讲话。

EAC027－20040212

全国中等职业教育产教结合经验交流会举行

2004年2月12－14日，教育部在江苏省无锡市召开了全国中等职业教育产教结合经验交流会。会议的主要任务是以十六大精神和"三个代表"重要思想为指导，深入贯彻《国务院关于大力推进职业教育改革与发展的决定》，交流各地推进产教结合、校企合作的经验，探讨新形势下中等职校实行产教结合、校企合作的新思路、新举措，为全面建设小康社会服务。教育部副部长吴启迪出席会议并作了报告。来自全国各省、自治区、直辖市和计划单列市教育行政部门、部分行业企业和职业学校代表、职教科研部门、新闻媒体代表共184人参加了会议。江苏省教育厅、广东省佛山市顺德区人民政府、上海市石化工业学校、青岛市平度职教中心等8个单位介绍了开展产教结合与校企合作的经验与做法。与会代表考察了无锡市职业教育中心校与企业合作共建的数控加工紧缺人才基地及江阴华姿职业学校为"三农"服务的花卉产业产学研基地和现代农业信息服务中心。

EAC028－20041100

河南省成立9大省级职教集团

2004年11月，河南省宣布正式建立9个省级职业教育集团。其中，依托国家级重点中等职业学校为龙头的职业教育集团有5个，分别为：依托河南省财经学校成立的财经职业教育集团；依托安阳卫生学校成立的卫生职业教育集团；依托河南省建筑工程学校成立的建筑职业教育集团；依托河南机电学校成立的机电职业教育集团和依托河南省工艺美术学校成立的工艺美术职业教育集团。各集团的专业协调、联办职能由龙头学校承担，以骨干特色专业为纽带，按照互惠、自愿的原则吸纳同类专业的学校和相关企业参与，是一种平等、合作、互利的协作组织。集团成员之间隶属关系不变、学校产权性质不变、教职工身份不变，可以实行紧密的联合，也可以实行松散的联合，在招生、教学、就业等方面统筹安排，目标是形成优势互补、产教结合的办学新格局。河南省成为第一个在全省域内整合资源、组建职教集团体系的地区。

EAC029 – 20041201

首届长三角中职学校校长论坛举行

2004 年 12 月 1 日，来自江、浙、沪三地的 90 余位中职学校校长聚集浙江省湖州，参加首届长三角中职学校校长论坛。论坛主要围绕校企合作、学校定位和课程改革、德育和就业指导等职教领域较为关注的问题展开交流和讨论。作为促进长三角地区职校合作交流的一次尝试，论坛获得了很大成功。按照长三角大合作的目标，三地的教育将像经济合作那样，要在平等、互惠互利的基础上，通过组织化、制度化的过程，形成具有 WTO 规则特征的合作模式，从而提升长三角地区总体教育质量和水平。这种跨省域、按照市场经济运行机制来构建人力资源开发共同体的努力，无论是在突破教育改革的体制性障碍方面，还是在强化经济发达区域的聚集能力，扩充优质教育资源方面，都具有重大创新意义，因此备受关注。

EAC030 – 20050000

教育部将国家级重点中等职业学校评定纳入常规工作

2003 年以来，教育部连续组织了两批国家级重点中等职业学校调整认定工作，共评定国家级重点中等职业学校 1504 所。2005 年，教育部职成教司组织专家对原《国家级重点中等职业学校评估指标体系》进行了调整和修订，并决定从 2005 年开始将此项工作纳入职成教司的常规工作，每年开展一次国家级重点中等职业学校调整认定工作。

EAC031 – 20050302

教育部把加快中等职业教育大发展作为教育工作的战略重点

2005 年 3 月 2 – 3 日，教育部在四川省泸州市召开了贯彻全国职业教育工作会议精神经验交流会暨 2005 年度职业教育与成人教育年度工作会议。教育部部长周济、副部长吴启迪出席会议。会上，周济作了《以科学发展观为指导，实现中等职业教育快速健康发展》的主题报告。周济指出，走新型工业化道路，统筹城乡发展，解决“三农”问题，促进各类教育协调发展，都要求中等职业教育大发展，要把加快中等职业教育大发展作为教育工作的战略重点。要实现职业教育快速、健康发展，根本出路在于改革，在于创新，要进一步解放思想，更新观念，坚持以服务为宗旨，以就业为导向，推进职业教育的改革发展。为确保目标的实现，周济强调，一是切实落实好中职增招 100 万人的年度任务；二是改革高中阶段教育招生办法，对应届初中毕业生实行一考多分流，往届初中毕业生或具有同等学力的人员报考中等职业学校，可实行注册上学；三是加强职业指导，拓宽就业渠道，把职业指导、提高就业率作为扩大中等职业教育招生规模的重要措施。

EAC032 –20050804

75 名中职校长获首届“中国职业教育杰出校长”殊荣

2005 年,为表彰对发展我国职业技术教育作出贡献的职业教育院校长,推动职业教育快速健康持续发展,中国职业技术教育学会、《中国教育报》社、高等教育出版社、教育部职业技术教育中心研究所和《中国职业技术教育》编辑部等单位共同组成组委会,在全国开展首届评选表彰职业教育杰出院校长活动。2005 年 8 月 4 日,经评选表彰工作领导小组批准,决定授予马必学等 100 名院校长 2005 年“中国职业教育杰出校长”荣誉称号(其中中职校长 75 名),授予刁建平等 97 名院校长 2005 年“中国职业教育杰出校长”提名奖荣誉称号。

EAC033 –20050920

全国政协教科文卫体委员会建议理顺技工学校管理体制

2005 年 9 月 20 日，政协信息专报 1031 期，将理顺技工学校管理体制的建议案专报国务院秘书长华建敏。建议案反映，“近期全国政协教科文卫体委员会委员在对职业技术教育的调查中了解到，国务院所属大中专院校管理体制和布局结构的调整已基本到位，但是技工学校的体制调整由于种种原因未能按国务院有关文件规定得以落实，建议尽快调整技工学校的管理体制”。2005 年 9 月 27 日，教育部部长周济签发《教育部关于对全国政协教科文卫体委员会“建议理顺技工学校管理体制”的意见》。《意见》指出，政协的建议反映了当前职业教育的实际，体现了职业教育改革发展的方向，有利于各级政府加强对职业教育的统筹管理。建议国务院在即将印发的《国务院关于大力发展职业教育的决定》中吸纳政协提出的建议，在第 28 条中增加一段内容，即进一步理顺技工学校的管理体制，技工学校的人、财、物和基本建设继续由举办单位负责和管理，学校设置标准、招生考试等各类教育教学业务按属地原则归口地方教育部门管理。

EAC034 –20051101

158 所中等职业学校获“全国职业教育先进单位”称号

2005 年 11 月 1 日，教育部、国家发展和改革委员会、财政部、人事部、劳动和社会保障部、农业部、国务院扶贫办七部门联合下发《关于表彰全国职业教育先进单位和先进个人的决定》，对 2002 年以来职业教育工作成绩显著、具有表率作用的先进单位和先进个人进行了表彰。经各省、自治区、直辖市人民政府有关部门评审推荐，并经教育部等七部门审定，决定授予北京市建筑材料工业学校等 260 个单位“全国职业教育先进单位”称号，授予段福生等 300 名同志“全国职业教育先进个人”称号。在这次表彰的先进单位中，中等职业学校有 158 所，占 60.8%。

EAC035 –20060330

教育部决定在 107 所中等职业学校开展半工半读试点工作

2006 年 3 月 30 日，教育部印发《关于职业院校试行工学结合、半工半读的意见》，提出大力推行工学结合、校企合作的培养模式，逐步建立和完善半工半读制度。2006 年 10 月 19 日，教育部印发《关于在部分职业院校开展半工半读试点工作的通知》，决定在北京铁路电气化学校等 107 所中等职业学校先期开展半工半读试点工作，探索新形势下半工半读的多种实现形式。试点院校可以在部分专业试点，也可以在所有专业开展半工半读。在工学交替的具体形式上，学生可以在学校集中学习一段时间，然后到企业实习；可以在学校和企业实行工学多次交替的学习方式，学生边学习边工作，完成学业。探索建立适应半工半读的教学与管理制度，实行弹性学习制度；探索教学质量评价标准和学生考核办法；改革招生、学籍、教学及有关的学校管理制度；探索建立校企合作的长效机制。教育部统筹管理，宏观指导；省级教育行政部门管理和指导本地区试点院校的有关工作，协调本地区有关部门研究制订相关政策措施，帮助解决试点工作中出现的困难和问题。试点院校和企业要签订书面合作协议，明确双方在开展半工半读试点工作中的责任和义务，共同组建半工半读工作机构，制订半工半读试点工作方案，并负责具体组织实施。试点工作从 2006 年秋季开始实施。

EAC036－20060906

上海市推出中等职业学校12个专业教学标准

2006年9月6日，上海市教育委员会印发《关于印发上海市中等职业学校汽车运用与维修等12个专业教学标准的通知》。《标准》规范了上海市中等职业学校相关专业的专业建设、专业教学和专业管理工作，在全国起重要引领和示范作用。

EAC037－20061222

教育部加强中等职业教育教材管理工作

2006年12月22日，教育部职业教育与成人教育司印发了《关于进一步加强对中等职业教育教材管理工作的通知》。《通知》提出，要调整“十五”期间参与中等职业教育国家规划和推荐教材编写、出版工作的出版基地，开发、立项“十一五”职业教育国家规划教材新选题。《通知》要求，中等职业教育国家规划德育课教材由教育部统一组织编写、审定，任何单位不得编写、出版德育课教材及教辅读物；中等职业教育国家规划文化基础课及重点建设专业主干课程教材，要按照新的专业课程教学大纲或教学指导方案进行修订，修订后的教材向教育部重新申报、立项及审定，审定通过后的教材将列入“十一五”职业教育教材建设新规划。要通过新一轮国家规划教材的启动，调整教材出版基地，加强教材编写、出版等工作的管理，确保职业教育教材质量。

EAC038－20070000

云南省实施中等职业学校教师“三特”计划

云南省人民政府决定，自2007年至2010年期间，实施中等职业学校教师特聘、特岗、特邀计划，旨在缓解中等职业学校师资数量不足和专业课程教师紧缺问题。每年聘请1000名企业退休高级技师、技工，从国家实施的“特岗教师计划”中安排100名特岗教师，特邀企业委派1000名在职技术人员到中等职业学校任教或兼职任教。民办职业学校在师资队伍建设等方面，与公办学校享受同样政策待遇。特聘教师是指从社会上聘请长期担任中职学校教师且签订聘任合同的专业技术人员、高技能人才。特聘教师不占用学校编制。每年由省级财政按照规定的聘请名额和程序安排专款。特岗教师是指从部分高校公开选聘作为中等职业学校专业教师的应届毕业生人才，拥有“双证书（教师资格证和职业资格证）”的毕业生优先录用。特岗教师经学校考核合格后，由学校在编制内予以安排。特邀教师是指从社会上或者其他职业学校聘请的不定时担任中职学校教师的专业技术人员、高技能人才或者优秀专业教师、在相关行业领域享有较高声誉、具有丰富实践经验和特殊技能的能工巧匠。

EAC039－20071010

教育部通报桂林市舞蹈中等职业学校违规办学事件及其处理情况

2007 年 10 月 10 日，教育部办公厅发出《关于桂林市舞蹈中等职业学校违规办学事件及其处理情况的通报》。《通报》指出，桂林市教育局核查了桂林市舞蹈中等职业学校安排学生在杭州的营业性娱乐场所实习，一些实习学生被实习单位强迫陪酒以获取利润以及其他一系列违法办学行为的事件。桂林市教育局要求学校立即召回所有在各演出单位的实习学生，并退还所有违规收取的学生的费用，对学校法人、校长的严重违规办学行为进行了通报。2007 年 1 月，桂林市教育局向该校发出了《行政处罚决定书》，吊销了办学许可证，终止了该校的办学资格。2007 年 3 月，广西壮族自治区教育厅下发了《关于对桂林市舞蹈中等职业学校出现严重违规办学事件查处情况的通报》。《通报》强调，各地教育行政部门和职业学校要引以为戒，切实加强对学生实习工作的管理，杜绝类似事件发生。各地教育行政部门要按照《教育部　财政部关于印发〈中等职业学校学生实习管理办法〉的通知》精神，尽快制定和完善本地区学生实习管理制度，切实加强管理，指导学校扎实有效地开展实习工作；要及时督促、强化监督检查机制，坚持防患于未然，要对发现的问题及时加以整改，对违反国家法律法规和有关规定的任何组织和个人都要严肃查处，绝不姑息。

EAC040－20071010

教育部禁止学校非法组织或介绍未成年学生外出务工

2007 年 10 月 10 日，教育部办公厅发布《关于禁止学校非法组织或介绍未成年学生外出务工的通知》。《通知》要求，中等职业学校要严格贯彻落实《中华人民共和国未成年人保护法》和《禁止使用童工规定》，禁止参与组织或介绍未成年学生非法外出务工，坚决抵制社会上各类针对在校未成年学生的非法招工行为，尤其要警惕和抵制企业、中介机构在寒暑假期，以“实践”、“实习”为名组织在学的农民工子女非法打工行为。中等职业学校和有关实习单位在组织学生开展工学结合、半工半读试点等形式的实习活动中，要严格遵守教育部、财政部印发的《中等职业学校学生实习管理办法》的各项规定，不得安排一年级学生到企业等单位顶岗实习，不得在新生报到前组织学生参加实习劳动。中等职业学校要加强对未成年学生的安全教育工作，增强学生自我保护意识，加强学生管理，自觉防范和抵制外来非法招工。各级教育行政部门要采取积极措施，配合劳动、工商等有关部门，加强督察和管理，坚决禁止组织或介绍未成年学生非法外出务工的现象发生。

EAC041－20080519

全国中职公共课程教学大纲修订工作启动

2008 年 5 月 19－20 日，全国中等职业学校公共课程教学大纲修订工作启动会在北京举行。教育部职业教育与成人教育司、教育部职业技术教育中心研究所、高等教育出版社的主要领导出席会议。中等职业教育教学改革专家咨询委员会、教学协作组、公共课各学科教学大纲修订工作小组的专家学者，以及来自高等教育出版社等单位的有关人员参加会议。会议进一步明确了中等职业教育教学改革的方案及思路，对中职公共课教学大纲修订的有关工作作了具体安排。

EAC042－20080528

教育部就四川等地震灾区中职学校复学复课、就业援助和招生工作作出安排

2008 年 5 月 12 日 14 时 28 分，四川省汶川县发生里氏 8.0 级地震，当地教育系统受灾严重。5 月 26 日，教育部印发了《教育系统做好师生安置和恢复重建准备工作的方案》，就做好余震和次生灾害防范，加强学校卫生防疫，落实教育系统对口支援工作等作出了部署。28 日，教育部办公厅发出《关于做好地震灾区中等职业学校复学复课、就业援助和招生工作的通知》，要求在确保师生安全的前提下尽快分期分批复学复课，抓紧做好地震灾区中等职业学校毕业生的就业服务和援助工作，采取有力措施切实加强对口支援工作。6 月 12 日，全国教育系统对口支援四川地震灾区恢复重建工作会议在成都召开，会议强调要抓好重建规划的制定和支持灾区中等职业教育发展这两个重点，并确定 18 个省市对口援助 18 个重灾县市。18 个灾区县（市）共有中职学生 5 万多人，其中一、二年级学生 4.2 万人，毕业生 1 万多人，秋季开学还有 4 万多名初中毕业生将进入中职学校学习。解决这些学生的复学、就业和招收问题，帮助灾区中职学校恢复重建，是对口支援的四大主要任务。在各级党委、政府的统筹协调下，各支援省市迅速采取各种帮扶措施，在精神道义、教育资源和人力、物力、财力、技术等多方面给对口重灾县市提供无条件支持。在灾区重建中，中央财政向灾区教育拨款 44 亿元，其中 10 亿元专门帮助恢复或新建中等职业学校（职教中心）。

附录　18个省市对口援助18个重灾县市名单

山东对北川、广东对汶川、浙江对青川、江苏对绵竹、北京对什邡、上海对都江堰、河北对平武、辽宁对安县、河南对江油、福建对彭州、山西对茂县、湖南对理县、吉林对黑水、安徽对松潘、江西对小金、湖北对汉源、重庆对崇州、黑龙江对剑阁。

EAC043－20080714

全国中等职业学校学生管理信息系统正式运行

2007年6月21日，财政部和教育部联合发布《关于印发〈中等职业教育国家助学金管理暂行办法〉的通知》，要求建立全国统一的中等职业学校学生信息管理系统。2008年7月14日，由上海鹏达计算机系统开发有限公司开发的全国中等职业学校学生信息管理系统开始正式运行，该系统旨在建设一个存储全国中等职业学生信息，职业教育管理部门、职业学校及社会相关信息的中央数据仓库。实现教育部及各级教委对于中职学生管理的业务功能，并可以基于该分系统进行业务系统扩展，该系统的用户包括教育部、省市县三级教育行政部门和职业学校共五级。不同用户进入之后所能应用的功能不同，所能浏览的数据不同，每个教委用户均只能看到自己所辖学校或下属教委的数据信息。该系统实行统一电子注册，为中等职业学校国家助学金的发放和管理提供了支持，加强了国家助学制度的落实和监管。

第四节　学校管理与教育教学改革

EAD001－19790726

国家调整体育教师、体育专业学生的粮食定量和教学工作（运动）服装供应标准

教育部、国家体委、财政部、商业部于1978年10月12日联合发出《关于体育教师、体育专业学生粮食定量和教学工作（运动）服装供应问题的通知》。《通知》规定了中等体育学校、中等师范学校体育班武术科教师和体育专业的学生的粮食定量标准，并对中等体育学校、中等师范学校体育班学生和教师教学工作（运动）服装供应标准、经费开支、服装和粮食供应办法、教学工作（运动）服装发放办法作出了具体规定。并要求自1979年1月1日起，执行《通知》规定的新标准。1979年7月26日，教育部、国家体委、财政部、粮食部、商业部、国家劳动总局又联合发布了《关于体育教师粮食定量和教学工作（运动）服装供应问题的补充通知》，明确以上规定的供应标准、经费开支和供应办法等，也适用于中等专业学校、技工学校以及其他设有体育课的学校。

EAD002－19830509

国家实施中等职业学校毕业生“三结合”就业政策

1983年5月9日，教育部、劳动人事部、财政部和国家计委联合发布的《关于改革城市中等教育结构、发展职业技术教育的意见》提出，对职业中学、职业（技术）学校的学生，国家不统包统配，毕业时按“三结合”的就业方针（“三结合”就业方针即在国家统筹规划下，劳动部门介绍就业、自愿组织起来就业、自谋职业三者结合起来的就业方针的简称），或由劳动部门介绍就业，用人单位择优录用，或由劳动服务公司帮助他们组织起来就业，或鼓励学生自谋职业。鼓励学生到农村为农民服务。对职业中学、职业（技术）学校毕业生，也应贯彻德智体全面考核、择优录用的原则。允许办学单位对所办职业中学、职业（技术）学校毕业生有优先录用权。用人单位对职业中学、职业（技术）学校的毕业生，要实行不少于一年的见习期（包括招收试用期在内），享受见习期待遇。期满后，经过全面考核合格者，一般应按国家规定定级，对其中极少数优异者，经当地的市、地以上劳动人事部门批准，可以高定一级；不合格者，用人单位可以延长见习期或予以辞退。

EAD003－19911218

国家教委要求加强和改进中等职业学校干部和教师的思想政治工作

1991年12月18日，国家教委办公厅印发了《关于中等职业技术学校贯彻中共中央宣传部、国家教委〈关于加强和改进中学干部、教师思想政治工作若干问题的通知〉的通知》。《通知》指出，《关于加强和改进中学干部、教师思想政治工作若干问题的通知》所提出的意见，其精神适用于中等职业技术学校（包括中等技术学校、中等师范学校、技工学校和职业中学）。除上述文件的有关内容外，要认真组织学习《国务院关于大力发展职业技术教育的决定》，提高中等职业技术学校干部、教师对职业技术教育战略地位和作用的认识，明确今后发展的方针、目标和任务，增强干部、教师从事职业技术教育的责任感、自豪感。中等职业技术学校干部、教师深入社会生活，在实践中进行国情教育、与工农相结合的教育以及职业道德、职业理想教育，使思想政治工作与中等职业技术学校的实际紧密结合起来。

EAD004 - 19930510

国家教委颁发《中等职业技术学校职业道德教学大纲（试用）》

1993 年 5 月 10 日，国家教委下发《关于颁发〈中等职业技术学校职业道德教学大纲（试用）〉的通知》。《通知》明确，该大纲自 1993—1994 学年度开始，在各类中等职业技术学校试行。《通知》要求，职业技术学校必须加强职业道德教育，并把职业道德课作为各专业（工种）学生的必修课。自 1993—1994 学年度开始，各中等职业技术学校均应把职业道德课列入教学计划，单独设课，其课时一般在 40 学时左右。职业道德课教学以职业道德规范教育为主要内容，使学生懂得社会主义职业道德的基本规范及将来工作岗位的具体规范。职业技术学校的各门课程都应渗透职业道德教育，把职业道德教育寓于各科教学之中。

EAD005 - 19931009

国家教委调整中等职业技术学校政治课课程设置

1993 年 10 月 9 日，国家教委发出《关于中等职业技术学校政治课课程设置的意见》。《意见》明确指出，政治课的主要任务是对学生进行马克思主义、毛泽东思想和建设有中国特色社会主义理论的教育，新时期党的路线方针政策教育，国情和近现代史教育，法纪观念和职业道德教育，引导学生树立科学的世界观和为人民服务的人生观，使学生具备良好的思想政治素质和职业道德素质。政治课的课程设置和教学内容安排，要贯彻邓小平同志关于“学习马列要精，要管用”的指示精神，从职业技术教育的培养目标和学生的思想实际出发，注意与专业教育相结合，与学生原有知识相衔接。根据中等职业学校二年制、三年制、四年制的不同情况，政治课要分别开设“建设有中国特色社会主义的理论与实践”、“职业道德”、“经济·政治”、“世界观·人生观”、“法律”、“国情”等课程。各类中等职业技术学校自 1994—1995 学年开始，按照新的政治课课程设置和教学大纲，使用新的教材进行教学。

EAD006 - 19961216

国家三部委颁布《中等职业学校收费管理暂行办法》

1996 年 12 月 16 日，国家教委、国家计委和财政部联合印发《中等职业学校收费管理暂行办法》，对中等职业学校收费和管理作出规定。《暂行办法》明确指出，中等职业学校除收取学费和住宿费以外，未经财政部、国家计委、国家教委联合批准或省级人民政府批准，不得再向学生收取任何费用。学费标准根据年生均教育培养成本的一定比例确定，由省级教育部门提出意见，物价部门会同财政部门根据当地经济发展水平、办学条件和居民经济承受能力进行审核，三部门共同报省级人民政府批准后，由教育部门执行。学费收费按学期进行，不得跨学期预收。对少数特殊专业，对家庭经济困难的学生，应酌情减免学费。学费收入纳入单位财务统一核算，统筹用于办学支出，任何部门、单位和个人不得截留、挤占和挪用。住宿费收费标准必须严格按照实际成本确定，不得以营利为目的。具体收费标准，由学校主管部门提出意见，报当地物价部门会同财政部门审批。

EAD007 – 19970609

国家教委要求加强和改进职业学校德育工作

1997 年 6 月 9 日，国家教委印发了《关于加强和改进职业学校德育工作的意见》。《意见》进一步明确了职业学校德育工作的指导思想、工作原则以及德育工作的内容、途径、方法等问题。要求新时期职业学校德育工作要坚持建设有中国特色社会主义方向；立足于培养“四有”新人；加强思想教育的针对性和努力讲求教育实效等原则。提出要加强马克思列宁主义、毛泽东思想和邓小平理论教育；爱国主义、集体主义、社会主义教育；职业道德教育；艰苦奋斗和艰苦创业思想教育等。为推动职业学校的政治课改革，培养政治课骨干教师，1997 年 3 月，职教司委托北京师范大学哲学系举办了中等职业学校政治课骨干教师培训班，全国 26 个省、自治区、直辖市的近 60 名政治课教师参加了培训，系统学习了邓小平理论，并赴张家港市进行了社会调查。

EAD008 – 19970915

中职在职教师参加高等教育自学考试

1997 年 9 月 15 日，国家教委办公厅印发《关于组织中等职业学校在职教师参加高等教育自学考试有关问题的通知》，要求各地及国务院有关部委教育行政部门要积极组织中等职业学校不具有本科学历的、45 岁以下的在职教师，在不影响正常教学工作的前提下，参加高等教育自学考试已开考的独立设置本科段相关专业学习。

EAD009 – 19970924

国家教委就加强中职教师队伍建设提出意见

1997 年 9 月 24 日，国家教委印发《关于加强中等职业学校教师队伍建设的意见》。在对全国职业教育形势和师资队伍存在的问题进行分析的基础上，《意见》提出，统筹规划，建设基地，多渠道解决职教教师的来源；依托现有普通高等学校建立职业教育师资培养和培训基地，加速培养中等职业学校师资；加强对现有独立设置的职业技术师范学院的建设；各地和各有关部门要积极采取措施，制定优惠政策，鼓励、吸引普通高等学校毕业生到中等职业学校任教；各级教育行政部门和学校主管部门，要积极支持并鼓励中等职业学校，从企业和事业单位有中级以上专业技术职务、符合中等职业学校教师资格条件的专业技术人员和有特殊技能的人员中，聘用专职或兼职教师。

附录　我国职教师资队伍状况在 20 世纪 90 年代发生明显变化

1. 教师数量有较大增长。1998 年底，全国职教专任教师 70.58 万人，比 1990 年增加 17.03 万人，其中职业中学的专业课师资队伍在 1989 年至 1998 年，净增 12.19 万人；兼职教师由 1990 年的 18933 人发展到 1998 年的 32589 人。

2. 教师素质有较大的提高。教师学历达标有所上升，持有专业技术等级证书的教师比例增加。1998 年，在全国中等专业学校专任教师中本科以上学历者占教师总数的 67.73%，全国职业高中专任教师本科以上学历者占教师总数的 42.86%。通过在职培训，专业课教师的技能水平比过去有了明显的提高，部分职业技术学校有了一批基本功扎实、专业知识丰富的学科专业带头人。

3. 结构趋向合理。专业课与文化课教师比例有所改善，在全国中等专业学校中，专业课教师所占比例由 1990 年的 59% 上升到 1998 年的 66.19%；职业高中专业课教师所占比例达到 37.8%。

4. 队伍基本稳定。1995 年国家教委人事司和职教司对全国职教师资队伍状况进行了抽样调查，从 8 个省市问卷调查情况看，在 648 所被调查的中等职业学校中，校领导认为本校教师队伍稳定和基本稳定的约占 90.9%。同时，教师队伍精神风貌令人振奋，各地调查小组在调查中都强烈感受到，那些辛勤耕耘在职业教育战线上的广大教师，热爱职业教育事业，艰苦创业，乐于奉献。

EAD010－19980216

国家教委印发《面向二十一世纪深化职业教育教学改革的原则意见》

1998年2月16日，国家教委发出《关于印发〈面向二十一世纪深化职业教育教学改革的原则意见〉的通知》。《意见》指出，职业教育要培养同21世纪我国社会主义现代化建设要求相适应的，具备综合职业能力和全面素质的，直接在生产、服务、技术和管理第一线工作的应用型人才。职业教育应确立以能力为本位的教学指导思想，教学工作必须贯彻产教结合的原则。专业设置、课程开发须以社会和经济需求为导向，从劳动力市场分析和职业岗位分析入手，科学合理地进行。要建立健全课程标准，优化课程结构。在教学内容上应着重加强以下几个方面：第一，加强德育，提高学生的思想政治、职业道德和心理健康素质。第二，在打好扎实的专业知识基础上，要十分重视过硬的职业技能训练。同时，要学好必要的基础文化知识。第三，及时更新教学内容，学习相应的生产、服务、技术和管理领域的先进知识和技术。第四，加强综合职业能力和全面素质的培养。要有针对性地做好职业指导，建立教育与就业的紧密联系。根据职业教育的特点，应加强创业精神教育，把增强学生的职业技术能力和就业能力放在突出位置，使职业教育的教育教学更好地适应经济发展和劳动就业需要。《意见》还就实行“双证书”制度、加强教师队伍建设、加强职业教育科研和行业企业参与、规范教学管理等提出了要求。

EAD011－19980320

国家教委制定《学校体育工作条例》与《学校卫生工作条例》检查评估细则

1998年3月20日，国家教委发出“关于印发《普通中小学和中等职业学校落实〈学校体育工作条例〉检查评估细则》与《普通中小学和中等职业学校落实〈学校卫生工作条例〉检查评估细则》的通知”。《普通中小学和中等职业学校落实〈学校体育工作条例〉检查评估细则》分别从组织机构与管理、场地器材与经费、体育教师、体育教学、课外体育活动、课余体育训练与竞赛、学生体质状况7个方面提出了23条评估标准与要求。《普通中小学和中等职业学校落实〈学校卫生工作条例〉检查评估细则》分别从组织机构与管理、条件与经费、校医与保健教师、健康教育、公共卫生与常见疾病传染病防治、学生健康状况6个方面提出了25条评估标准与要求。两个《检查评估细则》均单独计分与评价，各计100分，评价等级均分为优秀、合格、不合格三类，其中优秀为90分以上，合格为60～89分，不合格为59分以下，评价等级的确认由地（市）以上教育行政部门在各地自查基础上进行抽查后予以确定。

EAD012 - 20000000

"跨世纪园丁工程"中职骨干教师和校长国家级培训启动

根据 1999 年国务院批转的《面向 21 世纪教育振兴行动计划》中提出的"跨世纪园丁工程"要求，2000—2002 年，全国选拔培训 100 万中小学和职业学校骨干教师，其中教育部组织重点培训 1 万名。在教育部组织重点培训的教师中，教育部职业教育与成人教育司负责组织培训 600 名以上中等职业学校的骨干教师。教育部职成教司将这项工作同全国重点建设职业教育师资培训基地工作结合起来，委托 22 所重点建设基地具体实施这批教师的培训。3 年间共培训骨干教师 799 名、骨干校长 75 名，完成"跨世纪园丁工程"中等职业学校骨干教师和校长国家级培训任务。

EAD013 - 20000321

教育部《关于全面推进素质教育、深化中等职业教育教学改革的意见》印发

教育部于 2000 年 3 月 21 日印发了《关于全面推进素质教育、深化中等职业教育教学改革的意见》，对中等职业学校的综合教学改革提出了 11 条意见：（一）充分认识深化职业教育教学改革的必要性和紧迫性。（二）进一步明确培养目标和学制。中等职业教育要全面贯彻党的教育方针，转变教育思想，树立以全面素质为基础、以能力为本位的新观念，培养与社会主义现代化建设要求相适应，德智体美等全面发展，具有综合职业能力，在生产、服务、技术和管理第一线工作的高素质劳动者和中初级专门人才。根据中等职业教育培养目标和进一步理顺我国学制的要求，全日制中等职业学校学历教育一般招收初中毕业生或具有同等学力者，基本学制为 3 ~ 4 年，以 3 年为主。（三）积极进行制度创新，实行灵活的教学制度。（四）优化专业设置，加强专业建设。（五）加强课程改革和教材建设。（六）改进和加强德育课教学，提高学生思想政治素质。（七）加强和改革文化基础教育，提高学生科学文化素质。（八）加强实践教学，提高学生职业能力和创业能力。（九）积极改进教学及考试考核方法和手段，推进现代教育技术的应用。（十）建设高质量的职业教育师资队伍。（十一）加强对教学改革工作的领导，重视教学研究。

EAD014 - 20000321

教育部提出制定中等职业学校教学计划的原则意见

为了贯彻第三次全国教育工作会议精神和落实《中共中央国务院关于深化教育改革，全面推进素质教育的决定》，提高职业教育教学质量和办学效益，指导中等职业学校教学计划制定工作，2000 年 3 月 21 日，教育部印发了《关于制定中等职业学校教学计划的原则意见》。《意见》对中等职业学校制定教学计划的指导思想与原则、招生对象与学制、培养目标、课程设置及其要求、基本内容与时间安排、教学计划管理等作出了明确规定。《意见》指出，教育部负责制定教学计划的原则意见，并组织制订重点专业的指导性教学计划。省、自治区、直辖市教育行政部门和行业部门负责关于制定教学计划的原则意见和重点专业的指导性教学计划实施，并按照本意见的要求，根据地方和行业经济发展的实际需要，组织开发具有地方和行业特色的其他专业的指导性教学计划，报教育部备案。学校应按照本意见的要求，依据国家、地方或行业部门颁发的指导性教学计划制订实施性教学计划，并报地（市）级政府教育行政部门备案。在保证人才培养规格和质量的前提下，经地（市）级政府教育行政部门批准，学校可根据市场需求与变化情况适当对实施性教学计划进行调整。

EAD015 –20000801

教育部颁发部分文化基础课和专业基础课课程教学大纲

2000 年 8 月 1 日，教育部组织制定、审定和颁发了中等职业学校语文等 7 门文化基础课程教学大纲（试行）和机械工程力学等 16 门部分专业技术基础课程教学大纲（试行）。这些大纲既是规范中等职业学校文化基础课程教学和部分专业技术基础课程教学的指导性文件，也是学校组织教学活动、评价教学质量的依据，还是高等职业院校对口招收中等职业学校毕业生进行文化基础和相关专业课程考试的依据。

EAD016 –20000925

教育部发布《中等职业学校专业目录》

2000 年 9 月 25 日，教育部发布了《中等职业学校专业目录》和《中等职业学校专业设置管理的原则意见》。《目录》把中等职业学校的专业分为农林、资源与环境、能源、土木水利工程、加工制造、交通运输、信息技术、医药卫生、商贸与旅游、财经、文化艺术与体育、社会公共事务和其他 13 个大类，共设有 270 个专业。专业简介中明确了培养目标、建议修业年限、业务范围、专业教学的主要内容和专门化等。《目录》作为中等职业教育管理和学校教学工作的基本指导性文件，适用于实施高中阶段学历教育的各类中等职业学校。《目录》减少了原有几类中等职业学校专业设置的数量，调整、合并了原有的较窄的专业，拓宽了专业业务范围和内容，适应了全面推进素质教育的需要。《中等职业学校专业设置管理的原则意见》则明确了专业设置的原则、专业设置管理的职责分工和专业设置的审批权限。

EAD017－20010222

教育部颁布2001年中等职业学校德育课课程教学大纲（试行）

2001年2月22日，教育部印发了《关于中等职业学校德育课课程设置与教学安排的意见》和《关于印发中等职业学校德育课课程教学大纲（试行）的通知》，要求各地中等职业学校于2001年秋季开始实施新的德育课课程实施方案、教学大纲和新教材。《意见》明确指出，德育课的主要任务是有针对性地对学生进行马列主义、毛泽东思想和邓小平理论基本观点教育，辩证唯物主义和历史唯物主义基本观点教育，经济与政治基础知识教育，纪律法制教育，职业道德、职业理想和创业教育，引导学生逐步树立正确的世界观、人生观和价值观，不断提高爱国主义、集体主义和社会主义思想觉悟，帮助学生树立正确的择业观、创业观，培养良好的思想政治素质和职业道德素养。中等职业学校德育课分为必修课程与选修课程两部分。必修课程包括"职业道德与职业指导"、"哲学基础知识"、"经济与政治基础知识"、"法律基础知识"四门课程。选修课程由各地根据实际情况开设，报教育部职业教育与成人教育司审批之后由地方组织实施。

EAD018－20010702

教育部印发《中等职业学校设置标准（试行）》

2001年7月2日，教育部印发了《中等职业学校设置标准（试行）》，对中等职业学校的学校领导、办学规模、教师队伍、校园占地、校舍建筑面积及设备、设施等方面提出了明确要求。该标准是设置中等职业学校的最低标准，适用于各级政府部门、行业、企业举办的各类中等职业学校。但对于民办中等职业学校和在边远贫困地区设置的中等职业学校，其办学规模和相应的办学条件可适当放宽要求，具体标准由省级教育行政部门依据本设置标准制定。对体育、艺术等特殊类别的中等职业学校，教育部会同文化部和国家体育总局已另行公布《中等艺术学校设置标准（试行）》和《中等体育运动学校设置标准（试行）》。《中等职业学校设置标准（试行）》开始试行后，此前由教育部制定的有关各类中等职业学校设置标准同时废止。

附录　中等职业学校设置标准（试行）（摘录）

第五条　设置中等职业学校，要有基本的办学规模。学校学历教育在校生数，校址在城市的学校（以下简称城市学校）960人以上，校址在县镇及农村的学校（以下简称农村学校）600人以上。

第六条　设置中等职业学校，须有与学校办学规模相适应、结构合理的专兼职教师队伍。城市学校专任教师一般不少于55人，农村学校专任教师一般不少于35人。专业课教师数应不低于本校专任教师数的50%。每个专业至少应配备具有相关专业中级以上专业技术职务的专任教师2人。

第七条　设置中等职业学校，须有与办学规模和专业设置相适应的校园、校舍和设施。

校园（不含教职工宿舍和相对独立的附属机构）占地面积：城市学校不少于2万平方米（约30亩），农村学校不少于3.3万平方米（约50亩）。

校舍（不含教职工宿舍和相对独立的附属机构）建筑面积：城市学校不少于1.5万平方米，农村学校不少于1万平方米。

体育用地：须有200米以上环形跑道的田径场，有满足教学和体育活动需要的其他设施和场地。

图书馆和阅览室：要适应办学规模，满足教学需要。适用印刷图书生均不少于30册。城市学校报刊种类100种以上，农村学校60种以上。教师阅览（资料）室和学生阅览室的座位数应分别按不低于教职工总数的20%和学生总数的10%设置。

必须具有与专业设置相匹配、满足教学要求的实验、实习设施和仪器设备。设施和仪器设备要规范、实用，并要有与所设专业相适应的校内实习基地和相对稳定的校外实践活动基地。

要具备能够应用现代教育技术手段，实施现代远程职业教育教学与管理信息化所需的软硬件设施、设备。

EAD019－20010817

教育部在职业学校推行学分制试点工作

2001年8月17日，教育部办公厅印发了《关于在职业学校进行学分制试点工作的意见》。《意见》指出，学分制是以学分作为衡量学生学习分量、学习成效，为学生提供更多选择余地的教学制度。学分是计算学生完成课业的必要时间和成效的单位，是学生获得学业证书的主要依据，也是学校组织教学的依据。明确职业学校计算学分应以课程（含实践课程）在教学计划中的课时数为主要依据，一般课程以 16 ~ 18 个课时为 1 个学分。公益劳动、军训、入学教育、毕业教育等，以 1 周为 1 个学分。三、四年制专业总学分分别一般不少于 170 学分、220 学分，五年制或“三加二”学制专业总学分一般不少于 270 学分。

EAD020 - 20011107

教育部规范中等职业学校学生学籍管理

2001 年 11 月 7 日，教育部印发了《关于制定中等职业学校学生学籍管理规定的原则意见》。《意见》就学生入学与注册、成绩考核、升级与留级、转学与转专业、休学复学与退学、纪律与考勤、奖励与处分、毕业与结业等几大方面作出详细规定，并对招生入学对象、学业成绩考核的一般计分评定方式、升留级所限课程门数、转学与转专业的基本条件、休学复学及毕业的基本要求等学籍管理中的一些最基本的问题提出了原则性的意见和管理办法。考虑到学分制的实施需要一个过程，《意见》所涉及的管理要求涵盖了学分制和学年制两种情况，允许学生提前或推迟毕业，允许学生在学期间参加社会创业、就业、工学交替等实践活动，分阶段完成学业。《意见》将制定中等职业学校学生学籍管理规定的责任交由地方教育行政部门承担。

EAD021 - 20021031

教育部要求加强职业技术学校职业指导工作

2002 年 10 月 31 日，教育部印发《关于加强职业技术学校职业指导工作的意见》。《意见》分为五个部分：第一，充分认识职业技术学校职业指导工作的重要性；第二，职业指导工作的主要任务和内容；第三，开展职业指导工作的基本原则；第四，开展职业指导工作的主要途径；第五，加强职业指导工作的组织领导和条件保障建设。《意见》指出，开展职业指导是经济社会发展对全面提高职业技术学校学生素质的客观要求，是职业教育主动适应市场经济体制和劳动就业制度改革的需要，也是职业教育实现自我完善和可持续发展的需要。《意见》要求，各级教育行政部门和学校要把职业技术学校职业指导工作作为大力推进职业教育改革和发展的一项重要工作。要制订职业指导工作的实施计划，研究和落实职业指导工作的途径和办法，积极稳妥地推进职业指导工作的开展。

EAD022－20030130

《高级中学学生军事训练教学大纲》印发

根据《中华人民共和国国防法》《中华人民共和国兵役法》《中华人民共和国国防教育法》和《国务院办公厅中央军委办公厅转发教育部总参谋部总政治部关于在普通高等学校和高级中学开展学生军事训练工作的意见的通知》精神，教育部、总参谋部、总政治部制定了《高级中学学生军事训练教学大纲》，并于2003年1月30日联合印发全国，作为高级中学实施学生军事训练教学的基本依据。《大纲》所称高级中学，含普通高中和各类中等职业学校。《大纲》规定，高级中学学生军训包括集中军事训练和军事知识讲座两部分，时间为7～14天。通过学生军事训练与教学使学生掌握基本军事知识和技能，增强国防观念和国家安全意识，强化爱国主义、集体主义和革命英雄主义观念；加强组织性和纪律性，培养吃苦耐劳和艰苦朴素的作风，促进学生综合素质的提高，为中国人民解放军培养后备兵员，为国家培养社会主义事业建设者和接班人打好基础。

附录　高级中学学生军训课时分配表

内　容		课　时	
集中训练	国防法规	2	83
	人民军队的性质、宗旨和光荣传统	4	
	共同命令	51	
	轻武器射击	10	
	单兵战术	6	
	战伤救护	4	
	识图用图	6	
知识讲座	军事思想	3	15
	军事科技	3	
	现代国防	3	
	国际战略环境	3	
	高技术战争	3	
合　计		98	

备注：1. 集中训练期间，早晚时间可用于内务整理、班会及军队歌曲的教唱。2. 此表按14天98个学时安排；安排不足14天的学校可根据实际情况酌情减少，但不得少于7个教学日。3. 学校和承训单位在施教中不得随意减少训练科目。

EAD023－20031218

教育部要求加强中等职业学校学生实习管理工作

2003 年 12 月 18 日，教育部办公厅印发《关于进一步加强中等职业学校实习管理工作的通知》。《通知》指出，加强实践教学，提高受教育者的职业能力是实施职业教育课程大纲的要求，也是专业知识与生产实际相结合教学形式的关键环节；要充分认识加强中等职业学校实习管理工作的重要性，以职业道德教育为重点，加强对实习学生的思想教育，建立健全有效工作制度，全面提高职业学校实习管理水平；要进一步明确各有关单位主要负责人在实习管理中的责任，逐步建立和完善对实习的检查评估制度、重大问题及时汇报制度、重大失误责任追究制度。实习是中等职业学校实践教学的主要形式之一，是执行教学计划和课程大纲的关键环节。要加强实习基地建设与管理，努力创设良好的实习教学环境；职业学校要加强与实习单位的合作，互惠互利，共同加强实习基地的建设和管理，遵守国家有关教育培训、劳动就业、生产安全和未成年人权益保护等方面的法律、法规和有关规定，主动加强与企业和用人部门的联系，建立“订单式”培养等多样化的合作办学机制，并就实习事宜与实习单位签订协议，明确双方的权利、义务以及学生实习期间双方的管理责任。职业学校与实习单位应建立实习工作协作组织，双方安排稳定的管理人员，共同研究制订实习计划和管理办法，妥善安排实习、生产和服务活动，保障学生的各项合法权益。

EAD024－20040213

教育部全面推进中等职业学校产教结合

2004 年 2 月 13 日，教育部在江苏省无锡市召开全国中等职业学校产教结合经验交流会。教育部副部长吴启迪指出，实行产教结合是职业教育全面贯彻党的教育方针的需要，是职业教育适应经济结构调整、走新型工业化道路、加快培养技能型人才的需要，是坚持以就业为导向、大力推进职业教育改革与发展的需要。吴启迪强调，要推进制度创新，充分调动行业企业参与职业教育的积极性；要建立在市场经济条件下校企合作开展人才培养的新机制；推进技能型人才培养模式创新，提高职业教育质量与效益；要造就适应推进产教结合需要的“双师型”师资队伍；要加大经费投入，建设专业实训基地。

EAD025 –20040325

教育部颁布 2004 年《中等职业学校德育大纲》

2004 年 3 月 25 日，为了贯彻《中共中央国务院关于进一步加强和改进未成年人思想道德建设的若干意见》，进一步加强和改进中等职业学校德育工作，在 2001 年《关于中等职业学校德育课课程设置与教学安排的意见》的基础上，教育部制定并发布了《中等职业学校德育大纲》。《大纲》由总则、德育目标、德育内容、德育途径、德育评价、德育的领导与管理六部分组成。《大纲》提出，中等职业学校德育是对学生进行思想、政治、道德、法律和心理健康的教育，目标是使学生热爱祖国，拥护党的领导和党的基本路线，确立坚持中国特色社会主义事业的理想信念，具有为人民服务、奉献社会的使命感和责任感；逐步树立正确的世界观、人生观、价值观，养成科学的思想方法；自觉地遵纪守法，依法维护自身权益，具有良好的道德品质和健康的心理素质；热爱专业，勤奋学习，勇于创造，大胆实践，具有良好的职业习惯和安全意识、质量意识、效率意识、环境意识。德育内容包括：民族精神教育、理想信念教育、道德品质教育、文明行为教育、遵纪守法教育和心理健康教育。德育的主要途径是德育课教学、其他课程教学、实训实习与社会实践活动、心理健康教育与职业指导、党团组织学生会工作、班主任工作和学校管理服务工作、校园文化建设以及家庭与社会配合教育等。

EAD026 –20040705

教育部颁布《中等职业学校学生心理健康教育指导纲要》

2004 年 7 月 5 日，教育部颁布了《中等职业学校学生心理健康教育指导纲要》。《纲要》指出，中等职业学校学生正处在身心发展的转折时期，面对社会学习生活的种种困惑容易产生各种各样的心理困惑。中等职业学校要把心理健康教育纳入德育工作体系，逐步建立起全体教师共同参与的心理健康教育工作体制，遵循学生身心发展规律积极组织学校开展心理健康教育工作，帮助解决学校在心理健康教育工作中遇到的问题和困难。要通过开设心理健康教育课程、开展心理辅导与咨询工作、在实习实训中渗透心理健康教育等多种方式对学生分阶段、有针对性地进行心理健康教育，提高全体学生的心理健康水平。

EAD027－20040802

教育部要求在中等职业学校逐步推行学分制

2004 年 8 月 2 日，教育部印发《关于在职业学校逐步推行学分制的若干意见》。《意见》提出，要实行分类指导的原则，逐步推行学分制，建立与实行学分制相适应的职业教育课程体系，强调中等职业教育的课程设置要适应学习者半工半读、分阶段完成学业的需要，并要注意与初中、普通高中、职业培训以及后续教育相关课程的沟通与衔接。要合理确定必修课、限定选修课和任意选修课的比例，大力开发或引进各类选修课程，为学习者自主选课创造条件。要进一步建立和完善学分互认机制，保证教育教学质量，深化职业学校办学模式和相关的管理制度改革，进一步加强对学分制的研究、推广和宣传。

EAD028－20050921

教育部规范中等职业学校德育课程设置与教材编写使用

为进一步规范中等职业学校德育课程设置与教材编写使用，2005 年 9 月 21 日，教育部办公厅印发《关于规范中等职业学校德育课程设置与教材编写使用的通知》。《通知》要求各地积极引导中等职业学校开设教育部规定的德育课程，并停止选用地方自编或盗版的德育课程教材。同时要求把使用中等职业教育国家规划德育课程教材纳入中等职业学校教育教学评估指标体系之中，并放在突出位置，通过评估促进中等职业学校德育课程规范化。

EAD029－20070524

教育部确定首批中等职业教育德育工作实验基地学校

2007 年 5 月 24 日，教育部印发《关于确定首批中等职业教育德育工作实验基地学校的通知》。《通知》指出，中等职业教育德育工作实验基地学校是各地中等职业学校中德育工作成绩突出的学校，肩负着为加强和改进德育工作开展研究和实验，发挥示范作用的任务。经各省级和计划单列市教育行政部门评选、推荐并经教育部审定后，确定北京市商业学校等 107 所学校为首批中等职业教育德育工作实验基地。

EAD030－20070803

数控技术应用等四个专业实训基地设备基本配置推荐标准印发

2007 年 8 月 3 日，《教育部办公厅关于印发中等职业教育数控技术应用等四个专业实训基地设备基本配置推荐标准的通知》指出，为深入贯彻落实《国务院关于大力发展职业教育的决定》，推进职业教育基础能力建设工作，规范职业教育实训基地建设，加强对各地职业教育实训基地建设工作的指导，教育部与财政部共同商请有关专家对数控应用技术、汽车运用与维修、计算机应用与软件技术和电工电子类四个专业的实训基地设备基本配置进行了研究，并在征求有关地方和中等职业学校意见的基础上制定了上述四个专业实训基地设备的基本配置推荐标准。

EAD031 -20081209

教育部印发2008年中等职业学校德育课课程教学大纲

2008年12月9日，《教育部关于印发中等职业学校德育课课程教学大纲的通知》指出，中等职业学校德育课课程教学大纲是国家制定的指导德育课教学的纲领性文件，是进行教学工作的基本依据，也是衡量教师教学质量的基本依据。中等职业学校德育课教材的编写与审查、教学督导与评估、学习评价与考核都必须按照课程教学大纲的规定进行。教育部组织制定的中等职业学校“职业生涯规划”、“职业道德与法律”、“经济政治与社会”、“哲学与人生”四门德育课必修课程教学大纲和“心理健康”选修课程教学大纲，随《通知》印发给各级教育行政部门遵照执行。

EAD032 -20081210

教育部调整中等职业学校德育课课程设置

2008年12月10日，教育部《关于中等职业学校德育课课程设置与教学安排的意见》印发。《意见》指出，为加强和改进中等职业学校德育课教学工作，增强德育课教学的针对性、实效性和时代感，提高职业教育质量，教育部进行了新一轮德育课课程改革工作。《意见》规定，德育必修课包括“职业生涯规划”、“职业道德与法律”、“经济政治与社会”、“哲学与人生”四门德育课程。“心理健康”作为选修课纳入德育课课程体系。其他选修课程由各地根据实际情况开设。《意见》对德育课必修课程的教学学时进行了具体安排，并要求自2009年秋季入学的中等职业学校一年级新生开始执行。《意见》指出，未经批准，任何单位、组织和个人不得擅自组织编写和推荐德育课教材和教学参考书。

EAD033 -20081213

《关于进一步深化中等职业教育教学改革的若干意见》印发

2008 年 12 月 13 日，教育部印发了《关于进一步深化中等职业教育教学改革的若干意见》。《意见》指出，经过 2005 年以来中等职业学校的连续扩招，我国中等职业教育坚持以服务为宗旨、以就业为导向的办学方针，事业快速发展，规模不断扩大，质量和效益明显提高，站在了一个新的历史起点上。深化中等职业教育教学改革，提高教育质量和技能型人才培养水平，是当前和今后一个时期职业教育工作面临的一项重要而紧迫的任务。《意见》要求进一步提高对深化教育教学改革紧迫性和重要性的认识；坚持以服务为宗旨、以就业为导向，进一步更新教育教学思想和观念；坚持育人为本，把德育工作放在首位；改革人才培养模式，大力推行工学结合、校企合作、顶岗实习；优化专业设置和结构，推进专业建设规范化；改革教学内容、教学方法，增强学生就业和创业能力；进一步完善教学管理，积极进行制度创新；加强教学保障条件建设，建立提高教学质量的长效机制。

第二章　普通中等专业学校

第一节　体制改革

EBA001－19800410

全国中等专业教育工作会议在北京举行

经国务院批准召开的全国中等专业教育工作会议，于 1980 年 4 月 10－25 日在北京举行。这是改革开放以来召开的第一次全国中等专业教育工作会议。1980 年 10 月 8 日，《国务院批转教育部全国中等专业教育工作会议纪要的通知》下发。《通知》指出，四化建设不仅需要大量的高级专业人才，而且需要数量更多的中等专业人才。《通知》要求，各地区、各部门要重视中等专业教育，加强领导，切实办好一批重点中等专业学校，把中等专业教育办好。

会议总结了新中国成立 30 年来中等专业教育工作的基本经验；研究了中专教育在新时期的任务；讨论了如何贯彻“调整、改革、整顿、提高”八字方针。会议期间，国务院副总理方毅到会讲话。会议明确了中专教育的地位、作用、任务，讨论和确定了一批重点中等专业学校，解决了工作中的一些重要问题。会议认为，实现干部队伍专业化、知识化，中专毕业生将是各行各业，特别是基层领导干部的重要来源。新时期中专教育的任务就是多办和办好中等专业学校，培养德智体全面发展、又红又专的中等专业人才。会议讨论并确定了全国重点中等专业学校 239 所。

EBA002－19800908

教育部明确中等专业学校是培养中级技术管理人才的学校

1980 年 9 月 8 日，教育部就国家劳动总局提交全国劳动就业会议的文件——《关于发展职业教育的试行办法（草案）》提出修改意见，并以《对〈关于发展职业教育的试行办法（草案）〉的意见》致函国家劳动总局。建议《试行办法（草案）》要具体写明，中等专业学校是培养中级技术管理人才的学校，它的任务与职业学校不同，应保持其现行的领导管理体制（包括领导关系、经费渠道、毕业生分配制度等）不变。同时还对涉及有关工农业余教育以及关于充分挖掘现有大中学校的潜力，举办各种类型的夜校等方面提出了意见。

EBA003－19801105

教育部明确中等专业学校一般应为县团级单位

1980 年 11 月 5 日，教育部颁布了《关于全日制中等专业学校领导管理体制的暂行规定》，对中等专业学校的领导体制、管理归属、业务指导、发展规划、学校布局、专业的开设、调整与撤销、校级领导干部的任免和调动、干部的配备以及学校的级别等都作了明确规定。《暂行规定》指出，中等专业学校按照领导关系，分为国务院部属学校和地方学校。教育部根据党的教育方针和党中央、国务院的指示，对中等专业教育事业负责业务指导。国务院各部委负责管理所属中等专业学校的各项工作。省、市、自治区人民政府审批地方中等专业教育事业发展规划和学校布局，批准地方所属学校和专业的开设、调整、撤销，并报国家计委、教育部和有关部委备案。中等专业学校一般应为县团级单位，有条件的重点学校为地师级。

EBA004－19841124

中等专业学校开始建立学校基金制度

1984 年 11 月 24 日，教育部印发《关于在全日制普通中等专业学校建立学校基金制度几项原则意见的通知》。《通知》指出，凡是有条件建立学校基金的全日制普通中等专业学校，在不增加国家财政开支和人员编制的前提下，可以建立学校基金制度。建立学校基金制度的目的是要积极改革学校管理制度，扩大学校自主权。学校基金的来源主要是以下四方面：一是在完成国家下达的指令性招生计划之外，接受委托培养人才任务所得的净收入。二是校办工厂（车间）、农（林、牧）场实现的纯利润。三是学校在上级下达任务并核拨经费之外，承担的科研、设计、实验、技术推广、服务、咨询等任务所得的净收入。四是其他预算外净收入和经上级批准从预算节余经费中结转的经费。《通知》要求，学校基金原则上 60% 用于事业发展，40% 用于开支奖金和集体福利。

EBA005 – 19841203

教育部等再次重申中等专业学校一般不要戴帽改办大专院校

教育部、国家计委于 1984 年 12 月 3 日联合下发《关于重申中等专业学校改办大专院校审批权限的通知》。《通知》指出，教育部、国家计委于 1983 年 6 月 18 日《关于完成和扩大一九八三年中等专业学校招生计划等问题的通知》中明确规定，对现有中专要保持稳定，一般不宜戴帽改办大专院校。少数确需改办的，应由主管部门报经教育部、国家计委批准。但最近，有的省、自治区和部门未报教育部、国家计委批准就把一些中等专业学校戴帽改办成大专院校。为此，《通知》重申：中等专业学校一般不要戴帽改办大专院校，如确有必要改的（包括撤销、停办后改建），地方所属学校应由教育厅（局）会商计委后报请本省、自治区、直辖市人民政府同意（国务院各部委所属学校由部委教育司、局报请本部委领导同意），报教育部，由教育部会商国家计委审批。

EBA006 – 19850129

教育部要求政企分开后妥善处理好中等专业学校的从属关系

随着我国经济体制改革的不断深入，政企分开已是必然趋势。为明确政企分开之后中等专业学校的从属关系，教育部于 1985 年 1 月 29 日下发了《关于政企分开后妥善处理好中等专业学校从属关系等问题的通知》。《通知》指出，现在中央正在研究教育体制的改革，在教育体制改革未定之前，如原主管业务厅（局）撤销，应请示省、自治区、直辖市人民政府决定其所属中等专业学校由谁主管，中专教育经费应从主管部门的事业费中列支，不得削减，中等专业学校的性质不得改变，招生规模不得减少，学校的校舍、设备、师资不得抽调、拆散、占用。各省、自治区、直辖市主管中专教育的教育（高教）厅（局）要在人民政府的领导下，积极同当地计委、经委、财政厅（局）以及学校主管业务部门共同研究，采取措施，做好学校的安排工作。

EBA007 – 19850830

《中等专业学校教职工工资制度改革实施方案》发布

1985 年 8 月 30 日，国务院工资制度改革小组、劳动人事部印发了《关于高等学校、中等专业学校、中小学教职工工资制度改革问题的通知》，发布了国家教委制定的《中等专业学校教职工工资制度改革实施方案》和《关于教师教龄津贴的若干规定》。《通知》要求，各省、自治区、直辖市人民政府可以依据文件的规定，结合本地区的实际情况，制订上述各类学校工资制度改革的实施方案贯彻执行，并抄报国务院工资制度改革小组和国家教委备案。《中等专业学校教职工工资制度改革实施方案》规定，中等专业学校教职工实行以职务工资为主要内容的结构工资制。教学人员按高级讲师、讲师、助理讲师、教员的职务分列；其他各类专业技术人员按国务院有关主管部门确定的职务名称系列分列；行政人员按正副校长、正副科长（主任）、科员、办事员的职务分列。教职员的结构工资由基础工资、职务工资、工龄津贴和奖励工资四个部分组成。教师同时实行教龄津贴。工勤人员原则上执行国家机关和事业单位工人的结构工资制等。

EBA008－19850912

《全日制普通中等专业学校人员编制标准（试行）》发布

为了切实保证中等专业学校教学和各项工作的需要，不断提高教育质量和管理水平，培养合格的中等专业人才，根据中央有关机构改革、紧缩编制、提高工作效率、合理使用人员的指示精神，1985年9月12日，国家教委和劳动人事部联合发布了《全日制普通中等专业学校人员编制标准（试行）》，并为此配发了通知，要求各校要从实际情况出发，本着既要保证学校工作需要，又要精简机构、节约人力的原则，按照校、科两级行政管理体制，自行确定所需的机构，经上级主管部门批准后设置。各主管部门和学校应根据事业发展规划重新核定各校的发展规模，并对现有人员编制和机构设置，认真进行一次调整和整顿。此后仍达不到发展规模的，要相应核减总编制。对超编的学校，主管部门应督促并协助学校制订逐步减少超编人员的计划和具体措施，对超编人员作出具体安排，力争在两三年内达到定编要求。今后学校在录用和招收人员时，应严格掌握所需人员的质量标准。《编制标准》对中等专业学校划分为工、农林、医药、财经四类，在核定人员编制时将前三类归为一大类，财经单独为一类。两大类学校只是在计算“与学生比”上有所不同，其他方面基本一致。当时在校生规模按640、960、1280、1600人四个档次计算，党政班子领导指数一般为3～5人，每个科、室的科长、主任1人，特殊情况可配备副职1人。

附录　全日制普通中等专业学校人员编制标准（试行）（摘录）

一、中等专业学校人员编制标准如下表：

	学校规模	教职工合计		专任教师	
科　类	在校生人数	与学生比	人　数	与学生比	人　数
工、农林、医药	640	1:4	160	1:8	80
	960	1:4.25	226	1:8.5	113
	1280	1:4.5	284	1:9	142
	1600	1:4.8	333	1:9.5	168
财经	640	1:4.5	142	1:9	71
	960	1:4.8	200	1:9.5	101
	1280	1:5.2	246	1:10	128
	1600	1:5.5	291	1:10.5	152

二、学校在具体安排人员时，在不超过编制总额的前提下，对专任教师和实验技术人员、图书资料人员应根据需要和规定的比例予以保证。对行政人员和工勤人员应严格掌握，两类人员之和不得超过教职工总数的35%。

三、中等专业学校各级领导班子的人数，可根据学校规模分别确定：校长、副校长2～3人，包括党委（总支部）正、副书记在内共3～5人；每个科、室的科长、主任1人，特殊情况可配备副职1人。

四、列为全国重点的中等专业学校以及专业设置在6个以上的中等专业学校，可另外增加编制10%左右。所增人员中的60%以上用于充实专任教师和实验技术人员、图书资料人员。

五、中等专业学校承担职工中专、干部中专班和其他教学、科研任务，属于长期任务的，应由下达任务的部门会同编制主管部门根据实际情况另批编制。

EBA009－19900309

国家教委明确中等专业学校继续推行校长负责制

1990年3月9日，国家教委下发《关于中等专业学校（含中师）领导体制问题的通知》。《通知》指出，中等专业学校（含中师）原则上继续推行校长负责制。但根据学校规模的大小、工作任务的复杂程度等不同情况，也可以实行党委领导下的校长负责制。具体实行何种领导体制，根据上述原则由学校主管部门商学校所在地党委确定。

EBA010 – 19931115

全国普通中等专业教育改革与发展会议在株洲召开

1993 年 11 月 15 – 19 日，全国普通中等专业教育改革与发展会议在湖南省株洲市召开。会议的中心议题是深化中专改革，增强中专活力，加快中专发展，在总结、交流经验的基础上，明确当前及今后一个时期中专教育改革与发展的方向、目标和路子。1993 年 11 月 18 日，国务院副总理李岚清致信，肯定中专教育的重要地位，向从事中专教育并作出贡献的同志表示衷心的感谢和慰问。国家教委副主任王明达、湖南省副省长郑培民、农业部副部长洪绂曾到会并讲话。

附录　李岚清副总理给全国普通中等专业教育改革与发展工作会议的电传信

同志们：

你们好！中专教育是符合中国国情的，多、快、好、省地培养社会主义事业建设实用人才的好形式，也是我们要发展和大力提倡的一个重要教育领域。我向从事中专教育并作出贡献的同志，表示衷心的感谢和慰问。希望你们这次会议开得成功，为我国的中专教育事业改革和发展，作出更大成绩。

李岚清

1993 年 11 月 18 日

EBA011 – 19940205

中等专业学校开始进行工资制度改革

根据《国务院关于机关和事业单位工作人员工资制度改革问题的通知》等文件精神，人事部和国家教委于 1994 年 2 月 5 日印发了《中等专业学校贯彻〈事业单位工作人员工资制度改革方案〉的实施意见》，要求各地参照执行。《意见》对这次工资制度改革的实施范围、工资制度的内容和工资构成、职务（技术）等级工资、津贴、奖励制度、正常增资制度、新参加工作的工资待遇、离退休人员待遇、工资管理体制、工资制度改革的实施、组织领导等作出了明确规定。《意见》指出，此次中等专业学校工资制度改革的实施范围，限于普通中等专业学校、成建制的成人中等专业学校中 1993 年 9 月 30 日在册的国家正式职工。改革后工资总量构成中，固定部分占 70%，活的部分占 30%。此次工资套改后职务工资标准提高 10%。从 1994 年起，各地区、各部门所属学校工作人员要进行年度考核。对考核合格的人员年终将发放相当于本人一个月工资的奖金。《意见》强调，这次中等专业学校工资制度改革，是在中共中央、国务院颁发《中国教育改革和发展纲要》和《中华人民共和国教师法》颁布的背景下进行的。新工资制度的实施，是提高教师待遇的重大措施。各级人事部门、教育行政部门、各中等专业学校要高度重视，切实加强领导，严格执行政策，保证这次工资制度改革的顺利进行。

EBA012－19941012

国家教委同意电力中专学校进行教育改革试点

1994 年 10 月 12 日，电力工业部向国家教委、劳动部分别提交了《关于请支持深化电力中专、技校教育改革的函》，决定对现行的电力中专、技校分期分批逐步进行以相互沟通和衔接办学为主要特点的教育改革，以期建立起能充分体现电力工业作为技术、资金密集型行业要求的职业技术教育新体系，并希望得到支持。国家教委于 1995 年 4 月 5 日复函指出，支持电力工业部深化电力中专、技校改革的思路，可以在少数学校进行探索、试点。这种新型电力工业学校仍属中等职业学校层次，可暂列入普通中等专业学校类型，其不同学制的套办，可按中专改革与发展意见，实行多层次、多形式、多规格办学处理。关于套办五年制高等职业教育班的问题，如确有需要并具备办学条件，经过论证按规定程序逐校报国家教委审批。并按各省的培养目标、规格组织教学。要求各有关省、自治区、直辖市教育行政部门会同当地有关部门给予指导、支持，在招生计划安排、毕业生验印等方面予以妥善解决。

EBA013－19950517

《关于普通中等专业教育（不含中师）改革与发展的意见》印发

1995 年 5 月 17 日，国家教委印发了《关于普通中等专业教育（不含中师）改革与发展的意见》，从十个方面对普通中等专业教育改革与发展进行了阐述。《意见》指出，当前，社会主义市场经济体制的建立，对我国职业技术教育的改革与发展提出了新的要求和挑战，注入了新的活力，提供了良好的机遇。因此要抓住当前的有利时机，改革和发展职业教育，特别是深化中等专业教育的改革，促进中专教育的积极发展，提高教育质量，积极发挥它们在同类职业教育中的骨干作用。（一）深化改革、积极发展，主动适应现代化建设的需要。学校总体规模要扩大，校平均规模达到 1000 人。（二）改革中专管理体制，进一步扩大学校自主权，使学校真正成为具有法人地位的办学实体。实行校长负责制。（三）改革办学体制，多层次、多形式办学。（四）拓宽业务面向，加快招生与毕业生就业制度的改革。（五）增加投入，改善条件，多渠道筹措办学经费。（六）深化教学领域的改革，努力提高教学质量。（七）积极推进学校内部管理体制的改革。学校实行教学目标责任制。对教师、干部实行聘任制，对工人实行合同制。（八）大力发展校办产业，走产教结合的道路。（九）进一步加强和改进德育工作。（十）切实加强师资队伍建设。到 2000 年，使中等专业学校的专任教师基本达到任职资格标准。

EBA014－20001019

教育部强调在中等专业学校管理体制调整中防止教育资源流失

1998 年以来，国务院对部门（单位）所属中等专业学校的管理体制进行了调整，取得了一定成效，但同时有些地方由于缺乏科学论证和统筹规划，把中等专业学校层层下放或改作他用，造成了中等教育资源的流失，一些地方没有及时明确划转学校的归属，影响了学校的稳定和健康发展。2000 年 10 月 19 日，教育部印发了《关于中等专业学校管理体制调整工作中防止中等职业教育资源流失问题的意见》。《意见》指出，根据《普通中等专业学校设置暂行办法》，未经省级人民政府或国务院有关部委批准，各办学部门（单位）不得擅自将中等专业学校改作他用。中等专业学校是中等职业教育的重要组成部分，是培养中、初级专门人才和高素质劳动者的重要基地。各级教育行政部门应在各级地方政府的领导支持下，统筹规划各类教育资源，在积极发展高等教育的同时，也要积极发展中等职业教育，防止中等职业教育资源流失。已经改为高等职业学校的，仍可以继续举办中等职业教育。在划转过程中，对原来有财政拨款的学校，教育行政部门在地方各级政府领导支持下要采取措施切实保障其财政拨款数额不能减少。

第二节　教育教学改革

EBB001－19790628

《中等专业学校学生学籍管理的暂行规定》颁布

1979 年 6 月 28 日，教育部颁布《中等专业学校学生学籍管理的暂行规定》。《暂行规定》对学生的入学和注册、在校期间思想文化素质、毕业与结业、转学及学生处分等作出了明确规定。《暂行规定》指出，新生入学后三个月内，经政治、文化、健康复查不符合招生条件的，或群众揭发是徇私舞弊、“走后门”上学的，经调查属实，报请学校所在省、市、自治区招生主管部门批准，取消其学籍，退回原单位、原地区。学生学完教学计划规定的全部课程，考核及格，准予毕业，并发给毕业证书。不及格的，发给修业证书、分配工作，可在一年内申请补考，及格后补发毕业证书。中等专业学校学生一般不得转学。毕业班学生一律不得转学和转专业。学校开除学生和勒令学生退学，须经校务会议讨论通过，报所在省、市、自治区教育（高教）局批准，并报主管业务部门备案。

EBB002－19790813

教育部提出中专学校工科专业二年制教学计划的安排意见

1979 年 8 月 13 日，教育部印发了《关于中等专业学校工科专业二年制教学计划安排的几点意见》的通知，对中等专业学校中招收高中毕业生的工科专业培养目标、学制、教学计划等提出了明确要求。《意见》指出，对中等专业学校中招收高中毕业生与招收初中毕业生的培养目标相同，均为中等专业人才。其学习年限一般为两年，为了保证质量，个别专业的学习年限可适当延长。制订教学计划必须明确规定和体现本专业的具体培养目标和业务范围；全面贯彻党的教育方针，培养德、智、体全面发展的人才；坚持理论与实践相结合等。《意见》规定，两年总学时数为 1500～1900，每周 26～30 学时。根据中专学校培养目标的要求，各门课程应使用中专学校的教材。

EBB003－19801202

《关于修订中等专业学校专业目录的通知》印发

1963 年，教育部会同各部委编制并颁发的《中等专业学校专业目录》，对推动我国中专教育事业的发展起了积极的作用。改革开放以后，国家的经济形势发生了较大变化，为使中等专业学校的专业设置更好地适应新时期社会主义现代化建设的要求，1980 年 12 月 2 日，教育部印发了《关于修订中等专业学校专业目录的通知》，决定对 1963 年的专业目录进行修订，编制新的全国中等专业学校专业目录。《通知》对修订《中等专业学校专业目录》提出了以下意见：一是专业目录应该适应我国科学技术的发展水平和国家建设的需要，要以 1963 年的专业目录和现有专业为基础进行修订，根据需要增设新专业；二是专业目录应该反映中等专业教育的特点；三是专业划分应体现基础知识厚一些、专业面宽一些、实际技能好一些、适应性强一些的要求。在统一的专业目录内，允许适应地区或行业特点，灵活掌握。

EBB004 – 19810317

中等专业学校、盲聋哑学校开始试行班主任津贴制度

经征得国家劳动总局同意，1981 年 3 月 17 日，《教育部关于在中等专业学校、盲聋哑学校班主任中试行津贴的通知》印发，决定在中等专业学校（含中等师范学校）、盲聋哑学校中试行班主任津贴制度。文件规定，中等专业学校、盲聋哑学校，每班设班主任 1 人。班主任津贴标准为：中等专业学校原则上以每 40 名学生为一个教学班。班主任津贴：每周任课在 10 学时以上（含 10 学时）的，每月 7 元；每周任课在 8 学时以上的，每月 6 元；每周任课在 6 学时以上的，每月 5 元。教学班人数在 40 人以下，和每周任课不足 5 学时的，可酌情减发。盲聋哑学校，小学每教学班学生 11 人以下的，每月 4 元；12 人至 14 人，每月 5 元，15 人以上的每月 6 元。中学每教学班学生 11 人以下的，每月 5 元；12 人至 14 人的，每月 6 元；15 人以上的每月 7 元。津贴发放时间，从文到之月起执行。班主任津贴所需经费，已列入国家当年增加的工资总额计划以内。

EBB005 – 19810404

教育部委托江苏省高教局编写中等专业学校政治课教学大纲

改革开放初期，针对全国中等专业学校政治课教学不够统一的状况，为使全国中等专业学校政治课的教学有所参考，教育部办公厅于 1981 年 4 月 4 日发出《关于委托编写中等专业政治课教学大纲的通知》，委托江苏省高教局编写中等专业学校政治课教学大纲。《通知》指出，教学大纲要考虑适应中等专业学校招收两种不同对象不同学习年限的需要，招收初中毕业生三年制至四年制的理论教学时数为 180 ~ 220，可开设中共党史、政治经济学常识、辩证唯物主义常识。招收高中毕业生二年制至三年制的理论教学时数为 120 ~ 180，可开设政治经济学、哲学和中共党史 2 ~ 3 门。希望在年内完成教学大纲初稿的征求意见和审定工作，争取在 1982 年秋开始试行。

EBB006 – 19820227

《中等专业学校学生守则（试行）》颁布

1982 年 2 月 27 日，教育部颁布了《中等专业学校学生守则（试行）》。《守则（试行）》要求学生做到：热爱祖国，拥护中国共产党的领导，立志为社会主义事业服务，为人民服务。学习马列主义、毛泽东思想，逐步树立无产阶级的阶级观点、劳动观点、群众观点和辩证唯物主义观点。热爱专业，学好理论知识和技能。坚持体育锻炼，讲究卫生，积极参加劳动。关心集体，爱护公物，勤俭节约，遵守社会公德。诚实谦虚，尊敬师长，尊重职工，开展批评与自我批评。遵守学校规章制度，遵守国家法令，保守国家机密。听从祖国召唤，服从组织安排等。

EBB007 －19821018

《关于加强中等专业学校共青团工作的意见》印发

中等专业学校中团员比例已达70% ~80%，在整个中等专业学校思想政治教育中，共青团组织担负着十分重要的任务。为了加强中等专业学校共青团工作，1982年10月18日，共青团中央、教育部联合印发《关于加强中等专业学校共青团工作的意见》。《意见》要求各级团组织必须加强对中等专业学校共青团工作的领导，首先要认真解决一些中等专业学校共青团工作渠道不通、无人过问的状况。要进一步健全共青团组织，凡团员在50人以上的学校可建立总支委员会，团员超过100人的学校可建立团委会。要选配好团的干部，凡建立共青团基层委员会的中等专业学校应配备专职团干部1 ~2人，在校生超过600人的学校，专职团干部的数目还应酌情增加。中等专业学校团的专职干部统一列入学校行政编制。团委书记相当于所在学校的中层干部。根据党章规定，团委书记是党员的，可以列席同级党的委员会和常务委员会的会议，阅读有关文件。学校党委（总支）要有一名领导分管团的工作。党委和行政讨论研究学生思想政治教育问题和决定学生工作的重大问题时，注意征求和听取团组织的意见。学校团组织和学生会开展各种思想政治教育活动，需要一定的活动经费支持。

EBB008 －19840910

《关于加强和改进中等专业学校当前思想政治工作的几点意见》印发

1984年9月10日，中共中央宣传部、中共教育部党组联合下发了《关于加强和改进中等专业学校当前思想政治工作的几点意见》。《意见》就加强和改进中等专业学校当前思想政治工作的意义，做好学校思想政治工作的基本要求，当前中等专业学校思想政治工作的状况，以及如何加强和改进中等专业学校思想政治工作等进行了全面阐述，提出了具体要求。《意见》指出，中等专业学校担负着为社会主义建设事业培养德智体全面发展的中级专门人才的重任。党的十一届三中全会以来，中等专业学校的思想政治工作，取得了显著成绩，但是，有些学校仍不同程度地存在着轻视思想政治工作的倾向和思想政治工作软弱无力的状况，学校思想政治工作不能适应新形势和新任务的要求。因此，必须以“教育要面向现代化、面向世界、面向未来”为指导思想，认真总结新中国成立以来正反两方面的经验，特别是近几年来的新经验，努力探索新时期学校思想政治工作的规律，努力开创中等专业学校思想政治工作的新局面。在马列主义、毛泽东思想指导下，对全体师生员工进行爱国主义、集体主义、社会主义、共产主义教育，反对和抵制精神污染，不断提高全体师生员工的思想政治觉悟，形成良好的校风，保证培养德智体全面发展的中级专门人才和其他各项任务的完成，把学校建成社会主义精神文明的坚强阵地。

EBB009 –19841210

全国中等农业教育改革现场会召开

1984 年 12 月 10 – 17 日，由农牧渔业部主持的全国中等农业教育改革现场会在四川省温江农业学校召开。会议讨论了中等农业教育改革的问题，达成四方面的共识：一是改革招生分配制度、调整学制、多形式办学；二是调整专业设置；三是坚持教学与社会生产紧密结合，办出中专特色；四是改革学校管理工作。这是研究中等农业教育改革发展的第一次全国性会议。农牧渔业部部长何康专门作了批示，农牧渔业部副部长相重扬出席会议并作重要讲话。农牧渔业部、教育部、财政部、林业部及各省、直辖市、自治区有关部门及重点农业中专学校负责人共 147 名代表参加会议。

EBB010 –19850819

全国中专教材规划会议召开

1985 年 8 月 19 日，国家教委职业技术教育司在辽宁省大连市召开全国中专教材规划会议。会议的主要任务是总结前一时期教材建设的成绩和存在的问题，制订 1986 年至 1990 年教材选题规划。会议提出，要通过修订、新编和引进国外教材等多种形式，出版一批适合招收初中毕业生、学制四年，与教学大纲相适应的中专教材和参考书，使各大类专业至少有一套适用性较强、质量较高的教材，并在此基础上扩大品种，向多样化方向发展；鼓励编写各种学习丛书，争取到 20 世纪末，出版一整套具有我国特色的、多品种、高质量的中专教材。会议强调必须把握职业教育的培养目标，解决好适用性问题，重视打好基础，增强能力培养和创新精神。

EBB011 －19860128

全国中等专业学校十二门学科课程组成立

为了贯彻《中共中央关于教育体制改革的决定》精神，加强对中专教材工作的业务领导，加快教材建设步伐，提高教材质量，1986 年 1 月 28 日，国家教委下发《关于成立全国中等专业学校十二门学科课程组的通知》，决定成立全国中等专业学校数学等十二门学科课程组。各课程组成员的人选是在几上几下、多次征求意见的基础上研究确定的。各课程组按全国中专教材规划会议精神和《全国中等专业学校课程组暂行工作条例（试行）》的要求开展工作。1986 年 3 月 28 日至 5 月 26 日，各学科组分别在上海、太原、杭州、南京、株洲、福州、广州、西安、兰州、吉林等地召开成立暨第一次工作会议。1986 年 6 月 30 日，国家教委职业技术教育司下发了《关于印发中等专业学校各学科课程组成立会议纪要的通知》，对各学科课程组的成立与工作情况予以通报。成立全国性中等专业学校课程组，是新中国成立以来的第一次。

附录　全国中等专业学校十二门学科课程组（首届）成员名单

学科名称	人　数	组长学校	组　长	组　员
数学	9	上海机械专科学校	任　必	沈　青　吴伟贤　费本初　张齐金　邵玉书　胡伯权　张又昌　向茹英
物理	7	太原铁路机械学校	褚孟似	许　楷　王银明　路　健　黄伟民　翁亚春　杨　祥
化学	7	浙江省轻工业学校	张时康	杨基光　徐景唐　苏汉育　刘文基　方　巍　肖　娜
语文	9	南京铁路运输学校	陈运筹	方金荪　张秉文　胡大奎　杨鹤年　周后骥　孟昭鼎　朱　丹　贺有祁
制图	7	广东石油学校	严　肃	颜金樵　陶宝恺　周健　洪　恩　林颂平　潘之信
金属工艺学	8	株洲铁路机械学校	郭炯凡	李传祎　黄延枢　刘志刚　姚如日　康云武　李　红　李兆荣
机械原理及机械零件	7	福建机电学校	黄森彬	周全光　区志奎　毛志康　赵　祥　高鸿欣　马盛明
力学	9	浙江省建筑工业学校	沈伦序	李黄宜　臧尔信　包广珪　张家祥　夏成炎　宋美君　李春城　王小寅

续表

学科名称	人数	组长学校	组长	组员
电工基础	7	南京无线电工业学校	李树燕	丁道鹏 张步滋 曹彦芳 袁兆熊 李明章 楼史进
电工学与工业电子学	6	兰州化工学校	徐国和	张志明 王喆 赵承荻 沈平祥 胡淑华
计算机应用基础	7	吉林电气化专科学校	毛汉宁	徐健廷 龚为琨 韩晓萍 何宗琦 张连科 鲍涌
电子技术基础	7	西安航空工业技术专科学校	喻祖安	张如森 宋在龙 薛文 宗立德 安琪 章浩平

EBB012－19860412

《关于制定和修订全日制普通中等专业学校（四年制）教学计划的意见（试行）》印发

1986年4月12日，国家教委印发《关于制定和修订全日制普通中等专业学校（四年制）教学计划的意见（试行）》。《意见》对制定和修订教学计划的指导思想、培养目标、修订原则、时间安排以及教学计划管理等方面作出了规定。《意见》指出，制定和修订教学计划，必须贯彻《中共中央关于教育体制改革的决定》的精神，要面向现代化、面向世界、面向未来；以德、智、体、美全面发展，牢固掌握必需的文化科学基础知识和专业知识，有较强实践能力的中等专门人才为培养目标。《意见》要求，制定和修订教学计划要依据教育规律和党的教育方针，处理好德、智、体、美之间的关系，坚持理论联系实际，加强实践性教学，注重能力培养，做到统一性与灵活性相结合等。《意见》规定，学生四年在校总周数为202周，寒暑假每年10周，四年共34周，周学时应控制在24～30，理论教学（含实验和习题课）总学时，工、农、林、医及应用理科等专业大体控制在2800～3200学时，应用文科、财经、政法等专业要控制在3000～3400学时。

EBB013－19860419

国家对出版中等专业学校教材实行定额补贴

1985年11月18日，中央书记处召开了关于解决教材价格问题的会议。根据会议精神，由何东昌主持，国家教委会同国家计委等七部委研究起草了

《关于高等学校和中等专业学校教材价格问题的请示报告》，经党中央和国务院领导批准后，于1986年4月19日印发各地要求立即贯彻执行。为落实《报告》精神，1986年9月24日，国家教委、财政部、国家出版局联合印发了《高等学校和中等专业学校教材定额补贴暂行办法》。《暂行办法》规定，各种编写或翻译的高等学校和中等专业学校的教材、教学参考书和教学用工具书享受教材补贴。享受补贴的教材必须同时具备下列条件：1. 经国家批准建立的出版社的有书号的正式出版物；2. 教材的选题事先报经主管部门批准并经国家教委或地方教育行政部门同意；3. 列入新华书店或高等学校出版社编印的教材征订目录进行征订，执行国家规定的定价标准的教材。出版社享受补贴出版教材实际的销售收入赢利率不能超过10%，超过10%以上的，从下期起要把价格降下来，否则应扣减补贴，以稳定教材价格。

EBB014－19860830

国家教委要求改革中专中师思想品德和政治理论课程教学工作

1985年8月发出的《中共中央关于改革学校思想品德和政治理论课程教学的通知》，对各级各类学校的思想品德和政治理论课的教学改革，提出了明确的方向和要求。但一年后发现，中专、中师学校学习贯彻中央《通知》起步较慢，对政治理论课教学改革的思想认识还有待提高。为此，国家教委于1986年8月30日印发了《关于在中专、中师贯彻〈中共中央关于改革学校思想品德和政治理论课程教学的通知〉的意见》。《意见》指出，各地教育部门和中专、中师学校，要继续组织学校领导和教师认真学习《通知》，并结合中专、中师的实际，努力把学习贯彻《通知》引向深入，落到实处。在整个教育体制改革中，应该把政治理论课的改革放在应有的地位；在改革和完善中专、中师政治理论课程的内容和教材方面，要按照《改进和加强中专、中师政治理论课的意见》执行；要贯彻理论联系实际的方针，努力改进教学方法。坚决改进中专、中师政治理论课“照本宣科”、单调灌输抽象的概念和结论的教学弊病；切实加强政治理论课师资队伍的建设，采取切实措施，解决目前中专、中师政治理论课教师数量缺乏、知识水平不适应等问题。《意见》强调，要重视和加强对教学改革的领导，学校党政领导对政治理论课教学工作负有直接的领导责任，要真正把改革学校思想品德和政治理论课程教学当做学校的一项重要工作抓紧抓好。

EBB015－19870810

全国中专教改座谈会在北戴河召开

1987年8月10－15日，国家教委职业技术教育司在河北北戴河召开了中专教改座谈会。来自15个部委、15个省市、12个中专课程组的代表及部分中专学校校长等75人出席了会议。会议期间，国家教委副主任何东昌、王明达到会讲话，全国职业技术教育研究会筹备组组长李蔺田、副组长严雪怡应邀出席会议并讲话。会议进一步明确了中专教育改革的方向、重点、步骤和方法。会议认为，中等专业学校要把教学、技术服务、生产实践三结合作为办学的基本道路。中专教育改革的方向，就是要使学校教育始终能适应我国经济和社会不断改革、发展的需要，使中专教育更好地为社会主义现代化建设服务。当前改革的重点，一是要继续推进中专教育管理体制的改革，充分发挥地方统筹职业技术教育的作用；二是要从分配环节入手，认真研究和试验改革招生和分配制度，促进学生学习的积极性和用人单位选择用人的积极性；三是要把加强实践教学作为教学改革的突破口，推动教学过程、教学内容和教学方法的全面改革。

EBB016－19871210

卫生部等规范中等卫生学校与医院联合办学培养护士的做法

为了扩大中等护理人才的培养能力，适应卫生事业发展对护理人才的需要，1987年12月10日，卫生部和国家教委联合下发《关于发布〈中等卫生学校与医院联合办学培养护士的暂行规定〉的通知》。《通知》指出，中等卫生学校与医院联合办学是多种办学形式的一种，这种做法充分调动了中等卫生学校和医院的办学积极性，既保证了基础医学教学的质量，也加强了临床专业教学的效果。它属于正规教育制度，应纳入国家教育事业计划。《规定》要求，卫校与医院联合办学可实行总校与分校管理体制，卫校为总校，医院设立护士分校。设立分校的医院，一般应是地、市级以上的医院，应有一定的教学编制。分校所在医院在办学中承担了一定的义务，在学生分配上应给予适当优惠，可按在校毕业生20%～25%的比例择优留用；总校应设立分校工作管理部门，该部门属学校的中层机构，负责做好分校的各项工作；分校由所在医院的业务院长（或护理部主任）兼任校长，下设分校办公室，负责学生在分校期间的教学及管理工作。分校的人事关系隶属医院，教学工作受总校及医院双重领导。

EBB017－19880817

全国中等专业学校美育座谈会在九江召开

1988年8月17－21日，国家教委职业技术教育司在九江船舶工业学校召开了全国中等专业学校美育座谈会。国家教委职业技术教育司、艺术教育委员会办公室的负责人员和江西省教委的负责人员到会并讲话。与会代表认真地听取了九江船舶工业学校的调查报告，广泛地交流了各校美育工作的做法、经验和体会，并就美育在中专教育中的有关问题进行了认真讨论。会议认为，美育，即审美教育，它与德育、智育、体育是并列的。中等专业学校审美教育的主要任务和目标是，在初中艺术教育的基础上，进一步提高学生艺术修养，完善学生的感情心理结构，激发、诱导和发展学生各种本质力量，培养正确的审美观念和健康的审美情趣，并使学生具有一定的对自然美、社会美、生活美、艺术美和形式美的感受、理解、评价的能力，以及具有一定的表现美和创造美的能力。会议要求，中等专业学校（艺术类专业除外）要积极创造条件，利用各种形式来开展审美教育，全国重点中专、省部属重点中专应先行一步，力争在三年内普遍开设"美育基础"课程。

EBB018－19891019

国家教委组聘第二届全国中等专业学校课程组

为进一步发挥课程组在中专教育中的作用，使之适应我国教育和教学改革的新形势，国家教委于1989年10月19日发出《关于组聘第二届全国中等专业学校课程组的通知》，决定根据实际情况，在原课程组成员的基础上进行调整，组聘第二届课程组。《通知》指出，1986年6月30日组聘的首届中等专业学校课程组，经过三年的努力工作，完成了任期内国家教委交给的各项任务，认真进行了第三轮部分课程教学大纲的制定（或修订）；落实了第三轮教材规划中大部分选题的编审、出版工作；组织了全国性的课程教改经验的交流，加强了同行间的了解，得到了广大教师的欢迎和支持，在我国中专课程建设和教材建设方面作出了有益的贡献。《通知》希望全体课程组成员认真总结经验，坚持调查研究，继续做好工作；各级教育行政领导都应支持并帮助课程组开展工作，为推进我国中专教育事业的深入发展而共同努力。

EBB019－19900424

中等专业学校《美育基础知识》等三个教学大纲审定会召开

1990年4月24－28日，国家教委职业技术教育司在上海市建筑工程学校，召开了中等专业学校非艺术类专业通用的《美育基础知识》《音乐欣赏》《美术欣赏》三个教学大纲审定会。参加会议的有九江船舶工业学校等9所中专艺术教育研究协作组成员学校的15位代表。国家教委职业技术教育司和上海市教育局的有关负责人参加了会议并讲话。与会代表分成三个小组分别审定了三个大纲。会议认为，美育课是艺术欣赏的入门课，而不是艺术的入门课，要从中专教育的实际出发，面向多数学校和多数学生。三个大纲都是引导学生入门的大纲，不能要求过高。代表们一致认为，三个大纲的制定，体现了国家教委对中专美育的重视，从总体上看，对于全面贯彻党的教育方针、提高全民族的文化素质都将产生积极的影响，具有深远的意义；从内容上看，在介绍必要的理论知识的基础上，特别重视欣赏实践，比较适合中专的培养目标和学生的实际状况，是切实可行的。1990年10月30日，国家教委职业技术教育司印发了《关于转发〈中等专业学校美育基础知识等三个教学大纲审定会纪要〉的通知》，要求各地开设中专美育选修课和各种形式的美育活动。

EBB020－19910809

国家教委颁布全日制普通中等专业学校第三轮教学大纲

1991年8月9日，国家教委职业技术教育司下发了《关于印发国家教育委员会颁布的〈全日制普通中等专业学校用第三轮教学大纲目录〉的通知》，将国家教委直接制定的一批课程教学大纲，共17门学科47种，印发全国。《通知》指出，教学大纲是课程教学评估和衡量教学质量的重要依据之一，是该门课程的最低教学要求。各中等专业学校在教学中要认真遵照执行。

EBB021－19930323

《普通中等专业学校专业目录》发布

国务院于1991年10月17日发布的《关于大力发展职业技术教育的决定》提出，要面向社会实际需要，合理规划职业技术学校的布局和专业设置。为贯彻这一精神，国家教委于1992年1月27日印发了《关于修订普通中等专业学校专业目录的通知》，要求对普通中等专业学校专业目录进行全面修订。1992年底，普通中等专业学校专业目录修订工作全面完成。1993年1月12日，在山东省济南市召开了全国普通中等专业学校专业目录审议会。1993年3月23日，国家教委发出《关于印发〈关于普通中等专业学校专业设置管理的原则意见〉的通知》，将《普通中等专业学校专业目录》发布实施。《通知》指出，从1994/1995学年开始，全国普通中等专业学校须按新《目录》（含专业目录、专业简介、新旧专业名称对照表）所列的专业招生，并根据“专业简介”所确定的基本规格，结合行业、地方的实际情况，调整教学计划。1993年以前（含1993年）入学的历届中专生的专业名称原则上也应按“新旧专业名称对照表”进行更换，并在教学安排上作相应的调整。若某些专业改变名称确有困难，可暂用原专业名称至现有学生毕业为止。《通知》强调，《目录》的实施过程不只是改变专业名称和调整、归并专业，更重要的是为了培养出确能适应我国新时期经济建设和社会发展需要的中等专业人才。各有关部门和中专学校应把《目录》的实施工作作为中专教育改革的一项重要内容，切实加强领导，认真加以落实。

EBB022－19940214

国家教委制定普通中等专业学校体育课程教学指导纲要

1994年2月14日，《国家教委关于印发〈全国普通中等专业学校（不含中师）体育课程教学指导纲要〉的通知》下发，要求全国普通中等专业学校（不含中师），自1994年新学年度开始施行这个《纲要》。《纲要》是以党的教育方针和国务院批准发布实行的《学校体育工作条例》为指导，针对普通中等专业学校培养目标，在总结新中国成立40多年来我国普通中等专业学校体育课程建设经验和十多年来体育教学改革成果的基础上制定的。它是编写普通中等专业学校体育教材，实施体育课教学、管理和评估的依据。《纲要》对体育课程的教学目的和任务、体育课教学、编写体育教材的原则与要求以及体育课程的管理等作出了明确规定。

EBB023－19940401

《普通中等专业学校学生学籍管理规定》发布

1994年4月1日，国家教委发布了《普通中等专业学校学生学籍管理规定》。该《规定》是在1979年教育部发布的《普通中等专业学校学生学籍管理暂行规定》基础上修订的。《规定》共10章50条，为适应新形势的要求，在成绩考核方面，提出学校可试行学分制。在升级与留级、转学与转专业、休学与复学等方面进行了较大修改，一是更加适合中专学生的特点，如，学生在某专业领域具有一定专长，转学或转专业更有利于其能力发挥者可予转学或转专业等。二是增加了学校的管理权限，如，留级生应向学校交付一定数额的培养补偿费，具体标准由学校商有关部门确定；对学生作出勒令退学或开除学籍的处分，经校长办公会讨论决定后，由原来的报省级教育行政部门和学校主管业务部门批准改为备案等。变动最为明显的是在毕业生就业管理方面：提出国家任务生（定向生）应服从国家的分配和安排，也可通过供需见面、双向选择的办法就业；委托培养生按入学时与有关方面签订的合同办理就业事宜；自费生原则上自谋职业，也可向学校提出申请，由学校根据具体情况向有关用人单位推荐等。

第三节　招生就业

EBC001－19790503

国务院批转教育部《关于一九七九年高等学校和中等专业学校招生工作的意见》

1979 年 5 月 3 日，国务院批转了教育部《关于一九七九年高等学校和中等专业学校招生工作的意见》，对当年高等学校和中等专业学校招生工作作出全面安排。1979 年的招生工作意见与上年相比，在学习年限、文化考试、政审和体检、录取办法、跨省招生及毕业生分配等方面没有提出新的要求，变化较大的是在招生对象方面。《意见》指出，国务院《关于一九七八年高等学校和中等专业学校招生工作的意见》规定，中等专业学校一般招收初中毕业生，也可以招收高中毕业生。鉴于今后几年高中毕业生数量很大，为了多出人才，快出人才，今年中专学校除招收初中毕业生外，可以招收高中毕业生，年龄不超过 22 周岁。但高中毕业生报考中专，必须本人填报志愿，没有本人志愿，一律不予录取。《意见》提出，师范学校要优先录取民办教师，在年龄和录取分数线上，可以适当放宽。师范学校招生除笔试外，有条件的可由学校进行面试。

EBC002－19800424

教育部对 1980 年中等专业学校招生工作提出补充意见

为了做好 1980 年中等专业学校的招生工作，1980 年 4 月 24 日，国务院批转了教育部《一九八〇年中等专业学校招生工作的意见》。《意见》肯定了 1979 年中等专业学校（包括中等师范学校）的招生工作，对 1980 年中等专业学校招生工作提出了如下补充意见：中等专业学校招收初中毕业生，学习年限为三或四年，个别为五年；招收高中毕业生，学习年限一般为二年，有些专业可为二年半或三年；为了稳定中等专业学校的教学秩序和提高教学质量，今年起，同一学校应招收一种对象；今年录取的考生，不服从分配的，下一年不能报考；中等师范学校，原则上应招收初中毕业生，招收师范生可以由师范学校单独考试，也可参加重点高中统一招生考试。然后由中师进行面试和严格体检，择优录取。为了贯彻小学教师地方化的原则和巩固、提高小学教师待遇，也可招收教小学的民办教师，年龄可放宽到30岁左右。

1981年中等专业学校招生工作，仍按国务院批转的《一九八〇年中等专业学校招生工作意见》执行。

EBC003－19800516

国务院同意中等专业学校毕业生进行统一调剂

1980年5月16日，国务院发文同意民政部、教育部《关于对中等专业学校毕业生进行统一调剂的报告》。《报告》是在认真分析当前中专毕业生在分配和使用上存在的问题，经与国家计委研究后提出的。《报告》指出，新中国成立以来，中等专业学校为我国社会主义建设输送了500多万专业人才，他们是科学技术队伍的重要来源。当前中专毕业生在分配和使用上存在的问题是：有的部门有些专业的毕业生多余分不出去，改做其他工作，造成学用不一致；而有的部门却非常缺乏，还要重新培养，造成人力、物力上的浪费，这些问题不同程度地影响到中等专业学校师生的积极性。因此，要对中专毕业生在一定范围内进行调剂。具体意见为：中专毕业生原则上由各部门和各省、市、自治区自行分配，必要时国家根据需要作少量调剂；各部门和省、市、自治区的中专毕业生，如有余缺需要进行调剂时，可由部门和地方本着互通有无的原则，通过互相协商解决，互相协商有困难的，可报民政部协助解决；为保证国家重点建设及特殊急需，国家可从中央部门所属中等专业学校有关专业毕业生中，抽调不超过5%的名额进行调剂。根据就地就近解决问题的原则，在必要时，可经过与有关省、市、自治区协商，从地方所属中专相关专业毕业生中抽调少量的名额进行调剂；国家调剂计划由民政部商有关方面制订，省、市、自治区人事部门根据国家调剂计划，负责毕业生的分配、派遣工作。

EBC004－19800830

中等专业学校开始举办干部培训班

根据叶剑英在庆祝新中国成立30周年讲话中提出的“我们要通过各级党校、中等专业学校、高等院校和各种形式的训练班，对现有干部进行定期轮训，并使之形成制度”的要求和中共中央宣传部、组织部《关于加强干部教育工作的意见》的精神，1980年8月30日，教育部、国家计委、财政部下发了《关于高等学校、中等专业学校举办干部专修科和干部培训班暂行办法的通知》，要求中等专业学校在保证完成国家下达招生任务的前提下，要举办学制为一年左右的干部培训班。干部培训班的主要培训对象是县以下基层单位和企事业负责人员，其招生文化条件由委托单位根据实际情况，并按照学校提出的入学条件要求，由单位选送，学校录取。《通知》指出，学员在学习期间，工资由原单位照发，并按国家规定享受探亲和公费医疗等非生产性的福利待遇，所需费用由原派送单位支付。结业后，原则上回原单位工作。所需培训经费由派送学员单位向学校交付。

EBC005 – 19801231

国务院提高中等专业学校毕业生定级工资水平

1980 年 12 月 31 日，国务院批转国家人事局、国家劳动总局、财政局、教育部《关于提高中等专业学校毕业生定级工资水平的请示》，同意从 1980 年 11 月 1 日起，提高中等专业学校毕业生的定级工资。具体标准为：中等专业学校修业两年以上的毕业生，见习期满的定级工资可在现行定级水平的基础上提高一级；对过去已经定级的中等专业学校毕业生，现行标准工资低于上述定级水平的，可调整到上述定级水平；中等专业学校的结业生、肄业生的工资待遇，可在略低于毕业生工资待遇的前提下，由各省、市、自治区自行确定；分配到集体所有制单位的中等专业学校毕业生，其见习期临时工资和定级工资待遇，参照上述精神办理。

EBC006 – 19820220

教育部等制定中等专业学校学生生产实习经费开支办法

1982 年 2 月 20 日，教育部、财政部联合颁发了《普通高等学校、中等专业学校学生生产实习经费开支办法》，就普通高等学校和中等专业学校学生生产实习经费开支办法作出具体规定，自 1982 年 1 月 1 日起执行。《办法》指出，安排学生生产实习，必须贯彻“就地就近”的原则。在保证完成生产实习任务的前提下，要做到能校内则不校外，能本地则不外地，能就近则不远去。实习场所力求稳定，以利与接受实习单位相互协作，提高实习效果，节省经费开支。《办法》对师生在生产实习中使用的劳动工具和试料费，师生实习期间所需住房租赁费、水电费、取暖费、伙食管理费、实习管理费、住勤补助、伙食补助、交通运输费等作了详细规定。《办法》强调，本办法规定的各项开支标准，只适用于师生生产实习，不适用于其他出差活动。

EBC007－19830210

农业中专实行“两条腿走路”的招生分配方法

1983年2月10日，农牧渔业部、教育部联合发出了《关于1983年全国高、中等农业院校招生工作的通知》。要求开创农业中专学校办学的新路子，实行多种形式办学、“两条腿走路”的招生分配方法，即一种是国家统招，指标到县，定向招生、定向分配。另一种是招收农、牧、渔业系统企事业单位具有初中以上文化程度的在职职工，举办职工中专班；也可以招收具有初中毕业以上文化程度的集体所有制单位、专业户的农村优秀青年，单独招生，择优录取，毕业后不包分配，回原单位工作。此外，还可以接受自费代培或试办农业教育专业师范班。

EBC008－19830323

教育部对1983年全日制中等专业学校招生作出新规定

1983年3月23日，教育部印发了《关于一九八三年全日制中等专业学校招考新生的规定》的通知。1983年的招生文件与往年相比有了较大变化，主要体现在以下方面：一是商得国家计委同意，可超额录取1%～3%的新生。二是在继续提出中等专业学校招生要逐步增加初中毕业生比重的同时，明确提出原来招收初中毕业生的学校，不要改招高中毕业生。学校除特殊专业外，应招收初中毕业生。三是规定考试成绩只通知考生本人，不公布，不查卷。四是提出政治思想品德考查主要看本人的政治思想品德表现。有下列问题之一者，不予录取：（一）有反对四项基本原则的言论和行为；（二）扰乱社会治安，带头闹事；（三）品质恶劣，道德败坏，投机诈骗，走私贩私，贪污盗窃；（四）有流氓、偷摸行为，屡教不改。五是对第一志愿报考煤炭、石油、地质、农林、水利、护士等学校和航海类专业的考生，考分达到当地规定的分数线的，一次投放档案。六是开始试行部分定向招生、定向分配。七是规定了对考试舞弊和扰乱考场秩序考生的处理措施等。

EBC009－19830421

国务院侨办、教育部对朝鲜、蒙古华侨青年回国报考中等专业学校作出安排

20世纪80年代初期，旅居朝鲜、蒙古的华侨青年，出于强烈的爱国热情，迫切要求回国升学，为祖国“四化”建设服务。归国后所处的主要省份是辽宁、吉林、黑龙江、山东、山西、河北、内蒙古、广东和福建等。为了体现党和政府对侨胞的关怀照顾，尽可能满足他们学习的要求，1983年4月21

日，国务院侨务办公室、教育部联合发出了《关于朝鲜、蒙古华侨青年回国报考中等专业学校有关问题的通知》，对回国华侨青年报考中等专业学校事宜作出安排。《通知》指出，朝鲜、蒙古华侨青年回国升学，参加高等学校对华侨、港澳台青年单独招生考试。高等学校录取新生完毕后，对志愿升入中等专业学校并达到中专录取线的考生，由有关省区招生办公室安排录取；对达到中专录取标准的，应视其亲属现在定居地点统筹安排到同一地区学习；被中专录取的朝、蒙华侨青年，入学后对其学籍的管理，一律按教育部《关于试行〈中等专业学校学生学籍管理的暂行规定〉的通知》办理，其待遇与国内学生相同。《通知》最后强调，妥善安排朝、蒙华侨青年的学习问题，是落实党的侨务政策，保护和发扬侨胞爱国爱乡热情的一项重要工作，各地各部门一定要高度重视。驻朝使馆、驻蒙使馆、华侨学生补习学校和有关地区侨办要做好回国学习的华侨青年及其家长的思想工作，使其“一颗红心，两种准备”，服从国家的需要和安排。

EBC010－19830618

教育部扩大 1983 年中等专业学校招生计划

党的十二大把教育定为我国实现四个现代化的战略重点之一。遵照国务院领导提出的“要认真办好中专”、“要多办中专”的指示精神，1983 年 6 月 18 日，教育部、国家计委联合下发了《关于完成和扩大一九八三年中等专业学校招生计划等问题的通知》，要求各地完成和扩大当年的中等专业学校招生计划。《通知》指出，一是要切实保证完成 1983 年的中专招生计划，争取更多招一些。按照规定可以超额录取 1% ~3% 的新生，以弥补新生入学后可能出现的缺额；在完成国家招生计划的同时，对社会需要、学校又有能力多培养的专业，可采取接受委托培养、实行计划外合同制招生、试行招收一部分不包分配的农村学生等办法扩大招生。二是全日制中等专业学校在保证完成国家招生任务的原则下，如有潜力，可举办少量的职工中专班。三是要重视中等专业教育，有关部门和地方要采取积极措施，进一步挖掘学校潜力，使中专招生人数逐步增长。对现有中专学校要保持稳定，一般不宜戴帽改办大专院校。

EBC011－19831018

原半工半读中等专业学校毕业生学历工资等问题得到落实

1966 年以前，根据中央关于实行“两种劳动制度，两种教育制度”的指示，中央和地方的有关部门新建或改建了一批半工（农）半读中等专业学校

(含中师，下同)。这些学校一般招收初中毕业生，学制为一、二、三、四年。1968年，对这些学校的毕业生进行了分配，绝大部分当了工人。最近几年，由于评定技术职称等要求学历，而原半工（农）半读中等专业学校毕业生的学历未被社会所承认，少数毕业生的工资还低于现行中专毕业生的定级工资水平。为解决这一历史遗留问题，1983年，教育部、劳动人事部向国务院提交了《关于原半工（农）半读中等专业学校毕业生学历、工资等问题的请示》。获同意后，两部委于1983年10月18日印发《关于原半工（农）半读中等专业学校毕业生学历、工资等问题的通知》，对相关问题提出了处理意见：1966年以前，凡中央和地方有关部门授权新建或改办的半工（农）半读中等专业学校，按国家下达的招生计划，招收初中毕业生，学制三年以上，或招收高中毕业生单独编班，学制两年以上，采用全日制中等专业学校的教材或相当于此种水平的教材，学习期满毕业的学生，同时具备以上条件的，可按照全日制中等专业学校毕业生同等学力对待；凡承认学历的毕业生，可按国务院批转《关于提高中等专业学校毕业生定级工资水平的请示》的规定，给予全日制中等专业学校毕业生的定级工资待遇；半工（农）半读中等专业学校毕业生承认其学历者，仍按当时办学的宗旨，即既可以当工人、农民，也可以当干部的原则，不涉及本人目前工作重新调整、安排问题；半工（农）半读中等专业学校毕业生的善后处理工作，中央部门举办的学校由中央部门办理，地方举办的学校由地方办理。

EBC012－19840515

中等专业学校开始举办干部、职工中专班

根据中央关于加强干部教育，实现干部队伍革命化、年轻化、知识化、专业化的指示精神，1984年5月15日，教育部、国家计委、财政部印发了《高等学校举办干部专修科，中等专业学校举办干部、职工中专班的试行办法》，提出要在中等专业学校举办干部、职工中专班。招生计划要纳入本地区、本部门中等专业学校统一招生计划，报教育部、国家计委审批后，纳入当年国家招生计划。干部、职工中专班招生对象为年龄在35岁以下，具有初中毕业文化程度，工作三年以上的科级以下干部和优秀工人。学制一般为三年，学员在校学习期间享受原工作单位的一切待遇。学习期满，考试合格者发给毕业证书，按中等专业学校毕业生对待。毕业后，一律回原单位工作。培养学员所需费用，由派送学员单位向学校支付，工科、医药、艺术科类每生每年650元，农林、体育科类每生每年550元，师范、财经、政法和其他科类每生每年450元。

EBC013－19850327

农牧渔业部、教育部重申农业中专招收不包分配班要纳入国家招生计划

为了适应农村经济形式发展的需要，大力发展中等农业教育，实行多种形式办学，在为国家行政管理部门和企事业单位培养中等农业专业人才的同时，应努力打开人才通向农村的路子，直接为农村专业户、重点户、地区性经济联合体和乡镇企业培养不包分配的各种专业人才。为贯彻这一改革精神，农牧渔业部、教育部于1983年联合发出了《关于一九八三年全国高、中等农业院校招生工作的通知》，明确提出农业中专招生分配办法的改革意见。但在执行过程中，因有些省（区、市）对招收不包分配中专班未纳入招生计划，以致影响这一改革的顺利进行。为此，1985年3月27日，农牧渔业部、教育部联合下发《关于农业中专招收不包分配班纳入国家招生计划的通知》，重申农业中专招收不包分配班要纳入国家招生计划，以利于统筹解决办学经费及学生在校学习期间的户口、粮食关系问题。不包分配班由省（区、市）农业主管厅（局）单独招生考试，择优录取，毕业时考试合格者承认其学历，发给毕业文凭。

EBC014－19850502

普通中等专业学校开始招收委托培养生

1985年5月2日，教育部下发《关于一九八五年普通中等专业学校招生规定》，对当年的中等专业招生工作作出安排。1985年的招生规定与往年的招生规定相比，增加了“关于委托培养招生”的内容。《规定》指出，学校在完成国家下达招生计划的前提下，经主管部门批准，可与用人单位签订委托培养人才的合同，作为国家计划的补充，列入学校招生计划，要严格执行教育部、国家计委、财政部于1984年6月24日颁发的《高等学校接受委托培养学生的试行办法》。新生一定要从参加本省、自治区、直辖市中专统一招生中择优录取。委托培养学生入学及毕业分配如涉及户口的问题时，按照国务院批转《公安部关于处理户口迁移的规定》的通知规定办理，地方应准予迁入户口。

EBC015－19850516

《普通中等专业学校招生体检标准》在全国试行

1985年5月16日，教育部和卫生部联合印发了《关于普通中等专业学校招生体检工作的通知》，要求各地区、各部门及各中等专业学校认真做好招生体检工作。同时，将1985年《普通中等专业学校招生体检标准》印发全国试行。《体检标准》共分为三部分：一是规定了有哪些疾病或生理缺陷不能被录取；二是规定了有哪些疾病或生理缺陷不能被录取到哪些专业；三是体检要求，即对体检人员的操作程序和体检结论作了统一规定。鉴于国家在视力检查和血压计量方面颁布了新的标准，同时，考虑到某些专业的特殊需要，1991年，国家教委、卫生部对该《体检标准》作了一些修改，4月13日，印发了关于《〈普通中等专业学校招生体检标准〉补充规定》的通知。

EBC016－19851025

国家教委要求及早安排中等职业学校教师到高等学校进修

为加强师资队伍建设，改变各类中等学校教师质量偏低的状况，教育部、国家计委和财政部于1984年4月21日联合发出了《关于普通高等学校举办中等学校教师本科班和专科班的通知》。各地区、各部门根据这一通知精神，对农、职业中学和中等专业学校在职教师的培训都作了一些安排。但据反映，由于这些学校不仅需要培训文化课师资，也需要培训专业课师资，而且需要的专业门类较多，特别是中等专业学校由业务部门主管，在地方没有统一的部门协调、规划，因此安排农、职业中学和中等专业学校在职教师到高等学校教师本、专科班培训，困难较大。为了进一步贯彻此通知精神，把符合条件的农、职业中学和中专学校在职教师切实纳入高等学校教师本、专科班培训招生计划，国家教委1985年10月25日下发通知，要求各省、自治区、直辖市教育委员会、高教局、教育厅（局）分别就农、职业中学和中专教师选派计划与有关方面磋商，及早着手准备1986年省、自治区、直辖市农、职业中学及中等专业学校在职教师到高等学校举办的中等学校教师本、专科班培训方案，以便列入来年省（区、市）内高等学校为中等学校举办教师本、专科班培训招生计划。

EBC017－19860324

国家教委部署1986年普通中等专业学校招生工作

1986年3月24日，国家教委就当年的中等专业学校招生工作发出通知指出，1985年中等专业学校的招生工作，在各地党政统一领导下，不仅超额完成了全国招生计划，新生质量也有所提高，取得了较好的成绩。1986年中等专业学校招生工作，除继续执行1985年普通中等专业学校招生规定和《普通中等专业学校招生体检标准》外，再着重强调以下几点：（一）国家教育委员会不再单独或联合下达定向招生计划方案。由实行定向招生的有关部委提出方案，商请省、自治区、直辖市教育部门统一安排，予以落实；（二）从今年起，按照 1985 年 3 月 27 日教育部、农牧渔业部《关于农业中专招收不包分配班纳入国家招生计划的通知》精神，在农业中专试行哪里来哪里去的办法，从国家下达的统一招生计划指标中确定一定比例，招收不包分配的农村青年班；（三）中专招收初中毕业生并与升高中考试统一组织安排，对技术专科学校，重点、部属中专学校在报名、录取工作中，应与重点高中同等对待，原则上按照学生报考重点高中或中专的志愿顺序录取。

EBC018－19860822

国家教委重申中等专业学校的学制问题

1986 年 8 月 22 日，国家教委办公厅印发《关于转发辽宁省高教局对中专学制问题的意见的函》指出，中等专业学校的学制问题，1980 年国务院批转的教育部全国中等专业教育工作会议纪要中已有明确规定，其中并无招收初中毕业生二年的学制。凡属学历教育的学制，应由国家教委负责制定或颁布。其他各部门及各地方不得自立学制。请各省、自治区、直辖市和国务院各部委主管教育工作的部门注意掌握。

EBC019－19861215

中共中央要求 45 岁以下初中文化水平的干部必须接受中专教育

为适应新时期要求，实现干部队伍的革命化、年轻化、知识化和专业化，1986 年 9 月，中央组织部、宣传部和国家教委联合起草了一份《关于加强干部中等专业教育的意见》，通过报经中央书记处书记胡启立和国务院副总理兼国家教委主任李鹏同意，以上三部委于 1986 年 12 月 15 日联合下发通知，将《关于加强干部中等专业教育的意见》印发全国执行。《意见》指出，到 1985 年底，全国 45 岁以下干部中，初中及初中以下文化程度的有 430 万名左右，重视干部的中等专业教育乃是很紧迫的任务。《意见》要求，年龄在 45 岁以下、只有初中文化水平的干部，必须接受中专（高中）教育。普通中等专业学校和各种形式的成人中等专业学校，都要按主管部委和地区的成人中专教育发展计划招收干部。凡 45 岁以下、未达到中专水平的干部，一般都应在当地规定的期限内达到中等专业水平。干部中专教育任务争取在“七五”期间基本完成。

EBC020－19870731

国家教委等强调做好普通中等专业学校招收残疾青年考生工作

教育部、卫生部制定的1985年《普通中等专业学校招生体检标准》，对有轻度残疾的考生在报考某些学校和专业上比原来制定的体检标准放宽了要求。但在执行中，有的学校仍掌握较严，担心学生毕业后分配有困难，对符合体检标准的轻度残疾考生未予录取，致使他们仍无入学深造的机会。为此，国家教委、劳动人事部于1987年7月31日联合下发了《关于做好普通中等专业学校招收残疾青年考生工作的通知》，对残疾考生录取问题再次提出明确要求：一是提高认识，正确对待符合体检标准的残疾考生，切实做好中等专业学校录取残疾考生的工作；二是对达到报考学校的录取分数线，又符合《关于普通中等专业学校招生体检工作的通知》标准要求的残疾考生应与其他考生一视同仁，绝不应仅因残疾而不予录取；三是残疾学生毕业时应与其他毕业生一样分配工作等。

EBC021－19871231

《编制普通中等专业学校跨省招生计划的试行办法》印发

为做好普通中等专业学校跨省招生计划的编报工作，1987年12月31日，国家教委发出了《关于印发〈编制普通中等专业学校跨省招生计划的试行办法〉的通知》。《通知》指出，国务院已决定建立海南省，要求有关部门、中等专业学校根据海南省的实际需要和生源情况，安排在海南省招生的计划；农业、林业、卫生、矿业、地质、煤炭、石油、水电、建材、气象、测绘、轻工、司法等部门以及国防军工系统所属的某些学校，1988年仍可试行定向招生、定向分配。这些学校可以按隶属关系，面向文化基础比较薄弱的农村、山区、农场、牧场、林区、林场、矿区、盐场、生产建设兵团、海洋捕捞生产船队、海水淡水养殖场、野外地质队、水电施工基地、气象台站、劳改劳教所和国防军工三线等地区定向招生；今后国家教委不再每年印发编制跨省招生计划的通知，要按照本试行办法要求，每年如期报送本部门及其系统所属中等专业学校跨省招生计划；1988年各部门及其系统所属中等专业学校跨省招生计划于3月15日前报送国家教委。

EBC022－19880314

国家教委制定《普通中等专业学校招生暂行规定》

为搞好普通中等专业学校招生工作，选拔适合普通中等专业学校培养要求的新生，1988 年 3 月 14 日，国家教委制定了《普通中等专业学校招生暂行规定》。《暂行规定》要求普通中等专业学校招生，应贯彻德智体全面考核、择优录取的原则，有利于中等教育，有利于社会安定团结。要求各省、自治区、直辖市教育部门设立普通中等专业学校招生机构，配备专职人员，负责招生工作。《暂行规定》指出，报考的青年要拥护四项基本原则，热爱祖国，遵纪守法，决心为社会主义现代化建设勤奋学习；初中毕业或具有同等学力；身体健康；年龄不超过 18 周岁。经审查符合报考条件的，由县（区）招生办公室核发准考证参加考试。

EBC023 – 19880405

农牧渔业部等八部委制定农业中等专业学校招收农村青年不包分配班的若干规定

1988 年 4 月 5 日，农牧渔业部等八部委联合发出《关于农业中等专业学校招收农村青年不包分配班的若干规定》。《规定》指出，不包分配班的招生工作必须面向农村；贯彻招生来源与毕业去向、培养与使用紧密结合的原则；招收立志务农的初、高中毕业生，对于有一定生产实践经验的往届毕业生，年龄可适当放宽；招生指标纳入国家指令性统一招生计划，单独招生，并加试农业生产知识。1988 年 5 月 25 – 31 日，农牧渔业部教育司在河北省沧州农业学校召开了深化完善农业中专招收不包分配班改革的工作研讨会。

EBC024 – 19901009

普通中等专业学校开始招收自费生

1990 年 10 月 9 日，国家教委印发了《关于普通中等专业学校招收自费生参照教学（1990）010 号文件执行的通知》，普通中等专业学校从 1990 年起可以招收自费生。《通知》指出，自费生是指学校按招生规定录取并由本人缴纳培养费、学杂费，毕业后可以由学校推荐就业，也可以自谋职业的学生。《通知》下达之后，各省、自治区、直辖市、各部委根据文件精神，结合各地具体情况，都制定了普通中等专业学校招收自费生的具体规定。中专自费生招生计划一般控制在计划总数的 40% 以内，年收费标准一般在 5000 元左右，有相当省份在粮、户关系迁移方面有所放宽，即给自费生办理了粮、户关系的迁移手续，其他方面按文件规定执行。中专自费生招生政策执行到 1993 年，1994 年所招收的中专生，统称为“国家任务生”，实行一个收费标准，毕业生由国家统一安置就业。

EBC025－19901125

国家教委对中等专业学校招生计划管理提出要求

为加强普通高等学校、中等专业学校招生计划的宏观管理，提高计划编制的科学性和执行计划的严肃性，保证教育事业稳定、持续、协调发展，1990年11月25日，国家教委、国家计委联合颁发了《普通高等学校、中等专业学校招生计划管理暂行办法》。《暂行办法》对招生计划的范围和内容、招生计划编制依据、招生计划编制程序、招生计划的执行要求等作出了明确规定。《暂行办法》中所说的普通中等专业学校系指经国家正式批准注册，以应届初级中学毕业生为主要培养对象的全日制中等专业学校，其招生计划系指全日制中等专业学历教育的招生计划。《暂行办法》指出，编制普通高等学校、中等专业学校的招生计划的基本依据是国民经济、社会发展对高、中等专门人才的需求，国家、社会可能提供的办学条件，以及学校自身的状况。《暂行办法》要求招生计划下达以后，各地区、各部门、各学校都必须遵照执行。任何个人或单位均不得越权决定普通高等学校、中等专业学校招生计划的调整。

EBC026－19901220

国家教委对违规招生的学校作出严肃处理

在1990年中专招生过程中，西安航空工业技术专科学校在中专跨省委培生生源计划不落实的情况下，未向主管部门请示报告，而应江苏省沭阳、宿迁、淮安三县（市）的要求，自行决定，越过省、地两级招生部门，直接到三县（市）招生，共录取中专委托培养学生120名，又为陕西第一工业学校代录5名。在录取时，该校自定录取分数线，所依据的成绩既有统考成绩，也有预考和高师考试成绩；录取的学生中，有的没有正式成绩单，个别的甚至连档案也没有；沭阳、宿迁、淮安三县（市）教育部门严重违反国家有关规定，越权组织中专招生录取工作，在招生时不组织公开报名，而是大搞内定、照顾，造成极为不良的影响；陕西第一工业学校负责招生工作的干部，不经请示，擅自调剂省间招生计划指标，委托别校代为录取等。鉴于以上学校与县（市）招办所犯错误和造成的不良社会影响，国家教委于1990年12月20日将此事在江苏省、航空航天部和陕西省的普通高等学校和中等专业学校及各级招生委员会范围内予以通报，并作出以下处理：一、西安航空工业技术专科学校、陕西第一工业学校违反规定招收的全部委培生，限于1991年1月15日前，由各校负责退回原户口所在地。责成有关部门和学校认真做好学生及家长的思想工作，保证清退工作的顺利进行。二、请江苏省教委对清退的学生进行甄别，对其中确实符合中专招生录取条件的，在 1991 年中专招生时予以考虑。三、对此事件的有关责任者，由航空航天部、江苏省有关部门在进一步调查核实的基础上，区别情况，给予必要的党纪、政纪处分。

EBC027 – 19910521

教育部等四部委要求做好中等专业学校招收残疾考生和残疾学生毕业分配工作

为做好残疾青年的升学和就业工作，教育部、国家计委、劳动人事部、民政部于 1985 年联合发出了《关于做好高等学校招收残疾青年和毕业分配工作的通知》，国家教委、劳动人事部于 1987 年发出了《关于做好普通中等专业学校招收残疾青年考生工作的通知》。之后，各级招生、毕业生分配部门为残疾青年的升学、就业问题做了大量艰苦细致的工作，取得了一定的成绩，高等学校、中等专业学校分别录取了 5000 名和 2000 名残疾学生，大多数残疾毕业学生工作得到安排，体现了党和国家对残疾人的关怀。但是，也有一些单位和部门拒绝接收残疾毕业学生，使一些残疾毕业生仍滞留在学校内，因此，高等学校和中等专业学校在录取残疾考生时有所顾虑，使这项工作受到一定的影响。为贯彻落实《中华人民共和国残疾人保障法》，国家教委、人事部、劳动部、民政部于 1991 年 5 月 21 日联合发出了《关于进一步做好高等学校、中等专业学校招收残疾考生和残疾学生毕业分配工作的通知》，要求各地、各学校根据上述两个文件的精神，按照国家教委、卫生部《关于普通高等学校招生体检工作的通知》和《关于普通中等专业学校招生体检工作的通知》中所规定的体检标准，进一步做好高等学校、中等专业学校招收残疾考生和残疾毕业学生的分配、接收工作。

EBC028 – 19910612

国家建立健全中等专业教育自学考试制度

为建立和健全中等专业教育自学考试制度，根据国务院发布的《高等教育自学考试暂行条例》，国家教委于 1991 年 6 月 12 日颁发了《中等专业教育自学考试暂行规定》。《暂行规定》共 10 章 41 条，分别对考试机构、开考专业、考试办法、考籍管理、毕业人员的使用与待遇、考试经费、社会助学、奖励和处分等作了明确规定。《暂行规定》指出，中等专业教育自学考试是自学考试制度的一个重要层次，同时也是我国中等专业教育的组成部分。凡中华人民共和国具有初中毕业文化程度或经过严格考试确认具有同等学力的公民，均可参加中专自学考试。但各级各类全日制学校在校生不得报考。中专自学考试合格者，可以取得毕业证书。中专自学考试毕业证书获得者，在职人员可以当干部，也可以当工人。可由所在单位或其上级主管部门，根据工作需要，本着学用一致的原则适当安排。非在职人员（包括农民），可在用人部门需要并有增人指标的情况下，通过考试考核择优录用和聘用。获得中专自学考试毕业证书后，新招收录用为国家机关、事业单位的人员，当干部的工资待遇按国务院批转人事部、国家计委、财政部《1989 年调整国家机关、事业单位工作人员工资实施方案的通知》中关于中专毕业生的有关规定执行；新招收录用为工人的，按国家对工人的有关规定执行。

EBC029 －19910627

全国中专改革招生分配制度为科教兴农服务座谈会在嘉兴召开

1991 年 6 月 27 日至 7 月 1 日，全国中专改革招生分配制度为科教兴农服务座谈会在浙江省嘉兴市召开。国家教委副主任王明达和浙江省副省长李德葆到会并讲话。会议期间，代表们参观了嘉兴农校及该校“村来村去”中专班毕业生章建琴和王健创办的家庭农场；听取了农业部、卫生部、国家建材局及浙江、黑龙江、四川、吉林等省改革中专招生分配制度，为农村输送人才的经验；讨论了国家教委起草的《关于继续深化和推进与农村建设有关的中等专业学校招生和毕业生分配制度改革的意见》。会议认为，推进和深化农业及与农村建设有关的中等专业学校的招生与毕业分配制度的改革，要继续办好不包分配班，并逐步扩大其招生数量；凡与农村建设有关的中等专业学校，从明年起，积极试办不包分配班；在国家任务招生计划中要扩大面向县以下农村全民和集体所有制企事业单位定向招生、分配的比例，定向范围可以到乡；按国家任务招生计划录取的农业及与农村建设有关的中等专业学校的学生，从明年入学起，应安排一定比例的毕业生到农村集体企事业单位就业，特别是到农村乡一级的社会化服务体系中就业。会上，王明达讲了以下问题：一是改革中专招生分配制度是深化教育体制改革的重要内容；二是中专招生分配制度改革的目标和措施；三是加强中专内部的改革和建设；四是要重视发挥中等专业学校的骨干作用。

EBC030 －19920219

嘉兴农校改革招生分配制度为科教兴农服务的经验在全国推广

1992 年 2 月 19 日，国家教委、农业部联合发出通知，将浙江省教委、省农业厅《关于嘉兴农校改革招生分配制度为科教兴农服务情况的报告》转发全国。该通知指出，党的十三届八中全会强调要继续稳定以家庭联产承包为主的责任制，不断完善统分结合的双层经营体制。要实施科技、教育兴农战略，需要大批热爱农村，有文化、有技术、会经营、会管理的干部和各类专业人才。为了打通中专人才通向农村的渠道，1983年以来，农业及与农村建设有关的中等专业学校进行了招生分配制度改革的试点工作，通过改革不但为农村输送了大批中专人才，而且也使中等专业学校进一步明确了办学方向，大大促进了中等专业学校自身的改革和发展。浙江省嘉兴农校在浙江省各级政府和教育、农业等部门的积极支持和具体指导下，勇于实践，坚持改革试点，经过几年的努力，在改革招生分配制度为科教兴农服务方面取得了可喜的成果。该通知要求各地、各部门认真学习嘉兴农校经验，结合本地、本部门的实际，制订出实施计划、配套政策和措施，为农村的社会主义现代化建设培养和输送更多、更好的建设者和接班人。

附录　关于嘉兴农校改革招生分配制度为科教兴农服务情况的报告（摘录）

一、改革的主要工作和效果

1. 为了切实改变农业中专毕业生分配难，通向农村更难的状况，学校致力于改革传统的统招统配制度，从1985年开始，在统招计划中试招立志为农服务的农村知识青年不包分配种植业班29人。随后，不断总结经验，完善招生办法，扩大不包分配生比例，1990年招收不包分配学生110人，占当年学校招生数的78.6%。据统计，7年共招收不包分配学生301人，占该校7年招生总数的37%。现不包分配在校生192人，占在校学生总数的41.6%。

2. 加强领导，坚持不懈地加强“兴农、爱农、献身农业”的思想教育。

3. 从实际出发，不断改进招生办法，学校把招生的重点放在那些政治思想素质好，热爱农业劳动，有志务农，父母支持，家庭又具有一定生产条件，身体健康的应（历）届初中、高中毕业生上，改变过去招生中单纯注意文化、看重分数的倾向。

4. 充分利用学校优势，在中等农业教育中起好骨干带头作用。学校除了办好全日制普通班、不包分配班外，1989年还办了农村职业高中班。同年又按嘉兴市政府的布置，承担了全市农村职业技术教育网络的组建任务。对全市五县两区的农村职业学校、乡成人技术学校、乡初中的农技教育，结合“燎原计划”的实施，进行业务辐射和指导。

二、几条基本经验

1. 指导思想比较明确。2. 领导重视，部门支持。3. 做好宣传，转变观念。4. 有一个好的校领导班子。

EBC031－19920328

部分省份中等林业学校开始招收有实践经验的人员入学

为了打通人才通向山区、林区的道路，解决林业生产第一线急需人才与“招不来、分不去、留不住”的矛盾，贯彻落实《国务院关于大力发展职业技术教育的决定》，进一步探索中等林业学校招生分配制度改革，使科技教育更好地为兴林服务，1992年3月28日，林业部、国家教委联合发出《关于在部分省（自治区）普通中等林业学校招收有实践经验人员入学的通知》，同意在部分省、自治区中等林业学校招收有实践经验人员入学。《通知》规定，招生对象为山区、林区林业基层单位参加过两年以上生产实践的在职青年；招收有实践经验人员的录取指标列入国家任务招生计划。招生人数不得超过当年中等林校国家任务的30%；报考人员应由所在单位推荐；考生参加全省普通中等专业学校招生统一考试。各地应根据德、智、体全面发展及择优录取的原则，单独划线，单独录取；学生在校期间，享受计划内国家任务生待遇；学生单独编班，学制三年。学生毕业后，纳入国家统一分配计划，毕业生一律回原报考地区的林业基层单位工作。

EBC032－19920724

国家教委明确中等专业学校毕业生就业指导工作的责任部门

1992年7月24日，国家教委办公厅印发了《关于全国高等学校毕业生就业指导中心兼负中等专业学校毕业生就业指导工作业务的通知》。《通知》指出，根据深化教育改革的要求和毕业生分配制度改革的需要，经研究决定，国家教委全国高等学校毕业生就业指导中心负责全国中等专业学校毕业生就业指导工作业务。其主要职责和业务范围包括以下七个方面：一是配合国家教委职教司宣传、贯彻国家有关中等专业学校毕业生就业方针、政策和法令；二是组织开展中等专业学校毕业生就业指导工作和毕业教育活动；三是统计、汇总全国中等专业学校毕业生资源情况和社会需求中专毕业生情况，组织供需信息交流，配合职教司进行计划协调及余缺调剂工作；四是指导各地和学校进行中专毕业生招聘录用和分配派遣工作；五是组织培训中专毕业生分配和就业指导工作人员；六是组织编写中专毕业生思想教育、就业指导书刊；七是组织开展中专毕业生就业指导工作研究、经验交流和咨询服务工作等。

EBC033 –19921231

中医药学校开办农村青年不包分配班试点

1992 年 12 月 31 日，国家中医药管理局、国家教委发出了《关于中医药中等专业学校开办农村青年不包分配班试点工作的通知》，决定在河南、安徽、甘肃、黑龙江省及北京市等地区的中医学校，先行招收农村青年不包分配班试点工作。《通知》指出，中医药学校开办的农村青年不包分配班必须面向农村，坚持招生来源与毕业去向、培养与使用紧密结合的原则。招生对象为农村户口的初、高中毕业生，乡村医生和有实践经验的卫技人员。招收初中毕业生学制一般为 3 ~4 年，高中毕业生学制一般为 2 年；教育经费应按国家教委、财政部《关于中等专业学校经费问题几项原则规定的通知》精神统一核拨给学校；凡纳入国家统一招生计划内的不包分配的农业户口学生，在校学习期间登记临时户口，不转粮食关系；不包分配班学生毕业后，国家承认中专学历，回乡、村两级卫生机构从事中医药工作，或经中医药、卫生主管部门批准，在当地农村个体开业。工作 5 年以后，表现优秀且确因工作需要者，也可招、聘到县及县以下全民所有制中医、卫生机构工作。《通知》要求，学校要根据不包分配班的特点，在教学和管理方面进行相应改革，要在保证中专培养目标和教学质量的前提下，按照理论与实践相结合的原则，改革教学内容和教学方法，加强实践教学环节，突出技能培养。

EBC034 –19940309

国家教委提出普通中等专业学校招生和就业制度改革意见

普通中等专业学校招生和毕业生就业制度的改革，是一项关系到经济建设和社会发展，涉及千家万户、政策性很强的工作。为更好地为社会主义经济建设培养合格适用的中等专业人才，促进社会主义市场经济体制的完善与发展，1994 年 3 月 9 日，国家教委下发了《关于普通中等专业学校招生和毕业生就业制度改革的意见》，对中等专业学校的招生与就业制度改革提出了改革的方向和“逐步实行”的意见。

附录　关于普通中等专业学校招生和毕业生就业制度改革的意见（摘录）

一、招生改革

1. 招生计划体制的改革

从 1994 年开始，国家只下达分省、分部门所属普通中等专业学校招生计划总数，不再下达分学校招生计划。普通中等专业学校跨省招生计划由行业主管部门根据本行业实际需要编制，报国家教育委员会列入全国跨省招生计划下达执行。

今后，要积极制定相应的配套政策，建立起“学生上学自己缴纳部分培养费用，毕业后大部分人自主择业”的机制，逐步代替现行招生计划中的国家任务和调节性两种计划形式。

2. 大力拓宽为农村培养中等专业人才的渠道

为了有利于中等专业人才流向农村，农业学校要利用各种招生形式，按照招生来源与毕业生去向相一致的原则，努力扩大招生数量。在国家任务计划中要扩大面向农村经济建设的定向招生。凡能为农村培养所需人才的其他中等专业学校，也均应深化改革，为农服务。

3. 改革招生办法

国家任务招收的艰苦专业或特定行业需要的定向分配的学生，入学时定向地区或单位委托学校与学生及家长签订合同。委托培养的学生，学校与委托单位需在制订招生计划之前签订合同，学生入学前，由学校代表委托单位与学生及家长签订合同。

4. 改革招生管理办法

要加强普通中等专业学校招生工作的领导。各省、自治区、直辖市教委、教育（高教）厅（局）要加强中等专业教育发展规模及招生工作的统筹与协调。要设置负责普通中等专业学校招生的专门机构，组织招生工作。

二、改革毕业生就业制度

1. 改革毕业生统包统配的制度

随着社会主义市场经济体制的建立和劳动人事制度的深化改革，要相应改革中等专业学校毕业生统包统配的制度。

2. 逐步实现毕业生自主择业、人才走向市场的就业制度

今后，大部分毕业生将逐步实行在国家方针政策指导下，通过人才劳务市场，采取“自主择业”的就业办法。目前可以选择有条件的地区和学校进行试点。

EBC035－19940422

普通中等农业学校招收乡镇农业推广机构中有实践经验人员入学

为贯彻落实中共中央农村工作会议关于坚定不移地把农业放在经济工作的首位的精神，并认真贯彻《中华人民共和国农业法》《中华人民共和国农业技术推广法》，进一步加强农业技术推广服务体系和队伍的建设，1994 年 4 月 22

日，农业部和国家教委联合发出《关于普通中等农业学校在乡镇农业推广机构中招收有实践经验人员入学的通知》，决定在各省进行招收乡镇农业推广机构中有实践经验人员到普通中等农业学校学习的试点，实行定向招生、定向分配，以充实农业科技推广服务体系。《通知》规定，招生对象为乡镇农业技术推广机构，包括乡镇农业技术推广、畜牧兽医、农业机械、农村合作经济管理、水产等机构中的在岗技术人员，在乡镇站连续工作三年以上，年龄在 28 周岁以下，初中毕业，具有当地正式户口的农村青年；招生计划纳入国家定向招生计划；考生参加全省普通中等专业学校招生统一考试，采取单独划线、单独录取的办法；按国家任务计划学生的国拨标准，由学校主管部门统一核拨经费。中专教育属非义务教育，学生应缴纳学费；学生在校期间，享受计划内国家任务生待遇。学制三年，完成学业，经考试和考核合格，发给中专毕业证书。毕业生一律回原单位工作。

EBC036 – 19941018

成都航空工业学校等 10 所中等专业学校试办五年制高职班

为贯彻全国教育工作会议发展高等职业教育的精神，根据经济建设对高等职业技术人才提出的迫切需求，经商国务院有关部委和部分省市同意，1994 年 10 月 18 日，国家教委印发《关于在成都航空工业学校等 10 所中等专业学校试办五年制高职班的通知》，决定在成都航空工业学校等 10 所中等专业学校试办五年制高等职业教育班。《通知》指出，中等专业学校试办高职班，须报经国家教委批准；本次 10 所学校试办的高职班招收初中毕业生，学制五年，考生参加当地中等学校招生考试，统一录取。学校可实行三、二分段形式组织教学；招生计划暂列入中专招生计划，第四年转为高校事业计划；对高职班毕业生的考核实行学历考试和技能考核相结合的方式，逐步实行双证书制；毕业生就业根据学生毕业时的社会需求，采取学校推荐、供需见面、双向选择、择优录用和自主择业的方式就业；试办高职班所需经费标准暂参照高等专科学校经费执行。学校原隶属关系和经费拨款渠道不变。对高职班学生可收取学费。

EBC37 – 19951228

文化部、国家教委制定《普通中等专业艺术学校招生暂行规定》

1995 年 12 月 28 日，文化部、国家教委联合印发了《普通中等专业艺术学校招生暂行规定》。该《规定》系《普通中等专业学校招生暂行规定》的配套规章，对普通中等专业艺术学校招生提出了具体要求。该《规定》指出，普通中等专业艺术学校招生应坚持专业和文化两种考试，贯彻德、智、体全面考核，择优录取和公平、公正的原则选拔各类艺术人才。艺术学校实行单独、提前招生考试。考生应具备的条件是：年龄不超过18周岁的普通中学的在校生或毕业生；戏曲、舞蹈、音乐、杂技等艺术门类中部分要求有幼功的表演、演奏类专业，为13周岁以下的普通小学在校生或毕业生；音乐基础理论、曲艺创作、教育类等专业，为20周岁以下的普通初、高中毕业生，且政治合格，身体健康，符合学习艺术专业要求；普通中等专业学校、技工学校的在校生不能报考；普通中等专业艺术学校招生来源计划仍采取国家任务和调节性计划（委托培养和自费生）形式；按专业考试成绩从高分到低分并参照考生所报志愿顺序，德、智、体全面考核，择优录取；普通中等专业艺术学校实行试读制，试读期一年。一年后经考核合格，转为正式生。不合格者取消试读生资格，退回原地区，对未完成义务教育的，经商当地义务教育管理部门，安排其复学。

EBC038－19960328

普通中等水利学校可以招收有实践经验的人员接受学历教育

为适应我国水利建设需要，解决条件艰苦的水利基层单位急需人才与“招不来、分不去、留不住”的矛盾，1996年3月28日，水利部、国家教委联合下发了《水利普通中等专业学校招收有实践经验人员的暂行办法》。《办法》对招生范围与报考条件、招生计划的编制、招生和录取、在校管理与就业、违纪处理等作出了明确规定。《办法》指出，招收有实践经验人员要列入国家核定的招生学校的正式招生计划，生源计划单独列表。应招人员应当参加当年各省普通中等专业学校统一招生考试，由招生学校单独录取，招生部门负责审批。签订培养合同，实行定向培养、定向就业。招收对象为有当地常住户口，年龄不超过22周岁，初中毕业或具有同等学力，在水利系统工作两年以上的优秀青年。坚持德、智、体全面考核，择优录取。对考生文化成绩的要求，以适应普通中等专业学校学习为原则。凡被录取的学生需与原选送单位签订就业合同书。学生在校期间按《普通中等专业学校学生学籍管理规定》管理。

EBC039－19960408

国家教委就1996年普通中等专业学校招生工作提出要求

为进一步深化中专招生分配制度的改革，加快普通中等专业学校招生收费并轨改革进程，2000 年基本实现新旧体制转轨，1996 年 4 月 8 日，国家教委印发了《关于做好 1996 年普通中等专业学校招生工作的通知》，就 1996 年普通中专招生工作提出要求。《通知》要求，在部分省市进行的中等专业学校招生收费并轨试点已取得了基本经验的基础上，今年有条件的地区和学校，都要进行招生收费并轨改革试点。各沿海经济发达地区和具备招生收费并轨条件的地区，要加大改革力度，力争 1997 年大多数学校按新招生制度运作。《通知》指出，在招生收费并轨改革过渡阶段，今年普通中专招生计划仍采取国家任务（含定向招生）和调节性计划（委托培养和自费生）的形式。国家教委只下达指导性计划。各地计划部门、招生部门要会同职教部门，安排招生计划。跨省招生工作要严格执行《编制普通中等专业学校跨省招生计划的试行办法》规定。《通知》最后强调，普通中等专业教育属非义务教育，实行缴费上学。普通中等专业学校招收委培生、自费生，原则上同一学校（或专业）实行同一种收费标准。重点中等专业学校可略高于其他学校。

EBC040 – 19960614

大连海运学校等 8 所中等专业学校开始举办五年制高职班

1996 年 6 月 14 日，国家教委下发了《关于在大连海运学校等八所中等专业学校举办五年制高职班的通知》。《通知》指出，为贯彻《中国教育改革和发展纲要》及其实施意见关于积极发展高等职业教育精神，经商国务院有关部委和部分省、自治区、直辖市，决定在大连海运学校等 8 所中等专业学校举办高等职业教育班。本次 8 所中等专业学校举办高等职业教育班招收初中毕业生，学制五年，招生办法、招生计划等有关事项按国家教委《关于在成都航空工业学校等 10 所中等专业学校试办五年制高职班的通知》规定执行，其毕业生享受高等教育专科毕业生同等待遇。

EBC041 – 19960912

国家教委印发《中等专业教育自学考试改革与发展的意见》

1996 年 9 月 12 日，国家教委印发了《中等专业教育自学考试改革与发展的意见》。《意见》指出，中专自考自 1984 年开考以来，取得了很大成绩，累计有 20 余万人取得了中专自考毕业证书，受到社会好评。但中专自考规模长期在低水平徘徊，其专业设置不合理，考试标准重理论、轻应用，要求过高等弊病都程度不同地制约着中专自考的发展。为贯彻《国民经济和社会发展“九五”计划和 2010 年远景目标纲要》中提出的“积极发展电视教育、函授教育、业余进修和自学辅导等多种办学形式”的方针，本着积极发展中专自学考试的精神，在“九五”期间要充分重视中专自考，要为初中毕业生提供广泛的、灵活的接受中等专业教育的机会，面向基层、农村培养应用型、技能型中等专业人才。专业考试计划要突出实用性、适用性。其中基本理论、基本知识以够用为度，增加培养基本技能的课程，增强应考者运用所学知识和技能解决生产实际问题的能力。《意见》要求，下放考试管理权，不断完善自学考试管理制度。“面向基层，面向农村”是自学考试的发展方向，把考场设到县是实现“面向基层，面向农村”的有力措施。

EBC042－19970402

国家教委部署1997年普通中等专业学校招生工作

1997年4月2日，国家教委印发了《关于做好1997年普通中等专业学校招生工作的通知》，对当年的普通中等专业学校招生工作进行部署。《通知》指出，1997年，国家教委仍只下达指导性计划，各地区、各部门要根据国民经济、社会发展的需要和中等专业学校办学条件的可能，安排招生计划，有条件的地区和部委均可实行招生并轨。实行招生并轨的省份招生录取工作应按国家任务计划的管理办法执行，同一地区只划一条最低录取控制分数线。对国家级和省部级重点中等专业学校可提前一个批次录取。暂不实行招生并轨的省份，其自费生招生计划只能安排在本地区招生。承办委培手续的各环节均不得巧立名目收取费用。普通中等专业教育属非义务教育，学生实行缴费上学。《通知》强调，普通中专招生考试必须由省、自治区、直辖市招生委员会统一命题、统一制卷并制订参考答案和评分标准。1997年的普通中等专业学校招生工作要继续执行《普通中等专业学校招生暂行规定》及招生体检的有关规定。

EBC043－19971225

普通中等专业学校全面进行招生并轨改革

为推进中等专业学校招生制度改革，1997年12月25日，国家教委、国家计委联合颁布《关于普通中等专业学校招生并轨改革的意见》，提出了中等专业学校招生并轨改革的具体做法和时间限制。《意见》指出，积极推进普通中等专业学校招生并轨改革，改变普通中等专业学校由政府包得过多的做法，实行学生缴费上学，并在国家方针政策指导下，大多数毕业生在一定范围内自主择业的就业制度；尚未实行普通中等专业学校招生并轨的地区和部门，要加快改革步伐，力争尽早并轨。1998 年，全国大部分省市都要实行招生并轨改革，到 2000 年，全国基本实现新旧制度的转轨；普通中等专业学校招生并轨后，不再实行国家任务计划和调节性计划的计划形式，统一实行一种招生计划，并统一录取标准，学生缴费上学；招生并轨后，各地区、各部门不得超越学校办学条件安排招生计划，不得在非普通中等专业学校安排普通中等专业教育招生计划；招生并轨后，国务院有关部委（行业）所属普通中等专业学校跨省招生来源计划，要严格控制；地方所属普通中等专业学校原则上不进行跨省招生；要建立健全招生并轨改革的配套政策。

EBC044－19980219

《关于做好一九九八年普通中等专业学校招生工作的通知》印发

为做好 1998 年普通中等专业学校招生的工作，2 月 19 日，国家教委办公厅下发了《关于做好一九九八年普通中等专业学校招生工作的通知》。《通知》指出，1998 年普通中等专业学校招生计划仍包括并轨计划和非并轨计划两部分。已实行招生并轨改革的省、自治区、直辖市原则上不再安排非并轨招生计划。各计划生源所在省、自治区、直辖市招生部门，在根据国务院各有关部委（行业）下达分省分学校分专业定向招生计划安排招生时，要严格执行定向协议，严禁在定向范围以外招生。国家教委普通中等专业学校跨省招生来源计划下达后，地方和部门（行业）不得随意更改。对擅自更改跨省招生来源计划招生或违反国家教委招生规定招生的直接责任者，应视情节、后果的轻重，由教育行政部门或业务主管部门予以相应的行政处分，所招学生国家不予承认其学籍，也不能取得毕业证书。

第四节　学校建设与管理

EBD001－19790618

《全日制中等专业学校工作条例（征求意见稿）》发布

为了加强对中等专业学校的领导，使学校各项工作有所遵循，教育部草拟了《全日制中等专业学校工作条例（征求意见稿）》，于 1979 年 6 月 18 日下发全国，要求组织有关部门和学校进行研究。《全日制中等专业学校工作条例（征求意见稿）》共 9 章 55 条，对中等专业学校的基本任务、培养目标、管理体制、教学工作、生产劳动和生产实习、思想政治工作、学生、教师、后勤工作、党的组织和党的工作等作了详细规定。按照教育部《征求对〈全日制中等专业学校工作条例〉意见的通知》要求，要求征求意见于当年 8 月底结束，以便进一步修改后发布试行。此后这部《全日制中等专业学校工作条例（征求意见稿）》始终没有正式颁布。多年以来，许多中等专业学校在实际工作中一直将它作为重要参考。

EBD002－19791114

中等专业学校教师开始评定职称

新中国成立以来，中等专业学校教师一直没有评定职称，20 世纪 50 年代曾一度酝酿，后因“不提倡学位学衔”而中止。粉碎“四人帮”后，为了稳定教师队伍，教育部于 1979 年 11 月 14 日向国务院提交了《关于中等专业学校确定与提升教师职务名称的请示报告》，获批准后，于 1980 年 2 月 7 日印发了《关于中等专业学校确定与提升教师职务名称的暂行规定》。《暂行规定》将中等专业学校（包括中等师范学校）教师职务名称分为副教授、讲师、教员、实习教员四级。对各种职务的任职条件作了明确规定。《暂行规定》指出，四种职务名称中的副教授、讲师与高校相同。1980 年 7 月，教育部发出《关于中等专业学校确定与提升教师职称试点工作的通知》，各省、市、自治区教育部门会同地方业务主管部门选择了不同类型的中等专业学校进行了试点。1981 年 2 月 2 日，教育部印发了《关于中等专业学校评定教师职称工作的通知》。从此，这项工作在全国正式展开。

EBD003－19801105

《关于确定和办好全国重点中等专业学校的意见》印发

1980 年 11 月 5 日，教育部印发了《关于确定和办好全国重点中等专业学校的意见》，决定选择和确定一批全国重点中等专业学校。《意见》指出，重点中等专业学校的任务是：出人才，出经验，起骨干和示范作用。确定为全国重点中等专业学校应具备的条件是：学校基础较好，教育质量较高，有一定的办学和教学经验；有一个较好的领导班子；有一支思想好、业务水平高、教学经验比较丰富的教师队伍；学校办学的物质条件较好；在部门或地区中有一定的代表性，属于部委或地方重点建设的学校。其选择和确定的办法是：国务院各部委所属的学校由部委提出名单；省、市、自治区所属的学校由省、市、自治区提出名单，有关部委可以向地方提出建议，最后由教育部与有关部委和省、市、自治区商定。

EBD004－19830331

中等专业学校选派教师到全国重点高等学校进修

为提高中等专业学校师资水平，教育部先后于1983年3月31日、1984年3月9日和1985年4月24日，分别发出通知，要求全国中等专业学校选派教师到全国重点高等学校进修，重点高校应当接受这一任务。该工作由教育部会同各高等学校的主管部门统筹安排。要求进修教师必须在本学科具有大学毕业学历或相当学力，有两年以上的教学实践，具备完成进修任务所必需的业务基础知识，思想、政治和工作表现好，身体健康。教师进修的课程一般主修课程为一门，辅修课程不超过两门。要求进修人员在指导教师的指导下，承担一定的教学辅助工作，参加教研室的活动等。1983年和1984年分配的中等专业学校的进修教师名额均为120名，1985年分配给中等专业学校的进修教师名额为200名。

EBD005－19840112

教育部发布《关于中等专业学校领导班子调整工作的几点意见》

面对很多学校领导班子老化，知识化、专业化程度不高的状况，经商得中共中央宣传部同意，1984年1月12日，教育部发布《关于中等专业学校领导班子调整工作的几点意见》，请国务院有关部委和地方各有关业务厅（局）党委，根据中央“按照精干的原则和革命化、年轻化、知识化、专业化”要求配备领导干部的指示精神，从现在开始，力争在半年至一年的时间内把所属中等专业学校的领导班子调整好。《意见》指出，一要坚决按照德才兼备的原则，配齐配好领导班子。二要加强领导，健全体制，学校领导班子要精干，党政要分工，尽量减少交叉兼职。中等专业学校实行党委领导下的校长负责制，规模小于600人的学校，党政领导为3～4人，大于600人的学校为4～5人。三是领导班子成员要力求年富力强。平均年龄尽可能在50岁以下，45岁以下的应占1/3左右，中等专业学校一般不设顾问。四是领导班子成员的知识结构、专业结构要与主管业务相适应。《意见》要求学校主管部门要切实加强对所属中等专业学校领导班子调整工作的领导，同时应着手选择3～5名优秀中青年干部列入校级领导后备干部名单加以培养。

EBD006－19850926

中等专业学校教师职称评聘工作转入经常化、制度化

1985年9月26日，国家教委就当时中等专业学校教师职称评定和聘任问题，向中央职称改革工作领导小组递交了《关于改革中等专业学校教师职称评定、实行教师职务聘任制的报告》。《报告》要求将中等专业学校原设副教授、讲师、教员、实习教员四级教师职称，调整为高级讲师、讲师、助理讲师、教员四级职务，各级职务的任职条件与原各级职称的评定条件依次相应。就全国范围来讲，高级讲师的限额1986年可暂控制在专任教师总数的10%以内，1990年不超过专任教师总数的15%。《报告》指出，对于具备任职条件，已达到离退休年龄的高级讲师、讲师，确因教学工作需要留任的，可再被聘任（或任命）一次；中等专业学校非教师系列专业技术人员的职务，经业务主管部门同意，可按有关部门制定的职务系列规定，进行评审与聘任（或任命）；这次聘任（或任命）教师职务的工作，应于1986年6月底以前告一段落，以后转入经常化、制度化。1987年3月至4月，国家教委职称改革工作领导小组办公室分别在杭州、广州、西安和天津召开部分省、区、市中等专业学校教师职称改革工作情况交流会，推动职称改革工作。截至1987年底，全国大部分省、区、市中等专业学校教师职称改革工作基本完成。

EBD007－19860517

《中等专业学校教师职务试行条例》及《实施意见》印发

为了充分发挥中等专业学校教师为社会主义教育事业服务的积极性、创造性，激励教师提高教育水平、专业技术水平及履行相应职责的能力，努力完成本职工作，1986年5月17日，中央职称改革工作领导小组发出《关于转发国家教育委员会〈中等专业学校教师职务试行条例〉及〈实施意见〉的通知》。《试行条例》共6章29条，规定中等专业学校教师职务设教员、助理讲师、讲师、高级讲师四级，并对不同教师职务的职责、任职资格及聘任或任命程序等作出了具体规定。《实施意见》对有关问题进行了明确，主要包括对过去已经评有职称的教师，以及1983年9月1日前，按照规定已经省、自治区、直辖市中等专业学校教师职称评审组织评定了讲师、副教授职称的这次如何对接，今后对助理讲师及以上职务的任职条件在学位方面如何要求，对从事不同专业人员的外语水平如何掌握，兼任教学工作的行政管理人员可否评定教师职务，对于达到离休、退休年龄尚未办理离休、退休手续的教师是否还可以参评，以及这次聘任或任命教师职务工作的完成时间和纪律要求等内容。

EBD008－19860624

国家教委等强调政企分开后中等专业学校的经费渠道不能改变

随着我国经济体制改革、政企分开，一些中等专业学校的隶属关系也随之调整，这种变化给这些学校在经费问题上带来一定影响。为进一步明确有关中等专业学校的经费问题，1986年6月24日，国家教委、财政部联合发出《关于中等专业学校经费问题几项原则规定的通知》。《通知》指出，中等专业学校的经费渠道仍按现行规定执行，即中央和地方各部门举办的学校，其经费在各部门的事业费中列支；财政、计划、统计和教育部门举办的学校，其经费在中央和地方的教育事业费中列支；专业公司举办的学校，其经费在公司经费中开支；厂矿、企业举办的学校，其经费在企业上缴国家利税之后的留成中开支；联合举办的学校，其经费问题，由联办单位按上述有关渠道共同协商解决。《通知》要求，在经济体制改革和政企分开过程中，一般不得将中专学校下放给地（市）级以下的厂矿、企业单位；学校的经费渠道，根据改变后的隶属关系，分别按上述有关规定予以保证。学校主管部门不要因经济体制改变或学校隶属关系的变化而影响或减少对学校的拨款。中专教育经费要和事业的发展挂钩，即按国家计划的在校学生人数多少计算、核拨教育经费，力求使经费与学校的发展规模相适应。学校公用经费应主要用于教学方面。各校必须严格控制人员编制。

EBD009－19860819

国家教委强调不应占用中专学校来办其他层次的院校

广西卫生学校被占用举办其他层次院校一事，引起该校的强烈不满。学校各处室领导及中国药学会广西分会常务理事会写信给中国农工民主党中央委员会反映意见，中国农工民主党中央委员会办公厅于1986年6月27日将《广西卫校反映的意见》转给国家教委办公厅。国家教委办公厅于1986年8月19日致函广西壮族自治区教育厅，指出："学校各处室领导反映的意见值得重视，请你们与有关部门研究，提出处理意见。向自治区人民政府请示处理，并抄送我厅。根据《中共中央关于教育体制改革的决定》中提出的要大力发展职业技术教育的精神，中等专业学校不但要继续办好，发挥其骨干作用，而且要扩大招生，逐步改变目前存在的高级与中级技术人才比例失调的现象。因此，各级政府和主管部门应积极扶持现有中专的发展，而不应削弱，更不应占用中专学校来办其他层次的院校。"

EBD010－19861018

《普通中等专业学校设置暂行办法》颁布

1986年10月18日，国家教委印发《关于颁发〈普通中等专业学校设置暂行办法〉的通知》，使各地在设置中等专业学校方面做到了有章可循。《暂行办法》指出，普通中等专业学校是人才培养结构中的重要层次，设置中等专业学校，要妥善处理好发展中等专业学校与相关的各类学校的关系，合理布局，讲求投资效益和社会效益。《暂行办法》还规定，新建中等专业学校的筹建期，自批准之日起，达到申请招生要求，不得超过三年；从批准正式招生之日起，达到规定的计划规模及设置标准，不得超过五年。

附录　普通中等专业学校设置暂行办法（摘录）

第二条　本办法所称普通中等专业学校（简称中等专业学校），是指经由国家规定的主管机关批准成立的、纳入国家招生计划、由地方统一组织入学考试的、以应届初级中学毕业生为主要招生对象的全日制中等专业学校。

第三条　设置中等专业学校，要严格执行国家有关方针政策和本办法的各项原则规定，培养坚持社会主义方向的、德智体美全面发展的中等专门人才，为社会主义物质文明建设和精神文明建设服务。

第八条　设置中等专业学校，在校学生规模不应少于640人（体育、艺术类学校另定），专业设置要与规模相适应，不宜过多。

第九条　设置中等专业学校，须有符合要求的、精干的领导班子。校长和教学副校长应有任讲师以上职务资格，熟悉专业教育。

第十条　设置中等专业学校，须建立、健全教学、行政、后勤等管理机构，并配备政治素质好、业务能力强的负责人。专业科主任要有任讲师以上职务资格。

第十一条　设置中等专业学校，须有与学校的专业设置、学生人数相适应的，质量合格、结构合理的专任教师；专职和兼职结合的思想政治工作干部以及行政、实验技术、图书资料和工勤人员。教师资格审定办法按国家规定，实行职务聘任制或任命制。教职工的编制按有关规定执行。

第十二条　设置中等专业学校，须有与学校的专业设置和办学规模相适应的土地和必需的教学、实验、实习、图书阅览以及生活和体育活动场所。其占地面积及校舍建筑面积，按国家有关规定执行。

第十三条　设置中等专业学校，应按有关制订中等专业学校教学计划的程序和原则规定，制订实施性教学计划。

第十四条　设置中等专业学校，须按专业性质、学生人数配置必需的仪器、设备、标本、模型及图书资料，以保证教学计划的执行和按教学大纲的基本要求开出实验。适用图书平均每生不应少于60册。

第十五条　中等专业学校办学所需的基建投资和经费，须有稳定的来源和切实的保证。

第十六条　中等专业学校的设置、调整或停办，均应由办学单位提出申请，地方学校（含社会力量办学）报省、自治区、直辖市教育部门，由教育部门会商计划、财政及主管业务厅（局）等有关部门后，报人民政府批准（也可授权教育委员会批准）；国务院各部委所属学校，在征得学校所在省、自治区、直辖市同意后，由各部委审批。地方学校与部属学校均需报国家教育委员会备案。

第二十六条　各省、自治区、直辖市教育行政部门对本地区学校应定期进行检查和质量评估，对不符合要求的，应视情况分别给予限期整顿、暂停招生直至停办的处理。

第二十七条　中等专业学校的毕业证书，由省、自治区、直辖市教育行政部门统一验印，由学校颁发，未经验印者无效。

第二十八条　中等专业学校改办专科学校，需报国家教育委员会审批。

EBD011－19870305

《全日制普通中等专业学校校舍规划面积定额（试行）》发布

为了适应全日制普通中等专业学校事业发展的需要，使学校在编制基本建设设计任务书和进行总体规划时有所遵循，使有关部门在审批上述文件时有所依据，国家教委、国家计委制定了《全日制普通中等专业学校校舍规划面积定额（试行）》，于1987年3月5日颁发实施。本定额是从我国国民经济的实际情况出发，本着既要保证教学与生活的基本需要，又要提高校舍利用率的原则制定的。适用于国务院各部门，全国各省、自治区、直辖市以招收初中毕业生，学制四年的新建全日制普通中等专业学校。本定额的用地面积只包括校舍建筑用地、体育用地和集中绿化用地三部分，不包括学校附属的生产性工厂、农（林）场、靶场、驾驶场所、附属医院、附小、幼儿园、人防工程、商业网点、供暖锅炉房、扩建改建学校的离退休及调出教职工和已故教职工遗属的住宅面积。上述各类用房所需的建筑面积和相应的土地面积，按国家现行有关规定，经主管部门批准后可另行增加。

附录　全日制普通中等专业学校校舍规划面积定额（试行）（摘录）

第一章　总　则

四、本定额中的学校规模定为16班、24班、32班、40班四种，每班定员40人。教职工编制按国家教育委员会、劳动人事部（85）教职字008号文颁发的《全日制普通中等专业学校人员编制标准（试行）》及教育部（84）教计字239号文颁发的《关于中等师范学校教职工编制标准的意见》中的有关规定计算。

五、本定额不包括学校附属的生产性工厂、农（林）场、附属医院、中师的附小、幼师附设的幼儿园等用房的建筑面积；不包括人防工程、配套商业网点，采暖地区的供暖锅炉房等所需的建筑面积；也不包括扩建、改建学校的离休、退休、调出教职工和已故教职工遗属的住宅面积。上述各类用房所需的建筑面积和相应的土地面积，按国家现行有关规定，经主管部门批准后可另行增加。

本定额的用地面积只包括校舍建筑用地、体育用地和集中绿化用地三部分。学校所办的生产性工厂、农（林）场、靶场及驾驶场所等需的土地，由主管部门另行核定。

第二章　全日制普通中等专业学校校舍规划面积定额

第一节　教　室

各类学校每班均设一个固定的普通教室，每座使用面积1.39m^2；合班教室供两个班上课用，每座使用面积1.29m^2；阶梯教室每座使用面积0.70～1.06m^2；语音教室每校设一个，每座使用面积2.00m^2；设计制图教室每座使用面积2.57m^2；中等师范类学校的音乐教室，全校设二至三个，每座使用面积1.22m^2；小琴房按学生人数1/10设置，每个使用面积为4m^2，供一个练琴用；中琴房全校设三至五个，每个使用面积为12m^2，供几种乐器合奏练习用；美术室全校设两个左右，每座使用面积为1.82m^2。

第二节　图书馆（室）

包括学生阅览室、教师阅览室、特种阅览室、报刊阅览室、书库、办公用房、图书目录、出纳用房等。

教师阅览室的座位，体育学校按教师总数10%，其余学校按16%设置；学生阅览室每座占使用面积1.50m^2；教师阅览室每座占使用面积3.20m^2；图书馆办公用房按办公人数每人占使用面积7.00m^2。

工、农、林、医、药各类学校的书库每平方米使用面积藏书350册，其余各类学校每平方米使用面积藏书400册。

第四节 风雨操场

一、体育学校按照不同规模可设室内篮（排）球场、体操房、游泳馆、乒乓球房、武术房、身体功能房、举重房、田径跑道等。

二、有条件的非体育中等专业学校的风雨操场设置一个室内篮球场，并附设必要的体育器械库、体育教研室、更衣室、厕所、浴室等用房。

第五节 教师办公用房

每位教师设一办公桌位，使用面积$4m^2$。

第六节 行政用房

包括学校各级干部和职工办公用房，以及会议室、档案室、收发室、文印室、电话机房、广播室、党团办公室、传达室等。

一般干部每人办公使用面积$4m^2$，校级及科级干部，可适当增加。

第七节 教职工宿舍及住宅

一、内容

包括学校及附属单位在编人员所需的单身教职工宿舍及带眷教职工住宅。

三、居住标准

1. 单身宿舍的居住标准：高级讲师及校级领导干部每人居住面积（下同）$18m^2$；讲师及科级干部每人$9m^2$；助理讲师、教员及一般干部每人$6m^2$；工勤人员每人$4.5m^2$。

第八节 学生食堂

按学生人数的80%~100%计算，每个座位占使用面积$0.74m^2$。

第十节 学生宿舍

一、内容

包括学生居室、盥洗室、厕所等。

二、居住标准及面积定额

学生居室设双层床，每个学生居住面积$3m^2$，建筑面积$5m^2$；体育学校每个学生的建筑面积$6m^2$。个别有特殊需要的中等专业学校，如公安学校，其学生宿舍的建筑面积定额可提高到每生$6m^2$。

EBD012－19910111

国家教委布置普通中等专业学校教育评估工作

科学的教育评估是进行教育决策的重要依据之一，是保证教育质量、提高办学效益的有效措施，是实现教育管理科学化的重要手段。1991年1月11日，国家教委下发《关于开展普通中等专业学校教育评估工作的通知》，全国性的普通中等专业学校教育评估工作从此展开。《通知》指出，要把坚持教育必须为社会主义现代化服务，必须与生产劳动相结合，培养德、智、体全面发展的建设者和接班人的方针，作为评价学校办学水平和教育质量的基本标准。评估主要分合格评估、办学水平评估和选优评估三种基本形式。合格评估是国家和教育行政部门对新建中等专业学校的一种鉴定性评估；办学水平评估是对已经鉴定合格的学校进行的经常性评估；选优评估是在办学水平评估的基础上遴选优秀学校，以促进办学水平进一步提高。学校合格评估结论分为合格、暂缓通过和不合格三种；办学水平评估结论分为优秀、良好和一般三种。对于办学指导思想端正、成绩突出的优良学校应予以表彰鼓励，并可根据有关规定确定为全国重点学校或省（部）级重点学校。《通知》要求，全国中专教育评估工作从1991年开始，预计用2~3年的时间完成。

EBD013－19910313

《普通中等专业学校办学水平评估指标体系（试行）》发布

1991年3月13日，国家教委办公厅下发了《关于印发〈普通中等专业学校办学水平评估指标体系〉（试行）的通知》。《普通中等专业学校办学水平评估指标体系》是为落实1991年初国家教委下发的《关于开展普通中等专业学校教育评估工作的通知》，配合评估工作的开展而研究制定的。评估指标体系的内容分办学条件、办学过程、办学目标三大类，以学校领导、师资队伍、学校设施和经费、思想政治工作、教学管理、行政管理、办学效益七大要素组成一级指标。在一级指标之下，共设有23个二级指标；在二级指标下分设有工科类64个、卫生类64个、财经政法类63个、农业类65个三级指标。

EBD014－19910520

《关于开展普通中等专业学校教育评估工作的几点说明》印发

国家教委继1991年1月11日下发了《关于开展普通中等专业学校教育评估工作的通知》后，又于3月在杭州举办了普通中等专业学校教育评估工作研讨班。根据各地和各部门的要求，就评估工作中的一些具体问题，国家教委职业技术教育司于1991年5月20日印发了《关于开展普通中等专业学校教育评估工作的几点说明》。《说明》指出，此次全国中专教育评估工作计划3年完成，1991年完成合格评估，1992年对已通过合格评估的学校进行综合办学水平评估，1993年完成选优评估；希望各地各部门按照职责分工充分发挥各自管理特长，相互配合，共同做好这项工作；中等专业学校要认真对照评估指标体系全面检查总结学校各项工作，要把评估工作与日常的教学、管理工作有机地结合起来，通过评估促进学校的建设、改革与发展；希望各地、各部门高度重视评估工作，坚持评估工作的指导思想，切实加强领导，以促进中专教育评估工作健康发展。

EBD015－19910921

全国农业中专改革建设发展会议在昆明召开

1991年9月21－25日，农业部在云南省昆明市召开了全国农业中专改革、建设、发展会议。这是农业中专学校历史上规模最大的一次会议。会前，江泽民总书记专为这次会议的召开题词："发展全国农业教育，为科教兴农作出贡献。"体现了党和国家对农业教育事业的亲切关怀和高度重视。农业部部长刘中一和常务副部长马忠臣联名写信，向全体到会人员表示慰问，信中指出："农业中专在农业的科研、推广工作中，是承上启下的；中专教育兼有普及与提高的作用与功能，又是面广量大的农业教育，所以，在农业科教事业中占有重要地位；在科教兴农中，具有不可忽视的作用和价值。"这对农业中专学校在农业科教事业、科教兴农中的重要作用、地位、任务作了精辟的阐述。农业部副部长洪绂曾在会上作了题为《深化改革，加强建设，促进农业中专教育发展》的主报告，总结了农业中专教育十年来的主要成就和基本经验，确定了今后十年的发展方针和战略任务。这次昆明会议，对全国农业中专教育的改革发展起到了巨大的推动作用。

EBD016－19930510

《关于评选"国家级、省部级重点普通中等专业学校"的通知》印发

自1991年1月11日国家教委发出《关于开展普通中等专业学校教育评估工作的通知》后，全国广泛开展了普通中等专业学校合格评估工作，到1993年，全国普通中等专业学校合格评估和办学水平评估工作已基本完成，1993年将评选国家级和省部级重点普通中等专业学校（不含中师）。为此，国家教委于1993年5月10日印发了《关于评选"国家级、省部级重点普通中等专业学校"的通知》，对评估的指导思想和原则、重点学校的评选条件、重点学校的评选办法等提出了明确、具体的要求。为保证质量，《通知》规定，各省、自治区、直辖市政府评估的省部级重点中等专业学校数应控制在学校总数的20%以内；提名推荐的国家级重点学校数不超过省部级重点学校数的20%。

各省、自治区、直辖市报送的省部级重点学校名单及推荐的国家级重点学校名单及材料，应于1993年7月底前报国家教委职业技术教育司。《通知》指出，评选重点学校是一项关系骨干学校建设的重要工作，将逐步形成制度，每隔几年评估并重新认定一次。希望各地政府和教育行政部门加强领导，力求客观、公正地做好这项工作，以推动中专教育事业的改革与发展。文件下发后，各地及时组织了国家级、省部级重点普通中等专业学校的评选工作，共评选出国家级重点普通中等专业学校249所。国家教委于1994年8月22日发文进行了公布。

附录　关于评选“国家级、省部级重点普通中等专业学校”的通知（摘录）

二、重点学校的评选条件

（一）国家级重点学校的评选条件

1. 学校办学水平评估总成绩优秀（A等）。

2. 学校现有学生（包括各种职业技术教育和短训班折合的年度在校生人数）1200人以上，体育、艺术学校除外，其中普通中专在校生人数占50%以上。

3. 办学条件：

——校园占地面积：工、农、医类学校不少于4.6万平方米（约70亩）；财经、政法类学校不少于4万平方米（约60亩）；校舍建筑面积：工、农、医类学校不少于3万平方米；财经、政法类学校不少于2.5万平方米。

——实验自开率和实习开出率均达到95%以上。

——学校藏书总量在10万册以上。

——专任教师中高级职称者和中级职称者所占比例分别达到15%和40%以上。

4. 教育质量和学校管理水平：

思想政治工作、教学管理和行政管理三项一级指标评估总成绩为优秀(A等)。

在校生质量、毕业生质量两级二项指标评估成绩为优秀（A等）。

5. 在教育、教学改革方面取得了明显成效。

6. 有较强的自我发展能力，积极开展技术开发与推广、生产经营和社会服务，学校最近两年创收（包括各种生产经营、技术服务和培训的收入）各占当年办学经常费的40%以上。

7. 有较大的办学潜力，学校主管部门有明确的建设规划和具体实施方案，能用5年左右时间将其建成效益规模达3000人以上、办学条件配套、水平较高的学校。

（二）省部级重点中等专业学校的评选条件由各省、自治区、直辖市参照国家级重点中等专业学校评选条件自行制定，报我委职业技术教育司备案。

EBD017 – 19940708

中等专业学校教师首次享受政府特殊津贴

1994 年 7 月 8 日，人事部颁发了经国务院批准同意的《1994 年政府特殊津贴工作方案》。与往年方案相比，一个重大的变化是把选拔范围从原来的“高等教育”改成了“教育”。1995 年 4 月 25 日，《中国教育报》报道：国务院日前批准 1994 年度享受政府特殊津贴人员名单，在选拔数量比往年大幅度减少的情况下，选拔了在工作中作出突出贡献的 150 名中小学和中等专业学校教师享受政府特殊津贴。这是中小学和中等专业学校教师首次享受政府特殊津贴，充分体现了党和国家对广大从事中、初级教育事业教师的关怀。这项政策的实施，对进一步贯彻落实《中华人民共和国教师法》，提高教师的社会地位和经济待遇，加强师资队伍建设，推动全社会形成尊师重教的良好社会风尚，都具有重大意义。

EBD018 – 19940822

国家教委公布 249 所国家级重点普通中等专业学校名单

1993 年初，国家教委印发《关于评选“国家级、省部级重点普通中等专业学校”的通知》以后，各省、自治区、直辖市按照《通知》的要求，在认真评选省部级重点普通中等专业学校的基础上，推荐上报了国家级重点普通中等专业学校。国家教委对各地推荐上报的学校进行了初审，并组织成立了国家级重点普通中等专业学校审议委员会对备选学校逐个进行了审议，组织有关人员对部分省、自治区、直辖市的备选学校进行了抽查。经研究，批准北京铁路电气化学校等 249 所中专学校为国家级重点普通中等专业学校。国家教委于 1994 年 8 月 22 日印发了《关于公布国家级重点普通中等专业学校名单的通知》，对 249 所国家级重点普通中等专业学校的名单予以公布。

EBD019 – 19950714

国家教委加强中等专业学校举办专科程度小学教师班和高等职业技术班试点的管理工作

1991 年和 1994 年，国家教委分别出台了在部分中等专业学校试办专科程度小学教师班和高等职业教育班的政策，先后批准了 65 所中等师范学校和 10

所重点中等专业学校进行专科程度小学教师班和高等职业教育班试点。为了保证专科程度小学教师班和高等职业教育班试点工作的正常进行，1995 年 7 月 14 日，国家教委下发了《关于加强在中等专业学校举办专科程度小学教师班和高等职业技术班试点工作管理的通知》强调，任何单位和个人不得越权自行批准试点和扩大试点范围；凡自行批准在中等专业学校进行专科程度小学教师和高职班试点的要立即停止这部分招生，现有的在校学生要按照中等专业学校的学制培养，学生毕业时发给中专毕业证书，不得变相处理和拖延；今后需要在所属中等专业学校进行专科程度小学教师班和高等职业教育班试点和扩大试点的地区和部门，在对本地区或本行业各类教育的发展进行统筹规划，并保证必要的办学条件前提下，可以向国家教委提出申报，经批准后方可进行。

EBD020 -20011101

《中等体育运动学校设置标准（试行）》颁布

为加强对中等体育运动学校的宏观管理，促进学校建设，保证教育质量，提高办学效益，培养高水平竞技体育人才，2001 年 11 月 1 日，国家体育总局、教育部联合颁布了《中等体育运动学校设置标准（试行）》，要求各地遵照执行。《标准（试行）》规定，设置中等体育运动学校要有学校章程和必需的管理制度，要依法办学；设置中等体育运动学校，须配备有较高思想政治素质和管理能力，熟悉体育教育的学校领导。校长应具有从事三年以上学校教育、体育工作的经历，校长及主管教学、训练副校长须具有本科以上学历或高级专业技术职务，其他校级领导应具有本科以上学历或中级以上专业技术职务；学校在校生一般不少于 300 人；须有与学校办学规模相适应、结构合理的专兼职教师、教练员队伍；校园占地面积不少于 3 万平方米，校舍建筑面积不少于 1.5 万平方米；图书馆和阅览室要适应办学规模，满足教学、训练需要；要具有现代教育技术手段和软、硬件设备；须具备符合国家与地方教育、体育行政部门要求的教育教学文件；办学经费须有稳定、可靠的来源等。《标准（试行）》最后指出，这是设置中等体育运动学校的最低标准，原则上适用于全国各中等体育运动学校。

EBD021 -20011212

《中等艺术学校设置标准（试行）》颁布

为加强对中等艺术学校的管理，促进中等艺术学校建设，进一步提高中等艺术学校教育质量和办学效益，2001 年 12 月 12 日，文化部、教育部联合颁布了《中等艺术学校设置标准（试行）》，要求各地遵照执行。《标准（试行）》

规定，设置中等艺术学校要有学校章程和必需的管理制度，要依法办学；须配备有较高思想政治素质和较强管理能力，熟悉艺术教育的学校领导。校长应具有从事三年以上教育教学工作的经历，校长及教学副校长须具有本科以上学历或高级专业技术职称；要有基本的办学规模，学历教育在校生数不少于 500 人；专业设置要与社会需要相适应；须有与学校办学规模相适应，结构合理的专兼职教师队伍；校园面积不少于 2 万平方米，建筑面积不少于 1.5 万平方米。图书馆和阅览室要适应办学规模，满足教学需要；要具备现代教育技术手段和软、硬件设备；须具有符合国家和地方教育行政部门要求的艺术教育教学文件；办学经费须有稳定、可靠的来源等。《标准（试行）》最后指出，这是设置中等艺术学校的最低标准，适用于各类中等艺术学校和非艺术类学校中设置的艺术专业。

附录　1979—2008 年全国中等专业学校教育发展情况统计表

年　份	学校数（所）	在校生数（万人）	招生数（万人）	毕业生数（万人）	专任教师数（万人）
1979	1980	71.4	26.5	7.9	7.9
1980	2052	76.1	25.3	20.1	9.1
1981	2170	63.2	23.8	36.5	9.8
1982	2168	62.8	24.1	24.2	11.0
1983	2229	68.8	28.7	23.0	11.6
1984	2293	81.1	35.1	23.8	11.9
1985	2529	100.9	45.2	26.1	12.8
1986	2741	114.6	45.0	32.1	14.3
1987	2854	122.3	48.5	38.9	15.6
1988	2957	136.8	54.1	39.2	16.8
1989	2940	149.3	50.8	36.5	17.1
1990	2956	156.7	50.3	42.8	17.6
1991	2977	161.6	55.1	49.6	17.5
1992	2984	174.3	63.8	50.7	17.8
1993	3046	209.8	86.5	50.7	18.1
1994	3093	241.4	93.5	50.4	18.7

续表

年　份	学校数（所）	在校生数（万人）	招生数（万人）	毕业生数（万人）	专任教师数（万人）
1995	3152	287.4	107.3	59.4	19.5
1996	3206	334.8	120.8	73.8	20.4
1997	3251	374.3	129.6	86.3	21.2
1998	3234	406.0	134.9	98.7	21.5
1999	3147	424.98	134.25	109.25	21.18
2000	2963	412.54	111.57	119.58	20.38
2001	2690	391.74	108.15	122.46	18.44
2002	2523	396.24	135.88	121.89	17.02
2003	3065	502.37	183.88	148.45	19.86
2004	3047	554.47	203.84	140.58	19.70
2005	3207	629.77	241.13	156.71	20.30
2006	3698	725.84	278.89	182.37	22.92
2007	3801	781.63	297.30	202.27	24.90
2008	3846	817.28	303.78	220.56	26.14

注：按照统计口径变化，1979—2002 年使用的是中等技术学校数据（不含中师）；2003—2008 年使用的是普通中专数据。

第三章　职业高级中学

第一节　创办与推广

ECA001－19801007

一部分普通高中改办为职业（技术）学校、职业中学、农业中学

1980年10月7日，《国务院批转教育部、国家劳动总局〈关于中等教育结构改革的报告〉的通知》下发。该《报告》要求改革中等教育结构，实行普通教育与职业、技术教育并举，全日制学校与半工半读学校、业余学校并举，国家办学与业务部门、厂矿企业、人民公社办学并举。在城乡提倡各行各业广泛举办职业（技术）学校，适当将一部分普通高中改办为职业（技术）学校、职业中学、农业中学。

ECA002－19801007

国家明确职业高中类学校毕业生就业政策

教育部、国家劳动总局《关于中等教育结构改革的报告》明确指出，职业（技术）学校、职业中学、农业中学的毕业生经过文化和技术考核，合格者发给毕业文凭。普通中学学生学习职业（技术）教育课的，成绩合格者，在毕业文凭上应给予注明。对上述各类学校的毕业生，国家不包分配。职业（技术）学校、职业中学的毕业生，由劳动部门（或劳动服务公司）推荐，经用人单位考核，按专业对口的原则，择优录用，也可以自由选择职业。农村职业（技术）学校、农业中学的毕业生，社队安排各种技术管理人员，择优录用。职业（技术）学校、职业中学、农业中学的毕业生，可以报考高等院校。报考对口专业的考生，考试成绩在同一分数段内，优先录取。

ECA003－19801007

教育部和国家劳动总局明确职业高中的开办和审批权限

1980年10月7日，在《国务院批转教育部、国家劳动总局〈关于中等教育结构改革的报告〉的通知》中对中等职业学校的开办和审批作了规定：职业（技术）学校的开办，由办学单位提出，经上级主管部门审批，报地、市以上教育行政部门、劳动部门备案。新办农业中学报县教育局审批。农村把普通中学改办为农业中学或职业（技术）学校，须经地区行署教育局审批。城市把普通中学改办为职业（技术）学校、职业中学，须经市教育局和主管业务部门审批。

ECA004－19820828

教育部推广山东省加速发展农业技术教育的做法

1982年8月28日，教育部发出《关于转发中共山东省委［1982］40号文件的通知》，强调“改革农村中等教育结构，大量培养农业技术人才和经营管理人才，普遍提高广大农民首先是青年农民的文化科学技术水平，是实现农业现代化的重要条件。各级党委和政府一定要把这项工作当做一件大事来抓，决心要大，步子要快些，组织有关部门切实抓紧抓好”。中共山东省委［1982］40号文件是中共山东省省委、山东省人民政府批转的山东省中等教育结构改革领导小组《关于加速农村中等教育结构改革问题的报告》。《报告》提出，为加速发展农村技术教育，1985年以前，各县要切实办好一所农业技术中学，并改办4～5所普通高中为农业中学；各生产大队要有业余技术学校，有条件的还可以举办农业中学；县和县以下的普通中学都要面向农村，设置农业课程，普通高中要举办农业技术班。此外，各县还要有计划地试办四年制农业初中。到1985年，农业技术中学、农业高中、农业技术班的在校学生以及各类中等专业学校在农村招收的学生，要占农村高中阶段的40%以上。《报告》还就当前改革的重点工作作出部署，对办好现有农业技术中学和农业中学、妥善解决师资问题、多渠道解决职业教育经费等提出了对策建议。

ECA005－19830600

中央财政追加职业教育开办补助费

1983年6月，教育部和财政部联合发出《关于追加发展城乡职业技术教育开办补助费的通知》，决定1983年由中央财政对教育部门办的职业技术教育追加一次性开办补助经费。《通知》要求，追加的补助经费，要有计划、有重点地用于改革中等教育结构、发展城乡职业技术教育决心大并作出成绩的地（州、盟）市、县（旗），不要平均分配。各地在安排使用追加的补助经费的同时，根据地方财力，也尽可能地拨出相应的经费，积极支持城乡职业技术教育事业的发展。职业中学（班）、职业技术学校要管好、用好追加的补助经费，把钱用在发展职业技术教育最急需的方面。要讲求经济效益，少花钱多办事，把事办好。从 1983—1985 年，中央财政每年都拨给 5000 万元的职教补助费，各省、地、县财政也依照上述精神，相应增加了职教补助费。

ECA006 – 19840710

部分省试办职业中专

为了进一步加快中等教育结构改革的步伐，多渠道、多层次地为四化建设培养急需的初、中级技术人才和管理人才，1982—1985 年，全国部分省、市教育局和计委分别联合办起了职业中专学校。职业中专是介于职业中学和中专之间的一种新型学校。学生参加统一招生考试，合格入学，实行中专学制，不享受中专生待遇，毕业后承认中专学历，不包分配，有关单位录用享受中专毕业生待遇。例如，创办于 1982 年的银川一职；创建于 1983 年的青岛商业职业中专学校；1983 年改制的衡阳市衡东县职业中等专业学校；1983 年始建的淄博市博山第一职业中学；创办于 1984 年的梧州市理工学校等。借鉴各地的实践经验，河北省教育厅、河北省计划委员会于 1984 年 7 月 10 日发布《关于试办职业中等专业学校的有关事项的通知》，规范了申请试办职业中等专业学校必须符合的条件和报批手续。全国其他部分省、市教育局和计委也各自出台了相关规定。

ECA007 – 19860627

国家明确职业高中毕业生的使用和工资待遇

随着职业高中招生和在校生比例的不断增加，全国各地对职业高中毕业生的使用及其工资待遇问题做法不一致，引起了一些矛盾。为了更好地发挥职业高中毕业生的作用，国家教委、劳动人事部于 1986 年 6 月 27 日联合印发了《关于职业高中毕业生使用的有关问题的通知》。《通知》指出，根据《国务院批转教育部、国家劳动总局〈关于中等教育结构改革的报告〉的通知》提出的“职业（技术）学校、职业中学的毕业生国家不包分配，由劳动部门（或劳动服务公司）推荐，单位考核，按专业对口的原则，择优录用”的精神和近几年高中培养范围扩大的情况，各地区各部门在招干工作中，根据需要和专业对口的原则，可以从职业高中毕业生中择优录用或聘用。对农村职业中学毕业生，可在乡镇企事业单位聘用干部时，择优聘用。凡三年制职业高中毕业生录用为干部的，在机关、事业单位工作的，其工资待遇，可以按《关于实施国家机关和事业单位工作人员工资制度改革方案若干问题的规定》中有关高中、中专毕业生的规定执行，在企业单位工作的，按中专毕业生的工资待遇执行。录用为工人的，工资待遇按照各地区对技工学校毕业生的规定执行。

ECA008 – 19861018

国家教委明确二年制职业高中毕业生的工资待遇

国家教委办公厅于 1986 年 10 月 18 日就二年制职业高中毕业生工资待遇问题复函四川省教育厅。复函中说："关于要求明确二年制职业高中毕业生的工资待遇问题，经与劳动人事部研究商定，根据《国务院批转教育部、国家劳动总局〈关于中等教育结构改革的报告〉的通知》精神，可参照普通高中和技工学校毕业生的工资待遇。由各省、自治区、直辖市自行规定二年制职业高中毕业生的工资待遇。"

ECA009 – 19891000

第一所县级职教中心在河北省获鹿县创办

1989 年初，河北省获鹿县（今鹿泉市）开展了以实施"燎原计划"为主要内容的农村教育综合改革探索。在国家教委和省教委有关部门的指导下，县委、县政府谋划通过资产划转、集中投入的办法，建一所规模较大的综合性职业学校。1989 年 10 月，学校建成并投入使用。该校占地 580 亩、建筑面积 1 万多平方米，融县农业中学、职业技术中学、农民中专、技工学校、卫生学校、财会学校、农业广播广校于一体，有 10 多个专业，7 个实验实习基地，20 个教学班，在校生达到 1000 多人，改变了农村职业学校办学规模小、条件差以及专业重复设置等问题。学校按照农科教结合的要求，实行"政府统筹，教委主管，部门联办，各尽其责，各记其功，隶属不变，一校多制"的管理体制，承担人才培养、生产示范、技术推广和社会服务的多种功能，提高了农村职教为县域经济建设服务的能力和水平。获鹿县的这一做法得到了国家教委领导和省委、省政府领导的充分肯定。1991 年，河北省政府把这一类型的学校统一命名为"职教中心"。

ECA010－19900810

国家教委转发青岛市发展职业高中的三项措施

1990年8月10日，国家教委印发了《关于转发〈青岛市发展职教的三项措施〉的通知》。《通知》指出："管理体制的改革，是当前职业技术教育面临的诸多问题中亟待解决的关键问题。近年来，青岛市在这方面进行了积极探索，在妥善安置职业高中毕业生，多渠道筹措职教经费，以及建立技术等级考核制度等方面，都做了大量工作，并取得了可喜的成绩和经验。现将他们的做法和经验转发给你们，供制定政策时参考。"

ECA011－19911115

河北省按照省级重点中学校长规格配备县级职教中心常务副校长

为加强县级职教中心建设，1991年11月15日，中共河北省省委组织部、河北省教育委员会、河北省人事厅联合发出《关于认真搞好县（市）综合职业技术学校（或职教中心）常务副校长选拔与配备工作的通知》。《通知》规定，为了加强综合职业技术学校（或职教中心）的领导，校长要由县（市）长兼任，同时，要认真做好常务副校长的选拔任命（或聘任）工作，配备好领导班子。常务副校长按省级重点中学校长规格配备，享受相应待遇。《通知》还规定了常务副校长任职的基本条件、常务副校长的主要职责、常务副校长的考察任命（或聘任）程序和权限。

ECA012－19931014

河北省"八五"末每县建成一所职教中心在全国作出示范

1991年4月11日，河北省政府省长办公会决定大力推广获鹿县的经验，提倡每个县（市）集中力量办好一所综合职业技术学校，既搞职业技术培训，又搞成人教育，还搞新技术推广，并制定了建设标准和利用贷款等多项措施，推动县级职教中心建设。到"八五"末，全省分三批在每个县（市）都建起一所高标准职教中心。1993年3月13日，李铁映在结束了对11个县（市）职教中心考察后指出，河北省教育事业的发展与改革出现了新形势，标志就是职教中心建设体现了职业技术教育发展的新路子，开创出了一种新型的办学模式，实现了农科教统筹、三教统筹在农村的结合，探索出了专业技术教育通向农村，使农民能够迅速致富奔小康的模式和路子，这是农村教育改革的重大突破。1993年7月21日，孙起孟副委员长在《中国教育报》发表署名文章，充分肯定了县级职教中心建设的意义。《中国教育报》于1993年10月14日、

1995 年 1 月 9 日、1995 年 3 月 27 日、1996 年 6 月 24 日分别就河北省县级职教中心情况作了专题报道。

ECA013－19940527

全国骨干职业技术学校（中心）建设工作研讨会召开

1994 年 5 月 27－31 日，国家教委职业技术教育司在河北省石家庄市召开了全国骨干职业技术学校（中心）建设工作研讨会，这是一次带有现场会意义和工作会议性质的研讨会。国家教委副主任王明达到会讲话。为使各省、自治区、直辖市及计划单列市教委、教育厅（局）、国务院有关部委教育司（局）了解会议情况，并参照有关精神抓好骨干职业技术学校的建设工作，1994 年 7 月 16 日，国家教委办公厅印发了《全国骨干职业技术学校（中心）建设工作研讨会纪要》，要求各地把贯彻这次会议精神与贯彻落实全国教育工作会议精神结合起来，通过骨干学校建设，把职业教育提高到一个新水平。

ECA014－20040914

国家七部委要求每个县要重点办好一所中等职业技术学校或职业教育中心

2004 年 9 月 14 日，经国务院同意，教育部、国家发展和改革委员会、财政部、人事部、劳动和社会保障部、农业部、国务院扶贫办联合印发了《教育部等七部门关于进一步加强职业教育工作的若干意见》。《意见》强调，根据区域经济社会发展和教育发展的实际需要，每个县要重点办好一所中等职业技术学校或职业教育中心，并把县级中等职业技术学校或职业教育中心建设放到与普通高中学校建设同等重要的位置。

第二节 学校建设与管理

ECB001－19860623

《关于职业中学经费问题的补充规定》印发

为更好地贯彻《中共中央关于教育体制改革的决定》，保证职业中学的健康发展，1986 年 6 月 23 日，国家教委印发了《关于职业中学经费问题的补充规定》，要求全国各地认真贯彻执行。《补充规定》附录中还重新摘录了国发［1980］252 号文件和教育部、劳动人事部、财政部、国家计委［83］教中字 006 号文件中有关职业中学经费问题的已有规定。

附录1 关于职业中学经费问题的补充规定

一、关于职业中学（含农业中学，下同）经费渠道问题，仍按国发［1980］252号文件和教育部、劳动人事部、财政部、国家计委［83］教中字006号文件规定执行。对教育部门办（包括由普通中学改办）的职业中学的经费，在“国家预算收支科目”第179款教育事业费中已单列“职业教育经费”科目，规定从教育事业费中列支。即普通教育经费和职业技术教育经费，均在地方教育事业费指标中统筹安排。为此，职业技术教育经费应列入地方教育事业费预算。职业中学的基建投资也应在地方教育事业基本建设投资中统筹安排使用。各级人民政府在安排地方财政支出指标时，也应积极支持发展此项教育事业。

由于职业中学职业技能训练要求较高，设备投资较大，实习实验消耗较多，人均经费开支一般高于普通高中，其具体标准由各地自定。

二、要多渠道解决经费问题。为发展职业技术教育，其经费除按国发［1980］252号文件规定的有关渠道解决外，可以在自愿的基础上，鼓励社会力量、单位、集体和个人捐资助学；根据协商一致、自愿互利的原则，实行委托培养或向用人单位酌收一定数量的培养费的办法，以扶助职业中学的发展。收费标准可参照国家规定的中等专业学校委托培养生收费标准，由学校和用人单位双方议定。

三、要合理使用中央和地方财政拨给的职教补助费。中央和地方财政拨给的职教补助费，应由地方教育部门统一掌管。使用方式要注意适当集中，尽快形成培养能力。中央财政拨给的补助费主要用于支持办得好的学校购买教学设备、图书资料的培训人员。各地教育领导部门要认真检查学校对中央和地方财政拨给的职教补助费的使用情况和效益。

四、职业中学要大力提倡勤工俭学、半工（农）半读。学校应结合教学需要，举办校办工厂、场、店，所得收入主要用于改善办学条件，部分用于解决师生福利和个人奖励。

附录2 有关经费问题的已有规定（摘录）

一、国务院（国发［1980］252号）批转《教育部、国家劳动总局关于中等教育结构改革的报告》（摘录）

（一）经费和编制

职业技术教育应有专项经费开支。各省、市、自治区可以根据实际情况，制定具体开支规定。在未作出规定前，经商财政部可暂按下列原则执行：中等专业学校、技工学校经费开支渠道，仍按现行规定不变。原有普通中学改办的，其经费开支渠道不变，即教育部门所属普通中学改办的，由教育事业费开支；原属其他部门或厂矿企业所办的普通中学改办的，由其他部门有关经费或企业营业外项目列支；几个部门联合改办的，其经费由合办单位协商解决。

社队办的，其经费由办学单位自行解决。

经批准新办的职业（技术）学校经费，分别按：事业主管部门办的，在各部门事业费开支；专业公司办的，在公司经费开支；厂矿企业办的，在“营业外支出”项目列支。

职业（技术）学校的教职员工编制，列为各主办单位事业编制，纳入各主管部门的劳动计划。

二、教育部、劳动人事部、财政部、国家计委（［83］教中字006号）《关于改革城市中等教育结构、发展职业技术教育的意见》（摘录）

（一）经费。国务院国发［1980］252号文件中有关规定应认真贯彻执行。为支持城乡职业技术教育的发展，1983年中央财政对教育部门办的职业技术教育追加一次性补助费5000万元，分配原则由教育部、财政部商定。各级人民政府在安排地方财政支出指标时，也应积极支持发展此项教育事业。要大力提倡勤工俭学、半工半读，所得收入，部分作为办学经费，部分用于师生福利，以便逐步做到经费部分自给，减轻国家负担。

三、教育部、国家计委、财政部（［84］教计字110号）颁发《高等学校接受委托培养学生的试行办法》的通知（摘录）

中等专业学校接受委托培养中专学生，可参照本办法规定精神办理。委托培养学生所需的经常费，由委托单位按下列标准拨给承担委托培养学生任务的学校，每生每年：工科、医药、艺术科类650元，农林、体育科类550元，师范、财经、政法和其他科类450元。

ECB002－19870716

国家教委就职业中学专业课教师职务聘任提出补充意见

1987年7月16日，国家教委印发《关于职业中学专业课教师职务聘任工作的补充意见》。《补充意见》指出，对未达到规定学历的职业中学实习指导教师和专业课教师，可暂不要求其获得专业合格证书和教材教法合格证书。在教师职务评审中，对教师任职条件的掌握，要坚持理论与实践并重的原则，主要考察教师的政治思想、文化专业知识水平、教育教学能力、实际操作技能、本行业的实践经验和履行职责的实绩。职业中学教师职务的聘任工作，要有利于加强专业、实习指导教师队伍的建设，鼓励专业技术人员以及学校的文化课教师从事专业课、实习指导教学工作，要有利于专业课和实习指导师资队伍的巩固和素质的提高。

ECB003 –19900806

国家教委开始评估认定省级重点职业高级中学

为推动职业中学的建设，促进职业高级中学走内涵发展的道路，国家教委定于 1990 年下半年对各地（部委）职业高中开展评估，将其中办学指导思想端正、办学条件较好、教育质量较高并对本地经济社会发展起积极促进作用的职业高中，认定为省级重点职业高级中学，使其在本地区、本部门，乃至全国起示范带头作用。1990 年 8 月 6 日，国家教委发布了《关于对职业高级中学开展评估，认定省级重点职业高级中学的通知》。《通知》要求，重点职业高级中学大体按每 1.2 万名在校生（学历教育）评定一所，经省、自治区、直辖市人民政府审批后，报国家教委备案、公布。各省、自治区、直辖市教委、教育厅（局）应结合各自的实际情况，制定本省（自治区、直辖市）评估标准和办法，并组织评估工作。在评估过程中要坚持标准，从严要求。以后国家教委要制定国家级重点职业高级中学的标准，并组织评估认定，逐步形成制度，定期复查、调整，使这项工作健康持续地进行下去，以不断推动全国职业中学的建设。

ECB004 –19900816

《省级重点职业高级中学的标准》发布

1990 年 8 月 16 日国家教委发布了《关于颁发〈省级重点职业高级中学的标准〉的通知》。《通知》指出，搞好省级重点职业高级中学的建设，对促进职业技术教育的健康发展具有重要作用。望各地区各部门加强领导，采取有力措施，改善办学条件，提高管理水平，近年内建成一批有特色的省级重点职业高级中学，使其在本地区、本部门更好地发挥骨干示范作用。《省级重点职业高级中学的标准》包括省级重点职业高级中学的“办学基本条件”、“学校管理”、“教师”、“教学”、“德育”、“体育、美育、卫生工作”、“毕业生工作”、“经费”等共 11 章 40 条，并明确了省级重点职业高级中学的审批程序。

ECB005－19910115

国家教委认定首批省级重点职业高级中学

国家教委于1990年制定、颁发了《省级重点职业高级中学的标准》，并决定对职业高中开展评估。各地按照国家教委颁发的标准，结合各自的实际情况，制定出了本省（自治区、直辖市）的评估标准和办法，并认真地组织了评估工作。经各省人民政府审批后，国家教委将其中办学指导思想端正、办学条件较好、教育质量较高，并对本地经济和社会发展起到较好作用的206所职业高中认定为首批省级重点职业高级中学。1991年1月15日，国家教委发布了《关于认定首批省级重点职业高级中学的通知》，将认定的学校名单予以公布。3月8日，国家教委印发了《关于继续开展评估、认定省级重点职业高级中学的通知》，决定在认真总结经验的基础上，继续开展评估、认定省级重点职业高级中学工作，扩大一批省级重点职业高中。

ECB006－19920312

《职业高级中学学生学籍管理暂行规定》颁发

1992年3月12日国家教委下发《关于颁发〈职业高级中学学生学籍管理暂行规定〉的通知》。《暂行规定》对职业高级中学学生入学与注册、成绩考核、纪律考勤、升学与留级、休学与复学、转学与转专业、退学、毕业与结业、奖励与处分等都作了明确的规定。《通知》要求各省（自治区、直辖市）结合本地实际情况制定职业高中学生学籍管理的实施细则。

ECB007－19920317

国家教委认定第二批省级重点职业高级中学

1992年3月17日，国家教委发出《关于认定第二批省级重点职业高级中学的通知》。《通知》指出，一年来，各地按照国家教委颁发的《省级重点职业高级中学的标准》，在总结前次评估工作经验的基础上，进一步修订完善了本省（自治区、直辖市）的评估细则和实施办法，并认真地组织了评估工作。根据各省（自治区、直辖市）人民政府批准报送的学校名单，经国家教委审查决定，认定249所职业高中为第二批省级重点职业高级中学。国家教委希望各地对已认定的省级重点职业高中要继续采取切实措施，改善办学条件，提高教育质量，发挥其示范作用，有计划地对现有职业高中加强规范化建设，创办更多的水平较高的示范性骨干学校。

ECB008 – 19931228

国家教委制定《全国职业中学校长主要职责及岗位要求（试行）》

1993 年 12 月 28 日，《国家教委关于发布〈全国职业中学校长主要职责及岗位要求（试行）〉的通知》印发。《通知》指出，办好职业中学，校长是关键。《全国职业中学校长主要职责及岗位要求（试行）》在中小学校长任职条件和岗位要求的基础上，结合职业中学特点，对校长的岗位职责、任职资格与政治素质、知识结构和业务能力，作出了明确规定，为选派和培训职业中学校长提供了依据。为加强职业中学校长的培训工作，国家教委同日还下发了《关于加强全国职业中学校长岗位培训工作意见》。《意见》就培训工作的原则和目标、课程设置、培训方式、培训基地的建设、加强职业中学校长岗位培训工作的领导等作出了明确规定。《意见》指出，要将培训与校长的考核、任用结合起来，逐步建立起比较完善的培训制度，使职业中学校长的政治、思想、管理、业务等素质在原有基础上有较大提高。今后，应逐步做到凡新任校长职务的，必须先接受岗前培训并经考核合格，才能上岗任职。

ECB009 – 19940418

《国家级重点职业高级中学标准》颁发

建设一批国家级重点职业高级中学是贯彻落实《中国教育改革和发展纲要》和《国务院关于大力发展职业技术教育的决定》的一项重要举措，对促进职业高级中学改革和发展，适应社会主义市场经济发展需要，主动为当地经济建设和社会发展服务，进一步改善办学条件，提高办学水平和教育质量具有重要的作用。1994 年 4 月 18 日，国家教委颁发《国家级重点职业高级中学标准》，希望各地参照此标准的要求，做好有关评估的准备工作，在各地政府的统筹领导下，制定规划，采取切实措施，努力创办一批办学方向正确、办学条件好、教育质量高、能起示范作用、在国内享有较高声誉的国家级重点职业高级中学。

ECB010 – 19941111

财政部、国家教委决定对中央职业技术教育补助专款实施项目管理

根据财政部、国家教委《关于印发〈中央教育补助专款项目管理办法〉的通知》，1994 年 11 月 11 日，财政部、国家教委联合发出《关于下达 1994 年职业技术教育补助专款及实施项目的通知》。《通知》明确，1994 年项目建设目标是：支持地方发展一批由教育部门举办的能对当地经济发展起促进作用的示范性职业技术骨干学校，使项目学校的建设达到国家规定的标准；促进职业技术学校布局及专业调整，改善办学条件，提高教育质量和办学效益。项目实施和资金使用的原则是：项目资金主要用于购置教学和实验实习仪器设备。地方配套资金可用于校舍建设、购置图书及师资培训等。优先安排已进行布局调整或已基本完成有关土建项目的学校；要集中资金，重点投放，保证效益，不搞平均分配，投入一所，建成一所；优先选择对当地经济建设急需人才的专业进行装备。各省地方配套资金与中央补助专款的比例应不低于 2∶1；财政部、国家教委规定项目执行期为一年，到 1995 年底前结束。

ECB011 –19950127

国家教委决定开展国家级重点职业高级中学评估认定工作

1995 年 1 月 27 日，国家教委印发《关于开展国家级重点职业高级中学评估认定工作的通知》指出，国家级重点职业高级中学的评估认定工作是省级重点职业高级中学评估认定工作的继续与发展，要掌握好评估工作的导向性和典型示范作用，既要尊重学校发展的历史，又要全面考察评估学校的现状，并优先考虑对国家职教事业作出突出贡献、办学质量与效益高且具有重要影响的职业高级中学。原为省级重点职业高级中学是参评国家级重点职业高级中学的资格。

ECB012 –19951005

国家教委认定经复评合格的 909 所省级重点职业高级中学

1995 年 10 月 5 日，国家教委发出《关于认定经复评合格的第一、第二批暨第三批省级重点职业高级中学的通知》指出，根据各省、自治区、直辖市人民政府批准报送的第三批省级重点职业高级中学名单和经各省、自治区、直辖市教委、教育厅（局）报送的经复评合格的第一、第二、第三批省级重点职业高级中学名单，经国家教育委员会审查决定，认定 909 所职业学校为省级重点职业高级中学。

ECB013 –19960214

国家教委审批认定 296 所国家级重点职业高级中学

1996 年 2 月 14 日，国家教委印发《关于审批认定国家级重点职业高级中学的通知》。《通知》指出，国家级重点职业高级中学的建设和评估工作在各地党和政府的高度重视、社会各界的广泛支持、教育行政部门和学校的努力下，取得了很大成绩。进一步端正了办学方向，推动了职业中学的建设、改革和发展，改善了办学条件，增强了办学活力，提高了教育质量和办学效益，也提高了职业中学的声望和地位。经国家级重点职业高级中学评估审议小组审议，国家教委批准北京市东城区职业教育中心学校等296所学校为国家级重点职业高级中学，并予以公布。希望被认定为国家级重点职业高级中学的学校，进一步加强建设，深化改革，严格管理，努力提高教育教学质量，充分发挥骨干示范作用，更好地为当地经济和社会发展服务，为提高我国职业教育的水平作出更大贡献。

ECB014－19960823

国家教委建立职业中学校长持证上岗制度

1996年8月23日，国家教委办公厅印发了《关于进一步做好全国职业中学校长岗位培训工作的通知》。《通知》要求，各地要将职业中学校长岗位培训工作纳入本部门年度工作计划，并有领导分工负责此项工作。各地教育行政部门都要明确职业中学校长岗位培训基地，基地的教师队伍要专兼结合，专职教师要少而精，相对稳定。职业中学校长岗位培训基地由省级教育行政部门确定，并报国家教育委员会备案。职业中学校长岗位培训工作原则上不下放到地市一级。各地区应根据本地区的实际情况，逐步建立起职业中学校长持证上岗制度。从1996年下半年开始，对于预备上岗的职业中学校长一般经过岗前培训，并获得《职业中学校长岗位培训合格证书》后才能上岗。个别上岗前参加岗位培训有困难的，应在上岗后一年内参加岗位培训，否则不得继续担任职业中学校长。1998年底以前，全国职业中学校长将全部实现持证上岗。

ECB015－20000531

教育部调整认定首批500所国家级重点职业高级中学

2000年5月31日，教育部印发了《关于公布首批国家级重点中等职业学校名单的通知》。《通知》指出，近年来，原有的国家级重点中等职业学校已经发生了很大的变化，有的学校已经改办为高等职业学校，有的学校已与职工大学、普通高等学校合并，有的学校已经转变为主要承担短期培训任务的培训机构等。因此，对原国家级重点中等职业学校进行调整已成为新形势下加强骨干示范学校建设的重要任务。1999年6月，教育部就有关工作作了部署。各省、自治区、直辖市教育行政部门按要求，进行了申报和初评工作，并向教育部推荐上报备选学校名单和材料。经教育部组织国家级重点中等职业学校评估专家组初审、抽查和复审，提出了国家级重点中等职业学校建议名单。经教育部研究，决定批准北京市农业学校等960所职业学校（其中职业高级中学500

所）为首批国家级重点中等职业学校。

ECB016 －20050000

国家重点支持建设起示范作用的骨干县级职教中心

为支持农村和西部地区的职业教育，促进城乡职业教育事业协调发展，教育部、国家发展和改革委员会决定在原“推进职业教育发展专项建设计划”的基础上，共同组织实施“县级职教中心建设计划”，促进“国家农村劳动力转移培训工程”和“农村实用人才培训工程”的实施。“县级职教中心建设计划”的目标是：重点支持1000所起示范作用的骨干县级职教中心，带动全国每县（市）都建成一所较高水平的县级职教中心，使之成为县域人力资源开发、农村劳动力转移培训、技术培训与推广和扶贫开发的基地，推动全国的中等职业教育发展迈上一个新台阶。2005年，国家发展和改革委员会先后下达两批中等职业教育中央预算内专项资金共10亿元，对525所中等职业学校进行支持，其中，县级职业教育中心275个。

第三节　教育教学管理与改革

ECC001 －19860605

《关于制订职业高级中学（三年制）教学计划的意见》印发试行

国家教委在总结各地制订教学计划经验的基础上，拟定《关于制订职业高级中学（三年制）教学计划的意见》，于1986年6月5日印发试行。《意见》明确指出职业高级中学的培养目标是：“有理想、有道德、有文化、有纪律、热爱社会主义祖国和社会主义事业，具有为国家富强和人民富裕而艰苦奋斗的献身精神；具有实事求是、独立思考、勇于创造的科学精神；具有能直接从事某一职业（工种）的技术理论、专业知识和操作技能，与本专业有关的主要文化课，要具有相当于普通高中的水平；有健康的体格。”学生三年在校总周数为150周，工科类总时数为2400～2850学时，文科类总时数为2850～3150学时。课程设置分为政治课、文化课、专业课、实习四类，前三类与实习的课时比例，工科类一般为4∶6，文科类一般为5∶5。根据专业、工种性质和培养目标的不同，具体比例可适当灵活，某些要求文化基础知识更多一些的专业，文化课所占比重可以再提高一些，但专业课（含实习）的课时不得低于30%。

ECC002－19881006

国家教委开始审定研讨职业高中的部分教学计划

1987 年初，国家教委职业技术教育司委托上海、重庆、天津市和湖北省教委（教育厅、局）组织编写服装、家用电器、工业会计、文秘 4 个专业教学计划，又委托陕西、河南、河北省教委（教育厅、局）组织编写林果、农学、畜牧兽医 3 个专业教学计划。经过一年多的研究、讨论，广泛征求意见和修改，于 1988 年 10 月 6－9 日在甘肃省兰州市召开了职业中学部分专业教学计划的审定讨论会，对服装制作、电子电器、财经类、文秘档案 4 个专业教学计划进行了审定。对林果、农学、畜牧兽医 3 个专业教学计划进行了深入研究。此后，职业高中各专业的指导性教学计划陆续审定出台。

ECC003－19901231

国家教委修订职业高级中学的培养目标

1990 年 12 月 31 日，国家教委颁发的《关于制订职业高级中学（三年制）教学计划的意见》提出："职业高级中学的培养目标是：有理想、有道德、有文化、有纪律，热爱社会主义祖国和社会主义事业，具有为国家富强和人民富裕而艰苦奋斗的献身精神；具有实事求是、独立思考、勇于创造的科学精神；具有良好的职业道德、职业意识、职业纪律、职业习惯、忠于职守的敬业精神；掌握直接从事某一专业、工种必需的文化课基础知识和素养、专业技术知识和操作技能；有健康的体魄。""根据国家的教育方针和社会主义现代化建设的需要，职业高级中学的任务是培养中级技术工人、具有中级技术水平的农民、中等管理人员、技术人员和其他从业人员。"和 1986 年的培养目标相比，这一次的培养目标更强调专业职业技能的培养。

ECC004－19910404

国家教委对应届职业高中毕业生参加高考作出规定

1991 年 4 月 4 日，国家教委在《关于推荐应届职业高中毕业生参加高考有关问题的通知》中提出："（被）推荐报考的职业高中毕业生与普通高中会考合格的考生具有同样的资格和权利，录取时应同样对待。"尽管实际上参加高考的中职毕业生比例较小，但这一政策保持了职业教育与普通高等教育之间的沟通渠道。

附录　国家教育委员会关于推荐应届职业高中毕业生参加高考有关问题的通知（摘录）

一、在开始实施高考改革的省，实行推荐少量应届职业高中毕业生不经会考，直接参加高考的办法，推荐数控制在当年毕业生总数的5%以内。

三、推荐报考的应届职业高中毕业生，应符合以下几个条件：

1. 自愿报考普通高等学校；

2. 所学专业与报考专业对口或相近；

3. 凡有联办单位或委托培养单位的考生，应征得上述单位的同意；

4. 经所在学校按德、智、体全面衡量择优推荐。

四、推荐报考的职业高中毕业生与普通高中会考合格的考生具有同样的资格和权利，录取时应同样对待。

五、推荐职业高中毕业生参加高考不能影响职业高中的稳定发展，不能干扰职业高中的办学方向和正常的教学秩序。不得因有少数人被推荐参加高考而调整教学计划、增设课程或增加某些课程的课时和内容。各地也不得把推荐人数或高考录取人数作为检查和评估职业高中的标准。

ECC005－19930310

国家教委颁发职业高中部分专业教学计划和教学器材配备目录（试行）

1993年3月10日，国家教委印发了职业高级中学建筑施工专业、电子电器专业、服装制作专业、种植专业（三年制）教学计划和种植类专业（二年制）教学计划以及电子电器专业和服装制作专业的教学器材配备目录（试行），要求各地结合本地、本部门实际情况参照执行。这次印发的职业高中部分专业教学计划是依据国家教委《关于制订职业高级中学（三年制）教学计划的意见》的精神制订的指导性教学计划，要求各地在选用时，根据实际情况进行适当的调整。同时，与上述专业教学计划配套的主要专业课教学大纲也已制订，并相继出版。

ECC006－19950523

国家教委对职业高中实行五天工作制后的教学时间安排作出规定

1995年5月23日，国家教委办公厅下发《关于实行五天工作制后调整普通中专和职业高中教学时间的意见》。《意见》指出，自1995年秋季开学始，全国职业技术学校实行五天工作制。职业高中（三年制）全学程总周数仍按国家教委《关于制订职业高级中学（三年制）教学计划的意见》执行，将理论教学的周数调整为：工农医类为 65 ~ 70 周，文科类为 75 ~ 80 周，技能较强的专业、工种为 55 ~ 60 周。理论教学的周学时调整为每周 26 ~ 28 学时。故理论教学的总学时为：工农医类为 1690 ~ 1960 学时，文科类为 1950 ~ 2240 学时，技能较强的专业、工种为 1430 ~ 1680 学时。

ECC007 – 19951231

职业高中教材建设“八五”选题规划 13 个专业 180 种配套教材出版发行

国家教委根据职业高中发展的现状和国家经济建设的需要，在“八五”期间制定了包括农业、建筑、电子、商业、服装、旅游、财经和文秘八大类专业中的 13 个专业的配套教材建设规划，计 180 种教材，截至 1995 年底已全部出齐。其中农业的种植专业还配套编制出版了教学录像带。“八五”期间对职业技术学校的政治课和体育课进行了课程设置的改革，配套出版 7 种政治课新教材和两种体育课新教材，1995 年已全部到位。中等专业学校的基础课和专业基础课教材的改革以及职业高中的数学、语文、英语等课程的教材改革及编写工作也已全面展开。

ECC008 – 19980709

教育部决定制订职业高中专业目录

改革开放以来，职业高中教育取得显著成绩，但由于各地专业设置的划分原则不尽一致，学校专业设置不够规范，专业设置涵盖职业范围不够明确等，给学生就业和学校专业建设造成诸多困难。为此，1998 年 7 月 9 日，教育部办公厅印发了《关于制订职业高级中学专业目录的通知》，提出了制订职业高中专业目录的指导思想、制订原则和组织分工。《通知》明确提出，这 项工作要在教育部的统一领导下，职业技术教育司负责组织实施，由地方教育部门、国务院有关部委、行业教育部门共同完成。教育部决定成立“全国职业高级中学专业目录制订工作委员会”，主要负责组织领导和协调工作，其日常业务工作由教育部职教中心研究所为主承担。同时成立“全国职业高级中学专业目录制订工作专家组”。工作委员会下设工科类、农林牧渔类、医药卫生类、商业服务类、财经类、行政事业类和艺术体育师范类等工作小组。

ECC009－19990419

教育部职成教司强调职业高中培养人才以就业为主

教育部职成教司于1999年4月19－20日在北京召开了职业高中教学改革研讨会，司长黄尧、副司长刘占山出席会议。在会上，与会者反映了职业高中教育出现的一些问题，如学生文化基础知识比较薄弱，专业面向过窄，专业不稳定，培养的学生适应能力、竞争能力不够，没有后劲，职业高中教学没有标准规范等。针对这些问题，黄尧指出，对职业高中来讲，要加大改革力度，通过改革探索建立起新型的、多样化的职业教育教学模式和教学制度以及课程教材开发的新机制，职业高中办学还是要坚持为当地经济建设服务，为当地经济社会发展培养人才。培养的人才以就业为主，适当兼顾一部分人的升学，不能搞颠倒。

ECC010－20010810

教育部同意在部分有条件的中等职业学校实验综合课程教育

2001年8月10日，教育部办公厅联合印发了《关于在部分有条件的中等职业学校做好综合课程教育实验工作的意见》。《意见》规定，在经济、教育基础较好的地方，选择部分办学方向正确、办学质量高、办学效益好的国家级或省级重点中等职业学校进行实验。在实验阶段，实验学校综合课程教育的招生数量一般不超过本校招生人数的30%。综合课程教育的基本学制为3～4年，以3年为主。实验学校可根据需要实行弹性学制和学分制；综合课程教育的专业可参照中等职业学校专业大类设置，要注意设置对文化基础要求较高、技术含量较高和复合性较强的专业，增强学生的适应性；综合课程教育可根据当地高等职业技术院校招生和就业岗位对大学生文化素质的要求，既可以按照教育部颁布的中等职业学校文化基础课程教学大纲，也可以参照普通高职相关课程的教学基本要求，开好文化基础课程。同时，要根据专业需要开设培养学生专业知识、职业能力与实践能力、创新能力的课程，加强对学生进行职业指导；综合课程教育要突出职业教育特色，注意防止按照普通高中教育的模式来举办综合课程教育的做法，防止把综合课程教育办成升学预备教育。

第四节　重要活动与事件

ECD001－19881129

中德合作建立平度“双元制”农业职业培训中心

1988年11月29日，国家教委与德国汉斯·赛德尔基金会签署了《关于在山东省平度市建立"双元制"农业职业培训中心的协议》。1990年11月26日、28日，青岛市教育局、平度市政府分别与汉斯·赛德尔基金会签订了具体的合作协议，合作创立平度"双元制"农业职业培训中心。双方商定每3年作为一个合作阶段。项目从1991年正式运作，当年招收农学、果林和农机电3个专业288名学生。第一阶段德方资助190万德国马克，主要用于"双元制"教师的培训、仪器添置、双方人员往来及技术咨询等。1992年5月26日，中德双方举行了这个项目的落成典礼。截至2008年，双方共进行了6个阶段的合作，德方共无偿援助500万欧元，中方共投入配套资金约5000万元人民币，先后办起了奶牛教学养殖实验场、良种猪场、奶制品加工厂、肉类食品加工、果品加工培训中心、汽车维修厂、教学服装厂7个培训机构，面向全国共举办"双元制"办学模式、职业学校校长、主任、骨干教师培训250多期6000多人次，面向当地的行业技术人员、下岗职工、剩余劳动力的技术培训3万多人次，走出了一条融教学、科研、培训、生产、推广、服务的校企合作、产教结合、工学结合的有中国特色的"双元制"办学之路。

ECD002－19890900

国家教委委托河北省教委举办农村职业学校校长培训班

1989年9月，国家教委职业技术教育司委托河北省教委举办了云南、甘肃、青海、新疆4省（区）部分少数民族地区主管教育的县长、教育局长、农村职业学校校长培训班。培训班采取参观先进典型单位、现场交流经验的方式进行学习，使少数民族地区的干部从理论到实践的结合上，进一步明确了办学的方向和路子，从而增强了办好少数民族地区职业教育的信心和决心。同年，国家教委职业技术教育司又委托河北省农业技术师范学院举办了4期农村职业学校校长培训班，每期100人，培训时间1个月。培训内容主要是了解农业与科技形势，进一步学习、明确"燎原计划"的内容与任务，介绍国内外适合农村推广的实用技术，参观先进典型单位，互相交流办学经验，同时还开设了学校管理等理论课程。

ECD003－19910719

全国职业高中车、钳工技能比赛举行

1991年7月19日，国家教委办公厅、国家机械电子部办公厅、共青团中央办公厅联合印发了《〈关于1991年全国职业高中车、钳工技能比赛〉有关事项的通知》，通知全国各省于1991年8月26－30日在辽宁省鞍山市鞍钢技工学校举行全国职业高中车、钳工技能比赛。竞赛命题范围、难度标准依据机械工业部1985年颁发的《工人技术等级标准》中的中级车工、中级钳工“应会”内容及标准命题。考实际操作，不进行笔试。比赛时间车工为6小时，钳工为8小时。比赛使用车床型号CA614O。比赛需用的刀具和量具等工具按中级工要求自备。竞赛评分以参赛选手加工产品的质量为主，安全文明生产给予适当考虑。

ECD004－19920331

全国职业高中“浪潮杯”微机应用比赛暨夏令营活动举办

为了宣传职业中学教学成果，交流各地职业中学微机教学的经验，以促进微机应用人才的培养，适应社会主义建设的需要。国家教委于1992年3月31日印发了《关于举办全国职业中学“浪潮杯”微机应用比赛暨夏令营活动的通知》。1992年7月底8月初，在山东省青岛市举办了全国职业中学“浪潮杯”微机应用比赛暨夏令营活动。比赛分为微机类专业和财经等类专业两个组，每组均进行4个项目比赛：（1）计算机基础知识比赛；（2）DBASE应用比赛；（3）录入技术比赛；（4）三项全能比赛。在确定报参组别时，财经类专业的学生允许报参微机类专业组，但微机类专业学生不准报参财经类专业组比赛。比赛使用机型为浪潮286机（该机与其他机型均兼容）。

ECD005－19930201

北京劲松职业高中146名西餐专业学生赴德国进行培训

1993年2月1日，国家教委办公厅复函北京市教育局，同意北京市教育局关于《请批准劲松职业高中派遣西餐专业学生赴德国进行培训的函》所提出的意见，并决定由北京市教育局组织实施。复函中说：“这项工作符合党的‘十四大’关于加快改革开放步伐的精神和《国务院关于大力发展职业技术教育的决定》的精神，要认真探索，总结经验，逐步开拓各类职业技术学校培养适应国际劳务市场所需要的各种从业人员的途径，加强学校建设，提高教学质量，进一步推动职业技术学校的改革和发展。我委支持此项工作，希望你们加强领导，精心组织和管理，力求取得好的成效。”从1993年8月31日到1997年7月30日，先后有5批共146名学生飞赴德国学习。

ECD006－19930404

职业中学参加首届中国青年奥林匹克技能竞赛

1993年，我国举办首届中国青年奥林匹克技能竞赛，劳动部1993年4

月 4 日印发了《关于职业中学参加首届中国青年奥林匹克技能竞赛的通知》。《通知》指出，职业中学是培养技术工人的重要场所之一。为切实加强后备技术人才的培养，增强国际竞争能力，各省、自治区、直辖市教委、教育厅（局）要认真组织职业中学积极参加由劳动部等部门联合举办的首届中国青年奥林匹克技能竞赛，并按照国际青年奥林匹克技能竞赛标准对学生进行培训。

ECD007 – 19970416

国家教委、联合国教科文组织召开农村职业教育国际研讨会

1997 年 4 月 16 – 21 日，国家教委、联合国教科文组织在河北省保定市召开了农村职业教育国际研讨会。研讨会总结交流了国内外农村职业教育改革与发展的经验及理论研究成果；研究探讨了农村职业教育的发展趋势及为适应 21 世纪农村经济和社会发展需求所应采取的对策；讨论了农村职业教育在发展农村经济、帮助农民脱贫致富方面的意义和有效途径。

ECD008 – 19980000

中德唐山农村职业教育合作项目实施

根据中德两国政府签署的中德技术合作总协定，经中德双方职教专家的考察论证，决定在河北省唐山地区实施中德农村职业教育合作项目。1996 年 5 月 9 日，双方在北京草签协议，德方无偿资助 700 万马克。项目的总体目标是改善农村“双元制”和继续教育，为农村职业教育改革提供示范。该项目于 1998 年正式启动，确定以丰南、迁安、乐亭、滦南、滦县 5 所县级职教中心为示范学校，以农机、畜牧、园艺、农学和果树 5 个专业为试点。在对教学对象和劳动力市场进行调查分析的基础上，各项目学校在德方专家的指导下，经过 5 年的努力，研究开发了试点专业的实践导向课程计划，形成了以实践为导向的教学模式，培养了一批适应先进教育教学模式的教师及管理人员，毕业生的实践能力得到用人单位的普遍认可，在当地乃至更大范围的职业教育体系中发挥了突出的示范作用。5 年中，项目学校分别与 50 多家国有及民营企业建立了良好的合作关系，先后有 50 多名校长、教师及管理人员到德国和新加坡进行专业技术和教育管理培训。2004 年 4 月 28 日，河北省教育厅与德国技术合作公司共同在唐山召开经验交流及现场会，总结和推广中德唐山农村职业教育合作项目所取得的经验。

ECD009－20020906

高碑店“还我职中”事件

河北省高碑店市职业教育中心是一所国家级重点职业高中，也是该市唯一的一所职业高中。2002 年，在职业学校招生数量下降的情况下，高碑店市教育局决定将这所学校部分资产划归该市第四中学。职教中心部分教师联名致信有关部门，要求落实全国职教会精神，并打出“还我职中”的横幅。9 月 6 日，《中国教育报》以《“还我职中”——河北省高碑店市削弱职业教育的调查》为题，在第 1 版作了报道，在全国教育界引起了震动。事件发生后，教育部、河北省教育厅领导先后就纠正处理这起违法违纪事件作出重要批示，保定市人民政府批转了保定市教育局《关于高碑店市职教中心财产被第四中学分割问题处理意见的报告》，责令高碑店市教育局立即停止侵权行为，将第四中学占用财产归还职教中心，并对第四中学进行妥善安置。9 月 26 日，河北省教育厅发出《关于高碑店市削弱职业教育分割该市职教中心资产问题的通报》。《通报》指出，高碑店市教育局的做法，侵犯了职教中心的合法权益，违背了县（市）级人民政府重点办好职教中心的要求，是一起典型的违法违纪事件。《通报》要求，全省各市、县引以为戒，依法行政，促进职业教育与其他各类教育的协调发展。

ECD010－20040223

职业高中培养出全国数控技能大赛冠军

由劳动和社会保障部、教育部、科技部、国防科工委、全国总工会及中国机械联合会联合主办的第一届全国数控技能大赛决赛于 2004 年 10 月 13－23 日在北京举办，经全国 30 个赛区 20 多万人的层层竞赛选拔，全国 422 名数控领域从业人员和职业院校学生选手入围全国决赛，其中职业院校学生组数控车选手 70 名、数控铣选手 62 名、加工中心选手 64 名；职工组数控车选手 80 名、数控铣选手 74 名、加工中心选手 74 名。经过紧张激烈的角逐，石家庄市职教中心的解伟波在决赛中一举夺魁，获得学生数控铣组第一名，成为首届全国数控技能大赛 6 个冠军中唯一一名职业高中学生冠军。

ECD011－20050405

职业高中学生首次入选“全国十佳中学生”

为了给全国广大中学生树立可亲、可敬、可信、可学的榜样，激励中学生热爱祖国，勤奋学习，勇于实践，全面发展。2004 年，共青团中央、教育部联合开展了“全国十佳中学生”评选表彰活动。《关于评选首届“全国十佳中学生”的通知》明确，评选对象包括普通中学和中等职业学校学生，并强调要兼顾普通中学和中等职业学校学生。在各地上报的 54 人推荐名单中，有初中生 9 名，普通高中生 45 名，没有一名中等职业学校的学生。当时担任评委工作的教育部职业技术教育中心研究所副所长余祖光及时向教育部领导汇报了有关情况，并将问题反映给中国职业技术教育学会会长王明达。经多方努力，团中央同意教育部提出的弥补方案，给职业教育单独增加一个名额。2005 年 4 月 5 日，共青团中央和教育部作出了《关于表彰首届“全国十佳中学生”的决定》，北京求实职业学校 2001 级学生王晓荟（女）榜上有名。

ECD012 - 20050614

全国县级职教中心改革发展座谈会召开

2005 年 6 月 14 日，教育部、国家发展和改革委员会在陕西省宝鸡市召开全国县级职教中心改革与发展座谈会。会议总结交流了近年来各地公办中等职业学校体制改革和县级职教中心建设的经验，研究和探讨了新形势下进一步深化公办中等职业学校体制改革和加强县级职教中心建设的工作思路和政策措施。教育部部长周济在会上指出，要谋划好职业教育的发展，就要重点抓好县级职教中心建设，使之更好地承担起为农村劳动力转移培训服务、为建设社会主义新农村服务的两大任务。

附录　1979—2008 年全国职业高中发展情况统计表

（单位：万人）

年　度	学校数（所）	在校生数	招生数	毕业生数	专任教师数
1979					
1980		31.9			
1981					
1982	3104	70.36	42.60	13.06	4.05
1983	5481	122.01	75.68	21.56	7.35
1984	7002	174.48	93.90	27.85	10.38
1985	6444	184.4	98.5	32.5	11.58
1986	6791	214.27	97.38	48.18	14.09
1987	7071	224.99	96.54	63.88	16.14

续表

年　度	学校数（所）	在校生数	招生数	毕业生数	专任教师数
1988	7538	234. 09	101. 02	69. 19	17. 72
1989	7673	236. 28	99. 11	70. 92	18. 64
1990	7655	247. 13	103. 83	75. 34	19. 54
1991	8016	263. 22	114. 00	80. 86	20. 46
1992	8267	286. 38	125. 46	82. 62	21. 60
1993	8403	306. 35	134. 88	87. 99	22. 86
1994	8679	342. 56	146. 77	93. 82	24. 12
1995	8612	378. 63	161. 20	107. 02	25. 49
1996	8515	395. 75	158. 23	120. 79	26. 85
1997	8578	431. 00	180. 34	129. 17	28. 23
1998	8602	454. 92	182. 68	139. 85	29. 61
1999	8317	443. 84	160. 38	143. 69	29. 61
2000	7655	414. 56	150. 39	149. 92	28. 18
2001	6737	383. 10	155. 05	141. 98	26. 86
2002	6418	428. 13	187. 36	121. 61	27. 27
2003	5824	455. 76	197. 26	112. 67	25. 79
2004	5781	516. 92	212. 66	125. 56	27. 06
2005	5822	582. 43	248. 21	153. 09	28. 25
2006	5765	655. 64	288. 02	170. 31	29. 59
2007	5916	725. 25	302. 18	190. 88	30. 87
2008	5915	750. 32	290. 66	211. 63	31. 97

注： 1. 1979—1989 年数据为农业职业中学（高中）的统计数，1990—2008 年为职业高中统计数。

2. 2008 年数据来自全国教育事业发展统计公报，其他所有数据均来自于历年《中国教育年鉴》。

第四章　技工学校

第一节　发展政策和管理体制

EDA001 – 19790220

国家劳动总局颁发技工学校工作条例（试行）

1978 年 2 月 11 日，教育部、国家劳动总局联合发出了《关于全国技工学校综合管理工作由教育部划归国家劳动总局管理的通知》。《通知》指出，经国务院批准，全国技工学校的综合管理工作，由教育部划归国家劳动总局主管，教育部给予协助。1979 年 2 月 20 日，国家劳动总局发出《关于颁发技工学校工作条例（试行）的通知》。《条例（试行）》分总则、教学工作、思想政治工作、生产管理和财务管理、教师、学生及行政工作共 7 章 40 条。《条例（试行）》指出，技工学校是培养技术工人的学校，是国家教育事业的重要组成部分。它的基本任务是为实现社会主义的四个现代化培养有社会主义觉悟的、能够掌握现代生产技能的四级技术工人（实行八级技术等级标准的工种）。《条例（试行）》规定，技工学校培养目标的具体要求应体现在思想政治、技术操作、技术理论、文化知识、身体健康诸方面；学校的教学应该理论联系实际，以实习教学为主；学校的规模、工种、专业设置和学制应该相对稳定，招收初中毕业文化程度的学制一般为 3 年，招收高中毕业文化程度的学制一般为 2 年；学校必须保证教师不少于 5/6 的时间用于教学业务工作；技工学校实行党委领导下的校长分工负责制，由各主办部门直接领导，分别由中央和地方主管部、局归口管理，并受劳动部门综合管理。

EDA002－19790928

国家经济委员会、国家劳动总局明确三年调整时期技工学校工作的基本方针

根据国民经济“调整、改革、整顿、提高”的八字方针，国家经济委员会、国家劳动总局于1979年9月28日发出《关于进一步搞好技工培训工作的通知》，明确指出：“在三年调整时期，技工学校的工作应是：积极调整、稳步发展、切切实实地办好，在提高质量的基础上，逐步增加数量。”一方面，必须有计划地举办新的技工学校。当前生产紧迫需要而又十分短缺的一些工种专业，如电子专业、轻工、建材、农机、商业、旅游事业、服务行业等，都应积极举办技工学校进行培训。应注意把工业调整过程中一些适合于办技工学校的下马工厂或工厂的房屋设备等加以利用，用于充实和举办技工学校。另一方面，要认真调整、整顿现有技工学校。对现有2000多所技工学校，要分期分批地实行五定，即定规模、定工种专业、定培养目标、定学制、定人员编制。各地区、各部门都应选定一些自己的重点学校，在师资、设备、经费等方面给予重点支持，把一批基础较好、工种专业对路的技工学校先搞上去。《通知》强调，今后技工学校的经费计划（包括基建投资和经常费用）、生产计划、设备购置、招生及毕业生分配等，都应按照国家计划、财政管理体制的规定，分别纳入中央或地方计划之内。

EDA003－19801007

教育部、国家劳动总局要求积极发展和办好技工学校

1980年10月7日，国务院批转教育部、国家劳动总局《关于中等教育结构改革的报告》，把发展技工学校，作为改革中等教育结构、大力发展职业技术教育的重要的内容之一。《报告》提出：“要积极发展和办好技工学校。”“技工学校是培养中级技术工人的学校。要办好现有技工学校，并根据生产建设的需要，稳步地有计划地发展。现行的领导管理体制不变。”“在业务上，凡是培养技术人员和干部的职业（技术）学校，以教育部门为主综合管理，劳动部门配合；凡是培养后备技术工人的职业（技术）学校，以劳动部门为主综合管理，教育部门配合。”

EDA004－19840402

劳动人事部颁发《关于不得随意改变技工学校性质的通知》

1984年4月2日，劳动人事部颁发《关于不得随意改变技工学校性质的通知》。《通知》强调，目前全国技工学校的培训能力，总的不是有余，而是不足。“去年以来，有的地区、部门把一些条件较好的技工学校改为中专，或者在技工学校中办电视大学、职工大学、干部轮训班、职工中专；有的把技工学校办得较好的实习场地改为地方全民所有制工厂，把技校定型的实习产品调为工厂的定型产品”，这些做法削弱了技工学校培训技术工人的能力，影响了技工培训事业的发展。今后技工学校申请改变性质时，属于地方办的，须由地方办学部门商得有关省、市、自治区劳动人事厅（劳动局）同意后，才能报省、市、自治区人民政府审批；属于国务院各部门办的，应由有关部门商得学校所在省、市、自治区劳动人事厅（劳动局）同意后，再报劳动人事部审批。

EDA005 – 19850805

劳动人事部推动技工学校全面改革、增强活力

1985 年 8 月 5 日，劳动人事部出台《关于技工学校改革的几点意见》，就技工学校的性质和任务、工种（专业）设置、学制、招生计划和毕业生分配、学生待遇、师资、教学改革、办学自主权、加强校际协作、有计划地发展新技工学校 10 个方面的问题提出了改革意见，核心是把技工学校办好办活、促进发展。《意见》强调，在完成中级技术工人培训的前提下，允许技工学校发挥多功能培训的作用，既面向城市，也面向农村，既面向全民所有制经济，也面向集体所有制经济和个体经济；专业不要划分过细，以操作技术比较复杂、技术理论要求比较高的为主；除全日制教育外，培训的学习期限可以与委托培训单位商定；在完成国家计划的前提下，可以安排计划外招生，学生毕业后回原单位或按“三结合”方针就业；扩大学校办学自主权，逐步实行教师职务聘任制度和校长负责制；建立教学研究机构，加强教学研究，不断革新教材，改进教学方法，改善教学条件；倡导专业分工、校际协作；鼓励有关部门、单位集资办学。

EDA006 – 19850830

技工学校实行结构工资制

1985 年 8 月 30 日，国务院工资制度改革领导小组发出《关于技工学校教职工工资制度改革问题的通知》，印发了劳动人事部制定的《技工学校教职工工资制度改革的实施方案》。《实施方案》明确指出，技工学校的职务名称分为教学人员、行政人员、其他各类专业技术人员三大类。文化、技术理论课教师按高级讲师、讲师、助理讲师、教员的职务分列；生产实习课教师按高级实习指导教师、一级实习指导教师、二级实习指导教师、三级实习指导教师的职务分列。结构工资由基础工资、职务工资、工龄津贴和奖励工资四部分组成，同时实行教龄津贴。工勤人员的工资标准，原则上按国家机关工人基础工资、岗位工资标准及有关规定执行。按照国有企业与国家机关、事业单位脱钩的原则，本实施方案仅适用于各地区或各部门由事业费开支办的技工学校。

EDA007 – 19860402

劳动人事部颁发《技工学校机构设置和人员编制标准暂行规定》

1986 年 4 月 2 日，劳动人事部组织印发了《关于颁发〈技工学校机构设置和人员编制标准暂行规定〉的通知》。《暂行规定》自 1986 年 5 月 1 日起执行，1961 年 5 月 15 日由劳动部颁发试行的《技工学校人员编制标准（草案）》同时作废。《暂行规定》明确：（一）技工学校的机构，一般可设学校办公室、教务科、政治工作科、总务科和实习工厂（场、店）。实习工厂规模较大，生产经营财务管理任务较重的学校可增设财务科。（二）技工学校各级领导班子的人数，可根据学校规模，确定校长 1 人、副校长 1 ~ 2 人，包括党委（总支、支部）专职正、副书记在内共 3 ~ 5 人。每个科、室一般设正、副职 1 ~ 2 人，任务较重的科、室可增设副职 1 人。（三）按照在校生总规模核定学校教职工编制，并对教学人员、教学辅助人员、行政人员、工勤人员的比例作出明确要求（详见编制标准表）。（四）在不超过编制总额的前提下，对专职教师和教学辅助人员予以保证。对行政人员和工勤人员应严格掌握，两类人员之和不得超过教职工总数的 35%。

编制标准表

学校规模（学生总人数）	教职工数与学生人数之比	其中			实习工厂（场、店）工作人员占学生人数的百分比
		文化理论课教师与学生之比	生产实习课教师与学生之比	教学辅助人员与学生之比	
200 ~ 600	1:4 ~ 1:4.2	1:12 ~ 1:14	1:16 ~ 1:18	1:40 ~ 1:42	5% ~ 10%
601 ~ 1000	1:4.2 ~ 1:4.5	1:14 ~ 1:16	1:18 ~ 1:20	1:42 ~ 1:45	5% ~ 10%
1001 ~ 1600	1:4.5 ~ 1:5	1:16 ~ 1:18	1:20 ~ 1:22	1:45 ~ 1:50	5% ~ 10%

EDA008 – 19861111

劳动人事部、国家教委联合颁发《技工学校工作条例》

为了使技工学校更好地适应国民经济和社会发展的需要，1986 年，劳动人事部组织修订了国家劳动总局于1979年2月颁发的《技工学校工作条例(试行)》。在广泛征求意见的基础上，1986年11月11日，劳动人事部、国家教委联合正式颁发了修改后的《技工学校工作条例》。《条例》共9章44条，自1987年1月1日起实行。修改后的条例增加了学校设置一章，明确应采取各级产业部门办、劳动部门办、厂矿企事业单位办、部门单位联合办、鼓励集体所有制单位办等多种形式办学；学校的办学规模一般不应少于200人；技工学校应具备的办学条件包括机构设置和人员配备符合《技工学校机构设置和人员编制标准的暂行规定》，有稳定可靠的经济来源，有同办学规模相适应的校舍、实习场所、设备、体育活动场地和切实可行的教学计划、教学大纲、图书资料。其他内容也作了相应调整，如，技工学校属于高中阶段的职业技术教育；毕业生的分配办法由国家统包统配改为按“三结合”的方针就业；技工学校可以试行校长负责制等。

EDA009－19890325

劳动部关于技工学校审批权限问题的复函

1989年3月25日，劳动部就湖北省劳动厅《关于技工学校审批权限问题的请示》发出复函。复函指出，技工学校审批权限必须按照1978年2月教育部、国家劳动总局联合发出的《关于全国技工学校综合管理工作由教育部划归国家劳动总局的通知》和1986年11月劳动人事部、国家教委联合颁发的《技工学校工作条例》的有关规定办理。《技工学校工作条例》第十二条明确规定：技工学校的开办、调整、撤销，属于地方办的，由省、自治区、直辖市劳动人事部门会商教育部门，由劳动人事部门审查，报省、自治区、直辖市人民政府批准。

EDA010－19891230

高级技工学校在山东试办成功，劳动部决定扩大试点

为适应经济建设发展和企业对高级技术工人的需要，1989年12月30日，经劳动部批准，山东省劳动局技校和烟台市劳动局技校试办高级技工学校(山东省高级技工学校和山东省烟台市高级技工学校)，招生对象为应届优秀的技工学校毕业生或具有同等文化程度和技术水平的优秀青年，学制为2年。这两所高级技校从1990年开始试办，到1992年培养出首届毕业生。1992年，劳动部组织专家对其进行了评审。经过由12名教授、高级工程师、高级技师和专家组成的评估组评估后确认，两技校的毕业生80%达到了培训目标。试点工作是成功的，举办高级技工学校培养高级技术工人是可行的。为加快培养高级技术工人的步伐，劳动部于 1992 年 10 月 14 日下发了《关于扩大高级技工学校试点工作的通知》，决定扩大高级技工学校办学试点工作。经济比较发达和办学条件比较好的地区，可根据需要选择一所省级重点技工学校，石油、煤炭、电力、铁道、航空航天等部门可选择一至两所部级重点技工学校，报劳动部核准后试办高级技工学校。1993 年，高级技工学校由 2 所扩大到全国的 11 所。

EDA011 –19910424

劳动部建立技工学校评估制度

为了推动技工学校的建设，促进学校管理和实现教学规范化、制度化，劳动部于 1991 年 4 月 24 日印发了《关于开展技工学校评估工作的通知》，拟从 1991 年开始对技工学校进行评估。《通知》明确了评估工作的目的，规定了评估范围及标准、评估办法和有关政策措施等，并下发了省级重点技工学校标准。评估工作主要分三个层次：第一个层次是合格评估，由省级劳动保障部门结合《技工学校工作条例》及有关文件制订具体标准并组织实施，于 1992 年 3 月底前结束并将有关资料和结果报劳动部；第二个层次是省级选优评估，由省级劳动保障部门依据劳动部颁发的《省（部）级重点技工学校标准》，按大体每 4000 名在校生评定 1 所的比例，评出省级重点技工学校，于 1992 年 6 月底前报劳动部备案并公布；第三个层次是全国选优评估，在省（部）推荐的基础上，由劳动部组织国家级重点技工学校的检查评估及审批。《通知》指出，凡独立建制，经批准招生四年以上的技工学校均属这次评估范围；对教育质量低、办学条件差、专业设置不合理的技工学校要限期整顿或停办；今后国家每年分配招生计划指标时，优先满足重点技工学校，在安排教师进修、职务评聘指数等方面对重点技工学校给予照顾；劳动部每四至五年对技工学校进行一次检查，对达不到要求的学校要取消其重点资格。

EDA012 –19920911

劳动部制定《技工学校校长任职要求（试行）》

1992 年 9 月 11 日，劳动部印发《技工学校校长任职要求（试行）》，规定了技工学校校长的任职条件、主要职责和校长的岗位要求，首次把“有大专以上文化程度，或中级以上专业技术职称，从事五年以上教育、教学工作，通过岗位培训并获得合格证书”作为任职条件之一。劳动部《关于印发〈技工学校校长任职要求（试行）〉的通知》明确提出：“对目前不具备规定学历的校长，可视具体情况区别对待。对其中办学经验较丰富、成绩较好的校长，要予以肯定，使他们安心工作。对已经达到规定任职要求的校长，也应以多种有效形式，继续提高他们的政治、业务素质。‘八五’的后四年，要按任职要求对所有技工学校校长进行一次培训。”

EDA013－19930103

劳动部明确就业训练中心和技工学校不属于社会力量办学

1992 年，新疆维吾尔自治区劳动厅、浙江省劳动厅分别就“关于劳动部门举办就业训练中心和技工学校是否属于社会力量办学？是否必须由地方教育行政部门审批和管理？”问题向劳动部提出请示。1993 年 1 月 3 日，劳动部办公厅在对新疆维吾尔自治区劳动厅、浙江省劳动厅《关于就业训练中心、技工学校审批管理问题的复函》中明确批复：“劳动部门兴办的就业训练中心和技工学校属于政府部门办学，不属于社会力量办学；在国务院批准劳动部的‘三定方案’中明确规定：就业训练中心和技工学校归劳动部门管理。因此，审批管理这类中心和学校属于劳动部门的职能。”

EDA014－19930929

劳动部发布《关于深化技工学校教育改革的决定》

1993 年 9 月 29 日，劳动部发布《关于深化技工学校教育改革的决定》。《决定》提出，要在巩固、提高现有办学水平的同时，有计划地、积极地发展新的技工学校，鼓励企业、事业单位、社会团体、民主党派和个人开办技工学校，使技工学校办学条件、总体规模、市场适应能力、管理水平、培训质量和效益等方面得到较大提高。《决定》规定，技工学校实行自主招生、毕业生自主择业。招生计划由指令性改为指导性，适当扩大招生范围，尽量扩大委托培养和定向培养的比例。招收的农村青年毕业后被企业录用的，允许将其户口迁往企业所在地的城镇落户；实行校长负责制，在专业设置、毕业证发放、人员选聘、职工福利等方面享有自主权；深化教学改革，逐步建立适应社会主义市场经济体制、符合技能培训特点和教学规律、具有竞争活力的教学制度。《决定》要求，建立技工学校评估制度、校长任职资格证书制度、教师资格证书制度和考核制度、毕业生“双证书”（学业证书和技术等级证书）制度，各级劳动行政部门在人民政府领导下对各类技工学校（含分校、技工班）行使综合管理的职能，按照宏观管住、管好，微观放开、搞活的原则，加强对技工学校的管理与服务。

EDA015－19940420

电力工业部尝试中专、技校一体化办学

1994 年 4 月 20 日，电力工业部发出《关于印发深化中专与技校教育改革建立新型电力职业技术学校实施意见的通知》。《实施意见》明确新型电力职业技术学校学制为 2、3、4 年，实行“分段培养，逐级分流”的学制形式，专业设置应以适应生产岗位的需要为原则，不受中专、技校原有的专业设置的制约。1994 年 7 月 27 日，电力工业部发出《关于确定首批试办新型电力职业技术学校的通知》，确定大连电力工业学校等 27 所学校先行试点。为此，电力工业部还分别致函国家教委、劳动部，请求对这项改革给予支持。国家教委复函，明确表示支持这一改革思路。劳动部复函，同意在中专、技工学校兼容的学校进行改革试点，但不应改变其原技工学校性质；不赞成将试点学校中的技工学校列为普通中等专业学校，可在这些学校举办中专班。1995 年 5 月，新型电力工业学校改革试点经验交流会在上海召开。同年，《中国培训》第 6 期刊登了陈有良等人的文章《“234”教育模式的初步实践》，详细报道了东北电业管理局中等职业技术教育改革的经验。

EDA016－19940725

劳动部明确技工学校不是国民教育体系中的学历教育

1994 年 7 月 25 日，劳动部就广东省劳动局《关于技工学校管理体制问题的请示》复函指出：技工学校起源于艺徒培训，历来是按照职业技能标准，以技能培训为主，培养初、中、高级技术工人和其他劳动者的职业培训实体，而非国民教育体系中的学历教育。技工学校的管理体制没有任何改变。

EDA017－19950612

劳动部在技工学校进行综合性职业培训基地建设试点

1995 年 6 月 12 日，劳动部《关于全面推进职业技能开发体系建设工作的意见》提出，进一步深化技工学校的改革，努力把技工学校办成兼备职业需求预测、职业技能培训、职业技能鉴定、职业咨询指导等多种功能并与职业介绍相联系的综合性职业培训基地。经过近一年的研究探索，1996 年 6 月 3 日，劳动部发出了《关于进行综合性职业培训基地建设的通知》，决定选择一批管理能力强、培训规模大、办学质量高的政府部门主办的重点技工学校和就业训练中心，率先进行职业培训综合基地建设的试点工作，同时印发了《综合性职业培训基地的基本要求》。1996 年 7 月 31 日至 8 月 2 日，劳动部召开综合性职业培训基地暨职业技能开发和就业训练集团化试点工作座谈会，确定经劳动部批准的综合性职业培训基地试点单位可挂“国家级综合职业培训基地”标牌。到 1999 年，全国已有 138 家职业培训综合基地和集团。

EDA018 – 19950717

劳动部、国家计划委员会统筹规划高级技工学校发展

1995 年 7 月 17 日，劳动部、国家计划委员会联合下发了《关于申办高级技工学校若干问题的通知》。《通知》指出，1990 年以来的试点实践证明，发展高级技工学校，有利于加快培养高级技能人才，建立和完善职业技能开发体系，培育和发展劳动市场，合理配置劳动力资源。《通知》要求，各地区、各部门可根据经济发展对高级技工的需要，在国家级重点技工学校的基础上组建高级技工学校。《通知》明确，高级技工学校由劳动部会同国家计委审核批准，主要承担培养高级技术工人、技师、实习指导教师以及其他高级职业技能人才的任务；招收技工学校及其他具有中级技术水平的职业学校毕业生或在职职工，学习期限为 2～3 年。毕业生被企业录用后，按其所在岗位和已达到的技术等级执行相应的工资标准，获“双证”的毕业生工作满两年可申报考评技师。1997 年 12 月 8 日，劳动部、国家计委联合印发《关于申办高级技工学校有关事项的通知》，对高级技工学校的申办条件、申办程序、审批、招生及毕业生待遇作了进一步规定。《通知》提出，毕业生进入技工学校等事业单位的，其工资标准可参照高等专科学校毕业生待遇执行。

EDA019 – 19951012

劳动部下发《关于进一步加强技工学校管理的通知》

针对个别地区擅自改变技工学校的性质、技工学校校舍被非法转让和侵占的问题，1995 年 10 月 12 日，劳动部下发《关于进一步加强技工学校管理的通知》。《通知》要求，各级劳动行政部门要认真履行对技工学校的综合管理职责，对违反国家规定，侵占技工学校校舍、财产的行为要坚决予以制止，并逐级上报。技工学校的开办、更名、撤销必须严格按照劳动部的有关规定执行。已经批准开办的技工学校不得随意改为其他性质的机构。对擅自改变技工学校体制和培养目标的学校，应停止其招生和对其财政工商事业费拨款，纠正后予以恢复。

EDA020 –19961125

劳动部制定《技工学校“九五”时期改革与发展实施计划》

1996年11月25日，劳动部发出《关于印发〈技工学校“九五”时期改革与发展实施计划〉的通知》。《通知》指出，“八五”期间技工学校在深化改革的进程中取得了很大发展，但从整体发展看，还不能完全适应国家经济发展、劳动就业和实现两个根本性转变的需要。在结构布局、规模效益、与劳动就业的结合、生源质量、办学经费等方面还存在着一些困难和问题。为此，依据《中华人民共和国职业教育法》，结合《职业技能开发事业发展“九五”计划和2010年长远规划》，研究制定了《技工学校“九五”时期改革与发展实施计划》，对“九五”时期技工学校改革的工作目标、基本任务、保障措施和实施步骤作出部署。《实施计划》提出了五项目标、六项任务、八项措施和分三个阶段实施的工作步骤。主要目标是统筹规划，合理布局，初步形成适应经济发展需要，与劳动力市场紧密衔接，有一支合格的教师队伍，能够培养各类技能型人才的技工学校教育体系；建立技工学校教育与劳动力需求预测、职业技能标准、职业技能鉴定、就业服务紧密结合的工作机制。到2000年，基本形成合理的学校布局和专业结构，技工学校发展到5000所，年培训能力达到230万人。

EDA021 –19970100

苏州成立企业技工学校教育联合集团

为增强厂办技工学校在市场经济条件下的生存和发展能力，江苏省苏州市由5所厂办技校组成的“苏州企业技工学校教育联合集团”于1997年1月底成立，这在全国尚属首例。加入这个联合集团的苏州市机械技工学校、五二六厂技工学校、苏州长风技工学校、苏州钢铁厂技工学校、苏州冶金机械厂技工学校，平均每校在校生300余人。各技校在招生、组班、教学力量配置和毕业生分配等方面，都存在较大的局限性。既造成教育资源的浪费，又影响教学效益。随着企业改革的深化和当地经济的发展，厂办技校的弊病逐步显露出来。为改变这一局面，苏州市劳动部门积极进行企业技校教育联合集团的筹划和组建工作，经苏州市政府批准，这个区域性的技校教育联合集团宣告成立。这是一个跨行业、跨部门的教育联合体，实行董事会领导下的各校校长负责制。所属5所成员技校原隶属关系不变，有关专业设置、招生、毕业生安置等重大事宜由董事会集体研究决定。实行联合办学，专业分工，资源共享，优势互补。

EDA022 – 19970808

劳动部发布《技工学校教育督导评估暂行规定》

劳动部于 1997 年 8 月 8 日发布了《技工学校教育督导评估暂行规定》，对技工学校教育督导评估内容、督导评估机构及职责、督导评估人员条件和职权等作出了明确规定。督导评估主要内容包括：贯彻执行国家教育法律、法规和方针、政策的情况；执行国家办学标准、工作条例及管理制度情况；基础设施、办学条件、教学管理和教学质量；教师上岗资格、职业道德和相关待遇；学生德、智、体全面发展的情况；对学生进行职业指导和毕业生就业服务情况；承担劳动预备制度培训任务和开展其他培训情况。督导评估机构分国家级和省级。国家级督导评估委员会由劳动部会同有关行业部门组成，办公室设在劳动部；省级督导评估机构的职责由省级劳动行政部门制订。

EDA023 – 19980701

机械部等九部门所属技工学校划转地方管理

1998 年国务院机构改革中，机械工业部、煤炭工业部、冶金工业部、化学工业部、国内贸易部、中国轻工总会、中国纺织总会、国家建筑材料工业局、中国有色金属工业总公司九个部门改组或组建为国家经贸委管理的九个国家局。为此，国务院决定对这些部门所属学校的管理体制进行调整。1998 年 7 月 1 日，国务院印发了《关于调整撤并部门所属学校管理体制的决定》，明确将这些部门所属的技工学校划转地方，并在新学年开学前基本完成调整工作。7 月 3 日，国务院办公厅批转了教育部、国家经贸委、国家发展计划委员会、财政部《关于调整撤并部门所属学校管理体制的实施意见》。《实施意见》明确指出，原由企事业单位举办的学校，其人、财、物和基本建设继续由举办单位负责和管理；由财政部拨付事业费的学校，按财政部核定的 1998 年年末基数指标划转；不由财政部拨付事业费的学校，其经费指标的划转，由地方人民政府与国家经贸委协商解决。这批学校原则上在本地招生，培养本地所需要的人才，其中个别行业性强的学校和专业可以继续少量跨省招生。7 月 24 日，劳动和社会保障部下发了《关于做好原机械工业部等九部门所属技工学校管理体制调整工作的通知》，就技校划转原则、方法、时间安排等提出了具体要求，要求技工学校的管理体制调整与当地高校、中专划转工作同步进行，8 月基本完成，9 月开始按新的管理体制运转。上述九个部门中，共有行业与其所属企事业单位共同举办或行业所属企事业单独举办管理的技校 172 所，其中煤炭系统 97 所、纺织系统 14 所、机械系统 15 所、冶金系统 26 所、化工系统 10

所、建材系统4所、有色金属系统6所。划转地方后，这些学校的专业设置、招生计划、教学等方面的管理职责将由地方劳动和社会保障部门负责，人、财、物的管理仍由举办单位负责。

EDA024－19990316

五个军工总公司所属技工学校教育业务归口地方管理

根据《国务院关于调整五个军工总公司所属技工学校管理体制的决定》，1999年2月10日，教育部、国防科工委、国家计委、财政部向国务院提交了《关于调整五个军工总公司所属学校管理体制的实施意见》。3月16日，国务院批转执行。这次调整涉及中国航空工业总公司、中国航天工业总公司、中国兵器工业总公司、中国船舶工业总公司、中国核工业总公司五个军工总公司所属380所学校，其中技工学校232所。《实施意见》明确，这些技工学校的人、财、物和基本建设继续由举办单位负责和管理，教育业务归口地方政府劳动部门管理。1999年5月14日，劳动和社会保障部下发了《关于做好五个军工总公司所属技工学校管理体制调整工作的通知》，要求各地比照《关于做好原机械工业部等九部门所属技工学校管理体制调整工作的通知》的办法，做好这次技工学校管理体制调整工作，于6月底以前完成并开始按新的管理体制运转。

EDA025－19990407

劳动和社会保障部聘任首批技工学校国家级督导员

为了加强技工学校督导员队伍建设，规范管理，1999年4月7日，劳动和社会保障部发出《关于聘任技工学校国家级督导员有关事项的通知》。1999年4月6－7日，技工学校国家级督导员工作会议在北京召开。20名长期从事技工教育和职业培训工作、具有较高教学科研和行政管理经验的同志，被聘为首批技工学校国家级督导员。

EDA026－20000223

国务院调整各组成部门（单位）所属技工学校管理体制

为深化教育管理体制改革，推动国务院部门进一步转变职能，1999年12月22日，国务院发布了《关于进一步调整国务院部门（单位）所属学校管理体制和布局结构的决定》，提出在近几年调整一些部门所属学校管理体制取得明显成效的基础上，进一步调整国务院部委、直属机构、办事机构、直属事业单位、国有银行以及中央管理的企业等单位所属学校管理体制和布局结构。

《决定》明确，除教育部以及外交部、国防科工委、国家民委、公安部、安全部、海关总署、民航总局、体育总局、侨办、中科院、地震局等部门和单位继续管理其所属学校外，国务院部门和单位不再直接管理学校。2000 年 2 月 23 日，教育部、劳动和社会保障部发出《关于在调整国务院部门（单位）所属学校管理体制工作中做好技工学校划转工作的通知》，明确“由国务院部门（单位）下属企事业单位举办的技工学校，其人、财、物和基本建设继续由举办单位负责和管理，教育培训业务按属地原则归口地方政府劳动保障部门管理”，并要求地方教育、劳动保障部门按照职责分工密切配合、通力协作，确保有关学校的顺利划转交接和平稳过渡。这次划转共涉及 193 所技工学校。

EDA027 –20000407

实行劳动预备制培训登记报名与技工学校招生相结合

根据《国务院办公厅转发劳动保障部等部门关于积极推进劳动预备制度加快提高劳动者素质意见的通知》，劳动和社会保障部组织制定了《劳动预备制培训实施办法》，并于 2000 年 4 月 7 日颁布实施。《实施办法》规定，劳动预备制培训对象凭初、高中毕业证书报名免试参加培训。各地可将劳动预备制培训登记报名与技工学校、就业训练中心招生结合进行。参加 1 年以上劳动预备制培训的初中毕业生，学习期满，经考试合格可直接转为技工学校学生，学习期限连续计算；参加 1 年以上劳动预备制培训的高中毕业生可参加高级技工学校学习。达到中级技能水平的优秀学员，可通过相应考试，获得技工学校毕业证书。据此，2001 年宁夏率先实现技工学校常规教学与劳动预备制培训并轨，采取全年招生、登记入学、分学期集中录取方式。学生报一次名，可选择技工学校和劳动预备制两种以上学习或培训方式；符合技工学校及劳动预备制录取条件的学生同时注册技工学校学生学籍和劳动预备制学生学籍；学生在校期间，按规定专业（工种）和学制完成学业且成绩合格，可按类别分别核发《技工学校毕业证书》或《劳动预备制培训合格证书》。

EDA028 –20000428

全国技工学校改革经验交流活动举办

1999 年，全国技工学校共完成招生 51 万人，比上年下降 13 个百分点，也远大于全国中等职业学校平均 8% 的下降幅度。经过对问题的综合分析，2000 年初，劳动和社会保障部提出了技工学校“调整布局、提高层次、突出特色、服务就业”的 16 字方针。为贯彻这一方针，分析研究技工学校面临的新形势、新任务，总结交流经验，推动技工学校新发展，2000年4月28－30日，劳动和社会保障部培训就业司与中国职协秘书处在广东省广州市联合举办了全国技工学校改革经验交流活动。劳动和社会保障部副部长林用三出席并讲话；培训就业司代表劳动和社会保障部提出了构建技工学校教育新格局的具体设想和措施；盐城市高级技校、广东省高级技校、赣州高级技校、宁波市高级技校、重庆市无线电技校、湛江高级技校交流了各自的办学经验和体会。活动期间，还组织考察了广东省冶金高级技校、白云工商技校、广东轻工技校、广州港技校。各省、区、市劳动保障厅（局）负责技工学校管理工作的处长、部分国家重点技校校长170多人参加了交流活动。与会代表反映，会上推荐的20多个经验，内容涉及建设职业培训综合基地、开展集团化办学、培养双高型技能人才、创建特色技校、根据市场需求灵活办学、增强培训为就业服务功能等方面，特色鲜明，反映了技工学校改革探索的最前沿动态，对推动技工学校进一步深化改革、实现可持续发展具有重要的指导意义。

EDA029－20000512

劳动和社会保障部提出技工学校贯彻16字方针的配套措施

劳动和社会保障部于2000年5月12日印发了《关于加快技工学校改革工作的通知》，要求各地按照职业培训社会化、市场化的方向和“调整布局、提高层次、突出特色、服务就业”的16字方针，加快技工学校等职业培训机构调整与改革工作。主要措施：一是要按照优化结构、合理配置培训资源的原则，对技工学校、就业训练中心进行必要的调整和重组。鼓励和引导各类技工学校、就业训练中心和其他职业培训机构通过联合、合并、协作等方式，创建职业培训综合基地或职业培训集团；引导和推动县办技工学校和就业训练中心合并，以技工学校、就业训练中心联合体为龙头，带动县、乡、村三级培训网络建设；指导行业或企业举办的技工学校通过联合、分离、转制、撤销等方式进行改组。要充分运用现有培训力量，推动农村劳动力流动就业培训和劳动预备制培训工作。二是要提高培训层次，大力发展高级职业培训。建立技师培训基地，大力开展技师、高级技师及生产实习指导教师培训工作。加快在中心城市建设高级技工学校的步伐。三是扩大培训范围，突出职业技能培训特色。适当放宽招生年龄、身份等限制，登记招生、后定方向，适当调整学制，强化职业道德、职业指导、创业精神教育，培养具有较宽理论基础和复合型技能的人才。四是建立职业培训、技能鉴定、就业服务的协调运作机制，努力开展职业需求预测、职业培训、职业技能鉴定、就业服务一条龙服务。省级以上重点技工学校的主体专业，经过认定，毕业生在取得毕业证书的同时可直接取得职业资格证书。

EDA030－20011127

全国技工学校改革发展经验交流会召开

2001年11月27－28日，劳动和社会保障部、中国职工教育和职业培训协会联合在浙江省温州市召开全国技工学校改革发展经验交流会。劳动和社会保障部副部长林用三出席会议并作重要讲话。山东省、湖南省和鞍山市以及深圳市高级技工学校等5所学校的代表介绍了改革创新的宝贵经验。与会代表还实地考察了浙江第一高级技工学校。来自全国各省（自治区、直辖市）劳动保障厅（局）和全国部分技工学校的180多名代表参加了会议。这次会议就如何进一步深化技工学校改革达成广泛共识。在改革中，首先是优化职业培训机构布局，减少重复建设和无序竞争；其次是注重提高培训的科技含量，实现重心高移；再次是强化职业资格导向，坚持技术技能人才的培养方向，坚持创新能力和实践动手能力的养成；最后是坚持培训为就业服务的方向，以市场为导向开展工作。会上，劳动和社会保障部培训就业司就关于加强职业培训教师队伍建设、职业培训教材建设的工作，征求了地方和学校意见。

EDA031－20031226

高级技校和技师学院纳入高技能人才培养体系

2003年12月26日，中共中央、国务院印发《中共中央、国务院关于进一步加强人才工作的决定》，要求“加强高技能人才和农村实用人才队伍建设”，“充分发挥高等职业院校和高级技工学校、技师学院的培训基地作用，扩大培训规模，提高培训质量”。2006年4月18日，中共中央办公厅、国务院办公厅印发的《关于进一步加强高技能人才工作的意见》强调，要针对经济社会发展实际需要，健全和完善以企业行业为主体、职业院校为基础、学校教育与企业培养紧密联系、政府推动与社会支持相互结合的高技能人才培养体系。在国家发展职业教育、实施国家技能型人才培养培训工程中，突出高技能人才培养工作。充分发挥高等职业院校和高级技工学校、技师学院的培训基地作用。

EDA032－20051129

劳动和社会保障部再次强调技工学校管理体制问题

2005年11月7日，在国务院召开的全国职业教育工作会议上，国务院总理温家宝在讲到切实加强对职业教育工作的领导问题时，特别提到，要进一步理顺职业教育管理体制，要整合现有职业教育资源，改变职业院校条块分割、多头管理的状况。结合《国务院关于大力发展职业教育的决定》第二十八条各级政府“要加强对职业教育发展规划、资源配置、条件保障、政策措施的统筹管理”的要求，全国职教会后，一些地方在研究当地职业教育发展过程中，有关部门再次提及技工学校管理体制问题。为此，劳动和社会保障部办公厅于2005年11月29日发出《关于技工学校管理体制有关问题的通知》。《通知》强调，《国务院关于大力发展职业教育的决定》明确劳动保障部门在职责范围内，负责职业教育的有关工作。在全国职业教育工作会议前，国务院再次明确国家对技工学校管理体制维持不变。对此，各级劳动保障行政部门要积极地向当地政府领导汇报技工学校的情况和国家对技工学校管理的要求，争取理解和支持。

EDA033－20060814

劳动和社会保障部要求高级技工学校和技师学院加快培养高技能人才

劳动和社会保障部于2006年8月14日印发《关于推动高级技工学校技师学院加快培养高技能人才有关问题的意见》，对高技能人才培养规划、培养目标、培养制度、激励政策等提出了要求。《意见》提出，一要制订高技能人才院校培养规划，将院校培养规划纳入高技能人才总体部署；把高级技工、预备技师、技师或高级技师作为高级技工学校和技师学院的主要培养目标；实施预备技师培养考核制度。二要建立高技能人才校企合作培养制度，创新高技能人才院校培养方式。设立高技能人才校企合作培养协调指导委员会，健全完善高技能人才校企合作培养模式。三要统筹发展技师学院，明确办学方向。规范技师学院设立条件；技师学院在探索学制教育培养预备技师的同时，要调整办学方向，逐步增加企业在职职工高技能人才培养比例。四要制订激励政策，推动院校培养高技能人才。要以高技能人才培养任务完成情况、职业资格证书取得率、毕业生就业率等为重点，制订院校培养高技能人才考评奖励办法，实行校企合作的定向培训费用可从企业职工教育经费中列支。

附录 关于推动高级技工学校技师学院加快培养高技能人才有关问题的意见（摘录）

设立技师学院一般应具备以下基本条件：在校生规模达3000人以上，其中，高级技工和预备技师在校生占40%以上（或达到1200人以上）；培养技师层次的常设专业一般不少于4个，所设专业具有两届以上高级技工培养实践；生产实习指导教师具有高级职业资格达到50%以上，具有技师职业资格达到 20% 以上；开展企业在职职工高级工、技师和高级技师提高培训每年至少 500 人次。

第二节 教学改革

EDB001 – 19820301

《关于加强技工学校生产实习教学工作的几点意见》印发

1982 年 3 月 1 日，国家经济委员会、国家劳动总局联合印发《关于加强技工学校生产实习教学工作的几点意见》。《意见》强调，生产实习教学是技工学校的一门主课，在学校教育工作中占有十分重要的地位。现在技工学校生产实习教学的条件虽已有改善，但仍然是技工学校工作中一个十分薄弱的环节。为迅速改进和加强技工学校的市场实习教学工作，要求国务院各有关部门，都要尽快地制订出本系统有关工种专业的生产实习教学计划和教学大纲。生产实习的教学时间应占一半为宜，最低不得少于 40%；要采取多种形式和措施，全面落实生产实习教学计划。凡是应该建立单独实习工厂的技工学校，在今后两三年内，都要把实习工厂建立起来。学生下车间实习，要做到定课题、定学时、定岗位、定师傅、定期考核和定期轮换工作位置；应选拔有一定文化技术理论知识、中级以上操作技术水平（例如机械行业必须具有四级以上技术水平）、思想好、有一定教学组织能力的同志担任生产实习教师。《意见》还就生产实习的教学组织工作、生产实习考核、生产实习的领导和管理等提出了明确具体的要求。

EDB002 – 19850205

国家劳动部门加强机械类技工通用教材建设

1978 年 11 月，“文革”后的第一次全国培训工作会议召开。会议就技工学校的学制和教学计划进行了讨论并作出了相应的规定。为了满足教学需要，提高技工学校教学质量，国家劳动总局会同第一机械工业部组织编写了全国技工学校机械类通用教材。这套教材共 19 种，于 1980 年陆续出版。为进一步加强教材建设，1983 年 6 月，劳动人事部培训就业局在江苏省无锡市召开了技工学校机械类通用工种教材编写工作会议，讨论并拟定了《技工学校机械类通用工种教材编审计划》和《技工学校机械类通用工种教学计划》，第一次将“生产实习”教材列入编审计划。7 月 21 日，劳动人事部发布了《关于下达技工学校机械类通用工种教材编审任务的通知》，并安排了专项经费。1985 年 2

月5日，劳动人事部印发了《技工学校机械类通用工种教学计划》（适用于招收初中毕业程度学生，学制三年）。新的教学计划和教学大纲从基本知识、基础理论、基本技能入手，突出了生产实习教学，实习占教学总学时的比例达到59%。配套教材陆续出版。

EDB003－19861111

《技工学校工作条例》明确教学管理要求

1986年11月11日，劳动人事部、国家教委联合颁发的《技工学校工作条例》，其中第三章"文化、技术理论和生产实习教学"和第七章"实习工厂（场、店）管理"对技校教学工作作出了规定。技工学校的教学，根据劳动保障等有关主管部门制订和颁发的教学计划、教学大纲进行。其教学特点是：按工种（专业）设置组织教学，着重操作技能训练并紧密围绕培养目标，安排必要的文化与技术理论基础课程。生产实习教学是技工学校的一门课，它包括基本功训练和综合课题训练两部分内容，一般应在校办工厂（场、店）采用课堂的教学形式进行。学生的生产（专业）实习，应尽可能配备实习设备，对于不便建立工厂（场、店）的工种（专业）应加强实验、模拟教学。组织学生下厂实习，学校应事先同企业制订出生产实习教学工作计划，力求做到定课题、定学时、定师傅、定岗位、定期考核和定期轮换学习位置；专业技术理论课的教学，应同本工种（专业）操作技能训练密切结合。其他课程的教学，也应该坚持理论联系实际，并注意各课程间的配合与协调，认真进行平时考查，学期、学年和毕业考试，对毕业的学生发给毕业证书。经过严格的技术考核并根据学生的成绩发放技术等级证书。

附录　技工学校工作条例（摘录）

第十四条　技工学校的教学，必须着重操作技能的训练；并紧密围绕培养目标，安排必要的文化与技术理论基础课程。

第十五条　技工学校的教学，必须根据国务院各有关主管部门制订和颁发的教学计划、教学大纲进行，学校应按照教学计划、教学大纲的要求，编制学期的、月份的生产（业务）实习教学计划和文化、专业技术理论课的学期教学进度计划，教师应编制学期授课计划和课时授课计划。

对于上述教学计划、教学大纲，学校可以根据地区和企业的不同特点，作必要的调整，课时的调整幅度一般可占总课时的15%左右。

第十六条　技工学校的生产（业务）实习教学，是培养学生掌握操作技能的主要手段，学生的生产（业务）实习，应尽可能结合生产（业务工作）进行。可以在校办工厂实习，也可以下厂（车间、工地、店堂）实习，生产（业务）实习教学的内容，应包括基本功训练和综合课题训练。

基本功训练和综合课题训练，一般应在校办实习工厂（场、店）采用课堂教学形式进行，学校应根据所设工种（专业）建立实习工厂（场、店），配备实习设备。对于不便于建立实习工厂的工种（专业），应加强实验、模拟教学、组织学生下厂实习的，学校应事先同企业商定出生产（业务）实习教学工作计划，力求做到定课题、定学时、定岗位、定师傅、定期考核和定期轮换实习岗位。

第十七条　技工学校专业技术理论课的教学，应同本工种（专业）操作技能训练密切结合，其他课程的教学，也应坚持理论联系实际，并注意各课之间的配合与协调。

技工学校应建立专课教室、实验室、图书馆（室），并根据教学需要，不断充实仪器、教具、图书、教学资料和有关技术资料，并积极创造条件，逐步实施电化教学。

第十八条　技工学校应建立、健全学生学业成绩考核制度，认真进行平时考查，学期、学年和毕业考试。

第十九条　技工学校应按照工种（专业）和课程的不同，建立教学研究组，教学研究组应制订执行教学计划、教学大纲的措施，研究教学内容和教学方法，积极采用先进教学手段，总结交流教学经验和开展业务学习。

第二十条　技工学校领导人员应把主要精力放在教学工作上，通过听课，参加教学研究、检查学生作业和实习工件、召开师生座谈会等，深入了解教学情况，提出改进措施。

EDB004－19900114

《关于进一步加强技工学校生产实习教学开展勤工俭学活动的意见》印发

1990年1月14日，劳动部印发了《关于进一步加强技工学校生产实习教学开展勤工俭学活动的意见》。《意见》认为，进一步改善办学条件，提高培训质量，特别是提高学生的操作技能，已成为技工学校深化改革中面临的首要问题。《意见》就进一步加强技工学校生产实习教学，开展勤工俭学活动，提出了五点意见：一是明确要按照突出技能训练的原则推进技工学校教学工作改革。要求各校进一步确立以生产实习教学为主的办学指导思想，坚持“文化、技术理论课为专业课服务，专业课与生产实习课紧密结合”。二是积极解决生产实习场所和生产实习所必需的原材料。每个学生要有独立的实习岗位。三是加强生产实习指导教师队伍建设。省、自治区、直辖市和国务院各有关部门要建立生产实习指导教师的培训基地。四是坚持生产实习教学与生产（经营）相结合。要根据生产实习要求和产品生产情况，按不同年级划分教学车间，分阶段组织教学，将技能训练与产品工艺结合起来，使学生得到全面锻炼。选择产品要兼顾教学需要和经济效益两个方面。五是积极举办勤工俭学活动。可以举办各种类型的培训班，实行有偿服务；可以根据学校的技术条件组织生产；也可以安排学生参加各种形式的勤工俭学活动。

EDB005－19950711

劳动部颁发《技工学校专业目录》

为适应经济建设和技术进步的需要，严格技工学校教学规范化管理，根据《关于深化技工学校教育改革的决定》的有关要求，依据《中华人民共和国工种分类目录》和企业的生产实际，劳动部于1995—1996年，组织行业主管部门制订了《技工学校专业目录》，对专业名称、所含工种、培训期限进行了规范，以此作为技工学校专业设置的依据。1995年7月11日，劳动部办公厅公布首批《技工学校专业目录》，公布了审定通过的印钞造币、机械工业、航空工业、纺织工业、邮电、新闻出版、医药、石油天然气、煤炭、核工业10个大类169个专业目录。1995年11月8日，劳动部办公厅公布第二批《技工学校专业目录》，公布了审定通过的有色金属工业、化学工业、轻工业、兵器工业、地质矿产、民用航空、冶金工业、交通、烟草工业、电子工业、国内贸易、船舶行业、建筑材料工业13个大类240个专业目录。1996年12月4日，劳动部办公厅公布第三批《技工学校专业目录》，公布了建设部等5个部门制订的技工学校129个专业目录。

EDB006－19990407

全国职业培训教学工作指导委员会成立

为了加强职业培训机构的教学研究、改革工作，提高职业培训的教学质量和效益，逐步建立适应市场经济需要的职业培训教育模式，劳动和社会保障部培训就业司、中国就业培训技术指导中心于1999年4月7－8日在北京召开了全国职业培训教学工作指导委员会成立会暨职业培训教学工作会。各省、自治区、直辖市劳动（劳动和社会保障）厅（局）职业技术培训教研室和国务院有关行业主管部门专业教学指导组织的代表，部分技校、培训中心以及中国劳动社会保障出版社和天津职业技术师范学院的负责人共70余人参加了会议。会上宣读了劳动和社会保障部培训就业司《关于成立全国职业培训教学工作指导委员会的通知》。

EDB007－19990811

劳动和社会保障部培训就业司要求加强技校公共课教学管理和规范教材使用

1999年8月11日，劳动和社会保障部培训就业司发出《关于加强技工学校公共课教学管理和规范教材使用的通知》。《通知》指出，技工学校公共课是培养学生综合职业素质的基础课程，为保证其教学质量，分别于1998年和1999年，组织有关专家和技工学校教师、教学管理人员，重新制订（修订）了技工学校政治、语文、数学、物理、化学、微型计算机基础与应用、体育、工业企业管理、职业指导9门公共课教学大纲，现已正式颁布。同时根据教学大纲组织编写了相应的教材。在1999年技工学校秋季开学后，各地劳动保障部门要加强对技工学校公共课教学管理和教材使用情况的检查，将技工学校公共课教学和使用规范化教材作为教学检查和督导评估的重要指标。2001年6月25日，培训就业司再次发出《关于规范技工学校公共课教材使用的通知》，在原有公共课教材的基础上又组织编写了语文、数学、英语3门课程的提高版教材，其内容与相应的技工学校公共课规范化教材衔接，与技工学校学生的知识水平和接受能力相适应，并与高等职业教育和成人教育招生考试接轨，要求各地技工学校要严格按照教学大纲的要求进行公共课教学，统一使用部统编公共课教材。

EDB008－20011205

高级技工学校专业目录和教学计划（试行）印发

2001年12月5日，劳动和社会保障部办公厅发出《关于印发高级技工学校专业目录和教学计划（试行）的通知》，要求各地从2002年开始，按此教学文件逐步规范高级技工学校的专业设置，加强教学管理和质量评估，全面推进高级技工学校的建设与发展，为社会主义现代化建设培养更多的高级技术技能型人才。这是高级技校首批专业目录和教学计划。2003年2月18日，劳动和社会保障部办公厅发出《关于印发第二批高级技工学校专业目录和教学计划（试行）的通知》。首批目录中的50个专业和第二批专业目录中的30个专业均是依据《中华人民共和国职业分类大典》进行分类后确定的。

EDB009 -20020122

劳动和社会保障部开展技工学校、高级技工学校教材实验工作

2002 年 1 月 22 日，劳动和社会保障部教材办公室在各省、自治区、直辖市劳动保障部门推荐、专家评审的基础上，确定 14 个省区市的 25 所技工学校为 2002—2004 年教材实验基地，开展包括语文、数学、物理等 6 门公共课和机械、数控加工、机电一体化、电工、电子、烹饪、汽车等专业共 14 个项目 80 种教材的实验工作。到 2004 年末，共有 22 个实验基地按计划完成实验项目，共有 211 名教师参与实验工作，提交实验报告 199 份。在总结实验工作基础上，2005 年 4 月，新一轮技工学校、高级技工学校教材实验工作启动，北京市工贸技师学院等 30 所学校被确定为 2005—2007 年教材实验基地。2005—2007 年技工学校、高级技校教材实验共设 18 个项目，涉及 195 种实验教材，其中技工学校 12 个项目、125 种教材，高级技工学校 6 个项目、70 种教材。

EDB010 -20030321

全国职业培训教材工作会议暨教材工作委员会年会召开

2003 年 3 月 21 -22 日，全国职业培训教材工作会议暨教材工作委员会年会在北京召开。劳动和社会保障部副部长、职业培训教材工作委员会主任张小建，劳动和社会保障部培训就业司司长、职业培训教材工作委员会副主任于法鸣出席会议。职业培训教材工作委员会委员、各教材专业委员会委员以及各省、自治区、直辖市从事职业培训和教学研究工作的负责人共计 100 余人参加会议。会议对《三年三千种职业培训教材开发计划（征求意见稿）》及配套的《职业培训教材开发实施细则（征求意见稿）》进行了深入讨论，讨论确定了《职业培训教材工作委员会 2003 年工作计划》和各教材专业委员会 2003 年工作计划。

EDB011 -20040420

劳动和社会保障部组织开展首次全国技工学校技能竞赛活动

2004 年 4 月 20 日，劳动和社会保障部办公厅发出《关于举办 2004 年广州数控杯全国技工学校技能竞赛的通知》，决定举办首次全国技工学校技能竞赛活动。竞赛工种有数控车床操作员、数控加工中心操作工、工具钳工和维修电工。全国各级各类技工学校从事所设竞赛专业学习的全日制在校生（不分年级、性别）和从事教学工作的生产实习指导教师均可报名参加比赛。经过学校初赛和省级复赛，10 月 24 -29 日，来自全国 28 个省、自治区、直辖市共

459名选手参加了在天津职业技术师范学院举行的决赛。劳动和社会保障部对决赛各工种前5名教师选手授予“全国技术能手”荣誉称号，对获奖选手破格颁发相应的职业资格证书。

EDB012－20050725

劳动和社会保障部要求加强技工学校生产实习教学管理

2005年7月11日，新疆阜康煤矿发生特大矿难，有8名哈密煤矿技工学校毕业生遇难。在调查了解这一事件中发现，该校在安排学生实习过程中存在着生产实习教学疏于管理，随意调整教学计划，以及煤矿将学生充当劳务的情况。为防止类似问题再次发生，劳动和社会保障部办公厅于2005年7月25日印发了《关于加强技工学校生产实习管理工作的通知》，要求强化技工学校生产实习的组织和管理，杜绝将学生充当劳务的问题发生。要求统筹安排学生基本技能、综合技能和生产实习教学。基本技能和综合技能训练一般在学校进行，生产性现场实习教学一般安排在最后一个学年，并要在保证学生已经掌握基本技能和综合技能要求的基础上进行。实习带队教师和实习指导教师要深入生产实习现场，随时掌握学生实习训练情况，解决实习中存在的问题。学校要配合实习企业完善安全责任制，双方要签订实习安全责任书，对学生生产实习的工作条件、劳动保护、安全生产等方面作出明确约定。在企业实习过程中要对学生进行经常性安全教育，提高预防事故隐患的意识，掌握防范和应对安全事故的知识和方法。

EDB013－20060705

职业培训教材建设工作座谈会召开

2006年7月5日，全国职业培训教材建设工作座谈会在广东省中山市召开。劳动和社会保障部副部长张小建出席会议并讲话。张小建指出，教材建设是一项复杂的系统工程，主要由教材研究、教材开发、教材使用、教材检查、反馈评价五大环节构成，其中教材研究是基础，教材开发是核心，教材使用是关键，教材检查是手段，反馈评价是动力。2006—2010年，将以高技能人才培训教材建设为重点，加快技工学校教育、职业技能培训、创业培训、职业资格培训鉴定、引进版和新兴教学媒体教材的建设步伐；五年内组织开发3000种国家级职业培训教材；全面提升教材品质，大幅度提高精品教材数量。

EDB014－20070413

劳动和社会保障部举办第二届全国技工院校技能大赛

2007年4月13日，劳动和社会保障部发出《关于举办第二届全国技工院校技能大赛的通知》。4月24日，全国职业技能竞赛系列活动启动仪式暨全国技工院校技能大赛开幕式在北京军区体工队战友体育馆隆重举行。开幕式由劳动和社会保障部副部长张小建主持。劳动和社会保障部部长田成平、公安部副部长刘金国、信息产业部副部长蒋耀平、国务院国有资产监督管理委员会副主任黄丹华、共青团中央书记处书记王晓、中国残疾人联合会副理事长孙先德等出席开幕式。本次大赛设汽车修理工、焊工、工具钳工、维修电工、计算机（微机）维修工五个职业，根据参赛对象的不同，分为高级组和中级组。全国1000多所技工院校的20多万名学生经过学校初赛、省级复赛，最终有600多名选手于11月26日至12月1日云集广州参加了最后的决赛。经过激烈比拼，广东省代表队获团体总分第一名，90名选手获得“雏鹰奖”，140名选手晋升了相应职业资格，其中有90人取得技师或高级工职业资格，209人获“全国技术能手”荣誉称号。

第三节 德育和学生工作

EDC001－19791030

国家劳动总局提高技工学校学生助学金标准

由于主要副食品销价的提高影响到学生的生活水平，根据国务院《关于提高主要副食品销价后发给职工副食品价格补贴的几项具体规定》的有关精神，1979年10月30日，国家劳动总局颁发《关于提高技工学校学生助学金标准的通知》。《通知》指出，征得财政部、国家物价总局同意，自1979年11月开始，凡技工学校的学生，按规定享受助学金的，不分工资地区类别，每人每月增加助学金2.5元。

EDC002－19800408

国家劳动总局颁发《技工学校学生守则（试行）》

1980年4月8日，国家劳动总局颁发《技工学校学生守则（试行）》。该守则共10条，分别从基本政治素养、公共道德、组织纪律、学习习惯、师生关系、生活作风与生活习惯等方面对学生的观念和日常行为操守提出了明确要求。

EDC003－19800408

国家劳动总局颁发《技工学校学生学籍管理的暂行规定（试行）》

为加强和规范技工学校的学生工作，根据《技工学校工作条例（试行）》的有关精神，国家劳动总局组织制定了《技工学校学生学籍管理的暂行规定（试行）》，于 1980 年 4 月 8 日颁发试行。《暂行规定（试行）》共 5 章 20 条，分别对学生的入学和注册、休学与复学、退学与转学、升留级与毕业、奖励与处分等，作了明确细致的规定。如“经批准休学的学生，必须离开学校（户口及粮食关系可留在学校）”，“对于随班试读的学生，助学金应减半发给”，“因病不能参加工作的，可按休学处理……休学期满病仍未愈者，取消保留的学籍，不再负责分配工作，并将有关材料转交其居住地区”等。

EDC004－19801010

技工学校试行班主任津贴

1980 年 10 月 10 日，国家劳动总局印发了《关于技工学校试行班主任津贴的通知》。《通知》指出，经与财政部研究，从 1980 年 11 月起，国务院各部、委、局及所属企业举办的技工学校试行班主任津贴。地方各部门及所属企业举办的技工学校，也可参照办理。同时印发了《关于技工学校班主任职责和试行班主任津贴的暂行规定》，要求技工学校按学生班级设立班主任，并对班主任的任用原则、工作职责、津贴发放标准与办法等作出规定。班主任的主要职责是：负责本班学生思想政治工作，努力使本班形成一个遵守纪律、团结向上、勤奋学习、朝气蓬勃的集体；经常与其他教师和学生家长联系，了解学生情况，教育督促学生进步；关心学生生活和身体健康，加强生活管理，组织和领导本班的文体活动；组织领导班委会的工作，指导本班共青团组织开展活动。对于兼任班主任的教师，结合教学工作量差别，分别发给每月 5、6、7 元的班主任津贴。

EDC005－19830820

劳动人事部、财政部就技工学校助学金使用办法提出改革意见

1983 年 8 月 20 日，劳动人事部、财政部联合印发了《关于改革技工学校助学金使用办法的意见》。具体意见是：（一）在助学金标准不变的基础上将助学金分为伙食补贴、奖学金和困难补助费三个部分，其中伙食补贴一般占 80%，奖学金占 15%，困难补助费占 5%；（二）伙食补贴，由学校按实有学生人数普遍发给，对繁重体力劳动工种可适当多补一些；（三）奖学金主要用于奖励学习成绩优秀、品行好的学生，受奖人数以不超过班级人数的 1/5 为宜，数额不超过每学年 100 元；（四）困难补助费，主要用于补助少数家庭生活确有困难的学生。具体试行办法由各省级劳动部门会同财政部门结合当地实际情况制订。

EDC006 －19850705

国家增加技工学校学生临时困难补助费

为了体现党中央、国务院对技工学校学生的关怀，帮助部分家庭经济条件确实困难的学生，财政部、劳动人事部于 1985 年 7 月 5 日联合印发了《关于增加技工学校学生临时困难补助费的通知》。《通知》明确，从 1985 年 6 月起，对技工学校学生增加临时困难补助费。具体标准由各省、自治区、直辖市人民政府根据情况，在每人每月不超过 2 元的数额内确定。临时困难补助按学生总人数计算，由学校统一掌握，切实用于补助家庭经济确实困难的学生，不得平均发放。中央各部门所属学校，一律按所在地区的有关规定执行。经费来源：原由中央财政和地方财政有关事业费开支的，按照隶属关系，分别由中央财政和地方财政予以补助；属于公司和企业开支的，由公司、企业自行解决。

EDC007 －19861111

《技工学校工作条例》明确学生思想政治素质要求和学生管理制度

1986 年 11 月 11 日，劳动人事部、国家教委联合正式颁发了修改后的《技工学校工作条例》。《条例》第四条关于“技工学校培养中级技术工人的具体要求”第一款就明确规定了对学生的思想政治素质要求，即“培养学生爱祖国、爱人民、爱劳动、爱科学、爱社会主义，讲文明、懂礼貌、守纪律，有良好的职业道德，有为国家富强和人民富裕而艰苦奋斗的献身精神”。在第四章和第五章又分别就学生的思想政治教育和学生工作作出了具体规定。

EDC008 －19900504

劳动部要求进一步加强技工学校学生学籍管理

根据《技工学校工作条例》，劳动部对 1980 年 4 月 8 日国家劳动总局颁发的《技工学校学生学籍管理的暂行规定（试行）》进行了修订。1990 年 5 月 4 日，劳动部印发《关于颁发〈技工学校学生学籍管理规定〉的通知》。《规定》共 8 章 35 条，与《暂行规定（试行）》比较，增加了总则、成绩考核、附则 3 章，内容变化主要体现在以下四方面：一是明确提出了学籍管理制度建设的原则。《规定》第二条指出："技工学校应当建立健全学生学籍管理制度，把严格的管理制度同思想教育相结合、奖励同处分相结合。"二是对学生成绩考核办法的规定更加细致。如考试和考查的成绩评定制度、补考制度、学生操行评定制度、考勤制度等。三是对学生休学、试读期间的助学金发放办法做了调整，均改为停发助学金。四是对学生结业的规定更加具体明确。毕业时，有两门主要课程经补考仍不及格或操行总评或生产实习课不及格者，发给结业证书。

EDC009－19900512

劳动部印发《技工学校学生日常行为规范》

1990 年 5 月 12 日，劳动部发出《关于印发〈技工学校学生日常行为规范〉的通知》。《规范》共 23 条，分别从遵纪守法勤奋学习、尊敬师长团结同学、热爱劳动文明生产、遵守公德勤俭节约、自尊自爱仪表端庄五个方面对学生的日常行为提出了规范化要求。《规范》自公布之日起施行，1980 年 4 月 8 日国家劳动总局颁发的《技工学校学生守则（试行）》同时废止。

EDC010－19900703

劳动部要求技工学校建立完备的思想政治教育体系

1990 年 7 月 3 日，劳动部颁发《关于加强技工学校思想政治工作意见的通知》。《通知》指出："为了实现技工学校的培养目标，学校除建立完整的教学、行政管理体系外，还应建立完备的思想政治教育体系。"要在加强政治课教学的基础上，抓好三个环节的思想政治教育："一是入学时要帮助学生端正入学动机，树立正确的理想和前途观；二是在学习期间要不断进行专业思想教育，增强学生从事专业的自豪感和责任感；三是毕业时要教育学生服从祖国的需要，到艰苦的地方去工作。"《通知》强调，要坚持正面教育为主的原则，把思想教育同严格的规章制度结合起来。要经常采用讲座、报告会、参观访问、社会调查以及影视、书画、体育、歌咏等学生喜闻乐见的形式和活动进行思想教育。要对新入学的学生进行必要的军事训练，使学生养成良好的生活习惯和遵守纪律的自觉性；按照《技工学校学生日常行为规范》要求，制定学生操行评定办法。要注意加强思想政治工作队伍建设，积极创造条件提高教师的政治素质和道德修养，使教学工作和思想政治工作结合起来。

EDC011 -20030515

职业指导列为技校学生必修课

为贯彻落实全国职业教育工作会议和全国再就业工作会议精神，实施《加强职业培训提高就业能力计划》，劳动和社会保障部决定在技工学校、就业训练中心和职业培训机构普遍开展职业指导工作。2003年5月15日，劳动和社会保障部办公厅印发《关于在技校就业训练中心和职业培训机构开展职业指导工作的通知》，对此作出具体安排。《通知》要求，自2003年9月起，职业指导课程列为技校学生和培训机构劳动预备制培训学员的必修课程。选用劳动和社会保障部认定的职业指导教师用教学指导书、学生用教材和职业素质测评工具书多媒体教学软件。根据职业指导员国家职业资格标准要求，力争每年技校拥有3名以上、每个培训机构1名以上取得职业指导员职业资格证书的专职教师。技校和培训机构要根据《职业指导教学训练大纲（试行）》要求，组织教学和培训，帮助学生了解就业形势和政策，更新就业观念，掌握求职方法，学会维护自身合法权益，提高求职就业能力。技校要结合学校教学实际，将课程内容分解到各个学期，并在《大纲》中选择适当的教学训练模块，合理安排各学期学时，组织教学活动。

EDC012 -20040414

劳动和社会保障部规范德育课教材使用

2004年4月14日，劳动和社会保障部发出《关于印发技工学校德育课课程标准及规范使用德育课教材的通知》。《通知》要求，各地应认真学习和领会《中共中央、国务院关于进一步加强和改进未成年人思想道德建设的若干意见》的精神，把德育摆在学校教育工作的首要位置，努力把学生培养成有理想、有道德、有文化、有纪律的高素质技能人才。要坚决杜绝挤占、挪用德育课教学课时的现象，避免德育形式化、表面化，把技工学校德育课教学工作做到实处。根据《技工学校德育课课程标准》编写的新版德育课教材打破了传统的学科体系，从学生的思想实际和生活实际出发，对学生进行有针对性的公民道德教育、法制教育、心理教育、职业道德教育以及社会经济常识和政治常识教育，内容贴近生活、贴近学生，具有很强的时代感和鲜明的职业教育特色。全套教材共三册，均配有习题册、教学参考书（含电子教案和多媒体教学资料），同时开发了考试题库，并将开设网络教学服务。各地技工学校应按照《课程标准》的要求，安排有关德育课教学活动，并规范使用部编德育课教材。

EDC013 -20060113

技工学校无工资收入学生列入购火车票使用优惠卡范围

2006 年 1 月 13 日，教育部办公厅、铁道部办公厅联合印发了《关于中等职业学校学生购火车票使用优惠卡的通知》。为进一步规范技工学校学生票购售工作，2006 年 3 月 24 日，教育部办公厅、铁道部办公厅、劳动和社会保障部办公厅联合发出《关于技工学校学生购火车票使用优惠卡的补充通知》。《补充通知》明确，经省级劳动保障行政部门备案的技工学校没有工资收入的学历教育的学生，并同时符合《铁路旅客运输规程》规定条件的，列入使用优惠卡范围。要求各省级劳动保障行政部门加强对此项工作的领导和管理，指定专人，严格按照《通知》的有关规定统计符合购买优惠卡条件的学校名单和人数，经审查无误后，送当地省级教育行政部门汇总后上报，经铁道部运输局审核同意后，由各省级劳动保障行政部门到《通知》指定单位统一购买。

EDC014 -20070621

技工学校国家助学金发放管理办法出台

2007 年 6 月 21 日，财政部、劳动和社会保障部联合颁布了《关于做好技工学校国家助学金发放管理工作的通知》。《通知》明确，对中等学历教育的技工学校全日制正式学籍的在校一、二年级所有农村户籍学生和县镇非农户口的学生以及城市家庭经济困难学生施行国家助学金资助。国家助学金主要资助受助学生的生活费开支，资助标准为每生每年 1500 元。技工学校国家助学金发放管理工作原则上按照财政部、教育部下发的《中等职业学校国家助学金管理暂行办法》执行。

第四节　招生就业

EDD001 -19800412

有关部门制定和调整技工学校招生体检标准

1980 年 4 月 12 日，卫生部、国家劳动总局联合印发《技工学校招生体检标准及执行细则（试行）》，对体检标准、执行细则及体检要求（内科疾病、外科疾病、眼科疾病、五官科疾病、其他）作出了详细的规定。经过招生体检，1980 年所招新生的健康状况好于往年。总体看体检标准兼顾了特殊职业岗位对从业者身体素质的要求，但也存在一定的不合理要求，如“男性考生身高在 150 公分以下，女性考生身高在 145 公分以下者，不能录取”等。国家劳动总局、卫生部于1981年4月14日印发了修改后的《技工学校招生体检标准及执行细则》，去掉了类似要求，对有关标准和执行细则进行了微调。1984年，劳动人事部、卫生部再次对体检标准和执行细则进行了微调。为了给残疾青年提供学习机会，创造就业条件，1988年11月4日，劳动部、中国残疾人联合会发出《技工学校招生体检标准及执行细则的补充规定》的通知。《规定》指出，上肢完好，下肢残疾、畸形但仍可运用者；胸廓畸形、脊柱侧突者，可以报考工艺美术、排字、制版、服装（设计、裁剪、制作）、照相（洗印、制版等）、电器维修、仪表维修、无线电整机装调、电子计算机装调和使用等工种（专业）。两眼矫正视力之和，高于1.0（含1.0）者，除某些工种（专业）有特殊要求不能录取外，均可录取。1991年5月7日，劳动部、卫生部依据国家计量标准，调整了视力、血压计量单位。

EDD002－19830426

劳动人事部印发《关于改革技工学校毕业生分配制度等问题的意见》

1983年4月26日，劳动人事部印发了《关于改革技工学校毕业生分配制度等问题的意见》，对技工学校的培训任务、招生及毕业生分配、毕业生考核制度和工资待遇等三个问题提出改革意见。《意见》指出，为了更好地发挥技工学校培训阵地的作用，必须对现有的技工学校进行整顿，适当扩大和加重现有技工学校的培训任务，主动地承担起在职工人轮训和待业青年的培训任务；关于技工学校招生和毕业生分配制度，改革的原则和方向是：把无条件的统包统配改为有条件的统筹安排，按照国民经济的需要和“三结合”就业方针，择优分配。1982年底以前招收的学生可仍按原规定的分配办法办理。要积极创造条件，推行学校与用人单位签订培训合同的招生办法；用人单位录用技校毕业生，应有半年的试用期。试用期间一般享受一级工待遇，试用期满并经考核合格的，一般定二级工。少数在校学习成绩优秀、表现好的（控制在5%以内），可高定一级。

EDD003－19830714

技工学校招生照顾归侨学生及归侨子女

为了更好地贯彻党的侨务政策，1983年7月14日，国务院侨务办公室、劳动人事部发出《关于技工学校招生应适当照顾归侨学生、归侨子女的通知》，要求各地技工学校招收新生时，对志愿并符合报考条件的归侨学生、归侨子女（包括华侨在国内的子女）在不影响招生质量的前提下，应适当给予照顾。具体办法由各省、自治区、直辖市侨务部门、劳动人事部门结合本地实际情况协商确定。

EDD004 – 19840116

劳动人事部明确在职工人经技工学校培训后的待遇

1984 年 1 月 16 日，劳动人事部培训局针对安徽省劳动局《关于技工学校开展在职工人正规培训的毕业生待遇问题的请示报告》，印发了《关于技工学校开展在职工人正规培训的毕业生待遇问题的复函》。复函指出，技工学校培训的正式工人和学徒工，凡符合招生条件，经过初中以上的文化考试录取并按规定完成学业的，可发给技工学校毕业证书。其中优秀毕业生原工资不到三级的，可以定为三级，但定为三级人数不能超过本期毕业生总数的 5%，一般毕业生原工资不到二级的，可以定为二级。学徒工在技工学校学习毕业后，分配工作即可予以转正定级。对于学徒工在技工学校学习期间已达到转正年限的，可以由发工资的单位根据学徒工在校学习的情况，按原规定转正定级，毕业考核合格后再按技工学校毕业生定级。学习期满，经考核不合格的，仍按原工资等级分配工作。

EDD005 – 19861111

国家教育委员会、劳动人事部对技工学校毕业生学历问题作出规定

1986 年 11 月 11 日，国家教育委员会、劳动人事部联合颁发《关于技工学校毕业生学历问题的通知》。《通知》指出，技工学校是初中分流以后培养技术工人的中等职业技术学校，属于高中阶段的职业技术教育。今后，技工学校毕业生在填写学历时，应填写为"技工学校毕业"。

EDD006 – 19870715

水利电力部颁发技工学校学生预分配办法

1987 年 7 月 15 日，《水利电力部关于实行技工学校学生预分配办法的暂行规定（试行）》的通知下发。《暂行规定（试行）》指出，学生预分配办法，即学生按教学大纲要求完成前两年学业后，根据生产、建设需要，于第三学年预分配到用人单位，进行运行、安装、检修等集中实习。学校和预分配单位要签订合同，明确双方的责任、权利和义务。接收预分配学生的单位要按专业指定专职工程技术人员或有一定理论知识、实践经验丰富的技术工人，负责预分配学生的实习指导、理论知识辅导、新技术知识传授、定岗定期工种轮换实习及考核等管理工作。学校负责对预分配学生的集中实习教学管理，定期检查实习计划执行情况和实习质量，经常深入预分配单位对学生进行实习操作评定和考核。学生预分配期间，要切实完成各项教学实习任务，一般不宜顶岗。在预分配期间，学生因工负伤、致残、死亡者，用人单位可比照国家关于学徒工的保险待遇规定办理。第三学年集中实习结束后，学校和用人单位共同按教学大纲要求进行考试和综合考核。预分配单位原则上是学生正式分配的工作单位，但学校主管部门可保留 10% 左右的调配调剂权。预分配学生集中实习经费，由学校按学生定额经费标准的 1/3 拨给预分配单位。

EDD007 – 19880129

技工学校毕业生当工人后实行劳动合同制

为了适应劳动制度改革的需要，1988 年 1 月 29 日，劳动人事部颁发《关于技工学校毕业生当工人后实行劳动合同制的通知》，进一步改革技校毕业生分配制度。《通知》指出，1988 年起，技工学校按照国家劳动计划招收新生时，在招生简章中要明确宣布学生毕业后当工人的实行劳动合同制，当生产实习指导教师的实行聘任制。按国家劳动计划招收的新生，毕业后由用人单位择优录用。要扩大毕业生和用人单位相互选择的范围，逐步把毕业生纳入劳务市场。1988 年 5 月 4 日，劳动部办公厅针对各方质疑，发出《关于澄清技工学校毕业生分配制度改革问题的函》，强调关于技工学校毕业生分配制度改革问题，仍按劳动人事部《关于技工学校毕业生当工人后实行劳动合同制的通知》的精神办理。1988 年，有 17 个省、自治区、直辖市实行了这项制度，有 9 个省（区）进行了试点。1989 年全面实行。

EDD008 – 19900903

劳动部印发《技工学校招生规定》

1990 年 9 月 3 日，劳动部印发了《关于颁发〈技工学校招生规定〉的通知》。《规定》共 9 章 40 条。《规定》提出，技工学校招生工作，在当地人民政府的领导下，由各级劳动行政部门负责组织实施。劳动部主管全国技工学校的招生工作，负责制定招生政策、编制招生计划、组织全国招生考试命题、指导检查各地招生工作；省级劳动部门负责管理本地区的招生工作，负责执行国家招生政策并结合地方实际制定实施办法、执行国家下达的招生计划、检查监督本地区的招生工作；地方各级劳动部门建立的技工学校招生办公室，具体负责招生报名、政审、体检和考试、评卷、录取等工作；技工学校根据国家核定的招生计划和有关规定录取新生，并进行必要的复查。对高空、高温、野外、井下等作业条件艰苦、招生困难的工种（专业），经当地技工学校招生办公室同意，可根据考生志愿，由学校自行组织招生。在生产建设特殊需要、城市生源又不足的情况下，经省级人民政府批准，可招收农业户口的青年，但招生人数须从严控制，并报劳动部备案。《规定》还对招生计划的编制与执行、报名条件、录取办法等作出规定，并授权各省级劳动部门据此制定实施办法。

EDD009 –19920402

技工学校招生考试增加职业能力测试科目

为突出培养技术工人的特点，改进技工学校招生考试工作，1992年4月2日，劳动部颁发了《关于试行技工学校招生考试增加职业能力测试科目的通知》，决定在湖南、广东、广西、江西、青海、河南、海南、陕西、吉林、辽宁、河北11个省（自治区）的技工学校招考中适当缩减文化课的比例，增加职业能力测试科目。测试内容主要包括职业常识、空间概念、数字反应、注意力集中、手指灵巧、双臂协调、反应灵敏的程度等。

EDD010 –19930629

技工学校在山东试点招收农业户口学生

根据山东省劳动局的申请，劳动部就技工学校招收农业户口学生问题致函公安部，要求“对高空、高温、井下、野外等苦、脏、累、险或在城镇招生困难的工种（专业）中招收农村青年进行培养。培养考核合格并与企业签订用工合同的，允许将户口迁往企业所在地的城镇落户”。1993年6月29日，公安部复函同意劳动部意见，明确“学生在校培养期间，保留农村户口，按暂住人口进行登记、管理”。同时建议，控制从农村招生的企业范围和数量；对于迁入城镇落户的农村毕业生与企业签订用工合同的期限应有基本要求，如规定5年以上。为稳妥起见，在山东等省先行试点。据此，劳动部复函山东省劳动局，同意在山东省技工学校的高空、高温、井下、野外等苦、脏、累、险或在城镇招生困难的工种（专业）中进行招收农村青年的试点工作，并与山东省公安部门协商，妥善处理试点中的具体问题。这是继1981年国务院在《关于严格控制农村劳动力进城做工和农业人口转为非农业人口的通知》中明确“城镇的技工学校不得从农村招生”以来的一次重大突破。

EDD011 –19950502

技工学校毕（结）业生实行职业技能鉴定

1995年5月2日，劳动部发出《关于技工学校、职业（技术）学校和就业训练中心毕（结）业生实行职业技能鉴定的通知》。《通知》指出，根据国务院《关于〈中国教育改革和发展纲要〉的实施意见》提出的“在全社会实行学历文凭和职业资格证书并重的制度”的要求，对技工学校、职业（技术）学校、就业训练中心和其他职业培训实体毕（结）业生逐步推行职业技能考核鉴定。凡属技术工种的，实行职业技能考核鉴定和国家职业资格证书制度。考核鉴定依据《国家职业技能标准》《工人技术等级标准》和《职业技能鉴定规范》的要求进行。鉴定内容包括知识要求和技能要求两项。知识要求考试可采取闭卷笔试方式进行，技能要求考核可结合生产或作业，选择典型工件或作业项目组织进行。

EDD012 –19970331

全国范围启动“技校宣传周”活动

1997年3月31日，劳动部职业技能开发司发出《关于做好1997年技工学校招生宣传工作的通知》，确定1997年5月的第一周为“技校宣传周”，并印发了宣传提纲和宣传口号。

EDD013 –20040312

劳动和社会保障部就东部对西部、城市对农村技工学校联合招生合作办学工作作出部署

为贯彻《教育部、财政部、劳动保障部关于开展东部对西部、城市对农村中等职业学校联合招生合作办学工作的意见》，2004年3月12日，劳动和社会保障部下发了《关于做好东部对西部、城市对农村技工学校联合招生合作办学工作有关事项的通知》。《通知》规定，东部省市应积极支持和鼓励技工学校，特别是国家重点技工学校和高级技工学校，开展对西部地区技能人才培训和就业援助。西部地区应积极主动与东部地区联系，寻求对口支援。东西部地区应在协商的基础上，采取多种方式合作开展工作。例如，东部地区学校在西部地区跨地区招生，定向培养，推荐就业；东部地区学校与西部地区学校合作办学，包括分阶段两地培养，东部地区向西部地区提供实习、实验设施设备支援，开展教学业务交流、师资培训和就业信息服务等。对西部地区的特困学生，东部地区应在学费和生活费方面给予适当减免。在指导推动全国开展此项工作的同时，劳动和社会保障部在部扶贫点上，直接启动"部分省技工学校对口培养金寨县、霍山县贫困学生"试点项目，确定江苏、浙江、山东、广东、湖北5省为对口支援地区。

第五节　师资队伍建设

EDE001－19790216

国务院批准增设四所技工师范学院

1979年1月13日，国务院领导同志批准国家计划委员会、教育部《关于增设四所技工师范学院的请示报告》。1979年2月16日，国务院正式批转《国家劳动总局和教育部关于增设四所技工师范学院的通知》。《通知》指出，经国务院批准，同意增设吉林技工师范学院等四所技工师范学院。这四所技工师范学院分别是：吉林技工师范学院、山东技工师范学院、河南技工师范学院和天津技工师范学院。

EDE002－19800504

技工学校进行教师职称试点

1980年2月7日，经国务院批准，教育部发出《关于中等专业学校确定与提升教师职务名称的暂行规定》，确定中等专业学校教师职务名称为副教授、讲师、教员、实习教员四级。5月，国家劳动总局致函教育部，要求技工学校教师职称评定参照中专执行。对此，教育部《关于技工学校教师职称问题的复函》表示反对。12月10日，国务院发出《关于技工学校教师职称问题给国家劳动总局的批复》，同意技工学校文化、技术理论课教师职称的确定与提升，按照《暂行规定》试行；生产实习课教师的职务名称，可按各主管部门的有关技术职称的规定执行。1981年5月4日，国家劳动总局、国务院科技干部局联合印发了《"关于贯彻执行〈国务院关于技工学校教师职称问题的批复〉的意见（试行）"并进行试点工作的通知》，就技工学校教师职称、评定职称的范围、考核原则和办法和组织领导与审批手续等提出意见。1981年10月10日，国家劳动总局在总结了解各地试点情况的基础上，发出《关于评定技工学校教师职称工作中几个问题的意见》，就参评范围、企事业单位调入教师和生产实习课教师的职称评定、对教师学识水平的考核或测验、外语水平要求等有关政策性问题作出了明确规定。

EDE003－19820226

有关部门明确技工学校确定与提升讲师、副教授职称评定权限

经国务院1982年1月4日批准，国家劳动总局和国务院科技干部局于1982年2月26日印发了《关于技工学校确定与提升讲师、副教授职称评定权限问题的通知》，明确了技工学校确定与提升讲师、副教授职称的评审手续和授予权限。副教授由省、自治区、直辖市评定委员会评定，由省、自治区、直辖市人民政府授予；讲师由相当地区级评定委员会考核评定，由地区级主管机关授予，报省、自治区、直辖市劳动局（厅）备案。各级劳动部门、科技干部管理部门、学校主管部门负责组织工作等具体事宜，考评组织的办事机构设在劳动部门。

EDE004－19860402

技工学校试行教师职务聘任制

1986年4月2日，中央职称改革工作领导小组发出《关于转发〈技工学校教师职务试行条例〉及〈实施意见〉的通知》。通知指出，原则同意劳动人事部《技工学校教师职务试行条例》《关于〈技工学校教师职务试行条例〉的实施意见》及《关于技工学校教师职务聘任试点工作安排意见的报告》。《技工学校教师职务试行条例》共5章17条，对技工学校教师的职务名称、任职条件、工作职责、评审和聘任（或任命）、限额和任期等作出了明确规定。技工学校文化、技术理论课教师职务名称定为：高级讲师、讲师、助理讲师、教员；技工学校生产实习课教师职务名称定为：高级实习指导教师、一级实习指导教师、二级实习指导教师、三级实习指导教师。《实施意见》明确，对具有特殊技艺的实习指导教师不把学历和外语作为必备条件；对1983年9月前已获得职称的合格人员，原则承认其具备担当相应职务的条件。《实施意见》还就各级教师职务编制限额制订、评审委员会组成、评审工作管理和教师聘任制度的逐步实施等提出了原则要求。

EDE005－19880330

劳动人事部决定提高部分优秀生产实习指导教师的工资待遇

1988年3月30日，劳动人事部培训就业局向国务院工资制度改革小组办公室提交《关于适当解决技工学校部分生产实习指导教师职务工资问题的意见》，指出一些学校的一级生产实习指导教师的最低工资标准比其他职务系列的中级职务工资低了一级，影响到技工学校生产实习指导教师队伍的稳定，需

要加以合理解决。建议对近年来在教学工作中成绩突出者，在技术革新和生产实习指导教学改革中有较大贡献者，这两种人符合下列条件之一的，其工资可以进入一级生产实习指导教师工资标准的第五档 97 元：1. 大学本科毕业从事本专业工作 5 年以上；2. 大学专科毕业从事本专业工作 8 年以上；3. 中专、技校、高中毕业从事本专业工作 10 年以上；4. 虽不具备上述学历，但从事本专业工作 15 年以上的。1988 年 5 月 7 日，国务院工资制度改革小组、人事部复函表示同意，并要求上述人员的职务工资发放时间，按中央职称改革工作领导小组、国务院工资制度改革小组《关于国家机关和事业单位实行专业技术职务聘任制度有关职务工资发放问题的通知》的有关规定执行。

EDE006 – 19890105

劳动部提出“八五”期间技工学校师资队伍建设的目标和措施

1989 年 1 月 5 日，劳动部印发了《关于加强职业技术培训师资队伍建设的意见》，在对技工教师队伍建设所面临的情况作出客观估计的基础上，提出了“八五”期间教师队伍建设的目标任务和有关政策措施。《意见》指出，目前全国技工学校生产实习教师缺编 50% 以上，现有实习指导教师中，具有大专以上学历的仅占 10% 左右，一级实习指导教师不到 15%，高级实习指导教师仅占 3%；文化、技术理论课教师中，具有大学本科以上学历的和担任讲师职务的各占 30% 左右，高级讲师不到 5%。如不采取有力措施解决师资培养、提高问题，势必阻碍职业技术培训事业的进一步发展。《意见》要求技工学校要在加强文化、技术理论课教师队伍建设的同时，逐步建立一支既能指导技术操作，又能讲授专业（工艺）理论，专业技术课与生产实习课一体化的新型师资队伍。五年内，全国各类技工学校要按《技工学校机构设置和人员编制标准暂行规定》配齐专职教师；文化、技术理论基础课教师，具有大学本科以上学历的应达到 45% 以上，讲师应达到 40% 以上，高级讲师应达到 10% 左右，技术理论基础课教师应争取掌握某一工种的操作技能；生产实习指导教师实际操作技能水平必须具备中级工（五级工）以上水平，具有大专以上文化程度的应达到 25% 以上，一级实习指导教师应达到 20% 以上。各地、各部门应采取建设师资培训基地、委托高校开办师资班、选择师范及理工科院校优秀毕业生或从有关单位调剂一部分专业对口的工程技术人员充实教师队伍等多种措施加强后备师资培养，并采取多种形式加快提高在职教师队伍素质。

EDE007－19960903

劳动部明确“九五”期间技工学校教师队伍建设任务和措施

劳动部于1996年9月3日印发了《关于加强技工学校及就业训练中心等职业培训机构教师队伍建设的通知》。《通知》提出“九五”期间技工学校教师队伍建设的目标是：以加强实习指导教师队伍建设为重点，努力建立一支高素质、数量适当、结构合理、以专职为主、专兼职相结合的教师队伍。到2000年，60%以上的教师要达到国家规定的任职资格标准。文化、技术理论课教师要达到国家编制标准要求，新教师和45岁以下的青年教师都应掌握本专业某一工种的初级以上操作技能，其中，达到中级以上操作技能者应占20%；实习指导教师数量要达到5万人，并均应具有中级以上操作技能，其中具有高级操作技能者应占实习指导教师总数的50%；专业技术课和生产实习课一体化教师应占教师总数的30%。主要措施有：建立并实施教师定期培训和上岗资格、鉴定制度；加强兼职教师队伍建设，充分发挥兼职教师作用；进一步加强后备教师培养；落实相应政策，不断提高教师待遇；加强教师队伍建设的检查落实。《通知》要求各级劳动部门和技校要从实际出发，提出加强教师队伍建设的具体规划和保证措施，定期对教师队伍建设和有关政策的落实情况进行检查和指导。

EDE008－19970324

技工学校教师进行上岗资格证认定

1997年3月24日，劳动部颁布《关于做好技工学校和就业训练中心及其他职业培训机构教师上岗资格认定工作的通知》。《通知》要求，凡从事技工学校和就业训练中心及其他职业培训机构教育教学工作的人员，都应取得相应的教师上岗资格。技工学校文化技术理论课教师，应具备高等职业技术师范学院、普通高等师范学院或者其他高等院校大学本科及以上学历，其中专业技术课教师应具有本专业某一工种初级以上技能水平；生产实习指导教师，应当具备中等职业学校（包括技工学校、中等专业学校、职业高中）毕业及以上学历，同时具有中级以上技能水平或相应专业中级以上专业技术职务。对教师上岗资格认定，应先由本人向其所在学校提交教师上岗资格认定申请表和身份证明、学历证书、技术等级证书或教师（技师）职务证明，经学校初审，并进行思想品德、政治思想表现方面的鉴定，将初审合格人员名单分类汇总（附本人申请表），由所在地县级以上人民政府劳动行政部门审查后，报地市以上劳动行政部门认定。对认定合格的教师，由认定机构颁发相应的教师上岗资格证书。

EDE009 －20020129

劳动和社会保障部要求加强职业培训教师队伍建设

2002 年 1 月 29 日，劳动和社会保障部印发了《关于加强职业培训教师队伍建设的意见》。《意见》进一步明确了今后一个时期教师队伍建设的指导思想和总体目标。强调要认真贯彻落实《中共中央国务院关于深化教育改革，全面推进素质教育的决定》要求，大力推进教师资格证书制度和职业培训教师上岗资格证书制度，进一步建立和完善教师培训制度，使职业培训教师队伍的整体素质有明显提高，教研、教改能力普遍增强，既能讲授专业理论又能指导生产实习的“一体化”教师不断增多，逐步形成一支数量适当、结构合理、专兼职相结合、具有较高职业道德水平、较强创新意识和实践能力的新型教师队伍。到 2005 年，技工学校、就业训练中心和其他职业培训机构教师均要达到国家规定的任职资格。其中，高级技工学校中获硕士学位或具有高级技师职业资格证书的占教师总数的 10%。技工学校生产实习指导教师队伍中，具有高级技工学校（高职院校）学历或具有高级职业资格证书人员占 80%。就业训练中心及民办职业培训机构生产实习指导教师队伍中，具有中等职业学校及以上学历或中级以上职业资格证书的人员占 80%。《意见》要求，建立和完善教师培训制度，加强教师培训基地建设，开辟多元化师资来源渠道。要建立师资培训专项经费，并通过购买成果等方式，引导培训方向，确保培训质量。

EDE010 －20030703

劳动和社会保障部改变教师上岗资格认定工作方式

根据国务院《关于取消第二批行政审批项目和改变一批行政审批项目管理方式的决定》要求，2003 年 7 月 3 日，劳动和社会保障部办公厅印发《关于技工学校、就业训练中心以及民办职业培训机构教师上岗资格认定有关问题的通知》，决定从 2003 年 7 月起，技工学校、就业训练中心以及民办职业培训机构教师上岗资格认定工作采取“条件公开、个人申请、专家认定、行政公示并公布”的方式进行。各地成立由学校、培训机构、企业等方面专家组成的职业培训教师上岗资格专家认定工作委员会，定期组织审核认定工作，提出认定意见，由劳动保障部门公示后向社会公布，并颁发相应的职业培训教师上岗资格证书。《技工学校、就业训练中心以及民办职业培训机构教师上岗资格条件（试行）》作为附件随通知一并印发。《条件（试行）》在 1997 年《关于做好技工学校和就业训练中心及其他职业培训机构教师上岗资格认定工作的通知》的基础上，增加了高级技工学校承担高级技能培训的教师和生产实习指导教师的资格条件。高级技工学校中承担高级技能培训或技工学校高级班的专业理论课教师应具有本专业某一职业（工种）中级或以上技能水平。生产实习指导教师应具备高级技工学校（高职院校）或以上学历，同时具有技师以上（含技师）技能水平或相应专业高级以上（含高级）专业技术职务。

EDE011－20060418

江苏省开展技工学校教授级高级讲师评聘工作

为调动和发挥技工学校教师教育教学工作的积极性和创造性，激励教师不断提高综合素质和教学能力，江苏省决定在技工学校教师职务系列中增加“教授级高级讲师”（含实习指导教师）档次，并在全省技工学校开展教授级高级讲师专业技术资格评审与职务聘任工作。2006 年 4 月 18 日，江苏省专业技术人员职称（职业资格）工作领导小组印发了《关于开展技工学校教授级高级讲师评聘工作的通知》和《关于印发〈江苏省技工学校教授级高级讲师资格条件（试行）〉的通知》，对这项工作进行了具体规定和部署。技工学校教授级高级讲师评聘工作在江苏省专业技术人员职称（职业资格）工作领导小组统一领导下，由各级人事、劳动和社会保障部门组织实施。由省人事厅颁发统一印制的专业技术资格证书，全省有效。学校可根据工作需要，在核准的专业技术职务岗位数额内择优聘任具备教授级高级讲师资格人员担任教授级高级讲师职务。被聘任者在受聘期内享受正高级专业技术职务的同等待遇。

第六节　学校建设

EDF001－19781216

1979 年技工学校试行新的经费管理和开支标准

1978 年 12 月 16 日，财政部、国家劳动总局颁发了《关于技工学校经费管理和开支标准的暂行规定》的联合通知，从 1979 年 1 月 1 日起技工学校试行新的经费管理和开支标准。《暂行规定》明确指出，技工学校的经费来源渠道为：各级主管部门和劳动部门举办的，在有关事业费中开支；专业公司举办的，在公司经费中开支；大型企业举办的，在“营业外支出——技工学校经费”项目中开支。技工学校的工资，根据上级批准的编制人数和工资总额编列预算，校办实习工厂管理人员的工资按学生人数的 5% 编列预算，其余部分在实习工厂的成本中开支；兼课教师的酬金按每课时 1～1.5 元计算；公务费中，办公费、邮电费、器具维修费、水电费四项合并按学生人数每人每月 2.5

元计算，房屋及附属设备修理费一般情况下按学生人数每人每月 0.5～1 元计列；业务费中，教学实验费、文体活动费、资料讲义费三项合并按学生人数每人每月 1 元计算，学生医药费按学生人数每人每月 0.8 元计算，生产实习费能结合生产进行实习而有生产收益的在生产成本中开支，不能结合生产进行实习又没有生产收益的一般按学生人数每人每月 3～9 元编列预算，学生到外厂生产实习期间按每人每天 0.2 元发给伙食补助；学校的一般器具设备、教学仪器和图书购置费按学生人数每人每年 20 元编列预算；学生助学金按学生人数每人每月 17 元编列预算，其中伙食费 15 元普遍发给，其余由学校统一掌握，用于学生教材、讲义费及学生困难补助。福利费、取暖费、差旅费、劳保用品费等其他开支，按国家或地方的有关规定执行。

EDF002－19790214

财政部、国家劳动总局修订技工学校经费管理和开支标准

1979 年 2 月 14 日，财政部、国家劳动总局印发《〈关于技工学校经费管理和开支标准的暂行规定〉的补充通知》，针对《暂行规定》试行中的一些问题进行了修订：一是技工学校开办、调整、撤销和专业设置的批准手续，属于地方办的报省、自治区、直辖市人民政府批准；属于国务院各部门办的，在商得地方劳动部门同意后，报中央主管部门审批，但均需报送国家计委、国家劳动总局审查备案。二是助学金按地区类别，执行教育部、财政部《关于普通高等学校、中等专业学校和技术学校学生实行人民助学金制度的通知》的有关规定，原规定每人每月 17 元的助学金，是六类地区标准。三是学生到外厂生产实习期间的伙食补助标准，由原定每人每天 0.2 元，改为比照接受实习单位一般工作人员、工人的伙食水平，所需伙食费超过学校伙食标准的，其差额部分由学校予以补助。四是兼课教师的酬金，由原定每课时 1～1.5 元，改为在低于高等学校兼课教师薪酬标准范围内，由各省、自治区、直辖市有关部门制订具体办法实施。

EDF003－19790604

教育部、国家劳动总局发文解决技工学校教学仪器供应问题

教育部、国家劳动总局于 1979 年 6 月 4 日联合发出《关于技工学校教学仪器供应问题的通知》。《通知》指出，今后技工学校需要的教学仪器，应列入当地教育部门的供应计划之内，并由当地教育部门安排供应。关于计划编制和产品供应的具体办法，可由各省、自治区、直辖市教育局、高教局与劳动局根据实际情况共同商定。关于1980年各技工学校需要教学仪器的计划，各地可根据教育部生产供应管理局1979年5月10日《关于编报一九八〇年教学仪器生产和需要计划的通知》精神，尽快编制补报给教育部。

EDF004－19800731

国家计委、财政部、国家劳动总局加强技工学校基建计划和生产计划管理工作

1960年1月16日，国家计委、财政部和劳动部联合发出了《关于技工学校的财务基建和生产计划管理工作的通知》，明确规定了有关技工学校基建、财务和生产计划的具体管理办法。由于技工学校在“文革”期间都被撤销，《通知》中的有关规定实际上没有执行。针对在技工学校迅速恢复发展，而许多学校由于基建计划和生产计划渠道没有明确，缺乏必要的办学条件，国家计委、财政部、国家劳动总局于1980年7月31日联合发出了《关于加强技工学校基建计划和生产计划管理工作的通知》。《通知》指出，国务院各有关部门和直属企业举办的技工学校，其基建计划和生产计划，均应列入各有关部门的基建计划和生产计划之内，并由各有关部门统一管理；地方劳动部门和地方各产业部门及其所属企业举办的技工学校，其基建计划和生产计划，均应列入当地的基建计划和生产计划之内，并由学校直接主管部门统一管理。《通知》要求，各部门、各地区举办技工学校应贯彻勤俭办学的精神，因地制宜、因陋就简、讲求实效。原有老技工学校被改为工厂或移作他用的，应尽量恢复使用。应尽量结合工业调整改组，由主管部门从现有企业，特别是关停并转的企业及项目中调剂出一批设备和车间，划交技工学校使用。

EDF005－19850712

技工学校建立学校基金制度

1985年7月12日，劳动人事部、财政部联合颁发《关于在技工学校建立学校基金制度的联合通知》。《通知》要求，各主管部门和企、事业单位要积极支持所属有经济收益等条件的技工学校，在不增加国家财政开支和人员编制的前提下，建立技工学校基金制度。基金由学校财务部门统一管理，应当大部分用于发展和改善办学条件（如兴建校舍、添置教学设备等），也可适当用于改善职工的集体福利等方面。其使用情况，要接受财政部门、主管部门的检查和群众的监督。基金来源可以是委托培训技术工人和其他人才任务（包括举办各种训练班）所得的合理收入，或者是校办实习工厂（车间）、农（林、牧、渔）场实现的纯利润，还可以是学校承担的其他工程或服务项目以及外单位委托的实验、工程设计等（扣除原材料、水电等有关费用后）的纯收入。《通知》强调，学校的上级有关部门要督促和指导学校管好、用好学校基金，而不要因为学校有了基金就削减、挪用学校的正常经费，或者向学校摊派费用。

EDF006－19910424

劳动部公布《省（部）重点技工学校标准》

1991年4月24日，劳动部印发了《关于开展技工学校评估工作的通知》，同时公布了《省（部）重点技工学校标准》。《标准》共6章32条，分别从办学组织与领导、办学条件、教学、教师、思想政治教育及学生工作、行政工作等方面规定了省（部）重点技工学校应达到的水平。有关量化指标包括：办学规模400人以上；校园占地面积不少于13000平方米，校舍建筑面积不少于生均32平方米；实习工位保证每生一个（两班制），实习设备完好率在90%以上；实验开出率不低于90%；藏书不少于2万册；有不少于800平方米的运动场地；毕业生就业率达98%，达到中级工操作技能水平的应占毕业生总数的50%以上；文化、技术理论课教师要达到国家编制标准要求，专业结构合理，具有大专学历或中级职称及以上者占80%，其中技术理论课教师初步掌握本专业某一工种的初级操作技能的应占70%；实习指导教师具有技工学校及以上学历且操作技能达中级以上者不低于90%，其中一级实习指导教师、技师达到25%以上；学生体育达标率在90%以上。

EDF007－19910825

劳动部印发《技工学校（机械类通用工种）建筑规划面积指标（试行）》

1991年8月25日，劳动部办公厅发出《关于印发〈技工学校（机械类通用工种）建筑规划面积指标（试行）〉的通知》。《通知》指出，经建设部标准定额司同意，印发《技工学校（机械类通用工种）建筑规划面积指标（试行）》。非机械类的学校除实习工厂、实验室及附属用房可根据工种（专业）特点适当调整外，其他建筑规划指标应按此执行。

技工学校（机械类通用工种）建筑规划面积指标

单位：建筑面积 m^2/生

学校规模	教室	图书馆	实习工厂、实验室及附属用房	教室办公用房	行政办公用房	教职工宿舍和住宅	学生宿舍	教职工食堂	学生食堂	福利及附属用房	合　计
400～600	3.72	1.20	8.00	0.77	1.10	6.74	5.00	0.33	1.56	2.64	31.06
800～1000	3.55	1.07	7.50	0.72	1.00	6.33	5.00	0.29	1.40	2.36	29.22

附录　技工学校建筑规划面积指标说明

一、学校规模：系指主管部门批准的学校规模人数。

二、教室：包括普通教室、合班教室、设计制图教室、电教工作用房等。

K＝0.65（K为使用面积与建筑面积之比）

各类教室的建筑面积指标：

1. 普通教室：供讲课、辅导、习题课、学生自习和分班活动使用。每班（下厂实习的除外）均设一个固定的普通教室，每座使用面积1.39m^2。

2. 合班教室：供两个班上课用，每座使用面积1.29m^2。

3. 设计制图教室：供制图课、设计课使用，每座使用面积2.57m^2。

4. 电教工作用房：一般指放置教学用幻灯片室、录音室、复制室、储存室等。

三、图书馆：包括学生阅览室、教师阅览室、杂志报刊阅览室、书库、办公用房（包括编目、整理、装订等）、图书目录厅、出纳用房等。

1. 阅览室只供师生借阅参考书、报刊等使用，不设供学生自习的座位。学生阅览室的座位数按学生人数16%设置，每座占使用面积1.5m^2；教师阅览室的座位数按教职工总数16%设置，每座占使用面积1.39m^2；图书馆办公用房按办公人数每人占使用面积7.00m^2计算。

2. 书库面积按每平方米使用面积藏书350册计算。（书库K＝0.90，其余K＝0.70）

四、实验室、实习工厂及附属用房：包括普通课、基础课和专业课所需的教学实验室、实习工厂和附属用房（如准备室、仪器室、模型室、陈列室等），不包括生产性工厂以及野外实习基地用房等。

五、教师办公用房：教研组办公用房，供备课、休息和集体活动用。每位教师设一办公桌位，使用面积4.00m^2。（K＝0.65）

六、行政用房：包括学校各级干部和职工的办公用房，以及会议室、档案室、收发室、复印室、电话机房、广播室、党团办公室、传达室等。

标准：一般干部每人办公使用面积 4. 00m^2，校级及科级干部可适当增加。其他各种用房按实际需要安排。(K=0. 65)

七、教职工宿舍及住宅：包括学校及附属单位在编人员所需的单身教职工宿舍及带眷教职工住宅。

1. 住房人数及户数

(1) 单身宿舍按教职工总人数的 20% 安排。

(2) 带眷教职工住宅的户数按教职工总人数的 40% 设置。

2. 居住标准

(1) 单身宿舍的居住标准一般不低于每人 6. 00m^2。

(2) 带眷教职工住宅的居住标准按国务院国发 (1983) 193 号《关于严格控制城镇住宅标准的规定》，以及国家计委、城乡建设环境保护部计标 (1984) 774 号《关于贯彻执行国务院 193 号文件的若干意见》的精神执行。(单身宿舍 K=0. 65，带眷住宅 K=0. 53)

八、学生宿舍：包括学生居室、盥洗室、厕所等。

居住标准：学生居室设双层床，每个学生居住面积 3. 00m^2，建筑面积 5. 00m^2。

九、教职工食堂：包括餐厅、厨房、主副食库房、食堂管理用房等，以解决单身教职工、部分带眷教职工以及内外宾临时用膳的需要。入伙人数按全体教职工的 80% 计算，餐厅座位按入伙人数的 60% 设置，每个座位占使用面积 0. 94m^2。(K=0. 85)

十、学生食堂：包括餐厅、厨房、主副食库房、食堂管理用房等，按学生人数的 80% ~100% 计算，每个座位占使用面积 0. 74m^2。(K=0. 85)

十一、福利及附属用房：包括托儿所、幼儿园、医务室、学生浴室、教职工浴室、总务仓库、商店、综合修理部、汽车库、茶炉房、理发室、变电所、花房、招待所、印刷室、室外厕所等。

EDF008 –19920714

劳动部、财政部调整技工学校经费标准

考虑到物价上涨和技工学校学生平均经费开支标准（以下简称生均经费）偏低的情况，为从政策上支持技工学校的发展，劳动部、财政部于 1992 年 7 月 14 日发布了《关于调整技工学校经费标准的通知》。《通知》规定，技工学校生均经费标准由各省、自治区、直辖市劳动部门和财政部门根据技工学校的实际需要和国家财力可能负责制定，在本省（自治区、直辖市）范围内统一执行。经费来源和经费开支项目及经费管理问题仍然按1978年财政部、国家劳动总局颁发的《关于技工学校经费管理和开支标准的暂行规定》执行。各地制定生均经费标准应以上述规定的开支项目为计算依据。各省、自治区、直辖市劳动部门和财政部门根据本通知制定生均经费标准应报财政部和劳动部备案。

EDF009－19921128

劳动部制（修）订国家重点技工学校标准

在各地区（部门）对技工学校进行全面评估的基础上，为加强对技工学校的宏观管理，促进技工学校规范化、制度化建设，劳动部于1992年11月28日印发了《国家重点技工学校标准》和《国家重点技工学校评估细则》，《标准》从办学指导思想与组织领导、办学条件、教学、教师、思想政治教育及学生工作、行政工作六个方面对国家重点技校作了定性和定量规定。1997年，劳动部对该《标准》和《细则》进行了修订，于同年8月8日下发了《关于印发〈国家重点技工学校标准〉（修订）的通知》，从办学方向、办学条件、学校管理、质量与效益四个方面作出了新规定，特别是明确了学校在硬件设施上的要求，如常设专业数量、招生人数、学校占地面积、毕业率、当年就业率等。为了进一步推动技工学校发展，促进技工学校与经济发展、企业生产需求和劳动者就业更紧密地结合，强化技工学校技能人才培养特色，劳动和社会保障部于2007年7月5日发出《关于印发国家重点技工学校标准的通知》。新标准进一步强化了对校企合作、实习基地（场所）、师资队伍的有关要求。

EDF010－19970626

劳动部发布《关于技工学校收费管理有关事项的通知》

1997年6月26日，劳动和社会保障部发布《关于技工学校收费管理有关事项的通知》，对技工学校收费作出具体要求：一、收费项目、学费标准和学费管理按照国家教委、国家计委、财政部颁发的《中等职业学校收费管理暂行办法》规定的原则执行。二、技工学校学费标准的调整，由省级劳动部门根据本行政区域内的物价上涨水平和居民收入平均增长水平提出意见，按照有关程序上报，经批准后执行。三、各级劳动部门要加强对技工学校收费工作的管理和监督，对擅自增设收费项目、扩大收费范围、提高收费标准及挪用学费收入的，要予以严肃查处。

EDF011 – 19971210

国家劳动部门制订高级技工学校设置标准

劳动部、国家计划委员会于 1995 年联合印发了《关于申办高级技工学校若干问题的通知》，明确了申办高级技工学校的基本条件和要求。两年来，大多数地区和行业主管部门按照要求，积极创造条件，为发展高级技工学校打下了良好基础。为加快高级技工学校的建设，保证办学质量和提高规模效益，劳动部制订了《高级技工学校设置标准（试行）》，于 1997 年 12 月 10 日印发。

劳动和社会保障部于 2007 年 7 月 5 日印发了《关于印发高级技工学校标准的通知》，对高级技工学校试行标准进行了修订。修订后的《高级技工学校标准》共 16 条，对高级技工学校的教育方针、培养目标、专业设置、办学规模、师资配备、办学经费等方面进行了明确规定，进一步强化了对校企合作、实习基地（场所）、师资队伍的要求，进一步强化了校企合作、实习基地（场所）、师资队伍的有关要求。

附录　高级技工学校标准（摘录）

第三条　申请设立高级技工学校应具备国家重点技工学校资格，并举办过两届以上高级技工培训班。

第四条　学校专业设置应紧密结合区域经济发展需要，适应企业生产实际对高技能人才的需求，常设高级技工专业一般不少于 4 个。

第五条　学校办学规模应与本地区经济和社会发展相适应，在校生规模达 2000 人以上，其中，高级工班在校生 3 年内达到 800 人以上。开展各类职业培训每年不少于 1000 人次，其中企业在职职工高级工及以上培训规模每年不少于 500 人次。

第六条　学校占地面积和建筑面积与其专业设置类别和办学规模相适应。占地面积（不含教职工宿舍等非教学用房区域）不少于 6.6 万平方米（约 100 亩），建筑面积一般不少于 5 万平方米（不含教职工宿舍等非教学用房），其中实习、实验场所建筑面积不少于 1.5 万平方米。

第八条　学校必须具有与专业设置和教学要求相适应的专、兼职教师队伍。文化、技术理论课教师具有高级讲师职务的占 30%。高级实习指导教师、技师和高级技师占实习教师总数的 45% 以上。理论实习教学一体化教师达到专业课教师总数的 60% 以上。学校应聘请具有丰富实践经验的企业高技能人才和工程技术人员担任兼职专业课教师和生产实习指导教师。

EDF012 -20020522

劳动和社会保障部推进国家重点技工学校贯标工作

为加强示范性学校建设，提高技工教育质量和社会影响力，劳动和社会保障部培训就业司借鉴 ISO9000 质量管理体系的原则和方法，在试点的基础上，制定了《国家重点技工学校质量管理标准（试行)》，于 2002 年 5 月 22 日印发了《关于推进国家重点技工学校质量管理工作的通知》，决定结合国家重点技校复评工作，在部分国家重点技工学校中试行《国家重点技工学校质量管理标准（试行)》，推进国家重点技校质量管理工作。《质量管理标准》吸纳了 ISO9000 的主要思想，提出了全新的管理理念，强调学校教育是一种服务，应以服务对象（学生、家长、用人单位）为关注焦点；同时改变了学校的管理方式，变学校职能的条块分割为过程的系统分析和控制；通过建立文件化的管理模式，形成有效的管理机制，使影响学校教育质量的所有因素处于受控制状态，并持续改进其业绩。2002 年 11 月 23 日上午，劳动和社会保障部在天津市电子信息高级技术学校举办了国家重点技工学校质量管理复评试点成果发布会。各省、自治区、直辖市劳动和社会保障厅（局），参加试点的各国家重点技工学校等派人参加了会议。

附录　国家重点技工学校质量管理标准（试行）（摘录）

第三条　学校应运用下述质量管理原则建立、改进其质量管理体系，提高质量管理水平：

（一）以学生、家长和用人单位（以下简称顾客）的需要为出发点，按照市场需求设置专业，确定培养目标，满足顾客要求并争取超越其期望值。

（二）学校领导应始终关注质量管理体系的建立和完善，采取切实有效的措施创造良好的工作环境，动员全校教职员工积极参与。

（三）在管理和教育服务工作中，应采取过程方法和系统方法，通过有效运作，提高学校实现目标的效率。

（四）应根据实际需要，持续改进和完善质量管理体系及工作内容。

第四条　学校应当按照本标准的要求建立质量管理体系，通过与质量管理体系相配套的文件和其他形式予以记载（以下简称形成文件），采取切实措施组织实施，保持有效运行，并不断改进和提高其工作水平。学校的质量管理体系应做到：

（一）满足《国家重点技工学校标准（修订)》要求。

（二）识别质量管理体系所需的有关活动。

（三）确定这些活动的顺序和相互作用。

（四）确定有效控制这些活动过程的准则和方法。

（五）确保获得必要的资源和信息，支持这些活动的开展和监控。

（六）检查和评估这些活动。

（七）采取必要的措施，实现这些活动的预期效果，并得到持续改进。

第五条　学校的质量管理体系文件应包括：

（一）质量方针和质量目标。

（二）质量手册。

（三）本标准所要求的形成文件的程序。

（四）学校为有效策划、实施和控制其质量活动所必需的文件。

（五）本标准所要求的记录。

第十七条　学校应确定、提供并维护满足教育服务要求和有关规定的基础设施，主要包括：

（一）占地面积、建筑面积（包括教室、实验室、专用教室、实习教室或工厂、图书馆等）和运动场地等。

（二）理论教学、综合技能培训、实习、实验、体育等设备设施。

（三）教学资料、专业书籍、图书、报刊杂志。

（四）生活服务设施。

第二十一条　学校应在充分的市场调查和毕业生信息反馈的基础上进行教学设计和开发，主要包括新专业的开发和对已有专业的改造。设计开发的全过程应得到控制，并保持记录。设计开发的基本要求是：

（一）设计和开发的依据是顾客要求和有关法律法规要求。

（二）设计和开发的成果必须满足上述要求，并形成文件，经批准后执行。文件包括：专业描述、教学计划、教学大纲、教材目录以及资源配置要求。

（三）在适宜的阶段，应对设计和开发的成果进行评审、验证和确认。

（四）设计和开发的更改应在实施前得到批准。适当时，应对更改的局部或整体进行评审、验证和确认。

第二十三条　学校应对教育服务工作的控制进行策划，对直接影响教育服务质量的关键环节实施重点控制。主要控制点应包括德育工作、学生管理、理论教学、实践教学、就业推荐、后勤服务等。控制的主要内容应包括：

（一）制定服务规范，明确各类员工提供服务时应达到的要求。

（二）必要时提供作业指导书，描述提供服务的程序。

（三）使用适宜的设备、设施，并有计划地进行维护和保养。

（四）针对教育服务的不同阶段和内容，设计并实施适当的检查、考核和监测。

EDF013－20051231

国债资金助推技工学校发展

从2003年至2005年底，国家每年安排5亿元国债资金，用于推进中等职业教育发展。其中有3.277亿元用于145所技工学校。这些资金主要用于建设教学实习场所和购买实习实训设备。由于国债投资项目选择技能人才培养特色突出、就业率高的骨干技工学校，不仅有力地改善了这些学校的办学条件，也在一定程度上促进了公共实训平台建设，对于整个技工学校系统扩大办学规模、提高办学层次、增强办学实力、提升办学质量起到了很好的示范带动作用。

EDF014－20060814

劳动和社会保障部规范技师学院设立条件

劳动和社会保障部于2006年8月14日下发了《关于推动高级技工学校技师学院加快培养高技能人才有关问题的意见》。《意见》明确，设立技师学院一般应具备以下基本条件：在校生规模达3000人以上，其中，高级技工和预备技师在校生占40%以上（或达到1200人以上）；培养技师层次的常设专业一般不少于4个，所设专业具有两届以上高级技工培养实践；生产实习指导教师具有高级职业资格达到50%以上，具有技师职业资格达到20%以上；开展企业在职职工高级工、技师和高级技师提高培训每年至少500人次。2006年12月4日，劳动和社会保障部印发了《关于规范技师学院管理有关工作的通知》，要求各地按照《意见》中提出的技师学院设立基本条件等相关要求，结合本地实际，组织专家（包括一定比例的企业行业人员）制定或修订本地区技师学院的设置标准，报省级人民政府批准后实施，并报劳动和社会保障部培训就业司备案。

EDF015－20070913

技工学校新建规划研讨会召开

为了做好技工院校规划工作，2007年9月13－14日，劳动和社会保障部培训就业司在河北省秦皇岛市召开技工学校新建规划研讨会，总结交流了近几年技工学校新建、改建、扩建工作的经验做法，研究探讨技工学校建设工程中规划、布局、定位等问题。培训就业司司长于法鸣、副司长张斌出席会议，全国部分省市正在开展学校规划建设工作的技工院校校长参加了研讨会。2007年10月8日，劳动和社会保障部培训就业司印发了《技工学校新建规划研讨会会议纪要》，要求各地按照会议精神，结合地区实际情况，指导技工院校做好建设工作，推动技工学校新建、改建、扩建工作科学、合理、规范、有序进行，促进技工学校健康发展。

附录 1979—2008年技工学校统计数据

年 份	学校数（所）	在校学生数（万人）	招生数（万人）	毕业生数（万人）	教职工数（万人）
1979	2933	63.9999	34.6619		
1980	3305	70.0376	33.1308		
1981	3669	67.9293	28.4221		
1982	3367	51.2	20.3	32.3	17.8
1983	3343	52.5	27.4	26.9	18.7
1984	3465	62.8	31.1	18.5	18.9
1985	3548	74.2	35.5	22.6	21.5
1986	3765	89.2	39.4	23.3	24.4
1987	3952	103.1	42.3	26.5	26.2
1988	3996	116.1	46.1	31.1	28.0
1989	4102	125.8	47.0	36.8	29.6
1990	4184	133.2	50.6	41.3	30.8
1991	4269	142.2	54.4	45.4	32.5
1992	4392	155.6	60.2	45.7	33.6
1993	4477	171.7	66.4	49.7	33.5
1994	4430	187.1	71.4	55.7	34.0
1995	4521	188.6	74.0	68.1	33.7
1996	4467	191.8	72.7	68.1	33.5
1997	4395	193.1	73.4	69.9	31.0

续表

年　份	学校数（所）	在校学生数（万人）	招生数（万人）	毕业生数（万人）	教职工数（万人）
1998	4362	181.3	59.4	68.2	31.0
1999	4098	156.0	51.5	66.2	26.9
2000	3792	140.1	50.4	64.6	24.0
2001	3470	134.7	55.1	47.7	22.0
2002	3075	153.0	73.3	45.4	20.3
2003	2970	193.1	91.6	45.3	20.2
2004	2884	234.5	109.7	53.5	20.5
2005	2855	275.3	118.4	69.0	20.4
2006	2880	320.8	134.8	86.4	21.5
2007	2995	367.1	158.5	99.7	24.0
2008	3103	398.9	161.8	109.6	24.9

第五章　成人中专

EEA001 –19801212

中央农业广播学校成立

1980 年 7 月 28 日，中国农学会致函农业部党组、国家农委和万里同志，建议成立农业广播学校。11 月 21 日，中央农业广播学校领导小组成立并召开第一次会议，推选出组长、副组长，商定了中央农业广播学校校长、副校长人选，通过了《中央农业广播学校暂行办法》和中央农业基础班简章。中央农业广播学校由国家农委副主任何康任组长，王文达、左漠野、杨显东、臧伯平任副组长，杨显东兼任校长。《暂行办法》明确了中央农业广播学校的性质与目的、课程设置、组织机构及经费。1980 年 12 月 12 日，国家农委、中国科协、教育部、共青团中央、全国妇联、中央广播事业局、中央人民广播电台、农业部、农垦部、中国农学会 10 个部门联合发出《关于成立中央农业广播学校领导组织的联合通知》，宣告中央农业广播学校成立。中央农业广播学校是由上述 10 个部门联合举办的具有中等农业技术水平的广播学校，是中等农业教育的一种补充形式，学校充分利用我国广播网基本普及的条件，通过开设各类不定期的专业班，有组织、有计划地加速对广大农村、国营农场干部职工及知识青年的农业技术培训工作，提高他们的农业科学知识水平，以适应社会主义农业现代化的需要。中央农业广播学校的办事机构设在农学会。1981 年 7 月 13 日，中央农业广播学校开学。

EEA002 –19810220

中共中央、国务院要求普遍提高职工文化技术水平

1981 年 2 月 20 日，中共中央、国务院颁布了《关于加强职工教育工作的决定》。《决定》共 10 条，对职工教育的原则、目标、内容、方式、管理等作出了全面的规定。《决定》要求，1985 年以前，使现有文化程度不到初中毕业水平的职工60%～80%达到初中毕业水平；使现有初中毕业文化程度的职工1/3达到相当于高中或中专毕业的水平；使现有高中或中专程度的职工有相当一部分达到大专水平。五年内，力争青壮年工人的实际操作技术水平普遍提高1～2级，使高、中级技术工人的比重有较大增加。要建立严格的考试制度，考试合格的发给文凭，作为晋级和安排工作的根据之一。职工学完中等专业或高等学校的课程，按规定考试及格者，应承认其学历，并与全日制院校同类专业的毕业生享受同等的工资待遇。

EEA003－19820609

教育部颁布《县办农民技术学校暂行办法》

十一届三中全会后，农村进行了经济体制改革。为了满足农村经济发展的需要，国家决定大力推进农民技术学校的发展，进一步充实办学条件，提高质量。1982年6月9日，教育部颁布了《县办农民技术学校暂行办法》。《暂行办法》对县办农民技术学校的性质、任务、设置、招生对象、学制、教学管理、人员配备、资源配备、经费及财务管理等作出了规定。《暂行办法》规定，农民技术学校的性质属于农业中等专业教育性质的学校，任务是为农村人民公社、生产大队、生产队培养具有相当于中等农业科学技术水平的人才；以县为单位设置，也可以招收邻近县的学员，学校规模一般以200～300人为宜；招收30岁以下的具有初中毕业以上文化程度的社队管理干部、技术员、有一定生产经验的农村青年和农民教育的教师，学习年限2～3年。学校要有一支专职教师队伍。专职教师应是大专毕业或具有同等学力，并能胜任教学者。《暂行办法》还规定，农民技术学校在不影响教学工作的前提下，可以接受有关单位委托，附设短训班。但招收人数不宜过多，学习时间不得少于4个月。

EEA004－19820909

国务院批转《关于举办职工中等专业学校的试行办法》

中共中央、国务院《关于加强职工教育工作的决定》发布以后，教育部为继续推进职工教育，根据社会形势，决定首先推进职工中等专业教育。1982年9月9日，国务院批转了教育部《关于举办职工中等专业学校的试行办法》。《试行办法》共16条，对职工中专的任务、规模、学习形式、招生对象、专业和课程设置、学制、师资队伍建设、学校的举办或撤销、学校内部管理等作出了全面的规定。《试行办法》规定，职工中专的招生对象是具有初中毕业实际文化程度并具有两年工龄的正式职工。入学考试由地（市）以上主管业务部门会同教育行政部门统一组织，以保证新生入学水平。根据专业的不同，考试科目分别为政治、语文、数学、物理、化学或政治、语文、数学、史地。职工中等专业学校的学制，脱产学习的一般为三年。理论教学总时数文科不少于 2400 学时，工科不少于 2700 学时，每周上课时数（按六天计算）一般平均为 26 学时至 30 学时。半脱产和业余学习的，总学时可根据情况适当减少，其学制应视周学时的安排相应延长。

EEA005 －19840427

国家要求积极举办职工中等专业教育，有计划地培养后备专业、技术力量

1984 年 4 月 27 日，国务院办公厅转发了全国职工教育管理委员会、国家经委《关于加强职工培训、提高职工队伍素质的意见》。《意见》指出，前几年职工教育虽然取得了较好成绩，但职工队伍的素质状况同“四化”建设的需要还很不适应。各级领导特别是经济部门的决策人，一定要从经济发展的宏观战略上重视智力开发，把职工教育列上重要工作日程，作为提高企业素质的一项根本性措施。《意见》提出，到 1990 年，大中型企业领导班子成员和厅、局、处以上干部，基本上达到大专水平，小型企业和县专业局领导干部基本上达到中专水平；工人中实际水平符合中级技术等级标准的比例，逐步提高到 50% 左右，高级工比例也要有较多增加；技术人员占职工总数的比例，从现在的平均 3.45%，提高到 5% ~10%；专业管理人员基本上达到高中、中专以上水平。各有关部门和单位，要及时开展包括中技、中专和高中在内的职工中等教育，根据需要，加速调整和稳步发展职工高等教育，积极举办职工中等专业教育，有计划地培养后备专业、技术力量。

EEA006 －19860604

成人中等专业学校教师开始职称评定工作

为了调动成人中等专业学校教师的工作积极性和创造性，加强责任制，提高教育质量，建立一支适应教学工作需要的、稳定合格的教师队伍，根据《中等专业学校教师职务试行条例》和《关于〈中等专业学校教师职务试行条例〉的实施意见》，结合成人中等专业学校实际，国家教委于 1986 年 6 月 4 日印发了《关于成人中等专业学校教师职务的实施意见》。《意见》指出，成人中等专业学校的专任教师和从事成人中等专业学校教学研究的教研员，均可实行教师职务聘任或任命制。成人中等专业学校教师职务是根据学校所承担的教学等任务而设置的工作岗位，设教员、助理讲师、讲师、高级讲师四级，高级讲师为高级职务，讲师为中级职务，助理讲师和教员为初级职务。各级职务有明确的职责、任职条件和合理结构，教师职务的任职资格须经相应的评审委员会评审核定后，由校长或学校主管部门聘任或任命。教师职务的聘任应有一定期限。

EEA007 – 19860924

《关于加强干部中等专业教育的意见》印发

1986 年 9 月 24 日，中组部、中宣部和国家教委联合发布了《关于加强干部中等专业教育的意见》。《意见》提出，实现干部队伍的革命化、年轻化、知识化、专业化，是中央从战略高度提出的要求。年龄在 45 岁以下，只有初中文化水平的干部，必须接受中专（高中）教育，学习本职工作需要的专业知识；不足初中文化程度的，首先要学习好初中文化再参加中专培训。对干部中专教育实行三种证书教育制度。即通过全科班的学习，达到中专教育培养规格要求，成绩合格者，可取得毕业证书；通过专修班学习与工作岗位相关的七八门（1000 学时左右理论学时）专业基础课、专业课和文化课，成绩合格者，可取得中专专业证书；通过单科班学习，在某一门课程上，达到成人中专学校同类专业、同一课程教学质量标准的，可取得单科证书。干部取得单科证书，累计达到专修班或全科班教学规格要求时，可予换发专业证书或毕业证书；取得专业证书后，再继续学习若干门课程，达到全科班教学计划规定的要求时，经考试及格者，可予换发毕业证书。

EEA008 – 19870417

《成人中等专业学校暂行条例》发布

为了加强和改善成人中等专业学校的管理，保证教育质量，国家教委于 1987 年 4 月 17 日发布了《成人中等专业学校暂行条例》。《暂行条例》包括总则、建校条件、办学形式与学习年限、建校审批程序、招生、证书与学历、附则 7 章共 34 条。《暂行条例》规定，成人中等专业学校是指按国家规定的审批程序批准设置的干部、职工、农民中等专业学校、广播电视中等专业学校（含广播电视大学中专部）、中等专业函授教育机构等，主要招收具有与报考专业对口的、有实践经验的初中毕业文化程度或同等学力的干部、工人、农民和其他劳动者；独立设置的成人中等专业学校应具有连续招生的条件。各类成人中专学校在校学生数应在 400 人以上，开设专业不少于两个。

附录 成人中等专业学校暂行条例（摘录）

第二条 本条例所称的成人中等专业学校，是指按国家规定的审批程序批准设置的干部、职工、农民中等专业学校、广播电视中等专业学校（含广播电视大学中专部，下同）、中等专业函授教育机构等。

第八条 应有一支以专任教师为骨干、专兼结合的师资队伍。

专任教师应按学校的规模、办学形式和专业设置的需要配备。建校时专任教师与学员的比例如下：全日制的（脱产学习）成人中等专业学校为1∶15左右，业余的成人中等专业学校为1∶30左右，中专函授教育为1∶35左右，广播电视中等专业学校每一专业也应配备与教学需要相适应的专任教师。

广播电视中等专业学校和函授中专教育机构，应在学员相对集中的地区或单位，设立广播电视教学班或函授辅导站，有专职教学管理人员和适应教学需要的辅导教师。

第九条 独立设置的成人中等专业学校应具有连续招生的条件。各类在校学生数应在400人以上。开设专业不少于两个。

第十三条 开展成人中等专业教育应调动各方面的积极因素，因地制宜，实行多形式、多渠道、多规格办学。

第十四条 要积极发展广播、电视、函授教育，扩大开放式教育容量。广播电视中等专业学校一般应由省、自治区、直辖市、计划单列市举办。中专函授教育一般应由办学条件较好的普通中等专业学校举办，有条件的成人中等专业学校也可以办。

第十八条 全日制的成人中等专业学校的学习年限，招生对象为初中毕业文化程度的，工科、医科为三年，文科、农科、林科某些专业一般为两年半。招生对象为高中毕业文化程度的学习年限，文科、农科、林科一般为一年半，工科、医科为两年。业余学习的学习年限应适当延长。

第十九条 申请举办成人中等专业学校，应先由办学单位聘请有关部门和中专以上学校有高级职务（或有同专业其他高级职务）的专家共同进行论证。论证的重点是：

（1）根据本地区、本行业生产（工作）需要和人才规划，以及本地区、本行业的教育事业现状，研究建校的必要性；

（2）是否切实具备本条例规定的成人中等专业学校的建校条件。

第二十六条 所设专业的名称应参照普通中专学校《专业目录》确定。开设《专业目录》外的新专业，应组织中专以上学校有高级职务（或有同专业其他高级职务）的有关专家论证。

第二十八条　成人中等专业学校主要招收具有与报考专业对口的、有实践经验的初中毕业文化程度或同等学力的干部、工人、农民和其他劳动者。脱产学习的全科班学员须具有两年以上工龄（农民中专的学员要具有一定的实践经验），年龄不超过35周岁，对确有学习条件的干部可适当放宽到45周岁。

EEA009－19870417

成人中专逐步实行专业证书制度

专业证书制度，是由用人单位根据工作岗位的需要，有针对性地选拔已在专业技术岗位或专业性较强的管理岗位上工作的人员，为使其达到上岗任职所要求的专业知识水平，有目的地进行专业知识教育的一种教育证书制度。1986年9月24日，中组部、中宣部和国家教委联合发布的《关于加强干部中等专业教育的意见》中首先提出在干部中专中实行专业证书制度，经过一段时间的试验后，专业证书制度逐渐推开。1987年4月17日国家教委发布的《成人中等专业学校暂行条例》中规定逐步实行成人中专的毕业证书、专业证书、单科证书三种证书制度，这就把专业证书制度推广到各种类型的成人中等专业学校。1987年6月23日，国务院批转了《国家教育委员会关于改革和发展成人教育的决定》，提出成人高等和中等专业学校要突破单一的培养规格，对学员实行三种证书制度，专业证书制度进一步得到肯定。1987年11月24日，国家教委又发布了《关于在成人中等专业学校实行专业证书举办专修班试点工作的几点意见》，对试点学校的条件、审批程序、招生条件、办法、教学要求、指导评估等作出了更加具体的规定。到1989年1月，全国试行专业证书的成人中等专业学校已有800多所，学员4.8万人，专业证书制度受到欢迎。此后，成人高等教育也逐渐实行了专业证书制度。

EEA010－19870623

《关于改革和发展成人教育的决定》指明成人中等教育改革发展方向

1987年6月23日，国务院批转了《国家教育委员会关于改革和发展成人教育的决定》。《决定》指出，成人中等专业教育要在保证质量的前提下积极发展，使高级、中级人才的比例逐步趋于合理。一是突破单一的培养规格。实行三种证书制度。二是要发挥多种功能。成人高等学校和中等专业学校既要办学历教育，又要办非学历教育，还可以承担函授和广播电视教育的教学辅导，有条件的还可以根据用人单位招工和录用干部的需要，招收应届高中、初中毕业生进行定向培养。三是规范教学。根据成人学习的规律改革教学内容和教学方法，加强实践性教学环节。要根据具体条件，分别实行学年制、学分制等多种教学制度。要积极创造条件，逐步实现同一层次、同一专业的教学计划、教学内容互相沟通，学员在转学时学科成绩应相互承认。《决定》还就成人学校的教师待遇、经费来源等作出规定。

附录 国家教育委员会关于改革和发展成人教育的决定（摘录）

成人教育的主要任务是：（一）对已经走上各种岗位，以及需要转换工作岗位或重新就业的工人、农民、干部、专业技术人员和其他从业人员，进行相应的岗位培训，使他们在政治思想、职业道德、文化知识、专业技术和实际能力等方面达到本岗位的规范要求；（二）对已经走上岗位而没有受完初等、中等教育的劳动者，进行基础教育；（三）对已经在职而又达不到岗位要求的中等或高等文化程度和专业水平的人员进行相应的文化和专业教育；（四）适应社会的迅速发展和科学技术日新月异的进步，对受过高等教育的人进行继续教育；（五）为建设文明健康科学的生活方式，满足人们日益增长的精神文化生活的需求，对成人开展丰富多彩的社会文化和生活的教育。

成人高等和中等专业学校要突破单一的培养规格，对学员实行三种证书制度。一种是达到国家对高等学校本科、专科和中等专业学校学历规格要求的毕业证书；一种是达到相应学历层次单科知识水平的单科及格证书；一种是达到岗位必需的专业文化知识水平，在本行业从事所学专业工作范围内适用的专业证书。专业证书制度要随着岗位培训的开展，经过试点，逐步实施。

发展成人教育，是一种周期短、见效快的智力开发，需要一定的经费和投资。从今年起，在国家预算收支科目中增列成人教育科目。地方财政在安排教育经费时，应把成人教育所需经费列入预算，并随着经济发展和财政经常性收入的增长而增长……县属各类农民中等专业学校、农民技术学校的经费，由县人民政府根据财力统筹安排，有关部门仍应给予一定补助。乡（镇）农民文化技术学校的费用，由办学单位从农村教育事业费附加中提取一定的比例和采用集体自筹、收取学费、勤工俭学等办法解决。

成人学校的专职教师在职务聘任、晋级、调升工资、分配住房、奖励和生活福利等方面，应与普通学校教师的待遇相同；企业职工教育专职教师也可以与企业科室技术人员的待遇相同；乡（镇）成人教育专职干部应与农村普通中学或中心小学校长的待遇相同。对兼职教师，要给予合理的报酬。要建立奖励制度，对成绩显著的单位和个人进行表彰。

EEA011－19871000

山西省提出对成人大、中专学校进行宏观结构改革

山西省为贯彻《国家教育委员会关于改革和发展成人教育的决定》，于1987年10月在太原召开了成人教育工作会议，副省长冯芝茂强调要对成人大、中专学校进行宏观结构改革。冯芝茂指出，20世纪80年代以来，成人教育发展的同时也出现很多问题：在办学方向上与本地经济和社会发展需求相脱节，追求普通学校办学模式，片面追求高学历文凭；在专业培养上缺乏针对性，忽视对口职业培训和提高；在办学形式上缺乏灵活性，学历教育比重过大，拉长了人才培养周期，造成了工学矛盾；在教学内容上，缺乏适用性，忽视了成人学习的特点和规律，重理论、轻实践，与生产和工作岗位结合不够；在管理体制上，一方面宏观失控，政出多门，缺乏统筹规划，另一方面简政放权不够，办学单位和学校尤其是企业开办的成人教育缺乏必要的自主权；在教学结构上，农民技术教育薄弱，职工岗位培训薄弱，专业人才继续教育薄弱；从学校设置看，布点过多，规模过小，专业重复，效益不高。所以，必须进一步深化改革，把成人教育建设成为职工教育、农民教育和干部教育并举，初等、中等和高等成人教育全面发展，既能与基础教育、职业技术教育、普通高等教育相互沟通，又能充分满足经济建设、科技生产进步和社会发展多方面广泛需求的成人教育系统。把成人教育工作重点真正转移到岗位职务培训上来，使山西的成人教育更好地为能源、重化工基地建设服务，为贫困地区脱贫致富服务。因此，要对成人大、中专学校进行宏观结构的改革，按系统、按地区进行统筹规划，减少学校数量，扩大规模，提高效益。

EEA012－19871230

国家三部委联合颁布《关于乡（镇）农民文化技术学校暂行规定》

20世纪80年代，随着农村经济体制改革的深入和发展，农村急需各类人才，乡（镇）农民文化技术学校（成人文化技术学校）应运而生。它的兴起，为农村智力开发开辟了一条重要的途径，直接有效地促进了农村商品经济的发展，促进了社会主义物质文明和精神文明建设。为了进一步办好这类学校，1987年12月30日，国家教育委员会、农牧渔业部、财政部联合颁布了《关于乡（镇）农民文化技术学校暂行规定》。《暂行规定》对乡（镇）农民文化技术学校的性质、任务、培养目标、教学工作、教师队伍、办学经费、领导管理、审批条件、审批程序等作出了规定。

EEA013－19880224

国家机械委推进职工中专教育工作

为了深入贯彻中共十三大关于发展教育事业的精神、《中共中央关于教育体制改革的决定》和国务院批转《国家教育委员会关于改革和发展成人教育的决定》，进一步搞好机械工业职工教育，以适应机械工业科学技术发展和现代化建设的需要。1988 年 2 月 24 日，国家机械工业委员会出台了《关于机械工业职工教育的规定（试行）》。《规定（试行）》肯定了职工大、中专在机械职工教育中的作用，并要求继续坚持推进职工大、中专的发展，强调职工大、中专学校教师和学生比例要符合国家规定，各单位教育管理部门要有计划地组织教师和专职教育干部进修。委属各大、中专院校要承担培训职工教育师资的任务。委属院校要在职工教育中充分发挥作用，职工高等、中等专业学校和技工学校，要积极承担职工培训任务。并规定经国家批准举办的各类职工高、中等专业学校的正式学员，毕业考试及格，并获得毕业证书者，要承认其相应学历。按有关规定，享受其待遇。

EEA014－19881028

农业广播电视学校进行管理体制改革

为适应各地农村经济和产业结构变化对人才的需求，进一步办好农业广播电视学校，1988 年 10 月 28 日，国家教委、农业部联合印发《关于改革农业广播电视学校管理体制及有关问题的意见》，对农业广播电视学校进行管理体制改革。依据《国家教育委员会关于改革和发展成人教育的决定》中要把发展成人教育的责任和权利交给地方的精神，参照依靠地方、服务地方、分级办学、分级管理的原则，改变原有的中央农业广播电视学校在农业部设总校，各省、市、县设分校，由中央农业广播电视学校垂直管理的体制。具体为：中央农业广播电视学校仍由农业部主办和管理，主要是为地方学校提供教学服务和业务指导；各省设置农业广播电视学校，由农业部门主办和管理，接受地方政府的领导和教育部门的指导、管理、监督，在业务上接受中央农业广播电视学校的指导；县可设置农业广播电视学校分校或工作站，是农业广播电视学校的基础和组织实体，组织实施教学和管理；地（市）可根据需要设置分校或工作站，凡属于办学实体的分校，应根据办学条件和审批程序逐个评估审核，由省级教育行政部门批准。

EEA015－19890100

全国成人中专教育改革座谈会举行

在1989年1月召开的全国成人中专教育改革座谈会上，国家教委成人教育司通报了我国成人中专教育取得的成果。到1988年，全国成人中专学校已发展到2800所，设专业589个，招生人数达38万。专业证书制度受到欢迎，全国已有23个省、直辖市和19个中央部委开展了试点工作，参加试点的学校达800多所，学员4.8万人，开办166个专业。但是，学历教育仍然面临生源困难，全国有15个省、市实际录取人数仅占计划数的65%，许多学校因此不能开班。国家教委副主任王明达参加了座谈会并讲话。王明达指出，在当前治理经济环境，整顿经济秩序的形势下，企业将会更加重视由单纯依靠增加投入和扩大生产规模转向依靠提高职工素质、提高经济效益上来。成人中专学校要抓住这个机会，在提高企业职工素质上发挥更大作用。成人中专不仅要培养企业需要的干部和技术人员，而且要在提高一线生产工人的素质上花更大气力。同时，也要积极为乡镇企业培养人才服务。要发挥优势，为“燎原计划”的实施作出更大贡献。30多位来自全国部分部委、省、市的成人教育管理干部就成人中专改革招生办法、完善专业证书制度等问题进行了讨论、研究。

EEA016－19890227

成人中等专业学校改革招生制度

1987年1月23日，国家教委下发《关于成人中等专业学校招生工作中有关问题的通知》。《通知》规定成人中专招收对象为具有一定实践经验的初中毕业文化程度或同等学力的干部、职工、农民和其他劳动者，报考一般应专业对口，并经本单位同意，如是个体劳动者须经乡政府（街道办事处）同意。报考脱产学习，要有两年以上工龄，35岁以下。考试办法为由省统一命题、统一划定分数线录取。考试科目全国统一为5门，理科为政治、语文、数学、物理、化学，文科则为政治、语文、数学、历史、地理。随着社会的发展，尤其是1987年10月中共十三大以后，社会发生了较大变革，成人中专的招生制度也进行了改革。1989年2月27日，国家教委发布《成人中等专业学校工作改革的若干意见》，调整了招生政策。《意见》提出，成人中专经有关部门同意，可试点招收少量的往、应届初中（高中）毕业生，定向培养，不包分配。考试科目、内容、方法，可因对象和专业有所不同，具体办法由各省自行确定。有条件的地方经国家教委同意可尝试由省教育行政部门认定水平的考试方法组织入学，即改为分期分科的水平考试。之后，分期分科的水平考试逐步被社会认可。1993 年 2 月 20 日国家教委发布的《关于进一步改革成人中等专业学校招生工作的通知》，进一步肯定了这种方式，认为它符合成人中专教育的要求，受到了社会各界的好评。

EEA017 – 19891227

国家推动成人中专办学的侧重点向岗位培训转移

1987 年国务院批转《国家教育委员会关于改革和发展成人教育的决定》以后，很多地方和部门把开展岗位培训、提高从业人员素质作为成人教育的重点，多形式、多层次的岗位培训办学模式在各地区、各部门逐步展开。成人教育向着以岗位培训为重点的方向发展。为了不断推进和完善岗位培训工作，1989 年 12 月 27 日，国家教委、劳动部、人事部、国家经济体制改革委员会、全国总工会联合印发了《关于开展岗位培训若干问题的意见》的通知。《意见》指出，中央和地方各业务主管部门负责制订指导性的培训计划、教学大纲，组织编写教材或讲义，为基层提供教学服务。各级各类成人学校要发挥多功能作用，积极承担岗位培训的任务。要加强教师在专业、技术和实际能力等方面的培训提高，改进教学方法，适应岗位培训的需要。

EEA018 – 19900421

《关于制订成人中等专业学校教学计划的原则意见（试行）》印发

1990 年 4 月 21 日，国家教育委员会印发了《关于制订成人中等专业学校教学计划的原则意见（试行）》。《意见（试行）》分别就成人中等专业学校教学指导思想、培养目标、制订教学计划的原则、学年学时的安排、教学计划管理和适用范围等五个方面提出规范化要求。《意见（试行）》指出，制订教学计划要贯彻少而精、按需施教、学用结合的原则，课程可分为必修课和选修课，必修课占总学时的 90% 左右。普通课、基础课和专业课三类课程的比重，一般按 30∶40∶30 的比例安排。应该重视实践教学，脱产学习的工、农、医类专业，实践教学时间不少于 18 周，文科不少于 8 周。教学计划可采用学年制、学分制或单科累计制。学习年限：工科、医科业余学习一般为四年，脱产学习一般为两年半至三年；文科、农科、林科业余学习一般为三年至三年半，脱产学习一般为两年至两年半。每学年按 45 周安排教学。业余学习每周为 14 学时左右，脱产学习每周 26 ~ 30 学时。教学总时数（不含实践教学）：工科、医科为 2400 ~ 2700 学时，文科、农科、林科为 2200 ~ 2400 学时。工科、医科类专业一般不开办中专函授教育。要确保函授教育质量，定期派教师到函授站进行面授，集中面授的时间不得少于教学总时数的40%。

EEA019－19901031

国家教育委员会开展成人中等专业学校评估工作

国家教育委员会于1990年10月31日下发《关于开展成人中等专业学校评估工作的通知》，对各类成人中等专业学校开展评估。评估依据为国务院批转《国家教育委员会关于改革和发展成人教育的决定》及国家教育委员会颁发的《成人中等专业学校暂行条例》《关于制订成人中等专业学校教学计划的原则意见（试行）》等文件。评估的内容包括以下五个方面：领导管理机构、办学方向、教师队伍、教学管理和办学条件。评估工作可分为三步进行：第一步，学校在认真学习有关文件，进行宣传、发动，做好准备工作的基础上，向地（市）教育行政部门和学校主管部门提出申请，认真进行自查，实事求是地填写各种表格，客观地写出自查总结报告，报地（市）教育部门和学校主管部门。第二步，由地（市）教育部门会同学校主管部门，对学校进行复查和评估，并写出复评报告和结论意见，报省、自治区、直辖市、计划单列市或国务院部委教育行政部门。第三步，由省、自治区、直辖市、计划单列市或国务院部委教育行政部门组织检查、验收。

EEA020－19910222

农村成人学校人口教育项目开始实施

为了在农民中开展人口教育，增强人口意识，树立科学的人口观念，我国和联合国人口基金合作，决定1990—1994年，在我国25个省（直辖市）735所农村成人学校组织实施人口教育项目。1991年2月22日，国家教委办公厅印发了《农村成人学校人口教育项目实施意见》，对相关工作提出要求，5年内全国培训项目学校人口教育专、兼职教师须达到2205人，平均每校3人；校长735人，平均每校1人；非试点农村成人学校或人口教育联系点专兼职教师须达到1万人。本期内，要使150万学员、乡村干部和农民接受最基本的人口教育，其中，项目人员和接受培训的学员中35%应是妇女。对于项目的管理，国家教委和各省、县、乡都成立管理机构。要坚持“自力更生为主，争取外援为辅”的原则。联合国人口基金的援款主要用于购买电教设备、聘请专家和举办国家级项目管理人员、骨干教师培训班三个方面。各省、直辖市教育行政部门要有一定的经费投入，主要用于本省（市）管理人员、师资培训，编写补充教材，省内人口教育活动等方面。项目所在的县、乡（镇）教育部门和项目学校要为人口教育购置必要的教学设备、资料、杂志等，保证各项人口教育活动的开展。

EEA021 -19910606

国家大力发展乡（镇）、村农民文化技术学校

1987 年，国家教委、农牧渔业部、财政部联合颁发《乡（镇）农民文化技术学校暂行规定》后，乡（镇）、村农民文化技术学校获得较快发展。之后，中共十三届七中全会和全国人大七届四次会议又提出了“科技、教育兴农”的战略方针。为贯彻这一方针，1991 年 6 月 6 日，国家教委印发了《关于大力发展乡（镇）、村农民文化技术学校的意见》。《意见》确定的全国总的计划目标是：1995 年前，全国 95% 以上的乡（镇）和 80% 左右的行政村都要举办农民文化技术学校。经济、教育比较发达的地区，要求到 1992 年，100% 的乡（镇）举办农民文化技术学校，到 1995 年，90% 以上的行政村举办农民文化技术学校。学校应该建立专、兼职结合的师资队伍，一般应配备 1 ~3 名专职教师；还要充实改善办学条件，要有固定的校舍、教室、办公室、图书室、实验仪器室和必要的教学设施，有条件的地方可配备录音、放像等设备；要创造条件建立校办工厂、农（林）场等实验、实习基地，要努力建成具有教育培训、生产示范、技术推广、经营服务等多种功能的实体。

EEA022 -19920811

国家教委表彰成人教育先进单位

十一届三中全会以来，我国成人高、中等教育事业得到迅速恢复与发展。特别是“七五”期间，在国务院批转《国家教育委员会关于改革和发展成人教育的决定》确定的“一要改革，二要发展”的方针指导下，成人高、中等教育适应改革开放的新形势，适应实现现代化建设第一步战略目标对教育提出的需求，为工农业生产第一线培养、输送了大批高、中级专门人才。为肯定成绩、鼓励先进，1992 年 8 月 11 日，国家教委印发了《关于表彰全国成人高等、中等专业先进学校和全国普通高校成人高等教育先进单位的决定》，决定在各地、各部委评选、推荐的基础上，在全国表彰 80 所成人高等学校、40 所普通高校成人高等教育办学单位和 180 所成人中等专业学校，并分别授予“全国成人高等教育先进学校”、“全国普通高等学校成人高教先进单位”和“全国成人中等专业教育先进学校”称号。

EEA023 – 19930220

国家教委放宽成人中专招生范围，简化招生办法

1993年2月20日，国家教委下发了《关于进一步改革成人中等专业学校招生工作的通知》。《通知》指出，报考成人中专学校的人员不受工龄、年龄限制。允许学校招收应届初、高中毕业生，不包分配，可与用人单位签订合同，使招工与招生相结合。成人中专招生考试实行认定水平考试的办法，即由省级（含部委）招生部门确定报名时间、考试科目和分科考试的时间，招生学校组织考生预习，然后由省级（含部委）招生部门分科进行认定水平考试，统一划定录取分数线。对教学质量高、学籍管理严、评估合格的成人中专学校，经省级（含部委）教育行政部门同意后，可进行学校单独命题组织入学考试的试点。省级（含部委）教育行政部门和招生部门可根据当年考试情况批准举办一些预科班。会考成绩合格的高中毕业生，需要学习第二专业人员，中专、技校、职业高中毕业生，及报考种植、养殖，农产品加工、乡村医生专业的，具有农村户口、回乡两年内的初、高中毕业生，凭毕业证可免试入学。参加普通高考后的应届毕业生，参加成人高考后的考生及参加普通中专、普通高中考试后的应届初中毕业生，愿报考成人中专校者，可不再参加入学考试，由省、自治区、直辖市和国务院有关部委成人招生部门确定最低录取分数线，招生学校由高分到低分录取。

EEA024 – 19930801

1993年修订的《扫除文盲工作条例》要求积极办好农村文化技术学校

1988年2月5日国务院发布的《扫除文盲工作条例》实施五年后，1993年8月1日，国务院发布《关于修改〈扫除文盲工作条例〉决定》，修改了其中部分条款。《条例》第九条原为："地方各级人民政府应当制定措施，督促基本扫除文盲的单位制订规划，继续扫除剩余文盲，使十五周岁至四十周岁人口中的非文盲人数，达到95%以上。"修改后为："地方各级人民政府应当制定措施，督促基本扫除文盲的单位制订规划，继续扫除剩余文盲。在农村，应当积极办好乡（镇）、村文化技术学校，采取农科教相结合等多种形式巩固扫盲战果。"修订后的条例强调了乡（镇）、村文化技术学校在扫除文盲中的作用，并规定扫除文盲教育应当讲求实效，把学习文化同学习科学技术知识结合起来，在农村把学习文化同学习农业科学技术知识结合起来。

EEA025 - 19931200

中国成教协会成人中专委员会成立

1993 年 12 月，中国成教协会成人中专教育专业委员会成立大会在上海召开。会议认为，我国成人中专教学改革的重点将放到面向经济建设、更新教育内容、优化课程结构、加大实践性教学比重、强化专业技能训练上来。会议提出，今后一段时间成人中专改革和发展的主要任务是：坚持和完善办学体制；改革学校管理体制和运行机制；扩大办学自主权，确保教育投入，改善办学条件；建立一支素质较高、结构合理的师资队伍；加强教改实验与理论研究和开展评估督导工作。

EEA026 - 19940420

《关于改革和发展成人中等专业教育的意见》印发

1994 年 4 月 20 日，国家教委发布《关于改革和发展成人中等专业教育的意见》。《意见》明确，20 世纪 90 年代成人中等专业教育的发展目标是：全面提高成人中等专业教育水平，建立规模适度、布局合理、结构优化、质量和效益较高、具有地方、行业特色及较强职业性和开放型的成人中等专业教育体系。到 2000 年，全国大多数县（市）、区要建立成人（农民）中等专业学校或成人教育中心；成人中等专业教育总体规模达到在校生 600 万人，其中学历生 300 万人。评选一批国家级、省（部）级示范性成人中等专业学校。《意见》指出，应改革学校内部管理体制和运行机制，扩大办学自主权。学校要改革人事制度和分配制度，逐步实行全员聘任制和结构工资制。实行校长负责制，建立岗位责任制、全员考核制。突破单一学历教育模式，采取各种教育形式，促进学校教育与社会的紧密结合，培养多规格人才。提倡职前职后教育的结合，促进成人学校与职业学校的联系与合作，一所学校可挂多块牌子，进行职前和职后的中等专业技术教育。开展学校之间，学校与地区、部门、企事业单位之间的联合办学。

EEA027 - 19950000

国家教委对成人中专政治课教学进行改革

国家教委成人教育司 1994 年在江苏省无锡市召开了全国成人中专政治课改革研讨会。北京市成人中专政治课改革课题组提交的改革方案得到了与会者的认同。该方案认为，我国社会不断发展，对思想政治和品德教育提出了新的要求；原有政治课不符合这些要求，教材门类课时过多，篇幅过大，和社会实际、学员思想实际距离较远，因此必须改革。国家教委基本采纳了课题组的改革方案，新方案突出了马列主义毛泽东思想基本理论，特别是邓小平建设有中国特色社会主义理论的教育，本着理论联系实际、少而精的原则，突出了成人教育的特点。将原来的四门课压缩成三门课，课时由原来的200学时压缩成140学时。新开设的三门课程包括"辩证唯物主义基本原理"、"建设有中国特色社会主义理论与实践"、"道德与法律"。国家教委安排几个省、市分别承担教材编写工作，新方案和教材于1995年秋季开始实施。

EEA028－19950417

《成人中等专业学校校长岗位规范（试行）》印发

为加强对成人中等专业学校的管理，做好成人中等专业学校校长岗位培训工作，1995年4月17日，国家教委印发了《成人中等专业学校校长岗位规范（试行）》。《规范（试行）》规定了成人中等专业学校校长岗位的基本职责、基本素质和任职基本条件。

EEA029－19950514

国家决定在全国中等农业学校举办乡镇及村级干部中专班

为贯彻落实全国教育工作会议和全国农村基层组织工作会议精神，提高基层干部政治业务素质和工作能力，培养一支适应发展社会主义市场经济和奔小康目标的、具有优良素质、能带领群众治穷致富的农村基层干部队伍，保证党在农村的各项政策的落实，促进我国农村经济的全面振兴，1995年5月14日，中组部、农业部、国家教委联合发出了《关于在中等农业学校举办乡镇及村级干部中专班的通知》。《通知》指出，为提高基层干部政治业务素质和工作能力，决定在有办学条件的农业中专学校举办乡镇及村级干部试点中专班，招收40周岁以下、具有初中以上文化水平、有一定实践工作能力和群众基础的乡村干部，纳入国家定向招生计划。招收高中毕业生学制为2年，招收初中毕业生学制为3年。

EEA030－19950518

国家教委开展评选省、部级示范性成人中等专业学校的工作

国家教委1990年进行了成人中等专业学校评估工作后，为进一步改善成人中等专业学校的办学条件，提高教育质量和办学效益，促进学校规范化、制度化建设。1995年5月18日，国家教委印发了《关于评选省、部级示范性成人中等专业学校的通知》，决定在评估的基础上，评选省、部级示范性成人中等专业学校。《通知》明确了评选目的、评选条件和评选办法。评选工作由省、自治区、直辖市教育行政部门制定具体标准和量化要求，并负责组织实施。国务院有关部委及直属企业举办的学校一般参加当地评选，学校数在 30 所以上的，可由部委自行组织评选。评选程序：学校提出申请，经学校主管部门同意，报省级教育行政部门或有关部委组织评选，符合示范学校标准的，提出评审意见，由省、自治区、直辖市人民政府或国务院有关部委批准（也可授权教育部门批准），并报国家教委备查。为了保证质量，有利于重点建设，首次评选省、部级示范性成人中等专业学校数额应控制在学校总数的 5% 以内。《通知》说明，此后，每 3 ~5 年通过评估对其重新确认，并形成制度坚持下去。

EEA031 －19961018

国家教委要求加强对成人中专招收应届初中毕业生的管理工作

随着经济社会的发展，成人中等专业学校在主要招收从业人员的同时，招收了一定数量的应届初中毕业生。1996 年 10 月 18 日，国家教委印发《关于成人中等专业学校招收应届初中毕业生有关问题的通知》，就加强成人中等专业学校招收应届初中毕业生的管理工作提出意见。《通知》指出，(1) 成人中等专业学校招收应届初中毕业生的招生计划、专业设置，应纳入省、自治区、直辖市中等教育整体规划内，由省级教育行政部门审批。(2) 应届初中毕业生报考成人中等专业学校，需参加省、自治区、直辖市统一组织的初中毕业生升学考试。报考种植、养殖、农产品加工专业、具有农村户口的，可凭初中毕业证免试入学。(3) 招收的应届初中毕业生应单独编班，参照普通中专（或职业高中）同类专业的教学计划组织教学。学制不少于 3 年，总学时数执行普通中专教学计划的不少于 3000 学时，执行职业高中教学计划的不少于 2800 学时。(4) 成人中等专业学校招收应届初中毕业生的资格由省级教育行政部门审批。广播电视、函授中等专业学校招收应届初中毕业生进行全日制学历教育要从严审批，在校舍、师资、仪器设备、实验实习和运动场所及后勤管理等方面应具备独立设班的条件。(5) 凡按照中等专业学校教学计划进行教学，学生学习期满，各科考试成绩合格，即发给成人中等专业毕业证书。凡按照职业高中教学计划进行教学，学生学习期满，各科考试成绩合格，即发给职业高中毕业证书。对参加其他不同规格和形式的教育及培训的，应按照有关规定发给相应的证书。

EEA032 －20021121

《关于进一步加强农村成人教育的若干意见》印发

2002 年 11 月 21 日，教育部印发了《关于进一步加强农村成人教育的若干意见》。《意见》提出，要进一步加强农村成人文化技术学校建设，建立以县级职业学校和成人学校为龙头，以乡镇成人文化技术学校为骨干，以村成人文化技术学校为基础的县、乡、村三级实用型、开放型农民文化科技教育培训体系，切实把农村成人文化技术学校办成人力资源开发、技术培训与推广、劳动力转移培训、扶贫开发服务和社会主义精神文明建设的基地。“十五”期间，力争年培训农村劳动力达到 1.5 亿人次，使全国农村劳动力的年培训率提高到 35% 以上，其中乡镇企业职工年培训率提高到 40% 以上，每年为进入非农产业就业的 800 万农村劳动力提供转移前培训，对农村新增劳动力普遍进行就业前培训。

EEA033 －20050317

教育部组织实施农村实用技术培训计划

2005 年 3 月 17 日，教育部发布了《关于实施农村实用技术培训计划的意见》。《意见》指出，进入 21 世纪后，农村经济发展明显滞后，制约农村经济社会快速发展的一个重要原因，是农村劳动力科技文化素质不高，吸收运用科学技术的能力不强。为了进一步发挥教育在解决“三农”问题中的积极作用，普遍提高农村劳动者的科技素质，教育部决定组织实施农村实用技术培训计划。要动员组织农村各级各类学校，特别是职业学校和成人学校，在大力开展农村劳动力转移培训的同时，对在乡农村劳动力普遍开展适合当地生产需求的实用技术培训，争取到 2007 年农村劳动力实用技术培训人数达到 1 亿人次，农村劳动力年培训率达到 35% 以上。主要措施：一是要加强领导。二是加强培训网络建设，提高培训能力。每个县要办好一所示范性职业学校，继续办好乡镇、村成人文化技术学校，在没有独立设置乡、村成人文化技术学校的地方，普通中小学要一校挂两牌，日校办夜校。三是改革教学内容和方法，提高培训质量。四是加强农村成人教育专、兼职师资队伍建设，并对教师编制、人事制度、教师培训、任职资格、职务评聘、福利待遇等方面作出规定。五是多渠道筹措农村实用技术培训经费。六是建立检查评估和表彰奖励机制。

附录 1984—2008年成人中专招生数和在校生数变化情况

（单位：万人）

年 份	在校生数	招生人数
1984	82. 7	
1985	134. 8	
1986	151	
1987	168	
1988	179. 8	
1989	170. 5	
1990	158. 8	58. 8
1991	168	65. 2
1992	174. 43	71. 31
1993	206. 8	
1994	263. 81	115. 21
1995	290. 79	125. 24
1996	257. 73	105. 1
1997	266. 38	104. 92
1998	341. 87	122. 66
1999	302. 12	97. 97
2000	240. 28	74. 94
2001	189. 16	62. 11
2002	153. 34	57. 55
2003	105. 45	42. 98
2004	103. 35	40
2005	112. 55	47. 95
2006	107. 59	46. 16
2007	112. 98	52
2008	120. 65	55. 83

第六篇

职业培训

第一章　职业培训

第一节　综　合

FAA001－19810220

中共中央、国务院明确职工教育的基本要求

1981 年 2 月 20 日，中共中央、国务院发布《关于加强职工教育工作的决定》。《决定》阐述了职工教育在现代化建设中的地位、作用和重要意义，提出了今后的任务和措施。《决定》指出，职工教育的基本内容是，在政治思想方面，要教育职工有共产主义理想，提高广大职工的社会主义觉悟；要树立主人翁责任感，培养高度的事业心，爱护国家财产，敢于和贪污浪费现象作斗争；要加强劳动纪律，克服落后思想和不良作风，不断发挥职工的积极性、主动性和创造性……在生产技能方面，要组织广大工人学习技术理论、工艺规程、操作技术，确实达到本等级应知应会的要求。五年内，力争青壮年工人的实际操作技术水平普遍提高一到二级，使高、中级技术工人的比重有较大增加。各级党政领导和所有厂矿企业、事业单位的党委、行政、工会、共青团都要十分重视职工教育。

FAA002－19820916

劳动人事部加强职业培训教研室工作

1982 年 9 月 16－25 日，劳动人事部培训就业局在广东召开了全国技工培训教研工作座谈会。会上交流了 11 个单位开展教研活动的经验，研究讨论了关于进一步改进和加强职业技术培训研究工作的问题。这次会议推动了职业培训教学研究工作，同时也促进了各地加强职业培训教研机构的恢复和建立。到 1987 年底，大多数省、市、自治区和一部分市均已恢复和建立了技工教研室。

1988年10月22日，劳动部发布的《关于加强职业技术培训教研室工作的意见》指出，职业技术培训教研室是从事职业技术培训教学和理论研究的全民所有制事业单位，是劳动部门综合管理职业技术培训工作的组成部分。《意见》还对机构设置和人员编制、经费来源和财务管理作出了具体的规定，要求教研室与各学术团体加强联合，发挥各自优势，组织多种多样的教研活动，促进整个职业技术培训教研工作开展。

FAA003－19850527

国家提出实行"先培训、后就业"制度

1983年3月27日至4月2日，劳动人事部在北京召开了全国培训工作会议，副部长何光在会议总结发言中提出：积极努力，加快步伐，全面推行"先培训、后就业"的制度。1985年5月27日，《中共中央关于教育体制改革的决定》明确指出，在改革教育体制的同时改革有关的劳动人事制度，实行"先培训、后就业"的原则。有关部门应该制定法规，逐步实行这种制度。1993年2月13日，《中国教育改革和发展纲要》强调，要认真实行"先培训、后就业"的制度。优先录用经过职业技术教育和培训的学生就业，专业性、技术性较强的岗位，应在获得岗位资格证书后上岗。对未经培训已就业的，要进行岗前培训。

FAA004－19850611

司法部、教育部、劳动人事部要求加强对劳改、劳教人员的文化技术教育

1985年6月11日，司法部、教育部、劳动人事部联合发出《关于加强对劳改、劳教人员文化、技术教育的通知》。《通知》指出，劳改、劳教人员的技术教育要本着"面向生产，着眼就业，服务社会"的原则，根据劳改、劳教人员刑满释放、解教后的不同去向，因地制宜地开设各种适应社会需要的职业技术培训班。对参加职业技术培训和有一定技术专长的劳改、劳教人员，要按照劳动人事部关于《工人技术考核暂行条例》的规定，依照各产业部门颁布的各工种技术等级标准，组织考试。凡成绩确已达到规定标准的，由当地劳动人事部门或主管产业部门颁发技术考核合格证或技术等级证书。针对劳改、劳教单位师资比较薄弱的状况，《通知》要求各地教育、劳动人事部门要积极协助劳改、劳教部门加强师资队伍的建设。帮助培训现有专职教师，或由劳改、劳教单位委托代培师资。《通知》还要求各地劳改、劳教单位对劳改、劳教人员文化、技术教育的教学计划和情况简报，在上报主管部门的同时，也要报送当地教育、劳动人事部门。

FAA005－19851005

劳动人事部与民建中央、全国工商联合作开展职业技术培训工作

为继续发挥中国民主建国会中央委员会、中华全国工商业联合会（以下简称“两会”）在职业技术培训方面的优势，1985 年 10 月 5 日，劳动人事部、中国民主建国会中央委员会、中华全国工商联合会共同下发了《关于进一步加强协作、大力开展职业技术培训的联合通知》。《通知》要求，“两会”要遵循“扬长避短，拾遗补缺，稳步前进，讲求实效”的方针，积极推动职业技术培训，协助劳动部门试行技术岗位证书制度；要充分发挥“两会”成员的积极性，把好的经验和生产技术才能运用到职业技术培训工作中，并鼓励和支持有特长、绝技的“两会”成员整理编写专题资料或专著，为职业技术培训提供教材等。

FAA006－19870623

国家提出把开展岗位培训作为成人教育的重点

1986 年 12 月，全国成人教育工作会议提出把开展岗位培训作为成人教育的重点，并要求各地有计划、有步骤、有重点地进行试点。1987 年 2 月 25 日，国家教育委员会将《关于改革和发展成人教育的决定》上报国务院。1987 年 6 月 23 日，国务院批转了《国家教育委员会关于改革和发展成人教育的决定》，明确提出，要逐步做到各类从业人员走上岗位以前，都按照岗位规范的要求进行培训。走上岗位以后和转换岗位时，还要根据生产需要，经常地培训提高。岗位培训要有计划、有步骤地展开，必须逐步规范化、制度化。要着重抓好班组长、生产骨干、业务骨干和关键岗位人员的培训。技术工人要按岗位要求开展技术等级培训。积极开展高级技术工人、技师的系统培训和传统工艺技术的传授。《决定》还对农村成人教育提出如下要求：要有计划地对农村基层干部、专业技术人员和乡镇企业职工开展岗位培训；对青壮年农民进行周期短、见效快的实用技术培训，并同科学实验、推广技术结合起来；要把初、高中毕业的在乡知识青年作为培训重点。

FAA007－19880221

国务院转发《关于从工人、农民及其他劳动者中选拔和培养各种技术人才的意见》

1988 年 2 月 21 日，国务院转发了国家科学技术委员会、国家经济贸易委员会、劳动人事部、中华全国总工会、中国科学技术协会《关于从工人、农民及其他劳动者中选拔和培养各种技术人才的意见》。《意见》强调，要引导和鼓励工人、农民和各行各业中的有志者自学成才，提高技术和技艺水平，成为具有丰富实践经验和专业文化知识的技术骨干。《意见》提出，一要在全社会形成尊重工人、农民及其他劳动者中成长起来的技术人才的风气，引导全社会重视高技艺和高技能人才，使之成为“尊重知识、尊重人才”的重要组成部分；二要逐步建立技术职务和技术职称；三要搞好工人、农民及其他劳动者中技术人才的技术成果评定和推广应用工作，使之迅速转化为生产力和社会财富；四要重视在工人、农民和其他劳动者中培养和选聘有技术、善管理的企业家和事业家，克服单纯以学历取人的现象；五要为多层次地从工人、农民及其他劳动者中培养科技人才创造条件。

FAA008－19880901

劳动部试行《职业技术培训教师专业证书》制度

1988年9月1日，劳动部发出《关于试行〈职业技术培训教师专业证书〉制度的实施意见》，决定对从事培训工作多年，具有一定业务知识或教学能力，但未达到现行教师任职资格所要求的大专毕业程度的人员，有目的地进行成人高等专业知识教育。《职业技术培训教师专业证书》是学员经过学习达到了职业技术培训教师岗位所要求的大专知识水平的一种证明，只在职业技术培训部门（如技工学校、技工教师进修学校、技工培训研究室等）本专业（工种）的教学工作范围内适用，作为评定、聘任（任命）职业技术培训教师专业技术职务任职资格的学历依据。举办《职业技术培训教师专业证书》教学班的有关办法，按照《成人高等教育试行〈专业证书〉制度若干规定》的精神执行。教学班的教学计划和教学大纲应根据职业技术培训的实际需要制订，在专业知识上要达到与高等职业技术专科学校同类专业相当的质量要求。《实施意见》还对参加教学班学习的条件、证书颁发办法作出了明确规定。

FAA009－19890105

劳动部要求加强职业技术培训师资队伍建设

1989年1月5日，劳动部下发了《关于加强职业技术培训师资队伍建设的意见》，要求企业培训中心和就业训练中心要逐步建立一支适应岗位技术（业务）培训需要的既懂专业又懂管理、以专职教师为骨干、专兼职相结合的师资队伍。同时，要加强后备师资的培养。各地区、各部门要重视师资培训工作，切实加强领导，提高认识，转变鄙薄职业技术培训工作的陈腐观念，采取可行措施，调动各方面的力量，建设一支数量足、质量高、结构合理的职业技术培训师资队伍。

FAA010－19890308

劳动部召开全国培训工作会议

1989年3月8－11日，劳动部在河南省郑州市召开了全国培训工作会议，全国地方劳动部门、国家行业产业部门、职教部门有关人员参加了会议。劳动部副部长李伯勇出席会议并讲话。会议的主题是研究如何进一步加强职业培训，提高劳动者素质。会议确定了今后一段时间的工作规划，明确了工作任务目标。提出要继续贯彻“先培训、后就业”、“先培训、后上岗”的原则，加强对培训工作的宏观管理，修改和制定有关的政策、法规，着重抓好《工人技术等级标准》和《工人技术考核暂行条例》的修订和考工晋级的试点工作，抓住考核这个中心环节，使培训、考核、使用一体化。

FAA011－19890803

劳动部举办全国工人职业技能培训研修班

1989年8月3－13日，劳动部培训司在北京举办了全国工人职业技能培训研修班，各省、自治区、直辖市、计划单列市劳动厅（局）、部分职教、经济部门、工会、国务院有关部委及部分大中型企业培训部门负责人共150人参加。劳动部副部长李沛瑶、中国职工教育研究会名誉会长袁宝华、顾问浦通修等出席开学典礼并讲话，中华全国总工会等单位也派人参加。研修班的中心议题是贯彻党的十三届四中全会精神，加强职业道德教育，加强职业技能培训，逐步建立培训、考核、使用相结合的制度，制定考工办法，建立考工制度。这次研修班共总结交流材料70多份。研修班通过认真总结经验，深化了认识，开阔了视野，进一步明确了今后的工作目标。

FAA012－19930622

劳动部提出“大劳动”、“大培训”观念

1993年6月22－24日，劳动部召开了全国培训工作会议。会议的主要任务是研究和明确新形势下我国职业培训制度改革和工作目标。会议回顾了近几年职业培训的工作经验和教训，分析了新形势下职业培训面临的问题和要求，提出了今后几年职业培训改革的思路和工作目标。会议要求劳动部门应树立“大劳动”、“大培训”的观念，要从立法、监督、服务、协调上发挥作用。要理顺关系，包括劳动部门和各级教育部门、产业部门间的关系。

FAA013－19930412

职业培训政策与立法国际研讨会召开

1993 年 4 月 12 日，职业培训政策与立法国际研讨会在北京召开。劳动部部长李伯勇出席开幕式并致辞。全国人大常委会副委员长孙起孟为会议写了贺信。出席开幕式的还有国际劳工组织北京局局长圭亚和联合国开发计划署的代表等。劳动部职业技能开发司负责人在会上介绍了中国职业培训政策和立法基本情况。这次研讨会邀请了国际劳工组织、亚太技能开发署及日本、韩国、英国、菲律宾、澳大利亚和我国台湾、香港地区的专家及国内的一些专家学者。与会代表就职业培训政策和立法问题进行了讨论。

FAA014－19940703

《国务院关于〈中国教育改革和发展纲要〉的实施意见》提出职业培训目标

1994 年 7 月 3 日，《国务院关于〈中国教育改革和发展纲要〉的实施意见》发布。《实施意见》提出，要大力开展多种形式的职业培训，认真实行“先培训、后就业”、“先培训、后上岗”的制度，使城乡新增劳动力上岗前都能受到必需的职业训练。在全社会实行学历文凭和职业资格证书并重的制度。要求各行业都要建立从业人员在岗和转岗的培训制度，积极开展岗位培训。城市和农村每年都应有一定比例的从业人员接受多种形式的岗位培训。到 2000 年，全国多数乡和村都应办起能常年开展培训活动的农民文化技术学校。

FAA015－19940705

《中华人民共和国劳动法》确立职业培训的法律地位

1994 年 7 月 5 日，第八届全国人民代表大会常务委员会第八次会议通过《中华人民共和国劳动法》，于 1995 年 1 月 1 日起施行。该法第三条明确规定，劳动者享有接受职业技能培训的权利。该法第八章专门对职业培训作出规定：“国家通过各种途径，采取各种措施，发展职业培训事业，开发劳动者的职业技能，提高劳动者素质，增强劳动者的就业能力和工作能力。”“用人单位应当建立职业培训制度，按照国家规定提取和使用职业培训经费，根据本单位实际，有计划地对劳动者进行职业培训。”“从事技术工种的劳动者，上岗前必须经过培训。”

FAA016－19940904

劳动部召开全国职业培训优秀教师和工作者表彰大会

1994 年 9 月 4 日，劳动部在人民大会堂小礼堂隆重召开全国职业培训优秀教师和工作者表彰大会，表彰全国职业培训优秀教师 216 名、优秀工作者 204 名，并公布首批国家级重点技工学校。国务院副总理邹家华，全国人大常委会副委员长倪志福、孙起孟、李沛瑶以及国家计委、团中央和部分产业部门的领导出席大会。劳动部部长李伯勇代表劳动部向大会致辞，副部长朱家甄宣读了《劳动部关于表彰全国职业培训优秀教师和工作者的表彰决定》。副总理邹家华代表国务院对会议的召开表示热烈祝贺，并希望广大职业培训教师和工作者再接再厉，不断提高自身水平，为进一步提高职业培训质量、培养更多高水平的技术工人、为国家经济建设作出更大的贡献。

FAA017－19940900

全国职业培训工作会议提出职业培训改革新思路

1994 年 9 月上旬，劳动部在北京召开全国职业培训工作会议，初步确定了职业培训事业发展思路和改革方案。即以劳动力市场为导向，以职业分类和职业技能标准为依据，以灵活的职业培训和社会化管理的职业技能鉴定为重点，以职业技能竞赛为推动力，以提高劳动者的就业能力和工作能力、提高劳动者素质为目的的职业培训事业改革与发展体系框架。来自各省、自治区、直辖市和部委的 100 多名代表参加会议，劳动部部长李伯勇到会讲话，新近批准的 130 所国家重点技工学校校长列席了会议。

FAA018－19941214

劳动部要求规范职业培训实体管理

1994 年 12 月 14 日，劳动部下发了《关于印发〈职业培训实体管理规定〉的通知》。《通知》对于职业培训实体的定义、培训对象、应具备的基础条件、开办职业培训实体的程序、教师管理等其他相关工作作出了具体的规定。

FAA019－19950518

国家制定岗位培训教材编写原则

1995 年 5 月 18 日，国家教委印发了《〈关于编写岗位培训教材的原则意见〉的通知》。《意见》指出，教材是传授知识，培训技能、能力的主要依据，也是考核学员学习成绩的重要标准。编好以培训从业人员履行岗位职责能力为目标的教材，是开展培训的基础工作，将直接关系到岗位培训教学目标实现、教学任务完成及培训质量高低。因此，加强具有岗位培训特色的教材体系开发和建设，对提高培训质量和推动培训工作深入发展具有关键性作用。《意见》提出编写教材应遵循的四个主要原则：以岗位规范要求和岗位生产、工作需要为依据确定教材内容；以培养工作能力和生产技能为重点；规范性和灵活性相统一；坚持实际、实用、实效。

FAA020 – 19950528

共青团中央、劳动部提出促进青年就业新举措

1995 年 5 月 28 日，共青团中央、劳动部联合发出《关于加强青年职业技能培训、促进青年就业的意见》。《意见》指出，青年劳动力约占我国劳动力总数的 51.03%，每年还有约 1900 多万青年进入就业年龄，特别是流动劳动力大军中，青年所占的比例高达 71.08%。《意见》强调，各级团组织要针对当地经济发展的需要，广泛动员各种社会资源，大力开展青年职业技能培训工作；开展跨世纪青年人才工程“东西互助—劳务协作”活动，组织西部地区 16 岁以上、具有初中以上文化程度的团员和优秀青年到东部地区务工学技术，促进外出务工青年有序流动；积极参与实施“再就业工程”。各级团组织要积极创办职业中介机构和职业技能培训实体，开展为促进青年就业、再就业服务的职业中介和职业技能培训工作。

FAA021 – 19960507

中央提出强化企业管理人员培训

1996 年 5 月 7 日，《中共中央关于印发〈1996 年—2000 年全国干部教育培训规划〉的通知》要求建立有中国特色的干部教育体系。干部教育培训工作应遵循理论联系实际、分级分类培训、突出培训重点、保证培训质量的原则，注重干部素质和能力的提高。同时，特别要求加强企业管理人员培训，重点是提高国有大中型企业领导者的素质，培养一支政治强、业务好、善于在社会主义市场经济条件下办好社会主义企业的经营管理者队伍。主要措施：一是发挥党校、行政学院、干部院校等培训基地的作用；二是加强对教材编审工作的指导和协调；三是建立一支专兼职相结合的高质量的师资队伍；四是切实保证干部培训经费；五是逐步推进干部培训的制度化、法制化建设。

FAA022－19970505

中韩职业培训合作项目启动

1997年5月5日，劳动部副部长林用三与韩国外务部国际协力团总裁申基鍑分别代表两国政府在北京签署《中韩职业培训合作项目会谈纪要》。5月23日，劳动部部长李伯勇和韩国劳动部长官陈稔代表两国政府在汉城签署《中华人民共和国政府与大韩民国政府职业培训合作项目协议》。项目执行期为1997—2000年。该项目的内容包括建立中国就业培训技术指导中心，由中国劳动部建立并管理；韩国政府支援和配合中国劳动部，通过该中心协助管理中国的职业培训工作；韩国政府为项目提供技术设备，邀请中方研修生和考察团赴韩国，并派遣韩国专家来华；中心在劳动领域为两国的交流与合作发挥桥梁作用。项目由韩国政府负责提供1000万美元无偿援助，其中770万美元用于设备援助，110万美元用于派遣韩方专家，120万美元用于中方赴韩考察研修、共同技术开发以及举行年度协商会。中国政府负责提供850万美元的配套资金，其中600万美元用于中心基建工程，250万美元用于中心运行管理。

FAA023－19980306

劳动部提出“三年千万”再就业培训计划

为了切实做好下岗职工分流安置和再就业工作，1998年3月6日，劳动部下发了《关于印发〈劳动工作配合国有企业改革规划〉的通知》。《通知》强调，要大力开展对下岗职工的培训，重点实施“三年千万”再就业培训计划。1998—2000年，为1000万国有企业下岗、转岗职工提供职业指导和职业培训服务，为所有求职的下岗职工提供职业介绍服务。要通过职业指导、技能培训和创业能力等方面的培训，转变下岗职工的就业观念，普遍提高职业技能和再就业能力。同时，认真总结试点经验，积极推行劳动预备制度，缓解城镇就业压力。要充分动员社会力量，实行在政府指导和扶持下，个人自学、企业组织和社会帮助相结合，大力开展多种形式培训。就业训练中心和技工学校要发挥骨干作用，主动承担再就业培训任务。积极鼓励和支持行业（部门）和企业做好下岗职工转业培训工作。

FAA024－19981224

劳动和社会保障部加强职业培训教材建设

为加强职业培训教材建设，抓好统筹规划，加快改革步伐，提高教材质量，更好地为培训就业服务，1998年11月29－30日，劳动和社会保障部在北京召开职业培训教材建设座谈会，总结职业培训教材建设经验，分析教材建设面临的形势任务，明确教材建设工作思路，部署和安排当前和今后一个时期职业培训教材开发工作。1998年12月24日，劳动和社会保障部办公厅印发《关于加强职业培训教材建设的通知》。《通知》要求加强统筹规划，抓好组织实施；建立质量保证制度；抓好基础工作的衔接和教材教研队伍建设；建立教材信息发布制度，完善服务体系。同时，要开展职业培训教材和教研成果评优表彰活动，推动教材教研工作的深入开展。

FAA025－19990427

《职业培训教学研究、改革工作规划（1999—2001）》出台

劳动和社会保障部培训就业司与中国就业培训技术指导中心组织制定了《职业培训教学研究、改革工作规划（1999—2001）》，并确定了《职业培训教学工作研究课题》，于1999年4月27日正式印发全国。劳动和社会保障部培训就业司在《关于印发〈职业培训教学研究、改革工作规划（1999—2001）的通知》中要求，各地和各有关部门要结合自身实际，加强职业培训教研教改工作，组织专家开展课题研究。职业培训教学研究和改革要根据“把职业教育的重点放到提高质量和效益上来”的要求，紧紧围绕培训为就业和提高劳动者素质服务的这一中心任务，结合再就业培训、劳动预备制培训和技工学校在新形势下办学的特点，有针对性地开展工作。职业培训教学研究和改革要确立以职业功能为核心、以职业标准为导向的工作方向，探讨符合我国国情特点的不同培训形式互相衔接的培训模式，建立教学研究与教学计划和大纲制定、课程设置、教材开发和教学手段及教学管理改革配套运作、协调发展的运行机制。

FAA026－19990730

中国职工教育和职业培训协会召开全面推进素质教育座谈会

1999年7月30日，中国职工教育和职业培训协会召开学习贯彻《中共中央国务院关于深化教育改革，全面推进素质教育的决定》座谈会。劳动和社会保障部副部长林用三，中国职工教育和职业培训协会会长何光到会并讲话。林用三指出，当前教育工作面临着三个大的形势。第一突出强调素质教育。要明白素质教育不等于技能教育，素质教育是使学生在德、智、体、美等方面全面发展的教育，是从小学到大学乃至终身的教育。二是教育的产业化。搞职业教育的同志们一定要尽快转变观念，特别是技工学校、培训中心，要为拉动国家的经济发展作出贡献。三是参与市场竞争。要走向市场，主动去适应，参与竞争，在竞争中找出路，把危机感变为求生存的动力。林用三还强调，发展职业教育要以培养综合适用、具有创新能力的复合型人才为目标，以全面的素质教育为基础，抓住职业教育的特点，总结历史经验，解放思想，敞开思路。何光指出，全面提高劳动者的素质是一项战略任务，极其重要。研究职业教育，不宜单纯强调市场取向，要坚持计划和市场相结合，也就是宏观的统筹调控和微观的改革发展相结合。

FAA027 －20021202

国家三部委要求充分发挥行业、企业在职业培训中的作用

2002 年 12 月 2 日，教育部、国家经济贸易委员会、劳动和社会保障部联合下发《关于进一步发挥行业、企业在职业教育和培训中作用的意见》。《意见》提出，行业、企业要把加强职业教育和培训工作作为提高企业竞争力的重要措施，切实抓好人力资源开发工作，全面提高职工队伍整体素质。各级行业主管部门要制定行业职业教育和培训发展规划，对本行业职业教育和培训工作进行协调和业务指导。同时，要大力发挥行业组织的作用，开展职业教育和培训，把行业组织领导、企业经营管理者组织开展职业教育和职工培训的工作实绩，作为任期业绩考核的重要指标之一。要从企业的实际需要出发，建立企业职业教育和培训制度，加强培训基地建设，形成职工在岗和轮岗培训的制度，进一步强化企业的自主培训功能，并实施技术工种就业准入制度。《意见》还特别强调，各类企业要按《中华人民共和国职业教育法》的规定，承担实施职业教育和职工培训的费用。一般企业要按照职工工资总额的 1.5% 足额提取职工教育培训经费。从业人员技术素质要求高、培训任务重、经济效益较好的企业，可按 2.5% 提取，列入成本开支。

FAA028 －20030416

劳动和社会保障部提出三年三千种职业培训教材开发计划

2003 年 4 月 16 日，劳动和社会保障部印发《三年三千种职业培训教材开发计划》。《计划》提出，2003—2005 年，编写 3000 种职业培训规划教材，重点抓好其中 1500 种国家级教材的开发（修订）出版工作。在教材开发工作中，建立和完善职业培训教材体系；建立以政府宏观管理为保障，以市场需求为导向，以能力培养为核心，以质量保证为基础，社会各方参与的职业培训教材开发机制，确保计划目标任务的实现；完善“用户评估、专家评审、行政认定、向社会推荐”的教材评审认定制度；加强教材的宣传推荐和使用管理；开展职业培训课程和教材的基础性研究，推动教学改革、教材实验和师资培训工作；加强教材编写队伍建设；推广教材改革成果；加强教材建设的组织领导，多渠道筹措职业培训教材开发经费。

FAA029 – 20030929

电子信息产业高技能人才培训项目启动

2003 年 9 月 29 日，劳动和社会保障部、信息产业部联合下发了《关于实施电子信息产业高技能人才培训项目的通知》，决定从 2003 年 10 月至 2006 年年底，在电子信息产业较为集中的城市和重点企业集团中，加强高级技术工人培养，表彰奖励一批拔尖技术能手，力争使高级工、技师和高级技师数量在技术工人中所占比重提高 3 ~ 5 个百分点，缓解电子信息产业高技能人才短缺的状况。主要内容有：建立国家高技能人才培训工程（电子信息项目）培训基地、国家高技能人才（电子信息项目）培训工程资源开发中心，面向企业和社会开展高技能人才培训；完善电子信息产业特有职业的国家职业标准制定、教材编写、试题库开发等基础工作；实施电子信息技术远程培训；大力推行职业资格证书制度；每两年组织一次电子行业特有职业的职业技能竞赛，对大赛和岗位练兵活动中涌现出来的优秀人才进行表彰。

FAA030 – 20031205

电力行业高技能人才培训项目启动

2003 年 12 月 5 日，劳动和社会保障部、中国电力企业联合会联合下发了《关于实施电力高技能人才培训项目的通知》，首批遴选出 14 家重点企业分别在供电、发电、水电类生产岗位中确定 8 个工种进行试点培训，建立企业、行业、国家级高技能人才培训基地，依托重点企业、教育培训机构，开展高级技工学制教育和部分岗位的高级工、技师培训，加大高技能人才培训工作力度，并确立与其相适应的选拔、使用、激励机制，以解决电力行业高技能人才严重短缺的问题。项目内容包括开展电力高技能人才培训项目相关课题的研究；开展电力主干职业（工种或岗位）高技能人才需求预测和分析；充分发挥企业在高技能人才培养工作中的主导作用，推动建立并完善电力行业高技能人才有效培养机制；推动电力教育培训机构与企业的紧密合作与优势互补，本着优化配置、合理布局、资源共享的原则，依托电力行业现有的骨干职业技术学院、高级技工学校、中等职业学校、培训中心，建立起能覆盖全行业地域和主要职业（工种或岗位）分布的三级电力高技能人才培训基地网络；在政府指导、行业自律规范下，建立行业高技能人才快速成才机制。2004年4月21日，电力行业高技能人才培训工作会议在北京召开，劳动和社会保障部副部长张小建、中国电力联合会副理事长孙玉才出席会议并讲话。会议的召开标志着国家高技能人才培训工程电力项目正式启动。

FAA031－20040130

国家九部委开展“创建学习型组织，争做知识型职工”活动

为了深入贯彻落实党的十六大精神和“三个代表”重要思想，全面提高职工队伍素质，推动全社会形成全民学习、终身学习的学习型社会，中华全国总工会、中央文明办、国家发展和改革委员会、教育部、科技部、人事部、劳动和社会保障部、国务院国有资产监督管理委员会、全国工商联决定联合在全国职工中开展“创建学习型组织，争做知识型职工”的活动，并于2004年1月30日联合下发《关于印发〈关于开展全国“创建学习型组织，争做知识型职工”活动的实施意见〉的通知》。该活动旨在倡导终身学习理念，提高职工的学习能力、实践能力和创新能力，营造尊重劳动、尊重知识、尊重人才、尊重创造的社会环境，形成全员学习、全程学习、团队学习和工作学习化、学习工作化的氛围和机制，为职工创造更多的学习机会和成才机会，为各类人才不断涌现和充分发挥作用奠定坚实基础。

FAA032－20040405

五部委联合实施“青工技能振兴计划”

2004年4月5日，共青团中央、劳动和社会保障部、国务院国有资产监督管理委员会、国家知识产权局、中国科学技术协会联合下发了《关于实施“青工技能振兴计划”的意见》。《意见》指出，“青工技能振兴计划”以提高青年技术工人的技术能力、创新能力和知识产权意识为重点，以普遍提升青年技术工人的技术等级为途径，加快培养一批技术技能型、知识技能型、复合技能型青年人才，造就一支高、中、初结构合理的青年技能人才队伍，为企业保持持续的成长能力奠定人才基础。《意见》要求，今后五年内，将通过组织技能培训、开展技能竞赛、加强面向青年的职业技能鉴定、完善激励机制等切实有效的工作，使80%以上参加计划的青工技能水平在现有基础上提升一个等级，培养青年高级工40万名，青年技师7万名，青年高级技师3万名。

FAA033－20040625

劳动和社会保障部开展高技能人才队伍建设试点

2004 年 6 月 25 日，劳动和社会保障部、国务院国有资产监督管理委员会联合下发了《关于开展高技能人才队伍建设试点工作的通知》，决定选择 34 家中央企业作为高技能人才队伍建设的试点企业，进行技能人才评价方式的改革。《通知》要求，试点企业要充分发挥主导作用，采用校企合作、订单培养等灵活培训方式，运用现代培训技术，积极开展技能人才的培养工作。要结合生产实际，实施技能提高培训、岗位培训、名师带徒培训，积极开展技术攻关、创新创效、观摩研讨和技能交流等活动。试点企业应从职工教育经费（占职工工资总额的 1.5%～2.5%）中提取不少于 30% 的经费用于高技能人才培训工作。

FAA034－20050512

《国家高技能人才东部地区培训工程方案》出台

为贯彻落实国家高技能人才工作的方针政策，结合东部地区经济发展迅速、对技能人才需求迫切的实际情况，劳动和社会保障部于 2005 年 5 月 12 日印发了《关于印发国家高技能人才东部地区培训工程方案的通知》，力争通过三年时间，在东部地区建成高水平的职业培训现代化示范工作区。主要任务是率先建立高端带动、区域联合、整体联动的高水平培训工作机制；率先在重点城市建立一批面向社会、高效能的公共实训基地和鉴定平台；率先建立与企业生产紧密结合的高质量技能人才评价和鉴定新体系；率先构建包括开发新职业、运用新技术、建立新机制、创建新环境的职业能力建设新模式。5 月 17 日，国家高技能人才东部地区培训工程启动会在上海召开。

FAA035－20050927

人事部决定实施专业技术人才知识更新工程

为贯彻落实《中共中央、国务院关于进一步加强人才工作的决定》，进一步加强专业技术人才队伍建设，推进专业技术人才继续教育工作，人事部于 2005 年 9 月 27 日印发了《专业技术人才知识更新工程（“653 工程”）实施方案》，决定实施专业技术人才知识更新工程（简称“653 工程”）。“653 工程”的具体内容是：2005—2010 年 6 年间在现代农业、现代制造、信息技术、能源技术、现代管理 5 个领域，开展专项继续教育活动，重点培训 300 万名紧跟科技发展前沿、创新能力强的中高级专业技术人才。通过专项继续教育，使中高级专业技术人才及时更新专业知识，提高学习能力、实践能力、创新能力，提高政治素质和职业道德水平。同时，加快建立和健全继续教育工作体系、服务体系与制度体系，在不同的行业领域建设一批优质高效的继续教育施教机构，丰富和充实教学资源，推动专业技术人员继续教育的全面发展。

FAA036－20051214

劳动和社会保障部制订“5＋1”培训计划

2005年12月14日，劳动和社会保障部发出《关于进一步做好职业培训工作的意见》。《意见》要求，要进一步明确职业培训为提高劳动者就业能力服务、为培养技能人才服务的发展方向，围绕加快培养一大批专业化高技能人才和数以千万计高素质技能劳动者的任务目标，精心部署安排，抓好贯彻落实。《意见》强调，加强部门协作，以提高劳动者的就业创业能力、岗位工作能力和职业转换能力为目标，进一步明确工作重点，实现职业培训新发展。同时，实施“新技师培养带动计划”、“下岗失业人员技能再就业计划”、“能力促创业计划”、“农村劳动力技能就业计划”及“国家职业资格证书技能导航计划”，多方面、多角度地促进职业培训工作。同时要继续实施“技能岗位对接行动”（简称“5＋1”培训计划），完善就业服务，为技能劳动者培训后就业提供有效支持。

FAA037－20060428

国家推行新技师培养带动计划

2006年4月28日，劳动和社会保障部下发了《关于印发新技师培养带动计划的通知》。《通知》要求，一要充分发挥行业企业的主体作用，加快形成技师培养的新方法。二要建立校企合作培养高技能人才制度，创新后备技师培养模式。三要大力加强公共实训基地建设，带动培训机构实训水平的整体提高。四要完善技师考评办法，畅通高技能人才成长通道。特别提出要按照“统一标准、自主申报、社会考核、企业聘任”的原则，全面推进技师考评制度改革。五要认真做好职业技能竞赛和优秀技能人才评选表彰工作，切实提高高技能人才的待遇水平。同时，要编写和出版一批突出技师培养特色的实用教材，落实资金保障等一系列相关的保障措施。

FAA038 - 20060705

劳动和社会保障部强调从五个环节抓好职业培训教材建设

2006 年 7 月 5 - 6 日，劳动和社会保障部在广东省召开了全国职业培训教材建设工作座谈会。会议的主要任务是贯彻落实党中央、国务院关于加强高技能人才工作和就业再就业工作的重要文件精神，总结职业培训教材工作新成绩、新经验，表彰先进，研究解决遇到的新情况、新问题，进一步统一思想，理清思路，部署推进教材建设工作。副部长张小建出席会议并作了重要讲话。张小建在讲话中强调，职业培训是促进就业的强大动力，教材是职业培训的重要支柱。职业培训教材建设要适应新形势，抓住新契机，明确新目标，实现新发展。张小建指出，教材建设主要由教材研究、教材开发、教材使用、教材检查和反馈评价五大环节构成。其中，教材研究是基础，教材开发是核心，教材使用是关键，教材检查是手段，反馈评价是动力。

FAA039 - 20061106

《2006—2010 年职业培训教材建设规划》公布

2006 年 11 月 6 日，劳动和社会保障部发出《关于印发〈2006—2010 年职业培训教材建设规划〉的通知》。《规划》按照职业培训工作“5 + 1”计划行动的整体部署，明确了职业培训教材建设的主要目标、教材研究和开发重点及品种数量、教材改革和创新等，并从教材研究、教材开发、教材使用、教材检查和教材反馈评价五大环节入手，提出了加快推进职业培训教材建设工作的相关措施。

第二节　就业与再就业培训

FAB001 - 19811017

中央提出建立和健全劳动服务公司机构

根据国民经济调整和发展的需要，1981 年 10 月 17 日，中共中央、国务院发出《关于广开门路，搞活经济，解决城镇就业问题的若干决定》。《决定》指出，要普遍开展对城镇待业青年就业前培训，逐步做到使一切需要进行培训的人员，先经过培训以后再就业。在一段时间内，逐步形成一套有利于发展国民经济和改善人民生活的劳动就业制度。《决定》要求各地建立和健全劳动服务公司机构，充实人员，更好地发挥它的作用，使之逐步成为登记管理待业人员，组织就业前培训，开展职业介绍和组织集体经济吸收待业人员就业的一种综合机构。

FAB002 －19900427

国务院要求扩大就业训练规模，提高待业人员素质

1990 年 4 月 27 日，国务院下发了《关于做好劳动就业工作的通知》，要求努力做好就业工作，从各方面采取有效措施妥善安置待业人员，保证大局稳定和进一步治理整顿、深化改革的顺利进行。《通知》强调，要扩大就业训练规模，提高待业人员素质。为帮助待业人员适应社会各方面的需要，应积极开展有计划、有组织的培训。动员社会有关方面的力量，通过技工学校、职业中学、就业训练中心，以及厂矿企业、社会团体等单位和私人办的职业训练班，扩大就业前培训的规模，并适当增加培训内容和延长培训时间。应指导各类职业学校安排教学时结合就业工作统筹规划，专业设置服从社会生产、工作的需要，积极开展定向培训和委托培训。

FAB003 －19920125

国家五部门对就业训练经费作出规定

1992 年 1 月 25 日，劳动部、国务院生产办公室、国家体改委、人事部、中华全国总工会五部门发出了《关于深化企业劳动人事、工资分配、社会保险制度改革的意见》。《意见》提出，劳动部门可从待业救济基金中划出部分转业训练费支持企业对下岗人员进行培训，就业训练中心对本身不具备训练能力和条件的关、停、并、转企业，可组织企业下岗人员进行转业训练，企业支付全部经费确有困难的，可用待业保险基金中转业训练费给予适当支持。《意见》还明确，对于享受待业保险的待业职工中个人缴纳训练费确有困难的，可考虑在待业保险基金的转业训练费中给予适当补贴。

FAB004 －19920624

国家要求加强就业服务做好转业和就业训练

1992 年 6 月 24 日，国务院批转了《劳动部关于劳动就业工作情况和下一步工作意见报告的通知》。《通知》将“加强就业服务，做好转业和就业训练”作为做好就业工作的八项重要措施之一。《通知》要求，充分发挥劳动就业服务企业的作用，指导他们加强管理，改善经营，提高经济效益；进一步抓好就业服务体系建设，制定和完善就业服务工作制度，全面开展就业服务，推动就业工作和劳动制度改革；保证就业经费，努力提高资金周转率和使用效益。

FAB005 – 19920720

劳动部要求积极开展待业青年转业训练

1992 年 7 月 20 日，劳动部下发了《关于加强待业职工转业训练工作的通知》。《通知》指出，当前，围绕企业转换经营机制，各项改革进一步深化，特别是实行全员劳动合同制以及国家进行产业、产品结构的调整，待业职工的数量将会有所加大。积极开展转业训练工作，帮助他们学习、掌握新的技能，增强再就业的能力，有利于提高待业职工素质和促进企业改革的深化。同时，要积极组织待业职工参加转业训练，指导和支持企业对下岗人员开展转业训练，增强转业训练的针对性和适用性，并做好训练后的考核工作。对于参加转业训练考核合格者，各级劳动部门的职业介绍机构要优先推荐介绍就业。

FAB006 – 19950416

国家正式实施再就业工程

1993 年起，我国开始在 30 个城市进行再就业工程试点。再就业工程是指帮助下岗和失业人员重新就业的一系列措施，包括为下岗和失业人员提供就业服务与转业培训、组织起来进行生产自救和发放生活救济金等。实施再就业工程的目的是妥善解决下岗和失业人员的生活困难和就业问题。1995 年 1 月 19 日，劳动部发布了《关于全面实施〈再就业工程〉的通知》，提出了促进失业职工再就业和企业富余职工分流安排的具体政策、措施：一是鼓励、扶持企业和社会对失业职工进行开发性安置；二是鼓励用人单位招用失业职工和富余职工；三是大力支持失业职工和富余职工组织起来就业和自谋职业；四是支持企业主管部门对富余职工进行行业、企业间的调剂工作，协助办理有关手续，提供相应的就业指导、信息和咨询等服务；五是大力兴办劳动服务企业和生产自救基地。1995 年 4 月 16 日，国务院办公厅发出转发劳动部《关于实施再就业工程报告》的通知，再就业工程开始在全国推开，并逐步形成中国就业市场中扶持就业困难群体的常年性制度。自此，再就业工程，正式成为我国政府在经济体制改革过程中对失业人员实行的一种社会保障制度和措施。

FAB007 – 19950424

劳动部召开全国就业工作会议

1995 年 4 月 24 – 26 日，劳动部在北京召开全国就业工作会议。这次全国就业工作会议是在全国八届人大、政协三次会议刚刚闭幕，《中华人民共和国劳动法》正式实施的形势下召开的。劳动部副部长林用三到会讲话，他强调：

第一，就业工作必须与“大局”紧密结合起来。第二，要把解决就业难题与建立就业新机制紧密结合起来。第三，就业工作要注意宣传社会、动员社会。希望有条件的地区，要通过实施“两个工程”（“再就业工程”和“农村劳动力跨地区流动有序化工程”），进一步把劳动部门的工作与各有关部门、社会团体的工作连接起来，建立起一种相互理解、相互支持、相互配合的新机制。

FAB008－19960510

“巾帼创业”活动全面启动

1996年5月10日，全国妇联、劳动部联合印发《关于开展“巾帼创业”活动促进下岗女职工再就业工作的通知》。《通知》提出，“九五”期间，全国妇联每年将组织20万下岗女职工参加培训。《通知》要求，劳动部门应把“巾帼创业”活动作为再就业工程的重要组成部分，有条件的地方，可为下岗女职工提供免费职业指导和职业介绍；各级妇联组织应积极配合劳动部门开展工作，把“巾帼创业”活动纳入“再就业工程”中去，会同劳动部门，共同做好下岗女职工再就业工作；转业训练要注意实用，讲究实效，努力提高再就业率。

FAB009－19961016

实施再就业工程现场会在济南召开

1996年10月16－28日，劳动部在山东省济南市召开了全国200个城市实施再就业工程现场会。劳动部部长李伯勇、副部长林用三，国务院副秘书长张左己，国家经贸委副秘书长蒋黔贵，中华全国总工会副主席腾一龙，全国妇联书记处书记华福周等出席了会议。会议的主题是：总结一年来在全国实施再就业工程的主要经验，并将解困工作与实施再就业工程结合起来，通过交流各地实施再就业工程和开展解困工作的经验，推动再就业工程和解困工作向纵深发展。

FAB010－19990302

1999年全国培训就业工作座谈会强调着力促进下岗职工再就业

1999年3月2－3日，劳动和社会保障部在北京召开培训就业工作座谈会，贯彻落实国务院国有企业下岗职工基本生活保障和再就业工作会议及全国劳动和社会保障工作会议精神，部署1999年的培训就业工作。劳动和社会保障部副部长林用三出席会议并发表了题为《明确目标、突出重点、狠抓落实，全面完成培训就业工作的各项任务》的讲话。他要求各地、各部门进一步办好再就业服务中心，千方百计筹措资金，大力推动劳动力市场建设，搞好职业培训，在确保国有企业下岗职工基本生活的同时，把工作的着力点放在促进下岗职工再就业上来，力争实现再就业的人数大于当年新增下岗职工人数。各省、自治区、直辖市、计划单列市及副省级省会城市劳动（劳动和社会保障）厅（局）、国务院有关部门、国家经贸委主管局及解放军总后勤部生产管理部、解放军总参谋部军务部、新疆生产建设兵团主管培训和就业工作的同志共 150 人参加了会议。

FAB011 －20001208

劳动和社会保障部实施第二期“三年千万”再就业培训计划

在 1998—2000 年实施第一期“三年千万”再就业培训的基础上，2000 年 12 月 8 日，劳动和社会保障部发出《关于印发第二期“三年千万”再就业培训计划的通知》，自 2001—2003 年，组织实施了第二期“三年千万”再就业培训计划。据统计，三年全国共有 1535 万下岗失业人员参加再就业培训，培训合格率达 91%，培训后有 879 万人实现了再就业，再就业率为 63%。全国共有 84 万人参加创业培训，培训合格率达 90%，培训后有 30 万人实现了创业或自谋职业，创业成功率达 40%。其中，2003 年全国共组织 27. 7 万人参加创业培训，培训合格率达 90%，培训后有 13. 6 万人实现了创业或自谋职业，创业成功率达 54%。全国共筹集再就业培训经费 29. 84 亿元，支出 25. 72 亿元（其中用于补贴劳动保障部门所属培训机构的约占 65%，补贴其他教育培训机构的约占 35%，与各自承担的培训任务基本相称），人均培训费支出 168 元。2003 年，全国筹集经费 11. 62 亿元，支出 10. 69 亿元（其中用于补贴劳动保障部门所属培训机构的约占 61%，补贴其他教育培训机构的约占 39%），人均培训费支出 222 元。

FAB012 －20020725

劳动和社会保障部实施就业能力提升计划

2002 年 7 月 25 日，劳动和社会保障部印发《关于印发加强职业培训提高就业能力计划的通知》，要求从 2002 年起到“十五”末期的三年中，实施加强职业培训提高就业能力计划。该计划以市场需求为导向，广泛动员社会力量，大力开展职业培训工作，提高下岗失业人员、青年劳动者、企业在职职工和农村富余劳动力的就业能力、工作能力和职业转换能力。其中，重点要做好再就业培训和技工培训工作，强化再就业培训，力争使培训合格率达到90%，培训后就业率达到50%以上；推行创业培训，力争使成功创业率达到40%；加快培养技术技能劳动者。

FAB013－20050106

劳动和社会保障部下发《2005年就业再就业专项计划》

2005年1月6日，劳动和社会保障部下发了《2005年就业再就业专项计划》，要求各级部门结合本地区实际，认真做好就业再就业专项计划的编制和实施工作。《计划》提出，2005年就业再就业工作的总体要求和目标任务是：以“三个代表”重要思想为指导，按照全国再就业工作表彰大会和中央经济工作会议的部署，坚持以人为本，努力构建社会主义和谐社会，进一步落实就业再就业政策和工作目标责任，进一步加强就业服务和失业调控，全年确保实现城镇新增就业人员900万人、下岗失业人员再就业500万人、“4050”人员再就业100万人、城镇登记失业率控制在4.6%。《计划》要求，各地要根据就业再就业工作任务，主动协调同级财政部门进一步加大资金投入，加强再就业资金的管理使用工作，提高资金使用效益，保证就业再就业计划的顺利完成。

FAB014－20060120

国家出台对就业困难对象的职业培训优惠政策

劳动和社会保障部等18个部委于2006年1月20日颁发了《关于贯彻落实国务院进一步加强就业再就业工作通知若干问题的意见》。经国务院同意，《意见》对有劳动能力和就业愿望的国有企业下岗失业人员、国有企业关闭破产需要安置的人员、国有企业所办集体企业下岗职工以及正在享受城市居民最低生活保障待遇且登记失业一年以上的城镇其他登记失业人员的再就业扶持政策和管理作出了具体要求。《意见》提出，要通过招标或资质认定等办法，确定一批培训质量高、就业效果好、社会认可的教育培训机构，作为承担培训任务的定点机构，并将定点培训机构名单向全社会公布。持《再就业优惠证》人员、城镇其他登记失业人员和进城务工的农村劳动者参加职业培训，可享受政府提供的一次性职业培训补贴。职业培训补贴一般采取个人报销补贴方式。对生活确有困难、无力垫付可报销补贴部分的，可采取帮扶措施。定点机构要充分发挥作用，积极落实帮扶措施。承担帮扶任务的培训机构，可为上述人员向当地劳动保障部门申请培训补贴。有条件的地方还可探索以培训券等补贴方式进行帮扶。

FAB015 -20060412

劳动和社会保障部推行培训、就业、维权“三位一体”工作模式

为进一步推进和扩大劳务输出工作，劳动和社会保障部确立了第一批来自全国各省、自治区和直辖市的 50 个劳务输出工作示范县。2006 年 4 月 12 - 13 日，劳动和社会保障部培训就业司在河南省滑县举办了全国劳务输出工作示范县第一期研修活动，总结、交流和研讨劳务输出工作经验和做法。来自全国 29 个省、自治区、直辖市劳动保障厅劳务输出工作处的负责同志，50 个劳务输出工作示范县的政府领导和劳动保障局同志，以及河南省 18 个市和 60 个劳务输出基地县的劳动保障局负责人参加了这次研修活动，同时还邀请了国务院发展研究中心、劳科所、中国人民大学、北京师范大学的专家学者到会对示范县的发言进行点评。研修活动共分为全体会议、参观考察和专题研讨三个部分。劳动和社会保障部副部长张小建出席会议并作了重要讲话。张小建在讲话中指出，面对新的形势和新的课题，应该通过这次研修活动进一步确立劳务输出、劳务经济在全局发展中的地位和作用，认真研究发展劳务经济与促进城乡经济协调发展的关系，在劳务输出工作中推行培训、就业、维权“三位一体”工作模式。

FAB016 -20060829

对关闭破产的国有企业职工实施一次免费培训就业服务

为进一步做好国有企业关闭破产需要安置人员再就业工作，劳动和社会保障部于 2006 年 8 月 29 日颁发了《关于实施就业新起点计划试点工作的通知》，决定开展实施就业新起点计划试点工作。就业新起点计划提出了“积极参与，共同努力，走上就业新岗位”的主题，以国有企业关闭破产需要安置的人员为服务对象，实施一次免费职业培训服务。该计划截止到 2008 年年底。

第三节 职工培训

FAC001 -19790319

职工教育被重新纳入国家发展计划

1979 年 3 月 19 日，中共中央撤销了 1971 年中共中央转发的《全国教育工作会议纪要》，推翻了全盘否定教育战线 17 年伟大成绩的“两个估计”，职工教育重新纳入了国家的发展计划。同年 6 月 21 日，国务院副总理余秋里在五届人大二次会议上作的《关于 1979 年国民经济计划草案的报告》中指出，积极办好厂办大学和中专、技工学校。进一步发展电视、广播、函授等业余教育。通过各种途径加速人才的培养。

FAC002－19790725

中华全国总工会召开职工业余教育工作座谈会

1979年7月25日至8月6日，中华全国总工会在北京召开了职工业余教育工作座谈会。会议讨论了国民经济三年调整时期工会在职工业余教育方面的方针、任务，提出要在各级党委的统一领导下，与各有关部门密切合作，抓住重点，加快发展职工业余教育的速度。要以普及初中文化教育和在1966年以后入厂的青年工人中普及初级技术教育为主，并对具有中等以上文化技术水平的工人实施业余的中等专业教育和高等教育，组织好管理干部和技术工人的业余学习和进修。同时还要抓紧扫盲工作。各级工会组织要在短期内健全教育机构。中华全国总工会主席倪志福讲话时强调，在调整期间，职工业余教育不仅不能下，而且要大上，一些关停并转的企业，也要充分利用这个机会，把职工教育促上去，搞好人才储备和技术储备。

FAC003－19790914

教育部召开全国职工教育工作会议

1979年9月14－24日，教育部在河南省郑州市召开了粉碎“四人帮”以来的第一次全国职工教育工作会议。参加会议的有各省、市、自治区和中央各有关部门代表100余人。会议强调指出，为了适应全国工作重点已转移到社会主义现代化建设上来的这一伟大的历史转变，大力开展职工教育，提高职工的文化科学水平，已成为刻不容缓的战略任务。今后几年，应把提高“文革”以来参加工作的青年工人的政治、文化、技术水平作为职工教育的重点。会议提出，根据我国“四化”建设的发展对职工进行正规的全员培训要求，职工教育工作应遵循“适应‘四化’，大力发展；全面安排，突出重点；灵活多样，讲求实效；统一领导，通力合作”的要求，对在业人员进行业余的和离职的科学技术、经营管理和文化知识的教育。

FAC004 – 19790928

《关于进一步搞好技术培训工作的通知》印发

1979 年 9 月 28 日，国家经委、国家劳动总局联合发出了《关于进一步搞好技术培训工作的通知》。《通知》对如何加强技工培训提出了具体的要求，明确了学徒工岗位职务培训问题。学徒进厂后，要先集中一段时间进行基本知识和专门技能教育、安全效育、纪律教育。学徒工上岗位以前，要经过考核，合格后才能独立操作，要形成制度。《通知》要求，要大力加强在职工人的技术培训，规定学徒工要有不少于三分之一的时间用于学习技术理论知识，考核合格才能上岗；要求恢复工人技术等级考核制度，并使 20 世纪 50—60 年代制定的技术等级标准适应现代生产组织管理和生产技术发展的需要。国家劳动总局在 1979 年组织国务院有关部委和解放军有关部门，结合本行业的劳动组织管理、生产技术装备和加工工艺，以及工人素质的状况，又一次对技术等级标准进行了全面修订。这是我国历史上继 1963 年第一次修标以来第二次全面修订技术等级标准。

FAC005 – 19800116

邓小平号召干部加强专业知识和能力的学习

1980 年 1 月 16 日，中共中央副主席邓小平在中央召集的干部会议上作了《目前的形势和任务》的报告。他在讲话中指出，要有一支坚持走社会主义道路的、具有专业知识和能力的干部队伍。他强调，无论在什么岗位上，都要有一定的专业知识和专业能力，没有的要学，有的要继续学，实在不能学、不愿学的要调整，我们要按照专业的要求组织整个领导班子，充分发挥专业人才的作用，并且领导广大群众，按照专业的要求去学习和工作。

FAC006 – 19800428

全国职工教育管理委员会成立

为加强全国职工教育工作的指导和协调，经中央批准，全国职工教育管理委员会于 1980 年 4 月 28 日成立。全国职工教育管理委员会是管理全国职工教育的组织机构，由国家经委、中华全国总工会、教育部、国家劳动总局等 14 个单位的 15 人组成。袁宝华任委员会的主任，宋侃夫、臧伯平、邵子言为委员会的副主任。委员会下设办公室，配备专职人员，负责日常工作。委员会的基本任务是：讨论制定职工教育的重大方针政策、统一规划，检查执行情况，协调各方面的工作。1987 年 7 月，由于机构精简，全国职工教育管理委员会撤销，成人教育由国家教委统管，工人培训由劳动人事部直接管理，企业干部培训由国家体制改革委员会管理。

FAC007 – 19801009

中央要求将职工教育纳入经济工作

1980 年 10 月 9 日，中共中央书记处讨论了全国职工教育管理委员会提出的《关于职工教育现况和今后意见的报告》。这次会议将职工教育纳入了经济工作，强调要开展全员培训工作，办好技工学校、业余教育和各种训练班，开展岗位练兵活动，提高干部的管理业务水平，提高工人的文化知识和技术熟练程度。要求除了在岗位上培训以外，应对干部和工人组织轮训，学文化，学技术，学管理。今后对各级管理干部、技术人员和工人都要实行严格的考核制度，考核合格的才能上岗位。

FAC008 – 19810220

中共中央、国务院下发《关于加强职工教育工作的决定》

中共中央、国务院于 1981 年 2 月 20 日下发了《关于加强职工教育工作的决定》。《决定》总结了我国职工教育的历史经验，并根据新时期的任务和当前的实际，从理论和实践上明确了职工教育在新时期的地位和作用，提出了职工教育的方针、任务、目标和政策，以及一些重大措施。《决定》要求各地区、各部门、各企业事业单位应根据实际情况，制订职工教育的长远规划和具体计划，对广大工人、技术人员、经营管理人员、领导干部等提出不同的训练要求，并对职工教育的经费、师资、培训基地建设等作出了明确的规定。在职工人培训由企业按工资总额的 1.5% 提取培训经费，按职工人均 0.3 ~ 0.5 平方米建设职工教育基地，按职工总数的 3‰ ~ 5‰配备专职教师。

FAC009 – 19810220

“六五”期间对青壮年职工进行文化技术补课

1981 年 2 月 20 日，中共中央、国务院《关于加强职工教育工作的决定》提出，搞好“文革”以来入厂的青壮年职工的文化、技术补课，是近两三年内职工教育的重点。1981 年 12 月 22 – 28 日，全国职工教育管理委员会召开全国职工教育工作座谈会，重点研究了青壮年职工文化、技术补课工作。1982 年 1 月 21 日，全国职工教育管理委员会、教育部、国家劳动总局、中华全国总工会、共青团中央（以下简称五单位）发出《关于切实搞好青壮年职工文化、技术补课工作的联合通知》，凡在 1968—1980 年初、高中毕业而文化水平达不到初中毕业程度的职工，和未经专业技术培训的三级工以下的职工，均应补课，使其专业技术达到工人技术等级标准规定的三级工应知应会水平。1982 年 12 月 2 日，五单位印发《关于青壮年职工文化技术补课工作若干问题的补充意见》，强调青壮年职工文化技术补课是“六五”期间职工教育工作的一项特定历史任务。1984 年 4 月 27 日，国务院办公厅转发全国职工教育管理委员会、国家经委《关于加强职工培训，提高职工队伍素质的意见》，明确指出要继续抓好青壮年职工的文化、技术补课，争取到 1990 年，形成一支以中级技术工人为主体、技术等级结构比较合理，具有较高政治、文化、技术素质的工人队伍。1985 年，五单位又对如何结束“双补”工作以及巩固、提高问题提出了要求。

FAC010 – 19810320

国务院召开全国职工教育工作会议

1981 年 3 月 20 – 26 日，国务院在北京召开了全国职工教育工作会议。会议提出，职工教育是我国教育事业的一个重要方面，是发展生产力的先导，加强职工教育是进行现代化建设的必要前提。国家经委主任、全国职工教育管理委员会主任袁宝华作了工作报告，副总理姚依林作了总结报告。中华全国总工会副主席宋侃夫、共青团中央书记处书记李海峰、全国妇联主席康克清、国家劳动总局培训局局长袁耀华、教育部副部长臧伯平出席会议并讲话。同时，太原钢铁公司、邢台地区供销社等单位介绍了他们开展职工教育的情况和经验。并有 10 个部门、地区的负责人和代表，结合实际就如何加强职工教育工作作了发言。会议宣布，今后要把职工教育搞得好不好，作为对企事业领导干部和企事业单位进行考核的一个重要内容。

FAC011 – 19810508

国家规定职工教育经费管理和开支范围

1981 年 5 月 8 日，财政部根据中共中央、国务院《关于加强职工教育工作的决定》，经商得全国职工教育管理委员会同意，颁发了《关于职工教育经费管理和开支范围的暂行规定》。《暂行规定》指出，企业单位和统一核算的公司（包括施工企业）举办职工教育的经费，可在工资总额 1% 的范围内掌握开支，直接列入生产成本（流通费）。还可以从企业基金、利润留成、包干结余或税后留利中拿出一部分资金用于职工教育。1982 年 3 月 24 日，财政部又发出了《关于职工教育经费管理和开支范围的暂行规定的补充通知》，对《暂行规定》中第三部分经费来源进行了修改。企业职工教育经费，可在工资总额1.5%的范围内掌握开支，直接列入生产成本（流通费），实报实销，不提取基金。如果工资总额1.5%不敷需要，可以从企业基金、利润留成、包干结余或税后留利中拿出一部分资金用于职工教育。原规定由企业成本或营业外开支的有关职工教育的经费，都改在工资总额1.5%的范围内开支，营业外不再列支。行政、事业单位职工教育经费，可在标准工资1.5%的范围内，由行政、事业费开支。

FAC012 –19810521

国家劳动总局要求加强和改进学徒培训工作

1981年5月21日，国家劳动总局下发《关于加强和改进学徒培训工作的意见》，对学徒的招收方法、培训目标、学习期限、考核制度等作出了明确的规定。《意见》要求，具体工种的学习期限，应当根据国务院各主管部门1979年以来修订和制订颁发的学徒学习期限的规定执行。在整个学徒年限内，要有不少于三分之一的时间用于学习技术理论知识，按照不同工种的要求开设必要的技术理论课程及相应的文化课程。学习期满，根据规定的培养目标和《工人技术等级标准》，全面进行考核。经过考核合格，才能转正。《意见》的下发，对提高我国学徒培训质量和技术工人队伍素质发挥了重要的作用。

FAC013 –19810629

《关于加强职工教育机构的通知》印发

1981年6月29日，全国职工教育管理委员会、国家编制委员会、财政部联合发出《关于加强职工教育机构的通知》。《通知》给各省、市、自治区人民政府及其主要工业城市、地区职工教育管理机构增加了3100人的编制，并在组织建设、职能完善等方面作出了明确的要求。《通知》的下发，为加强各级职工教育管理机构的建设发挥了重要的作用。

FAC014 –19810916

教育部提出加强职工教育工作三项措施

1981年9月16–23日，教育部在北京召开了职工教育工作会议。教育部副部长臧伯平、张承先后作了工作报告和会议总结，教育部部长蒋南翔、全国职工教育管理委员会副主任邵子言在闭幕式上讲话。会议明确提出各级教育行政部门在职工教育工作中的基本职责和主要任务是：根据党的教育方针和党中央、国务院的指示，综合研究指导职工高等学校、职工中等专业学校和职工中等、初等文化教育的教学行政工作、教学业务工作和师资培训工作，并积极稳妥地办好电视、函授教育，办好业余大学和地区性职工学校。并提出三项措施：一是健全机构，充实人员，保持从上到下的职工教育行政工作体系和教学业务体系的渠道畅通；二是因地制宜，逐步搞好地区性学校的办学基地、工农教师培训基地和实验中心的建设；三是要有一定的经费保证。

FAC015－19820102

国务院要求将全员培训作为企业整顿的重要内容

1982年1月2日，中共中央、国务院发出《关于国营工业企业进行全面整顿的决定》，把全员培训作为企业整顿的一个重要内容，作为当前围绕提高经济效益要着重做好的五项工作之一。《决定》提出，整顿劳动组织，按定员定额组织生产，有计划地进行全员培训，坚决克服人浮于事、工作散漫的现象。要有计划地、分期分批地对职工进行轮训，不断提高职工的思想政治和技术业务水平。这要成为一个长期不懈的制度。为了认真做好全员培训工作，大企业要建立培训中心，中小企业单独建立有困难的，可以联合建立，或由上级主管部门统一建立。要抽调得力干部负责培训中心的领导工作。可以脱产或半脱产培训，也可以业余培训。凡是完成了规定的学业，考试合格的，发给结业证书。

FAC016－19830107

中国职工思想政治工作研究会成立

1983年1月7－22日，中共中央书记处委托中宣部、中组部、中央书记处研究室、国家经委、中华全国总工会、共青团中央和全国妇联7个单位，联合组织新中国成立以来的首次全国职工思想政治工作会议在北京召开。会议期间，中国职工思想政治工作研究会成立，顾大椿任首任会长。中国职工思想政治工作研究会是组织全国职工思想政治工作理论研究的群众性学术团体，其主要任务是：组织和推动有关领导干部、思想政治工作者和理论工作者，系统地总结中国共产党在职工中进行思想政治工作的历史经验，继承和发扬党的思想政治工作优良传统；研究探讨新形势下职工思想政治工作的特点和规律，探索思想政治工作的新路子；探讨研究进一步加强和改善经济建设和经济体制改革中的思想政治工作；开展调查和理论研究；协同政治工作部门培训思想政治工作干部和理论骨干；会同有关领导部门，表彰和奖励在思想政治工作实践和理论研究活动中作出显著成绩的优秀企业、优秀政治工作者，颁发研究会工作奖，奖励优秀论著和论文；编辑出版《思想政治工作研究》杂志、《职工思想政治工作简讯》和其他研究资料。邓小平为《思想政治工作研究》杂志题写了刊名。

FAC017 –19840427

《关于加强职工培训提高职工队伍素质的意见》印发

1981 年，中共中央、国务院《关于加强职工教育工作的决定》下发后，职工培训工作取得了较好的成效。为进一步实现企业的技术现代化和管理现代化，建立一支高水平的职工队伍，全国职工教育管理委员会、国家经委联合出台了《关于加强职工培训提高职工队伍素质的意见》，并由国务院于 1984 年 4 月 27 日转发地方执行。《意见》对今后一个时期的职工教育工作提出了具体的目标和要求，并指明了实现培训目标的政策和措施。《意见》指出，今后一个时期职工教育工作的任务，一方面要普遍提高职工的政治、文化、技术、业务素质，使之成为合格的接班人；另一方面要从现有职工中培养造就大批专业技术管理干部。各级领导特别是经济部门的决策人，一定要从经济发展的宏观战略上重视智力开发，把职工教育列上重要工作日程，作为提高企业素质的一项根本性措施。《意见》的下发，为建设一支具有较高政治、文化、技术素质的工人队伍打下了良好基础，为我国经济振兴创造了有利条件。

FAC018 –19841104

中国职工教育研究会成立

1984 年 11 月 4 –10 日，中国职工教育研究会在福建省厦门市举行成立大会暨第一届年会。来自各省、市、自治区，国务院各部委，大专院校，社会团体，民主党派，大型骨干企业的有关职工教育研究组织代表，以及入选论文的作者共 170 余人参加了大会。中国职工教育研究会筹备组向大会报告了自 1983 年 11 月筹备组成立以来所做的各项筹备工作。大会讨论并商定了中国职工教育研究会章程。中国职工教育研究会是以马列主义、毛泽东思想为指导的群众性学术团体，通过对职工教育基础理论和应用科学的研究，为指导职工教育的实践，制定与职工教育有关的方针、政策提供理论依据，并组织和推动全国职工教育的研究活动。大会聘请张劲夫、袁宝华为研究会名誉会长，聘请（按姓氏笔画为序）刘实、沙洪、何光、杨浚、邵子言、张文松、曾德林、黄芦、臧伯平 9 人为顾问。大会分组讨论，协商产生了以浦通修为会长，（按姓氏笔画为序）史宇清、关世雄、关裕泰、赵海峰、徐简、黄志、雷亨民为副会长的理事会及常务理事会。

FAC019 – 19851026

全国工人技术业务培训工作座谈会召开

1985 年 10 月 26 – 31 日，全国职工教育委员会办公室、劳动人事部培训就业局，在湖北省宜昌市召开了工人技术业务培训工作座谈会。会上总结交流了近年来开展工人技术业务培训工作的经验，并结合存在的问题，研讨了在新形势下如何进一步搞好工人技术业务培训的问题。

FAC020 – 19860616

《人民日报》发表评论员文章《技术工人也是人才》

1986 年 6 月 16 日，国家经济委员会呈递给李鹏同志并报胡耀邦、胡启立、田纪云同志《关于高级技工培养问题的报告》。《报告》就高级技工培养问题的专题调查情况作了汇报，分析了造成高级技工短缺及年龄结构不合理等状况的主要原因，提出了加速培养高级技工的建议。《报告》提出，必须破除只有中专学历以上才算专门人才的旧观念，高级技工应是合理人才结构的重要组成部分。对此，李鹏专门作了批示："很好，高级技工也是人才，而且是很重要的人才。"不久，《人民日报》发表题为《技术工人也是人才》的评论员文章。1988 年 2 月，国务院办公厅转发国家科委、国家经委、劳动人事部、全国总工会、中国科协《关于从工人、农民及其他劳动者中选拔和培养各种技术人才的意见》提出，社会主义现代化建设需要大量各类科技人才，不仅需要受过高等和中等专业教育的科技人才，而且也需要从工人、农民及其他劳动者中选拔和培养大批具有实践经验和较高技能的包括能工巧匠在内的各种人才，并强调这是一项重要的战略任务。

FAC021 – 19860720

《关于"七五"期间加强职工培训提高职工队伍素质的意见》印发

1986 年 7 月 20 日，国家经济委员会、全国职工教育管理委员会联合印发《关于"七五"期间加强职工培训提高职工队伍素质的意见》。《意见》提出，"七五"是为我国 20 世纪 90 年代经济振兴打基础的关键时期。职工培训作为长期起作用的基础工作之一，必须提高到一个新水平。争取到1990年或稍后一些时间，形成一支以具有中级技术水平的工人为主体、技术等级结构比较合理，有较高政治、文化、技术素质的工人队伍。技术密集行业和大中型企业应力争首先达到。《意见》提出大力加强工人的技术培训，特别是技能的训练，逐步提高中、高级技术工人的比重，改变工人技术等级结构不合理的状况。“七五”期间，新增劳动后备力量和在职职工实行“先培训，后上岗”。所有从业者，首先是技术业务要求较高行业、部门人员，在就业或上岗前，都应经过初级的职业技术基础训练，并具有初中以上文化知识。应经过试点逐步做到关键岗位、主要技术业务工种和职务，由主管业务部门牵头，制定出岗位职务标准，建立按标准进行培训的正规制度，结合劳动人事制度改革，逐步实行培训考核与使用结合，有关人员上岗任职和晋升，要首先取得岗位职务合格证书。

FAC022－19861112

国家经济委员会等部门出台加强企业班组长培训工作的意见

国家经济委员会、劳动人事部、全国职工教育管理委员会、中华全国总工会1986年11月12日联合发布《关于加强企业班组长培训工作的意见》。《意见》强调了加强企业班组长培训，提高班组长素质的重要性，要求从实际出发，加强对现职班组长（包括工会小组长和党、团组长）的培训工作。《意见》提出，结合企业班组长岗位培训试点，要逐步建立班组长培训考核制度：一是制定班组长岗位标准，应包括思想政治、文化、技术业务、管理知识和操作技能、实际工作能力等内容；二是依据企业班组长岗位标准和按需施教、学用结合的原则，确定培训内容应在行业规划指导下，由办学单位根据实际需要制订和编选；三是把培训、考核同使用结合起来，企业新任班组长实行“先培训，后上岗”的制度，对在职的班组长也要不断培训、提高；四是班组长参加培训期间，其工资、奖金和生活福利待遇不变，对于经过培训、考评合格的班组长，给予精神鼓励和物质奖励。《意见》指出，加强企业班组长培训，逐步建立企业班组长岗位培训考核制度，涉及企业内部职工教育和劳动人事制度的改革。《意见》要求，各有关部门要加强领导，分工负责，通力协作，搞好班组长培训的指导服务。

FAC023－19871027

《关于加强企业高级工培训工作的意见》印发

为进一步提高职工队伍素质，改变企业工人技术结构不合理、高级工

"自然成长"的状况，1987年10月27日，国家经济委员会、劳动人事部第六部委印发了《关于加强企业高级工培训工作的意见》的通知。《意见》指出，高级工是企业的重要人才，他们具有精湛的技艺和丰富的实践经验，在解决实际技术难题等方面起着重要作用，是企业生产中不可缺少的技术骨干力量。培养高级工要有确定的目标、对象、培训原则和内容，要制定考核政策及有关措施，加强宏观指导与管理。《意见》的下发，对于推进企业高级工培训工作，建立一支技术等级结构比较合理，具有较高政治、技术、文化素质的技术工人队伍发挥了有益的作用。

FAC024 – 19880221

在职人员岗位培训纳入厂长（经理）任期目标考核

1988年2月21日，国家经济委员会、国家教育委员会、劳动人事部联合印发了《关于引导企业职工立足本职学习技术（业务）的意见》的通知。要求把在职人员的岗位培训和智力开发纳入厂长（经理）任期目标，作为考核厂长和企业工作的重要内容。在技术工人中，实行技术等级和岗位合格证书制（包括初、中、高级技工以及在高级工中评聘技师等不同级别和系列）。获得技术等级或岗位合格证书，是技术工人上岗的资格凭证。

FAC025 – 19880311

中华全国总工会强调岗位培训应作为工会参与职工教育管理工作的主要内容

1988年3月11日，中华全国总工会印发了《关于工会开展职工岗位培训工作的意见》。《意见》提出，各级工会要树立主动为生产服务的思想，真心实意地为提高企业经济效益服务，围绕岗位培训这个重点，把工会职工教育的各项工作积极主动地开展起来。《意见》指出，岗位培训应作为工会参与职工教育管理工作的主要内容；各工会要从实际出发，加强领导，各方协作，主动地抓好班组长的岗位培训，并将此作为工会岗位培训工作的重点；职工学校要积极办好岗位培训试点班，主动为中小企业的岗位培训提供教学服务，推动岗位培训工作的开展；积极推动岗位自学工作，要根据职工教育重点转移的需要，把岗位培训作为职工读书自学活动的主要内容；发挥工会优势，搞好多种形式的技能培训，按照岗位规范的要求，围绕提高职工的实际工作能力和生产操作技能这个重点，对传统的群众学习活动的内容、方法进行改革和创新，使其成为进行岗位培训的重要形式之一。《意见》要求，各级工会组织要加深对岗位培训的方针、政策、任务和方法的理解，真正树立起"百年大计，教育为本”的思想，把岗位培训作为工会的一项重要工作纳入议事日程，定期研究，加强指导，为岗位培训作出应有的贡献。

FAC026－19881200

劳动部召开学徒培训制度改革座谈会

1988 年 12 月初，劳动部培训司在鞍山钢铁公司召开了学徒培训制度改革座谈会。参加会议的有产业部门、省市劳动厅（局）、教委、经委、职教办和企业的有关同志 50 余人。会议交流了学徒培训工作经验，研究了在新形势下改革学徒培训制度的有关问题。与会人员指出，学徒培训制度是我国培养新技术工人的重要方式，但现行学徒培训制度存在较多问题，迫切需要改革，学徒培训管理工作也需改进和加强。改革学徒培训制度，是实现“先培训、后就业”，“先培训、后上岗”，提高工人素质，实现职工队伍素质良性循环的重要措施。各级劳动部门要从经济发展的战略高度来认识这一问题，负责搞好规划指导，并会同经济部门、教育部门和各产业部门，依靠企业，充分调动各方面的积极性，切实做好这项工作。1989 年 3 月，劳动部办公厅下发了《关于印发〈学徒培训制度改革座谈会纪要〉的通知》。

FAC027－19890418

劳动部印发《关于开展工人岗位培训工作的意见》

1989 年 4 月 18 日，劳动部印发《关于开展工人岗位培训工作的意见》。《意见》界定了岗位培训的概念和范畴，明确了开展工人岗位培训的原则、培训的形式与内容及考核方式。岗位培训是按照岗位需要，以提高职工本职工作能力为目的的教育训练活动。工人岗位培训一般分为两种：取得岗位资格的培训、根据科技进步和生产发展需要进行的各种适应性专项培训。培训的主要内容包括职业道德、技术业务和相应的文化知识。开展岗位培训要从企业实际需要出发，强调针对性、实用性，坚持面向生产、为两个文明服务。培训形式要灵活多样、因地因人制宜，要突出技能训练，着力于提高学员的动手能力和解决生产实际问题的能力。培训要结合劳动制度改革，通过试点逐步实行岗位合格证书制。工人技术等级培训应按岗位实际需要进行，工序工、熟练工可按岗位规范要求组织培训。《意见》提出，国务院各产业（行业）主管部门，应在科学职业分类的基础上，根据实际需要修订工人技术等级标准，制定工人岗位规范要求，经劳动部综合平衡后颁布执行。《意见》要求，各级劳动部门要把工人岗位培训工作列入重要日程，加强对工人岗位培训的综合管理与指导。

附录　岗位培训的阶段数据统计

自国务院批转国家教委《关于改革和发展成人教育的决定》以来，岗位培训在全国发展很快。据不完全统计：1987—1989 年，全国职工参加各种培训累计达 6600 万人次。其中，1989 年为 2480 万人次，占当年职工参加学习总数的 83.2%，参加岗位培训的职工人数三年平均每年递增 18.8%。而在参加各级各类岗位培训的职工中，接受资格型岗位培训的占参加岗位培训总人数的比例 1986—1989 年分别为 16.4%、17.9%、29.9% 和 25.5%。

FAC028 - 19890428

劳动部要求加强劳动管理人员的培训工作

1989 年 4 月 28 日，劳动部印发了《关于加强劳动管理人员培训工作的意见》。《意见》明确，劳动管理人员指在全国政府部门和企事业单位中所有从事劳动力管理、工资管理、保险福利管理、劳动争议与仲裁、劳动计划与统计、职业技术培训、职业安全卫生监察与管理、矿山安全监察与管理等工作的人员。劳动管理人员培训工作的指导思想是：通过多渠道、多形式、多层次的培训工作，使全体劳动管理人员的业务素质得到提高，从而提高劳动科学管理水平，逐步形成一支具有较高的专业水平和较强业务能力的劳动管理队伍。在管理体制上实行归口管理、分类指导和层层负责的原则。《意见》提出，经过三五年的培训与调整，凡新上岗的人员，不管是政府部门还是企事业单位的，都要逐步实行“先培训、后上岗”制度；已在劳动管理岗位上、未经专业知识培训的工作人员，要通过各种形式学完岗位专业所需的有关课程；五年内，围绕国家公务员培训制度的建立和劳动、工资、保险福利制度改革的深化，逐步形成以各地短期培训、业余培训为主的培训新格局，建立起培训、考核、使用相结合的制度，逐步实现劳动管理人员专业化。

FAC029 - 19891211

劳动部要求重点抓好班组长、技术骨干和关键岗位人员培训

1989 年 12 月 11 日，劳动部下发《关于印发〈1990 年在职工人培训工作要点〉的通知》。《通知》指出，在职工人培训要以提高本职工作能力为目的，注重实效，重点抓好班组长、技术骨干和关键岗位工人的培训；要围绕调整产业结构、企业技术进步的需要，开展多种形式的适应性培训；要改革培训内容和培训方法，改变重理论轻技能，重课堂教学轻实际训练，单纯强调正规化、系统化的思想；突破传统教育观念，突出和强化技能训练。这项工作面广量大，任务繁重，各级劳动部门要切实加强宏观指导，并充分发挥各有关方面的积极性，共同把工作做好。

FAC030－19891227

国家教委等五部门对规范企业岗位培训提出意见

1989年12月27日，国家教委、劳动部、人事部、国家经济体制改革委员会、中华全国总工会联合颁发《〈关于开展岗位培训若干问题的意见〉的通知》。《通知》要求，岗位培训工作应该从实际出发，面向生产和工作，强调针对性、实用性、注重实效；要贯彻学用结合、按需施教、干什么学什么、缺什么补什么的原则；要注重能力培养，加强行为规范或职业道德教育；要逐步建立健全在职人员培训、考核制度；要在今后几年内，逐步实行必须取得考核合格证书才能上岗的制度。国家各业务（行业）主管部门应根据本部门（行业）人员的实际情况，对需要持证上岗的岗位分步骤提出实行持证上岗制度的具体要求。

FAC031－19900400

中国职工教育和职业培训协会成立

1990年4月，中国职工教育研究会和中国职业技术培训学会合并成立了中国职工教育和职业培训协会，简称中国职协。中国职协是由全国各级各类企业、事业及行政单位从事职工教育、职业培训、职业技能鉴定工作的部门或个人自愿结合组成，具有法人资格的全国性社团，是联合各部门、各行业、各地区在确定的工作领域，配合政府进行具体工作的全国性专业法人团体。中国职协受劳动部、民政部的业务指导和监督管理。中国职协的任务和主要业务是：组织、推动和开展职工教育、职业培训、职业技能鉴定领域的理论学术研究，总结、交流、推广先进的工作经验和研究成果，为政府部门的决策提供参考依据和建议；参与国家有关法律、法规和政策的研究制定；开展职工教育与培训、职业技能鉴定领域的业务咨询及培训；开展国际交流合作与培训；指导、协调各分会、专业委员会及会员单位开展相关活动；编辑出版会刊《中国培训》及有关书刊。中国职协由陈锦华、经叔平、张劲夫、孙起孟、袁宝华担任名誉会长，何光、杨纪柯、浦通修任高级顾问，劳动部副部长林用三担任会长，毕结礼为秘书长。

FAC032－19900905

有关部门对企业管理干部岗位培训工作提出具体要求

1990年9月5日，国家体制改革委员会、国家教育委员会、人事部联合下发了《关于积极开展企业管理干部岗位培训工作的意见》。《意见》就企业管理干部岗位培训的指导思想和原则、目标和任务、岗位规范、教学计划、教学大纲的制定和教材的编写、岗位培训的考核和发证等方面内容，提出了明确的要求。

FAC033－19911226

工会组织加强参与职工教育管理工作力度

1981年，中共中央、国务院《关于加强职工教育工作的决定》规定，各级工会都要积极参与职工教育的管理工作，发挥监督作用，维护和保障职工的学习权利。1987年国务院批转《国家教育委员会关于改革和发展成人教育的决定》再次强调，工会组织要积极参与职工教育的有关管理工作，维护职工的学习权利和相应的待遇，办好工会系统的职工学校。1991年12月26日，中华全国总工会、国家教委、劳动部、人事部联合下发了《关于加强地方工会参与职工教育管理的通知》，要求各级地方工会积极参与职工教育管理，协同政府和有关部门，在提高职工队伍素质方面做好工作。《通知》下发后，各地方总工会针对存在的问题制定了具体落实措施，并与各方面共同努力，分工负责，通力协作，使职工教育工作在提高职工队伍素质和促进社会主义两个文明建设中发挥了更大作用。

FAC034－19920126

劳动部发布《关于加强工人培训工作的决定》

1992年1月26日，劳动部发出《关于加强工人培训工作的决定》。《决定》指出，十余年来，我国工人培训工作紧紧围绕经济发展和科技进步，在完成3000万名青壮年工人初中文化、初级技术补课的基础上，适时开展了班组长培训、岗位培训、中级和高级工培训，以及群众性的岗位练兵和有计划的技术比赛活动，取得了显著成绩。但从整体上看，工人培训工作还不能适应经济建设和社会发展的需要。《决定》要求，对技术工人的培训，应根据企业生产发展和技术进步的需要，以工人技术等级标准为基本内容，紧密结合生产岗位的实际要求，开展技术等级的达标培训；贯彻《工人考核条例》，建立和完善技术工人的初、中、高三级技术等级考工晋级制度和技师、高级技师工人技术职务聘任制度，以及培训、考核与使用、待遇相结合的制度。《决定》的颁布实施，为加深对提高工人队伍素质的认识，宏观指导和协调工人培训工作，解决培训经费的不足发挥了积极作用。

FAC035 －19930513

劳动部印发深化岗位技能工资制试点工作的意见

1993 年 5 月 13 日，劳动部印发了《关于进一步深化岗位技能工资制试点工作的意见》。《意见》要求，企业贯彻按劳分配原则，建立科学、合理的内部分配制度，合理拉开工资、奖金分配档次，安排好各类人员的工资关系，建立起“岗位靠竞争，报酬靠贡献”的激励机制。实践证明，工资制度改革对加强企业的基础管理工作，鼓励职工学习技术，合理拉开工资差距，提高企业的经济效益都起到了积极作用。

FAC036 －19941008

成人教育管理干部岗位培训工作的意见出台

1994 年 10 月 8 日，国家教委《关于加强成人教育管理干部岗位培训工作的意见》，就成人教育管理干部岗位培训工作的指导思想、目标及任务、培训的对象、内容和形式、考核发证及相关措施等方面作出了明确的要求；针对成人教育管理干部岗位培训工作的组织培训、实施考核、任用上岗、检查评估等各个环节制定了必要的政策和措施。《意见》的下发，促进了成人教育管理干部岗位培训制度的建立和完善。

FAC037 －19961030

劳动部要求企业建立健全职业培训制度

1996 年 10 月 30 日，劳动部、国家经济贸易委员会联合下发了《关于印发〈企业职工培训规定〉的通知》。《规定》指出，企业应建立健全职工培训的规章制度，根据本单位的实际对职工进行在岗、转岗、晋升、转业培训，对学徒及其他新录用人员进行上岗前的培训。企业应将职工培训列入本单位的中长期规划和年度计划，保证培训经费和其他培训条件。依据国务院确定的职责分工，劳动部负责企业职工培训工作，国家经济贸易委员会负责企业管理人员培训工作。

FAC038 – 19980311

劳动部在 150 家企业试点实施名师带徒制度

为建立一支以高级工为主体，以技师、高级技师为骨干的高技能人才队伍，以适应产业结构调整和科学技术进步的需求，劳动部于 1998 年 3 月 11 日发出《关于建立和实施名师带徒制度的通知》，本着先试点、逐步推开的原则，选择 150 家企业作为国家级试点单位，并制定了实施方案。

FAC039 – 19980611

国家有关部门组织修订《全国职工自学成才奖励条例》

1994 年 2 月，中华全国总工会公布并组织实施了《全国职工自学成才奖励条例》，对推动职工自学成才发挥了积极作用。但是随着四年来情况的不断变化，《条例》的某些条款已不适应当前的实际情况，需根据形势的发展变化进行相应的调整完善。为此，中华全国总工会、教育部、科学技术部、人事部、劳动和社会保障部对《条例》进行了修订，并于 1998 年 6 月 11 日正式颁布施行。修订后的《条例》规定，在生产中具有较高的技能和理论水平、作出突出贡献、在全国性技术比赛中获得突出成绩的职工，可以申请全国职工自学成才奖。对获得全国职工自学成才奖的工人，凡符合实行技师聘任制工种范围和任职条件的，可优先评聘技师或高级技师。修订后《条例》的出台，为鼓励各行各业的职工自学成才、促进人才的培养和开发、提高职工队伍素质、加速社会主义现代化建设，起到了重要的作用。

FAC040 – 20050117

中国职工教育和职业培训协会首家企业培训示范基地揭牌

2005 年 1 月 17 日，中国职工教育和职业培训协会建立的企业培训示范基地揭牌仪式在首钢工学院举行。中国职工教育和职业培训协会会长林用三与首钢党委副书记霍光来共同为“企业培训示范基地”揭牌。这是中国职工教育和职业培训协会在全国建立的第一家企业培训示范基地。企业培训首钢示范基地将在加快首钢高技能人才队伍培养、推动首钢学习型企业建设的同时，努力搞好面向全国企业培训工作的示范、推广以及培训机制和保障体系等的创新、试验工作，为改革创新职工教育培训模式搭建更为广阔的发展空间和平台。

FAC041－20050308

我国首批企业培训师持证上岗

2005年3月8日，北京铁路分局举行了企业培训师聘任仪式，向10位获聘企业培训师岗位的同志颁发了聘任证书。此举标志着我国企业培训师正式走上工作岗位。

FAC042－20060619

有关部门对企业职工教育经费提取与使用管理作出规定

2006年6月19日，国家税务总局联合财政部、中华全国总工会等11个部委印发了《关于企业职工教育经费提取与使用管理的意见》，要求切实保证企业职工教育培训经费足额提取及合理使用。按照"一般企业按照职工工资总额的1.5%足额提取教育培训经费，从业人员技术要求高、培训任务重、经济效益较好的企业，可按2.5%提取，列入成本开支"的规定，足额提取职工教育培训经费。要保证经费专项用于职工特别是一线职工的教育和培训，严禁挪作他用；职工教育培训经费必须专款专用，特别是要加强各类高技能人才的培养。企业的职工教育培训经费提取、列支与使用必须严格遵守国家有关财务会计和税收制度的规定。

FAC043－20060925

班组长岗位培训20周年座谈会召开

2006年9月25日，中国职工教育和职业培训协会秘书处在山西太原钢铁公司召开了加强企业培训制度建设暨纪念班组长岗位培训20周年工作座谈会。会上，劳动和社会保障部有关专家介绍了国家关于企业培训技能人才培养方面的新政策，有关单位介绍了企业培训的先进经验，部分班组长代表介绍了自身的成长经历，来自全国各类企业的职工培训工作者共同向全国企业发出推进班组长培训工作倡议。

FAC044－20070716

我国首个全国性职工学习网开通

2007年7月16日，我国首个全国性职工学习网络资源平台——中华职工学习网（http：//www.51xue.org.cn）正式开通。中华职工学习网设有信息中心、职工学习中心、中华职工大讲堂、学习资源中心、文化活动中心、职工图书城、企业大学、游乐场8个模块，拥有完善的信息检索和在线互动功能。作为全国性工人网上学习基地，中华职工学习网致力成为亿万职工的良师益友和推动中国学习型社会建设的强力引擎，并与中国全民终身学习促进会等3家单位联合实施“百千万亿职工学习工程”。

第四节 创业培训

FAD001－19980225

创业培训成为解决就业和再就业的新亮点

1998年2月25－27日，劳动部职业技能开发司在江苏省苏州市职业技术培训中心召开了“创业培训”试点工作研讨会。劳动部确定的三个试点城市——苏州、上海、北京的代表出席了会议。江苏省劳动厅和南京、广州、佛山市劳动局以及西北煤矿机械技工学校也派代表出席了会议。会上，职业技能开发司司长张小建介绍了劳动部对创业培训试点工作的思路，并提出了具体要求。职业技能开发司助理巡视员徐世民介绍了学习法国“企业创办者培训”的情况。试点城市交流了试点方案和准备情况，并就有关专题进行了认真研讨。劳动部副部长林用三在《会议纪要》上作了重要批示：“这项工作很有意义，是新层面上的培训，是过去培训的拓展和提高。要抓住不放。如果能出现一批这样的创业者，不仅可使他们本人就业，而且将会带动一大批人实现就业。所以说是解决就业与再就业问题的一个亮点。”

FAD002－20030307

首批国家创业示范基地建立

2003年3月7日，劳动和社会保障部印发《关于在十个城市建立国家创业示范基地的通知》，决定在北京、天津、鞍山、苏州、南昌、宜昌、青岛、长沙、成都、乌鲁木齐10个城市建立一批国家创业示范基地（以下简称基地），探索创业培训与项目开发、开业指导、融资服务有机结合，整体推动创业活动的工作机制，为全国的创业培训工作提供示范和样板。劳动和社会保障部为基地提供业务指导、技术支持、教材开发、研讨交流等服务，并依托创业培训上海师资进修中心，为基地和全国培养一批专业化师资。同时，在中国劳动力市场网建立专栏，即时发布各基地工作进展情况。劳动和社会保障部要求各基地所在市和省级劳动保障部门要高度重视基地建设工作，抓紧研究制定基地工作方案，加强对基地的业务指导和支持，并充分发挥基地在创业促进方面的示范带头作用，推动全省的创业促进工作。

FAD003－20030618

劳动和社会保障部出台创业培训新措施

2003 年 6 月 18 日，劳动和社会保障部下发了《关于进一步推动再就业培训和创业培训工作的通知》。《通知》提出，建立再就业培训机构资质认定制度、建立和完善培训经费补贴与再就业效果直接挂钩的工作机制，全面推广创业培训与小额贷款等优惠政策整体推动的工作模式。《通知》还对申请定点机构的单位资质审核提出了具体条件。

FAD004－20040713

“创办和改善你的企业（SIYB）”项目实施

2004 年 7 月 13 日，劳动和社会保障部发出《关于实施创办和改善你的企业（SIYB）项目的通知》，决定与国际劳工局合作，在北京市、天津市、上海市、鞍山市、苏州市、南昌市、宜昌市、青岛市、长沙市、成都市、乌鲁木齐市、包头市、吉林市、张家口市实施“创办和改善你的企业”项目。该项目由英国国际发展部提供资金援助，国际劳工局提供技术支持。项目总目标是为消除贫困和创造就业机会作出贡献；直接目标是提高失业人员尤其是下岗工人的能力，使其能够开办自己的企业，并在此过程中为他人提供就业机会。该项目于 2007 年 6 月结束。2007 年 8 月 12 日，劳动和社会保障部在北京召开项目总结大会，总结了 SIYB 项目三年实施成果，交流、推广了各地在开展创业培训方面的有效做法和经验，表彰了一批在项目推进过程中作出突出成绩的优秀管理人员、培训师、教师和授权培训机构，部署了下一步创业促就业工作。

FAD005－20050720

劳动和社会保障部要求加强对高校毕业生的创业培训工作

2005 年 7 月 20 日，劳动和社会保障部下发了《关于贯彻落实中共中央办公厅国务院办公厅引导鼓励高校毕业生面向基层就业意见的通知》，要求各地劳动保障部门要依托有条件的高等院校或动员社会培训机构，加强对高校学生的创业意识教育和创业能力培训，并加强劳动保障监察常规检查，规范高校毕业生和用人单位的“双向选择”行为，督促中小企业和非公有制单位依法与聘用的高校毕业生签订并全面履行劳动合同，维护高校毕业生合法权益。各地劳动保障部门要在近几年开展青年职业见习工作的基础上，探索建立高校毕业生就业见习制度。有条件的城市，劳动保障部门要加强与企业的合作，提供见习岗位。同时，积极选聘优秀的高校毕业生充实到街道和社区，加强基层劳动保障工作队伍建设，落实好高校毕业生到基层就业的薪酬待遇和各项优惠政策，做好服务工作，对工作中遇到的新情况、新问题，要认真研究，切实解决。

FAD006－20051209

劳动和社会保障部实施能力促创业计划

2005年12月9日，劳动和社会保障部发出《关于印发城镇技能再就业计划和能力促创业计划的通知》。能力促创业计划主要内容包括：实施创业培训，提升劳动者的创业意识和创业的基本能力；提供开业指导，帮助创业者掌握基本的开业技巧；搞好创业孵化，提高创业者的实际操作能力；开展融资服务，提高创业者的诚信意识和资金运作能力；加强跟踪扶持，提高创业者的经营能力；抓好队伍建设，确保培训质量；树立创业典型，引导全民创业。能力促创业计划的目标任务是：2006—2010年，要对200万（每年40万）城乡劳动者开展创业培训，力争培训结束后3个月内开业成功率达到30%以上，半年内开业成功率达到50%，并实现1人创业平均带动至少3人就业的倍增效应。成功开业的企业中，稳定经营一年以上的比率达到80%。在全国300个城市普遍建立社会化、开放式创业服务体系，实现开业指导、项目开发、融资服务、创业孵化、跟踪扶持等“一条龙”服务。

FAD007－20070806

创业培训纳入再就业工作总体目标

2007年8月6日，劳动和社会保障部下发《关于进一步加强创业培训推进创业促就业工作的通知》，要求各地将打造中国SYB创业培训品牌，全面推进创业促就业活动，作为当前和今后一个时期做好就业再就业工作的重要措施，纳入就业再就业工作总体目标任务。各地要加强对创业培训的管理，按照统一培训标准、统一培训教材、统一教师管理、统一机构认定、统一证书发放的要求组织教学，确保培训质量，打造中国SYB创业培训品牌。劳动和社会保障部依托全国100个创业培训重点联系城市开展创业促就业工作，并在开展师资培训、新技术推广等工作中对重点城市给予重点扶持。

FAD008－20071105

劳动和社会保障部开展模拟公司创业实训项目试点

2007年11月5日，劳动和社会保障部下发《关于开展模拟公司创业实训项目试点工作的通知》，决定引进在国外广泛实施的模拟公司创业实训技术，并选择在北京、天津、南昌、青岛、成都、大庆、杭州、柳州、通辽、鹤壁、合肥、咸阳、银川13个城市以及中南大学开展试点。试点工作由劳动和社会保障部全国创业培训工作指导委员会办公室负责，委托欧洲模拟公司中国中心为试点工作提供师资培训、教学资料开发等技术服务。模拟公司创业实训项目试点期限为2007年9月至2008年7月。劳动和社会保障部将根据各试点城市和单位的工作进展情况，及时对模拟公司创业实训课程方案和有关教学资料进行修改和完善，并逐步向全国推广模拟公司创业实训技术。

第五节　农村劳动力转移培训

FAE001 –20000421

劳动和社会保障部启动乡镇劳动服务工作人员培训

2000年4月21日，劳动和社会保障部培训就业司下发了《关于开展乡镇劳动服务工作人员培训的通知》。《通知》指出，为提高乡镇劳动服务工作人员的业务水平，加强劳动保障基层干部队伍建设，今后3年将对全国乡镇劳动服务工作人员普遍进行一次工作业务培训。各地应根据本地的实际，制订切实可行的计划、措施，以确保培训质量。各省（市、自治区）应统一规划、按需施教、突出重点、严格考核，重点培训劳动保障基本政策法规、管理制度、农村劳动力培训就业管理服务及乡镇劳动服务工作组织管理等内容。在计划安排上，2000年重点抓好流动就业重点监控地区有关人员的培训，在总结经验的基础上；2001年全面推开，2002年底前使乡镇劳动服务机构工作人员普遍得到培训。

FAE002 –20000720

劳动和社会保障部等七部门联合开展农村劳动力开发就业试点

2000年7月20日，劳动和社会保障部、国家计划委员会、农业部、科技部、建设部、水利部、国务院发展研究中心联合发出《关于进一步开展农村劳动力开发就业试点工作的通知》。《通知》指出，要按照城乡统筹就业的原则，逐步建立统一、开放、竞争、有序、城乡一体化的劳动力市场，大力推进城市化进程。要按照市场化、社会化的要求，调整和改革各类培训机构，积极组建职业培训基地或培训集团，鼓励合法的民办培训机构发挥作用，逐步形成完善的农村劳动力职业培训体系。要实行职业介绍与职业培训相结合，充分发挥远程培训和电视、广播函授教育等多种手段的作用，继续利用“三下乡”、科技普及和农村夜校等有效形式，灵活地开展实用技术培训。要结合实行劳动预备制，完善农村劳动力职业培训制度，制定和推行相关职业技能培训标准，规范教材开发，开展技能鉴定，建立相关职业资格的基本制度和科学的培训考核评估制度。

FAE003 -20020110

中央确定农村富余劳动力转移工作的“16 字方针”

2002 年 1 月 10 日，中共中央、国务院发出《关于做好 2002 年农业和农村工作的意见》，把“促进农业富余劳动力转移，拓宽农民增收渠道”作为 2002 年农业农村工作的一个重点。《意见》指出，农村劳动力跨地区流动和进城务工，不仅有利于农民增加收入，而且可以方便城市居民生活，增加城市经济的活力和竞争力，促进城乡协调发展。对农民进城务工要公平对待，合理引导，完善管理，搞好服务。各地区要认真清理对农民进城务工的不合理限制和乱收费，纠正简单粗暴清退农民工的做法。要积极发展各种劳务中介组织，逐步形成城乡统一的劳动力市场。健全进城务工农民的劳动合同管理，维护他们的合法权益。“公平对待，合理引导，完善管理，搞好服务”这 16 个字，已经成为目前做好农村富余劳动力转移的工作方针。

FAE004 -20030105

国务院办公厅发文强调做好农民工培训工作

2003 年 1 月 5 日，国务院办公厅发出《关于做好农民进城务工就业管理和服务工作的通知》，要求各地进一步提高对做好农民进城务工就业管理和服务工作的认识；取消对农民进城务工就业的不合理限制；切实解决拖欠和克扣农民工工资问题；改善农民工的生产生活条件；做好农民工的培训工作；多渠道安排农民工子女就学；加强对农民工的管理，做好农民进城务工就业管理和服务工作。

FAE005 -20030918

《2003—2010 年全国农民工培训规划》出台

为推进农民工培训工作发展，农业部、劳动和社会保障部、教育部、科学部、财政部、建设部 6 部门联合制定了《2003—2010 年全国农民工培训规划》。2003 年 9 月 18 日，国务院办公厅发出《关于转发农业部等部门 2003—2010 年全国农民工培训规划的通知》。《规划》提出农民工培训的目标是：

2003—2005 年，对拟向非农产业和城镇转移的 1000 万农村劳动力开展转移就业前的引导性培训，对其中的 500 万人开展职业技能培训；对已进入非农产业就业的 5000 万农民工进行岗位培训。2006—2010 年，对拟向非农产业和城镇转移的 5000 万农村劳力开展引导性培训，并对其中的 3000 万人开展职业技能培训。同时，对已进入非农产业就业的 2 亿多农民工开展岗位培训。

FAE006 –20040200
“蓝色证书”培训工程启动

2004 年 2 月，农业部下发《全国乡镇企业“蓝色证书”培训工程规划》，并启动了这一工程。“蓝色证书”培训工程的培训对象是贫困家庭中到乡镇企业就业的劳动力以及跨地区定向转移的农民工等。培训主要内容包括三个方面：一是对有组织、有计划地定向转移到乡镇企业就业的农民工进行乡镇企业就业所必须具备的基本素质、岗位职业知识及技能、职业道德和遵纪守法等内容的培训。二是对新入厂职工重点进行企业基本情况、基本素质、岗位基本知识及技能等内容的培训。三是在岗培训，包括企业家及管理者培训、专业技术人员培训和乡镇企业职工培训。根据规划，到 2008 年，“蓝色证书”培训工程将定向转移培训 500 万人次（包括贫困家庭中的劳动力到乡镇企业就业和跨地区定向转移到乡镇企业的农民工培训，有条件的地方可对其进行职业技能鉴定，鼓励吸收农民工特别是贫困户中的劳动力到乡镇企业就业），培训乡镇企业新职工 1000 万人次（到乡镇企业工作的新职工上岗前必须接受培训，并经考核合格颁发“蓝色证书”），培训乡镇企业在岗职工 1.3 亿人次，即 5 年中全国乡镇企业职工每人至少接受一次、一项技能培训，经考核合格颁发“蓝色证书”。

FAE007 –20040407
农村劳动力转移培训“阳光工程”启动

2004 年 3 月 22 日，农业部、财政部、劳动和社会保障部、教育部、科技部和建设部联合下发《关于组织实施农村劳动力转移培训阳光工程的通知》（简称“阳光工程”）。2004 年 4 月 7 日，“阳光工程”正式启动。“阳光工程”是由政府公共财政支持的农村劳动力转移到非农领域就业前的职业技能培训示范项目，分三个阶段实施。2004—2005 年，培训转移农村劳动力 500 万人，年培训 250 万人，重点支持粮食主产区、劳动力主要输出地区、贫困地区和革命老区开展短期职业技能培训，探索转移培训工作机制，为大规模开展转移培训奠定基础。2006—2010 年，在全国大规模开展职业技能培训，加大农村人力资源开发力度，培训转移农村劳动力 3000 万人，建立健全农村劳动力转移培训机制。2010 年以后，按照城乡经济社会协调发展的要求，进一步扩大培训规模，提高培训层次，使农村劳动力的科技文化素质总体上与我国现代化发展水平相适应。为加强“阳光工程”的组织领导，六部委共同成立了全国农村劳动力转移培训“阳光工程”指导小组，负责对各地组织实施“阳光工程”进行业务指导，各地也成立了相应的办公室。六部委制定了《农村劳动力转移培训阳光工程项目管理办法》和《农村劳动力转移培训基地认定原则意见》，随后出台了《农村劳动力转移培训资金管理办法》和《农村劳动力转移培训项目检查验收办法》。

FAE008 – 20040407

中国农村劳动力转移培训网站开通

2004 年 4 月 7 日，由农业部主办、农业部农民科技教育培训中心开发建设的中国农村劳动力转移培训网（http：//www. nmpx. gov. cn）在“阳光工程”启动仪式上正式开通。中国农村劳动力转移培训网是面向农民、服务农民的综合性政府网站。配合农业部、财政部、劳动和社会保障部、教育部、科技部和建设部共同组织实施的“农村劳动力转移培训阳光工程”，网站主要实现以下几方面的功能：一是农村劳动力转移培训的宣传功能，主要宣传国家农村劳动力转移方面的方针政策、法律法规及管理规定，加强农村劳动力转移培训工作，促进农民增收。二是沟通和指导各地农业行政管理部门和培训机构开展农村劳动力转移培训工作，如反映农民的需求和呼声，推荐培训基地、培训教材等。三是进行农村劳动力转移培训的项目管理工作。四是农村劳动力转移和培训的信息服务，收集和公布各地农村劳动力培训信息、劳动力市场供求状况和用工需求信息，实现农村劳动力供求信息动态交流，引导和服务农民积极参与农村劳动力转移培训。五是利用网络开展农村劳动力转移培训工作，以引导性培训为主开展网上农村劳动力远程教育培训，提供相应的网络培训资源，为政府农村劳动力转移培训项目服务。

FAE009 – 20050330

《农村劳动力转移培训财政补助资金管理办法（试行）》出台

为进一步加强和规范农村劳动力转移培训财政补助资金管理，提高资金使用效益，2005 年 3 月 30 日，财政部、农业部联合下发了《农村劳动力转移培训财政补助资金管理办法（试行）》。《办法（试行）》指出，培训补助资金是国家设立的对农村劳动力转移就业开展短期非农职业技能培训和引导性培训的专项资金，用于对受培训农民的学费补助，或对培训机构因降低收费标准而给予的补助。培训补助资金由地方财政和中央财政共同承担，以地方财政为主。中央财政根据全国农村劳动力转移培训阳光工程办公室确定的各省（含新疆生产建设兵团、中央直属垦区，下同）示范性培训任务，平均每期每人按不低于100元的标准给予补助，重点用于农村劳动力输出大省、产粮大省、革命老区、贫困地区。各省具体的补助标准，由各省根据不同的培训内容、培训时间、工种等自行确定。《办法（试行）》要求，培训补助资金以农民直接受益为原则，以培训券或现金等形式直接补贴给受培训农民，也可以通过降低收费标准的方式补贴给培训机构。同时，《办法（试行）》还对资金申报、资金拨付和使用、资金管理与监督等各项工作提出了具体要求。

FAE010－20050628

《关于加强农村妇女富余劳动力转移培训工作的意见》印发

2005年6月28日，全国妇联、农业部联合印发《关于加强农村妇女富余劳动力转移培训工作的意见》。《意见》指出，农村妇女占农业劳动力的65%以上，加强对农村妇女的培训，帮助她们转移就业，不仅关系到“三农”工作的大局、关系到农民收入水平的提高，也直接影响全面建设小康社会的进程。各级妇联组织和农业部门要从全面落实科学发展观、统筹城乡发展、推进男女平等的高度，认真落实2004年全国妇联、农业部等七部委联合下发的《关于加强农村妇女教育培训工作，促进农村妇女增收致富的意见》精神，高度重视并认真做好农村妇女富余劳动力转移培训工作。《意见》要求，各级农业部门要把农村妇女富余劳动力转移培训工作纳入“阳光工程”实施范围，在培训项目的立项、资金安排等方面给予倾斜，做到同部署、同实施、同评估，力争妇女参加培训的比例达到40%以上。各级妇联组织要增强责任感，利用现有的农村妇女学校、妇女干部学校、妇女活动中心等各类培训基地，开展以委托培训、定点和定向培训、订单培训为主要形式的职业技能培训。各级妇联组织和农业部门要加强合作，发挥各自优势。

FAE011－20060131

国务院强调搞好农民工的职业技能培训

2006年1月31日，国务院印发《关于解决农民工问题的若干意见》，要求充分认识解决好农民工问题的重大意义，搞好农民工就业服务和培训。《意见》提出，各地要适应工业化、城镇化和农村劳动力转移就业的需要，大力开展农民工职业技能培训和引导性培训，提高农民转移就业能力和外出适应能力；扩大农村劳动力转移培训规模，提高培训质量；继续实施好农村劳动力转移培训阳光工程；完善农民工培训补贴办法，对参加培训的农民工给予适当培训费补贴；推广“培训券”等直接补贴的做法；重视抓好贫困地区农村劳动力转移培训工作；支持用人单位建立稳定的劳务培训基地，发展订单式培训；输入地要把提高农民工岗位技能纳入当地职业培训计划；要研究制定鼓励农民工参加职业技能鉴定、获取国家职业资格证书的政策。劳动保障、农业、教育、科技、建设、财政、扶贫等部门要按照各自职能，切实做好农民工培训工作，用人单位要履行培训责任和义务，各类教育、培训机构和工青妇组织要多渠道、多层次、多形式开展农民工职业培训。

FAE012－20060408

劳动和社会保障部、国家开发银行推进农民工培训示范基地建设工程

2006年4月8日，劳动和社会保障部、国家开发银行联合下发了《关于实施农民工培训示范基地建设工程的通知》，决定从现有近3000所技工学校中，优选100所基础好、后劲足、社会认可度高的技工学校，运用国家开发银行政策性贷款给予重点扶持，使其充实培训设施，改善办学条件，扩大招生规模，在农民工职业培训中发挥示范作用；从现有300个地级以上城市中，优选100个人口规模大、产业密集、职业培训机构集中、劳动者职业培训需求旺的区域性中心城市，运用国家开发银行政策性贷款给予重点扶持，使其在较短时间内建立、完善公共实训基地，带动职业培训集约化。

FAE013－20060525

劳动和社会保障部启动5年4000万农民工培训就业计划

据劳动和社会保障部培训就业司调查，2004年全国农民外出流动就业人数达1.2亿人，其中进城务工人员约1亿人，占城镇就业人员的近40%。进城务工人员中，大约70%没有接受过职业教育和培训。缺乏就业技能的农民工就业难度越来越大，因素质和技能水平偏低而带来的低工资、低福利问题也越来越严重。针对这一问题，2006年5月25日，劳动和社会保障部下发《关于印发农村劳动力技能就业计划的通知》，决定从2006年开始，以每年培训800万的速度，5年内对4000万进城务工的农村劳动者开展职业培训，培训合格率达到 90% 以上，就业率达到 80% 以上，并选择具备条件的城市进行统筹城乡就业试点。

FAE014－20061027

国家安全生产监督管理总局等六部门要求加强农民工安全生产培训

2006 年 10 月 27 日，国家安全生产监督管理总局、国家煤矿安全监察局、教育部、劳动和社会保障部、建设部、农业部、中华全国总工会联合下发《关于加强农民工安全生产培训工作的意见》，对全面加强农民工安全生产培训工作作出了部署。《意见》提出，加强农民工安全生产培训工作的主要措施：一是完善法律法规制度，推进依法培训。二是严格培训要求，确保培训质量。三是加强基础建设，强化培训保障。四是拓宽经费渠道，加大培训投入。五是加强组织协调，严格监督检查。各级安全监管监察部门和相关行业管理部门要加强对农民工特别是高危行业农民工安全生产培训情况的监督检查，适时组织有关部门进行联合执法检查，发现未经培训上岗或培训不符合要求的，责令限期整改；逾期不改的，责令企业停产整顿直至依法关闭。

FAE015－20070316

“温暖工程李兆基基金百万农民培训”项目启动

2007 年 3 月 16 日，中共中央统战部、教育部、劳动和社会保障部、农业部发出《关于实施“温暖工程李兆基基金百万农民培训”项目的通知》，计划用一年左右的时间，针对中西部欠发达地区省份的农村富余劳动力，完成 50 万名农村劳动力的转移就业培训任务。该项目由香港著名爱国人士、企业家李兆基先生捐赠，为参加培训的农民提供免费的政策咨询、就业信息、就业指导和职业介绍服务，使受训农民转移就业率在 85% 以上。培训内容以引导性培训和职业技能性培训为主，培训时间为 30～45 天，为参加培训的农民每人每天提供 15 元的培训补贴。对完成培训的农民经相关部门考核，合格者免费核发培训合格证书。

FAE016－20070510

农村劳动力技能就业计划进入强力推进阶段

在 2007 年 5 月 10－11 日召开的全国农民工培训工作座谈会上，劳动和社会保障部副部长张小建表示，自 2006 年起到 2007 年 3 月底，中央和地方政府共投入资金 21.4 亿元，对全国 860 万名农民工进行了全面的培训；全国已经建立了一批农民工培训基地，基本实现了为农民工提供免费职业介绍服务。2007年，“农村劳动力技能就业计划”将进入强力推进阶段，中央制定了“两个400万人、三个90%”的目标，即实现转移就业前培训400万人，培训合格率达到90%，转移就业率达到80%；在岗农民工培训400万人，培训合格率和稳定就业率分别达到90%。这一任务已经分解落实到全国市县、乡镇。各级审计部门将加强对中央和地方专项补贴经费的审计，保证专款专用。

FAE017－20081126

劳动和社会保障部组建农民工培训教材专业委员会

2007年12月，劳动和社会保障部培训就业司发出通知，请有关地区推荐农民工培训教材专业委员会委员人选，正式启动农民工培训教材专业委员会组建工作。2008年11月26日，公布了农民工培训教材专业委员会委员名单。农民工培训教材专业委员会的主要任务包括：研究确定全国农民工培训教材建设工作总体思路和工作重点；研究制定农民工培训教材建设中、长期工作计划和年度计划，指导协调全国农民工培训教材建设及相关教材教辅开发工作；组织开展农民工职业培训教材研发，组织推广农民工培训教学及教材建设工作经验。

第六节　农民培训

FAF001－19800710

全国妇联要求各级妇联以生产为中心，提高妇女的科学技术水平

1980年7月10－24日，全国农村妇女工作会议在北京召开。会议提出，发动组织妇女为农村尽快富起来立新功，是摆在各级妇联面前的一项重要而又紧迫的工作。会议要求，各级妇联要坚持贯彻执行妇女工作以生产为中心的方针，广开生产门路，把农村的剩余劳动力、城镇待业的女青年组织到社会生产劳动中去；要配合有关部门，抓住从种到收的各个关键环节，推广科学种田的技术，采取走一步训一步的办法，提高妇女的技术水平，定期进行检查评比；要把提高妇女科学技术水平当做贯彻执行生产为中心的方针的重要环节来抓，积极推动专业部门在妇女中培训大批技术骨干、经营管理人才和各行各业的女专家。1982年9月21－28日，全国妇联在天津再次召开全国农村基层妇女工作会议。会议提出，各级妇联要组织妇女学习文化科学技术，开展人与人、户与户、组与组的生产竞赛活动，培养妇女生产能手和各方面的模范典型，教育帮助妇女完成好各项承包任务，组织妇女发展多种经营、家庭副业生产，教育妇女为在20世纪末实现农业的年总产值翻两番的宏伟目标多作贡献。

FAF002－19821117

《关于加强农民技术教育工作的通知》印发

1982年11月17日，农牧渔业部发出《关于加强农民技术教育工作的通知》，要求各级农业部门要与教育等部门通力合作，分工负责，把开展农民技术教育工作列入议事日程，努力抓紧抓好。《通知》明确指出，农民技术教育的根本任务是开发农村智力，用科学技术武装广大农民，提高他们的科学技术水平和生产、管理技能。开展农民教育要着眼于青壮年农牧渔民，重点是生产大队、生产队的干部，各业农民技术员，专业户、科技示范户和农村知识青年。在“六五”和“七五”期间，要使1亿多重点对象分别接受各种形式和内容的技术教育，到1990年争取使其中的20%以上分别达到初级和中级农村职业学校毕业的水平。《通知》要求，要着重搞好县、社（乡）、大队（村）三级的农民技术教育。县农业科学实验、推广、培训中心和农业技术学校（农干校），主要是对社、队干部和农民技术员进行技术和管理方面的培训。生产大队主要是举办业余技术学校和各种短训班。随着中学教育结构的调整，农村各类职业中学和职业学校，也可承担一部分轮训任务。此外，还要办好农业广播学校，开展函授教育，组织专题讲座，搞好农民技术冬训。

FAF003－19821202

国务院要求迅速加强农业技术培训工作

1982年12月2日，国务院批转了农牧渔业部《关于迅速加强农业技术培训工作的报告》，要求各级政府抓住有利时机，迅速组织农业、教育、科技等方面的力量，把农业技术培训工作广泛开展起来，并认真坚持下去。各地要力争用两年左右的时间，把公社以上的农村干部、农村大队和生产队干部、在乡的中学毕业生及能工巧匠普遍轮训一次，以推动农业新局面的进一步发展。

FAF004－19860530

农民教育发展进入以职业技术教育为重点的新阶段

“六五”期间，我国农民教育发展很快。到1985年，我国已有3000多所县办农民学校，其中经省、市政府和省教育行政部门审批的农民中等专业学校就有216所，农村扫除文盲1522万人，有1亿多农民接受了实用技术的培训与初等、中等文化教育和职业技术教育。1986 年 5 月 30 日，农牧渔业部发出《关于改革和加强农民职业技术教育和培训工作的通知》，要求各级农牧渔业部门要按照国家教委的有关规定，与有关部门密切配合，制定本系统开展农民职业技术教育和培训的“七五”规划及年度计划，并将其纳入本部门的总体规划和年度事业计划。

FAF005－19861028

《关于“七五”期间加强农村青年实用技术培训工作的通知》印发

1986 年 10 月 28 日，中国科协、国家教委、农牧渔业部、共青团中央、全国妇联联合印发《关于“七五”期间加强农村青年实用技术培训工作的通知》，明确提出“七五”期间培训工作的总任务是：通过短期培训，使 1 亿在乡知识青年掌握一两项本地适用的先进技术；通过举办比较系统的专业技术教育和技术培训，使其中 5% 的人达到相当农民技术员水平；其中，妇女要占有相应的比例；对学习成绩突出的“尖子”可推荐到有关的大专院校、科研单位学习深造和作为研修生出国学习考察。《通知》建议，今后县、乡镇选干、招工、聘用农民技术员等，要从经过培训的在乡知识青年中择优选录；凡经过一年以上长期专业培训（或累计学习同一专业一年以上），系统学习了某一专业科技知识，并经考试合格者，发给结业证书；对经过技术培训的知识青年，县乡有关部门在提供信息、资料、良种、贷款和购买生产资料时给予优先和便利。

FAF006－19880411

北京市大兴县实施“绿色证书”制度

1988 年 4 月 11 日，北京市大兴县印发了《大兴县人民政府关于承包果树必须取得技术资格的几项暂行规定（试行）》。《规定（试行）》提出，1989 年年底以前，凡承包果树者，必须经乡总公司组织有关人员进行考核、颁发技术许可证后，方可承包，否则不得承包。大兴县林业局《关于承包果树必须取得技术资格的暂行办法》进一步指出，专业队、联合体承包果园面积在 50 亩以上的必须配有一名具有技术许可证的人员负责技术，分户承包集中连片果园面积在 50 亩以下的亦应有一名具有技术许可证人员统一负责技术，否则无承包资格。

1989 年 5 月，农业部教育司在认真总结各地开展农民技术教育的经验，特别是大兴县在果树生产中试行“绿色证书”制度的经验的基础上，借鉴国外对农业劳动者实行“绿色证书”制度的做法，提出了《关于开展农民资格证书制度试点工作的意见（征求意见稿)》。经反复研讨，农业部于1990年4月29日正式印发了《关于开展农民技术资格证书制度试点工作的意见》。

FAF007－19890308

全国农村妇女“双学双比”竞赛活动启动

1989年3月8日，全国妇联同农业部、林业部、国家科委、国家教委、国家民委、水利部、商业部、广播电影电视部、中国科协、中国农业银行、国务院贫困地区经济开发领导小组12个单位联合发出《关于在全国各族农村妇女中深入开展学文化、学技术、比成绩、比贡献竞赛活动的联合通知》，决定于1990—1994年，每年“三八”妇女节表彰100名在种植、养殖、加工、发展林业、农田水利基本建设、商品流通和扫盲等方面的“双学双比”先进女能手和36个在组织推动竞赛活动中成绩突出的地区协调组织。

FAF008－19900308

全国“三八绿色工程”启动

1990年3月8日，全国妇联、林业部联合在北京召开了全国“三八绿色工程”新闻发布会，启动全国“三八绿色工程”，即动员全国亿万妇女，积极投入到种树、种草、种花以及各项防护林工程建设的活动中，加快国土绿化的进程。1990年3月15日，全国妇联、林业部联合印发《关于开展全国“三八绿色工程”的联合通知》，要求各地妇联和林业部门要认真加强对开展全国“三八绿色工程”的领导，根据本地区的实际制定规划，结合“双学双比”竞赛，从当年春季造林开始组织实施。

FAF009－19900503

农业部开展绿色证书制度试点工作

1990年5月3日，农业部印发《关于开展农民技术资格证书制度试点工作的意见》，明确了农民技术岗位规范的制定依据、农民技术资格培训的实施途径及确保培训质量的有效方式，标志着我国农民技术教育开始向规范化、制度化迈进。《意见》指出，制定岗位规范，是开展农民技术资格证书制度试点工作的前提和基础；开展技术资格培训工作，是实施资格证书制度的一个重要环节；把好考核发证关，是保证资格证书质量的关键。《意见》要求，各级农业部门必须在当地政府的领导下，与各有关部门加强联系与协作。部、厅两级要抓好试点工作，要因地、因行业制宜，确保质量，讲求实效，成熟一个推广一个。

FAF010－19920212

国务院要求强化农村职业技术培训

1992 年 2 月 12 日，国务院下发了《关于积极实行农科教结合推动农村经济发展的通知》。《通知》提出，要逐步建立和完善农民技术员职称制度和农民技术资格证书（绿色证书）制度。对获得技术员资格和获得技术资格证书的农民，应优先安排项目承包和贷款，以及给予其他必要的支持。同时，对于从事农业技术培训的教师也提出了一系列的优惠政策。如，对在乡、村从事农业技术培训与推广工作的技术人员和学校劳动技术课教师增发岗位或农业技术工龄补贴，对有突出贡献的科教人员给予重奖等。

FAF011－19940314

国家正式实施“绿色证书工程”

1994 年 3 月 14 日，国务院办公厅转发了农业部《关于实施“绿色证书工程”的意见》，提出要逐步建立和完善符合中国国情的“绿色证书”制度。“八五”期间，全国培训“绿色证书”学员 200 万人，到 2000 年，培训“绿色证书”学员 800 万～1000 万人，平均 20 户有一名获得“绿色证书”的农民，形成一支活跃在基层的农民技术骨干队伍。《意见》明确了“绿色证书工程”的目标和任务、实施步骤、组织管理及领导机构。“绿色证书工程”的实施分 3 个阶段：从 1994 年 3 月 14 日起到 1995 年为起步阶段，重点是加强组织领导，探索和总结试点工作的经验，组织制定管理程序和办法，编写和制作文字、声像教材等，为全面实施“绿色证书工程”作好准备。1996—2000 年为全面实施阶段，重点是组织开展大规模的培训活动，同时发挥“绿色证书”学员的作用，推广农业科学技术，引导并帮助农民在社会主义市场经济体制下迅速发展经济。通过实践，初步建立起具有中国特色的“绿色证书”制度。2001 年以后为进一步完善和提高阶段，使农民技术教育逐步进入规范化、制度化的轨道。

FAF012－19960000

中央农业广播电视学校实施科教兴农的“151”工程

中央农业广播电视学校的学员边学习、边实践，为农业增收、增效服务，在科教兴农中，成为农村科技传播、应用、推广的有生力量。1996 年，中央农业广播电视学校在全系统开始组织实施“151”工程，即“九五”期间，组织 100 万学员，用 5 年时间，带动 1000 万农户掌握生产致富的实用技术，率先达到小康生活水平。

FAF013 –19960228

全国妇联实施“巾帼扶贫行动”

1996年2月28日，中华全国妇女联合会、国务院扶贫开发领导小组联合印发了《关于实施“巾帼扶贫行动”的通知》。“巾帼扶贫行动”的目标是，到20世纪末，至少帮助100万贫困妇女脱贫。从1996年起，用3年时间对国家592个贫困县的妇联干部普遍进行一次培训，以她们为“二传手”，带动和组织贫困妇女脱贫致富。《通知》要求，各级妇联组织要创造条件，动员社会各方面力量，积极兴办“巾帼扶贫”项目，认真抓好对贫困地区妇女的实用技术培训和推广工作，使之尽快掌握一两门实用增收技术和手段，培养一支脱贫致富的妇女带头队伍。各地要建立“巾帼扶贫”责任制，明确扶贫对象、帮扶措施、脱贫时间，定期进行检查评比、总结经验、树立典型、表彰先进。

FAF014 –19960530

全国妇联、农业部实施“千万农家女百项新技术推广培训计划”

1996年5月30日，全国妇联、农业部联合发出了《关于“九五”期间实施“千万农家女百项新技术推广培训计划”的通知》，决定围绕国家“九五”期间重点推广的农业技术，以在农村妇女中普遍开展的“双学双比”活动为载体，结合农业部门组织实施的“绿色证书工程”，对1000万农村妇女实施百项新技术、新品种的推广培训计划（简称“千万农家女百项新技术推广培训计划”）。“九五”期间，每年对200万农村妇女进行百项新品种、新技术的培训，进行培训的百项技术要与农业部确定的“九五”推广的十项农业重大技术相结合。《通知》要求，各地要充分发挥女农民技术员、科技示范户、女能手的作用，鼓励她们积极参与农业新技术、新品种的示范推广应用。要按照农业发展的要求，大力培养生产、技术、经营、管理等各类妇女人才。

FAF015 –19990000

农民科技教育培训中心成立

1999年，经农业部研究，同意中央农业广播电视学校加挂农业部农民科技教育培训中心牌子。农业部农民科技教育培训中心的主要职责是负责具体组织实施农民教育、“绿色证书工程”、农科教结合、跨世纪青年农民培训工程、农村基层干部培训和农业实用技术培训等工作。2003年中央编委正式批准农业部农民科技教育培训中心成立并挂靠在中央农业广播电视学校，一套班子，两块牌子。主要承担中等学历教育、中专后继续教育、大专自考助学、绿色证书教育及青年农民培训、职业技能鉴定和各种实用技术培训等任务。

FAF016－19990421

中央人民广播电台正式推出“致富早班车”栏目

1999 年 4 月 21 日，中央人民广播电台正式推出“致富早班车”栏目。该栏目是中央农业广播电视学校在中央人民广播电台承办的一个农业广播教育栏目，是为了配合农业部“电波入户工程”，在中央人民广播电台连续播出 18 年的中专教学节目基础上调整后特别推出的。该栏目以专家对话访谈为主要形式，向广大农村听众普及农业科学知识，推广实用技术。

FAF017－19990718

“跨世纪青年农民科技培训工程”正式启动

1999 年 5 月 12 日，农业部、财政部和团中央联合印发了《关于印发〈关于开展跨世纪青年农民科技培训工程试点工作的意见〉的通知》，决定从 1999 年起，启动青年农民培训工程，培训青年农民 500 万人，培养一大批有文化、懂技术、善经营、会管理、觉悟高的跨世纪青年农民，使他们成为建设社会主义新农村的中坚力量。1999 年 7 月 18 日，农业部、财政部、团中央在山东省兖州市举行了“跨世纪青年农民科技培训工程”启动仪式。2001 年 7 月 23 日，国务院总理温家宝在农业部、财政部和团中央联合上报的《关于跨世纪青年农民科技培训工程试点工作情况的报告》上批示：“加强对青年农民的培训，提高他们的科学文化水平，是新阶段科教兴农的一项基础性工作，也是一项长期的历史性任务。要认真总结经验，精心组织，完善措施，继续把青年农民培训工程试点工作做好，努力提高培训效果，充分发挥示范和推动作用。”

FAF018－20000000

“生态家园富民工程”启动

2000 年，农业部在陕西、甘肃、宁夏、青海、云南、贵州、四川 7 省区选择了有一定工作基础、地方积极性较高的 10 个村开展国家“生态家园富民工程”的试点工作。“生态家园富民工程”规划到 2010 年，全国生态农业县达到 300 个，覆盖面积 3 亿亩，全国人工种植草地、改良草地面积达到 9 亿亩，占全国草地面积的 15%，西部地区的每个省区要重点建设好 1～2 个生态农业示范县。农业部采取因地制宜的原则，按照不同的生态、社会和经济情况，将“生态家园富民工程”建设的执行区划分为9个生态类型区，并按照各区域不同的生态类型特点和农村经济发展状况，实施不同的项目内容。2005年10月17－20日，由中国农业部和联合国亚洲及太平洋经济社会委员会主办的“生态家园富民计划”国际研讨会在北京召开，来自19个国家及有关国际组织的51位外宾和我国有关方面的代表参加了会议。会议的主题是“发展农村沼气，营造生态家园，建设新型农村”。

FAF019－20020000

“大喇叭进村入户工程”实施

2002年，中央农业广播电视学校在河北、云南、贵州3省的10个县100个村开展了“大喇叭进村入户工程”试点项目，把广播“致富早班车”栏目的教学内容传输到不能接收无线广播信号的村。截至2007年年底，全国共有1194个县6709个村参与了该工程。中央农业广播电视学校制作出版录音、录像等音像教材1300多种，播出内容涉及种植、养殖、农产品加工、农业机械、周边农产品市场信息、农村劳动力转移、食品安全、农资农药、农村政策法规、畜禽疫情和农作物病虫害预报及防治措施等多个方面，听众达到500多万人，农民亲切地称呼这是他们的“空中课堂”。

FAF020－20020100

《农民科技培训》杂志创办

2002年1月，由农业部主管，农业部农民科技教育培训中心、中央农业广播电视学校主办的《农民科技培训》杂志面世。《农民科技培训》杂志是面向广大农民和“三农”工作者的国家级农业科普类期刊，以传播农业科学技术和农民科技培训信息、提高农民科技素质为宗旨，介绍先进的农业实用技术和各地农民科技培训工程的实施经验，宣传农民致富的典型，提供市场供求情况。

FAF021－20020404

《关于加强农村青年职业教育和成人教育的意见》印发

2002年4月4日，共青团中央、教育部联合下发《关于加强农村青年职业教育和成人教育的意见》。《意见》提出，要围绕提高农村青年综合素质，开展农村青年职业教育和成人教育。要把培养科技创新意识和能力作为农村中学教育的重点，创造条件，积极开展多种形式的培训，加强组织引导和具体帮助，努力为广大农村青年提供切实有效的服务。要依托农村教育资源，大力开展农村青年职业教育和成人教育，通过在农村青年中大力开展职业教育和成人教育，带动农村中学共青团的工作，切实加强农村共青团的建设。

FAF022 -20030210

国家提出实施新型农民科技培训工程

2003 年 2 月 10 日，农业部发出《关于做好 2003 年科教兴农工作的意见》，强调要实施新型农民科技培训工程，提高农民科技文化素质。《意见》提出，要把“绿色证书”培训作为农民科技培训的基本制度长期坚持下去，以实施“绿色证书工程”为基础，继续实施“青年农民科技培训工程”，选拔培训 120 万农村优秀青年，使他们成为农村致富带头人和建设社会主义新农村的中坚力量；要启动“新型农民创业培植工程”，从“绿色证书”学员中选拔能开展规模化生产和具有创业能力的优秀学员，培训新型农场经营者和农民企业家 1 万人；启动“农村富余劳动力转移培训工程”，开展职业技能培训，促进农村劳动力有序流动，提高就业率；实施“农业远程培训工程”，扩大技术传播覆盖面，快捷有效地向农民提供技术、信息服务。

FAF023 -20041205

农业科技入户示范工程启动

2004 年 10 月 11 日，农业部印发《关于推进农业科技入户工作的意见》，提出力争到 2010 年，培育 100 万个科技示范户，辐射带动 2000 万农户，发展 1 万个新型农业技术服务组织，重点示范区内主要先进实用技术入户率和到位率达到 90% 以上，农业综合生产成本降低 15% 以上，科技进步对农业增长的贡献率提高 10% 以上。2004 年 11 月，农业部发出《2005 年全国农业科技入户示范工程试点行动方案》。2004 年 12 月 5 日，农业科技入户示范工程启动仪式在四川省广安市举行。此次活动以广安市为主会场，在全国 30 个省（区、市）以联动形式组织开展了大型农业科技下乡活动。

FAF024 -20051110

农业部实施农村实用人才培养的“百万中专生计划”

2005 年 11 月 10 日，农业部下发了《关于实施农村实用人才培养“百万中专生计划”的意见》，提出要用 10 年时间，依托全国农业广播电视学校系统和农业中等职业学校，为农村培养 100 万名具有中专学历的从事种植、养殖、加工等生产活动的人才，以及农村经营管理能人、能工巧匠、乡村科技人员等实用型人才，增强他们带头致富和带领农民群众共同致富的能力，使他们成为建设社会主义新农村的带头人和发展现代农业的骨干力量。农村实用人才培养“百万中专生计划”的培养对象是农村劳动力中具有初中（或相当于初中）及以上文化程度，从事农业生产、经营、服务以及农村经济社会发展等领域的职业农民。重点培养村组干部、专业农户、农民合作经济组织骨干、农村经纪人、远程教育接收站点管理员、复转军人以及农村应届初高中毕业生等。学员学习采用业余、半脱产或脱产方式，实行学期制或以学分制为基础的弹性学制。学期制学制 2～3 年，以学分制为基础的弹性学制 2～6年。学员按照教学计划完成学习任务，经考试考核合格后发给中等专业毕业证书。

FAF025－20051222

首批农业科技入户直通车发车仪式举行

2005 年 12 月 22 日，农业部在北京举行农业科技入户直通车发车仪式，杜青林部长向项目承担单位发放了钥匙，首批 150 辆科技入户直通车正式启动。这批直通车配备了计算机、电视机、投影仪等现代教学培训设备和光盘、科技图书等实用技术资料。据初步测算，每辆直通车在各村进行巡回培训和指导，每年可直接培训农民 10 万人次以上，150 辆直通车可为 1500 万农民提供培训和各项服务。

FAF026－20060520

农民教育培训“三进村”行动启动

2006 年 5 月 20 日，农业部农民科技教育培训中心（中央农业广播电视学校）在全国组织实施的新型农民教育培训“三进村”行动在湖南省古丈县举行了启动仪式。农业部农民科技教育培训中心常务副主任、中央农业广播电视学校常务副校长曾一春出席启动仪式并讲话。“三进村”是指推进培训教师进村、媒体资源进村和人才培养进村。根据计划，“十一五”期间，农业部农民科技教育培训中心在全国重点实施 500 个县、1 万个村，每年组织专兼职培训教师进村 12 万人次，系统开展技术培训 300 万人次，进村播放广播电视等媒体资源，收听收视的农民至少达到 1000 万人，培养具有中等及以上学历的实用人才 2 万人，“绿色证书”学员 30 万人。

FAF027－20060706

“农民移动学习和信息服务平台”正式启动

2004年底，中央农业广播电视学校建立的“农民移动学习和信息服务平台”开始试运行。“农民移动学习与信息服务平台”旨在通过手机短信为农民提供农业致富和学习的信息，使他们及时获得中央农业广播电视学校的教育培训信息，全国各大农贸市场农产品的最新价格，有关种植、养殖、加工等方面的关键技术以及最新出版的农业书籍和音像资料等。该平台采用实时交互的信息传递方式，即用户通过短信输入想查询的内容，平台则根据用户需求反馈相应的信息。截至2006年6月底，平台的信息库已完成编制实用技术的短信11.5万条，约300多万字。2006年7月6－8日，中央农业广播电视学校在甘肃省兰州市召开的农业广播教育服务新农村建设研讨会上，举行了“农民移动学习和信息服务平台”启动仪式。

FAF028－20060902

农业部与财政部共同启动“新型农民科技培训工程”

农业部、财政部在2006年9月2日宣布，从2006年起，开始组织实施“新型农民科技培训工程”，对务农农民开展农业生产技能及相关知识培训，提高农民的务农技能。农业部、财政部根据优势农产品区域布局规划和地方特色农业发展要求，在全国选择了1万个村开展培训工作。中央财政安排1亿元专项资金，按照每个示范村1万元的标准给予培训补助。农业部、财政部要求，各村的培训工作要按照“围绕主导产业，培训专业农民，进村办班指导，发展一村一品”的思路，采取集中办班、现场指导、技术服务相结合，实行整村推进，并确定40名以上主要从事农业生产和经营、以农业生产经营收入为家庭主要收入的专业农民作为基本学员，开展系统培训。培训机构进村开展集中培训的时间要不少于15天，根据农时季节现场指导不少于15次，通过进村培训指导，使受训农民能够基本掌握从事主导产业的生产技术及其相关知识，科学种养水平和生产经营能力得到明显提升。

FAF029－20071010

《农民科学素质教育大纲》发布

2007年10月10日，由农业部和中国科协牵头，联合中组部、中宣部、教育部、科技部等17个部委组成的农民科学素质行动协调小组制定的《农民科学素质教育大纲》发布。《大纲》明确提出了农民科学素质教育的指导思想、目标和任务以及具体措施。《大纲》指出，要通过教育和培训，使广大农民的科学素质明显提高，在广大农村形成崇尚科学、移风易俗、学法守法、勤劳致富的新风尚。力争到2020年，全国95%以上的农村劳动力能够接受科学素质教育培训，95%以上的乡村能够开展群众性、社会性、经常性的科学普及活动，使农民的科学素质能够基本适应全面建设小康社会的要求。

第二章　职业培训机构建设

FBA001 – 19790405

劳动服务公司在各地建立

国家劳动总局在1978年7月向国务院务虚会议提交的《关于劳动工资的汇报提纲》中，“建议在大中城市组建劳动服务公司，统一管理社会劳动力，统一调节职工余缺”。1978年9月，李先念在国务院务虚会议上的讲话中明确表示“要成立劳动服务公司”。1979年4月5–28日召开的中共中央工作会议再次提出“要拨出一点资金，在大中城市办好劳动服务公司”。在同年6月举行的第五届全国人民代表大会二次会议的《政府工作报告》中，进一步明确了“要拨出一些资金，在全国大、中城市办好劳动服务公司，通过多种形式，陆续把待业人员全部组织起来进行就业训练和劳动服务”。根据以上精神，全国各地开始正式组建劳动服务公司。至1979年底，除新疆维吾尔自治区、西藏两自治区未建立外，全国各地共建立起劳动服务公司4211所，其中县和县以上劳动部门建立780所，街道举办3387所，企、事业单位举办44所。

FBA002 – 19800802

国家明确劳动服务公司要开展职业教育培训

1980年8月2–7日，中共中央在北京召开了全国劳动就业工作会议。会议在总结历史经验的基础上，结合调整所有制结构和产业结构，提出解决劳动就业的多种途径。同时，会议特别提出创办劳动服务公司，使其担负起介绍就业、输送临时工，组织生产、服务和进行职业教育等任务。

FBA003－19810600

全国首个就业培训中心成立

1981年6月，国家劳动总局在陕西省西安市召开劳动服务公司工作座谈会，讨论了广开门路、搞活经济、扩大城镇就业和办好劳动服务公司的问题。当月，西安市劳动服务公司在办培训班的基础上建立了第一个就业培训（训练）中心。就业训练中心是在贯彻执行“三结合”（自谋职业、组织起来就业和政府介绍就业三种就业相结合）就业方针的过程中，由全国各地县级劳动部门成立的劳动服务公司逐步转变过来的训练实体，主要承担待业青年的就业前职业技能训练任务。从1982年7月国家肯定并提倡这种培训形式开始，到1985年，除西藏自治区外，全国28个省、自治区、直辖市普遍建立了就业培训中心，共达1345个。截至2006年7月，全国共有就业训练中心3200多个，年培训800多万人，占劳动保障部门管理的三类培训机构培训总量的四成以上。

FBA004－19851113

我国与国际组织合作建立高级职业培训中心

1985年11月13日，中国政府与联合国计划开发署、国际劳工组织正式签署了建立天津、上海两个高级职业技术培训中心的合作项目文件。这一项目由联合国计划开发署和国际劳工局及阿拉伯海湾石油基金会资助，劳动人事部培训就业局为实施执行机构。

FBA005－19880407

国家采取措施加强就业训练中心建设

1981年10月17日，中共中央、国务院发布《关于广开门路，搞活经济，解决城镇就业问题的若干决定》，提出劳动服务公司要举办各种职业技术训练班，有条件的地方可以建立就业训练中心。从此就业训练中心得到了国家的认可，并得以迅速发展。为规范和促进其发展，1985年9月14日，劳动人事部颁发了《关于就业训练若干问题的暂行办法》，对就业训练中的一些主要问题作出了原则规定；1985年年底，组织和布置了就业训练中心短期培训所需成套教材的编写工作；1987年11月，专门举办了全国就业训练中心研讨班，研究讨论了有关就业训练中心的性质、任务、领导管理体制以及如何进一步改善培训条件和加强生产实习训练等重大问题。1988年4月7日，劳动人事部印发《关于加强就业训练中心工作的意见》，对就业训练中心给予肯定和规范，此后，县（区）以上基本都建立了就业训练中心。

FBA006 - 19910225

《就业训练中心管理规定》颁发

1991 年 2 月 25 日，劳动部印发了《关于颁发〈就业训练中心管理规定〉的通知》。《规定》明确了就业训练中心的性质、基本任务、开办与停办、行政管理、教学管理、师资与教材、考核与发证以及有关人员编制、经费、教职工待遇、税务等方面的政策问题。《规定》明确指出，就业中心的性质为劳动部门为城镇待业人员和其他求职人员提高职业技能、增强就业能力而举办的职业技术教学实体。县、区以上就业训练中心是从事就业训练的事业单位。就业训练中心招收学员，实行面向社会、公开招生、自愿报名、自选专业、自费就学的原则。学员结业后不包分配，择优推荐就业。训练中心应根据专业（工种）和就业要求确定训练期限，实行长短结合。简单劳动岗位上的熟练工，训练期限一般不少于 3 个月；一般技术岗位上的熟练工，训练期限不少于 6 个月；技术性较强的生产岗位上的技工，训练期限要在 1 年或 1 年以上。

FBA007 - 19920107

劳动部开展就业训练中心评估工作

1992 年 1 月 7 日，劳动部发出《关于开展就业训练中心评估工作的通知》，并印发了《就业训练中心评估检查标准》。《通知》对评估工作的指导思想、评估范围和标准、评估方法和要求等有关事宜作出了具体规定。评估分自查自评、检查验收、评估认定三个阶段进行，省、自治区、直辖市劳动部门向“合格”以上的就业训练中心颁发证书，另向优秀就业训练中心颁发牌匾。对“不合格”的就业训练中心，要求采取切实措施限期改进工作；对极少数名不副实、只挂就业训练中心牌子而不从事就业训练工作的，要给予严厉批评，并限期改正。《通知》要求各地的评估认定工作于 1992 年 10 月底以前完成，然后上报 1 ~ 2 家优秀就业训练中心，由劳动部组织评定全国重点就业训练中心。

FBA008 - 19941209

《就业训练规定》印发

1994 年 12 月 9 日，劳动部发布了《就业训练规定》。《规定》包括 8 章 51 条，对就业训练内容、组织与管理、非劳动部门办就业训练、就业训练中心等作出明确规定。《规定》指出，就业训练中心是在各级劳动行政部门领导下，由劳动就业服务机构管理和指导的就业训练实体，属事业单位。《规定》明确规定，就业经费中用于就业训练的费用一般不应少于30%；当年收缴的失业保险费中用于转业训练的费用原则上不应少于15%。

FBA009－19960810

劳动部建立全国重点就业训练中心评估认定制度

1996年8月10日，劳动部发出《关于建立全国重点就业训练中心评估认定制度的通知》，并印发了《全国重点就业训练中心评估认定标准》。《通知》明确提出，从1996年起，建立每两年进行一次的全国重点就业训练中心评估认定制度。各地在开展就业训练中心评估认定工作的基础上，向劳动部申报1～2个就业训练中心参加全国重点就业训练中心评估认定。对参加全国重点评估认定的就业训练中心，按《全国重点就业训练中心评估认定标准》进行审查核实。劳动部就业司将根据各地上报的有关材料进行评估，并进行重点抽查。对符合条件的，认定为全国重点就业训练中心，并颁发牌匾。全国重点就业训练中心按规定享受相关政策。

FBA010－19970812

劳动部印发《关于贯彻落实〈社会力量办学条例〉的通知》

1997年8月12日，劳动部印发了《关于落实〈社会力量办学条例〉的通知》，从加强对该条例的学习宣传、管理职责、审批制度、做好规范和年度统计工作、招生广告与招生收费审查管理、指导和服务、监督检查7个方面对举办职业培训的社会培训机构作出了具体规定。《通知》还对培训机构设置标准和教学计划、大纲的基本标准作出了明确规定。

FBA011－19970000

劳动部成立社会培训机构管理办公室

1997年，劳动部决定成立社会培训机构管理办公室。办公室设在职业技能开发司师资教材处，其主要职责：一是综合管理全国社会力量举办的职业培训工作，制定有关政策、规章和发展规划，并进行监督指导；二是按国家规定对社会培训机构进行审批；三是组织制定主要通用工种社会培训机构办学标准和教学计划大纲，组织印制“社会力量办学许可证”；四是组织指导对社会培训机构管理人员培训、师资培训和教材建设；五是组织开展经验交流和表彰奖励活动。

FBA012 - 19990803

《社会力量举办职业培训机构审批办法》颁布

根据《社会力量办学条例》《关于贯彻落实〈社会力量办学条例〉的通知》和《关于劳动部成立社会培训机构管理办公室的函》，1999 年 8 月 3 日，劳动和社会保障部印发了《社会力量举办职业培训机构审批办法》的通知，对审批举办职业培训机构的申办资格、申办条件等作出详细的规定，明确了申办社会培训机构应提交的材料以及审批的受理、审核、批准、发证、登记等相关程序要求。

FBA013 - 20010929

《职业培训类民办非企业单位登记办法（试行）》出台

2001 年 9 月 29 日，民政部、劳动和社会保障部联合发出《职业培训类民办非企业单位登记办法（试行）》。该《办法（试行）》明确了职业培训类民办非企业单位管理体制、审批设立、登记与注销的程序和要求等。《办法（试行）》所称的职业培训机构，主要指：经县级以上地方各级人民政府劳动和社会保障行政部门审批设立的，由企业事业单位、社会团体及其他社会组织和公民个人，利用国家非财政性教育经费，面向社会举办实施以职业技能为主的职业资格培训、技术等级培训的教育机构。职业培训机构须按《社会力量办学条例》的规定审批设立，由县级以上地方各级人民政府劳动和社会保障行政部门发给《社会力量办学许可证》后，到同级民政部门进行登记。按照《社会力量办学条例》的规定，国务院劳动和社会保障行政部门负责职业培训机构的综合管理。县级以上地方各级人民政府劳动和社会保障行政部门根据省、自治区、直辖市人民政府规定的职责，负责有关职业培训机构的管理工作。

FBA014 - 20040407

劳动和社会保障部要求加强对民办职业培训学校的管理

2004 年 4 月 7 日，劳动和社会保障部印发了《关于贯彻落实〈民办教育促进法〉做好民办职业培训工作的通知》。《通知》对加强民办职业培训工作、依法履行职责、逐步完善审批制度、做好对民办职业培训学校的教学指导和服务等方面提出以下要求：完善审批制度；规范办学名称；加强备案管理；加强教学指导和服务；做好校长和教师的培训工作；强化办学监督和质量管理；做好招生收费和广告监督；提供政策支持；建立服务平台；树立办学典型。同时出台了《民办职业学校设置标准（试行）》。《标准（试行）》共12条，对设置民办职业培训学校从基本办学规模、培训场所、教学实习设施和设备、管理人员、教学管理人员、教师队伍和管理制度等方面，提出了基本标准要求。

FBA015－20040702

全国民办职业培训经验交流会召开

2004年7月2－3日，劳动和社会保障部、中国职工教育和职业培训协会在广东省增城市联合召开了全国民办职业培训经验交流暨工作推动会议。参加会议的有劳动和社会保障部副部长张小建，广东省副省长谢强华，中国职工教育和职业培训协会会长林用三以及各省、自治区、直辖市劳动保障部门和130家先进民办职业培训机构的代表，共计160余人。与会者共同学习了《中华人民共和国民办教育促进法》和《中华人民共和国民办教育促进法实施条例》精神，交流了民办职业培训管理和办学经验，研讨了推动民办职业培训工作的有效措施。会上，中国职工教育和职业培训协会还对全国130家先进民办职业培训机构进行了表彰。劳动和社会保障部副部长张小建在讲话中指出，民办职业培训要做强做大，必须适应市场需求，遵循市场机制，依法规范办学，突出办学特色。一是要坚持贴近市场、服务就业的办学宗旨；二是要坚持强化技能训练的办学特色；三是要坚持质量信誉至上，依法规范办学的管理模式；四是要坚持拓展服务范围，强化培训效果的办学思路。

FBA016－20040700

全国民办职业培训机构先进单位受表彰

经劳动和社会保障部授权，中国职工教育和职业培训协会在各省、自治区、直辖市劳动保障部门等有关单位初评推荐的基础上，组织专家评审，于2004年7月下发《关于表彰全国民办职业培训机构先进单位的决定》，表彰了华立技工学校等130家民办职业培训机构，并授予其“全国民办职业培训机构先进单位”的荣誉称号。

FBA017－20060221

劳动和社会保障部开展民办职业培训学校信用等级评定工作

为引导和规范民办职业培训学校办学行为，劳动和社会保障部2006年在黑龙江、内蒙古、山东、湖南、陕西、广东六省（区）率先开展民办职业培训学校诚信评估试点工作，初步探索建立了一套引导民办学校诚信发展的管理制度。在此基础上，中国职工教育和职业培训协会组织专家研究制定了《诚信民办职业培训学校评估标准》，并于2006年2月21日印发各地。2007年4月29日，劳动和社会保障部办公厅印发了《关于开展民办职业培训学校诚信等级评定工作的通知》，对民办职业培训学校诚信等级评定工作提出要求，作出部署。

FBA018－20060713

全国就业训练工作座谈会将就业训练中心分为四种类型

2006年7月13－14日，劳动和社会保障部培训就业司、中国职工教育和职业培训协会共同在广西钦州市举办了就业训练工作座谈会。会议交流了就业训练工作经验，把全国就业训练中心分为四种基本类型：一是行政管理职能型。这种类型以省级和部分省会城市、地市级就业训练中心为主，主要承担职业培训的指导和管理工作，如职业技能培训的教学研究、教材开发和教学计划制订，职业培训政策宣传、信息发布、技术推广和技术咨询、合作交流，职业技能培训的统计工作，社会力量办学的资格检验和管理，政府购买培训成果的办法制定和具体管理等。二是综合职业培训基地型。这种类型主要是发挥政府办学的优势，起着促进就业、龙头示范、规范带动、开发实验和公益服务等方面的职能，对促进职业培训发展、服务就业具有导向和示范作用。三是办学实体型。这种类型的就业训练中心与技工学校和其他社会职业培训机构没有本质的区别，既有短期培训，也有学制职业教育，完全加入到了职业培训市场竞争中。四是职业培训基地和经营性单位混合型。这种类型的就业训练中心除培训办学外，还有宾馆等经营性资产，两者互相支持、互为补充。

FBA019－20060726

《中外合作职业技能培训办学管理办法》颁布

2006年7月26日，劳动和社会保障部公布实施《中外合作职业技能培训办学管理办法》。《办法》明确了中外合作职业技能培训机构的设立、办学项目的举办、办学的组织与活动、管理、监督及法律责任等。《办法》明确提出，国家鼓励根据经济发展和劳动力市场对技能劳动者的需求及特点，引进体现国外先进技术、先进培训方法的优质职业技能培训资源。国家鼓励在国内新兴和急需的技能含量高的职业领域开展中外合作办学。《办法》规定，国务院劳动保障行政部门负责全国中外合作职业技能培训办学工作的统筹规划、综合协调和宏观管理。省、自治区、直辖市人民政府劳动保障行政部门负责本行政区域内中外合作职业技能培训办学管理工作。设立中外合作职业技能培训机构，由拟设立机构所在地的省、自治区、直辖市人民政府劳动保障行政部门审批。申请举办中外合作职业技能培训办学项目，由拟举办项目所在地的省、自治区、直辖市人民政府劳动保障行政部门审批，并报国务院劳动保障行政部门备案。《办法》自 2006 年 10 月 1 日起施行。

FBA020 -20081118

人力资源和社会保障部要求进一步加强民办职业培训学校管理工作

人力资源和社会保障部办公厅于 2008 年 11 月 18 日印发了《关于进一步加强民办职业培训学校管理工作的通知》，就进一步加强民办职业培训学校管理工作提出要求。一是充分认识加强民办职业培训学校管理的重要意义。各地劳动保障部门要进一步提高认识，认真履行职责，完善扶持政策，坚持“积极鼓励、大力支持、正确引导、依法管理”的方针，继续大力支持民办职业培训学校发展，切实加强民办职业培训学校的管理，推动民办职业培训事业在规范中不断发展。二是依法履行民办职业培训学校管理职责。要严格规范设立审批；严格规范异地办学；严格规范招生宣传和收费行为。三是加强民办职业培训学校教育教学管理。四是强化民办职业培训学校的监督和服务。

检索表

1979 年

1980 年

1981 年

1982 年

1983 年

1985 年

1987 年

1988 年

1989 年

1990 年

1991 年

1992 年

1993 年

1994年

1995 年

1996年

1999 年

2000年

2001年

2002年

2003 年

2004 年

2005年

2006 年

2007 年

2008 年

责任编辑　樊慧英
版式设计　贾艳凤
责任校对　曲凤玲
责任印制　曲凤玲

图书在版编目（CIP）数据

30年重大变革——中国1979—2008年职业教育要事概录／杨金土主编．—北京：教育科学出版社，2011．1
ISBN 978－7－5041－5361－6

Ⅰ．①30…　Ⅱ．①杨…　Ⅲ．①职业教育—发展—概况—中国—1979—2008　Ⅳ．①G719．2

中国版本图书馆CIP数据核字（2010）第231274号

出版发行	教育科学出版社		
社　　址	北京·朝阳区安慧北里安园甲9号	市场部电话	010－64989009
邮　　编	100101	编辑部电话	010－64989449
传　　真	010－64891796	网　　址	http://www.esph.com.cn
经　　销	各地新华书店		
制　　作	北京金奥都图文制作中心		
印　　刷	北京中科印刷有限公司	版　　次	2011年1月第1版
开　　本	169毫米×239毫米　16开	印　　次	2011年1月第1次印刷
印　　张	64.5	印　　数	1－3 000册
字　　数	1068千	定　　价	158.00元（上、下卷）

要把发展职业教育放在更加突出的位置，使教育真正成为面向全社会的教育，这是一项重大变革和历史任务。

——温家宝

全国教育科学“十一五”规划教育部重点课题研究成果

30年重大变革

——中国1979—2008年职业教育要事概录

上卷

主编 杨金土
副主编 翟海魂 刁哲军 张志增

教育科学出版社
·北京·

编纂委员会

各篇编纂组

综合篇

主　编：张志增
副主编：孙　琳　庞世俊
成　员：陈　鸿　荀　莉　苏　敏　王玉苗　孙连勇
柳　靖　王　辉

职业资格制度与职业技能鉴定篇

主　编：毕结礼
副主编：周宗健
成　员：卫天石　王　敬　王　琳　卢燕生　史　波
史　珺　沈　乐　高雪利　景宏华

职业教育服务体系篇

主　编：于志晶
副主编：陈　衍　刘　海
成　员：冯大军　张祺午　孟凡华　程　宇　李玉静
周　晶　李　瑶　颜炳乾　房　巍

高等职业教育篇

主　编：李宗尧
副主编：丁德全　李维利
成　员：安静宜　李　霞　米　靖　张　磊　史国友

中等职业教育篇

主　编：翟海魂
副主编：孙志河
成　员：杨淑敏　林瑞振　祝伞立

职业培训篇

主　编：毕结礼
副主编：王　琳　卢燕生
成　员：卫天石　王　敬　史　波　史　珺　沈　乐
　　　　周宗健　高雪利　景宏华

编纂说明

《30年重大变革——中国1979—2008年职业教育要事概录》分上、下两卷，按工作领域分为综合、职业资格制度与职业技能鉴定、职业教育服务体系、高等职业教育、中等职业教育、职业培训六篇，上卷是综合性质的三篇，下卷是有关职业教育机构及其实施的三篇。各篇按工作项目划分数量不等的章节，在各节下面按事件编撰成一个一个的条目。为了使每个条目在整体系统中的位置一目了然，我们对每个条目都编制了“序列编码”。序列编码的编制规则是，先以大写的英文字母顺序代表该条目所在的篇序数、章序数、节序数，随后是以阿拉伯数字标明该条目在本节中的序号，短线后是该条目所述事件的发生时间（年、月、日），均以阿拉伯数字表示。例如，第四篇（高等职业教育）第五章（民办高等职业教育）第二节（政策支持与法规建设）第二个条目“国家教委发布《民办高等学校设置暂行规定》”，其条目编码是“DEB002－19930817”。

一般情况下，通过本书目录就已经可以较顺利地查找各自所需的条目，但是有的读者可能大体知道某个事件发生的时间，想较快地检索这个事件的相关条目，为满足这种需要，我们特别编制了按事件发生的年月顺序排列的检索表。

由于职业教育与其他类型教育之间，在许多事件中都存在错综复杂的联系。例如农村教育综合改革、城市教育综合改革，自然涉及包括城乡的各类教育；在残疾人教育、民办教育、成人教育、远程教育当中，都不仅仅是职业教育；有关的事件（文件、政策、活动等）往往并不完全针对职业教育，一些综合性重大活动和法规文件，多与各级各类教育相关；即使在职业教育内部，甚至在某个工作领域内部，同样存在综合性事件与个别性事件之间的交叉重叠。于是，为保持每一部分的相对完整性，各部分之间重复存在同一事件的现象就难以避免。我们处理这个问题的原则是，凡各类教育综合的事件，着力记录与职业教育关系密切的内容；在职教内部的各部分之间，则从各部分自身的视角出发，记录与其直接相关的内容，以凸显本部分的特色。

本书编纂人员深知自身能力水平和工作经验之不足，便以多种形式先后请教了胡启立、陈至立、何东昌、朱开轩、王明达、李蔺田、孙震瀚、刘来泉、邹天幸、严雪怡、张薇之、吴秀方、陈逖先、刘春生、李增武、张光喜等许多老领导、老专家、老同志。陈至立副委员长为本课题作了书面批示；何东昌、朱开轩、王明达等老领导曾多次对课题研究和编纂过程中出现的一些疑难问题给予具体的宝贵指点；王明达、刘来泉、张薇之、吴秀方、张光喜等老同志还特地撰写了珍贵的回忆材料。

本书的编纂组织是以“中国1979—2008年职业教育要事的研究与编纂”课题组及其五个子课题组成员为基础，吸收部分组外人员组成编纂委员会和六个编纂组。编纂委员会负责本书编纂工作的策划、组织、协调和书稿的编排与审定；六个编纂组分别完成六篇各章节内容的资料收集、篇内有关问题的研讨、初稿的编写和初审工作。为了上卷、下卷及其各篇内容、格式、文字要求的统一协调，减少不必要的重复，在主编、副主编的直接主持下，由张志增、孙志河分别负责上卷、下卷的统稿工作。

在本书多次反复审改的过程中，为追求全书整体结构的协调和优化，对各编纂组送交的初稿，虽然基本保留了各篇的主体部分，但从章节编排到条目内容都已经做了较多调整和改动，很难准确注明各部分的执笔者，因此概不加注初稿起草者姓名。

为了广泛发挥课题组以外有关资源的作用，本课题曾于2008年5—7月，同《人民政协报》合作举办过两项活动：一是在《人民政协报教育在线周刊》上开辟《中国职业教育30年的变迁与展望》专栏；二是举办中国职业教育30年的回顾、思考与展望——人民政协报教育之春系列沙龙暨“中国1979—2008年职业教育要事研究与编纂”课题研讨会，在一定程度上达到了预期目标。

在研究和编纂过程中，获得了本课题顾问委员会成员的悉心指导，中国职业技术教育学会从多方面给予了大力支持；还得到教育部档案室、教育部职业技术教育中心研究所、中央教育科学研究所、人力资源和社会保障部职业技能鉴定中心、中华职业教育社、中国职工教育和职业培训协会、高等职业技术教育研究会、河北省教育厅、河北省人力资源和社会保障厅、天津市教委、河北省职业教育研究所、河北师范大学职业技术学院、吉林工程技术师范学院、吉林省职业教育研究中心、天津职业大学、天津大学、承德石油高等专科学校、郑州铁路职业技术学院、教育科学出版社、河北石家庄职业技能教研鉴定指导中心等单位的大力协助。教育科学出版社职业与成人教育编辑部樊慧英主任自始至终参与课题研究，该部编辑人员克服了种种困难，为本书的如期出版付出了大量精细、高效的劳动。

在编纂过程的不同阶段，课题组曾经得到厦门大学史秋衡，北京联合大学鲍洁，上海第二工业大学汤佩珍、陈伟宏，金陵科技学院谢培苏，深圳职业技术学院黄亚妮，北京城市学院刘林，湖南教育科学研究院欧阳河，北京经贸职业学院张舒拉，河北省人力资源和社会保障厅杨建勇，河北师范大学硕士研究生王文晓、王树宵、庞少召、余幸辉、赵晓燕、王玲等同志的鼎力帮助。中等职业教育篇编纂组建立之初，颜景信做了许多前期准备工作。

借此机会，我们编纂委员会和各篇编纂组全体同人向指导、参与、协助、支持过本课题工作的各级领导、各位专家和其他有关人员表示诚挚的谢意。

本课题的基础性和阶段性，决定了本课题成果的局限性，它所能回答的问题是有限的。同时，课题组成员自身的个人意志、思想观念、认识水平，以及平日的学术积累和文字能力等主观因素，都会影响最后成果的品质，使它能够达到的质量也是有限的，纰缪在所难免。我们真诚地希望读者给予批评指正，以便今后有机会修订时予以改进。

《30年重大变革——中国1979—2008年职业教育要事概录》编纂委员会

前　言

1978年4月22日，邓小平同志在全国教育工作会议上的讲话中指出："整个教育事业必须同国民经济发展的要求相适应"，"应该考虑各级各类学校发展的比例，特别是扩大农业中学、各种中等专业学校、技工学校的比例"。这是我国最近30年来中等教育结构改革之滥觞。1978年底召开的十一届三中全会，作出把党和国家的工作重点转移到社会主义现代化建设上来和实行改革开放的历史性决策，吹响了走自己的路、建设中国特色社会主义的时代号角，开启了历史的新时期。奔腾不息的改革大潮从此喷涌而出，国民经济实现了长时期持续的高速增长。职业教育的改革和发展，恰是与这滚滚大潮相伴而行的一股激流，她呐喊着、拼搏着，紧紧相随于经济和社会改革与发展洪流之侧，同时也不断地改变、完善和壮大着自己，她的一切努力都是为了一个目的：服务社会，造福人民。温家宝总理在2007年的政府工作报告中，对我国职业教育发展的意义作出如下评价："要把发展职业教育放在更加突出的位置，使教育真正成为面向全社会的教育，这是一项重大变革和历史任务。"

与普通教育比较，职业教育在中国的起步并不算晚，但发展道路却更加坎坷，正如中国教育学会会长顾明远在2002年的一篇文章中所写："现代职业教育引入我国已经130多年了，其发端比普通教育还早。但步履之艰难，远甚于普通教育。"回顾改革开放30年的职业教育发展历程，起伏跌宕，波澜壮阔，职教事业成就之大，总体趋势之好，体制改革之深，都是史无前例的。其间，有过迟疑，而更多的是坚持和奋进；有过低谷，而更多的是蒸蒸日上；有过愿望良好后果失意的教训，更多的则是正确有力的引领和推进。对于过去的一切，当我们以客观而非主观的、务实而非虚妄的、为了更好的未来而非拘泥旧事不放的态度，进行回顾、思考、反省、总结之后，可望成为今天和明天的宝贵财富，在此基础上展望未来中国的职业教育，必将更加壮志凌云，信心百倍。然而所有这些，都需要建立在对历史事实准确无误的了解和掌握的前提之下。

2005年，我国经济建设面临新的转型，人力资源凸显技能型人才的结构性短缺，社会对职业教育提出了更高、更新、更紧迫的要求。当年召开的全国职业教育工作会议及会前发布的《国务院关于大力发展职业教育的决定》，是我国职业教育史上新的里程碑，推动着全国职业教育在一个全新的起点上阔步前进，职业教育的研究工作也出现了空前繁荣的局面。然而，有些业内外人士对我国职业教育过去的历史，甚至对20世纪80—90年代发生的事情，产生了不少误读和错判，严重影响他们研究成果的客观性和科学性，有时因为对于某个史实的理解偏差而导致不必要的争论，明显地阻碍着职业教育研究工作的继续深入。当时我国已有的几本职业技术教育史专著，因受著作的时间跨度和文本的性质任务所限，对许多历史事件无法多行记载。尤其在改革开放以来的职教发展历程中发生的重要事件，它们在我国职业教育史上是最丰富多彩的，也是最值得研究和记录的，却尚未进行全面、系统的整理，其中部分事件的细节，甚至未必有文字记载。某些当事人的相继故去，增大了对某些史实进行查考的难度，导致各种误解频频出现。职业教育研究工作的深入和职业教育事业的发展，都急需对改革开放30年来我国职业教育领域的重要事件进行收集、梳理和汇总。这种客观的急迫需求，正是产生我们这个课题的直接动因。2005年初秋的一天，时任中国职业技术教育学会副会长兼学术委员会主任、河北师范大学兼职教授杨金土在河北师范大学同部分职教工作者谈起这些情况，并提出为此做些工作的动议，立刻引起当时在场的中国职教学会学术委员会秘书处、河北师范大学职业技术学院、河北省职业教育研究所等单位职教同人的强烈共鸣。由于中国职业技术教育学会学术委员会秘书处就设在河北省职业教育研究所，该所又挂靠在河北师范大学，上述动议很快得到河北师范大学领导的高度重视和支持。经过多次研讨，决定由杨金土牵头，从各地、各部门邀请一批比较熟悉这一时期职教工作的志愿者，组成课题组，着手收集、查核、梳理、研究、记录改革开放30年以来我国职业教育领域的重要事件，然后汇编成册。大家认为，如果能够做成这件事情，有可能为已有的相关史籍拾遗补阙；有可能发掘、抢救和积累一批濒临消失的职业教育原始资料和有关人士的宝贵记忆；有可能为有关人员研究这段历史提供比较可靠的史料；有可能澄清一些史实，解除一些不必要的歧义；有可能借此进一步彰显这30年来我国职教事业的巨大成就和丰硕经验，使人们更清楚地了解这一时期党和国家改革、发展职业教育的思路和决策过程，以及职业教育在经济建设和社会发展中的地位和作用，进一步提高对发展职业教育重要性和紧迫性的认识，增强办好职业教育的决心和信心。2006年9月，河北师范大学以“中国1979—2008年职业教育要事的研究与编纂”为题，向全国教育科学规划领导小组申报“十一五”规划课题。2006年12月26日，该课题被全国教育科学规划领导小组批准确定为全国教育科学“十一五”规划教育部重点课题。

我们的课题研究动议得到了教育部职业教育与成人教育司、中国职业技术教育学会、中华职业教育社、中国职工教育与职业培训协会、高等职业教育研究会、教育部职业技术教育中心研究所、《职业技术教育》杂志社、吉林工程技术师范学院等单位的大力支持。这些单位的部分人员组成总课题组和五个子课题组，同时成立了以原国家教育委员会副主任王明达为总顾问的11位领导和专家组成的顾问委员会。鉴于杨金土等同志与中国职业技术教育学会第二届学术委员会的工作关系，我们的课题工作从一开始就被列入第二届、第三届学术委员会的工作计划，并始终得到委员们的重视和参与，也得到了该学会的指导和支持。

经过三年多的努力，课题研究取得了预期成果，研究和编纂成《30年重大变革——中国1979—2008年职业教育要事概录》一书，递交了课题研究报告。本课题组成员与本书的编纂委员会成员同为一套人马。2010年6月29日，以教育部原部长何东昌为组长，中国教育学会会长顾明远为副组长，由中华职业教育社总干事陈广庆、教育部职业教育与成人教育司副司长王继平、人力资源和社会保障部职业技能鉴定中心原党委书记陈李翔、全国教育科学规划领导小组办公室常务副主任曾天山参与组成的鉴定专家组，在全国教育科学规划领导小组办公室的主持下，在清华大学丙所举行了鉴定会议，一致通过了鉴定，同意结题。

本书为什么称此成果为“概录”？因为在课题立项的时候我们就把此项任务目标定位于尽可能多地求证和记录我国改革开放30年职业教育改革和发展的重要事件。我们的工作原则是务必求真，宁缺毋“假”，把“真实性”作为我们的第一要务和第一个质量标准来执行。然而受客观条件和主观能力的限制，不可能记录得很全，也不容易事事都能求证得十分彻底，疏漏和纰缪都在所难免，因此只能称为“概录”。之所以保留了这个“录”字，是希望在标题上显示这个成果作为一份“断代史料”的基本品格。

本课题为什么选择“要事”进行记录？因为我们认为，我国职业教育事业在最近30年的发展和变迁过程，是通过一个一个的事件推动和变革的。这些事件有大小、轻重之分，它们在时间和空间的结构上共同构成了一个网络，其中具有重要历史意义和社会影响的事件，可视为这一时期职业教育事业网络上具有标志性意义的“时空节点”，它们在这个宏大的网络中具有左右衔接、上下贯通的关键性功能。本课题将这些重要事件简称为“要事”。日后，当人们对我国这一时期职业教育的发展和变迁进行研究的时候，这些相对准确、翔实的纪实性资料，必将有益于他们的分析、思考和研究的不断展开和深入。

“要事”之“要”，具有两层含义：一是表明事件的重要性和关键性；二是指记录时须摘其要旨，录其要领。“要事”与“大事”大同小异，“大同”是指两者所列事件之多数皆意义重大、影响巨大、规模宏大；“小异”，主要在于“要事”更强调事件的意义和影响，即更侧重其“重要性”。例如，每年的招生工作显然是大事，在教育部门每年的大事记中不能不记，但在本课题的要事概录中却不会年年记录，而有关职教招生政策的某项重大变动则必记无疑。有些在教育部门的大事记中未必记录的事件，却有可能被本课题列为不可或缺的要事。例如，某县建立了我国第一所县级职教中心，某地建立了我国第一所独立设置的职业技术学院，某所大学设立了我国第一个职业技术教育学专业硕士、博士研究生学位授予点，某人或某组织发表了某篇对全国职业教育发展和改革产生了重要影响的学术文章，等等。按“要事”的要求来研究和编纂史实，对我们是一次极富挑战性的探索和尝试。

本课题研究的主要工作，一是选择哪些事件是要事，二是如何表述这些要事。在研究回答这两个问题的过程中，我们没有孤立地对待和处理有关事件，而是把这些事件放到某个方面的历史过程中进行分析，以把握其基本性质和大体的发展脉络为前提，选择其中具有关键性意义的事件记录之。例如，关于初中后中等与高等职业教育“五年一贯制”的发展过程，首先要掌握这一制度在改革开放新形势下重新开始探索到较大规模推开的发展历程及其基本脉络，然后找准几个最重要的事件编写成若干个条目。再比如中国同德国的职业教育合作，我们首先从教育部派员赴德行“破冰之旅”开始，到引进合作项目、双方共建三个职教研究所、扩大合作规模等环节作整体把握，然后选择若干个“要事”进行记录。在课题工作开展之初，五个子课题分别采用文献查阅、人物专访、实地调查等方式尽可能广泛地收集各种事件资料，然后划分章节，根据“要事”的原则规定精心挑选，通过多种渠道和手段逐条核实，不“要”者不留，欠“实”者删去，大量的原始资料都在这个环节中被剔除。其工作之浩繁艰难，凡学者都不难理解。

本课题的任务是求证和记录“史”中的要事，而不是写“史”，因此一般不涉及对于这些要事历史意义的评价，也并不直接描述它们之间的相互关系，而是通过对事件的如何选择和如何撰写来表达自己的思想、观点和态度。它的基础性意义，使我们深感责任重大，要求我们始终把研究放在第一位，强调在研究的基础上编纂，坚持边研究边编纂，按事业全局、工作领域、工作项目、重要事件等不同层次分别进行研究。在研究和编纂的过程中，我们试图努力把握和处理好如下四个关系。一是职业教育发展同经济、社会、就业、科技发展的关系。它们既是职业教育存在和发展的基本依据，也是职业教育自身改革和完善的基本依据，我们始终努力把这两个方面紧密联系在一起思考。二是职业教育同整个教育的关系。遵照邓小平同志关于“整个教育事业必须同国民经济发展的要求相适应”的指示精神，认真理解温家宝总理把发展职业教育作为整个教育的“重大变革”之一来看待的深刻含义，把握整个教育改革和发展与职业教育兴衰之间的相互作用，从整个教育与社会的关系中审视职业教育的地位变迁和功能变化。三是职业教育的发展同改革开放的关系。发展职业教育的终极目标是促进社会发展和人的发展，改革创新是推进发展的动力，对外开放是进行改革和实现发展必不可少的条件，发展和改革开放这两方面的内容在本书各个条目当中都是交融在一起的。四是职业教育的发展同挫折之间的关系。我们坚持以发展为主线，同时注意其间所遭遇的挫折和起伏。我们认为，波浪式前进、螺旋式上升是历史发展的正常轨迹，因此如实记录这样的轨迹，是尊重历史、尊重事实的应有态度。

职业教育的兴衰起落，从来都不是孤立发生的现象，而是始终伴随着新旧教育思想的更替，反映了整个教育制度的进步。尤其最近30年来我国职业教育的发展历程，包含千百万人的奋斗成果和探索实践，其内容之丰富多彩是史无前例的，本课题成果所提供的史料终究无法完整反映其全貌，期待各方学者通过其他相关课题的研究予以匡正和弥补。

《30 年重大变革——中国 1979—2008 年职业教育要事概录》编纂委员会

目　录

上　卷

第一篇　综　合

第二篇　职业资格制度与职业技能鉴定

第三篇 职业教育服务体系

下 卷

第四篇 高等职业教育

第五篇　中等职业教育

第六篇　职业培训

第一篇

综　　合

第一章　法律法规

第一节　依　　据

AAA001 －19821204

发展职业教育被写入《中华人民共和国宪法》

1949 年 9 月第一届中国人民政治协商会议第一次会议通过的具有临时宪法作用的《中国人民政治协商会议共同纲领》规定“注重技术教育”。1954 年 9 月第一届全国人民代表大会第一次会议通过的首部《中华人民共和国宪法》规定“国家设立并且逐步扩大各种学校”。1982 年 12 月 4 日，第五届全国人民代表大会第五次会议通过的第四部宪法颁布实施，其第一章“总纲”第十九条规定：“国家举办各种学校，普及初等义务教育，发展中等教育、职业教育和高等教育。发展各种教育设施，对工人、农民、国家工作人员和其他劳动者进行政治、文化、科学、技术、业务的教育。鼓励集体经济组织、国家企业事业组织和其他社会力量依照法律规定举办各种教育事业。”这是中华人民共和国成立以来第一次把发展职业教育写入国家的根本大法。到目前，这部宪法几经修订，发展职业教育的规定始终没有改变。

附录 1　中国人民政治协商会议共同纲领（1949）（摘录）

第四十六条　中华人民共和国的教育方法为理论与实际一致。人民政府应有计划有步骤地改革旧的教育制度、教育内容和教学法。

第四十七条　有计划有步骤地实行普及教育，加强中等教育和高等教育，注重技术教育，加强劳动者的业余教育和在职干部教育，给青年知识分子和旧知识分子以革命的政治教育，以应革命工作和国家建设工作的广泛需要。

附录 2　中华人民共和国宪法（1954）（摘录）

第九十四条　中华人民共和国公民有受教育的权利。国家设立并且逐步扩大各种学校和其他文化教育机关，以保证公民享受这种权利。

国家特别关怀青年的体力和智力的发展。

AAA002－19940705

《中华人民共和国劳动法》规定发展职业教育

1994年7月5日，第八届全国人民代表大会常务委员会第八次会议通过《中华人民共和国劳动法》，第28号国家主席令公布，自1995年1月1日起实施。该法第一章“总则”第三条规定“劳动者享有‘接受职业技能培训的权利’”；第五条规定“国家采取各种措施……发展职业教育”。该法专设第八章“职业培训”，以四条法则从国家、各级人民政府到用人单位分层次对各自应负有的职业培训权利和义务提出了相关要求：第一，国家通过各种途径，采取各种措施，发展职业培训事业，开发劳动者的职业技能，提高劳动者素质，增强劳动者的就业能力和工作能力；第二，各级人民政府应当把发展职业培训纳入社会经济发展的规划，鼓励和支持企事业、社会团体和个人进行各种形式的职业培训；第三，用人单位应当建立职业培训制度，按照国家规定提取和使用职业培训经费，根据本单位实际有计划地对劳动者进行职业培训，从事技术工种的劳动者上岗前必须经过培训；第四，国家实行职业资格证书制度，由经过政府批准的考核鉴定机构负责对劳动者实施职业技能考核鉴定。

AAA003－19950318

《中华人民共和国教育法》规定国家实行职业教育制度

1995年3月18日，第八届全国人民代表大会第三次会议通过《中华人民共和国教育法》，第45号国家主席令公布，自1995年9月1日起施行。该法律第二章“教育基本制度”明确规定：“国家实行职业教育制度……各级人民政府、有关行政部门以及企业事业组织应当采取措施，发展并保障公民接受职业学校教育或者各种形式的职业培训。”该法第五章“受教育者”规定：“从业人员有依法接受职业培训的权利和义务……国家机关、企业事业组织和其他社会组织，应当为本单位职工的学习和培训提供条件和便利”。该法第六章“教育与社会”规定：“国家鼓励企业事业组织、社会团体及其他社会组织同中等职业学校在教学、科研、技术开发和推广等方面进行多种形式的合作。”

第二节 专门的法律法规

AAB001 －19851223

我国第一部地方性职业教育法规发布

1985 年 12 月 23 日，河北省人民代表大会常务委员会第十七次会议通过了《河北省发展职业技术教育暂行条例》，自 1986 年 7 月 1 日起施行。这是我国第一部地方性职业教育法规。《条例》共分 12 章 44 条，提出了重点发展高中阶段的中等职业技术教育，有计划地发展初等、高等职业技术教育，广泛开展各种形式的职业技术培训，逐步建立起具有河北省特点的职业技术教育体系。《条例》还对各类职业技术教育的培养目的、基本原则、开办审批、学生教师及领导管理体制作出了具体规定，在全面总结本省发展职业技术教育实践经验的基础上使有关政策规定形成了比较完整的法律条文。《条例》的施行，有力地推动了河北省职业技术教育事业的发展。随后，江苏、辽宁、上海等多个省市也陆续出台了地方性职业技术教育法规。

AAB002 －19891121

《职业技术教育条例》起草

1987 年 6 月 4 日，国家教委职业技术教育司司长孟广平和副司长孙震瀚、闻友信等以 2000 年中国职业技术教育编写组的名义联名印发《2000 年中国职业技术教育》规划上报稿，提出："为了使职业技术教育的发展得到稳定可靠的保障，必须抓紧职业技术教育立法工作。"同时指出："考虑到法律的严肃性和权威性，立法既要抓紧，又不能操之过急，草率从事。我们应该首先制定职业技术教育条例，然后制定若干单项法，最后再制定出我国的第一部职业技术教育法。"随后，在国家教委职教司的一次司务会议上，确定在编写组文稿基础上开始调研并起草《职业技术教育条例（草稿）》，并会同政策法规司相关同志商定。1989 年 11 月 21 －25 日，国家教委职教司与政策法规司会同成人教育、基础教育、高等教育等司在河北省石家庄市召开职业技术教育法规文件起草工作讨论会。会议确定委托 7 个省、市教育行政部门会同有关部委及协作省、市，组成文件、法规起草小组，分别承担《职业技术教育条例》等 7 个文件的前期调研和起草工作。此后，根据各地建议，国家教委决定牵头成立《职业技术教育条例》起草小组，该小组挂靠在职业技术教育司，立即着手《职业技术教育条例》起草工作。1990 年 3 月，《职业技术教育条例（草稿）》完成。

AAB003－19911030

《职业技术教育法》列入全国人大常委会立法规划

1991年3月，第七届全国人民代表大会第四次会议召开期间，杨辉等32名代表提出第100号议案，建议制定“职业技术教育法规”；索敬贤等31名代表提出第59号议案，建议制定“职业技术教育管理法”。两个议案都要求通过立法落实职业技术教育在国民经济中的地位和作用，解决职业技术教育管理体制、经费、师资、办学形式、劳动就业诸多方面的问题和困难。国家教委对上述两个议案进行了研究，复函全国人大教科文卫委员会，建议先由各省、自治区、直辖市制定地方性法规，然后在总结各地经验的基础上制定《职业技术教育条例》，争取“八五”期间提交国务院审议发布。1991年8月30日，全国人大教科文卫委员会提出报告，认为职业技术教育存在的一系列问题需要通过制定法律理顺关系，因此要求国家教委把制定《职业技术教育法》列入“八五”教育立法规划，在总结各地经验的基础上抓紧开展工作，争取“八五”期间提交全国人大常委会审议。1991年10月30日，第七届全国人民代表大会常务委员会第二十二次会议审议通过了包含这一要求的《关于第七届全国人大第四次会议主席团交付教科文卫委员会审议的代表提出的议案审议结果的报告》，标志着职业技术教育立法工作正式列入了全国人大常委会的立法规划。

AAB004－19930129

《职业技术教育法》起草领导小组召开第一次会议

1993年1月29日，《职业技术教育法》起草领导小组召开第一次会议。会议决定：由全国人大教科文卫委员会、国家教育委员会、劳动部、中华职业教育社共同组建《职业技术教育法》起草领导小组，国家教委副主任王明达为领导小组组长，国家教委职教司司长杨金土、副司长陈德才，劳动部培训司司长李亨业，全国人大教科文卫委员会教育研究室主任吴福生，职业技术教育中心研究所副所长孟广平，中国职业技术教育学会秘书长闻友信，中华职业教育社总干事陈一如为领导小组成员；设立以国家教委职教司副司长陈德才为组长的工作小组，其主要任务是调查总结国内各省市职业技术教育立法工作的现状，研究分析国际职业技术教育立法的特点及经验，研究起草我国职业技术教育法的框架结构。从1993年开始，起草小组在1989—1990年起草的《职业技术教育条例（草稿）》基础上正式起草《职业技术教育法》。

AAB005－19930428

《职业技术教育法》初稿拟成

1993 年 3 月第八届全国人民代表大会第一次会议期间，陈炳生等 32 名全国人大代表联名提交第 67 号提案“建议加快制定《职业技术教育法》”，董耐芳等 32 名代表联名提交第 436 号提案“建议制定《职业技术教育法》”，都要求加快《职业技术教育法》的立法工作。在《职业技术教育法》起草领导小组的指导下，1993 年 4 月 28 日，起草工作小组拟成《职业技术教育法》初稿并呈报领导小组审阅修改。

AAB006－19950421

国家教委提交《中华人民共和国职业教育法（草案送审稿）》

1995 年 1 月 4 日，国家教委正式给各省、市、自治区教委（教育厅）和国务院有关部委教育司（局）发函，征求对《中华人民共和国职业教育法（草案）》（征求意见稿）的修改意见。随后，根据各方面提出的意见，国家教委进行了修改。4 月 3 日，国家教委主任朱开轩主持召开办公会议，审议并通过了《中华人民共和国职业教育法（草案）》稿。后经再次修改，形成了《中华人民共和国职业教育法（草案）》第 8 稿（总第 17 稿）。1995 年 4 月 21 日，国家教委正式向国务院报送《中华人民共和国职业教育法（草案送审稿）》。

AAB007－19951204

国务院决定提请审议《中华人民共和国职业教育法（草案）》

1995 年 5 月 8 日，国务院副总理李岚清主持召开协调会专题讨论《中华人民共和国职业教育法（草案送审稿）》。国务院副秘书长徐志坚、国务院法制局副局长徐玉麟、国家计委副主任郝建秀、国家科委副主任朱丽兰、劳动部副部长林用三、全国人大教科文卫委员会副主任委员杨海波、全国政协科教文卫体委员会副主任委员黄辛白等出席会议。国家教委副主任王明达就有关问题作了汇报，李岚清副总理作了讲话。11 月 24 日，国务院副总理李岚清、吴邦国约请国家教委主任朱开轩、劳动部部长李伯勇、国务院法制局局长杨景宇等，就《中华人民共和国职业教育法》的规范范畴、职业教育的管理体制等问题进行研究，达成了一致意见，并由国务院法制局向国务院常务会会议呈送了关于《中华人民共和国职业教育法（草案）》的审查报告。1995 年 12 月 4 日，国务院总理李鹏主持召开国务院常务会议，讨论并通过了《中华人民共和国职业教育法（草案）》，决定报送全国人大常委会。12月11日，国务院总理李鹏签发国函［1995］117号文件，正式向全国人大常委会提请审议《中华人民共和国职业教育法（草案)》。

AAB008－19951220

全国人大常委会审议《中华人民共和国职业教育法（草案)》

1995年12月20－28日，第八届全国人民代表大会常务委员会第十七次会议在北京举行。国家教育委员会主任朱开轩受国务院委托，就《中华人民共和国职业教育法（草案）》作了说明。他指出："1992年以后，邓小平同志视察南方重要谈话的发表，党的十四大的召开，党中央、国务院印发的《中国教育改革和发展纲要》和召开的全国教育工作会议，国务院作出的关于大力发展职业技术教育的决定，全国人大制定的教育法，全国人大常委会制定的劳动法中专章对职业培训作的规定，这些都为加快职业教育法的起草工作提供了明确的方针、思路和立法依据。""职业教育法是教育法的配套法律，同时又与实施劳动法关于职业培训的内容有着密切的联系。职业教育法作为全面规范职业教育活动的法律，它的调整范围不仅应该包括各级各类职业学校教育，而且应该包括各种形式的职业培训。但是，考虑到对国家公务员、法官、检察官的职业教育以及其他由专门国家机关实施的职业教育有不同于一般职业教育的特点，因此，草案指出这类职业教育由法律、行政法规另行规定。"与会者对《中华人民共和国职业教育法（草案）》进行了初步审议，提出了一些修改意见。

AAB009－19960515

全国人大常委会颁布《中华人民共和国职业教育法》

1996年5月7－15日，第八届全国人民代表大会常务委员会第十九次会议在北京举行。会议再次审议了《中华人民共和国职业教育法（草案)》。全国人大法律委员会副主任委员厉以宁代表全国人大法律委员会作《关于〈中华人民共和国职业教育法（草案)〉审议结果的报告》，就其修改情况进行了说明，建议予以审议通过。15日，会议经过表决，通过了《中华人民共和国职业教育法》，随即中华人民共和国主席令第六十九号予以公布，并宣布自1996年9月1日起施行。《中华人民共和国职业教育法》分总则、职业教育体系、职业教育的实施、职业教育的保障条件、附则5章，共计40条。该法确立了职业教育的法律地位，规定了政府、社会、企业、学校和个人的义务与权利，明确了职业教育的根本任务、办学体制和管理体制，提出了发展职业教育的方法和途径，制定了职业学校的设置标准和进入条件等。该法的颁布和实施，标志着我国职业教育走上了制度化、法制化的轨道。1996 年 5 月 18 日，《中国教育报》发表题为《职业教育发展改革的法律保障》的社论，祝贺《中华人民共和国职业教育法》颁布。

AAB010 –19960522

学习宣传贯彻落实《中华人民共和国职业教育法》座谈会举行

1996 年5 月22 日，国家教育委员会、全国人民代表大会教科文卫委员会、全国人民代表大会常务委员会法制工作委员会和国务院法制局在北京举行学习宣传贯彻落实《职业教育法》座谈会。中共中央政治局委员、国务院副总理李岚清出席座谈会并讲话。国家教委副主任王明达、劳动部副部长刘雅芝、全国人大教科文卫委员会主任委员赵东宛、国务院副秘书长徐志坚和全国政协、民主党派、北京市的有关负责人出席座谈会。李岚清指出，《职业教育法》的颁布是我国职业教育发展史上的重要里程碑，为职业教育的发展与改革提供了有力的法律保障，必将推动我国职教事业进入依法治教的新阶段，并将对促进实施科教兴国战略和可持续发展战略、实现经济体制和经济增长方式的根本转变产生积极而重要的影响。李岚清指出，贯彻《职业教育法》，核心是要明确和落实各方面的职责和义务，齐心协力兴办职业教育。政府兴办职业教育的职责主要有三个方面：一是要把发展职业教育纳入国民经济和社会发展规划，采取必要的政策措施。二是要办好发挥骨干和示范作用的职业学校、职业培训机构。三是要对社会各方面依法举办的职业学校和职业培训机构给予指导和扶持。

AAB011 –19960607

国家七部门部署学习宣传和贯彻实施《中华人民共和国职业教育法》

1996 年6 月 7 日，全国人大教科文卫委员会、国家教委、国家经贸委、劳动部、农业部、司法部、中华全国总工会共同印发《关于学习宣传和贯彻实施〈中华人民共和国职业教育法〉的通知》。《通知》指出，各省、自治区、直辖市及计划单列市政府和教育、经济综合、劳动部门及行业组织、社会团体应当把学习、宣传和贯彻实施《职业教育法》列入议事日程，各级人民政府要加强对学习、宣传《职业教育法》工作的领导，各级人大有关专门委员会应积极参与并加强对《职业教育法》学习、宣传和贯彻实施工作的指导和监督，教育行政部门、经济综合部门、劳动行政部门和其他有关部门、行业组织、工会组织应将《职业教育法》的学习宣传和贯彻落实作为本系统、本行业及所属企业、单位的“三五”普法内容之一。《通知》要求各地、各有关部门把学习、贯彻《职业教育法》与贯彻落实《教育法》《劳动法》有机地结合起来，各级党政领导干部带头学习、宣传《职业教育法》，各地和各新闻单位采取多种形式展开学习、宣传《职业教育法》的活动，使《职业教育法》在有关部门和职业教育领域深入人心，使广大群众对《职业教育法》有个基本了解，为《职业教育法》的实施创造良好的社会环境。

AAB012－19970123

我国第一部地方性实施职业教育法办法发布

1997年1月23日，辽宁省第八届人民代表大会常务委员会第二十五次会议通过了《辽宁省实施〈中华人民共和国职业教育法〉办法》，并宣布1987年7月25日辽宁省人民代表大会常务委员会公布施行的《辽宁省职业技术教育条例》同时废止。《辽宁省实施〈中华人民共和国职业教育法〉办法》是我国第一部由省级人大常委会制定的实施《中华人民共和国职业教育法》办法。《办法》共分6章40条，主要内容包括职业教育体系、职业教育的实施、职业教育的保障措施、法律责任等。2004年6月30日，辽宁省人民代表大会常务委员会作出修改《辽宁省实施〈中华人民共和国职业教育法〉办法》的决定，删除了原《辽宁省实施〈中华人民共和国职业教育法〉办法》第二十条，对条文顺序进行了相应调整，并予以重新公布。

AAB013－19980316

国家教委等部委提出实施《中华人民共和国职业教育法》的若干意见

为了推动《中华人民共和国职业教育法》的贯彻执行，进一步落实职业教育的战略地位，指导职业教育改革和发展，国家教育委员会、国家经济贸易委员会、劳动部联合提出了《关于实施〈职业教育法〉加快发展职业教育的若干意见》，并于1998年3月16日印发各省、市、自治区有关部门和国务院有关部委教育司（局），要求认真贯彻执行。《意见》共分十个部分：一是进一步提高认识，加强领导，落实职业教育的重要地位；二是努力实现跨世纪发展职业教育的奋斗目标；三是建立、健全职业教育体系；四是推动农业、艰苦行业和中西部地区职业教育的发展；五是推进办学体制改革，加强部门分工协作；六是贯彻产教结合的原则；七是加快招生和毕业生就业制度改革，推行两种证书制度；八是加强职业教育内部改革和建设；九是加强和改进德育工作；

十是多渠道筹集职业教育经费。《意见》强调，全社会都要从国家发展的战略和全局出发，进一步提高思想认识，关心和支持职业教育；各级政府和有关部门要进一步加强对职业教育工作的领导，落实职业教育的重要战略地位，把调整教育结构、发展职业教育摆到突出位置，抓住机遇，开创我国职业教育工作的新局面。

AAB014－20010914

全国人大教科文卫委员会检查《中华人民共和国职业教育法》实施情况

为纪念《中华人民共和国职业教育法》颁布实施5周年，2001年9月14－18日，全国人大常委会副委员长彭珮云带领全国人大教科文卫委员会有关人员对黑龙江省实施《职业教育法》的情况进行了检查。随后，全国人大教科文卫委员会派员检查了新疆维吾尔自治区和重庆市实施《职业教育法》的情况。全国人大教科文卫委员会的检查结果表明，《职业教育法》的贯彻落实工作成绩显著，大大推进了我国职业教育事业的改革和发展。主要表现在：各地普遍加强了职业教育的法律法规建设，促进了职业教育体系的形成；职业教育的经费投入逐步增加，职业学校的办学条件有了很大改善；各级政府按照规定，依法举办了一批骨干示范性职业学校；职业教育布局结构和专业设置调整工作成绩显著；劳动预备制度和职业资格证书制度得到推进。在新的形势下，仍有许多亟待解决的困难和问题，为此必须继续坚持大力发展职业教育的方针，按照市场需要设置专业，不拘一格办职教，努力扩大职业教育的规模，切实提高职业教育的质量和效益，加大依法治教的力度，进一步推动《职业教育法》的贯彻落实，全面开创新时期职业教育改革和发展的新局面。

AAB015－20060602

《中华人民共和国职业教育法》颁布实施10周年座谈会召开

2006年6月2日，全国人大教科文卫委员会教育研究室、中华职业教育社、中国职业技术教育学会在北京人民大会堂联合举办《中华人民共和国职业教育法》颁布实施10周年座谈会。会议的主题是：回顾、展望、研讨、推进。全国人大常委会副委员长、中华职业教育社理事长成思危出席会议并讲话。教育部副部长吴启迪、中国职业技术教育学会会长王明达及有关部门、团体负责人，部分省、市和企业界、职业院校代表等150余人出席了座谈会。会议认为，《职业教育法》颁布以来的10年，是职业教育改革发展取得显著成绩的 10 年，主要标志：一是适应经济社会发展的迫切需要，确立了职业教育发展的战略重点地位；二是初步形成了适应社会主义市场经济体制，与市场需求和劳动就业紧密结合，学历教育与培训并举，中高职相互衔接，灵活开放、协调发展的有中国特色的职业教育体系；三是职业教育改革和发展的思路更加清晰，主动服务经济社会发展的能力明显增强；四是职业教育的体制改革取得重大进展，形成了多元化的办学格局，管理体制进一步完善。会议认为，由于历史原因，我国在依法治教过程中积压了一些问题，有必要在总结职业教育制度创新的基础上，对《职业教育法》加以修改和完善。

AAB016 －20080104

修订《中华人民共和国职业教育法》纳入国家立法规划

2007 年 12 月 26－27 日，教育部在北京召开了 2008 年度工作会议。教育部部长周济在讲话时要求，切实落实教育部新一轮教育立法规划，加快起草、修订……《职业教育法》……（的）工作进程。2008 年 1 月 4 日，教育部印发《教育部 2008 年工作要点》，其中明确指出："大力加强教育法制建设，全面推进依法治教、依法治校。加快起草、修订……《职业教育法》……（的）工作进程。"2008 年 10 月，第十一届全国人大常委会出台立法规划，确定立法项目共 64 件，其中本届任期内提请审议的法律草案包括《职业教育法》共 49 件。2008 年 10 月 28 日，中共中央政治局常委、全国人大常委会委员长吴邦国在第十一届全国人大常委会第五次会议闭幕会上强调，要加强组织领导，建立健全责任制，确保立法规划的顺利实施。为了贯彻落实立法规划，2008 年 10 月 29 日，全国人大常委会召开立法工作会议进行部署，中共中央政治局委员、全国人大常委会副委员长王兆国出席会议并发表讲话。

第三节　相关的法律法规

AAC001 －19830220

《全国中小学勤工俭学暂行工作条例》发布

1983 年 2 月 20 日，国务院批转了教育部、国家计划委员会、国家经济委员会、财政部共同拟订的《全国中小学勤工俭学暂行工作条例》。《条例》分总则、生产劳动、校办工业、校办农业、劳动工资、组织领导、附则 7 章。《条例》提出："勤工俭学的主要任务是：1. 通过劳动实践对学生进行思想政治教育，培养学生热爱劳动、热爱劳动人民、热爱科学、爱护公共财物、有理想、讲文明、懂礼貌、守纪律、艰苦奋斗的道德品质。2. 理论联系实际，结合教学开展一些科学实验、科学种田活动，培养学生运用理论知识解决实际问题的能力，并使学生学到一定的生产知识和劳动技能。3. 搞好生产，创造物质财富，为改善办学条件和师生福利提供一定的条件。”《条例》明确规定：“本条例适用于所有中学、小学、职业中学、农业中学、中等师范学校、职业学校。”

AAC002－19900312

《学校体育工作条例》发布

1990年2月20日，国务院批准了国家教育委员会、国家体育运动委员会、财政部、人事部、建设部共同拟订的《学校体育工作条例》。1990年3月12日，第8号国家教育委员会令、第11号国家体育运动委员会令公布施行。国家教育委员会和国家体育运动委员会为此联合发出通知，要求加强领导、认真学习、广泛宣传、切实执行。《条例》明确提出，学校体育工作是指普通中小学校、农业中学、职业中学、中等专业学校、普通高等学校的体育课教学、课外体育活动、课余体育训练和体育竞赛。学校体育工作的基本任务是：增进学生身心健康、增强学生体质；使学生掌握体育基本知识，培养学生体育运动能力和习惯；提高学生运动技术水平，为国家培养体育后备人才；对学生进行品德教育，增强组织纪律性，培养学生的勇敢、顽强、进取精神。学校体育工作应当坚持普及与提高相结合、体育锻炼与安全卫生相结合的原则，积极开展多种形式的强身健体活动，重视继承和发扬民族传统体育，注意吸取国外学校体育的有益经验，积极开展体育科学研究工作。《条例》还提出，技工学校、工读学校、特殊教育学校、成人学校的学校体育工作参照本条例执行。

AAC003－19900604

《学校卫生工作条例》发布

1990年4月25日，国务院批准了由国家教育委员会、卫生部、财政部、人事部、劳动部、建设部共同拟订的《学校卫生工作条例》。1990年6月4日，第10号国家教育委员会令、第1号卫生部令公布施行。国家教委和卫生部为此联合发出通知，要求加强领导，认真学习，广泛宣传，切实执行。《学校卫生工作条例》所称的“学校”包括农业中学、职业中学、中等专业学校和技工学校。《条例》明确要求：“普通高等学校、中等专业学校、技工学校、农业中学、职业中学组织学生参加生产劳动，接触有毒有害物质的，按照国家有关规定，提供保健待遇。学校应当定期对他们进行体格检查，加强卫生防护。”“普通高等学校、中等专业学校、技工学校、农业中学、职业中学应当开设健康教育选修课或者讲座。”《条例》对“学校卫生工作管理”进行了规定，其中明确提出“中等专业学校、技工学校和规模较大的农业中学、职业中学，可以设立卫生管理机构，管理学校的卫生工作”，“可以根据需要，配备专职卫生技术人员”，“教育行政部门应当将培养学校卫生技术人员的工作列入招生计划，并通过各种教育形式为学校卫生技术人员和保健教师提供进修机会”。

AAC004 - 19910904

《中华人民共和国未成年人保护法》颁布

1991 年 9 月 4 日，第七届全国人民代表大会常务委员会第二十一次会议通过《中华人民共和国未成年人保护法》，第 50 号国家主席令公布，自 1992 年 1 月 1 日起施行。《未成年人保护法》所说的未成年人，指未满 18 周岁的公民。该法指出：“保护未成年人，是国家机关、武装力量、政党、社会团体、企业事业组织、城乡基层群众性自治组织、未成年人的监护人和其他成年公民的共同责任。”该法分总则、家庭保护、学校保护、社会保护、司法保护、法律责任、附则 7 章。对于未成年人的职业教育问题，该法在“学校保护”一章中规定：“对于在学校接受教育的有严重不良行为的未成年学生，学校和父母或者其他监护人应当互相配合加以管教；无力管教或者管教无效的，可以按照有关规定将其送专门学校继续接受教育……专门学校应当对在校就读的未成年学生进行思想教育、文化教育、纪律和法制教育、劳动技术教育和职业教育。”在“社会保护”一章中规定：“未成年人已经受完规定年限的义务教育不再升学的，政府有关部门和社会团体、企业事业组织应当根据实际情况，对他们进行职业技术培训，为他们创造劳动就业条件。”

AAC005 - 19920314

《中华人民共和国义务教育法实施细则》发布

1992 年 2 月 29 日，国务院批准了国家教育委员会拟订的《中华人民共和国义务教育法实施细则》。1992 年 3 月 14 日，第 19 号国家教育委员会令公布施行。《细则》分为总则、实施步骤、就学、教育教学、实施保障、管理与监督、罚则、附则 8 章。其中，“总则”一章规定：“承担实施义务教育任务的学校为：地方人民政府设置或者批准设置的全日制小学，全日制普通中学，九年一贯制学校，初级中等职业技术学校，各种形式的简易小学或者教学点（班或者组），盲童学校，聋哑学校，弱智儿童辅读学校（班），工读学校等。”在“教育教学”一章中明确提出：“实施义务教育的学校可根据城乡经济、社会发展和学生自身发展的实际情况，有计划地对学生进行职业指导教育和职业预备教育或者劳动技艺教育。”

AAC006－19920403

《中华人民共和国妇女权益保障法》颁布

1992年4月3日，第七届全国人民代表大会第五次会议通过《中华人民共和国妇女权益保障法》，第58号国家主席令予以公布，自1992年10月1日起施行。该法分总则、政治权利、文化教育权益、劳动权益、财产权益、人身权利、婚姻家庭权益、法律责任、附则9章。该法规定：“国家保障妇女享有与男子平等的文化教育权利。”“各级人民政府和有关部门应当采取措施，组织妇女接受职业教育和技术培训。”

AAC007－19931031

《中华人民共和国教师法》颁布

1993年10月31日，第八届全国人民代表大会常务委员会第四次会议通过《中华人民共和国教师法》，第15号国家主席令予以公布，自1994年1月1日起施行。该法分总则、权利和义务、资格和任用、培养和培训、考核、待遇、奖励、法律责任、附则9章。该法规定：“教师是履行教育教学职责的专业人员，承担教书育人、培养社会主义事业建设者和接班人、提高民族素质的使命。教师应当忠诚于人民的教育事业。各级人民政府应当采取措施，加强教师的思想政治教育和业务培训，改善教师的工作条件和生活条件，保障教师的合法权益，提高教师的社会地位。全社会都应当尊重教师。”对于职业学校的教师资格，该法明确规定：初级职业学校文化、专业课教师应当具备高等师范专科学校或者其他大学专科毕业及其以上学历；中等专业学校、技工学校、职业高中文化课、专业课教师资格，应当具备高等师范院校本科或者其他大学本科毕业及其以上学历；取得中等专业学校、技工学校和职业高中学生实习指导教师资格应当具备的学历，由国务院教育行政部门规定。

AAC008－19951212

《教师资格条例》发布

1995 年 12 月 12 日，国务院第 188 号令发布实施《教师资格条例》。《条例》把教师资格分为幼儿园教师资格，小学教师资格，初级中学教师和初级职业学校文化课、专业课教师资格（统称初级中学教师资格），高级中学教师资格，中等专业学校、技工学校、职业高级中学文化课、专业课教师资格（统称中等职业学校教师资格），中等专业学校、技工学校、职业高级中学实习指导教师资格（统称中等职业学校实习指导教师资格），高等学校教师资格 7 类，并提出“成人教育的教师资格，按照成人教育的层次，依照上款规定确定类别”。《条例》规定：“取得教师资格的公民，可以在本级及其以下等级的各类学校和其他教育机构担任教师；但是，取得中等职业学校实习指导教师资格的公民只能在中等专业学校、技工学校、职业高级中学或者初级职业学校担任实习指导教师。”“高级中学教师资格与中等职业学校教师资格相互通用。”

AAC009－19980829

《中华人民共和国高等教育法》颁布

1998 年 8 月 29 日，第九届全国人民代表大会常务委员会第四次会议通过《中华人民共和国高等教育法》，第 7 号国家主席令予以公布，自 1999 年 1 月 1 日起施行。该法指出：“高等学校是指大学、独立设置的学院和高等专科学校，其中包括高等职业学校和成人高等学校。”该法规定：“国家按照社会主义现代化建设和发展社会主义市场经济的需要，根据不同类型、不同层次高等学校的实际，推进高等教育体制改革和高等教育教学改革，优化高等教育结构和资源配置，提高高等教育的质量和效益。”

AAC010－19990628

《中华人民共和国预防未成年人犯罪法》颁布

1999 年 6 月 28 日，第九届全国人民代表大会常务委员会第十次会议通过《中华人民共和国预防未成年人犯罪法》，第 17 号国家主席令予以公布，自同年 11 月 1 日起施行。该法是为了保障未成年人身心健康，培养未成年人良好品行，有效预防未成年人犯罪而制定的。该法对“预防未成年人犯罪的教育、对未成年人不良行为的预防、对未成年人严重不良行为的矫治、未成年人对犯罪的自我防范、对未成年人重新犯罪的预防”进行了规定，对职业教育培训机构提出了相关要求，即对于已满 16 周岁不满 18 周岁准备就业的未成年人，职业教育培训机构应当将法律知识和预防犯罪教育纳入职业培训的内容。同时还规定："未成年人在被收容教养期间，执行机关应当保证其继续接受文化知识、法律知识或者职业技术教育。"

AAC011－20000923

《〈教师资格条例〉实施办法》发布

2000年9月23日，教育部发出第10号令，发布《〈教师资格条例〉实施办法》。《办法》是为实施教师资格制度，依据《中华人民共和国教师法》和《教师资格条例》而制定的。《办法》规定："中国公民在各级各类学校和其他教育机构中专门从事教育教学工作，应当具备教师资格。""国务院教育行政部门负责全国教师资格制度的组织实施和协调监督工作；县级以上（包括县级）地方人民政府教育行政部门根据《教师资格条例》规定权限负责本地教师资格认定和管理的组织、指导、监督和实施工作。依法受理教师资格认定申请的县级以上地方人民政府教育行政部门，为教师资格认定机构。"《办法》对《中华人民共和国教师法》关于中等职业学校实习指导教师资格的学历要求进行了补充，提出："申请认定中等职业学校实习指导教师资格者应当具备中等职业学校毕业及其以上学历，对于确有特殊技艺者，经省级以上人民政府教育行政部门批准，其学历要求可适当放宽。"

AAC012－20050729

我国第一部地方性终身教育法规发布

2005年7月29日，福建省第十届人民代表大会常务委员会第十八次会议通过《福建省终身教育促进条例》，自2005年9月28日起施行。这是我国第一部有关终身教育的地方性法规，共有22条。《条例》规定，各类教育机构应当在师资、设施、场所等方面为终身教育提供便利。国家机关应当保障国家公务员依法享有的参加初任培训、任职培训、专门业务培训和更新知识培训的权利。国家机关和事业单位应当支持工勤人员按照有关规定接受技能培训。事业、企业单位应当支持专业技术人员接受继续教育，提高其业务技能、创造能力和管理水平。企业应当建立职工培训制度，组织职工参加岗位职业技能培训；应当支持经营管理人员参加现代管理培训。地方各级人民政府及有关部门应当加强城镇失业人员、农村进城务工人员、失地农民、残疾人职业技能培训工作，制定减免培训费等优惠政策，鼓励上述人员参加培训，掌握就业基本知识和职业技能。县（市、区）、乡（镇）人民政府应当统筹协调职业学校、成人文化技术学校、现代远程教育网络和各种农业技术推广培训机构等，开展适合当地农业生产经营所需要的教育培训活动，为农民参加农业实用技术培训提供相应的扶持措施。

AAC013－20070830

《中华人民共和国就业促进法》颁布

2007 年 8 月 30 日，第十届全国人大常委会第二十九次会议通过《中华人民共和国就业促进法》，第 70 号国家主席令予以公布，自 2008 年 1 月 1 日起施行。该法共 9 章 69 条，其中第五章“职业教育和培训”明确指出：“国家依法发展职业教育，鼓励开展职业培训”，“国家采取措施建立健全劳动预备制度”，“国家对从事涉及公共安全、人身健康、生命财产安全等特殊工种的劳动者，实行职业资格证书制度”。该法规定，县级以上地方人民政府根据经济社会发展和市场需求，制定并实施职业能力开发计划；加强统筹协调，鼓励和支持各类职业院校、职业技能培训机构和用人单位依法开展就业前培训、在职培训、再就业培训和创业培训；鼓励劳动者参加各种形式的培训；对有就业要求的初高中毕业生实行一定期限的职业教育和培训，使其取得相应的职业资格或者掌握一定的职业技能。该法强调，县级以上地方人民政府和有关部门根据市场需求和产业发展方向，鼓励、指导企业加强职业教育和培训；职业院校、职业技能培训机构与企业应当密切联系，实行产教结合；企业应当按照国家有关规定提取职工教育经费，对劳动者进行职业技能培训和继续教育培训。

AAC014－20081219

我国第一部地方性职业教育校企合作专项法规发布

2008 年 12 月 19 日，浙江省第十一届人民代表大会常务委员会第八次会议决定批准宁波市第十三届人大常委会第十二次会议于 2008 年 10 月 22 日通过的《宁波市职业教育校企合作促进条例》。随后，宁波市人大常委会予以公布，宣布自 2009 年 3 月 1 日起施行。《宁波市职业教育校企合作促进条例》是我国第一部专门针对职业教育校企合作的专项法规，共有 24 条。《条例》规定，职业教育校企合作应当遵循自愿协商、优势互补、利益共享的原则，坚持以市场需求和劳动就业为导向，实现生产、教学、科研相结合。市和县（市）、区人民政府应当鼓励、支持和促进职业教育校企合作，建立政府引导、校企互动、行业协调的校企合作运行机制。市和县（市）、区人民政府教育行政部门负责本行政区域内的职业教育校企合作促进工作，劳动、人事、发展和改革、经济、贸易、财政、税务、科技、农业等行政部门在各自职责范围内，负责校企合作促进的有关工作。职业院校应当根据经济社会发展和市场需求，主动与企业在学生实习、专业设置与课程开发、订单式教育与就业推荐、师资交流与培训、职工培训与继续教育等方面开展合作。市和县（市）、区人民政府应当设立职业教育校企合作发展专项资金。

第二章　重要文件

第一节　中共中央和国务院的有关文件

ABA001 －19790111

《关于加快农业发展问题的决定（草案）》发布

1979 年 1 月 11 日，中共中央发布《关于加快农业发展问题的决定（草案）》。《决定（草案）》明确了全党对我国农业问题的认识，提出了当前发展农业生产力的 25 项政策和措施，对实现农业现代化战略进行了周密部署。《决定（草案）》把建设农业科学技术队伍作为实现农业现代化的首要任务，提出实现农业现代化，迫切需要用现代科学技术知识来武装农村工作干部和农业技术人员，需要有大批掌握现代农业科学技术的专家，需要有一支庞大的农业科学技术队伍，需要有数量充足、质量合格的农业院校来培养农业科技人才和经营管理人才。《决定（草案）》要求，各省、市、自治区要根据农业区域规划办好一批农业科研机构、农业院校和中等农业技术学校；要切实地加强技术推广网，县以下主要抓好试验、示范、推广和技术培训工作；各地要尽快制定规划，着手轮训县、社、队干部，培养当前农村急需的农机手、农业技术员和财会人员，在今后几年内做到所有干部基本上轮训一遍，各社、队都有足够数量的合格的农机手、农业技术员和财会人员。当年 9 月 25 －28 日召开的党的十一届四中全会根据全国讨论和试行情况，集中广大群众和干部的意见，对《决定（草案）》作了必要的修改，一致通过了《关于加快农业发展问题的决定》。

ABA002 －19800817

《进一步做好城镇劳动就业工作》发布

1980 年 8 月 2 －7 日，中共中央在北京召开了全国劳动就业工作会议。8

月 17 日，中共中央转发了会议议定文件《进一步做好城镇劳动就业工作》。文件在明确“在国家统筹规划和指导下，实行劳动部门介绍就业、自愿组织起来就业和自谋职业相结合”的基本方针的基础上，阐明了做好城镇劳动就业工作的重要性、紧迫性以及任务的艰巨性，提出应积极创造条件，通过相关 8 项措施推动就业工作顺利开展。文件明确提出，应通过改革中等教育制度发展职业教育，推进城镇劳动力就业工作。改革内容包括逐步地把一部分普通中学改为职业学校，逐步建立包括中等专业学校、技工学校、业余学校、函授学校、电视学校以及各种职业训练班在内的职业教育网等。

附录　进一步做好城镇劳动就业工作（摘录）

改革中等教育制度，发展职业技术教育。

目前我国高中毕业生升大学的只有百分之四左右。必须积极地逐步地把一部分普通中学改为职业学校。今后企业单位增人，应以经过职业训练的毕业生为重点。要把职业教育作为教育体系的重要组成部分，逐步建立职业教育网，包括中等专业学校、技工学校、业余学校、函授学校、电视学校以及各种职业训练班。职业教育应当纳入计划，在学校建设和经费开支上与普通教育一视同仁。经济管理部门和教育部门要密切配合，发展职业教育。提倡省、市、自治区经济管理部门和企业向学校投资、出专业教员、提供实习场地，教育部门利用普通中学的校舍和师资，开办职业技术学校。要千方百计创造条件，为待业青年广开学路，吸收他们参加各种职业技术学习，以提高劳动后备的素质。

在管理体制上，中等专业学校和由普通中学改建的职业学校，以教育部门为主，劳动部门配合；技工学校（包括由普通中学改建的）和各种职业训练班以劳动部门为主，教育部门配合；并且要密切协同工会、共青团、妇联以及其他有关部门，积极把这件事情办好。

办学方式要灵活多样。国家可以办，厂矿企业可以办，集体和个人也可以办。可以是全日制的，也可以是半工半读，一面劳动，一面学习，用自己的劳动收入补助办学经费。学习年限按不同专业的要求，可长可短，不强求一律。

新举办的职业技术学校，毕业生不采取统一分配的办法，由劳动部门（或劳动服务公司）推荐，经用人单位考核，择优录用，也可以自由选择职业。

ABA003 －19801007

《关于中等教育结构改革的报告》批转

1980 年 10 月 7 日，国务院批转教育部、国家劳动总局《关于中等教育结构改革的报告》，并为此发出通知，强调："改革中等教育的结构，发展职业技术教育，适应四化建设的需要，是当前亟待解决的问题。"要求各级人民政府、各部门予以高度重视，切实加强领导，根据这个报告和《进一步做好城镇劳动就业工作》的有关精神，结合实际情况进行具体规划，充分调动各方面的积极性，努力使改革工作取得成效。教育部、国家劳动总局《关于中等教育结构改革的报告》共分四个部分，分别为：中等教育结构改革的方针和要求；中等教育结构改革的内容和途径；进行中等教育结构改革需要解决的几个问题；加强对中等职业教育改革工作的领导。中等教育结构改革，主要是改革高中阶段的教育……经过调整改革，要使各类职业（技术）学校的在校学生数在整个高级中等教育中的比重大大增长。

ABA004－19820101

《全国农村工作会议纪要》批转

1982年1月1日，中共中央批转《全国农村工作会议纪要》，要求各省、市、自治区结合本地的实际情况贯彻执行。《纪要》第十六条指出："教育是发展科学技术的基础。有关部门要调整和加强农业院校的领导班子，进一步改善办学条件。县级以及县以下农村的中学要设置农业课程，有的可以改为农业专科学校。继续抓好各级农业领导干部和管理人员以及职工的专业培训，组织师资进修，训练各类专业技术干部。高等农业院校和中等农业学校都要拿出必要的力量承担培训任务。要积极创造条件，加强农民教育，抓紧扫盲工作，提高科学文化水平。"

ABA005－19821202

《关于迅速加强农业技术培训工作的报告》转发

1982年12月2日，国务院办公厅转发农牧渔业部《关于迅速加强农业技术培训工作的报告》，并为此发出通知，指出，迅速加强农业技术培训工作，用科学技术武装广大农村干部和农民群众，是推动农业生产持续增长的一项迫切而有效的措施。国务院要求，各级政府要抓住今冬明春的有利时机，迅速组织农业、教育、科技等方面的力量，把农业技术培训工作广泛开展起来，并认真坚持下去。各地要力争用两年左右的时间，把公社以上的农业干部、农村大小队干部、在乡的初高中毕业生以及能工巧匠普遍轮训一次，以推动农业新局面的进一步发展。农牧渔业部《关于迅速加强农业技术培训工作的报告》要求，广开学路，采取多种形式传播农业技术知识。各地条件不同，要因地制宜。可以依托高、中等院校办干训班，搞函授教育，举办各种技术短训班，也可以通过办农民夜校、冬学、专题讲座、技术赶集、科技电影、技术咨询服务站、签订技术合同、现场技术交流等多种办法，广泛开展培训活动。还要努力创造条件，办好县、社农民技术学校和农业广播学校，为农村培训具有初级和中级生产技能的农业劳动者。

ABA006－19830102

《当前农村经济政策的若干问题》发布

1982 年 12 月 31 日，中共中央政治局讨论通过了《当前农村经济政策的若干问题》，并于 1983 年 1 月 2 日作为 1983 年中共中央 1 号文件发布试行。该文件共分 14 个部分，是中共中央旨在调整党在农村的各项经济政策、促使农村经济更快发展而发布的一个重要文件。文件指出，要继续进行农业技术改造，建立与健全农业科学技术研究推广体系和培养农村建设人才的教育体系，使我国农村经济在日益完善的生产关系和不断进步的技术基础上，取得更快发展。要注意把从事农业科研、技术推广、教育培训等各方面的力量组织起来，形成一个合理分工、协调一致的工作体系，为农村建设提供富有成效的服务。文件强调，必须抓紧改革农村教育。要积极普及初等义务教育，扫除青壮年文盲，有步骤地增加农业中学和其他职业中学的比重。面向农村的高等院校和中等专业学校，要有一套新的招生和毕业生分配办法，打开人才通向农村的路子。要对农民进行各种形式的职业技术教育和培训。农村教育必须适应而不可脱离广大农民发展生产、劳动致富、渴望人才的要求，必须考虑而不可忽视农村居民劳动、生活的特点。对于全国不同地区，应有不同的要求和部署，以适应当地群众的财力物力状况和学生的接受水平。

ABA007－19830422

《关于充实加强农林第一线科技力量的报告》批转

1983 年 4 月 22 日，国务院批转劳动人事部、农牧渔业部、林业部、财政部《关于充实加强农林第一线科技力量的报告》，要求各地参照执行。关于改革农业教育的问题，《报告》指出，农林院校的招生要面向农村，把招生来源地区与毕业分配去向结合起来，定向招生，定向分配，必要时可以降低年龄、分数要求，择优录取，毕业后一般仍回原地区工作。对现在在校学习的农林大、中专毕业生，原则上要先到县以下的农林第一线工作，3～5 年后根据工作需要进行调整，在此期间享受农林第一线科技人员的一切待遇。有关大、中专院校和科研单位要积极为农村服务。县、社及其他经济组织可以与大、中专院校和科研单位签订代培合同，为他们培训科技人员。

ABA008 －19830506

《关于加强和改革农村学校教育若干问题的通知》印发

1983年5月6日，中共中央、国务院印发《关于加强和改革农村学校教育若干问题的通知》。《通知》强调："提高劳动者政治、文化素质，造就农村需要的各种人才，是农村社会主义建设的一个重要方面。各级党委和政府必须充分认识加强和改革农村学校教育、提高农村文化水平的重要性和紧迫性，认清教育在农村现代化建设中的地位和作用。"《通知》的第四部分专门阐述了发展农村中等职业教育的问题。《通知》还要求尽快把各类职业学校专业课教师队伍建设好，"当前，可选调一部分科技人员担任专职或兼职教师；也可将部分教师经过培训，改任或兼任专业课教师；还可由学校教师与农村的能工巧匠结合起来进行教学。有关高等院校和中等专业学校，应分工承担农村职业教育的师资培训和教学辅导工作。还要从大专院校和中等专业学校分配一定比例的毕业生，到农村各类中等学校任教"。为推动农村职业技术教育的发展，《通知》提出，改办和新办农业、职业中学，开办费由中央和地方财政或有关业务部门给予补助。

ABA009 －19850527

《中共中央关于教育体制改革的决定》发布

1985年5月27日，《中共中央关于教育体制改革的决定》发布。《决定》共有五个部分：教育体制改革的根本目的是提高民族素质，多出人才、出好人才；把发展基础教育的责任交给地方，有步骤地实行九年制义务教育；调整中等教育结构，大力发展职业技术教育；改革高等学校的招生计划和毕业生分配制度，扩大高等学校办学自主权；加强领导，调动各方面积极因素，保证教育体制改革的顺利进行。《决定》强调："社会主义现代化建设不但需要高级科学技术专家，而且迫切需要千百万受过良好职业技术教育的中、初级技术人员、管理人员、技工和其他受过良好职业培训的城乡劳动者。没有这样一支劳动技术大军，先进的科学技术和先进的设备就不能成为现实的社会生产力。"《决定》要求："发展职业技术教育要以中等职业技术教育为重点，发挥中等专业学校的骨干作用，同时积极发展高等职业技术院校，优先对口招收中等职业技术学校毕业生以及有本专业实践经验、成绩合格的在职人员入学，逐步建立起一个从初级到高级、行业配套、结构合理又能与普通教育相互沟通的职业技术教育体系。”“要充分调动企事业单位和业务部门的积极性，并且鼓励集体、个人和其他社会力量办学。”

ABA010－19850801

《中共中央关于改革学校思想品德和政治理论课程教学的通知》印发

1985年8月1日，《中共中央关于改革学校思想品德和政治理论课程教学的通知》印发。《通知》指出：“为了适应我国社会主义现代化建设的需要，适应现代科学技术和现代经济政治的巨大发展变化，适应新时期青少年心理发展的具体情况，以及各方面改革的需要，我国现行的以马克思主义为指导的思想品德和政治理论课（从小学的思想品德课、中学的思想政治课到高等学校的马克思主义理论课）的课程设置、教学内容和教学方法也必须进行认真的改革。这已成为培养一代有理想、有道德、有文化、有纪律的建设人才的迫切任务之一。”《通知》提出：“初中和各类高中的绝大多数毕业生都面临着就业问题，因此，在初中和高中的最后一年都要安排必要的时间对全体学生讲授职业生活知识、职业道德、劳动纪律、劳动安全、就业和部分待业青年的光辉榜样（包括艰苦创业、坚守信誉、奉公守法、为人民服务、团结合作、自学成才等各方面），并使学生有各种机会直接参加各类职业生活的访问和练习；这些内容都需要在职业技术教育课程以外的时间专门认真进行，不可草草了事。”《通知》要求，各级党校、中等专业和中等师范学校及其他各级各类学校的思想理论教育课，都要按照本《通知》的精神进行改革。

ABA011－19871003

《关于全国职业技术教育工作会议情况的报告》转发

1987年10月3日，国务院办公厅向各省、市、自治区人民政府转发了国家教育委员会、国家计划委员会、国家经济委员会、劳动人事部《关于全国职业技术教育工作会议情况的报告》，指出：“国务院同意国家教育委员会、国家计划委员会、国家经济委员会、劳动人事部《关于全国职业技术教育工作会议情况的报告》，现转发给你们，请照此执行。几年来，我国职业技术教育已取得很大成绩，成为教育体系的重要组成部分和社会经济发展不可缺少的环节。希望各级人民政府加强领导，结合实际情况作出规划，切实办好职业技术教育，使这一工作出现新的局面。”四部委的《报告》对1986年7月2－6日在北京联合召开的全国职业技术教育工作会议情况和结果作了6点说明，其中强调指出，对职业技术教育工作要加强领导，提高认识，改革体制，统筹规划，因地制宜，紧密结合当地经济和社会发展的需要，大力发展，实行多层次、多种形式、大家来办的方针。在发展中注意调整和提高，努力增进社会效益，更好地为两个文明建设服务。

ABA012－19901230

中共中央提出制定国民经济和社会发展十年规划和“八五”计划的建议

1990年12月30日，党的十三届七中全会通过《中共中央关于制定国民经济和社会发展十年规划和“八五”计划的建议》。《建议》的主要内容有：一是主要奋斗目标和基本指导方针；二是经济发展的产业重点和地区布局；三是发展科技教育文化事业的任务和政策；四是改善人民生活和健全社会保障；五是深化经济体制改革的方向、任务和措施；六是进一步扩大对外开放；七是全党全国人民团结起来，为实现十年规划和“八五”计划而奋斗。《建议》指出：“发展教育事业，提高全民族素质，是建设社会主义的根本大计。”《建议》要求，大力发展职业教育。今后十年，要使多种形式的职业教育得到较快发展。要统筹规划普通高中、中等专业学校、职业高中、技工学校等，调整科类结构，提高教学质量。1995年各类中等职业技术学校在校生人数占高中阶段在校生的比重，要由现在的45%提高到50%以上，同时广泛开展灵活多样的短期技术培训。到20世纪末，使农村绝大多数新增劳动力接受程度不同的职业技术教育或培训，企业新增职工接受必需的职前教育和岗位培训。加强思想政治和职业道德教育，提高全体劳动者的社会主义觉悟和道德水准。

ABA013－19911017

《国务院关于大力发展职业技术教育的决定》发布

1991年10月17日，《国务院关于大力发展职业技术教育的决定》发布。这是国务院为职业技术教育发布的第一个专门文件。《决定》分为五个部分：高度重视职业技术教育的战略地位和作用；积极贯彻大力发展职业技术教育的方针；采取有力政策支持职业技术教育发展；加强职业技术教育的改革和基本建设；加强和改善对职业技术教育工作的领导和管理。《决定》指出，发展职业技术教育，不仅是提高劳动者思想道德和科学文化素质、实现社会主义现代化的一项具有战略意义的基础建设，而且对于进一步巩固以工人阶级为领导的工农联盟为基础的社会主义制度具有特殊重要的意义。因此，必须坚定不移地把教育事业摆在优先发展的战略地位，必须高度重视和大力发展职业技术教育。《决定》要求，根据未来10年我国经济、社会发展的需要，在20世纪90年代要逐步做到：使大多数新增劳动力基本上能够受到适应从业岗位需要的最基本的职业技术训练，在一些专业性技术性要求较高的劳动岗位，就业者能较普遍地受到系统的严格的职业技术教育；初步建立起有中国特色的，从初级到高级、行业配套、结构合理、形式多样，又能与其他教育相互沟通、协调发展的职业技术教育体系的基本框架。

ABA014－19911129

《中共中央关于进一步加强农业和农村工作的决定》发布

1991年11月29日，党的十三届八中全会通过《中共中央关于进一步加强农业和农村工作的决定》。《决定》指出："农业是经济发展、社会安定、国家自立的基础，农民和农村问题始终是中国革命和建设的根本问题。"《决定》强调，推进农业现代化，必须坚持科技、教育兴农的发展战略，把农业发展转移到依靠科技进步和提高劳动者素质的轨道上来。《决定》要求："加快农村教育改革步伐，努力普及义务教育，继续抓好扫盲工作，大力发展职业技术教育，办好农业广播电视及函授教育、农业中等专业学校和农业职业中学；农村普通中学要积极创造条件，增设农业劳动技术课程。农林等高等院校和中等专业学校要根据农业和农村现代化建设的需要，调整专业结构和内容。采取扩大定向招生等措施，改革招生和毕业生分配办法，并制定相应政策，使人才流向农村。省、地两级要建立农业技术培训基地，县、乡要举办各种技术培训班，办好农民文化技术学校，提高农村基层干部、广大农民的科学文化水平；对在乡的中学毕业生和退伍军人，要重点进行专业培训，使他们成为农村科技骨干力量。"

ABA015－19930213

《中国教育改革和发展纲要》发布

1993年2月13日，中共中央、国务院发布《中国教育改革和发展纲要》。《纲要》共有六个部分：教育面临的形势和任务；教育事业发展的目标、战略和指导方针；教育体制改革；全面贯彻教育方针，全面提高教育质量；教师队伍建设；教育经费。《纲要》指出，到20世纪末，中心城市的行业和每个县，都应当办好一两所示范性骨干学校或培训中心，同大量形式多样的短期培训相结合，形成职业技术教育的网络。发展职业技术教育要与当地经济发展的需要相适应。基本普及九年义务教育的地区，应以发展初中后职业技术教育为重点；尚未普及九年义务教育的地区，对不能升入初中的小学毕业生应实行职业技术培训；各地要积极发展多样化的高中后教育，对未升入高等学校的普通高中毕业生进行职业技术培训。普通中学也要分别不同情况，适当开设职业技术教育课程。各级各类职业技术学校都要主动适应当地建设和社会主义市场经济的需要。要在政府的指导下，提倡联合办学，走产教结合的路子，更多地利用贷款发展校办产业，增强学校自我发展的能力，逐步做到以厂（场）养校。要认真实行“先培训，后就业”的制度。对未经培训已就业的，要进行岗前培训。

ABA016 –19931104

《九十年代中国农业发展纲要》印发

1993 年 11 月 4 日，国务院印发《九十年代中国农业发展纲要》。《纲要》包括十个部分：20 世纪 90 年代农业发展的目标和指导思想；总体布局；依靠农业科技进步，提高土地和各种农业资源的单位产出率；加强农产品商品生产基地建设；加强农业综合开发；大力发展乡镇企业；加强农业发展支撑体系建设；广辟农业投资渠道，增加农业建设资金；加强农业社会化服务体系建设；加强领导，为农业发展创造良好的社会环境。《纲要》提出：“积极推进农村基础教育、职业教育和成人教育，促进教育同经济建设密切结合。县、乡两级要把教育纳入当地经济、社会发展规划，分级管理基础教育、职业技术教育、成人教育，在农村小学高年级和初中开展农业技术的普及教育。”《国务院关于印发〈九十年代中国农业发展纲要〉的通知》要求：“各级人民政府要切实加强对农业和农村工作的领导，要根据《九十年代中国农业发展纲要》，结合本地实际情况，制定农业发展规划，并组织实施。国务院各有关部门要按照《九十年代中国农业发展纲要》提出的各项基本目标和政策措施，积极配合，大力协同，促进和保障我国九十年代农业发展目标的实现。”

ABA017 –19931105

《中共中央、国务院关于当前农业和农村经济发展的若干政策措施》印发

1993 年 11 月 5 日，《中共中央、国务院关于当前农业和农村经济发展的若干政策措施》印发。该文件提出了 12 项政策措施：稳定、完善以家庭联产承包为主的责任制和统分结合的双层经营体制；深化粮食购销体制改革；支持粮棉主产区发展经济；积极发展高产优质高效农业；建立健全农业社会化服务体系；积极发展乡镇企业；推广先进实用的农业科学技术；切实加强农业基础设施建设；多渠道增加农业投入；集中力量打好扶贫开发的“攻坚战”；切实保护耕地；坚持不懈地做好农民负担监督管理工作。该文件规定：“农村在普及基础教育的同时，要依靠社会力量，采取多种形式，加强农民职业教育和技术培训，不断提高农业劳动者的素质。”

ABA018－19931114

《中共中央关于建立社会主义市场经济体制若干问题的决定》通过

1993年11月11－14日，中国共产党第十四届中央委员会第三次全体会议在北京举行，会议审议并通过了《中共中央关于建立社会主义市场经济体制若干问题的决定》。《决定》要求企业按照市场经济的需要，完善和严格内部经营管理，严肃劳动纪律，加强技术开发、质量管理以及营销、财务和信息工作，提高决策水平。《决定》指出，社会主义市场经济体制的建立和现代化的实现，最终取决于国民素质的提高和人才的培养。各级党委和政府要把优先发展教育事业作为战略任务来抓，加强对教育工作的领导。切实落实《中国教育改革和发展纲要》，加快教育体制改革的步伐。确保教育投入，提高教学质量和办学效益。改变政府包揽办学的状况，形成政府办学为主与社会各界参与办学相结合的新体制。强化义务教育，大力发展职业教育和成人教育，优化教育结构。职业教育、成人教育以及各种社会教育要更多地面向市场需求，发挥社会各方面的作用。加强教师队伍建设，改善德育。采取多种形式和途径，培养大量的熟练劳动者和各种专业人才。

ABA019－19940314

《关于实施“绿色证书工程”的意见》转发

1994年3月14日，国务院办公厅转发农业部《关于实施“绿色证书工程”的意见》。《意见》指出，在今后一段时期内，农民技术教育主要通过三种教育培训方式，培养造就三支队伍：一是通过实用技术培训，向农民普及推广农业科学技术，培养一支掌握致富技术的劳动者队伍；二是通过实施“绿色证书工程”，对具有初、高中文化程度的农民进行岗位培训，培养一支能够起示范带头作用的农民技术骨干队伍；三是通过开展农民中等学历教育，培养一支能够适应农村经济发展需要的乡、村基层管理干部和技术人员队伍。《意见》要求，具备条件的乡及乡以上农村各类成人学校和培训机构（包括农业广播电视学校、县办农民中等专业技术学校、农业机械化学校、乡镇农民文化技术学校、农业技术推广培训中心）、农村职业中学等，经县主管部门批准，可承担获得“绿色证书”资格的培训任务。

ABA020－19940425

《国家八七扶贫攻坚计划》印发

1994年4月25日，国务院印发《国家八七扶贫攻坚计划》，要求各省、自治区、直辖市高度重视和切实加强扶贫开发工作，根据《国家八七扶贫攻坚计划》的要求，结合本地区的情况和任务，制定具体的计划，动员贫困地区干部、群众，发扬自力更生、艰苦奋斗的精神，努力贯彻实施。《国家八七扶贫攻坚计划》分为形势与任务、奋斗目标、方针与途径、资金的管理使用、政策保障、部门任务、社会动员、国际合作、组织与领导九个部分。《计划》要求农业部门加强农民技术培训工作，要求农业院校在贫困地区定向招生，定向分配，培养一批特定的农业技术骨干；同时要求教育部门积极推进贫困地区农村的教育改革，继续组织好贫困县的“燎原计划”，普及初等教育，做好农村青壮年的扫盲工作，加强成人教育和职业教育。

ABA021－19940703

《国务院关于〈中国教育改革和发展纲要〉的实施意见》发布

1994年7月3日，《国务院关于〈中国教育改革和发展纲要〉的实施意见》发布。《实施意见》指出，认真贯彻实施《中国教育改革和发展纲要》，是各级党委和政府的重要职责，是各级教育行政部门和各级各类学校的中心任务。《实施意见》重申，有计划地实行小学后、初中后、高中后三级分流，大力发展职业教育，逐步形成初等、中等、高等职业教育和普通教育共同发展、相互衔接、比例合理的教育系列。《实施意见》要求，在九年义务教育尚未和一时难以普及的地区，进行小学后的分流，发展初等职业教育。大部分地区以初中后分流为主，大力发展中等职业教育，逐步做到50%～70%的初中毕业生进入中等职业学校或职业培训中心。到2000年各类中等职业学校年招生数和在校生数占高中阶段学生数的比例，全国平均保持在60%左右；普及高中阶段教育的城市可达到70%。积极发展多样化的高中后职业教育和培训。通过改革现有高等专科学校、职业大学和成人高校以及举办灵活多样的高等职业班等途径，积极发展高等职业教育。《实施意见》提出，对所有接受职业学校教育的学生，应根据本人的条件和可能，给予多种形式的继续学习深造的机会。

ABA022 - 19950928

党中央提出制定国民经济和社会发展“九五”计划和2010年远景目标的建议

1995年9月28日，党的十四届五中全会通过《中共中央关于制定国民经济和社会发展“九五”计划和2010年远景目标的建议》。《建议》把“实施科教兴国战略，促进科技、教育与经济紧密结合”作为今后15年我国经济和社会发展必须贯彻的九条重要方针之一。《建议》指出，科学技术是第一生产力，教育是基础，实施科教兴国战略是历史的必然选择。《建议》提出，振兴科技和繁荣经济，必须坚持教育为本。重点是普及义务教育，积极发展职业教育和成人教育，适度发展高等教育，优化教育结构。2000年基本普及九年义务教育，基本扫除青壮年文盲。加快教育体制改革，提高教育质量和办学效益。积极探索与社会主义市场经济体制相适应的办学机制和办学模式。逐步形成政府办学为主与社会各界参与办学相结合的新体制。提倡多种形式的联合办学，优化配置和充分利用现有教育资源。高等教育要实行中央和省两级管理、以省级为主的办学与管理体制。非义务教育阶段逐步实行缴费上学、择业自主，同时完善奖学金、贷学金等制度。为拓宽就业渠道、扩大城镇就业和转移农业剩余劳动力，《建议》要求实行就业前和在岗培训制度。

ABA023 - 19970115

《中共中央、国务院关于卫生改革与发展的决定》发布

1997年1月15日，《中共中央、国务院关于卫生改革与发展的决定》发布。《决定》指出：“人人享有卫生保健，全民族健康素质的不断提高，是社会主义现代化建设的重要目标，是人民生活质量改善的重要标志，是社会主义精神文明建设的重要内容，是经济和社会可持续发展的重要保障。全党、全社会都要高度重视卫生事业，保护和增进人民健康。”《决定》要求，办好医学教育，培养一支适应社会需求、结构合理、德才兼备的专业卫生队伍。加快发展全科医学，培养全科医生。高度重视卫生管理人才的培养，造就一批适应卫生事业发展的职业化管理队伍。重视学术带头人与技术带头人的培养，努力创造条件，使优秀人才尤其是中青年人才能脱颖而出。鼓励留居海外的卫生科技人员回国工作或以各种形式为祖国服务。中等医学专业教育要根据社会需求调整专业，重点做好农村卫生队伍的正规化培养工作。对社会举办的医药专业学校，教育和卫生部门要严格审批，加强管理。各级各类卫生专业教育，都要突出职业道德教育，为全面提高卫生队伍素质打好基础。

ABA024 –19981014

《中共中央关于农业和农村工作若干重大问题的决定》发布

1998 年 10 月 14 日，党的十五届三中全会通过《中共中央关于农业和农村工作若干重大问题的决定》。《决定》总结了农村改革 20 年的基本经验，提出了农业和农村跨世纪发展的目标和方针以及相关政策措施。《决定》指出："发展农村教育事业是落实科教兴农方针、提高农村人口素质的关键。必须从农村长远发展和我国现代化建设全局的高度，充分认识发展农村教育的重要性和紧迫性。积极推进农村教育综合改革，统筹安排基础教育、职业教育和成人教育，进一步完善农村教育体系。"《决定》要求："农村中小学要注重全面素质教育，在适当阶段增加农业和其他实用技术的教育内容。根据各地经济发展水平，面向社会需求，合理调整中等教育结构。积极发展多层次、多形式的职业教育，办好农业高等中等专业学校，大力发展卫星广播电视教育，为农村培养大批专业技术人才。""对务工农民要加强岗位培训，提高知识水平、专业技能和安全生产知识。通过多种方式，引导农民学习和掌握商品生产、市场营销和经营管理方面的知识。"

ABA025 –19990113

《面向 21 世纪教育振兴行动计划》批转

1999 年 1 月 13 日，国务院批转教育部《面向 21 世纪教育振兴行动计划》。《行动计划》是教育部于 1998 年 12 月 24 日正式提出的跨世纪教育改革和发展的施工蓝图，其内容有：实施"跨世纪素质教育工程"，实施"跨世纪园丁工程"，实施"高层次创造性人才工程"，继续并加快进行"211 工程"建设，创造若干所具有世界先进水平的一流大学和一批一流学科，实施"现代远程教育工程"，实施"高校高新技术产业化工程"，积极稳步发展高等教育，积极发展职业教育和成人教育，深化办学体制改革，切实增加教育投入，加强高校党的建设和思想政治工作。《行动计划》提出："要努力建立符合我国国情的职前与职后教育培训相互贯通的体系，使初等、中等和高等职业教育与培训相互衔接，并与普通教育、成人教育相互贯通，协调发展。""继续实施初中后教育的分流，从各地实际出发，积极发展中等职业教育。""对于学历高等职业教育，除现有高等专科学校、职业大学和独立设置的成人高校进行改革、改组和改制，并选择部分符合条件的中专改办（简称'三改一补'）之外，部分本科院校可以设立高等职业技术学院，基本不搞新建。"

ABA026－19990922

《中共中央关于国有企业改革和发展若干重大问题的决定》发布

1999年9月22日，中国共产党第十五届中央委员会第四次全体会议通过《中共中央关于国有企业改革和发展若干重大问题的决定》。《决定》提出了国有企业改革和发展的重大意义、主要目标、指导方针和各项政策措施。《决定》要求下大力气搞好下岗职工培训，重视科技人才，搞好技术人才培训，推进产学研结合，鼓励科研机构和大专院校的科研力量进入企业和企业集团，培育一大批优秀企业家，采取多种形式加强教育培训，全面提高经营管理者素质。《决定》提出："加强职工队伍建设。坚持用邓小平理论和党的基本路线武装广大职工，大力弘扬爱国主义、集体主义、社会主义和艰苦创业精神，深入进行形势任务和民主法制教育，引导职工树立正确的世界观、人生观、价值观。加强职工业务技术和劳动技能培训。加强企业精神文明建设，发展企业文化，广泛开展创建文明行业、文明企业、文明班组和争当文明职工活动，树立爱岗敬业、诚实守信、奉献社会的良好职业道德和职业风尚，提倡科学精神，反对封建迷信，不断提高职工的思想道德和科学文化素质。"

ABA027－20001011

《中共中央关于制定国民经济和社会发展第十个五年计划的建议》通过

2000年10月11日，党的十五届五中全会通过《中共中央关于制定国民经济和社会发展第十个五年计划的建议》。《建议》指出："发展是硬道理，是解决中国所有问题的关键。实现现代化建设的宏伟目标，解决经济和社会生活中存在的矛盾和问题，不断提高人民的生活水平，必须保持较快的发展速度。"《建议》要求："要把培养、吸引和用好人才作为一项重大的战略任务切实抓好。普遍提高劳动者素质，建设一支宏大的、高素质的人才队伍，尤其是培养一大批急需的信息、金融、财会、外资、法律和现代管理等专业人才。""更新教材内容，改进教学方法，改革考试制度，着力推进素质教育，重视培养创新精神和实践能力，促进学生德智体美全面发展，提高人才培养质量。提高教育现代化、信息化水平，大力发展现代远程教育。合理调整和配置现有教育资源，加强学科建设，根据人才需求结构调整专业设置。优化教师结构，建设高素质的教师队伍。继续深化教育管理体制和办学体制改革，积极鼓励多种形式的社会办学。增加国家对教育的投入。继续普及九年义务教育和扫除青壮年文盲，扩大高中阶段教育和高等教育规模。积极发展各类职业教育和培训。完善继续教育制度，逐步建立终身教育体系。"

ABA028 –20020707

《国务院关于深化改革加快发展民族教育的决定》发布

2002 年 7 月 7 日，《国务院关于深化改革加快发展民族教育的决定》发布。《决定》的内容主要有：一是民族教育工作的指导思想和目标任务；二是新时期民族教育工作的基本方针和原则；三是深化改革，加快发展民族教育的政策措施；四是加强对民族教育工作的领导。《决定》要求，突出"两基"重中之重的地位，加大投入，集中社会各方面的力量，加快推进"两基"进程，力争实现"十五"期间的奋斗目标。要特别重视人口较少民族教育事业的发展。努力改善寄宿制中小学办学和生活条件。扶持少数民族和西部地区办好示范高中，发展高中教育。要努力办好民族地区高等学校和民族高等学校，加快民族地区高等学校布局结构调整、专业结构调整、人事制度改革和后勤社会化改革步伐。要重视和加强幼儿教育、职业教育、成人教育、特殊教育，使各类教育协调发展。《决定》明确要求，"十五"期间及至 2010 年，"西部职业教育开发工程"、"高等职业技术教育工程"等要向少数民族和西部地区倾斜。

ABA029 –20020824

《国务院关于大力推进职业教育改革与发展的决定》发布

2002 年 8 月 24 日，《国务院关于大力推进职业教育改革与发展的决定》发布。《决定》的内容有：一是深刻认识职业教育在社会主义现代化建设中的重要地位，明确"十五"期间职业教育改革与发展的目标；二是推进管理体制和办学体制改革，促进职业教育与经济建设、社会发展紧密结合；三是深化教育教学改革，适应社会和企业需求；四是采取切实措施，加快农村和西部地区职业教育发展；五是严格实施就业准入制度，加强职业教育与劳动就业的联系；六是多渠道筹集资金，增加职业教育经费投入；七是加强领导，推动职业教育持续健康发展。《决定》指出，大力推进职业教育的改革与发展，要以邓小平理论和江泽民同志"三个代表"重要思想为指导，坚持体制创新、制度创新和深化教育教学改革，为经济结构调整和技术进步服务，为促进就业和再就业服务，为农业、农村和农民服务，为推进西部大开发服务。要以中等职业教育为重点，保持中等职业教育与普通高中教育的比例大体相当，扩大高等职业教育的规模。《决定》要求，在国务院领导下，建立职业教育工作部际联席会议制度，研究解决职业教育工作中的重大问题。同时，强化市（地）级人民政府在统筹职业教育发展方面的责任。

ABA030－20030917

《国务院关于进一步加强农村教育工作的决定》发布

为认真贯彻落实党的十六大精神、加快农村教育发展、深化农村教育改革、促进农村经济社会和城乡协调发展，2003年9月17日，《国务院关于进一步加强农村教育工作的决定》发布。《决定》的内容有八个部分：一是明确农村教育在全面建设小康社会中的重要地位，把农村教育作为教育工作的重中之重；二是加快推进“两基”攻坚，巩固提高普及义务教育的成果和质量；三是坚持为“三农”服务的方向，大力发展职业教育和成人教育，深化农村教育改革；四是落实农村义务教育“以县为主”管理体制的要求，加大投入，完善经费保障机制；五是建立健全资助家庭经济困难学生就学制度，保障农村适龄少年儿童接受义务教育的权利；六是加快推进农村中小学人事制度改革，大力提高教师队伍素质；七是实施农村中小学现代远程教育工程，促进城乡优质教育资源共享，提高农村教育质量和效益；八是切实加强领导，动员全社会力量关心和支持农村教育事业。《决定》要求，以就业为导向，大力发展农村职业教育。要实行多样、灵活、开放的办学模式，实行灵活的教学和学籍管理制度，重点建设好地（市）、县级骨干示范职业学校和培训机构，促进职业教育办学主体和投资多元化。

ABA031－20031226

《中共中央、国务院关于进一步加强人才工作的决定》发布

2003年12月26日，《中共中央、国务院关于进一步加强人才工作的决定》发布。《决定》指出，在建设中国特色社会主义伟大事业中，要把人才作为推进事业发展的关键因素，努力造就数以亿计的高素质劳动者、数以千万计的专门人才和一大批拔尖创新人才，建设规模宏大、结构合理、素质较高的人才队伍，开创人才辈出、人尽其才的新局面，把我国由人口大国转化为人才资源强国。《决定》要求，适应走新型工业化道路和优化产业结构的要求，大力推进职业教育的改革和发展。实施国家高技能人才培训工程和技能振兴行动，通过学校教育培养、企业岗位培训、个人自学提高等方式，加快高技能人才的培养。充分发挥高等职业院校和高级技工学校、技师学院的培训基地作用，扩大培训规模，提高培训质量。充分发挥企业的主体作用，强化岗位培训，组织技术革新和攻关，改进技能传授方式，促进岗位成才。充分发挥农村职业学校、成人文化技术学校、农村现代远程教育网络和各种农业技术推广培训机构的作用，加快农业科技示范园区和先进适用技术推广相关基础设施建设，实行

农科教相结合，努力提高广大农村劳动者的素质，激励农村实用人才快速成长。

ABA032 - 20040114

《关于进一步做好教育援藏工作的意见》转发

2004 年 1 月 14 日，国务院办公厅转发教育部、中央编办、发展改革委、财政部、人事部《关于进一步做好教育援藏工作的意见》，要求各省、自治区、直辖市人民政府和国务院各部委、各直属机构认真贯彻执行。《意见》包括指导思想和基本原则，主要任务和政策措施，加强领导、明确责任三个部分。《意见》提出，国家将采取“分片负责，对口支援”的方式和“定点、包干、负责”的办法，由北京、天津、河北、辽宁、吉林、黑龙江、上海、江苏、浙江、安徽、福建、山东、湖北、湖南、广东、重庆、四川、陕西 18 个省（直辖市）对口支援西藏自治区的拉萨、昌都、山南、日喀则、那曲、林芝、阿里 7 个地（市），继续支持西藏自治区基础教育和中等职业技术教育的发展。上述 18 个省（直辖市）重点帮助西藏自治区改扩建 15 所普通高中和中等专业学校，并采取一个或几个地级市（区）对口支援西藏自治区的一个县的方式，重点帮助每一个对口县改扩建两所中小学。分片负责和对口支援的具体方案由教育部商上述 18 个省（直辖市）以及西藏自治区教育行政部门确定。

ABA033 - 20040117

《关于建立对县级人民政府教育工作进行督导评估制度的意见》转发

2004 年 1 月 17 日，国务院办公厅转发教育部《关于建立对县级人民政府教育工作进行督导评估制度的意见》，要求各省、市、自治区认真贯彻执行。《意见》包括建立对县级人民政府教育工作进行督导评估制度的必要性、督导评估的组织实施、督导评估的主要内容、督导评估的工作原则和程序、切实加强对督导评估工作的领导五个部分。《意见》要求，努力做到县域内义务教育、幼儿教育、普通高中教育、职业教育和成人教育协调发展，公办教育与民办教育共同发展，形成基础教育、职业教育和成人教育“三教统筹”以及经济、科技和教育相结合的教育改革与发展格局，逐步建设学习型社会。《意见》指出，对县级人民政府教育工作的督导评估工作要在省级和地（市）级人民政府的领导下组织开展，各有关职能部门参加，教育督导部门具体实施。督导评估的范围包括全国所有的县、不设区的市、市辖区、旗和其他县级行政区划单位，对象是县级人民政府及其有关职能部门。

ABA034－20040303

《2003—2007年教育振兴行动计划》批转

2004年3月3日，国务院批转教育部《2003—2007年教育振兴行动计划》。为了贯彻党的十六大精神，教育部在组织实施《面向21世纪教育振兴行动计划》的基础上，制定了《2003—2007年教育振兴行动计划》，提出两大战略重点、六项重大工程和六个重要举措。《计划》指出，要实施“职业教育与培训创新工程”，大力发展职业教育，大量培养高素质的技能型人才特别是高技能人才；要以就业为导向，大力推动职业教育转变办学模式，加强与行业、企业、科研和技术推广单位的合作，推广“订单式”、“模块式”培养模式；探索针对岗位群需要的、以能力为本位的教学模式；面向市场，不断开发新专业，改革课程设置，调整教学内容；加强职业道德教育；大力加强“双师型”教师队伍建设，鼓励企事业单位专业技术、管理和有特殊技能的人员担任专兼职教师。推动就业准入制度和职业资格证书制度的实施，继续建设和培育一批示范性职业技术学校，建设大批实用高效的实习训练基地，开发大批精品专业和课程。要深化农村教育改革，大力发展农村职业教育和成人教育，推进“三教统筹”和“农科教结合”。

ABA035－20040604

《关于建立职业教育工作部际联席会议制度的请示》批复

2004年6月4日，国务院给教育部发出批复，同意建立由教育部牵头的职业教育工作部际联席会议制度。《批复》指出：“联席会议不刻制印章，不正式行文。请你部按照国务院有关文件精神认真组织开展工作。”根据2004年5月28日教育部、国家发展和改革委员会、财政部、人事部、劳动和社会保障部、农业部、扶贫办联合拟订的《职业教育工作部际联席会议制度》，联席会议的职能是：统筹协调全国职业教育工作，及时研究解决职业教育工作中的有关问题。联席会议按照加强业务指导、协调各方力量、交流情况经验、研究发展措施、督促政策落实的要求，由各成员单位负责督促、检查、指导本部门职责范围内的有关职业教育工作政策措施的落实。重大问题向国务院请示报告。联席会议的议题主要包括：传达贯彻党中央、国务院领导同志关于职业教育工作的指示和有关会议精神；研究、协调解决职业教育工作中的有关问题，提出政策措施和建议；督促、检查、指导职业教育工作；通报工作进展情况。

联席会议原则上每半年召开一次例会，根据需要或按照领导同志指示，可以临时召集会议。联席会议例会的主要内容要形成纪要，经与会单位同意后印发有关方面贯彻落实。联席会议在教育部设立办公室，负责日常工作。

附录　职业教育工作部际联席会议成员名单

召集人：周　济　（教育部部长）
成　员：李守信　（国家发展和改革委员会社会发展司司长）
吴启迪　（教育部副部长）
张少春　（财政部部长助理）
王晓初　（人事部副部长）
张小建　（劳动和社会保障部副部长）
张宝文　（农业部副部长）
王国良　（扶贫办副主任）

ABA036 –20041231

《中共中央、国务院关于进一步加强农村工作提高农业综合生产能力若干政策的意见》印发

2004 年 12 月 31 日，《中共中央、国务院关于进一步加强农村工作提高农业综合生产能力若干政策的意见》印发。《意见》提出了 2005 年农业和农村工作的总体要求和相关措施。其中要求国家的公益性农技推广机构承担关键技术的引进、试验、示范，农作物病虫害、动物疫病及农业灾害的监测、预报、防治和处置，农产品生产过程中的质量安全检测、监测和强制性检验，农业资源、农业生态环境和农业投入品使用监测，水资源管理和防汛抗旱，农业公共信息和培训教育服务等职能，同时发挥农业院校在农业技术推广中的作用。《意见》强调，要全面开展农民职业技能培训工作，要结合农业结构调整、发展特色农业和生产实际的需要，开展针对性强、务实有效、通俗易懂的农业科技培训。农村中学也要加强农业先进实用技术教育。适应产业结构升级和提高竞争力的需要，进一步搞好农民转业转岗培训工作，扩大“农村劳动力转移培训阳光工程”实施规模，加快农村劳动力转移。各级财政要大幅度增加农民职业技能培训投入，采取补助、培训券、报账制等方式，努力提高培训的实用性和资金的使用效率。广泛调动社会各方面力量参与农民职业技能培训的积极性。

ABA037－20051011

《中共中央关于制定国民经济和社会发展第十一个五年规划的建议》通过

2005年10月11日，中国共产党第十六届中央委员会第五次全体会议通过《中共中央关于制定国民经济和社会发展第十一个五年规划的建议》。《建议》要求深入实施科教兴国战略和人才强国战略，强调坚持教育优先发展。《建议》指出："加快教育发展，是把我国巨大人口压力转化为人力资源优势的根本途径。适应经济社会发展对知识和人才的需要，全面实施素质教育，深化教育体制改革，加快教育结构调整，在全社会形成推进素质教育的良好环境。强化政府对义务教育的保障责任，普及和巩固义务教育。大力发展职业教育，扩大职业教育招生规模。提高高等教育质量，推进高水平大学和重点学科建设，增强高校学生的创新和实践能力。切实提高师资特别是农村师资水平。加大教育投入，建立有效的教育资助体系，发展现代远程教育，促进各级各类教育协调发展，建设学习型社会。"

ABA038－20051028

《国务院关于大力发展职业教育的决定》发布

2005年10月28日，《国务院关于大力发展职业教育的决定》发布。《决定》包括九部分内容：落实科学发展观，把发展职业教育作为经济社会发展的重要基础和教育工作的战略重点；以服务社会主义现代化建设为宗旨，培养数以亿计的高素质劳动者和数以千万计的高技能专门人才；坚持以就业为导向，深化职业教育教学改革；加强基础能力建设，努力提高职业院校的办学水平和质量；积极推进体制改革与创新，增强职业教育发展活力；依靠行业企业发展职业教育，推动职业院校与企业的密切结合；严格实行就业准入制度，完善职业资格证书制度；多渠道增加经费投入，建立职业教育学生资助制度；切实加强领导，动员全社会关心支持职业教育发展。《决定》要求，进一步建立和完善适应社会主义市场经济体制，满足人民群众终身学习需要，与市场需求和劳动就业紧密结合，校企合作、工学结合，结构合理、形式多样，灵活开放、自主发展，有中国特色的现代职业教育体系；继续完善"政府主导、依靠企业、充分发挥行业作用、社会力量积极参与，公办与民办共同发展"的多元办学格局和"在国务院领导下，分级管理、地方为主、政府统筹、社会参与"的管理体制。

ABA039－20051104

《关于进一步加强就业再就业工作的通知》印发

2005年11月4日，国务院印发《关于进一步加强就业再就业工作的通知》。《通知》指出，就业是民生之本，也是构建社会主义和谐社会的重要内容。《通知》要求，广泛发动全社会教育培训资源，为城乡劳动者开展多层次、多形式的职业培训，并积极推行创业培训，提高劳动者就业能力和创业能力。对持《再就业优惠证》人员、城镇其他登记失业人员以及进城务工的农村劳动者，提供一次性职业培训补贴。要通过资质认定，确定一批培训质量高、就业效果好的教育培训机构作为定点机构。完善培训补贴与培训质量、促进就业效果挂钩机制，引导各类教育培训机构针对市场需求，积极开展定向培训。动员全社会力量，加快培养适应企业需要的高技能人才。大力开展职业培训，提升进城务工农村劳动者的就业能力。根据他们的特点和就业需求，开展有较强针对性、实用性的培训并提供职业技能鉴定服务。充分利用电视远程培训等手段，将技能知识和就业信息送到农户。在吸纳进城务工农村劳动者较多的重点行业和组织劳务输出的贫困地区，组织实施国家培训项目。

ABA040－20051231

《中共中央、国务院关于推进社会主义新农村建设的若干意见》发布

2005年12月31日，《中共中央、国务院关于推进社会主义新农村建设的若干意见》发布。《意见》指出，建设社会主义新农村是我国现代化进程中的重大历史任务。提高农民整体素质，培养造就有文化、懂技术、会经营的新型农民，是建设社会主义新农村的迫切需要。《意见》要求，大规模开展农村劳动力技能培训。继续支持新型农民科技培训，提高农民务农技能，促进科学种田。扩大“农村劳动力转移培训阳光工程”实施规模，提高补助标准，增强农民转产转岗就业的能力。加快建立政府扶助、面向市场、多元办学的培训机制。各级财政要将农村劳动力培训经费纳入预算，不断增加投入。整合农村各种教育资源，发展农村职业教育和成人教育。

ABA041－20060327

《国务院关于解决农民工问题的若干意见》发布

2006年3月27日，《国务院关于解决农民工问题的若干意见》发布。《意见》指出，农民工是我国改革开放和工业化、城镇化进程中涌现的一支新型劳动大军。他们户籍仍在农村，主要从事非农产业，有的在农闲季节外出务工，亦工亦农，流动性强，有的长期在城市就业，已成为产业工人的重要组成部分。《意见》要求，各地要适应工业化、城镇化和农村劳动力转移就业的需要，大力开展农民工职业技能培训和引导性培训，提高农民转移就业能力和外出适应能力。完善并认真落实全国农民工培训规划。劳动保障、农业、教育、科技、建设、财政、扶贫等部门要按照各自职能，切实做好农民工培训工作。强化用人单位对农民工的岗位培训责任，对不履行培训义务的用人单位，应按国家规定强制提取职工教育培训费，用于政府组织的培训。大力发展面向农村的职业教育。支持各类职业技术院校扩大农村招生规模，鼓励农村初、高中毕业生接受正规职业技术教育。通过设立助学金、发放助学贷款等方式，帮助家庭困难学生完成学业。加强县级职业教育中心建设。有条件的普通中学可开设职业教育课程。加强农村职业教育师资、教材和实训基地建设。

ABA042 –20061011

《关于构建社会主义和谐社会若干重大问题的决定》通过

2006 年 10 月 11 日，党的十六届六中全会通过《关于构建社会主义和谐社会若干重大问题的决定》。《决定》指出，社会和谐是中国特色社会主义的本质属性，是国家富强、民族振兴、人民幸福的重要保证。构建社会主义和谐社会，是我们党以马克思列宁主义、毛泽东思想、邓小平理论和“三个代表”重要思想为指导，全面贯彻落实科学发展观，从中国特色社会主义事业总体布局和全面建设小康社会全局出发提出的重大战略任务，反映了建设富强民主文明和谐的社会主义现代化国家的内在要求，体现了全党全国各族人民的共同愿望。《决定》要求，健全面向全体劳动者的职业技能培训制度，加强创业培训和再就业培训。坚持教育优先发展，促进教育公平。全面贯彻党的教育方针，大力实施科教兴国战略和人才强国战略，全面实施素质教育，深化教育改革，提高教育质量，建设现代国民教育体系和终身教育体系，保障人民享有接受良好教育的机会。坚持公共教育资源向农村、中西部地区、贫困地区、边疆地区、民族地区倾斜，逐步缩小城乡、区域教育发展差距，推动公共教育协调发展。加快发展城乡职业教育和培训网络，努力使劳动者人人有知识、个个有技能。

ABA043－20061013

《劳动和社会保障事业发展“十一五”规划纲要（2006年—2010年）》转发

2006年10月13日，国务院转发劳动和社会保障部、国家发展和改革委员会联合制定的《劳动和社会保障事业发展“十一五”规划纲要（2006年—2010年）》，要求各省、自治区、直辖市人民政府和国务院各部委、各直属机构认真贯彻执行。《纲要》要求，大力发展职业教育和培训，加快提高劳动者技能素质。充分发挥现有教育培训资源的作用，依托大型骨干企业和职业院校、高级技工学校、技师学院等重点职业教育培训机构，建立一批示范性、国家级高技能人才培训基地和区域性公共实训基地，加快高技能人才培养，推进现代职业培训制度模式的建立。加强实用技能培训，提高下岗失业人员再就业能力。开展创业培训，发挥创业带动就业的倍增效应。大力开展农民职业技能培训和引导性培训，提高农民职业技能、转移就业能力和外出适应能力。

ABA044－20061231

《中共中央、国务院关于积极发展现代农业扎实推进社会主义新农村建设的若干意见》发布

2006年12月31日，《中共中央、国务院关于积极发展现代农业扎实推进社会主义新农村建设的若干意见》发布。《意见》指出，建设现代农业，最终要靠有文化、懂技术、会经营的新型农民。必须发挥农村的人力资源优势，大幅度增加人力资源开发投入，全面提高农村劳动者素质，为推进新农村建设提供强大的人才智力支持。《意见》要求，普遍开展农业生产技能培训，扩大新型农民科技培训工程和科普惠农兴村计划规模，组织实施新农村实用人才培训工程，努力把广大农户培养成有较强市场意识、有较高生产技能、有一定管理能力的现代农业经营者。加大“阳光工程”等农村劳动力转移就业培训支持力度，进一步提高补贴标准，充实培训内容，创新培训方式，完善培训机制。加快发展农村职业技术教育和农村成人教育，扩大职业教育面向农村的招生规模。加大对大专院校和中等职业学校农林类专业学生的助学力度，有条件的地方可减免种植、养殖专业学生的学费。完善鼓励大专院校和中等职业学校毕业生到农村服务的有关办法，引导他们到农村创业。有条件的地方，可选拔大专院校和中等职业学校毕业生到乡村任职，改善农村基层干部队伍结构。

ABA045 –20070319

《国务院关于加快发展服务业的若干意见》发布

2007 年 3 月 19 日，《国务院关于加快发展服务业的若干意见》发布。《意见》指出，服务业是国民经济的重要组成部分，服务业的发展水平是衡量现代社会经济发达程度的重要标志。各地区、各部门要进一步提高认识，切实把思想统一到中央的决策和部署上来，转变发展观念，拓宽发展思路，着力解决存在的问题，加快把服务业提高到一个新的水平，推动经济社会走上科学发展的轨道，促进国民经济又好又快发展。《意见》要求，加强农村职业教育和继续教育，搞好农民和农民工培训，提高农民素质，结合城镇化建设，积极推进农村富余劳动力实现转移就业。充分发挥高等院校、科研院所、职业学校及有关社会机构的作用，推进国际交流合作，抓紧培训一批适应市场需求的技能型人才，培养一批熟悉国际规则的开放型人才，造就一批具有创新能力的科研型人才，扶持一批具有国际竞争力的人才服务机构。

ABA046 –20070513

国务院要求建立健全高等学校和中等职业学校家庭经济困难学生资助政策体系

2007 年 5 月 13 日，国务院发表《关于建立健全普通本科高校、高等职业学校和中等职业学校家庭经济困难学生资助政策体系的意见》。《意见》提出了建立健全该体系的主要目标和基本原则，其中主要目标是加大财政投入，落实各项助学政策，扩大受助学生比例，提高资助水平，从制度上基本解决家庭经济困难学生的就学问题，同时进一步优化教育结构，维护教育公平，促进教育持续健康发展；基本原则是加大财政投入、经费合理分担、政策导向明确、多元混合资助、各方责任清晰。《意见》规定，普通本科高校和高等职业学校国家助学金资助面平均约占全国普通本科高校和高等职业学校在校生总数的 20%，财政部、教育部根据生源情况、平均生活费用、院校类别等因素综合确定各省资助面，平均资助标准为每生每年 2000 元，具体标准由各地根据实际情况在每生每年 1000 ~3000 元范围内确定，可以分为 2 ~3 档。中等职业学校国家助学金资助所有全日制在校农村学生和城市家庭经济困难学生，资助标准为每生每年 1500 元，国家资助两年，第三年实行学生工学结合、顶岗实习。《意见》要求各地区、各有关部门和各学校周密安排，精心组织，扎扎实实地把这件惠及广大人民群众的大事抓好。

ABA047－20070518

《国家教育事业发展“十一五”规划纲要》批转

2007 年 5 月 18 日，国务院批转教育部制定的《国家教育事业发展“十一五”规划纲要》，请各省、自治区、直辖市人民政府和国务院各部委、各直属机构认真贯彻执行。《纲要》确定以中等职业教育为重点，加快发展职业教育，培养高素质劳动者和高技能人才。《纲要》要求，加快培养高素质劳动者和高技能专门人才，深化职业教育的教育教学改革，加强职业教育基础能力建设，营造职业教育发展的良好制度环境。《纲要》指出，建立中等职业教育国家助学金制度，资助所有农村学生和城市家庭经济困难学生接受职业教育，国家资助两年，第三年实行学生工学结合、顶岗实习。鼓励地方政府、企业和社会团体设立多种形式的中等职业学校学生奖学金、助学金。完善以国家助学金为主，多种形式的奖学金、学生工学结合、顶岗实习、学校减免学费等为辅的资助政策体系。

ABA048－20071231

《中共中央、国务院关于切实加强农业基础建设进一步促进农业发展农民增收的若干意见》发布

2007 年 12 月 31 日，《中共中央、国务院关于切实加强农业基础建设进一步促进农业发展农民增收的若干意见》发布。《意见》在着力强化农业科技和服务体系支撑中，强调大力培养农村实用人才。《意见》提出，组织实施新农村实用人才培训工程，重点培训种养业能手、科技带头人、农村经纪人和专业合作组织领办人等。加快提高农民素质和创业能力，以创业带动就业，实现创业富民、创新强农。继续加大外出务工农民职业技能培训力度。加快构建县域农村职业教育和培训网络，发展城乡一体化的中等职业教育。支持高等学校设置和强化农林水类专业。国家励志奖学金和助学金对在高等学校农林水类专业就读的学生给予倾斜，对毕业后到农村基层从事农林水专业工作达到一定年限的毕业生，实行国家助学贷款代偿政策。

ABA049－20080203

《国务院关于做好促进就业工作的通知》印发

2008 年 2 月 3 日，《国务院关于做好促进就业工作的通知》印发。《通知》指出，党的十七大提出坚持实施积极的就业政策，实现社会就业更加充分的奋斗目标。县级以上地方人民政府要把扩大就业作为经济和社会发展的重要目标，纳入国民经济和社会发展规划，并制定促进就业的中长期规划和年度工作计划，在发展经济和调整产业结构、规范人力资源市场、完善就业服务、加强职业教育和培训、提供就业援助等方面制定具体措施，努力实现社会就业更加充分的目标。建立健全面向全体劳动者的职业技能培训制度。鼓励支持各类职业院校、职业技能培训机构和用人单位依法开展就业前培训、在职培训、再就业培训和创业培训；鼓励劳动者参加各种形式的培训。对失业人员、符合条件的进城务工农村劳动者参加职业培训的，按规定给予职业培训补贴，具体办法由财政部、劳动和社会保障部等制订。要完善劳动预备制度，对有就业要求和培训愿望的初高中毕业生实行3个月以上、12个月以内的预备制培训，使其取得相应的职业资格或者掌握一定的职业技能。

ABA050 －20081012

《中共中央关于推进农村改革发展若干重大问题的决定》印发

2008年10月12日，中国共产党第十七届中央委员会第三次全体会议通过《中共中央关于推进农村改革发展若干重大问题的决定》。《决定》指出：“只有坚持把解决好农业、农村、农民问题作为全党工作重中之重，坚持农业基础地位，坚持社会主义市场经济改革方向，坚持走中国特色农业现代化道路，坚持保障农民物质利益和民主权利，才能不断解放和发展农村社会生产力，推动农村经济社会全面发展。”《决定》提出了推进农村改革发展的指导思想、目标任务、重大原则和各项政策措施。《决定》要求：“稳定和壮大农业科技人才队伍，加强农业技术推广普及，开展农民技术培训。”“发展农村教育，促进教育公平，提高农民科学文化素质，培育有文化、懂技术、会经营的新型农民。”“加快普及农村高中阶段教育，重点加快发展农村中等职业教育并逐步实行免费。健全县域职业教育培训网络，加强农民技能培训，广泛培养农村实用人才。”“增强高校为农输送人才和服务能力，办好涉农学科专业，鼓励人才到农村第一线工作，对到农村履行服务期的毕业生代偿学费和助学贷款，在研究生招录和教师选聘时优先。”

第二节 教育部门的有关文件

ABB001 －19801021

教育部等部门提出加强民族教育工作的意见

1980年10月21日，教育部和国家民族事务委员会联合印发改革开放后第一份指导我国少数民族教育工作的专门文件——《关于加强民族教育工作的意见》。《意见》强调，少数民族地区的四化建设和繁荣发展，需要大批建设人才，必须发展各类学校教育。《意见》认为，对于文化教育水平较高的民族地区，应继续普及小学教育，发展中学教育和技术、职业教育，力求早出人才，多出人才。对于大多数文化教育十分落后的民族，特别是对于边远地区、牧区、山区的民族，必须采取特殊的办法，在相当的时期内，集中力量，办好一批公办的民族中小学，给予较多的助学金，特别要大力办好一批寄宿制学校，采取由国家管住、管吃、管穿的办法。《意见》提出，培养少数民族四化建设所需的多方面的人才，特别是各类科学技术人才，应采取办好和发展民族学院、在民族自治地区的大专和中专院校、全国重点高等院校和少数民族人口较多的省的一般高等院校举办民族班、发展各类业余大学等多种途径和多种办法。

ABB002 – 19830210

教育部等部门部署农业院校招生改革工作

1983 年 2 月 10 日，农牧渔业部、教育部联合发出《关于 1983 年全国高中等农业院校招生工作的通知》，规定：（1）改革本科招生办法，农科院校主要面向农村招生。定向招生部分必要时可适当降低分数线，择优录取。（2）扩大专科招生比例。农业、农垦、水产院校应积极创办知识面宽、应用性强的 2 年制专科，参加统考，主要面向农村、垦区、渔区招生，其中包括招收具有 1 年以上的实践经验和高中文化程度的农村知识青年以及农业、农垦、水产系统的在职职工，实行推荐加考试，免试外语，必要时适当降低分数线，择优录取，定向招生，定向分配。（3）开创农业中专办学的新路子。实行多种形式办学，两条腿走路的招生分配方法。即一种是实行国家统招，指标分配到县，定向招生，定向分配。另一种是根据国务院文件精神，招收农、牧、渔业系统所属企事业单位具有初中以上文化程度的在职职工，举办中专班；也可以招收初中以上文化程度的集体所有制单位、专业户的农村优秀青年，采取推荐加考试相结合的办法，实行单独招生，择优录取，毕业后不包分配，回原单位工作。此外，还可采用签订合同的方式接受自费代培。

ABB003 – 19860623

国家教委等部门决定加强合作促进就业前职业技术教育发展

1986 年 6 月 23 日，国家教育委员会、国家计划委员会、国家经济委员会联合印发《关于经济部门和教育部门加强合作促进就业前职业技术教育发展的意见》，提出以下五项原则要求。一是教育部门应根据当地经济发展的需要，努力兴办各种形式的职业技术教育，积极为企业发展生产培养人才。二是今后新建（含引进）大、中型项目，应包括职工队伍的培训计划，使工程建设和人才培训同步进行，保证项目竣工后顺利投产，提高经济效益。对于企业自办或合办的各类职业技术学校或培训中心，教育部门有责任在教学业务和调配师资方面给予支持；项目主管部门也应就职业技术教育的项目计划与当地教育部门联系。三是为了使各级职业技术学校毕业生能够熟悉生产过程，具有较强的实践动手能力，对口的企业应积极接纳师生下厂进行生产实习和实践。四是各企业应按照先培训后就业的原则，招工时优先录取专业技术对口的各类职业技术学校毕业生；教育部门应积极向企业推荐毕业生。五是请各地经委与教委共同帮助本地区企业与各类职业技术学校对口建立必要的协作联系；积极探索发展职业技术教育的新路子，可以进行厂校合作培训制度的试点，厂方负责技能训练，学校负责文化及基础理论教学，厂校共同负责考核。

ABB004－19870324

国家教委要求普通高等学校招收职业技术学校应届毕业生

1987年3月24日，国家教委印发《普通高等学校招收少数职业技术学校应届毕业生的暂行规定》。《规定》要求，普通高等学校举办的职业中学专业课师资班，招收职业中学优秀应届毕业生，采取在推荐的基础上进行考试的办法，招收名额应控制在职业高中应届毕业生总数的1%以内，由主管职业技术教育的部门按职业技术学校专业课师资班招收职业高中应届毕业生计划数的1.5倍，将推荐名额下达给专业对口、办学思想端正、教学质量较好的职业中学。考试科目分文化课和专业课两部分，文化课考政治、语文、数学，专业课考试科目由招生学校根据专业要求确定一门专业课和一门专业基础课。省、自治区、直辖市普通高等学校招生委员会负责组织命题、考试、阅卷，招生委员会办公室组织录取工作。普通高等学校举办的中等专业学校专业课师资班，招收中等专业学校应届毕业生，采取中专校保送、招生学校复审的办法，由中央有关部委及省、自治区、直辖市主管职业技术教育的部门，根据师资班招生计划，将名额直接下达到办学思想端正、教学质量好的中等专业学校（包括地方所属的中专学校），名额的分配控制在应届毕业生数的1%以内。

ABB005－19890923

《各省、自治区、直辖市职教处长研讨班纪要》印发

1989年7月17－29日，国家教委职业技术教育司在中央教育行政学院举办了各省、市、自治区教委（厅、局）职教处长研讨班。研讨班以党的十三届四中全会精神为指导思想，学习了四中全会文件和中央领导同志的讲话，听取了国家教委、科委、农业部领导的讲话，交流了几个省市的工作经验，参观了北京市5所职业中学，就农村职业教育工作特别是农、林、牧专业面临的问题，城市职业中学毕业生的就业安置、经费的筹集，职业中学的教材建设，示范性学校的建设、标准和评估办法，如何改进城乡职教补助经费的使用办法等进行了研讨。在此期间，国家教委副主任王明达两次到会与职教处长们座谈。1989年9月23日，国家教委印发了研讨班纪要，要求各省、市、自治区教委参考有关精神进一步抓好城乡职业技术教育。

ABB006－19900810

国家教委推广青岛市发展职业技术教育的经验

1990年8月10日，《国家教委关于转发〈青岛市发展职教的三项措施〉的通知》中指出："管理体制的改革，是当前职业技术教育面临的诸多问题中亟待解决的关键问题。近年来，青岛市在这方面进行了积极探索，在妥善安置职业高中毕业生、多渠道筹措职教经费，以及建立技术等级考核制度等方面，都做了大量工作，并取得了可喜成绩和经验。现将他们的经验和做法转发给你们，供制定政策时参考。"

附录　青岛市发展职教的三项措施（摘录）

统一筹集职业教育经费

（一）缴纳范围和数额

凡市区内向劳动人事部门申请用人指标的全民、集体企事业单位和中央、省驻青企事业单位（国家预算拨款的事业单位除外），不论当年是否用人，从1988年7月1日起，每年都要缴纳职业教育经费。数额按劳动人事部门核定的各企事业单位职工全年工资总额的5%缴纳，企业单位在"营业外支出——职工教育经费"，事业单位在"其他费用——职工教育经费"项下列支。

（二）缴纳办法

各单位职业教育经费按季与社会劳动保险基金一并缴纳，由劳动部门代办。缴纳时间，各单位于次季5日前，将上季度应缴数额（以上年度报国家统计部门的职工季平均工资总额为当年的季上缴基数）报送所在区社会劳动保险部门并由其负责审核。社会劳动保险部门于10日前通知企业开户银行，用同城托收无承付方式代扣，转入教育部门开设的“职业教育经费”专户。逾期不缴者，从次季6日起，按日收未缴数额1%的滞纳金，转入“职业教育经费”专户。凡未参加市劳动保险基金统筹的属应缴纳范围的企事业单位，由教育部门收缴。市教育局定期向市财政通报收支情况。

（三）经费的使用

职业教育经费要专款专用，只限于发展市区的职业中学（含职业中专和企业办的职业高中班），包括添置教学设备，购置仪器、图书，支付兼课教师兼课费等项费用。市教育局每年要将该经费收支情况向市政府报告一次。

职业教育经费统筹之后，仍然提倡企事业单位与教育部门联合办学，提倡有条件的企业自办职业高中（班）。联办单位不再向学校缴纳专业教育经费。凡联合办学单位，学生毕业时，可优先择优录用；企业办职业高中（班）经市教育部门验收合格后，由教育部门向办学（班）的企事业单位返还专业教育经费。缴纳职业教育经费的单位，录用教育部门自办职业高中（班）的毕业生，不再缴纳培训费。

自1989年4月起市政府又决定将缴纳的数额提高为8%，新增的3%用于发展技工学校。

ABB007－19910327

国家教委要求全国职教系统开展“学雷锋为民服务周”活动

1991年3月27日，国家教委办公厅发出《关于职业技术教育系统开展“学雷锋为民服务周”活动的通知》。《通知》指出，全国不少地区的教育行政部门紧密结合职业技术教育的特点，组织各类职业技术学校的学生和教师走上社会，开展大规模的“学雷锋为民服务周”活动，取得了良好的教育效果，受到了社会各界的好评。为了把这一活动更加普遍、深入持久地开展下去，国家教委决定，从1991年开始，逐步在全国范围内，开展职业技术教育系统“学雷锋为民服务周”活动。《通知》要求，“学雷锋为民服务周”的主题，是“全心全意为人民服务”；活动的基本形式，是师生走出校门，开展社会性的便民服务或公益活动；活动的组织领导，由省、自治区、直辖市教育行政部门统一布置，地、市教委（教育局）统一组织领导，县（区）教育部门组织实施；活动时间，除在每年3月利用“学雷锋纪念日”开展一些活动外，确定每年5月4－10日为全国职教系统“学雷锋为民服务周”，各地教育部门可统一组织规模较大的活动。《通知》强调，此项活动一定要有组织、有计划、有准备地进行，既要形成一定的规模和声势，又要扎扎实实，讲求实效。

ABB008 – 19920408

国家教委提出加强少数民族地区职业技术教育工作的意见

1992 年 4 月 8 日，国家教委印发《关于加强少数民族与民族地区职业技术教育工作的意见》。《意见》要求，要高度重视职业技术教育在少数民族和民族地区经济建设和社会发展中的战略地位和作用，制定可行规划，采取有力措施。要进一步明确改革和发展的方向和路子，坚持德育为首，坚持主要为当地经济建设和社会发展服务的办学方向，培养素质较高的新型农（牧）民；坚持多层次、多规格、灵活多样的办学形式，建立职业技术教育和培训网络；积极发展校办产业，开展勤工俭学，走产教结合、以厂养校的道路。要采取有关经费、师资、教材建设、实训实习场所和基地建设的特殊政策和措施，进一步落实“先培训，后就业”的方针，逐步实行技术证书制度，推动职业技术教育的发展。要加强对少数民族与民族地区职业技术教育工作的领导，各级政府把职教纳入当地经济和社会发展的总体规划，加强政府统筹，搞好教育、计划、劳动、人事、财政等部门的分工协作，加强教育部门的具体指导；同时，县一级政府成立职教领导小组，或建立联席会议制度，定期研究制定发展职业技术教育的规划、政策、措施，及时解决职业技术教育工作中遇到的问题；学校加强内部管理，调整和配备好领导班子。

ABB009 – 19921020

国家教委和国家民委共同要求加强民族教育工作

1992 年 10 月 20 日，国家教育委员会和国家民族事务委员会联合印发《关于加强民族教育工作若干问题的意见》。《意见》强调，民族教育是我国整个教育事业的重要组成部分，也是民族工作的重要内容，我们要进一步解放思想，加快改革开放的步伐，努力把我国民族教育提高到一个新的水平。《意见》要求，积极发展多层次、多种形式的职业技术教育和成人教育。“八五”期间，少数民族较多的县（旗），要集中力量办好一所起骨干示范作用的中等职业技术学校，人口稀散的地方，可办在地区（州、盟）所在地；同时，要重视举办比较切合民族地区经济发展水平的初级职业技术教育；少数民族人口较多的乡（镇），要办好农（牧）民文化技术学校，积极开展短期实用技术培训。要加强普通中小学的劳动课和劳动技术课教学，并有计划地将一部分民族中学和普通高中改办成职业中学或综合中学。在一些经济、教育发展水平较低的民族地区，从小学高年级开始引入职业技术教育的因素，把学文化和学技术早期结合起来。

ABB010－19930401

国家教委办公厅转发全国政协教文委职业技术教育调查报告

1993年4月1日，国家教委办公厅转发全国政协教育文化委员会1993年1月撰写的《关于北京市、辽宁省、四川省职业技术教育的调查报告》，并为此发出通知。《通知》指出："全国政协教育文化委员会于1992年9－11月组织调查组，先后对北京市、辽宁省、四川省的职业技术教育进行了调查，并写出了《关于北京市、辽宁省、四川省职业技术教育的调查报告》。《报告》所提问题都是当前我国职业技术教育发展中的重要问题，反映的情况和所提建议对发展我国职业技术教育具有十分积极的意义。"《报告》认为，北京市、辽宁省、四川省职业技术教育工作的主要特点，一是建立统筹机构，加强政府对职业技术教育的领导，注意法规建设；二是贯彻"大家来办"的方针，积极发展联合办学，校企合作，多渠道、多形式地发展职业技术教育；三是加快改革与发展，以适应新的形势需要。《报告》还论述了尚存在的主要问题，并就职业技术教育加快改革，加速发展，建立适应并服务于社会主义现代化建设和市场经济发展的体系提出了一些建议。

ABB011－19980211

国家教委要求加快中西部地区职业教育的改革与发展

为贯彻落实全国职业教育工作会议精神，加快中西部地区特别是西部地区、民族地区和边远贫困地区职业教育的改革与发展，1998年2月11日，国家教委印发《关于加快中西部地区职业教育改革与发展的意见》。《意见》要求，探索符合中西部地区实际的职教模式。办学方向上坚持为当地经济和社会发展服务，努力使职业教育在推动当地支柱产业特别是"两高一优"农业的发展、推动产业结构的调整和经济效益的提高、促进劳动就业和农民脱贫致富方面发挥应有的作用；教育结构上实行三教统筹，大力发展多层次多形式的职业教育；专业设置上重点保证资源开发等支柱产业的需要，办学形式更加灵活，坚持职前和职后沟通，学校教育和培训结合，全日制和部分时间制结合；教育资源配置突出重点，分工合作，提高职业教育的整体功能和效益。加大政府对职业教育工作的统筹力度，加强职业教育与科技、经济的结合，加强与行业、企业的合作；在农村要加强农科教结合，职教与扶贫结合；积极推进职业教育证书制度和毕业生就业制度的改革。鼓励东部地区与中西部地区之间积极开展多层次多形式的职业教育交流与合作。

ABB012－19981211

教育部提出促进教育为农业和农村工作服务的意见

1998 年 12 月 11 日，教育部印发《关于贯彻十五届三中全会精神促进教育为农业和农村工作服务的意见》。《意见》指出，实现党的十五届三中全会提出的建设有中国特色社会主义新农村的目标，从根本上讲是要把农业和农村经济增长转到依靠科技进步和提高劳动者素质的轨道上来。教育战线的同志，特别是各级教育部门的领导同志，要认真学习和贯彻党的十五届三中全会精神，以邓小平理论为指导，充分认识教育特别是农村教育为农业和农村工作服务的重要性和紧迫性，牢固树立为农业和农村工作服务的思想，努力开创教育为农业和农村工作服务的新局面。《意见》要求，进一步推动农村教育综合改革，促进农科教结合和三教统筹。要采取更加灵活的方式，努力扩大职业学校招生规模，广泛开展短期职业技术培训，为小学后、初中后、高中后不能升入高一级普通学校的农村青少年和广大农民创造更多的接受职业教育和培训的机会。要努力办好农业类和农村急需的专业，为农村培养大批“过得硬、用得上、留得住”的初中级技术人才。要努力提高教学质量，办出特色，使毕业生确实掌握致富的一技之长，增强学校自身的活力和吸引力。

ABB013－19990521

《“面向 21 世纪教育振兴行动计划”专项资金管理暂行办法》发布

1999 年 5 月 21 日，教育部和财政部联合发布《“面向 21 世纪教育振兴行动计划”专项资金管理暂行办法》。《暂行办法》规定，支持职业教育发展的经费，“主要用于设立职业教育课程改革和教材建设基金实施课程改革和教材建设、建设 50 个职业教育专业教师和实习指导教师培养培训基地、支持建设中央部委所属 30 所示范性高职学院所需的支出”。根据 1999—2000 年“行动计划”项目执行情况和项目特点，财政部、教育部对《暂行办法》进行了修订和细化，并于 2001 年 11 月 20 日公布了《“面向 21 世纪教育振兴行动计划”专项资金管理办法（修订）》，其中上述条款改为支持职业教育发展的经费“主要用于设立职业教育课程改革和教材建设基金实施课程改革和教材建设、职业教育专业教师和实习指导教师培养培训基地建设以及支持示范性高职学院建设所需的支出”。

ABB014－20000420

《关于东西部地区学校对口支援工作的指导意见》印发

根据2000年4月6日《中共中央办公厅、国务院办公厅关于推动东西部地区学校对口支援工作的通知》精神和实施“东部地区学校对口支援西部贫困地区学校工程”、“西部大中城市学校对口支援本省（自治区、直辖市）贫困地区学校工程”（以下简称“两个工程”）的要求，为了确保“两个工程”的顺利实施，经国务院同意，2000年4月20日，教育部、国务院扶贫开发领导小组、中组部、国家计委、财政部、人事部印发《关于东西部地区学校对口支援工作的指导意见》，要求全国各地遵照执行。《指导意见》包括指导思想、实施范围、期限和目标、援助任务、有关政策、组织领导六个部分。《指导意见》指出，受援地区原则上应是2000年以前尚未普及九年义务教育的国家及省级贫困县。为便于工作，应适当考虑受援地区的交通、气候、语言、生活条件等因素。选择受援学校以义务教育阶段学校为重点，集中支援国家及省级贫困县的相对薄弱学校。同时，在职业教育和高等教育方面做力所能及的支援工作。对口支援的省（自治区、直辖市）及计划单列市人民政府要把教育对口支援工作列入议事日程，确定相应的部门负责组织实施“两个工程”，作为东西扶贫协作和落实西部大开发战略部署的重要工作抓紧抓好。

ABB015－20000728

教育部等部委要求加快少数民族和民族地区的职业教育改革和发展

2000年7月28日，国家民族事务委员会和教育部联合印发《关于加快少数民族和民族地区职业教育改革和发展的意见》。《意见》共五个部分：第一，充分认识职业教育在民族地区经济社会发展中的战略地位和作用；第二，一切从实际出发，始终坚持为少数民族和民族地区服务的办学指导思想；第三，因地制宜，积极探索适应少数民族和民族地区发展需要的职业教育办学路子；第四，进一步制定、完善发展少数民族和民族地区职业教育的有关政策和措施；第五，加强宏观指导与统筹领导，推动职业教育更好地为少数民族和民族地区服务。《意见》强调，改革和发展少数民族和民族地区的职业教育，既要认真学习借鉴其他国家和国内发达地区的先进经验，更要从我国社会主义初级阶段的基本国情出发，从现阶段少数民族和民族地区的实际情况出发，充分尊重职业教育的规律和特点。要坚持为少数民族和民族地区经济建设和社会发展服务的办学宗旨，从少数民族和民族地区生产力发展水平和经济结构、产业结构的需求出发，因地制宜，分类指导，以提高质量和效益为核心，逐步建立起能适应民族地区经济、社会发展需要，重点突出，结构优化，层次完善，布局合理的民族职业教育体系。

ABB016 - 20010608

教育部等部门提出在农村普通初中试行“绿色证书”教育

经国务院同意，2001 年 6 月 8 日，教育部和农业部联合印发《关于在农村普通初中试行“绿色证书”教育的指导意见》。《指导意见》指出，在农村普通初中试行“绿色证书”教育的指导思想是：贯彻落实《中共中央关于农业和农村工作若干重大问题的决定》《中共中央国务院关于深化教育改革全面推进素质教育的决定》和《国务院关于基础教育改革与发展的决定》有关精神，做到有利于普及九年义务教育，提高学生的巩固率和毕业率；有利于学生创新意识与实践能力的培养，适应农村经济和社会发展的需求，适应学生发展的需求；有利于把农业技术、经营、管理等内容纳入教育内容，形成新型的教育模式。《指导意见》要求，适当调整现行九年义务教育初中课程，在初中阶段的劳动技术课时和地方安排课时中安排“绿色证书”培训课程，使学生在初中阶段有 300 课时左右的教学时间，其中 60% 左右用于理论课，40% 左右用于生产实习课。县、乡两级教育行政部门与农业行政主管部门可根据当地实际确定 2 ~ 3 门专业课程，使学生比较系统地了解、掌握某种岗位生产、经营管理的基础知识和技能。实行新课程的地区，可在地方课程和综合实践活动中安排“绿色证书”教育的课时。各地也可采取其他形式进行“绿色证书”教育。

ABB017 - 20010717

《中国医学教育改革和发展纲要》印发

2001 年 7 月 17 日，卫生部和教育部发出《关于印发〈中国医学教育改革和发展纲要〉的通知》。《通知》指出，《中国医学教育改革和发展纲要》是 21 世纪初我国医学教育改革和发展的纲领性文件，是指导医学教育进行规模、布局、层次、结构调整的依据。各级卫生、教育行政部门和各类医学院校及有关单位应认真学习贯彻《中国医学教育改革和发展纲要》精神，结合本地区、本单位实际制定贯彻落实的实施意见，并将贯彻落实情况及时报告两部。《中国医学教育改革和发展纲要》提出，调整医学教育总体规模，扩大高等医学教育，压缩中等医学教育，使其与人民群众卫生服务需求及卫生人力发展需要相适应。到 2015 年，普通医学院校本专科和研究生招生规模进一步扩大，中等医学教育规模大幅度压缩；各层次医学教育招生规模所占比例，本专科教育

（含高等职业技术教育）提高到60%，研究生教育提高到12%，中等教育减少到28%。进一步调整专业设置，普通本科主要设置医学、口腔医学、中医学、药学、中药学和护理学专业，高等职业技术教育和中等教育主要设置医学相关类专业。形成具有中国特色的医学普通专业教育与医学职业技术教育并举、分工明确、互相沟通、彼此衔接的医学人才培养体系。

ABB018－20021121

教育部要求进一步加强农村成人教育

2002年11月21日，《教育部关于进一步加强农村成人教育的若干意见》印发。《意见》指出，农村成人教育是我国教育的重要组成部分，承担着提高农村成人思想政治和科学文化素质、促进农村经济社会发展的重要任务。大力发展农村成人教育是贯彻实践“三个代表”重要思想的必然要求，是实施科教兴国战略的重要措施，是适应我国实施现代化建设第三步发展战略和加入世界贸易组织的新形势，解决农业、农村、农民问题的必然选择。《意见》要求，实行三教统筹，促进基础教育、职业教育与成人教育协调发展。进一步加强农村成人文化技术学校建设，建立以县级职业学校和成人学校为龙头，以乡镇成人文化技术学校为骨干，以村成人文化技术学校为基础的县、乡、村三级实用型、开放型农民文化科技教育培训体系，切实把农村成人文化技术学校办成人力资源开发、技术培训与推广、劳动力转移培训、扶贫开发服务和社会主义精神文明建设的基地。县级职业学校和成人学校要在开展教育培训的同时，承担乡镇成人文化技术学校师资培训、业务指导、信息服务和技术支持等工作。

ABB019－20021202

教育部等部门要求进一步发挥行业、企业在职业教育和培训中的作用

2002年12月2日，教育部、国家经贸委、劳动和社会保障部联合发布《关于进一步发挥行业、企业在职业教育和培训中的作用的意见》。《意见》指出，各级政府要充分依靠企业、发挥行业作用，逐步形成政府统筹、行业指导、市场调节、企业自主开展职业教育和培训的运行机制。各级政府要加强对行业、企业举办职业教育和培训的领导和统筹，将其纳入地方教育、经济和社会发展的总体规划，创造良好的政策环境，提供必要的保障条件；并加快职能转变，将应当或适宜由行业组织承担的工作，通过授权、委托等方式交给行业组织承担。《意见》要求，各类企业要按《中华人民共和国职业教育法》的规定承担实施职业教育和职工培训的费用。一般企业要按照职工工资总额的

1.5%足额提取职工教育培训经费。从业人员技术素质要求高、培训任务重、经济效益较好的企业，可按2.5%提取，列入成本开支。企业技术改造和项目引进，应按规定比例安排职工培训经费。对不按《中华人民共和国职业教育法》的规定实施职工职业教育和培训，并经责令改正而拒不改正的企业，县级以上地方各级人民政府可以收取其应当承担的职业教育经费，用于本地区的职业教育和培训。

ABB020－20030321

《关于中医药教育若干问题的意见》印发

2003年3月21日，国家中医药管理局办公室和教育部办公厅联合印发《关于中医药教育若干问题的意见》。《意见》指出，各类高等学校增设中医类专业（指中医学、针灸推拿学、藏医学、蒙医学、维吾尔医学等，下同）本、专科专业报教育部，教育部征求国家中医药管理局意见后审批；增设中药学类本、专科专业须根据各地区人才需求，报省级教育主管部门，在征求省级中医药行政管理部门意见后批准，本科专业报教育部备案。非医学类高等院校（不包括已设置医学院的高等学校）和职业技术学院原则上不得举办中医类专业。因特殊情况确需举办的，应由学校所在地教育行政管理部门向教育部提出申请，教育部将会同国家中医药管理局派专家组对申办学校相应专业的办学条件、实习条件和师资情况进行评估，经评估具备条件的，由教育部批准后方可招生。充分利用现有中等中医药教育资源，在地方政府的统筹规划下，积极发展中医药高职高专教育，将一批具备条件的中医药学校改建为高职高专学校（包括西部地区部分以五年制高职教育为主的高职院校），申报审批程序按教育部有关规定执行。

ABB021－20030908

教育部等部门要求加强农村学校劳动实践场所建设

2003年9月8日，教育部、农业部和国土资源部联合印发《关于加强农村学校劳动实践场所建设的意见》。《意见》指出，农村学校劳动实践场所建设是培养学生劳动观点、劳动技能和创新精神的重要途径，是深化农村教育改革、提高教育为农服务能力的有效载体，是帮助改善学生生活、补助家庭经济困难学生的重要渠道。农村学校劳动实践场所建设要确立为全面推进素质教育服务，为深化农村教育改革与发展服务，为农村全面建设小康社会服务的指导思想。要坚持实事求是、因地制宜的原则，坚持科学性、实践性和效益性相统一的原则。《意见》要求，农村学校劳动实践场所要按照深化农村教育改革要求，结合地方经济发展需要，努力把农村学校劳动实践场所建设成为农业科技实验、优良品种繁育、先进科技示范、实用技术人才培养和农业技术信息咨询等为农村经济社会发展服务、为广大农民群众服务的场所。各级人民政府和有关部门要采取优惠政策扶持农村学校劳动实践场所建设。农村学校劳动实践场所增加的收益主要用于培养学生劳动技能、补助家庭经济困难学生、改善学生生活。地方政府及有关部门不得因农村学校劳动实践场所收益增加而减少学校正常教育经费。

ABB022 –20031203

教育部等部委决定实施职业院校制造业和现代服务业技能型紧缺人才培养培训工程

2003 年 12 月 3 日，教育部、劳动和社会保障部、国防科学技术工业委员会、信息产业部、交通部和卫生部联合印发《关于实施职业院校制造业和现代服务业技能型紧缺人才培养培训工程的通知》。《通知》的内容分为指导思想、目标任务、实施条件、保障机制四个部分。《通知》指出，根据劳动力市场技能型人才的紧缺状况和相关行业人力资源需求预测，优先确定在数控技术应用、计算机应用与软件技术、汽车运用与维修、护理四个专业领域，在全国选择确定 500 多所职业院校作为技能型紧缺人才示范性培养培训基地；建立校企合作进行人才培养的新模式，有效加强相关职业院校与各地推荐的 1400 多个企事业单位的合作，不断加强基地建设，扩大基地培养培训能力，2003—2007 年相关专业领域共输送毕业生 100 万人，在相关专业领域共提供短期技能提高培训 300 万人次，缓解劳动力市场上技能型人才的紧缺状况；发挥技能型紧缺人才培养培训基地在探索新的培养培训模式、优化教学与训练过程等方面的示范作用，提高职业教育对社会和企业需求的反应能力，促进整个职业教育事业的改革与发展。《通知》要求，切实加强对实施这一工程的协调和领导，并与国家高技能人才培训工程的实施结合起来。

ABB023 –20040205

教育部要求各级电大进一步面向农村开展现代远程教育

2004 年 2 月 5 日，教育部办公厅发出《关于转发 <中央广播电视大学关于广播电视大学进一步面向农村开展现代远程教育的若干意见>的通知》，要求各级教育行政部门结合当地实际情况，指导各地方电大制定贯彻实施《意见》的具体措施；同时，也要注意统筹当地教育资源，充分发挥地方电大的办学优势，积极支持其开展农村现代远程教育，实现农村教育工作的持续健康发展，为农村经济的发展作出积极贡献。《意见》包括 12 个部分：充分认识面向农村开展现代远程教育的意义；积极开展为“三农”服务的学历教育；大力开展农村实用技术培训；主动为农村劳动力转移开展教育培训；进一步搞好农村中小学教师继续教育；积极参与农村党员干部现代远程教育培训工作；建设电大“三农”远程教育资源库；完善县以下电大办学和教学网络；建立农村现代远程教育质量保证机制；有效整合和利用社会教育资源；开展农村现代远程教育课题研究；筹措“三农”现代远程教育专项资金。《意见》要求，加强各级“燎原”广播电视学校的建设，与县及乡镇各类教育、培训机构合作，成为当地农村实用技术培训与推广、劳动力转移培训等的基地。

ABB024 –20040908

教育部等部门决定组织制定推进职业教育发展专项建设计划

2004 年 9 月 8 日，国家发展和改革委员会、教育部、劳动和社会保障部联合印发《关于组织制定推进职业教育发展专项建设计划的指导意见》。《意见》指出，针对当前职业教育发展的主要任务，专项建设主要立足于搞好三个服务：一要加快制造业和现代服务业等技能型紧缺人才的培养，为新型工业化服务；二要大力开展农村劳动力转移培训和实用技术推广，为解决好“三农”问题服务；三要培养造就一批适应区域经济结构调整和科技进步需要的实用人才，为振兴东北等老工业基地服务。为此，专项建设将着力解决职业学校办学条件简陋、教学实验设施老化、实训设备的技术配置落后于生产实践的实际问题。《意见》的内容包括八个部分，即指导思想、发展任务和建设目标、总体原则、建设方案、预期建设效益、配套措施和要求、组织实施和管理、工作安排。《意见》要求，坚持“扶优扶强、面向农村，统筹规划、分步实施，中央引导、地方为主”的原则。重点加强市、县骨干中等职业学校或职教中心建设，扶持一批专业设置适应当地产业结构需要和面向农村服务、办学效益突出的职业学校。

ABB025 –20040914

教育部等部门提出进一步加强职业教育工作的若干意见

2004 年 9 月 14 日，教育部、国家发展和改革委员会、财政部、人事部、劳动和社会保障部、农业部、国务院扶贫开发领导小组办公室联合印发《关于进一步加强职业教育工作的若干意见》。《意见》的内容分为 10 个部分：认真实践“三个代表”重要思想，坚持科学发展观，大力推进职业教育快速持续健康发展；坚持以就业为导向，增强职业教育主动服务经济社会发展的能力；切实加快技能人才培养，为新型工业化提供人力资源支持；大力加强农村职业教育，为解决“三农”问题提供服务；深化办学体制改革，促进多元办学格局的形成；完善就业准入制度和职业资格证书制度，积极推进职业院校学生职业资格认证工作；加快职业教育实训基地建设，切实提高学生职业技能；深化职业院校人事制度改革，加强“双师型”教师队伍建设；多渠道增加投入，为职业教育的改革与发展提供坚实的条件保障；加强领导，营造发展职业教育的良好社会氛围。《意见》提出，在高中阶段教育中，要加大结构调整工作力度，进一步扩大中等职业教育招生规模，使中等职业教育与普通高中教育的比例保持大体相当，在有条件的地方职业教育所占比例应该更高一些；在高等教育中，高等职业教育招生规模应占一半以上。

ABB026 -20040923

《2004—2010年西部地区教育事业发展规划》发布

2004年9月23日，教育部和国务院西部开发办联合发布《2004—2010年西部地区教育事业发展规划》，要求有关省、市、自治区结合本地实际组织实施。《规划》要求，以就业为导向，面向社会、面向市场，积极发展多种形式的职业教育与培训，特别是初中后职业教育（包括短期培训）得到较大发展，使西部地区绝大多数未升学的初中毕业生都有机会接受不同程度的职业教育与培训，充分利用现有各类教育资源向农民传授实用技术，基本满足农民学习实用技术的需求，使西部地区新增劳动力和转移劳动力的素质有明显提高。调整西部地区高等学校布局与结构，多种途径扩大高等教育资源，扩大高等教育规模特别是高等职业教育规模，形成高层人才流向西部和在西部留住的机制，为西部大开发培养大批留得住、下得去、用得上的人才。《规划》提出实施“西部地区职业教育振兴工程”，同时深化教育教学改革，转变各类职业院校和培训机构的办学与教学模式，开放办学。

ABB027 -20041028

教育部等部门决定实施建设行业技能型紧缺人才培养培训工程

2004年10月28日，教育部和建设部联合印发《关于实施职业院校建设行业技能型紧缺人才培养培训工程的通知》，宣布教育部、建设部决定从2004年起，在建筑施工（含市政工程施工）、建筑装饰、建筑设备和建筑智能化4

个专业领域，在全国选择 94 所中等职业学校、71 所高等职业技术学院作为建设行业实施技能型紧缺人才示范性培养培训基地，与各地推荐的 702 个企业合作开展“建设行业技能型紧缺人才培养培训工程”。《通知》要求，实施“建设行业技能型紧缺人才培养培训工程”的职业院校，要与企业单位建立合作进行人才培养培训的机制，实行用人“订单式”教育与培训的新模式，要紧跟行业发展动态、密切关注企业需求变化，及时调整专业方向，确定培养培训规格，开发、设计实施性教育与培训方案。参与合作的企事业单位要充分依托职业院校进行新职工的培养和在职职工的培训，与职业院校签订人才培养培训合同，优先录用合作院校的毕业生，并积极参与职业院校的教育与培训活动，在行业人才需求、培养目标、知识技能结构、课程设置、教学内容的确定和学习成果评价等各方面发挥主导作用。企事业单位有责任为合作院校提供专业师资、实训设备，并接受合作院校教师和学生见习和实习。

ABB028 –20060417

教育部等部门决定开展学习中国高技能人才楷模先进事迹活动

2006 年 4 月 17 日，劳动和社会保障部、教育部、国防科学技术工业委员会、国务院国有资产监督管理委员会、中华全国总工会、共青团中央、中华全国妇女联合会共同发出通知，决定在全国开展学习王为民、李斌、李凯军、许振超、束滨霞、罗东元、高凤林、栗俊平、唐建平、鲁宏勋 10 名中国高技能人才楷模先进事迹活动。通知指出，王为民等 10 位同志是高技能人才队伍中的优秀代表和先进楷模，要通过树立高技能人才先进典型，发挥其榜样的高端示范带头作用，引导和推动全社会高度重视和广泛关注技能人才，激励广大青年劳动者学习楷模，争当楷模。通知要求，各地可结合实际，采用群众喜闻乐见、易于接受的方式，组织企事业单位、学校、各类培训机构和工会、共青团、妇联组织开展多种形式的宣传。要重点发动大中型企业和各类职业院校、职业培训机构、公共职业介绍机构，在厂区、教室、职业介绍大厅，广泛张贴中国高技能人才楷模宣传画，并组织广大职工、学生和各类培训人员认真学习中国高技能人才楷模的先进事迹。

ABB029 –20060517

教育部提出教育系统解决农民工问题的实施意见

2006 年 5 月 17 日，教育部印发《关于教育系统贯彻落实〈国务院关于解决农民工问题的若干意见〉的实施意见》。《意见》指出，农民工是我国改革开放和工业化、城镇化进程中涌现的一支新型劳动大军，大量农民进城务工或在乡镇企业就业，对我国现代化建设作出了重大贡献。做好农民工工作，是统筹城乡发展、构建和谐社会和全面实现小康的必然选择，也是教育系统主动服务经济社会义不容辞的责任。《意见》要求，进一步加强农民工职业技能培训工作，大力发展面向农村的职业教育。各类中等职业学校继续扩大招收农村学生的规模，逐步使面向农村生源的招生数量达到招生总量的80%左右。积极开展东部与西部、城市与农村联合招生合作办学工作，采取多种办学模式，吸纳西部农村的学生接受中等职业教育。推动东部地区和中心城市的职业学校与农村职业学校合作，实现集团化、规模化、连锁化办学，使更多的农村学生在接受高质量的中等职业教育后实现就业。

ABB030－20060619

教育部等部门提出企业职工教育经费提取与使用管理意见

2006年6月19日，财政部、中华全国总工会、国家发改委、教育部、科技部、国防科工委、人事部、劳动和社会保障部、国务院国资委、国家税务总局、全国工商联联合印发《关于企业职工教育经费提取与使用管理的意见》，要求各省、市、自治区有关部门结合工作实际，认真组织落实。《意见》共分六部分：第一，充分认识企业职工教育培训的重要性；第二，进一步明确企业职工教育培训的内容和要求；第三，切实保证企业职工教育培训经费足额提取及合理使用；第四，企业职工教育培训经费的补充；第五，加强职工教育培训经费的管理；第六，完善经费提取与使用的监督。《意见》强调，切实执行《国务院关于大力推进职业教育改革与发展的决定》中关于“一般企业按照职工工资总额的1.5%足额提取教育培训经费，从业人员技术要求高、培训任务重、经济效益较好的企业，可按2.5%提取，列入成本开支”的规定，足额提取职工教育培训经费。要保证经费专项用于职工特别是一线职工的教育和培训，严禁挪作他用。

ABB031－20070806

教育部等部门提出进一步加强国家重点领域紧缺人才培养工作意见

2007年8月6日，教育部、国家发改委、财政部、人事部、科技部和国务院国资委印发《关于进一步加强国家重点领域紧缺人才培养工作的意见》。《意见》要求，国家重点领域紧缺人才培养工作要充分发挥高等学校和企业等多方面的积极性，统筹协调招生、培养、就业、使用等各个环节，进一步加大支持力度，深化教学改革，提高培养质量。坚持统筹规划，加快学科专业结构调整，积极扩大培养规模，大力开展继续教育，切实解决国家重点领域的人才紧缺问题，着眼长远需要，研究建立和健全国家重点领域紧缺人才培养长效机制。优先支持农业、林业、水利、气象、地质、矿业、石油、天然气、核工业、软件、微电子、动漫、现代服务业等重点公益、基础研究和前沿技术领域以及新兴产业的紧缺人才培养。教育行政部门和高等学校要坚持以服务为宗旨，主动适应经济社会的发展需要，加大专业结构调整力度。高等学校在开展高职高专、本科、研究生培养的同时，还可以通过转专业培养、工程硕士培养等多种形式加快培养紧缺人才。

ABB032 –20080701

教育部要求进一步做好教育系统抗震救灾和教育改革发展工作

2008 年 7 月 1 日，教育部印发《关于贯彻落实中央会议精神进一步做好教育系统抗震救灾和教育改革发展工作的意见》，要求全国教育系统认真学习领会、深入贯彻落实中央会议精神，一手抓教育系统抗震救灾，一手抓教育改革发展，全力做好教育系统抗震救灾、推进教育改革发展、筹办北京奥运会的相关工作。关于职业教育方面的工作，《意见》提出，做好中等职业教育的对口支援工作，包括联合招收新生、在校学生的转移学习以及就业援助等工作，通过支援受援双方共同努力，使灾区的中等职业教育应届毕业生都能就业、在校学生都能复学、愿意到中等职业学校学习的初高中毕业生都能入学。做好中等职业学校的招生工作，进一步强化对高中阶段教育招生工作的统筹管理，积极推动东西部之间、城乡之间职业院校的联合招生和合作办学。做好家庭经济困难学生资助制度落实工作，落实普通本科高校、高等职业学校和中等职业学校国家奖学金、国家助学金等资助制度，继续完善和落实国家助学贷款政策，大力开展生源地信用助学贷款工作。

ABB033 –20080818

教育部印发刘延东在天津职业教育工作座谈会上的讲话

2008 年 6 月 28 –29 日，中共中央政治局委员、国务委员刘延东出席了在天津举办的“2008 年全国职业院校技能大赛”开幕式，视察了天津的职业教育，观摩了部分比赛项目，并在天津职业教育工作座谈会上，听取了与会代表对职业教育工作的意见和建议，就进一步做好职业教育工作发表了重要讲话。8 月 18 日，教育部印发了刘延东在天津职业教育工作座谈会上的讲话，要求各省、市、自治区教育行政部门认真学习，深入领会，抓好落实，切实把大力发展职业教育作为优化教育结构、促进各级各类教育协调发展的关键环节，放在更加突出的位置，推动职业教育事业实现又好又快的发展。

ABB034 －20081016

教育部部署《国家中长期教育改革和发展规划纲要》调研工作

2008 年 8 月 29 日，国务院总理温家宝主持召开的国家科技教育领导小组第一次会议审议并原则通过《国家中长期教育改革和发展规划纲要》制定工作方案。10 月 14 日，国务委员刘延东主持召开工作小组会议，审议《规划纲要》调研工作方案，对《规划纲要》制定工作进行部署。2008 年 10 月 16 日，教育部办公厅印发《关于开展〈国家中长期教育改革和发展规划纲要〉制定工作的调研并提出建议的通知》，要求各省、自治区、直辖市教育厅（教委）尽快组织教育行政部门和各级各类学校为制定《规划纲要》开展调研，提出政策建议。《通知》附有《规划纲要》工作小组办公室初步拟定的 11 个重大战略专题及 36 个子课题，其中“职业教育发展战略研究”为第四专题，包括职业教育发展研究、职业教育体制机制与培养模式改革研究两个子课题，任务是研究提出 2020 年发展目标，针对职业教育发展的重大问题和突出矛盾提出解决思路，提出本届政府在职业教育改革发展方面要达到的目标、实施的重大项目和采取的重大政策措施。

第三节　财政税务部门的有关文件

ABC001 －19800802

勤工俭学所得收入不缴纳所得税

1980 年 8 月 2 日，教育部和财政部联合发出文件，对近期不少学校来函或来人反映和询问的有关勤工俭学收入纳税的问题，根据国务院国发［1980］52 号文件和教育部［78］教普字 1238 号、财政部［78］财事字 373 号文件的有关规定，进行了综合答复。《答复》指出，大、中、小学勤工俭学所得收入，一律不向财政上缴利润，也不缴纳所得税。大、中、小学勤工俭学市场的产品，凡用于本校教学、科研和生产方面的，不征工商税；对外销售产品的收入和接受校外加工、修理修配业务所得的收入，应当按照规定征收工商税。按照规定纳税有困难的，可向税务部门提出申请，由税务部门按照税收管理体制的规定，给予减税、免税照顾。大、中、小学校的学生到其他单位的工厂、工地参加劳动所得的劳务收入不征税。校办农场的农业收入，应按照税法规定征收农业税。依法新开垦的荒地，从有收入的那一年起，免征农业税1~3年。在山地上新垦植或新垦复的桑园、茶园、果园和其他经济林木，从有收入的那一年起，免征农业税3~7年。《答复》还提出，各省、市、自治区为了扶持勤工俭学事业的发展，已根据国家规定的税收政策作了具体规定的，仍可执行。

ABC002 -19840820

各级各类学校免征国家能源交通重点建设基金

1984年8月20日，财政部发出《关于各级各类（含全日制和业余的）学校免征国家能源交通重点建设基金和有关征税问题的通知》，决定对各级各类学校减免税。《通知》指出，为了支持教育事业的发展，根据国务院领导的指示，经研究决定，从1984年7月1日起，对高等学校基金和中专、技工学校和其他各级各类（含全日制和业余的）学校校办企业（工厂、农场）收入以及各种培训班的收入，免征国家能源交通重点建设基金；上半年上述各项收入的国家能源交通重点建设基金照征，7月1日以后的上述各项收入已经征收了能源交通重点建设基金的予以退库。《通知》还指出，对校办工厂生产产品对外销售取得的收入，应按规定缴纳工商税。纳税有困难的，可由省、自治区、直辖市税务机关给予定期的减免税照顾。对学校经营与专业教学无关的纯商业，如商店、饮食业、服务业的收入和所得应按规定缴纳工商税和工商所得税。对学校用自筹资金安排的基本建设项目投资，用于学校教学设施的免征建筑税，用于非教学设施的应按规定缴纳建筑税。

ABC003 -19931229

校办企业应缴纳增值税等

1993年12月29日，财政部和国家税务总局联合发出《关于对福利企业、学校办企业征税问题的通知》，就民政部门、街道、乡镇举办的社会福利生产企业和学校办企业征收增值税、消费税、营业税问题作出了明确规定。《通知》规定，福利企业和学校办企业从1994年起，均应按规定依法缴纳增值税、消费税、营业税；原福利企业和学校办企业享受的流转税优惠政策仍然保留，由税务机关采取先征税后返还的办法；税务机关和有关主管部门要对福利企业和学校办企业进行一次全面检查，凡不符合规定标准的福利企业和挂靠学校管理的假学校办企业，一律不享受税收优惠照顾。

ABC004－19940329

学校举办培训班所得暂免征收所得税

1994 年 3 月 29 日，财政部、国家税务总局联合发布了《关于企业所得税若干优惠政策的通知》。《通知》针对高等学校和中小学校办工厂减征或者免征所得税问题规定，高等学校和中小学校办工厂、农场自身从事生产经营的所得，暂免征收所得税；高等学校和中小学举办各类进修班、培训班的所得，暂免征收所得税；高等学校和中小学享受税收优惠的校办企业，必须是学校出资自办的、由学校负责经营管理、经营收入归学校所有的企业。

ABC005－19940704

国家税务总局提出对学校办企业征收流转税规定

1994 年 7 月 4 日，国家税务总局发出《关于对学校办企业征收流转税问题的通知》，对校办企业征收流转税（增值税、消费税、营业税）问题作出规定。根据《通知》，校办企业优惠政策的内容是：（一）校办企业生产的应税货物，凡用于本校教学科研方面的，免征增值税。（二）小学校办企业对外销售的增值税应税货物如发生亏损，在 1995 年年底以前可给予部分或全部退还已征增值税的照顾。具体比例的掌握以不亏损为限。返还办法是，企业应按规定先纳税，全年经营发生亏损的，年底向当地主管税务机关提出申请，审批退还部分或全部已缴纳的增值税。（三）校办企业凡为本校教学、科研服务所提供的应税劳务（“服务业”税目中的旅店业、饮食业和“娱乐业”税目除外），可免征营业税；不是为本校教学、科研服务的，应按规定征税。《通知》指出：“校办企业的范围是：1994 年 1 月 1 日以前，由教育部门所属的普教性学校举办的校办企业，不包括私人办职工学校和各类成人学校（电大、夜大、业大、企业举办的职工学校等）举办的校办企业。1994 年 1 月 1 日以后新办校办企业经省级教育主管部门和主管税务机关严格审查批准，也可按本通知享受税收优惠。”

ABC006－20040205

财政部等部门提出新的教育税收政策

2004 年 2 月 5 日，财政部和国家税务总局联合印发《关于教育税收政策的通知》，对各级各类学校的教育税收政策作出新的规定。《通知》规定，对从事学历教育的学校提供教育劳务取得的收入，对学生勤工俭学提供劳务取得的收入，对学校从事技术开发、技术转让业务和与之相关的技术咨询、技术服务业务取得的收入，免征营业税；对政府举办的高等、中等和初等学校（不含下属单位）举办进修班、培训班取得的收入，收入全部归学校所有的，免征营业税和企业所得税；对政府举办的职业学校设立的主要为在校学生提供实习场所、由学校出资自办、由学校负责经营管理、经营收入归学校所有的企业，对其从事营业税暂行条例“服务业”税目规定的服务项目（广告业、桑拿、按摩、氧吧等除外）取得的收入，免征营业税和企业所得税；对高等学校、各类职业学校服务于各业的技术转让、技术培训、技术咨询、技术服务、技术承包所取得的技术性服务收入，暂免征收企业所得税。

ABC007 –20061101

财政部等部门提出企业支付学生实习报酬有关所得税政策

2006 年 11 月 1 日，财政部和国家税务总局联合印发了《关于企业支付学生实习报酬有关所得税政策问题的通知》，对企业支付中等职业学校和高等院校实习生报酬有关所得税政策问题作出了明确说明。《通知》规定，凡与中等职业学校和高等院校签订 3 年以上期限合作协议的企业，支付给学生实习期间的报酬，准予在计算缴纳企业所得税税前扣除。对中等职业学校和高等院校实习生取得的符合我国个人所得税法规定的报酬，企业应代扣代缴其相应的个人所得税款。

第三章　重要事件

第一节　重要会议

ACA001－19790618

五届全国人大二次会议要求有计划地多举办各种门类的中等职业教育

1979年6月18日至7月1日，第五届全国人民代表大会第二次会议在北京召开。会议的主要任务是讨论和决定国民经济的调整、改革、整顿、提高，以及加强社会主义民主和社会主义法制的问题。会议听取并批准了国务院总理华国锋所作的政府工作报告。华国锋在报告中指出："国务院根据十一届三中全会的决策，决定把全国工作的着重点转移到社会主义现代化建设方面来，这是一个伟大的历史性转变。当前以及今后相当长一个历史时期，我们的主要任务，就是有系统、有计划地进行社会主义现代化建设。"华国锋要求："中等教育要有计划地多举办各种门类的中等职业教育，这是建设社会主义的多方面的迫切需要，同时也有利于解决大量中学毕业生就业问题。"华国锋还提出："要拨出一些资金，在全国大、中城市办好劳动服务公司，通过多种形式，陆续把待业人员全部组织起来进行就业训练和劳动服务。"

ACA002－19791128

第二次全国农民教育工作会议召开

经国务院批准，教育部、农业部、共青团中央、中国科学技术协会于1979年11月28日至12月11日在天津召开第二次全国农民教育工作会议。教育部副部长臧伯平出席会议，并在开幕式和闭幕式上分别讲话。臧伯平指出，搞农业现代化，教育事业的发展、各种专门人才的培养、农业劳动者文化科学技术水平的普遍提高，将起着决定性作用。他要求在农民中广泛开展和普及农业科学技术教育，“其办法是：1. 业余初等学校和业余初中可以讲授当前生产科学技术知识，传授生产技能，推广农业生产的先进经验。2. 大量举办农民技术学校（班、组），吸收具有高、初中文化水平的青年参加，着重进行农业科学基础知识和专业技术教育。这种学校生产大队和公社都可以办。现在有的地方已经办了一些，有了一些经验，要认真总结，加以推广。3. 在知识青年中，重点试办农业函授教育……”。共青团中央书记处书记高占祥、国家农业委员会副主任何康、农业部顾问王观澜、中国科学技术协会书记处书记王文达也在会上作了讲话。12 月 8 日，中共中央副主席李先念及胡耀邦、方毅、余秋里在人民大会堂接见了第二次农民教育工作会议代表，并与代表们进行了座谈。

ACA003－19800420

“五七大学”座谈会召开

1980 年 4 月 20－25 日，教育部在北京召开“五七大学”座谈会。会议讨论了整顿“五七大学”的方针，研究了将教育部门办的部分“五七大学”改办成农民技术学校的问题，并就农民技术学校的性质、任务及有关的几个重要问题进行了讨论。会议认为，当前的任务主要是对现有的“五七”学校认真进行整顿，一般不要再建新的学校。农民技术学校是为农村社队培养具有一定科学技术水平的人才，招生对象是具有初中毕业以上文化程度的农村青年、社队管理干部和农民技术员。

ACA004－19800508

中共中央书记处要求兴办各类职业学校

1980 年 5 月 8 日和 22 日，中共中央书记处分两次讨论教育部党组关于《教育工作汇报提纲》和教育部部长蒋南翔的说明。在讨论中，中央领导同志作了很多重要指示。主要有，现在的教育状况很不适应四个现代化的要求。全党、全国人民都要重视，力争在 20 世纪 80 年代使我国的教育事业有一个很大的发展。教育要从中国的实际出发：第一，中国不提高教育水平，“四化”搞不成。第二，中国有 10 亿人口，经济不发达、不平衡，齐头并进提高教育水平不可能。在一定时期内，要下决心承认不平衡，要把重点抓好，把先进地区先搞上去。中等教育结构非改不可。高等教育结构也有改革的问题。教育制度的改革，要跟劳动制度、干部制度的改革紧密结合起来。要进一步落实知识分子政策，改善教师待遇，改革教育的领导管理体制。教育体制的改革要搞职业学校，中等专业学校；提高工人的文化技术水平。办职业学校、技术学校，将来的工人都通过技术学校、职业学校招。农村要办农业专科学校。

ACA005－19811130

五届全国人大四次会议要求逐步改变普通高中过多、职业中学太少的状况

1981 年 11 月 30 日至 12 月 13 日，第五届全国人民代表大会第四次会议在北京召开。会议的主要议题是讨论经济工作。会议审议通过了题为《当前的经济形势和今后经济建设的方针》的政府工作报告。会议通过的决议认为，政府工作报告提出了今后经济建设的 10 条方针，是符合我国国情的，是可行的，因此各级人民政府必须认真贯彻执行。政府工作报告在提到教育工作时指出："我们正在从事现代化建设，需要培养大量的各类各级专门人才和大批熟练的劳动者。这是一项极为重要的带根本性的建设。我们的教育、科学的发展还是很落后的，教育、科学和国民经济其他部门之间的比例也是很不合理的。如果不解决这个问题，四个现代化就无法实现。""在中学教育方面，要逐步改变普通高中过多、职业中学太少的状况，积极发展中等专业学校，大量培养技术工人和中级专门人才，以利于劳动就业和提高职工队伍的文化技术与政治思想水平。同时要注意保护学生的身心健康和关心他们学业上的成长，不能片面追求升学率。"

ACA006－19820906

党的十二大要求加强中等职业教育

1982 年 9 月 6 日，中国共产党第十二次全国代表大会在北京召开。大会经过充分民主的讨论，一致同意胡耀邦在第十一届中央委员会上所作的报告，并通过了相应的决议。胡耀邦在题为《全面开创社会主义现代化建设的新局面》的报告中指出："四个现代化的关键是科学技术的现代化。目前我国许多企业生产技术和经营管理落后，大批职工缺乏必要的科学文化知识和操作技能，熟练工人和科学技术人员严重不足。"胡耀邦提出："必须大力普及初等教育，加强中等职业教育和高等教育，发展包括干部教育、职工教育、农民教育、扫除文盲在内的城乡各级各类教育事业，培养各种专业人才，提高全民族的科学文化水平。"

ACA007－19821126

五届全国人大五次会议要求继续改革中等教育结构

1982 年 11 月 26 日至 12 月 10 日，第五届全国人民代表大会第五次会议在北京召开。会议批准了国务院《关于第六个五年计划的报告》。报告要求："继续改革中等教育结构，发展各门各类的中等职业学校，特别是农林牧副渔、医护、财贸、政法、文教等方面的职业学校。普通中学也要适当增设职业技术教育课程。要创造必要的条件，把部分农村普通高中改为农业职业中学。""要着重举办各种形式的培训各级各类干部和工人的正规学院和正规学校，同时也要举办一些期限较短、课目较少的训练班，使职工教育比较快地走上正规化。除了国家现有的学校要承担职工培训任务以外，各行业和有条件的企业也应该举办学校和训练班。"

ACA008 – 19830606

六届全国人大一次会议要求职业高中在校学生数达到高中学生总数的 40%

1983 年 6 月 6 – 21 日，第六届全国人民代表大会第一次会议在北京召开。会议审议并批准了国务院的政府工作报告。报告在总结五年来的成就时提到："长期存在的轻视知识和歧视知识分子的错误倾向逐步得到纠正，教育科学文化事业有了新的发展……单一化的中等教育结构初步有所改变，中等职业学校在校生总数三年来增加两倍。"对于今后 5 年的主要任务，报告指出："我国中等专业教育多年来发展缓慢，形成中等和高等专业人才的比例严重失调，不利于加强和充实生产第一线的技术力量，造成教育投资的严重浪费。要进一步抓紧中等教育结构的改革，有计划地发展职业技术教育。5 年内使职业高中在校学生数占到整个高中学生总数的 40% 以上。为了推动这一改革，要加快职业技术教育师资的培训，提倡具备条件的科学技术人员和能工巧匠到职业学校兼职兼课，提倡厂矿和正规学校联合办学。"

ACA009 – 19830709

全国专门人才规划工作会议召开

1983 年 7 月 9 – 15 日，教育部、国家计划委员会、劳动人事部在北京联合召开全国专门人才规划工作会议。会议的任务是根据我国国民经济和社会发展的需要，对专门人才的需求进行科学预测，并着手制定中长期专门人才培养规划。13 日，中共中央政治局委员、国务院副总理万里在会上讲话。万里强调，当前必须加快教育工作的调整、改革和发展的步伐，解决培养人才的速度和提高人才的质量问题。为了国家和人民的利益，为了适应四化的需要，教育部门一定要千方百计想办法，努力提高中小学教育质量，办好师范教育，加速发展中专和高等教育，为国家多出人才，快出人才，出好人才；国务院各部门和所属企业，全国各省、市、自治区一定要千方百计加强智力投资，尽可能多拿出一些钱来办教育，为国家培养人才。

ACA010－19850515

1985 年全国教育工作会议召开

1985 年 5 月 15－20 日，党中央、国务院在北京召开全国教育工作会议。会上，教育部部长、党组书记何东昌就《中共中央关于教育体制改革的决定(草案)》的起草经过及文件的指导思想等作了说明。中共中央政治局常委、中央顾问委员会主任邓小平在题为《各级党委和政府要把教育工作认真抓起来》的讲话中明确指出：“我们国家，国力的强弱，经济发展后劲的大小，越来越取决于劳动者的素质，取决于知识分子的数量和质量。”他还指出：“我们不是已经实现了全党全国工作重点的转移吗？这个重点，本来就应当包括教育。一个地区，一个部门，如果只抓经济，不抓教育，那里的工作重点就是没有转移好，或者说转移得不完全。忽视教育的领导者，是缺乏远见的、不成熟的领导者，就领导不了现代化建设。各级领导要像抓经济工作那样抓好教育工作。”中共中央政治局委员、书记处书记、国务院副总理万里代表党中央、国务院讲了话，他指出：“我们所说的人才，不只是指高级专家，而且包括能够适应现代化建设需要的各个层次各个方面的人才，其中需要量最大的是各行各业基层经营管理人员以及各种技术人员和技术工人，全国总数应以千万计，以至以亿计。”

附录 万里在全国教育工作会议上的讲话（摘录）

为什么要大力发展职业和技术教育？

这是教育体制改革的一个重点，《决定》讲得比较具体，大家比较满意。问题是要按照《决定》提出的方案去做。

目前世界大多数国家特别是发达国家都十分重视职业技术教育，这已经成为现代教育制度一个重要组成部分。在我国，职业技术教育发展比较缓慢，现在仍然是教育领域最薄弱的一个环节，是我国中等教育结构很不合理的一种表现。结果是我国高、中级专门人才和熟练技术工人比例失调，严重影响整个职工队伍的业务素质，影响应用新技术的能力，影响劳动生产率的提高和产品质量。随着现代化建设的进展，随着当代新技术、新工艺在我国的应用，这个问题将越来越严重。再不大力抓这个问题，将影响两个开放，影响经济和社会发展。

职业技术教育发展缓慢的原因是多方面的，有关的劳动就业制度不合理是重要的原因，不改革有关的劳动就业制度，现行的中等教育结构就改革不了，职业技术教育就发展不起来，即使办了许多职业和技术学校，毕业了也分配不出去。这不是不需要，而是现行的有关劳动就业制，使很需要这些人才的单位无法接收，因为编制已经被没有受过职业技术教育的人占满了。现在，一种很落后的传统的劳动就业观念还有影响，认为不经过职业和技术教育也可以就业，也可以成为好职工，这种传统观念是同现代社会化生产的要求不相适应的。必须改变这种传统观念，以推动这方面的改革。另外，经济技术不发达，第三产业不发达，这也是客观上的重要原因。随着经济和社会的发展，客观上有了这种需要，问题也就非解决不可。只要我们真正重视，职业和技术教育一定会有一个大的发展。

ACA011 –19860702

1986年全国职业技术教育工作会议召开

1986年7月2–6日，国家教育委员会、国家计划委员会、国家经济委员会、劳动人事部在北京联合召开全国职业技术教育工作会议。这是新中国成立后和改革开放后的第一次全国职业技术教育工作会议。中共中央政治局委员、国务院副总理兼国家教育委员会主任李鹏出席会议并作会议总结；国家教委副主任、党组书记何东昌作工作报告；国家计委、国家经委、劳动人事部的负责人先后发表讲话。李鹏在讲话中指出，职业技术教育在解决人才问题中起着重要作用，要大力发展职业技术教育首先要进一步提高认识。中国的特点决定了发展职业技术教育要实行多层次、多种形式，从总体上来说，职业技术教育大体上可分为高等、中等和初等三个大层次。会议确定了“七五”期间全国职业技术教育的发展目标是：加强对职业技术教育工作的领导，逐步形成一个既便于进行地方统筹协调，也能调动各业务部门的积极性，学校又有较大自主权限的管理体制。会议确定，国家教委在国务院领导下，从宏观上统筹管理全国职业技术教育事业，并协同计划、经济、财政、劳动人事各口分工管理有关职业技术教育的各项工作；技工学校、就业培训中心和学徒培训工作，在国家教委的统筹指导下，仍由劳动人事部门管理。

ACA0012 –19871025

党的十三大要求加强对劳动者的职业教育和在职继续教育

1987年10月25日，中国共产党第十三次全国代表大会在北京召开。大会讨论并通过了十二届中央委员会的工作报告。题为《沿着有中国特色的社会主义道路前进》的工作报告强调："要把发展科学技术和教育事业放在首要位置，使经济建设转到依靠科技进步和提高劳动者素质的轨道上来。"报告指出："从根本上说，科技的发展，经济的振兴，乃至整个社会的进步，都取决于劳动者素质的提高和大量合格人才的培养。百年大计，教育为本。必须坚持把发展教育事业放在突出的战略位置，加强智力开发。""要坚持教育为社会主义现代化建设服务的方针，按照实际需要，改善教育结构，提高教育质量，克服教育脱离实际和片面追求升学率的倾向……必须下极大的力量，通过各种途径，加强对劳动者的职业教育和在职继续教育，努力建设起一支素质优良、纪律严明的劳动大军。"

ACA013 – 19890320

七届全国人大二次会议要求抓紧实施"燎原计划"

1989 年 3 月 20 日至 4 月 4 日，第七届全国人民代表大会第二次会议在北京召开。国务院总理李鹏作了题为《坚决贯彻治理整顿和深化改革的方针》的政府工作报告。会议审议并批准了李鹏的报告。李鹏强调："要努力适应社会主义建设的需要，进一步调整教育结构，搞好教育改革，把不断提高教育的普及程度同发展职业技术教育密切结合起来，使教育更好地为提高劳动者素质服务。"李鹏指出："为广大农村培养中、初级科技人才和提高农村劳动者素质的'燎原计划'，是进行农村教育综合改革、促进农村发展的一项具有深远意义的社会工程。各地要抓紧安排实施，努力做出成绩。城市要探讨企业和学校结合发展职业技术教育的办法，进一步贯彻执行'先培训、后就业'的原则，积极进行中等专业和技术教育的改革。""注意把社会力量办学的积极性引导到支持发展基础教育和职业技术教育的方向上来。"

ACA014 – 19900320

七届全国人大三次会议要求加快职业教育管理体制改革

1990 年 3 月 20 日至 4 月 4 日，第七届全国人民代表大会第三次会议在北京召开。国务院总理李鹏作了题为《为我国政治经济和社会的进一步稳定发展而奋斗》的政府工作报告。会议审议并批准了李鹏的报告。李鹏在报告中强调："发展教育事业的根本目的在于提高民族素质，为社会主义建设培养各类人才。这对于促进经济发展和巩固与完善社会主义制度，都具有深远的意义。因此，各级各类学校必须切实纠正忽视德育的倾向，贯彻教育为社会主义建设服务、教育与生产劳动相结合、德智体全面发展的方针，始终把坚定正确的政治方向放在首位。”李鹏提出：“继续实施‘燎原计划’，推动农村教育综合改革；加快职业技术教育管理体制的改革，促进职业技术教育健康发展。”

ACA015－19910118

1991 年全国职业教育工作会议召开

1991 年 1 月 18－23 日，国家教育委员会、国家计划委员会、劳动部、人事部、财政部在北京联合召开全国职业教育工作会议。会议的主要内容是，学习、贯彻党的十三届七中全会精神，总结十年来我国职教工作取得的成就和经验，明确今后发展的目标、方针和政策措施，研究、部署在“八五”期间和今后十年的职教工作及任务。会上表彰了在发展职业教育中作出突出贡献的先进个人 323 名，先进单位 230 个。中共中央政治局委员、国务委员兼国家教委主任李铁映出席会议并作工作报告。劳动部、人事部、财政部的负责同志发表了讲话。河北省委书记邢崇智等 12 人分别介绍了各地发展职业教育的经验。全国人大常委会副委员长、中华职业教育社理事长孙起孟，国务院副秘书长徐志坚，全国人大常委会教科文卫委员会副主任委员张承先及各省、自治区、直辖市和各部委有关负责人出席会议。李铁映在讲话中强调，努力实现党的七中全会确定的奋斗目标，必须坚定不移地把发展教育摆在社会主义建设的战略首位。要实现到 20 世纪末“再翻一番”和 21 世纪经济振兴的目标，就必须高度重视和大力发展职业技能教育。这不仅是教育工作的重要指导思想，也是现代化建设的重要指导思想。

ACA016－19920320

七届全国人大五次会议要求推动农科教结合

1992 年 3 月 20 日至 4 月 3 日，第七届全国人民代表大会第五次会议在北京召开。会议听取并审议、批准了国务院总理李鹏所作的政府工作报告。李鹏在报告中强调：“要推动农科教的结合，逐步建立起有利于农村科技进步、教育发展、农业振兴的机制。”李鹏要求：“继续实施‘星火计划’、‘燎原计划’和‘丰收计划’，并使之更好地结合起来，发挥综合效益。”“继续推广农村教育综合改革，搞好城市教育综合改革的试点。”“继续采取有效措施，进一步完善基础教育、职业技术教育、高等教育和成人教育体系。”

ACA017－19921012

党的十四大要求积极发展职业教育

1992年10月12－18日，中国共产党第十四次全国代表大会在北京举行。大会批准江泽民代表十三届中央委员会所作的报告，并通过了相应的决议。江泽民在题为《加快改革开放和现代化建设步伐，夺取有中国特色社会主义事业的更大胜利》的报告中指出："科技进步、经济繁荣和社会发展，从根本上说取决于提高劳动者的素质，培养大批人才。我们必须把教育摆在优先发展的战略地位，努力提高全民族的思想道德和科学文化水平，这是实现我国现代化的根本大计。"江泽民提出："要优化教育结构，大力加强基础教育，积极发展职业教育、成人教育和高等教育，鼓励自学成才。"

ACA018－19921031

纪念《国务院关于大力发展职业技术教育的决定》发布一周年座谈会举行

1992年10月31日，国家教育委员会、中华职业教育社、中国职业技术教育学会、中国教育报在全国政协礼堂联合召开纪念《国务院关于大力发展职业技术教育的决定》发布一周年座谈会。全国人大、全国政协、各民主党派、国务院有关部门和人民团体的领导同志，以及首都经济界、教育界人士参加会议。座谈会由国家教委副主任、中华职业教育社副理事长王明达主持。王明达向与会者介绍了当前我国职业教育发展的状况及国家教委对进一步加快职业教育改革的思路。全国人大常委会副委员长、民盟中央主席、中华职业教育社常务理事费孝通从社会学的角度论证了大力发展职业教育的必要性和重要性。全国人大常委会副委员长、民建中央主席、中华职业教育社理事长孙起孟着重论述了职业教育的战略地位和作用。民进中央副主席、中华职业教育社常务理事葛志成，全国政协教育文化委员会副主任委员张文寿，国务院经贸办经济干部培训司副司长陶量，全国人大教科文卫委员会研究室主任吴福生及首都钢铁公司教委副主任刘静等在会上发言。

ACA019－19930515

农村职业教育研究会首届研讨会召开

1993年5月15－19日，农村职业教育研究会首届研讨会在上海市上海县莘庄召开。来自全国22个省、市的职业技术学校校长、各级教育部门领导和科研人员等60余人参加。国家教育委员会职业技术教育司副司长王文湛出席开幕式并讲话。会议期间，与会代表交流了各地办学经验，对农村职业教育的办学方向、思想政治教育、职业道德教育、教学体制改革、内部管理体制改革等问题进行了比较充分的研讨，并参观了上海县群益职业技术学校、上海县友爱实验中学、上海市旅游职业学校、上海市农业学校、上海市青浦县赵巷职业技术学校、上海市川沙县职业技术学校。

ACA020 －19930707

全国职业技术学校大力发展校办产业加强实习基地建设工作座谈会召开

1993 年 7 月 7 日，国家教育委员会职业技术教育司在北京召开全国职业技术学校大力发展校办产业加强实习基地建设工作座谈会。会议认真学习了中共中央、国务院发布的《中国教育改革和发展纲要》，总结、交流了职业技术学校发展与建设校办产业和实训基地的经验。会议期间，与会代表还参观了全国职业技术学校校办产业产品展销会。会议以《纲要》精神为指针，通过深入探讨和研究，在加快职业技术学校校办产业和实训基地发展步伐，走中国特色职教发展道路的问题上解放了思想，统一了认识，明确了任务。会议对我国职业技术学校校办产业和实训基地的发展给予了高度评价，并针对发展中存在的困难和问题提出了今后工作的意见。国家教委副主任王明达出席会议并讲话。9 月 1 日，国家教委办公厅印发了座谈会纪要和王明达在座谈会上的讲话，要求各地根据会议精神，结合当地实际，切实抓好职业技术学校校办产业和实训基地的发展与建设工作。

ACA021 －19930708

全国职业技术学校校办企业产品展销会开幕

1993 年 7 月 8 日，国家教委、劳动部、中华职业教育社联合举办的全国职业技术学校校办企业产品展销会在北京展览馆开幕。全国人大常委会副委员长孙起孟致开幕词，全国人大常委会副委员长雷洁琼、李沛瑶及国家教委主任朱开轩为展销会剪彩。28 个省、自治区、直辖市及 4 个部委的 500 余家校办企业参展。在参展产品中，有国优产品 57 种、部优产品 130 种、新型产品 344 种，115 项获专利。据不完全统计，此次展销会共签订购货合同金额 1627. 82 万元，签订意向合同书金额 3337. 2 万元，零售额达 33. 68 万元。许多工商界、科技界人士，外企驻京机构人员应邀参加了展销会活动，京外各省市、台湾商业职业教育学会等也组团参观了展销会。

ACA022 －19940614

1994 年全国教育工作会议召开

1994 年 6 月 14 －17 日，党中央、国务院在改革开放后召开的第二次全国教育工作会议在北京举行。中共中央总书记、国家主席江泽民出席开幕式并讲话，他强调："在整个社会主义现代化建设的过程中，教育优先发展的战略地位必须始终坚持，不能动摇。"中共中央政治局常委、国务院总理李鹏在开幕式上作了题为《动员起来，为实施〈中国教育改革和发展纲要〉而努力》的主题报告。李鹏指出："近年来，人们对职业教育的认识有了显著提高，但还没有达到应有的高度，在实际工作中也没有得到足够的重视。要克服歧视职业教育的陈腐观念。必须明确，在相当一个时期内，我国教育工作的一项十分重要而紧迫的任务，是在普及九年义务教育的基础上，大力发展职业教育。这是符合我国国情的培养大量应用型人才的一条根本出路。"中共中央政治局委员、国务院副总理李岚清在闭幕式上作了总结讲话。他指出："发展职业教育要坚持小学后、初中后和高中后三级分流，实现学历教育与短期培训并重的原则。"

ACA023 －19950214

苏南现代职业教育制度改革试验研讨会召开

1995 年 2 月 14 －17 日，国家教委和江苏省人民政府在无锡市联合召开苏南现代职业教育制度改革试验研讨会。江苏省各市代表及其他部分省、市代表参加了会议。国家教委副主任王明达出席会议并讲话。王明达指出，在江苏省政府的直接领导下，由江苏省教委具体组织，在苏南地区进行的现代职业教育制度改革试验，是贯彻《中国教育改革和发展纲要》的重要行动，是江苏省实现教育现代化工程的重要组成部分，也是多年来进行城市教育综合改革深入发展的一个重要标志。江苏省政府和江苏省教委对这项工作非常重视，省政府成立了领导小组，设立了专门的办公室，省教委从两年以前就开始制定这项试验的具体方案，经过多次的深入调查和反复讨论，提出了一个初步设想。国家教委对这项改革试验很重视，职教司一直参与了这项改革试验的准备工作，并把这项改革试验列入国家教委的工作。王明达还指出了苏南职业教育改革试验的主要任务和要求，以及要注意处理好的几个问题。6 月 7 日，国家教委印发了王明达的讲话，要求各地认真学习研究，并注意在工作中贯彻落实讲话精神。

ACA024 – 19950226

1995 年全国职业教育工作座谈会召开

1995 年 2 月 26 – 28 日，国家教委召开了 1995 年全国职业教育工作座谈会。国家教委副主任王明达到会并讲话，强调要抓住契机，深化职教办学体制改革，抓紧职业教育法起草工作，推进中专招生改革，加强师资队伍培养和管理干部队伍建设。国家教委职教司司长刘来泉在座谈会上发表讲话。他在回顾了 1994 年的职业教育工作后，重点谈了 1995 年职业教育工作的主要任务。在座谈会上，刘来泉司长还向与会者通报了筹备召开全国职业教育工作会议的有关情况，指出要认真筹备好、开好全国职业教育工作会议，并以此为契机，开创各地职业教育工作的新局面。

ACA025 – 19950305

八届全国人大三次会议要求大力发展职业教育

1995 年 3 月 5 – 18 日，第八届全国人民代表大会第三次会议在北京召开。会议听取并审议、批准了国务院总理李鹏所作的政府工作报告。李鹏在报告中提出："继续调整教育结构，逐步形成初等、中等、高等普通教育和职业教育的合理比例。大力发展职业教育，有计划地实行初中后、高中后的分流，目前还不能普及九年义务教育的地方，也要进行必要的职业教育。加强成人教育和职业培训，实行职业资格证书制度。"李鹏要求："积极稳妥地推进高等学校、中等及中等以上各类职业学校招生、收费和毕业生就业制度的改革，建立和完善奖学金、贷学金制度。对家庭经济特别困难的学生要给予适当帮助，有条件的学校要组织勤工俭学。"

ACA026 – 19960126

1996 年全国职业教育工作座谈会召开

1996 年 1 月 26 – 28 日，国家教委在福建省厦门市召开 1996 年全国职业教育工作座谈会。国家教委副主任王明达出席会议并讲话。会议确定了 1996 年职业教育工作的重点，提出抓住重点，抓住难点，抓住关键，切实提高职业教育水平。王明达在讲话中要求，积极做好贯彻《职业教育法》的准备工作，抓好职业教育的重大改革，办好高等职业教育，加强西部地区的职业教育，加强职业道德教育和职教内部建设。王明达强调，职业教育的进一步发展，迫切需要教育科研的支持。他指出，现在社会和教育内部对职教的一些认识要通过加强研究来统一。当前要抓住职业教育对社会经济发展的重大作用问题，做一些更深入、更有说服力的研究，提高大家对发展职业教育的紧迫感。另外，要做一些系统的国际比较研究；要紧紧围绕提高职业教育质量和办学效益开展研究；要认真总结我国已有的经验，吸收各国各地区的好经验，逐步形成我国的职教发展模式和教学方法。

ACA027 –19960617

1996 年全国职业教育工作会议召开

1996 年 6 月 17 –20 日，国家教育委员会、国家经济贸易委员会、劳动部在北京联合召开全国职业教育工作会议。会议的主要任务是贯彻党中央、国务院大力发展职业教育的方针，研究制定实施《职业教育法》和《中国教育改革和发展纲要》的政策措施，总结交流“八五”期间职业教育改革和发展的经验，确定未来 15 年职业教育发展的任务与目标。会议在进一步健全职业教育体系、加强职业教育内部建设和管理、深化教育教学改革、努力提高教育质量和办学效益等方面取得高度一致。中共中央政治局常委、国务院总理李鹏接见了会议代表。中共中央政治局委员、国务院副总理李岚清作了题为《努力开创职业教育工作的新局面》的讲话。国家教委主任朱开轩作了题为《大力推进依法治教，为实现跨世纪发展职业教育的目标而奋斗》的工作报告，总结了改革开放以来职业教育工作的成绩和经验，提出了跨世纪发展职业教育的奋斗目标、指导方针和工作任务，并就如何推进依法治教、促进职教发展提出了要求。国家经贸委副主任陈清泰、劳动部副部长林用三出席开幕式并讲话。国家教委副主任王明达在闭幕会上作了总结报告。

ACA028 –19970224

1997 年全国职业教育工作座谈会召开

1997 年 2 月 24 日，国家教委在重庆市召开 1997 年全国职业教育工作座谈会。国家教委职教司司长刘来泉指出，1997 年我国职教工作的思路是，要继续落实十四届六中全会精神，努力学习江泽民同志关于“教育要全面适应社会主义现代化对各类人才的需求，全面提高教学质量和办学效益”的指示，以认真贯彻落实《职业教育法》和职教会议精神、推动地方配套法规建设和落实相应政策为重点任务，加强中等职业教育的发展以及中等职业教育与高等职业教育的沟通和衔接，努力提高教育教学质量和效益，为今后依法治教打下一个良好的基础。他要求各地抓紧制定《职业教育法》中规定须由地方制定的配套法规及具体实施意见或办法，抓紧落实已出台或拟出台的各项改革措施，年底前将组织检查。

ACA029 – 19970301

八届全国人大五次会议要求积极发展高等职业教育

1997 年 3 月 1 – 15 日，第八届全国人民代表大会第五次会议在北京召开。会议听取并审议、批准了国务院总理李鹏所作的政府工作报告。李鹏在报告中对发展中等、高等职业教育问题提出了明确要求，他指出：“职业教育是经济发展的重要支柱，要大力发展中等职业教育，通过改革、改组、改制积极发展高等职业教育，农村的义务教育也要增加职业教育的内容，改变目前生产、建设、服务和管理第一线实用人才缺乏的状况。”李鹏强调：“成人教育要与职业教育结合起来，以满足就业和在职提高的需要。”

ACA030 – 19970912

党的十五大要求促进科技教育同经济结合

1997 年 9 月 12 – 18 日，中国共产党第十五次全国代表大会在北京召开。大会批准江泽民代表十四届中央委员会所作的报告，并通过了相应的决议。江泽民在题为《高举邓小平理论伟大旗帜，把建设有中国特色社会主义事业全面推向二十一世纪》的报告中提出：“实施科教兴国战略和可持续发展战略。”江泽民要求：“深化科技和教育体制改革，促进科技、教育同经济的结合。有条件的科研机构和大专院校要以不同形式进入企业或同企业合作，走产学研结合的道路，解决科技和教育体制上存在的条块分割、力量分散的问题。”他指出：“培养同现代化要求相适应的数以亿计高素质的劳动者和数以千万计的专门人才，发挥我国巨大人力资源的优势，关系到二十一世纪社会主义事业的全局。要切实把教育摆在优先发展的战略地位。”“发挥各方面的积极性，大力普及九年义务教育、扫除青壮年文盲，积极发展各种形式的职业教育和成人教育，稳步发展高等教育。”江泽民强调：“认真贯彻党的教育方针，重视受教育者素质的提高，培养德智体等全面发展的社会主义事业的建设者和接班人。”

ACA031 – 19980223

1998 年全国职业教育工作座谈会暨中等专业学校招生工作会议召开

为进一步明确推进职业教育发展的主要思路和工作重点，贯彻国家教委和国家计委联合印发的《关于普通中等专业学校招生并轨改革的意见》，加强职教部门与招生部门的密切配合，国家教委职教司将年度工作会议与中专招生工作会议合并，于 1998 年 2 月 23 – 25 日在湖南省长沙市召开了 1998 年全国职业教育工作座谈会暨中等专业学校招生工作会议。国家教委副主任张天保出席会议并作了题为《认真贯彻十五大精神，积极推进职业教育发展与改革》的讲话。会议研究部署了1998年职业教育改革与发展及普通中等专业学校招生收费并轨工作。张天保指出，为促进职业教育的发展，当前要加强三方面的工作：一是要进一步提高全社会对职业教育重要地位和作用的认识，特别是各级政府、教育部门和其他有关部门领导的认识，统一思想，进一步加大各级政府对职教工作的统筹力度；二是要加强分类指导；三是要在职业教育内部练好“内功”。张天保还特别指出，职教部门要关注社会再就业工程，积极利用教育资源，开展下岗职工再就业培训。

ACA032－19980611

全国职业教育改革和发展青岛现场经验交流会召开

1998年6月11－14日，全国职业教育改革与发展青岛现场经验交流会在山东省青岛市召开。教育部副部长张天保出席会议并讲话。他说，要像青岛一样加强因地制宜、分类指导，在发展数量、规模的同时，更多地强调质量与效益，职业教育改革的最终目的要落实到质量上。教育部职教司司长刘来泉在讲话中总结了青岛职业教育改革与发展的经验：一是青岛市委、市政府长期以来对职业教育高度重视，把发展青岛的职业教育纳入了当地经济和社会发展的总体规划中，坚持做到政府统筹、依法办事、政策措施得力，这是青岛市职业教育迅速、稳定发展的关键。二是坚持职教体制改革，教育行政部门充分发挥主管部门和行业作用，实行学校与企业、事业单位合作，特别突出的是企业参与职业教育，形成了青岛职业教育的特色。三是坚持从职业教育自身做起，努力主动为青岛经济建设和社会发展服务。坚持学校布局调整，打破部门分隔，合片、合作办学，提高办学效益；坚持教学研究和教学改革；坚持借鉴德国“双元制”模式试验；坚持技术等级考核。四是教育行政部门按《中国教育改革和发展纲要》精神，从当地实际出发，统筹各类教育，加强对职教的政策引导和宣传。

ACA033－19981007

职业教育改革与发展座谈会召开

1998年10月7－9日，教育部职业教育与成人教育司在北京召开职业教育改革与发展座谈会。北京、上海、江苏、山东、湖南、广东、黑龙江、河北、山西、青岛、宁波等12个省、市主管职业教育工作的教委副主任（高教厅副厅长）和职教处处长，以及建设部、交通部、铁道部、卫生部负责职教工作的同志及特约专家 50 人参加了会议。会议认为，我国正处在重大的历史变革时期，社会主义市场经济体制的建立，产业结构的调整，给职业教育带来了前所未有的发展机遇和挑战。对目前职业教育面临的新情况和新问题，如职教在实施科教兴国战略和可持续发展战略中发挥什么作用、国有大中型企业改组改制带来的严重就业形势、职教管理体制改革与办学体制改革等问题必须给予足够的重视，并下大力量研究、制定切实可行的政策。教育部副部长张天保出席会议并讲话。张天保指出，发展教育首先要考虑社会与经济的发展，制定 21 世纪教育发展战略就要研究经济，就教育论教育不行，就职业教育论职业教育也不行。他认为，目前职业教育产生的波动是经济发展到一定阶段的产物，不能惊慌失措，也不能麻痹大意。

ACA034 –19981008

全国多媒体网络系统应用现场会在河北省石家庄市召开

1998 年 10 月 8 日，教育部在河北省石家庄市召开了全国多媒体网络系统应用现场会，总结推广中国人民解放军陆军参谋学院多媒体网络建设和教学的经验，探讨适合我国国情的教育信息化发展道路。来自全国重点高校、部分发达地区教育行政部门的领导和部分中小学校、职业技术学校、成人高校的代表近 200 人参加了会议。会议提出，根据我国各地区经济发展不平衡的现实，应该按照统一规划，分三个层面逐步推进我国信息化教育。第一层面是以计算机多媒体为核心的教育技术在学校的普及与运用；第二层面是组织学校上网，利用网上资源；第三层面是开办远程教育，提供广泛的学习资源，不断满足社会终身教育的需求。教育部副部长韦钰在会议开幕式上指出，用好现代教育技术，开展网络建设，是教育信息化的第一步，重要的是要研究教育思想、模式和方法随之而发生的变化，这是更本质的、更深刻的变化，是实施素质教育，培养创新能力，迎接 21 世纪挑战最重要的工作。韦钰要求中小学和职业技术学校教师要学会使用学校已有的各种教学媒体，运用教学设计方法，改革教学，实现素质教育。有条件的地区，中小学和职业技术学校的教师要在 5 年内逐步普及计算机知识和技能。

ACA035－19990111

教育部1999年年度教育工作会议提出积极发展职业教育

1999年1月11－12日，教育部在北京召开1999年年度教育工作会议。教育部部长、党组书记陈至立在会上讲话。陈至立指出："城市和中等发达地区要采取多种形式加快高中阶段教育发展的步伐，满足初中毕业生接受高中阶段教育的需求……要积极发展中等职业教育，要正确认识当前中等职业教育发展中所面临的问题和挑战，着力提高中等职业教育的质量和效益，努力办出特色，增强吸引力。要构建人才成长的立交桥，推动职业教育的发展。"陈至立还指出："根据各地不同实际，处理好'普九'与发展高中的关系。要积极发展职业教育，避免严重比例失调。职业教育与成人教育要把调整结构和提高质量摆在突出位置。要进一步理顺发展思路，积极探索新的发展增长点。在城市，要增强特色和适应性；在农村，要探索实际需要的办学模式，加快发展。在此基础上，科学、合理地确定普通高中与中等职业教育比例，充分利用教育有限资源，相互促进，提高办学效益。"

ACA036－19990305

九届全国人大二次会议积极要求发展各种形式的职业教育

1999年3月5－16日，第九届全国人民代表大会第二次会议在北京召开。会议听取并审议、批准了国务院总理朱镕基所作的政府工作报告。朱镕基在报告中指出："实施科教兴国战略，是实现经济振兴和国家现代化的根本大计，也是本届政府极其重要的任务"，"科教兴国，基础在教育。要继续把教育放在优先发展的战略地位。"朱镕基要求："积极发展各种形式的职业教育"，"加强多种形式的职业培训"。鉴于国务院各部门已经解除了与所属企业的行政隶属关系，不再直接管理企业，朱镕基要求："按照'共建、调整、合作、合并'的方针，进一步改革政府专业部门办学的体制，加快高等教育向中央和省两级管理、在国家宏观政策指导下以省级政府统筹为主的新体制过渡。"此后，伴随高等教育管理体制的调整，一些中央和省级政府专业部门也将所属的中等专业学校分别下放给了学校所在的省或市进行管理。

ACA037－19990615

1999年全国教育工作会议召开

1999年6月15－18日，党中央、国务院在改革开放后召开的第三次全国教育工作会议在北京举行。中共中央总书记、国家主席江泽民出席开幕式并讲话。中共中央政治局常委、国务院副总理李岚清在会上代表党中央、国务院作了题为《深化教育改革，全面推进素质教育，为实现中华民族的伟大复兴而奋斗》的报告。李岚清指出："素质教育要贯穿于人才培养全过程，这是关系到教育工作全局和涉及社会各方面的系统工程，要改变那种素质教育仅仅是基础教育或是学校教育任务的观念。要使素质教育贯穿于幼儿教育、中小学教育、职业教育、成人教育、高等教育等各个阶段和各类教育，贯穿于学校教育、家庭教育和社会教育等各个方面。在不同阶段和不同方面应当有不同的内容和重点，相互配合，全面推进。在不同地区还应体现地区特点，在少数民族地区还应该体现民族特点。""职业教育要充分结合职业的特点，提高学生的实际操作能力，培养自主创业的意识。"中共中央政治局常委、国务院总理朱镕基在闭幕式上作总结讲话时提出："要在切实保证义务教育健康发展的同时，调整现有教育体系结构，扩大高中阶段教育和高等教育的规模，大力发展各级各类职业技术教育，拓宽人才成长的道路。"

附录 江泽民在全国教育工作会议上的讲话（摘录）

普及九年义务教育，满足基本学习需要和提高劳动者的整体素质，要作为教育工作的首要目标，努力提高绝大多数人的教育水准。对于不能进入高等教育行列进行学习的城乡学生和其他群众，应通过大办各级各类职业技术学校，广泛吸收他们学习和掌握一门或几门生产技术与管理、服务方面的技能。要根据需要和可能，采取多种形式积极发展高等教育，特别是社区性的高等职业教育，扩大现有普通高校和成人高校的招生规模，尽可能满足人民群众接受高等教育的要求。也可以动员社会的力量办一点民办高校，作为现有高校的补充。

努力办好各级各类职业技术教育，是一篇大文章。现在中等职业技术教育虽然已经有了发展，但总体来说，还刚刚开始做。各地各部门要狠抓它十年、二十年，必会大见成效。

终身学习是当今社会发展的必然趋势。要逐步建立和完善有利于终身学习的教育制度。学校要进一步向社会开放，发挥学历教育、非学历教育、继续教育、职业技术培训教育等多种功能。基础教育、职业教育、成人教育和高等教育要加强相互间的衔接与沟通，为学习者提供多种多次受教育的机会。要以远程教育网络为依托，形成覆盖全国城乡的开放教育系统，为各类社会成员提供多层次、多样化的教育服务。

ACA038 -19991206

教育部2000年年度教育工作会议提出大力发展职业教育

1999年12月6日，教育部在北京召开2000年年度教育工作会议。教育部部长、党组书记陈至立在会上讲话。陈至立指出：“大力发展各种形式的职业教育，是我们需要长期坚持的重要方针……要积极开辟中等职业教育新的发展空间，主动探索新的发展机制，特别要加强农村中等职业教育的发展。要通过严格的领导准入制度和职业资格制度，把社会上的就业需求转化为对职业教育的需求。”陈至立还指出：“大力发展高等职业教育，既是我国社会发展的需要，也是高等教育发展的新的增长点……要向有条件的地级城市延伸，大力发展社区性高等职业教育和社区学院，使高等教育区域性布局更加合理，培养当地留得住、用得上的人才。”

ACA039 -20000911

职业教育研讨会召开

2000年9月11－13日，全国政协教科文卫体委员会、民进中央、中华职业教育社的领导及工作人员与来自全国各地的40多位专家、学者，齐聚北京，针对我国部分地区因高校扩招引发的“高中热”而导致的中等职业教育滑坡现象，着眼我国国情和经济发展的长远需要，进行职业教育的研究探讨。全国人大常委会副委员长、民进中央主席许嘉璐出席会议并致开幕词。全国政协教科文卫体委员会主任委员刘忠德，全国政协教科文卫体委员会副主任委员、中华职业教育社副理事长王明达，民进中央副主席、中华职业教育社副理事长张怀西，全国政协副秘书长齐续春等出席并分别主持了会议。教育部职业教育与成人教育司、北京师范大学和中央教育科学研究所的负责人也出席了会议。会上，王明达代表全国政协教科文卫体委员会作了题为《关于重视和加强我国职业教育的建议》的讲话；民进中央副秘书长雍冠生代表民进中央作了题为《大力发展我国职业教育的对策》的讲话；中华职业教育社副总干事边德林代表中华职业教育社作了题为《关于推进农村中等职业教育发展的建议》的讲话。代表们进行了热烈的研讨和发言。以上三个讲话在听取与会人员的意见之后，形成一份综合材料，于2000年年底前提交给中央参考。

ACA040 -20010320

教育部2001年年度职业教育与成人教育工作会议召开

2001年3月20－21日，教育部在上海市召开2001年年度职业教育与成人教育工作会议。教育部副部长王湛出席会议并讲话。会议讨论了“十五”期间职成教育改革和发展的总体目标，即全面落实全国教育发展“十五”计划的有关要求，建立学历教育与非学历教育并举，并与其他教育相互沟通、协调发展的职成教育体系，实现职成教的有机融合，初步建立起与社会主义市场经济体制相适应的现代职成教制度。会议提出，今后要以发展高中阶段职业教育为重点，进一步扩大职业教育事业的规模，到 2005 年，全国高中阶段职业教育招生数和在校生数与普通高中的规模大体相当。会议强调，从 2001 年起，各地教育行政部门和招生部门应不再单独组织中等职业学校的招生考试，中等职业学校可按照初中毕业生统一升学考试成绩录取学生，有条件的职业学校可以试行由中等职业学校根据学生的初中毕业证书或初中毕业考试成绩提前自主招生，可以实行一年多次招生。职业学校要放宽对学生就学年龄、身体条件等方面的限制，简化招生手续。

ACA041 –20020125

教育部 2002 年年度职业教育与成人教育工作会议召开

2002 年 1 月 25 –26 日，教育部在浙江省杭州市召开 2002 年年度职业教育与成人教育工作会议。教育部副部长王湛出席会议并讲话。会议提出，狠抓骨干示范学校建设、狠抓重点和特色专业建设、狠抓师资基地建设、狠抓职教信息化建设、狠抓县乡村三级成人文化技术教育培训网络的建设，以此来带动整个职业教育质量和效益的提高。会议要求，适度发展五年制高职，安排好 2002 年五年制高职的招生工作。

ACA042 –20020728

2002 年全国职业教育工作会议召开

2002 年 7 月 28 –30 日，国务院在北京召开全国职业教育工作会议。这是首次以国务院名义召开的专门研究部署职教工作的会议，也是改革开放后的第四次全国职业教育工作会议。中共中央政治局常委、国务院总理朱镕基出席会议并讲话。朱镕基指出，推进职业教育改革与发展是贯彻“三个代表”重要思想的具体体现，是实施科教兴国战略的重大任务，是当前经济发展和现代化建设新阶段的迫切要求，必须高度重视，切实抓好。中共中央政治局常委、国务院副总理李岚清和中共中央政治局委员、国务院副总理吴邦国出席会议并讲话。国务委员兼国务院秘书长王忠禹主持会议。教育部部长陈至立、劳动和社会保障部副部长张小建、国家经济贸易委员会副主任蒋黔贵、国家发展计划委员会副主任于广洲、财政部副部长廖晓军分别讲话。会议总结了近年来职业教育的成就和经验，分析了职业教育的形势，进一步确立职业教育在我国社会主义现代化建设中的战略地位，明确“十五”期间职业教育改革发展的指导思想、基本思路和目标任务，制定了推动职业教育改革发展的政策措施。会上，为受教育部、劳动和社会保障部、国家经济贸易委员会表彰的238个全国职业教育先进单位和285名先进个人发了奖。

ACA043 -20021108

党的十六大要求造就数以亿计高素质劳动者和数以千万计专门人才

2002年11月8-14日，中国共产党第十六次全国代表大会在北京召开。大会批准江泽民代表十五届中央委员会所作的报告，并通过了相应的决议。江泽民在题为《全面建设小康社会，开创中国特色社会主义事业新局面》的报告中指出，这次大会确立的全面建设小康社会的目标，是中国特色社会主义经济、政治、文化全面发展的目标，是与加快推进现代化相统一的目标，符合我国国情和现代化建设的实际，符合人民的愿望，意义十分重大。为完成党在新世纪新阶段的这个奋斗目标，发展要有新思路，改革要有新突破，开放要有新局面，各项工作要有新举措。各地各部门都要从实际出发，采取切实有效的措施，努力实现这个目标。江泽民强调：“教育是发展科学技术和培养人才的基础，在现代化建设中具有先导性全局性作用，必须摆在优先发展的战略地位。”他指出：“坚持教育创新，深化教育改革，优化教育结构，合理配置教育资源，提高教育质量和管理水平，全面推进素质教育，造就数以亿计的高素质劳动者、数以千万计的专门人才和一大批拔尖创新人才。”“加强职业教育和培训，发展继续教育，构建终身教育体系。”

ACA044 -20030120

教育部2003年年度职业教育与成人教育工作会议召开

2003年1月20-21日，教育部在广西壮族自治区南宁市召开2003年年度职业教育与成人教育工作会议。教育部副部长王湛出席会议并讲话。会议要求，认真学习贯彻党的十六大精神和全国职业教育工作会议精神，深刻认识教育在现代化建设中的战略地位，增强改革与发展职成教的使命感、紧迫感，解放思想，实事求是，与时俱进，改革创新，增强职成教的生机与活力。会议提出，坚持大力发展职成教的方针，以发展中等职业教育为重点，继续扩大职成教发展规模，力争使中等职业学校招生规模在2002年的基础上再增长15%，保持与普通高中的比例大体相当。会议强调，必须加快农村和西部地区职业教育与成人教育的发展，加大东部地区对西部地区、城市对农村地区的对口支援力度，扩大城市、东部地区职业学校面向农村和西部地区招生的规模，争取中央财政进一步增加对西部和农村地区职业教育的投入，改善这些地区职业学校的办学条件。

ACA045 －20040223

职业院校制造业和现代服务业技能型紧缺人才培养培训工程新闻发布会召开

2004 年 2 月 23 日，教育部、劳动和社会保障部、国防科工委、信息产业部、交通部、卫生部在北京联合召开职业院校制造业和现代服务业技能型紧缺人才培养培训工程新闻发布会。教育部副部长吴启迪介绍了该工程的背景、目标任务和推进该工程的机制、措施；劳动和社会保障部、国防科工委、信息产业部、交通部、卫生部等有关部门负责人出席了新闻发布会并回答了记者的提问；参与该工程的企事业单位代表和职业院校的代表在发言中表示，要发挥各自优势，实行产教结合和校企合作，共同培养制造业和现代服务业技能型紧缺人才。本次新闻发布会的召开，标志着职业院校制造业和现代服务业技能型紧缺人才培养培训工程开始启动。

ACA046 －20040226

教育部 2004 年年度职业教育与成人教育工作会议召开

2004 年 2 月 26 日，教育部在四川省成都市召开 2004 年年度职业教育与成人教育工作会议。教育部副部长吴启迪出席会议并讲话。会议要求，深入贯彻落实全国职业教育工作会议和全国农村教育工作会议精神，坚持“巩固、深化、提高、发展”的方针，以服务为宗旨，以就业为导向，以创新为动力，更好地为全面建设小康社会服务，努力办好让人民满意的职业教育与成人教育。会议强调，认真贯彻落实全国农村劳动力转移培训经验交流会议精神，围绕农村产业结构调整、加快城镇化进程、增加农民收入、促进西部地区发展的目标开展农村劳动力转移培训，积极探索农村劳动力转移培训工作的新模式和新机制；认真组织实施“制造业和现代服务业技能型紧缺人才培养培训计划”，加快培养生产服务第一线需要的技能型人才。

ACA047 －20040617

2004 年全国职业教育工作会议召开

2004 年 6 月 17 －19 日，教育部、国家发展和改革委员会、财政部、人事部、劳动和社会保障部、农业部、国务院扶贫办七部门在江苏省联合召开全国职业教育工作会议。这是改革开放以来召开的第五次全国职业教育工作会议。国务委员陈至立出席会议并讲话。陈至立强调，职业教育要面向市场，以就业为导向，以服务为宗旨，加快培养大批高技能人才和高素质劳动者，逐步建立起与经济社会发展相适应的现代职业教育体系。国家发改委、财政部、人事部、劳动和社会保障部、农业部、国务院扶贫办有关领导在会上作了发言。会议指出，教育工作必须坚持科学发展观，职业教育与普通教育是教育体系的两个支柱，必须协调发展，要改变“重普通教育、轻职业教育”、“重文化知识、轻技能培养”的倾向。会议要求，职业教育在办学指导思想上应当完成三个转变：一是从计划培养向市场驱动转变；二是从政府直接管理向宏观引导转变；三是从以专业学科为本位向以职业岗位和就业为本位转变。会议期间，与会代表考察了江苏省的职业教育情况，讨论了七部委《关于进一步加强职业教育工作的若干意见》(征求意见稿)。

ACA048 －20050302

教育部2005年年度职业教育与成人教育工作会议召开

2005年3月2－3日，教育部在四川省泸州市召开贯彻落实全国职教会精神经验交流会暨2005年年度职业教育与成人教育工作会议。教育部部长周济出席会议并讲话。周济指出，树立和落实科学发展观，必须大力促进职业教育和经济社会协调发展，促进职业教育内部的协调发展，促进职业教育与其他各类教育的协调发展。走新型工业化道路、统筹城乡发展、解决“三农”问题、促进各类教育协调发展，都要求中等职业教育有一个大的发展，为我国现代化建设培养数以亿计的高素质劳动者。各级教育部门要以科学发展观为指导，统一思想，提高认识，坚定信心，振奋精神，抢抓机遇，乘势而上。周济提出，2005年下决心增加招生100万人，达到650万人，争取到2007年实现中等职业教育与普通高中规模大体相当、协调发展。在谈到推进职业教育与成人教育结合、扩大培训规模时，周济指出，要从社会和谐发展的全局和战略高度重视已经进城的1亿多农民工的培训问题，动员各类教育资源，特别是职成教学校把开展进城农民工的培训当做重要的任务来抓。要大力开展农村劳动力转移培训和实用技术培训，帮助农民增收致富。要继续推动职工教育和社区教育工作。会上，教育部副部长吴启迪作了工作报告。

ACA049 – 20050801

进城务工人员职业教育和培训现场会召开

2005 年 8 月 1 日，教育部在广东省深圳市召开进城务工人员职业教育和培训现场会。教育部副部长吴启迪主持会议，教育部部长周济出席会议并讲话。周济强调，教育系统要深刻认识开展进城务工人员职业教育和培训的重大意义，进一步增强责任感和紧迫感，加强领导，狠抓落实，努力开创进城务工人员职业教育和培训工作新局面。周济指出，大力发展进城务工人员职业教育和培训，要做好各类教育资源整合工作，积极促进进城务工人员职业教育与培训网络的形成；要加强进城务工人员职业教育与培训基地建设，形成一批具有较强培训能力的区域性培训基地；要不断提高进城务工人员职业教育和培训的针对性；要坚持按需施教、学用结合，紧紧围绕企业用工和农民工学习培训需求，努力做到培训与考证相结合、与企业用工相结合，为进城务工人员就业、转岗、晋级、创业提供帮助；要采取灵活多样的方式，逐步推行学分制，实行弹性学制，探索建立跨校选修、学分互认的制度，方便进城务工人员半工半读、工学交替、分阶段完成学业，满足进城务工农民提高职业技能、文化程度和自身发展的需求，促进进城务工农民在城镇稳定就业和发展。

ACA050 – 20050819

职业教育工学结合座谈会召开

2005 年 8 月 19 日，教育部在天津召开了职业教育工学结合座谈会。教育部副部长吴启迪主持会议，部长周济出席会议并讲话。周济指出，推进工学结合、勤工俭学的人才培养模式，探索适应经济社会快速发展的具有中国特色的职业教育发展思路，已经成为当前职业教育改革与发展的突出问题。实行工学结合是遵循职业教育发展规律、全面贯彻党的教育方针的需要，是坚持以就业为向导、有效促进学生就业问题的需要，是减轻学生经济负担、扩大职业教育规模的需要。坚持以就业为向导，大力推进工学结合、勤工俭学，是我国职业教育改革与发展的关键问题，是新形势下职业教育改革的重要方向，是加快职业教育发展的根本出路。职业教育战线要提高认识，积极探索，大胆实践，逐步将技能型人才培养模式转变到工学结合、勤工俭学的路子上来，与产业部门和企业一道，共同构建充满活力、富有效率、互利共赢的具有中国特色的职业教育人才培养模式，把我国职业教育的改革与发展推向一个新的阶段。周济强调，职业院校要与企业建立紧密联系，改革以课堂为中心的传统人才培养模式，大力推行工学结合、勤工俭学的培养模式。

ACA051－20050819

教育部与天津共建国家职业教育综合改革试验区

2005年8月19日，教育部部长周济、天津市市长戴相龙分别代表教育部和天津市人民政府在天津签订协议，决定在天津市共建国家职业教育改革试验区，试验期限为2005年8月至2010年8月。根据协议，国家职业教育改革试验区将主要在下面几个方面进行试验和探索：①深化职业教育体制改革。②创新“工学结合”教学模式。③推进就业准入制度和职工培训制度试验。④探索东部地区支持西部地区职业教育发展的有效途径。2006年3月8日，天津市政府、教育部共建国家职业教育改革试验区领导小组在教育部召开领导小组会议。天津市市长戴相龙、市委常委陈超英、副市长张俊芳，教育部部长周济、副部长吴启迪，天津市教委，教育部发展规划司、财务司、职成教司、高教司负责人出席会议。3月23日，天津市人民政府和教育部联合印发了《国家职业教育改革试验区建设实施方案》。此后，教育部又陆续与四川、河南、广西等省（自治区）分别签订协议，决定共建国家职业教育改革试验区。

ACA052－20050921

国务院常务会议研究部署加强职业教育工作

2005年9月21日，国务院总理温家宝主持召开国务院常务会议，研究部署加强职业教育工作，讨论并原则通过《国务院关于大力发展职业教育的决定》。会议听取了教育部关于职业教育工作有关情况的汇报。会议指出，落实科教兴国战略和人才强国战略，大力发展职业教育，加快人力资源开发，是推进我国走新型工业化道路、解决“三农”问题、促进就业再就业的重大举措；是全面提高国民素质、提升我国综合国力的重要途径；是遵循教育规律，实施因材施教，促进基础教育、职业教育、普通高等教育协调发展的必然要求。会议提出，到2010年，中等职业教育年招生规模达到800万人，大体相当于普通高中招生规模；高等职业教育年招生规模占高等教育招生规模的一半以上；职业教育办学条件普遍改善，师资队伍建设进一步加强。为此，会议要求，各级政府和有关部门要进一步增强紧迫感和使命感，采取有力措施，切实加强职业教育工作。2005年10月28日，《国务院关于大力发展职业教育的决定》正式颁布。

ACA053－20051107

2005年全国职业教育工作会议召开

2005年11月7－8日，国务院在北京召开全国职业教育工作会议。这次会议是我国改革开放以来召开的第六次全国职业教育工作会议。温家宝总理出席会议并发表重要讲话。他强调，中国特色的职业教育，必须服务于社会主义现代化建设，着力培养适应经济社会发展需要的高素质劳动者和技能型人才；必须满足城乡居民对职业教育的多样化需求，为他们就业、创业和成才创造条件；必须与社会主义市场经济体制相适应，实行政府主导、面向市场、多元办学的机制；必须与生产劳动和社会实践紧密结合，实行灵活多样的人才培养模式，逐步形成完备的现代职业教育体系。温家宝要求，各级政府要把发展职业教育作为关系全局的大事来抓，要把发展职业教育纳入国民经济和社会发展“十一五”规划，统筹安排，加大扶持力度。国务委员兼国务院秘书长华建敏、国务委员陈至立出席会议并发表讲话。国务院职业教育工作部际联席会议 7 个成员单位的领导同志作了发言。16 个地方、部门和企业的负责同志交流了经验。会议表彰了职业教育工作先进单位 260 个，先进个人 300 名。

ACA054 －20060228

教育部 2006 年年度职业教育与成人教育工作会议召开

2006 年 2 月 28 日至 3 月 2 日，教育部 2006 年年度职业教育与成人教育工作会议暨中职招生工作会议在北京召开。教育部部长周济出席会议并讲话。他指出，2006 年是全面贯彻落实全国职业教育工作会议精神和《国务院关于大力发展职业教育的决定》的第一年，是实施“十一五”规划的开局之年；中等职业教育的招生规模要再扩大 100 万人，力争达到 750 万人。他特别强调：第一，要按照《教育部关于加强统筹管理高中阶段教育学校招生工作的通知》要求，理顺高中阶段教育学校招生管理体制，实行统筹管理。第二，要进一步做好东部与西部、城市与农村中等职业学校联合招生合作办学和跨省招生工作。要研究制定职业院校跨省、跨地区的招生办法，为来自西部和农村地区的学生提供经费和就业帮助。第三，各地要把中等职业学校招收高中毕业生接受中等职业教育纳入中职招生工作。允许跨地区、跨省招生，允许中等职业学校根据用人单位双方的协议约定，一年中多次组织招生。第四，各地要严格按照《教育部关于进一步办好五年制高等职业技术教育的几点意见》精神，进一步规范五年制高职招生行为。

ACA055 －20061115

温家宝主持召开职业教育工作座谈会

2006 年 11 月 15 日，中共中央政治局常委、国务院总理温家宝邀请有关专家到中南海座谈职业教育工作。华建敏、陈至立和国务院有关部门负责人出席。温家宝指出，对于职业教育，“一些地方领导的认识还没有完全跟上，一些行业和企业就差得更多”。“中国是一个有13亿人口的大国，职业教育很重要，也应该搞得更好，但我们现在和发达国家差距很大。”针对专家关于加强职业教育法制建设的建议，温家宝当场要求有关部门尽快组成班子进行调查研究，“一些紧迫的问题，如劳动就业条例，先由国务院制定法规或者规章”。温家宝指出：“职业教育就是面向人人、面向全社会的教育。”温家宝明确，职业教育已经列入中南海的议事日程。大力发展职业教育，要进一步提高各级政府认识，加大对职业教育的资金投入力度。要理顺管理体制，建立行业、企业、学校共同参与的机制，形成共同促进职业教育发展的合力。要制定职业教育发展规划，加强师资队伍建设，重点培育一批学校。要总结职业教育典型经验，加强宣传力度，为职业教育发展营造良好氛围。

ACA056 －20070305

十届全国人大五次会议要求把发展职业教育放在更加突出的位置

2007年3月5－16日，第十届全国人民代表大会第五次会议在北京召开。会议听取并审议、批准了国务院总理温家宝所作的政府工作报告。温家宝在报告中指出：“教育是国家发展的基石，教育公平是重要的社会公平。要坚持把教育放在优先发展的战略地位，加快各级各类教育发展。总体布局是，普及和巩固义务教育，加快发展职业教育，着力提高高等教育质量。”温家宝强调：“要把发展职业教育放在更加突出的位置，使教育真正成为面向全社会的教育，这是一项重大变革和历史任务。重点发展中等职业教育，健全覆盖城乡的职业教育和培训网络。”

ACA057 －20070330

教育部2007年年度职业教育与成人教育工作会议召开

2007年3月30－31日，教育部在北京召开2007年年度全国职业教育与成人教育工作会议。会议提出，要从全面落实科学发展观和构建社会主义和谐社会的政治高度，把职业教育放在更加突出的位置，加快中等职业教育的发展，进一步健全覆盖城乡的职业教育和培训网络。教育部部长周济和副部长吴启迪分别在会议开、闭幕式上讲话。周济指出，2007年全国中等职业学校招生要再扩招50万人，达到800万人，基本实现与普通高中招生规模大体相当的目标。周济强调，要大力推进中等职业教育的三项改革及制度建设，一是要加强中等职业学校招生制度的改革及制度建设，对高中阶段教育招生实行统筹管理，做好中等职业学校招生服务及管理；二是要按照在普通高等院校和中等职业学校建立健全国家奖学金、助学金制度的要求，推进职业教育家庭经济困难学生助学制度改革及制度建设，扩大资助覆盖面；三是要按照“积极发展、规范管理”的要求，大力推行工学结合、校企合作、半工半读的改革及制度建设，建立健全学生顶岗实习制度，坚持教育与生产劳动相结合的方针，遵循职业教育规律，组织和安排好学生顶岗实习工作。

ACA058 –20070516

全国家庭经济困难学生资助工作会议召开

2007 年 5 月 16 日，国务院在北京召开全国家庭经济困难学生资助工作会议，对建立健全我国家庭经济困难学生资助政策体系工作进行全面部署。国务委员陈至立出席会议并讲话。陈至立强调，不断加大对家庭经济困难学生的资助力度，是构建社会主义和谐社会的要求，是解决人民群众最关心、最直接、最现实问题的重要内容，也是公共财政的重要责任。为落实好这项工作，陈至立提出四点要求：一要各负其责，紧密协作，建立健全工作机制，尽快制定配套文件和实施办法，建立完善的学校助学管理制度，确保助学工作顺利实施。二是各级财政部门要确保资金足额安排并及时拨付。各学校要按规定从事业收入中足额提取一定比例的经费用于助学。三要严格管理，强化监督，确保资金专款专用，同时要规范收费，坚决制止乱收费现象。四要加大宣传力度，使党和政府的惠民政策家喻户晓，深入人心。

ACA059 –20071015

党的十七大要求大力发展职业教育

2007 年 10 月 15 –21 日，中国共产党第十七次全国代表大会在北京召开。大会批准胡锦涛代表十六届中央委员会所作的报告，并通过了相应的决议。胡锦涛在题为《高举中国特色社会主义伟大旗帜，为夺取全面建设小康社会新胜利而奋斗》的报告中提出：“优先发展教育，建设人力资源强国。”胡锦涛强调：“教育是民族振兴的基石，教育公平是社会公平的重要基础。要全面贯彻党的教育方针，坚持育人为本、德育为先，实施素质教育，提高教育现代化水平，培养德智体美全面发展的社会主义建设者和接班人，办好人民满意的教育。”胡锦涛要求：“优化教育结构，促进义务教育均衡发展，加快普及高中阶段教育，大力发展职业教育，提高高等教育质量。”“健全面向全体劳动者的职业教育培训制度，加强农村富余劳动力转移就业培训。”

ACA060－20080305

十一届全国人大一次会议要求大力发展职业教育

2008年3月5－18日，第十一届全国人民代表大会第一次会议在北京召开。会议听取并审议、批准了国务院总理温家宝所作的政府工作报告。温家宝在报告中强调“坚持优先发展教育”。温家宝提出：“大力发展职业教育。加强职业教育基础能力建设，深化职业教育管理、办学、投入等体制改革，培养高素质技能型人才。”温家宝指出：“办好各级各类教育，必须抓好三项工作：一要全面实施素质教育，推进教育改革创新。深化教学内容和方式、考试和招生制度、质量评价制度等改革。切实减轻中小学生课业负担。二要加强教师队伍特别是农村教师队伍建设，完善和落实教师工资、津贴补贴制度。三要加大教育事业投入。”温家宝要求：“加强农村职业教育和技能培训，提高农民转移就业能力，发展劳务经济。”“落实以创业带动就业的方针，加强就业和创业培训”。

ACA061－20080330

教育部2008年年度职业教育与成人教育工作会议召开

2008年3月30－31日，教育部在北京召开2008年年度职业教育与成人教育工作会议暨中等职业学校招生工作会议。各省、市、县级教育行政部门有关人员在当地通过视频听取了教育部部长周济题为《解放思想，改革创新，推动中等职业教育又好又快发展》的讲话。与会代表围绕周济的讲话和2008年职成教工作的新任务进行了讨论。教育部副部长吴启迪作了会议总结讲话。周济在讲话中提出，要振奋精神，全力以赴，坚决完成2008年中等职业教育招生820万人的任务。为此，一要加强中等职业学校招生工作的宣传力度，形成强大的宣传声势；二要强化对高中阶段教育学校招生工作的统筹管理；三要全面启用中等职业学校学生信息管理系统，用招生信息管理系统强化招生管理工作；四要进一步拓宽工作思路，创新招生机制，多方组织生源，积极面向初中毕业生、未升学普通高中毕业生、复转军人以及进城农民工等群体招生；五要加强对招生工作的管理，严格执行招生工作纪律，严格规范招生工作秩序，严肃查处有偿招生、索取回扣等问题；六要进一步完善中等职业学校资助政策体系，增强中等职业教育的吸引力。

ACA062 -20081221

教育部 2009 年年度工作会议要求继续大力推进职业教育发展

2008 年 12 月 21 -22 日，教育部 2009 年年度工作会议在北京举行。教育部部长周济出席会议并讲话。周济指出，要继续大力推进职业教育发展，重点加强农村中等职业教育。2009 年起对中职农村家庭经济困难学生和涉农专业学生实行免费，同时开展农村中等职业教育免费政策试点，争取若干年内对所有农村生源实现免费。要继续扩大中等职业教育招生规模，创新办学模式和体制机制，加快推进职业教育集团化办学，大力支持和深入推进东西部之间、城乡之间职业院校合作办学、联合招生，进一步增强职业教育发展的生机和活力。中共中央政治局委员、国务委员刘延东到会并发表讲话。刘延东指出，要贯彻党的十七大精神，促进义务教育均衡发展，加快普及高中阶段教育，大力发展职业教育，提高高等教育质量。要把发展中等职业教育作为战略突破口，放在重要位置抓紧抓好，从农村中等职业教育免费开始，逐步实现所有职业教育免费。

第二节　党和国家领导人视察

ACB001 -19850110

万里视察三明时要求增加职业学校比重

1985 年 1 月 10 -21 日，中共中央政治局委员、国务院副总理万里在福建省委和福州军区负责人项南、傅奎清、马兴元的陪同下，先后前往福州、莆田、晋江、厦门、龙溪、三明和建阳等地、市，实地考察了一些工厂、乡镇、港口、机场、学校和农贸市场。万里在三明市视察一所职业中学时说，要搞好教育普及工作，要增加职业学校比重，努力提高劳动力素质。

ACB002 -19850909

胡启立、李鹏视察密云时提出必须办好职业教育

1985 年 9 月 9 日，中共中央书记处书记、办公厅主任胡启立，国务院副总理、国家教委主任李鹏在国家教委副主任何东昌、北京市市委副书记徐惟诚和副市长陈昊苏等人的陪同下，专程来到密云五中看望教师，并向教师祝贺教师节。中央领导听取了该校创办服装职业高中、开办服装厂、为密云县四化建设培养初中级技术人才的汇报。胡启立饶有兴趣地听了服装专业教师讲课，翻阅了学生的作业、笔记，参观了教师办公室，并热情地询问了教师的工作、学习和家庭生活情况，勉励他们要“加强学习，努力工作”。在实习工厂，当李鹏知道女式风衣是学校自己设计的时候，高兴地说："你们要大胆创新，努力增加花色品种，打入市场，美化人民生活。"参观结束后，胡启立、李鹏与学校教师亲切座谈。李鹏说："发展职业教育是教育改革的重要方面，改变初中毕业只能升高中、高中毕业只能升大学的情况。正像东昌同志所说，要改变千军万马过独木桥的状况。""现在先进国家都非常重视职业教育，一个国家要使经济腾飞，必须搞好职业教育。"

ACB003－19860107

李鹏视察上海市商业职业技术学校

1986年1月7日，中共中央政治局委员、书记处书记、国务院副总理、国家教委主任李鹏在上海市市长江泽民的陪同下，视察了上海市商业职业技术学校。李鹏还为该校题词："发展职业教育，为人民服务，为商业育人育才。"李鹏在参观期间观看了该校学生制作的西服。

ACB004－19860206

李鹏视察北京市劲松职业高中

1986年2月6日，中共中央政治局委员、书记处书记、国务院副总理、国家教委主任李鹏视察了北京市劲松职业高中。李鹏对学校办学成绩给予充分肯定，并为学校题词："职业教育大有可为"。在视察过程中，李鹏还建议学校将木工专业转为室内装饰专业。经过两年的筹备，在北京建筑装饰工程公司的大力协助下，北京市职业高中的第一个室内装饰专业在劲松职业高中建立。

ACB005－19860819

胡启立在甘肃、宁夏调研时谈职业教育

1986年8月19－26日，中共中央政治局委员、书记处书记、办公厅主任胡启立到甘肃、宁夏一些地区调查研究，与当地干部群众共商脱贫致富大计。胡启立在视察时指出，要努力培养生产发展急需的各种人才。发展教育很要紧，要用多种形式、多种渠道，培养本地当前生产发展迫切需要的人才，要重视发展中等职业技术教育。要注意从本地实际需要出发，发展职业技术教育，开展实用技术培训，包括这里需要的畜牧兽医人员、财会统计人员、各种服务人员、管理人员等。教育要从基础抓起，切实把中小学办好，争取使适龄儿童都能入学，逐步实现九年制义务教育。要把初等的、中等的职业技术教育办好，为经济发展增添后劲。

ACB006 – 19870909

胡启立视察北京市黄庄职业高中

1987 年 9 月 9 日，中共中央政治局委员、书记处书记胡启立视察北京市黄庄职业高中。他仔细地观看了这所学校的服装设计、服装制作、计算机等专业的教学现场和学校教育成果展览。他说："职业技术教育很重要，它直接影响到劳动生产率的提高、生产力的发展。我们应该根据四化建设的需要，多层次地培养人才，实事求是地开发智力资源。邓小平曾说，产品的质量反映了一个民族的素质，这话非常深刻。决定产品质量提高的直接因素，是工人的职业技术素养。"胡启立指出，现在许多人片面追求高学历，出国留学，把上大学当成唯一出路。我们应该清除看不起职业教育的偏见，四化建设需要多层次人才，职业技术教育就是其中很重要的一个层次。今后除了要办职业技术高中外，还要发展高等职业技术教育，使整个职业技术教育成龙配套。

ACB007 – 19890307

李铁映视察平度县职业中专分校

1989 年 3 月 7 日，中共中央政治局委员、国务委员兼国家教委主任李铁映在山东省省长赵志浩、青岛市副市长程友新等人的陪同下，视察了全国"教育先进县"平度的教育工作，并分别为平度县职业中专分校和平度县师资培训中心题词。题词内容分别为"必须大力发展职业教育"、"振兴教育的希望在教师"。在充分肯定平度教育工作的同时，李铁映指出一些高考落榜生可以集中学一年技术，发给其中专文凭；此外，要掌握职业技术教育的特点，专业教师应该是职业技术能手，职业学校要实行专业等级技术教育、能力教育等。

ACB008 – 19891217

李铁映在山东视察时要求大力发展多种形式的职业技术教育

1989 年 12 月 17 – 20 日，中共中央政治局委员、国务委员兼国家教委主任李铁映前往山东视察教育工作。他先后到沂蒙山区老革命根据地的平邑、沂南、沂水、蒙阴、曲阜、泗水、新泰、莱芜等县（市），视察了 18 所中小学、职业中学、乡镇农民文化技术学校和师范院校。在视察期间，李铁映要求山东省结合农村经济发展的实际，大力发展多种形式的职业技术教育和成人教育。要把农村扫盲工作与开展职业技术培训紧密结合起来，加强职业学校学生实践技能的培养，以更好地适应农村社会主义现代化建设的需要。

ACB009－19910509

孙起孟视察河北省县级职教中心

1991年5月9－13日，全国人大常委会副委员长孙起孟视察了河北省霸州、任丘、涿州、定州、南宫、鹿泉等县（市）职教中心及鹿泉市栈道村。5月12日，孙起孟在河北省政府召开的座谈会上发表讲话。孙起孟指出，通过几天的活动，验证了几点认识。一是教育特别是职业教育必须为经济建设服务，而振兴经济又必须依靠教育，特别是职业教育。河北省的实践有力地证明了这个道理。二是抓职业教育同抓经济发展是统一的，不是两回事。孤立地抓经济，丢掉职业教育，经济肯定上不去；反过来，如果职业教育不跟经济发展一起抓，那也抓不好。有的人把教育看做是消费事业，这是一种旧观念，一种片面认识。河北省的实践证明，教育（包括职业教育）事业不但不是单纯的消费，而且为发展生产所必需。应当牢固地树立这样的科学观点。三是发展职业教育和发展经济建设一样，关键在党政领导。就发展职业教育的领导工作而言，需要强调四个统一：统一认识，统一领导，统一规划，统一部署。

ACB010－19920120

江泽民视察常州刘国钧职业教育中心

1992年1月20日，中共中央总书记、国家主席江泽民视察江苏省常州市刘国钧职业教育中心。当了解到该校学生毕业后能顶岗生产并深受社会欢迎时，江泽民说："要多办这样的学校，培养应用型人才。"江泽民指出，办职教中心的方向是对的，今后就是要多培养应用性技术人才和管理人才。

ACB011－19930309

李铁映视察河北省县级职教中心

1993年3月9－12日，中共中央政治局委员、国务委员李铁映，国家教委副主任王明达，国家教委专职委员郭福昌，人事部副部长程连昌，劳动部副部长令狐安等，在河北省副省长李海峰、顾二熊等人的陪同下，视察了河北省霸州、任丘、河间、青县、沧县、故城、南宫、冀县、晋州、藁城、获鹿11个县（市）的职教中心。李铁映深入教室、实验室、实习基地与地、县领导和师生员工亲切交谈，详细了解职教中心建设的情况，肯定了河北省县级职教中心建设取得的成绩，认为河北省走出了一条全新的职业教育发展之路。1993年3月13日，李铁映在结束了对河北省7个地、市所属的11所县级职教中心视察后，出席了有60个县（市）主要负责人和职教中心校长参加的座谈会。

李铁映指出，河北省教育事业的发展与改革出现了新形势，标志就是职教中心建设体现了职业技术教育发展的新路子，开创出了一种新型的办学模式，实现了农科教统筹、三教统筹在农村的结合，探索出了专业技术教育通向农村、使农民能够迅速致富奔小康的模式和路子，这是农村教育改革的重大突破。

ACB012－19930531

孙起孟再次视察河北省县级职教中心

1993 年 5 月 31 日至 6 月 3 日，全国人大常委会副委员长孙起孟在河北省人大常委会副主任张震环、副省长顾二熊等人的陪同下，视察了河北省沧县、青县、冀县、晋州、藁城等县（市）的职教中心，并与河北省委、省政府的领导同志进行了座谈。孙起孟指出："职教中心在河北的出现和发展不是偶然的，是在总结近十年来正反两个方面的实践经验基础上，为适应新形势下农村经济建设的需要和顺应广大农民的愿望所作出的正确决策，职教中心的良好发展势头和旺盛的活力以及它所积累的宝贵经验，标志着河北的职业技术教育开始创出一条符合农村实际发展职教的新路子，特别是县办职业教育的新模式，同时也标志着河北省在探索有中国特色的职业技术教育体系方面迈出了可喜的一步。" 6 月 17 日，中共中央政治局委员、国务院副总理李岚清在给孙起孟的信中说："我拜读了您在调查河北省职教中心建设情况后的讲话，觉得很好，很受启发。""职业教育是义务教育阶段后教育分流的重要方向。大力加强职业教育，是发展我国的教育事业、加速培养人才、提高国民素质的有效途径，也是教育体制改革的重要内容，理应得到各级领导的重视。德国等国家之所以经济发展快，重视职业教育、发展'双轨'教育（普通院校教育和职业教育、岗位培训）是重要的原因。""您的讲话我已转请国家教委认真研究。"

ACB013－19940426

李岚清视察天津市中华职业中等专业学校

1994 年 4 月 26 日，中共中央政治局委员、国务院副总理李岚清在天津市市委书记高德占、市长张立昌陪同下，视察了天津市中华职业中等专业学校。李岚清对学校的办学成绩给予肯定，并亲笔题词："大力发展职业教育"。李岚清在天津视察时强调，根据我国"穷国办大教育"的基本国情，高等教育必须办得有最高质量、最高效益，同时办好职业教育。在办好基础教育的基础上大力发展职业教育，是中国教育的根本出路。要多快好省地办好职业教育，职业教育要进行三级分流，根据不同地区的实际情况，可从小学、初中、高中分级进行，以适应社会主义市场经济的需要，培养大批适应现代化建设的急需的人才。

ACB014－19940923

李岚清视察丰南县职教中心

1994年9月23日，中共中央政治局委员、国务院副总理李岚清赴河北省唐山市出席全国农村教育综合改革工作会议并发表讲话之后，在国家教委副主任王明达、河北省省长叶连松、副省长王幼辉的陪同下，视察了丰南县职教中心。李岚清视察了该校的教学环境、教学设施，对该校的办学规模、教学管理表示赞赏。

ACB015－19950130

李岚清调研河北省农村职业教育发展情况

1995年1月30－31日，中共中央政治局委员、国务院副总理李岚清在国务院副秘书长许志坚、国家教委副主任柳斌、河北省省委书记程维高和河北省省长叶连松的陪同下，走访了石家庄市、保定市等地区，对农村职业教育工作进行调查研究。1月31日，李岚清就高等教育、职业教育和成人教育的改革与发展问题，与省领导、有关方面负责人及技术代表进行座谈。

ACB016－19960301

李岚清走访北京海淀走读大学

1996年3月1日，中共中央政治局委员、国务院副总理李岚清走访了北京海淀走读大学，视察高等职业教育发展与办学情况。在对北京海淀走读大学的讲话中，李岚清指出，高等职业教育是我国当前教育体系中亟待发展的重要部分。对于那些高中毕业未能升入大学的学生来说，如果没有一个适当的办法让他们受教育，使他们变成建设社会主义的积极力量与人才，从政治上来讲就是不安定因素。电大、职大、成人教育、函大、自学考试等教育形式大多不能满足现实需要。而高等职业教育是非常必要的教育层次，有利于我国多层次人才结构的形成和发展。

ACB017－19960917

江泽民视察安徽省阜阳乡镇企业学校

1996年9月17日，中共中央总书记、国家主席江泽民在安徽省省委书记郭金龙及省委副书记、省长王金山等人的陪同下视察了由全国劳动模范、全国优秀乡镇企业家张贺林出资兴办的阜阳乡镇企业中专学校，并应邀题写了校名。江泽民仔细询问了学校师生的来源、办学宗旨、在校师生人数、教学指导思想、管理方法等方面的情况，并鼓励师生多学本领，为国家建设服务。江泽民高度称赞张贺林艰苦奋斗、兴学富民的精神，称他是“中国的脊梁”。江泽民指出，中国 12 亿人口是一个重要的生产力，但怎样变得更有效率、更有竞争力、更有优势，就是要有高质量的、高素质的、高文化水平的人。无论哪一个国家，经济发展最终要依靠人力资源和科学技术水平，这就是技术革新和技术革命。

ACB018 – 19971104

李岚清视察成都航空工业学校

1997 年 11 月 4 日，中共中央政治局常委、国务院副总理李岚清在四川省省委书记谢世杰和国家教委副主任、党组书记陈至立的陪同下，视察了成都航空工业学校。李岚清非常关心学校的建设发展和试办高等职业教育工作。他观看了学生在电工电子实习训练基地、CAD/CAM 实验室、多媒体计算机网络室、数控加工中心实验室的操作实习。视察中，李岚清听取了学校领导的工作汇报，对学校发展高等职业教育的路子予以肯定。他还详细地询问了教师的居住条件，殷切叮嘱学校领导一定要把学校办好，希望学校加快改革步伐，尽快实行招生并轨。

ACB019 – 19980407

李长春视察广东省清远市技工学校

1998 年 4 月 7 日，中共中央政治局委员、广东省省委书记李长春赴广东省清远县视察扶贫试验区。在返回清远市区途中，清远市市委书记骆雁秋补充汇报了清远创办技校、开展智力扶贫的情况。李长春感到这是个带方向性的好典型，便决定掉头前往清远市技工学校视察调研，并进一步提出：“把贫困家庭子弟每户安排一人到技工学校培训，然后推荐到珠三角地区和扶贫区工作，这样安排一人，这户就能稳定脱贫。”在视察之后，李长春指示清远市技工学校，“继续扩大办学规模，探索总结出一个在全省具有示范性作用的山区智力扶贫模式”。据此，与清远市对口扶贫的佛山市先后捐赠 320 余万元在该校办起了扶贫班。2004 年 7 月，劳动和社会保障部正式批准清远市技工学校为国家级高级技工学校。李长春亲自给技校校长和师生发来贺信，他在贺信中写道，得知你们在探索智力扶贫、落实“输出一人，脱贫一户”的要求上取得可喜的成绩，学校又有新的发展，感到由衷的高兴。李长春在信中指出，在全面建设小康社会的征程上，需要千百万高技能的人才，希望学校继续努力，为山区孩子们的美好前程、为山区人民更快地脱贫致富、为提高广东劳动者素质作出新的更大的贡献。

ACB020－19981126

李岚清视察深圳职业技术学院

1998年11月26日，中共中央政治局常委、国务院副总理李岚清在教育部党组副书记吕福源、广东省省长卢瑞华、深圳市市委书记张高丽的陪同下视察深圳职业技术学院。李岚清在视察中说："你们一定要办好这所学校，搞好高等职业教育的试点工作，为全国职业学校提供经验。"1997年6月18日，李岚清曾为深圳职业技术学院题词："办好高等职业教育，培养具有高尚职业道德和熟练职业技能的优秀人才。"1997年9月11日，他又在一份关于深圳职业技术学院的情况汇报材料上作出重要批示："希望把这所学校办好，为我国高等职业学校提供经验。"

ACB021－20000618

江泽民视察张掖市职教中心

2000年6月18日，中共中央总书记、国家主席江泽民，中共中央政治局候补委员、书记处书记、中央组织部部长曾庆红，在宁夏回族自治区党委书记毛如柏、自治区政府主席马启智，甘肃省省委书记孙英、省长宋照肃的陪同下视察了张掖市职教中心。江泽民、曾庆红仔细参观了学校的数码钢琴室、服装工艺操作室、计算机中心，充分肯定了张掖市职教中心取得的成绩。

ACB022－20001113

李岚清视察邢台职业技术学院

2000年11月13日，中共中央政治局常委、国务院副总理李岚清在卫生部部长张文康、国家发展计划委员会副主任郝建秀、教育部副部长张保庆、科技部副部长徐冠华、财政部副部长张佑才、河北省省委书记王旭东、河北省省长钮茂生陪同下视察了邢台职业技术学院。李岚清向该院党委书记杨旺才提了两个问题：一是你对高职教育发展前途怎么看？二是学院经费情况怎么样？李岚清对学院的办学经验、办学条件及取得的成绩给予了高度评价，对学院的高职办学和后勤社会化改革工作给予了肯定。李岚清指出："目前高职招生是有些困难，还要看你的专业是否适合市场需要，教育质量怎么样，今后教育的竞争在质量，质量好毕业生有人要，不好就没人要。”李岚清反复叮嘱该院领导同志，要开展在职培训，搞好继续教育，一定要把高职教育坚持下去，一定要把质量搞好。

ACB023 – 20010914

彭珮云视察黑龙江省职业教育工作

2001 年 9 月 14 – 18 日，全国人大常委会副委员长彭珮云带领全国人大教科文卫委员会有关人员对黑龙江省实施《中华人民共和国职业教育法》的情况进行了检查。彭珮云听取了黑龙江省政府和齐齐哈尔市政府关于执法情况的汇报，视察了 13 所各级各类职业学校，召开了 4 个座谈会，就《职业教育法》的实施情况、职业教育发展的形势和存在的问题，与有关部门和校长、教师进行了广泛深入的研讨。彭珮云指出，人人上大学在我们国家是不现实的。何况经济与社会发展对人才的需求是多层次、多样化的，职业教育培养的人才，我们还是大量需要的。国家对中等职业人才不是没有需求，这需要我们去引导、去发掘。彭珮云强调，职业教育和普通教育、基础教育不完全一样，职业教育是直接为行业、企业培养人才服务的，它的专业设置、就业预测都离不开行业、企业的需求，因此，行业、企业不应该把职业教育看做是包袱，一股脑儿甩给政府。行业、企业在职业教育中如何发挥作用的问题，值得深入研究。彭珮云视察齐齐哈尔职教中心时题词：“提高质量，办出特色，建设全国一流职业学校。”

ACB024 – 20010919

李瑞环视察苏州工业园区职业技术培训学院

2001 年 9 月 19 日，中共中央政治局常委、全国政协主席李瑞环视察苏州工业园区职业技术培训学院。李瑞环与师生们亲切交谈，询问教学和学习情况。当他得知学校的毕业生已成为外资企业的抢手人才时，十分欣慰，勉励他们努力吸收消化国内外先进技术，为我们自己的科技成果转化、技术创新服务。

ACB025 – 20020503

李岚清视察烟台市汽车工业学校

2002 年 5 月 3 日，中共中央政治局常委、国务院副总理李岚清在国务院副秘书长高强、山东省省委书记吴官正的陪同下到烟台市汽车工业学校视察。李岚清对学生娴熟的操作给予很高评价，并强调理论一定要与实践相结合。李岚清指出，现在职业学校面临很大的压力，大学扩招，高中也扩招，职业学校的生源在减少，但是只要认准两条路就一定能把学生吸引过来。一条路是培养学生适应社会、适应市场的能力；另一条路是提高学生的质量，让社会认可。李岚清强调，职业教育担负着为现代化建设培养专业技术人才和熟练工人的重任，要立足于为本地经济社会发展服务的大局，进一步密切与地方的联系，搞好专业设置，选准办学方向，培养好适应经济社会发展需要的实用型人才。要坚持不懈地抓好学校党的建设，切实搞好思想政治工作，开展丰富多彩的思想教育和管理活动，真正把学生培养成有理想、有道德、有文化、有纪律的合格人才，更好地服务于地方的经济和社会各项事业。

ACB026 –20020722

朱镕基视察沈阳市大东区职业技术培训中心

2002 年 7 月 22 –24 日，中共中央政治局常委、国务院总理朱镕基和中共中央政治局委员、国务院副总理吴邦国在辽宁省省委书记闻世震、省长薄熙来的陪同下，先后到沈阳、抚顺等地视察。在沈阳市大东区职业技术培训中心，朱镕基与培训中心工作人员以及接受再就业培训工作的下岗职工亲切交谈。朱镕基指出，开展职业培训，是全面提高劳动者素质、发展先进生产力的必然要求，也是拓宽就业渠道、增加劳动者就业机会、促进劳动就业的重要举措。要根据劳动力市场变化和产业结构调整的需要，大力加强职业教育和再就业培训。同时，要加快就业服务信息化建设，通过提供信息咨询、择业指导、职业介绍等办法，为促进就业创造良好的环境。

ACB027 –20030703

陈至立视察长春职业技术学院

2003 年 7 月 3 日，国务委员陈至立由国务院副秘书长陈进玉、教育部副部长王湛、财政部副部长金立群陪同，视察了长春职业技术学院。陈至立视察了学院的网络中心、信息分院、商贸分院、旅游翻译分院、工程分院以及工程分院的实训车间。在视察过程中，陈至立不时地询问学院和学生的有关情况，并和学生们进行了亲切交谈。陈至立对学校的办学方向、办学宗旨及其取得的成绩给予了充分的肯定和积极的评价。

ACB028 -20030829

黄菊视察沈阳市皇姑区职业技术学校

2003年8月29日，中共中央政治局常委、国务院副总理黄菊视察了沈阳市皇姑区职业技术学校。黄菊亲切勉励正在接受培训的50余名学员在新的岗位上要努力为人民服务，为人民的治安、环境、健康、生活继续创造好的环境，为社会主义建设出力。随后，黄菊视察了计算机教室、美发实习室、服装试验室。

ACB029 -20040326

温家宝视察江阴职业技术学院

2004年3月26日，中共中央政治局常委、国务院总理温家宝视察江阴职业技术学院并与学校师生亲切交谈。温家宝听取了学院改革发展的有关情况，参观了学院的展览厅、实验大楼、化学纺织工程系小样设计室、机电工程系数控机床实训室和艺术设计系的专业机房。当得知这个学校坚持“工学结合，顶岗实践”、面向市场培养人才、毕业学生就业率达到100%时，他十分高兴地说，职业技术学校走产学研结合的道路，直接服务于经济建设和社会需要，很有前途。要提高我国制造业的技术，必须培养足够数量的各类专业技术人才。

ACB030 -20040515

胡锦涛视察长春职业技术学院

2004年5月15日，中共中央总书记、国家主席胡锦涛，中共中央政治局候补委员、中央书记处书记王刚由吉林省省委书记王云坤、省长洪虎陪同，视察了长春职业技术学院。胡锦涛先后视察了计算机分院、工程分院、旅游翻译分院、商贸分院，观看了学生们的实训情况和技能表演。胡锦涛对该院勇于开拓、坚持面向市场办专业、面向实践抓教学的做法和毕业生供不应求的好形势，给予了高度评价。

ACB031 -20040612

丁石孙视察四川农村职业教育和农民培训工作

2004年6月12日，全国人大常委会副委员长、民盟中央主席丁石孙赴四川省遂宁市视察农村职业教育和农民培训工作。丁石孙指出，搞好农村职业技术教育培训工作，是具有历史意义的大事。只有农村劳动者素质提高了，“三农”问题才能得到根本解决，全面建设小康社会的奋斗目标才能得以实现。他希望各地要像抓普及教育那样抓好农村职教，不断完善现代国民教育体系，促进劳动者素质的全面提升；要积极探索农村职业教育的新经验，从改革体制和机制入手，推动农村职业教育向前发展。要以科学的发展观为指导，坚持以人为本，做好农村职业教育和劳动力培训工作，为全国的农村职教工作提供好的思路和经验。

ACB032－20040618

陈至立视察南京高等职业技术学校

2004年6月18日，国务委员陈至立视察南京高等职业技术学校。与陈至立一同视察的有科技部部长徐冠华、国务院副秘书长陈进玉、教育部副部长吴启迪、文化部副部长郑欣淼、江苏省省委书记李源潮和副书记任彦申、江苏省常务副省长蒋定之、南京市市委书记罗志军等。陈至立指出，职业教育在“科教兴国”、“人才强国”战略中占有重要地位，职业教育直接促进了地方经济的发展，抓职业教育就是抓经济工作。江苏省在这方面要进一步加大力度，努力成为中国职业教育的领头羊。

ACB033－20050620

张榕明视察北京职业教育工作

2005年6月20－21日，全国政协副主席、民建中央常务副主席张榕明带领全国政协职业教育考察团到北京视察职业教育工作。张榕明等听取了北京市关于推进职业教育跨越式发展的工作汇报，实地考察了北京市先进职业学校的办学情况，检查了北京经济技术开发区职教园区一期工程的建设情况。张榕明等提出，要切实加强对职业教育工作的领导，进一步巩固和完善以市场为主、统筹协调的职业教育管理体制。要积极引导各办学单位，将职业教育的工作重点向加强专业建设和课程建设、与国际接轨、与企业结合、提高教学质量上转变，向学历教育与技能培训并重、培养高质量人才和建设学习型城市上转变。要努力为职业教育改革发展创造良好的环境，加大财政扶持的力度，重点支持骨干院校、公共实训基地建设和职业院校教师的继续教育。要在进一步搞好加快农村劳动力转移“阳光工程”的同时，积极实施职业教育扶贫计划。要按照职业教育的特点，改革和完善职业教育管理办法，为职业教育走向市场创造更好的条件。要进一步完善就业准入制度和职业资格证书制度，搞好职业教育培训和职业资格证书制度的衔接。要积极开展职业教育宣传工程，引导广大人民群众树立正确的教育观、人才观、择业观。

ACB034－20050826

陈至立视察河南职业教育工作

2005年8月26－27日，国务委员陈至立和教育部部长周济由河南省省委书记徐光春、省长李成玉陪同，到河南省郑州旅游学校、河南信息工程学校、郑州机电学校、河南交通学校视察。陈至立强调，要把大力发展职业教育作为教育工作的一个战略重点，以服务为宗旨，以就业为导向，大力加强职业教育和技能培训，增强主动为经济社会服务的意识和能力。陈至立指出，大力发展职业教育，是走新型工业化道路、解决“三农”问题、提高劳动者素质、促进就业再就业的重大举措。必须把发展职业教育、提高劳动者的就业能力和创业能力作为一项稳定的长期就业支持政策。陈至立强调，要采取切实有效的措施，推进职业教育快速健康发展：一是各地要加强领导，结合本地实际因地制宜地大力发展职业教育。二是要深化教学改革，把职业教育与服务经济社会紧密结合起来，推行工学结合、校企合作等多种办学模式。三是要加强职业教育基础建设，依靠行业、企业发展职业教育。四是要严格实行就业准入制度，完善职业资格证书制度。五是要加强正面舆论引导，让“行行出状元”的观念深入人心，营造全社会关心、支持职业教育发展的社会氛围。

ACB035－20050909

黄菊视察湖南交通职业技术学院

2005年9月9日，中共中央政治局常委、国务院副总理黄菊在湖南省省长周伯华、省委副书记谢康生、副省长郑茂清、长沙市市长谭仲池等人的陪同下，视察了湖南交通职业技术学院。黄菊对湖南交通职业技术学院与企业联合办学、开展“订单式”培养予以称赞，他说：“你们零距离上岗，毕业即就业；校企联合办学的思路很好，这样毕业生就业有了保障。”

ACB036－20050912

温家宝视察深圳职业技术学院

2005年9月12日，中共中央政治局常委、国务院总理温家宝视察深圳职业技术学院，并在学院的实训室发表了重要讲话。温家宝指出，中国的职业教育太需要了，也太重要了。我们的职业教育可以分为三个层次。第一个层次，是面向广大就业人员的技能培训。全国的城乡劳动力有7.5亿人，这么多人要就业，都需要培训。第二个层次，培养高技能的技术人才。我国的制造业在迅猛发展，真正的制造业的中心要能创新，要能掌握高新技术，要能操作最新的机床。这就需要培养高技能的技术人才。这种人才现在是最缺乏的，而且是工业化进程不可缺少的。第三个层次，我们一些老工人，包括一些老技术人才，他们过去学的知识已经不够用了，因此，需要对他们进行再培训。这三者加在一起，我们职业教育所面临的对象是成千上万的人。温家宝强调，我们不仅要尊重那些有理论素养的教授、专家，而且要尊重那些懂得自己动手、实际操作，并且有发明创造的技术专家。

ACB037 –20050920

陈至立视察辽宁省职业教育工作

2005 年 9 月 20 日，国务委员陈至立视察辽宁省职业教育工作。陈至立强调，职业教育要加快培养生产、服务一线急需的技能型人才，特别是培养高素质高技能专门人才；要为农村劳动力转移服务，促进农村劳动力合理有序转移和农民脱贫致富，提高进城农民工的职业技能；要为建设社会主义新农村服务，充分发挥农村各类职业学校、成人文化技术学校以及各种农业技术推广培训机构的作用，大范围培养农村实用型人才和技能型人才，大面积普及农业先进实用技术，大力提高农民思想道德和科学文化素质；要为提高劳动者素质和职业能力服务，面向在职职工开展文化教育和技术培训；要为就业再就业服务，面向初高中毕业生、城镇失业人员开展各种形式的职业技能培训和创业培训，提高他们的就业能力、工作能力、职业转换能力以及创业能力。要推进职业教育办学思想的转变，坚持“以服务为宗旨，以就业为导向”的职业教育办学方针，高度重视实践和实训环节教学，切实提高学生的实践能力和职业技能水平。

ACB038 –20051014

胡锦涛视察常州市高等职业教育园区

2005 年 10 月 14 日，中共中央总书记、国家主席胡锦涛视察了常州市高等职业教育园区。胡锦涛亲切接见了师生代表，仔细了解了职业教育发展情况。在学校的实验室里，胡锦涛兴致盎然地观看了由学生们组织的机器人球赛，与学生们亲切交谈，要求学校多培养具有自主创新技能与精神的人才。

ACB039 –20051112

成思危视察重庆职业教育工作

2005 年 11 月 12 日，全国人大常委会副委员长成思危在重庆视察时提出，要站在构建和谐社会的高度，大力加强职业教育，满足社会对不同层次人才的需求。当前，国家正在大力推进新型工业化，要求用信息技术来改造和提升传统产业，这就对劳动者的素质提出了更高要求，加强职业教育势在必行。而解决“三农”问题，提高农业劳动生产力，转移农村劳动力，增加农民收入，同样需要加强职业教育。一方面可以通过传授农业技术来提高农业劳动生产率，另一方面通过技术培训可以让进城务工农民更好地就业。通过加强职业教育，可以让失业者有业，使有业者乐业，化解矛盾，促进经济发展和社会稳定。

ACB040 - 20060209

顾秀莲视察中国职工教育和职业培训协会

2006 年 2 月 9 日，全国人大常委会副委员长、全国妇联主席顾秀莲来到中国职工教育和职业培训协会视察工作。顾秀莲就职业培训事业和妇女就业工作，以及中国职协如何更好地在这些方面发挥作用等问题，与劳动和社会保障部、中国职协的领导及有关同志进行座谈。劳动和社会保障部部长田成平、副部长华福周、副部长张小建等出席了座谈会。顾秀莲指出，搞好职业培训一定要抓住关键环节，一是工业战线的职工的培训，二是下岗失业人员和社会困难群体的培训，三是农民工的转移就业培训。顾秀莲强调，在职业教育培训工作中，要注意总结经验，抓好典型推广；要创新发展，扩大培训覆盖面；要整合资源，重点做好妇女的职业培训工作，为“十一五”规划目标的实现作出更大的贡献。

ACB041 - 20060419

曾庆红视察海口经济职业技术学院

2006 年 4 月 19 日，中共中央政治局常委、国家副主席曾庆红视察海口经济职业技术学院。曾庆红询问了学院规模、办学体制、专业设置、队伍结构、投资建设、学生就业等详细情况。曾庆红指出，一所高校发展得好不好，并不在于是什么体制，也不在于名称是“大学”还是“学院”，关键还是看内涵和品质，看人才培养质量。曾庆红强调：“高校办得是否成功，就是看其培养的人才能不能为国家、为社会发展作出贡献。因此，高校要面向社会、面向市场设置专业，找准方向，培养出社会真正需要的人才。”“不管是国办、民办，还是股份制高校，只要为国家培养了德、智、体、美全面发展的有用人才，这个学校就办成功了。”“我们国家是一个人口大国，但不是人才强国，高校就是要适应社会发展的需要，培养有用人才，为人才强国服务。学生毕业时文凭是必要的，但最重要最根本的是要具有应用能力，有一定的实践操作技能，能为社会服务，为经济建设服务。”

ACB042－20060423

温家宝视察重庆第二财贸学校

2006年4月23日，中共中央政治局常委、国务院总理温家宝视察重庆第二财贸学校。在校园里，温家宝对学生们语重心长地说：“体现社会公平最主要的就是教育的公平，特别是对贫困家庭的孩子来说，教育是他们改变生活的重要途径。职业教育要让孩子既学会动脑，又学会动手；既掌握知识，又学好技能，毕业后能很快找到工作，一个学生就业，就可以带动一个家庭富裕起来。”因此，“国家今后5年将投入100亿元发展职业教育”。温家宝指出：“教育是国家发展的基石，是现代化建设的基础。我国目前的教育已形成了一个比较完整的体系，即巩固普及基础教育，大力发展职业教育，提高高等教育。其中，职业教育占有非常重要的位置，因为职业教育是面向社会各个方面，面向各个阶层，面向人人的。只有把职业教育办好，才可能真正使其成为面向人人的教育!”温家宝强调：“我们目前有两个目标。一是使国家富强起来，人民富裕起来；二是实现社会的公平与正义，让全体人民共享改革和建设的成果。”“要让人人享受教育，让更多的人掌握知识和技能，这是我们的理想。”

ACB043－20060526

张榕明视察上海中华职业技术学院

2006年5月26日，全国政协副主席、民建中央常务副主席张榕明在中华职教社总干事陈广庆、上海市民建副主委朱德瀛等人的陪同下视察了上海中华职业技术学院。张榕明提出，希望学院学习和借鉴国内外先进教学观念，注重师资建设，办好高职教育，为国家多作贡献；要珍惜中华职教社的光荣传统，黄炎培先生的职业教育理念是中华职业技术学院兴校办学的巨大精神财富。

ACB044－20060917

张梅颖视察四川职业技术学院

2006年9月17日，全国政协副主席、民盟中央常务副主席张梅颖视察四川职业技术学院。张梅颖指出，一个农村孩子出去了，一个家庭就脱贫了。张梅颖嘱咐校长，一定要发挥学院作为西部农村职业教育龙头的带动和辐射作用，避免重复建设和资源浪费，实现经济社会效益的最大化。张梅颖在四川视察期间还提出，职业教育是经济发展的不竭动力。随着中国经济的发展，特别是经济结构的调整，发展质量的提高，生产环节越来越需要有技术的人才。职业教育大有作为，要进一步发展好职业教育，针对市场需要培养人才，把教育和经济发展紧密结合起来，抓好技术工人的培养。

ACB045 –20060923

张榕明视察济南市职业技能教育工作

2006 年 9 月 23 日，全国政协副主席、民建中央常务副主席张榕明视察济南市职业技能教育工作。张榕明强调，职业技能教育有着其他教育不可替代的作用，要深化改革，加强管理，积极探索职业技能教育新途径，努力创出在全国叫得响的品牌。张榕明指出，随着经济的快速发展，对专业技术人才的需求也越来越大，大力发展高水平的职业技能教育显得尤其重要。要进一步加大资金投入，切实解决当前职业技能教育经费相对紧张的问题，不断完善职业技能教育的软硬件环境；要加大资源整合力度，明确办学方向，努力打造一批重点专业和特色专业；要加强学校的规范化管理，特别要抓好安全教育工作，推动职业技能教育健康快速发展。

ACB046 –20061118

贾庆林视察常州市信息职业技术学院

2006 年 11 月 18 日，中共中央政治局常委、全国政协主席贾庆林在全国政协常务副主席王忠禹，全国政协秘书长郑万通，江苏省省委书记李源潮，省长梁保华，省政协主席许仲林，省委常委、秘书长李云峰等人的陪同下视察了常州市信息职业技术学院，重点参观了实训基地和模具、数控实验车间。在数控实验车间，贾庆林看到来自轻工、机械、信息等不同专业的学生正在一起实习，相互交流经验。在讲解直流发电机的运行原理的课堂上，贾庆林说："这堂课，老师的目的是要让学生们明白直流发电机是怎样工作的，而不是如何制造出来的，不是教学生学习发电机的制造工艺，而是教学生学习发电机的操作方法，重在培养学生的动手能力，这非常好。"

ACB047－20061123

曾庆红视察山东省诸城高级技工学校

2006 年 11 月 23 日，中共中央政治局常委、国家副主席曾庆红视察山东省诸城高级技工学校。曾庆红在实习车间同教师、学生亲切交谈，以自己学习工业自动化专业的感受，鼓励教师认真钻研业务、提高教学水平，勉励学生好好学习、学好技能、报效祖国。曾庆红指出，建设社会主义新农村要紧紧抓住发展生产和致富农民这个关键，加快建设现代农业，加快发展县域经济，加快农村劳动力转移就业，着力解决好农民群众最关心、最直接、最现实的利益问题。他强调，推进新农村建设，既要见物，又要见人。要加强思想道德和科学文化建设，努力把广大农民培育成有知识的文化人、讲道德的文明人、懂技术的内行人、会经营的明白人。

ACB048－20070204

温家宝视察长春职业技术学院

2007 年 2 月 4 日，中共中央政治局常委、国务院总理温家宝在国务委员陈至立、吉林省省委书记王珉、省长韩长赋的陪同下视察了长春职业技术学院。温家宝一行参观了学院电脑动画设计室、机械加工培训中心、汽车学院，观看了各个专业学生的课程学习情况，和他们亲切交谈。温家宝指出，职业教育不仅要教育学生掌握技能，还要引导学生独立钻研，鼓励学生发明创造。职业教育是面向每一个人的教育，对国家发展意义重大。国家将继续加大对职业教育的投入，完善奖助学金制度。我们要培养一大批熟练的技术工人，培养许许多多优秀的技师，培养杰出的发明家。

ACB049－20070401

盛华仁视察安徽省合肥市聋哑职业学校

2007 年 4 月 1 日，全国人大常委会副委员长、秘书长盛华仁率全国人大常委会《义务教育法》执法检查组一行，在安徽省省委书记郭金龙、合肥市市长吴存荣的陪同下视察了合肥市聋哑职业学校。盛华仁参观了教学楼、网络监控室、韵律室、计算机教室，并观看了学校艺术团表演的器乐演奏和舞蹈。检查组一行对合肥市教育部门为培养残疾青少年所取得的成绩给予了高度评价。

ACB050－20070505

陈至立视察无锡职业技术学院

2007 年 5 月 5 日，国务委员陈至立在江苏省副省长何权、无锡市市长毛小平等人的陪同下视察了无锡职业技术学院。陈至立对无锡职业教育和学院校企合作的成功做法给予充分肯定。陈至立指出，无锡的职业教育，在全国堪称职业教育的示范，学院已经形成了一整套如何办职业教育、如何深化改革的思路。另外，根据职业教育规律、市场和企业的直接需求、产业结构的调整，以及高新技术产业和装备制造业、现代服务业的需求来培养人才，才能做到“无缝对接”。这样，无锡的职业教育、无锡职业技术学院才得到国家的高度重视。最后，陈至立还视察了该校的国家数控实训基地、省级汽车实训基地及学生公寓，欣然为无锡职业技术学院题词：“加快示范性建设，推进高职教育发展。”

ACB051－20070517

陈至立视察深圳职业技术学院

2007 年 5 月 17 日，国务委员陈至立视察深圳职业技术学院。陈至立对深圳职业技术学院致力于探索有中国特色的高等职业技术教育的办学模式和人才培养模式，以及在培养高素质技术应用型人才等方面取得的显著成绩给予肯定。陈至立指出，高等职业教育事关职业教育、高等教育两大任务，一定要在提高质量中继续大力发展，在大力发展中进一步提高质量。当前，我国高技能人才十分紧缺，高等职业技术院校要始终坚持职业教育办学的特色，无论办学层次多高，办学年限多长，办学方向都不能动摇，绝不能走到普通本科教育的道路上去。陈至立强调，当前国家正在重点建设 100 所高等职业教育院校，希望包括深圳职业技术学院在内的职业技术院校继续坚持“理论与实践相结合，以实践为主”的教学特色，不断提高办学质量和水平，积累更丰富的办学经验，为中国职业教育发展、为建设创新型国家作出更大贡献。

ACB052－20070517

张怀西视察江苏省盐城高等职业教育园区

2007 年 5 月 17 日，全国政协副主席、民进中央常务副主席张怀西视察了盐城高等职业教育园区。张怀西在园区中心地带听取了园区建设和进区院校办学情况汇报。他要求进区学校面向市场设置专业，并做到教学、科研和创业相结合，更好地发挥职业教育对地方经济的推动作用。张怀西指出，职业教育是教育事业发展的重要组成部分，绝对不能缺少。职业教育是大有可为的，不把职业教育搞好，经济就很难搞上去。张怀西强调，技术人才等人力资源是招商引资的重要条件。一定要很好地重视职业教育，把职业教育作为发展经济的重要工作来抓。

ACB053－20070615

陈至立视察江西陶瓷工艺美术职业技术学院

2007年6月15日，国务委员陈至立在江西省省委书记孟建柱、教育部部长周济等人的陪同下视察了江西陶瓷工艺美术职业技术学院。陈至立对学校坚持特色办学，加强校企合作，不断为陶瓷业发展培养高等职业技术型人才的做法给予了充分肯定。在学院陶艺制作实训基地，陈至立等观看了学生的陶艺技能实践训练教学，认真听取了学院领导对陶艺制作实训基地的建设、培训项目、取得的成果以及为全国陶瓷行业、江西地方经济培养人才等情况的介绍，鼓励学生们要珍惜大好时光，勤奋学习知识，树立远大志向，打好专业基础，成为祖国建设的行业骨干力量。陈至立希望学院再多开展一些技能培训，以提高学生的动手能力和兴趣，多为陶瓷和工艺美术行业培养技术应用型人才。

ACB054－20070619

李铁映视察苏州工艺美术职业技术学院

2007年6月19日，全国人大常委会副委员长、中国工艺美术协会名誉理事长李铁映视察苏州工艺美术职业技术学院。李铁映先后视察了学院装饰艺术系的桃花坞木刻年画研究所、漆艺工作室、陶艺工作室、丝网印工作室、缂丝工作室、首饰工作室、书画修复工作室、美术馆，以及2006年落户学院的中国工艺美术研究院。在参观了桃花坞木刻年画展馆后，李铁映欣然提笔写下“技学天工，艺法自然，最难超越”12个大字，作为对学院的勉励。对于学院的发展，李铁映指出，学院作为培养艺术家的摇篮，要注重学生艺术创新才能的培养，发现有天分的学生；学院要成为美的展示场所、苏州的亮点，把最美的东西留在校园，使校园处处充满艺术；学院要充分利用自身硬件设施，为学生创作和今后创业提供有利条件。

ACB055－20070907

温家宝视察大连轻工业学校

2007年9月7日，中共中央政治局常委、国务院总理温家宝在大连出席夏季达沃斯论坛后视察了大连轻工业学校。温家宝参观了服装实训室、数控技术实训基地，和学生一起练习使用复合冲材模具。温家宝指出，教、学、做不是三件事，而是一件事，在做中学才是真学，在做中教才是真教，职业教育最大的特征就是把求知、教学、做事和技能结合在一起。职业学校的教师不仅要培养孩子们求知，而且要培养思想道德，学会共处，学会做人。温家宝强调，职业教育在我国教育格局中地位十分重要，因为只有职业教育才是面向人人的教育，因此我国确定了大力发展职业教育的方针。我们一定要把职业教育办好，也一定能办好。中国的职业教育普遍发展了，整个社会就进步了，我国的新型工业化、农业现代化水平就会提高，整个现代化事业就会向前发展。

ACB056 – 20070921

顾秀莲视察常州工程职业技术学院

2007 年 9 月 21 日，全国人大常委会副委员长、全国妇联主席顾秀莲视察常州工程职业技术学院。在参观过程中，顾秀莲对学院科学的办学理念、鲜明的办学特色、先进的实训装置给予了充分的肯定。在实训现场，当看到学生们正全神贯注地进行着实训操作时，顾秀莲询问了实训教师的授课情况，并考察了实训教师对实训装置功能的了解以及如何培养学生实践能力等情况。顾秀莲在流体输送实训中心看到有女学生正在实训，面对“巨大”的控制阀门，她关心地询问女学生是否能扭动阀门。她还与女学生们亲切握手、聊天、拥抱，了解她们的学习、生活和就业情况。

ACB057 – 20080106

成思危视察中山职业技术学院

2008 年 1 月 6 日，全国人大常委会副委员长、中华职业教育社理事长成思危视察中山职业技术学院。成思危指出：“经济是一个国家和民族的今天，科技是一个国家和民族的明天，教育是一个国家和民族的后天。”“如果将教育比作大鸟，义务教育是躯干，普通教育和职业教育是一双翅膀，公办教育和民办教育是两条腿。那么，一定要依靠两条腿，教育才能站得稳；一双翅膀硬了，教育才能腾飞。”成思危指出，中央对教育尤其是职业教育的发展，给予了充分重视。成思危强调，现在的职业教育迎来了历史性的发展机遇，要继续引导全社会转变对职业教育的观念认识；要进一步完善对贫困学生的帮扶力度；要提高职业教育的水平，尤其是要加强教师队伍的建设。

ACB058－20080220

成思危视察海南职业技术学院

2008年2月20日，全国人大常委会副委员长、中华职业教育社理事长成思危视察海南中华职业教育社和海南职业技术学院。成思危指出，要大力加强民办教育和职业教育，还特别强调要重视职业教育的发展。他认为，目前全社会对职业教育的重视还不够，需要进一步加强引导。此外，成思危就办好职业教育提出了两点建议：一是真正面向市场；二是不断提高水平。

ACB059－20081018

黄孟复参加南京工业职业技术学院90华诞庆祝活动

2008年10月18日，全国政协副主席、全国工商联主席黄孟复出席南京工业职业技术学院成立90周年庆祝活动。为了表达对黄炎培先生的敬仰缅怀之情和对黄炎培职业教育思想的传承弘扬之志，南京工业职业技术学院特在仙林校区南大门广场塑黄炎培先生铜像一尊，并将此广场命名为黄炎培广场。黄孟复和江苏省省委常委、政法委书记林祥国共同为铜像揭幕。

第三节 管理机构的调整与变化

ACC001－19820504

劳动人事部设立培训就业局

1982年5月4日，第五届全国人大常委会第二十三次会议通过《全国人民代表大会常务委员会关于国务院部委机构改革实施方案的决议》，决定将原国家劳动总局、国家人事局、国务院科学技术干部局、国家编制委员会合并，组建劳动人事部。劳动人事部设立培训就业局，其主要职责是拟定有关劳动、就业、工资、保险、福利、职业技术培训、劳动保护等方面的政策。

ACC002－19820816

教育部中等专业教育司改设为职业技术教育司

1982年8月16日，经国务院同意，教育部中等专业教育司改设为职业技术教育司。关于其工作职责，教育部、劳动人事部、财政部、国家计划委员会1983年5月联合印发的《关于改革城市中等教育结构、发展职业技术教育的意见》提出，教育部门要设立职业技术教育机构，与计委、劳动人事部门一起制定职业技术教育的发展规划，会同有关部门制定专业目录，负责制定职业技术教育的具体政策、规章制度和教学计划等。

ACC003－19860530

职业技术教育委员会成立

经与有关部门协商并报国务院副总理李鹏同意，1986年5月30日，国家教育委员会发出《国家教育委员会关于建立职业技术教育委员会的通知》，正式建立职业技术教育委员会。职业技术教育委员会由国家教委、国家计委、国家经委、财政部、劳动人事部、机械工业部、农牧渔业部、电子工业部、商业部、轻工业部、全国职工教育管理委员会指派有关司局级负责人组成，由国家教委主管此项工作的副主任兼任委员会主任，国家教委职业技术教育司、劳动人事部培训就业局、农牧渔业部教育司的负责人各一人任副主任。职业技术教育委员会是国家教委领导下的一个协商、咨询机构，主要任务是协调各部委、各有关部门和省、自治区、直辖市及计划单列市的职业技术教育工作，对涉及部门之间的有关职业技术教育工作的重大问题进行磋商或提出建议、意见、方案供国家参考。委员会办事机构和行政业务由国家教委职教司负责。1986年6月11日，职业技术教育委员会第一次全体委员会召开，研究了职业技术教育委员会的工作，讨论了全国职业技术教育工作会议的准备情况。

附录　职业技术教育委员会成员名单

主　任：王明达（兼）

副主任：孟广平（国家教委职业技术教育司司长）

华荫昌（劳动人事部培训就业局局长）

贺修寅（农牧渔业部教育司司长）

委　员：任　强（国家计委社会发展局总经济师）

汪　浩（国家经委经济干部教育局局长）

关裕泰（劳动人事部培训就业局副局长）

赵琨熙（财政部文教财务司副司长）

肖文胤（轻工业部教育司司长）

王文光（机械工业部教育局副局长）

王锦书（商业部教育司副司长）

戴心怡（电子工业部教育局副局长）

李享业（全国职工教育委员会办公室副主任）

雷亨民（国家教委成人教育司副司长）

孙震瀚（国家教委职业技术教育司副司长）

闻友信（国家教委职业技术教育司副司长）

ACC004－19870103

国家教委统筹管理全国职业技术教育事业

1986年7月，国家教委、国家计委、国家经委、劳动人事部在北京联合召开了全国职业技术教育工作会议。10月3日，四部委向国务院提交了《关于全国职业技术教育工作会议情况的报告》。1987年1月3日，国务院办公厅转发了《关于全国职业技术教育工作会议情况的报告》。《报告》提出："国家教委在国务院领导下，从宏观上统筹管理全国职业技术教育事业，并协同计划、经济、财政、劳动人事各部门分工管理有关职业技术教育的各项工作。技工学校、就业培训中心和学徒培训工作，在国家教委的统筹指导下，仍由劳动人事部门管理。"

ACC005－19940106

劳动部设立职业技能开发司

1994年1月6日，国务院办公厅印发《劳动部职能配置内设机构和人员编制方案》，确定劳动部设立职业技能开发司。职业技能开发司的主要职责包括：研究制定国家职业技能开发总体规划、基本方针政策、法律法规草案，并组织实施和监督检查，制定国家职业分类、职业技能标准，组织指导行业部门制定职业技能标准，综合管理全国职业技能鉴定工作，归口管理全国各级各类技工学校及其他各类职业技能培训实体，综合管理全国各级各类技工学校、就业训练中心及其他职业技能培训实体的毕结业生的技术等级考核、证书核发工作等。

ACC006－19980617

劳动和社会保障部设立培训就业司

1998年3月10日，第九届全国人民代表大会第一次会议通过《国务院机构改革方案》，决定撤销劳动部，组建劳动和社会保障部。4月1日，劳动和社会保障部正式挂牌。根据1998年6月17日国务院办公厅印发的《劳动和社会保障部职能配置、内设机构和人员编制规定》，劳动和社会保障部设立培训就业司，其主要职责是：拟定城乡就业和职业技能培训的规划和基本政策，拟定劳动力市场发展规划和管理规则并监督实施，拟定全国和区域性劳动力流动、农村剩余劳动力开发就业、农村劳动力跨地区有序流动的政策和措施，拟定农民进城务工的管理政策，拟定有关机构经办向外国企业驻华代表机构选派中方雇员业务的管理办法和外国在华机构从事劳动力招聘中介、咨询、培训业务的资格管理办法，组织拟定职业分类、职业技能国家标准，组织制定和颁布相关的行业标准，拟定职业技能鉴定的政策，拟定劳动预备制度实施办法，拟定职业技能人才培养、表彰、奖励和职业技能竞赛的规则、政策和措施；拟定全国技工学校以及就业训练中心、社会力量举办职业培训机构的发展规划和管理规则，指导技工学校和职业培训机构的师资队伍建设，拟定技工学校和职业技能培训的教材建设规划和评估认定制度等。

ACC007－19980721

教育部设立职业教育与成人教育司

1998年3月10日，第九届全国人民代表大会第一次全体会议通过《国务院机构改革方案》，决定国家教育委员会更名为教育部。国家教委改为教育部后，它作为中央政府统管全国教育事业的行政部门的基本职能不变。根据1998年7月21日国务院办公厅印发的《教育部职能配置、内设机构和人员编制规定》，教育部设立职业教育与成人教育司，其主要职责是：统筹管理普通及成人中等职业学历教育、成人文化技术教育，编制中等职业教育的专业目录和教学指导文件；制定教学评估标准并指导实施工作；指导中等职业教育教学改革和教材建设；指导社会力量举办各类中等职业教育学校的工作以及职业证书考试。

ACC008－19980721

教育部明确高等职业教育工作由高等教育司管理

根据1998年7月21日国务院办公厅印发的《教育部职能配置、内设机构和人员编制规定》，教育部在高等教育司设立高职高专教育处，负责高等专科学校和高等职业学校的管理工作。高等教育司高职高专教育处的职责是：①宏观规划、指导高等职业教育、高等专科教育的人才培养工作。宏观指导高等专科学校、高等职业技术学院和独立设置的成人高等学校工作。②组织研究、拟定高等职业教育、高等专科教育人才培养工作的基本方针、政策、法规和指导性教学文件，推动学校与社会、教学与社会实践的结合。③规划、指导高等职业教育、高等专科教育的教材、实践基地、教师与教学管理人员培训、教学基本建设工作。组织并指导有关高等职业教育、高等专科教育专家组织的工作。参与有关高等职业教育的国内外援助与合作项目工作。④运用教学改革与教育研究重大项目立项、开展教学改革实验与试点、教学评估与检查等方式推动高等职业教育、高等专科教育的改革。⑤指导各省、自治区、直辖市和其他部委对高等职业教育、高等专科教育的管理工作。

ACC009－20040423

教育部成立农村劳动力转移培训领导小组

2004年4月23日，教育部办公厅发出《关于成立教育部农村劳动力转移培训领导小组的通知》。《通知》指出，领导小组的主要职责是：加强与有关部委的分工协作，统筹领导教育战线农村劳动力转移培训各项工作，督促检查各地农村劳动力转移培训工作。领导小组办公室设在职业教育与成人教育司。《通知》要求各地也成立相应的农村劳动力转移培训工作领导机构，并于2004年5月10日前，将领导机构成员名单报送教育部农村劳动力转移培训工作领导小组办公室。

附录 教育部农村劳动力转移培训工作领导小组成员名单

组 长：周 济 （教育部部长）
副组长：吴启迪 （教育部副部长）
成 员：黄 尧 （职业教育与成人教育司司长）
夏 铸 （民族教育司司长）
姜沛民 （教育督导团办公室主任）
袁自煌 （政策研究与法制建设司副司长）
季 平 （发展规划司副司长）
陈伟光 （财务司副司长）
李天顺 （基础教育司副司长）
葛道凯 （高等教育司副司长）

ACC010－20070607

教育部要求建立健全高中阶段教育学校招生工作机构

2007年6月7日，教育部印发《关于建立健全高中阶段教育学校招生工作机构的通知》，要求各地加强由教育行政部门主要负责人任组长，由基础教育、职业教育、成人教育、发展规划和招生等部门共同参与的省（区、市）、市（地）两级高中阶段教育学校招生工作领导小组，并从实际出发，在现有工作的基础上，尽快建立健全省（区、市）、市（地）、县（市、区）三级统筹管理高中阶段教育学校招生工作办公室（简称中招办），在高中阶段教育学校招生领导小组的领导下，统筹高中阶段教育学校招生工作。《通知》规定："省级中招办负责执行教育部下达的中等职业教育跨省招生来源计划，组织省属中等职业学校、跨省或跨地区以及东西部地区中等职业学校联合招生、合作办学的招生录取工作。跨省、跨地区招收的学生毕业当年不得参加跨省招生的中等职业学校所在地组织的高等教育升学考试。"

ACC011 – 20080712

人力资源和社会保障部设立职业能力建设司

2008 年 3 月 11 日，第十一届全国人民代表大会第一次会议批准《国务院机构改革方案》，决定设立人力资源和社会保障部，为国务院组成部门，将原人事部、原劳动和社会保障部的职责整合，划入人力资源和社会保障部。2008 年 3 月 31 日，人力资源和社会保障部正式挂牌。根据 2008 年 7 月 12 日国务院办公厅印发的《人力资源和社会保障部主要职责、内设机构和人员编制规定》，人力资源和社会保障部设立职业能力建设司，其主要职责是：拟定城乡劳动者职业培训政策、规划；拟定高技能人才、农村使用人才培养和激励政策；在国家教育工作方针政策指导下，拟定技工学校及职业培训机构发展规划和管理规则，指导师资队伍和教材建设；完善职业技能资格制度；组织拟定职业分类、职业技能国家标准和行业标准。

第四节　民办职业教育

ACD001 – 19800527

党中央要求鼓励社会力量办学

1980 年 5 月 27 日，教育部印发《关于中共中央书记处对教育工作指示精神的传达要点》，提出"要发动各行各业、厂矿、企事业单位和社队，兴办半工半读、半农半读学校"。此前，中共中央 1979 年 11 月批转湖南省桃江县委《关于发展农村教育事业情况的报告》时指出，发挥国家办学和群众集体办学两个积极性，以普及小学五年教育为重点，实行普通教育、业余教育、学前教育一把抓。此后，中共中央 1980 年 8 月转发的全国劳动就业会议文件指出，职业技术学校"国家可以办，厂矿企业可以办，集体、个人也可以办，可以是全日制的，也可以是半工半读"。国务院 1980 年 10 月批转的教育部、国家劳动总局《关于中等教育结构改革的报告》指出，职业（技术）学校"除各行各业举办外，集体和个人也可以办。”1985 年 5 月《中共中央关于教育体制改革的决定》强调：“发展职业技术教育，要充分调动企事业单位和业务部门的积极性，并且鼓励集体、个人和其他社会力量办学。”“鼓励各民主党派、人民团体、社会组织、离退休干部和知识分子、集体经济单位和个人，遵照党和政府的方针政策，采取多种形式和办法，积极自愿地为发展教育贡献力量。”

ACD002 –19810401

《北京市私人办学暂行管理办法》颁发

为鼓励私人办学，并加强对私人办学的管理，1981 年 4 月 1 日，北京市人民政府印发《北京市人民政府颁发〈北京市私人办学暂行管理办法〉的通知》，要求各区、县人民政府和市政府各委、办、局，以及各高等院校遵照执行。《管理办法》指出，为广开学路，满足人民群众的学习要求，政府鼓励学有专长的公民举办文化、职业（技术）补习学校或补习班。此类办学简称“私人办学”。该《管理办法》共计 10 条，对私人办学的条件、审批、经费等作出了规定。

ACD003 –19821204

《中华人民共和国宪法》确立民办教育的法律地位

1982 年 12 月 4 日，第五届全国人民代表大会第五次全体会议通过《中华人民共和国宪法》。《宪法》规定：“国家鼓励集体经济组织、国家企业事业组织和其他社会力量依照法律规定举办各种教育事业。”《宪法》确立了民办教育的法律地位，也为其发展提供了法律依据。

ACD004 –19840522

《北京市社会力量办学试行办法》转发

1984 年 5 月 22 日，教育部发出通知，将北京市人民政府同年 4 月 5 日批转的北京市成人教育局、教育局、高教局《北京市社会力量办学试行办法》转发给各省、自治区、直辖市高教、教育厅（局），要求据此制定适合各地社会力量办学的试行办法，而不要照抄照搬。教育部的《通知》指出：“社会力量举办的各类学校，是我国社会主义教育事业的组成部分。各级政府教育部门必须予以充分重视，加强领导和管理。”《北京市社会力量办学试行办法》共有 18 条，分别对社会力量办学的条件、审批程序、教学管理、经费筹集、招生广告等作出了规定，并明确指出："本办法所称社会力量办学，是指北京市的各民主党派、群众团体和经过正式批准正式成立的社会团体、学术团体（不含筹备机构）以及公民个人举办的各种教育事业。""政府鼓励社会力量依照法律规定单独或联合举办学前教育、初等教育、中等教育、高等教育、职业技术教育和其他各级各类教育事业。"《试行办法》自公布之日起施行，原《北京市私人办学暂行管理办法》同时废止。

ACD005－19841213

国务院提出鼓励社会力量自愿投资在农村办学

1984 年 12 月 13 日，国务院发布《关于筹措农村学校办学经费的通知》。《通知》指出："在 80 年代，我国农村要在绝大部分地区基本普及小学教育，在经济条件较好的地区有计划地普及初中教育，同时要大力举办学前教育，积极发展农业技术教育，改革中等教育结构，培养有一定职业技术的人才，以适应经济发展的需要。但是，目前农村学校办学条件差，办学经费不足，中小学教师待遇偏低，严重影响了农村教育事业的发展。因此，必须采取有效措施，逐步予以解决，在逐年增加国家对教育基本建设投资和教育事业费的同时，充分调动农村集体经济组织和其他各种社会力量办学的积极性。""除国家拨给的教育事业费外，乡人民政府可以征收教育事业费附加，并鼓励社会各方面和个人自愿投资在农村办学……"

ACD006－19870708

《关于社会力量办学的若干暂行规定》发布

1987 年 7 月 8 日，国家教委发布《关于社会力量办学的若干暂行规定》。《暂行规定》共计 22 条，自发布之日起施行。《暂行规定》指出："社会力量办学是我国教育事业的组成部分，是国家办学的补充。各级人民政府及教育行政部门应鼓励和支持社会力量举办各种教育事业，维护学校正当权益，保护办学积极性，在条件允许的情况下，尽力帮助解决办学中存在的困难，对办学成绩卓著者给予表彰和奖励。""社会力量办学应遵循教育规律，量力而行，扬长避短，注重质量，讲求实效。应结合本地区经济建设和社会发展的实际需要，主要开展各种类型的短期职业技术教育，岗位培训，中、小学师资培训，基础教育，社会文化和生活教育，举办自学考试的辅导学校（班）和继续教育的进修班。"

ACD007 －19880717

国家教委就社会力量办学有关问题作出规定

1988 年 7 月 17 日，国家教委印发《关于社会力量办学几个问题的通知》，对社会力量办学的管理体制、跨省（市）设分校招生和学历文凭三个问题作出规定。《通知》指出，社会力量办学属地方教育事业，主要应为本地区经济建设和社会发展服务，社会力量举办面向社会招生的各级各类学校（举办具有颁发国家承认学历证书资格的各级各类学校除外，下同）或教学管理机构，均需由其所在地教育行政部门根据国家有关规定和程序审批，并纳入地方教育行政部门统一管理。未经地方教育行政部门批准不得办学，其他部门或单位无权审批这类学校。今后，不能再举办和审批跨省（市）设分校招生的学校，对已经举办了分校或其他教学管理机构的学校要进行整顿，分校或教学管理机构与“总校”是平等关系，不存在从属关系。《通知》强调，学历文凭是国家教育水平的标志，体现了国家对劳动者素质的要求。因此，必须加强管理，确保其规格和质量，不能搞滥。这些年来，国家和地方政府已经制定了一系列教育法规，依照这些法规举办的各类学校或其他教学管理机构，国家和地方政府保护其合法权益。违反规定办学、出了问题的，谁作了许诺，由谁负责；该负法律责任的，应负法律责任。

ACD008 －19921012

党的十四大要求改变国家包办教育的做法

1992 年 10 月 12 日，中共中央总书记江泽民在党的十四大上作题为《加快改革开放和现代化建设步伐，夺取有中国特色社会主义事业的更大胜利》的报告，明确提出：“鼓励多渠道、多形式的社会集资办学和民间办学，改变国家包办教育的做法。”

ACD009 －19930213

《中国教育改革和发展纲要》提出社会力量办学管理方针

1993 年 2 月 13 日，中共中央、国务院发布《中国教育改革和发展纲要》，其中针对教育体制改革问题指出：“改变政府包揽办学的格局，逐步建立以政府办学为主体、社会各界共同办学的体制……职业技术教育和成人教育主要依靠行业、企业、事业单位办学和社会各方面联合办学。”“国家对社会团体和公民个人依法办学，采取积极鼓励、大力支持、正确引导、加强管理的方针。”

ACD010 - 19931031

《中华人民共和国教师法》就民办学校教师作出规定

1993 年 10 月 31 日，第八届全国人民代表大会常务委员会第四次会议通过《中华人民共和国教师法》，其中第三十二条规定："社会力量所办学校的教师待遇，由举办者自行确定并予以保障。"该法自 1994 年 1 月 1 日起施行。1995 年 10 月 6 日国家教育委员会印发的《国家教育委员会关于〈中华人民共和国教师法〉若干问题的实施意见》指出："高等学校、中等专业学校、技工学校及依法设立的民办学校，按照《教师法》及有关法规的规定，对本校的教师工作进行自主管理。""地方各级人民政府应当积极鼓励建立民办教师福利基金。"

ACD011 - 19941028

全国民办教育研讨会召开

1994 年 10 月 28 日，中国国民党革命委员会、中国民主同盟、中国民主建国会、中国民主促进会、中国农工民主党、中国致公党、九三学社、台湾民主自治同盟 8 个民主党派中央、全国工商联和中华职业教育社联合在北京召开全国民办教育研讨会。全国人大常委会副委员长、民建中央主席、中华职业教育社理事长孙起孟致开幕词。全国人大常委会副委员长、民进中央主席雷洁琼参加会议。中共中央统战部副部长刘延东、国家教委副主任王明达到会并讲话。来自全国各地的 230 多所民办学校、教育行政管理部门和科研单位的代表参加了会议。会后，应广大与会代表的要求，各民主党派中央、全国工商联和中华职业教育社联合发起成立了"全国民办教育协作网"，来自 24 个省、自治区、直辖市的 220 余所民办学校成为第一批入网的网员单位。

ACD012 - 19950318

《中华人民共和国教育法》规定鼓励社会力量办学

1995 年 3 月 18 日，第八届全国人民代表大会第三次会议通过《中华人民共和国教育法》，该法第二十五条第二款规定："国家鼓励企业事业组织、社会团体、其他社会组织及公民个人依法举办学校及其他教育机构。"在同一条，该法还提出："任何组织和个人不得以营利为目的举办学校及其他教育机构。"国家教委办公厅 1995 年 3 月 28 日印发的《〈中华人民共和国教育法〉宣传提纲》指出："此项规定主要是为了保证教育活动符合国家和社会的公共利益，针对有些单位和个人通过办学获取利润的行为而制定的。以营利为目的办学，把培养社会主义建设者和接班人的神圣行为变为赚钱牟利的手段，这是不能容忍的。不得以营利为办学目的，并不是说学校及其他教育机构不可从事经营性活动并获得收益，而是指这些收益应当用于学校的办学活动，不得作为投资利润按办学资金的份额分配给参与办学的单位和个人。”

ACD013 –19960410

教育部提出加强社会力量办学立法工作

1996 年 4 月 10 日，教育部印发《全国教育事业“九五”计划和 2010 年发展规划》，要求各级教育行政部门认真组织实施。《规划》明确提出，“九五”期间，加强社会力量办学的立法工作，以中等和中等以下教育，特别是各级职业教育为重点，积极发展民办学校。现有公办学校在条件具备时，也可酌情转为“公办民助”学校或“民办公助”学校。到 2010 年，基本形成以政府办学为主、社会各界共同参与的办学体制及公立学校和民办学校共同发展的格局。

ACD014 –19960515

《中华人民共和国职业教育法》规定鼓励社会力量举办职业教育机构

1996 年 5 月 15 日，第八届全国人民代表大会常务委员会第十九次会议通过《中华人民共和国职业教育法》，规定：“国家鼓励事业组织、社会团体、其他社会组织及公民个人按照国家有关规定举办职业学校、职业培训机构。”

ACD015 –19960617

全国职业教育工作会议重申依靠社会力量办学

1996 年 6 月 17 –20 日，国务院在北京召开全国职业教育工作会议。这是改革开放以来召开的第三次全国职业教育工作会议。中共中央政治局委员、国务院副总理李岚清到会讲话。李岚清强调：“职业教育具有广泛的社会性。与基础教育和高等教育相比，发展职业教育更需要也更有条件动员社会各方面参与。依靠社会力量兴办职业教育，是许多国家的成功经验。我国是发展中国家办大教育，更需要充分发挥各方面的积极性，依靠社会力量办学，走符合我国国情的发展职业教育的道路。”李岚清指出：“要按照《职业教育法》和国家有关规定，积极鼓励、大力支持发展民办职业教育。”国家教育委员会主任朱开轩在会议上作报告时强调：“对民办职业教育，各地应积极鼓励、正确引导，并采取有力的措施予以扶持……一方面，政府应在建校场所、师资设备、就业安排、需求信息、教学经验等方面给予帮助，提供便利；另一方面，还要加强办学方向、教育质量等方面的督导评估。”

ACD016－19970731

《社会力量办学条例》发布

1997年7月31日，国务院总理李鹏签署第226号国务院令，发布我国民办教育的第一个行政法规《社会力量办学条例》。《条例》共7章60条。《条例》规定：“国家对社会力量办学实行积极鼓励、大力支持、正确引导、加强管理的方针。”“社会力量应当以举办实施职业教育、成人教育、高级中等教育和学前教育的教育机构为重点。”“社会力量举办的教育机构及其教师和学生依法享有与国家举办的教育机构及其教师和学生平等的法律地位。”“举办实施学历教育和文化补习、学前教育、自学考试助学的教育机构，由县级以上人民政府教育行政部门按照国家规定的审批权限审批；举办实施以职业技能为主的职业资格培训、技术等级培训的教育机构，举办实施劳动就业职业技能培训的教育机构，由县级以上人民政府劳动行政部门按照国家规定的审批权限审批，并抄送同级行政部门备案；举办其他教育机构，经有关行政主管部门按照国家规定的审批权限审核同意后，由同级教育行政部门审批。”《条例》自1997年10月1日起施行，其中第十八条第二款自有关社会力量举办非企业单位登记的行政法规执行之日起施行。

ACD017－19970812

劳动部部署实施《社会力量办学条例》

1997年8月12日，劳动部印发《关于贯彻落实〈社会力量办学条例〉的通知》，部署实施《社会力量办学条例》。《通知》指出，贯彻实施《条例》是一项政策性强、涉及面广的工作，各级劳动行政部门要高度重视，加强领导，有组织、有步骤地做好工作。《通知》提出，为加强对重点职业（工种）社会培训机构的有效管理，劳动部将针对举办中式烹饪、中式面点、美容、美发、计算机文字录入等通用性强的职业（工种）的社会培训机构，制定机构设置标准和教学计划、大纲。《通知》规定，社会培训机构的名称应按其所在行政区域、冠名、培训层次和类别依次确切表示。凡独立设置的社会培训机构，其名称应使用“××××××职业技能培训学校或中心”；不独立设置机构的，其名称应使用“××××××职业技能培训班”。凡需冠“中华”、“中国”、“国际”等字样的社会培训机构须经劳动部批准。

ACD018－19990618

朱镕基提出进一步改变政府包办教育的状况

1999年6月18日，国务院总理朱镕基在全国教育工作会议闭幕式上发表讲话，他指出：“社会力量有办学的能力和积极性。我们要充分利用各种有利条件，加快教育发展。”此前，中共中央、国务院于6月13日发布的《关于深化教育改革，全面推进素质教育的决定》指出：“进一步解放思想，转变观念，积极鼓励和支持社会力量以多种形式办学，满足人民群众日益增长的教育需求，形成以政府办学为主体、公办学校和民办学校共同发展的格局。”“凡符合国家有关法律法规的办学形式，均可大胆试验。在发展民办教育方面迈出更大的步伐。”《决定》还指出：“鼓励社会力量以各种方式举办高中阶段和高等职业教育……要因地制宜地制定优惠政策（如土地优惠使用、免征配套费等），支持社会力量办学。”

附录　朱镕基在全国教育工作会议上的讲话（摘录）

这次会议的一个重要精神，是要进一步改变政府包办教育的状况，鼓励社会力量以多种形式办学，形成以政府办学为主体、公办学校和民办学校共同发展的格局。凡符合国家有关法律法规的办学形式，都可以大胆试验。在发展民办教育方面，可以迈出更大的步伐。要鼓励社会力量以各种方式举办高中阶段和高等职业教育，有条件的也可以举办普通高等学校。发展民间办学，吸引社会各方面力量共同办教育，才能实现大国办大教育。从国际上看，无论是发达国家还是发展中国家，都鼓励民间办学来满足国民对教育的需求。我国是穷国办大教育，不走多种形式办学的路子，别无选择。

发展民办教育，关键在于加强引导和管理。各级政府教育部门对各类民办学校应按照办学资格和条件严格审批。民办普通高校的审批权在教育部，民办高中的审批权在省级政府，不能层层下放。国家要加快民办教育立法，促进民办教育健康发展。各级各类民办学校都要依法办学，不断提高办学水平。现在有些民办学校遇到不少困难和问题，有关地方和部门要主动及时地总结教训，切实帮助解决实际问题，把学校办好。

要进一步调整和放宽政策，支持教育加快改革和发展。例如，新建扩建学校尤其是民办学校，政府可以无偿提供办学用地，免收校舍配套费用；关闭破产的企业，其厂房可以用于办学校；修建学生公寓，减轻学校宿舍负担；为家庭困难的学生提供助学贷款，为优秀学生提供奖学金；创造条件，鼓励学生勤工俭学。有关方面要抓紧研究具体办法，并尽快实施。

有些同志提出，扩大招生规模，发展民办教育，要防止一哄而起，这个意见是正确的。办什么事情都要遵循客观规律，从实际出发，充分考虑需要和可能。办教育也是这样。现在强调加快教育改革和发展，不是从主观想象和愿望出发，而是充分考虑了客观的实际条件，也不是对各地方都提出一样的任务，而是要求结合当地的具体情况来考虑。各地方既要尽力而为，也要量力而行。不顾客观条件，一哄而起，会造成教育事业的大起大落，这方面过去是有教训的，一定要注意加以避免。在加快教育发展的同时，还要十分注意教育质量。各级各类学校都要坚持正确的办学方向，全面贯彻党的教育方针。有关部门要抓紧建立健全教育评估、督导、检查体系和制度，以确保办学质量和水平。

ACD019 – 20010908

财政部和国家税务总局公布社会力量办学契税政策

2001 年 9 月 8 日，财政部和国家税务总局联合印发《关于社会力量办学契税政策问题的通知》。《通知》指出，根据《中华人民共和国教育法》提出的“任何组织和个人不得以营利为目的举办学校及其他教育机构”的精神，以及国务院发布的《社会力量办学条例》中关于“社会力量举办的教育机构依法享有与国家举办的教育机构平等的法律地位”的规定，对县级以上人民政府教育行政主管部门或劳动行政主管部门批准并核发《社会力量办学许可证》，由企业事业组织、社会团体及其他社会组织和公民个人利用非国家财政性教育经费面向社会举办的教育机构，其承受的土地、房屋权属用于教学的，比照《中华人民共和国契税暂行条例》第六条第（一）款的规定，免征契税。该《通知》自 2001 年 10 月 1 日起实施。

ACD020 – 20011113

《中华人民共和国民办教育促进法（草案）》研讨会召开

由全国人大教科文卫委员会和教育部共同主办、上海市教育科学研究院承办的《民办教育促进法（草案）》研讨会于 2001 年 11 月 13 – 15 日在上海召开。全国人大常委会副委员长彭珮云，全国人大教科文卫委员会主任委员朱开轩、副主任委员汪家镠，上海市人大常委会副主任胡正昌，上海市副市长周慕尧，上海市人大教科文卫委员会主任委员夏秀蓉，上海市教委主任张伟江，以及全国各省、市、自治区的人大和教育部门代表，民办教育研究者，香港方面的专家约70人出席了会议。会议由朱开轩主持，他首先对本届人大的立法工作作了回顾，并对明年人大的立法任务作了展望。朱开轩指出，民办教育立法是人大的一项重要工作。为使此法早日出台，人大准备在今年年底前召开全委会，并争取将该法案列入明年常委会的审议计划。朱开轩希望各地代表站在国家利益的高度，对本地和本部门的反馈意见进行分析，并在讨论中作充分的反映；希望会议充分体现研讨和沟通的精神，地区代表间、地区代表和人大及教育部同志间友好地争论；希望各位代表认真学习汪家镠副主任委员的讲话，在重大问题上达成共识。会上，汪家镠对草案中涉及的几个重要问题作了简要介绍。

ACD021－20011218

民办教育研讨会暨民办教育协作网年会召开

2001年12月18日，由各民主党派中央、全国工商联和中华职业教育社联合召开的民办教育研讨会在北京召开。全国政协副主席经叔平出席会议并讲话："我国民办教育还存在许多困难和问题，要加强对发展民办教育重要作用和意义的宣传，提高社会特别是各级领导同志对民办教育重要性的认识；要积极通过各种渠道建言献策，营造有利于民办教育发展的氛围。"会议邀请全国人大教科文卫委员会副主任委员汪家镠就《民办教育促进法》起草情况作报告。会议期间，举行了民办教育协作网年会和《民办教育风采》画册发行仪式。

ACD022－20020824

国务院强调支持民办职业教育的发展

2002年7月29日，中共中央政治局常委、国务院副总理李岚清在全国职业教育工作会议上指出："要鼓励和支持民办职业教育的发展。"李岚清还指出："确定民办职业学校的收费标准，要考虑其办学成本，但要防止以营利为目的。"8月24日，《国务院关于大力推进职业教育改革与发展的决定》发布，其中明确指出："鼓励和支持民办职业教育的发展。非营利性的民办职业学校，享受举办社会公益事业的有关优惠政策。地方人民政府和其他单位，可以采取出租闲置的国有、集体资产等措施，对民办职业学校予以扶持。民办职业学校教师、学生享受与公办职业学校教师、学生同等义务与权利。对举办民办职业教育有突出贡献的单位和个人予以表彰奖励。"《决定》还提出："鼓励公办学校引入民办机制。"

ACD023 - 20021228

《中华人民共和国民办教育促进法》颁布

2002 年 12 月 28 日，第九届全国人民代表大会常务委员会第三十一次会议通过《中华人民共和国民办教育促进法》，第 80 号国家主席令予以公布，并宣布于 2003 年 9 月 1 日起施行。该法明确指出：“民办教育事业属于公益性事业，是社会主义教育事业的组成部分。国家对民办教育实行积极鼓励、大力支持、正确引导、依法管理的方针。各级人民政府应当将民办教育事业纳入国民经济和社会发展规划。”“民办学校与公办学校具有同等的法律地位，国家保障民办学校的办学自主权。国家保障民办学校举办者、校长、教职工和受教育者的合法权益。”该法规定：“举办实施学历教育、学前教育、自学考试助学及其他文化教育的民办学校，由县级以上人民政府教育行政部门按照国家规定的权限审批；举办实施以职业技能为主的职业资格培训、职业技能培训的民办学校，由县级以上人民政府劳动和社会保障行政部门按照国家规定的权限审批，并抄送同级教育行政部门备案。”“对接受职业技能培训的学生，经政府批准的职业技能鉴定机构鉴定合格的，可以发给国家职业资格证书。”

ACD024 - 20030324

《〈中华人民共和国民办教育促进法〉实施条例（草案）》论证会举行

2003 年 3 月 24 - 25 日，教育部政策研究与法制建设司和发展规划司邀请部分专家在山东省青岛市举行《〈中华人民共和国民办教育促进法〉实施条例（草案）》论证会，重点就取得合理回报的具体方式、“三金”（民办学校发展基金、公益金、风险保证金）的提取和财产清算等问题进行了研究论证。专家认为，“民办教育事业属于公益性事业”是《民办教育促进法》规定的基本原则，研究和具体规定取得合理回报、“三金”提取、财产清算等问题，必须首先坚持公益性，着眼于民办教育健康发展，充分保障举办者和受教育者的合法权益，体现激励性和可操作性。

ACD025 - 20030407

促进民办教育发展论坛举行

2003 年 4 月 7 日，由《人民日报》教科文部主办、西安翻译学院协办的“促进民办教育发展论坛”在北京人民大会堂举行。来自全国各地的 20 余位专家学者和民办教育机构的负责人在论坛上畅所欲言，献计献策。论坛提出，实现十六大确定的全面建设小康社会的宏伟目标，满足人民群众对教育提出的全面、优质、多样化需求，必须充分调动社会上的一切积极因素，大力发展民办教育和其他各类教育。论坛的焦点主要集中在如何维护民办教育机构、教职员工和受教育者合法权益等问题上。全国人大教科文卫委员会主任委员朱丽兰、副主任委员邢世忠、教育部副部长章新胜出席论坛并发表了讲话。章新胜指出，在全面建设小康社会的征程上，要把我国沉重的人口包袱变成巨大的人力资源财富，造就数以亿计的高素质劳动者、数以千万计的专门人才和一大批拔尖创新人才，实现中华民族的伟大复兴，必须把教育放在优先发展的战略地位。当前，我国教育事业虽然取得了举世公认的巨大成就，但教育资源供给仍然严重不足。办好新时期的教育事业，不但要靠政府，还要靠社会，靠全民。在这方面，民办教育功不可没。

ACD026 －20040305

《〈中华人民共和国民办教育促进法〉实施条例》发布

2004 年 2 月 25 日，国务院第 41 次常务会议通过《〈中华人民共和国民办教育促进法〉实施条例》。2004 年 3 月 5 日，第 399 号国务院令予以发布，并宣布 2004 年 4 月 1 日起施行。该条例是根据《中华人民共和国民办教育促进法》制定的。《条例》对民办学校的性质、设立、章程、举办者的权利与义务、财务、监管等方面作出了详细的规定，提出“国家机构以外的社会组织或者个人可以单独或者联合举办民办学校”，但是“实施国家认可的教育考试、职业资格考试和技术等级考试等考试的机构，不得举办与其所实施的考试相关的民办学校”。《条例》要求：“实施高等教育和中等职业技术学历教育的民办学校，可以按照办学宗旨和培养目标，自行设置专业、开设课程，自主选用教材。但是，民办学校应当将其所设置的专业、开设的课程、选用的教材报审批机关备案。”

ACD027 －20040407

劳动和社会保障部提出做好民办职业培训工作要求

2004 年 4 月 7 日，劳动和社会保障部发出《关于贯彻落实〈民办教育促进法〉做好民办职业培训工作的通知》。《通知》规定，（一）认真学习法律法规，加强民办职业培训工作。各级劳动保障部门要高度重视民办职业培训工作，将民办职业培训工作纳入当地劳动和社会保障以及人才工作整体规划，指定专门人员，明确目标任务，落实工作责任，加强依法管理，推动民办职业培训事业在规范中不断发展。（二）依法履行职责，逐步完善审批制度。（三）做好对民办职业培训学校的教学指导和服务。（四）加强对民办职业培训学校的监督和管理。（五）争取政策扶持，做好信息公开，总结先进典型。

ACD028 –20040914

国家七部委要求加快发展民办职业教育

2004 年 9 月 14 日，教育部、国家发展和改革委员会、财政部、人事部、劳动和社会保障部、农业部、国务院扶贫办出台《关于进一步加强职业教育工作的若干意见》。《意见》提出，深化办学体制改革，促进多元办学格局的形成。民办职业教育应该成为我国职业教育体系的重要组成部分。要加快发展民办职业教育，积极吸引民营资本为发展职业教育服务，充分发挥民办职业教育贴近市场、机制灵活和运行高效的特点，促进职业教育观念、体制和机制的创新，更好地满足经济社会发展和人民群众对职业教育多层次、多样化的需求。

ACD029 –20041021

学习贯彻《中华人民共和国民办教育促进法》暨民办教育协作网成立十周年座谈会召开

2004 年 10 月 21 日，由各民主党派中央、全国工商联和中华职业教育社联合召开的学习贯彻《民办教育促进法》暨民办教育协作网成立十周年座谈会在北京人民大会堂举行。全国人大常委会副委员长成思危、教育部副部长吴启迪出席座谈会并讲话。中央统战部副部长楼志豪作书面发言。全国人大常委、民进中央副主席王立平主持会议。成思危指出，《民办教育促进法》的出台对于促进我国民办教育事业的发展具有里程碑意义，贯彻落实该法不仅是教育部门的事情，也是各级政府和全社会的事情。他希望各民主党派、工商联和中华职业教育社认真总结经验，继续发挥优势，就民办教育的发展问题，及时向党和政府建言献策；通过扎实的工作，增加吸引力和凝聚力，更加紧密地团结、联系民办教育界人士；积极兴教办学，引导和动员广大学校，为实现西部大开发、振兴东北老工业基地、农村富余劳动力转移、下岗职工再就业等党和国家的重大任务贡献力量。会议向民办教育协作网网员学校及民办教育机构发出要坚持依法办学、依法维权，坚持公平竞争、诚信办学的原则，保证教育质量，为党和国家的工作大局服务等倡议。

ACD030 – 20041202

《陕西省民办教育促进条例》通过

2004 年 12 月 2 日，陕西省第十届人民代表大会常务委员会第十五次会议通过《陕西省民办教育促进条例》，这是《民办教育促进法》颁布后的第一个地方性民办教育法规。该《条例》共计 31 条，定于 2005 年 1 月 1 日起施行，1996 年 11 月 2 日陕西省第八届人民代表大会常务委员会第二十二次会议通过的《陕西省社会力量办学条例》同时废止。

ACD031 – 20050426

教育部提出做大做强民办职业学校

2005 年 4 月 26 – 27 日，教育部在江西省新余市召开全国民办中等职业教育工作经验交流会。教育部部长周济出席会议并讲话。他说："民办职业教育是职业教育发展的新的增长点，具有贴近市场、机制灵活和经营高效的特点。只要政策得当，措施到位，适应劳动力市场需求，就能推动其发展，这不仅有利于促进民营资本为发展教育服务，而且可以促进职业教育观念、体制和机制的创新，更好地满足经济社会发展对职业教育多层次、多样化的需求。"周济指出："积极发展民办职业教育，必须解放思想，打破常规，与时俱进。我们要抓住机遇，进一步贯彻落实《民办教育促进法》及其实施条例，完善鼓励支持兴办民办职业教育的政策措施，把已有的民办职业学校做大做强，同时，引导社会资金新建一批中等职业学校。要鼓励支持多种形式的联合办学和集团化办学，鼓励民办高等教育机构积极举办中等职业教育，鼓励独立设置的高等职业院校继续举办中等职业教育，鼓励民办中等职业学校按照《中外合作办学条例》的规定，积极引进境外优质职业教育资源，通过多种形式，拓展民办中等职业教育资源。"

ACD032 – 20080517

中国民办教育协会成立

2008 年 5 月 17 日，中国民办教育协会成立大会暨第一次代表大会在北京举行。来自全国各地各级各类民办学校和有关组织的 500 余位代表出席会议。全国人大常委会副委员长陈至立给大会发来贺信。全国人大常委会副委员长、民进中央主席严隽琪，全国政协副主席张榕明出席成立大会。全国人大常委会原副委员长许嘉璐出席成立大会并作报告。教育部党组副书记、副部长袁贵仁出席成立大会并讲话。袁贵仁指出："我们从国情出发，解放思想、实事求是、与时俱进，在民办教育的法制建设、政策扶持、管理模式、治理结构和资金筹措等方面不断改革创新，积累了有益经验，涌现出一批办学质量高、社会声誉好、富有特色的民办学校，初步形成了具有中国特色的民办教育发展模式。”袁贵仁希望协会努力加强建设，认真履行协会职能，深入开展调查研究，积极开展合作交流。大会产生了协会第一届理事会及其领导机构，国家总督学顾问陶西平当选为会长。

第五节　残疾人职业教育

ACE001 －19800406

中国盲人聋哑人第三届全国代表会议召开

1980 年 4 月 6－14 日，中国盲人聋哑人第三届全国代表会议在北京召开。出席会议的代表 297 人，其中盲人 81 人，聋哑人 127 人。国务院副总理薄一波、教育部部长蒋南翔、卫生部部长钱信忠、民政部部长程子华出席开幕式并讲话。中国盲人聋哑人协会主席吴倩作了工作报告，协会副主席黄乃就修改协会章程作了说明。会议选举出协会第三届全国委员会委员 111 名，常务委员 13 名。吴倩在报告中说：“四化建设，要求掌握先进的文化科学技术。但目前我国盲人聋哑人的文化科学技术水平普遍较低，文盲占比例很大，农村中盲人聋哑人有文化的更少。这与四化建设的要求极不适应，也影响到一些盲人聋哑人就业。对于盲人聋哑人了解国家大事，行使公民权利，也都带来很多不方便。”吴倩指出：“各级协会应大力协助政府有关部门在盲人聋哑人中扫除文盲，积极推广盲文和聋哑人通用手语，协助教育部门多办、办好盲聋哑学校，培养师资，逐步普及小学教育。”吴倩要求：“各级协会还要积极创造条件，举办各种行业的职业培训班，开展业余文化科学技术活动。动员鼓励具有一定文化水平的盲人聋哑人向文化科学技术进军。”

ACE002 －19830509

民政部部署盲人聋哑人职工文化技术教育

1983 年 5 月 9 日，民政部印发《关于贯彻中共中央、国务院〈关于加强职工教育工作的决定〉，切实抓好盲人聋哑人职工文化技术教育的通知》。《通知》提出，为了贯彻执行党中央、国务院的决定，社会福利工厂，除抓好健全人和体残职工的文化技术学习外，还应切实抓好盲人聋哑人职工的文化技术学习，以适应客观形势发展的需要。《通知》要求：“各种形式的盲人、聋哑人职工的文化技术学习，都要进行考核，并将考核成绩载入档案，作为以后晋级提资的依据之一。”“安排盲人、聋哑人职工的文化技术学习，原则上应与健全职工同样对待，必要时还应允许占用一定的工作时间。在条件许可时，可采用轮训方式。”9 月 2－6 日，中国盲人聋哑人协会在上海召开全国盲聋哑职工教育经验交流会，各地协会负责人和有关部门代表 140 人出席会议。

ACE003－19831111

中国盲人聋哑人协会决定颁发“全国盲聋哑职工奖学金”

1983 年 11 月 11 日，中国盲人聋哑人协会印发《中国盲人聋哑人协会颁发“全国盲聋哑职工奖学金”的办法》，决定将热心盲聋哑事业的捐款，设立“盲聋哑职工奖学金”，从 1984 年开始，每年颁发一次，评选对象为参加文化技术学习，学习成绩优秀（包括自学成才），并为四化建设作出贡献的 35 岁以下的青壮年盲、聋哑职工。每个省、市、自治区评选盲人、聋哑人各 1 名。

ACE004－19880903

《中国残疾人事业五年工作纲要（1988—1992 年）》转发

1988 年 9 月 3 日，国务院发出通知，同意国家计委、国家教委、民政部、财政部、劳动部、卫生部及中国残疾人联合会编制的《中国残疾人事业五年工作纲要（1988—1992 年）》，并转发各地、各部门要求研究贯彻执行。《纲要》提出，残疾人事业的宗旨和目标是：创造良好的物质条件和精神条件，使残疾人在事实上成为社会平等的一员，享有全面参与社会生活的权利，履行公民义务，共享由于劳动和社会经济发展所带来的物质文化成果。《纲要》指出，要采取有力措施，尽快扭转残疾人教育的落后局面。残疾人教育要结合实际，面向社会，增强残疾人自立能力；贯彻普及与提高相结合、以普及为重点的原则；实行国家、集体、个人多种渠道办学。在教育层次上，以普及初等教育为重点，抓好职业教育，逐步发展中等教育和高等教育。在教学内容上，把基础文化教育与职业技能教育结合起来。在办学形式上，采取特教学校与混校、混班相结合。企事业单位、机关、团体在录用大专院校、中专、技校的毕业生时，对残疾学生要一视同仁，对于适宜他们的工作岗位，应给予优先录用机会。

ACE005－19881118

全国特殊教育工作会议召开

1988 年 11 月 18－23 日，国家教育委员会、民政部、中国残疾人联合会联合在北京召开全国特殊教育工作会议。这是新中国成立后第一次专门研究和部署残疾人教育发展问题的全国性会议。各省、自治区、直辖市人民政府主管教育的领导和教育部门、残联负责人共 130 余人参加会议。会议交流了各地经验，总结了近几年来特殊教育的成绩，对加快步伐全面发展特殊教育提出了意见。国家教委副主任、党组书记何东昌，副主任柳斌，民政部副部长张德江，中国残疾人联合会主席邓朴方出席会议并讲话。何东昌在讲话中指出："当前，我国还处在社会主义初级阶段。发展特殊教育事业，要从我国国情和残疾人教育的实际出发，贯彻普及与提高相结合、以普及为重点的原则。在当前和今后一个时期，发展特殊教育的基本方针是：着重抓好初等教育和多种形式、多种层次的职业技术教育，并积极开展学前教育，逐步发展中等教育和高等教育。"

ACE006－19890203

《特殊教育补助费使用办法》发布

1989 年 2 月 3 日，国家教育委员会、国家计划委员会、财政部、民政部、中国社会福利有奖募捐委员会、中国残疾人联合会发布《特殊教育补助费使用办法》。为扶持各地发展对残疾人的特殊教育事业，根据国务院批准实施的《中国残疾人事业五年工作纲要（1988—1992 年）》，从 1989 年起，国家设立了特殊教育补助费。根据该《使用办法》，省、自治区、直辖市新建或改办的残疾青年职业教育机构可以获得基建投资和设备购置费不足部分的补助。《使用办法》要求，各省、自治区、直辖市及计划单列市教育部门会同有关部门应认真管好用好补助费，充分发挥其效益，并对补助费的使用情况进行检查总结。

ACE007－19890504

《关于发展特殊教育的若干意见》转发

1989 年 5 月 4 日，国务院办公厅转发国家教委、国家计委、民政部、财政部、人事部、劳动部、卫生部、中国残疾人联合会《关于发展特殊教育的若干意见》，要求各地、各部门研究执行。《意见》指出："发展特殊教育要贯彻普及与提高相结合、以普及为重点的原则。在当前和今后一个时期，发展特殊教育事业的基本方针是：着重抓好初等教育和职业技术教育，积极开展学前教育，逐步发展中等教育和高等教育。把残疾少年儿童教育切实纳入普及义务教育的工作轨道。各级教育部门把残疾少年儿童教育同当地实施义务教育工作统一规划，统一领导，统一部署，统一检查。今后，要将残疾少年儿童教育发展规划执行情况作为检查、验收普及初等教育的内容之一。”《意见》强调，各级各类特教学校都应贯彻执行德、智、体、美全面发展的方针，在对残疾学生进行思想品德教育、文化教育和身心缺陷补偿的同时，切实加强劳动技能和职业技术教育。《意见》要求，高等院校、中等专业技术学校和技工学校要继续认真贯彻落实招收残疾学生的有关规定，有条件的省、自治区、直辖市，要选择一两所大专院校，试招盲、聋等残疾学生在适合的专业中学习。

ACE008 -19900222

全国特殊教育工作会议在北京召开

1990年2月22-24日，国家教委、民政部、中国社会福利有奖募捐委员会、中国残疾人联合会在北京联合召开全国特殊教育工作会议。各省、自治区、直辖市、计划单列市教育、民政部门和残联的有关同志参加了会议。会议总结交流了各地贯彻1988年全国特殊教育工作会议精神和《关于发展特殊教育的若干意见》的情况和经验，讨论了进一步推动特殊教育事业的措施，部署了今后几年的工作。国家教委副主任柳斌、中国残联理事长邓朴方以及民政部、中募委的有关负责人出席会议并讲话。柳斌指出，1988年全国特殊教育工作会议以来，全国已建成残疾人职业技术教育中心20所，其中绝大多数已招生开学。柳斌强调:“国务院批准实施的《中国残疾人事业五年工作纲要(1988—1992年)》提出了盲、聋和弱智儿童教育的近期发展目标……各地教育部门的领导一定要抓好这项工作，与民政部门、社会福利有奖募捐委员会、残联组织和各有关方面密切协作，不失时机地把发展特殊教育事业的工作搞上去。”

ACE009 -19901028

《中华人民共和国残疾人保障法》颁布实施

1990年10月28日，第七届全国人大常委会第十七次会议通过《中华人民共和国残疾人保障法》，1991年5月15日起施行。2008年1月23日，中共中央政治局常委、国务院总理温家宝主持召开国务院常务会议，讨论并原则通过《中华人民共和国残疾人保障法（修订草案)》，决定进一步修改后，由国务院提请全国人大常委会审议。2008年4月24日，第十一届全国人大常委会第二次会议审议通过《中华人民共和国残疾人保障法（修订草案)》，第3号国家主席令随即公布了修订后的《中华人民共和国残疾人保障法》，并宣布自2008年7月1日起施行。修订后的《中华人民共和国残疾人保障法》分总则、康复、教育、劳动就业、文化生活、社会保障、无障碍环境、法律责任、附则

9 章。该法提出："医学院校和其他有关院校应当有计划地开设康复课程，设置相关专业，培养各类康复专业人才。"该法规定："残疾人教育，实行普及与提高相结合、以普及为重点的方针，保障义务教育，着重发展职业教育，积极开展学前教育，逐步发展高级中等以上教育。""在进行思想教育、文化教育的同时，加强身心补偿和职业教育。"

ACE010 – 19910521

国家四部门部署进一步做好残疾学生录取和分配工作

1991 年 5 月 21 日，国家教育委员会、人事部、劳动部、民政部印发《关于进一步做好高等学校、中等专业学校招收残疾考生和残疾学生毕业分配工作的通知》。针对一些单位和部门拒绝接收残疾毕业学生，使一些残疾毕业生仍滞留在学校，导致高等学校和中等专业学校在录取残疾考生时有所顾虑的实际问题，《通知》明确指出，各地、各部门要认真学习、贯彻《中华人民共和国残疾人保障法》，根据国家教委等四部委《关于做好高等学校招收残疾青年和毕业分配工作的通知》和国家教委、劳动人事部《关于做好普通中等专业学校招收残疾青年考生工作的通知》的精神，按照国家教委、卫生部《关于普通高等学校招生体检工作的通知》和《关于普通中等专业学校招生体检工作的通知》中所规定的标准，进一步做好高等学校、中等专业学校招收残疾考生和残疾毕业学生的分配、接收工作。

ACE011 – 19911229

《中国残疾人事业"八五"计划纲要（1991 年—1995 年）》转发

1991 年 12 月 29 日，国务院批转国家计委、国家教委、民政部、司法部、财政部、人事部、劳动部、文化部、广播影视部、卫生部、国家体委、中国人民银行、国家工商局、国家税务局、国务院贫困地区经济开发领导小组、中国残疾人联合会于 12 月 12 日共同制定的《中国残疾人事业"八五"计划纲要（1991 年—1995 年）》，要求各省、自治区、直辖市人民政府和国务院各部委、各直属机构贯彻执行。《计划纲要》分三个部分："五年工作纲要"前三年的执行情况；"八五"计划期间的总目标和指导方针；"八五"计划期间的主要任务、指标和措施。《计划纲要》提出，建立、完善 30 所残疾人职业技术教育中心，其中 10 所达到国家中等职业技术学校标准。条件较好的特殊教育学校，逐步开设职业班；有条件的城市开办残疾人职业中学。地方各级政府应将特殊教育学校、残疾人职业技术教育中心列入计划，安排基建投资；将其事业费纳入正常渠道，并按照“两个增长”的原则逐步增加，从征收的教育费附加中拨出一定比例用于义务教育阶段的特殊教育。“八五”计划期间，国务院有关部门及社会团体继续拨给地方特殊教育专项补助费。

ACE012 –19920505

国家教委要求各地学习李铁映在北京市特殊教育学校教职工座谈会上的讲话

1992 年 5 月 5 日，国家教育委员会印发中共中央政治局委员、国务委员兼国家教委主任李铁映于 1992 年 1 月在北京市特殊教育学校教职工座谈会上的讲话，并为此发出通知，要求各地结合实际认真研究落实。李铁映讲话的主要内容是：各级领导要进一步重视发展特殊教育事业；特殊教育要全面贯彻党的教育方针，注重对残疾人劳动技能的培养；特殊教育有几个关键问题需要深入研究。李铁映指出，特殊教育有与普通教育目的相一致的地方，也有它特殊的地方。必须办一批特殊教育学校作为骨干、示范和实验学校。各地特别是大城市都应该使特殊教育学校成为教学、康复、职业技术教育和特殊教育科研的基地，以此推动特殊教育班和随班就读的发展。特殊教育如果单纯只搞文化教育，不与康复和职业技术教育结合起来，就很难得到发展。

ACE013 –19940703

国务院对残疾人职业教育作出新规定

1994 年 7 月 3 日，《国务院关于〈中国教育改革和发展纲要〉的实施意见》印发。《实施意见》指出：“大、中城市和经济发展程度较高的农村应积极发展残疾人高、中级职业教育。要鼓励社会力量和个人兴办残疾人职业培训机构，对残疾人进行以实用技术为主要内容的中、短期培训。全国逐步建成 30 所省级残疾人职业教育中心。”

ACE014 –19940823

《残疾人教育条例》发布实施

1994 年 8 月 23 日，国务院总理李鹏签署第 161 号国务院令，发布《残疾人教育条例》。该《条例》自发布之日起实施。《条例》分总则、学前教育、义务教育、职业教育、普通高级中等以上教育及成人教育、教师、物质条件保障、奖励与处罚、附则 9 章。《条例》规定，发展残疾人教育事业，实行普及与提高相结合、以普及为重点的方针，着重发展义务教育和职业教育，积极开展学前教育，逐步发展高级中等以上教育。各级人民政府应当将残疾人职业教育纳入职业教育发展的总体规划，建立残疾人职业教育体系，统筹安排实施。残疾人职业教育，应当重点发展初等和中等职业教育，适当发展高等职业教育，开展以实用技术为主的中期、短期培训。残疾人职业教育体系由普通职业教育机构和残疾人职业教育机构组成，以普通职业教育机构为主体。县级以上地方各级人民政府应当根据需要，合理设置残疾人职业教育机构。普通职业教育学校必须招收符合国家规定的录取标准的残疾人入学，普通职业培训机构应当积极招收残疾人入学。残疾人职业教育学校和培训机构，应当根据社会需要和残疾人的身心特性合理设置专业，并根据教学需要和条件，发展校办企业，办好实习基地。

ACE015 –19950318

《教育法》规定国家扶持和发展残疾人教育事业

1995 年 3 月 18 日，第八届全国人民代表大会第三次会议通过《中华人民共和国教育法》，该法第十一条第三款规定："国家扶持和发展残疾人教育事业。"第三十八条规定："国家、社会、学校及其他教育机构应当根据残疾人身心特性和需要实施教育，并为其提供帮助和便利。"

ACE016 –19960426

《中国残疾人事业"九五"计划纲要（1996 年—2000 年）》转发

1996 年 4 月 26 日，国务院转发国务院残疾人工作协调委员会组织有关部门制定的《中国残疾人事业"九五"计划纲要（1996 年—2000 年）》，要求各级人民政府和有关部门结合当地和本部门的实际情况，采取切实措施，认真完成《纲要》规定的任务。《纲要》要求，"九五"期间，要以普通职业教育机构为主、残疾人职业教育机构为辅，城市与就业相结合、农村与生产和扶贫相结合，大力开展职业培训，积极发展初、中等职业教育，适当发展高等职业教育。各级残疾人就业服务机构要切实做好本地区残疾人职业培训的调查摸底、规划安排、组织协调、转介服务、设点开班和统计汇总工作，多渠道、多形式地开展培训。各种普通职业教育与培训机构都要积极招收残疾人并针对需要单独开班。加强特殊教育学校的职业教育，开设职业初中、职业高中、中专并将其纳入职业教育体系，落实经费，积极扶持。完善已有的 30 所残疾人职业技术教育学校；各地创造条件建立残疾人职业培训机构。农村依托社会化服务体系和各种技术培训活动，随班或单独设班，指导残疾人掌握实用技术和生产技能。创办天津聋人工学院，改善长春大学特殊教育学院的办学条件，扩大招生规模。

ACE017－19981202

《特殊教育学校暂行规程》发布

1998年12月2日，教育部发布《特殊教育学校暂行规程》。《暂行规程》指出，特殊教育学校是指由政府、企业事业组织、社会团体、其他社会组织及公民个人依法举办的专门对残疾儿童、少年实施义务教育的机构，学制一般为九年一贯制。《暂行规程》规定，特殊教育学校要特别重视劳动教育、劳动技术教育和职业教育。学校要对低、中年级学生实施劳动教育，培养学生爱劳动、爱劳动人民、珍惜劳动成果的思想，培养从事自我服务、家务劳动和简单生产劳动的能力，养成良好的劳动习惯；要根据实际情况对高年级学生实施劳动技术教育和职业教育，提高学生的劳动、就业能力。学校劳动教育、劳动技术教育和职业教育，应做到内容落实、师资落实、场地落实。学校要积极开展勤工俭学活动，办好校办产业；勤工俭学和校办产业的生产、服务活动要努力与劳动教育、劳动技术教育和职业教育相结合。学生参加勤工俭学活动，应以有利于学生的身心健康和发展为原则。接受劳动技术教育和职业教育的学生，用于劳动实习的时间，每天不超过3小时；毕业年级集中生产实习每天不超过6小时，并要严格控制劳动强度。劳动技术或职业技能列入7～9年级的考试科目。

ACE018－20010410

《中国残疾人事业"十五"计划纲要（2001年—2005年）》转发

2001年4月10日，国务院转发国务院残疾人工作协调委员会组织有关部门制定的《中国残疾人事业"十五"计划纲要（2001年—2005年）》，要求各地、各部门认真贯彻执行。《纲要》提出，"十五"期间努力满足残疾人的教育需求，义务教育入学率在"九五"基础上有较大的提高；失业登记的残疾人都能得到职业指导和培训，就业率达到85%左右。《纲要》要求，适应劳动力市场需求，大力开展残疾人职业教育。充分发挥社会普通职业教育机构的作用，完善具有特殊教育手段的残疾人职业教育机构，广泛开展残疾人职业教育与培训；在城镇，与就业相结合，提高办学质量和层次；在农村，与生产和扶贫相结合，开展中短期实用技术培训；在特殊教育学校试行劳动预备制。

ACE019－20010414

第三次全国特殊教育工作会议召开

2001 年 4 月 14－15 日，教育部、民政部、中国残疾人联合会在北京联合召开第三次全国特殊教育工作会议。会议的主要任务是，总结“九五”以来特殊教育改革和发展的成绩、经验，部署“十五”期间乃至今后一个时期的特殊教育工作。教育部部长陈至立、民政部副部长杨衍银、中国残联主席邓朴方出席会议并讲话。陈至立在会上提出，残疾人是一个比较困难的群体，需要特殊的关爱和支持。使广大残疾儿童少年接受良好的教育，培养他们自尊、自信、自强、自立的精神，提高他们平等、充分参与社会生活的能力，是教育事业发展的一个重要方面，也是我国社会主义制度的本质要求和优越性的具体体现。教育部副部长王湛在会上作了主报告。会议提出要从我国社会全面发展和发挥社会主义制度优越性的战略高度，进一步提高对发展特殊教育事业重要性的认识，加强领导，加大投入，促进我国特教事业的发展。邓朴方指出，“十五”期间中国特殊教育事业仍将以发展义务教育为重点，不断提高教学质量。同时，要进一步发展高级中等教育，努力建立一个完善的特殊教育体系。

ACE020－20021228

南京特殊教育职业技术学院揭牌

2002 年 12 月 28 日，南京特殊教育职业技术学院在南京举行揭牌暨创办 20 周年庆典。顾秀莲、柳斌、王湛、王珉、顾浩等领导同志及教育部、江苏省政府、中国残疾人联合会的有关部门负责人，联合国有关机构的代表专程致贺。南京特殊教育职业技术学院的前身是教育部于 1982 年创办的南京特殊教育师范学校，是我国政府与联合国儿童基金会的合作项目单位。1997 年由国家教委划归江苏省人民政府管理。2002 年 6 月，经江苏省人民政府批准，在南京特殊教育师范学校基础上建立南京特殊教育职业技术学院，同年获教育部备案，成为我国第一所独立设置的、以培养特殊教育师资为主的高等学校。

ACE021－20060604

《中国残疾人事业“十一五”发展纲要（2006 年—2010 年）》转发

2006 年 6 月 4 日，国务院向各省、自治区、直辖市和国务院各部门转发国务院残疾人工作委员会制定的《中国残疾人事业“十一五”发展纲要（2006 年—2010 年）》，要求认真贯彻执行。《纲要》提出，“十一五”期间基本普及残疾儿童少年义务教育，积极开展残疾儿童学前教育，发展残疾人高级中等教育、高等教育和职业教育，切实保障残疾人接受教育的权利，同时使有就业需求的残疾人得到职业指导和职业培训，残疾人就业规模进一步扩大，就业水平进一步提高。《纲要》要求，以社会普通职业教育机构为主，充分发挥具有特殊教育手段的残疾人职业教育机构的作用，普遍开展适应劳动力市场需求的残疾人职业教育与培训；城镇与就业相结合，农村与生产和扶贫相结合，开展多层次的职业技能教育和中短期实用技术培训。

ACE022 －20070225

《残疾人就业条例》公布

2007 年 2 月 14 日，国务院第 169 次常务会议通过《残疾人就业条例》。2007 年 2 月 25 日，第 488 号国务院令予以公布，并宣布自 2007 年 5 月 1 日起施行。该《条例》是为了促进残疾人就业，保障残疾人的劳动权利，根据《中华人民共和国残疾人保障法》和其他有关法律制定的。《条例》分总则、用人单位的责任、保障措施、就业服务、法律责任、附则 6 章。《条例》指出，国家对残疾人就业实行集中就业与分散就业相结合的方针，促进残疾人就业；县级以上人民政府应当将残疾人就业纳入国民经济和社会发展规划，并制定优惠政策和具体扶持保护措施，为残疾人就业创造条件；中国残疾人联合会及其地方组织依照法律、法规或者接受政府委托，负责残疾人就业工作的具体组织实施与监督。《条例》要求，各级人民政府和有关部门应当为就业困难的残疾人提供有针对性的就业援助服务，鼓励和扶持职业培训机构为残疾人提供职业培训，并组织残疾人定期开展职业技能竞赛。同时，中国残疾人联合会及其地方组织所属的残疾人就业服务机构应当免费为残疾人组织开展职业培训等就业服务。

ACE023 －20070517

远东慈善基金会成立

2007 年 5 月 17 日，由远东控股集团联合雨润食品集团、红豆股份、利安达服装集团、月星集团、一德集团 5 家江苏投资联盟企业共同发起成立的国内首个定向资助残疾人就业培训的慈善基金会——远东慈善基金会在北京宣布成立。远东慈善基金会由全国政协副主席、中华全国工商联主席黄孟复担任名誉理事长，中共中央办公厅老干部局原局长徐中远担任理事长，其宗旨是给残疾人创造就业培训的机会，发展社会福利和残疾人事业，支持与推动社会公益和社会文明的进步与发展。

ACE024 – 20070531

全国残疾人就业工作电视电话会议召开

2007 年 5 月 31 日，国务院残疾人工作委员会在国务院小礼堂召开全国残疾人就业工作电视电话会议。中共中央政治局委员、国务院副总理、国务院残疾人工作委员会主任回良玉出席会议并作重要讲话。中国残联主席邓朴方在会上作工作报告。国务院法制办公室副主任郜风涛、劳动和社会保障部副部长张小建、民政部副部长李立国先后发言。中国残联党组书记王新宪、理事长汤小泉等在北京主会场，各省、自治区、直辖市和各市（地）、县（市）人民政府及有关部门负责人在当地分会场参加了会议。回良玉在讲话中说，残疾人总体受教育程度不高，职业技能水平偏低，就业竞争能力不强，特别是失业残疾人员已成为再就业人员中最为困难的群体。他指出，各级公共就业服务机构要充分发挥覆盖面广、信息资源丰富的优势，把残疾人就业全面纳入服务范围，免费提供政策咨询、岗位信息、职业指导和职业介绍等针对性的就业服务。要鼓励社会培训机构和就业服务机构免费为残疾人提供职业培训和服务，提高残疾人职业技能水平。

ACE025 – 20080328

党中央、国务院提出促进残疾人事业发展的意见

2008 年 3 月 28 日，中共中央、国务院发布《关于促进残疾人事业发展的意见》。《意见》指出："关心残疾人，是社会文明进步的重要标志。残疾人事业是中国特色社会主义事业的重要组成部分。"《意见》要求："积极开展残疾人职业教育培训，有条件的地方实行对残疾人就读中等职业学校给予学费减免等优惠政策。支持师范院校培养特殊教育师资。实施中西部地区特殊教育学校建设工程，落实特殊教育学校教师特殊岗位津贴政策。各级各类学校在招生、入学等方面不得歧视残疾学生。"

第四章　农村教育综合改革

第一节　农村教育改革实验区的创建

ADA001－19830506

中央提出农村学校教育的改革必须经过试点

改革开放以来，我国农村普遍实行了多种形式的农业生产责任制，农村经济迅速发展，传统农业向现代农业转化的过程加快，广大农民迫切要求掌握文化科学知识。1983 年 5 月 6 日，中共中央、国务院在《关于加强和改革农村学校教育若干问题的通知》中提出："农村学校的任务，主要是提高农村新一代和广大农村劳动者的文化科学水平，促进农村社会主义建设。一定要适应广大农民发展生产、劳动致富、渴望人才的要求。一定要引导广大农村学生热爱农村，热爱劳动，学好知识和本领。""我国农村情况千差万别，农村教育一定要从实际出发，因地制宜，适应农村居民劳动、生活的特点，适应不同地区、不同民族的需要，适应当地的财力物力条件、经济发展特点和文化教育的基础。据此，办学应当坚持多层次、多种规格和多种形式。"《通知》强调："学校教育的改革必须坚定而有秩序地进行，经过试点，有计划、有步骤地前进。"

ADA002－19831104

中国农村教育研究项目列入全国教育科学规划

1983 年 11 月 4 日，全国教育科学规划领导小组办公室下达课题立项通知书，确定中央教育科学研究所副所长滕纯担任主持人的"中国农村教育的研究"为"六五"期间综合类国家级重点研究项目。该课题的主要研究任务是，进行中国农村经济和教育现状的调查。在有关省、市的支持下，课题组选定北京市昌平县等 13 个县进行了深入调研。调查报告均经县、地（市）、省三级逐级鉴定认可，并由有关专家审阅和鉴定。综观地方党政领导和专家的鉴定意见，此项调查具有四个特点：一是跳出了就教育论教育的框框，把教育和经济发展结合起来作全面系统的考察，阐述两者的互相推动、互相制约的关系；二是突破了只抓普通教育的局限性，把普通教育、职业教育、成人教育作为农村教育的一个整体进行考察和规划，分析了农村三教的相互关系；三是把教育的现状同教育发展的历史经验联系起来；四是把教育调查同党政领导和有关部门、群众意见结合起来，使调查结论具有可行性，对当地经济发展和教育改革具有参考价值。该课题的研究成果《县的经济与教育的调查》由教育科学出版社出版发行。

ADA003－19860409

国家教委决定开展“农村中小学教育如何适应农业生产发展需要”讨论

1986 年，中央赴皖讲师团蚌埠组成员董克恭根据他接触到的农村教育实际，写了一篇《农村九年制义务教育要同职业技术教育结合起来》的文章。中共中央总书记胡耀邦看后批给《红旗》杂志发表，他在文前批示：“这确是农村中、小学校普遍存在的一个问题。记得我个人 58 年以前上高小的时候，当时我的家乡的老人们就强烈地议论这个问题。从旧中国到新中国几十年来，农村中、小学教育如何适应农业生产发展的需要，确没有解决好，其原因就是我们教育界同志对农村情况不熟悉。因此值得更好地研究一番。”《红旗》1986 年第 8 期发表了董克恭的文章，同时根据胡耀邦的批示精神，在文前加了编者按。为了贯彻《中共中央关于教育体制改革的决定》和中央领导的批示精神，探讨改革农村中小学教育的方向和措施，推动农村中小学教育改变脱离生产、脱离社会的现象，国家教委决定在《人民教育》杂志上开展“农村中小学教育如何适应农业生产发展需要”的讨论。1986 年 4 月 9 日，国家教委办公厅发出通知，要求各省、自治区、直辖市及计划单列市教育委员会、教育厅局支持、帮助《人民教育》编辑部，组织好这一讨论。

ADA004－19860702

全国职业技术教育工作会议要求转变农村教育办学方向

1986 年 7 月 2 日，全国职业技术教育工作会议在北京开幕。国家教委副主任何东昌在会上作报告时指出：“现在，不少农村地区重视发展职业技术教育，但还有相当多的农村地区职业技术教育发展缓慢。究其原因，除了客观上的一些困难以外，发展教育的指导思想不明确是一个重要原因。一个县，适当办好一些普通中学是必要的，输送一定数量的中学毕业生考入高等学校也是对国家的一种贡献。但是应该看到，这些学生将来毕业后毕竟只有少数能够回到本地区，真正对当地经济建设和社会发展起决定性作用的是大量的留在本地参加工作或生产的学生……就学生的流向讲，这些地区在指导思想上应该从办学为了升学转到以为本地区物质和精神文明建设服务为主，兼顾向高一级学校输送新生这样一个方向上来。”国务院办公厅于1987年1月3日转发全国并要求遵照执行的国家教委、国家计委、国家经委、劳动人事部《关于全国职业技术教育工作会议情况的报告》指出：“农村教育应该从单纯为了升学转到为本地区培养具有实际生产技能和中等专业技术知识的人才，并适当兼顾向高一级学校输送新生的方向上来。”

ADA005 –19861006

建立农村教育改革实验区问题座谈会召开

1986年10月6–8日，国家教委在河北省涿县（后改为涿州市）召开座谈会，就建立河北省农村教育改革实验区的有关问题进行了专题研讨。国家教委职业技术教育司、成人教育司，河北省教育委员会，张家口地区行政公署、地区教育委员会，保定地区行政公署、地区教育委员会，阳原县和完县（今顺平县）政府、教育局，中央教育科学研究所等单位的领导及部分专家、学者共35人参加会议，中央教育科学研究所副所长滕纯主持会议。在此之前，国家教委副主任王明达、杨海波分别于7月23–30日和9月2–7日到河北省完县等地考察农村教育工作。10月21日，王明达在河北省保定市与河北省副省长王祖武就建立河北省农村教育改革实验区的问题交换了意见。

ADA006 –19861020

国家教委推广河北农业大学综合开发太行山经验

1986年10月20日，国家教委转发河北农业大学《关于教育面向经济建设，实行教学、科研、生产三结合，综合开发太行山的报告》，并为此发出通知，要求各高校结合本校、本地区实际，学习河北农业大学的基本经验。通知指出，河北农大主动适应农村经济发展的需要，充分利用高校人才和技术密集的优势，帮助山区人民脱贫致富，并通过科学实验、技术推广丰富教学内容，巩固学生学农、爱农的思想，锻炼培养学生的实践能力，有利于引导青年学生沿着正确的道路成长。他们的基本经验为教学改革提供了一个正确的方向，不仅对农业院校，而且对其他各类学校都有借鉴作用。农业院校都应帮助农村发展经济，引入技术、培养人才，当前特别要帮助农村发展职业技术教育，培养当地的技术、管理人才，以增强农村自我发展的能力，其他有条件的学校也应当这样做。此前，国务院向参加太行山开发区研究的单位和同志发出贺电，国家科学技术委员会称赞太行山开发区工作“指出了一条科技进山、振兴贫困山区的新路，就是‘太行山道路’”。

ADA007－19870227

河北省农村教育改革实验区工作会议召开

1987年2月27－28日，国家教委与河北省人民政府在河北省涿州市联合召开了河北省农村教育改革实验区工作会议。国家教委副主任、党组书记何东昌到会作了重要讲话。国家教委副主任王明达、邹时炎，河北省副省长王祖武出席会议并讲话。会议决定，把河北省阳原县、完县作为贫困地区经济开发与教育改革实验区，把河北省已有的贫困地区经济开发与教育改革实验点青龙满族自治县作为国家教委联系点。会议明确了建立实验区的意义和任务，要求实验区以农村如何使教育和经济协调发展、经济开发和智力开发密切结合的途径，走出一条经济开发和智力开发密切结合，在发展经济的基础上发展教育，通过发展教育、开发智力促进经济发展的路子。何东昌在讲话中指出：“为什么我们今天要在这儿开会，抓农村教育改革呢？一是讲师团经验的启示……再一个是河北农业大学等学校面向社会主义建设实际的成功经验的启示……教委之所以愿意积极参加这件事情，第一方向是对头的，第二大家有积极性，将来会有更多的地方有积极性。”“我们希望实验区的改革能为这几个县的人民带来好处，但更重要的是希望实验区能为其他贫困地区发展机遇提出路子，摸出经验来，这个意义更大。”

ADA008－19870901

农村教育办学方向研讨会召开

根据国家教委副主任、党组书记何东昌的倡议，1987年9月1－4日，辽宁省人民政府在鞍山市召开农村教育办学方向研讨会。会议的中心议题是农村教育按什么方向办学，要不要从升学教育转到主要为本地经济建设和社会发展培养人才上来，怎样实现这个根本方向的转变。该省各市主管文教工作的副市长，省直有关部门和部分县、乡、村领导参加会议。何东昌和国家教委副主任王明达及有关司局的负责人出席会议，何东昌、王明达在会议结束时作了讲话。河北、甘肃、黑龙江、吉林和北京等省市代表出席会议，并在会上介绍了经验。会议认为，长期以来，农村教育只是就教育论教育，很少过问经济。农村学校教育围绕着升学打转，轻视劳动教育和职业技术教育。这种陈旧的教育思想和人才观必须加以改变。何东昌指出："现在我们把方向转过来，着重为本地培养人才。从长远讲，也是发展教育的根本措施。不为本地服务，人家来'依靠'你就不会积极。所以教育与经济之间，要找到一种办法，形成良性循环。"

ADA009 – 19870926

河北省农村教育改革实验区第二次工作会议召开

1987 年 9 月 26 – 28 日，国家教委与河北省人民政府在河北省保定市联合召开了河北省农村教育改革实验区第二次工作会议。国家教委副主任王明达、河北省副省长王祖武出席会议并讲话。会议的主要议题是：总结前一段教改实验工作，研究解决所遇到的问题，确定下一步工作重点，以推进教育改革逐步深化。会议一致认为，在地（市）、县、有关高校等各方面力量共同努力下，实验区的经济开发与教育改革实验工作取得了可喜的进展。与会同志认为，这一开端是良好的，是鼓舞人心的。会议提出下阶段的工作：一是进一步提高思想认识，增强搞好实验区工作的自觉性；二是继续坚持从经济开发入手，首先抓好群众的脱贫致富工作；三是端正办学方向，深化教育改革；四是加强师资队伍；五是加强组织领导，搞好统筹和协调工作。会议要求，每县办好一所县办骨干职业技术学校，把人才培养、技术推广、信息服务、生产经营密切结合起来，使学校具有多种功能，一校多用；认真办好乡（镇）、村农民技术学校，当前重点抓好在乡初、高中毕业生的实用生产技术培训和在职干部、职工的岗位培训。国家教委和河北省人民政府决定，将青龙满族自治县正式确定为农村教育改革实验区。

ADA010 – 19871214

农村教育为当地经济建设服务经验交流会召开

1987 年 12 月 14 – 18 日，国家教委与农牧渔业部联合在山东省平度县召开农村教育为当地经济建设服务经验交流会。国家教委副主任、党组书记何东昌，副主任王明达，农牧渔业部副部长相重扬，部分省级政府及各省、市教育部门负责职业技术教育、成人教育的领导，各省、市农业部门负责教育的同志和部分学校校长参加了会议。会议的主要任务是按照党的十三大提出的加快和深化改革的精神，总结交流近几年各地改革农村教育、努力为当地经济建设服务方面的经验，从而进一步推动全国农村教育改革的深入发展。会议明确了农村教育深化改革的主要任务是坚决纠正片面追求升学率的错误倾向，使农村教育的办学方向从单纯的升学教育转到主要为本地区经济发展和提高劳动者素质而培养人才上来。何东昌强调，农村教育绝大部分是中等和中等以下的教育，从本质上讲就是基础教育中的文化科学教育和实用技术教育。有些地方片面追求升学率，不重视为本地经济建设培养人才，现在要把这个“头”调过来，把教育和经济“两张皮”变成“一张皮”。教育的形式、内容都要和本地实际紧密结合起来。基础教育和职业技术教育、成人教育要相互沟通，应允许县里统筹，人力、物力、财力上统筹使用。

ADA011 －19881129

河北省农村教育改革实验区第三次工作会议召开

1988年11月29日至12月2日，国家教委与河北省人民政府在河北省石家庄市联合召开了河北省农村教育改革实验区第三次工作会议。国家教委副主任何东昌、王明达，中共河北省省委书记邢崇智，省顾委主任杨泽江，省委常委、秘书长陈玉杰，省人大常委会副主任刘英，副省长王祖武等出席会议。国家教委有关司局，河北省人民政府有关部门，有关地（市）、县，有关高等院校的领导及部分专家、学者也参加了会议。甘肃省庆阳地区和山东省沂南县的领导应邀出席会议。何东昌、邢崇智作了讲话，王明达作了工作报告，王祖武作了会议总结。会上，学习了邓小平等领导关于教育工作的最新讲话精神，总结了实验区两年来的工作，交流了经验，研究讨论了进一步深化实验区教育改革的措施，表彰了在实验区工作中成绩突出的先进集体和先进个人。国家教委和河北省人民政府提出，一年来各实验县的经济和教育得到了较快的发展，改革的方向和路子是正确的，对于探索贫困地区乃至全国农村的教育改革，都具有普遍意义。各实验县及所在地、市要进一步下大力把教育改革实验工作做好，其他地、市要根据当地情况认真学习和推广实验区的经验。

ADA012 －19881201

河北省农村教育改革实验区先进集体、先进个人受表彰

1988年12月1日，国家教委和河北省人民政府印发《关于表彰河北省农村教育改革实验区先进集体、先进个人的决定》，对1987年以来参加实验区工作的7个先进集体和2名先进个人进行表彰。国家教委和河北省人民政府要求实验区各县及在实验区工作的同志认真学习他们的先进事迹和革命精神，齐心协力，团结奋斗，为加快实验区经济开发与教育改革步伐作出贡献。

附录 河北省农村教育改革实验区先进集体和先进个人名单

一、先进集体

天津大学“完县化工二厂技改组”

河北农业大学“完县经济作物丰产课题组”

中央教育科学研究所“完县教育改革实验组”

张家口农业专科学校、阳原县职业技术学校“阳原县岳家庄综合开发组”

河北农业技术师范学院“青龙职教与经济开发课题组”

阳原县马圈堡乡

青龙满族自治县隔河头乡草场村

二、先进个人

张家口农业专科学校教师、阳原县低产果园改造项目负责人沈铭尧

天津大学教师、完县化工二厂技术改造项目负责人关跃

ADA013－19890106

河北省农村教育改革实验区范围扩大

根据中共河北省省委书记邢崇智建议，经国家教委副主任、党组书记何东昌和副主任王明达同意，河北省人民政府研究决定，在与国家教委共同抓好阳原县、完县、青龙满族自治县农村教育改革实验的同时，扩大河北省农村教育改革实验区范围，将丰南、任丘、获鹿、藁城、三河、南宫、邱县、安平、丰宁9个县（市）增列为农村教育改革实验县（市），以探索经济发展水平不同的各类地区进行教育改革的途径，加快全省农村教育改革的步伐。1989年1月6日，河北省人民政府发出了《关于扩大农村教育改革实验区的通知》。

ADA014－19890412

李铁映视察河北省阳原县农村教育改革实验工作

1989年4月12日，中共中央政治局委员、国务委员兼国家教委主任李铁映到河北省阳原县视察农村教育改革实验工作。李铁映听取了阳原县委、县政府对1987年以来农村教育改革实验情况的汇报，视察了骆驼岭村、村小学及县职业技术学校，访问了部分农户。李铁映指出，中国人口80%在农村，农村教育是全国教育的重点，要努力探索农村教育发展与改革的路子。农村教改要党政第一把手亲自抓，特别是县委书记、县长要亲自抓。农村教改实验县要

教育、经济、计划生育、社会治安、党的核心领导一起抓，不能搞教育单打一。办教育必须从实际需要出发，从人民利益出发。农村教育到底走什么路子，如何冲破传统教育观念的束缚，大胆改革教学内容和教学方法，要很好地进行研究。李铁映强调，职业技术教育不仅要教给学生一些专业知识，更重要的是教给学生实干的才能，注意与学生的切身利益结合起来，把学生培养成专业户，因此要特别重视教学中的实践环节，不能只在“黑板上养羊”。农村教育必须为当地经济和社会发展服务，农村学校的毕业生能否成为劳动致富的带头人，是检验农村教育改革成果的一条很重要的标准。

ADA015 – 19900109

河北省农村教育改革实验区第四次工作会议召开

1990 年 1 月 9 – 12 日，国家教委和河北省政府在石家庄市联合召开河北省农村教育改革实验区第四次工作会议。各实验县及其所属地、市的领导，部分高等学校的领导，以及国家教委、国家科委、农业部的有关司局和河北省政府有关部门的负责人共 98 人出席会议。国家教委副主任、党组书记何东昌，副主任王明达，专职委员郭福昌，中共河北省省委书记邢崇智，省委副书记、省政协主席李文珊，省委副书记、省长岳岐峰，省顾委主任杨泽江，省委常委、石家庄市委书记李海峰，省人大副主任邹仁鋆，副省长王祖武等领导出席了会议。与会同志听取了何东昌、王明达、邢崇智、岳岐峰、王祖武的重要讲话，参观了获鹿县部分教育改革试点，交流了经验，分析了存在的差距，明确了今后的工作任务。国家教委和河北省人民政府决定，将张家口地区全区确定为农村教育改革实验区，以探索在较大范围内进行农村教育综合改革的途径。会议期间，河北省人民政府宣布：成立由省长岳岐峰担任组长，分管农业、科技、教育的三位副省长担任副组长，省直有关部门主要领导为成员的“河北省农科教统筹领导小组”。1 月 24 日，河北省人民政府办公厅印发了《关于成立河北省农科教统筹领导小组的通知》。

ADA016 – 19910411

河北省农村教育改革实验区第五次工作会议召开

1991 年 4 月 11 – 12 日，国家教委和河北省人民政府在石家庄市联合召开了河北省农村教育改革实验区第五次工作会议。国家教委副主任、党组书记何东昌，副主任王明达，专职委员郭福昌，河北省省委书记邢崇智，省顾委主任杨泽江，省人大副主任刘英，副省长顾二熊，省政协副主席王祖武出席了会议。国家教委、农业部、林业部等有关司局或处室的负责人，河北省人民政府有关委、厅、局，各地、市、各教改实验县（市）及部分非实验县（市）以及有关高校、科研单位的领导，共计150人参加会议。与会人员听取了何东昌、王明达、邢崇智、王祖武、顾二熊的讲话，交流了经验，讨论修改了《河北省教育委员会实施〈全国农村教育综合改革实验区工作指导纲要（试行）〉细则》（草案）。会议认为，河北省农村教育改革实验区确立四年多来，经过不断探索与实践，教改思路愈益明确、完善，并逐步深入人心，已经和正在继续产生明显的社会效益。今后工作的总体要求是：点上深化，提高水平；面上发动，加快推广。会议期间，与会领导向河北省教委表彰的1990年度全省实施“燎原计划”先进单位和扫盲先进集体、先进个人发了奖。

第二节 实施“燎原计划”与农村教育综合改革的全面展开

ADB001－19880203

国家教委提出实施“燎原计划”的设想和任务

1988年2月3－5日，国家教委在北京举行1988年年度工作会议。国家教委副主任、党组书记何东昌在会上作题为《关于当前教育事业发展和改革的几个问题》的报告时提出，为了通过发展农村的职业技术教育，改革基础教育和成人教育，为当地农林牧副渔生产和某些农副产品加工业培养适用的人才，促进农村教育的改革和农村经济的发展，国家教委拟订了一个“燎原计划”的初步设想，请与会的同志进行讨论，提出意见和建议。与会的许多同志在讨论中认为，关于“燎原计划”的设想，是解决教育为社会主义建设服务的问题，促进经济发展的有效途径，也可促进农村教育改革的深入发展，意义深远，应该尽快制订具体计划，创造条件，付诸实施。《国家教委1988年工作要点》提出：“要认真解决中等及中等以下教育为当地社会主义建设服务的问题，切实抓好中等城市和农村教育改革实验区的工作。有条件的省、自治区、直辖市，要根据农村经济发展的需要，制订为农林牧副渔生产和农副产品加工业培养人才的‘燎原计划’。充分发挥教育的作用，促进农村经济的发展。‘燎原计划’的实施要点面结合、有步骤地进行，一个地方可以首先抓好几个县。通过‘燎原计划’分阶段的实施，推动农村教育体制和农村各级各类教育的改革。”

ADB002－19880504

国家教委向国务院请示实施“燎原计划”

1988 年 5 月 4 日，国家教委向国务院提交《关于组织实施“燎原计划”的请示》。《请示》提出：“几年来，各地农村已涌现出一批坚持教育为当地农业建设服务的先进典型。实践证明，这样做不仅有利于提高农业劳动者的素质，促进农村的经济发展，也有利于推动学校教育的改革，提高教育质量，促进教育事业的发展，应当有计划有组织地总结推广这些成功的经验，把‘教育必须为社会主义建设服务’的方针落到实处。”《请示》指出了“燎原计划”的基本任务、主要目标和实施办法，并建议为保证“燎原计划”第一期工程的实施，以及对地方给予一定的支持，在“七五”期间由中央财政每年拨专项费用 3000 万元，具体由国家教委负责安排使用；此外，请中国人民银行每年安排 6000 万元的贷款额度，由各地农行管理发放。

ADB003－19880508

李鹏批示同意实施“燎原计划”

1988 年 5 月 5 日，国家教委副主任、党组书记何东昌致信国务院李铁映国务委员并李鹏总理，汇报在农村通过教育改革推行“燎原计划”一事已上报国务院，并认为可能是一件意义很重大的事。何东昌在信中说，我国农业需要进行一场广泛的“技术革命”；现在的农村已具备相应的智力基础；通过教育改革推动农村经济发展有很多好处；我国的农业教育将会因之改革。5 月 8 日，李鹏批示：“同意‘燎原计划’的设想，可先试点。”

ADB004－19880829

国家教委实施“燎原计划”工作会议召开

1988 年 8 月 29 日至 9 月 1 日，国家教委实施“燎原计划”工作会议在河北省南宫市召开。全国各省、市、自治区教育行政部门的有关负责同志 100 余人参加会议。国家教委副主任、党组书记何东昌在会上作了讲话，副主任王明达作了会议总结讲话。会议提出，“燎原计划”的主要任务是，在做好普及义务教育工作的基础上，充分发挥农村各级各类学校的作用，培养大批新型的农村建设者；主要目标是，“七五”期间在全国 500 个县内建设 1500 个实施“燎原计划”的示范乡，“八五”期间争取扩展到全国大多数县，使 1 万个乡达到示范乡水平。示范乡要实现九年制义务教育，扫除青壮年文盲，对大部分在乡的初、高中毕业生要进行有效的技术培训，综合利用教育设施，促进基础教育、职业技术教育和成人教育的协调发展。会议要求，“燎原计划”要与“星火计划”、“丰收计划”紧密配合，通过“燎原计划”的实施，在“星火计划”、“丰收计划”开发的新技术与农村经济之间架起教育的“桥梁”，使科学技术大面积地得到推广应用，转化为生产力。

ADB005－19880930

国务院批准实施“燎原计划”

1988 年 9 月 30 日，国务院办公厅就国家教委《关于组织实施“燎原计划”的请示》发出《国务院批复通知》（国办通［1988］57 号），指出：“国务院原则批准国家教委‘燎原计划’的总体设想。‘七五’期间，‘燎原计划’每年所需 6000 万元贷款额度，可纳入农业银行贷款计划，计入规模。”

ADB006－19881118

关于“燎原计划”的两个文件印发

1988 年 11 月 18 日，国家教委印发关于“燎原计划”的两个文件，即《国务院批复通知》和《国家教委关于组织实施“燎原计划”的请示》，要求各省、自治区、直辖市及计划单列市教育行政部门按照文件及国家教委实施“燎原计划”工作会议的精神，结合本地区农村经济、教育发展实际和各项经济开发计划，制订“燎原计划”，制订“燎原计划”实施方案，并在组织实施的过程中，抓好试点，扎扎实实，分步骤实施，切实保证“燎原计划”经济、教育目标的实现。

ADB007－19890325

何东昌签发《国家教委关于农村教育改革实验情况的报告》

1989 年 3 月 25 日，国家教委副主任、党组书记何东昌签发国家教委党组给中共中央政治局委员、国务委员兼国家教委主任李铁映的《国家教委关于农村教育改革实验情况的报告》。《报告》主要分四个部分：农村教育改革实验的目标和措施；教育改革促进了农村经济的发展；教育改革促进社会更重视教育，加快了教育事业的发展；扩大改革实验，推动农村教育改革深入发展。《报告》指出：“实验区三县教改刚开始……但是实验区的初步成效，已经受到所在地区和河北省的重视。大家看到，实验区所走的路子，对推动农村建设的发展具有重大意义。更多的县按这条路走下去，会大大加快农村经济的振兴和教育的发展。”“为了更好地指导扩大农村教育改革实验，国家教委决定会同各省，在实施‘燎原计划’的县内重点抓好 100 个县，作为全国农村教育综合改革的实验区。”“为了更好地推动这项事业，我们建议在国务院领导下，由农业部、科委、教委等部门建立一个协调小组，以协调有关改革，并在政策上、技术上给地方以指导和支持。”

ADB008 – 19890428

农村教育综合改革实验领导小组成立

为了加强对农村教育综合改革工作的领导，1989 年 4 月 28 日，国家教委成立农村教育综合改革实验领导小组，并召开领导小组第一次会议。领导小组由国家教委副主任王明达任组长，专职委员郭福昌、职业技术教育司司长杨金土、成人教育司副司长李家林、河北省教育委员会副主任陈逖先任副组长，成员除国家教委有关司、局负责人外，还有农业部、国家科委、中国人民银行等有关司（处）负责人。领导小组的主要任务，一是负责制定全国农村教育综合改革实验和实施“燎原计划”的方针、政策，二是考虑和审定其发展战略规划和部署，三是协调各方面力量参与并支持实施，四是对实施过程及其结果进行指导、检查和监督。为便于处理日常工作，领导小组下设办公室，统称国家教委农村教育综合改革实验办公室（亦称国家教委“燎原计划”办公室），其主要职责是负责对改革实验及“燎原计划”的实施情况进行调研，为领导小组就方针政策、规划部署等提出意见，供领导决策。与此同时，国家教委发出通知，明确农村教育综合改革实验县的工作，在所在省、直辖市、自治区的领导下，由有关地（市）、县负责组织实施。

ADB009 – 19890523

全国“百县农村教育综合改革实验区”建立

1989 年 5 月 23 日，《国家教委关于在全国建立“百县农村教育综合改革实验区”的通知》发出。《通知》指出，截至 1989 年，全国已进行农村教育综合改革实验，并开始实施“燎原计划”的有 786 个县，2870 个乡。《通知》宣布，在已实施“燎原计划”的县市中，首先重点把 115 个县（后增加为 116 个，涉及全国 27 个省以及北京、上海和天津三个直辖市）作为农村教育综合改革实验区，通过实验区为实施“燎原计划”提供经验和示范，推动全国农村的教育改革。《通知》要求，实验区的教育改革在所在省（自治区、直辖市）的领导下，由有关地（市）、县负责组织实施。省里要选派得力人员下去抓，并动员和组织一部分高校和科研单位帮助实验区搞好经济开发和教育改革。实验县要把实验列入政府的主要工作日程，政府主要负责人要亲自抓教育改革。在政府领导下，促使各部门密切配合协作，保证教育改革的顺利进行。

附录 全国“百县农村教育综合改革实验区”实验县名单

北京市：昌平县

天津市：静海县

山西省：临猗县、壶关县、大宁县、代县

内蒙古自治区：镶黄旗、奈曼旗、敖汉旗

辽宁省：海城市、黑山县、大连市金州区、沈阳市于洪区、凤城县

吉林省：东丰县、蛟河县、农安县

黑龙江省：讷河县、桦南县、密山市

上海市：青浦县、嘉定县

江苏省：江宁县、丹阳市、宜兴市、昆山县、铜山县、大丰县、东海县

浙江省：绍兴县、德清县

安徽省：休宁县、蒙城县、庐江县、金寨县

福建省：闽清县、晋江县、永安市、沙县、建阳县

江西省：宜丰县、弋阳县、宁岗县

山东省：平度县、平邑县、平原县、肥城县、胶南县、梁山县、诸城县、莱州市

河南省：栾川县、辉县、淅川县、扶沟县、长葛县

湖北省：潜江县、南樟县、红安县、宜城县

湖南省：桃江县、汨罗市、郴县江、永县

广东省：南雄县、从化县

海南省：琼海县、白沙县

广西壮族自治区：横县、博白县、浦北县

四川省：仁寿县、大竹县、叙永县、涪陵市、温江县、江北县、江油市、简阳县、广汉市

贵州省：清镇县、黔西县、独山县、贵阳市乌当区

云南省：禄丰县、陆良县、泸西县

西藏自治区：堆龙德庆县

陕西省：宝鸡县、合阳县、南郑县、洛川县

甘肃省：陇西县、合水县、武威市、清水县

宁夏回族自治区：盐池县、吴忠市

青海省：湟中县、乐都县

新疆维吾尔自治区：轮台县、吐鲁番市、阜康县

河北省：阳原县、完县、青龙县、获鹿县、丰南县、邱县、三河县、安平县、南宫市、任丘市、丰宁县、藁城县

ADB010－19890717

农村教育综合改革实验县工作研讨班开班

1989年7月17日至8月5日，国家教委农村教育综合改革实验办公室与中央教育行政学院在北京共同举办了有115个实验县主管教育的县长、教育局长、教委主任等210人参加的农村教育综合改革实验县工作研讨班。在研讨期间，中共中央政治局委员、国务委员兼国家教委主任李铁映与学员进行了座谈。国家教委副主任何东昌、柳斌、邹时炎、王明达，农业部部长何康、国家科学技术委员会副主任蒋民宽等分别作了讲话。河北省教委、吉林省教委、北京市昌平县、安徽省滁县地区、湖南省汨罗市、甘肃省庆阳地区等介绍了实施教育综合改革的经验。李铁映在座谈时指出，农村办教育的关键是县委书记、县长。农村教育最重要的是从当地实际出发，为当地经济服务。人民的前途和教育紧密相连，我们的劳动者素质低，要靠教育来提高。职业教育大规模、规范化地培养劳动者，是教育改革中最有活力的部分，它面向绝大多数学生，要让学生看到前途。这次一百多个县的县长来参加研讨班的办法很好，今后还要长期办下去。

ADB011－19891025

全国“燎原计划”与农村教育综合改革实验县工作会议召开

1989年10月25－31日，国家教委在湖南省长沙市召开全国“燎原计划”与农村教育改革实验县工作会议。中共中央政治局委员、国务委员兼国家教委主任李铁映出席开幕式并讲话。国家教委副主任、党组书记何东昌出席会议并讲话。会议期间，代表们现场参观了长沙市和郴县的部分学校，交流了经验，围绕国家教委《全国农村教育综合改革实验区工作试行纲要（征求意见稿）》进行了研讨。在郴县举行的闭幕式上，国家教委副主任王明达作了题为《总结实施“燎原计划”经验，大力推进农村教育综合改革》的总结发言。王明达指出，湖南省郴县发展和改革农村教育的经验，把我国农村教育综合改革提高到了一个新水平。要求到会同志学习郴县坚持把教育放在优先发展的战略地位，以及自力更生、艰苦创业办教育的精神。学习他们坚持社会主义物质文明与精神文明一起抓，坚持教育同国民经济发展要求相适应，为当地社会主义建

设服务，搞好“三教”（基础教育、职业技术教育、成人教育）统筹的办学思路和埋头苦干抓教育的务实作风。

ADB012－19900208

向农村教育综合改革实验县赠送设备和图书仪式举行

1990年2月8日，国家教委在河北省保定市举行向农村教育综合改革实验县赠送设备和图书仪式。国家教委副主任邹时炎出席赠送仪式并讲话。邹时炎指出，这次国家教委向全国115个农村教育综合改革实验县的每县一所学校赠送一批设备和图书，是一件具有重要意义的事情，体现了国家教育行政部门转变职能、转变作风、面向基层、服务学校，为推动农村教育综合改革办实事的精神；体现了为教育服务的企事业单位端正工作方向，改进服务态度，直接为学校提高教学质量提供优质服务的好思想、好作风。邹时炎希望各级教育行政部门和与教育有关的企事业单位转变作风，深入基层，直接为学校服务；希望参加会议的115所学校发扬自力更生、艰苦奋斗的精神，充分发挥教学设备的效益，提高教育质量，努力把学校办成教育改革的先进样板，把学生培养成为德智体美全面发展的社会主义建设者和接班人。

ADB013－19900331

全国“燎原计划”专项贷款发放和管理工作研讨会召开

1990年3月31日至4月6日，全国“燎原计划”专项贷款发放与管理工作研讨会在广西壮族自治区浦北县召开。28个省、自治区、直辖市和6个计划单列市的代表70余人参加会议。国家教委专职委员兼“燎原计划”办公室主任郭福昌、中国科技财务公司副总经理佟柏华出席会议并讲话。会议总结了一年来“燎原计划”专项贷款发放和管理的经验，分析了存在的问题，研究了今后工作，确立了今后贷款工作的原则，即进一步加强领导；有专管人员；把握“燎原计划”的宗旨，实现“燎原计划”的意图；加强宏观控制；加强对贷款项目的管理；处理好分散和集中的关系；本着对国家负责的精神，维护和保持教育使用贷款的信誉，做到按时还本付息。5月24日，国家教委“燎原计划”办公室印发了会议纪要，并下达了1990年度“燎原计划”贷款指标。

ADB014－19900627

中国燎原广播电视学校开播仪式举行

1990年4月13日，国家教委发出通知，决定在中央广播电视大学内设立中国燎原广播电视学校，以配合实施“燎原计划”，向乡（镇）农技校、职教中心、农职中学提供教学服务。1990 年 6 月 27 日，中国燎原广播电视学校开播仪式在北京举行，国家教委副主任邹时炎宣布：中国燎原广播电视学校定于 7 月 1 日在中国教育电视台第二套节目正式开播。

ADB015 - 19900709

《全国农村教育综合改革实验区工作指导纲要（试行）》(1990—2000 年) 印发

为了指导和推进农村教育改革，实施“燎原计划”，使农村综合教育改革实验区的教育改革有所遵循，国家教委在总结各地经验、征求各地意见的基础上，制定了《全国农村教育综合改革实验区工作指导纲要（试行）（1990—2000 年)》，并于 1990 年 7 月 9 日印发。《纲要（试行)》共 4 个部分，分 30 条，分别从农村教育综合改革的指导思想与原则、目标和任务、措施与条件、领导与评估等方面详细阐述了农村教育为什么必须要改革以及怎样进行农村教育综合改革实验的问题。《纲要》要求，农村教育综合改革实验应坚持总体规划、分期实施、突出重点、先易后难、因地制宜、逐项落实的原则，扎扎实实地、有计划、有步骤地展开。要处理好长远目标与当前起步、点与面、改革与发展、宏观与微观等方面的关系。每个实验县要首先集中力量抓好一批乡、村、校的试点，取得经验后再向面上铺开。在实验过程中提倡互相学习，注意吸收各地先进经验。但是必须坚持从本地实际出发，提倡结合实际大胆创新，绝不能简单照搬外地经验。农村教育综合改革实验县要成为认真执行党和国家有关教育的方针、政策和法规的表率，成为实施“燎原计划”的示范县、农村教育改革的窗口。

ADB016 - 19900715

《燎原信息报》创刊

为了推进农村教育综合改革，加强实施“燎原计划”的宣传工作，经批准，国家教委于 1990 年 7 月 15 日将原《中国讲师团报》改名为《燎原信息报》。1991 年 2 月，《燎原信息报》更名为《中国燎原信息报》，国家教委副主任、党组书记何东昌题写了报名。《中国燎原信息报》为半月刊，每期 4 开 4 版，宗旨和任务是：坚持党的新闻原则，贯彻党的方针、路线，落实有关教育改革的决定精神，积极宣传“教育必须为社会主义建设服务，社会主义建设必须依靠教育”的方针，传达中央领导、国家教委对农村教育综合改革、实施“燎原计划”的指示、部署和要求，交流全国各地农村教育结构改革、实施“燎原计划”以及农科教统筹等方面的典型经验和具体做法，介绍脱贫致富信息，推广实用科学技术等。

ADB017 – 19900723

第二届农村教育综合改革实验县工作研讨班开班

1990年7月23日至8月4日，国家教委农村教育综合改革实验办公室与中央教育行政学院联合在北京举办第二届农村教育综合改革实验县工作研讨班。国家教委副主任、党组书记何东昌，副主任王明达出席会议并讲话。王明达强调，对实验县的工作要加强领导，建立责任制；要认真学习、贯彻国家教委1990年7月制定的《全国农村教育综合改革实验区工作指导纲要（试行）》（1990—2000年），并制定实施细则，抓好综合改革典型和“燎原计划”示范乡的工作；加强分类指导以及督促、检查、奖励表彰工作。国家教委专职委员兼农村教育改革实验办公室主任郭福昌对制定《纲要》的指导思想与原则、目标与任务、措施与条件、领导与评估等作了说明。参加研讨班的同志一致认为，《纲要》指导思想明确，措施具体，主要指标接近实际，体现了因地制宜、分类指导的原则，使各地进行农村教育改革工作有了依据。研讨班还对农村教育综合改革难点和出路进行了研讨。

ADB018 – 19901026

第二次全国“燎原计划”与农村教育综合改革实验县工作会议召开

1990年10月26日至11月1日，国家教委在四川省温江县和广汉市召开第二次全国“燎原计划”与农村教育综合改革实验县工作会议。中共中央政治局委员、中共四川省省委书记杨汝岱，国家教委副主任、党组书记何东昌，副主任王明达出席会议并讲话。四川省副省长韩邦彦、云南省副省长陈立英、贵州省副省长龚贤永、甘肃省副省长张学忠及湖南省教委等省、地、县的同志分别介绍了本省农村教育改革的新情况和新经验。与会代表实地参观了四川省温江县和广汉市农村教育综合改革情况。国家教委副主任何东昌在会上讲了6个问题：关于农村教育的形势；关于依靠人民办教育，办好教育为人民的问题；关于加强地方统筹问题；关于提高、深化和推广的问题；关于动员城市教育支持农村教育的问题；关于农村教育的概念、理论问题。王明达就提高农村教育综合改革实验县水平和扩大实施“燎原计划”规模提出，各省、地、市领导及教委主要负责人要加强对该项工作的领导，各地要按照《全国农村教育综合改革实验区工作指导纲要（试行）》的要求制定具体规划，从本地实际出发，通过抓点示范，逐步推开。

ADB019 - 19901117

《农村教育综合改革实验县贯彻〈学校体育工作条例〉和〈学校卫生工作条例〉的意见》印发

1990年11月17日，国家教委印发《农村教育综合改革实验县贯彻〈学校体育工作条例〉和〈学校卫生工作条例〉的意见》。《意见》指出，经国务院批准，国家教委分别与国家体委、卫生部发布了《学校体育工作条例》和《学校卫生工作条例》。两个《条例》是我国学校体育卫生工作的基本法规，是指导学校体育卫生工作的重要依据。今后一个时期，学校体育卫生工作的中心任务就是抓好两个《条例》的贯彻落实。而广大农村地区如何贯彻落实两个《条例》则是首要任务之一。农村教育综合改革实验县是进行各项综合改革实验的基地，为在我国农村贯彻落实两个《条例》积累经验，该《意见》就农村教育综合改革实验县如何贯彻两个《条例》、加强学校体育卫生工作提出如下六条意见：健全机构、加强领导；加强规划；强化管理；坚持分类指导；建立一支数量足够、质量合格、相对稳定的体育师资和卫生保健人员队伍；努力改善体育卫生工作条件。

ADB020 - 19910201

农村教育综合改革实验县工作评估方案研讨会召开

1991年2月1-3日，3月30-31日，全国农村教育综合改革办公室在北京分别举办两次农村教育综合改革实验县工作评估方案研讨会，北京、上海、天津、河北、辽宁、湖南、甘肃以及中央教育科学研究所、中央教育行政学院、北京师范大学、南京师范大学等有关单位的负责人和科研人员30余人参加会议。经过研讨，与会人员对农村教育综合改革实验县工作评估方案取得了共识。(1) 评估的指导思想要全面贯彻教育必须为社会主义现代化服务，必须同生产劳动相结合，培养德、智、体全面发展的建设者和接班人。(2) 评估的原则：既要注意全面，又要突出重点和地方特色；指标体系要简明易懂，便于操作；定量和定性结合。(3) 评估的依据是《全国农村教育综合改革实验区工作指导纲要（试行）》和各实验县、示范乡的教改实践。(4) 评估对象主要是县政府和县教育行政部门，还要评估乡和学校的管理、“燎原计划”的实施和教育质量等。(5) 开展实验县工作的评估，要处理好统一性与差异性、定性与定量、自评与他评、全面落实《纲要》与办出特色等几个关系。与会人员对评估的指标体系构成、人员组成要求、评估重点以及步骤、方法等也作了认真研讨。

ADB021－19910826

国家教委决定对全国农村教育综合改革实验县进行工作检查

1991年8月26日，国家教委办公厅印发《关于对于全国农村教育综合改革实验县进行工作检查的通知》，提出于1991年下半年对全国农村教育综合改革实验县进行一次工作检查。检查的主要目的，是进一步落实第二次全国“燎原计划”与农村教育综合改革实验县工作会议的精神，贯彻《全国农村教育综合改革实验区工作指导纲要（试行）》的要求，总结经验，深化改革，推进工作；检查的性质，是对起步阶段工作进行督促，不是评比，更不是总结性检查。根据《通知》的要求和国家教委1991年工作要点的安排，国家教委农村教育综合改革（“燎原计划”）办公室组织有关单位和部分省、市的同志分为6个组，于10月22日至12月18日分赴山西、宁夏、河南、贵州、福建、江西、河北进行了检查。检查后的基本估价是：农村教育综合改革的思路越来越明确，对农村教育综合改革的重要意义和作用的认识在实验县的干部和群众中逐步深化；“点上大胆突破，面上积极推广”工作正在顺利进行，各实验县都涌现出一批各具特色的好典型；各地发展尽管不平衡，但从整体上看，农村教育综合改革实验县的工作不仅已经起步，而且进展迅速、顺利；教育在科技兴农和促进我国农村社会全面进步中的作用日益显著。

ADB022－19920926

全国贫困地区农村教育综合改革工作会议召开

1992年9月26－31日，国家教委和国务院贫困地区经济开发领导小组办公室在陕西省商洛地区联合召开全国农村教育综合改革工作会议。国家教委副主任王明达出席会议并讲话。王明达强调，贫困地区的教育是我国农村教育困难较多的一部分。贫困地区和全国农村教育改革与发展的路子，在大原则上虽是相同的，但有很多特殊困难，因此，需要专门研究。王明达指出，改革的思路，一是要紧密结合脱贫致富，狠抓教育结构的改革。贫困地区教育的重心要放在中等和中等以下的教育上面。要在加强基础教育的同时，大力发展职业技术教育和成人教育。二是在普通教育中积极引进职教因素。三是怎样解决贫困地区办学的困难，也需要提高认识。王明达要求，采取措施，扎扎实实地推进贫困地区农村教育改革和发展。第一，加强领导，全面规划，建立制度。第二，认真学习先进经验，积极实施“燎原计划”，抓好面上推广。第三，在县级政府统筹下，认真推进农科教结合。第四，大力培训干部。第五，重视和扶持贫困地区少数民族发展教育事业。第六，多渠道筹措教育经费，增加对贫困地区教育的投入。

ADB023－19930209

国家三部门强调要大力改革与发展贫困地区教育

1993 年 2 月 9 日，国家教委、国务院贫困地区经济开发领导小组、财政部联合印发《关于大力改革与发展贫困地区教育，促进经济开发，加快脱贫致富步伐的意见》。《意见》包括四方面内容：贫困地区教育改革与发展的基本指导思想；贫困地区教育事业发展的主要目标和任务；加强政府统筹，搞好农科教结合；多渠道筹措教育经费，增加对贫困地区教育的投入；大力加强教师和干部的培养培训工作。《意见》指出，贫困地区教育改革与发展，不仅关系到这些地区的脱贫致富，而且影响到整个国家经济的振兴和四个现代化的进程。各级党委和政府及有关方面一定要坚持分类指导，认真抓好典型，不断总结经验，加强评估督导，在落实上下工夫，为我国贫困地区人民早日过上富裕文明的生活作不懈努力。

ADB024－19931018

全国农村教育综合改革与实施“燎原计划”工作研讨会召开

1993 年 10 月 18－22 日，国家教委在江苏省昆山市召开全国农村教育综合改革与实施“燎原计划”工作研讨会。国家教委副主任王明达、专职委员郭福昌和来自全国各省市的代表共 120 余人出席了会议。会议以马克思主义理论和《中国教育改革和发展纲要》关于建设有中国特色的社会主义教育体系等精神为指导，从理论和实践的高度总结农村教育综合改革与实施“燎原计划”五年来的成绩和经验。与会人员参观了昆山市的农村教育综合改革现场，提出今后工作的重心是要坚持不懈地把现有典型经验在更大范围内推广。国家教委副主任王明达在研讨会开幕式上介绍了全国农村教育综合改革的基本情况和主要成效。他强调，要积极组织实施“燎原计划”，加快推动农村教育综合改革的步伐。实施“燎原计划”，推动农村教育综合改革深入发展，是落实《纲要》的重要内容。他指出，农村教育综合改革经过几年发展已取得显著成效，但就全国来讲，发展还很不平衡，还仅仅是起步和发动阶段，今后的任务还相当艰巨。各地要认真研究新时期社会主义市场经济体制发展对教改提出的新要求，按照《中国教育改革和发展纲要》的精神，从实际出发，继续认真探索农村教育综合改革的路子。

ADB025－19940608

全国地区（市）农村教育综合改革联系点确定

为了将农村教育综合改革实验县的经验在一个地区（市）范围内加以推广，积累在一个地区（市）进行农村教育综合改革的经验，并逐步形成燎原之势（点上深化、面上扩展），进一步扩大农村教育综合改革经验的推广范围，取得更好的社会效果，不断推动农村教育综合改革工作，1994 年 6 月 8 日，国家教委发出《国家教委关于建立全国地区（市）农村教育综合改革联系点的通知》，决定建立一批地区（市）农村教育综合改革联系点。各联系点的主要任务是：要按照《中国教育改革和发展纲要》的要求，在本地区（市）所属范围内积极推广农村教育综合改革实验县的经验，进一步明确农村教育的办学方向，切实由过去单纯的应试教育转到主要为当地社会主义建设服务兼顾升学的轨道上来；把推广农村教育综合改革实验县经验的工作纳入本地区（市）经济、社会整体发展规划之中，切实落实教育的战略地位，宁可在别的方面省一点，也要千方百计为本地区（市）教育办几件实事。《通知》指出，各地区（市）农村教育综合改革联系点，一定要在地（市）委、行署（市政府）的领导下，组织好实施工作。要动员和组织有关高等院校、科研单位参与农村教育综合改革联系点的工作。

附录 全国地区（市）农村教育综合改革联系点名单

1. 河北省：张家口市
2. 山西省：吕梁地区
3. 内蒙古自治区：赤峰市
4. 辽宁省：丹东市
5. 吉林省：辽源市
6. 黑龙江省：齐齐哈尔市
7. 江苏省：连云港市
8. 浙江省：湖州市
9. 安徽省：滁州市
10. 福建省：南平地区
11. 江西省：上饶地区

12. 山东省：淄博市
13. 河南省：南阳地区
14. 湖北省：襄樊市
15. 湖南省：怀化地区
16. 广东省：东莞市
17. 海南省：三亚市
18. 广西壮族自治区：玉林地区
19. 四川省：德阳市
20. 贵州省：遵义地区
21. 云南省：曲靖地区
22. 西藏自治区：山南地区
23. 陕西省：商洛地区
24. 甘肃省：张掖地区
25. 宁夏回族自治区：银南地区
26. 青海省：海东地区
27. 新疆维吾尔自治区：昌吉回族自治州
28. 新疆生产建设兵团：农六师
29. 林业部：三明市林科教结合实验区

ADB026－19940922

全国农村教育综合改革工作会议召开

1994年9月22－26日，国家教委在河北省唐山市召开全国农村教育综合改革工作会议。中共中央政治局委员、国务院副总理李岚清专程到唐山听取了关于会议情况的汇报，并在大会上讲了话。国家教委副主任王明达受出国访问的国家教委主任朱开轩委托作了工作报告。国家教委副主任柳斌、农业部副部长洪绂曾出席会议并讲话。王明达作了会议总结讲话。参加会议的有：国家教委原副主任、党组书记何东昌，原副主任杨海波，河北省省长叶连松，副省长王幼辉，部分省的主管副省长、教委主任，各省、市、自治区教委主管副主任，国务院有关部委和解放军总政治部有关负责同志，国家教委确定的29个农村教改实验地区联系点的党政负责同志及11所高等学校领导同志。与会人员总结交流了全国农村教育综合改革的成绩和经验，讨论了国家教委有关文件草案，参观了唐山市区及唐山市所属迁安市、丰南市的职教中心等学校。会议提出，今后的主要任务是，继续坚持农村教育综合改革“点上深化，面上推广”的工作方针，加大改革的力度，加快推广已经取得的成功经验。国家教委还在会上表彰了北京市昌平县等204个全国农村教育综合改革先进单位。

附录 李岚清在全国农村教育综合改革工作会议上的讲话（摘录）

要从农村的实际出发，调整教育结构。农村基础教育，要增加职业教育内容，不论是九年教育，还是六年教育，都要使学生在学好文化知识的基础上，掌握一些实用科学技术知识，使大部分学生毕业后能用其所学的技能和知识，在农村经济和社会发展中发挥积极的作用。同时也要兼顾一部分学生继续升入高一级学校学习的需要，使具备条件的学业优秀的农民子弟也能直接升学、深造。要在扎扎实实地普及九年义务教育的同时，大力发展职业教育和成人教育。农村的职业教育和成人教育不能照搬城市的做法，要因地制宜，按需施教，灵活多样，注重实效；要实行学历教育与短期培训并重的原则，大力开展周期短、见效快的培训；要加快乡、村农民文化技术学校的建设步伐，积极开展扫盲工作，把学文化与学科学、学技术、学教育管理结合起来。农村各级各类学校都要贯彻教育与生产劳动相结合的原则，让学生在参加生产劳动、接触社会实践中增长知识和才干，但也要注意不能以干代学。全国教育工作会议明确提出，发展职业教育要坚持小学后、初中后、高中后三级分流的方针，这是解决我国农村教育的重大举措。要通过三级分流和调整教育结构，在农村逐步形成普通教育和职业教育共同发展、相互衔接、比例合理的教育体系，农村实行基础教育、职业教育和成人教育“三教”统筹。这是各地在农村教育综合改革实践中创造的重要经验，有利于提高农村教育的办学效益和质量，有利于农村教育协调发展，有利于提高劳动者素质和培养农村实用人才，这方面的经验应好好地总结推广。

ADB027－19941026

农村综合初中实验工作会议召开

1994年10月26－30日，国家教委在浙江省杭州市召开农村综合初中实验工作会议，部署试办农村综合初中，以推进农村教育综合改革。试办农村综合初中，目的在于改革初中阶段的文化科学课，分年级逐步引入技术或职业课，使文化科学教育与职业教育协调发展，最终建立适应农村现代化建设需要、符合青少年身心发展的课程体系。在课程计划方面，它规定文化科学课和技术职业课并重，其课时比例是2:1，要有一定的课时保证学生的实践活动，即劳动实践和社会实践课；必修课由现行13门学科，减少为8门学科，选修课可根据本地区经济发展需要和学生本人志向开设。实验工作从1995年秋季开始，国家教委将在全国抓一些试点，并对实验单位提供教材支持。

ADB028 – 19950614

《关于深入推进农村教育综合改革的意见》印发

为了贯彻科教兴国战略，落实《中国教育改革和发展纲要》及其实施意见，1995 年 6 月 14 日，国家教委印发了《关于深入推进农村教育综合改革的意见》。该《意见》共分 4 个部分 18 条，进一步阐明了农村教育的地位和农村教育综合改革的重要性、指导思想、工作方针及主要任务。《意见》提出：“继续调整农村教育结构，坚持‘三教统筹’，在切实保证两基重中之重地位的同时，大力发展职业教育和成人教育。”“成人教育与职业教育要在县、乡政府的领导下，提倡多种形式的联合办学。职业学校和成人学校要实行结合，一校多用，职前职后结合，学历教育与短期培训结合。在管理上，职业教育和成人教育管理部门要从有利于两类教育相互沟通、紧密结合、协调发展，有利于提高教育质量和办学效益出发，加强协调合作。在乡、村一级，主要依托乡、村成人文化技术学校，实施各种成人培训和职业培训。在县一级，要集中力量建设职业教育与成人教育结合的综合性的实施职业教育与成人教育的中心。独立建校的也要提倡职前职后结合。各地要在改革实践中探索农村职业教育和成人教育紧密结合的新的有效的管理形式和机制。”

ADB029 – 19951019

全国地区（市）农村教育综合改革联系点工作会议召开

1995 年 10 月 19 – 21 日，国家教委在湖南省怀化地区召开全国地区（市）农村教育综合改革联系点工作会议。全国地区（市）的主管地委书记、专员或市长，教育部门的负责同志，以及省教委主管同志共 136 人出席了会议。国家教委副主任王明达出席会议并讲话。会议交流了各联系点的农村教育综合改革工作方案和近年来开展农村教育综合改革的经验，讨论了《全国地区（市）农村教育综合改革联系点工作意见（试行）》，研究部署了联系点的工作。总的要求是按照《中国教育改革和发展纲要》的思路，认真地在各联系点全地区范围内加以落实，必须抓好五项工作：落实教育的战略地位，确保教育的投入；努力实现“两基”的目标；明确农村教育的办学方向；搞好“三个结合”（农、科、教结合，三教结合，实施“燎原计划”和“丰收计划”、“星火计划”结合）；加强学校内部建设和管理，提高办学效益和教学质量。会议强调各地要推进农村教育综合改革，关键是提高认识，真正重视，认真落实；要因地制宜，从实际出发，按照分类指导的原则进行。

ADB030 –19951023

全国民族地区、贫困山区农村教育综合改革经验交流会召开

1995 年 10 月 23 –26 日，国家教委民族教育司和城市与农村教育综合改革办公室联合在湖南省凤凰县召开全国民族地区、贫困山区农村教育综合改革经验交流会。会议的主要任务是，总结和交流民族地区、贫困山区农村教育综合改革的经验，研究加快民族地区、贫困山区农村教育改革的思路与对策，进一步推进民族地区、贫困山区经济的发展和社会全面进步。国家教委副主任王明达到会讲话。王明达指出，我国少数民族绝大部分是在农村地区，其中，相当多的地方是山区农村。这些地区的农村有特殊性，所以，民族地区、山区的农村教育问题，实际上是一种特殊的农村教育。我们要认真分析民族地区和贫困山区所具有的特殊性。王明达要求，进一步提高对民族地区、贫困山区农村教育综合改革重要性的认识，民族地区和贫困山区要努力吸收全国各地在农村教育综合改革方面的普遍经验，同时结合本地区实际认真研究农村教育的一些特殊问题，在农村教改中积极探索逐步解决这些问题。

ADB031 –19951213

实施“燎原计划百千万工程”座谈会召开

1995 年 12 月 7 日，国家教育委员会办公厅印发《关于实施燎原计划百、千、万工程的意见》。“燎原计划百千万工程”主要选择由农业部推荐实用性强、生产效益高的易推广的农村实用技术为主要内容，以录音带、录像带、科普教材等为载体，以农村职业学校、职教中心、农村广播电视学校、乡村农民文化技术学校以及普通中小学为主要阵地，利用广播、电视等多种教育手段，帮助广大农民学习掌握这些先进农业生产实用技术，加快致富步伐。“燎原计划百千万工程”由国家教委“燎原计划”办公室和中央电大燎原广播电视学校组织实施，同时得到了农业部、国家科委、全国农业技术推广总站等单位的配合。12 月 13 日，国家教委在北京市召开实施“燎原计划百千万工程”座谈会。国家教委主任朱开轩、副主任王明达，农业部副部长洪绂曾，国务院扶贫开发领导小组副组长杨钟等有关负责人出席了座谈会。朱开轩在座谈会上强调，各地教育部门要充分地、高度地重视这项工作，要充分地利用我们的教学资源，动员社会各界来参与，我们一定要把教育事业与科技、经济密切结合起来，为农业在今后五年内上一个更高的台阶，为我们顺利进入经济发展的第三个阶段，达到小康，进而实现中等程度的发达国家的水平打下一个基础。

ADB032 – 19970908

全国农村教育综合改革联系点会议召开

1997 年 9 月 8 日，国家教委在甘肃省召开全国农村教育综合改革联系点会议。会议的主要任务是：交流两年来各联系点农村教育综合改革取得的新进展和新经验，参观甘肃省张掖地区农村教育综合改革的现场，研究修改《全国农村教育综合改革联系点工作的若干意见》。会议指出，目前地区联系点的工作与实施科教兴国战略、实现教育工作的“两个重要转变”还有一定的差距，农村教育在农村经济和社会发展中的作用尚未得到充分发挥，“三教统筹”、“农科教结合”的领导体制和运行机制还有待于进一步建立和完善，同时各联系点之间、联系点内各县、乡之间的发展也不平衡。会议提出以后的任务是：（1）加大农村教育机构调整的力度，努力办好农村职业技术教育；（2）加大对农村教育的投入，加强农村专业课教师队伍的建设和实验实习基地建设；（3）不断总结经验，加强分类指导。

ADB033 – 19990626

全国农村教育综合改革工作经验交流会召开

1999 年 6 月 26 – 29 日，教育部在湖南省邵阳市召开了全国农村教育综合改革工作经验交流会。教育部副部长张天保出席会议并讲话。会议就新形势下如何贯彻第三次全国教育工作会议精神，深化农村教育综合改革，全面推进农村地区的素质教育，促进教育为农业和农村工作服务，提出了明确的要求：深刻领会十五届三中全会和第三次全国教育工作会议精神，充分认识深化农村教育综合改革、全面推进素质教育的重要性和紧迫性；进一步端正农村教育办学指导思想，始终坚持为农业、农村和农民服务的方向；加快改革和发展农村各类教育的步伐，为实现中国农业和农村跨世纪发展目标提供强大的精神动力、智力支持和人才保证；加强领导，采取有力措施，全面开创农村教育综合改革工作新局面。会议还实地考察、学习了邵阳市实施“十百千万工程”的经验。

第三节 农科教结合的提出与推进

ADC001 –19830506

党中央要求实行农科教统筹

1983年5月6日，《中共中央、国务院关于加强和改革农村学校教育若干问题的通知》指出："农村的职业技术教育涉及的部门很多，省、地、县各级党委、政府都要把教育、农业、计划、财政、劳动人事、科技、工业等部门组织起来，明确分工，齐心协力地抓好这项工作。"1986年1月1日中共中央印发的《关于一九八六年农村工作的部署》指出："科学技术必须为农村经济服务，发展农村经济必须依靠科学技术，这应当作为一条重要方针而突出起来"，并要求"重视建立和健全各级农业科研、教育、信息、技术推广和经营管理等服务组织"。各级科技、教育与经济部门，应为实现这个"星火计划"密切协作，并本着这个方向，各自作出类似计划，加速农村各业的技术改造。

ADC002 –19860702

国家教委倡导实行农科教统筹

1986年7月2日，国家教委副主任、党组书记何东昌在全国职业技术教育工作会议上讲话时指出："农村经济和农村教育是互相促进、紧密相关的……这样可以一校多用、一站（如种子站、农机站、科技推广站等）多用、一人多能。这些事情要县里加以统筹，发挥各有关机构和人才的作用。省一级有关的部门、机构、高等学校、科技推广部门等，也要给予指导。"1987年12月14日，何东昌在全国农村教育为当地经济建设服务经验交流会上提出，要把教育和经济"两张皮"变成"一张皮"，"关键是县要有统筹权……上级下达培训任务，县里要保证完成，下达的款项、投资条件等，应允许县里头统筹，人力、物力、财力统筹使用。"1988年8月29日，何东昌在国家教委实施"燎原计划"工作会议上指出："农村的教育要有前途的话，必须使老百姓感到教育与他们的前途幸福是挂上钩的，这样才有活力……教育要面向本地，教育要与经济统筹。现在看，县以下的农业部门、科技部门、教育部门要密切配合。这样，光靠教育部门就不行，需要各级政府组织。恐怕农村这一块，关键是县一级要统筹。"

ADC003－19870228

河北省农村教育改革实验区探索农科教统筹的路子

由国家教委和河北省人民政府共同建立的“河北省农村教育改革实验区”，1987年2月28日正式启动时明确提出，要探索贫困地区农村教育改革的路子，探索把经济开发、技术开发、智力开发紧密结合的路子。同年9月28日，国家教委和河北省政府联合召开的实验区第二次工作会议要求，“各方扶贫的力量应在县政府领导下统筹安排，分工合作，互相配合。各部门举办的各种学校教育和培训，应在县政府的统筹安排下，充分利用现有的教育设施和师资，提高办学效益。县政府还要统筹管理农村管理教育，把普通教育、职业技术教育、成人教育统筹安排，使之密切配合”。1988年8－9月，国家教委副主任王明达在先后考察指导青龙满族自治县、完县（今顺平县）、阳原县农村教育改革实验时，多次提出要搞好农科教统筹。同年12月1日，国家教委和河北省政府联合召开的实验区第三次工作会议进一步强调，“各级政府要搞好农业、科技、教育统筹，基础教育、职业技术教育、成人教育统筹，加强高等教育、中等教育、初等教育的联系”。

ADC004－19890826

国家五部门提出实行农科教结合的意见

1989年8月26日，农业部、国家科委、国家教委、林业部、中国农业银行联合印发《关于农科教结合，共同促进农村、林区人才开发与技术进步的意见（试行）》。《意见》提出，实行农科教结合，要以发展农村、林区生产和精神文明建设为中心，坚持科技、教育必须为农村、林区社会主义建设服务，农村、林区社会主义建设必须依靠科技、教育的原则。《意见》要求，积极推进农村以及林区各类教育的协调发展，做到三教（基础教育、职业技术教育、成人教育）统筹，相互促进。农科教各部门要统筹规划，建立职前与职后教育互相衔接，多层次、多形式、多功能的农村、林区职业技术教育体系。《意见》要求，加快建立和完善农村、林区成人教育体系；广泛开展对在乡小学、初中、高中毕业生的实用技术培训；大力开展对乡镇企业和林区集体企业管理干部、技术骨干和职工的技术培训和岗位培训，并抽调技术力量支援乡镇企业建设；统筹安排好共同的培训任务和技术推广项目。《意见》还提出，农业部、国家科委、国家教委、林业部、中国农业银行联合成立“农科教统筹与协调指导小组”，由农业部牵头，指导小组办公室设在农业部宣传教育司。

附录 农科教统筹与协调指导小组及办公室成员名单

指导小组

组　长：洪绂曾　（农业部副部长）

副组长：郭树言　（国家科委副主任）

　　　　王明达　（国家教委副主任）

成　员：洪绂曾、郭树言、王明达、徐简（国家科委星火办顾问）、孙翔（农业部宣传教育司副司长）、王文湛（国家教委职教司副司长）、张启（林业部教育宣传司副司长）、许玉龙（中国农业银行教育部主任）

指导小组办公室

主　任：孙　翔（兼）

副主任：刘培棣（农业部宣传教育司成教处处长）

　　　　陈德才（国家教委职教司处长）

　　　　郭增艳（国家科委农村科技司综合处副处长）

　　　　黄小文（林业部教育宣传司处长）

　　　　周成文（中国农业银行教育部干训处处长）

ADC005－19890829

国家五部门联合召开农科教结合新闻发布会

1989 年 8 月 29 日，农业部、国家科学技术委员会、国家教育委员会、林业部、中国农业银行在北京联合举行新闻发布会，宣布成立农科教统筹与协调指导小组。农业部部长何康，国家教委副主任、党组书记何东昌和副主任王明达，国家科委副主任郭树言，林业部副部长蔡延松，中国农业银行行长马永伟等出席会议并就农科教结合的有关问题发表谈话。何康在谈话中介绍了实行农科教结合的有关情况和当前的任务。何东昌谈了农科教结合的意义，并希望社会各界支持这件事。何东昌提出，农科教结合对推动农村劳动者素质的提高，促进农村的科技进步，对我国农村经济的发展将起很大作用。许多生动的事实说明，农科教结合潜力很大。何东昌指出，现在我们还不可能搞大规模、系统的劳动者的技术教育，主要是小学、中学后加一点职业技术教育。一个县应办好一所面向农业的职业学校，光办普通的小学、初高中，不能满足学生的兴趣。教育与农民的需要结合起来，才能调动群众办学的积极性。农村经济越发展，需求越大，对教育的支持也越大。有的贫困地区发展教育，选准开发项目，两三年就发生变化，由穷变富。

ADC006 – 19891007

孙起孟调查安徽省农科教统筹协调的实施情况

1989 年 10 月 7 – 22 日，全国人大常委会副委员长孙起孟到安徽省视察工作，调查农科教统筹协调的实施情况。孙起孟听取了安徽省政府的汇报，考察了休宁县溪口职业高级中学、休宁县电器厂、休宁县粮油加工饲养场等单位，出席了黄山市委、市政府召开的由科委、教委、农业局等部门及试点学校领导参加的座谈会。10 月 16 日，孙起孟为休宁县溪口职业高级中学题词："怀着极大的喜悦在休宁县溪口乡参观了'农科教合一'的实践现场。时间虽短，印象很深。这里展示了农村改革深化的有效途径，特别是农村教育深化改革和蓬勃发展的宽广道路；并为贯彻'两个文明一起抓'的方针提出了惹人注目的有益经验。总之，'农科教合一'是认真执行'一个中心、两个基本点'基本路线的生动体现，它将在建设有中国特色的社会主义的过程中表现出越来越旺盛的生命力。"10 月 19 日，孙起孟在中华职业教育社安徽分社成立大会上强调，安徽人民在实践中创造的"农科教合一"是个新鲜事物，很值得重视。

ADC007 – 19891016

宋平肯定农科教结合

1989 年 10 月 16 – 25 日，中共中央政治局常委、中组部部长宋平在安徽考察。在调查访问过程中，宋平一再肯定要走科技兴农的路子。他说，使农业、科技、教育三者结合，既可挖掘农业潜力，又可造就人才，提高劳动者素质。宋平指出，农业发展急需大量科技人员，科技人员施展聪明才智也需要农村这个广阔天地。应当组织科技人员到农村去，与群众结合，与实践结合，为农村经济发展作出贡献。每到一地宋平都强调，制定发展战略和改革措施，确定生产门路和开发项目，都要遵循实事求是的思想路线，都要从实际出发，搞好科学论证，切忌生搬硬套，搞"一刀切"。

ADC008 – 19891221

农科教统筹协调研讨班举办

1989 年 12 月 21 – 26 日，中国陶行知研究会、中华职业教育社和中国教育工会在安徽省黄山市举办农科教统筹协调研讨班。来自全国 21 个省市的 180 多名农、科、教部门代表参加了研讨。与会人员在系统听取安徽省及黄山市、休宁县、溪口区、乡以及溪口职业中学的介绍后，考察了溪口区农科教结合的现场，参观了陶行知纪念馆，并就农科教统筹结合中的有关问题进行了认真研讨。与会代表认为，农科教统筹协调是经济、科技、教育体制改革逐步深入的必然趋势，是在大力加强农业的新形势下，转变各部门职能，改变条块分割状况，实行优势互补、综合治理，持续、稳定、协调地发展农村经济和教育的有效途径，也为农村两个文明建设提供了有益的经验。代表们从黄山市和休宁县溪口区的农科教统筹做法中受到启发。黄山市在统筹中组织落实、脚踏实地、部门分工明确、忙而不乱，农业出课题，科技出项目，教育出人才。研讨班强调指出，在乡一级统筹的基础上，县和县以上的统筹是难点，也是重点，目前部门分割、各自为政、重复投资、效益不高的弊端必须加以改变。与会人员建议从中央到省要制定有关统筹协调的政策，并给地方更多的统筹权。

ADC009 – 19900507

部分省市农科教结合工作座谈会召开

1990 年 5 月 7 – 10 日，农业部、国家科委、国家教委、林业部、中国农业银行联合在安徽省滁县召开了部分省、市农科教结合工作座谈会。11 个省、市的有关领导及代表 150 余人参加了会议。农业部副部长王连铮作了主题报告。林业部副部长徐有芳、国家科委秘书长吴武封、中国农业银行王景师作了讲话。国家教委副主任王明达作了会议总结。会议期间，与会人员交流了各地农科教结合工作的经验，参观了安徽省滁县一些农科教结合试点，讨论修改了《关于农科教结合，共同促进农村、林区人才开发与技术进步的意见（试行）》，对今后如何进一步加强和推进农科教的统筹结合工作进行了研究和部署。王明达在会议总结报告中指出，五部、委、行联合发出《意见（试行）》后已在全国引起强烈反响，很多省相继成立了由主要负责同志参加的领导小组，中共中央政治局常委宋平、国务院副总理田纪云等都表示支持。当前，要进一步提高各级领导的认识，尽快健全农科教统筹协调的组织机构，加强调查研究，制定实施规划，抓好试点，及时总结经验，逐步组织推广。7 月 25 日，全国农科教统筹与协调指导小组向全国各省级有关部门印发了这次会议的纪要。

ADC010 – 19920100

全国农科教结合座谈会召开

1992 年 1 月，经国务院批准，国务院办公厅、国务院研究室召开了全国农科教结合座谈会，国务院副总理田纪云，国务委员李铁映、宋健、陈俊生等领导与会。李鹏总理题词："农科教结合是发展农村经济，促进精神文明建设，提高农民素质的一种好形式。"会议在总结交流各省、区试点县、市经验基础上，具体部署开展农科教结合工作，并讨论了《关于积极实行农科教结合推动农村经济发展的通知》。田纪云指出，实现农科教结合是实现农村小康的最根本途径。农科教结合作为农村奔小康的一项重大战略措施，正在全国各省区，特别是县乡两级蓬勃展开。

ADC011－19920212

《国务院关于积极实行农科教结合推动农村经济发展的通知》印发

1992 年 2 月 12 日，《国务院关于积极实行农科教结合推动农村经济发展的通知》印发。《通知》指出，各级政府要把实行农科教结合、推动农业和农村经济同科技、教育事业的协调发展，作为改革是否深入、是否收到实效的一个重要标志，切实抓好这件兴国利民、造福子孙后代的大事。各有关部门要紧紧围绕振兴农业和农村经济这个中心任务，通力合作，分工负责，各尽其力，形成振兴农业的"大合唱"。农业或农村工作的主管部门，要在政府领导下主动做好农科教结合的具体组织工作，密切依靠科技、教育等部门和行业，共同促进农业和农村经济发展目标的实现。同时，要进一步加强农业系统内生产管理部门与农业科研机构、农业院校的合作。科技、教育部门要继续抓好农村科技、教育体制改革。吸引和组织更多的科技人员，开展多种形式的科技服务，发展各种农民专业技术协会、研究会，以及科技示范户、示范村等。要使基础教育、职业技术教育和成人教育面向农村、协调发展，充分发挥农村学校人才、知识相对密集的优势，积极参与农业科技试验、示范、推广工作。

附录　国务院关于积极实行农科教结合推动农村经济发展的通知（摘录）

五、在农科教结合中大力发展农村职业技术教育

我国农民科学文化素质较低，吸收运用先进技术的能力不强，影响着农业和农村经济的进一步发展。大力改革和发展农村教育，特别是加强职业技术教育和适用技术培训工作，培养一大批扎根于农村的科技力量，提高广大农民的素质，是科教兴农的重要环节。农村职业技术教育要始终坚持为农业和农村经济建设服务的方针，贯彻因地制宜、按需施教、灵活多样、注重实效的原则。特别是适用技术培训更要有很强的针对性，把培训农民与技术推广紧密联系起来。发展农村职业技术教育和进行适用技术培训，必须要有农业、科技、教育

等各部门的积极参与和密切配合。同时，县、乡政府要加强统筹规划，做到统一安排、合理布局，综合利用学校设施，发挥学校多种功能，提高办学的经济效益和社会效益。

当前，县（市）首先要集中力量办好一两所起示范和骨干作用的职业技术学校，并继续办好农村广播函授学校；乡（镇）要办好农民文化技术学校；村要逐步建立农民业余文化技术学校。农村中小学教育要在适当阶段引进职业技术教育内容和举办多种形式的职业技术培训班。农业、林业、水利、气象及有关的其他中等专业学校要在深化改革中进一步发挥骨干作用，为农村科技培训与推广网络不断输送技术人才。各地要采取有效措施，加强农村职业技术教育和适用技术培训的师资、教材建设。县、乡应选拔有一定实践经验的优秀教师和回乡青年学生，送到有关大中专学校定向培养为专业师资；农业、科技等部门要选派一批技术人员担任农村职业技术学校的兼职教师。县、乡要组织农业、科技、教育等有关部门的力量，根据当地农业开发的实际需要，共同编写富有特色的实用乡土教材。

ADC012 - 19930209

国家三部门要求贫困地区加强农科教结合

1993 年 2 月 9 日，国家教委、国务院贫困地区经济开发领导小组、财政部联合印发《关于大力改革与发展贫困地区教育，促进经济开发，加快脱贫致富步伐的意见》。《意见》指出，农业和农村经济的发展靠科技，科技推广靠人才，人才培养靠教育是客观与普遍的规律。而贫困地区的人力、财力、物力较为紧缺，更需要在政府的统筹协调下，加强农科教结合，使农科教等各有关方面紧密合作，形成合力，共同促进本地区的科技进步和经济开发，推进农业和农村经济的全面振兴。《意见》要求，各地要由政府主要负责人牵头，组成农业、科技、教育等部门负责人参加的农科教统筹结合领导小组，负责制定本地区农科教规划，安排培训和推广项目，组织师资、科技人才，统筹利用基地、设施，并在渠道不变、用途不乱的原则下统一筹集和合理使用有关经费。贫困地区的农科教统筹结合一定要注重实效。各地政府应从当地实际出发，研究制定有利于推动农科教统筹结合，有利于稳定和发展农村科教队伍，有利于科教人员下乡帮助农民致富，有利于农民学文化、学技术的有关政策和措施。

ADC013 – 19940216

全国农科教统筹与协调指导小组更名

为了加强对全国农科教结合的宏观指导，1994 年 2 月 16 日，中共中央政治局委员、国务院副总理李岚清召集有关部门领导专门研究农科教结合工作，提出把农科教结合作为极为重要的方针和发展农村经济的一个关键措施来抓，并决定将原五部委（行）组成的“全国农科教统筹与协调指导小组”更名为“全国农科教结合协调领导小组”，由农业部、国家科委、国家教委、国家计委、财政部、人事部、林业部、中国农业银行、国务院扶贫办等单位组成（后增补水利部为领导小组成员单位）。这个小组于 1994 年 4 月 6 日正式由国务院批准。

ADC014 – 19950420

首批全国农科教结合示范区和联系点确定

1995 年 3 月 2 日，国务院对国家教委《关于农科教结合若干问题的请示》作了同意的批复。4 月 20 日，国家教委农科教结合领导小组下发了《关于建立全国农科教结合示范区及进行农科教结合书面调查的通知》，公布了江苏省苏州市、福建省三明市、河北省承德市、湖南省怀化地区、四川省广元市、甘肃省定西地区 6 个全国首批农科教结合示范区的名单。与此同时，又确立了安徽省黄山市、黑龙江省齐齐哈尔市、山东省潍坊市、山西省晋中地区、内蒙古自治区巴彦淖尔盟 5 个农科教结合联系点。1995 年 7 月 4 – 6 日，全国农科教结合示范区和联系点工作研讨会在河北省承德市召开。

ADC015 – 19951005

全国农科教结合工作经验交流会召开

1995 年 10 月 5 – 7 日，全国农科教结合工作经验交流会在北京举行。参加这次会议的有国家和各地有关部门负责人，以及新闻单位代表共 220 名。来自农业、教育、科技等方面的领导同志集中到一起讨论农业和农村经济问题，标志着科教兴国、科教兴农的整体合力正在形成。中共中央政治局委员、国务院副总理李岚清出席会议并讲话。李岚清指出，近年来的实践充分证明，农科教结合顺应了广大农民脱贫致富、发展经济的客观愿望，是农业和农村经济及科技教育深入改革发展的客观要求的必然选择，是落实科教兴国、科教兴农战略决策的必由之路和战略性措施。李岚清强调，推动农科教结合，政府是关键。实施农科教结合要以振兴农业和农村经济为中心，加大统筹结合的力度。国务院副秘书长徐志坚专程到会听取了部分代表的汇报。国家教委、国家科委、林业部、国家计委等部委的领导讲了话。11 位代表在大会上交流了经验。会上，向苏州市等 6 个全国农科教结合示范区举行了授牌仪式。

ADC016 –19961206

全国农科教结合示范区现场经验交流会召开

1996 年 12 月 6 –9 日，全国农科教结合示范区现场经验交流会在福建省三明市举行。来自全国 30 个省、自治区、直辖市以及计划单列市，12 个全国农科教结合示范区，26 所高中等农林院校，全国农科教协调领导小组的 10 个部委的领导和联络员，以及新闻单位记者共 150 余人参加了会议。国务院副总理李岚清为会议发了贺信。贺信指出，为把农科教结合工作扎扎实实开展起来，必须认真抓好农科教结合示范区的建设，因此要按照“先一步、高一层、出经验、出成果、出效益”的要求，深入研究、探索、总结农科教结合工作中的经验、成效，及时解决农科教结合工作中的重点和难点问题，集中突破，抓出成效，切实发挥示范区的骨干带头作用。农业部副部长刘成果在会上讲话。会议要求，加强领导，确保政府行为到位。为此，要着力抓好“五个落实”：一是组织机构落实；二是责任落实；三是规划落实；四是经费落实；五是项目统筹落实。

ADC017 –19991119

全国农科教结合“百千万工程”启动

为了探索全国不同区域、不同经济类型农科教结合的有效途径，全国农科教结合协调领导小组于 1997 年在全国建立了 12 个地级市农科教结合示范区。两年多来，各示范区本着“先一步、高一层、出经验、出效益”的原则，积极开展试点示范工作并取得了巨大的成效。1999 年 11 月 19 日，全国农科教结合协调领导小组发出通知，决定在总结 12 个示范区建设经验的基础上，在全国范围内组织实施“农科教结合百县千乡万村示范工程（简称‘百千万工程’)”。这是全国农科教结合协调领导小组为农科教结合在全国范围内的全面展开和深入发展而采取的一个重大战略部署。各级党委和政府要按照“百千万工程”的要求，认真组织实施，力争在短期内为农科教结合提供更多的经验。

ADC018 －20000104

《关于推进科教兴村计划的意见》转发

2000 年 1 月 4 日，全国农科教结合协调领导小组转发中国农学会《关于推进科教兴村计划的意见》，要求加强农科教结合，积极推动科教兴村计划试点工作，不断探索解决农业和农村问题的有效途径，全面促进农业和农村经济发展。中国农学会为贯彻党的十五届三中全会《关于农业和农村工作若干重大问题的决定》，积极落实科教兴农的战略部署，推动农业的技术创新和农科教结合，围绕农民增收和农村稳定工作，推进科教兴村计划，促进农业和农村社会经济的发展，加速农村小康和现代化新村建设，于 1995 年 12 月发出《关于推进科教兴村计划的意见》。《意见》共有五部分内容：切实加强对科教兴村计划的领导；坚持切实可行的推进原则；不断完善科教兴村计划的运行机制；强化科教兴村计划的运行制度；加强队伍培训。

ADC019 －20030917

国务院要求各地建立“农科教结合”工作联席会议制度

2003 年 9 月 17 日，《国务院关于进一步加强农村教育工作的决定》发布。《决定》要求：“农业、科技、教育等部门要充分发挥各自优势，密切配合，共同推进‘农科教结合’。为形成政府统筹、分工协作、齐抓共管的有效工作机制，各地可根据实际需要，建立‘农科教结合’工作联席会议制度。”“高等学校、科研机构要充分发挥在推进‘农科教结合’中的重要作用。通过建立定点联系县、参与组建科研生产联合体和农业产业化龙头企业、转让技术成果等方式，积极开发和推广农业实用技术和科研成果；支持乡镇企业的技术改造和产品更新换代；帮助农村职业学校和中小学培养师资。”

第五章　城市教育综合改革与职业教育

第一节　企业教育综合改革的试点

AEA001 - 19890925

《关于在一百个企业进行教育综合改革实验的通知》印发

1989 年 9 月 25 日，国家教委印发《关于在一百个企业进行教育综合改革实验的通知》。为了增强企业的竞争力和活力，提高生产效益和产品质量，加快企业的技术进步，国家教委经与地方及有关部门研究，决定在全国 100 个企业进行教育综合改革实验。百家教育综合改革实验企业的主管部委、总公司和省、自治区、直辖市政府积极响应，各试点企业建立了教育综合改革领导小组和办事机构，铁道部、纺织部、建设部等成立了部级教育综合改革领导小组。《通知》的主要内容有四部分：(1) 十年来，我国企业教育有了很大发展，为企业培养了大量技术人才，这次企业教育综合改革实验是城市教育体制改革的深化，反过来也必将推动城市教育体制的改革。(2) 通过综合改革、实验，要提高企业生产水平和职工队伍素质，加强企业精神文明建设，为发展和提高全国的企业教育起到示范作用。(3) 这次确定的 100 个企业，是我国较先进的大、中型骨干企业，其教育综合改革实验工作主要由企业自己组织实施。(4) 企业教育综合改革是一项复杂而又艰巨的任务，缺乏经验，需要加强组织领导。

AEA002 - 19891021

企业教育综合改革座谈会召开

1989 年 10 月 21 - 22 日，国家教委在江苏省无锡市召开企业教育综合改革座谈会。在座谈会上，中汽联合会、华北电管局、万宝电器集团公司等 15 家大型企业的领导座谈讨论了企业教育综合改革的指导思想、内容、目标和步骤，同时交流了目前企业的教育综合改革的情况。国家教委副主任王明达出席会议并讲话。王明达指出，企业参与教育综合改革，不仅是发展生产和将提高劳动生产效率转移到依靠科技进步、提高劳动者素质轨道上的需要，而且对城市教育的综合改革也将发挥作用。

AEA003 – 19901008

企业教育综合改革实验讲习班开班

为给百家教育综合改革实验企业提供信息、服务并培训干部，1990 年 10 月 8 – 14 日，国家教委在上海宝山钢铁总厂举办了企业教育综合改革实验讲习班，并邀请各部委、各省市的有关负责人就协调、配合、服务，为企业教育综合改革创造良好的外部环境等问题进行了座谈。全国 100 家综合改革实验企业的近 300 名代表参加了讲习班。国家教委副主任王明达出席会议并讲话。他指出，企业教育要围绕企业发展目标，为提高产品质量，提高经济效益和服务水平。企业教育涉及面广，但重点是针对各种层次的岗位培训以及各类成人教育和职前的职业技术教育。企业教育改革必须解决以下任务：一是教育在企业中的战略地位要真正落到实处，保证对教育的必要投入，有一个适应企业需要的成人与职业教育培训体系；二是要建立适合企业发展目标需要的教育运行机制和教育管理体制，要有提高企业素质和鼓励按需学习的政策。

AEA004 – 19950913

全国企业教育综合改革实验现场会召开

1995 年 9 月 13 – 16 日，国家教委在河北省任丘市华北油田召开全国企业教育综合改革实验现场会。会议总结交流了实验成果，学习华北油田教育综合改革的先进经验，就进一步推进企业教育综合改革的意见进行了讨论。国家教委副主任王明达到会并发表讲话。王明达认为，几年来企业教育综合改革的主要经验是：（1）教育综合改革必须在“综合”上下工夫，抓好人事、劳动和教育的统筹；（2）教育综合改革必须紧密围绕企业经营发展的实际，突出抓好“经、科、教”的结合；（3）教育综合改革必须在“实”上想办法，实行重点突破、整体推进。关于企业教育综合改革的目标，王明达概括了五个方面：一要建立有适应市场经济体制的育人用工制度；二要有适应企业需要的、结构合理的、覆盖面全的、各层次的职工教育培训体系和制度；三要有体现代科技水平的教学要求和方式；四要有满足教育发展需要的投入保障；五要有适合国情的企业办中学、小学的机制。王明达提出，今后企业教育综合改革的主要任务是建立与现代企业制度相适应的协调机制、应需机制和激励机制。

AEA005－19991129

推进国有企业教育改革研讨会暨企业教育研究会代表会议召开

1999年11月29日至12月1日，推进国有企业教育改革研讨会暨企业教育研究会代表会议在湖北省宜昌市召开。会议由教育部城市与农村教育综合改革办公室和中国成人教育协会企业教育研究会共同主办。有关省（市、自治区）、国务院有关部门、教育综合改革实验城市、50多个教育综合改革实验企业及特邀企业、部分教育科研机构分管企业教育的100余位代表参加。会议主要就推进国有企业教育综合改革，进一步做好城市教育综合改革，通过教育综合改革促进企业教育发展，促进企业生产经营、科技进步和教育的统筹，促进教育、劳动、人事的统筹，促进企业教育资源的统筹等问题进行研讨与交流。会议认为，继续推进企业教育综合改革，要以四中全会和全教会精神为指导，以建立现代企业教育制度为目标，坚持教育为企业发展服务的方向，继续统筹生产经营、科技进步和教育发展，统筹劳动、人事和教育制度改革，统筹利用企业内部和外部的教育资源，针对当前面临的突出问题，应加大企业教育体制和机制的改革力度，进一步优化教育资源的配置，突出职工创新能力和实践能力的培养，构建现代企业教育制度的基本框架。

第二节　城市教育综合改革实验区的确定与扩大

AEB001－19871118

11个中等城市办学方向研讨会召开

1987年11月18－22日，国家教委在湖北省沙市召开了11个中等城市办学方向研讨会。这次会议的召开标志着我国城市教育综合改革工作的启动。中等城市的教育怎样根据十三大精神具体落实教育为社会主义建设服务的方针，怎样从教育结构和体制上改变目前中等城市教育与经济发展不相适应的状况，怎样促使教育跟上经济发展和政治、经济体制改革的步伐，是这次全国11个中等城市办学方向研讨会的中心议题。国家教委副主任、党组书记何东昌，国家教委副主任柳斌、王明达参加了会议。佳木斯、锦州、烟台、洛阳、芜湖、沙市、自贡、无锡、绍兴、长沙、江门11个城市的市长分别介绍了本市教育改革的实践经验和深化教育改革的设想。何东昌在讲话中强调，中等城市在我国国民经济体制改革和经济建设中有很大作用，中等城市的人才培养和教育发展还对农村发挥着支持、辐射的作用。中等城市的教育改革要着重从改善教育结构、改革教育体制入手。中专、技校的潜力挖不出来与体制上的弊端有关。办中专、技校单靠教育部门不行，必须依靠企业、用人单位一起办，主要由地方负责，并充分发挥地方的统筹作用。

AEB002 – 19880610

无锡市教育改革方案研讨会召开

1988 年 6 月 10 – 14 日，国家教委在江苏省无锡市召开了无锡市教育改革方案研讨会。江苏省教委和沈阳、苏州、无锡、常州、沙市、芜湖市政府和教委领导参加了研讨会。会议对无锡市的改革方案进行了充分论证，并就城市教育体制改革中有关学校管理体制、筹措教育经费、教育如何为当地经济建设和社会发展服务等热点问题进行了探讨。国家教委副主任王明达出席会议并讲话。王明达强调，中等城市的教育要通过综合改革，逐步建立起一个结构合理、效益较高、具有活力、能够主动适应经济和社会发展需要的教育体系。中等城市要把主要精力放在中等和中等以下的教育上。王明达要求：在改革的指导思想上，一是要把教育内部改革与社会经济改革密切结合起来；二是要把克服现存弊端与超前改革结合起来；三是要把城市教育改革和农村教育改革结合起来，发挥中心城市的辐射作用；四是要把宏观改革和微观改革结合起来，当前首先从宏观体制入手，同时抓好学校管理、教育思想、内容、方法等方面的改革；五是要把点上的改革实验和面上的推广结合起来。

AEB003 – 19890425

6 个城市被确定进行德国“双元制”职业教育模式试点

1989 年 4 月 25 日，《中国教育报》报道：由国家教委组织在沈阳、苏州、无锡、常州、芜湖和沙市 6 个城市进行的学习德国“双元制”职业教育模式试点工作方案已经完成，经国家教委批复，将于 1989 年 9 月开始实施。6 个城市的方案都以坚持“企校结合、企业为主，实践与理论结合、实践为主”的原则。试点企业将负责制订实训部分的教学计划、实训车间的筹建、主要经费的筹集等。各市实施方案的教学计划体现了以实践为主，理论课与实践教学的课时比例大体是 1:2。6 个城市共选择了 13 个实验组，涉及 3 个行业、9 个专业以及十几家工厂、企业和 15 所学校。试点学校有中专、技校、职高、培训中心、专科学校等。为组织实施试点工作，6个城市均建立了由主管教育的副市长或市长负责，有计划、财政、劳动、教育及有关企业局长参加的领导小组，并制定了相应的配套措施。各试点单位所招学员将统称为“双元制培训生”，实行“双考证制”，毕业时进行文化理论与技术等级两次考核，以四级工为合格下限，取得等级证书则享受相应待遇；培训企业对毕业生有优先录用权，也可对其他企业有偿转让。

AEB004－19890825

城市教育综合改革领导小组成立

为了加强对城市教育综合改革实验工作的领导，协调委内外有关单位的工作，1989年8月25日，国家教委决定成立城市教育综合改革领导小组。领导小组由国家教委副主任王明达兼任组长；副组长有：国家教委专职委员、民族地区教育司司长郭福昌，国家教委成人教育司司长董明传，国家教委职业技术教育司副司长王文湛，国家教委基础教育司副司长仲哲明，江苏省无锡市副市长张怀西，国家教委督导司司长郑启明，国家教委师范教育司司长金长泽，国家教委电化教育司司长邢纯洁，国家体改委干部培训司司长陈光复，劳动部培训司司长李亨业，中汽总公司教育培训部经理盛丽华，国家教委高等教育司副司长蒋妙瑞，国家教委政策法规司副司长张金惠，国家教委计划建设司副司长徐敦潢为成员。领导小组的任务是，在国家教委的领导下，对各城市和企业的教育综合改革实验进行宏观指导，协调解决改革实验中的有关政策，组织改革实验中的理论研究、人员培训、经验交流和检查评估。同时，国家教委决定在领导小组下设办公室，由郭福昌兼办公室主任。同日，领导小组在北京召开了第一次会议，王明达就城市教育综合改革实验的意义、作用、指导思想讲了话。

AEB005－19900913

全国城市教育综合改革实验经验交流工作会议召开

为了总结、交流城市教育综合改革实验工作的经验，国家教委于1990年9月13－23日在佳木斯、沈阳召开了全国城市教育综合改革实验经验交流工作会议。全国15个教育综合改革实验城市的主管市长、教委主任、劳动局长，试点城市所在省的教委负责人，劳动部有关领导等110余人参加会议。国家教委副主任何东昌、柳斌、王明达参加会议并分别讲话。与会代表先参观考察了佳木斯市、沈阳市的幼儿园、普通中小学、中专、技校、职业中学、特殊学校、少年宫、工厂等，之后进行了教育综合改革成效和经验交流。会议围绕如何保证中央主管部门发挥规划指导作用，加强中心城市对中等及中等以下各类教育的统筹管理权限，理顺、完善宏观管理体系，试点城市如何实现职能转变，更好地规划、指导、管理、协调本市各级各类教育，使教育更好地与经济建设、社会发展相结合，如何确定城市教育综合改革实验目标等重点问题，进行了热烈讨论。会议期间，成立了城市教育综合改革实验协作会，选举产生了协作会领导机构，讨论制订了协作会工作计划。

AEB006 –19911209

全国城市教育综合改革经验交流会召开

1991 年 12 月 9 – 13 日，全国城市教育综合改革经验交流会在江苏省常州市开幕。国家教委副主任王明达主持会议。国家教委党组书记、副主任何东昌出席会议并讲话。何东昌指出，城市是政治、经济、教育、文化、信息的中心，城市教育综合改革具有极大的重要性。首先要正确处理好教育与建设的关系。教育战线的同志要熟悉了解经济建设的全局，经济部门的同志要熟悉和了解教育，这样才能解决好“服务”与“依靠”的关系。要把教育与城市的建设包括向农村辐射有机地结合起来，形成相互促进的关系。根据邓小平同志的思想，教育与生产劳动结合，首先要做到教育的发展与经济的发展结合，要把教育有机地纳入城市经济与社会发展的体系中、计划中、行动中去。综合改革有运行机制、教育结构、管理体制问题，都需要综合考虑。这几个问题解决好了，各块教育才能制订正确的奋斗目标，才可以提高质量，可以有目的地进行改革，避免盲目性。总之，要综合考虑，在“综合”上下工夫。

AEB007 –19920513

国家教委要求搞好城市教育综合改革试点工作

1992 年 5 月 13 日，国家教委办公厅印发《关于搞好城市教育综合改革试点工作的意见》。《意见》指出，城市教育综合改革实验经过几年实践已取得了初步成效，积累了一定经验。今后一个时期的城市教育综合改革工作，要重点抓好以下几项工作：提高认识，加强领导，进一步落实教育在城市经济、社会发展中的重要战略地位；进一步端正办学思想，全面贯彻党和政府的教育方针，努力克服片面追求升学率的倾向，使学生在德、智、体等方面得到全面发展，使城市教育更好地适应城市社会、经济发展的需要；各类职业技术学校的招生和毕业生就业制度要同劳动人事制度的改革同步进行；理顺城市教育的办学体制和管理体制；适应城市经济、社会发展需要，改善城市教育的整体结构；拓宽城市教育经费筹措渠道，增加教育投入。《意见》强调，城市教育综合改革，是一项复杂的社会系统工程，涉及面广，工作量大，必须明确要为当地社会主义建设服务的指导思想，通过改革，逐步探索出符合城市特点的教育发展与改革的路子，使教育同经济、社会发展的实际需要更紧密地结合起来，为城市输送大批素质优良的劳动者和专门人才，促进社会主义物质文明和精神文明的建设。

AEB008－19921004

城市教育综合改革试点城市数量增加

1992年10月4日，《国家教委关于扩大城市教育综合改革试点工作的通知》印发，决定扩大城市教育综合改革的城市数量，使新确定的试点城市达到102个，包括京津沪、各省会城市、计划单列市和部分地级市。国家教委确定其中32个城市为全国城市教育综合改革实验城市。《通知》指出，城市教育综合改革是一项复杂的系统工程，各试点城市务必加强这一工作的领导和协调，解放思想，大胆探索和创新。试点城市要在省、自治区政府的领导下，自行组织实施，制订好改革方案，每年都要有几个改革项目，每年都能取得几项进展。国家教委要求各试点城市，首先要进一步落实教育在城市经济、社会发展中的重要战略地位，把教育发展与改革作为重要内容纳入城市经济和社会发展总体规划，使之成为国民经济计划的重要组成部分；其次要逐步理顺城市教育的管理体制和办学体制；最后根据建设社会主义市场经济体制的实际需要，以及当地经济结构、产业布局、就业需要来改善和优化城市教育的整体结构。

AEB009－19921116

全国城市教育综合改革研究会成立并召开首届年会

1992年11月16－20日，全国城市教育综合改革交流研讨会暨研究会首届年会在四川省自贡市召开。国家教委副主任王明达为大会发来贺信。会议交流了城市教育综合改革取得的新进展、新经验，研讨了深化城市教育改革的新思路、新做法。会议代表认为，转变观念，最根本点就是把城市教育改革放在建立和发展社会主义市场经济体系这一大背景下进行研究和实践，加快教育事业的发展。在大力发展职业技术教育和成人教育的同时，要继续探讨以行业、企事业单位办学和各方面联合办学为主的体制；切实加强地方政府对教育的统筹权和决策权。深化城市教育综合改革的核心问题是要解决好服务和依靠的关系。会议提出，教育部门和教育工作者要了解经济，了解市场，转变职能；要以实事求是的科学精神和扎扎实实的态度，深入调查研究，走出传统教育的小天地，学习和吸收新知识，转变旧观念，转变工作作风、工作方法，保证教育为经济提供最好的服务。

AEB010 – 19930615

德国“双元制”职业技术教育经验讲习班开班

1993 年 6 月 15 – 19 日，国家教委城市教育综合改革领导小组办公室、职业技术教育司联合在江苏省苏州市举办德国“双元制”职业技术教育经验讲习班。国家教委副主任王明达在讲习班上作了讲话。王明达强调，我们要坚定不移地学习国外先进的职教经验，但必须要结合中国的实际情况，凡对我们有益的先进经验都要学习，博采众长，消化、吸收、实践、创造，形成有中国特色的职教制度和体系。王明达指出，在当前学习、借鉴德国“双元制”的工作中，各地要着重加强三方面工作：一是要在社会上正确、准确地宣传德国“双元制”职教模式的内容，使社会了解“双元制”的精神实质；二是要从单个学校试点逐步扩大到行业和地区试验，但必须加强领导，慎重选择有条件的学校、地区和行业进行试验，确保作出成效；三是要把宏观政策配套和微观教学过程的试验结合起来，统筹考虑，把“双元制”试验作为城市教育综合改革的重要内容，力争在今后几年使这项试验取得更加显著的成效。

AEB011 – 19950425

全国城市教育综合改革会议在绍兴召开

1995 年 4 月 25 – 28 日，国家教委在浙江省绍兴市举行全国城市教育综合改革会议。来自 47 个城市教育综合改革实验市的主管市长、教委主任及部分城市的劳动局长等 200 多人参加了座谈会。会议讨论了国家教委《关于推进实验城市教育综合改革的若干意见（讨论稿）》及有关问题。会议期间，国家教委副主任王明达主持召开了城市教育综合改革市长座谈会。沈阳、长沙、江门、宁波、太原、邯郸、青岛、海口、常州、芜湖、昆明、北京宣武区共 12 个城市（区）的副市（区）长，围绕推进城市教育综合改革、贯彻落实《中华人民共和国教育法》和《中国教育改革和发展纲要》，以及当前存在的教育热点难点问题展开了热烈讨论。会议提出，落实教育优先发展的战略地位是城市教育综合改革的关键，建立合理的教育结构是提高城市教育办学效益的重要基础，深化教育体制改革是城市教育综合改革的重点。同时，还要求加强城市教育综合改革实验工作的领导，加强对城市教育综合改革工作理论与实践的研究。

AEB012 – 19951017

“中国城市教育综合改革理论与实践研究”课题通过鉴定

1995 年 10 月 17 日，全国哲学社会科学“八五”规划中华社会科学基金重点研究课题“中国城市教育综合改革理论与实践研究”通过全国教育科学规划领导小组组织的鉴定。该课题具有较强的综合性，难度较大，需协作攻关，由沈阳、绍兴、苏州等 20 个城市和北京师范大学参加。该课题的研究报告以我国城市经济、科技发展和社会全面进步的客观需要为依据，系统总结了近十年来 20 个城市教育综合改革的基本经验，深入探讨了城市教育综合改革的若干重大理论与实际问题，取得了丰硕成果。

AEB013 – 19971016

全国城市教育综合改革会议在长沙召开

1997 年 10 月 16 – 18 日，国家教委在湖南省长沙市召开全国城市教育综合改革会议。国家教委党组书记、副主任陈至立，全国政协常委何东昌出席会议。国家教委副主任张天保主持会议。陈至立在开幕式上宣读了国务院副总理李岚清给大会发来的贺信并讲话。陈至立指出，国家教委很重视城市教育综合改革工作，把它作为我国教育改革的重要组成部分。充分发挥城市教育改革的作用和优势，深入改革与城市现代化建设和社会主义市场经济体制不相适应的教育观念、教育体制和教育结构等，是贯彻十五大精神的需要，也是城市教育跨世纪发展的需要。各实验城市要认真学习党的十五大会议精神，坚决贯彻落实十五大报告中把教育放在优先发展的战略地位的决策，推动城市改革，促进教育事业取得更大进步；要全面总结试点城市的经验，推动全国城市教育综合改革的深入发展；把区域性推进基础教育阶段的素质教育与中等职业教育的结构改革、发展高等职业教育和成人教育结合起来，整体推进合理配置和有效利用教育资源，形成学校教育、企业（行业）教育、社区教育相互配合的教育网络，提高城市教育的质量和整体效益。

AEB014 – 19971016

李岚清致信全国城市教育综合改革会议

1997 年 10 月 16 日，中共中央政治局常委、国务院副总理李岚清为全国城市教育综合改革会议发来贺信。李岚清在贺信中指出，教育改革能不能进一步深化，关键在各级党委和政府，在各位市委书记和市长。一个实验城市要真正落实科教兴国战略，把教育放在优先发展的战略地位，当地政府在教育改革时，就要自觉做到统筹经济、科技、教育体制改革，统筹城市教育、劳动、人事制度改革，统筹各级各类教育的改革和发展，全面提高城市教育的质量和效益，充分发挥城市教育的整体功能，更好地为当地经济建设和社会发展服务。今后，如何继续在“综合改革”上下工夫，紧紧抓住“综合改革”这条主线，推动教育改革和发展的深入，值得认真加以思考。实验城市担负的任务，一是要勇于探索，敢于实验，克服“等、靠、要”和因循守旧的思想，在教育改革上先行一步，争取使各个城市的教育工作走在全国的前列；二是要通过实验城市的探索，努力为整个教育的改革提供更多的宝贵经验，促进全国教育的发展。

AEB015 – 19971219

国家教委提出进一步推进城市教育综合改革的若干意见

1997 年 12 月 19 日，《国家教委关于进一步推进城市教育综合改革的若干意见》印发。《意见》分为城市教育综合改革面临的形势、城市教育综合改革的指导思想和目标、推进城市教育综合改革的主要工作、进一步落实城市教育综合改革的领导四个部分。《意见》提出城市教育综合改革的目标是：实验城市形成统筹经济、科技、教育的领导体制，部门、行业和社会组织参与教育改革、发展及管理的良好运行机制，基本配套的劳动、人事、教育制度，初步建立起与社会主义市场经济体制相适应的城市教育体制和健全的教育体系，实现城市经济、科技、教育的持续协调发展，各级各类教育的持续协调发展。

附录　国家教委关于进一步推进城市教育综合改革的若干意见（摘录）

三、推进城市教育综合改革的主要工作

1. 推进城市教育综合改革的主要任务是：全面总结、推广现有实验城市的经验，积极创造条件，在更大范围和更高层次上开展教育综合改革工作。

2. 进一步改革城市教育体制中条块分割、力量分散的状况，是适应社会主义市场经济的发展、充分利用教育资源、提高教育质量和办学效益的重要任务。

3. 继续把积极发展职业教育作为发展城市教育和调整城市教育结构的重要任务，根据城市经济结构、产业结构和劳动力结构的变化，调整和完善城市职业教育规划。

4. 城市教育综合改革要为基础教育的整体改革创造顺利推进的外部和内部条件，要加强薄弱校建设，促进义务教育学校的均衡化发展，全面推进素质教育，通过教育分流、课程和教材改革、升学考试制度改革以及劳动人事制度的配套改革，落实教育与生产劳动相结合的方针，全面提高受教育者的素质，使受教育者在德智体等方面得到全面发展。

5. 企业教育是城市教育的重要组成部分，政府要统筹规划和管理，并制定相关政策，保证企业教育在建立现代企业制度过程中健康发展。

6. 按照《教育法》和《中国教育改革和发展纲要》的规定和要求，制定相应的地方性法规和规章，加快教育投入体制改革。

7. 把建设一支高素质的教师队伍放在发展教育事业的突出位置。

8. 适应市场经济条件下人力资源配置方式的变化，进一步推进招生和毕业生就业制度的改革。

9. 根据"城乡一体化"的趋势和区域经济发展的需要，城市教育综合改革要统筹中心城市所辖农村、经济开发区的人才需求，统一规划中等职业教育以上的人才培养和学校、专业布局，以中心城市为依托，城乡统筹，以市带县，发挥城市的辐射功能，提高整个区域的教育发展水平。

AEB016 -20000226

城市教育综合改革研究会和企业教育研究会理事长（扩大）会议召开

2000 年 2 月 26 -28 日，城市教育综合改革研究会和企业教育研究会理事长（扩大）会议在广西壮族自治区柳州市召开。会议的主要任务是研究和部署 2000 年城市教育综合改革研究会和企业教育研究会的工作。

AEB017 -20001204

全国城市教育综合改革会议在苏州召开

2000 年 12 月 4 -5 日，教育部在江苏省苏州市召开全国城市教育综合改革会议。教育部部长陈至立出席会议并讲话。教育部副部长王湛作工作报告，并就进一步推进城市教育综合改革工作进行部署。会议的主要任务是：全面贯彻党的十五届五中全会、全教会和江泽民同志《关于教育问题的谈话》精神，总结交流城市教育综合改革的经验，研究探讨"十五"期间深化城市教育办学体制和管理体制改革、调整教育结构、优化资源配置、全面推进素质教育等多项工作，促进城市教育与经济、科技更加紧密结合，更好地为城市现代化建设服务。会议进一步明确了"十五"期间城市教育综合改革的目标和任务，增强了继续推进城市教育综合改革的信心。会议听取了苏州、青岛、深圳、宁波、柳州、芜湖等实验城市的典型经验介绍，并考察了苏州市城市教育综合改革现场。会议强调，城市教育综合改革多年的实践表明，深入改革和发展城市职业教育与成人教育，是推进教育与经济、科技紧密结合的重要方面，是城市教育综合改革不断深化并取得丰硕成果的主要领域之一。与会代表一致表示，教育综合改革实验城市要走在前面，为推进全国城市教育的改革和发展发挥骨干和示范作用，把城市教育综合改革推向一个新阶段。

第三节　社区教育的实验与发展

AEC001 -20011105

教育部确定全国社区教育实验区

为贯彻《面向21世纪教育振兴行动计划》提出的“开展社区教育实验，逐步建立和完善终身教育体系，努力提高全民素质”的要求，教育部在2000年4月布置了在部分地区开展社区教育实验的工作，确定北京市朝阳区等8个城市的城区作为首批社区教育实验区。2001年，教育部又确定了20个开展社区教育实验工作有一定基础，地方积极性较高，发展思路、目标明确，地方教育、经济与社会发展条件相对较好的大中城市的城区和部分农村市（县）作为全国社区教育实验区。2001年11月5日，教育部印发《关于确定全国社区教育实验区名单的通知》，公布了28个全国社区教育实验区名单。《通知》指出，确定全国社区教育实验区的目的是通过实验，积累有关社区教育的经验，建立健全科学、高效的社区教育管理体制和运行机制，充分利用、拓展和开发社区内各类教育资源，建立能满足社区全体成员基本学习需求的教育培训网络，建立一大批学习型组织，大力提高社区居民的整体素质和生活质量，促进社区两个文明建设，对其他地区起到示范和带动作用，为构建终身教育体系、逐步形成学习化社会奠定基础。《通知》要求，全国社区教育实验区所在的省、自治区、直辖市以及各计划单列市的教育行政部门应加强对实验区的领导，及时指导工作、总结经验，解决工作中出现的困难和问题。2003年12月15日、2006年7月16日、2007年10月17日，教育部又分别确定和公布了3批共计86个全国社区教育实验区。

附录1　教育部确定的首批全国社区教育实验区名单

北京市：朝阳区、西城区

天津市：河西区、和平区

山西省：太原市杏花岭区

辽宁省：沈阳市和平区

黑龙江省：哈尔滨市南岗区
上海市：闸北区、嘉定区、浦东新区
江苏省：苏州市金阊区、南京市玄武区、江阴市
浙江省：杭州市下城区
安徽省：芜湖市镜湖区
山东省：济南市历下区
湖北省：武汉市硚口区
湖南省：长沙市雨花区
广东省：广州市天河区
广西壮族自治区：南宁市新城区
四川省：成都市青羊区
重庆市：渝中区
新疆维吾尔自治区：克拉玛依市独山子区
大连市：甘井子区
青岛市：四方区
宁波市：鄞县
厦门市：鼓浪屿区
深圳市：宝安区

附录2 教育部确定的第二批全国社区教育实验区名单

北京市：海淀区、顺义区
天津市：南开区
河北省：保定市北市区、唐山市路南区
山西省：太原市迎泽区
辽宁省：辽阳市宏伟区
吉林省：长春市朝阳区
黑龙江省：佳木斯市前进区
上海市：静安区、徐汇区
江苏省：南京市鼓楼区
浙江省：杭州市萧山区、义乌市、宁波市海曙区
安徽省：合肥市蜀山区
福建省：福州市鼓楼区
江西省：赣州市章贡区

山东省：济南市市中区、青岛市市南区

湖北省：武汉市青山区、荆州市沙市区

湖南省：长沙市岳麓区

广东省：广州市荔湾区

海南省：海口市美兰区

重庆市：沙坪坝区

云南省：昆明市五华区

陕西省：西安市碑林区

甘肃省：张掖市甘州区

青海省：西宁市城西区

宁夏回族自治区：银川市兴庆区

新疆维吾尔自治区：乌鲁木齐市新市区

新疆生产建设兵团：石河子市

附录3　教育部确定的第三批全国社区教育实验区名单

北京市：房山区

天津市：蓟县

上海市：普陀区、长宁区、黄浦区

江苏省：南京市建邺区、白下区，苏州市沧浪区，常州市钟楼区，连云港市连云区

浙江省：杭州市上城区、宁波市江东区、浙江省温岭市、绍兴市越城区

江西省：南昌市西湖区、九江市浔阳区

河南省：郑州市惠济区、信阳市平桥区

湖北省：武汉市江岸区

新疆维吾尔自治区：克拉玛依市克拉玛依区

附录4　教育部确定的第四批全国社区教育实验区名单

北京市：东城区

天津市：河东区、红桥区

河北省：邯郸市邯山区

内蒙古自治区：包头市昆都仑区

辽宁省：鞍山市铁东区、沈阳市皇姑区、大连市金州区

吉林省：吉林市丰满区

上海市：青浦区、杨浦区

江苏省：南京市秦淮区、常州市武进区、苏州市昆山区、徐州市云龙区、无锡市崇安区

浙江省：杭州市江干区、杭州市拱墅区、嘉兴市平湖区、舟山市普陀区

安徽省：宣城市宣州区

福建省：泉州市鲤城区

山东省：青岛市市北区、青岛市城阳区、烟台市芝罘区

湖北省：武汉市新洲区

四川省：成都市武侯区

贵州省：贵阳市云岩区

陕西省：西安市莲湖区、宝鸡市金台区

甘肃省：兰州市城关区

新疆维吾尔自治区：乌鲁木齐市水磨沟区

广东省：深圳市福田区

AEC002－20011107

全国社区教育实验工作经验交流会召开

2001年11月7日，教育部在北京召开全国社区教育实验工作经验交流会。会议的主要任务是：总结近年来开展社区教育工作的经验，研究和部署今后一个时期社区教育实验工作，推进全国社区教育工作的开展。教育部副部长王湛出席会议并作了《积极开展社区教育实验工作，努力推动社区教育工作的新进展》的工作报告。教育部有关司局负责人、全国各省（区、市）教育行政部门有关负责人和28个全国社区教育实验区政府与教育行政部门负责人以及有关专家、学者参加了会议。会议提出，今后一个时期推进社区教育实验工作的主要任务是：以成人教育为重点，广泛开展不同类型人群教育培训；广泛创建学习型组织；建立以区（市、县）社区教育活动中心或社区教育学院为龙头，以街道（乡镇）、居委会（村）社区教育学校和活动中心为骨干，以社区学习型组织为基础的社区教育体系；充分利用、拓展和开发社区教育资源；继续探索、完善“政府统筹领导、教育部门主管、有关部门配合、社会积极支持、社区自主活动、群众广泛参与”的社区教育管理模式。

AEC003 - 20030812

全国创建学习型城市工作研讨会召开

2003 年 8 月 12 - 13 日，教育部职业教育与成人教育司、中国职业技术教育学会、中国成人教育协会和教育部职业技术教育中心研究所在深圳市联合召开全国创建学习型城市工作研讨会。全国 10 个省、自治区、直辖市教育厅（教委），16 个城市市政府、教育局的负责人，有关高校和科研单位的代表 50 余人参加了会议。研讨会认为，创建学习型城市必须坚持以“三个代表”重要思想为指导，在党委、政府的领导下整体推进。要以国民教育体系为支撑，大力构建终身教育体系，实现人的全面发展，实现经济、社会的全面发展。要继续大力发展城乡成人教育，大力发展社区教育，继续推进学习型企业的创建工作，努力发展多种形式的学习型组织，开展多样化的教育培训活动。要深入研究人的全面发展的理论、终身教育的理论和制度、人力资源能力建设理论、可持续发展战略等重大问题。要注重学习借鉴外国的有益经验，加强学习型城市的宣传工作，及时总结各地创建学习型城市工作中好的做法与典型经验，并加以推广。要把多年来坚持开展的城市教育综合改革工作的重点放到推进学习型城市创建上来，促进大中城市率先建设全民学习、终身学习的学习型社会。

AEC004 - 20041201

教育部提出推进社区教育工作的若干意见

2004 年 12 月 1 日，教育部印发《关于推进社区教育工作的若干意见》。《意见》阐述了推进社区教育的重大意义，进一步明确了推进社区教育工作的指导思想、原则、目标、任务和措施。《意见》要求，各地要把社区教育作为社区建设的重要内容纳入地方经济社会发展规划，建立有相关部门负责人参加的社区教育工作领导机构，明确各有关部门的职责和分工，形成“党政统筹领导、教育部门主管、有关部门配合、社会积极支持、社区自主活动、群众广泛参与”的管理体制和运行机制，并落实相应的管理机构、人员和经费，推动本地区社区教育健康持续发展。各地教育行政部门要加强社区教育队伍的建设，建立一支以专职人员为骨干、兼职人员和志愿者为主体的适应社区教育需要的管理队伍和师资队伍。要充分发挥政府扶持和市场机制的双重作用，采取“政府拨一点，社会筹一点，单位出一点，个人拿一点”的办法，建立以政府投入为主、多渠道投入的社区教育经费保障机制。

AEC005 -20060722

青岛市市南区举办社区教育节

2006 年 7 月 22 日至 8 月 6 日，山东省青岛市市南区以“让学习融入生活”为主题举办了首届社区教育节，参与活动的居民达万余人。该社区教育节的主要内容，一是以“五个一我做起”为主题的普及性活动，即每一个有学习能力的居民在节庆期间精读一本有益的书；改掉一个生活陋习；和家庭成员一起开展一项技能互学活动；主动参与一次教育活动；熟练掌握一句奥运英语。二是以“五项活动邀您来”为主题的广场活动，共分“法在我身边”、“健康每一天”、“扮靓新生活”、“生活技巧展”和“文明伴我行”五个板块。三是紧扣“奥运”主题，推出了“关注奥运、学在市南”系列讲堂，包括奥运英语、奥帆知识、普通话、文明礼仪、科学健身共五个主题的学习内容，渗透在“百堂公益课”和 20 节“名家讲堂”之中，使社区居民尽享奥运学习大餐。

AEC006 -20070427

“发展社区教育，构建和谐社会”研讨会召开

2007 年 4 月 27 -29 日，全国“发展社区教育，构建和谐社会”研讨会在山东省青岛市市北区召开。教育部职成教司、中国成教协会有关负责人及来自全国 18 个地区的代表参加了会议。与会代表听取了青岛市市北区教体局《大力发展社区教育，努力提高全民素质，为和谐市北的建设夯实人文基础》的经验介绍，先后参观了登州路社区“青少年科技工作室”、宁夏路社区“未成年人心理健康驿站”、敦化路社区“小伙伴之家”、浮山后社区教育协会等。会议围绕“发展社区教育，构建和谐社区”这一主题进行了研讨。

第六章　职业教育的国际交流与合作

第一节　多边交流与合作

AFA001 –19830815

中国与联合国教科文组织开展职业教育合作

1983 年 8 月 15 日，中华人民共和国教育部部长何东昌与联合国教科文组织总干事阿马杜—马赫塔尔·姆伯在北京签订合作备忘录。根据此备忘录，联合国教科文组织通过信托基金在中国举办职业教育培训班，同时资助中国专家赴发达国家考察职业教育。这是继 1978 年 9 月 17 日与联合国教科文组织在北京签订第一个教育、科学、文化等领域的业务合作备忘录之后的第二个备忘录。

AFA002 –19871122

欧洲共同体职业教育考察团访华

1987 年 11 月 22 日至 12 月 12 日，由威尔希利（英国）、约希姆·明斯（联邦德国）、柯玉安（法国）、亚当斯（爱尔兰）组成的欧洲共同体职业教育考察团一行 4 人访问我国。考察团先后参观了北京、青岛、上海、杭州等地的一些职业学校和成人高等学校，多次表示中国在发展职业教育中有自己的特色，有些做法值得欧洲学习。国家教委职业技术教育司、高教三司、成人教育司的官员在北京与考察团进行了两次会谈，介绍了中国的职业教育情况，并就中国与欧洲共同体在职业教育方面开展合作的可能性进行了探讨。

AFA003 –19881208

国家计委批复利用世界银行贷款加强职业技术教育项目建议书

1988 年 12 月 8 日，国家计划委员会对国家教委 1988 年 10 月 31 日呈送的

《世界银行贷款职业技术教育项目建议书》作出批复：初步确定在 1989 世行财政年度将职业技术教育项目列为利用世界银行贷款后备项目，用以加强中等职业技术学校专业课师资及中等技术人才的培养能力，提高教学质量。贷款总额度不超过 5000 万美元，拟分贷给 17 个省、直辖市和 1 个中央部门。此项目的内容包括装备 10～12 所职业技术师范学院（系），依托一批推进较好的中等专业学校、职业高中、技工学校，建立 60 个左右职业技术教育中心；在职业技术师范学院内建立两个职业技术教育研究中心。利用世界银行贷款所需的国内配套投资、经费由使用贷款的省、直辖市及部门自行安排解决。

AFA004－19890220

中国职业技术教育管理国际研讨会召开

1989 年 2 月 20 日至 3 月 1 日，国家教委职业技术教育司、计划财务司与世界银行经济发展学院在北京联合召开中国职业技术教育管理国际研讨会。中国、美国、韩国等国的专家、学者 37 人与会。会议交流了经济发达国家、发展中国家发展职业技术教育的经验，研讨了经济建设和社会发展与职业技术教育的关系，分析了我国职业技术教育发展的现状和形势，提出了相应的对策与建议。

AFA005－19890918

国家计委批复利用世界银行贷款加强职业技术教育项目可行性研究报告

1989 年 9 月 18 日，国家计划委员会给国家教委发出《关于利用世界银行贷款加强职业技术教育建设项目可行性研究报告的批复》确定，本项目用于加强 17 个省、直辖市和劳动部的 12 所职业技术师范学院（系）和 59 所职业技术教育中心的建设，建立 3 个职业技术教育研究中心；计划使用世界银行贷款 5000 万美元，其中购置设备 4341 万美元，技术援助费 556 万美元，图书资料费 103 万美元；此项目以中等职业技术教育为主，技术援助费和图书资料费的大部分要转换为人民币在国内使用；根据世界银行、联邦德国经济合作部和国家教委达成的协议，建立 3 个职业技术教育研究中心所需费用由联邦德国赠款解决。该项目由国家教委组织实施，执行期为 1989—1994 年。

AFA006－19900322

世界银行批准我国职业技术教育贷款项目

1990 年 3 月 22 日，世界银行执行董事会批准我国职业技术教育世界银行贷款项目，确定于 10 月 30 日生效实施。该项目使用世界银行软贷款 5000 万美元，装备 12 所职业技术师范院校（系）和 59 个职业技术教育中心，同时利用国外贷款，装备 3 个职业技术教育研究中心。1992 年，项目实施进入中期，为了进一步做好项目的执行与管理工作，由国家教委贷款办组织，国家教委职教司、国家计委社会事业司、财政部世行司联合组建检查组，分成两路赴山东、江苏和四川、上海检查项目省市和院校的执行情况。项目的实施，改善了项目学校的办学条件，提高了项目学校的管理水平和办学效益，推动了一批骨干学校的建设。

AFA007－19910618

农村教育国际研讨会召开

1991 年 6 月 18－24 日，在联合国教科文组织和联合国儿童基金会支持下，农村教育国际研讨会在中国山东省泰安市召开。会议目的在于为与会国提供一次交流、探讨和研究农村教育问题的机会，落实 1990 年 3 月在泰国宗滴恩召开的“世界全民教育大会”的精神，推动各国农村教育的发展。来自亚洲、非洲、拉丁美洲、欧洲和澳洲 23 个国家的代表，以及联合国教科文组织、世界银行、联合国开发计划署、联合国儿童基金会、亚洲开发银行等国际机构的代表出席会议。国际乡村改造学院、法国天主教反饥饿求发展组织以及我国的观察员也参加了会议。与会代表交流了各国改革和发展农村教育的经验，中国向与会代表展示了农村教育的发展成就和经验。此次会议是新中国成立以来国家教委组织的规模最大的一次国际教育研讨会，使中国与联合国教科文组织的交流与合作迈上了一个新台阶。

AFA008－19930913

国际职业技术教育研讨会召开

1993 年 9 月 13－18 日，国家教委在北京主办国际职业技术教育研讨会。研讨会的主题为“现代化与职业技术教育”。22 个国家、地区的代表以及联合国教科文组织、世界银行等国际组织的代表参加了会议。国家教委主任朱开轩主持了研讨会开幕式。国务院副总理李岚清出席开幕式并讲话。研讨会上，与会代表讨论了职业技术教育在社会与经济发展中的地位、作用，企业在职业技术教育中的作用、职能和参与方式，职业技术教育的层次、办学和管理体制，职业技术教育的经费和师资来源，职业技术教育国际交流与合作等问题。最后，代表们在向联合国教科文组织总部提交的会议报告中发出如下倡议：所有国家应颁布法律，明确政府、培训机构和企业的作用与相互关系；所有国家应为从事职业技术教育的教师制定完善的标准，对教师进行考核，并为教师提供培训和进修机会；采取有效措施，解决职业技术教育经费不足问题；广泛开展国际、区域和国与国之间的合作与交流，推动全球职业技术教育的发展。

AFA009 –19941108

国际农村教育研究与培训中心成立

1994 年 11 月，联合国教科文组织国际农村教育研究与培训中心在河北省保定市落成。11 月 8 日，联合国教科文组织总干事费德里科·马约尔，中国国家教育委员会副主任、中国联合国教科文组织全国委员会主任韦钰，河北省省长叶连松，共同出席了中心的揭幕仪式。马约尔与韦钰在保定市期间，分别代表双方签署了《国际农村教育研究与培训中心协议备忘录》。国际农村教育研究与培训中心于 1993 年正式开始筹建，占地约 26 亩，建筑面积 5000 多平方米，实行由国家教委、中国联合国教科文组织全国委员会、河北省人民政府共同确定人员组建中心管理委员会领导下的中心主任负责制的体制。该中心的主要任务是：在全民教育和《达喀尔行动纲领》的框架与战略内，致力于促进农村教育方法和技术的国际研究和开发，以在全世界范围内实现农村社会经济的更大发展。中心工作还包括：组织合作性研究活动，为农村教育专家提供实验室研究和实地工作设施；加强联合国教科文组织会员国之间的网络联系和资源共享；研究和制定农村人力资源开发政策和策略，促进会员国间的磋商与合作。

AFA010 –19961213

世界银行贷款第二个职业教育项目启动

世界银行贷款第一个中国职业教育项目执行期间，国家教育委员会又与世界银行进行多次谈判，于 1996 年签署《关于实施世界银行贷款职业教育项目的协议》，即世界银行贷款第二个中国职业教育项目，并于 1996 年 12 月 13 日正式启动。项目的总成本为 5. 87 亿元人民币，其中包括世界银行贷款 3000 万美元（软贷款 2000 万美元，硬贷款 1000 万美元，美元汇率为 1：8. 3）和国内配套资金 3. 38 亿元人民币。项目覆盖山东、辽宁、江苏、天津和广东 5 个省市，有 82 所中等专业学校和职业高中被确定为项目学校。项目目标是，通过支持这批项目学校改善办学条件，提高师资质量和管理水平，扩大办学规模，提高办学效益，建成一批能够起示范作用的职业教育中心，推动省市职业教育进一步改革和发展，更好地满足项目省市经济发展对中等技术和管理人才的需求。项目于 2002 年 6 月结束。至此两度共为中国职业教育领域引进世界银行贷款 8000 万美元，加上国内配套资金，实际投入总额达到 2.1 亿美元。

AFA011 – 19980518

亚非地区职教培训班在我国举行

根据联合国教科文组织第 29 届大会有关决议的精神，1998 年 5 月 18 – 27 日，我国政府举办了亚非地区职业技术教育培训班。举办该班的目的是，结合国际职业教育发展趋势，向参与者介绍中国发展职业教育的有关经验，探讨亚非地区发展中国家职业教育发展的模式和途径，特别是职业教育为中小企业服务等问题。来自亚洲、非洲 12 个国家的 23 名职业教育高级官员参加了该培训。中国教育部副部长韦钰和联合国教科文组织副总干事鲍威尔出席开班仪式。在培训班上，中国职教专家对代表们进行了有关培训，并组织参观了北京、上海、青岛、保定等地的职业教育机构。通过培训，与会的亚太地区国家代表普遍感到收获很大。他们认为，中国政府高度重视职业教育的改革和发展，职业教育又能因地制宜采取灵活的办学形式，很好地适应了中国经济和社会的发展。此次活动是我国职业教育走向世界，在国际职业教育舞台上发挥影响的一次初步尝试。

AFA012 – 20010301

欧盟与中国残联合作开展残疾人职业培训启动

欧洲联盟委员会主席桑特于 1998 年 10 月末至 11 月初访华期间，与中国残疾人联合会主席邓朴方举行会谈，双方表示了在残疾人教育事业与职业培训领域进行合作的愿望，并于 2000 年 10 月签署了“促进中国残疾人经济与社会权力——欧盟/中国合作开展残疾人教育与职业培训”项目协议。2001 年 3 月 1 日，该项目正式启动。欧盟为该项目承诺提供 98 万欧元，中国残联负责实施与管理，期限为两年。当日，双方在北京召开新闻发布会，中国残联主席邓朴方、理事长郭建模，欧洲联盟欧洲委员会驻华代表团魏根深大使出席会议并讲话。

AFA013 – 20030120

国际农村教育研讨会举行

2003 年 1 月 20 – 23 日，国际农村教育研讨会在河北省保定市举行。会议由联合国教科文组织、中国联合国教科文组织全国委员会和国际农村教育研究与培训中心共同主办。会议主题是“教育为农村发展服务”。联合国教科文组织、世界粮食计划署、世界银行等10个国际组织的官员、农村教育专家和国内部分教育专家、学者共150余名代表出席会议。与会代表根据发展中国家的实际，围绕教育在农村发展中的作用、教育为发展服务的政策和策略、农村教育的研究和发展方向等问题，从农村的学习需求、农村特别是边远农村的教育组织，以及通过正规和非正规教育加速农村发展的策略三个方面进行交流讨论，并着手制订一个教育为农村服务的行动计划。

AFA014－20031018

第四届中国教育国际论坛召开

2003年10月18－20日，经教育部批准，第四届中国教育国际论坛在北京召开。论坛主题是“构建终身教育体系，建设学习型社会”。围绕该主题，会议设有农村教育、高等教育与高校毕业生就业体系的建立、职业技术教育与职业资格证书等专题论坛和中外合作办学研讨会及项目洽谈会。来自中国、美国、德国、英国、澳大利亚、新西兰、泰国等17个国家和国际组织的专家、学者分别作专题演讲。在主论坛上，教育部副部长袁贵仁作了题为《构建终身教育体系，建设全民学习、终身学习的学习型社会》的主题报告。

AFA015－20040511

2004年职业教育国际研讨会召开

2004年5月11－14日，由同济大学职业技术教育学院、德国技术合作公司、上海市教育科学研究院职成教研究所、德国国际培训与发展协会联合主办，昆明冶金高等专科学校协办的2004年职业教育国际研讨会在云南省昆明市召开。出席研讨会的有来自德国、荷兰、越南、欧盟的28位外国专家及来自全国各地从事职业技术教育和企业人力资源开发的150余名代表。研讨会的主题是“推进西部及东北地区职业教育发展——适应就业市场的劳动力资源开发”。与会专家和代表就企业人力资源开发和管理、支持西部地区职教开展国内外合作、职业教育在加快城市化进程中的贡献、现代教育技术在职业教育中的应用、产业结构调整和职业培训等专题展开了深入探讨。

AFA016－20070516

2007年职业教育国际研讨会召开

2007年5月16日，由同济大学职业技术教育学院和德国技术合作公司联合主办的2007年职业教育国际研讨会在同济大学召开。科技部部长、同济大学校长万钢，德国技术合作公司驻同济大学职教师资培养项目代表，德国技术合作公司中国区负责人，德国驻沪工商行会代表等分别在开幕式上致辞。国内外职业教育专家以及高校、职业学校、企业代表近200人出席研讨会。研讨会的主题是"提升人力资源，提高竞争能力"。与会者围绕高校在职业教育中的角色和贡献、职业教育师资的潜力培养与发展、不同国家职业教育文化、职业教育经济学的国际比较等8个专题进行了研讨。

AFA017 -20070813

亚洲就业论坛举行

2007年8月13-15日，国际劳工组织举办的亚洲就业论坛在北京举行。国务委员兼国务院秘书长华建敏出席开幕式并致辞。来自亚洲22个国家和地区的政府、雇主和工人三方代表，国际劳工组织和其他有关国际机构的代表共300人出席论坛。围绕"增长、就业和体面劳动"这一主题，各国代表开展了广泛深入的讨论。国际劳工组织总干事索马维亚表示，这次会议是国际劳工组织与中国的又一次良好合作。他强调，亚洲在形成新的世界经济格局中扮演着重要角色，亚洲各国既面临着前所未有的发展机遇，也面临着扩大就业、减少贫困的重大挑战。他特别指出，中国在经济增长、扩大就业和消除贫困方面取得的积极进展，引起了全球的高度关注。中国在推动经济快速发展的同时，运用积极的就业政策扩大就业、解决失业问题的经验对世界各国都有重要借鉴意义。中国提出的构建和谐社会的理念，以及在劳动领域建立和谐的劳动关系、维护劳动者合法权益的实践，对推动各国实现体面劳动的目标有很好的带动作用。

AFA018 -20070911

国际职业技术教育论坛举行

2007年9月11-13日，国际职业技术教育论坛在天津召开。此次论坛由中国联合国教科文组织全国委员会、天津市教育委员会、联合国教科文组织国际职业技术教育与培训中心、联合国教科文组织国际农村教育研究与培训中心、联合国教科文组织国际亚太国际教育与价值教育联合会、中国职业技术教育学会共同主办。教育部副部长吴启迪、天津市副市长张俊芳出席论坛开幕式，中国职业技术教育学会会长王明达、联合国教科文组织国际职业技术教育与培训中心联系中心主任雷诺博士、联合国教科文组织亚太国际教育与价值教育联合会荣誉主席罗德斯博士等100余名中外代表参加论坛。论坛以"经济全球化与市场化背景下的职业技术教育政策框架，联合创新与国际合作”为主题，围绕就业导向、需求驱动、能力为本的职业教育及技能培训政策，职业技术教育联合创新，农村职业技术教育，技能型人才培养培训与可持续发展等专题进行了研讨和交流。

AFA019－20080629

2008 年国际职业教育发展与装备论坛举行

2008 年 6 月 29 日，由教育部职业教育与成人教育司、中国职业技术教育学会职业教育装备专业委员会主办，世界银行支持的 2008 年国际职业教育发展与装备论坛在天津召开。教育部职业教育与成人教育司司长黄尧、世界银行王一丹、世界技能大赛主席杰克·杜塞多普、中国教学仪器设备总公司总经理李兴植等出席论坛。论坛分为两个专题：一是分析职业教育发展趋势及其面临的挑战，二是介绍国际职业教育的装备情况。中国教学仪器设备行业协会会长、教育部教学仪器研究所所长王富作了题为《加强教学仪器设备质量管理，坚持技术创新推动教育信息化建设》的发言。

AFA020－20081117

国际职业技术教育论坛暨高等职业技术教育与产业合作研讨会举行

2008 年 11 月 17－19 日，国际职业技术教育论坛暨高等职业技术教育与产业合作研讨会在浙江省杭州市开幕。会议由中国联合国教科文组织全国委员会及浙江省教育厅等 7 家机构联合主办。来自教育部、联合国教科文组织，以及相关国际组织、研究机构和大学的专家、领导和产业代表等 60 余人参加会议。与会人员就促进（农村）可持续发展的职业技术教育、提高职业技术教育质量、职教发展中的公平与效率、职业教育与培训与产业界的合作、全球化背景下的职教国际合作、职教教师专业标准和课程开发以及全球性金融危机背景下的就业等问题进行了讨论，对各国促进农村可持续发展的职业技术教育与培训的政策框架和实践经验进行总结，并在各国代表提交报告的基础上形成综合报告。

第二节 双边交流与合作

AFB001－19800504

我国代表团考察联邦德国职业教育并建议进行“双元制”试点

1980 年 4 月 30 日至 6 月 4 日，以袁宝华为团长的国家经委、中国企业管理协会代表团应欧洲管理论坛邀请，访问了瑞士、联邦德国和奥地利。1980 年 5 月 4－30 日，这个代表团的一个小组应联邦德国杜依斯贝尔协会邀请到联邦德国，以职业教育、职工培训为重点，从企业、学校、工会、工商联合会、雇主协会、联邦政府和州政府的有关部门等多个方面了解了联邦德国职业教育的概貌。考察组先后考察了 9 个不同类型的职业学校、学院和培训中心，以及 7 个企业、1 个银行、1 个经济研究所、11 个政府有关部门，共 29 个单位。代表团回国后于 6 月 20 日向国务院提交了报告。报告认为，西德职业教育很有特色……在职业教育的内容、教育培训的多样化和教学的方法上，有不少东西值得我们研究和借鉴，这对提高我国职业教育、职工培训的水平，推进四化建设，是很有意义的。报告建议，改革我国的中等教育制度和学徒工制度，借鉴联邦德国的经验，进行“双元制”试点。双轨制比单纯在企业培训有许多优点，从我国情况看，一下推广有困难，但可以在少数地区选择几个有条件的企业进行试点。国务院主要负责同志对此作了“同意试点”的批示。在袁宝华的推动下，1980 年 12 月，《西德职业教育》一书正式出版。

AFB002－19800515

教育部部长蒋南翔访问联邦德国

1980 年 5 月 15 日至 6 月 20 日，教育部部长蒋南翔访问了联邦德国、法国和美国，主要是了解三国的教育体系、学习三国的有益教育经验和调查我国留学生的情况。在联邦德国，蒋南翔与巴伐利亚州文教部部长迈尔教授和总司长卡尔·伯克等进行了会谈。此后，蒋南翔亲自指派专家赴联邦德国考察职业教育并开辟合作途径。1981 年 2 月，国务院副总理方毅对教育部与联邦德国开展职教合作的报告签发了“同意”的批示。

AFB003－19801004

中国援助也门发展职业教育

1980 年 10 月 4 日，中国教学组第一批人员到达阿拉伯也门共和国塔兹中等工业技术学校，按照中也双方政府的协议，开始承担这所新建学校的教学工作。从此，阿拉伯也门共和国每年聘请约 100 名中国教师分别去该校和根据中也协议于 20 世纪 70 年代建立的萨那中等工业技术学校任教。1981 年 2 月 15 日，阿拉伯也门共和国教育部部长艾哈迈德·艾斯巴赫和也方有关负责人，约见了中国驻也门萨那、塔兹两所技校的教学组正副组长，反复阐述也门社会迫切需要中等技术人才和技术工人的情况，对中国政府和教育部的积极支持和合作表示感谢，并讨论了有关问题，希望今后继续加强和发展双方的合作关系。1985 年，中国政府决定向阿拉伯也门共和国萨那中等工业技术学校提供 100 万元人民币的无偿援款，作为更新设备之用。至 1985 年止，萨那和塔兹两所中等工业技术学校已分别有毕业生 806 人和 400 余人。1986 年 2 月 22 日，国家教育委员会委员黄辛白与阿拉伯也门共和国教育部副部长贾拉达分别代表两国政府在萨那签署了《中华人民共和国和阿拉伯也门共和国教育合作议定书》，协定我国政府继续向阿拉伯也门共和国提供援助，为萨那中等技术学校增添和更新教学仪器和设备。

AFB004 –19810810

联邦德国教科部部长访华

1981 年 8 月 10 –20 日，联邦德国教科部部长比约尔恩·恩霍尔姆一行 13 人应我国教育部部长蒋南翔邀请访问我国。在北京期间，国务院副总理姬鹏飞会见了比约尔恩一行，蒋南翔与其进行了会谈。比约尔恩一行考察了北京、西安、上海部分高等学校和上海机器制造学校，着重了解了我国职业教育方面的情况，表示愿为中德两国职业教育的合作努力。

AFB005 –19820419

教育部转发业经国务院批准的中德职业教育合作建议

1982 年 4 月 19 日，教育部给国家建工总局、江苏省人民政府、上海市教卫办、北京市委教育工作部发出文件，转发业经国务院批准的教育部和外交部 1982 年 3 月 12 日《关于接受西德巴伐利亚州资助我建立职业学校、师资培训中心和德语中心建议的请示》。《请示》指出，西德巴伐利亚州经西德外交部和经济合作部同意，向中国教育部提出三个合作项目的建议：（一）协助我建立一个培养建筑方面技工、技师和工程师的三级职业学校；（二）建立一所培训中、小学教师的师范中心；（三）为解决前两项任务中赴德学习、考察人员培训德语之需，建立一个德语中心。这些项目由汉斯·赛德尔基金会资助。1983 年 3 月，汉斯·赛德尔基金会主席佩尔克访华，教育部副部长张文松同佩尔克签署了《中华人民共和国教育部与德意志联邦共和国汉斯·赛德尔基金会合作协议》以及为执行该《合作协议》的补充协议。

AFB006 – 19821202

教育部等部门印发文件启动南京建筑职业教育中心项目

1982 年 12 月 2 日，教育部和城乡建设环境保护部给江苏省教育厅、高教局、建工局等单位发出文件，印发《南京建筑职业教育中心与西德巴伐利亚州教育代表团就落实建筑职业教育中心的具体事宜在南京会谈情况报告》，要求各单位根据各自的分工，抓紧教育中心的建设，安排好出国人员的选拔和德语培训工作。这一文件的印发，标志着南京建筑职业教育中心项目的正式启动，使中德职业教育的交流与合作从代表团互访转变到了援助与合作发展阶段，揭开了中德职业教育实质性交流与合作的序幕。在其后的几年间，德国联邦政府、一些州和城市、有关基金会等纷纷参与到这一活动中，逐步形成了分别以德国技术合作公司和汉斯·赛德尔基金会为代表的政府间和非政府间交流与合作的格局。南京建筑职业教育中心 1986、1987 两届毕业生共计 331 人，基本达到培养要求。2000 年 7 月，南京建筑职业教育中心与南京市建筑工程学校合并，成立南京职业教育中心。2005 年经江苏省教育厅批准，该中心升格为南京高等职业技术学校，举办三年制中等职业教育和五年制高等职业教育。

AFB007 – 19831016

中国和联邦德国签订职业教育合作备忘录

1983 年 10 月 16 – 26 日，教育部部长何东昌率领中国教育代表团访问联邦德国。访问期间，何东昌同联邦德国教科部部长多罗特· 维尔姆斯和有关人士就加强和扩大两国在职业教育和高等专科学校方面的合作举行会谈，并签署《备忘录》。联邦德国教科部向中方建议，今后两年内，双方将在上述两个领域互派专业代表团，并表示愿以合作伙伴的身份为中国发展高等专科教育作出自己的贡献。中国教育代表团表示愿意吸取联邦德国的经验，建立适合中国国情的高等专科学校。双方还就发展职业教育可能采取的措施进行讨论，并取得下列一致意见：考虑到两国重视职业教育及其今后的发展，双方商定在这方面进行合作，对教师和负责职业教育规划人员的培养，应作为执行职业教育的优先合作项目加以实施；为帮助发展适合中国国情的职业教育，德方将提供必要的资料和经验。《备忘录》确认联邦德国教科部将和经济合作部共同研究，为今后在中国建立职业教育师资培训中心提供资助；同联邦德国的巴伐利亚州、下萨克森州和北威州，就帮助我国建立 3 所高等专科学校和 1 所企业管理培训中心，达成意向性原则协议。

AFB008 – 19840811

中国和丹麦确定开展职业教育合作

1983 年 10 月，教育部部长何东昌率中国教育代表团访问丹麦，双方会谈时谈及职业教育合作问题。1984 年 8 月 11 日，丹麦教育大臣贝特尔·霍德到达北京对我国进行访问。何东昌与霍德进行了会谈，并共同签署了《会谈纪要》。《会谈纪要》提到，丹麦教育大臣对参加目前中国和世界银行正在讨论的下列三个项目表示兴趣：加强中等职业教育，培养教师，并协助进行职业教育的规划研究；中等教育的师资培养和在职教师培训，特别是对英语、数学和自然科学教师的培训；加强大学的理工科教育。此外，两国教育部部长还就以下问题进行讨论：丹麦埃尔西诺尔造船工程学院接受中国工科学生和造船工程师学习的可能性；丹麦接受中国工科大学毕业生进入丹麦造船工程、电子工业、企业管理、乳制品加工和家具制造等工厂、企业进行实习训练（也可能结合研究生学习）的可能性。

AFB009 – 19850509

中国和民主德国签订《职业教育合作协议》

1985 年 5 月 9 – 17 日，民主德国职业教育国务处副国务秘书霍斯特·库恩一行 4 人访华。在华期间，教育部部长何东昌会见并宴请了库恩一行，教育部副部长黄辛白和库恩分别代表两国政府签署了《职业教育合作协议》。《协议》规定，就发展和完善职业教育的基本问题进行协商；交换考察团，了解对方职业教育的情况并相互交流意见和经验；互相提供有关对方职业教育重大活动（代表大会、展览会等）的信息，以便商定是否派官员或专家参加；交换关于两国职业教育基本问题的文献和材料，以及按照协议交换教学计划和教科书；支持和促进中国的有关研究单位与民主德国中央职业教育研究所开展合作。《协议》还指出，双方交流意见的重点是：职业教育、技工教育和继续教育的管理和计划工作；职业教育理论和实践课的组织和安排；职业教育理论和实践课师资的培养与进修；根据社会需要，对劳动者进行继续教育；对职业教育的研究。

AFB010 – 19850611

中国和联邦德国共建二汽职业教育中心

1985 年 6 月 11 日，教育部发出《关于第二汽车制造厂与联邦德国汉斯·赛德尔基金会签署职业教育中心协议的批复》，同意同年 1 月中国第二汽车制造厂与联邦德国汉斯·赛德尔基金会草签的关于建立职业教育中心的合作协议。根据协议，这一合作项目旨在引进德国“双元制”的职业培训模式。该中心设电工、车工、钳工、钣金工 4 个专业，同年 9 月招收初中毕业生，学制三年。1986 年 2 月增设在职工人班，学制一年。1986 年 9 月设技术员班，招收在职工人，学制二年。每个合作期，德方都派驻专家来校工作。学校先后选派多批教师赴德国培训。通过与德国的合作办学，学校的师资力量得到加强。德国汉斯·赛德尔基金会主席阿尔费莱特·巴耶对学校的成功办学予以肯定，称其是借鉴德国“双元制”职业教育模式、切合中国实际情况的中德合作样板项目。

AFB011 – 19850927

甘肃省与美国俄克拉荷马州签署职业技术教育合作交流协议书

1985 年 9 月 27 日，甘肃省教育厅副厅长于正中与美国俄克拉荷马州职业技术教育部主任弗朗西斯·卡特尔在兰州市签署《职业技术教育合作交流协议书》。《协议书》规定，两省、州 1986 年互派职业技术教育考察团，俄克拉荷马州接受甘肃省 6 名职业学校管理人员和教师分两批进行为期半年的学习，兰州市职业技术学校与俄克拉荷马州塔特尔工艺学校建立兄弟学校的关系，在教师进修、教学管理、实习实验、信息资料等方面进行经常性的友好交流与合作；俄克拉荷马州对甘肃省建立职业教育中心给予可能的支持、帮助，如提供技术、信息，承担人员培训，派员进行指导等；双方交换职业技术教育工作的情报、资料。

AFB012 – 19851016

中国和澳大利亚签署教育与培训合作谅解备忘录

1985 年 10 月 16 – 27 日，应澳大利亚联邦教育、科学与培训部部长苏珊·瑞安邀请，中华人民共和国国家教育委员会副主任何东昌率教育代表团访问澳大利亚，双方签署《中华人民共和国教育部与澳大利亚联邦教育、科学与培训部关于教育与培训的合作谅解备忘录》。2002 年 12 月，教育部副部长王湛率教育代表团访问澳大利亚，与澳大利亚教育、科学与培训部部长续签《中澳关于教育与培训的合作谅解备忘录》。2006 年 4 月 3 日，中国国务院总理温家宝访问澳大利亚，澳大利亚教育、科学与培训部部长朱莉·毕晓普和代表中国教育部的中国驻澳大利亚大使傅莹再次续签《中澳关于教育与培训的合作谅解备忘录》。澳大利亚总理霍华德和中国国务院总理温家宝出席签字仪式。

这些谅解备忘录的签署为中澳两国在教育领域的互利合作打开了更广阔的空间，促进了两国在包括职业技术教育在内的各个教育领域开展广泛合作。

AFB013 －19870911

国家经委代表团访问瑞士并建议学习瑞士的职业教育制度

1987 年 9 月 11 －17 日，应瑞士联邦经济部的邀请，以国家经委主任吕东为团长的国家经委代表团到瑞士考察经济工作。在瑞士期间，代表团参观了一些有代表性的企业、商场、农贸市场和大学。访问结束后，考察团于 9 月 30 日给国务院写了考察报告。报告认为："瑞士的培训制度很值得我们学习。我国过去是农业国，又长期受旧体制的影响，不仅传统的职工培训基础薄弱，更缺乏现代的培训经验。这几年这项工作虽有了很大进展，但还没有建立一套系统严格的制度，没能形成一种强大的社会风气。在一些地方，重'大专文凭'、轻'专业技能'的情况仍然十分突出。目前许多产品质量上的问题，很大程度上同我们的职工素质差、管理水平低有关。这个问题应当引起我们足够的重视。从根本上讲，下决心连续培训几代青年工人，是中国提高产品质量、打入和占领国际市场的百年大计！" 1987 年 10 月 15 日，中顾委副主任薄一波对这个报告作出批示："建议印发各工业部门一阅。" 报告引起了许多领导同志的重视。据原国家教委副主任王明达回忆说，时任国家教委副主任、党组书记的何东昌看到这个报告后，印象很深，并请王明达给予关注。

AFB014 －19890424

联邦德国职业教育专家考察组访问我国

1989 年 4 月 24 日至 5 月 12 日，联邦德国经济合作部国务秘书希格弗里德·冷格尔率领的职业教育专家考察组访问我国。德国专家组此次来华的主要目的，是与中国职业教育专家就职业教育研究所的任务、职能、工作方式及德方的支持方式与规模进行商讨。在北京，国务委员兼国家教委主任李铁映会见并宴请了冷格尔和专家组全体成员；国家教委副主任王明达与专家组进行了会谈，并签署了会谈纪要；中、德、世界银行三方就职教合作问题签署了合作备忘录。专家组还访问了经贸部、劳动部、机电部、农业部、轻工部，并赴无锡、苏州、常州、芜湖等市实地考察了我国职业教育的现状。中德双方的会谈纪要指出，为了准备推行中国的双元职业教育制度，国家教委将于 1990 年 1 月 1 日在北京建立中央职业教育研究所，并同时筹划在天津和上海建立两个地方职业教育研究所，德国经济合作部通过咨询和提供设备的方法指导中国建立职业教育研究所。在德方所承担的责任中，包括派遣长期专家和短期专家，以及中国的骨干力量在联邦德国的培训。此外，德方还将提供专业参考书以及教学资料。在起步阶段，德方先提供 1000 万马克的资助。

AFB015 – 19910304

中加高中后职业技术教育研讨会召开

1991 年 3 月 4 – 8 日，由中国教育国际交流协会主办的中加高中后职业技术教育研讨会在福建省厦门市召开。中国教育国际交流协会秘书长解其钢，中国职业技术教育学会常务副会长、中加合作项目中方顾问委员会主任孟广平先后主持会议，国家教委职教司副司长王文湛，加拿大驻华使馆一等秘书柯美莉女士等近 70 名代表参加会议。会议的主要议题是：（1）中加两国各自的高中后职业技术教育的特点和形式；（2）职业技术教育在社区发展和地方性经济发展中的作用；（3）未来的合作——学院与地方、学院之间；（4）中国高中后职业技术教育的发展；（5）如何进一步促进中加两国高中后职业技术教育合作项目的推广工作。国家教委副主任王明达在开幕式上作了书面发言。河北省教委副主任陈逖先作了《中加职教项目考察组考察报告》的专题发言。

AFB016 – 19910601

中国和联邦德国签署职业技术教育换文

1991 年 6 月 1 日，中国和联邦德国职业技术教育换文在北京签署。根据换文，德国政府将资助中方建设位于北京的职业技术教育中心研究所和上海、辽宁两地的职业技术教育研究所。国务委员兼国家教委主任李铁映、德国经济合作部国务秘书希格费里德 · 冷格尔出席了签字仪式。经贸部副部长沈觉人和德国驻华大使韩培德分别代表本国政府在换文上签字。签字仪式前，李铁映会见了冷格尔一行。李铁映感谢冷格尔多年来为推动德中两国友好合作关系的发展所做的大量工作。李铁映还向客人介绍了近年来中国教育，特别是职业技术教育的发展情况，并希望两国的教育交流与合作得到进一步的发展。冷格尔对中国在职业技术教育，特别是残疾儿童教育培训工作方面所做的努力和取得的成绩表示赞赏。参加会见的有卫生部部长陈敏章，国家教委副主任何东昌、王明达等。

AFB017 – 19910704

中加高中后职业技术教育合作项目学校确定

1991 年 7 月 4 日，国家教委相继印发中加高中后职业技术教育合作项目第一、二轮项目学校立项通知。指出，中加高中后职业技术教育合作项目旨在协助中国有关院校发展高中后职业技术教育，以非学位教育和培训为主，第一轮项目总经费为30万加元，第二轮项目总经费为180万加元，分别于1990年和1991年开始实施。1991年7月13日，国家教委又就中加高中后职业技术教育合作项目第三轮项目网络学校初步立项的有关事宜向有关省（部）发出了通知，要求各省项目学校在制订交流计划时遵循“以项目网络学校牵头为主，参与学校配合”的原则。中加高中后职业技术教育合作项目由加拿大国际开发署资助，加拿大社区学院协会和中国教育国际交流协会共同执行。到1996年，中加双方分别有29所和32所院校参与了合作项目；中方共有295人赴加拿大进行为期三周至半年不等的考察访问与业务进修，加方有148名专家来华交流、合作和讲学。中加职业教育合作项目为中国职业教育改革与发展提供了借鉴，同时也为加拿大在中国赢得了一定的培训市场。1997年3月17日，中加高中后职业技术教育合作项目总结会在云南省昆明市举行。

AFB018－19911007

巴西职业教育代表团访问我国

1991年10月7－20日，由巴西教育部职业教育局职业培训政策处处长和4所农业中学校长组成的巴西职业教育代表团访问我国。该团此行的目的，是了解和研究我国中等农业技术教育的体制、现况，中等农业技术教育与生产者的关系，我国推广“科技兴农”计划、农民靠科技致富等情况。代表团与我国教育部有关部门官员进行了座谈，并考察了北京市和山东省部分以农业为主的职业中学、中专学校。

AFB019－19940704

中德两国政府签署加强专业教育合作的联合声明

1993年11月15－20日，德意志联邦共和国总理科尔访华，其间在与中国领导人就广泛的国际和双边问题达成不少一致看法的同时，双方就加强两国在职业教育领域的交流与合作达成了共识。1994年7月，国务院总理李鹏率代表团对德国进行了回访。7月4日，国家经贸委主任王忠禹和德国联邦经济合作与发展部部长施普朗格在波恩分别代表两国政府签署了《中华人民共和国政府和德意志联邦共和国政府关于加强职业教育领域合作的联合声明》。李鹏和科尔出席了签字仪式。《联合声明》是我国政府与外国政府专门就职业教育问题签署的第一个双边协议，它既是中德两国十年来职业教育交流与合作成果的直接体现，又是中德在职业教育领域进一步交流与合作的纲领性文件，同时还是我国职业教育在改革开放进程中走向世界的重要标志和进行国际交流与合作的重要成果。《联合声明》就职业教育的作用、意义、双方合作的范围及途径等问题进行了深刻的阐述。《联合声明》指出，“促进中国的职业教育是双方（中德）政策的重点”，“双方一致认为，应将职业教育领域的合作在中央、地、县层次上继续进行下去并不断加强”。

AFB020 －19940928

中德成立职教联合工作小组

1994 年 9 月 28－29 日，中德职业教育联合工作小组在北京成立，并召开第一次会议。中方代表团由外经贸部副部长刘山在和部长助理龙永图率领；德方代表团由联邦经济合作发展部副部长、国务秘书维克哈德·海尔特尔率领。经过反复协商讨论，小组发表《中德职业教育倡议行动联合公报》。《联合公报》指出，两国职教领域的合作取得了令人瞩目的成就，今后的主要任务是：加强国家和经济界在职业教育领域的合作；加强由企业和学校共同承担的继续教育；继续推广中德试验项目的经验；开辟职业教育经费来源渠道；保障实训教师的地位；加强职业咨询和职业信息交流；建立广泛的职业资格证书制度；扩大处于不利社会地位人口的职业教育。1995 年 3 月，中德职业教育专业级工作小组会议在北京召开。会议提出了在“加强国家与经济界在职业教育领域的合作，继续推广典型试点经验，保障职教师资的地位”三个方面继续开展合作的建议。1995 年 9 月，在波恩又召开了中德职业教育高级工作小组会议。德方确定向“中德合资企业与国家职业教育机构之间的合作、职业学校师资的培养、职业学校校长的培养和培训、农村地区职业教育的合作”等项目提供 2300 万马克的技术合作经费。

AFB021 －19941114

“中德职业教育合作十年——成果与展望”研讨会召开

1994 年 11 月 14－18 日，中国国家教育委员会、德国汉斯·赛德尔基金会和德国技术合作公司在浙江省杭州市召开“中德职业教育合作十年——成果与展望”研讨会，对德国提供援助的 30 多个合作项目、中国国家教委确定的 6 个“双元制”职教试点城市以及职业技术教育中心研究所、上海和辽宁职教研究所开展的典型试验进行总结。国家教委副主任王明达发表题为《中国职业教育改革的目标、任务和成就》的报告。会议报告指出，根据《中国教育改革和发展纲要》提出的职业教育发展目标和大力发展职业教育的现行政策以及中德两国总理共同声明中关于进一步加强职业教育合作的协议，面对21世纪，中德职教合作的前景是广阔的。要继续搞好现有试验项目，发挥其辐射作用；扩大新的合作范围，向经济管理、农村职教和高等职教领域扩展；为上海及周围地区的中德合资企业服务，开展职业教育和继续教育；合作培养职业学校教师和管理人员；加强中央、地方职教研究机构建设，提高其为政府、企业和学校提供服务的能力与作用；扩大试验范围，加强改革成功经验的宣传和推广；进一步加强企业对职业教育的参与。这次会议是中德双方在职教领域一次非常有意义的全面对话。

AFB022 -19951005

英国职业教育代表团访华

1995年10月5 -18日，英国职业教育代表团来华访问，考察我国职业教育的政策、发展现状等，以寻求双方合作的共同点。这是英国职业教育界第一次组团来华访问，代表团的8名成员也是第一次访问我国。代表团与中国国家教委有关司的负责人进行了会谈，并考察了西安、上海、广州的7所职业学校。代表团了解了我国职业教学的实际情况，找到了他们认为可以优先进行合作的领域。应英国职业教育协会邀请，1996年10月10 -20日，以国家教委职业技术教育司司长刘来泉为团长的中国职业技术教育代表团对英国进行了回访。

AFB023 -19960624

我国职业技术教育代表团访问韩国

应韩国教育部长官安秉永的邀请，并根据《中韩1995—1997年教育交流与合作协议》，1996年6月24 -30日，以国家教委副主任王明达为团长的中国职业技术教育代表团一行6人访问韩国。在韩期间，代表团访问了韩国教育部、劳动部，考察了韩国的部分企业和职业学校，并就职业教育方面的有关问题与韩方进行了交流。

AFB024 -19970326

美国职业教育代表团访华

应国家教委邀请，1997年3月26日至4月4日，美国全国职业教育研究中心主任戴维·斯特恩率领的美国职业教育代表团一行4人来华访问。代表团与国家教委职业技术教育司和职业技术教育中心研究所的负责人进行了会谈，并考察了北京、西安、南京的部分职业学校。

AFB025 – 19970423

中德高技术对话论坛成立并举行会议

1997 年 4 月 23 日，由中华人民共和国主席江泽民和德国总理科尔倡议成立的中德高技术对话论坛在波恩正式宣告成立，并于同月 23 – 25 日举行了第一次会议。由国家计委主任陈锦华率领的中国代表团和以德国联邦经济部部长莱克斯洛特及联邦教育、科学、研究与技术部部长吕特格尔斯为团长的德国代表团出席了会议。李鹏总理和科尔总理给会议发来了贺信。李鹏总理的贺信指出，由江泽民主席和德国科尔总理倡议成立的中德高技术对话论坛，不仅能够加强两国政府间的高技术政策交流，而且将为两国科研机构和企业提供一个磋商高技术研究项目及其成果产业化问题的场所。

AFB026 – 19990301

中德职业学校校长培训项目启动

1998 年 12 月 28 日，对外贸易经济合作部副部长龙永图代表中国政府在中德两国政府“职业学校校长培训与进修”项目换文上签字。该项目在辽宁和吉林两省实施，项目主管部门是中国对外贸易经济合作部、辽宁省人民政府、吉林省人民政府和德国技术合作公司。1999 年 3 月 1 – 5 日，中德合作职业学校校长培训项目计划工作会议在辽宁省铁岭市召开。该项目的各参与机构和主管部门的有关人员参加会议。按照项目协议，项目分两个阶段实施：第一阶段为 1998 年 10 月至 2002 年 8 月，为教学计划开发阶段；第二阶段为 2002 年 9 月至 2005 年 8 月，为培训实施阶段。项目根据职业学校校长的心理素质、知识素质和能力素质，开发 15 个具有新意的职业学校校长培训模块，并开展试点培训和推广培训。2005 年 8 月 8 日，中德合作职业学校校长培训项目总结会在辽宁省沈阳市召开。来自商务部、劳动和社会保障部、辽宁省政府、辽宁省和吉林省教育厅的领导，辽宁省、吉林省和国内其他省市以及德国的 100 多名职业教育专家、学者参加了会议。

附录　中德合作职业学校校长培训项目培训模块

由中德两国职教专家组成培训方案开发小组，研制开发了一套全新的符合中国职业学校校长培训实际的培训方案，借鉴了德国的先进职教经验，采用模块式教学方式，模块内容如下：

模块1：社会政治理论与有关法律、政策

模块2：职业学校校长良好的个人修养

模块3：职业教育理论

模块4：职业教育教学方法

模块5：职业学校的科学管理

模块6：职业学校人力资源开发与管理

模块7：职业学校的素质教育

模块8：职业学校的就业指导

模块9：职业教育的评价与测量

模块10：现代教育技术的运用

模块11：职业学校的资金筹措与管理

模块12：国内外先进职业教育经验的借鉴与职业学校的改革创新

模块13：经济与职业教育

模块14：职业学校校长岗位实践

模块15：环境保护与职业教育

AFB027－20020305

中国—澳大利亚（重庆）职业教育与培训项目启动

经中国和澳大利亚双方三年的共同努力，2002年3月5日，中国对外贸易经济合作部副部长龙永图和澳大利亚驻华大使馆临时代办莫亭分别代表两国政府在北京签署了中澳（重庆）职业教育与培训项目的谅解备忘录。该项目由中华人民共和国商务部、教育部、重庆市人民政府，以及澳大利亚国际发展与援助署、澳大利亚哈索国际公司共同组织实施。项目共分两个阶段：第一阶段用三年时间在重庆的5所学校试点；第二阶段用两年半时间在全国推广。项目具体内容是：建立职业教育信息管理系统；建立与行业全面联系的运行机制；培训职业教育师资；开发课程（教学计划、大纲、教材等）；购置专业培训所需设备。项目执行期间，中方先后组织国家层面、重庆市级层面和学校层面共197人赴澳大利亚考察学习，同时邀请澳大利亚职业学院管理人员、教师及项目专家等300余人来华寻求合作项目。澳大利亚为此项目提供1942万澳元，中国配套530万澳元。这一项目是当时中国和澳大利亚两国政府在职业教育领域开展的最大的交流与合作项目。2007年8月，该项目结束。

AFB028 - 20020610

首批日本政府无偿援助中国中等职业教育器材设备项目竣工典礼举行

2002 年 6 月 10 日，首批日本政府无偿援助中国中等职业教育器材设备项目竣工典礼在云南省西双版纳傣族自治州隆重举行。日本驻中国大使馆公使、经济部部长目贺田先生，对外贸易经济合作部国际经贸关系司司长易小准，教育部官员以及山东省、辽宁省、河北省、云南省的 5 所项目学校代表出席了竣工典礼。日本政府无偿援助我国中等职业教育器材设备项目是中日两国职业教育交流与合作的一项重要内容，首批项目学校为云南省西双版纳民族职业教育中心、山东省五莲县职业中等专业学校、河北省冀州市职教中心、河北省青龙满族自治县职业技术教育中心、辽宁省沈阳职工大学，援助额度共计 10 亿日元。在中日双方和有关方面的共同努力下，根据项目学校的专业设置和教学装备状况设计了项目学校器材设备采购目录。同时，项目学校先后两次组团赴日本考察日本职业教育和企业生产技术发展水平。通过考察，拓宽了办学的思路和视野，增强了办好职业教育的信心。

AFB029 - 20021209

中新续签教育与培训合作谅解备忘录

2002 年 12 月 9 日，中华人民共和国教育部与新西兰教育部将 1994 年两国签署的《关于基础和高等教育及高校科研的合作协议》和《关于在新西兰学校开设汉语课程的合作协议》合并，签署了《关于教育与培训的合作谅解备忘录》。2006 年 4 月，温家宝总理在访问新西兰期间，中国驻新西兰大使张援远和新西兰教育部秘书长霍华德 · 范斯分别代表双方续签这份合作谅解备忘录。续签的备忘录强调："双方鼓励两国专业教育机构、大学、中小学和职业院校建立直接联系，并通过建立姐妹校及合作项目等方式在高等教育、中小学教育、职业教育与培训、现代远程教育和汉语教学的课程设置、教材编写、教学框架等方面加强交流与合作；在职业教育与培训领域，双方将促进在共同确定的领域内的合作。"

AFB030 - 20031127

中国—澳大利亚职业教育论坛举行

2003 年 11 月 27 - 29 日，由中华人民共和国教育部，澳大利亚联邦教育、科学和培训部，重庆市教委和澳大利亚驻华大使馆联合举办的"中国—澳大利亚职业教育论坛"在重庆举行。论坛主题是"加强制度创新，推进职业教育发展”。主要任务是研究近十年来中国和澳大利亚职业教育改革的成果和经验，特别是澳大利亚职业教育的体系架构、行业企业参与职业教育、国家资格证书框架体系、职业教育运作模式、培训包与职业教育教学模式等，以促进中国职教工作者进一步解放思想、开拓思路、转变观念，借鉴澳大利亚的经验和做法，推动职教体制创新，促进中国职业教育在新形势下取得更大发展，同时推动《中华人民共和国教育部与澳大利亚联邦教育、科学与培训部关于教育与培训的合作谅解备忘录》的落实，促进中澳两国在职教乃至整个教育领域的交流与合作。

AFB031 – 20050803

第二届中澳职教论坛举行

2005 年 8 月 3 日，第二届“中国—澳大利亚职业教育论坛”在重庆举行。会议由中华人民共和国教育部、商务部、重庆市人民政府，以及澳大利亚国际发展署、澳大利亚教育、科学与培训部联合举办。会议主题是“合作与发展”。教育部副部长吴启迪，澳大利亚联邦职业技术教育部部长加利·哈格雷夫，重庆市委、市政府及各省（自治区、直辖市）教育主管部门、国务院有关部门（行业）、部分职业院校、企业以及来自澳大利亚教育、科学与培训部，维多利亚州教育与培训部，国家职教研究中心，职业和技术教育（TAFE）学院，部分大型跨国公司以及注册培训机构的代表约 300 人参加论坛。会议系统总结了中澳职教项目的成果和经验，详细介绍了我国和澳大利亚职业教育改革发展的最新动向与趋势，探讨了职业教育与行业企业之间进行产教结合、校企结合的途径和机制。

AFB032 – 20061026

中德职业教育研讨会召开

2006 年 10 月 26 – 27 日，中德职业教育研讨会在天津市召开。会议由天津市教委、德国技术合作公司、德国国际培训和发展协会以及汉斯·赛德尔基金会联合主办。我国教育部、发展和改革委员会，德国驻华大使馆以及国际劳工组织分别派代表出席会议。来自各省市教育部门、劳动和社会保障部门、高职院校、普通高校和教育研究机构，以及中外合资企业的人力资源管理部门和教育发展咨询机构等 100 余名代表参加会议。与会代表就职业教育领域具有前瞻性的发展模式、最新发展趋势进行了探讨。与会代表一致认为，不同国家的职业教育虽然采取不同的模式，但目标却是一致的，那就是可持续发展；中德两国国情虽然不同，但在职业培训方面都面临着与时俱进的挑战。

AFB033 – 20070616

第一届中韩职业教育论坛举行

2007 年 6 月 16 – 20 日，教育部国际合作与交流司与韩国教育与人力资源部国际教育信息化局主办的第一届中韩职业教育论坛在新疆维吾尔自治区乌鲁木齐市召开。本次论坛是教育部为落实国务委员陈至立关于加强中韩两国职业教育合作的指示精神和扩大首届中韩高校强强合作研讨会成果而召开的，旨在推动我国西部、东北地区职业教育与韩国职业教育的交流，利用韩国的教育理念、资源培养应用型技术人才，促进西部地区及东北老工业基地的经济发展。教育部，新疆维吾尔自治区政府，韩国教育与人力资源部，吉林省、四川省、甘肃省、青海省教育厅领导及中韩 30 所高职高专院校代表 100 余人参加论坛。通过为期两天的大会发言、分组讨论、一对一交流、参观，中韩双方进行了广泛交流和商洽。2008 年 10 月 13 – 14 日，中韩两国教育部在韩国首尔联合举办第二届中韩职业教育论坛，中方 14 所院校及韩方 12 所院校参会。论坛就如何深化首届论坛成果、进一步促进两国职教领域的合作进行了交流。

AFB034 – 20070915

中意合作项目全国残联残疾人职业教育与培训机构管理工作研讨会召开

2007 年 9 月 15 – 18 日，中意合作项目全国残联残疾人职业教育与培训机构管理工作研讨会在吉林省长春市召开。中国残疾人联合会、劳动和社会保障部、教育部等有关负责人出席会议。来自中国残联项目专家组的 7 名专家和全国各省、区、市的 40 多名代表参加了研讨会。中意合作项目残疾人职业教育与培训项目是中国政府和意大利政府共同实施的以指导残疾人职业教育与培训、扩展国家公共职业教育服务范围、服务广大残疾人成才就业、促进中国残疾人事业发展为目的的国际合作项目之一。活动自 2007 年 7 月开始，计划提出残疾人职业教育与培训管理工作和教学工作两方面建议，制定一份《残疾人职业教育与培训机构教学与管理方法指导手册》，培训残疾人职业教育与培训机构管理人员和教学人员等两批人员。

AFB035 – 20081013

中德职教师资进修项目交流研讨会召开

2008 年 10 月 13 – 14 日，由教育部与德国国际继续教育和发展协会主办、重庆市教委承办、重庆师范大学协办的中德职教师资进修项目交流研讨会在重庆市举行。教育部有关司的负责人和来自全国各省、市、自治区赴德国参加职教专业培训的教师代表，以及部分职业院校的管理工作者近150人参加会议。在为期两天的交流研讨会上，120余名赴德进修学员分数控技术应用、机电技术应用、汽车运用与维修、电子技术应用、专业教学论（旅游管理与服务、物流、国际商务）5个专业，各自就赴德进修学习体会、回国后的教育教学实践进行了深入研讨和大会交流发言。

AFB036 -20081119

中德职业教育国际交流大会召开

2008年11月19-20日，由江苏省教育厅与德国联邦经济与技术合作部支持，德国职业教育联盟主办，菲尼克斯电气集团和江苏省高等职业教育研究会承办的中德职业教育国际交流大会在江苏省南京市举行。会议主题为“产学研合作——技能提高效率”，旨在介绍德国先进的职业教育体系和实用的培训方法，展示中德职教创新和课程改革成果，探索中德职教合作与交流的新途径，构建新平台。参加会议的有来自中德双方的部分官员，中国、德国、新西兰、越南等国职业院校和职教研究机构共260余名代表。教育部副部长章新胜和德国联邦议员、联邦议会教育委员会副主席考妮娜·彼博分别在会上作主题报告。与会代表就中德职业院校在专业和课程建设、校际交流和教师培训、教学评估和质量控制等方面深化交流与合作，促进在江苏省的德国企业与职业院校建立产学研合作关系，不断完善中德职教网络等话题坦诚交换了意见。会议期间，与会代表参观了菲尼克斯南京公司和江苏经贸职业技术学院；江苏省高等职业教育研究会与德国职业教育联盟签署了合作备忘录。

AFB037 -20081224

中国援助埃塞俄比亚建设职业技术教育学院

2008年12月24日，教育部副部长章新胜与来访的埃塞俄比亚教育部国务部长温德沃松·可罗夫在北京签署了《中华人民共和国教育部与埃塞俄比亚联邦民主共和国教育部关于埃塞—中国职业技术学院合作办学项目协议》。根据协议，两国教育部根据中国高等职业学校的办学模式，在埃塞俄比亚建立职业技术教育学院，并将职业技术教育学院办成中国与非洲国家在职教领域合作办学的示范性学校。中国教育部委托天津工程师范学院作为牵头单位承办埃塞—中国职业技术学院的办学工作，并派遣有关专家和教师协助埃塞俄比亚启动与开展学院的管理与教学工作。早在 2001 年，中国教育部就与埃塞俄比亚教育部签署了《埃塞俄比亚联邦民主共和国教育部与中华人民共和国教育部关于职业技术教育合作的协议》。按照协议，中国先后已派出专家 50 多人次对埃塞俄比亚职业教育提供支持和帮助，并帮助埃塞俄比亚建立了斯亚贝巴职业技术教育学院。该学院为埃塞俄比亚培养实用性人才、提高劳动力素质、促进当地经济发展起到了积极作用。

第二篇

职业资格制度与职业技能鉴定

第一章　职业资格制度

第一节　基本政策

BAA001 －19850527

《中共中央关于教育体制改革的决定》提出持证上岗要求

1985 年 5 月 27 日，《中共中央关于教育体制改革的决定》颁发。《决定》明确指出，要在全党和全社会进行教育，树立行行光荣、行行出状元的观念，树立劳动就业者必须有一定的政治文化和技能准备的观念，并且在改革教育体制的同时改革有关的劳动人事制度，实行"先培训，后就业"的原则。今后各单位招工，必须首先从各种职业技术学校毕业生中择优录取。一切从业人员，特别是专业性、技术性较强行业的从业人员，都要像汽车司机经过考试合格取得驾驶证才许开车那样，必须取得考试合格证书才能走上工作岗位。有关部门应该制定法规，逐步实行这种制度。

BAA002 －19861205

全国成教会要求对专业技术岗位人员发合格证

1986 年 12 月 1－5 日，国家教委、国家计委、国家经委、劳动人事部、中央组织部和全国职工教育管理委员会，在山东省烟台市联合召开全国成人教育工作会议。12 月 5 日，国务院副总理李鹏出席会议并讲话。李鹏指出，今后，对一些从事专业技术岗位工作的人员要发合格证，像汽车司机、锅炉工、电工那样，对医师、教师、律师、会计师、工程师等都要考虑发合格证。这也是劳动制度的一项改革，与成人教育改革相配套。发合格证是一个方向，但不要一哄而起，要成熟一个实行一个。我们是一个发展中国家，我们社会成员的大多数人还需要在第一线从事生产劳动，不能引导人们都去当干部，当工程师。国务院已确定实行工人技师制度，有关部门将对工人技师待遇作出相应规定，这样就可以使工人有一个奔头，初级工向中级工发展，中级工向高级工发展，高级工中少数优秀的还可能成为技师。

BAA003 - 19870103

国家提出建立工人技师职务系列

1987 年 1 月 3 日，国务院办公厅转发国家教育委员会、国家计划委员会、国家经济委员会、劳动人事部《关于全国职业技术教育工作会议情况的报告》。《报告》对加强中等专业教育和技工教育作出了明确的规定。《报告》指出，必须大力加强中等专业教育和技工教育，建立高级技工、技师的培训、考核、晋升制度。应当为工人开辟一条进修提高的道路，即完善工人的技术等级制度，增设技师职务系列，引导青年工人向中级、高级技工以至技师的方向发展。要逐步对技工学校和职业高中毕业生进行技术等级考核，按实际达到的水平发给相应的证书。

BAA004 - 19910118

全国职教会提出实行技术证书制度

1991 年 1 月 18 - 21 日，国家教委、国家计委、劳动部、人事部、财政部在北京联合召开了全国职业技术教育工作会议。国务委员李铁映在其所作的《大力发展职业教育，促进我国经济建设和社会发展》的工作报告中指出，要从我国国情出发探索职业技术教育的发展路子，要制定配套政策和制度，形成推动职业技术教育发展的有效机制，其中最重要的就是要落实"先培训，后就业"的原则和实行技术证书制度。李铁映强调，要抓紧建立各行各业、各种岗位的资格标准。各单位用人必须遵循这个标准，各职业技术学校和培训机构必须根据这个标准的要求组织教学。同时，要按标准建立相应的考核和证书制度。由于岗位标准和教育形式的多样化，职业技术教育的考核方式和证书也应该是多种多样的。有的授予毕业文凭，有的发给结业证书，有的同时发给技术等级或岗位合格证书，这些都要逐步形成一套制度，并逐步做到按合格证书安排人员从业，未经培训或取得合格证书的人不能就业和上岗。

BAA005 - 19911017

国家要求强化"双证"制度建设

1991 年 10 月 17 日，国务院发布《关于大力发展职业技术教育的决定》。

《决定》强调，各级政府和有关部门应该制定有关法规，采取必要的行政和经济手段，有步骤地推行“先培训，后就业”的原则。首先在专业性、技术性较强的行业实行，进而争取尽快做到：在城市，未经职业技术教育、达不到岗位规范要求的一律不得就业、上岗；在农村，企事业单位（含乡镇企业）招工、招干及从事技术性强的生产经营工作，必须经过相应的职业技术教育。凡进行技术等级考核的工种，逐步实行“双证书”（毕业证书和技术等级或岗位合格证书）制度。应把技术等级证书或岗位合格证书，作为择优录用和上岗确定工资待遇的重要依据。在农村完善农民技术人员职称评定制度，并视条件逐步实行农民技术资格证书制度。

BAA006－19920116

国家有关部门要求对出国工人技术等级和技术职务证书办理公证

1992年1月16日，劳动部、司法部发布《关于对出国工人技术等级、技术职务证书办理公证的规定》，对地方所属企事业单位派遣和个人申请出国的技术工人，以及国务院有关部门、解放军各总部及其所属企事业单位派遣出国的技术工人的《技术等级证书》《技师合格证书》《高级技师合格证书》的公证问题作出了明确规定，保证了出国技术工人的素质，对维护国家对工人技术等级、技术职务证书核发与管理的严肃性，适应国际交流的实际需要，确保我国一些传统技艺和技术专长在国际上保持良好声誉起到了积极作用。

BAA007－19940222

《职业资格证书规定》发布

为了贯彻落实《中共中央关于建立社会主义市场经济体制若干问题的决定》中有关实行职业资格证书制度的精神，适应建立社会主义市场经济体制的需要，加强劳动人事科学化管理，1994年2月22日，劳动部、人事部共同下发了《关于颁发〈职业资格证书规定〉的通知》。《职业资格证书规定》共12条，对职业资格的定义、内容、评价方式和职业资格证书的性质、分类、管理体制及分工作了明确的规定。《规定》明确职业资格证书实行政府行政指导下的管理体制，劳动部负责以技能为主的职业资格鉴定和证书的核发与管理，原《技术等级证书》《技师合格证书》《高级技师合格证书》改为《国家职业资格证书》；明确规定国家职业资格证书参照国际惯例，实行国际双边或多边互认。

BAA008 – 19940614

国家再次要求强调“双证”制度

1994 年 6 月 14 – 17 日，中共中央、国务院在北京召开改革开放以来的第二次全国教育工作会议。中共中央政治局常委、国务院总理李鹏在《动员起来，为实施〈中国教育改革和发展纲要〉而努力》的主题报告中提出，在全社会实行学历文凭和职业资格证书并重的制度。企业的岗位培训要法制化。新招职工上岗前必须经过培训，取得合格资格才能上岗。1994 年 7 月 3 日，国务院发布了《关于〈中国教育改革和发展纲要〉的实施意见》，指出职业教育的培养目标应以培养社会大量需要的、具有一定专业技能的熟练劳动者和各种实用人才为主。大力发展多种形式的职业培训，认真实行“先培训，后就业”、“先培训，后上岗”的制度，使城乡新增劳动力上岗前都能受到必需的职业训练。加快劳动、人事、工资制度与教育体制的配套改革，把人才的培养与合理使用更好地结合起来，逐步建立学历文凭和职业资格两种证书制度，组建职业资格委员会，制定各种职业的岗位规范和录用标准。《实施意见》还指出，职业学校专业技能教师可实行教师职称和专业技术职称双职称制。

BAA009 – 19940705

职业资格证书和职业技能鉴定制度写入《中华人民共和国劳动法》

1994 年 7 月 5 日，第八届全国人民代表大会常务委员会第八次会议通过《中华人民共和国劳动法》。该法共 13 章 107 条，其中第八章第六十九条规定：国家确定职业分类，对规定的职业制定职业技能标准，实行职业资格证书制度，由经过政府批准的考核鉴定机构负责对劳动者实施职业技能考核鉴定。

BAA010 – 19951220

个体工商户、私营企业从业人员实行职业资格证书制度

1995 年 12 月 20 日，劳动部和国家工商行政管理局联合印发《关于个体工商户、私营企业从业人员实行职业资格证书制度有关问题的通知》，将从事美容、机动车修理、家电修理的人员，列入首批实行职业资格证书制度的范围。《通知》提出，各级劳动行政部门实行定期检查制度，并充分发挥个体劳动者协会和私营企业协会的作用，积极支持个体劳动者协会和私营企业协会开展个体工商户和私营企业从业人员的职业技能培训工作。

BAA011－19960515

《中华人民共和国职业教育法》规定实施职业教育要与职业等级标准相适应

1996年5月15日，第八届全国人民代表大会常务委员会第十九次会议通过《中华人民共和国职业教育法》。该法第一章第八条明确规定：实施职业教育应当根据实际需要，同国家制定的职业分类和职业等级标准相适应，实行学历证书、培训证书和职业资格证书制度。国家实行劳动者再就业前或者上岗前接受必要的职业教育的制度。

BAA012－19961231

《关于进行劳动预备制度试点工作的通知》印发

1996年12月31日，劳动部印发《关于进行劳动预备制度试点工作的通知》。《通知》提出，从1997年起，在全国范围内有计划、有步骤地实施劳动预备制度试点。《通知》指出，一定要提高认识，加强领导；各级劳动部门应建立以所属职业技能开发机构为主，就业服务与其他有关机构积极参与的协调工作机制；实行先试点、逐步展开的原则。各试点城市（地区）劳动部门应根据《劳动预备制度实施方案》，结合本地区实际情况，制定具体实施细则，组织试点工作。1997年8月8日，劳动部下发《关于进行劳动预备制度试点的补充通知》，要求进一步明确试点工作指导思想，加强领导，搞好与有关部门的协调配合；做好对劳动预备制度的宣传动员和组织管理工作；指导劳动预备制度定点培训单位（技工学校、就业训练中心、职业中学及其他教育培训机构）做好培训的组织实施工作；建立健全就业准入制度，并加强管理；积极筹措经费，加强使用经费的管理；抓好第一批适合参加劳动预备制度人员的培训和管理工作。

BAA013－19970731

《社会力量办学条例》对学员获取职业资格证书作出规定

1997年7月31日，国务院总理李鹏签署国务院令发布《社会力量办学条例》。《条例》共8章60条，其第三章第三十一条规定：其他教育机构的学生完成学业，由所在教育机构发给培训证书或者其他学业证书，注明所学课程和考试成绩，并可以按照国家有关规定参加职业资格考试或者技术等级考试，考试合格的，取得相应的职业资格证书或者技术等级证书。

BAA014 –19970825

劳动部要求进一步推行职业资格证书

1997 年 8 月 25 日，劳动部下发《关于进一步推行职业资格证书有关问题的通知》。《通知》从六个方面对推动职业资格证书工作作出了明确要求：一是树立和维护职业资格证书的权威；二是实行对技术职业（工种）从业人员的就业准入；三是推进持证上岗与使用待遇相结合；四是加强对用人单位遵守职业资格证书规定情况的劳动监察；五是搞好境外就业、劳务输出人员技术水平的认证管理；六是加强统筹协调和综合管理。

BAA015 –19980316

国家三部委联合发文推行两种证书制度

1998 年 3 月 16 日，国家教育委员会、国家经济贸易委员会和劳动部联合印发《关于实施〈职业教育法〉加快发展职业教育的若干意见》。《意见》明确提出，要逐步推行学历证书或培训证书和职业资格证书两种证书制度。《意见》指出，接受职业学校教育的学生，经所在学校考核合格，按照国家有关规定，发给学历证书；接受职业培训的学生，经所在职业培训机构或职业学校考核合格，按照国家有关规定，发给培训证书；对职业学校和职业培训机构毕（结）业生，要按照国家制定的职业分类和职业等级、职业技能标准，开展职业技能考核鉴定，考核合格的，按照国家有关规定，发给职业资格证书。学历证书、培训证书和职业资格证书作为从事相应职业的凭证。从事国家规定的技术工种、特种作业的，应取得相应学历证书或培训证书，并取得相应职业资格证书。同层次、同培养目标的职业学校毕业生有相同的考证资格。

BAA016 –19980825

中英职业资格证书制度研讨会召开

1998 年 8 月 25 –26 日，中英双方在深圳市联合召开了中英职业资格证书制度研讨会。劳动和社会保障部副部长林用三出席会议并讲话。他指出，推行资格证书制度是职业技能开发工作的“牛鼻子”和硬手段，在我国企业和培训机构引进英国国家职业资格证书制度（NVQ）标准体系和考核方式的试点工作很有意义。我们一定要吃透英国国家职业资格证书制度的实质，同时也要有创造性，使之与我国国情相适应，并应用于我们的实际工作。劳动和社会保障部培训就业司和国际合作司有关人员、教育部代表、引进试点地区劳动部门代表以及试点单位有关代表参加了会议。英国大使馆一等秘书包玫丽女士，以及英国国际教育培训顾问委员会专家弗兰克·斯通纳为团长的一行4人参加了会议。此次研讨会总结了首批试点单位（深圳市华为技术有限公司和北京外企服务总公司）的工作经验，研讨了文秘标准和考评方法的修订方案，探讨了建立外部督考和证书颁发制度的问题，并商定了新试点单位启动引进试点工作的计划。中英双方代表充分肯定了首批试点单位的经验和做法。

BAA017－19981009

再就业培训暨劳动预备制度座谈会召开

1998年10月9－11日，劳动和社会保障部在北京召开再就业培训暨劳动预备制度座谈会。各省、自治区、直辖市和铁道、纺织、兵器等部门、各劳动预备制度试点城市有关负责同志180余人参加会议。劳动和社会保障部副部长林用三出席会议并讲话。会议强调要把做好再就业培训和劳动预备制度作为硬任务、硬指标，广泛动员社会力量去完成。

BAA018－19981105

劳动和社会保障部要求对引进国外职业资格证书加强管理

1998年11月5日，劳动和社会保障部印发《关于对引进国外职业资格证书加强管理的通知》。《通知》规定了引进国外职业资格证书的审核、注册及中介机构的申请、审批权限；明确了劳动和社会保障部以及各省、市、自治区劳动行政部门的职责范围；明确了在我国境内开展国外职业资格证书活动的规定。《通知》指出，经审批和注册的国外职业资格证书受中国法律的管辖和保护，可等同我国相应等级的职业资格证书的效力。《通知》规定，从1999年起，对进入我国的国外职业资格证书及其发证机构进行审核和注册，并实施相应的管理和监督，这对于加强国外职业资格证书的引进工作必将产生积极的影响。2004年1月14日，劳动和社会保障部职业技能鉴定中心发布了《国外职业资格证书注册管理实施细则（试行)》。《实施细则（试行)》共6章28条，对在中国境内开展国外职业资格认证或职业技能考试，且颁发国外职业资格证书或联合颁发相关资格证书的考试或培训机构作出了具体规定。该《实施细则（试行)》自2004年3月24日起施行。

BAA019－19990506

《职业资格证书》开始启用

1999年5月6日，劳动和社会保障部办公厅印发《关于启用〈职业资格证书》有关问题的通知》。《通知》规定原《技术等级证书》《技师合格证书》《高级技师合格证书》统一更名为《职业资格证书》，并由劳动和社会保障部统一印制，自1999年7月1日起启用；原《技术等级证书》《技师合格证书》《高级技师合格证书》一律停止办理和核发，此前按国家有关规定已经核发的仍然有效。《通知》的印发，标志着在计划经济体制下的工人技术等级考核制度、使用多年的《技术等级证书》完成了历史使命，职业资格证书制度和职业技能鉴定工作得到了进一步规范和完善。1999年5月24日，劳动和社会保障部印发《关于开展职业资格证书宣传周活动的通知》，决定于1999年5月24－30日在全国开展职业资格证书宣传周活动，并要求省市两级劳动保障部门成立宣传工作领导小组，特别强调加强劳动保障部门和就业机构之间的紧密配合，结合本地区实际制订并落实宣传计划；要广泛发动当地的电视、广播、报纸等新闻媒介，大力宣传职业资格证书的重要意义和相关政策。《通知》还明确了宣传活动的主要内容。

BAA020－19990607

国务院要求积极推进劳动预备制度

1999年6月7日，国务院办公厅转发劳动和社会保障部、教育部、人事部、国家发展计划委员会、国家经济贸易委员会、国家工商行政管理局《关于积极推进劳动预备制度，加快提高劳动者素质的意见》，要求普遍建立和实行劳动预备制度，全面开展职业培训和教育，严格实行就业准入控制，并采取积极的扶持政策，加强领导，认真组织实施。

BAA021－19990723

六部委联合就全面推进劳动预备制度召开电视电话会议

1999年7月23日，劳动和社会保障部、教育部、人事部、国家发展计划委员会、国家经济贸易委员会和国家工商行政管理局联合召开“全面推进劳动预备制度，加快提高劳动者素质电视电话会议”，部署全面实行劳动预备制度的各项工作。劳动和社会保障部副部长林用三、教育部副部长张天保在会上分别作了讲话。人事部副部长步正发、国家发展计划委员会副主任郝建秀、国家经济贸易委员会副主任郑斯林和国家工商行政管理局副局长甘国屏等出席会议。林用三在讲话中指出，全面推进劳动预备制度是实施素质教育、落实科教兴国战略的重要内容，是调节劳动力供求关系、减轻就业压力的重要措施，也是提高企业竞争能力的有效途径。林用三要求，各级劳动保障部门在工作中要重点抓好以下四个环节：一是做好宣传动员。通过宣传，引导学生积极主动地参加劳动预备制度培训，推动企业自觉执行就业准入制度，动员各有关培训机构积极参与劳动预备制度培训工作。二是统筹规划，组织培训。开展劳动预备制度培训工作，要做到统筹规划，合理安排培训期限，实行灵活多样的培训方式。三是抓好就业准入控制。对未取得相应培训证书和职业资格证书的参加劳动预备制度培训的人员，不予办理求职登记和职业介绍。四是搞好就业服务。

BAA022 -20000111

我国对中英职业资格证书合作项目试点推广工作加强管理

2000 年 1 月 11 日，劳动和社会保障部职业技能鉴定中心印发《关于中英职业资格证书合作项目试点推广工作加强管理的通知》，并推出了《中英合作项目职业资格考评和证书颁发工作规则（试行）》。1994 年，中英两国政府签订职业资格证书合作项目，其总目标是支持中国劳动和社会保障部建立一个以职业能力标准为导向的具有国际水平的职业技能鉴定体系。具体目标包括：通过中英两国政府、行业部门和培训机构间的合作，建立一个以职业能力标准为导向的职业资格证书体系；学习和借鉴英国国家职业资格证书制度的经验；支持劳动和社会保障部在所选择的职业领域开发和建立职业技能和资格证书体系。项目由中国劳动和社会保障部职业技能鉴定中心与英国文化委员会共同实施。第一期为 1994—1997 年；第二期为 1997—2000 年。为加强对该项目的管理，劳动和社会保障部职业技能鉴定中心设立中英合作项目办公室，负责对项目实施工作进行技术指导与协调，并委托中国人力资源开发研究会承担项目办公室的具体事务。

BAA023 -20000301

农业部决定对部分职业实行就业准入

2000 年 3 月 1 日，农业部发出《关于印发农业行业实行就业准入的职业目录的通知》，决定在全国范围内对农业行业的农作物种子繁育工、农作物植保工、橡胶制胶工、乳品检验工、动物疫病防治员、动物检疫检验员（检疫检验时的操作人员）、水生动物饲养工、渔业生产船员、农机修理工、饲料检验化验员、饲料厂中心控制室操作工、饲料加工设备维修工、沼气生产工、太阳能利用工 14 个技术性较强、服务质量要求较高和关系到广大消费者利益、人民生命财产安全的职业实行就业准入，要求劳动者必须经过相应培训，取得职业资格证书后方可就业上岗。《通知》指出，各级农业行政主管部门，要以就业准入职业为重点，认真抓好职业培训和职业技能鉴定工作，保证培训和鉴定质量，确保从事行业规定就业准入职业的劳动者都能达到相应标准要求，持证上岗。

BAA024 -20001208

《关于大力推进职业资格证书制度建设的若干意见》印发

2000 年 12 月 8 日，劳动和社会保障部印发《关于大力推进职业资格证书制度建设的若干意见》，对进一步推进职业资格证书制度建设提出了 4 个方面共 20 条意见。《意见》阐述了国家实行职业资格证书制度的意义、目的、总体要求、总体发展目标、指导思想、工作原则和工作方针；对劳动保障部门的培训、就业、工资、劳动监察、职业介绍机构和职业技能鉴定机构，以及落实就业准入制度、职业技能鉴定工作领域的拓展、职业技能鉴定的法律法规体系的完善、职业技能鉴定机构建设、考务管理、题库网络建设、职业技能鉴定队伍建设、质量督导制度建设等工作，作出了明确的要求。

BAA025 -20011111

中德双方联合对职业资格证书合作项目进行中期评估

2001 年 11 月 11 -23 日，中德双方聘请专家联合在北京对中德职业资格证书合作项目开展了中期评估活动。中德职业资格证书合作项目是中德两国政府发展合作项目，被列入 1996 年 5 月 24 日签署的中德政府发展政策合作混合委员会第十五次会议纪要。德国政府为该项目预算投入 700 万德国马克。该笔投入已经 1998 年 7 月中国外经贸部和德国经济合作部换文确认。项目计划执行期为 1998 年 7 月至 2002 年 6 月，实际执行期为 1999 年 3 月至 2003 年 2 月。项目的中方执行机构是劳动和社会保障部职业技能鉴定中心，德方执行机构是德国技术合作公司。项目的总目标是开发和试行一个符合中国国情和实际需求的职业技能鉴定和证书体系，以及一个与之相关的信息网络系统。项目选定 7 个试点地区和 7 个职业领域，由每一个试点地区的职业技能鉴定机构负责一个职业标准的制定工作。根据项目计划，要在职业标准的基础上开发教材和教学大纲，面向社会招生，进行培训和技能鉴定，并颁发相应的职业资格证书。这次评估主要采取与项目参与人员座谈、审阅项目资料和召开工作计划会等方法进行。通过评估，该项目的成果和意义得到了评估专家和双方政府部门的肯定，同时，项目延续合作的必要性也得到了政府部门的认可。

BAA026 －20020708

朱镕基强调实施职业教育与就业资格相联系的准入制度

2002 年 7 月 8 日，国务院总理、国家科技教育领导小组组长朱镕基在中南海主持召开国家科技教育领导小组第十一次会议，听取有关部门关于职业教育工作和实施现代远程教育工程的汇报。朱镕基强调，在发展职业教育中，要采取政策引导，逐步实施职业教育与就业资格相联系的准入制度，提高群众接受职业教育和技术培训的积极性和自觉性，促进职业教育与劳动就业和再就业的紧密结合。

BAA027 －20020725

劳动和社会保障部强调推行职业资格证书制度

2002 年 7 月 25 日，劳动和社会保障部发出《关于印发加强职业培训提高就业能力计划的通知》。《通知》明确指出，要大力推行职业资格证书制度，完善就业准入制度；进一步完善配套措施，对技术技能含量较高以及涉及国家财产、人民生命安全和消费者利益的职业（工种），实行就业准入制度；在职业介绍、企业招工和私营、个体工商登记等环节严格把关，落实劳动者凭职业资格证书就业上岗的要求；把就业准入执行情况列为劳动保障监察重点内容，加强执法监察力度。《通知》还强调了加强职业技能鉴定质量管理和做好职业学校职业技能鉴定工作。

BAA028 －20020729

全国职教会强调严格执行就业准入制度和职业资格证书制度

2002 年 7 月 29 日，在全国职业教育工作会议上，国务院副总理吴邦国作了题为《加强职业教育和培训，提高职工队伍素质和企业竞争力》的报告。吴邦国指出，那些技术复杂、要求高、操作规程严格、直接关系到产品的质量和消费者健康以及安全生产的行业和工种，必须对从业人员进行严格培训，使其掌握必要的知识和技能。实行就业准入控制，推行职业资格证书制度，是我国采取的一项旨在全面提高劳动者素质的重要措施。在 7 月 30 日的闭幕式上，国务院总理朱镕基作了题为《职业教育要在新形势下取得更大发展》的讲话。朱镕基指出，要加强职业教育与劳动就业的联系。要严格执行就业准入制度和职业资格证书制度。从事属于就业准入控制的职业，必须取得学历证书、培训证书并获得相应职业资格证书。加强职业学校学历教育与职业标准的衔接，充分发挥职业学校和培训机构在推进职业资格证书制度中的作用。重视职业学校毕业生的操作技能考核。要提高工程师和技师在企业中的地位和待遇，充分发挥工程师、技师和熟练技术工人的作用。

BAA029 – 20020924

国务院要求严格实施就业准入制度

2002 年 9 月 24 日，国务院发布《关于大力推进职业教育改革与发展的决定》。《决定》指出，高等职业学校可单独组织对口招生考试，优先招收中等职业学校优秀毕业生；注重专业知识、职业技能的考核，对取得相应中级职业资格证书的中等职业学校毕业生，可以免除技能考核。《决定》要求，严格实施就业准入制度，加强职业教育与劳动就业的联系。大力推行劳动预备制度，严格执行就业准入制度。要完善学历证书、培训证书和职业资格证书制度。职业学校毕业生申请所学专业相关的中级以下（含中级）职业技能鉴定时，只进行操作技能考核。要加强职业指导和就业服务，拓宽毕业生就业渠道。

BAA030 – 20021129

《关于进一步推动职业学校实施职业资格证书制度的意见》印发

经国务院同意，2002 年 11 月 29 日，劳动和社会保障部、教育部、人事部印发《关于进一步推动职业学校实施职业资格证书制度的意见》，对进一步推进职业学校实施职业资格证书制度提出了八条意见。《意见》明确了推进职业学校实施职业资格证书制度的意义，要求各地教育和劳动保障行政部门要引导职业学校进一步转变观念，努力使职业学校的专业设置与劳动力市场需求紧密结合，教学内容与国家职业标准相衔接。《意见》提出，各地劳动保障、人事和教育行政部门要依据国家职业标准，结合职业学校的特点、培养目标、专业设置、教学要求，研究确定职业学校毕业生参加职业资格考核鉴定的具体办法。各地劳动保障行政部门要按照职业技能鉴定的有关规定，积极做好职业学校毕业生职业技能鉴定工作。各地劳动保障行政部门要按照统筹规划、合理布局、择优建站的原则，选择具备条件的职业学校建立职业技能鉴定所（站）。各地人事部门要按照专业技术人员职业资格制度的有关规定，制定适合于职业学校特点的专业技术职业资格证书的取得方式。各地劳动保障、人事和教育行政部门要密切配合，切实做好职业学校毕业生职业资格考核鉴定工作。

BAA031 -20021228

《中华人民共和国民办教育促进法》规定民办职业学校学生要实施职业技能鉴定

2002年12月28日，第九届全国人民代表大会常务委员会第三十一次会议通过《中华人民共和国民办教育促进法》。该法第三章第二十五条明确规定：对接受职业技能培训的学生，经政府批准的职业技能鉴定机构鉴定合格的，可以发给国家职业资格证书。

BAA032 -20030529

国务院有关部门提出在高职（大专）毕业生中实施职业资格培训工程

2003年5月29日，国务院办公厅发布《关于做好2003年普通高等学校毕业生就业工作的通知》。《通知》指出，对2003年就业困难的应届高职（大专）毕业生，由劳动保障、人事和教育部门共同实施“高职（大专）毕业生职业资格培训工程”，对需要培训的应届高职（大专）毕业生进行职业技能培训和职业技能鉴定。培训费由教育系统承担，职业技能鉴定费由劳动保障部门适当减免。

BAA033 -20031121

国家九部门提出加快建立软件专业技术人员和软件技能人员职业资格证书制度

2003年11月21日，教育部、国家发展和改革委员会、科学技术部、人事部、劳动和社会保障部、信息产业部、海关总局、国家税务局、国家外国专家局印发《关于加快软件人才培养和队伍建设的若干意见》。《意见》提出，要加快建立软件专业技术人员和软件技能人员职业资格证书制度。国家逐步建立软件专业技术人员和软件技能人员职业资格标准体系、编制软件专业技术岗位目录。研究建立软件技能人员职业资格证书制度，开展软件技能岗位职业资格证书试点工作。鼓励全社会符合条件的软件人才和软件企业员工、高等学校和中等职业技术学校计算机及相关专业、示范性软件学院和示范性软件职业技术学院的各类学生参加对应级别的国家软件专业技术人员和软件技能人员职业资格证书考试。积极开展国际间软件专业技术人员职业资格的交流与合作，大力推进国际间软件专业技术人员的职业资格互认。逐步规范境外各类软件人才职业性考试在我国的代理活动。

BAA034 - 20031231

劳动和社会保障部要求完善国家职业资格证书制度

2003 年 12 月 31 日，劳动和社会保障部印发《关于贯彻落实中共中央国务院〈关于进一步加强人才工作的决定〉做好高技能人才培养和人才保障工作的意见》。《意见》要求，改进技能人才评价方式，完善国家职业资格证书制度。要抓紧修订完善现有国家职业标准，吸纳新知识、新技术、新工艺和新方法，对新兴职业和复合技能岗位，抓紧制定新的国家职业标准。加快建立起以职业能力为导向，以工作业绩为重点，注重职业道德和职业知识水平的技能人才评价新体系。突破比例、年龄、资历和身份界限，促进技能人才更快更好地成长。进一步改革完善社会化的职业技能鉴定工作，大力推广企业生产现场、学校教学过程与国家职业标准相结合的考核方法，不断扩大职业资格证书的覆盖范围。2004 年至 2006 年，要实现职业技能鉴定质量规模的双提高，在进一步保证质量的基础上，实现鉴定数量递增 20%，其中新技师数量要有较大幅度增长，质量要有切实保证。

BAA035 - 20040430

劳动和社会保障部提出职业资格证书建设意见

2004 年 4 月 30 日，劳动和社会保障部发布《关于健全技能人才评价体系推进职业技能鉴定工作和职业资格证书制度建设的意见》。《意见》就做好职业技能鉴定工作、大力推进职业资格证书制度提出了 12 项意见：一是明确总体要求；二是健全评价体系；三是推进职业技能鉴定社会化管理工作；四是加快企业技能人才评价方式改革；五是积极推进院校职业资格认证工作；六是加强技师和高级技师的考评工作；七是强化职业技能鉴定的质量管理；八是健全鉴定工作的违规退出和惩处机制；九是完善职业技能鉴定的基础工作；十是建立职业资格证书制度与技能竞赛的沟通机制；十一是进一步将职业资格证书制度与就业制度紧密结合；十二是加强职业资格证书制度与企业劳动工资制度的衔接。

BAA036 - 20050913

劳动和社会保障部出台外国人在中国就业持职业资格证书的规定

2005 年 9 月 13 日，劳动和社会保障部办公厅发出《关于外国人在中国就业持职业资格证书有关问题的函》。该函指出，由于我国政府目前尚未与其他国家政府签订职业资格证书互认协议，所以外国人在中国从事国家规定的职业（工种)，原则上必须持《中华人民共和国职业资格证书》；外国人在中国从事具有外国特色的职业（工种)，经劳动和社会保障部批准，如西式烹调师、西式面点师等，可以持本国政府或行业协会颁发的职业资格证书就业或上岗，该证书须经过本国公证机关公证，公证证明应为中文或英文；允许外国人在中国境内参加职业资格鉴定考试（只提供中文试卷)，各地应对其参加鉴定提供相应服务。

BAA037 - 20051028

国务院对职业院校学生获取职业资格证书提出要求

2005 年 10 月 28 日，国务院发布《关于大力发展职业教育的决定》。《决定》指出，要加强职业院校学生实践能力和职业技能的培养。进一步推进学生获取职业资格证书工作。取得职业院校学历证书的毕业生，参加与所学专业相关的中级职业技能鉴定时，免除理论考核，操作技能考核合格者可获得相应的职业资格证书。到 2010 年，省级以上重点中等职业学校和有条件的高等职业院校都要建立职业技能鉴定机构，开展职业技能鉴定工作，其学生考核合格后，可同时获得学历证书和相应的职业资格证书。《决定》还指出，用人单位招录职工必须从取得职业学校学历证书、职业资格证书和职业培训合格证书人员中优先录用。要进一步完善涉及人民生命财产安全的相关职业的准入办法。劳动保障、人事和工商等部门要加大对就业准入制度执行情况的监察力度。对违反规定、随意招录未经职业教育或培训人员的用人单位给予处罚，并责令其限期对相关人员进行培训。有关部门要抓紧制定完善就业准入的法规和政策。

BAA038 - 20060127

“国家技能资格导航计划” 发布

2006 年 1 月 27 日，劳动和社会保障部发布《关于印发〈国家技能资格导航计划〉的通知》。《通知》确定了 2006—2010 年五年国家技能资格导航计划的指导思想、目标任务和主要内容；确定了职业资格导航的保障措施；提出了技师考评示范项目的实施、企业技能人才业绩评价项目的实施、职业院校学生职业资格认证项目的实施、下岗失业人员技能鉴定服务项目的实施、农民工专项能力考核项目的实施。

BAA039 - 20071105

劳动和社会保障部规定特殊工种须持证上岗

2007 年 11 月 5 日，劳动和社会保障部部长田成平发布第 28 号中华人民共和国劳动和社会保障部令《就业服务与就业管理规定》。《规定》指出，用人单位招用从事涉及公共安全、人身健康、生命财产安全等特殊工种的劳动者，应当依法招用持相应工种职业资格证书的人员；招用未持相应工种职业资格证书人员的，须组织其在上岗前参加专门培训，使其取得职业资格证书后方可上岗。

BAA040 – 20071231

《关于清理规范各类职业资格相关活动的通知》下发

针对在职业资格证书制度实施过程中存在的一些突出问题，2007 年 12 月 31 日，国务院办公厅下发《关于清理规范各类职业资格相关活动的通知》。《通知》指出了这种混乱现象的危害和清理规范的目的、意义，规定了清理规范的原则、范围、主要内容和清理规范的方法、步骤，并明确了清理规范的组织机构、职责分工和工作要求。

第二节　职业标准与职业分类

BAB001 – 19860602

《中华人民共和国国家标准职业分类与代码》发布

1986 年 6 月 2 日，国家统计局和国家标准局发布《中华人民共和国国家标准职业分类与代码》（GB/T 6565—1986），将所有职业分为 8 个大类、63 个分类和 303 个小类。8 个大类为各类专业、技术人员；国家机关党群组织、企事业单位负责人；办事人员和有关人员；商业工作人员；服务性工作人员；农、林、牧、渔劳动者；生产工人、运输工人和有关人员；不便分类的其他劳动者。

BAB002 – 19890211

《关于修订工人技术等级标准和制定岗位规范的通知》印发

1989 年 2 月 11 日，劳动部办公厅印发《关于修订工人技术等级标准和制定岗位规范的通知》，对重新修订工人技术等级标准和制定岗位规范提出了三点要求：一是请各产业（行业）主管部门在调查研究、总结经验的基础上，分析现行工人技术等级标准的主要问题，提出修订方案；二是根据工人岗位培训的要求，提出制定岗位规范的意见；三是在科学的职业分类的基础上，汇编出本部门（行业）的工种（专业）目录。《通知》还提出几个注意问题：技术等级标准与工资等级的关系；工人技术等级标准与岗位规范的关系与区别；工种分类、等级划分的原则、依据；制定国家标准、行业标准或企业标准的原则；各部门所属工种交叉重复的原因及解决办法；职业分类如何逐步科学化。

BAB003 -19891121

全国工人技术等级标准修订工作启动

1989 年 11 月 21 日，劳动部印发《关于修订工人技术等级标准工作的意见》。《意见》明确了修订工人技术等级标准的总目标，提出了修订工人技术等级标准的基本原则、工作程序和工作要求。这是我国第三次提出进行工人技术等级标准的修订工作。此次修订工作从 1985 年下半年开始，要求最晚于 1991 年前完成。我国工人技术等级标准的确定始于 1956 年的工资改革，强调按技术等级标准考工定级，确定工人工资等级。1963 年，国家对工业、建筑等 17 个部门的工人技术等级标准进行了修订。这是第一次修订工人技术等级标准。此次修订根据生产技术的发展，增加了新技术要求，标准的水平有了进一步提高。从 1979 年开始，国务院有关行业主管部门和解放军有关部门对本部门工人技术等级标准进行了修订，行业、工种比较齐全。这是第二次修订工人技术等级标准。1991 年 4 月 30 日，劳动部印发了《关于修订工人技术等级标准工作的补充意见》，同时制定了《工人技术等级标准编写规范》，明确了标准编写的基本要求、标准的构成、标准条文的编排和标准编写细则。

BAB004 -19920907

《中华人民共和国工种分类目录》颁布

为了加强劳动力科学化管理，全面提高劳动者素质，建立培训、考核和使用及待遇相结合的制度，劳动部培训司、职业技术教育中心研究所会同国务院 45 个行业主管部门的劳资机构，组织各方面专家、学者和技术人员，在广泛调查研究和充分进行可行性论证的基础上，经过近四年的时间，编制完成了第一部《中华人民共和国工种分类目录》。1992 年 9 月 7 日，劳动部颁布《中华人民共和国工种分类目录》。《目录》包括国民经济第一、第二、第三产业 46 个行业，4700 多个工种，每个工种都包括了编码、工种名称、工种定义、适用范围、等级线、学徒期和熟练期等内容，初步建立了行业齐全、层次分明、内容比较完整、结构基本合理的工种分类体系。

BAB005 – 19950612

劳动部提出要加快职业分类与制定国家职业技能标准的工作

1995 年 6 月 12 日，劳动部印发《全面推进职业技能开发体系建设工作的意见》。《意见》明确提出，要加快职业分类与制定国家职业技能标准的工作，争取 1998 年颁布《中华人民共和国职业分类大典》。同时，要着手制定或修订部分国家职业技能标准和职业技能鉴定规范。到 2000 年，初步形成具有我国特色并与国际标准接轨的国家职业分类和职业技能标准体系，以适应职业技能培训和职业技能鉴定的需要。

BAB006 – 19970319

《关于加强地方制定职业技能标准和职业技能鉴定规范工作管理的通知》印发

为了加强对国家职业技能标准和职业技能鉴定规范制定工作的管理，保证标准、规范的严肃性，1997 年 3 月 19 日，劳动部印发《关于加强地方制定职业技能标准和职业技能鉴定规范工作管理的通知》。《通知》指出，在《中华人民共和国工种分类目录》中的工种和劳动部已确定的新职业或工种，由劳动部或劳动部会同有关行业主管部门制定《国家职业技能标准》（或工人技术等级标准）和《国家职业技能鉴定规范》，各地不得另行组织制定标准和规范。各省、自治区、直辖市劳动部门对本地已经制定颁布的标准和规范要进行清理、检查，对确属地方性的职业或工种，经劳动部审批后可在当地试行。今后地方劳动行政部门在组织制定确属地方性的职业标准和规范时，应先向劳动部申报职业（或工种）目录，经审查批准后，方可由地方组织专家制定实施。

BAB007 – 19990405

《实行就业准入的职业目录》印发

1999 年 4 月 5 日，劳动和社会保障部发出《关于印发〈实行就业准入的职业目录〉及有关问题的通知》。《通知》指出，为贯彻落实《劳动法》和《职业教育法》，推行职业资格证书制度，原劳动部于 1995 年和 1996 年分两批颁布了劳动者就业上岗前必须培训的技术工种目录。几年来，各地、各有关部门认真执行有关规定，加强职业培训和技能鉴定工作，对提高劳动者素质、促进就业起到了积极作用。为深入推行职业资格证书制度，提高职业资格证书的社会认可程度，引导广大劳动者提高自身素质和职业技能，经研究，决定对全国范围内 66 个技术性较强、服务质量要求较高和覆盖面广、流动性大的职业实行就业准入，要求劳动者必须经过相应的培训，取得职业资格证书后就业上岗。同时，对原规定必须持证就业上岗的技术工种进行适当调整。对于不属于上述范围的高科技和技术密集型行业的特有职业（工种），由用人单位在实际工作中继续按职业资格的要求实行严格的就业准入。

附录　实行就业准入的职业目录

生产、运输设备操作人员及有关人员：车工、铣工、磨工、镗工、组合机床操作工、加工中心操作工、铸造工、锻造工、焊工、金属热处理工、冷作钣金工、涂装工、装配钳工、工具钳工、机修钳工、汽车修理工、摩托车维修工、锅炉设备安装工、维修电工、电子计算机维修工、手工木工、精细木工、贵金属首饰手工制作工、土石方机械操作工、砌筑工、混凝土工、钢筋工、架子工、防水工、装饰装修工、电气设备安装工、管工、汽车驾驶员、起重装卸机械操作工、音响调音员、纺织纤维检验工、贵金属首饰钻石宝石检验员

农林牧渔水利业生产人员：动物疫病防治员、动物检疫检验员、沼气生产工

商业、服务业人员：推销员、中药购销员、鉴定估价师、医药商品购销员、中式烹调师、中式面点师、西式烹调师、西式面点师、调酒师、保健按摩师、职业指导员、物业管理员、锅炉操作工、美容师、美发师、摄影师、眼镜验光员、眼镜定配工、家用电子产品维修工、家用电器产品维修工、钟表维修工、办公设备维修工

办事人员和有关人员：秘书、计算机操作员、话务员、用户通信终端维修员

BAB008－19990525

《中华人民共和国职业分类大典》首发

1994 年 11 月，由劳动部牵头，国务院有关部门参加，提出了编制国家职业分类大典的计划。1995 年 2 月，由劳动部、国家统计局、国家技术监督局联合成立了国家职业分类大典和职业资格工作委员会（以下简称大典工作委员会），统一指导、组织和协调国家职业分类大典和职业资格标准的制定工作。大典工作委员会办公室设在劳动部，具体负责组织专家编制国家职业分类大典的日常工作。1999 年 5 月 25 日，劳动和社会保障部、国家质量技术监督局、国家统计局在人民大会堂隆重举行《中华人民共和国职业分类大典》首发式。《大典》由劳动和社会保障部、国家质量技术监督局和国家统计局组织 50 多个部门和有关单位的近千名专家学者，历经 4 年编纂而成。这是我国第一部对职业进行科学分类的权威性文献，是一部具有国家标准性质的职业分

类，填补了我国职业分类的一项空白。它参照国际职业分类标准，从我国实际出发，将我国社会职业分为 8 个大类、66 个中类、413 个小类，并具体确定了 1838 个职业名称，较为准确地描述了各个职业的工作内容及活动范围，全面客观地反映了现阶段我国社会职业结构状况。

BAB009－19990614

《职业指导人员国家职业标准（试行）》印发

1999 年 6 月 14 日，劳动和社会保障部发出《关于印发〈职业指导人员国家职业标准（试行）〉的通知》。《通知》明确，职业指导人员主要分为 4 个技术等级，即职业指导员、助理职业指导师、职业指导师、高级职业指导师。《通知》强调，《职业指导人员国家职业标准（试行）》，是今后职业指导人员开展职业培训和职业技能鉴定工作的重要依据。

BAB010－20040819

劳动和社会保障部首次发布 9 个新职业

2004 年，劳动和社会保障部建立了新职业定期发布制度。劳动和社会保障部根据社会发展，对新职业进行研究，组织专家对新申报的职业活动进行审核，对职业标准进行规定，通过社会公示广泛征求有关方面的意见，最终评审通过，并定期向社会公布。2004 年 8 月 19 日，劳动和社会保障部正式对外发布了形象设计师、锁具修理工、呼叫服务员、水生哺乳动物驯养师、汽车模型工、水产养殖质量管理员、汽车加气站操作工、牛肉分级员和首饰设计制作员 9 个新职业。这标志着我国新职业研究与定期发布制度的正式建立。截至 2008 年 5 月 28 日，已经发布了 11 批 114 个新职业的信息。新职业信息的发布和国家职业标准的制定，对于引导就业和职业培训、加强职业的规范化管理、促进从业人员技能水平的提高和相关行业的发展都起到了积极的推动作用。

BAB011－20041231

山东省实行首席技师制度

2004 年 12 月 31 日，山东省人民政府办公厅印发《山东省首席技师选拔管理办法》。《办法》确定全省每年选拔首席技师 100 名，管理期限为 4 年。在待遇激励方面，将首席技师名单纳入山东省高层次人才库，在管理期限内每人每月发给政府津贴 1000 元；省里每年组织部分首席技师参加政治理论培训、省情国情考察、咨询、休假等活动；所在企业和单位可以参照企业经营者对其实行年薪制，其技术成果转化所得收益，应按照一定比例分配给个人；市一级每年组织对高层次人才进行健康查体时，安排山东省首席技师参加；所在企业和单位每年安排其为期20天的带薪休假；在管理期内可暂不办理退休手续。在管理使用方面，省劳动保障厅组织首席技师承担公共建设、企业技术革新、技术攻关任务，推广新技术、新工艺和先进操作法，承担“名师带徒”任务，进行人才培养；建立“山东省首席技师工作站”，组织山东省首席技师承担社会服务任务，参与重大生产建设项目咨询、重大技术联合攻关，开展同行业技能交流以及绝招、绝技展示等活动；山东省首席技师在申报科研项目、新技术推广、开发应用、技术革新时，有关部门和所在单位要优先予以经费和其他方面的支持。

第三节　从业人员的考核与任用

BAC001－19790324

《关于招工实行全面考核的意见》印发

1979年3月24日，国家劳动总局印发《关于招工实行全面考核的意见》。《意见》提出，全民所有制单位和区、县以上集体所有制单位招工，都要逐步实行德智体全面考核、择优尽先录用的办法。该《意见》于1986年12月10日废止。

BAC002－19810412

国家劳动总局要求逐步建立健全工人技术考核制度

1981年4月12日，国家劳动总局印发《关于认真贯彻中共中央国务院〈关于加强职工教育工作的决定〉的通知》，要求各级劳动部门积极组织学习、贯彻执行；要求各企业及主管部门制定具体规划和措施，争取五年内把职工轮训一遍；要求抓紧、抓好学徒工培训。《通知》强调逐步建立健全工人技术考核制度，进厂的新工人都必须经过正规培训、考核合格后才能上技术岗位，凡是工人调资、晋级、提拔以及转改新的技术工种，都要经过正规培训、考核合格才能进行。对各种技术工人，都要严格按照《工人技术等级标准》进行考核，合格后才能承认其正式的技术等级，并发给证书。有条件的省、市、自治区，可以由劳动部门牵头，建立地区性的工人技术考核委员会。

BAC003－19830425

《工人技术考核暂行条例（试行）》颁布

1983年4月25日，劳动人事部颁发《工人技术考核暂行条例（试行）》。

《暂行条例（试行）》共 5 章 20 条，分别对工人考核的实施范围、考核的种类、考核的办法以及组织领导作了明确的规定。《暂行条例（试行）》的发布，标志着中断了多年的考工制度得到了全面恢复。1990 年 6 月 23 日，国务院批复同意劳动部发布实施《工人考核条例》。同年 7 月 12 日，劳动部颁布实施《工人考核条例》。该《条例》共 7 章 32 条，分别对工人考核的种类、考核内容、考核方法、考核组织和管理及罚则作了明确的规定，劳动人事部 1983 发布的《工人技术考核暂行条例（试行）》同时废止。为做好工人考核工作，加强社会劳动力管理和企业管理，实现先培训后就业、先培训后上岗，以提高工人队伍素质，推动社会生产力的发展，1991 年 4 月 13 日，劳动部下发《关于贯彻 <工人考核条例> 的通知》，就贯彻《工人考核条例》提出 8 点意见。

BAC004 – 19870620

《关于实行技师聘任制的暂行规定》发布

1987 年 6 月 20 日，劳动人事部发布了《关于实行技师聘任制的暂行规定》。《暂行规定》共 13 条，对技师的性质、任职条件、考核和评审程序、聘任方式、聘任期限、职务津贴等分别作了规定。这项制度的建立，进一步完善了我国技术等级考核和晋升制度，形成了初级、中级、高级三个技术等级和技师、高级技师两个技术职务资格考评的完整体系，为广大技术工人开辟了成才的新通道。1987 年 7 月 15 日，劳动人事部发布《贯彻〈关于实行技师聘任制的暂行规定〉的几点意见》，对贯彻执行《暂行条例》提出了具体的意见。1987 年 9 月 17 日，电子工业部、劳动人事部联合发布《关于电子行业实行技师聘任制的实施意见》，实行技师聘任制工作正式启动。

BAC005 – 19890424

劳动部开展高级技师评聘试点工作

1989 年 4 月 24 日，劳动部出台《关于评聘高级技师的意见（试行）》，并下发《关于评聘高级技师试点工作的意见》，决定在机电（机械、电子、汽车、造船、兵器）、航空航天、轻工、旅游、人民银行印制 5 个行业的 39 家企业中进行评聘高级技师试点工作，评聘首批高级技师 211 名。为使评聘高级技师工作积极稳妥地开展，在总结试点工作经验的基础上，1990 年 9 月 12 日，劳动部下达《关于高级技师评聘的实施意见》和《关于高级技师评聘工作继续试点的意见》。《实施意见》指出，高级技师的评聘要根据行业特点，在技术密集、工艺复杂的生产岗位，根据实际需要设置、确定高级技师评聘人数和岗位，比例控制在技师总数的10%以内，高级技师的职务津贴标准也由国家制定。1992年5月28日，劳动部印发《关于高级技师评聘工作扩大试点的通知》，扩大了试点范围，增加了铁道、能源、建设、化工、石化、冶金、有色金属、商业、农业、水产等11个行业。从1989年至1991年，劳动部先后会同国务院有关部门在20个行业的138家企业进行了高级技师评聘试点工作。

BAC006－19890510

中央国家机关工人考核委员会组建

1989年5月10日，劳动部、国务院机关事务管理局联合印发《关于组建“中央国家机关工人考核委员会”的通知》，决定组建“中央国家机关工人考核委员会”，在劳动部的业务指导下，开展机关工人培训、考核和技师聘任制的综合管理工作。中央国家机关工人考核委员会由中共中央办公厅、全国人大常委会办公厅、全国政协办公厅、劳动部、外交部、国家教委、财政部、建设部、交通部、邮电部、商业部、新闻出版署、国家旅游局、中国科学院、国务院机关事务管理局15个单位组成。委员会办公室设在国务院机关事务管理局综合管理司。

BAC007－19911010

劳动部要求加强技师管理工作

1991年10月10日，劳动部下发《关于加强技师管理工作的通知》，要求进一步完善技师聘任制度，加强技师管理工作。《通知》对技师的考评与聘任、工作职责、培训、业绩考核、使用安排、工资与福利待遇6个方面作出了明确规定。1991年11月7日，劳动部重新印发了《关于加强技师管理工作的通知》，对技师津贴标准中的错误进行了更正。

BAC008－19930209

国家两部门要求机械类通用技术工种逐步实现从职业技术学校毕业生中录用新工人

1993年2月9日，机械电子工业部和劳动部联合印发《关于机械类通用技术工种补充新工人要经过职业技术学校培训的通知》。《通知》提出，为了更好地贯彻落实《国务院关于大力发展职业技术教育的决定》中提出的“各级政府和有关部门应该制定有关法规，采取必要的行政和经济手段，有步骤地推行‘先培训，后就业’的原则”的精神，从现在起，机械类车工、电工等26个通用技术工种招收新工人要逐步实行从各类职业技术学校毕业生中招收，并在1997年以前实现。《通知》要求：“各省、自治区、直辖市、计划单列市机械厅、局（公司）要按照机电部职工教育‘八五’计划中提出的职业技术学校规模应达到本地区机械工业职工总数 3% 以上的要求，做好职业技术学校的发展规划。当前，职业技术学校在校生规模尚未达到要求的地区，要利用多种渠道，包括利用关、停企业扩建、新建技工学校，或利用职业高中、就业训练中心进一步扩大技工培训规模。”

BAC009 – 19990929

劳动和社会保障部提出改革技师资格认定和评聘办法

1999 年 9 月 29 日，劳动和社会保障部印发《关于在职业培训工作中贯彻落实〈中共中央国务院关于深化教育改革全面推进素质教育的决定〉的若干意见》。《意见》提出，要加强技师和高级技师的培养，改革其资格认定和评聘办法。在试点的基础上，逐步实行由相应的职业技能鉴定机构按照国家统一的标准和要求，对符合申报条件的人员进行考核鉴定的方式，合格者颁发国家统一的技师和高级技师资格证书。技师或高级技师的工资和津贴，由用人单位在现有基础上适当提高。其福利待遇可由用人单位按照技师参照工程师、高级技师参照高级工程师的相关福利标准确定。

BAC010 – 20000316

劳动和社会保障部发布招用技术工种从业人员规定

2000 年 3 月 16 日，劳动和社会保障部发布《招用技术工种从业人员的规定》。《规定》指出：“国家实行先培训后上岗的就业制度。”《规定》提出，用人单位招用从事技术复杂以及涉及国家财产、人民生命安全和消费者利益工种（职业）的劳动者，必须从取得相应职业资格证书的人员中录用。技术工种范围由劳动和社会保障部确定。省、自治区、直辖市劳动保障行政部门和国务院有关部门劳动保障工作机构根据实际需要，经劳动和社会保障部批准，可增加技术工种的范围。《规定》划分了包括初级（五级）、中级（四级）、高级（三级）、技师（二级）、高级技师（一级）的国家职业资格证书制度。《规定》要求：“技工学校、职业（技术）学校、就业训练中心及各类职业培训机构的毕（结）业生，必须取得相应职业资格证书后，才能到技术工种岗位就业。”

BAC011 – 20000531

劳动和社会保障部要求贯彻实施招用技术工种从业人员规定

2000 年 5 月 31 日，劳动和社会保障部办公厅发出《关于贯彻实施〈招用技术工种从业人员规定〉的通知》。《通知》的内容包括《规定》贯彻落实工作的组织实施、就业准入制度各项要求的落实、职业技能鉴定、职业资格培训、劳动保障监察、全面落实持证上岗的要求、对《规定》贯彻实施的宣传工作等。《通知》指出："《规定》所规范对象主要是从事技术工种的初次就业的劳动者。各地要抓住《规定》实施的有利时机，重点抓好劳动预备制度培训。职业培训机构要及时公告所承担培训的专业（职业）范围，按照国家职业标准，调整课程设置和教学计划，培养符合职业资格要求的技术技能人才。"

BAC012 –20001208

《劳动力市场管理规定》发布

2000 年 12 月 8 日，劳动和社会保障部发布《劳动力市场管理规定》。该《规定》自发布之日起施行。《规定》指出，用人单位招用人员，应当面向社会、公开招收、公平竞争、择优录用。用人单位招用国家规定须持证上岗的技术工种人员，应按照《招用技术工种从业人员规定》执行。

BAC013 –20060622

劳动和社会保障部提出预备技师试点

2006 年 6 月 22 日，劳动和社会保障部发布《关于进一步加强高技能人才评价工作的通知》，对中共中央办公厅、国务院办公厅《关于进一步加强高技能人才工作的意见》提出的任务、目标和要求进行了具体的落实和部署，对高技能人才评价工作作了 13 条具体规定。《通知》提出，依托教学质量高、基础条件好的技工院校开展预备技师试点。大力强化校企合作，建立职业院校和企业分阶段培养和考核的工作机制，探索规模化培养企业急需新技师的方法和途径。取得预备技师证明的学员在企业相应职业岗位工作满两年后，经所在单位认可，可申报参加技师考评。

BAC014 –20070820

劳动和社会保障部下发《关于做好预备技师考核试点工作的通知》

2007 年 8 月 20 日，劳动和社会保障部下发《关于做好预备技师考核试点工作的通知》，要求在 2007—2010 年，通过开展预备技师考核试点工作，推动职业院校职业资格证书制度建设，建立高技能人才多元培养和评价体系，为后备高技能人才成长创造条件。《通知》明确了预备技师的考核对象、标准和方式，并要求做好考核与培养的衔接以及考核质量的管理。

第二章　职业技能鉴定与职业技能竞赛

第一节　鉴定机构与鉴定规则

BBA001 - 19930709

《职业技能鉴定规定》发布

1993 年 7 月 9 日，劳动部下发《关于颁发〈职业技能鉴定规定〉的通知》。《职业技能鉴定规定》共 6 章 29 条，根据《工人考核条例》，结合社会主义市场经济体制的特点，借鉴国外的先进经验，对工人考核工作进行了充实和完善，首次提出了“职业技能开发”和“职业技能鉴定”等重要概念，提出了“职业技能鉴定实行政府指导下的社会化管理”的基本原则，对职业技能鉴定机构、考评人员、组织实施等作了明确规定。《规定》明确要求建立职业技能鉴定指导中心和职业技能鉴定所（站），组织开发职业技能鉴定国家试题，加强职业技能鉴定考评员队伍等基础建设。《规定》的颁布实施，标志着工人考核制度向职业技能鉴定制度转轨。

BBA002 - 19931210

劳动部指出要完善职业技能开发体系

1993 年 12 月 10 日，全国劳动工作会议在北京召开。劳动部部长李伯勇在开幕式上作了题为《以培育和发展劳动力市场为中心，建立符合社会主义市场经济要求的新型劳动体制》的报告。报告明确指出，要完善职业技能开发体系，全面提高劳动者素质。职业技能开发工作要以全面提高劳动者政治思想和技能业务素质为目标，通过国家制定标准、政府规划指导、地方（部门）自主办学、市场调节技能培训、社会鉴定职业技能，逐步建立和完善职业技能开发体系。首先要进一步发展职业技能培训，逐步形成多方办学、多层次、多形式、覆盖城乡企业的职业技能培训网络。根据市场发育和产业结构调整的实际情况，不断调整培训对象和培训重点。其次要加快职业技能培训实体的改革步伐。继续办好技工学校和各类职业技能培训实体，要以国内外劳动力市场需求为导向，转换办学机制，建立与社会和企业相沟通的自主办学机制。最后要逐步实行职业技能鉴定社会化管理，进一步完善国家职业分类和职业技能标准体系，建立由国家制定职业技能标准、社会确认劳动者职业技能资格、用人单位决定使用和待遇的三结合模式。

BBA003－19940630

劳动部职业技能鉴定中心成立

1994 年 6 月 30 日，经中央机构编制委员会批准，劳动部职业技能鉴定中心正式成立。该中心是直属劳动部的事业机构，接受劳动部培训就业司的业务指导，在管理上实行中心主任负责制，是职业技能鉴定工作的组织实施、指导协调机构。中心的主要职责是：按照国家和劳动部制定的职业技能鉴定工作规划、方针政策和有关规定，组织实施、指导、协调全国职业技能鉴定工作，推动国家职业资格证书制度；参与制定国家职业分类、职业标准，制定相关的技术性文件和技术规章；对省级和行业部门（集团）的职业技能鉴定指导中心进行业务指导和提供技术服务；组织实施国家职业资格在线工程，建立全国职业技能鉴定的计算机工作网络、信息统计网络和国家高级技能人才资料库；组织建立职业技能鉴定国家试题库并指导命题人员培训工作；组建职业技能鉴定专家队伍，开展职业技能标准和职业技能鉴定的学术理论研究；借鉴国外先进经验，研究开展职业资格证书的国际交流和引进；承担全国职业技能竞赛工作，组织实施新职业（工种）的职业资格示范性的全国统一鉴定工作；参与职业技能鉴定监督检查。

BBA004－19950417

《关于建立国家职业技能鉴定试题库的通知》下发

1995 年 4 月 17 日，劳动部下发《关于建立国家职业技能鉴定试题库的通知》，决定由劳动部职业技能鉴定中心负责国家职业技能鉴定试题库的组建和管理工作，聘请有关专家分别设计国家题库模型和编制试题；劳动部职业技能开发司负责组织专家进行试题库的审定和试考、检测工作，并发布实施。对《关于实行职业技能鉴定社会化管理试点工作的通知》中所规定的 50 个工种，首先建立国家职业技能鉴定试题库，并于 1996 年 1 月 1 日前由劳动部职业技能开发司按工种陆续发布实施。

BBA005 – 19950520

技工学校、职业（技术）学校和就业训练中心毕（结）业生实行职业技能鉴定

1995 年 5 月 20 日，劳动部下发《关于技工学校、职业（技术）学校和就业训练中心毕（结）业生实行职业技能鉴定的通知》。《通知》要求，技工学校、职业（技术）学校、就业训练中心和其他职业培训实体毕（结）业生，凡属技术工种的，都要实行职业技能考核鉴定和国家职业资格证书制度。职业技能考核鉴定依据《国家职业技能标准》《工人技术等级标准》和《职业技能鉴定规范》的要求进行。国家规定实行职业技能鉴定的工种，应从劳动部指定的国家职业技能鉴定题库中提取试题。毕业生经职业技能考核鉴定合格，按照各省、自治区、直辖市《职业技能鉴定实施办法》或《工人考核实施办法》的有关规定，核发相应的《技术等级证书》，作为其求职就业、从事相应职业（工种）的主要凭证和境外就业、出国劳务与研修时办理技术等级公证的有效证件。各级职业介绍机构应依据上述毕业生的《技术等级证书》在相应的职业（工种）范围内择优推荐就业。

BBA006 – 19960708

《职业技能开发事业发展“九五”计划和 2010 年长远规划》发布

1996 年 7 月 8 日，劳动部下发《关于印发〈职业技能开发事业发展“九五”计划和 2010 年长远规划〉的通知》。文件确定了职业技能鉴定和推行职业资格证书制度长远规划的指导思想和总体目标；确定了基本任务和主要指标；明确提出了完成任务、目标的 10 项基本措施；强调了完善职业技能鉴定制度，建立健全国家职业技能鉴定质量保证体系，对 100 个关键岗位、技术工种、特种作业的劳动者包括农村进入城市的劳动者就业和再就业进行准入控制，实行职业资格证书制度。

BBA007 – 19961105

《关于加强职业技能鉴定质量管理的通知》下发

1996 年 11 月 5 日，劳动部下发《关于加强职业技能鉴定质量管理的通知》，就加强职业技能鉴定质量管理提出 10 点意见：进一步明确职业技能鉴定工作的指导思想；强化职业技能鉴定的基础工作；严格职业资格证书的核发与管理；严格职业技能鉴定收费的管理；加强对社会力量举办的各类技术等级培训学校（班）毕（结）业生实行职业技能鉴定的管理；要保障职业技能鉴定工作的正常秩序，树立国家职业资格证书的权威；规范异地考核活动；认真做好新职业（工种）的标准制定和考核鉴定工作；加强职业技能鉴定监督检查；各地区、各部门要根据上述要求，结合实际，切实加强职业技能鉴定的质量管理工作。

BBA008 – 19961107

《职业技能鉴定工作规则》印发

1996 年 11 月 7 日，劳动部下发《关于印发〈职业技能鉴定工作规则〉的通知》。《职业技能鉴定工作规则》共 7 章 31 条，分别为总则、职业技能鉴定所（站）、职业技能鉴定考评人员、职业技能鉴定试题、职业技能鉴定考务管理、证书和附则，分别对从事职业技能鉴定工作的机构和人员的工作职责、内容和程序作出了明确的规定，规范了职业技能鉴定工作。

BBA009 – 19961119

16 个行业部门成立职业技能鉴定指导中心

1996 年 3 月以前，经劳动部职业技能开发司批复同意，农业部、电力部、水利部、地矿部、冶金部、化工部、铁道部、邮电部、煤炭部、国内贸易部、国家技术监督局、国家中医药局、船舶工业总公司、石油化工总公司、石油天然气总公司、中华供销合作总社 16 个国务院有关部门、直属机构成立了职业技能鉴定指导中心，并印发《行业特有工种职业技能鉴定实施办法》。为进一步加强行业部门与地方劳动行政部门工作的协调与配合，1996 年 11 月 19 日，劳动部下发《关于同意 16 个行业部门成立职业技能鉴定指导中心和印发〈行业特有工种职业技能鉴定实施办法〉的通知》，要求各地区、各部门在劳动部综合管理下，加强工作协调与配合，按照统一步骤和程序开展行业特有工种职业技能鉴定试点工作。行业主管部门要进一步完善职业技能鉴定的各项基础工作，认真组织行业特有工种职业技能鉴定试点；地方劳动行政部门要积极支持行业特有工种职业技能鉴定试点工作，做好指导、服务和监督检查工作。

BBA010 – 19970319

劳动部要求加强地方制定职业技能标准和职业技能鉴定规范工作

1997 年 3 月 19 日，劳动部下发《关于加强地方制定职业技能标准和职业技能鉴定规范工作管理的通知》。《通知》明确规定，在《中华人民共和国工种分类目录》中的工种和劳动部已确定的新职业或工种，由劳动部或劳动部会同有关行业主管部门制定《国家职业技能标准》（或工人技术等级标准）和《国家职业技能鉴定规范》，各地不得另行组织制定标准和规范。

BBA011 –19970415

职业技能鉴定国家题库网络建设工作启动

1997 年 4 月 15 日，劳动部下发《职业技能鉴定国家题库网络建设工作方案》。《方案》共分五部分：总体目标、指导思想与原则、基本内容、基本方法和国家题库运行规划。按照国家统一的技术标准和整体规划，由中央、行业和地方共同开发，最终形成由劳动部总库和行业、地方国家题库分库组成的，能够覆盖所有职业技能鉴定工种的国家题库网络。1997 年 8 月 22 日，劳动部印发《职业技能鉴定国家题库网络建设与运行规程》，确立了工作目标、职责分工、技术条件、工作程序以及运行与管理方法。1999 年 8 月 11 日，劳动和社会保障部下发了《关于启用职业技能鉴定国家题库的通知》，要求凡组织国家题库中已有的职业（工种）的职业技能鉴定时，一律从国家题库中提取试题。1999 年 10 月，劳动和社会保障部职业技能鉴定中心制定《职业技能鉴定国家题库网络运行管理办法》，规定了国家题库试题的使用原则、程序等。

BBA012 –19970812

《职业技能鉴定证书编码方案》印发

1997 年 8 月 12 日，劳动部印发《职业技能鉴定证书编码方案》。《方案》规定，证书编码方案采用 13 位数字代码，第 1 ~2 位为证书核发年份代码，取核发年份的后两位数字，第 3 ~4 位为发证地区或行业代码，第 5 位为鉴定机构标识代码，第 6 ~8 位为鉴定机构编码，第 9 位为证书类别代码，第 10 ~13 位表示证书核发顺序编码。同时，确定了劳动部和各省、自治区、直辖市及各行业部委的代码。

BBA013 –19970820

劳动部要求加强职业技能鉴定考评人员管理工作

为了加强对考评人员的管理，保证职业技能鉴定的质量，1997 年 8 月 20 日，劳动部印发《关于加强职业技能鉴定考评人员管理工作的通知》。

《通知》要求，要认真组织考评人员的资格培训，严格进行考评人员的资格考核与认证，做好考评人员的聘任工作，加强考评人员的使用管理，开展考评人员的业务考核和评估。《通知》还提供了职业技能鉴定考评人员考核大纲。

BBA014－19970821

《职业技能鉴定质量督导工作规则（试行）》印发

为加强职业技能鉴定管理，保证职业技能鉴定质量，1997年8月21日，劳动部印发《职业技能鉴定质量督导工作规则（试行）》。《规则（试行）》共15条，规定了职业技能鉴定质量督导员的任职条件、资格认证、使用考核、派遣管理、工作职责、违纪处罚等事项。

BBA015－19970821

《国家职业技能鉴定命题技术标准（试行）》印发

1997年8月21日，劳动部印发《国家职业技能鉴定命题技术标准（试行）》。《标准（试行）》共分为六部分，分别为总则、术语、鉴定要素细目表、试题、试卷、题库与卷库和命题质量评估。具体包括鉴定领域、鉴定要素、试题描述、试卷描述、命题质量五个术语解释；鉴定要素细目表；试题内容要求、书写格式、描述参数；试卷编制原则、组卷方案和结构要求、题型、题量；题库与卷库测量模型要求、题库与卷库基本结构与功能要求、开发步骤要求，题库与卷库在量上的要求和职业技能鉴定命题依据等内容。

BBA016－19970822

《推行职业资格证书制度，完善职业技能鉴定社会化管理体系实施方案（1997—2000年）》出台

1997年8月22日，劳动部职业技能开发司下发了《关于印发〈推行职业资格证书制度，完善职业技能鉴定社会化管理体系实施方案（1997—2000年）〉的通知》。《实施方案》共有30条，确定了具体的工作目标，即完善职业技能鉴定社会化管理体系的政策法规系统、组织实施系统、质量保证系统和监督检查系统四个系统。同时，明确了职业技能鉴定工作的指导思想和工作原则，部署了10项主要工作，提出了完成今后3年工作任务的9条保障措施。

BBA017 – 19970825

劳动部要求树立和维护职业资格证权威

为加强职业技能鉴定工作，使职业资格证书的推行与劳动就业、工资分配、劳动监察等工作紧密结合起来，1997 年 8 月 25 日，劳动部下发《关于进一步推行职业资格证书有关问题的通知》。《通知》要求，树立和维护职业资格证书的权威；实行对技术职业（工种）从业人员的就业准入；推进持证上岗与使用待遇相结合；加强对用人单位遵守职业资格证书规定情况的劳动监察；搞好境外就业、劳务输出人员技术水平的认证管理；劳动行政部门加强统筹协调和综合管理。

BBA018 – 19970901

乡镇企业职工职业技能培训及职业技能考核鉴定工作展开

为适应社会主义市场经济发展的需要，全面提高乡镇企业职工的职业技能，引导乡镇企业尽快实现“两个根本性转变”，促进乡镇企业高效、持续、快速、健康发展，1997 年 9 月 1 日，劳动部、农业部联合下发了《关于开展乡镇企业职工职业技能培训及职业技能考核鉴定工作的通知》。《通知》明确了劳动行政管理部门、乡镇企业行政管理部门在乡镇企业职工职业技能培训及考核鉴定工作中的职责和任务。《通知》指出，各级劳动行政部门、乡镇企业行政管理部门要根据各自的工作职责，对从事关系人民生命安全、涉及消费者利益和身心健康的职业（工种）的人员，按法律、法规规定必须取得资格证书才能上岗的人员，应首先进行职业技能培训和职业技能考核鉴定，严格实行职业资格证书制度。经过培训的乡镇企业职工，按照职业技能考核鉴定的有关规定进行职业技能考核鉴定，合格者颁发职业资格证书。

BBA019 – 19980104

首批行业职业技能鉴定试点特有工种公布

1998 年 1 月 4 日，劳动部下发通知，首次向社会公布 102 个工种为行业职业技能鉴定试点特有工种，要求有关行业部门严格按照公布的特有工种开展职业技能鉴定的试点工作，各地劳动部门要积极给予配合和支持。102 个特有工种涉及铁道、新闻出版、林业、医药、煤炭、农业、航空、中医药、建材、供销、冶金、烟草 12 个行业。

BBA020 －20010316

劳动和社会保障部开展全国职业技能鉴定质量检查工作

为加强职业技能鉴定工作管理和监督检查，提高职业技能鉴定质量，2001年3月16日，劳动和社会保障部下发《关于开展全国职业技能鉴定质量检查工作的通知》，要求在全国范围内开展职业技能鉴定质量检查工作。职业技能鉴定质量检查的主要内容是：各地、各部门开展职业技能鉴定工作的情况；国家职业资格证书制度推行情况；职业技能鉴定所（站）运行和管理情况；就业准入制度落实情况。职业技能鉴定质量检查采取职业技能机构自查、省级检查、部级抽查的方式，分四个阶段组织实施。各地区、各部门对鉴定质量检查工作要高度重视，加强领导，精心组织。要把这次质量检查工作与职业资格证书和就业准入制度宣传活动结合起来，进一步提高职业资格证书的影响力，推进职业资格证书制度的建设。

BBA021 －20020320

建设行业生产操作人员实行职业资格证书制度

2002年3月20日，建设部、劳动和社会保障部联合下发《关于建设行业生产操作人员实行职业资格证书制度有关问题的通知》，决定在建设行业实行职业资格证书制度，按照《招用技术工种从业人员规定》和《建筑业企业资质管理规定》对生产作业人员的持证上岗要求，实行就业准入和持证上岗制度。《通知》指出，建设行业实行职业资格证书制度的工种（职业）范围是建设行业内各类企、事业单位施工、生产、服务的技术工种。建设行政主管部门在劳动保障行政主管部门的综合管理和指导下，组织实施本地区建设行业的职业技能培训、鉴定工作，并按照统一标准、统一命题、统一考务管理、统一证书的原则及规定的程序开展鉴定工作。建设行业从业人员，经职业技能鉴定合格者，由劳动保障行政主管部门和建设行政主管部门共同核发《职业资格证书》，并在《职业资格证书》上加盖劳动保障行政主管部门和建设行政主管部门印章。对原《建设职业技能岗位证书》按规定须换发《职业资格证书》的，采取逐步过渡的办法。过渡期间，《建设职业技能岗位证书》继续有效，待持证者升级或转岗时，按规定进行培训与鉴定，合格后核发《职业资格证书》。

BBA022 －20021217

《关于积极做好职业学校职业技能鉴定工作有关问题的通知》下发

2002年12月17日，劳动和社会保障部办公厅下发《关于积极做好职业学校职业技能鉴定工作有关问题的通知》，要求各类职业学校（包括中等和高等职业学校，下同）实施职业资格证书制度。《通知》提出，各地劳动保障部门积极面向职业学校开展职业技能鉴定工作，建立起职业学校教育与职业资格证书制度、就业准入制度以及劳动力市场需求有机联系的运行机制，促进职业学校教学改革与发展，实现学业证书与职业资格证书两种证书制度并重的目标，全面提高职业学校毕业生的综合素质和就业能力。省级劳动保障部门应会同教育部门，结合本地区实际，选择不同类别职业学校开展职业技能鉴定试点，在总结经验的基础上逐步推开。《通知》对职业学校的毕业生申请职业技能鉴定的职业范围和等级、工作程序以及试题抽取、考评人员管理及备案制、鉴定所（站）年检制度进行了规定。

BBA023 －20030806

《关于加强职业技能鉴定质量管理有关工作的通知》发布

为加强职业技能鉴定工作管理，维护国家职业资格证书的严肃性和权威性，2003 年 8 月 6 日，劳动和社会保障部办公厅发布《关于加强职业技能鉴定质量管理有关工作的通知》，提出了七点要求。一是严格国家职业标准制定工作管理，确保国家职业标准的严肃性。二是加强国家题库管理，保证命题质量。三是加强全国统考工作管理，规范职业资格培训与鉴定工作秩序。四是进一步规范异地考核工作秩序。五是加强地方和行业之间的鉴定工作协调与沟通。六是加强国家职业资格证书的核发与管理，维护职业资格证书的权威性。七是加强监督检查，建立质量通报制度。

BBA024 －20040430

劳动和社会保障部强调加强职业技能鉴定管理

为加快技能人才队伍建设，加强和规范职业技能鉴定工作，2004 年 4 月 30 日，劳动和社会保障部印发《关于健全技能人才评价体系推进职业技能鉴定工作和职业资格证书制度建设的意见》，要求从 12 个方面加强管理。一是明确总体要求；二是健全评价体系；三是推进职业技能鉴定社会化管理工作：四是加快企业技能人才评价方式改革；五是积极推进院校职业资格认证工作；六是加强技师和高级技师的考评工作；七是强化职业技能鉴定的质量管理；八是健全鉴定工作的违规退出和惩处机制；九是完善职业技能鉴定的基础工作；十是建立职业资格证书制度与技能竞赛的沟通机制；十一是进一步将职业资格证书制度与就业制度紧密结合；十二是加强职业资格证书制度与企业劳动工资制度的衔接。

BBA025 - 20041101

职业技能鉴定工作列入《劳动保障监察条例》

2004 年 11 月 1 日，国务院总理温家宝签发第 423 号中华人民共和国国务院令《劳动保障监察条例》。《条例》共 5 章 36 条，其中第二章第十一条规定：劳动保障行政部门对“职业介绍机构、职业技能培训机构和职业技能考核鉴定机构遵守国家有关职业介绍、职业技能培训和职业技能考核鉴定的规定的情况”实施劳动保障监察。

BBA026 - 20050426

《关于扩大职业技能鉴定机构质量管理体系认证工作的通知》发布

为规范职业技能鉴定机构质量管理工作，自 2003 年 5 月起，劳动和社会保障部选择了天津市、福建省、湖南省、新疆维吾尔自治区和铁道部、中国石油天然气集团公司的部分职业技能鉴定机构开展了质量管理体系认证试点工作。通过试点，促使这些职业技能鉴定机构建立了有效的自我约束机制，进一步规范了职业技能鉴定行为。2005 年 4 月 26 日，劳动和社会保障部办公厅发布《关于扩大职业技能鉴定机构质量管理体系认证工作的通知》。《通知》要求用 2 ~ 3 年对全国各级职业技能鉴定指导中心和主要职业技能鉴定所（站）实行质量管理体系认证管理；确定了今年实行质量管理体系认证的试点单位，安排部署了试点工作事宜和培训计划；下发了《职业技能鉴定机构质量管理体系标准》和《职业技能鉴定机构质量管理体系认证工作流程》。

BBA027 - 20050508

劳动和社会保障部开展单项职业能力考核试点工作

由于农村转移就业人员和下岗失业人员所掌握的职业技能还比较单一，短期内难以取得国家职业资格证书，通过劳动力市场实现就业存在一定困难。为解决这部分人员的职业能力评价问题，2005 年 5 月 8 日，劳动和社会保障部办公厅下发《关于开展单项职业能力考核试点工作的通知》，明确了工作的任务目标和主要内容。《通知》提出，试点工作主要依托吉林、上海、浙江、福建、江西、湖南、广东、广西、四川、陕西、新疆等劳动力输出输入数量较大的地区进行，每个试点地区要确定 1 ~ 2 个试点城市。

BBA028 –20050525

《关于进一步加强职业技能鉴定质量管理有关工作的通知》下发

为贯彻落实《关于健全技能人才评价体系推进职业技能鉴定工作和职业资格证书制度建设的意见》精神，加强职业技能鉴定工作管理，进一步提高职业技能鉴定质量，全面推进国家职业资格证书制度建设，2005 年 5 月 25 日，劳动和社会保障部办公厅下发了《关于进一步加强职业技能鉴定质量管理有关工作的通知》，就进一步加强职业技能鉴定质量管理工作作出进一步要求。《通知》从执行职业技能鉴定质量指标通报制度，加强职业技能鉴定质量管理组织机构和人员队伍建设，开展职业技能鉴定质量检查工作，对职业技能鉴定实行事前、事中和事后全过程的质量控制，执行职业技能鉴定质量督导工作制度，加强职业技能鉴定机构质量管理认证工作，加大职业技能鉴定违规行为查处力度，加强对考评人员和质量督导人员队伍的管理和建设，开展职业资格证书查询工作九个方面作出了规定和要求。

BBA029 –20050608

劳动和社会保障部要求开展劳动保障协理员职业资格培训和鉴定试点工作

为进一步提高劳动保障平台工作人员素质，推动全国劳动保障平台工作人员专业化队伍建设，使其在劳动保障工作中进一步发挥作用，2005 年 6 月 8 日，劳动和社会保障部办公厅下发《关于在部分省市开展劳动保障协理员职业资格培训和鉴定试点工作的通知》，决定在部分省（自治区、直辖市）和城市开展劳动保障协理员职业资格培训与职业技能鉴定的试点工作。《通知》指出，培训鉴定对象为街道（乡镇）和社区劳动保障平台工作人员。培训的内容和教学时数安排按照《劳动保障协理员统一培训大纲（试行）》执行。劳动保障部门对劳动保障协理员要实行免费职业资格培训和技能鉴定。试点工作实行全国统一标准、统一命题、统一考务管理、统一证书。鉴定合格者可给予颁发国家《职业资格证书》，并作为劳动保障协理员持证上岗的凭证。

BBA030 –20050609

劳动和社会保障部要求开展珠心算教练师职业技能鉴定试点工作

2005 年 6 月 9 日，劳动和社会保障部办公厅下发《关于开展珠心算教练师职业技能鉴定试点工作的通知》，决定从 2005 年 7 月开始，组织开展珠心算教练师职业技能鉴定试点工作。根据《珠心算教练师国家职业标准》，珠心算教练师职业资格分为珠心算教练员（国家职业资格四级）、助理教练师（国家职业资格三级）、教练师（国家职业资格二级）、高级教练师（国家职业资格一级）4 个等级。要根据统一标准、统一命题、统一考务管理和统一证书的原则，由初级到高级逐步推进试点工作。劳动和社会保障部职业技能鉴定中心具体负责试点工作的组织实施和质量管理，中国珠算协会负责提供技术支持。

BBA031 －20060104

《国家职业资格全国统一鉴定的工作规程（试行）》印发

2006 年 1 月 4 日，劳动和社会保障部办公厅印发《国家职业资格全国统一鉴定工作规程（试行）》。《规程（试行）》共 19 条，详细规定了全国统考的原则、部省两级劳动保障行政部门和职业技能鉴定中心的职责、考务管理等具体工作流程。对规范国家职业资格全国统一鉴定工作、实行职业技能鉴定“五统一”、提高鉴定质量将起到积极作用。

BBA032 －20060703

劳动和社会保障部开展全国职业技能鉴定所（站）质量普查

2006 年 7 月 3 日，劳动和社会保障部下发《关于开展全国职业技能鉴定所（站）质量普查工作的通知》，决定在全国开展职业技能鉴定所（站）质量普查工作。《通知》指出，开展职业技能鉴定所（站）质量普查工作，是完善职业资格证书制度建设的一项重要措施，也是加强高技能人才评价质量管理的重要手段。《通知》就职业技能鉴定所（站）质量普查的对象、普查的主要内容和普查的方式作了具体规定，并要求边检查，边整改，对不符合条件的鉴定所（站），要限期整改或予以撤销。同时，要将鉴定所（站）质量普查工作同职业资格证书制度宣传工作结合起来，进一步扩大职业资格证书的社会影响力，推进职业资格证书制度建设。

第二节　重要会议

BBB001 －19960100

全国职业技能鉴定社会化管理试点工作总结会议召开

1996 年 1 月，劳动部职业技能开发司与职业技能鉴定中心在四川省成都市召开了全国职业技能鉴定社会化管理试点工作总结会议。各省市劳动厅（局）、国务院行业主管部门劳动工资机构主管鉴定工作的负责人及鉴定中心负责人参加了会议。会议全面总结了 1994 年开展职业技能鉴定社会化管理试点以来取得的经验和教训，进一步明确要将企业工人考核逐步过渡到职业技能鉴定社会化管理体制上来，要求各地区、各部门要根据实际情况加紧制定职业技能鉴定实施办法，完善管理机构和实施机构建设，加强管理人员和考评员队伍建设。会议确定要扩大社会化管理试点范围，明确了以质量为核心抓管理的基本思路，并就职业技能鉴定“五统一”的质量管理体系达成了共识。

BBB002 – 19970901

全国职业技能鉴定工作会议召开

1997 年 9 月 1 – 3 日，劳动部在甘肃省兰州市召开了全国职业技能鉴定工作会议，林用三副部长在会上作了题为《适应劳动力市场需要　做好职业技能鉴定工作》的重要讲话。会议指出职业技能鉴定是面向广大劳动者和用人单位的一项社会公益性工作，职业技能鉴定工作必须坚持“社会效益第一，鉴定质量第一”的原则，牢固树立为鉴定者服务、为企业服务的思想。会议确定了我国职业技能鉴定工作的总体目标，具体工作安排分三步走。会议强调，推行国家职业资格证书制度，必须综合运用有关劳动政策，加强劳动监察、境外就业、劳务输出人员认证管理，通过劳动部门内部统筹和综合管理，推动职业技能鉴定工作和职业资格证书制度。会议印发的《推行职业资格证书制度，完善职业技能管理体系实施方案（1997—2000 年）》，以及其他一系列重要的政策性和技术性文件，受到与会代表的一致肯定和高度评价，标志着我国职业技能鉴定工作达到了新的起点和新的高度，国家职业资格证书制度建设开始进入规范发展的阶段。

BBB003 – 19990710

国家题库地方分库开发成果终审验收会议召开

1999 年 7 月 10 – 11 日，劳动和社会保障部在北京召开国家题库地方分库开发成果终审验收会议。全国有关省、市职业技能鉴定机构负责同志共 80 余人参加会议。会议对北京、上海、山东等 17 个省市（行业单位）承担的 44 个社会通用工种题库开发成果进行验收。北京、广东、河北、江西、山西、新疆生产建设兵团的代表在会上介绍了题库开发工作经验。劳动和社会保障部副部长林用三到会并讲话。他指出，开发职业技能鉴定国家题库是职业技能鉴定工作的一件大事，也是一项任务相当艰巨的工程。题库建设是一个引导措施，一定要往素质教育这个方向上引导。要搞好考核工作就必须要有公平、统一、科学、有效的方法，这正是我们开发和运用国家题库的根本原因。

BBB004－20000729

全国企业职工职业技能鉴定试点工作经验交流会召开

2000年7月29－31日，劳动和社会保障部在大庆市召开了全国企业职工职业技能鉴定试点工作经验交流会。大庆石油管理局、中原石油管理局、上海宝钢集团等4家企业单位介绍了试点经验。劳动和社会保障部职业技能鉴定中心介绍了英国国家职业资格证书制度现场考核方法。劳动和社会保障部培训就业司副司长信长星在会上讲话，职业技能鉴定中心副主任陈宇作了会议总结。信长星指出，开展职业技能鉴定工作、推行职业资格证书制度，是实施科教兴国战略的一项举措，也是我国人力资源开发的重要手段。在开展企业职工职业技能鉴定试点工作中要着重抓好以下几点：一是坚持和完善职业技能鉴定社会化管理体制；二是坚持完善国家职业标准与企业岗位规范相结合的原则；三是坚持和完善培训、考核与使用相结合并与待遇相联系的机制。要将职业技能鉴定纳入到企业劳动管理工作中去，把国家职业资格证书制度与企业用工制度有机地结合起来。陈宇强调，劳动保障部门的职业技能鉴定机构要力争在今年内，完成企业职工从工人考核向职业技能鉴定管理体制的过渡。

BBB005－20001013

全国职业技能鉴定工作座谈会召开

2000年10月13－14日，劳动和社会保障部在北京召开全国职业技能鉴定工作座谈会。会议总结交流了近年来各地区、各部门职业技能鉴定工作经验，研究分析了当前及今后一个时期面临的新形势、新任务，部署了下一步工作。劳动和社会保障部部长张左已、副部长林用三出席会议并讲话。张左已在讲话中明确提出，全国职业技能鉴定工作要以全面落实中央提出的在全社会实行学历证书和职业资格证书并重的战略要求为目标，面向市场，扩大范围，完善制度，提高质量。“十五”期间，要力争使国家职业资格证书覆盖到通用性强、技术复杂、关系到社会经济发展和消费者利益的主要职业（工种）。从事技术职业（工种）的新增劳动力，在就业时都应具备相应的职业技能和资格。所有国家规定职业（工种）的从业人员都要参加职业技能鉴定，取得证书。林用三在讲话中回顾、总结了近几年来的职业技能鉴定和职业资格证书制度建设情况，并对“十五”期间的工作进行了具体的部署、安排。

BBB006 - 20040113

全国行业部门职业技能鉴定座谈会召开

2004年1月13日，劳动和社会保障部在北京召开了全国行业部门（集团公司）职业技能鉴定座谈会。会议传达学习了全国人才工作会议精神，研究落实了培养新技师的任务，汇总分析了2003年行业（集团公司）职业技能鉴定统计数据，总结交流了2003年行业部门（集团公司）职业技能鉴定工作，研究了2004年工作思路。劳动和社会保障部职业技能鉴定中心主任陈宇到会并讲话。他指出，要改善高技能人才评价体系，加快建立以职业能力为导向，以工作业绩为重点，注重职业道德和职业知识水平的技能人才评价体系。要进一步改革完善社会化的职业技能鉴定工作，大力推广企业生产现场、学校教学过程与国家职业标准相结合的考核制度和考核方法，特别支持大型国有企业开展职业技能鉴定工作，当然，也要求国有企业的内部鉴定要和国家标准相结合，要和社会化鉴定制度相结合，更要和生产的发展相结合。

BBB007 - 20040406

全国职业技能鉴定工作会议召开

2004年4月6日，劳动和社会保障部召开了加强高技能人才队伍建设暨全国职业技能鉴定工作会议。会议采取了视频网络方式，主会场设在北京，全国31个省、市、自治区和新疆生产建设兵团共设32个分会场，近2000人参加了会议。劳动和社会保障部副部长张小建出席会议并讲话。上海、广东、湖南、黑龙江等地方和石油天然气、航天科工等行业在会上介绍了工作经验。会后下发了《关于健全技能人才评价体系 推进职业技能鉴定工作和职业资格证书制度建设的意见》。会议确定了今后三年职业技能鉴定工作和职业资格证书制度建设的总体要求：以提高劳动者素质和培养高技能人才为出发点，将职业技能鉴定工作做细做好，将职业资格证书制度做强做大。具体目标：重点抓好200个从业人员多、技术要求高的职业（工种）的职业技能鉴定，带动企业、行业和教育培训机构职业技能鉴定工作的全面发展，在确保质量的前提下，实现鉴定数量比上年递增20%，技师、高级技师新增50万人。会议要求，要坚持为企业服务、为劳动者服务的方向；切实采取措施，狠抓鉴定质量；创新鉴定模式，健全技能人才评价体系；扩大鉴定覆盖领域，拓展鉴定规模；夯实工作基础，强化技术支持，全面完成今后三年的工作任务。

第三节　职业技能竞赛及表彰

BBC001 -19850528

部分省、自治区、直辖市残疾人职业技能选拔赛开幕

1985年5月28日，中国残疾人福利基金会举办的部分省、自治区、直辖市残疾人职业技能选拔赛在湖北省武汉市开幕。全国人大常委会副委员长阿沛·阿旺晋美到会祝贺。民政部顾问张凯、中国残疾人福利基金会理事长邓朴方出席会议并讲话。来自19个省、市、自治区的204名残疾人参加竞赛。大会选拔优秀选手组团参加1985年10月在哥伦比亚举行的第二届残疾人职业技能世界锦标赛。

BBC002 -19890515

第一届全国残疾人职业技能竞赛举办

经国务院批准，民政部、劳动部、中华全国总工会、中国残疾人联合会于1989年5月15-19日在湖北省武汉市联合举办第一届全国残疾人职业技能竞赛。竞赛的宗旨是弘扬社会主义人道主义精神，促进我国残疾人职业培训的发展，展示残疾人的聪明才智，鼓励残疾人自强自立，呼吁全社会都来关心残疾人事业。同时，为参加1991年在香港举行的第三届世界残疾人职业技能奥林匹克大会选拔选手。这次竞赛共设金属车削、木工、广告艺术、手表修理、电视机修理、收音机修理、木雕、缝纫、计算机程序、硬材料编织、英文打字、毛线编制、机械制图、中文打字14个竞赛项目。全国28个省、自治区、直辖市派代表队参赛，西藏自治区、青海和香港、澳门、台湾派观察组参加。湖北省作为东道主，派出两个队参赛。参赛选手共计352人。经过5天紧张激烈的角逐，诞生了中国有史以来第一批残疾人职业技能竞赛的15个冠军。党和政府十分关心和重视，社会各界也给予了积极支持和帮助。中顾委常委黄镇任竞赛组委会主任，湖北省副省长韩南鹏、民政部副部长张德江、劳动部副部长李沛瑶等任组委会副主任，全国政协副主席杨静仁应邀参加大会。

BBC003 -19901120

首届全国青工技术大赛总结表彰大会召开

1990年初，共青团中央、劳动部、中华全国总工会、机械电子工业部、纺织工业部、建设部、商业部联合发出通知，决定举办首届全国青工技术大赛。国务委员兼国家计委主任邹家华任大赛组织委员会顾问。大赛共设 9 个工种，分两阶段进行。全国有 4000 多万青工参加了技术练兵比武活动，8000 多名青工参加了省级比赛。11 月 20 日，7 个主办单位在北京人民大会堂隆重召开总结表彰大会，各工种决赛的第一名至第十名选手被分别授予“全国青工技术能手”和“全国新长征突击手”称号。党和国家领导人对这次大赛十分重视。江泽民、李瑞环、薄一波、余秋里、张劲夫、倪志福等领导亲笔为大赛题词。李瑞环、倪志福亲临北京赛场。大赛引起了新闻界的广泛关注。

BBC004－19910715

《关于开展工人技术比赛的意见的通知》下发

为了使工人技术比赛向规范化、制度化的方向健康发展，并向国际青年技能竞赛目标进军，1991 年 7 月 15 日，劳动部、中华全国总工会、共青团中央下发《关于开展工人技术比赛的意见的通知》，具体规定了指导思想、比赛类别、比赛的工种和标准、选手资格、奖励办法、比赛经费和组织领导。

BBC005－19930901

首届中国青年奥林匹克技能竞赛举行

1993 年 9 月 1 日，首届中国青年奥林匹克技能竞赛在湖北省十堰市隆重开幕。1993 年 11 月 26 日，李鹏总理接见了首届中国青年奥林匹克技能竞赛百名获奖选手和 15 名杰出青年企业家。李鹏强调指出，优秀的技术工人是国家建设的中坚力量和重要人才，社会主义现代化建设需要一批又一批的青年源源不断地加入技术工人队伍，掌握过硬本领，成为合格劳动者。我们要建立现代企业制度，需要大量的技术精湛的劳动者。尊重知识，尊重人才，包括尊重技术精湛的劳动者。技术精湛的劳动者也是人才。劳动部部长李伯勇在首届中国青年奥林匹克技能竞赛总结表彰会上指出，这次竞赛得到了党和国家领导人的关怀，也得到了社会各界尤其是企业和青年工人的普遍关注。有 5000 名青工参加了省级选拔赛，300 多名优秀选手参加了全国决赛。今后要制定切实可行的政策，通过进一步深化劳动人事、工资分配、社会保险制度改革，积极创造有利于人才培养和平等竞争的良好环境，从政策和制度上维护工人阶级的主人翁地位，充分调动劳动者的积极性和创造性，要全面宣传各行各业的优秀人才。

BBC006－19951030

劳动部决定建立“中华技能大奖”和“全国技术能手”评选表彰制度

为了加速培养大批具有优秀品质和高超技艺的技术工人和能工巧匠，将经济建设转移到依靠科技进步和提高劳动者素质的轨道上来，1995年10月30日，劳动部下发《关于建立“中华技能大奖”和“全国技术能手”评选表彰制度的通知》。《通知》确立了“中华技能大奖”和“全国技术能手”评选表彰制度，并对制度建立的目的、评选条件、评审程序、评审组织及表彰奖励、奖励经费及1995年工作安排作了相关规定。1995年10月，劳动部、国家经贸委、中华全国总工会、共青团中央联合开展了首次全国技能月活动。全国共组织了300多个工种、1000多万技术工人参加技术比赛，其中10人获得“中华技能大奖”，100人获得“全国技术能手”称号。1995年11月10日，颁奖、表彰大会在人民大会堂隆重召开。中共中央政治局常委、全国政协主席李瑞环等领导会前接见了获奖者并与他们合影留念。国务委员、国务院秘书长罗干代表党中央、国务院在表彰大会上作了讲话。

BBC007－19970206

1997年度“中华技能大奖”获得者和“全国技术能手”表彰大会召开

1997年2月6日，1997年度“中华技能大奖”获得者和“全国技术能手”表彰大会在中南海隆重举行。在全国上千名候选人中评选出的101名“全国技术能手”和其中技能水平最高的10名“中华技能大奖”荣誉称号获得者接受了表彰。中共中央总书记江泽民为建立技能人才评选表彰制度题字：“全国技术能手”。国务院总理李鹏在会前接见了获奖代表。李鹏指出，我们讲尊重知识、尊重人才，人才不仅指科学家、工程师和企业的管理者，各行各业的优秀工人也是人才，你们就是这些优秀工人的代表。中国有句老话叫“三百六十行，行行出状元”。各行各业技能水平的高低，直接关系到企业的产品质量和服务质量，关系到人民群众对产品和服务是否满意，有些还关系到中国优秀的传统文化能否得到发扬光大。李鹏强调，评选“中华技能大奖”和“全国技术能手”这项活动，对于提高劳动者素质，提高企业的生产技术水平和经济效益都具有重要的促进作用。要把这项工作坚持下去，使全社会都能够重视提高职工素质这项工作。他勉励获奖者再接再厉，精益求精，更上一层楼。国务院副总理吴邦国在表彰会上作了讲话。罗干、布赫、钱正英、何鲁丽等领导出席了表彰大会。

BBC008 – 20000218

劳动和社会保障部要求加强职业技能竞赛管理工作

为规范职业技能竞赛活动，保证其健康、有序地发展，2000 年 2 月 18 日，劳动和社会保障部发出《关于加强职业技能竞赛管理工作的通知》，要求加强职业技能竞赛管理工作。《通知》提出，竞赛活动实行分级分类管理；应选择技术复杂、通用性广、从业人员较多、影响较大的职业（工种）开展竞赛活动，优先选择国家实行就业准入控制的职业（工种）举办竞赛；按照国家职业（技能）标准设置竞赛项目和组织命题；各竞赛组织单位举办竞赛活动应具备必要的条件；各级劳动保障部门要结合本地区具体情况，对竞赛主办单位开展的竞赛活动实施审批制度；举办竞赛活动应坚持以社会效益为主和公开、公平、公正的原则；对现行的表彰和奖励政策进行适当调整，对获得“全国技术能手”称号的条件作出了严格限制。

BBC009 – 20000829

《中华技能大奖和全国技术能手评选表彰管理办法》发布

2000 年 8 月 29 日，劳动和社会保障部第 7 号令发布《中华技能大奖和全国技术能手评选表彰管理办法》。《办法》共 13 条，规定了制定办法的目的、组织机构、评选的职业（工种）范围、评选时间、资格申请条件、申请程序、评审制度和工作程序、表彰和奖励办法、经费来源、破格条件。

BBC010 – 20020723

2002 年全国中等职业学校学生技能大赛举行

2002 年 7 月 23 – 28 日，由教育部职业教育与成人教育司、吉林省教育厅、长春市政府主办，长春市教育局承办的“中国职业教育成果展示会、第二届中国职业教育装备展示会暨第四届中国长春国际教育展览会”在吉林省长春市举行。展会期间，举办了全国中等职业学校学生美容美发、计算机、服装设计、烹饪 4 项职业技能大赛。参加大赛的有 21 个省、自治区、直辖市，参赛选手 1015 名，指导教师 700 名。经过角逐，烹饪技能大赛产生一等奖 34 名，二等奖 70 名，三等奖 118 名，优秀奖 151 名；美容美发大赛产生特等奖 6 名，一等奖 30 名，二等奖 48 名，三等奖 94 名；计算机技能大赛产生一等奖 38 名，二等奖 68 名，三等奖 103 名，优秀奖 230 名；服装设计大赛产生特等奖 1 名，一等奖 5 名，二等奖 16 名，三等奖 21 名，优秀奖 59 名。

BBC011－20030313

《关于举办全国职工职业技能大赛的通知》发布

为深入贯彻党的十六大精神，进一步激发全国职工学习技术的热情，2003年3月13日，《关于举办全国职工职业技能大赛的通知》下发，决定举办全国职工职业技能大赛。为表彰在全国职工职业技能竞赛中取得优异成绩的选手，2003年12月26日，劳动和社会保障部决定对获得各工种全国决赛第一名至第五名的选手马元国等19名同志，授予“全国技术能手”荣誉称号，并颁发奖章、证书和奖牌。同时，对获得各工种全国决赛前五名的选手晋升一级职业资格，并颁发相应的职业资格证书。

BBC012－20030616

第一届至第五届国家技能人才培育突出贡献奖单位受表彰

为贯彻落实全国再就业工作会议和全国职业教育工作会议精神，表彰有关单位在培育高技能人才方面作出的突出贡献，营造促进高技能人才成长的良好社会环境，2003年6月16日，劳动和社会保障部发布《关于表彰第一届至第五届国家技能人才培育突出贡献奖单位的决定》，决定对第一届至第五届“中华技能大奖”获得者所在的保定天威集团有限公司等46家单位进行表彰，授予“国家技能人才培育突出贡献奖”。

BBC013－20030809

第二届全国残疾人职业技能竞赛举行

2003年8月9日，由中国残疾人联合会、劳动和社会保障部共同主办的第二届全国残疾人职业技能竞赛拉开帷幕。国务院副秘书长汪洋、中国残疾人联合会主席邓朴方、劳动和社会保障部副部长张小建分别在开幕式上致辞。8月23日，第二届全国残疾人职业技能竞赛在北京闭幕。中共中央政治局委员、国务院副总理回良玉，全国政协副主席郝建秀等出席了闭幕式并接见了全体参赛选手。陈国强等23名获得全国第一名的参赛选手被劳动和社会保障部授予“全国技术能手”称号；获得规定名次的选手在原有技术等级基础上晋升一级，并颁发相应等级的职业资格证书。

BBC014－20040322

第一届全国数控技能大赛举行

为落实“三年五十万新技师培养计划”和“职业院校制造业和现代服务

业技能型紧缺人才培养培训工程”，2004 年 3 月 22 日，劳动和社会保障部、教育部、科学技术部、国防科学技术工业委员会、中华全国总工会、中国机械工业联合会联合下发《关于举办第一届全国数控技能大赛的通知》。《通知》具体规定了竞赛范围和参赛人员、竞赛组织、竞赛标准和奖励办法。全国 30 个省、自治区、直辖市举办了选拔赛活动，422 名选手入围全国决赛，其中 270 余名选手取得了优异成绩。2004 年 11 月 24 日，第一届全国数控技能大赛闭幕式暨颁奖仪式在人民大会堂隆重举行，劳动和社会保障部、教育部、科技部、国防科工委、中华全国总工会、中国机械工业联合会六部委的领导及竞赛相关单位代表、获奖选手代表、各新闻媒体代表等 600 余人出席了大会。劳动和社会保障部等六部门决定，授予职工组全国决赛各工种前 5 名的选手“全国技术能手”称号，晋升为技师或高级技师；获得职工组全国决赛各工种第一名的将获中华全国总工会颁发的“五一劳动奖章”。截至 2008 年，共举办了三届全国数控技能大赛。

BBC015 – 20070626

2007 年全国中等职业教育技能大赛举行

2007 年 6 月 26 – 27 日，2007 年全国中等职业教育技能大赛在重庆市举行。这次大赛由教育部、信息产业部、交通部、重庆市人民政府、中国纺织工业协会、中国烹饪协会、中国职业技术教育学会、中华职业教育社主办。竞赛项目主要包括汽车运用与维修技能大赛、电子电工技能大赛、烹饪技能大赛、计算机应用技能大赛及服装设计与制作技能大赛五个大类。来自全国各省、市、自治区、计划单列市、新疆生产建设兵团等 37 个代表团的教师、学生选手 1500 人参加了各个比赛项目的角逐。28 日上午，大赛组委会召开了隆重的颁奖仪式。全国政协副主席、中华职业教育社副理事长张榕明出席颁奖仪式并讲话。她希望今后我国的职业教育改革紧紧围绕突出社会适应性、突出社会参与性、突出社会公益性及突出社会认同性四个方面来进行。

BBC016 – 20070824

第三届全国残疾人职业技能竞赛举行

2007 年 8 月 24 – 27 日，由劳动和社会保障部、中国残疾人联合会主办，陕西省人民政府具体承办的第三届全国残疾人职业技能竞赛在陕西省西安市举行。国务院副总理、国务院残疾人工作委员会主任回良玉出席开幕式，接见参赛选手和工作人员并合影留念。劳动和社会保障部部长田成平、中国残疾人联合会主席邓朴方、劳动和社会保障部副部长张小建、中华全国总工会副主席乔传秀、中国残疾人联合会党组书记王新宪等出席开幕式并观看了比赛。来自全国31个省、自治区、直辖市和新疆生产建设兵团、黑龙江农垦总局的近1500名残疾人选手、裁判员、新闻记者、国际残疾人技能奥林匹克委员会官员和香港、澳门观察人员参加这次盛会。本届竞赛共有252名残疾选手获得名次，其中53名取得优异成绩的选手被劳动和社会保障部授予“全国技术能手”称号。

BBC017－20080818

教育部公布2008年全国职业院校技能大赛获奖名单

2008年6月28－30日，教育部、天津市政府、人力资源和社会保障部、交通运输部、国务院扶贫办、工业和信息化部、农业部、住房和城乡建设部、中华全国总工会、共青团中央、中华职业教育社共同在天津举办2008年全国职业院校技能大赛。这次大赛是我国职业院校迄今规模最大、项目最多、覆盖面最广、规格最高的一次技能竞赛活动。按照大赛组委会的要求和各分赛项的规程，各地开展了选拔赛。共有37个省、自治区、直辖市代表队选派了1762名参赛学生选手，参加了高职学生组数控技术、模具设计与制造、机电一体化3类4个比赛项目和中职学生组计算机应用技术、数控技术、电工电子、烹饪、汽车运用与维修、服装设计制作与模特表演、美容美发7类20个比赛项目的决赛。中共中央政治局委员、国务委员刘延东和中共中央政治局委员、天津市委书记张高丽出席开幕式。全国人大常委会副委员长陈至立出席闭幕式，并向获奖单位和获奖选手代表颁发奖杯和证书。2008年8月18日，教育部发出通知，正式公布2008年全国职业院校技能大赛获奖名单，并要求各地以多种形式宣传报道他们所取得的成绩和感人事迹，弘扬“三百六十行，行行出状元”的社会风尚，形成全社会关心、重视和支持职业教育的良好氛围。

第三章　高技能人才工作

第一节　规划与政策

BCA001 －20020507

我国首部人才队伍建设规划出台

2002 年 5 月 7 日，中共中央办公厅、国务院办公厅发布《2002—2005 年全国人才队伍建设规划纲要》。该《纲要》是我国第一个综合性的人才队伍建设规划，是今后几年全国人才工作的指导性文件。加强人才队伍建设，对于做好我国加入世界贸易组织后的各项应对工作，实现“十五”计划确定的宏伟目标，把建设有中国特色社会主义事业不断推向前进，具有十分重要的意义。《纲要》指出，我国目前人才总量相对不足，人才结构还不够合理，要求扩大人才队伍总量，“到 2005 年，具有中专及以上学历或专业技术职称的各类人员达到 8350 万以上，其中专业技术人员达到 5400 万以上。各类人才占社会总人口比例达到 6.3% 左右”。要求我国人才结构要与经济结构相适应，“人才的专业、年龄结构和高、中、初级专业技术人才的比例趋于合理”。《纲要》还专门指出，我国的专业技术人才队伍建设要重点培养造就优秀学科带头人，努力建设高素质、社会化的专业技术人才队伍，大力培养青年科技人才，继续推进专业技术人才管理制度改革，建立社会化的专业技术人才评价机制。

BCA002 －20020831

“技能人才与中国制造”高层论坛召开

2002 年 8 月 31 日至 9 月 1 日，由沈阳市政府、中国职工教育和职业培训协会、中国青年报共同举办的“技能人才与中国制造”高层论坛在辽宁省沈阳市举行。全国政协委员、劳动和社会保障部副部长、中国职工教育和职业培训协会会长林用三，中华全国总工会书记处书记李永安，共青团中央书记处书记崔波，辽宁省副省长、沈阳市市长陈政高等领导出席了论坛。会议邀请了15位全国著名的学者专家、企业总裁、院校校长作报告。论坛还同时安排了校企对话和青工技能表演大赛等活动。林用三代表劳动和社会保障部致辞。林用三指出，当前是技能人才发展的大好时机，方方面面的专家、学者聚集一起，探讨近年来备受关注的技能人才的培养问题，共议技能人才的发展大事，就是要通过共同的努力，使技能人才的培养和发展有一个很大的进步。

BCA003 -20031226

中共中央、国务院要求进一步加强人才工作

2003年12月26日，《中共中央、国务院关于进一步加强人才工作的决定》印发。《决定》指出，人才问题是关系党和国家事业发展的关键问题。新世纪新阶段人才工作的根本任务是实施人才强国战略。“要努力造就数以亿计的高素质劳动者、数以千万计的专门人才和一大批拔尖创新人才，把我国由人口大国转化为人才资源强国”。《决定》要求，推进人才结构调整，按照统筹城乡发展、统筹区域发展、统筹经济社会发展、统筹人与自然和谐发展、统筹国内发展和对外开放的要求，加快人才结构调整，优化人才资源配置，促进人才合理分布，发挥人才队伍的整体功能。要以能力建设为中心，大力加强人才培养工作，形成科学的人才评价和使用机制。并明确指出专业技术人才的评价重在社会和业内认可。要以打破专业技术职务终身制为重点，深化职称制度改革，全面推行专业技术职业资格制度，加快执业资格制度建设。积极探索资格考试、考核和同行评议相结合的专业技术人才评价方法。发展和规范人才评价中介组织，在政府宏观指导下，开展以岗位要求为基础、社会化的专业技术人才评价工作。同时，积极推进专业技术人才执业资格国际互认。

BCA004 -20031231

劳动和社会保障部提出加强高技能人才培养和人才保障工作的意见

2003年12月31日，劳动和社会保障部印发《关于贯彻落实〈中共中央、国务院关于进一步加强人才工作的决定〉做好高技能人才培养和人才保障工作的意见》，要求加快高技能人才培养，实施“三年五十万”新技师培养计划，加快培养一批企业急需的技术技能型、复合技能型人才，以及高新技术产业发展需要的知识技能型人才，并以此推动技能人才队伍的整体建设，带动各类高、中、初级技能人才梯次发展。《意见》提出，完善高技能人才选拔机制，开展国家级职业技能大赛系列活动，大力推广一些企业在关键岗位、工序设立首席技师的做法，培育技能领头人并发挥其作用。改进技能人才评价方式，建立以职业能力为导向，以工作业绩为重点，注重职业道德和职业知识水平的技能人才评价新体系，完善国家职业资格证书制度。提高高技能人才的待遇水平，引导更多的技能劳动者岗位成才。加大对高技能人才的表彰奖励力度，提高他们的社会地位，并将第七届、第八届全国技能表彰活动中“中华技能大奖”和“全国技术能手”的表彰奖励规模扩大一倍，同时授予培养技能人才成绩突出的企业和培训机构“国家技能人才培育突出贡献奖”。

BCA005－20040000

劳动和社会保障部设立人才工作办公室

为落实全国人才工作会议精神，加强高技能人才队伍建设，2004 年，劳动和社会保障部建立了人才工作联席会议制度并相应设立人才工作联席会议办公室，负责做好高技能人才队伍建设工作以及人才工作中的劳动保障支持。人才工作联席会议办公室作为非常设机构，牌子挂在劳动和社会保障部培训就业司相关处室，日常工作由培训就业司承办，具体成员单位包括人事部教育司、中国劳动保障科学研究院、中国就业培训技术指导中心、中国劳动社会保障出版社、中国职工教育和职业培训协会。

BCA006－20040406

高技能人才队伍建设工作会议在北京召开

2004 年 4 月 6 日，劳动和社会保障部在北京召开了加强高技能人才队伍建设暨第四次全国职业技能鉴定工作会议。劳动和社会保障部副部长张小建出席会议并讲话。会议要求贯彻落实全国人才工作会议精神，加强高技能人才队伍建设，明确技能人才评价体系的工作思路、目标和任务，全面推进职业资格证书制度建设。会议指出，今后三年，职业技能鉴定工作和职业资格证书制度建设要以提高劳动者的素质和培养高技能人才为出发点，将职业技能鉴定工作做细做好，将职业资格证书制度做强做大。围绕技术技能型、知识技能型和复合技能型人才的培养和使用，健全技能人才评价体系，强化质量，创新模式，扩展规模，直接有效地为企业和劳动者服务。重点抓好 200 个从业人员多、技术要求高的职业（工种）的职业技能鉴定，带动企业、行业和教育培训机构鉴定工作的全面发展，在确保质量的前提下，实现鉴定数量比上年增加 20%，技师、高级技师新增 50 万人。

BCA007－20040625

劳动和社会保障部要求开展高技能人才队伍建设试点

2004 年 6 月 25 日，劳动和社会保障部、国务院国有资产监督管理委员会联合下发了《关于开展高技能人才队伍建设试点工作的通知》，选择 34 家中央企业作为高技能人才队伍建设的试点企业，进行技能人才评价方式的改革。《通知》要求："试点企业要充分发挥主导作用，采用校企合作、订单培养等灵活培训方式，运用现代培训技术，积极开展技能人才的培养工作。要结合生产实际，实施技能提高培训、岗位培训、名师带徒培训，积极开展技术攻关、创新创效、观摩研讨和技能交流等活动。试点企业应从职工教育经费（占职工工资总额的 1.5% ~2.5%）中提取不少于 30% 的经费用于高技能人才培训工作。"

BCA008－20060418

国家要求进一步加强高技能人才工作

2006 年 4 月 18 日，中共中央办公厅、国务院办公厅印发《关于进一步加强高技能人才工作的意见》。《意见》提出，到"十一五"末期，高级技工水平以上的高技能人才占技能劳动者的比例达到 25% 以上，其中，技师、高级技师占技能劳动者的比例达到 5% 以上，并带动中、初级技能劳动者队伍的梯次发展。力争到 2020 年，使我国高、中、初级技能劳动者的比例达到中等发达国家水平，形成与经济社会和谐发展的格局。《意见》要求，培养和造就高技能人才队伍要健全机制，要坚持党管人才原则，以职业能力建设为核心，在技能人才的技能培养、考核评价、岗位使用、竞赛选拔、技术交流、表彰激励、合理流动、社会保障等环节上下大工夫，进一步更新观念，完善政策，创新机制，形成有利于高技能人才成长和发挥作用的制度环境，带动技能劳动者队伍整体素质的提高和发展壮大。该《意见》发布后，劳动和社会保障部于 5 月 25 日组织召开了全国高技能人才评价视频会议；于 9 月 26 日召开了全国高技能人才工作会议，总结交流地方、行业企业高技能人才工作经验，评选和表彰新一批高技能人才的突出典型，将高技能人才工作推向高潮。

BCA009－20070314

《高技能人才培养体系建设"十一五"规划纲要》发布

2007 年 3 月 14 日，劳动和社会保障部发出《关于印发高技能人才培养体系建设"十一五"规划纲要的通知》。《纲要》明确提出，要加快培养一大批结构合理、素质优良的技术技能型、复合技能型和知识技能型高技能人才，逐步形成与经济社会发展相适应的高、中、初级技能劳动者比例结构基本合理的格局。到“十一五”期末，全国技能劳动者总量达到 1.1 亿人，高级工以上的高技能人才占技能劳动者的比例达到 25% 以上，其中，技师、高级技师占技能劳动者的比例达到 5% 以上，并带动中、初级技能劳动者队伍梯次发展。力争到 2020 年，使我国高、中、初级技能劳动者的比例达到中等发达国家水平。《纲要》提出，要构建和完善以企业行业为主体，职业院校为基础，校企合作为纽带，政府推动与社会支持相结合的社会化、开放式的高技能人才培养体系。中央财政和各级财政将拿出补贴资金专门用于公共实训基地建设和高技能人才培训补贴；企业将保证职工教育经费的 1.5% ~2.5%，绝大部分用在高技能人才培养上；金融机构将通过贷款等方式支持高技能人才培养。

第二节　培养与评价

BCB001 – 19880221

国家五部委出台技术人才选拔和培养办法

1988 年 2 月 21 日，国务院办公厅转发了国家科学技术委员会、国家经济委员会、劳动人事部、中华全国总工会、中国科学技术协会《关于从工人、农民及其他劳动者中选拔和培养各种技术人才的意见》。《意见》指出，社会主义现代化建设需要大量各类科技人才，不仅需要受过高等和中等专业教育的科技人才，而且需要从工人、农民和其他劳动者中，选拔和培养大批具有实践经验和较高技能的包括能工巧匠在内的各种技术人才。《意见》提出，要在全社会形成尊重工人、农民及其他劳动者中成长起来的技术人才的风气，引导全社会重视高技艺和高技能人才，使之成为“尊重知识、尊重人才”的重要组成部分。逐步建立工人、农民及其他劳动者的技术职务和技术职称。搞好工人、农民及其他劳动者中技术人才的技术成果评定和推广应用工作，使之迅速转化为生产力和社会财富。重视在工人、农民和其他劳动者中培养和选聘有技术、善管理的企业家和事业家，克服单纯以学历取人的现象。为多层次地从工人、农民及其他劳动者中培养科技人才创造条件。

BCB002 – 19980311

劳动部要求建立和实施名师带徒制度

1998 年 3 月 11 日，劳动部印发《关于建立和实施名师带徒制度的通知》。

《通知》指出，建立和实施名师带徒制度，是贯彻“科教兴国”战略和实现“两个根本性转变”的需要，是充分利用现有的高技能人才资源培养新一代高技能人才的有效的组织形式，是对传统学徒制度的改造和补充。为此，各地区、各行业劳动部门要高度重视，加强组织领导，把建立和实施这一制度纳入本地区、本行业高技能人才培养规划，并制定相应的配套政策，确保这项制度的有效实施。《通知》提出，各地区、各行业劳动部门要依据《名师带徒制度实施方案》，结合本地区、本行业的实施情况选择试点企业，指导其制定具体实施细则，组织试点工作。

BCB003－19990818

劳动和社会保障部开展技师考评社会化管理试点工作

为进一步改革完善技师、高级技师（以下统称技师）评聘制度，加快高级技能人才培养，拓宽技能人才成长通道，劳动和社会保障部决定在北京市、上海市，以及河北省的石家庄、唐山、秦皇岛市，江苏省的常州、南通、徐州市，广东省的广州、佛山、中山市，四川省的成都、绵阳、内江市，陕西省的西安、宝鸡、延安市开展技师考评社会化管理试点。1999 年 8 月 18 日，劳动和社会保障部办公厅印发了《关于开展技师考评社会化管理试点工作的通知》，明确了试点工作的指导思想和目的、试点的职业（工种）范围、考评的依据及内容、考评的方式方法等问题。《通知》指出，实行技师考评社会化管理，是推行职业资格证书制度的重要手段，是推动企业建立培训考核与使用相结合、培训考核与待遇相联系的激励机制的客观需要，也是引导企业工人考核逐步向职业技能鉴定社会化管理过渡的重要措施。改革技师评聘制度，有利于拓宽高级技能人才成长通道，缓解高级技能人才短缺的矛盾，有利于调动广大劳动者钻研业务、提高技能水平的积极性。《通知》要求，试点地区要提高认识，加强领导，精心组织好试点工作。

BCB004－20020617

全国高级技能人才培养与使用研讨会举行

2002 年 6 月 17 日，劳动和社会保障部培训就业司与中国职工教育和职业培训协会秘书处联合在珠海举办了全国高级技能人才培养与使用研讨会。本次研讨会以企业代表为主，政府官员、行业专家、高级技工学校也派出了代表，与会人员近 200 人，就高级技能人才培养与使用问题进行了专题研讨。中国职工教育和职业培训协会会长林用三出席研讨会并发表讲话。本次研讨会在肯定改革开放以来我国技能人才培养与使用工作取得一定成就的前提下，对目前高级技能人才培养与使用中仍存在的不足进行了比较深刻的研究和探讨。与会者普遍认为，我国人力资源丰富，但素质不高，严重影响我国产品质量的提高，是我国企业走向世界的致命弱点。因此，加快人力资源的开发特别是高级技能人才的培养十分紧迫。林用三还指出，高级技术人才的培养是带动职业培训的龙头。我们加入世界贸易组织（WTO）后，职业培训将面临十分激烈的竞争。竞争就意味着发展，有挑战也有机遇。要搞好技能人才的培养，一是要有法律保证；二是要落实好现有政策；三是要加大宣传力度。

BCB005 －20021205

中日专家共同研讨高技能人才培养问题

2002 年 12 月 5 日，中日人才协作执行委员会在北京举行中日第三届人才培养研讨会，就“高级技能人才的培养”进行专题研讨。中方出席会议的有全国政协委员、中国职工教育和职业培训协会会长林用三，劳动和社会保障部国际合作司副司长张亚力，中国职工教育和职业培训协会秘书长毕结礼；日方出席会议的有日本国驻中国大使馆一等书记官山田雅彦，日本海外职业培训协会常务理事上原信博，日本海外职业培训协会中国事务所所长田泽光弘等。北京和天津市政府有关部门的负责人，驻京津地区部分国有特大及大中型企业领导出席会议。林用三在会上作了题为《高技能人才培养是经济发展和民族振兴的重要基石》的发言。他认为，随着经济的发展和改革开放政策的落实，我国在教育、培训工作方面也取得了显著的成就，国民的文化素质和生产者的技术素质都有较大提高，但高技能人才的短缺问题依然特别突出，而且越来越成为经济发展的瓶颈。林用三介绍了我国进行高技能人才培养培训工作的思路和成效，并表示还有很多需要探索、需要研究的问题，如如何界定高技能人才、如何培养高技能人才、如何发挥高技能人才的作用等。

BCB006 －20031231

劳动和社会保障部制定《三年五十万新技师培养计划》

为加快高技能人才队伍建设，切实做好技师、高级技师的培养工作，劳动和社会保障部决定在全面实施国家高技能人才培训工程的基础上，从 2004 年到 2006 年三年内，在全国实施《三年五十万新技师培养计划》，并于 2003 年 12 月 31 日发出《关于印发〈三年五十万新技师培养计划〉的通知》。《通知》要求：“2004 年到 2006 年的三年内，在制造业、服务业及有关行业技能含量较高的职业中，实施50万新技师培养计划。”《计划》提出，高级技工学校、技师学院以及高职院校改革教学方法，突出专业技能训练，采取校企合作、订单培养等方式，整合社会培训资源，搭建多功能、高层次的技师培训平台，建立实习训练基地。改革技师考评办法，取消技师报考的比例限额，打破资历限定，突破年龄、身份限制，建立和完善以能力评价和业绩考核相结合的技师评价体系和方法。开展技能竞赛和评选表彰活动，从2004年起，对在省级和大型企业集团开展的技能竞赛中获各工种决赛第一名的选手，可授予“全国技术能手”荣誉称号；对作出突出贡献的技能人才可晋升为技师或高级技师；提高技师的待遇水平，建立高技能人才开发交流机制。

BCB007 –20040112

加快培养高技能人才工作座谈会召开

2004年1月12日，劳动和社会保障部在北京召开加快培养高技能人才工作座谈会。部分“中华技能大奖”获得者，企业、行业、教育培训机构代表及专家学者共50余人参加会议，共同研讨高技能人才培养的方式和途径，畅谈高技能人才成长和培育的体会与经验。第六届“中华技能大奖”获得者鲁宏勋、李凯军等高级技能人才代表介绍了自己成才的经历；来自中国航天科技集团公司第五研究院、中国第一汽车集团公司、山西焦煤集团公司、中国原子能科学研究所的企业代表介绍了本企业培养高级人才的经验；来自上海市劳动和社会保障局等地方和行业的代表介绍了本地区和本行业加快人才培养的认识和设想；来自天津职业技术学院、宁波高级技工学校等教育培训机构的代表介绍了学校培养高级技能人才等方面的经验。劳动和社会保障部副部长张小建出席会议并讲话。他指出，要树立人才工作的新观念，充分认识建立高技能人才队伍的重要性，从高技能人才的培养、选拔、评价、使用、激励、交流、保障等环节，全面加大工作力度，推动高技能人才队伍建设实现新发展。

BCB008 –20040430

劳动和社会保障部要求健全技能人才评价体系

2004年4月30日，劳动和社会保障部印发《关于健全技能人才评价体系，推进职业技能鉴定工作和职业资格证书制度建设的意见》。《意见》要求，健全评价体系，推进职业技能鉴定社会化管理工作，加快企业技能人才评价方式改革，积极推进院校职业资格认证工作，加强技师和高级技师的考评工作，强化职业技能鉴定的质量管理，健全鉴定工作的违规退出和惩处机制，完善职业技能鉴定的基础工作，建立职业资格证书制度与技能竞赛的沟通机制，进一步将职业资格证书制度与就业制度紧密结合，加强职业资格证书制度与企业劳动工资制度的衔接。

BCB009 －20060418

国家要求完善高技能人才培养和评价体系

2006 年 4 月 18 日，中共中央办公厅、国务院办公厅发布的《关于进一步加强高技能人才工作的意见》明确要求："大力加强职业技能鉴定工作，积极推行职业资格证书制度，进一步突破年龄、资历、身份和比例限制，加快建立以职业能力为导向、以工作业绩为重点、注重职业道德和职业知识水平的高技能人才评价体系。""积极探索高技能人才多元评价机制，逐步完善社会化职业技能鉴定、企业技能人才评价、院校职业资格认证和专项职业能力考核的实施办法。"

BCB010 －20060525

劳动和社会保障部召开全国高技能人才评价工作视频会

2006 年 5 月 25 日，劳动和社会保障部召开全国高技能人才评价工作视频会议。会议的主要任务是学习《关于进一步加强高技能人才工作的意见》精神，分析高技能人才工作面临的新形势，明确高技能人才评价重点，交流经验，部署任务，推动工作。劳动和社会保障部副部长张小建出席会议并讲话。他强调，要全面贯彻落实《关于进一步加强高技能人才工作的意见》精神，强化质量管理，全面推进高技能人才评价工作。会上，中组部人才局副局长时玉宝介绍了中央关于加强高技能人才工作的有关要求；劳动和社会保障部有关单位负责人分别就技能人才评价和加强鉴定质量管理作了工作报告；上海、江西、深圳劳动保障部门和中国兵器工业集团、中国石油化工集团公司、中国第二重型机械集团以及北京工贸技师学院等 7 家单位的代表分别从地方、行业、企业、院校等不同角度介绍了工作经验。

BCB011 －20060622

劳动和社会保障部部署加强高技能人才评价工作

2006 年 6 月 22 日，劳动和社会保障部印发《关于进一步加强高技能人才评价工作的通知》，明确了高技能人才评价工作的指导思想、目标任务、评价机制、评价质量等问题。《通知》指出，高技能人才评价是指对具有高级技能水平以上的技能人才的考核和职业资格的评定，它既是职业技能鉴定的重要组成部分，也是高技能人才工作的重要环节。《通知》要求，全面落实《关于进一步加强高技能人才工作的意见》的政策措施，着力构建制度完善、评价科学、基础健全、质量可靠的高技能人才评价工作新机制和新体系，并带动整体职业技能鉴定工作实现新发展。《通知》指出，高技能人才评价要进一步突破年龄、资历、身份和比例限制，以职业能力为导向，以工作业绩为重点，注重对劳动者职业道德和职业知识水平进行考核和评价。

BCB012－20060717

企业内技能人才评价改革试点启动

为落实劳动和社会保障部《关于进一步加强高技能人才评价工作的通知》关于“推进企业高技能人才评价改革试点”的要求，2006年7月17日，劳动和社会保障部办公厅批复重庆市劳动和社会保障局《关于加快企业技能人才评价方式改革，在企业职工中开展细化职业资格等级试点的请示》，同意重庆市在企业中进行技能人才评价方式改革试点，试点时间为2006年8月至2007年8月。

BCB013－20060828

劳动和社会保障部启动5个高技能人才培养项目

2006年8月28日，劳动和社会保障部下发《关于做好高技能人才相关基础工作的通知》，提出实施“高技能人才师资培训”、“高技能人才培养教材精品建设”、“促进高技能人才培养创新”、“高技能人才远程培训”、“高技能人才实训装备标准化建设”5个项目。《通知》强调，加快培养一批有创造能力的“一体化”教师，加强校企合作，面向行业、企业和高校选聘一批具有丰富生产实践经验和技术专长的技师、高级技师担任兼职教师，组织高级技校、技师学院教师定期到其合作企业参加生产实践，提升专业技能和实践教学能力；重点抓好制造、加工、建筑、能源、环保等传统产业和电子信息、航空航天等高新技术产业以及现代服务业领域高技能人才培养教材的开发，打造一批精品教材和特色教材；实施远程培训，建立高技能人才培训资源共享平台；加强实训设施设备建设，研发、推广仿真模拟培训设备和教具；统筹规划，切实落实高技能人才各项基础工作。

BCB014－20070314

以“双证”并重制度引导技能人才培养与评价

2007年3月14日，劳动和社会保障部发布《关于印发〈高技能人才培养体系建设“十一五”规划纲要〉的通知》（2006—2010 年）。《通知》指出，改革培养模式，建立高技能人才校企合作培养制度，充分调动劳动者个人积极性，走技能成才之路，整合社会优质资源，建立高技能人才培训基地，加快建设一批高标准、开放式、公益性公共实训基地。《通知》要求，建立健全高技能人才评价体系，拓宽成长通道，改进方法，完善国家职业资格证书制度，加快建立健全以职业能力为导向、以业绩和贡献为重点、注重职业道德和职业知识水平的高技能人才评价体系。在职业院校中大力推进学历证书和职业资格证书并重的“双证书”制度，引导职业院校积极推进以高技能人才为培养目标的教学改革，根据国家职业标准和企业需要，调整专业和课程设置，加强技能训练；实施预备技师培养考核制度，培养后备高技能人才。《通知》强调，建立高技能人才成长的激励机制，提高高技能人才待遇水平。指导企业建立和落实职工凭技能水平得到使用和提升、凭业绩贡献确定收入分配的机制，促进职业资格证书制度与企业劳动工资制度的衔接。

BCB015 – 20080620

人力资源和社会保障部推进企业技能人才评价工作

2008 年 6 月 20 日，人力资源和社会保障部办公厅发出《关于印发〈推进企业技能人才评价工作指导意见〉的通知》。《通知》要求，充分认识推进企业技能人才评价工作的重要意义，认真做好企业技能人才评价试点企业的推选工作，精心组织企业技能人才评价工作。《意见》指出，企业技能人才评价工作要以职业能力建设为核心，以高技能人才评价为重点，坚持国家职业标准与生产岗位实际要求相衔接、职业能力考核与工作业绩评定相联系、企业评价与社会认可相结合、属地管理与行业指导相协调的原则，通过重点考核职业能力、评定工作业绩，并注重职业道德评价和理论知识考试的方式，依据企业的生产特点，提高标准或对 4 个模块设定权数确定合格标准，同时可对少数职业能力考核成绩和工作业绩评定结果特别优异者采取直接认定方式。对掌握高超技能，并在国家级、省级技能竞赛中获得主要名次的优秀人才，可破格或越级参加技师、高级技师考评。同年 10 月 31 日，人力资源和社会保障部公布了包括首都钢铁总公司等 60 家企业在内的第一批企业技能人才评价试点单位名单。

BCB016 – 20081126

全国高技能人才培养课程体系开发与创新论坛举行

2008 年 11 月 26 – 27 日，人力资源和社会保障部在上海举办高技能人才培养课程体系开发与创新论坛。论坛上，有关专家学者、政府官员和企业界代表们围绕主题，分别就高技能人才课程体系总体框架、课程开发与创新思路、企业高技能人才的需求现状与对策、中外职业课程体系建设对比、校企合作培养高技能人才、推进行为引导型教学应用等问题，进行了探讨，并且展望了新时期中国特色高技能人才培养课程体系开发与创新的广阔前景。

第三节　使用、激励与表彰

BCC001－19890804

劳动部提出建立培训、考核、使用相结合的技能培训制度

1989 年 8 月 4 日，劳动部副部长李沛瑶在全国工人技能培训研修班上指出，今明两年工作的重点是加强对培训工作的宏观管理，逐步建立培训、考核、使用相结合的制度。抓好以下工作：一是要在科学职业分类的基础上，修订工人技术等级标准；二是制定考工办法，建立考工制度并继续完善技师评聘工作，劳动部已将新制定的《工人考核条例》上报国务院。

BCC002－19900912

劳动部提出实行受聘高级技师职务津贴意见

1990 年 9 月 12 日，劳动部印发《关于高级技师评聘的实施意见》。《意见》指出，高级技师是在高级技术工人中设置的高级技术职务，评聘高级技师是技师聘任制的组成部分。高级技师从受聘之月开始，享受高级技师职务津贴，取消技师职务津贴。高级技师职务津贴，全国按每个高级技师每月 50 元标准核算。具体标准在每月 40～60 元的幅度内（不得压低或提高，更不准挪作他用），由各单位自行确定。对核准下达的增资指标，企业列入成本，机关、事业单位由工资科目开支。高级技师任职 2 年以上在受聘期间退休，其职务津贴列入工资基数计算退休费。高级技师的退休年龄，根据生产工作的特殊需要及其身体健康状况，经主管部门批准后，可适当延长。

BCC003－19920107

劳动部要求实施岗位技能工资制试点

根据《中华人民共和国国民经济和社会发展十年规划和第八个五年计划纲要》在企业“逐步实行以岗位技能工资制为主要形式的内部分配制度”的精神，按照“一切经过试点，先立后破”的原则，1992 年 1 月 7 日，劳动部下发《关于进行岗位技能工资制试点工作的通知》。《通知》要求，为确保试点质量，抓好典型，要坚持少而精的原则，严格控制试点面。按照条块结合的方法，先从地区和部门中选择少数既有行业特色和代表性，又具备相应条件的国营企业，积极稳妥、有领导、有计划、分步骤地进行试点。岗位技能工资制的实行，打破了“大锅饭”和“铁饭碗”，贯彻了按劳分配原则，达到了调动职工学习技能积极性的目的，提高了劳动生产率和经济效益。

BCC004 -20060417

国家七部委组织开展学习中国高技能人才楷模先进事迹活动

劳动和社会保障部、教育部、国防科学技术工业委员会、国务院国有资产监督管理委员会、中华全国总工会、共青团中央、中华全国妇女联合会决定在全国开展学习王为民、李斌、李凯军、许振超、束滨霞、罗东元、高凤林、栗俊平、唐建平、鲁宏勋10名中国高技能人才楷模先进事迹活动，并于2006年4月17日印发了《关于开展学习中国高技能人才楷模先进事迹活动的通知》。《通知》指出，高技能人才是我国人才队伍的重要组成部分，是各行各业产业大军的优秀代表，是技术工人队伍的核心骨干。王为民等10位同志是高技能人才队伍中的优秀代表和先进楷模，要通过树立高技能人才先进典型，发挥其榜样的示范带头作用，引导和推动全社会高度重视和广泛关注技能人才，充分认识学习中国高技能人才楷模先进事迹的意义，激励广大青年劳动者学习楷模，争当楷模。七部委要求，各地要充分动员，利用广播、电视、报纸、杂志、网络、橱窗和宣传画等新闻媒体和宣传载体，大张旗鼓地宣传王为民等10位中国高技能人才楷模的先进事迹、优良业绩和突出贡献，宣传他们的成才和创业之路。

BCC005 -20080310

高技能人才首次纳入享受政府特殊津贴人员选拔范围

经国务院批准，自2008年起，将高技能人才纳入享受国务院颁发的政府特殊津贴人员选拔范围。2008年3月10日，中共中央组织部、中共中央宣传部、中共中央统战部、人事部、劳动和社会保障部印发了《关于高技能人才享受国务院颁发政府特殊津贴的意见》，对高技能人才选拔数量、条件、办法、审批，以及选拔周期、津贴标准和发放办法等提出了明确要求。国务院颁发的政府特殊津贴自1990年起开始实行，过去享受政府特殊津贴人员的选拔范围主要是在企业、事业单位从事专业技术工作，在科技、教育、文化、卫生等岗位和工农业生产第一线作出重大贡献和取得突出业绩的高层次专业技术人员；从 2008 年起，凡具有国家一级职业资格（高级技师）或相应高级职业技能水平，长期工作在生产服务岗位第一线，并具备相关条件的均可参加选拔。目前，各省市也建立了高技能人才政府津贴制度。

附录　关于高技能人才享受国务院颁发政府特殊津贴的意见（摘录）

高技能人才享受国务院颁发政府特殊津贴选拔数量和选拔条件：

一、高技能人才选拔数量。享受国务院颁发的政府特殊津贴高技能人才，每次选拔不超过 400 人。

二、高技能人才选拔条件：

（一）热爱祖国，遵纪守法，有良好的职业道德和敬业精神，模范履行岗位职责，为社会主义现代化建设事业努力工作。

（二）具有国家一级职业资格（高级技师）或相应高级职业技能水平，长期工作在生产服务岗位第一线，并具备下列条件之一：

1. 获得过中华技能大奖、高技能人才楷模、全国技术能手等荣誉或省（行业）技能人才表彰，业绩突出，影响广泛。

2. 在技术上有重大发明创造或有重大技术革新，产生显著的经济效益和社会效益。

3. 在本企业、同行业中具有领先的技术技能水平，并在某一生产工作领域总结出先进的操作技术方法，取得重大经济效益和社会效益。

4. 在促进科技成果转化、推广应用等方面作出突出贡献，并取得重大经济效益和社会效益。

5. 在本职业（工种）中具有某种绝招绝技，在国际国内产生重要影响，并在带徒传技方面成效显著。

6. 实践经验丰富，并能解决生产过程中的重点或关键性技术难题，业绩突出。

BCC006 –20081205

全国高技能人才和农村优秀人才表彰大会举行

2008 年 12 月 5 日，全国高技能人才和农村优秀人才表彰大会在北京隆重举行。中共中央政治局委员、中央书记处书记、中央组织部部长李源潮，中共中央政治局委员、国务院副总理张德江会前接见了与会代表。中共中央组织部副部长王尔乘，人力资源和社会保障部副部长张小建、王晓初等领导出席大会。张德江向受表彰代表颁奖。

第三篇

职业教育服务体系

第一章　师资队伍建设

第一节　资格制度

CAA001 －19810110

教育部提出建设专兼结合的职业教育师资队伍

1981 年 1 月 10 日，教育部转发辽宁省《关于中等教育结构改革情况和今后意见的报告》。《报告》提出，职业（技术）学校、职业中学、农业中学的主要任务是为四化建设培养合格的劳动后备和技术后备力量，必须紧紧围绕这个培养目标，逐步建设一支专兼结合、又红又专的师资队伍。师资，原则上由办学单位自行解决，列该部门事业编制。文化课教师不足的，教育部门协助解决，专业课师资可聘请工程技术人员兼任，办学单位发给兼课费。各有关部门要支持鼓励科技人员在做好本职工作的前提下兼课，对教学成绩突出的要表彰奖励。做专职教师的工程技术人员，原则上不减少其经济收入；技术晋级、职称评定与同类现职技术人员一视同仁。

CAA002 －19810220

国家决定建立专兼结合的职工教育教师队伍

1981 年 2 月 20 日，中共中央、国务院出台的《关于加强职工教育工作的决定》提出，积极建立一支以专职教师为骨干、与兼职教师相结合的教师队伍。目前，职工学校的教师，在数量上和质量上都远远不能满足需要。要选调那些能胜任教学的职工和技术人员，担任专职或兼职教师。专业人员、技术人员和普通学校的教师到职工学校兼课，要给予合理的报酬。各企业事业单位，应按职工总数 3‰～5‰的比例（不包括职工高等教育的教师），配备专职教师。国家分配大学毕业生时，也要分配一部分人到职工学校当教师。同时，要给教师创造更多的进修机会。普通高等学校和各地的教师进修学校，应当吸收一部分职工学校的教师进修。有些地区的师范学院、教育学院或教师进修班内，可设立专门为职工学校培养师资的班级。

CAA003 – 19811229

教育部提出职工大学和职工业余大学师资标准

1981 年 12 月 29 日，教育部印发《关于职工大学和职工业余大学建校审批工作及毕业生学历等若干问题的意见》。《意见》提出："要有一支以专职教师为骨干、专兼结合的师资队伍。教师要具有大学本科毕业以上或相当大学本科毕业以上的水平，并能胜任教学。专职教师与学生的比数，职工大学一般应达到 1:7 ~ 1:9，根据学校规模大小和专业设置多少应有适当调整。职工业余大学规模在 200 名学生以下者，专职教师与学生的比例为 1 :15 ~ 1:20；规模在 200 人以上者专职教师可适当减少。主要的基础课、技术基础课一般应由专职教师担任。兼职教师的来源要有可靠的保证，并且要相对稳定。"

CAA004 – 19951212

国家明确职教教师资格类别

1995 年 12 月 12 日，国务院发布《教师资格条例》，明确教师资格分为初级职业学校文化课、专业课教师资格，中等专业学校、技工学校、职业高级中学文化课、专业课教师资格，中等专业学校、技工学校、职业高级中学实习指导教师资格等类别。教师资格的基本条件依照《教师法》的第十条、十一条规定执行。《教师资格条例》第七条规定："取得中等职业学校实习指导教师资格，应当具备国务院教育行政部门规定的学历，并应当具有相当助理工程师以上专业技术职务或者中级以上工人技术等级。"

CAA005 – 19951228

职教教师资格过渡工作启动

1995 年 12 月 28 日，国家教委印发《关于实施教师资格认定的过渡办法的通知》。《通知》规定，凡申请教师资格过渡的，必须是《教师法》施行之日前已在中等职业学校从事教育教学工作的教师及承担教育教学任务的其他专业技术人员和教育职员。具有中学教师职务、在职业初中任教的，可申请认定初级中学教师资格；在职业高中担任文化课、专业课教师工作的，可申请认定高级中学教师资格；具有中等专业学校教师职务，在中等专业学校、技工学校担任文化课、专业课教师工作的，可申请认定中等职业学校教师资格；具有教师职务或者其他专业技术职务或者中级以上工人技术等级，在中等专业学校、技工学校、职业高中、职业初中担任实习指导教师工作的，可申请认定中等职业学校实习指导教师资格。属于教师资格过渡范围，但不具备《教师法》第十一条规定学历的其他人员，不得参加教师资格过渡。《通知》还规定了资格过渡的具体手续程序，经认定合格者，由认定机关颁发教师资格证书。

第二节　能力建设

CAB001 –19860626

提倡多渠道解决职教师资来源

1986 年 6 月 26 日，国家教委印发《关于加强职业技术学校师资队伍建设的几点意见》，明确提出多渠道解决师资来源问题的基本思路。20 世纪 80 年代，迅速发展的职业教育对专业课教师的需求十分迫切。1985 年 5 月 27 日颁布的《中共中央关于教育体制改革的决定》指出："师资严重不足，是当前发展中等职业技术教育的突出矛盾。"根据多渠道解决师资来源问题的思路，《关于加强职业技术学校师资队伍建设的几点意见》提出，中等职业学校的专业课教师的来源主要通过改、分、调、聘、留五种渠道解决。"改"，即将文化课教师改专业课教师；"分"，即从普通高校或职业技术师范学院毕业生分配；"调"，即从教育系统外调进专业技术人员；"聘"，即从社会上聘请兼职教师；"留"，则是选择少数优秀毕业生留校做实习指导教师。《意见》强调，多种渠道进来的教师各具优势和不足，其培养培训和学历达标任务仍然比较繁重。

CAB002 –19860907

选派职业学校教师出国进修

1986 年 9 月 7 日，国家教委职业技术教育司印发《关于选派职业技术学校教师出国进修问题的通知》。《通知》指出，国家教委准备选择 10 个省、自治区、市试点，有计划地派遣一些教师出国进修。派出教师必须是现有的职业技术学校包括职业技术专科学校（职业大学）、中等专业学校、技工学校、职业高中的在职中青年教师，学习期限一般一年，不读学位。以学习国内空白、短线专业和吸收国外职业技术教育经验为主。确定出国进修专业有：金融保险、美容、饲料加工、仓储管理、服装设计、计算机辅助设计、室内装潢、餐厅、旅馆管理、汽车维修、办公室文秘、制革、保健、食品加工、眼镜验光、机械加工、市场管理、家用电器维修、职业技术教育管理、教学教法等。确定派往的国家有：美国、加拿大、日本、英国、丹麦、瑞士、联邦德国、瑞典、澳大利亚和泰国。1987 —1989 年，共录取出国进修人员 114 人，派出学习的有 83 人。

CAB003 –19900627

全国高等职业技术师范教育办学指导思想座谈会召开

1990 年 6 月 27 –30 日，国家教委师范教育司在北京召开全国高等职业技术师范教育办学指导思想座谈会。国家教委副主任何东昌、王明达、邹时炎到会并讲话。来自吉林、天津、上海等 14 个省市的职技高师和设有职教系的普通高校负责同志以及部分省市高教处、职教处的负责同志 50 余人参加会议。何东昌在讲话中强调："这十几所职技高师担负着特殊的使命，专门面向职业技术教育，有自己的长处，各类职业技术师范教育要有特点，因为这些学校是专门提供师资的地方，是工作'母机'。"王明达在讲话中指出："职业技术教育能否进一步提高质量的关键是师资。职业技术高师要直接培养某些通用专业师资，如服装、烹饪等属于第三产业的职教专业。这些专业社会需要量大。同时，它应该成为职教师资培训基地、职教干部进修基地，开展办好职业学校师范的实验，开展教学研究。"邹时炎在讲话中对高等职业技术师范教育当前和今后发展提出 10 项任务。这次会议对始创于 1979 年的职技高师 10 年间的发展给予充分的肯定，明确今后落实办学指导思想和办学任务的基本措施要求，特别提出今后在经费上要实行倾斜政策。

CAB004 –19900818

职教师资建设研讨会召开

1990 年 8 月 18 日，国家教委职业技术教育司在山东省烟台市召开中国职业技术教育师资队伍建设研讨会。会议回顾和总结了我国师资队伍建设的情况，认为经过 10 年的努力，我国职业技术教育师资队伍已发展到 51.4 万人，但仍然存在数量不足、素质不高、结构不合理、队伍不稳定等问题。会议分析了未来经济建设和职业技术教育的发展对师资所提出的新要求、能力素质标准和任职资格要求，以及今后师资队伍建设的目标和任务。这次会议是国家教委职业技术教育司和联合国教科文组织亚太地区办事处的合作项目。

CAB005 –19930110

国家三部委发文加强农林类职教师资队伍建设

1993年1月10日，国家教委、农业部、林业部印发《关于加强农村、林区中等职业技术学校和农民中专农、林类专业师资队伍建设的几点意见》。《意见》提出，高等农林院校要积极为农村、林区中等职业技术学校和农民中专培养专业师资；选调、聘请农林科技人员担任专、兼职教师；分配高校毕业生到农村、林区中等职业技术学校和农民中专学校任教；加强在职教师的培训、进修。

CAB006 –19950807

职教师资队伍建设调查情况交流会召开

1995年8月7–9日，国家教委在北京召开职业技术教育师资队伍建设调查情况交流会。会议的主要任务，一是交流由国家教委职业技术教育司和人事司联合委托国家教委高校师资培训中心及部分省市的高校师资培训中心和教育行政部门，对职业教育师资队伍建设现状进行的抽样调查所了解到的情况；二是总结改革开放以来各地关于加强职教师资队伍建设的经验；三是讨论目前职教师资队伍建设存在的主要问题；四是研究加强职教师资队伍建设的意见和建议。抽样调查结果表明，十几年来，职业教育师资队伍建设工作取得了显著成绩，特别是职业中学的专业课教师队伍建设，从无到有，从少到多，从弱到强，取得了历史性的成就。从整体上看，各地基本上都已形成一支专兼结合、热爱职教事业、相对稳定的职教师资队伍。

CAB007 –19951124

国家教委印发《关于制定并落实职业教育师资培养计划的通知》

1995年11月24日，国家教委印发《关于制定并落实职业教育师资培养计划的通知》。《通知》要求，各地依据本地区职教师资队伍的现状和职教事业发展规划，制订本地区职业教育师资培养五年计划，并认真组织实施，逐年落实。职业教育师资的培养和学历进修，应主要依托现有高等院校，各地可选择或指定若干所地方所属高等院校，或采取与部属高校联合办学的方法，建立职教师资培养、培训基地；在制订普通高等学校年度招生计划时，应根据本地区职教师资培养年度计划，将其列入国家确定的相应年度的高校招生计划中。在制订成人专科起点本科班的招生计划时，应充分考虑本地区职业学校在职教师学历达标的需要，每年在国家核定的本地区专科起点本科班的总规模内划出一定比例，用于中等职业学校在职教师的学历进修。

CAB008 – 19971013

首届高等职业技术师范教育国际研讨会召开

1997 年 10 月 13 – 15 日，以“面向 21 世纪高等职业技术师范教育的改革与发展”为主题的首届高等职业技术师范教育国际研讨会在天津市召开。会议由中国职业技术教育学会职业技术师范教育委员会和劳动部师资培训基地研究会共同发起筹办。参加会议的有日本、韩国、美国、俄罗斯、乌克兰等国家一些院校的校长和专家，以及国内 18 个省、市、自治区 34 所院校的代表。劳动部副部长林用三、天津市副市长庄公惠、中国职业技术教育学会副会长孟广平等出席开幕式并致辞。林用三在研讨会开幕式上指出，高等职业技术师范教育是培养职教师资的新型师范教育，直接关系到职业教育事业的发展，现已引起世界各国政府的重视，各国政府根据本国的国情，努力发展这项事业。近几年来，不同国家职技高师校际交流有所开展，这反映了各国高等职业技术师范院校间加强合作、交流的愿望。他表示，希望各与会专家能指出办学中存在的问题，提出今后的发展思路，相互学习，相互借鉴，达到促进世界高等职业技术师范教育事业共同发展的目的。

CAB009 – 19971114

全国职业教育师资队伍建设工作座谈会召开

1997 年 11 月 14 – 17 日，国家教委在山东省青岛市召开全国职业教育师资队伍建设工作座谈会。全国各省、自治区、直辖市和国务院 10 个部委主管师资工作以及 13 所师资培训基地负责人参加会议。会议明确，职教师资工作以邓小平理论和党的十五大精神为指导思想，以《教师法》《教师资格条例》《职业教育法》为依据，以提高队伍的综合素质为核心，以建立“双师型”师资队伍为重点，以普通高校为依托，以政策支持为保障，把扩大数量与提高质量和效益相结合，进一步优化结构、突出特色、深化改革，建立必要的竞争和激励机制，改善工作和生活条件，加强管理。会议就“九五”后 3 年至 2010 年期间职教师资队伍建设的任务和工作要求进行了讨论，进一步明确了跨世纪职教师资队伍建设工作的奋斗目标、指导方针和相关政策措施。这是新中国成立以来召开的首次全国性职教师资工作会议。

CAB010 – 19980921

职教教师标准及其开发方法国际研讨会召开

1998 年 9 月 21 – 25 日，教育部职业技术教育中心研究所组织召开了亚太经合组织（APEC）教育论坛“职教教师标准及其开发方法”项目的国际研讨会。来自文莱、印度尼西亚、日本、韩国、马来西亚、泰国、美国等国家和中国台湾的专家，以及国内有关专家出席了会议。与会代表介绍了各自国家和地区的教育制度、职业教育发展概况和职教师资的类别、来源及其培养培训等；积极参与了职教教师标准意义、内容框架及其开发方法的讨论；参观了有关职业学校。研讨会确定了参与该项目的 APEC 成员将开发的职教教师标准内容框架和该项目今后的工作计划。“职教教师标准及其开发方法”为 1997 年 5 月我国在加拿大蒙特利尔召开的亚太经济合作组织教育论坛第 16 次全体会议上申请到的第一个由中国牵头的 APEC 教育论坛职教项目。项目自 1998 年 1 月 1 日开始执行，为期两年。项目的主要目的是：开发一套职教教师标准；提出开发职教师资标准的方法；建立职教师资标准数据库。项目由教育部职业技术教育中心研究所副所长刘京辉牵头，辽宁、江苏、河北、福建、湖北、山东、重庆、天津等省市职教研究部门参与了项目的问卷调查工作。

CAB011 –20020728

全国职教会要求大力加强职教师资队伍建设

2002 年 7 月 28 –30 日，国务院在北京召开全国职业教育工作会议。会议提出，要大力加强职业教育师资队伍建设。国务院副总理李岚清在会上强调指出，要在职业学校推行教师全员聘任制和教育管理人员公开选拔、竞争上岗和职务聘任制度，建立健全激励和约束机制；要积极开展以骨干教师为重点的全员培训，鼓励教师在职攻读相关专业的硕士学位，培养一批高水平的骨干教师和专业带头人；要加强职业教育师资培训基地建设，逐步完善职业教育师资培训网络；要广泛吸引和鼓励企事业单位工程技术人员、管理人员和有特殊技能的人员到职业学校担任专、兼职教师。教育部部长陈至立提出，要有计划地安排教师到对口企事业单位进行专业实习和考察；职业学校专业教师和实习指导教师应参加其他相关专业技术职务资格的社会化考试或职业技能鉴定，获得相应资格。财政部副部长廖晓军要求，各级财政部门要加大对职教师资培训的投入力度，切实提高职业教育的师资水平。

CAB012 –20031009

教育部要求进一步加强职校校长培训

2003 年 10 月 9 日，教育部印发《关于进一步加强职业技术学校校长培训工作的若干意见》。《意见》提出，职业技术学校校长培训对象是国家和社会力量举办的中等专业学校、职业高中、成人中等专业学校的新任或拟任校长、在职校长。强调要把各类职业学校校长整体纳入培训的范围。《意见》对职业学校校长培训工作的指导思想、内容形式及其组织条件保证等作出了进一步的明确规定，标志着我国职业学校校长培训工作步入新的阶段。

CAB013－20031126

开展农村职成教师资培训试点工作

2003年11月26日，教育部职业教育与成人教育司印发《关于开展农村职成教师资培训试点工作的通知》，决定选择湖南、河北、宁夏三省区开展农村职成教师资培训试点工作。《通知》提出，在三省区省级教育行政部门的统筹规划和指导下，由湖南农业大学、湖南师范大学、河北科学技术师范学院、河北师范大学、宁夏石嘴山职业技术学院5所学校分别对口本省区开展农村职成教师资培训工作。这项工作旨在贯彻全国农村教育工作会议精神，落实《国务院关于进一步加强农村教育工作的决定》提出的工作任务和要求，加强农村职成教师资培训工作，提高农村职成教学校的办学质量和管理水平，促进农村职成教育更好地为“三农”服务。

CAB014－20040617

全国职教会提出进一步加大职业教育师资队伍建设工作的力度

2004年6月17－19日，经国务院批准，教育部、国家发改委、财政部、人事部、劳动和社会保障部、农业部、国务院扶贫办七部门在江苏省南京市联合召开全国职业教育工作会议。进一步加大职业教育师资队伍建设工作的力度是此次会议的重要精神。国务委员陈至立在会上强调指出，职业教育工作要上新水平，在工作重点上要着重抓好职业教育教师队伍建设和实训基地建设两个关键环节，要以提高教师实践技能水平和师德建设为重点，加快职业教育教师队伍建设。培养一批德才兼备的、高水平的骨干教师和专业带头人，培养高素质、专业化的职教“双师型”师资。教育部部长周济提出，要深化职业院校人事制度改革，要建立一支能够适应职业院校以就业为导向、强化机能性和实践性教学要求的教师队伍；要进一步扩大职业院校的用人自主权，打破学历限制、身份限制，坚持能者为师。人事部副部长王晓初提出，对专业实践性较强的教师，可根据有关规定，评聘第二个专业技术职务或任职资格，积极推进“双师型”教师队伍建设。

CAB015－20040707

中德职教师资队伍建设研讨会召开

2004年7月7－9日，教育部国际合作与交流司、职业教育与成人教育司和德国国际培训和发展协会在河北省秦皇岛市联合举办中德职教师资队伍建设研讨会。双方有关部门和机构代表共90余人参加会议。教育部副部长吴启迪出席会议并讲话。她指出，抓好师资队伍和实训基地建设两个关键环节是当前我国职业教育的工作重点，职教师资队伍应该是一支“双师型”队伍，职业学校的教师应该既能教理论又能带实践，这方面德国已有很好的经验做法，要加强中德双方的合作与交流。会议交流了中德双方在职教师资培养培训方面的经验和做法，总结了中德职教师资进修项目的进展情况，并对进一步拓展双方在职教师资培养培训等领域的合作进行了探讨。

CAB016－20050000

教育部起草《职教师资队伍建设战略研究报告》

结合《中国教育2020发展纲要》起草工作中的师资队伍建设专题研究，教育部于2005年开展分地区调研工作，总结“十五”期间师资队伍建设经验，起草了《职教师资队伍建设战略研究报告》，提出今后15年职教师资队伍建设的目标和政策措施。

CAB017－20051028

国务院提出实施职业院校教师素质提高计划

2005年10月28日，《国务院关于大力发展职业教育的决定》颁布。《决定》提出，实施职业院校教师素质提高计划。《决定》同时要求，建立职业教育教师到企业实践制度，专业教师每两年必须有两个月到企业或生产服务一线实践；制定和完善职业教育兼职教师聘用政策，支持职业院校面向社会聘用工程技术人员、高技能人才担任专业课教师或实习指导教师；加强“双师型”教师队伍建设。

CAB018－20070720

职业教育基于工作过程的课程设计与教师教育国际研讨会召开

2007年7月20日，职业教育基于工作过程的课程设计与教师教育国际研讨会在北京联合大学召开。会议由北京联合大学、德国不莱梅大学、马来西亚Kebangsaan大学、爱尔兰Lemeric大学、德国杜易斯堡—埃森大学及北京师范大学共同主办，由北京联合大学承办。来自德国、马来西亚、爱尔兰等国家的10 余位专家和国内高职院校的 200 余位管理人员及教师参加了会议。研讨会围绕“基于工作过程课程设计的研究与实践”和“基于工作过程的课程设计在教师教育中的推广”两个议题进行互动讨论。会议认为，基于工作过程的课程设计方法是值得高职教育学习和借鉴的一种先进的课程设计方法，在学习借鉴的同时要与中国国情结合，同时高职教师教育培养模式和方案改革要在探索中实施并逐渐推行。

第三节 培养体系建构

CAC001 – 19790216

职业技术师范学院正式成立

1979 年 2 月 16 日，国务院正式批转《国家劳动总局和教育部关于增设四所技工师范学院的通知》，计划在吉林、天津、山东、河南等地建立 4 所本科层次的技工师范学院，面向所在大区、兼顾全国，为技工培训事业培养专业课教师。学校由国家劳动总局和所在省、市双重领导，以国家劳动总局为主。1979 年暑期，吉林技工师范学院（后更名为吉林职业师范学院、吉林工程技术师范学院）招收第一届学生，并于 9 月 20 日举行建院典礼。次年，天津技工师范学院（后更名为天津职业技术师范学院、天津工程师范学院、天津职业技术师范大学）招生。这是我国创立的专门为职业教育服务的高等师范教育类型。这种新型高师院校在职教师资的培养培训、教育教学示范引导以及科研推动方面进行了大量的富有成效的探索，发挥了重要作用，为我国现代职业教育师资培养体系建设奠定了重要基础。

附录 1979 年拟设技工师范学院名单

院校名称	地址	专业设置	规模（人数）	面向	领导关系	建校基础
吉林技工师范学院	长春	企业电气化、机械制造工艺	2000	东北，兼顾全国	双重领导，劳动总局为主	吉林省技校为基础扩建
山东技工师范学院	济南	工业自动化、机械制造	1600	华东，兼顾全国	双重领导、劳动总局为主	山东省技校为基础扩建
河南技工师范学院	开封	无线电、自动控制、农机	1600	中南，兼顾全国	双重领导，劳动总局为主	河南开封技校为基础扩建
天津技工师范学院	天津	自动控制、电子计算机、机械制造	1600	华北，兼顾全国	双重领导、劳动总局为主	天津技工学校为基础扩建

CAC002－19801007

国务院同意职业学校、技工学校师资由办学单位自行解决

1980年10月7日，国务院批转《关于中等教育结构改革的报告》。《报告》提出，由各业务部门和劳动部门举办的职业（技术）学校、技工学校的师资，由办学单位自行解决，教育部门给予协助；由普通中学改为职业（技术）学校、职业中学的专业课师资，由有关业务部门和协作单位帮助解决，也可聘请一定的兼课教师；教育部门、劳动部门和有关业务部门要有计划地为发展职业技术教育培养师资；省、市、自治区应积极筹办职业技术师范学院；各地师范院校和各级教育学院（教师进修学校）应开办专业课教师培训班；今后分配大专院校、中专毕业生时，要照顾到职业（技术）学校、技工学校、职业中学和农业中学的需要。

CAC003－19830511

教育部要求各地有计划地培养职教专业课师资

1983年5月11日，教育部印发《关于编报1983—1985年培养职业学校专业课师资计划的通知》。《通知》要求："为了促进职业技术教育的顺利发展，必须从现在起，通过各种途径，对专业课师资进行有计划地培养。""应抓紧与有关高等院校协商，提出1983—1985年培养专业课师资的计划，分别报学校主管部门审批，并报教育部、国家计委，纳入高等学校统一招生计划，向社会统一招生，毕业后分配到职业学校任教。"这项政策推动了全国职业教育专业课师资的培养工作。江苏省的一些大专院校和部分条件较好的老中专学校纷纷设立农、职业中学师资班；山东省的很多普通高校和专科学校，根据生产实际需要设置了为职业学校培养专业课师资的专业；吉林、河北等省还办有高等职业技术师范院校；还有些省、市、自治区在所属高等学校设置了职业技术师范系，有计划地为职业院校培养专业课师资。

CAC004－19840816

各地相继成立职业技术师范学院

1984年8月16日，经国家教委和江苏省人民政府批准，常州职业技术师范学院正式成立。其后，河北农业技术师范学院、河南职业技术师范学院、南昌职业技术师范学院、上海技术师范学院、安徽农业技术师范学院、北京联合大学职业技术师范学院、湖南师范大学职业技术学院、河北师范大学职业技术学院、长沙职业技术师范专科学校、山西职业师范专科学校、浙江农村技术师范专科学校相继成立。到 1989 年，全国共建有 14 所职业技术师范学院（专科学校），本专科在学学生达 13000 余人。

CAC005 – 19860626

国家教委在直属高校试办职教师范班

1986 年 6 月 26 日，国家教委发出《关于在四所直属院校试办职业技术教育师范班的通知》，确定在浙江大学、南京工学院、华中工学院和大连工学院试办职业技术教育师范班。后又确定在山东大学试办同类的师范班，当年招生 150 人；其招生计划由已下达的各校招生计划调剂；考生参加高校统一招生考试，择优录取；师范班学生享受师范生待遇，毕业后分配到职业技术学校任教。

CAC006 – 19870227

国家教委动员大中专学校为河北农村教育改革实验区培养师资

1987 年 2 月 27 – 28 日，国家教委与河北省人民政府在河北省涿州市召开河北省农村教育改革实验区工作会议。国家教委副主任何东昌到会并讲话。会议指出实验区建设的重点之一是抓紧培养培训师资，明确要求动员有关大中专学校通过定向招生、委托代培等形式为实验区培养师资，并通过脱产进修、参加电视或函授学习、自学考试等多种形式提高教师的水平，逐步达到合格的标准。为此，国家教委安排北京师范大学、张家口师范专科学校、保定师范专科学校、河北农业大学、河北农业技术师范学院等学校为河北阳原、完县、青龙等县分别承担一定的师资培养任务。1987 年，支援实验区的几所大专院校采取定向招生和委托代培的方式，为 3 个县培养本、专科水平的师资 458 人，其中，专业课师资 305 人。还通过举办各种师资短训班，培训在职教师 586 人。

CAC007 – 19880223

全国首批职教师资培训中心相继建立

1988 年 2 月 23 日，经山东省人民政府批准，山东省职业技术教育师资培训中心正式成立，其主要职责是负责山东省职业教育师资、管理干部培训以及职教理论研究和职教信息服务工作。其后，辽宁、广东等省也成立了职业技术教育师资培训中心。有的省、市依托现有的职业技术师范学院或其他高等院校、中等专业学校等建立职教师资培训机构。各业务部门也积极筹建师资培训机构。

CAC008 – 19891004

普通高校设置的首批职业技术教育学院先后成立

1989 年 10 月 4 日，国家教委批准成立天津大学职业技术教育学院（副校级）。该学院的任务是承担中等职业技术学校校长、管理干部及师资培养、培训工作，编写培训教材，开展职教研究与信息交流。在 20 世纪 80 年代和 90 年代之交，国家教委先后批准 8 所高校设立职业技术学院或农村职教师资培训中心。这 8 所高校分别是：天津大学、浙江大学、湖南农业大学、河北农业技术师范学院、同济大学、东南大学、西安交通大学、四川联合大学。

CAC009 – 19900701

世界银行职业技术教育贷款投向职技师院

1990 年 7 月 1 日，总额为 5000 万美元的世界银行职业技术教育贷款项目生效。国家将其中的 1480 万美元分别贷给北京、上海、吉林、天津、常州、河北、河南、南昌、湖南 9 所职业技术师范学院和浙江工学院、丹东师范专科学校两个职业技术师范系及山东省职业技术教育师资培训中心。贷款和国内配套资金的使用，在一定程度上改善了这些院校的办学条件，提高了这些院校的培养能力。

CAC010 – 19910316

国家教委召开委属职教师资培训基地工作会

1991 年 3 月 16 – 19 日，国家教委职业技术教育司在浙江大学职业技术教育学院召开委属职业技术教育师资培训基地工作会议。会议明确了培训基地的主要任务：（1）对地市职教管理干部和骨干职业技术学校领导干部等进行培训；（2）试办不同层次、不同类型的职教师资班，探索我国的职教师资培养、培训的路子和方法；（3）开展有关师资队伍建设的科研和信息资料工作，组织编写、审定部分培训教材；（4）接受国家教委委托，参与有关师资队伍建设的调研、文件起草等工作。

CAC011 – 19920623

国家教委召开委属职教师资培训基地讨论会

1992 年 6 月 23 – 25 日，国家教委职业技术教育司在北京召开委属职业技术教育师资培训基地讨论会。国家教委副主任王明达到会并讲话。会议总结交流了培训基地的工作情况，研究了在委属大学筹建第二批职业技术教育学院等问题，同时，对委属高校如何更好地为职业技术教育服务提出建议。会议对普通高校要为职教培养、培训师资的问题进行了深入讨论。会议认为，要加快职业技术教育师资培养、培训工作，分级实施，主要靠地方、部门，同时也要在委属大学建立几个水平较高、能起示范作用的培训基地。会议对今后职业技术教育师资、管理干部培养、培训基地建设提出了意见。

CAC012 –19921219

日本援建“中国职业培训指导教师进修中心”项目启动

1992 年 12 月 19 日，劳动部与日本援建“中国职业培训指导教师进修中心”项目基本设计考察团在北京举行此次考察活动会谈纪要签字仪式。劳动部副部长李沛瑶及经贸部国际联络司、中国机械进出口总公司负责人出席签字仪式，劳动部培训司、天津职业技术师范学院负责人和日方代表团团长守山荣一、副团长北宽治先生分别代表中日双方在会谈纪要上签字。1994 年 2 月 21 日，中编办［1994］12 号文件批复：同意天津职业技术师范学院对外使用“中国职业培训指导教师进修中心”牌子，增加事业编制 169 名，用于职业培训指导教师进修工作。

CAC013 –19950601

全国职教师资培训基地工作会议召开

1995 年 6 月 1 –3 日，国家教委在北京召开职业技术教育师资培训基地工作会议。国家教委副主任王明达到会讲话。会议指出，在新形势下，各培训基地的工作任务必须实行重点转移，由原来的培训职教管理干部为主，转移到以培训和培养中等职业学校的专业课教师为主，兼顾职教管理干部培训。同时，积极开展职业教育科学研究。会议对培训基地的工作提出要求：（1）要进一步提高对基地的性质、地位和作用的认识，办好基地，在全国职教师资培养和培训方面发挥骨干示范作用；（2）要充分依托所在大学的师资、设备等办学条件的优势，多层次、多形式广泛地开展职业教育师资培养和培训工作，为支持职业教育事业改革和发展作出更大贡献；（3）要大力加强职业教育信息收集和科学研究工作，包括对基地自身办学模式的研究；（4）要切实加强基地自身建设，积极主动争取所在学校、地方和教育部门及企事业单位等社会各方面的支持，多渠道筹集教育经费，不断改善办学和办公条件，同时要不断加强基地自身干部和教师队伍的建设。

CAC014－19950421

国家扩大职教师资培养专业范围

1995 年 4 月 21 日，国家教委印发《1996 年成人高等教育非师范类专科起点本科班新增招生专业的通知》。《通知》指出，国家教委 1993 年印发的《1994 年成人高等教育非师范类专科起点本科班招生专业范围》规定的 56 个专业已不能满足职业技术教育发展的需要，因此，1996 年培养职业技术教育师资的成人高等教育专科起点本科班的专业中，增加园艺、果树、海水养殖、淡水渔业、畜牧、兽医、市场营销、旅游管理、农产品储运与加工、服装艺术设计、装潢艺术设计、食品科学与工程专业，这些专业仅限于培养职业技术学校教师。1996 年，农业部所属中国农业大学、南京农业大学、沈阳农业大学、华中农业大学、西南农业大学，纺织总会所属中国纺织大学、北京服装学院、武汉纺织工学院，内贸部所属北京商学院、黑龙江商学院、杭州商学院，供销合作总社所属安徽财贸学院、山西财经学院以及国家教委所属青岛海洋大学等 14 所部（委）属高校举办新增 12 个专业的成人专升本职教师资班，总计招生 1040 人。

CAC015－19951225

职教师资班学生可享师范生待遇

1995 年 12 月 25 日，国家教委与财政部联合印发《关于职教师资班学生享受师范生待遇的通知》。《通知》规定，职教师资班的学生属于职业技术教育师范生，应享受师范生待遇，免收学费，并实行专业奖学金制度。中央部委所属院校经费来源由主管部门自行解决，地方院校经费来源由地方财政部门解决。

CAC016－19981112

鲁巴职教师资培训中心成立

1998 年 11 月 12 日，山东—巴伐利亚职教师资培训中心（简称鲁巴职教师资培训中心）举行开学典礼。该中心是山东省人民政府与德国巴伐利亚州政府合作建立的，主要任务是借鉴德国“双元制”培训经验，对职业学校教师进行专业技能和教学方法培训，对职教管理干部进行职教理论和学校管理培训，并通过转变职教管理干部和教师的观念及提高教师的专业技能和教学水平，促进山东省职业教育的改革和发展。培训内容包括职业教育理论、现代教育技术、机械加工、数控技术应用、电子电工、计算机信息技术、汽车维修、建筑安装、农业技术、环境保护、经济管理、服装设计与加工技术、饭店服务与管理、能源开发与综合利用等领域。

CAC017－19990705

全国重点建设职教师资培训基地工作启动

国务院批转的教育部《面向21世纪教育振兴行动计划》提出，依托普通高等学校和高等职业技术学院，重点建设50个职业教育专业教师和实习指导教师培养培训基地，地方也要加强职业教育师资培训基地建设。为此，中央财政拨出2000万元专款，用于重点建设50个基地。1999年7月5日，教育部办公厅印发《关于组织推荐全国重点建设职业教育师资培训基地的通知》，明确在全国重点建设50个职教师资培训基地的指导思想、基本原则、基地的性质和任务、遴选范围和条件、推荐和审定办法等若干基本问题，正式启动职教师资培养培训基地的重点建设工作。

CAC018－19991204

全国重点建设职教师资培训基地确定

1999年12月4－6日，教育部在天津市召开全国职教师资培训基地建设工作会议。会议公布了天津大学、同济大学等20个首批全国重点建设职教师资培训基地名单，部署了全国职教师资基地建设工作。教育部副部长张天保在会上指出："此次确定的20个全国职教师资培训基地，是落实《面向21世纪教育振兴行动计划》提出的重点建设50个培训基地的一部分，是职教师资培训的骨干力量，起导向作用，对全国重视职教师资队伍建设、提高职业教育的质量效益和深化改革是个信号。有这样一批全国重点建设职教师资培训基地，再加上省市区还要确定的本地培训基地，就可形成网络，共同搞好职教师资培训。选择高校和少量中等职业学校承担这个任务，既承担学历教育，又承担师资培训，学科面宽，师资力量强，比单独建立职业技术师范学院更有利。"随后几年中，教育部陆续增补调整了一批培训基地。

附录1　首批20个全国重点建设职教师资培训基地名单

天津大学、同济大学、东南大学、西安交通大学、西北农林科技大学、天津职业技术师范学院、北京联合大学、天津中德培训中心、河北职业技术师范学院、吉林农业大学、黑龙江商学院、上海第二工业大学、山东工程学院（山东职教师资培训中心）、平度职教中心、常州技术师范学院、扬州大学、湖南农业大学、河南职业技术师范学院、顺德市梁銶琚中学、四川农业大学

附录2　2000年5月17日教育部公布第二批24个全国重点建设职教师资培训基地名单

哈尔滨工业大学、厦门大学、东北财经大学、云南大学、贵州大学、江西农业大学、山西大学、浙江工业大学、湖北工学院、广西工学院、西北轻工学院、河北师范大学、湖南师范大学、福建师范大学、浙江师范大学、重庆师范学院、吉林职业师范学院、安徽技术师范学院、南昌职业技术师范学院、广东职业技术师范学院、武汉职业技术学院、济南交通高等专科学校、辽宁仪器仪表工业学校、云南省旅游学校

附录3　2001年3月5日教育部公布第三批8个全国重点建设职教师资培训基地名单

北京师范大学、华东师范大学、电子科技大学、内蒙古农业大学、西北师范大学、新疆农业大学、苏州工艺美术职业技术学院、宁夏石嘴山职业技术学院

附录4　2001年3月5日教育部公布首批全国职业教育师资专业技能培训示范单位

上海宝钢集团公司、海尔集团、四川长虹电子集团有限公司、中国第一汽车集团公司、东风汽车公司、苏州工业园区职业技术学院

附录5　2001年3月5日教育部调整部分全国重点建设职教师资培训基地

青岛海洋大学、中德无锡高级职业技术学校、山东—巴伐利亚职教师资培训中心、湖北啤酒学校，分别与平度职教中心、常州技术师范学院、山东工程学院、湖北工学院4个基地学校联合，组建为青岛海洋大学—平度职教中心、常州技术师范学院—中德无锡高级职业技术学校、山东工程学院—山东—巴伐利亚职教师资培训中心、湖北工学院—湖北啤酒学校4个基地

附录6　全国重点建设职业教育师资培养培训基地增至54个

2003年11月3日，教育部发出《关于批准华中科技大学、集美大学为全国重点建设职业教育师资培养培训基地的通知》指出，为了适应职业教育发展和职教师资培养培训需求，进一步优化全国重点建设职业教育师资培养培训基地的区域布局和专业布局，经研究，批准华中科技大学、集美大学为全国重点建设职业教育师资培养培训基地。

附录7　全国重点建设职业教育师资培养培训基地增至56个

2007年10月19日，教育部发出《关于批准清华大学、北京理工大学作为全国重点建设职业教育师资培养培训基地的通知》指出，根据学校申请、北京市教委和学校主管部门推荐，经研究，决定批准清华大学、北京理工大学

作为全国重点建设职业教育师资培养培训基地。

附录 8 全国职业教育师资专业技能培训示范单位增至 8 家

2007 年 10 月，教育部批准北京首都旅游集团有限责任公司、武汉华中数控股份有限公司为全国职业教育师资专业技能培训示范单位。

CAC019 －20010000

首批全国重点建设职教师资培训基地协作会召开

2001 年，全国重点建设职教师资培训基地协作会在同济大学职业技术学院召开。教育部职业教育与成人教育司副司长王继平出席会议并讲话。来自首批全国重点建设职教师资培训基地的代表、所在省市教委负责同志、有关专家等 57 人参加会议。这次会议是首批全国重点建设职教师资培训基地确定后召开的第一次会议，旨在落实全国重点建设职教师资培训基地的任务，促进各基地之间的交流与合作。会上，代表们交流了各基地建设的情况，重点研讨了全国重点建设职教师资培训基地开展培养培训工作的具体形式和内容，以及各基地工作中遇到的问题，并酝酿成立全国重点职教师资培训基地协作组织。

CAC020 －20020224

全国重点建设职教师资培训基地协作会召开首次全体会议

2002 年 2 月 24 －26 日，全国重点建设职教师资培训基地协作会在江苏省南京市举行。这是在教育部遴选确定并公布 52 个基地之后的第一次全体会议。全部基地学校及部分专业技能培训示范机构的 59 个单位的 97 名代表参加了会议。会议的主要任务是总结交流全国重点建设职教师资培训基地的工作经验，研究基地下一步的建设思路和措施，进一步推进职教师资的培养培训工作。教育部职业教育与成人教育司司长黄尧、副司长王继平出席会议并分别讲话。东南大学等 11 个基地学校的代表作大会发言。

CAC021 －20030926

全国重点建设职教师资培训基地协作会召开第三次年会

2003 年 9 月 26 －27 日，第三次全国重点建设职教师资培训基地协作会在天津召开。来自全国 52 个重点建设职教师资培训基地和部分职教师资专业技能培训示范单位的 80 余名代表参加了会议，天津、湖北、四川、江西、安徽等省、市教育厅职成教处的领导出席会议。教育部职业教育与成人教育司副司长王继平出席会议并讲话。他对进一步加强基地建设工作提出如下意见：一是各基地要继续以培训项目建设为中心，努力实现培训形式、培训内容和培训工作的制度化和规范化，扎扎实实地开展工作；二是要加强各师资基地在同类专业建设及培训方面的协作，开展调查研究，分析队伍现状，摸清需求底数，共同研究制订师资培养培训方案；三是要加强与省级教育行政部门以及大区内职教师资培训基地的联系和协作，形成合力，扎实地做好师资培训工作；四是要落实全国职教会和农村教育工作会议精神，实施农村职业学校骨干教师培训工程；五是各基地要积极做好准备，积极参与到全国教师教育网络联盟计划中去。

CAC022 – 20031103

中德职教师资进修项目启动

为加强我国职业教育师资队伍建设，学习国外职教师资培养培训经验和相关专业教育的先进理念和方法，教育部决定与德国国际继续教育和发展协会合作实施中德职教师资进修项目。2003 年 11 月 3 日，教育部印发《关于启动中德职教师资进修项目的通知》，确定在汽车运用与维修、数控技术应用、机电技术应用、电子技术应用、旅游管理与服务、国际商务 6 个专业领域联合开展培训，培训对象主要为省级以上重点中等职业学校骨干教师和全国重点建设职教师资培养培训基地专任教师。11 月 19 日，教育部与德国国际继续教育和发展协会合作实施中德职教师资进修项目的签字仪式在北京举行。2007 年 4 月 23 – 24 日，由教育部、德国国际继续教育和发展协会共同举办的中德职教师资进修项目成果总结大会在南京召开。三年间，我国共有 916 名中职学校骨干教师赴德进修。同时，作为项目的拓展，还有 375 名中国重点职业学校校长赴德考察德国职教发展情况。另外，双方还共同支持东南大学、天津大学与德国马格德堡大学联合开展职业教育学硕士培养项目，并共同资助了 60 余名中国重点建设职教师资培训基地和职业学校的中青年专业教师赴德进修。

CAC023 – 20040813

第四届全国重点建设职教师资培养培训基地协作会召开

2004 年 8 月 13 – 16 日，第四届全国重点建设职教师资培养培训基地协作会在新疆维吾尔自治区乌鲁木齐市召开。此次会议由新疆农业大学承办，全国重点建设职教师资基地、专业技能培训示范单位及部分省教育厅职成教处的 70 余名代表参加了会议。教育部职业教育与成人教育司副司长王继平、新疆维吾尔自治区教育厅副厅长孙也刚等出席会议。会议的主要任务是学习全国职业教育工作会议精神，总结交流基地工作经验、做法，研究职教师资工作中存在的问题和困难，进一步明确今后一个时期职教师资队伍建设的基本思路和基地工作的重点。王继平在分析我国职业教育师资队伍建设现状和问题的基础上，提出当前和今后一个时期职教师资工作的指导思想，即以建设“双师型”职教师资队伍为目标，以师资培养培训体系建设为支撑，以推进职业学校人事制度改革为动力，通过制度创新和广泛开展以骨干教师为重点的教师全员培训，充实数量、优化结构、提高素质、完善制度、加强交流，进一步促进职业教育师资队伍结构的优化和整体素质的提高，适应职业教育改革和发展的需要。

CAC024 －20060319

高等职业教育师资培训国际合作计划研讨会举行

2006 年 3 月 19 －21 日，高等职业教育师资培训国际合作计划研讨会在浙江省杭州市举行。会议由联合国教科文组织国际职教中心、中国联合国教科文组织全委会、教育部高教司、浙江省教育厅主办，浙江经济职业技术学院承办。会议主要内容包括：研讨当前我国高等职业院校师资培养与培训的对外合作需求；讨论在联合国教科文组织框架下，引进国外职业教育资源和加强对外合作的途径；讨论确定“中国高等职业教育联合革新计划——高职教师教育与培训项目”的规划，制订试点方案；讨论并提出联合国教科文组织国际职业技术教育与培训（UNESCO-UNEVOC）联系中心后续活动的国际合作建议。

第二章　实训基地与装备

第一节　实训基地

CBA001 –20021210

国家高职高专学生实训（师资培训）基地建设项目确定

2002 年 9 月 16 日，教育部印发《关于申报国家重点职业技术学院、精品专业、国家高等职业教育实训基地建设项目的通知》。2002 年 12 月 10 日，教育部印发《关于确定第一批国家高职高专精品专业建设项目和国家高职高专学生实训（师资培训）基地建设项目的通知》，批准成都电子机械高等专科学校机电技术实训基地等 12 个基地为国家高职高专学生实训（师资培训）基地建设项目。《通知》指出，力争经过几年的努力，建设起一批国内一流、国际知名、具有示范和辐射作用的精品专业和示范实训基地。

附录　国家高职高专学生实训（师资培训）基地建设项目名单

基　地	依托单位
四川：四川机械电子工程实训基地	成都电子机械高等专科学校
河南：数控技术实训基地	郑州工业高等专科学校
筹建基地（10 个）	**依托单位**
上海：职业技术教育实训基地	同济大学职业技术学院
湖南：先进制造技术实训基地	湖南铁道职业技术学院
天津：机电类实训基地	天津中德职业技术学院
吉林：汽车技术、自动化控制、数控	长春汽车工业高等专科学校

续表

筹建基地（10个）	依托单位
技术类实训基地	
贵州：商贸管理运作实训基地	贵州商业高等专科学校
安徽：合肥工程实训基地	合肥通用职业技术学院
山西：热能、电气及自动化综合实训基地	太原电力高等专科学校
辽宁：农业高等职业教育实训基地	辽宁农业职业技术学院
山东：机电类高等职业教育实训基地	山东劳动职业技术学院
浙江：下沙大学园区高职实训基地（经贸类）	浙江省教育厅

CBA002 -20040401

中央财政专项资金支持职教实训基地建设

2004 年 4 月 1 日，教育部和财政部联合印发《关于推进职业教育若干工作的意见》。《意见》提出，中央财政将对数控技术、汽车维修技术、计算机应用与软件技术、电工电子技术、建筑技术 5 个专业领域实训基地建设给予扶持，2004 年重点向数控技术实训基地建设倾斜。《意见》提出，从 2004 年开始，中央财政设立专项资金，对符合条件的各级各类职业院校实训基地进行扶持。中央财政专项资金的投向范围将打破行业和所有制界限，对办学方向正确、以就业为导向、培养大量社会紧缺的技能型短缺人才、毕业生就业率高，在深化职业教育教学改革、推进学校管理体制和用人机制改革、加强校企合作等方面都有所突破和创新，特别是在社会培训、下岗职工再就业培训、农村劳动力转移培训等方面作出突出贡献的职业院校，给予奖励性经费支持。

CBA003 -20040914

教育部等七部门提出加强职业教育实训基地建设

2004 年 9 月 14 日，教育部等七部门联合印发《关于进一步加强职业教育工作的若干意见》。《意见》提出，要认真落实教育部、财政部关于加强职业教育实训基地建设的意见，切实改善职业院校的实训条件，力争到 2007 年，分期分批在重点专业领域建成一批条件较好、专业种类齐全、适应技能人才培养需要的实训基地；实训设备的配置要与企业生产技术水平相适应，以通用、实用为原则，重点解决好数量不足、实习工位短缺等问题，为学生提供足够时间的高质量的实际动手训练机会；要不断提高职业教育装备水平和现代教育技术水平，促进职业教育的现代化建设。

CBA004－20050721

教育部、财政部联合召开职业教育实训基地建设工作会议

2005年7月21日，教育部、财政部在北京联合召开职业教育实训基地建设工作会议。这次会议的主要任务是，以"三个代表"重要思想为指导，贯彻落实科学发展观，总结交流近年来各地职业教育规模发展、管理改革、质量提高的经验，研究新形势下职业教育实训基地建设规划及其落实措施，把建设和改革紧密结合起来，以改革促建设，以建设带发展，充分发挥实训基地建设在推动职业教育发展和质量提高上的引导作用。教育部部长周济出席会议并讲话。他强调，加快培养高质量技能型人才，是当前我国职业教育面临的紧迫任务；加强实践教学的建设和改革，是提高技能型人才培养质量的关键环节；要真抓实干，确保实训基地建设工作取得实效。教育部副部长吴启迪主持会议，来自全国27个省、自治区、直辖市教育厅（教委）、财政厅（局）有关部门负责人，15个省教育厅有关负责人，教育部、财政部有关司局负责人参加了会议。

CBA005－20051028

国务院决定继续实施职业教育实训基地建设计划

2005年10月28日，国务院印发了《关于大力发展职业教育的决定》。《决定》指出，要高度重视实践和实训环节教学，继续实施职业教育实训基地建设计划，在重点专业领域建成2000个专业门类齐全、装备水平较高、优质资源共享的职业教育实训基地。中央财政职业教育专项资金，以奖励等方式支持市场需求大、机制灵活、效益突出的实训基地建设。

CBA006－20051213

2005年中央职业教育实训基地建设名单确定

2005年12月13日，财政部印发《关于下达2005年中央职业教育实训基地建设支持奖励专项资金的通知》，公布了经教育部、财政部认定的职业教育实训基地名单。《通知》指出，各院校实训基地要根据上报的立项规划，认真组织实施基地建设方案。中央专项资金只用于职业教育实训基地仪器设备购置，不得用于房屋建设等其他用途，确保专款专用。获得中央财政资金支持的区域综合性实训基地（大模式），应按照批复项目抓紧组织基地建设。区域综合性实训基地，可以以政府为主导，集中在一个区域建设资源共享的实训基地；也可以行业为依托，学校与行业联合建设实训基地；还可以在职业院校之间联合共建，制订统一的实训计划，实现资源共享；允许区域综合性实训基地建设模式多样化。获得中央财政支持奖励的职业院校和被省级教育、财政部门评审达到合格以上等次的职业院校都可作为教育部、财政部认定的职业教育实训基地挂牌项目。

CBA007－20070105

劳动和社会保障部启动高技能人才公共实训基地建设试点工作

2007年1月5日，劳动和社会保障部办公厅印发《关于开展高技能人才公共实训基地建设试点工作的指导意见》，并发出通知，要求各省、自治区、直辖市劳动和社会保障部门结合本地区实际情况贯彻实施。《指导意见》提出，“十一五”期间，根据经济发展和产业结构调整的需要，立足当地支柱产业、现代服务业和高新技术产业发展，按照“统筹规划、合理布局、技术先进、资源共享”的原则，在全国有条件的地区建设50个面向社会提供实训和技能鉴定服务的公共实训基地，初步形成公共培训鉴定服务网络，使之成为劳动保障部门新的公共服务窗口，开展高技能人才培养和评价服务，为实现素质就业探索道路，为经济发展输送合格的技能人才。公共实训基地要面向本地区各类职业院校、社会培训机构和企业开放，突出公共性、公益性和示范性特点。重点开展单个学校和企业无法承担的职业技能培训服务，培养区域劳动力市场急需的高技能人才；原则上不开设企业或培训机构已经开展或有能力开展的实训项目。

CBA008－20080403

2008年中央财政支持职教实训基地项目开始申报

2008年4月3日，教育部办公厅和财政部办公厅联合印发《关于申报2008年中央财政支持的职业教育实训基地项目有关事项的通知》。《通知》指出，各地2008年申报的专业性实训基地项目除数控技术、电工电子、计算机应用、建筑技术、汽车维修、煤矿安全、护理、生物技术8个专业外，可兼顾物流、化工、能源环保、服装纺织、园林园艺、艺术设计、传媒，以及具有本地经济特色、市场需求量大、技能型人才紧缺的其他专业。《通知》还指出，根据国家关于要以中等职业教育为重点、加快发展职业教育的精神，项目安排要向中等职业学校倾斜。教育部、财政部将组织专家对各地申报的项目进行复核，并根据各地2007年职业教育在校生数、往年项目执行效果、地方资金落实情况等因素确定2008年支持奖励的数量。

第二节　信息化建设

CBB001－19831007

首次全国电化教育工作会议明确中专要建立电化教育机构

1983年10月7－13日，教育部在河北省石家庄市召开了第一次全国电化教育工作会议。会议进一步明确了电化教育工作的方针任务，提出电教工作要开创新局面。12月7日，教育部下发《第一次全国电化教育工作会议纪要》等文件。《纪要》提出，到1990年，中等专业学校要分期分批做到普遍地建立起电化教育机构。

CBB002－19871221

全国电化教育工作会议提出大力发展职业教育

1987年12月21－26日，国家教委在北京市召开全国电化教育工作会议。会议包括广播电视教育和学校电化教育两方面内容。会议提出，当前电化教育的主要任务是为城市集体企业和县乡（镇）企业培养中、初等职业技术人才，要大力开展短期实用技术教育；要为岗位培训、在职继续教育等提供教学服务；要调整广播电视教育的层次、结构，大力发展中、初等职业技术教育。

CBB003－19881101

卫星电视频道优先播出职业教育和中专课程

1988年3月，国家教委向国务院上报《关于申请利用国际卫星开通第二个教育专用电视频道的报告》。5月5日，国务院电子振兴领导小组批准给教育再增加一个卫星转发器。11月1日，第二套卫星电视教育节目试播，每天播出11.5个小时，优先用于播出职业教育和中等专业学校的课程，受到各地的欢迎。国家教委提出，针对职业教育和中等专业学校课程制作软件，要充分发挥地方和中央业务部门现有力量的作用，使之积极为地方和业务部门服务的方针，确定三种办法：一是与中央有关部委建立合作关系，部委提供软件，教委提供播课服务；二是有计划地委托或支持省和中央有关部门制作课程软件；三是开展对电教软件的经常性征集活动，择优选用。

CBB004－19990113

国家提出实施现代远程教育工程

1999 年 1 月 13 日，国务院批转教育部《面向 21 世纪教育振兴行动计划》，将现代远程教育工程作为促进教育改革与发展的重要内容，提出“实施现代远程教育工程，形成开放式教育网络，构建终身学习体系”的总体目标。《计划》提出，建立和完善继续教育制度，适应终身学习和知识更新的需要；有条件的高等学校要开设继续教育课程，建设继续教育基地；依托现代远程教育网络开设高质量的网络课程，组织全国一流水平的师资进行讲授，实现跨越时空的教育资源共享，向各行业的管理人员和专业人员提供多种继续教育课程；发挥高等教育和中等专业教育自学考试制度的优势，不断扩大社会成员的受教育机会。

CBB005－20001225

现代远程职业教育资源建设委员会成立

2000 年 12 月 25 日，教育部印发《关于成立现代远程职业教育资源建设委员会的通知》，决定成立现代远程职业教育资源建设委员会。该委员会在教育部职业教育与成人教育司的领导下开展工作，负责制订职业教育与成人教育信息化建设总体方案，制订现代远程职业教育与成人教育工程资源建设的指导方针和政策，实施职业教育与成人教育信息化资源建设规划，统筹管理现代远程职业教育与成人教育资源建设，发布项目指南，颁布信息化资源建设的管理办法和技术规范，决定有关现代远程教育资源建设重大事项。委员会下设办公室，办公室执行现代远程职业教育资源建设委员会的决定，组织中等职业教育与成人教育现代远程教育资源建设专家组开展工作，管理现代远程职业教育与成人教育工程资源建设项目经费，负责处理现代远程职业教育资源建设委员会日常事务。

附录　现代远程职业教育资源建设委员会成员名单

主　任：黄　尧　（教育部职业教育与成人教育司司长）

副主任：刘占山　（教育部职业教育与成人教育司副司长）

余祖光　（教育部职业技术教育中心研究所副所长）

委　员：薛　静　（电力职业教育教学指导委员会副主任、中电联教育培训中心主任）

陈　付　（建设职业教育教学指导委员会副主任、建设部人事教育司职教处副处长）

张少刚　（中央电大燎原学校副校长）

陈衍洪　（信息产业职业教育教学指导委员会副主任）
曾玉昆　（职业教育文化基础课程教学指导委员会副主任、北京无线电工业学校副校长）
郭敏文　（旅游职业教育教学指导委员会副主任委员、南京旅游学校校长）
秦怀金　（卫生职业教育教学指导委员会秘书长、卫生部科技司培训处处长）
王乃彦　（外经贸职业教育教学指导委员会委员、天津国际商务学校校长）
邬宪伟　（全国职业教育教学指导委员会委员、上海化工学校副校长）
陈　昊　（机械职业教育教学指导委员会委员、北京仪器仪表工业学校校长）
罗　辉　（四川省应用工程学校信息中心主任）
徐　悦　（东南大学职业技术教育学院副院长）
谭文莹　（交通职业教育教学指导委员会副主任委员、浙江省交通学校校长）
杨　健　（教育部职业教育与成人教育司学校管理处处长）
杨　进　（教育部职业教育与成人教育司教学管理处处长）
谢　俐　（教育部职业教育与成人教育司教材处处长）
高　瑛　（教育部职业教育与成人教育司师资处处长）
张志坤　（教育部职业教育与成人教育司成人文化技术处处长）
陈铁军　（教育部职业教育与成人教育司学校管理处副处长）
包宇宁　（教育部职业技术教育中心研究所研究人员）

办公室主任：刘占山（兼）
办公室副主任：余祖光（兼）
成　　员：陈铁军　（教育部职业教育与成人教育司学校管理处副处长）
包宇宁　（教育部职业技术教育中心研究所研究人员）
罗　辉　（四川省应用工程学校信息中心主任）

CBB006－20010718

现代远程职业教育资源建设首批项目确立

2001年4－6月，经过规划选题、公布开发指南、接受申报、组织专家评审等工作程序，现代远程职业教育与成人教育资源建设首批31个项目通过评审。2001 年 6 月 10 日，教育部职业教育与成人教育司召开现代远程职业教育资源建设项目评审会。2001 年 7 月 18 日，教育部办公厅发出《关于公布〈现代远程中等职业教育与成人教育资源建设工程〉首批开发项目的通知》。《通知》要求，要用两年的时间建设 100 多项基础性、示范性的网络课程、教学案例库、教学素材库、仿真实训和考核库等。首批项目要求在 2002 年 5 月底前全部完成。

附录　现代远程中等职业教育与成人教育资源建设工程首批开发项目

项目编号	项目名称	项目负责人	项目承担单位
V11 - W01011	优良蔬菜品种及其栽培技术	张少刚	中央广播电视大学
V11 - W01021	优良果树品种及其栽培技术	宋丽润	北京市农业学校
V11 - W01031	优良花卉品种及其栽培技术	徐　旬	中央广播电视大学
V11 - W01061	农业病虫害防治技术	李振陆	江苏省句容农业学校
V11 - W01071	家禽养殖技术	张爱华	中央广播电视大学
V11 - W01081	家畜养殖技术	谢献胜	江苏省畜牧兽医技术学院
V11 - W01091	水产养殖技术	张爱华	中央广播电视大学
V11 - W01121	农村计划生育及卫生保健知识	郭晓霞	中央广播电视大学
V11 - W03011	多媒体和网络课件制作技术	冯竹春	四川省林业学校
V11 - W02031	动物防疫与检疫技术	贺生中	江苏省畜牧兽医技术学院
V11 - W04021	电工与电子技术	于双和	大连海事大学
V11 - W04031	可编程序控制器应用技术	姚光才	江苏省江阴职业高级中学
V11 - W04040	机械基础	钱东东	江苏省苏州机械职业中学
V11 - W06021	建筑工程施工技术	冯竹春	四川省林业学校
V11 - W07031	汽轮机设备及运行	王宝贵	哈尔滨电力学校
V11 - W08011	工业分析技术	盛晓东	上海信息技术学校
V11 - W08021	精细化学品工艺学	张国铭	广东省化学工业学校
V11 - W08040	仪器分析	刘福新	江苏省常州化工学校
V11 - W10011	网络营销	孙志宏	东南大学经管学院高职部
V11 - W10021	电子商务实务	仝其根	北京商贸学校
V11 - W10031	市场调查与预测	杨小华	北京商贸学校
V11 - W10041	市场营销策划	张建华	江苏省苏州商业学校

续表

项目编号	项目名称	项目负责人	项目承担单位
V11－W11011	护患沟通	王庆中	河北省唐山市卫生学校
V11－W11021	老年护理	宋金龙	湖北省宜昌卫生学校
V11－W11031	急救技术	沈曙红	湖北省宜昌卫生学校
V11－W12021	饭店服务与管理	楼　桦	北京市外事服务职业高中
V11－W13021	中等职业教育语文	陆迎真	江苏省无锡职业教育中心校
V11－W13031	中等职业教育英语	刘　援	高等教育出版社
V11－W13041	中等职业教育计算机应用	陈　东	清华同方股份有限公司
V11－W14011	职业指导	陈德才	科利华网络股份有限公司
V11－W14021	就业指导与创业教育	朱新生	常州技术师范学院

第三节　装备管理与展览

CBC001－20000725

首届全国职教教学仪器设备展示会举行

2000 年 7 月 25－27 日，由教育部职业教育与成人教育司主办、中国教学仪器设备总公司承办、黑龙江省教育厅和浙江亚龙教仪有限公司协办的首届全国职业教育教学仪器设备与网络多媒体技术应用展示会在哈尔滨市举行。展示会展出面积 6000 平方米，近 150 个生产厂家参展，262 个标准展位。展示会中，共 123 家来自全国各地的服务于教育领域的厂商集中展示了职业教育教学仪器设备、职业教育实验与实训基地设备及其应用配备方案、职业教育现代教育技术应用成果及职业教育教学应用软件。

CBC002－20020726

第二届中国职业教育装备展示会举行

2002 年 7 月 26－28 日，中国职业教育成果展示会·第二届中国职业教育装备展示会暨第四届中国长春国际教育展览会在吉林省长春市举行。全国共有 32 个省、自治区、直辖市和计划单列市组团参展，37 个省、自治区、直辖市和计划单列市组队参加展会举行的技能大赛，38 个省、自治区、直辖市和计划单列市组团参观。国际上有来自 14 个国家的 44 所院校、教育机构参展。会内代表有 4650 人，外地到长春参展、参赛、参观人数约 2.5 万人，展会参观总人数约 20 万人次。整个展会共设展位 300 个，100 多家企业参展。

CBC003 – 20050726

第三届全国职业教育仪器设备及教材展示会举行

2005 年 7 月 26 – 28 日，由教育部职业教育与成人教育司和浙江省教育厅联合主办，中国教学仪器设备总公司、浙江省教育装备管理中心共同承办的第三届全国职业教育仪器设备及教材展示会在杭州市举行。此次参展商 126 家，设展位 305 个。结合教育部实训基地建设项目，本届展示会突出了汽车维修、数控机床、电工电子仪器设备、机电一体化设备及教材图书的展示。

CBC004 – 20060922

第四届全国职业教育现代技术装备展览会举行

2006 年 9 月 22 – 24 日，第四届全国职业教育现代技术装备展览会在天津举办。本次展会由教育部职业教育与成人教育司、中国职业技术教育学会、天津市教委共同主办，中国教学仪器设备总公司、中国职业技术教育学会职业教育装备专业委员会（筹）承办。教育部副部长吴启迪，天津市副市长张俊芳，中国职业技术教育学会会长王明达，国家总督学顾问、教育部原副部长张天保，世界教具联合会副主席考兹利斯和总干事朱斯特等出席展览会开幕式。尼日利亚、埃塞俄比亚、德国和世界教具联合会等国家与组织组团参观。

CBC005 – 20060923

中国职业技术教育学会职业教育装备专业委员会成立

2005 年 7 月，中国职业技术教育学会召开筹建职业教育装备专业委员会座谈会，就筹建职业教育装备专业委员会的必要性，征询有关职教装备生产企业与职业院校的意见。20 多家企业和职业院校的代表参加了会议。2006 年 6 月 3 – 4 日，中国职业技术教育学会职业教育装备专业委员会筹备委员会在浙江省千岛湖召开成立大会。2006 年 9 月 23 日，中国职业技术教育学会职业教育装备专业委员会成立大会在天津举行，第一届理事会同时召开。

附录　中国职业技术教育学会职业教育装备专业委员会成员名单

主 任 委 员：刘占山

常务副主任委员：李兴植

副主任委员：王 富 金 辉 刘 杰 张钊源 李振华 李怡民 陈吉红 陈继权

秘书长：李 瀛

副秘书长：张利华 马静兰 李 璞

常务理事：刘占山 李兴植 王 富 金 辉 刘 杰 陈吉红 陈继权 李怡民 张钊源 李振华 李 瀛 张利华 马静兰 李 璞 马 斌 王向群 叶小山 高 林 吕景泉 李 刚 叶向群 臧凤军 孙俊台 王立刚 戴 勇 邬宪伟 李灿佳 张黎明 黄华圣 王 继 徐家愉 龙 群 翁国明 葛 宁 邱忠成 盖 方 张忠信 王 军 闫世才 龙 靖

CBC006 -20070628

第五届全国职业教育现代技术装备展览会举行

2007年6月28 -30日，由教育部职业教育与成人教育司、中国职业技术教育学会、重庆市教育委员会共同主办，中国职业技术教育学会职业教育装备专业委员会、中国教学仪器设备总公司、重庆教学技术管理处承办，浙江天煌科技实业有限公司协办的第五届全国职业教育现代技术装备展览会在重庆举行。全国政协副主席、中华职业教育社副理事长张榕明，教育部副部长吴启迪出席开幕式。吴启迪在致辞中说，参展企业要了解职业教育教学需求，生产更多更新的技术装备，开发体现新知识、新工艺、新技术、新水平的教材；职业院校要加强与企业的合作，根据学校需要，进一步提高技术装备水平和教育教学质量；要通过技术装备展览会这个平台，有力地推动我国职业教育基础能力建设，促进职业院校办学理念、技术装备和教育教学质量的提升。

CBC007 -20080628

第六届全国职业教育现代技术装备展览会举行

2008年6月28 -30日，由教育部职业教育与成人教育司、中国职业技术教育学会及天津市政府主办的第六届全国职业教育现代技术装备展览会在天津开幕。教育部副部长赵沁平、天津市副市长张俊芳、中国职业技术教育学会会长张天保等领导与职业院校、行业、企业的代表共300余人参加了开幕式。本届展览会展出面积 1.4 万平方米，参展单位包括 200 多个国内企业、30 多家出版社和 20 多个国际知名厂商，参展产品达到 3000 多种，有近千所职业院校、近万人参加洽谈。

CBC008 –20080629

2008 年国际职业教育发展及装备论坛举行

2008 年 6 月 29 日，由教育部职业教育与成人教育司、中国职业技术教育学会职业教育装备专业委员会主办的 2008 年国际职业教育发展与装备论坛在天津举行。论坛分为两个专题：一是职业教育发展趋势及面临的挑战；二是国际职业教育装备情况介绍。本届论坛得到了世界银行的支持。中外资深专家学者、企业家、政府官员等 10 人发表了演讲。

第三章 教 材

第一节 组织机构

CCA001－20001019

技校、高职和职业资格培训教材专业委员会成立

2000年10月19日，劳动和社会保障部印发《关于成立技工学校教材、高等职业教育教材和职业资格培训教材专业委员会的通知》。《通知》指出，为加强职业培训教材基础理论研究工作，加快教材改革步伐，促进教材质量进一步提高，满足各类职业培训教学的需求，劳动和社会保障部职业培训教材工作委员会决定成立技工学校教材、高等职业教育教材和职业资格培训教材三个专业委员会。各专业委员会在全国职业培训教材工作委员会的领导下开展工作，工作内容主要包括：进行职业培训教材基础理论和教材改革课题研究，参与教材建设规划起草工作；根据国家经济发展、科技进步和职业培训的实际需求，提出制订和修订教学计划、教学大纲建议；受劳动和社会保障部培训就业司委托，承担有关教学文件的制定和修订工作；组织进行教材改革试点和经验交流，承担职业培训教材开发任务；开展教材需求调研，反馈教材使用信息，推荐行业、地方优秀和特色教材。

CCA002－20080606

中国职业技术教育学会教材工作委员会成立

2008年6月6日，中国职业技术教育学会教材工作委员会成立大会在北京举行。来自全国教育、出版、图书发行、教育管理等行业和部门的100余名代表参加了会议。会议提出，成立教材工作委员会旨在加强职业教育教材建设，提高职业教育教材质量，促进职业教育教学改革。大会审议并通过了《中国职业技

术教育学会教材工作委员会工作条例》，对教材工作委员会的性质和宗旨、业务范围、组织机构、会员和会费等作出了规定。会议选举产生了教材工作委员会主任、常务副主任、秘书长、副秘书长以及常务理事和理事等。

第二节　政策支持

CCB001－19860401

国家对大中专教材实行“低价微利、亏损补贴”的出版政策

1986年4月1日，根据中共中央书记处和国务院的指示精神，国家教委同有关部委共同制定了对大中专教材的出版实行“低价微利、亏损补贴”的政策。实行这一政策是考虑到我国实行的出版专业分工制度和我国广大群众生活水平仍较低的实际情况。我国高等学校和中专学校有相当一部分专业招生人数较少，因此其专业课教材发行面窄、印数很少，出版社非经营性亏损严重。为了保证教材按时优质得到出版，国家决定对亏损的教材实行政策性补贴，以缓解教材出版的实际困难，促进教育事业发展。教材出版亏损补贴政策，在有关部门的支持下得到了认真的贯彻实施，使一大部分过去由于经济原因而无法出版的选修课、研究生课、专业课教材得以出版。“七五”期间，国家共补贴专业课教材1万多种，使我国的教材出版事业有了较大的发展，教材的结构更趋合理。同时，由于对教材价格进行限制，有效地减轻了学生负担，对学校教学秩序的稳定发挥了积极作用。

CCB002－19930513

国家教委印发《关于职业技术教育教材规划工作的意见》等文件

1993年5月13日，国家教委印发了《关于职业技术教育教材规划工作的意见》。《意见》提出，要立足当前，着眼长远，采取选、编、借等方式，继续解决教材从无到有的问题，提高各类职业技术学校的教材质量，合理确定教材的品种与数量。职业技术教育教材实行国家和省两级规划（国家规划分为国家教委规划部分和中央业务部门规划两部分）。国家教委统筹协调职业技术教育教材工作，各省、自治区、直辖市以及中央业务部门主要负责做好各自分工部分的教材规划与建设工作。鉴于各级各类职业技术学校发展及管理工作的不平衡，《意见》提出教材规划宜分类进行，国家教委按职业高中和中专分别制定规划。在两级规划的基础上，地、县两级还要因地制宜，编写必要的适合地方职教需要的乡土教材及补充教材，并切实落实出版规划。为做好教材审定组织和选用工作，国家教委同时印发了《关于建立两级职业技术教育教材审定组织的意见》和《关于职业技术学校教材选用工作的意见》。

CCB003－19940707

国家教委制定对大中专教材出版亏损进行补贴的办法

1994年7月7日，国家教委办公厅制定并印发《关于大中专教材出版亏损补贴的暂行办法》。《办法》提出，各教材出版单位要坚持优先安排教材出版，加强管理，降低成本，确保教材质量与出版周期，完成好教材的出版任务；国家除对教材的价格逐步进行适当调整外，在一段时间内仍继续实行“低价微利、亏损补贴”的政策。《办法》规定的补贴范围是：1993年1月至1995年年底出版，按国家教委统一规划、国务院有关部门组织编写和审定的普通高等学校和中等专业学校小专业课新版教材，以及经国家教委、省教委或主管部门批准的自编小专业课新版教材。补贴标准及核算办法是：对教材出版利润率低于5%的出版社，理工科类每种教材补贴4500元，文科类每种教材补贴3500元；教材出版利润率超出5%的不再补贴。

CCB004－19990113

国家设立职业教育课程和教材建设基金

1999年1月13日国务院批转的《面向21世纪教育振兴行动计划》要求，中等职业教育要改革专业和课程结构，努力在各地办出一批有较高社会声誉的职业技术学校。为此提出，设立职业教育课程改革和教材建设基金，实施课程改革和教材建设规划。

CCB005－20041025

教育部印发《2004—2007年职业教育教材开发编写计划》

2004年10月25日，教育部在总结“面向21世纪职业教育课程改革和教材建设规划”实施工作经验成果基础上，印发《2004—2007年职业教育教材开发编写计划》。该计划共收录技能型紧缺人才培养培训教材、农村劳动力转移培训教材、新兴专业和教学改革实验教材、五年制高等职业教育教材、农村实用技术培训教材及引进职业教育教材等选题1500种，涉及100多个专业（门类）。教育部希望通过这批教材的开发、编写和出版，进一步丰富职业教育教材品种，优化教材结构，增强教材的针对性和适用性，更好地满足课程改革需要，从而为提高教学质量发挥重要作用。

第三节 重要活动

CCC001 – 19880315

举办职业技术教育教材展示会

1988 年 3 月 15 日，吉林省主管文教工作的副省长刘希林指示，在省长基金中拨出 6 万元，用于搜集全国各地的职业技术教育教材，举办全国首个职业技术教育教材展示会，并以此为基础建立职教教材资料库，以解决全省职业学校教材品种和数量严重不足、订购渠道不清不畅、编写参考样本缺乏的问题。吉林职业师范学院负责落实此项工作。他们派人兵分四路——京津一路，东北三省和内蒙古一路，冀鲁江沪浙闽等地区一路，晋豫川鄂湘赣等地区一路，目标是“把中专的、技校的、职业中学的，正式出版的、非正式出版的中等职业技术教育教材的品种尽量搜集齐全”。最后搜集到 3000 多种、近万册教材，举办展示会。来自吉林省各地区教育管理部门和职业学校，以及全国各地的参观者络绎不绝，包括一些中央部门单位出版社也派人员专程了解情况。原定一周的开放时间，最后延至半个月。

CCC002 – 19910424

全国大中专教材出版发行工作会议召开

1991 年 4 月 24 – 28 日，国家教委和新闻出版署在湖北省武汉市联合召开全国大中专教材出版发行工作会议。国家教委副主任朱开轩、新闻出版署副署长刘杲主持会议并讲话。国务院各部委所属出版社、高等学校出版社、中国印刷公司及部分省市新华书店、发行部门的有关负责人出席会议。会议总结了“七五”期间大中专教材出版发行工作的主要成绩和基本经验，讨论了《关于大中专教材发行工作管理规定（征求意见稿）》和《关于大中专教材定额补贴的规定（征求意见稿）》，对进一步做好“八五”期间大中专教材的出版发行工作提出了意见和建议。会议认为，“七五”期间，初步形成由国家教委统一领导，有关部委和高等学校分工负责的大中专教材编审体制，由部委专业出版社、高等学校出版社按学科专业分工的教材出版格局，以中国印刷公司为龙头的教材出版质量监督体系和以新华书店为主渠道的大中专教材发行体制。

CCC003 – 19990216

职业教育文化基础课程体系改革研讨会召开

1999 年 2 月 16 日，教育部职业教育与成人教育司在北京召开职业教育文化基础课程体系改革研讨会。职业教育管理专家、教学专家、教师及有关研究人员40余人出席会议。教育部职成教司司长黄尧指出，制定并实施中等职业教育课程改革和教材建设规划是落实教育部《面向21世纪教育振兴行动计划》的重要任务，也是全面提高职业教育质量和效益的必由之路。教育部职成教司副司长刘占山主持会议，并向与会代表介绍了教育部职成教司开展这项工作的总体思路。他介绍说，教育部将建立全国职业教育教学指导委员会，成立国家职教教材审定委员会，设立中等职业教育课程改革和教材建设基金，着手建设面向21世纪的新课程体系。文化基础课教材将由教育部组织有关专家进行编写，特色专业教材将由行业部门负责，乡土教材由地方负责。面向全国的教材必须经国家教材审定委员会审定，乡土教材必须经省级教材审定委员会审定。21世纪职教课程体系改革和教材建设规划的实施按照总体设计、分步实施、先行试验、逐步推开的原则进行。

CCC004－19990802

“面向21世纪职业教育课程改革和教材建设规划”启动

1999年8月2－5日，教育部在内蒙古自治区包头市召开全国中等职业教育教学改革工作会议。教育部职业教育与成人教育司司长黄尧在会上作题为《深化职业教育教学改革，全面推进素质教育，为培养21世纪现代化建设需要的高素质劳动者而奋斗》的主题报告。报告就全面启动“面向21世纪职业教育课程改革和教材建设规划”作出了全面阐述与部署。会议期间下发了教育部《关于申报“面向21世纪职业教育课程改革和教材建设规划”研究与开发项目的通知》，其中列出4类118个课题，供各行业、地方和有关单位及团体申请立项。这次会议标志着“面向21世纪职业教育课程改革和教材建设规划”全面启动。

CCC005－20021011

职业培训和技工教育优秀教材评选活动展开

2002年10月11日至2003年2月30日，劳动和社会保障部在全国范围内开展职业培训和技工教育优秀教材评选活动。各级劳动和社会保障部门及行业有关部门按照评选工作要求，在组织初评的基础上，申报推荐228种教材（图书211种，音像电子制品17种）。经过编校质量检查、专家评审和用户调查等程序，评选出交通部、信息产业部、农业部、中国电力企业联合会以及劳动和社会保障部门组织编写的60种优秀教材，其中图书56种（职业培训教材21

种，技工学校教材 35 种）、音像电子制品 4 种。2003 年 3 月，劳动和社会保障部公布评选结果，并对优秀教材的编审人员予以表彰，同时向职业教育培训机构推荐获奖教材。

CCC006 –20040406

全国职业培训教材网开通

2004 年 4 月 6 日，在加强高技能人才队伍建设暨全国职业技能鉴定工作会议上，劳动和社会保障部副部长张小建点击开通了全国职业培训教材网。该教材网由劳动和社会保障部职业培训教材工作委员会主办，旨在为职业培训教材建设搭建一个集教研、学习、宣传和交流于一体的便捷平台，及时准确地提供有关职业培训教材建设规划和方针政策以及教材开发、编写、使用等方面的信息。

CCC007 –20070511

新版教材教法系列师资培训举办

2007 年 5 月 11 日至 8 月，劳动和社会保障部教材办公室在北京、江苏、河南等地陆续举办中等职业技术学校烹饪、饭店服务、英语、机械类、电工类等专业新版教材教法培训班，并先后委托北京、天津、黑龙江、安徽、山东、湖南、广西、陕西等省（区、市）劳动保障厅（局）开展相关的师资培训工作。共举办师资培训 23 个班次，累计培训教师 1338 人。

CCC008 –20080417

教育部职成教司、职教中心研究所和高教社加强教材建设合作

2008 年 4 月 17 日，教育部职成教司与教育部职业技术教育中心研究所、高等教育出版社签署合作协议。协议内容包括：继续合作开展职业教育教学理论研究与改革实践；参与组织制订中等职业教育教学指导方案和公共课课程标准（教学大纲）等相关教学文件；合作开发精品课程和精品教材；合作开展中等职业学校专业骨干教师培训工作。高等教育出版社要在人力、物力、财力等方面为职成教司和职教中心研究所开展工作提供服务和支持，并在教育教学改革和教材建设进程中，努力建设成为国内最大的职教精品教材出版基地、职业教育教师培训基地和职业教育教学仪器研发基地。职教中心研究所要积极开展职业教育教学领域的理论研究和实践探索。职成教司要充分发挥职教中心研究所和高等教育出版社在职教教学研究和教材建设方面的优势与作用，加强工作指导和政策支持。

第四章 科学研究

第一节 研究机构及队伍建设

CDA001 – 19830415

吉林职业师范学院职业教育研究所成立

1983 年 4 月 15 日，吉林职业师范学院职业教育研究所成立。这是该校成立的专门从事职业教育研究的独立机构。吉林职业师范学院原名吉林技工师范学院，是 1979 年经国务院批准建立的首家专门为职业教育培养专业课师资的全日制本科师范院校，隶属国家劳动总局。1983 年，学校划归吉林省管理，更名为吉林职业师范学院。2002 年 2 月，经教育部批准更名为吉林工程技术师范学院。

CDA002 – 19890106

江苏省职业技术教育科学研究中心成立

1989 年 1 月 6 日，江苏省职业技术教育科学研究中心成立。该中心是江苏省教委委托常州技术师范学院成立的专门的职业技术教育研究机构，与该校职业技术教育研究所实行两块牌子一套班子。中心以职教科研为主，重点研究职教理论，指导省内各地区、市（县）职业高中的科研和教研，同时为教育行政部门提供决策咨询，并编辑出版《职教通讯》。

CDA003 – 19900505

四川省成立职业技术教育研究室

1990 年 5 月 5 日，四川省教委成立职业技术教育研究室。研究室下设种植、养殖、机电、建筑、财经 5 个中心教研组。研究室主要开展职业教育教学研究和教材编写，以及职业学校校长和教师培训等工作。

CDA004 – 19900400

人事部批复同意设立职业技术教育中心研究所

1987 年，国家教委开始酝酿筹建一个职业技术教育研究所，作为发展我国职业技术教育的科学咨询与服务机构。后来，中德两国在探讨发展职业教育合作关系时，我国提出把职业技术教育研究所的建立作为一个合作项目。此后，经过多次协商，国家教委和德意志联邦共和国经济合作部签署两国政府会谈纪要，德意志联邦共和国同意援助中国建立国家和地方职业技术教育研究所。根据协议，德方负责派遣长期和短期专家，培训中国的专业人员和管理人员，为研究所提供实物设备。1990 年 4 月，人事部以《关于职业技术教育中心研究所机构编制的批复》批复国家教委和劳动部，同意设立职业技术教育中心研究所，由国家教委、劳动部共同领导和管理。1990 年 5 月，国家教委、劳动部和德意志联邦共和国经济合作部共同签署协议，拟订实施方案。职业技术教育中心研究所第一任所长由国家教委副主任王明达兼任。第一任德国专家组组长为汉斯 · 威廉姆 · 托梅（Hans Wilhelm Thome）。1990 年 7 月 10 日，职业技术教育中心研究所在北京举行成立典礼。国务委员兼国家教委主任李铁映，国家教委副主任何东昌，劳动部部长阮崇武、副部长李沛瑶，经贸部副部长李岚清和德意志联邦共和国经济合作部国务秘书冷格尔一行参加了典礼。1993 年 3 月 10 日，国家教委和劳动部联合向中央编制委员会递交了《关于调整职业技术教育中心研究所的领导管理体制的报告》。此后，职业技术教育中心研究所改由国家教委领导和管理。

附录　国家教委职业技术教育中心研究所职责任务

1996 年，国家教委印发《国家教委职业技术教育中心研究所机构改革实施方案》，确定“国家教委职业技术教育中心研究所以研究职业技术教育改革和发展为主要任务，为国家教委教育管理和决策服务”。该所的职责任务主要有六个方面：开展政策法规研究，为部领导提供管理决策咨询；组织教学改革实验及成果推广；提供专业设置、教学大纲的建议方案；研究师资和管理干部问题，并协调各地职业教育研究工作；开展信息研究与服务并编辑出版《中国职业技术教育》杂志；执行中德职业教育合作项目，参加联合国教科文组织亚太地区职业技术教育国家合作项目，与国际职业教育研究机构进行学术交流。

CDA005 - 19900522

上海职业技术教育研究所成立

1990年5月22日，上海市人民政府教育卫生办公室与德意志联邦共和国经济合作部正式签署《关于建立上海职业技术教育研究所的协议》。该项目是德意志联邦共和国在中国援建的3个职业技术教育研究所项目之一。根据中德两国政府协议，研究所是由两国有关部门合作共建的职业教育领域的应用性机构。研究所的任务是：接受国家职业技术教育中心研究所委托的研究试验任务，贯彻实施并推广中心所的研究成果，在上海地区开展职业技术教育的科学研究和典型试验，为地方政府的教育决策提供咨询，总结推广联邦德国职业技术教育培训机构“双元制”教学模式的经验。按照协议，联邦德国政府同上海市人民政府首先进行3年试验阶段的合作，德方提供专家与设备，培训项目的中方人员负担非中国出版的资料翻印费、会务费、公务差旅费及设备费用；上海市人民政府为本项目的执行提供场所、人事和财政条件，提供法律与税收保证，提供出国进修人员的外语培训和差旅费。1995年，该研究所并入上海市教育科学研究院。

CDA006 - 19901018

辽宁省职业技术教育研究所成立

1990年10月18日，经辽宁省机构编制委员会办公室批准，辽宁省职业技术教育研究所建立。1991年6月1日，中德两国政府签署协议，辽宁省职业技术教育研究所被确定为中德两国政府在职业教育领域合作的项目单位。该项目是德意志联邦共和国在中国援建的3个职业技术教育研究所项目之一。1995年10月，辽宁省成人教育研究所并入该所。辽宁省职业技术教育研究所设有职业教育研究室、成人教育研究室、民办教育研究室、《职业技术教育研究》编辑部等部门。辽宁省教育科学规划办公室（职业教育）、辽宁省职业教育学会、辽宁省成人教育学会、辽宁省民办教育协会等学术组织挂靠在该所。研究所的主要任务是：借鉴德国“双元制”职业教育模式进行试点实验，开展研究；开展中等职业教育、高等职业教育和成人教育研究；开展职教师资培训与研究；进行职业咨询与指导工作及研究。2003年12月，辽宁省职业技术教育研究所并入辽宁教育研究院。

CDA007 – 19910000

湖南省职业技术教育研究中心成立

1991 年，湖南省职业技术教育研究中心成立。该中心隶属于湖南省教委。中心的业务范围是：开展政策咨询和职教科学研究；提供教材采购供应、师资培训、职业学校毕业生就业、校办产业开发和仪器设备建设等服务；编辑出版《职业与技术》杂志。2001 年 5 月，该中心与湖南省教委成教研究中心合并，组建湖南省教育科学研究院职业教育与成人教育研究所，下设高等职业教育研究室、中等职业教育研究室、理论研究室、继续教育研究室和综合办公室。研究所的宗旨是：以探索研究本省职成教改革和发展的理论与实践问题为重点，为教育决策、学校教学、社会经济发展及职成教理论体系建设服务。

CDA008 – 19910512

福建省职业技术教育中心成立

1991 年 5 月 12 日，经福建省机构编制委员会办公室批准，福建省教育委员会成立职业技术教育中心。该中心的主要职责是开展编写补充教材、师资培训、信息交流、咨询服务等工作。

CDA009 – 19910900

北京市职业教育中心成立

1991 年 9 月，北京市职业教育中心成立。1996 年 2 月，该中心归入北京教育科学研究院，改为职业教育研究所。研究所的主要职责是为北京市职业高中教研、师资培训、信息交流、生产实习服务。1996 年 2 月，北京市教育委员会成立，研究所工作重心转变为为“大职教”发展提供支撑服务，主要任务是：开展职教发展战略规划、职教体系、服务机构建设等研究，为教育行政部门决策服务；进行职教教育教学研究，为提高职教管理和教育质量服务；开展职教热点问题研究，为职业教育改革创新服务。职教所设有教科研部、培训部、信息部、技术部、编辑部、实习场地部等，同时是北京市职教学会、北京市职教研究会、北京市高等职教研究会等组织的挂靠单位。职教所编辑出版有《北京职教报》（内部发行）。2000 年 7 月，内部机构合并并改名为职业教育与成人教育研究所。

CDA010－19970811

全国省级职教研究机构协作会成立

改革开放后，全国职教科研发展迅速，职教研究机构逐渐壮大。为协调指导各地的职教研究工作，1997年8月11日，国家教委职业技术教育中心研究所与湖南省职业技术教育研究中心、湖北省职业技术教育研究中心等职教研究机构共同发起组织成立全国省级职教研究机构协作会。协作会提出，积极开展职业教育信息交流和研究协作，促进全国职业教育信息网络建设和发展，推动各地职业教育研究工作的开展。

CDA011－19971215

河北省职业技术教育研究所成立

1997年12月15日，河北省教育委员会发出《关于依托河北师范大学建立"河北省职业技术教育研究所"和"河北省职业技术教育中心"的通知》。《通知》指出，经省编办核准，同意在河北师范大学建立河北省职业技术教育研究所和河北省职业技术教育中心，一套机构两块牌子。河北省职教研究所和河北省职教中心为省教委委托河北师范大学代管的机构，省职教研究所行政上隶属河北师范大学，业务上由省教育厅和河北师范大学双重领导，以省教育厅为主，其职责是：负责职业教育理论、政策和教学研究工作，为行政部门决策提供依据；对全省职业学校教学工作进行指导；组织编写教学计划、教学大纲和教材；收集、整理国内外有关职业技术教育信息并负责向省政府、省教委及学校提供信息服务等。2004年，河北师范大学经国务院学位委员会办公室批准设立职业技术教育学专业硕士点。该硕士点由河北省职教研究所负责，设比较职业技术教育、职业技术教育管理、职业技术教育课程与教学三个研究方向。

CDA012－20020325

华东师范大学职业教育与成人教育研究所成立

2002年3月25日，华东师范大学职业教育与成人教育研究所成立。研究所由华东师范大学原职业技术教育研究所与原成人及继续教育研究所合并而成。研究所包括职业教育、成人教育、社区教育三个研究中心，分别设有职业技术教育学、成人教育学、人力资源开发与教育三个硕士、博士学位授予点，主要从事这些领域的基础与前沿理论研究，培养高层次专业型人才。研究所建有一个校级人才资源开发研究中心和两个国家级培训基地，主要开展全国中职校长及骨干教师、普通高校继续教育学院院长和管理骨干以及企事业单位人力资源工作者的培训，同时为各级政府决策、学校改革以及企事业单位的人力资源开发活动提供咨询。

CDA013 –20051215

71 个单位被评为首届全国高校优秀高等教育研究机构

2005 年 12 月 15 日，在中国高等教育学会组织的首届全国高校优秀高等教育研究机构评选活动中，深圳职业技术学院技术与职业教育研究所与北京大学教育学院、清华大学教育研究所、厦门大学教育研究院等 71 个单位被评为首届全国高校优秀高等教育研究机构。深圳职业技术学院技术与职业教育研究所于 1994 年 4 月成立，主要职责是根据深圳职业技术教育发展和学校发展的需要，对职教方针、政策法规和发展战略进行研究，为学校办学决策提供咨询意见；开展国际国内职教比较、校企合作办学、高等和中等职教教学，以及职业考核和师资培训等方面的研究，加强与国内和国际相应机构的交流与合作。

CDA014 –20060921

吉林省职业教育研究中心成立

经吉林省机构编制委员会办公室批准，2006 年 9 月 21 日，吉林省职业教育研究中心成立。该中心是隶属于吉林省教育厅的事业单位，与吉林工程技术师范学院职业教育研究所、《职业技术教育》杂志社合署办公。该中心的主要职能是：开展职业教育改革与发展的宏观理论与实践问题研究、职业教育科研规划重点项目研究以及国内外职业教育发展比较研究；为吉林省教育行政决策和职业院校办学提供决策咨询；为全省职业教育行政工作、院校办学提供信息服务；通过规划、组织重大课题、教育教学改革实验项目以及开展科研指导和协作等手段，促进省内各地区职业院校科研、办学水平的提高。

CDA015 –20080418

吉林省女子职业教育研究中心成立

2008 年 4 月 18 日，吉林省女子职业教育研究中心在吉林工程技术师范学院成立。该中心是吉林省妇联与吉林工程技术师范学院依托吉林省妇女干部学校和吉林工程技术师范学院职业教育研究所、《职业技术教育》杂志社联合组建。该中心的主要宗旨和职能是，在妇女职业教育研究、妇女职业培训与职业指导、妇女职业教育图书教材编写出版、妇女职业教育信息资源开发等领域开展工作，为全省妇女人力资源开发工作提供政策咨询，为提高吉林省妇女职业素质、促进妇女专业人才成长服务。

CDA016 -20081121

中国现代职业教育史馆在长春建立

2008 年 11 月 21 日，中国现代职业教育史馆在吉林工程技术师范学院落成。吉林省委书记王珉为史馆题写馆名。该史馆是吉林工程技术师范学院依托本校职业教育研究所、《职业技术教育》杂志社、吉林省职业教育研究中心的研究积淀和资源优势而建立的。史馆通过图片和实物史料，集中展示了中国现代职业教育的发展脉络。

第二节　重大项目及成果

CDB001 -19830000

“技术职业教育的研究”立项

1983 年，“技术职业教育的研究”被批准为全国教育科学“六五”规划教育部重点课题。课题由教育部职业技术教育司司长李蔺田主持。课题组开展技术和职业教育理论及发展简史、中等教育、职业教育、技工教育、就业培训等专题研究，并提出如下观点：社会主义经济建设需要大批专业技术人才，需要结合中国经济发展实际开展职业技术教育；在教育部门、劳动部门、职业学校多方联合的基础上，共同开展职业教育研究；构建“两大类型、多种层次、自成序列”的职业教育体系；加快进行职业教育管理体制的改革。

CDB002 -19830000

“中国农村教育问题研究”立项

1983 年，国家社会科学基金“六五”规划教育学重点课题“中国农村教育问题研究”立项。课题由中央教育科学研究所滕纯主持。课题组开展了新中国成立以来规模较大的一次农村教育调查，对全国具有代表性的 13 个县进行调研后，撰写出一系列调查报告。报告围绕提高农村劳动者的素质，分析了当时农村教育状况和存在的弊端，探讨了农村各级各类教育综合改革的方向和途径，提出了在农村普及义务教育、实施职业技术教育的可行性和依据。在此基础上，课题组选择不同类型的县、乡、校作为基地，开展单项或整体的改革实验研究。

CDB003 – 19870000

“老、少、山、边、侨地区职业技术教育为经济发展服务的研究与实验”立项

1987 年，国家社会科学基金“七五”规划教育学重点课题“老、少、山、边、侨地区职业技术教育为经济发展服务的研究与实验”立项。课题由中华职业教育社饶博生主持。课题旨在针对当时处于贫困状态的老根据地地区、少数民族地区、山区、边远地区、沿海华侨和海外华人祖居之地，研究如何通过大力发展职业技术教育加速经济和社会发展，探索职业技术教育为振兴以上各地区农村经济及建设社会主义现代化新农村服务的有效途径。该课题系统分析了老、少、山、边、侨地区社会经济发展的历史和现状，包括自然条件、产业结构、专业人才情况、教育结构情况等，提出：使这类地区领导通过学习认识到发展职业技术教育与农村经济振兴、人民脱贫致富间的密切关系；不能单纯就职业教育论职业教育，不能封闭式办学，必须把职业教育与科技、农业经济的发展紧密结合，实现农科教统筹；深化农村教育综合改革，实行普通教育、成人教育和职业技术教育相结合的策略。研究的最终成果《老少山边侨地区农村职教的研究与实验》一书由教育科学出版社作为“农村教育改革研究丛书”之一出版。

CDB004 – 19870000

“2000 年我国职业技术教育发展战略的研究”立项

1987 年，国家社会科学基金“七五”规划教育学重点课题“2000 年我国职业技术教育发展战略的研究”立项。课题由国家教委职业技术教育司副司长孙震瀚主持。课题采用系统科学的比较分析法和总体结构方式，从分析职业技术教育的现实基础、经济社会背景和历史经验入手，探索职业技术教育的发展规律和主导思想，预测 2000 年中国职业技术教育的战略目标，分析其在实现过程中的限制性因素和发展可能性。课题对我国职业技术教育的发展提出战略对策：建立新型的宏观调控机制，明确地方发展、统筹职业技术教育的责任与权力；加快有关制度的配套改革，实行“先培训，后就业”、岗位职业资格证书等制度，加快建设劳务市场；各地分类指导，办好一批重点学校，发挥示范作用；多渠道筹措职业教育办学经费；有计划地培养职业技术教育专业师资；加强职业技术教育的法规建设和科学研究。

CDB005 – 19910000

“借鉴德国‘双元制’经验促进我国职业技术教育改革的研究与实验”立项

1991 年，国家社会科学基金“八五”规划教育学重点课题“借鉴德国

‘双元制’经验促进我国职业技术教育改革的研究与实验”立项。课题由国家教委职业技术教育司司长孟广平主持。这是“八五”期间唯一一项职业技术教育类国家级重点课题。课题研究德国“双元制”职业教育的经验，并结合中国实际，在苏州、无锡、常州、沙市、芜湖、沈阳6个城市进行了“国外职业教育经验的本土化”试点，在职业教育的功能论、课程论、教学论等方面取得了一定成果。

CDB006－19910000

“中国农业教育发展战略研究”立项

1991年，国家社会科学基金“八五”规划教育学重点课题“中国农业教育发展战略研究”立项。课题由农业部副部长洪绂曾主持。课题包括对中国农业教育发展战略的宏观研究，以及对高等农业教育、农业职业教育和农业成人教育的发展战略研究两大部分内容。课题提出中国农业教育到2000年和2010年发展的总体战略目标，对21世纪初我国农业教育体系的总体框架进行规划。主要结论包括：重点突出发展农业职业技术教育，调整和建立初等、中等和高等农业职业技术教育体系；建立起普通高等农业教育与职业技术教育相互沟通的渠道，打开大学生进入农村的大门；高等农业教育要面向21世纪，走向国际化，建立宽口径的本科专业，硕士生按一级学科、博士生按二级学科建立专业，建立新的课程体系和学分制；建立中国特色的农业成人教育体系，实施农民“绿色证书”工程；建立农业教育体系框架，并分阶段实施建设等。

CDB007－19940000

国家教委职教中心所等机构编写《职业教育年度发展报告》

1994年起，国家教委职业技术教育中心研究所开始编写《职业教育年度发展报告》。《职业教育年度发展报告》旨在反映该年度我国职业教育的现状和发展趋势，概述已发生的重大事件，提出存在的主要问题，列出主要统计数据和图表，为各级行政部门和学校提供信息。1997年起，上海、辽宁、湖南、吉林等省市的职业教育研究机构也开始进行地方职业教育年度报告的编写工作。《职业教育年度发展报告》逐步成为集政策性、学术性、权威性为一体的综合研究报告，被称为“职业教育白皮书”，作为协助制定职业教育宏观政策的一个参考工具。

CDB008 – 19960000

“经济发达地区职业教育多元办学体制问题研究”立项

1996 年，国家社会科学基金“九五”规划教育学重点课题“经济发达地区职业教育多元办学体制问题研究”立项。课题由国家教委职业教育与成人教育司副司长刘占山主持完成。课题通过对不同办学模式的分析，着重分析不同主体办学的经济与社会功能，及其为办学主体带来的经济与社会效益。课题系统研究宁波的民办教育改革、苏南的多种企业参与、顺德的职业教育改革与社会经济改革关系、青岛的政府统筹等地方案例，并进行相关的理论探索。课题最终成果《经济发达地区职业教育多元办学体制改革的理论与实践》于2004 年出版。

CDB009 – 19960000

“21 世纪我国中部地区农村职业教育发展理论和模式的研究与实验”立项

1996 年，全国教育科学“九五”规划国家重点课题“21 世纪我国中部地区农村职业教育发展理论和模式的研究与实验”立项。课题由湖南省教委副主任蒋作斌主持。课题围绕办学体制、质量效益、政府统筹、教学改革、服务体系、招生就业和政策服务等，提出农村职业教育“三维一调节”的发展理论框架和对策建议。在此基础上，课题组在邵阳等地开展办学模式的实验研究和教学改革实验，对农村职业教育服务农业、农村工作和农民群众，以及促进农村地区经济发展和精神文明建设进行实践探索。课题研究成果和在邵阳取得的经验得到教育部肯定。1999 年 6 月，教育部在邵阳召开农村教育为经济建设服务经验交流会，向全国推广邵阳经验。

CDB010 – 19960000

“三类残疾儿童学校的劳动技术教育与职业教育研究与实验”立项

1996 年，全国教育科学“九五”规划中列入“三类残疾儿童学校的劳动技术教育与职业教育研究与实验”这一课题。该课题标志着全国教育科学规划首次对特殊群体职业教育给予关注。课题对盲聋哑学校职业教育的性质和模式，盲聋哑职业学校的管理体制、教学工作、基本建设、专业设置及盲聋哑学生社会能力培养的原则、方法进行了系统研究。

CDB011 – 20010000

“职业教育与劳动准入制度互动性研究”立项

2001 年，国家社会科学基金“十五”规划教育学重点课题“职业教育与劳动准入制度互动性研究”立项。课题由北京教育科学研究院院长马叔平主持。课题从调查研究、地区和行业分析、学校个案分析、国际比较研究、理论探索等方面入手，在基本理论、实践发展和制度政策三个层面，对职业教育制度、就业准入制度、职业资格证书制度及其相互关系和相互作用的途径、方式、体制与机制进行研究，努力揭示职业教育与就业准入制度互动关系的本质，讨论职业教育在推动就业准入制度有效实施中的积极作用，提出改善职业教育与就业准入制度间互动关系的政策设想，为我国新时期人力资源开发战略的实施、职业教育的发展、职业教育与就业准入制度的衔接，构建实施模式。

CDB012 －20020228

“西部人力资源开发战略研究”立项

2002 年 2 月 28 日，全国教育科学“十五”规划国家重点课题“西部人力资源开发战略研究”立项。课题由教育部职业教育与成人教育司司长、教育部职业技术教育中心研究所所长黄尧主持。课题从西部开发对人力资源开发的需求、人力资源开发利用对经济社会发展的促进、职业和成人教育在人力资源开发中的地位与作用等视角出发，把西部教育发展与西部大开发战略紧密结合，以建立适应西部地区经济社会发展的人力资源开发与利用体系为目标，开展跨部门、多学科的专题研究。主要内容包括：西部人力资源开发战略背景研究，西部人力资源现状调查研究，人力资源开发比较研究，西部人力资源开发战略理论研究，西部人力资源开发战略目标、重点与对策研究以及西部人力资源开发中职成教发展战略实施的典型实验 6 个专题。课题集合北京、上海、湖南、陕西等省市职教研究机构的专家学者，搜集西部 12 个省区、近 900 个县的有关经济社会、人力资源、教育现状的数据，并选取四川、云南、贵州、广西、甘肃、陕西 6 个省份及所辖的成都、曲靖、贵阳、柳州、张掖、宝鸡 6 个市作为典型案例，通过数据统计、对比分析、提炼总结，形成了具有一定理论指导和实践意义的研究结论。研究成果《西部人力资源开发战略研究》已出版。

CDB013 －20070000

第一期全国教育科学规划职业教育研究专项课题开始实施

2007 年，全国教育科学规划领导小组办公室与教育部职业教育与成人教育司开始合作实施第一期全国教育科学规划职业教育研究专项课题。经过申报、资格审定和专家会议评审，评审出 2007 年度职业教育研究专项课题 15 项，课题类别为教育部规划课题。

CDB014－20070921

“职业教育与中国制造业发展研究”课题通过鉴定

2007年9月21日，由教育部基础教育司杨进主持的国家社会科学基金“十五”规划教育学重点课题“职业教育与中国制造业发展研究”，通过全国教育科学规划领导小组办公室组织的成果鉴定。该课题力图揭示技能型人才开发对建立制造业强国的基础作用，明晰作为技能型人才开发主要途径的职业教育的重要特征，并在此基础上有针对性地向政府、职业院校以及企业提出建议，从而为我国职业教育改革和发展，特别是在职业教育直接促进经济建设方面，提供创新的理论支撑。

附录一　“六五”至“十一五”期间历次全国教育科学规划课题立项中与职业教育相关的课题目录

全国教育科学“六五”规划课题中与职业教育相关的课题

9. 职业技术教育			
课题名称	课题负责人	课题类别	工作单位
职业技术教育的研究	李蔺田　严雪怡 关裕泰　齐树华	国家教委	教育部中专司；上海电机制造学校；劳动人事部培训就业局；天津技工师范学院
12. 综合			
课题名称	课题负责人	课题类别	工作单位
中国农村教育问题研究	滕　纯	国　家	中央教育科学研究所

全国教育科学“七五”规划课题中与职业教育相关的课题

9. 职业技术教育			
课题名称	课题负责人	课题类别	工作单位
老、少、山、边、侨地区职业技术教育为经济发展服务的研究与实验	饶博生等	国　家	中华职业教育社
2000年我国职业技术教育发展战略的研究	孙震瀚等	国　家	国家教委
关于职业技术教育体系的研究	孟广平等	国家教委	国家教委

续表

课题名称	课题负责人	课题类别	工作单位
发展职业技术教育与相关的劳动人事制度同步改革的研究	刘贵顺等	国家教委	天津市第二教育局
职业指导研究与实验	闻友信等	国家教委	国家教委
职业技术教育基本理论的研究	邹天幸等	国家教委	中央教育科学研究所
职业中学办学方向、培养规格、办学形式、质量评估的研究与实验	纪芝信等	国家教委	辽宁省教育科学研究所
职业技术教育师资培养体系及素质要求	韩文成	国家教委	吉林职业技术师范学院
高等职业技术教育研究	王千弓等	国家教委	江汉大学
10. 成人教育			
课题名称	**课题负责人**	**课题类别**	**工作单位**
农民技术教育与农村经济发展的关系	余博等	国　家	中央教育科学研究所
工商企业岗位职务培训的研究	孙世路	国　家	上海第二教育学院
高中后教育模式研究	董明传	国　家	国家教委

全国教育科学“八五”规划课题中与职业教育相关的课题

课题名称	课题负责人	课题类别	工作单位
1. 教育理论			
初中生就业的现状分析及初中教育改革	韩　云	青年专项	中央教育科学研究所
社会就业压力与教育系统的自我调节	傅维利	青年专项	辽宁师范大学教科所

续表

课题名称	课题负责人	课题类别	工作单位
创业教育的理论与实验	毛家瑞	规　划	江苏省教育科学研究所
3. 教育史			
课题名称	**课题负责人**	**课题类别**	**工作单位**
黄炎培职业教育思想研究与实验	陈一如	中华社科基金	中华职业教育社
德国职业技术教育史	金　锵	国家教委	杭州大学德国研究中心
黄炎培职业教育思想与近代西方职业教育思想的比较研究	章开沅	国家教委	华中师范大学
中国农业推广教育史研究	彭世奖	规　划	华南农业大学农史研究室
“西北农林教育史”的研究	马凌云	规　划	西北农业大学
4. 比较教育			
课题名称	**课题负责人**	**课题类别**	**工作单位**
若干国家普通中小学劳动、技术、职业教育的比较研究	丁邦平	青年专项	安徽师范大学
新加坡的职业教育	曾凡里	规　划	深圳市教育科学研究所
7. 教育发展战略			
课题名称	**课题负责人**	**课题类别**	**工作单位**
中国农业教育发展战略研究	洪绂曾	国　家	农业部
城市职业技术教育预测规划和城市就业问题的研究	孙震瀚	国家教委	国家教委职业技术教育中心研究所
中国林业教育发展战略研究	由昌富	规　划	东北林业大学教务处

续表

课题名称	课题负责人	课题类别	工作单位
生活教育在现阶段——创业教育	胡晓风	规　划	四川省陶行知研究会
西北地区农林教育发展战略研究	傅维斌	规　划	西北农业大学
8. 基础教育			
课题名称	**课题负责人**	**课题类别**	**工作单位**
普通中小学劳动、技术、职业教育研究	丁　沅	国家教委	南京师范大学教育系
中等学校职业指导课的实验研究	时　勘	国家教委	中国科学院心理研究所
初中办学模式及学生分流职业指导研究	游心超	规　划	湖北省教育科学研究所
10. 职业技术教育			
课题名称	**课题负责人**	**课题类别**	**工作单位**
借鉴德国“双元制”经验促进我国职业技术教育改革的研究与实验	孟广平	国　家	国家教委职业技术教育中心研究所
城乡企业对职业技术教育发展的作用	芮兴宝	中华社科基金	上海市电视大学
南方少数民族地区农村职业技术教育发展的研究	王海吟	青年社科基金	广西农学院职业技术师范系
市地职业技术教育管理体制改革的研究与实验	刘春生	国家教委	吉林职业师范学院
关于农村初等职业技术教育的研究与实验	纪芝信 曾子达	国家教委	辽宁省教育科学研究所；中央教育科学研究所
农村创业指导为当地经济发展服务的实验与研究	闻友信	国家教委	国家教委职业技术教育中心研究所
关于高级技术工人培训的研究与实验	薛景文	国家教委	天津职业技术师范学院
江西共大教育研究	黄定元	国家教委	江西省教育委员会
西北五省区农科教结合之研究	钮　溥	国家教委	西北农业大学干旱半干旱研究中心

续表

课题名称	课题负责人	课题类别	工作单位
农业中专招生与分配制度的改革	孙　翔	国家教委	农业部教育司
关于职业技术教育课程体系若干问题的研究	黄克孝	国家教委	华东师范大学教科所
经济特区职业技术教育研究	曾凡里	国家教委	深圳市教育科学研究所
高等职业技术教育培养目标、途径及其特色研究	方遇顺	国家教委	上海市职工高教研究室
关于职技高师（农科类）课程体系优化方案的研究	李文光	国家教委	河北农业技术师范学院
农村职业技术教育布局、结构研究	李建刚	国家教委	山东省教委督导室
经济发达县职业学校办学模式研究	张晒度	国家教委（1994 年滚动）	江苏省武进职业高中
农科教结合与区域社会经济发展关系的研究	窦现金	青年专项	国家教委职教司
关于全国首批省级重点职业高中办学经验的研究	朱兴德	青年专项	上海技术师范学院职教所
农村职业技术学校布局及专业结构优化研究	崔　巍	青年专项（1993 年滚动）	山东农业大学农学系
职业技术教育比较研究	章启明	规　划	南昌职业技术师范学院

11. 成人教育

课题名称	课题负责人	课题类别	工作单位
中国岗位培训制度研究	董明传	国　家	国家教委成教司
企业教育综合改革的理论与实践	郝铁生	国　家	国家教委城市教育改革办公室
成人教育中的政治思想教育和职业道德教育	王茂荣	国家教委	上海第二教育学院
社会力量办职业技术教育研究	邹天幸	国家教委	中央教育科学研究所

续表

课题名称	课题负责人	课题类别	工作单位
提高乡镇企业劳动者素质问题的研究	陈乃林	国家教委	江苏省教育委员会
我国成人高等院校教员队伍建设的综合研究	叶忠海	规　划	华东师范大学成人教育学院
林业专业技术人员继续教育的研究	罗又青	规　划	林业部成人教育研究中心

全国教育科学“九五”规划课题中与职业教育相关的课题

4. 比较教育			
课题名称	课题负责人	课题类别	工作单位
亚洲各国或地区高等职业技术教育比较研究	黄家泉	规　划	广州大学高教研究室
5. 德育			
课题名称	课题负责人	课题类别	工作单位
面向21世纪小学、中学与职业技术学校德育课程问题研究	魏贤超	国家教委	杭州大学教育系
新的历史条件下职业技术学校德育课程问题研究	陈德才	国家教委	国家教委职业技术教育司
8. 基础教育			
课题名称	课题负责人	课题类别	工作单位
三类残疾儿童的劳动技术教育与职业教育问题研究	赵树铎	国家教委	天津市教育科学研究院
西南贫困地区农村初中引进职业技术教育内容的理论与实验研究	张传燧	青年专项	西南师范大学教育科学研究所
10. 职业技术教育			
课题名称	课题负责人	课题类别	工作单位
经济发达地区职业教育多元办学体制问题研究	刘来泉	国　家	国家教委职业技术教育中心研究所

续表

课题名称	课题负责人	课题类别	工作单位
21世纪我国中部地区农村职业教育发展理论和模式的研究与实验	蒋作斌	国 家	湖南省教育委员会
三类残疾儿童学校的劳动技术教育与职业教育研究与实验	刘俊卿	社科一般课题	辽宁教育研究院
当代中国职业指导的理论体系研究	黄中益	社科一般课题	湖南师范大学教育科学院
企业办职业技术教育办学模式研究	周兴儒	社科一般课题	攀钢（集团）公司职业技术教育中心
贫困地区职业技术教育现状调查与发展对策研究	姚昌起	社科一般课题	山东省临沂市教育委员会
三峡库区农村移民职业技术教育研究	郑根保	社科一般课题	葛洲坝水电工程学院移民工程研究室
职业技术教育与劳动力市场沟通研究	沈纯道	青年社科基金	上海市职业技术教育研究所
发达地区高等职业技术教育基本模式对策研究	吴启迪	国家教委	同济大学职业教育学院
面向21世纪职业教育师资队伍建设对策研究	刘占山	国家教委	国家教委职教司
制定区域职业技术教育发展规划的个案研究	刘春生	国家教委	天津大学职业技术学院
初等、中等、高等职业技术的衔接及与普通教育相互沟通的研究	尚元明	国家教委	江苏常州技术师范学院
农村社区职业技术教育网络构建的研究与实验	纪芝信	国家教委	辽宁职业技术教育研究所
面向21世纪的职业学校专业设置	余祖光	国家教委	国家教委职业技术教育中心研究所
中学生职业指导的研究与实验	高 奇	国家教委	中华职业教育社

续表

课题名称	课题负责人	课题类别	工作单位
职业技术教育教学改革研究	侯宝国	国家教委	锦州市教育委员会
职业技术教育课程改革与教材建设研究及实践	薛喜民	国家教委	上海市教育委员会
面向21世纪职业高中课程与专业教材体系改革的研究与实验	王军伟	国家教委	北京市教材发展研究所
职业高中农科类专业教材教法及实践教学体系研究	杨怀森	国家教委	河南职业技术师范学院
高等工科职业教育基本规律及运行特征的研究与实践	高　林	国家教委	北京联合大学自动化工程学院
建立全国职业教育信息网际网络问题的研究	刘京辉	国家教委	国家教委职业技术教育中心研究所
职业资格考核的理论与方法研究	肖鸣政	国家教委	中国人民大学劳动人事学院
经济特区职业教育运行机制研究	张彦玲	国家教委	深圳市教育科学研究所
农业现代化和农村产业多样化过程中的农村职业教育结构研究	彭干梓	国家教委	湖南农业大学
制定发达地区职业技术教育发展规划的个案研究	马根荣	国家教委	上海职业技术教育研究所
我国各级各类职业技术教育课程模式开发的理论、方法与研究实验	黄克孝	国家教委	上海职业技术教育研究所
河北省县级职教中心教学软件开发研究	汤生玲	国家教委	河北农业技术师范学院
高级技能人才的培养目标、途径和资格认定的研究	李宗尧	国家教委（1997年滚动）	天津职业大学
农村职业中学教学模式与课程结构改革研究	尹为民	青年专项	安徽省教育委员会

续表

课题名称	课题负责人	课题类别	工作单位
中国西部贫困地区职业技术教育现状调查与发展对策研究	刘旭东	青年专项	西北师范大学教育系
中等职业教育教学方法与手段的开发研究	邢　晖	青年专项	北京市职业技术教育中心教科部
职业技术教育教学目标分类的研究与实验	张晓明	青年专项	黑龙江省教育学院
中学生职业个性（兴趣与能力）测验的研制及计算机软件开发的应用研究	龙立荣	青年专项	华中师范大学教育科学学院心理学系
职业技术教育的教学组织形式与方法的研究	秦　虹	青年专项	天津市教育科学研究院
苏南地区经济发展与职业技术教育若干问题的思考	姚光才	规　划	江苏省江阴职业高级中学
运用统筹机制发展职业技术教育的研究	杜小悌	规　划	青岛市教育委员会
11. 成人教育			
课题名称	**课题负责人**	**课题类别**	**工作单位**
跨世纪现代企业教育综合改革研究	郝铁生	国　家	国家教委城市与农村教育综合改革办公室
面向21世纪中国成人教育发展研究	黄　尧	国　家	国家教委成人教育司
农村成人教育与农村剩余劳动力资源开发和转移培训研究	刘乾瑜	社科一般课题	西南师范大学成人教育学院
当前女性教育中存在的问题及成因调查研究	郑新蓉	社科一般课题	北京师范大学教育系
培训原理与实践研究	尹道墨	社科一般课题	石油管理干部学院

续表

课题名称	课题负责人	课题类别	工作单位
跨世纪现代企业教育综合改革的研究	林树强	社科一般课题	中国船舶工业总公司人事教育局
当前妇女教育存在的问题、成因及对策研究	郭 戈	青年社科基金	中共中央办公厅调研室
应用家政推广进行农村妇女教育的理论和实践研究	蒋爱群	青年社科基金	中国农业大学人文社会科学学院
经济增长方式转变中的现代企业教育与人力资源开发研究	吴国存	国家教委	南开大学人口与发展研究所
终身学习社会的理论与学习社会的形成研究	李广义	国家教委	山东省成人教育研究所
关于构建“双轨同步”教学体系的理论与实践——黑龙江省成人大中专教学整体改革研究	季东亮	国家教委	黑龙江省教育学院成人教育研究部
我国普通高校成人教育课程发展与教学改革研究	李旭初	国家教委	华中师范大学成人教育研究中心
企业在职教、成教改革发展的地位和作用的研究	徐荣旋	国家教委	四川省自贡市人民政府
21世纪中国社区中的终身学习的调查与研究	宣兆凯	国家教委(1997年滚动)	北京师范大学哲学系
农村成人教育在农村劳动力资源开发中的作用、实施目标及发展机制的研究	周逸先	青年专项	北京师范大学教育科学研究所
农村成人教育在贫困县经济发展中的地位和作用	王盛录	规 划	昆明理工大学成人教育部
13. 民族教育			
课题名称	**课题负责人**	**课题类别**	**工作单位**
边疆少数民族地区职业技术教育	邹文泰	国家教委	云南教育学院
川藏边区女童基础教育与职业技术教育和宗教习俗调适研究	周庆行	国家教委	西南师范大学

全国教育科学“十五”规划课题中与职业教育相关的课题（一）

职业技术教育				
课题名称	课题负责人	课题类别	工作单位	立项年度
西部人力资源开发战略研究	黄　尧	国家重点	教育部职业教育与成人教育司	2001年
职业教育与劳动准入制度互动性研究	马叔平	国家重点	北京教育科学研究院	2001年
IT领域高职教育课程结构改革和教材改革的研究与实验	高　林	国家一般	北京联合大学	2001年
当前职业教育热点问题研究	刘春生	国家一般	天津大学职教研究所	2001年
关于职业教育几个基本问题的研究	欧阳河	国家一般	湖南省教育科学研究院职成教研究所	2001年
现代远程职业教育的理论和实践研究	余祖光	国家一般	教育部职业技术教育中心研究所	2001年
农村社区职业教育发展研究与实验	朱恩田	国家一般	辽宁省教育厅	2001年
中部地区高等职业教育与区域经济发展的实证研究	袁吉林	教育部重点	南昌职业技术师范学院	2001年
我国高等职业教育课程模式开发研究	郭　扬	教育部重点	上海市教育科学研究院职业技术教育研究所	2001年
经济全球化和我国加入WTO的新形势对我国职业教育发展的影响、挑战和对策研究	朱兴德	教育部重点	上海市教育科学研究院职业技术教育研究所	2001年
应对WTO挑战，中等职业学校实施ISO 9001国际质量体系认证研究	迟　铭	教育部重点	北京市外事服务职业高中	2001年
中德职业基础教育模式的比较研究	徐　涵	教育部重点	辽宁省职业技术教育研究所	2001年

续表

课题名称	课题负责人	课题类别	工作单位	立项年度
盲聋哑职业学校学生社会能力培养的研究与实验	刘俊卿	教育部重点	辽宁教育研究院	2001年
职业教育师资培养策略体系国际比较研究	陈祝林	教育部重点	同济大学职业技术教育学院	2001年
培养学生创业精神与技能的研究	秦 虹	教育部重点	天津市教育科学研究院	2001年
职业教育资源配置及成本分担的研究	牛 征	教育部重点	天津市教育科学研究院	2001年
21世纪中国农民职业教育创新体系与施教模式研究	陈遇春	教育部重点	西北农林科技大学	2001年
新形势下县级职教中心办学模式与人才培养研究	张志增	教育部重点	河北省职业技术教育研究所	2001年
高等职业"室内与家具设计"专业实训模式体系研究	宋魁彦	教育部重点	东北林业大学林产工业学院	2001年
当代德国职业教育主流思想研究	姜大源	教育部重点	教育部职业技术教育中心研究所	2001年
入世后农村职业技术教育发展对策研究	李水山	教育部重点	中央教育科学研究所农村教育研究室	2001年
职业学校学生学习特点研究	陈丹辉	教育部重点	北京教育科学研究院职成所	2001年
e-学习和教育时代企业人力资源开发与人才培养战略研究	谢晋宇	教育部重点	南开大学	2001年
职业学校实行弹性学制和学分制的研究	王振如	教育部重点	北京农业职业学院	2001年
大学专业决策优化研究及其计算机辅助软件系统开发	龙立荣	教育部重点	华中师范大学	2001年

续表

课题名称	课题负责人	课题类别	工作单位	立项年度
关于中西部地区高职学历教育与职业资格培训相结合的研究与实践	李　光	教育部重点	开封大学	2001年
职业技术教育的社会学研究	王清连	教育部重点	河南职业技术师范学院	2001年
铁路行业职业技术教育与行业劳动准入制度的研究	柯志敏	教育部重点	郑州铁路职业技术学院	2001年
职业技术教育质量保障体系的研究与实践	刘晓欢	教育部重点	武汉职业技术学院职业教育研究所	2001年
新疆高等职业教育办学模式与各民族人才培养研究	田存福	教育部重点	新疆大学高等职业技术学院	2001年
职业资格证书制度研究	刘淑敏	教育部重点	天津职业大学	2001年
运用工具式增益课程促进聋与弱智学生职业心理适应性的研究	孙万里	教育部重点	天津市特殊教育师资培训中心	2001年
职业技术学校实行职业资格证书制度的调查和研究	费重阳	教育部重点	天津中华职业教育社	2001年
借鉴德国高职经验,行为引导教学法在高职实践课教学中的实践与研究	李大卫	教育部重点	天津中德职业技术学院	2001年
借鉴美国布卢姆教学理论运作职业教育目标教学改革的研究与实验	王　敏	教育部重点	黑龙江省教育科学研究院	2001年
高等职业教育机电类实践教学体系及基地建设的研究与实践	徐琤颖	教育部重点	天津中德职业技术学院	2001年
中等职业教育与高等职业教育衔接问题的研究	王炜波	教育部重点	河北省职业技术教育研究所	2001年
综合高中教育模式研究	黄新茂	教育部重点	浙江省教育厅	2001年

续表

课题名称	课题负责人	课题类别	工作单位	立项年度
农村职业教育课程和教学改革研究(板块式课程结构和就业本位课程体系的开发研究)	龚双江	教育部重点	安徽省教育厅教育科学研究所	2001年
中职生适应市场的基本素质培养研究	邱孝述	教育部重点	重庆市巴南职业高级中学	2001年
职业指导和创业教育的研究与实验	邱惠霖	教育部重点	中华职业教育社	2001年
非经济因素影响欠发达地区中等职业教育发展的研究	庄西真	教育部青年专项	江苏省职业技术教育科学研究中心	2001年
高等职业技术教育与行业互动合作机制的研究	夏启中	教育部青年专项	湖北省黄冈职业技术学院	2001年
中小型工业企业对高职高专毕业生素质要求及市场需求的预测研究	曹广辉	规划课题	承德石油高等专科学校	2001年
综合高中办学模式的研究	邓其越	规划课题	江苏省常州市教育局	2001年
职业学校培养新型农民办学模式研究	左树浩	规划课题	海宁市职业高级中学	2001年
中部地区典型农业县职业教育需求个案调查与研究	朱海风	规划课题	河南职业技术师范学校	2001年
职业教育与普通教育的等值、沟通机制及相关政策的中外比较研究	张桂春	规划课题	辽宁师范大学	2001年
行业在职业教育发展中地位与作用的研究	余群英	规划课题	广州民航职业技术学院	2001年
高等职业教育产学结合人才培养模式研究	江　涛	规划课题	华东师范大学职业技术学院	2001年

续表

课题名称	课题负责人	课题类别	工作单位	立项年度
高等职业技术学院绩效管理模式研究	何向荣	规划课题	浙江工贸职业技术学院	2001年
西部地区农村职业技术教育发展的基本战略和政策措施研究	刘乾瑜	规划课题	西南师范大学高等职业技术教育学院	2001年
关于构建以农业高新技术产业示范区为中心的农村职业教育服务网络的研究	杨德庆	规划课题	陕西省教育科学研究所	2001年
职业教育促进农村人力资源开发的研究	马建富	规划课题	常州技术师范学院高教研究室	2001年
不同地区农村职业教育发展差异的成因研究	刘舜康	规划课题	西北大学	2001年
经济欠发达地区中等职业教育政策失真问题的个案研究	李延平	规划课题	陕西师范大学	2001年
我国不同地区职业教育发展水平的比较研究	马树超	规划课题	上海市教育科学研究院职业技术教育研究所	2001年
高等职业教育实施途径的研究	宋旭峰	规划课题	江苏省教育科学研究所	2001年
不同地区农村职高典型案例的多学科分析和发展对策的可行性研究	夏金星	规划课题	湖南农业大学职教学院	2001年
职业学校教学质量控制系统研究	高　奇	规划课题	北京师范大学教师培训学院职教师资培训中心	2001年
人力资源开发的理论与方法	肖鸣政	规划课题	中国人民大学	2001年
区域职业教育整体导入弹性学习制度的研究与实验	陆　踊	规划课题	江苏省南通市中等专业学校	2001年

续表

课题名称	课题负责人	课题类别	工作单位	立项年度
职业教育课程模式以及课程、教材开发、评价与使用的研究和实验	王军伟	规划课题	高等教育出版社	2001 年
五年制中、高段衔接与贯通的职业技术教育模式与人才培养及相关的对策研究	贾宇明	规划课题	电子科技大学职业技术学院	2001 年
WTO 对我国职业技术教育人力资源开发管理的影响及对策研究	宋　斌	规划课题	中国地质大学(武汉)管理学院	2001 年
“目标—实践—探究”模式:职教教学制度与策略之根本改革的实验研究	刘德恩	规划课题	华东师范大学职业技术教育研究所	2001 年
高等职业技术教育质量评估系统研究	吴　勇	规划课题	广州大学高等职业技术教育研究中心	2001 年
增强农村职业学校生机与活力的理论研究与实践探索	汤生玲	规划课题	河北职业技术师范学院	2001 年
高纬高寒地区农村经济社会可持续发展暨农职业教育整体改革的“教、科、经”模式研究	李大全	规划课题	黑龙江省黑河市农业技术高中	2001 年
中等职业学校教学与劳动预备制培训并轨的理论和实践研究	吕一枚	规划课题	长春市第六中等专业学校	2001 年
“情境—达标”式教学模式研究与实验	吴晓义	规划课题	吉林省教育科学研究院	2001 年
高职教育发展理论和对策研究	段志坚	规划课题	湖南省教育厅	2001 年
高等职业学校人事制度改革研究	牛金生	规划课题	安徽电子信息职业技术学院	2001 年
职业中学研究性学习基地建设研究	沈伟民	规划课题	浙江鄞州职业高中	2001 年

续表

课题名称	课题负责人	课题类别	工作单位	立项年度
职业教育如何培养学生的创业精神和创业技能	王生贵	规划课题	宁夏石嘴山市第一职业中专学校	2001年
西部地区农村职业教育发展战略实证研究	赵云芬	规划课题	西南农业大学社会科学系	2001年
中等职业学校专业现代化建设的研究	叶鉴铭	规划课题	杭州市教育委员会	2001年
高职“宽基础、活模块”课程模式与学分制相配套的改革实验研究	李彦福	规划课题	广西教育科学研究所	2001年
西南地区高等职业教育应用型人才绩效评价标准体系的研究及应用	韩　勇	规划课题	四川省成都大学工商管理系	2001年
职业教育与中国制造业发展研究	杨　进	国家重点	教育部职业教育与成人教育司	2003年
学历证书与职业资格证书相互转换的理论与实践研究	黄　尧	国家一般	教育部职业教育与成人教育司	2003年
职业教育集团化办学的理论与改革实践研究	许云昭	国家一般	湖南省人民政府	2003年
教育平等视野下的职业技术教育制度创新研究	张社字	青年基金	河南职业技术师范学院职教所	2003年
企业参与职业教育的现状与对策研究	朱新生	教育部重点	江苏技术师范学院	2003年
重庆职业教育持续发展对策研究	傅世放	教育部重点	重庆师范学院	2003年
建设行业职业技术教育创新与发展的研究	张建荣	教育部重点	同济大学职业技术教育学院	2003年
企业雇员教育生涯与职业生涯交互开发研究	李新建	教育部重点	南开大学国际商学院人力资源管理系	2003年

续表

课题名称	课题负责人	课题类别	工作单位	立项年度
时代特征与我国职业教育体系创新研究	石伟平	教育部重点	华东师范大学职业教育与成人教育研究所	2003 年
我国贫困地区反贫困职业技术教育中现存问题及对策分析	王大超	教育部重点	沈阳师范大学政治经济系	2003 年
高职高专产学合作教育市场化运作机制的探索与研究	陈解放	教育部重点	上海第二工业大学	2003 年
农村职业教育与农业产业化、农村城镇化、农村现代化互动研究	黄育云	教育部重点	四川师范学院	2003 年
民族地区高等职业教育与西部地区全面建设小康社会研究	卫荣凡	教育部重点	广西商业高等专科学校	2003 年
全面建设小康社会的高等职业教育发展目标的研究	王明伦	教育部重点	江苏技术师范学院职教研究中心	2003 年
高等职业技术教育质量评估与认证工作的研究与实践	孔小利	教育部重点	承德石油高等专科学校	2003 年
高等职业教育工科类专业CAX课程群教学模式研究	董晓英	教育部重点	江苏技术师范学院	2003 年
新型工业化时期珠三角地区产业结构调整与高职教育发展战略研究	李建求	教育部重点	深圳职业技术学院	2003 年
高职院校通识教育课程体系研究	盛光希	教育部重点	湖南科技职业学院	2003 年
高等职业教育综合实训课程开发模式的研究与实践	梁 琦	教育部重点	高等教育出版社	2003 年
五年制高职教育对应用型人才培养的研究	陈玉华	教育部重点	成都航空职业技术学院	2003 年
发展高职教育培养数控技术应用人才	孟庆国	教育部重点	天津职业技术师范学院	2003 年

续表

课题名称	课题负责人	课题类别	工作单位	立项年度
职业技术教育课程设计的 CAD 系统的研究与开发	邓泽民	教育部重点	河北科技师范学院	2003 年
中澳高等职业教育教学过程的比较研究	潘绍来	教育部重点	南通纺织职业技术学院	2003 年
职业技术教育投入产出综合研究	傅志明	教育部重点	浙江工业大学教育与技术学院	2003 年
农业产业化人才需求与农职业教育改革研究	聂劲松	青年专项	湖南省衡阳市职业技术教育研究中心	2003 年
中国金融职业教育资源整合研究	刘玉平	青年专项	江西金融职工大学	2003 年
高职学院校园文化与企业文化对接的研究	马　昀	青年专项	南通纺织职业技术学院	2003 年
农民教育、农业企业家培养与农业私营企业成长互动机制与模式研究	成新华	青年专项	扬州大学	2003 年
高等中医药职业教育办学模式的改革与探索	袁冬生	青年专项	广州中医药大学	2003 年
非定向职业教育师资养成模式研究	郎群秀	青年专项	河南职业技术师范学院职教所	2003 年
基于网络的农村新型人才培养的研究	张幼铭	自筹经费教育部规划	浙江大学政策研究室	2003 年
当代高职商科专业工科知识构建的探索与实践	王大平	自筹经费教育部规划	浙江经济职业技术学院	2003 年
职业技术教育体制创新研究	陶宝元	自筹经费教育部规划	南京理工大学高等职业技术学院	2003 年
实施创业与就业教育的模式化研究	王金生	自筹经费教育部规划	青岛市教育局	2003 年

续表

课题名称	课题负责人	课题类别	工作单位	立项年度
职业中学创业教育体系的构建及实践	胡列年	自筹经费 教育部规划	慈溪市职业中专	2003年
中等职业学校培养学生综合素质与能力的实践研究	张志强	自筹经费 教育部规划	黑龙江省教育厅职业与成长教育处	2003年
高等职业技术学校办学思想研究	李前程	自筹经费 教育部规划	湖北省仙桃职业学院	2003年
高职机电一体化专业课程体系构建与教学质量评价体系的研究	李小龙	自筹经费 教育部规划	岳阳职业技术学院	2003年
依托行业发展文科类高等职业技术教育的探索与实践	邓顺川	自筹经费 教育部规划	长沙民政职业技术学院	2003年
高职院校学校文化建设的研究与实践	王晓耕	自筹经费 教育部规划	承德石油高等专科学校	2004年
职业教育与农村新型人才培养研究	刘　丛	自筹经费 教育部规划	河北职业技术学院	2004年
高职学生就业心理障碍表现、成因及对策研究	王松亮	自筹经费 教育部规划	广东省揭阳职业技术学院	2004年
经济欠发达地区高职教育发展趋势和办学模式研究	阎保平	自筹经费 教育部规划	山西省吕梁高等专科学校	2004年
“城校互动”职教发展模式研究	郑向东	国家重点	中共永川市委、永川市人民政府	2005年
工学结合培养模式下职业教育教学改革的理论与实践研究	杨　延	国家一般	天津市教育科学研究院	2005年
高职学生素质教育体系构建的研究与实践	段志坚	国家一般	湖南科技职业学院	2005年
中等职业学校发展趋势与对策研究	姚树伟	国家青年基金	吉林工程技术师范学院职教研究所	2005年

续表

课题名称	课题负责人	课题类别	工作单位	立项年度
为区域制造业培养高技能创业型人才的研究	沈剑光	教育部重点	宁波市教育局	2005年
制造业技能型紧缺人才培养专业建设的理论与实践研究	吕景泉	教育部重点	天津中德职业技术学院	2005年
区域共享型国家实训基地建设的研究与实践	钟建宁	教育部重点	湖南铁道职业技术学院	2005年
中职学校师资队伍现状抽样调查及对策研究	王宪成	教育部重点	天津工程师范学院	2005年
关于构筑我国“学分银行”的理论与实践研究	杨黎明	教育部重点	上海市教育科学研究院职成教研究所	2005年
职业定位在以就业为导向的职业教育中的应用价值研究	赵建华	教育部重点	山东大学马列教学部	2005年
“整合—互动”Ⅱ型校企合作高职办学模式研究	刘晓明	教育部重点	浙江师范大学高等技术学院	2005年
高等职业教育课程标准研究	鲍　洁	教育部重点	北京联合大学高等技术与职业教育研究所	2005年
“以就业为导向”职业教育课程和教材改革的研究与实践	王军伟	教育部重点	高等教育出版社	2005年
以就业为导向的职业教育体制创新研究	孙　琳	教育部重点	教育部职业技术教育中心研究所	2005年
中职教师在职攻读硕士学位的制度设计与实施研究	周明星	教育部重点	天津工程师范学院	2005年
职业教育产教结合的促进机制与策略研究	和　震	教育部青年专项	北京师范大学教育学院	2005年
基于工作任务的职业教育项目课程理论与开发研究	徐国庆	教育部青年专项	华东师范大学职成教所	2005年

续表

课题名称	课题负责人	课题类别	工作单位	立项年度
农村职业教育跨越式发展的探索——农村资源集约化管理与资源共享的作用	郑晓鸿	单位资助 教育部规划	广西柳州市教育局	2005 年
西北地区财经类中专学校发展中的困难、问题与对策研究	周和平	单位资助 教育部规划	甘肃银行学校	2005 年
基于创业教育与职业技能教育整合的复合型信息化创业人才培养模式研究	孙德林	单位资助 教育部规划	江西师范大学商学院	2005 年
大学生创业的学校教育与训练策略研究	陈浩凯	单位资助 教育部规划	长沙理工大学	2005 年
交通行业高职教育产学研结合人才培养模式的研究与实践	孔七一	单位资助 教育部规划	湖南交通职业技术学院	2005 年
以就业为导向的职业教育体制创新研究	孟　亮	单位资助 教育部规划	呼伦贝尔学院	2005 年
超市模式第二课堂的运作和管理	曹永浩	单位资助 教育部规划	东莞市长安职业高级中学	2005 年
终身教育理念下高等职业教育人才培养模式的探索与实践	舒　扬	单位资助 教育部规划	广州大学	2005 年
中等职业教育培养工学结合人才模式的研究	张文苑	单位资助 教育部规划	天津市中华职业中等专业学校	2005 年
中等职业学校培养学生综合职业能力的研究	史益大	单位资助 教育部规划	江苏省溧阳市职业教育中心	2005 年
汽车专业教学课程整合模式的理论与实践	傅耀祖	单位资助 教育部规划	南湖职校二分校	2005 年
高职毕业生就业与创业服务体系的研究	杨若凡	单位资助 教育部规划	上海电机学院院长办公室	2005 年
中部崛起的职业教育专业优先发展研究	张翌鸣	单位资助 教育部规划	江西科技师范学院职教所	2005 年

续表

课题名称	课题负责人	课题类别	工作单位	立项年度
基于目标教学的中等职业专业教学模式研究	张曼年	单位资助 教育部规划	海南省海口旅游职业学校	2005年
关于县级职教中心服务功能的开发研究	齐管社	单位资助 教育部规划	陕西省教育科学研究所	2005年
转型期高职院校内部管理运行机制研究	刘太刚	单位资助 教育部规划	湖南冶金职业技术学院	2005年
农村剩余劳动力转移的教育培训研究	王振如	单位资助 教育部规划	北京农业职业学院	2005年

全国教育科学"十五"规划课题中与职业教育相关的课题（二）

列入其他类别中的职业技术教育课题					
课题名称	**课题负责人**	**课题类别**	**学科分类**	**工作单位**	**立项年度**
21世纪中国成人教育学科体系结构及其分类研究	杜以德	国家重点	成人教育	曲阜师范大学继续教育学院	2001年
关于新世纪我国成人教育培训与劳动就业问题研究	王北生	国家一般	成人教育	河南大学成人教育学院	2001年
21世纪初中国社区教育发展研究	叶忠海	国家一般	成人教育	华东师范大学继续教育学院	2001年
职业院校学生心理健康及教育对策研究	张嘉玮	教育部重点	教育心理	东北师范大学教育科学学院心理学系	2001年
构筑终身职业技术教育体系的比较研究	吴雪萍	教育部重点	比较教育	浙江大学教育学院教育系	2001年
西部开发中职业技术教育和高等教育的作用、特点与发展战略研究	罗中枢	教育部重点	高等教育	四川大学	2001年

续表

课题名称	课题负责人	课题类别	学科分类	工作单位	立项年度
企业学习型组织建设的机制与模式研究	张再生	教育部重点	成人教育	南开大学经济学院人口与发展研究所	2001年
成人教育学专业的建设研究	黄　健	教育部重点	成人教育	华东师范大学成人及继续教育研究所	2001年
学习型社区成人学习动力研究	赖　立	教育部重点	成人教育	中央教育科学研究所成人教育研究中心	2001年
新时期城市教育综合改革研究	张昭文	教育部重点	成人教育	教育部职业教育与成人教育司城市与农村教育综合改革办公室	2001年
县乡成人文化技术学校的作用与能力建设研究	谢国东	教育部重点	成人教育	中央教育科学研究所	2001年
推进我国社区教育发展的实验研究	张志坤	教育部重点	成人教育	教育部职业教育与成人教育司	2001年
网络社会的终身教育问题研究	张　劲	教育部重点	成人教育	浙江大学成人教育学院	2001年
学习型社区和学习型组织的理论与实验研究	厉以贤	教育部重点	成人教育	北京师范大学教育学院	2001年
成人基本文化技能素质评价模式研究	张竺鹏	教育部重点	成人教育	中央教育科学研究所成人教育研究中心	2001年
美国高等职业教育发展的历史研究	王保星	教育部青年专项	教育基本理论与教育史	河北大学教育科学学院	2001年
中国高等专科教育发展史	李　均	教育部青年专项	教育基本理论与教育史	汕头大学	2001年

续表

课题名称	课题负责人	课题类别	学科分类	工作单位	立项年度
俄罗斯市场经济条件下职业教育的改革与发展研究	高宗泽	教育部青年专项	比较教育	东北师范大学人事处	2001年
适应农业发展新阶段农村职业、成人教育改革绩效评价与控制体系研究	翟书斌	教育部青年专项	成人教育	郑州工程学院	2001年
成人终身学习的国际比较研究	郭宝仙	教育部青年专项	成人教育	华东师范大学继续教育学院	2001年
中国职业教育的近代发展	谢长法	规划课题	教育基本理论与教育史	河北大学教育科学学院	2001年
高中阶段普通教育与职业教育沟通的研究	魏书生	规划课题	基础教育	盘锦市教育委员会	2001年
让我们更有自信和力量——农村妇女社会性别教育研究	张喜阳	规划课题	成人教育	天津师范大学	2001年
国有及国有控股大中型企业教育改革研究	郭正庸	规划课题	成人教育	辽宁省职业技术教育研究所	2001年
农村劳动力转移与教育的对策研究	邱建新	规划课题	成人教育	扬州大学	2001年
中国农民技术教育模式研究	朱启臻	规划课题	成人教育	中国农业大学	2001年
行业教育、培训的地位及职能的研究	许英才	部委课题	教育发展战略	中国电力教育协会	2001年
企业内部培训模式及效果研究	刘凤军	青年基金	成人教育	中国人民大学商学院企业管理系	2003年
珠江三角洲新型工业化进程中的技能需求与教育培训模式研究	王　建	青年基金	教育发展战略	国家教育发展研究中心	2003年

续表

课题名称	课题负责人	课题类别	学科分类	工作单位	立项年度
MBA商业伦理与职业道德教育研究	戚安邦	教育部重点	德育	南开大学国际商学院	2003年
产业结构调整与农村成人技术培训	黄世杰	教育部重点	成人教育	广西大学商学院	2003年
贫困地区妇女教育模式与全面建设小康社会	夏海鹰	教育部重点	成人教育	西南师范大学扫盲教育研究与培训中心	2003年
高等教育大众化进程中的成人高等教育研究	李继峰	教育部重点	成人教育	陕西师范大学继续教育学院	2003年
小城镇社区教育模式的构建与运行研究	张爱莲	教育部重点	成人教育	浙江省杭州市萧山区人民政府	2003年
工业企业群体素质与企业教育体系的构建	梁丽萍	青年专项	成人教育	山西大学政治学系	2003年
高等警察职业学院课程改革的研究	冯文光	自筹经费教育部规划	基础教育	内蒙古警察职业学院	2004年
中部地区农村成人教育研究	李志远	国家一般	成人教育	安徽财经大学成人教育研究所	2005年
从学历走向学习：成人高等教育转型研究	余小波	教育部重点	成人教育	长沙理工大学教育与心理研究所	2005年
少数民族女青年学习需求和动机的调查与研究——以云南、甘肃省少数民族社区为个案	杨　红	教育部青年专项	成人教育	中央教育科学研究所	2005年

全国教育科学“十一五”规划课题中与职业教育相关的课题

课题名称	课题负责人	课题类别	工作单位	立项年度
职业教育有效发展研究（1）	黄　尧	国家重点	教育部职业教育与成人教育司	2006年
职业教育有效发展研究（2）	马庆发	国家重点	华东师范大学	2006年
“十一五”期间我国义务教育与职业教育公共经费需求研究	王　红	国家一般	上海市教育科学研究院	2006年
以就业为导向的职业教育教学理论与实践研究	邓泽民	国家一般	教育部职业技术教育中心研究所	2006年
新农村建设中校企合作的职业教育发展机制与策略研究	张利庠	国家一般	中国人民大学	2006年
学做技术工人——从职业技术学校到工厂过渡的实证研究	庄西真	国家青年基金	江苏技术师范学院	2006年
高校的区域分布与区域经济发展	赵宏斌	教育部重点	上海交通大学	2006年
中部地区职业教育战略规划与经济社会发展协调机制研究	徐泽民	教育部重点	南昌大学	2006年
中国1978—2007年职业教育要事的研究与编纂	杨金土	教育部重点	河北师范大学	2006年
职业教育中价值观教育的比较研究与实验	余祖光	教育部重点	中国职业技术教育学会	2006年
我国中等职业学校职业指导模式研究	姚裕群	教育部重点	中国人民大学	2006年
当代世界职业教育发展趋势研究	姜大源	教育部重点	教育部职业技术教育中心研究所	2006年
区域职业教育发展战略的理论与实践研究	马成荣	教育部重点	江苏教育科学研究院	2006年
五位一体高职教育校企合作模式研究	杜世禄	教育部重点	金华职业技术学院	2006年

续表

课题名称	课题负责人	课题类别	工作单位	立项年度
基于社会主义新农村建设的农村职业教育改革研究	胡立和	教育部重点	湖南冶金职业技术学院	2006年
我国劳动者职业核心技能的结构、测评及提升对策研究	吴　真	教育部青年专项	天津工程师范学院	2006年
“大职教观”视野中的职业教育制度变革研究	董仁忠	教育部青年专项	江苏技术师范学院	2006年
跨区域职业教育办学模式研究	邢　晖	国家一般	国家教育行政学院	2007年
区域职业技术教育均衡发展研究	马树超	国家一般	上海市教育科学研究院	2007年
基于工作过程的高职轨道牵引专业群课程体系和课程标准的研究与实践	杨利军	国家一般	湖南铁道职业技术学院	2007年
外国职业教育史	贺国庆	国家一般	河北大学	2007年
与行业职业资格和国际职业资格标准相衔接的应用型人才专业建设研究	董秀华	教育部重点	上海市教育科学研究院	2007年
西部新农村建设中新型农民培训有效模式研究	夏海鹰	教育部重点	西南大学	2007年
社会成人教育机构的分类和评价研究	张彦通	教育部重点	北京航空航天大学	2007年
失地农民教育培训体系及政策支持系统研究	鲍海君	教育部重点	浙江财经学院	2007年
以工作过程为导向的职业教育理论与实证研究	徐　涵	教育部重点	沈阳师范大学	2007年
我国职业教育半工半读制度研究	周明星	教育部重点	天津工程师范学院	2007年
学生职业能力发展研究	刘培俊	教育部重点	教育部职业教育与成人教育司	2007年

续表

课题名称	课题负责人	课题类别	工作单位	立项年度
非政府组织在构建社会化职业培训体系中的功能与作用研究	陈广庆	教育部重点	中华职业教育社	2007 年
县级职教中心实践教学能力建设研究	汤生玲	教育部重点	河北科技师范学院	2007 年
高等职业院校知识管理战略创新研究	张德茗	教育部重点	中南大学	2007 年
职业学校教师专业化发展的理论与实践研究	周志刚	教育部重点	天津大学	2007 年
中等职业学校就业调查分析研究	王长远	教育部重点	陕西省教育科学研究所	2007 年
近代中国乡村教育实验与当代农村教育改革研究	曲铁华	教育部重点	东北师范大学	2007 年
职业专长获得与发展的认知研究	李同吉	国家青年基金	同济大学	2007 年
三元共生职教师资培养模式的研究	贺文瑾	国家青年基金	江苏技术师范学院	2007 年
高职生学习技术的心理探究	杨莲清	教育部青年专项	珠海城市职业技术学院	2007 年
中国城镇中等职业教育毕业生就业状况分析	李　莹	教育部青年专项	中央广播电视大学	2007 年
社会工作职业教育模式的反思与重构研究	刘志红	教育部青年专项	长沙民政职业技术学院	2007 年
职业学校教育质量标准研究	肖化移	教育部青年专项	湖南师范大学	2007 年
中等职业学校招生的市场化与政府干预机制研究	陈胜祥	教育部青年专项	江西师范大学	2007 年
高等教育政策与中等职业教育的可持续发展模式研究	丁　妍	教育部青年专项	复旦大学	2007 年
中国西南边疆少数民族地区成人高等学校教育转型与创新研究	柳　景	成人教育专项	云南师范大学	2007 年

续表

课题名称	课题负责人	课题类别	工作单位	立项年度
区域经济一体化视野下中国西南地区与东盟国家继续教育合作研究	黄 瓅	成人教育专项	广西师范大学	2007年
现代社区教育研究	李士杰	成人教育专项	廊坊师范学院	2007年
以诗教为突破口的职业院校美育实践研究	邵庆祥	学校体育卫生艺术教育立项	浙江经济职业技术学院	2007年
高职院校BMI指数异常学生的运动与心理干预	曾红卒	学校体育卫生艺术教育立项	江苏技术师范学院	2007年
中等职业学校体育课程建设的研究	李会增	学校体育卫生艺术教育立项	河北科技师范学院	2007年
高等职业院校发展学生职业体能的体育教学实践研究	胡振浩	学校体育卫生艺术教育立项	浙江经济职业技术学院	2007年

全国教育科学“十一五”规划2007年度职业教育研究专项课题

课题名称	课题负责人	工作单位
中等职业教育教学改革若干问题研究	孙 琳	教育部职业技术教育中心研究所
创新公办职业学校内部管理机制研究	张香永	北京商贸学校
工学结合、校企合作人才培养模式研究	吴炳岳	天津工程师范学院
国家职业教育改革试验区建设的理论与实践研究	龙德毅	天津市教育委员会
江苏省高等职业教育“双师型”队伍现状、问题及对策研究	蔡 怡	苏州市职业大学

续表

课题名称	课题负责人	工作单位
人力资源开发与职业教育发展研究	张作功	湖南省教育厅
现代职业教育教学论研究	孟庆国	天津工程师范学院
研究生层次“双师型”职教师资培养模式研究	苗德华	天津工程师范学院
职教师资专业化理论与实践研究	高　瑛	教育部职业技术教育中心研究所
职业及职业分类与高技能人才职业技能培养研究	张　元	天津工程师范学院
职业教育师资资格制度研究	蓝　欣	天津工程师范学院
职业教育支持吉林老工业基地振兴的作用与发展对策研究	车秀兰	吉林省教育厅
中等职业教育贫困家庭学生国家资助体系研究	赵　伟	教育部职业技术教育中心研究所
中国式项目教学法在电气自动化领域的实践研究	王文槿	教育部职业技术教育中心研究所
中国职教师资培训模式实验性研究	石美珊	重庆师范大学职教师资培训基地

全国教育科学“十一五”规划2008年度职业教育研究专项课题

课题名称	课题负责人	工作单位
现代职业教育理论体系研究与构建	黄　尧	教育部职业教育与成人教育司
行业参与职业教育的体制机制研究	孙长庆	中国机械协会
职业教育工学结合、校企合作的体制和机制研究	米　靖	天津大学
关于增强职业教育吸引力的问题研究	余祖光	教育部职业技术教育中心研究所

续表

课题名称	课题负责人	工作单位
推进农村中等职业教育逐步实行免费的政策研究	张志增	河北省职业教育研究所
职业教育终身化的理论和实践研究	白汉刚	教育部职业技术教育中心研究所
产业结构优化升级背景下中等职业教育发展预测的研究	张兴会	天津工程师范学院
主要发达国家职业教育改革动向研究	陈　龙	苏州大学
职业教育中职业核心能力培养的理论与实效研究	童山东	深圳市信息职业技术学院
制造业高技能人才培养专业建设的实践教学体系研究与实践	李大卫	天津中德职业技术学院
服务“三农”背景下中西部农村职业学校发展困境及出路的实证研究	王建梁	华中师范大学
基于教育制度与劳动制度相结合的中国特色现代学徒制度体系创新研究	王洪斌	大连大学
高职院校学生人文素质培养研究	杭国英	北京财贸职业学院
中部地区高职院校校企合作机制创新的研究与实践	刘建湘	湖南工业职业技术学院
基于工学结合的高职计算机应用与软件技术实训基地建设实证研究	梁小婉	浙江经贸职业技术学院
示范性高职院校核心竞争力研究	王章华	湖南交通职业技术学院
面向职业教育的产学合作实践办学模式研究	孙福权	大连东软信息职业技术学院
城乡统筹发展背景下职业教育的需求及推进机制研究	谷　峪	东北师范大学
高职院校应用平衡记分卡健全教育管理质量评估指标体系研究	何向荣	浙江工贸职业技术学院
西部少数民族地区高等职业教育的现状调查及特色研究	刘　峰	新疆职业大学

续表

课题名称	课题负责人	工作单位
中职学校学生学业评价方法及机制研究	林安全	重庆市北碚职业教育中心
高职院校专业理论课程过程性评价体系研究	屈玉霞	中华女子学院山东分院
科学发展观指导下的职业教育评价体系研究	王　健	湖南省教育厅
信息技术环境下职业教育教学的变革研究	刘　梅	山东临沂师范学院
高职教育项目课程实施研究	贺星岳	浙江工贸职业技术学院
边疆少数民族地区中等职业教育可持续发展研究	李慧勤	云南省教育科学研究院
两岸高职院校学生职业生涯规划现状的对比与分析	邱丽绚	黎明职业大学
高职院校贫困生心理健康及干预机制构建	孟令军	黑龙江大学
高等职业教育强校战略研究	李维维	宁波城市职业技术学院
中等职业学校有效教学模式研究	李兴洲	北京师范大学

附录二　历届全国教育科学研究优秀成果奖中职业教育学科获奖名单

首届全国教育科学研究优秀成果奖职业教育学科获奖名单

等　次	成果名称	获奖者	工作单位	成果形式
一等奖	职业技术教育的理论与实践	集　体	中华职业教育社 *	著作
一等奖	休宁县经济和教育的调查报告	王世杰等	安徽省教育委员会	报告
二等奖	职业技术教育学	刘鉴农等	中国社会科学院人口研究中心等	著作
二等奖	职业技术教育与普通教育相沟通的浅见	戴淑君等	南京金陵职业大学	论文
二等奖	论联合办学	张薇之	江汉大学	论文
二等奖	创办农村家庭经营专业实验研究	冯象钦等	湖南省教育委员会	论文

注：* 处意为成果推荐单位。

第二届全国教育科学优秀成果职业教育学科获奖名单

等　次	成果名称	获奖者	成果形式
一等奖	面向未来的探索——“双元制”职业教育在中国的实践	课题组	研究报告
一等奖	老少山边侨地区农村职教的研究与实验	中华职业教育社	研究报告
一等奖	中国岗位培训制度研究	董明传、尤文	研究报告
二等奖	黄炎培教育思想研究	田正平、周志毅	专著
二等奖	国际职业教育发展的基本趋势及对我国发展职业教育的启示	周满生、李韧竹	论文
二等奖	燎原计划与农村教育综合改革的理论与实践研究	俞恭庆	研究报告
二等奖	关于我国社区教育理论和实践研究报告	袁　采	研究报告
二等奖	21世纪中国职业技术教育前瞻	孙震瀚等	专著
二等奖	职业技术教育原理	高　奇	专著
二等奖	职业技术教育“九五”规划学科调研报告	刘来泉	研究报告
二等奖	中国职教管理体制改革的目标模式——关于建立市（地）职教统筹协调管理体制的研究与实验报告	刘春生、韩英烈	研究报告
二等奖	职业高中教学规范的研究	蒋作斌	研究报告
二等奖	城乡企业在职业技术教育发展中的作用和地位	芮兴宝、沈纯道	研究报告
二等奖	经济特区职业教育研究	曾凡里、张彦玲	研究报告
部分部委奖励成果	职业指导	王　珍、张树桂、张福珍、孟庆国、柏莉	专著
部分部委奖励成果	中国高级技工培训	薛景文、周丽华	专著
部分部委奖励成果	中国“绿色证书”制度的研究与实践	孙　翔、陈建华	专著

第三届全国教育科学研究优秀成果奖职业教育学科获奖名单

等　次	成果名称	获奖者	工作单位	成果形式
二等奖	比较职业技术教育	石伟平	华东师范大学	著作
二等奖	农村职业教育发展理论与模式	蒋作斌	中共湖南省益阳市委	著作
二等奖	职业学校学生职业能力形成与教学模式研究	邓泽民	教育部职业技术教育中心研究所	著作
二等奖	上海高职人才报告	李　进	华东师范大学	论文
二等奖	面向21世纪的中等职业学校课程与教材体系改革的研究与实验	王军伟	高等教育出版社	著作
三等奖	职业教育经济学研究	牛　征	天津市教育科学研究院	著作
三等奖	北京市职业教育改革与发展对策研究	马叔平 刘　志	北京教育科学研究院	研究报告
三等奖	职业资格证书与学历证书相互沟通与衔接的研究	马必学	武汉职业技术学院	研究报告
三等奖	职业教育学通论	周明星	天津工程师范学院	著作
三等奖	工读交替制教学模式的研究与实践	王国荣	长春汽车工业高等专科学校	研究报告
三等奖	初等、中等、高等职业教育的衔接及与普通教育相互沟通的研究	尚元明	江苏技术师范学院	著作
三等奖	盲聋哑学校职业教育的研究与实验	刘俊卿	辽宁教育研究院	著作

第三节　重要活动及事件

CDC001 - 19790323

《教育科学发展规划纲要（草案）》（1978—1985 年）提出开展职教研究

1979 年 3 月 23 日至 4 月 13 日，教育部和中国社会科学院在北京联合召开全国第一次教育科学规划工作会议。会议指出，要真正把教育科学研究搞上去，教育科研工作要紧密联系实际，要解决教育工作中一些迫切需要解决的问题，加强教育科研基地和队伍的建设。大会组织专家小组审议通过了《教育科学发展规划纲要（草案）》（1978—1985 年）。《纲要（草案）》提出，要重点研究建立适应四个现代化需要的社会主义教育制度，进行中学教育结构改革的实验研究以及高中设置职业课程与训练制度的研究。《纲要（草案）》要求，把教育结构改革和发展职业技术教育研究摆在重要地位。

CDC002－19850515

第一次全国教育工作会议推动职教研究

1985 年 5 月 15－20 日，中共中央、国务院在北京召开改革开放后第一次全国教育工作会议。邓小平、胡启立等领导出席会议并讲话。大会讨论了《中共中央关于教育体制改革的决定（草案）》。5 月 27 日，《中共中央关于教育体制改革的决定》经中共中央政治局讨论通过，并于 5 月 29 日在《人民日报》公开发表。《决定》系统提出和阐明了教育体制改革的指导思想、目标、任务和具体措施，要求调整中等教育结构，大力发展职业技术教育，逐步建立起一个从初级到高级、行业配套、结构合理又能与普通教育相互沟通的职业技术教育体系。职业教育事业的发展呼唤着科学研究。职业教育研究作为教育研究、社会研究、劳动就业研究方面的一个新领域，日益受到重视。《决定》发表后的第二年，全国教育科学规划领导小组专门设立了职业技术教育学科规划组，同时在“六五”规划中设立了第一项职业教育重点研究课题。

CDC003－19870715

第三次教育科学规划会议把农村教育整体改革研究摆在重要位置

1987 年 7 月 15 日，全国第三次教育科学规划会议召开。规划领导小组把县以下农村教育综合性整体改革研究摆在重要位置，确定一批农村教育整体（或综合）改革研究课题。中央教育科学研究所、湖北省教育科学研究所、辽宁省教育科学研究所等科研单位，分别参与了江苏省宜兴市，安徽省当涂县，河北省完县、阳原县、青龙县，湖北省潜江县，辽宁省海城市等地的农村教育整体改革试验研究。研究课题被纳入国家社会科学基金资助的重点研究课题。北京市昌平县、天津市静海县、河南省栾川县、浙江省绍兴县、四川省大竹县、广西壮族自治区横县、广东省顺德县、吉林省东丰县，也建立了教育整体（或综合）改革试验县及研究课题，上述课题被纳入国家教育委员会资助的教育改革重点研究课题。

CDC004 – 19871000

职业技术教育学科规划组成立

1987 年 10 月，在全国教育科学规划领导小组之下，建立起由 94 位同志组成的 10 个学科规划组，分别是教育基本理论、教育心理、教育史、比较教育、教育发展战略与教育管理、高等教育、普通教育、德育、职业技术教育、成人教育。职业技术教育学科规划组的建立标志着国家正式将职业技术教育研究纳入国家教育科学研究规划体系，职业教育科研事业开始走上系统化和规范化建设道路。

CDC005 – 19890500

全国农村教育整体改革重点项目交流研讨会召开

1989 年 5 月，全国教育科学规划领导小组办公室在江苏省南京市召开全国农村教育整体改革重点项目交流研讨会。有关省、自治区、直辖市 50 多人出席会议。研讨的主要问题有：农村教育整体改革的指导思想；农村教育综合改革的认识；农村教育整体改革的目标；农村教育改革的重点；农村教育综合改革中的教育科学研究等。

CDC006 – 19900410

首届全国教育科学优秀成果评选中多项职教成果获奖

1990 年 4 月 10 日，国家教育委员会在北京召开首届全国教育科学优秀成果评选结果新闻发布会。由中华职业教育社组织撰写的《职业技术教育的理论与实践》获得著作类一等奖；由王世杰等撰写的《休宁县经济和教育的调查报告》获得报告类一等奖；由刘鉴农等著的《职业技术教育学》获得著作类二等奖，由戴淑君等撰写的《职业技术教育与普通教育相沟通的浅见》等三篇文章获得报告类二等奖。

CDC007 – 19930226

《中国教育改革和发展纲要》引发职业教育体制研究热潮

1993 年 2 月 26 日，中共中央、国务院印发《中国教育改革和发展纲要》。《纲要》提出进行办学、管理体制改革和招生就业制度改革。围绕这一重大变革，职业教育领域积极开展研究与实验。刘春生主持的“八五”规划课题“关于建立地（市）职教统筹协调管理体制的研究与实验”，参照经济改革的思路，提出以地市为中心、统筹管理职业教育的思路。刘占山主持的“九五”规划国家重点课题“经济发达地区职业教育多元办学体制问题研究”，针对我国经济转型时期经济体制改革、管理体制改革给职业教育发展带来的新情况、新问题，提出职业教育办学体制“四大模式”，以及职业教育办学和管理体制改革要充分发挥政府统筹与宏观管理职能，逐步实行职业教育办学和管理以地方为主，行业、企业参与，进一步扩大学校办学自主权，实行多主体办学和多形式办学等政策建议。

CDC008－19940000

国家教委职业技术教育中心研究所对职教研究状况开展调研

1994 年，为更好地制定“九五”职业技术教育科研规划，全国教育科学规划领导小组办公室委托国家教委职业技术教育中心研究所对职业技术教育学科研究状况进行了为期半年的调研。调研采取文献检索、成果分析、专家咨询及问卷调查相结合的方法，对“六五”、“七五”、“八五”期间全国教育科学研究规划所列项目及其成果作了统计和分析。1995 年 6 月该所完成了《职业技术教育“九五”规划学科调研报告》。

CDC009－19981111

第二届全国省级职教研究机构协作会年会召开

1998 年 11 月 11－13 日，第二届全国省级职教研究机构协作会年会在浙江省杭州市召开。20 多家省级职业教育研究机构负责人、部分省教委职教处代表和教育部职业技术教育中心研究所代表参加会议。会议的中心议题是交流贯彻落实《面向 21 世纪深化职业教育教学改革的原则意见》的措施及做法，湖南、湖北、福建、河南、天津、山东、辽宁、四川、浙江、北京、上海、陕西等省市代表分别介绍了工作经验和思路。会议提出，必须重视职教研究工作，加强对职教研究机构的领导；明确职教研究机构的性质、任务、地位和作用，进一步建立健全职教科学研究和教学研究机构；职教研究机构要强调为政府提供决策咨询及为职业学校教育教学做好指导和咨询两个职能；职教研究机构要面向基层、面向实践、面向学校，以科研带教研，以教研促科研。会上，代表们对《关于地方职业教育研究机构的若干工作意见》（征求意见稿）进行认真讨论，并讨论通过了《全国省级职教研究机构协作会章程》。

CDC010－19990613

《中共中央、国务院关于深化教育改革全面推进素质教育的决定》推动职教教学研究

1999 年 6 月 13 日，为贯彻落实《中共中央、国务院关于深化教育改革全面推进素质教育的决定》，教育部决定实施“面向 21 世纪职业教育课程改革和教材建设规划”。为此，教育部职业教育与成人教育司研究确定 200 多个职业教育教学研究与开发课题，范围涉及四个方面：经济社会发展与劳动者和专门人才培养研究；中等职业教育教学理论研究；中等职业学校文化基础课课程改革方案研究；中等职业学校重点建设专业教学改革方案研究。1999 年 7 月，职业教育与成人教育司公布了“面向 21 世纪职业教育课程改革和教材建设规划”首批研究与开发项目 118 个。在此推动下，“九五”期间，职业教育教学改革研究取得较大进展。

CDC011 – 19990630

多项职教科研成果获评第二届全国教育科学优秀成果奖

1999 年 6 月 30 日至 7 月 4 日，教育部举办第二届全国教育科学优秀成果评奖活动。在这次评奖活动中，多项职教类研究成果获奖。《中国岗位培训制度研究》《面向未来的探索——“双元制”职业教育在中国的实践》《老少山边侨地区农村职教的研究与实验》等课题研究成果获得一等奖。《国际职业教育发展的基本趋势及对我国发展职业教育的启示》《职业技术教育原理》《职业技术教育“九五”规划学科调研报告》等多项成果获得二等奖。

CDC012 – 20020726

新世纪职业教育发展论坛举办

2002 年 7 月 26 – 28 日，由教育部职业教育与成人教育司、吉林省教育厅、长春市人民政府主办，长春市教育局承办的中国职业教育成果展示会·第二届中国职业教育装备展示会暨第四届中国国际教育展览会在长春市举行。展会期间举办了以“新世纪、新变化与职业教育”为主题的新世纪职业教育发展论坛及征文活动。

CDC013 – 20020728

国务院提出加强职业教育研究

2002 年 7 月 28 – 30 日，国务院在北京召开全国职业教育工作会议。8 月 28 日印发《国务院关于大力推进职业教育改革与发展的决定》，其中提出，要加强职业教育理论研究和政策研究，健全科学研究和教学研究机构，为职业教育宏观决策和职业学校改革与发展服务。2005 年 10 月，《国务院关于大力发展职业教育的决定》发布，并于 11 月在北京召开全国职业教育工作会议，讨论《决定》的落实情况。《决定》再次强调，要加强职业教育科学研究工作，为职业教育宏观管理和职业院校改革与发展服务。

CDC014－20050822

“九五”、“十五”职教科研精品成果报告会召开

2005年8月22日，由中国职业技术教育学会主办的“九五”、“十五”职业技术教育科学研究部分精品成果报告会召开。经过专家审议、推选的10项课题负责人向大会作了成果报告。这10项成果分别是：蒋作斌负责的全国教育科学“九五”规划国家重点课题“21世纪初我国中部地区农村职业教育发展理论和模式的研究与实验”，薛喜民负责的全国教育科学“九五”规划国家重点课题“职业技术教育课程改革与教材建设研究及实践”，余祖光负责的全国教育科学“九五”规划教育部重点课题“面向21世纪的职业学校专业设置”，高奇等负责的全国教育科学“九五”规划教育部重点课题“中学生职业指导的研究与实验”，许英才负责的全国教育科学“九五”规划教育部重点课题“面向21世纪电力职业技术教育改革的研究与试验”，高林负责的教育部新世纪高职高专教育人才培养模式和教学内容改革与建设项目“高职高专教育课程设置与教学内容体系原则的研究”，陈祝林负责的全国教育科学“十五”规划教育部重点课题“职业教育师资培养策略体系国际比较研究”，何向荣负责的全国教育科学“十五”规划教育部重点课题“高等职业技术学院绩效管理模式研究”，李大卫负责的全国教育科学“十五”规划教育部重点课题“借鉴德国高职经验，行为引导教学法在高职实践课教学中的实践与研究”和段志坚负责的湖南省教育科学“十五”规划课题“计算机英语复合型人才培养的试验与研究”。

CDC015－20060923

中国职业技术教育学会科研工作委员会成立

2006年9月23日，中国职业技术教育学会科研工作委员会在天津市召开成立大会。来自全国各地职教科研机构和部分高等院校、中等职业学校的代表共计90多人出席会议。筹备组组长、中国职教学会副会长、中国职教学会学术委员会主任杨金土，筹备组成员、河北省教育厅副厅长、中国职教学会学术委员会秘书长翟海魂博士分别主持会议，并介绍了有关筹备情况。大会审议、通过了《中国职教学会科研工作委员会工作条例》，选举产生了中国职教学会科研工作委员会第一届常务理事会和领导人员。中国职教学会副会长、教育部职业技术教育中心研究所副所长余祖光当选为主任委员。余祖光在发言中提出，科研工作委员会要建立科研机构信息库，广泛开展科研机构协作研究，推进各类科研机构加强合作，改善科研工作整体环境，向国外推介国内研究机构和研究成果等。

附录　中国职业技术教育学会科研工作委员会第一届理事会领导名单

主　　任：余祖光

副 主 任：马树超、邢晖、石伟平、徐涵、翟海魂

秘 书 长：刁哲军

副秘书长：张志增、孙琳

CDC016－20071109

国务委员陈至立就加强职教科研作出批示

2007 年 9 月，中华职业教育社在哈尔滨召开国际职业教育论坛。论坛上，有关专家提出，我国职业教育科研工作十分薄弱，加强科研工作，对推进我国职业教育的科学发展将会产生积极的推动作用。为此，中华职业教育社将有关材料归纳整理后，以《情况专报》的形式向国务委员陈至立提出建议。2007 年 11 月 9 日，陈至立作出批示："在职业教育加快发展的同时，加强职业教育科研工作十分必要也十分紧迫。建议采取有效措施加强工作。"

CDC017－20071202

首届中国职教科学研究成果奖评选揭晓

在 2007 年 12 月 2－3 日举行的中国职业技术教育学会第三次会员代表大会上，中国职业技术教育学会副会长、学术委员会主任委员杨金土宣布了首届中国职业技术教育科学研究成果奖获奖名单。经过申报、推荐、资格确认、初评、专家委员会集中评审、公示等程序，最终确定 38 项获奖成果。其中，一等奖 5 名、二等奖 13 名、三等奖 20 名。中国职业技术教育学会设立职教科学研究成果奖的目的在于提高我国职业教育科学研究的水平，扩大职业教育科学研究成果的社会影响，引导职业教育科学研究的正确方向，奖励职业教育科学研究的重要成果。

附录　首届中国职业技术教育科学研究成果奖获奖名单

一等奖		
姓　名	第一研究者单位	成果名称
姜大源等9人	教育部职业技术教育中心研究所	当代德国职业教育主流思想研究（当代德国职业教育主流教学思想研究：理论、实践与创新）
蒋作斌等11人	中共湖南省益阳市委	21世纪初我国中部地区农村职业教育发展理论和模式的研究与实验
蒋乃平等11人	北京市朝阳区教研中心	“宽基础、活模块”的理论与实践
欧阳河等10人	湖南省教育科学研究院高等教育研究所	职业教育的几个基本问题研究
徐国庆等5人	华东师范大学职业教育与成人教育研究所	实践导向职业教育课程研究
二等奖		
姓　名	第一研究者单位	成果名称
马成荣等6人	江苏省教育科学研究院职业教育与终身教育研究所/职业教育与社会教育课程教材研究中心	职业教育课程开发及项目课程设计——基于IT类专业的研究
孟源北等4人	广东省广州市教育局	广州市职业技术教育与制造业发展研究
邱川弘等6人	深圳职业技术学院	我国高等职业技术院校教学质量评价指标体系的研究
宋友山等6人	北京市电气工程学校	创建制冷和空调专业多元实训基地
王金生等6人	青岛市教育局	青岛市实施创业与就业教育的模式化研究
王毅等7人	新疆农业职业技术学院	农业高等职业教育办学体制创新实践——社会办学模式
王振如等10人	北京农业职业学院	农业职业教育能力建设计划
魏崴等6人	长春汽车工业高等专科学校	满足企业需要的职业教育培训一体化模式的改革与实践
夏建国等5人	上海电机学院	当代高职高专教育课程研究

续表

姓　名	第一研究者单位	成果名称
谢幼琅等19人	中国职业技术教育学会培训交流部	英国BTEC课程模式在中国的实践研究
邢晖	北京教育科学研究院职成教所	职业教育发展论纲——透视北京职教
杨黎明等4人	上海市教育科学研究院职成教研究所	学历证书与职业资格证书课程标准和相互转换的模式研究
张伦玠等8人	广东技术师范学院	数控技术职业技能培训和鉴定系统
三 等 奖		
姓　名	第一研究者单位	成果名称
陈沛安等6人	湖北工业大学	全国重点建设职教师资培训基地的建设与实践
程志强等7人	广东省佛山市顺德区北滘职业技术学校	工业化后期校企合作案例研究报告
邓国光等4人	江西建设职业技术学院	职业教育分层次办学——从供给驱动到需求驱动
董奇等6人	上海市教育科学研究院职成教研究所	上海市中职课程和信息技术整合的实践研究
侯炳超等5人	新疆克拉玛依职业技术学院	汽车专业高职教育与高级工职业资格“双证融通”人才培养模式的研究与实践
李旭东等4人	湖北职业技术学院	鄂东南职业教育发展现状、问题及对策研究
刘晓欢等6人	武汉职业技术学院	职业技术教育质量保障体系的研究与实践
刘振强等8人	北京市建筑材料工业学校	《电工技术》课程改革研究与实践
刘振武等9人	湖北省英山理工中等专业学校	山区职业教育发展对策研究
马必学等4人	武汉职业技术学院	职业资格证书与学历证书相互沟通与衔接
聂毅等5人	湖南冶金职业技术学院	高职专业实践教学模式改革的研究

续表

姓　名	第一研究者单位	成果名称
苏兰君等6人	北京商贸学校	以就业为导向营销职业能力五维训练模式
孙经钰等6人	北京二轻工业学校	学生自主性网络学习资源的建设与应用
陶学忠等4人	西安职业技术学院财经分院	两项重要职业能力的教育内容和方法研究
田建军等7人	辽宁省城市建设学校	职业学校评估信息管理系统
田淑华等4人	北京市电子工业学校	电子与信息技术专业课程体系改革——资格导向应职能力目标教学体系的构建与实施
熊传勤等11人	中国石油和化学工业协会	中国化工制造业发展与职业技术教育研究
徐一冰等5人	江苏南京职业教育教学研究室	建立中等职业学校专业教师继续教育机制研究
雍照章等9人	江苏省泰兴市教育局	中等职业学校学生实训质量的评价指标体系研究
郑重等5人	重庆第一财贸学校	职业学校学生心理指导

第五章　学科建设与人才培养

第一节　学科建设

CEA001 – 19830000

职业技术教育学正式列入专业目录

1983 年，职业技术教育学被国务院学位办公室列入专业目录，标志着我国职业技术教育学学科正式独立。职业技术教育学列入专业目录，有坚实的理论和实践基础。自 20 世纪 20 年代以来，先后出版了一批职业技术教育学理论著作，如朱元善的《职业教育真义》，邹恩润编译的《职业教育研究》，庄泽宣的《职业教育概论》《职业教育》《职业教育通论》，江恒源、沈光烈的《职业教育》，何清儒的《职业教育学》，刘鉴农的《职业教育学》，元三的《职业教育学概说》，以及卢鸿德、罗明基的《职业教育学》等；以 1917 年黄炎培创办的中华职业教育社为代表的一些职业教育学术团体在职业教育办学实践方面取得了突出成就，涌现出黄炎培、陶行知等一大批职业教育理论家和实践家。

CEA002 – 20020200

职业技术教育学被确定为江苏省重点建设学科

2002 年 2 月，江苏技术师范学院职业技术教育学被省教育厅确定为江苏省重点建设学科，2005 年 3 月 28 日被再次认定。该学科由江苏省职业技术教育科学研究中心和该校教育学院共同建设。设有职业技术教育基本理论、高等职业技术教育、农村职业技术教育和职业技术教育心理学 4 个研究方向，其中职业技术教育科学研究中心重点建设前两个方向，教育学院重点建设后两个方向。

CEA003－20030000

省级高校人文社会科学职业技术教育学重点研究基地设立

2003年，江西科技师范学院职业教育研究所被批准为江西省高校人文社科职业技术教育学重点研究基地。这是我国首个省级人文社会科学职业技术教育学重点研究基地。2007年1月17日，吉林省教育厅下发《关于批准首批吉林省高校人文社会科学重点研究基地立项的通知》，吉林工程技术师范学院职业技术教育研究中心入选，成为我国第二个省级高校人文社科职业技术教育学重点研究基地。

CEA004－20031202

职业技术教育学入选广东省高等学校扶持学科

2003年12月2日，经单位申报、专家评议和广东省教育厅批准，广东技术师范学院职业技术教育学入选广东省高等学校扶持学科。此次广东省教育厅共审核批准111个高等学校重点学科，21个高等学校重点扶持学科，40个高等学校扶持学科。2007年4月13日，广东技术师范学院职业技术教育学入选广东省高等学校重点扶持学科。

CEA005－20040612

职业技术教育学专业学科建设与研究生培养研讨会召开

2004年6月12－13日，中国职业技术教育学会学术委员会在浙江金华召开全国首届职业技术教育学专业学科建设与研究生培养研讨会。会上，天津大学、华东师范大学、湖南师范大学、东南大学、湖南农业大学、浙江工业大学等学校代表就职业技术教育学学科建设与研究生培养工作作大会发言。这次会后，中国职业技术教育学会学术委会员又分别于2005年5月、2006年11月18－19日、2007年10月20－22日、2008年11月22－23日相继组织召开了职业技术教育学专业学科建设与研究生培养研讨会，先后研讨了专业学科建设、培养目标与培养模式定位、课程与教学模式创新、中职师资硕士培养，中职教师在职攻读硕士学位培养方案的修订、如何加强职业教育学专业学科建设和创新职业教育研究生培养模式、国际职业教育师资硕士课程框架、双师型教师培养，职业技术教育学学科建设面临的主要任务以及应采取的策略、职教专业学科研究方向的战略布局，新形势下职业教育学科建设的目标、框架与策略等问题。

附录　我国职业技术教育学科布局及学科方向分布情况

截至 2007 年 10 月，职业技术教育学专业已初步形成了相对完整的学科体系，即由学士—硕士—博士—博士后四个环节构成的专业学科体系。其规模，学士点 2 个，硕士点 49 个（29 个一级学科覆盖下的学位点），博士点 10 个（9 个一级学科覆盖下的学位点），博士后点 1 个。从硕士点的地理分布看，北京 5 个点；天津、陕西、湖南各 4 个点；上海、辽宁、河北、江苏、浙江、江西各 3 个点；山东、吉林、湖北、福建、广东各 2 个点；河南、甘肃、四川、重庆各 1 个点；其他省区暂无。2007 年我国 A 类省份的职业技术教育学硕士点共 31 个，比例占 63%；B 类地区硕士点 17 个，比例占 35%；C 类地区硕士点 1 个，比例占 2%。A 类地区硕士点数目是 C 类地区的 31 倍，是 B 类地区的近 2 倍。博士点多集中在 A 类、B 类地区，C 类地区仅 1 个。从培养学校数量看，师范类院校和综合性大学总数合计达 34 所，比例占到 79%，而在 10 个博士点授予单位中，仅天津大学 1 所工科类院校，其余 9 所均为普通师范大学和综合性大学。

2008 年全国实际计划招收职业技术教育学硕士研究生的学校共 35 所，总方向数达 94 个，其中 21 所学校设有“职业技术教育原理”方向，比例占 22%；15 所学校设有“比较职业教育”方向，比例占 16%；13 所学校设有“职业技术教育课程与教学论”方向，比例占 14%；12 所学校设有“职业培训”和“职业指导”方向，比例占 13%；11 所学校设有“职业技术教育经济与管理”方向，比例占 12%；5 所学校设有“职业教育师资培养”方向，比例占 4%；另有 18 个其他方向。

CEA006－20040612

中国职业技术教育学专业学科建设与研究生培养协作组成立

2004 年 6 月 12－13 日，中国职业技术教育学会学术委员会在浙江金华召开全国首届职业技术教育学专业学科建设与研究生培养研讨会。为加强职业教育学培养单位及申报院校之间的交流与合作，会议决定成立中国职业技术教育学专业学科建设与研究生培养协作组。协作组的主要任务是：定期组织职业技术教育学专业学科建设与研究生培养研讨会，及时交流经验与信息；组织协作组成员积极探讨职业技术教育学专业学科建设与研究生培养中存在的问题及解决方案，开展职业技术教育研究人才培养的学术研究活动；综合协作组各成员单位的资源优势，通过交流与培训，对新批准的学位点的规范化工作提供支持和帮助；帮助准备申报职业技术教育学专业博士、硕士学位授予点的单位加快职业技术教育学科建设，积极协助其创造申报所需要的条件；开展职业技术教育学专业学科建设与研究生培养工作方面的国际交流与合作；为政府部门等就职业技术教育学专业学科建设与研究生培养问题提供决策咨询。

CEA007 –20060803

职业技术教育学入选省级重点学科

2006 年 8 月 3 日，天津市学位委员会下发《关于公布天津市高校重点学科名单的通知》。天津工程师范学院职业技术教育学学科入选，成为我国职业技术教育学第一个省级重点学科。2006 年 11 月 15 日，吉林工程技术师范学院职业技术教育学入选吉林省高等学校省级重点学科。2007 年 8 月 8 日，华东师范大学职业技术教育学入选上海市部属高校重点学科。各地职业技术教育学学科相继入选本地区高校重点学科，标志着我国职业技术教育学术建设逐步走向深入。

CEA008 –20071127

职业教育学入选国家精品课程

2007 年 11 月 27 日，教育部和财政部联合下发《关于批准 2007 年度国家精品课程建设项目的通知》，天津工程师范学院的职业教育学课程入选。该院 1983 年就开设了职业教育学公共课程和专业基础课程；2000 年 3 月被正式批准为系级优秀课程；2003 年 4 月被正式批准为院级优秀课程；2005 年被正式批准为天津市市级精品课程。

第二节　人才培养

编者按：1977 年 10 月 12 日，国务院批准教育部《关于高等学校招收研究生的意见》，要求师资和研究基础较好的高等学校积极招收研究生；1978 年年初，教育部下发《关于高等学校 1978 年研究生招生工作安排意见》，决定将 1977 年、1978 年两年招收研究生工作合并进行，统称为 1978 级研究生。由此，中国研究生教育开始恢复。1980 年，全国人大常委会审议通过《中华人民共和国学位条例》；1981 年，国务院批准《中华人民共和国学位条例暂行实施办法》。至此，我国正式建立学位制度。这为职业技术教育学研究生教育的创立提供了政策条件。

CEB001 -19840000

职业教育管理专业建立

1984 年，经劳动人事部批准，天津职业技术师范学院建立了职业教育管理专科专业；1992 年 10 月 8 日申请成立职业教育管理本科专业，国家教育委员会予以批准；1993 年招收第一批本科学生。职业教育管理本科专业面向全国招生，主要为中高等职业学校和职业教育管理部门培养师资和管理人员。职业教育管理专业是以教育学和管理学为基础的交叉学科，开设管理学基础、管理心理学和职业教育学等核心课程。

CEB002 -19860924

职业技术教育学硕士点在华东师范大学设立

1986 年 9 月 24 日，获国务院学位委员会第一次会议批准，我国第一个职业技术教育学硕士点在华东师范大学设立。次年，该硕士点招收我国首批职业技术教育学硕士研究生 2 人。

CEB003 -19901128

职业技术教育学列入《授予博士、硕士学位和培养研究生的学科、专业目录》

1990 年 11 月 28 日，经国务院学位委员会和国家教育委员会共同批准，《授予博士、硕士学位和培养研究生的学科、专业目录》正式发布。其中规定，在教育学一级学科门类中，设立职业技术教育学二级学科。该《目录》共设置哲学、经济学、法学、教育学、文学、历史学、理学、工学、农学、医学、军事学 11 个学科门类，共有 620 种专业。

附录　1990 年《授予博士、硕士学位和培养研究生的学科、专业目录》教育学科门类

04 学科门类：教育学

0401 教育学

040101 教育学原理（含：教育社会学）

040102 教学论

040103 学科教学论

040104 德育原理

040105 教育经济学

040106 教育管理学

040107 中国教育史

040108 外国教育史

040109 幼儿教育学

040110 特殊教育学

040111 高等教育学

040112 成人教育学

040113 比较教育学

040114 教育科学研究法

0401S1 教育技术学

0401S2 职业技术教育学

CEB004 －19980000

天津大学职业技术教育学硕士学位授予权获批

天津大学于1989年创建职业技术教育学院，1998年，经国务院学位委员会批准，天津大学取得职业技术教育学硕士学位授权。

CEB005 －20000530

中职教师在职攻读硕士学位制度建立

2000年5月30日，国务院学位委员会下发《关于开展中等职业学校教师在职攻读硕士学位工作的通知》，提出2000—2005年，平均每年招收约1000名中等职业学校教师在职攻读硕士学位。入学考试科目为政治、英语、数学和职业教育学。其中政治由培养院校单独组织命题考试，其他课程实行全国联考。录取分数线由国务院学位委员会办公室商教育部职业教育与成人教育司确定。学习年限3年，经课程考核合格并通过硕士学位论文答辩者，可授予硕士学位。同年，天津大学、同济大学等13所不同类型的高校开始在全国中等职业学校中通过推荐、报名、考试，选拔优秀教师在职攻读硕士学位。

CEB006 －20011206

职业技术教育学博士点设立

2001年12月6日，由华东师范大学学位评定委员会审议通过，华东师范大学设立职业技术教育学博士点。该博士点设有职业技术教育、人力资源开发研究和比较职业技术教育3个研究方向，2002年开始在全国招生。华东师范大学是经国务院学位委员会批准具有教育学一级学科博士学位授予权的单位。

2005 年、2006 年、2007 年，具有教育学一级学科博士学位授予权的北京师范大学、西南大学、南京师范大学相继设立职业技术教育学博士点。

CEB007 - 20031103

湖南农业大学与湖南省教科院联合申报硕士点

2003 年 11 月 3 日，湖南农业大学与湖南省教育科学研究院职成教研究所联合申报的职业技术教育学硕士点获国务院学位委员会批准，2004 年开始招生。硕士点设置职业教育课程与教学论、职业教育管理、职业教育基本理论 3 个研究方向。

CEB008 - 20051226

东南大学与德国马格德堡大学联合培养职教双硕士项目启动

2005 年 12 月 26 日，东南大学与德国马格德堡大学联合培养职业技术教育学双硕士项目在东南大学正式启动。学习年限为 2 年，第一年在东南大学学习，第二年赴德国马格德堡大学注册学习。此项目源于教育部与德国国际继续教育和发展协会 2003 年 11 月签署的中德职业教育合作协议，参加该项目的有东南大学、天津大学、德国马格德堡大学、越南胡志明市技术教育大学 4 所高校和德国国际继续教育和发展协会。2005 年 11 月，教育部正式批准该项目实施。

CEB009 - 20060125

天津大学获职业技术教育学博士学位授予权

2006 年 1 月 25 日，经国务院学位委员会批准，天津大学获得职业技术教育学博士学位授予权。该博士点下设职业技术教育理论及应用、职业技术教育宏观管理与发展战略研究、比较职业技术教育研究 3 个研究方向，从 2006 年开始招生。

CEB010 - 20070000

华东师范大学设立职业技术教育学博士后科研流动站

2007 年，职业技术教育学博士后科研流动站在华东师范大学设立。该站设有比较职业技术教育、职业培训与就业、职业技术教育原理、职业技术教育课程与教学论 4 个研究方向。

CEB011 －20070331

一批硕士研究生同时获得职业资格证书

2007年3月31日，天津工程师范学院举办首届硕士研究生毕业典礼暨学位授予仪式，17名研究生被授予教育学或工学硕士学位，其中10名研究生同时取得中级以上国家职业资格证书，1人获得了国家技师职业资格证书。

第六章　社会团体

第一节　中华职业教育社

CFA001 –19820506

中华职业教育社举办立社 65 周年座谈会

1982 年 5 月 6 日，纪念中华职业教育社立社 65 周年座谈会在北京举行。中华职业教育社代理事长胡厥文与会，会议由孙起孟副理事长主持。全国政协副主席兼中共中央统战部顾问刘澜涛指出："中华职业教育社是中国近代史上的历史产物，是在中国民族资本主义历史发展中产生的。在反对帝国主义、反对封建主义的斗争中起过好的作用。""中华职业教育社是一个具有悠久历史的社会团体，它的存在和事业是符合我们现在的宪法修改草案精神的。毫无疑问，应当受到鼓励和支持。"中共中央统战部顾问平杰三希望中华职业教育社继续在党的教育方针指引下，进一步扎扎实实地办好职业教育。教育部原副部长臧伯平、全国政协副主席胡子昂、"语文学习讲座"主讲人叶圣陶、中共中央统战部副部长方知达也作了发言。

CFA002 –19821124

胡耀邦同意中华职业教育社恢复组织和工作

1982 年 11 月 20 日，中华职业教育社代理事长胡厥文写信给中共中央总书记胡耀邦，附送《立社六十五周年纪念刊》和《社史资料选辑》各一册，请求恢复中华职业教育社的组织和工作。11 月 24 日，胡厥文接到胡耀邦总书记的复信。复信中说："厥老：手惠中华职业教育社的两册资料，收悉。该社故友新秀决心继承发扬光大黄任老毕生奋斗的事业，为国家加速造就人才，并且已经作出了成绩，可喜可贺。中央统战部代该会请求恢复组织和工作的报告，我尚未收到。但我认为，此种好事有统战部赞助就行，毋须等待中央批准。现在百废待兴，应多多提倡人人奋勇争先的风气，不宜层层设卡，贻误良机。尚望厥老勉励该会同仁发扬主动精神和创造性，放胆把工作推向前进。时届严冬，年高不适，望善自珍摄。”

CFA003－19830502

中华职业教育社召开社员代表会议

1983 年 5 月 2－8 日，中华职业教育社在北京召开社员代表会议，13 个省、市、自治区的 124 名代表参加会议。此次会议是在接到中共中央总书记胡耀邦给胡厥文代理事长的回信，同意恢复组织、开展办学等各项工作情况下召开的，标志着中华职业教育社正式恢复组织和工作。中共中央统战部部长杨静仁说，“这是一次具有继往开来的历史意义的盛会”。教育部部长何东昌认为，“中华职业教育社现在召开社员代表会议，是我们国家职业教育史上的一个很重要的事件”。这次会议总结了 23 年来的工作，通过了第四届理事会《工作报告》和《中华职业教育社章程》，选出由 51 人组成的第五届理事会。理事会推选胡厥文为理事长，孙起孟、王艮仲为副理事长。

CFA004－19831228

中华职业教育社举办职业教育理论研究座谈会

1983 年 12 月 28 日，中华职业教育社在北京召开复社后的第一次职业教育理论研究座谈会。会议围绕黄炎培职业教育思想、职业教育结构、农村职业教育、职业道德教育四个方面的问题进行探讨。会议达成共识：黄炎培的教育与生产劳动关系的思想，教育结构适应经济结构的思想，建立全面的职业教育体系的思想，重视职业素质和职业道德训练的思想，至今仍具有现实意义；职业教育是教育体系的重要组成部分；当前农村经济结构和劳动力结构正在发生巨大变化，加速农村中等教育结构改革，发展职业教育，是发展农村经济、实现农业现代化的迫切需要；职业教育必须坚持德、智、体全面发展的教育方针，为社会主义建设事业培养有道德、有文化、守纪律的劳动者。会后，中华职业教育社向中共中央提出“在比较充分调查研究的基础上，在适当时间召开一次全国性的职业教育工作会议”的建议。

CFA005 – 19850605

中华职业教育社举办第二次职业教育理论研究座谈会

1985 年 6 月 5 日，中华职业教育社第二次职业教育理论研究座谈会在北京召开。出席会议的有全国政协、中宣部、中共中央统战部、各民主党派中央、全国工商联、中央社会主义学院和有关团体、单位以及职业教育界人士共计 200 余人。中华职业教育社副理事长王艮仲指出："此次座谈会，主要研究讨论三个问题：一是教育体制改革问题；二是职业教育的涵义、范围、地位、作用、结构问题；三是社会力量办学问题。"会议再次建议国务院召开全国性的职业教育工作会议。

CFA006 – 19860313

中华职业教育社接待美国职业教育访华团

1986 年 3 月 13 日，美国国际人民交流协会职业教育代表团、美国职业教育社一行 44 人访华，中华职业教育社接待美国客人。中华职业教育社副理事长孙起孟、王艮仲向客人介绍了中华职业教育社社史和近几年来开展的主要工作，双方沟通了各自职业教育的师资、教材、刊物出版、农村职教、招生就业等情况，互换资料与刊物，并商定就理论研究等方面加强合作。美国职业教育社和中华职业教育社都成立于 1917 年。本次交流标志着复社以来中华职业教育社开始进行国际交往活动。

CFA007 – 19860409

中华职业教育社举办研究座谈会并向国家教委提出六个专题建议书

1986 年 4 月 9 – 13 日，中华职业教育社在北京召开第三次职业教育理论研究座谈会。会议有重点地邀请了部分省、市、自治区的教育行政部门、职教理论研究和宣传单位、各级各类职业学校以及部分民主党派中央、人民团体的相关负责人。国家教委副主任王明达出席会议并讲话。这次研讨会旨在为全国职业教育工作会议提供必要的准备。会议向国家教委提出六个专题的建议书：关于改革职业教育管理体制的建议；关于建立职业教育体系的建议；关于发展职业教育与同步改革劳动人事制度的建议；关于解决职业教育经费的建议；关于建设师资队伍的建议；关于鼓励民主党派、人民团体兴办职业教育的建议。

CFA008 -19860915

中华职业教育社举办职业技术教育讲座

1986 年 9 月 15 -26 日，中华职业教育社联合东北职业教育协作会在辽宁省沈阳市举办职业技术教育讲座。来自 28 个省、市、自治区的学员及职业学校和有关部门职业教育工作者共计 900 余人参加讲座。国家教委副主任王明达、辽宁省人大常委会副主任张知远、辽宁省副省长林声以及 14 位职业教育专家从不同角度作了讲座。

CFA009 -19861217

国家教委同意中华职业教育社为全国性教育组织

1986 年 12 月 17 日，根据《中共中央、国务院关于严格控制成立全国性组织的通知》和中共中央办公厅、国务院办公厅《关于成立全国性组织的若干规定》精神，国家教委发文同意中国教育学会等 7 个组织为全国性教育组织，其中包括中华职业教育社。

CFA010 -19870401

国家教委对中华职业教育社进行业务指导

1987 年 4 月 1 日，国家教委发文指出："第一，今后中华职业教育社和社的地方组织所办教育事业的规划，可纳入各级教育事业的统筹规划以内进行安排，在业务上，教育部门可给予指导。第二，国家教委和地方教育行政部门今后发送的有关教育方面的文件，可一律抄送中华职业教育社和社的地方组织。并可邀请参加有关教育方面的会议。第三，各级教育行政部门根据工作需要，对某些教育科研项目的研究工作，可委托中华职业教育社和社的地方组织承担。"

CFA011 -19870506

中华职业教育社举行黄炎培职业教育思想研讨会

1987 年 5 月 6 日，黄炎培职业教育思想研讨会在北京召开，来自全国各地的 80 多位职业教育专家、学者和工作者参加会议。国家教委副主任王明达、中国教育学会副会长张健、全国职工教育管理委员会副主任浦通修、中华职业教育社副理事长孙起孟、民建中央副主席冯梯云等出席会议。王明达、张健、冯梯云、孙起孟、浦通修发表了讲话。18 位专家、学者分别就黄炎培职业教育思想的产生背景、主要内容、思想精髓和现实意义作了演讲。会后编辑出版了《黄炎培职业教育思想研讨会专刊》。

CFA012－19870904

黄炎培诞辰 110 周年暨中华职业教育社立社 70 周年纪念会召开

1987 年 9 月 4 日，黄炎培先生诞辰 110 周年暨中华职业教育社立社 70 周年纪念会在北京举行。全国人大常委会委员长彭真题词“纪念为祖国解放和建设事业合作奋斗的战友”，全国政协主席邓颖超打电话祝贺并题词“发扬黄任老热爱祖国、与时俱进的精神”。中共中央政治局委员习仲勋，中央政治局委员、书记处书记、国务院副总理乔石，全国人大常委会副委员长王任重、朱学范、周谷城、荣毅仁，全国政协副主席杨静仁、刘澜涛、胡子昂、缪云台、赵朴初、叶圣陶、雷洁琼，中央统战部部长阎明复，全国政协秘书长周绍铮，中国致公党主席黄鼎臣，台盟主席苏子蘅出席会议。习仲勋代表中共中央讲话指出：“黄任老是一位杰出的民主战士、忠诚的爱国主义者、著名的政治活动家和中国职业教育的先驱，是新中国德高望重的老一辈国家领导人之一，也是同中国共产党长期风雨同舟、休戚与共的亲密朋友。”“任老一生的重要成就之一，就是创立并领导了中华职业教育社。”同日，黄炎培先生诞辰 110 周年暨中华职业教育社立社 70 周年纪念展在中国革命博物馆举行。

CFA013－19890506

中华职业教育社召开第六次全国社员代表会议

1989 年 5 月 6－13 日，中华职业教育社在北京召开第六次全国社员代表会议。中共中央政治局委员、国务委员兼国家教委主任李铁映，中共中央书记处书记、中共中央统战部部长阎明复，全国人大常委会副委员长习仲勋，全国政协副主席杨静仁、孙晓村、程思远出席会议。阎明复代表中共中央致辞指出，中华职业教育社致力于研究推行职业教育，培养出了一大批有理想有技能的人才，并积极投身抗日民族解放运动，参加中国共产党领导的人民民主统一战线，为争取民主革命的胜利，建立新中国作出了重要贡献。中国共产党第十一届三中全会以后，团结社员校友围绕社会主义现代化建设和教育改革开展各项工作，取得了显著成绩。希望中华职业教育社继续为我国教育事业的发展和中华民族的振兴作出新的贡献。会议通过了第五届理事会《工作报告》，修改了《中华职业教育社章程》，选举产生了由 84 名理事组成的第六届理事会。第六届理事会选举孙起孟为理事长，项南、王明达、黄大能、冯梯云、饶博生为副理事长。

CFA014－19890717

中华职业教育社举办职业教育理论与政策讲习班

1989年7月17日，中华职业教育社举办的职业教育理论与政策讲习班在北京开幕。讲习班为期10天，来自全国20个省、市、自治区的200余名职业教育行政干部、职业学校负责人参加学习。教学内容分为四个部分：一是包括职业教育现状与对策等方面的总论，由副理事长王明达等主讲；二是包括黄炎培职业教育思想、国际职业教育发展趋势等方面的专论，由中央教育科学研究所所长吴畏等主讲；三是办学经验及交流，由教育部职教司、劳动部培训司负责人及部分职业学校校长主讲；四是参观部分职业学校和用工企业。中央电视台新闻联播报道了此次活动。

CFA015－19900325

中华职业教育社举办农村职业教育管理干部讲习班

1990年3月25日至4月4日，中华职业教育社在北京举办农村职业教育管理干部讲习班，来自全国23个省、市、自治区的近300名基层职业教育管理干部和农村职业学校校长参加讲习班。全国人大常委会副委员长、中华职业教育社理事长孙起孟出席开班仪式并讲话。他指出："农民积极性的提高在很大程度上取决于农民生产能力和素质的提高，这就给农村职教工作提出了新的要求。"国家教委职业技术教育司、农业部农业司、北京师范大学、北京市教育局以及部分农村职业学校负责人分别作了辅导报告。

CFA016－19900717

中华职业教育社举办职业指导讲习班

1990年7月17－26日，中华职业教育社在北京举办职业指导讲习班，来自全国23个省、市、自治区的138名学员参加学习。全国人大常委会副委员长、中华职业教育社理事长孙起孟，中华职业教育社副理事长黄大能出席开学仪式。讲习班邀请国家教委、劳动部、社科院、中科院、有关大学及职业指导实验单位的领导、专家学者讲授我国职业指导工作的现状、职业指导的理论与方法、如何在中学开设职业指导课等11个专题。

CFA017－19910410

中华职业教育社举办职工教育理论与实践讲习班

1991年4月10－20日，中华职业教育社在北京举办职工教育理论与实践讲习班，来自全国 23 个省、市、自治区的各类企业教育部门、职工教育或成人教育部门的近 300 人参加学习。全国人大常委会副委员长、中华职业教育社理事长孙起孟，中华职业教育社副理事长黄大能出席开学仪式。讲习班就我国职工教育的历史、岗位培训在企业生产中的地位和作用、今后我国职工教育和企业干部培训工作的规划与政策、德国职业技术培训模式等作了讲解，并组织观摩了中国—联邦德国北京电器模具技术培训中心。

CFA018－19911114

中华职业教育社举办学习贯彻《国务院关于大力发展职业技术教育的决定》座谈会

1991 年 11 月 14 日，中华职业教育社在北京举办学习贯彻《国务院关于大力发展职业技术教育的决定》座谈会。中华职业教育社部分在京理事、常务理事，全国人大、全国政协、国家教委、劳动部、农业部和有关民主党派中央负责人出席座谈会。全国人大常委会副委员长、中华职业教育社理事长孙起孟主持会议并发言。他指出："大力发展职业教育是经党的十三届七中全会建议制定的国民经济和社会发展十年规划以及'八五'计划中的一项重要决策。最近，国务院又作出了贯彻落实这一决策的决定，它引起了社会的广泛参与和重视。""必须把我们的认识一致于党中央、国务院这样重视职业教育的战略地位和作用的高度上来，不仅要从经济上，而且从政治上看问题，不仅从教育这个局部的角度，而且从巩固社会主义制度的全局来估量职业教育的战略地位和作用。"

CFA019－19920506

中华职业教育社举办立社 75 周年纪念大会

1992 年 5 月 6 日，中华职业教育社立社 75 周年纪念大会在北京召开，中华职业教育社理事、社员、校友近 300 人出席会议。中共中央统战部常务副部长蒋民宽和原副部长宋堃、国家教委副主任王明达、全国政协秘书长宋德敏以及中共中央统战部、国家教委、全国政协、民政部的有关领导到会祝贺。全国人大常委会副委员长、中华职业教育社理事长孙起孟作《老树逢春　大有可为》的主题发言。蒋民宽和王明达分别代表中共中央统战部和国家教委讲话。会议同时对中华职业教育社恢复组织和工作 10 周年的工作进行了全面总结。

CFA020 – 19920506

中华职业教育社举办第二次黄炎培职业教育思想研讨会

1992 年 5 月 6 – 8 日，中华职业教育社在北京举办第二次黄炎培职业教育思想研讨会。中华职业教育社副理事长黄大能主持会议。全国人大常委会副委员长、中华职业教育社理事长孙起孟出席会议并讲话。举办本次研讨会的目的一方面纪念中华职业教育社立社 75 周年，另一方面为中华职业教育社承担的全国教育科学“八五”规划国家教委重点课题“黄炎培职业教育思想研究与实验”作开题准备。

CFA021 – 19930629

职业道德建设座谈会召开

1993 年 6 月 29 日，中华职业教育社与国务院纠风办联合在北京召开职业道德建设座谈会。全国人大常委会副委员长、中华职业教育社理事长孙起孟，全国人大常委会副委员长李沛瑶，中纪委副书记、国务院纠风办主任徐青出席座谈会。会议强调，加强职业道德建设是深入纠正部门和行业不正之风的治本之策，是社会主义精神文明建设的重要内容，也是保证社会主义市场经济发展的必要条件。孙起孟指出，加强职业道德建设是纠正行业不正之风的根本之图，纠正不正之风既要“驱邪”、“治标”，更要注意“扶正”、“培本”。

CFA022 – 19940129

李岚清就发展职业教育事宜回信孙起孟

1994 年 1 月 19 日，全国人大常委会副委员长、中华职业教育社理事长孙起孟就他在六届五次理事会上关于发展职业教育的一些意见的发言致信国务院副总理李岚清。1 月 29 日，李岚清回信指出：“我赞同您对发展职业教育的意见。职业教育、成人教育是我国教育事业非常重要的组成部分。我一直认为，能够通过上普通高等院校成才的总是很少数的人，而社会需要大量各种层次的人才，特别是我国正在建立社会主义市场经济体制，在这个转轨过程中，对大量的在职人员进行培训和教育的任务更为繁重。因此，我们需要大力发展职业教育和成人教育。”在信尾部分，李岚清还对中华职业教育社长期以来做的大量工作和为社会所作的贡献表示感谢和敬意。

CFA023 – 19940430

福建中华曙光职业学校成立

1994 年 4 月 30 日，由福建省劳改局和福建中华职业教育社联合创办的福建中华曙光职业学校正式开学。全国人大常委会副委员长、中华职业教育社理事长孙起孟为学校命名并题写校名。中华职业教育社总社为该校发来贺电。孙起孟带头捐款 3000 元。这所学校是我国第一所在监狱内创办的职业学校。学校集矫治恶习与职业技能培训功能为一体，旨在引导、帮助即将刑满释放的人员学习并掌握一门就业技能，增强自新、自立信念和就业能力，提高、巩固改造成果，降低这些人员的重新犯罪率，促进社会治安综合治理工作。首期学员包括 200 多名余刑半年以内、表现较好且自愿报名的服刑人员。

CFA024 – 19940506

中华职业教育社召开第七次全国社员代表会议

1994 年 5 月 6 – 14 日，中华职业教育社在北京召开第七次社员代表会议。来自全国 25 个省、市、自治区和香港、澳门地区的代表 188 人出席会议。中共中央政治局委员、国务院副总理李岚清代表党中央、国务院出席会议并讲话。李岚清指出，中华职业教育社 1982 年恢复活动以来，在建设有中国特色社会主义的理论和党的基本路线指引下，适应改革开放和现代化建设的需要，开展职业教育问题的调查研究，为教育改革献计出力，举办各种形式的职业学校和培训班，为提高社会主义劳动者的素质和培养造就有理想、有道德、有文化、有纪律的新型建设人才作出了显著成绩。希望中华职业教育社进一步发挥具有统一战线性质的职业教育团体的特点，进一步发挥同包括各民主党派在内的各界人士有密切联系的优势，为发展我们的教育事业出主意、想办法、提建议，为发展有中国特色的职业教育事业，为实现祖国的统一和中华民族的振兴作出新的更大的贡献。会议通过了第六届理事会《工作报告》，修改了《中华职业教育社章程》，选举产生第七届理事会。七届一次理事会选举孙起孟为理事长，项南、王明达、黄大能、冯梯云、饶博生、陈难先为副理事长。

CFA025 – 19950116

“温暖工程”创立

1995 年 1 月 16 日，经中共中央统战部和中华职业教育社理事会批准，中华职业教育社在北京举行“温暖工程”创立仪式，同时成立“温暖工程”促进委员会。全国人大常委会副委员长费孝通、雷洁琼、李沛瑶、王光英，全国政协副主席万国权出席仪式。仪式由国家教委副主任、中华职业教育社副理事长王明达主持。全国人大常委会副委员长、中华职业教育社理事长孙起孟，全国人大常委会副委员长费孝通和中央统战部副部长刘延东在仪式上讲话。“温暖工程”是为响应党中央号召，由孙起孟在第七次全国社员代表会议上倡议发起的，目的是以职业教育和培训、职业指导和职业介绍为手段，为城乡迫切需要就业和优化就业的人员提供服务。“温暖工程”在创立之初就得到了党中央、国务院领导的关心。中共中央政治局委员、国务院副总理李岚清向孙起孟发来贺信，贺信中说：“中华职业教育社为协助党和政府解决城乡剩余劳动力的就业和安置问题，正在开展‘温暖工程’。这是一件利国利民的好事，我对此表示支持和衷心的感谢。”

CFA026－19950825

《黄炎培教育文集》发行

1995 年 8 月 25 日，由中华职业教育社编辑的《黄炎培教育文集》在中共中央统战部礼堂举行发行仪式。全国人大常委会副委员长、中华职业教育社理事长孙起孟，全国人大常委会副委员长雷洁琼、李沛瑶，中共中央统战部副部长刘延东，国家教委副主任、中华职业教育社副理事长王明达，国家语委主任许嘉璐，轻工总会副会长徐荣凯，全国人大教科文卫委员会副主任委员杨海波，全国政协文史和学习委员会主任委员杨拯民及部分中华职业教育社副理事长和黄炎培先生家属出席仪式。中共中央政治局委员、国务院副总理李岚清为《文集》发行写来贺词。《文集》共 4 卷，130 万字，收入了黄炎培先生毕生的教育著述，系统地反映了黄炎培职业教育思想。

CFA027－19951007

纪念胡厥文先生诞辰 100 周年座谈会举行

1995 年 10 月 7 日，纪念胡厥文先生诞辰 100 周年座谈会在北京人民大会堂举行，中共中央政治局常委、全国政协主席李瑞环出席座谈会。全国政协副主席、中共中央统战部部长王兆国代表全国政协和中央统战部讲话。王兆国指出：“作为中国民主建国会和中华职业教育社的卓越领导人之一，胡厥文先生同中国共产党精诚合作、并肩战斗四十余年，经受了历史的考验。”出席座谈会的还有全国人大常委会副委员长、民建中央主席、中华职业教育社理事长孙起孟，全国人大常委会副委员长倪志福、王光英，全国政协副主席吴学谦、孙孚凌、万国权，全国工商联主席经叔平及胡厥文先生亲属、生前友好共 150 余人。

CFA028 - 19960306

孙起孟发表《迎接职业教育的春天》

1996 年 3 月 6 日，全国人大常委会副委员长、中华职业教育社理事长孙起孟在《中国教育报》上发表文章《迎接职业教育的春天》。文章指出："五中全会强调，为了实现'九五'和 2010 年的奋斗目标，必须实施'科教兴国'战略，促进科技教育和经济紧密结合。""在几个国家机关和研究单位联合主办的一项活动中，有 46 家著名企业竟然发出'科技兴国'的倡议，同样是四个字，'教'字却遭废弃。""认识问题出在对教育与经济的关系、教育与科技的关系缺乏准确、完整的理解。""职业教育与经济之间存在着'你中有我、我中有你'的融合为一的关系。深一层看，职业教育不仅包括职业知识和技能的传授，而且包括职业道德教育和科学的职业指导。""为了实现今后 15 年经济社会发展奋斗目标，关键是实行两个具有全局性意义的根本转变。在这样的新形势和新任务下，大力发展职业教育的必要性和紧迫性，更见呼之欲出。职业教育的春天已经来临！我国职业教育已经跨进它的黄金时代。"

CFA029 - 19970506

中华职业教育社举行立社 80 周年纪念大会

1997 年 5 月 6 日，纪念中华职业教育社立社 80 周年座谈会在北京人民大会堂举行，中华职业教育社副理事长项南主持会议。中共中央统战部部长王兆国出席会议并讲话。中华职业教育社副理事长黄大能代表中华职业教育社，国家教委副主任张天保代表国家教委，民建中央主席成思危代表各民主党派和工商联讲话。全国政协秘书长朱训、中共中央统战部副部长刘延东、劳动部副部长林用三、北京市政协副主席封明及各界人士共 200 余人出席会议。全国人大常委会副委员长、中华职业教育社名誉理事长王光英会前看望与会者。王兆国指出，中华职业教育社作为党领导的具有统一战线性质的职业教育团体，在邓小平建设有中国特色社会主义理论和党的基本路线指引下，通过举办多种形式的职业学校和培训班，为提高劳动者的思想道德和科学文化素质、培养建设人才作出了显著成绩。在团结、联系民办教育界，开展同台、港、澳的职业教育学术交流中，为扩大爱国统一战线、促进祖国和平统一做了一些有益的工作。

王兆国还赞扬了中华职业教育社实施的“温暖工程”，希望中华职业教育社全体同志继续努力。大会前夕，国家领导人乔石、李瑞环、李岚清、李铁映等为中华职业教育社立社 80 周年题词。

CFA030－19970926

“温暖工程”经验交流会举行

1997 年 9 月 26－28 日，中华职业教育社在安徽省合肥市召开“温暖工程”经验交流会，全国人大常委会副委员长、中华职业教育社理事长孙起孟向会议发来贺信，劳动部副部长林用三，国家教委副主任、中华职业教育社副理事长王明达出席会议。两年多来，“温暖工程”已在全国 16 个省市逐步推进，共培训城乡富余劳动力 15 万人，其中包括两牢释放人员 7000 余人，军地两用人才 2000 余人，帮助城乡富余劳动力 3 万余人就业。

CFA031－19980307

黄大能就“温暖工程”答记者问

1998 年 3 月 7 日，全国政协九届一次全体会议举行新闻记者招待会，邀请部分全国政协委员就扩大就业、扶贫救济问题答记者问。中华职业教育社常务副理事长黄大能等全国政协委员出席记者招待会。会上，一位中国新闻社记者请黄大能介绍中华职业教育社在转变再就业人员的就业观念上所做的工作。黄大能侧重于就“温暖工程”进行回答，他说：“‘温暖工程’启动至今已辐射到全国 16 个省市，引起教育界、企业界有识之士的响应和参与。3 年来，中华职业教育社各级组织依托社办的 100 多个职业教育和职业指导机构，共培训城乡富余劳动力 15 万人，帮助 3 万余名下岗求职人员就业。”“解决再就业问题，光靠政府不行，需要像中华职业教育社这样的群众团体积极参与，需要全社会都来参与。”

CFA032－19980601

中华职业教育社接待台湾职校师生

1998 年 6 月 1－4 日，应中华职业教育社邀请，台湾高雄树德家商职业学校 123 名师生到北京进行职业教育交流。中华职业教育社常务副理事长黄大能出席欢迎宴会。在京期间，台湾师生与北京职业学校的师生进行交流，并在北京服装学院进行美容美发专业和服装专业表演各两场，约 3500 名北京市各区县职业学校师生观摩表演。

CFA033－19991103

中华职业教育社召开第八次全国社员代表会议

1999 年 11 月 3－5 日，中华职业教育社在北京召开第八次社员代表会议。全国人大常委会副委员长、中华职业教育社第七届理事会理事长孙起孟，中共中央统战部部长王兆国，全国人大常委会副委员长王光英、成思危，全国政协副主席罗豪才，中共中央统战部常务副部长刘延东等出席会议。王兆国指出，事实证明，中华职业教育社作为中国共产党领导的具有统一战线性质的职业教育团体，在建设有中国特色社会主义事业中，作用是不可替代的，工作是奋发有为的，成绩是十分显著的，因而受到社会的广泛赞誉。大力发展职业教育，培养大批社会主义现代化建设的实用人才，是当前一项十分重要的任务。中华职业教育社作为一个具有悠久历史、具有统一战线性质的职业教育团体，正面临着前所未有的良好机遇，在促进我国职业教育方面，可以大有作为。会议审议通过了第七届理事会《工作报告》，修改了《中华职业教育社章程》，选举出第八届理事会。八届一次理事会选举成思危为理事长，王明达、张榕明、张怀西、陈难先、黄孟复为副理事长。

CFA034－20001218

中华职业教育社召开中国职业教育发展对策研讨会

2000 年 12 月 18－19 日，中华职业教育社在北京召开“新世纪：中国职业教育发展对策研讨会”。全国人大常委会副委员长、中华职业教育社理事长成思危在开幕式上讲话指出：“近年来，我国相当一部分地区，职业教育出现了新的困难和问题，特别是中等职业学校招生数量出现了严重滑坡，已经引起了社会各方面的关注。这也是我们要召开这次研讨会的原因。”“职业教育是与经济建设结合最为密切的教育形式，是把科学技术转化为生产力的桥梁和纽带，无论发达国家还是发展中国家，无论是现在还是将来，职业教育都是不可缺少的教育形式。可以说，发展职业教育不是可有可无，而是必要的，是实现我国社会主义现代化建设的必不可少的措施。”

CFA035－20001231

中华职业教育社被正式列入中央机构编制部门直接管理的群众团体范围

2000 年 12 月 31 日，中共中央办公厅和国务院办公厅联合发出《关于印发〈21 个群众团体机关机构改革意见〉的通知》，正式把中华职业教育社列入由中央机构编制部门直接管理的 21 个群众团体行列，参加新一轮机构改革。

在此基础上，民政部也发出《关于对部分团体免予社团登记有关问题的通知》，规定中华职业教育社今后免予社团登记。

CFA036－20020514

中华职业教育社举办立社85周年座谈会

2002年5月14日，中华职业教育社在北京举办纪念立社85周年座谈会。中华职业教育社名誉理事长孙起孟，全国人大常委会副委员长、中华职业教育社理事长成思危，全国人大常委会副委员长丁石孙，中共中央统战部常务副部长刘延东出席会议。成思危指出，纪念立社85周年，就是要以“三个代表”重要思想为指导，发扬中华职业教育社与时俱进的优良传统，锐意进取，大胆创新，把中华职业教育社的工作推上新阶段；就是要以奋发有为的精神来推进工作，以敬业、务实、开拓、严格的精神促进职教事业的发展。刘延东肯定了中华职业教育社85年的历史和近年来的工作，并对中华职业教育社在新时期的工作提出希望。

CFA037－20041215

中华职业教育社成为联合国非政府组织成员

2004年12月15日，联合国公共信息部致函中华职业教育社代总干事陈广庆，告知经审议通过，中华职业教育社已正式取得该部非政府组织联系地位。此前，联合国公共信息部官员应邀到中华职业教育社总社机关访问，他们对中华职业教育社实施的“温暖工程”表现出很大的兴趣。为此，联合国公共信息部特别邀请中华职业教育社参加9月召开的第57届联合国非政府组织论坛。论坛期间，出席会议的陈广庆代总干事与各国代表和美国各界人士进行沟通交流。在此基础上，联合国公共信息部正式批准了中华职业教育社的申请。

CFA038－20041220

中华职业教育社召开第九次全国社员代表会议

2004年12月20－23日，中华职业教育社第九次社员代表会议在北京召开。国务委员陈至立，全国政协副主席、中共中央统战部部长刘延东，全国人大常委会副委员长、中华职业教育社理事长成思危，全国人大常委会原副委员长、中华职业教育社名誉理事长王光英，全国政协副主席、中华职业教育社副理事长黄孟复，全国政协副主席、中华职业教育社副理事长张怀西等出席会议。陈至立指出，职业教育是教育工作的重要组成部分，职业教育与普通教育是我国整个教育的两大支柱，就像车之两轮、鸟之双翼，缺一不可，必须协调发展。中华职业教育社要继续发扬优良传统，尽心尽力，为我国社会主义现代化建设和我国职业教育的改革与发展作出新的贡献。刘延东指出，中华职业教育社是我国有着光荣历史传统的职业教育团体，在新的国际国内形势下，要牢牢把握统战性、教育性、民间性这“三性”，充分运用自身的优势和特点，创造性地开展工作。会议审议通过第八届理事会《工作报告》，修改了《中华职业教育社章程》，选举产生第九届理事会。九届一次理事会选举成思危为理事长，张榕明、周远清、李重庵、程贻举、王佐书、程路、周晋峰为副理事长。

CFA039 –20050202

中华职业教育社机关参照公务员管理

2005 年 2 月 2 日，中央组织部、中央统战部、人事部联合发出《关于印发〈中华职业教育社机关参照《国家公务员暂行条例》管理的实施方案〉的通知》。《通知》指出，经研究决定，中华职业教育社机关参照《国家公务员暂行条例》管理。要通过这项工作，逐步实现对中华职业教育社工作人员的科学管理，充分调动他们的积极性，进一步加强机关建设，更好地履行职责、发挥作用。

CFA040 –20050318

“百县百万农民培训计划”启动

2005 年 3 月 18 日，作为“百县百万农民培训计划”的试点，“中华职业教育社温暖工程可口可乐农民培训项目”启动仪式在湖南江永县职业中专举行。该项目利用可口可乐中国有限公司向中华职业教育社捐赠的 100 万元人民币，资助家庭经济困难的青年农民参加技能培训。项目选定湖南中华职业教育社具体组织实施。湖南科技职业学院为该项目的培训学校。湖南江永县职业中专为该项目的培训地点。

CFA041 –20050518

中国民办高等教育峰会召开

2005 年 5 月 18 – 19 日，由中华职业教育社主办的以“机遇、挑战、核心竞争力”为主题的 2005 中国民办高等教育峰会在北京举行。会议以贯彻《民办教育促进法》、增强民办高等教育的核心竞争力为重点内容。全国人大常委会副委员长、中华职业教育社理事长成思危，全国政协副主席、中华职业教育社副理事长张榕明，教育部副部长、中华职业教育社特邀顾问吴启迪，中华职业教育社副理事长程路、周晋峰，以及来自全国各地的100余位专家、学者和民办高校负责人参加会议。成思危指出，公办教育和民办教育是支撑教育的两条腿，发展教育事业既要靠公办教育，又要靠民办教育。国家要在政策方面大力扶持民办教育，应通过三次分配的方式动员社会力量特别是先富起来的一部分人积极参与民办教育事业，将我国的民办教育事业做大，使公办和民办这两条腿稳稳地支撑起来。

CFA042－20050715

温家宝总理对“温暖工程”作批示

2005年7月15日，中共中央政治局常委、国务院总理温家宝就全国人大常委会副委员长、中华职业教育社理事长成思危的来信对“温暖工程”作出重要批示。批示中说：“中华职业教育社实施‘温暖工程’10年来，协助党和政府为困难群众的就业做了很多工作，发挥了应有的作用。我国人口多、就业压力大，加强职业教育和培训，提高劳动力素质尤其是农村劳动力素质，是一项十分必要而迫切的任务。希望你们保持职教社‘统战性、教育性、民间性’的社会团体特色，发挥其在社会公益事业中的独特优势，把‘温暖工程’继续办好，使困难群众受益，为构建社会主义和谐社会作出新的贡献。发改委、劳动和社会保障部、教育部、农业部等部门对职教社的工作要给予支持和帮助。”

CFA043－20050822

中华职业教育社举办企业发展与职业教育座谈会

2005年8月22日，中华职业教育社在北京召开企业发展与职业教育座谈会，共有20家大中型企业及民营企业的30多名代表出席会议。全国人大常委会副委员长、中华职业教育社理事长成思危在座谈会上发表讲话。会议由全国政协副主席、中华职业教育社副理事长张榕明主持。中共中央统战部副部长楼志豪，国务院国资委副主任王勇，教育部副部长吴启迪，劳动和社会保障部副部长张小建，北京市委常委、教育工委书记朱善璐等出席会议。成思危讲了五点意见：一是教育是实现中华民族伟大复兴的重要保证；二是教育兴国是一项系统工程，要靠全社会的共同努力；三是我国正处于工业化中期，工业企业的发展对职业教育的要求进一步提高；四是职业教育对企业发展的重要性越来越显现；五是要努力发展企业职业教育文化。中国航空集团公司、中国石化股份有限公司、上海宝钢集团公司、中国一汽集团公司、中国建筑工程总公司、中国轻工集团公司、首钢集团总公司等国有大型企业及部分民营企业负责人，就企业发展与职业教育的关系作了探讨。

CFA044 –20051021

“温暖工程”实施10周年总结表彰大会召开

2005年10月21日，“温暖工程”实施10周年总结表彰大会在北京举行。中共中央政治局常委、全国政协主席贾庆林在会前接见与会代表并发表重要讲话。全国政协副主席、中共中央统战部部长刘延东出席会议并讲话。贾庆林指出，实践证明，“温暖工程”开辟了协助党和政府解决城乡富余劳动力就业问题的新途径，体现了中华民族扶贫济困的传统美德，符合社会主义的本质要求，是一件利国利民的实事、好事。希望中华职业教育社能够发挥在提高人口素质和劳动者就业技能方面的独特优势，使“温暖工程”真正成为稳人心、暖人心的社会公益事业，为全面建设小康社会、构建社会主义和谐社会作出积极贡献。刘延东在讲话中希望中华职业教育社在实现“温暖工程”过程中抓住重点，打造品牌，规范管理。全国人大常委会副委员长、中华职业教育社理事长成思危宣布“温暖工程百县百万农民培训计划”正式启动。大会还举行了香港培华教育基金向“温暖工程”捐赠5000万元人民币的仪式。此前，上海企业家马国湘向“温暖工程”捐款2000万元人民币，可口可乐中国有限公司捐款100万元人民币，新加坡金鹰国际集团捐款500万元人民币，澳门企业家林金城捐款50万元人民币，香港恒基集团有限公司主席李兆基捐赠120万元人民币生活助学款。

CFA045 –20051107

中华职业教育社在全国职业教育工作会议上介绍“温暖工程”

2005年11月7日，国务院召开的全国职业教育工作会议在北京举行，中共中央政治局常委、国务院总理温家宝，中共中央政治局常委、国务院副总理黄菊在会上作重要讲话。中华职业教育社总干事陈广庆继8部委之后第9个作题为《实施“温暖工程”，服务和谐社会建设》的大会发言。他从实施“温暖工程”的基本做法、实施“温暖工程”工作的基本经验、新时期公益性职业教育以及“温暖工程”面临的形势和任务等方面介绍了中华职业教育社开展的“温暖工程”工作。

CFA046－20051110

中国（重庆）国际职业教育论坛举行

2005 年 11 月 10－11 日，中华职业教育社与重庆市人民政府在重庆联合举办中国（重庆）国际职业教育论坛。全国人大常委会副委员长、中华职业教育社理事长成思危出席论坛并讲话。中共重庆市委副书记、市长王鸿举致开幕词。重庆市市委常委、常务副市长黄奇帆出席论坛并讲话。中华职业教育社副理事长周远清、李重庵、程贻举、程路参加会议。来自美国、澳大利亚、德国、英国、日本、柬埔寨等国家的外宾和我国大陆及台湾地区的 300 余位职业教育专家学者、民办职业院校负责人，部分国家驻重庆领事馆的领事和教育参赞出席论坛。成思危指出："要做好职业教育大文章，除了要有政府的政策支持、职业教育工作者的努力以外，还需要全社会的关心和支持，要唤醒全社会重视职业教育的意识，动员全社会的力量办好职业教育。"

CFA047－20060316

中华职业教育社出席联合国千年发展目标教育与培训圆桌会议

2006 年 3 月 16 日，联合国千年发展目标教育与培训圆桌会议在北京召开。联合国副秘书长、联合国大学校长金克尔，联合国副秘书长、联合国培训与研究中心总干事马赛尔，联合国经济及社会理事会非政府组织处主管哈尼法等 21 位国外与会者，全国政协副主席、中国经济社会理事会主席王忠禹等 50 余位领导人、专家学者出席会议。出席会议的中华职业教育社总干事陈广庆作了题为《落实千年发展目标，以职教扶贫推动和谐社会建设》的发言。

CFA048－20060510

黄炎培职业教育思想研讨会暨《黄炎培职业教育思想文萃》发行及赠书仪式举行

2006 年 5 月 10 日，中华职业教育社主办的黄炎培职业教育思想研讨会暨《黄炎培职业教育思想文萃》发行及赠书仪式在北京举行。全国政协副主席、中华职业教育社副理事长张榕明出席研讨会并讲话。会议由中华职业教育社副理事长周远清主持。出席会议的还有中共中央统战部副部长楼志豪、劳动和社会保障部副部长张小建、中华职业教育社副理事长李重庵、中华职业教育社原副理事长王明达及名誉副理事长黄大能等。张榕明指出，中华职业教育社召开黄炎培职业教育思想研讨会暨《黄炎培职业教育思想文萃》发行及赠书仪式，目的就是认真贯彻落实全国职业教育工作会议和温家宝总理一系列指示的精神，为进一步推进我国职业教育事业的持续、快速、健康发展献计出力，其意义重大。会议期间举行了《黄炎培职业教育思想文萃》发行及赠书仪式。经温家宝总理同意，将温总理在 2005 年国务院召开的全国职业教育工作会议上的讲话作为该书代序。

CFA049 - 20060724

“温暖工程”列入中央文件

2006 年 7 月 24 日，《中共中央关于巩固和壮大新世纪新阶段统一战线的意见》发布。《意见》提出：“要围绕建设社会主义新农村，大力开展‘温暖工程’。”这是中华职业教育社开展的“温暖工程”首次列入中央文件，对“温暖工程”的持续开展和加快速度、扩大规模具有重要意义。

CFA050 - 20060809

西藏中华职业教育社成立

2006 年 8 月 9 日，西藏中华职业教育社成立暨揭牌仪式在拉萨举行。全国政协副主席、中共中央统战部部长刘延东，全国人大常委会副委员长、中华职业教育社理事长成思危，西藏自治区党委书记张庆黎，西藏自治区党委常务副书记、自治区人大常委会主任列确，中共中央统战部常务副部长朱维群，中共中央统战部副部长楼志豪，中华职业教育社副理事长李重庵，西藏自治区党委副书记、政协副主席土登才旺，西藏自治区党委常委、政协副主席、统战部部长巴桑顿珠，西藏自治区副主席、西藏中华职业教育社主任白玛才旺等出席仪式。刘延东指出：“西藏中华职业教育社的成立，既为中华职业教育社拓宽了新的领域，也必将为西藏职业教育事业开创新局面、促进西藏经济社会发展。面对新形势、新任务，西藏中华职业教育社可以说大有可为、前景广阔。”刘延东希望西藏中华职业教育社围绕中心，服务大局；艰苦创业，打开局面；因地制宜，办出特色；加强建设，全面发展。成思危希望西藏中华职业教育社今后加强调查研究，认真建言献策；抓好“温暖工程”；加强自身建设；以职业教育为载体，团结凝聚各方面力量，为西藏经济社会发展作出更大贡献。

CFA051 - 20060926

“温暖工程”服务奥运中职班开班

2006 年 9 月 26 日，中华职业教育社与北京九华集团在九华山庄联合举办北京九华旅游职业学校“温暖工程”服务奥运中职班开学典礼。中华职业教育社副理事长程路参加典礼。作为 2008 年奥运会记者接待单位之一，九华山庄特别筹备注册了北京市九华旅游职业学校。首批招收“温暖工程”服务奥运中职班的500余名学生，均来自福建、安徽、湖南、重庆、湖北、吉林6个省（市）的农村地区和革命老区经济困难家庭，他们将通过免费就读和半工半读的学习形式，在北京市九华旅游职业学校完成中等职业教育学业并在九华山庄实现就业。中华职业教育社总干事陈广庆向北京九华旅游职业学校授予“温暖工程培训基地”的标牌。

CFA052－20061012

中共中央统战部印发《关于加强中华职业教育社工作的意见》

2006年10月12日，中共中央统战部印发《关于加强中华职业教育社工作的意见》。《意见》分为五个部分：一是中华职业教育社的性质和特点；二是新形势下中华职业教育社工作的重要性；三是中华职业教育社工作的指导思想和主要任务；四是切实加强中华职业教育社的自身建设；五是加强对中华职业教育社的领导。《意见》明确各地党委统战部门是本地中华职业教育社组织的主管部门，并将中华职业教育社今后的主要任务确定为“认真调查研究，积极建言献策；遵循市场规律，拓展办学领域；强化服务职能，体现建社宗旨；突出品牌特色，推进温暖工程；加强对外联络，促进交流合作”五个方面。

CFA053－20061012

张榕明走访有关部门商谈共同推进温暖工程“双百计划”

2006年10月12日、19日、24日，受中共中央统战部部长刘延东委托，全国政协副主席、中华职业教育社副理事长张榕明分别走访卫生部、农业部、劳动和社会保障部，商谈共同推进温暖工程“双百计划”事宜。在卫生部，张榕明和一同走访的中共中央统战部副部长楼志豪与卫生部部长高强、副部长陈啸宏商谈合作启动“温暖工程万名乡村医生培训计划”。在农业部，张榕明与部长杜青林、副部长危朝安商谈共同推进“温暖工程双百计划”相关事宜。在劳动和社会保障部，张榕明与部长田成平、副部长张小建商谈共同推进温暖工程“双百计划”相关事宜。三部门均表示，将大力支持并积极配合做好万名乡村医生培训和“双百计划”有关工作。

CFA054－20061110

职业教育博览会暨劳动力供需洽谈会举行

2006年11月10－11日，中华职业教育社与中国人力资源协会、《职业》

杂志社、英格玛中国有限公司在江苏省苏州市共同主办中国首届职业教育博览会暨劳动力供需洽谈会。教育部原副部长、中华职业教育社副理事长周远清代表教育部及大会主办方讲话。周远清指出："本次博览会，在我国职业教育面临大发展的大好形势下召开，必将为我国职业教育的发展，对职业技术人才的交流与沟通作出应有的贡献。"博览会设置了六大特色展区，还同时举办了 2006 中国知名职业技术院校校长高峰论坛和 2006 中国首届劳动力供需洽谈会。1 万余人参加了本次活动。

CFA055－20061229

全面开展"温暖工程李兆基基金百县百万农民和万名乡村医生培训"仪式举行

2006 年 12 月 29 日，全面开展"温暖工程李兆基基金百县百万农民和万名乡村医生培训"仪式在北京举行。中共中央政治局委员、国务院副总理回良玉，全国政协副主席、中共中央统战部部长刘延东，全国人大常委会副委员长、中华职业教育社理事长成思危，全国人大常委会副委员长、农工民主党中央主席蒋正华以及香港恒基兆业地产有限公司主席李兆基出席仪式。会议由中共中央统战部常务副部长朱维群主持。回良玉在讲话中指出，"温暖工程李兆基基金百县百万农民及万名乡村医生培训"是一项利国利民的社会公益事业，开辟了统一战线和社会各界协助党和政府帮助困难群体就业的新途径。回良玉希望，中共中央统战部与国务院有关部门要切实把这件大好事、大善事办好办实，不辜负港澳同胞的一片真情，不辜负农民群众的殷切期盼。随后举行了李兆基向该项目捐款 3.3 亿元人民币的仪式，蒋正华代表项目实施协调小组接受捐赠。

CFA056－20070327

中华职业教育社专家委员会召开第一次会议

经中华职业教育社九届三次常务理事会通过，决定成立专家委员会。2007 年 3 月 27 日，中华职业教育社专家委员会第一次会议在北京召开。全国人大常委会副委员长、中华职业教育社理事长成思危出席会议并为受聘专家颁发聘书。会议由中华职业教育社副理事长、专家委员会主任委员王佐书主持。成思危指出，职教社有三项重要任务：一是作为统战性的职业教育团体，要认真做好调查研究，为职业教育发展建言献策；二是积极投身办学实践，推动民办职业教育的发展；三是大力实施"温暖工程"。他希望专家委员会能够切实发挥智囊团的作用，指导、协助职教社做好各项工作。会议通过了《中华职业教育社专家委员会工作条例》。

CFA057 –20070425

中华职业教育社举行立社 90 周年纪念大会

2007 年 4 月 25 日，中华职业教育社成立 90 周年纪念大会在北京举行。全国政协副主席、中共中央统战部部长刘延东，全国人大常委会副委员长、中华职业教育社理事长成思危，全国政协副主席、致公党中央主席罗豪才出席会议。全国政协副主席、中华职业教育社副理事长张榕明主持会议。刘延东发表讲话并指出，实践证明，职教社是凝聚有志于推动我国职业教育事业发展的各界人士的重要团体，是党和政府联系、团结党外人士和港澳台海外代表人士的重要桥梁，是推进实施科教兴国和人才强国战略以及祖国统一大业的积极力量。希望中华职业教育社不断提高建言献策的水平和质量，不断增强组织的吸引力和凝聚力，不断提升“温暖工程”的针对性和实效性，不断拓展交流合作的深度和广度，不断提高履行职能的素质和能力。成思危强调，中华职业教育社必须抓住机遇，以立社 90 周年作为新起点，再接再厉，为新时期的职业教育工作作出新的贡献。

CFA058 –20070703

“中韩友好（国际）实验学校暨驻华韩资企业定向培养”合作会议举行

2007 年 7 月 3 –4 日，由中华职业教育社和韩国国际职业能力开发交流协会（IOA）联合主办的“中韩友好（国际）实验学校暨驻华韩资企业定向培养”合作会议在北京举行。中华职业教育社副理事长马国湘，韩国国际职业能力开发交流协会理事长、劳动部前部长崔善政，中国职业技术教育学会副会长马叔平以及部分韩资企业和院校的代表出席会议。马国湘在讲话中指出，目前，韩国在我国合资合作及独资的韩国企业已达 3.7 万余家，涵盖制造、汽车、美容、信息技术（IT）、服装、电子、餐饮等行业。这些韩资企业有着较大的人力资源需求，举行这次会议的目的就是本着互惠互利的原则，把中国更多的符合韩资企业需求的职业院校学生输送到韩资企业就业。参加本次会议的 127 所国内职业院校中，共有 85 所院校与韩国 IOA 及其中国办事机构签订了合作协议，成为由 IOA 授权的驻华韩资企业人才培训基地。

CFA059－20070802

温暖工程“双百计划”新疆生产建设兵团项目启动

2007 年 8 月 2 日，中华职业教育社温暖工程李兆基基金“双百计划”新疆生产建设兵团项目启动仪式在乌鲁木齐举行。新疆生产建设兵团司令员华士飞，中华职业教育社副理事长程路，兵团党委常委、副政委雪克来提，以及新疆生产建设兵团各师、团场代表，新疆部分新闻媒体等共计 150 余人参加了项目启动仪式。程路指出，此次温暖工程“双百计划”在新疆生产建设兵团启动实施，具有特殊的政治意义。中华职业教育社主动选择在兵团开展项目，并且确定首批协助兵团培训 5 万名团场职工，就是希望为落实胡锦涛总书记的指示精神出一把力，为战斗在屯垦戍边一线的兵团职工送上一份温暖。华士飞说，现在社会风气很浮躁，做好事都是想有所回报，但“温暖工程”实施十余年来一心一意为人民做好事，却不图回报，这种持之以恒的善举令人十分感动。他表示将充分发挥兵团组织化程度高的优势，认真做好项目，不但要出成果，还要出经验。

CFA060－20070919

中国（哈尔滨）国际职业教育论坛举行

2007 年 9 月 19－20 日，由中华职业教育社和黑龙江省人民政府联合举办的“2007 中国（哈尔滨）国际职业教育论坛”在哈尔滨举行，会议主题为“职业教育与科学发展观”。全国政协副主席、中华职业教育社副理事长张榕明出席会议并讲话。出席会议的还有中华职业教育社副理事长王佐书、周远清，黑龙江省人民政府副省长、黑龙江中华职业教育社主任程幼东，黑龙江省政协副主席刘文泮，以及来自中外职业教育界的专家、学者和教育行政、职业院校负责人近 300 人。张榕明指出，各级各类教育在我国社会发展过程中具有基础性、先导性、全局性作用，要继续坚持好、落实好把教育摆在优先发展的战略地位的方针，进一步加快职业教育的改革和发展。来自德国、美国、澳大利亚、俄罗斯、新加坡以及我国大陆和台湾地区的 20 余位专家、学者发表了演讲。

CFA061－20070922

“黄炎培职业教育奖”颁奖大会举行

2007 年 9 月 22 日，中华职业教育社在北京举办首届“黄炎培职业教育奖”颁奖大会。全国政协副主席、中华职业教育社副理事长张榕明，中共中央统战部副部长黄跃金，中国职业教育和职业培训协会会长、中国就业促进会会长林用三，中国职业技术教育学会会长王明达，中华职业教育社副理事长李重庵、王佐书、程路、周晋峰、马国湘等出席大会。大会评出“黄炎培优秀学校奖”15所、“黄炎培杰出校长奖”31名、“黄炎培杰出教师奖”45名、“黄炎培杰出贡献奖”5名，并举行颁奖仪式。获奖者向全国职业教育战线发出继承弘扬黄炎培职业教育理念等倡议。

CFA062－20071008

湖南省人民政府与中华职业教育社共建湖南科技职业学院

2007年10月8日，湖南省人民政府与中华职业教育社共建湖南科技职业学院协议的签字仪式在湖南科技职业学院举行。全国人大常委会副委员长、中华职业教育社理事长成思危，中共湖南省省委副书记梅克保，湖南省省委常委、省委统战部部长李微微，湖南省人大常委会副主任唐之享、谢佑卿，湖南省人民政府副省长甘霖，湖南省政协副主席龙国键和来自湖南省委、省人大、省政府、省政协、民建中央、中华职业教育社、省教育厅、湖南中华职业教育社以及湖南科技职业学院的领导和师生代表共300余人参加了签字仪式。成思危指出，中华职业教育社成立以来，一直致力于职业教育的实践与研究，与湖南省人民政府共建湖南科技职业学院是中华职业教育社在继承优良传统基础上的创新和发展。这样做，既可以更好地弘扬黄炎培职业教育思想，又可以更好地发挥中华职业教育社在职业教育领域内的作用。湖南省人民政府副省长甘霖与中华职业教育社总干事陈广庆代表双方共同签署湖南省人民政府与中华职业教育社共建湖南科技职业学院的协议。

CFA063－20071231

中华职业教育社与有关部委共同完成“双百及万名乡村医生培训计划”

2007年12月31日，由中共中央统战部统筹协调，中华职业教育社与教育部、劳动和社会保障部、建设部、农业部、卫生部共同实施的“温暖工程百县百万农民及万名乡村医生培训计划”完成了各项任务。该计划于2005年10月由中华职业教育社率先提出并先行实施，2006年年底由中共中央统战部协同各有关部委和中华职业教育社正式实施，主要培训资金来源为香港著名企业家李兆基所捐赠的3.3亿元人民币。其中，中华职业教育社在全国22个省（市、自治区）的273个县（团、场）共计培训农民34.3万人，帮助32.8万人实现转移就业，就业率达95.5%，超额完成了中共中央统战部下达的培训转移30万人的任务。一年来，中华职业教育社广泛调动各种社内外资源，以项目制的方式开展培训转移工作，并创设首席责任人制度和项目特聘督导员制度，加强项目骨干培训，对整个过程进行动态监控，还聘请了具有国际公信力的香港毕马威华振事务所对项目进行审计。

CFA064 –20080122

中共中央统战部部长杜青林走访中华职业教育社机关

2008 年 1 月 22 日，中共中央统战部部长杜青林在副部长黄跃金、楼志豪的陪同下，到中华职业教育社机关走访。中华职业教育社总干事陈广庆介绍了职教社的历史、组织架构以及工作职能等，并分别从“温暖工程”、办学实践、对外联络、自身建设等方面作了工作汇报。杜青林在听取汇报后指出：“第一，职教社工作的基点、主旋律，‘使无业者有业，使有业者乐业’概括得相当精辟。今天，本着与时俱进的精神，可否考虑加上一句‘使乐业者兴业’，只有兴业了，百姓才能真正地、长久地乐业。第二，职教社工作外延和内涵的侧重点，应以‘民’字为核心，从百姓实际需要出发，围绕‘安民、乐民、富民’开展工作。第三，职教社在开展工作中应注意把握原则：关注人民的新期待、新需求；多做打基础的工作；注重根本性的建设；多做具有鲜明特色的工作；注重工作实效。”

CFA065 –20080429

中华职业教育社举行“温暖工程”促进县域经济发展成果展

2008 年 4 月 29 –30 日，中华职业教育社实施“温暖工程”促进县域经济发展成果展览在北京举行。全国政协副主席、中华职业教育社副理事长张榕明和中共中央统战部副部长楼志豪参观展览。中华职业教育社副理事长程路、王佐书、李重庵、周晋峰、马国湘分别参加了展览的有关活动。来自全国各地的 5 万余名观众参观了展览。本次展览设置了规模庞大的综合展区，用于介绍社情社史，展示“温暖工程”13 年来特别是“双百计划”实施以来取得的成果。在县域展区，来自全国 22 个省（区、市）的 206 个县设置了展位。展览期间，还举办了实施“温暖工程”促进县域经济发展研讨会。据不完全统计，展览期间，项目县和企业共达成招商引资意向协议 47 项，合作资金总额达 44 亿余元。

CFA066 –20080523

2008 海峡两岸终身教育论坛举行

2008 年 5 月 23 –24 日，中华职业教育社与中国成人教育协会和台湾成人及终身教育学会在北京联合举办“2008海峡两岸终身教育论坛”。全国人大常委会原副委员长、中华职业教育社理事长成思危，台湾成人及终身教育学会理事长黄富顺，中国成人教育协会会长朱新均出席会议。开幕式上，包括21位台湾嘉宾在内的150余位与会人士向在四川汶川特大地震中不幸遇难的同胞默哀1分钟。成思危在致辞中指出，终身教育是学习型社会的基石，终身教育思想的产生是人类对教育认识问题的重大思想突破，希望两岸教育界同行在交流中互相学习，共同推动两岸终身教育的繁荣发展。

CFA067 – 20080814

学习贯彻十七大精神推动职教社工作创新发展研讨班举办

2008年8月14–16日，中华职业教育社在吉林省吉林市举办“学习贯彻十七大精神，推动职教社工作创新发展研讨班”。总干事陈广庆，副总干事韩晓光、陈光、李益生，以及来自全国省级社、副省级社、直属市级社的负责人，部分省市党委统战部的领导及总社处级以上干部等近60人参加了研讨班。陈广庆作了题为《深入贯彻科学发展观，以改革创新精神推动职教社工作新发展》的讲话。中共中央统战部研究室副主任张献生对统一战线的基本理论和政策作专题讲座。中华职业教育社副总干事韩晓光、陈光、李益生分别就做好换届和“温暖工程”工作，做好建言献策、理论研究和对外联络工作以及中华职业教育社90多年的历史发展脉络等作了讲话。

CFA068 – 20081018

“黄炎培与中国职业教育”高层论坛暨《黄炎培日记》首发式举行

为纪念黄炎培先生诞辰130周年，2008年10月18–19日，中华职业教育社与南京工业职业技术学院联合主办的“黄炎培与中国职业教育”高层论坛暨《黄炎培日记》首发式在江苏省南京市举行。中共中央政治局委员、国务委员刘延东致信祝贺。全国政协副主席、全国工商联主席黄孟复出席黄炎培先生铜像落成典礼并为铜像揭幕。中国高等教育学会会长、中华职业教育社副理事长周远清，江苏省人民政府副秘书长朱步楼，中华职业教育社总干事陈广庆，中国职业技术教育学会常务副会长、中华职业教育社专家委员会副主任委员刘来泉出席会议。刘延东在贺信中指出：“黄炎培先生作为坚定的爱国主义者，著名的社会活动家，是中华职业教育社的创办者，中国近现代职业教育的奠基人。先生早年致力于改革脱离社会生活和生产劳动的传统教育模式，把推进职业教育同争取民族解放和富国强民联系起来，为我国职业教育的发展作出了历史性的贡献，留下了光辉的一页。今天，在探索和发展有中国特色的职业教育中，学习研究和宣传黄炎培职业教育思想具有重要现实意义。”论坛上还举行了《黄炎培日记》（十卷本）首发式。

CFA069 – 20081028

中法职业教育交流合作座谈会举行

2008 年 10 月 28 日，由法国职业培训联合会总干事索科女士任团长的法国职业培训联合会访华团一行 13 人到访中华职业教育社，并出席中法职业教育交流合作座谈会。来自中国 8 个省市 13 所职业院校的负责人出席座谈会。座谈会分全体座谈和分会洽谈两部分。陈广庆表示，职教社一直致力于发挥桥梁纽带作用，为中外院校、教育机构及企业牵线搭桥，推动和促进各方的交流与合作。希望与会者通过这次短暂而珍贵的机会增进了解，互通有无，为今后的交流与合作奠定良好的基础。

CFA070 – 20081201

社会主义新农村建设带头人培训班开班

2008 年 12 月 1 日，由中华职业教育社、湖南省扶贫办、湖南科技职业学院联合举办的湖南省首期村级干部培训班开班仪式在中华职业教育社温暖工程（斗山）培训中心举行。首期培训班的 118 名学员来自湖南省 10 个市（州）20 个贫困县的村党支部书记、村委会主任以及农村专业合作组织负责人。在为期 7 天的免费培训中，中共湖南省省委、省政府有关部门领导，湖南省高校的专家为村官作农村基层政权建设、十七大农村问题政策、扶贫形势与任务、农民专业合作社、科技兴农、互联网信息检索等专题讲座，并参观社会主义新农村省级示范村长沙县黄花镇黄龙村。

第二节　中国职业技术教育学会

CFB001 – 19851220

国家教委筹建中国职业技术教育学会

职业教育具有广泛的社会性，发展职业教育需要动员社会各方面参与，充分发挥社会各方面的积极性。因此，随着我国职教事业发展的加快，各地为了团结职教界力量，经当地民政部门批准，纷纷成立省市群众性职教团体。但到 20 世纪 80 年代，尚无代表我国职业教育的全国性群众团体，国内要求成立相关组织的呼声日渐高涨。1985 年 12 月 20 日，国家教委发出《关于成立全国职业技术教育研究会筹备组的通知》，并在安徽召开筹备组会议。筹备组于 1989 年 10 月 16 日向民政部递交《关于成立中国职业技术教育学会的申请》。1990 年 2 月 2 日，民政部作出《关于成立中国职业技术教育学会的批复》。《批复》中明确："经审核，该学会已具有全民性社会团体法人资格，同意成立中国职业技术教育学会。"

CFB002－19901116

中国职业技术教育学会成立

1990 年 11 月 16－18 日，中国职业技术教育学会成立大会暨首届理事会在北京举行。1991 年 2 月，国家教委办公厅发出《关于中国职业技术教育学会成立并请支持其工作的通知》。《通知》指出："经民政部批准，中国职业技术教育学会已于 1990 年 11 月 18 日在北京正式成立，由国家教委副主任何东昌任会长，国家教委副主任王明达、劳动部副部长李沛瑶、农业部副部长洪绂曾、北京市副市长陆宇澄、职业技术教育中心研究所副所长孟广平任副会长，闻友信任秘书长，王平、刘占山任副秘书长。""希望各教育主管部门对学会今后工作给予必要的支持，并充分运用这支力量，推动我国职业技术教育的发展。"中国职业技术教育学会成立时吸收了 73 个团体会员，以专业委员会的形式将其纳入学会工作体系，从而建立起全国性的职教社团组织网络。

CFB003－19910000

中国职业技术教育学会中专教育专业委员会成立

1991 年，中国职业技术教育学会中专教育专业委员会成立。中专教育专业委员会是中国职教学会领导下的分支机构，是中专教育的群众性学术团体。该委员会的宗旨是：团结全国中等专业技术教育团体组织，坚持以马列主义、毛泽东思想、邓小平理论和"三个代表"重要思想为指导，贯彻落实党和国家有关中等专业技术教育的政策、批示和文件要求，加强专业技术教育的理论与实践研究，加强各技术教育和培训研究组织与机构的联系与沟通，扩大我国技术教育与国际技术教育的联系与合作，努力使本会成为技术教育领域理论与实践研究最有成果的组织。

CFB004 -19920500

中国职业技术教育学会学术委员会成立及其组织变迁

1992年5月，中国职业技术教育学会成立第一届学术委员会。该委员会是学会下属的分支机构。2003年4月24日，中国职业技术教育学会下发《关于中国职业技术教育学会学术委员会换届的通知》。《通知》提出："学术委员会领导成员建议名单已由常务理事会第一次通讯会议表决通过，学术委员会委员名单也一并征得了大多数常务理事的同意。"经民政部同意，第二届学术委员会的性质改为学会的内设机构。2008年，第二届学术委员会届满，经常务理事通讯会议审议产生第三届学术委员会。同年5月10日，第三届学术委员第一次全体会议召开。中国职业技术教育学会常务副会长兼秘书长刘来泉代表学会对第二届学术委员会工作给予充分肯定。他指出，第二届学术委员会在繁荣学术、推进职教学科建设、培养研究人才等领域取得巨大成绩，尤其是在建立职教科学研究奖制度、规划科研项目、推进群众性研究的制度化、中青年学术平台搭建和职业教育学科建设等方面，为新一届学术委员会的工作开拓了方向，奠定了坚实的基础。

附录1　中国职业技术教育学会第二届学术委员会成员名单

顾　问：朱高峰　贺贤土

主　任：杨金土

副主任：刘春生　石伟平

秘书长：欧阳河

委　员：欧阳河　杨　进　周满生　时　勘　汤生玲　徐　涵
陈　宇　薛　静　柳君芳　姜大源　刘启娴　吴　岩
赵志群　马树超　郭　扬　邢　晖　江庆翘

附录2　中国职业技术教育学会第三届学术委员会成员名单

主　任：石伟平

副主任：翟海魂　马树超　孟庆国

秘书长：刁哲军

委　员：石伟平　翟海魂　马树超　孟庆国　刁哲军　欧阳河
陈　宇　汤生玲　周满生　吴　岩　徐　涵　时　勘
姜大源　赵志群　郭　扬　邢　晖　江庆翘　蒋乃平
高　林　周明星　周志刚　周耕夫　于志晶　崔景贵

庄西真　刘　康　史秋衡　朱德全　吴雪萍　夏金星
邓泽民　张桂春　徐国庆　和　震　沈　希　张社宇

CFB005－19920914

中国职业技术教育学会职业高中教育专业委员会成立

1992年9月14日，经中国职业技术教育学会批准，中国职业技术教育学会职业高中教育专业委员会成立。作为中国职业技术教育学会所属的专业委员会、群众性学术团体，该委员会的宗旨是：团结和组织本专业的广大职业中学教育工作者，积极开展职业技术教育理论和实际问题的研究，推动职业中学教育改革，为全面贯彻国家的教育方针、提高教育质量、建立具有中国特色的社会主义职业技术教育体系、实现社会主义现代化服务。该委员会确定的工作范围是：贯彻中国职业技术教育学会的工作部署，制定本会的教育科研规划，组织重点项目的协作研究；组织本会会员结合当地实际开展调查研究和科学实验活动；配合有关部门办好示范性重点职业高中；举办有关职业中学教育的学术会议，交流信息，推广职业技术教育科研成果和办学经验；普及职教科学知识；组织本专业科研成果的评奖活动；编辑出版有关职教学术书刊和资料。

CFB006－20021020

中国职业技术教育学会第二次会员代表大会召开

2002年10月20－21日，中国职业技术教育学会第二次会员代表大会在北京召开。共有155名代表参加会议。会议的主要任务是修改《中国职业技术教育学会章程》，选举产生第二届理事会。教育部党组书记、部长陈至立到会并讲话，教育部副部长王湛出席了会议。陈至立对中国职业技术教育学会工作提出要求："第一，要认真组织学习贯彻全国职教会议精神，把对职业教育和成人教育的认识统一到全国职教会议精神上来。第二，要继续坚持为经济社会发展服务的方向，增强经济社会发展服务的功能。第三，要通过学会的活动，促进职成教的发展。第四，要不断地加强学会、协会的自身建设。"会议对1990年通过的《中国职业技术教育学会章程》进行了修订，明确学会是非营利性社会组织的性质，强调学会接受教育部和民政部的监督管理，对学会的业务范围、会员的权利和义务以及会长、副会长、秘书长的任职条件、职权、职责等作出了具体规定。会议选举王明达为中国职业技术教育学会第二任会长，并选举产生了第二届理事会。

CFB007 - 20021127

中国职业技术教育学会召开学习贯彻十六大精神座谈会

2002 年 11 月 27 日，中国职业技术教育学会召开学习贯彻十六大精神座谈会。王明达、刘来泉、黄尧、杨金土、马叔平、谈松华、王军伟、徐陶朱、崔宝璐、薛静、汤生玲、迟铭等参加会议。与会者强调指出，高举邓小平理论伟大旗帜，全面贯彻“三个代表”重要思想，是十六大的灵魂。21 世纪前 20 年是我国大有作为的重要战略机遇期，迫切需要在经济、政治、文化各领域继续深化改革，扩大开放。十六大报告提出的全面建设小康社会的奋斗目标在“形成比较完善的现代国民教育体系”，“基本普及高中阶段教育”，“形成全面学习、终身学习的学习型社会，促进人的全面发展”，“加强职业教育和培训，发展继续教育，构建终身教育体系”，“完善就业培训和服务体系，提高劳动者就业技能”等多个方面和领域为职业教育的发展和改革提出新的历史任务。

CFB008 - 20030320

中国职业技术教育学会培训交流部成立

2003 年 3 月 20 日，中国职业技术教育学会常务副会长刘来泉与北京艺术设计学院院长屠舜耘、学院下属教辅机构北京时代创新设计企业孵化器有限公司总经理战仁伦代表双方签订协议，成立中国职业技术教育学会培训交流部。培训交流部采取依托院校与企业合作的组织方式和自负盈亏的运转机制。中国职业技术教育学会副秘书长谢幼琅兼任培训交流部主任。培训交流部业务范围包括：组织跨地区职业院校的校际交流；开展国际职业教育交流与合作活动；开展面向职业教育管理人员与教师的各种培训；提供中外合作办学、证书、课程引进方面的中介咨询与服务；举办各种职业教育的展览会、技能竞赛、教学仪器展示等。

CFB009 - 20031121

中国职业技术教育学会教学工作委员会成立

2003 年 11 月 21 日，中国职业技术教育学会教学工作委员会在北京召开成立大会。中国职业技术教育学会会长王明达指出：“中国职业技术教育学会教学工作委员会的成立将促进群众性的职业教育教学工作的发展，对提高职业教育的质量将发挥积极作用。积极推动教学研究，提高职业教育质量，既是职业教育当前紧迫的现实任务，也是职业教育持续发展的战略任务。”会议通过了《中国职业技术教育学会教学工作委员会工作条例》。会议确定首批理事及会员单位430个，常务理事及会员单位183个，选举刘来泉为教学工作委员会主任委员。

附录　中国职业技术教育学会关于筹建教学工作委员会的决定

为团结广大职教工作者，积极开展职业技术教育教学理论与实践研究，推进教学改革，提高教育教学质量与水平，中国职业技术教育学会第一次秘书处办公会议建议着手筹建教学工作委员会，由副会长刘来泉主持筹备工作。在征求各方面的意见、充分酝酿的基础上提出初步方案。王明达会长于1月24日召开会长办公会，讨论同意了初步方案，决定提交常务理事会讨论。经常务理事会第一次通讯会议研究，表决通过了教学工作委员会领导成员候选人并作出如下决定。

1. 批准教学工作委员会领导成员候选人名单。

主 任 委 员：刘来泉

副主任委员：王军伟、朱明光、李志宏、杨进、姜大源

2. 同意教学工作委员会秘书处设在教育部教材发展研究所（高等教育出版社），由王军伟兼任秘书长。

3. 决定以教学工作委员会领导成员候选人和秘书处负责人候选人为主组成筹备组，开展筹建教学工作委员会的各项工作。

CFB010－20031206

中国职业技术教育学会举办2003年学术年会

2003年12月6－8日，中国职业技术教育学会在青岛召开第二届理事会第二次全体会议暨2003年学术年会。此次学术年会是学会换届后举办的第一次全国性大型学术活动。年会的主题是“全面建设小康社会与现代职业教育体系构建”。中国职业技术教育学会会长王明达就年会主题的内涵、意义以及构建现代职教体系的指导思想、原则和需要认真考虑的若干问题加以阐述。他指出，作为全国职业教育群众性学术团体，中国职业技术教育学会应团结更多的职教工作者，紧密配合政府部门，深入研究构建现代职业教育体系中所涉及的理论和实际问题，这是职教学会光荣的历史责任。教育部职业教育与成人教育司副司长刘占山出席会议并讲话。与会理事及来自全国各职业院校、高等院校、职业教育研究机构的代表300余人参加会议。

CFB011－20040327

首届中国中青年职教论坛举行

2004年3月27日，首届中国中青年职教论坛在上海举行。论坛由中国职业技术教育学会学术委员会主办，华东师范大学职业教育与成人教育研究所承办。论坛开幕式由华东师范大学职成教研究所所长石伟平主持，华东师范大学教科院院长丁刚致辞。论坛的主题是“职业教育与就业”，共分4个专题：职业教育与就业教育；就业导向与职业教育发展；当前我国劳动力就业的基本特点、趋势及挑战；沟通职业教育与就业的保障机制。共有60余名来自全国各地的代表参加论坛，其中包括2位台湾学者。日本名古屋大学教授寺田盛纪博士作为特邀代表出席会议并发表了题为《从学校到工作：日、德实践比较》的主题演讲。

CFB012－20040330

中国职业技术教育学会召开第一次秘书长会议

2004年3月30－31日，中国职业技术教育学会秘书长会议在广州举行。会议主题是“交流经验、协调工作、建立联系”。此次会议是中国职业技术教育学会成立以来召开的第一次秘书长会议。学会会长王明达、常务副会长刘来泉、秘书长余祖光，教育部职成教司助理巡视员张昭文，广东省教育厅副厅长李小鲁，以及来自全国30个省、自治区、计划单列市的地方职教学会、学会分支机构的秘书长及代表70余人参加会议。王明达在讲话中强调，要积极探索学会工作的新思路、新模式。第一，要适应形势变化，与时俱进，突出工作重点；第二，要注意和教育行政部门紧密配合，注重活动的实效；第三，要重视基层的需要，要研究为基层提供有效的服务；第四，要积极与行业企业加强联系；第五，探索进一步扩大职业教育的对外开放。会上，各地方学会及学会分支机构进行了经验交流。

CFB013－20040612

首届职业技术教育学专业学科建设与研究生培养研讨会举行

2004年6月12－13日，中国职业技术教育学会学术委员会在浙江金华举行了首届职业技术教育学专业学科建设与研究生培养研讨会。会议由浙江师范大学高等技术学院承办。中国职业技术教育学会学术委员会副主任委员、华东师范大学职成教研究所所长石伟平主持会议。来自全国15所已成功申报或正在申报职业技术教育学硕士点的高等院校、研究机构的代表30余人参加会议。

中国职业技术教育学会会长王明达，学会学术委员会顾问、中国科学院院士贺贤士，浙江师范大学党委书记李鲁等到会并讲话。会议主要内容有：华东师范大学、天津大学、同济大学等国内较早建立职业技术教育学硕士点的高校介绍本校的研究生培养方案；研讨研究生培养模式，包括课程教材建设、师资队伍建设、课堂教学形式、论文指导方式等；湖南农业大学、浙江工业大学、天津工程师范学院等介绍本单位申报硕士点经验；成立“中国职业技术教育学专业学科建设与研究生培养协作组”，讨论并通过《中国职业技术教育学专业学科建设与研究生培养协作组章程》。

CFB014 –20040811

中国职业技术教育学会职教师资专业委员会成立

2004 年 8 月 11 –14 日，中国职业技术教育学会职教师资专业委员会成立大会在新疆农业大学召开。来自全国 75 所（家）院校、研究机构及新闻单位的代表 116 人出席会议。中国职业技术教育学会常务副会长刘来泉、教育部职成教司副司长王继平、新疆维吾尔自治区教育厅副厅长马木提到会并讲话。刘来泉希望职教师资专业委员会进一步组织起来，活动起来，交流起来，努力开拓委员会工作新局面，在职业教育改革与发展中作出新贡献。与会代表对《中国职业技术教育学会职教师资专业委员会工作条例（草案）》进行讨论并提出修改意见，经修改后提交大会通过。大会选举产生由 55 人组成的常务理事会。新当选的常务理事会召开了第一次会议，并选举产生主任委员、副主任委员和秘书长。王宪成当选主任委员，郭春鸣、李桂兰、孟庆国、汤生玲、李增武等 22 名常务理事当选副主任委员，崔正昀当选秘书长。

CFB015 –20040813

纪念邓小平诞辰 100 周年座谈会在北京举行

2004 年 8 月 13 日，中国职业技术教育学会与中国成人教育协会在京联合举行纪念邓小平诞辰 100 周年座谈会。与会者认为，邓小平对教育的许多论述都是从宏观战略高度提出的，对各类教育都具有普遍指导意义，需要教育战线包括职成教战线认真学习贯彻。要落实职成教的战略地位，必须千方百计增加对职成教的投入；职成教应按照“三个面向”的要求，转变办学观念，调整专业设置，改革教育内容，提高教育质量；职成教需要认真研究如何更好地贯彻教育与生产劳动相结合的方针，在结合的内容和方法上不断有新的发展。与会者提出，广大职成教工作者应当深入地学习和领会邓小平同志关于教育的重要论述，把职成教育改革和发展推向新的阶段，让职成教在我国形成全民学习、终身学习的学习型社会中和社会主义现代化建设中作出应有的贡献。中国职业技术教育学会会长王明达、中国成人教育协会会长朱新均等出席会议并讲话。

CFB016 –20040822

中国职业技术教育学会 2004 年学术年会召开

2004 年 8 月 22 – 24 日，中国职业技术教育学会第二届理事会第三次全体会议暨 2004 年学术年会在黑龙江省牡丹江市召开。此次年会的主题是“职业教育为三农服务的新思路、新模式”。来自全国各地普通高校、职业院校、研究机构的代表 150 余人参加会议。中国职业技术教育学会会长王明达就本次学术年会主题的意义、内涵，职业教育为三农服务的方向、目前存在的问题及其对策作了讲话。

CFB017 –20041220

中国职业技术教育学会管理工作委员会成立

2004 年 12 月 20 – 21 日，中国职业技术教育学会管理工作委员会成立大会暨第一届理事会、职业教育管理创新报告会在北京召开。中国职业技术教育学会会长王明达、北京市副市长范伯元、教育部职成教司副司长刘占山，以及来自全国各省(自治区、直辖市)教育厅(教委)、职教学会、行业联合会、教育学会、中国民办教育联谊会的领导、职教专家学者、院校长等 300 余人出席大会。中国职业技术教育学会管理工作委员会是在中国职业技术教育学会农村职业学校管理委员会的基础上更名建立的。管理工作委员会是中国职业技术教育学会的分支机构，其宗旨是团结、组织全国从事职业教育管理及研究的工作者，研究职业教育管理的理论和实践问题，促进职业教育改革与发展，提高职业教育的管理水平。大会讨论通过了管理工作委员会主任委员、副主任委员和秘书长人选。管理工作委员会主任委员由马叔平担任。管理工作委员会秘书处设在北京教育科学研究院职业教育与成人教育研究所和北京市电气工程学校。管理工作委员会邀请中国教育学会副会长、国家督学顾问、北京市哲学社会科学联合会主席陶西平，中国工程院左铁镛院士和李京文院士担任顾问。

CFB018 –20050125

中国职业技术教育学会举办行业与职业教育座谈会

2005 年 1 月 25 日，中国职业技术教育学会在北京召开行业与职业教育座谈会。中国人才学会、中国家庭服务业协会等 10 个行业协会的有关领导，中国职业技术教育学会会长王明达，副会长杨金土、谈松华，秘书长余祖光等出席座谈会。王明达向与会者介绍了当前职业教育改革与发展的形势。他指出，中国职业技术教育学会希望加强与行业的联系与合作，以便进一步发挥行业在职业教育中的作用，更好地为经济发展服务。出席座谈会的行业协会负责人围绕如何搞好职业教育提出许多建议和要求。

CFB019－20050720

纪念《中共中央关于教育体制改革的决定》发布20周年座谈会召开

2005年7月20日，中国职业技术教育学会在北京召开纪念《中共中央关于教育体制改革的决定》发布20周年座谈会。中国工程院院士朱高峰，中国科学院院士贺贤土、刘盛纲、李曙光，河北省人大常委会副主任刘作田，中国职业技术教育学会会长王明达，副会长刘来泉、杨金土，教育部职成教司司长黄尧等参加会议。王明达指出，《决定》第一次提出要大力发展职业教育，对我国职业教育的发展具有历史性意义。目前，我国职业教育又处在一个历史转折点上，需要我们对一些深层次问题给予高度重视，要群策群力，在体制机制创新上作出新的努力。

CFB020－20050821

中国职业教育首届杰出校长表彰会暨中国职业技术教育学会2005年学术年会召开

2005年8月21－23日，由中国职业教育杰出校长评选表彰工作委员会、中国职业技术教育学会主办，北京市教育委员会承办的中国职业教育首届杰出校长表彰会暨中国职业技术教育学会2005年学术年会在北京举行。来自全国各省、自治区、直辖市的获奖校长，学会组织、院校、职教研究机构、企业、媒体代表1000余人参加会议。学术年会以“科学发展、和谐社会、职教创新”为主题。北京市教委原副主任李观政、四川省德阳市市长方小方、湖南省益阳市委书记蒋作斌、国家教育发展研究中心主任张力等分别作了专题报告。表彰活动由中国职业技术教育学会、中国教育报社、高等教育出版社、教育部职业技术教育中心研究所和《中国职业技术教育》编辑部5家单位共同组织。表彰大会由中国职业技术教育学会会长王明达主持。全国人大常委会副委员长成思危、全国政协副主席张榕明、教育部副部长吴启迪、北京市副市长范伯元等出席会议并为受表彰者颁奖。经过自下而上、地方推荐、专家评审等环节，评选出75名中职校长、25名高职校长为2005年“中国职业教育杰出校长”；同时，授予97名院校长2005年“中国职业教育杰出校长提名奖”。

附录 中国职业教育首届杰出校长名单

一、中职部分（按姓氏笔画排序）

文立创	汉	男	广西玉林市电子工业学校
王　岩	汉	男	河南省财经学校
王永生	汉	男	安徽省泾县高级职业中学
王志电	汉	男	河南省信息管理学校
王国庆	汉	男	石家庄铁路运输学校　石家庄铁路高级技工学校
王贤刚	汉	男	湖北省黄石中等专业学校
王亮伟	汉	男	常州市刘国钧职教中心
王晋文	汉	男	太原市商贸经济职业中专学校
王殿英	汉	女	阜阳市宁老庄高级职业中学
王福利	汉	男	吉林市女子职业中等专业学校
卢西宁	汉	男	广西航运学校
史　亮	汉	男	陕西省渭南工业学校
田和平	汉	男	西安铁路运输学校
白兰婷	汉	女	成都市财贸职业高级中学
刘中慧	土家	女	重庆市石柱土家族自治县第一职业中学
刘春佳	汉	女	福建工业学校
华康清	汉	男	浙江省永康市职业技术学校
孙伟宏	汉	男	江苏省张家港职业高级中学
孙俊台	汉	男	江苏省无锡机电高等职业技术学校
江　村	藏	男	西藏自治区综合中专学校
江瑜彦	汉	男	广东普宁职业技术学校
汤玉清	汉	男	新疆石河子工程技术学校
邬宪伟	汉	男	上海信息技术学校
阳　欢	汉	男	江西省医药学校
余丽明	汉	女	江门市第一职业高级中学
吴现才	汉	男	重庆市渝北职业教育中心
张　亢	汉	男	江西中山电子计算机学校
张大好	汉	男	山东省商务科技学校
张云生	汉	男	上海市南湖职业学校
张文兵	汉	男	湖南省中南工业学校

张念蒙	汉	男	云南省红河州蒙自县职业高级中学
张香永	汉	男	北京商贸学校
李　华	满	女	辽宁省铁岭市外事学校
李少鹏	汉	男	淄博市淄川第二职业中专
李灿佳	汉	男	广州市旅游商贸职业学校
李群先	汉	男	天津铁路工程学校
杨一木	汉	男	甘肃省张掖市职业技术教育中心
杨乐文	汉	男	江西省电子信息工程学校
汪义成	汉	男	湖南省怀化万昌中等专业学校
汪秀丽	汉	女	河北省张家口市职教中心
陆建平	汉	男	浙江省临海市中等职业技术学校
陈文华	汉	男	湖南省永州市工商职业中等专业学校
陈华兵	汉	男	福建省晋江职业中专学校
陈明非	汉	男	福建卫生学校
陈林德	汉	男	浙江省象山县职业高级中学
陈金国	汉	男	江苏省仪征职业教育中心校
陈晓军	汉	男	辽宁省城市建设学校
陈锡畴	汉	男	郑州旅游职业学校
周启垠	汉	男	四川省什邡市职业中专学校
孟保和	汉	男	内蒙古临河第一职业中专
林瑞振	汉	男	石家庄市职教中心
苗秀方	汉	男	山东省平度市职教中心
范文明	汉	男	四川省射洪县职业中专学校
金笃孝	回	男	重庆市机械高级技工学校
金喜福	汉	男	吉林省四平卫生学校
侯文廷	汉	男	湖北省钟祥市职业高级中学
俞守能	汉	女	山东省烟台农业学校
律国辉	汉	男	新疆化学工业学校
胡润奎	汉	男	天津市蓟县中等专业学校
荣　标	汉	男	宁夏机电工程学校
贲志宇	汉	男	沈阳市金融学校
贺士榕	汉	女	北京市劲松职业高中
赵　明	汉	男	黑龙江省商务学校

赵宗能	汉	男	贵州省贸易经济学校
徐定军	汉	男	浙江省平阳县职业教育中心
徐新生	汉	男	河南省登封市职业中等专业学校
郭　辉	汉	男	青海省工业学校
高军民	汉	男	陕西省眉县职业教育中心（宝鸡理工中等职业学校）
阎图强	汉	男	山西省贸易学校
黄若凡	汉	男	中山市沙溪理工学校
蒋培福	汉	男	海南省工业学校
谢君立	汉	男	云南省玉溪第二职业高级中学
雷志辉	汉	男	甘肃省静宁县职业技术教育中心
缪立德	汉	男	湖北省医药学校
滕秀芝	汉	女	哈尔滨市妇联幼儿师范学校

二、高职部分（按姓氏笔画排序）

马必学	汉	男	武汉职业技术学院
王　毅	汉	男	新疆农业职业技术学院
卢仁华	汉	男	浙江工业职业技术学院
史忠健	汉	男	青岛职业技术学院
石令明	汉	男	柳州职业技术学院
刘　晓	汉	男	长沙民政职业技术学院
吕光军	汉	男	成都航空职业技术学院
张方明	汉	男	兰州石化职业技术学院
李五聚	汉	男	漯河职业技术学院
李认清	汉	男	天津机电职业技术学院
李兴旺	汉	男	安徽水利水电职业技术学院
李怀柱	汉	男	呼和浩特职业学院
肖仁政	汉	男	徐州建筑职业技术学院
单津辉	汉	男	江西现代职业技术学院
林　虎	汉	男	海南职业技术学院
范利仁	汉	男	黑龙江农业工程职业学院
俞仲文	汉	男	深圳职业技术学院
贺健强	汉	男	河北软件职业技术学院
夏昌祥	汉	男	昆明冶金高等专科学校
徐恒亮	汉	男	北京汇佳职业学院

聂　鹏	汉	男	重庆社会工作职业学院
崔效杰	汉	男	潍坊科技职业学院
温景文	汉	男	辽宁农业职业技术学院
翟　轰	汉	男	陕西工业职业技术学院
魏　崴	汉	男	长春汽车工业高等专科学校

CFB021 – 20051126

第二届中国中青年职业教育论坛举行

2005 年 11 月 26 – 27 日，第二届中国中青年职业教育论坛在吉林省长春市举行。本次论坛由中国职业技术教育学会学术委员会主办，《职业技术教育》杂志社、吉林工程技术师范学院职业技术教育研究所承办。论坛以“职业教育课程改革与人才培养模式创新”为主题，围绕“职业教育课程改革的基本问题与发展取向”、“高职教育课程改革的探索”、“职业教育课程改革与实践”3 个专题展开讨论。

CFB022 – 20060313

中国职业技术教育学会召开 2006 年度工作会议

2006 年 3 月 13 日，中国职业技术教育学会在广西桂林召开 2006 年度工作会议。会议主要内容是学习贯彻全国职成教年度工作会议精神，交流 2005 年分支机构、内设机构、地方学会工作经验和情况，研究部署学会 2006 年工作。会议由广西壮族自治区教育厅、广西职教学会协办。来自各省、自治区、直辖市、计划单列市职教学会、学会各分支机构和内设机构的代表 80 余人参加会议。中国职业技术教育学会会长王明达致开幕词；广西壮族自治区教育厅厅长、中国职业技术教育学会副会长余益中介绍了近年来广西职业教育发展的基本情况；教育部职业教育与成人教育司副司长刘占山到会作专题报告；国家教育发展研究中心副主任、中国职业技术教育学会副会长谈松华作了题为《人才培养模式与教育制度创新》的学术报告；中国职业技术教育学会常务副会长刘来泉作了关于 2005 年度学会工作的报告。学会内设机构、分支机构、地方学会交流了工作经验，并就 2006 年学会工作安排进行了讨论。

CFB023 – 20060513

中国职业技术教育学会轻工科专业委员会成立

2006 年 5 月 13 日，中国职业技术教育学会轻工科专业委员会在江苏省南京市举行成立大会。轻工科专业委员会下设 5 个分支机构，分别为中职教育分会、高职教育分会、艺术设计教育分会、教育教学指导工作分会、国际交流与培训咨询分会。轻工科专业委员会秘书处设在北京市皮革工业学校。

CFB024 –20060609

中国职业技术教育学会医药专业委员会成立

2006 年 6 月 9 日，中国职业技术教育学会医药专业委员会成立。医药专业委员会由苏怀德任主任，周晓明等任副主任，北京市医药学校、上海市医药学校、成都中医药大学峨嵋学院为秘书长单位。医药专业委员会办有《中国职业技术教育学会医药专业委员会通讯》。

CFB025 –20060922

中国职业技术教育学会 2006 年学术年会召开

2006 年 9 月 22 –24 日，中国职业技术教育学会 2006 年学术年会在天津召开。学术年会以“推进教改、加强科研、提高质量”为主题。出席会议的专家、学者及职教战线的教师、研究人员共计 1000 多人。学会会长王明达致开幕词。教育部副部长吴启迪、教育部原副部长张天保、天津市副市长张俊芳等出席会议。王明达指出，此次年会的主要目的是贯彻落实全国职教会议精神，推进改革，加强科研，促进办学能力建设，努力提高职业教育质量。教育部副部长吴启迪就如何认识党中央国务院大力发展职业教育决策的重大战略意义，如何落实大力发展职业教育的一系列战略措施，如何加强科研为职业教育改革与发展服务等发表讲话。学术年会共设 8 个专题论坛，有 96 位代表作论坛发言。会议期间，农村与农业职业教育专业委员会、学生工作委员会、德育工作委员会、科研工作委员会、商科专业委员会以及职教装备专业委员会等学会新设分支机构分别举行成立仪式。中国职业技术教育学会副会长、学术委员会主任委员杨金土宣读中国职业技术教育学会科研规划项目（2004—2005 年度）优秀成果获奖名单。

CFB026 –20060923

中国职业技术教育学会学生工作委员会成立

2006 年 9 月 23 日，中国职业技术教育学会学生工作委员会成立。学生工作委员会是从事职业院校学生管理与服务、招生、就业、创业指导等研究的全国性、群众性学术团体，是非营利性社团组织。作为中国职业技术教育学会的分支机构，学生工作委员会提出要努力为全国致力于学生管理与服务工作的职教同人提供经验交流、学术研究与成果展示的平台。

CFB027－20060923

中国职业技术教育学会德育工作委员会成立

2006年9月23日，中国职业技术教育学会德育工作委员会举行成立大会。中国职业技术教育学会常务副会长刘来泉到会并致辞。教育部职业教育与成人教育司副司长王继平出席会议并讲话。王继平指出，德育工作委员会要为加强和改进职业教育德育工作发挥好参谋和助手作用，努力提高新形势下职业学校的德育工作水平。与会代表讨论通过了《中国职业技术教育学会德育工作委员会工作条例》，选举产生德育工作委员会理事67人、常务理事21人。王继平任德育工作委员会主任委员，郑惠坚任常务副主任委员，王扬南任德育工作委员会副主任委员兼秘书长，蒋乃平、杨春、董群朴、史晓鹤、俞国良、刘五华任副主任委员。德育工作委员会下设德育教学研究会、班主任工作与师德建设研究会、心理健康教育研究会、校园文化建设研究会、美育研究会。

CFB028－20060923

中国职业技术教育学会农村与农业职业教育专业委员会成立

2006年9月23日，中国职业技术教育学会农村与农业职业教育专业委员会成立。该专业委员会是在全国农业职业技术教育研究会的基础上成立的，吸收团体会员118家，个人会员379人。北京农业职业学院院长王振如任主任委员。

CFB029－20070120

中国职业技术教育学会引进创业教育课程

2007年1月20－23日，由中国职业技术教育学会培训交流部、美国国家创业指导基金会（NFTE）和北京光华慈善基金会联合举办的创业教育工作研讨会与教师培训班在北京电子科技职业学院举行。与会者围绕“推动创业教育在职业教育中的进一步开展”的主题进行深入研讨。中国职业技术教育学会会长王明达在讲话中突出强调了创业教育对职业院校的重要性。教育部职成教司副司长刘占山代表教育行政部门要求职业院校将创业教育列入学生培养的重要课程。光华慈善基金会首席执行官杜绍基讲授了《国际领先的创业教育理念——改变生命的教学法》的示范课。

CFB030 -20070410

中国职业技术教育学会召开 2007 年度工作会议

2007 年 4 月 10 - 11 日，中国职业技术教育学会 2007 年度工作会议暨常务理事会议在北京举行。中国职业技术教育学会会长王明达，学会副会长、教育部职成教司司长黄尧，常务副会长刘来泉，副会长杨金土、谈松华、马叔平、薛喜民、周稽裘，秘书长余祖光等出席会议。学会各分支机构、内设机构及各地方学会的代表以及学会常务理事 80 余人参加会议。会议的主要内容是传达学习教育部 2007 年职业教育工作会议精神，研究部署 2007 年学会工作，讨论常务理事换届工作意见，各地方学会、分支机构交流工作经验。王明达就换届和学会年度工作提出指导意见。黄尧传达了教育部 2007 年职业教育工作会议精神。刘来泉在工作报告中回顾了 2006 年学会工作，并提出 2007 年学会工作的指导思想及工作要点。杨金土就首届职业教育科学研究成果奖评审表彰工作作了说明。学术委员会、教学工作委员会、高职教育研究会等分支机构，江苏、湖南等地方学会负责人在会上介绍了工作经验。

CFB031 -20071020

第三届中国中青年职业教育论坛举行

2007 年 10 月 20 - 22 日，第三届中国中青年职业教育论坛暨 2007 年中国职业技术教育学学科建设与研究生培养研讨会在江西省南昌市召开。会议由中国职业技术教育学会学术委员会主办，江西科技师范学院承办。来自全国各地职业教育研究机构、职业院校及已申办和正准备申办职业技术教育学硕博士点的院校代表共 130 余人参加会议。会议以“时代特征与职业教育创新”为主题，与会者围绕“终身学习与职业教育”、“和谐社会与职业教育”、“新农村与职业教育”等专题作了研讨。

CFB032 -20071202

中国职业技术教育学会第三次会员代表大会在北京召开

2007 年 12 月 2 - 3 日，中国职业技术教育学会第三次会员代表大会在北京召开。全体会员代表按会议程序投票选举出第三届理事会理事。经选举产生的 214 名第三届理事会理事按程序选举出常务理事及第三届理事会领导成员。教育部部长周济，中国职业技术教育学会名誉会长何东昌，教育部副部长吴启迪，中国职业技术教育学会会长王明达，教育部国家总督学顾问张天保，中国职业技术教育学会顾问、教育部国家总督学顾问陶西平等出席会议。周济要求，学会要同职业技术教育战线一道深入贯彻科学发展观，把工作重点放在提高质量上，探索有中国特色的职教发展之路。学会名誉会长何东昌希望学会要自下而上地协助政府部门抓好职业教育，齐心合力办中国特色的职业教育、世界一流的职业教育。中国高等教育学会副会长张晋峰受中国教育学会、中国高等教育学会、中国成人教育协会的委托，宣读贺信。学会副会长、学术委员会主任委员杨金土宣读首届“职业技术教育科学研究成果奖”获奖名单。与会代表一致通过《关于会议代表候选人及选举办法说明》及《关于中国职业技术教育学会收缴会费的决定说明》。

附录1 中国职业技术教育学会第三届理事会领导成员名单

名誉会长：何东昌

顾　　问：王明达　陶西平　杨金土　谈松华

会　　长：张天保

常务副会长：黄　尧　刘来泉

法定代表人：刘来泉

副会长（按姓氏笔画排序）：于法鸣　马叔平　石伟平　龙德毅
刘　桔　刘志鹏　余祖光　余益中
周稽裘　孟庆国　金　辉　俞仲文
段　强　赵为粮　翟海魂　薛喜民

秘书长：刘来泉（兼）

副秘书长：谢幼琅　谢　俐　邓泽民

学术委员会主任：石伟平（兼）

培训交流部主任：陈　嵘

附录2 中国职业技术教育学会团体会员单位

内设机构：秘书处、学术委员会、培训交流部、网站编辑运营中心等。

分支机构：教学工作委员会、管理工作委员会、德育工作委员会、科研工作委员会、学生工作委员会、教材工作委员会、高职教育研究会、职教师资专委会、职业指导专委会、中专教育专委会、职高教育专委会、期刊编辑专委会、农村职教专委会、商科专业委员会、轻工专业委员会、民族职教专委会、城市职教专委会、职教装备专委会、卫生教育专委会、轨道交通专委会、医药专业委员会、发展战略研究工作委员会等。

地方学会：北京市职业技术教育学会、上海市职业教育协会、天津市职业教育与成人教育学会、重庆市职业教育学会、河北省职业技术教育学会、山西省职业教育学会、辽宁省职业技术教育学会、吉林省职业技术教育学会、黑龙江省职业教育学会、江苏省职业技术教育学会、浙江省成人教育与职业教育协会、安徽省职业与成人教育学会、福建省职业技术教育学会、江西省职业技术教育学会、山东省职业院校协会、河南省职业技术教育学会、湖北省职业技术教育学会、湖南省职业教育与成人教育学会、广东省职业技术教育学会、广西职业教育与成人教育学会、海南省职业技术与成人教育学会、四川省职业教育与成人教育学会、贵州省职业教育学会、云南省职业技术教育学会、陕西省职业技术教育学会、甘肃省职业与成人教育协会、青海省职业教育与成人教育学会、宁夏回族自治区职业与成人教育协会、内蒙古职业与成人教育协会、新疆职业教育学会、新疆生产建设兵团职成处、西藏自治区教育厅、青岛市职业技术教育学会、大连市职业技术教育学会、宁波市职业技术教育学会、厦门市教育学会职业（成人）教育专业委员会、深圳市教育学会职业教育专业委员会等。

CFB033 – 20080326

中国职业技术教育学会制定五年工作规划

2007 年 12 月，中国职业技术教育学会换届，产生第三届理事会。在总结第二届理事会工作经验的基础上，研究制定了第三届学会的五年工作规划。2008 年 3 月 26 日，《中国职业技术教育学会工作规划（2008—2012 年）》下发。《工作规划》确定了学会今后五年开展工作和活动的指导思想和主要目标，并提出要重点做好以下工作：一是举办多层次学术会议；二是组织科研教研课题研究；三是开展热点、难点问题调研；四是举办评选表彰竞赛和其他活动；五是加强国际合作和培训交流；六是加强学会自身建设。

CFB034 – 20080411

中国职业技术教育学会召开 2008 年度工作会议

2008 年 4 月 11 – 12 日，由中国职业技术教育学会主办、上海市职业教育协会承办的中国职业技术教育学会 2008 年度工作会议在上海举行。中国职业技术教育学会会长张天保，常务副会长、教育部职成教司司长黄尧，常务副会长兼秘书长刘来泉，副会长马叔平、石伟平、龙德毅、周稽裘、孟庆国、金辉、俞仲文、薛喜民等出席会议。会议的主要内容是传达学习教育部 2008 年职业教育年度工作会议精神，研究部署 2008 年学会工作，讨论《中国职业技术教育学会工作规划（2008—2012 年）》，各分支机构、地方学会交流工作经验。刘来泉在工作报告中回顾了2007年学会的工作，对今后5年学会工作规划和2008年学会工作的指导思想及工作要点作了说明。薛喜民、周稽裘、张作功分别代表地方学会作大会交流发言。高喜良、王振如、于洪文分别代表行业学会以及分支机构作交流发言。张天保作会议总结讲话时强调，学会工作一定要“好”字当头。

CFB035－20080521

中国职业技术教育学会轨道交通专业委员会成立

2008年5月21日，中国职业技术教育学会轨道交通专业委员会成立大会在广西南宁召开。来自全国各地的106个单位会员代表和个人会员共200余人参加大会。轨道交通专业委员会的宗旨是：全面落实科学发展观，团结组织全国轨道交通类职业技术院校、教师、教育工作者以及轨道交通类企业及其他热心职业教育与培训的各界人士，开展教育教学研究活动，推进校企合作、工学结合，为培养适应轨道交通行业发展和现代化建设需要的合格技能型人才和高素质劳动者服务。主要工作任务是：组织开展旨在提高职业教育和培训质量的教研活动；促进交流与合作，强化师资培训；开展有关校企合作的专题调研和研讨活动；加强专业委员会的自身建设。会议期间举办了首届轨道交通发展趋势与职业教育论坛。

CFB036－20080714

中国职业技术教育学会赴韩国参加国际交流

2008年7月14－23日，中国职业技术教育学会副秘书长谢幼琅一行3人参加了在韩国骊州大学举行的“2008韩国骊州大学国际夏令营”。此次活动是韩国骊州大学针对亚洲区姊妹友好院校学生主办的韩国最大规模的免费国际夏令营。来自中国、蒙古、泰国、乌兹别克斯坦、中国台湾5个国家和地区的200多名职业院校师生赴韩参加交流活动。开幕式上，谢幼琅代表中国职业技术教育学会致辞。

CFB037－20080818

《国家中长期教育改革和发展规划纲要》职教专题调研开题会召开

2008年8月18日，中国职业技术教育学会在北京召开了《国家中长期教育改革和发展规划纲要》职教专题调研开题会。张天保主持会议，并就做好调研工作提出具体要求。刘来泉常务副会长传达了7月22日教育部副部长袁贵仁部署6个学会组织参与制定《规划纲要》的讲话精神。《规划纲要》总课题组职教专题组组长、中国职业技术教育学会副会长周稽裘就有关情况向会议作了介绍。学会顾问杨金土、部分副会长和职教专题7个子课题的负责人20余人参加了会议。会议进一步明确了分工和时间安排，并决定建立交流平台。

附录　《国家中长期教育改革和发展规划纲要》职教专题工作方案（摘录）

一、工作思路

1. 把《规划纲要》职教调研工作作为今年学会的一项重要任务，并抓住机遇，把调研工作与学会今年的其他工作结合起来，促进学会在开展调研工作领域取得成绩。

2. 充分发挥学会组织的特色和优势，有针对性地将职教的某些重要问题作为调研重点开展调研工作，提出科学的、既有前瞻性又有操作性的政策建议，推动职教改革与发展。

3. 广泛发动学会各方面力量开展调研工作，充分发挥学会相关分支机构的作用，并重视已有的研究成果，使调研工作注重效率。

二、调研重点

1. 职教在国家经济社会发展中的地位作用和制约职教发展的突出问题与主要矛盾。

2. 与社会主义市场经济相适应的职教体系、体制改革和机制创新。

3. 职教可持续发展的根本措施——建立经费保障机制。

4. 提高职教质量的关键环节——师资队伍建设。

5. 影响职教质量的重要因素——教材和教学改革。

6. 职教改革发展的推动力——建立健全科研体系。

7. 工学结合、校企合作职教模式。

拟按以上调研重点，设立分调研专题。

三、组织和领导

职教学会成立《规划纲要》职教专题调研组，在教育部《规划纲要》领导小组和学会的领导下开展工作，聘请学会顾问杨金土为调研组顾问。

组　长：刘来泉　中国职教学会常务副会长兼秘书长、教学工作委员会主任

副组长：薛喜民　中国职教学会副会长、上海市职业教育协会会长

成　员（各分专题负责人）：

龙德毅　中国职教学会副会长、天津市职业教育与成人教育学会会长

于志晶　中国职教学会职教期刊编辑专业委员会主任兼秘书长、《职业技术教育》杂志社社长、吉林工程技术师范学院职业教育研究所所长、吉林省职业教育研究中心主任

郭　扬　中国职教学会学术委员会委员、上海市教科院职业教育与成人教育研究所副所长

孟庆国　中国职教学会职教师资专业委员会主任、天津工程师范学院院长

王宪成　中国职教学会师资专业委员会原主任

王军伟　中国职教学会教材工作委员会主任、高等教育出版社副总编

邓泽民　中国职教学会副秘书长、教育部职业技术教育中心研究所师资资源研究室主任

孙　琳　中国职教学会科研工作委员会副秘书长、教育部职业技术教育中心研究所教学研究室主任

白汉刚　教育部职业技术教育中心研究所政策法规研究室副研究员

马叔平　中国职教学会副会长、管理工作委员会主任

以上成员将分别牵头负责一个相应的调研重点工作。

联络员：于　芳　中国职教学会秘书处办公室主任

CFB038－20081027

中国职业技术教育学会网站编辑运营中心成立

2008 年 10 月 27 日，中国职业技术教育学会网站编辑运营中心成立。中国职业技术教育学会副秘书长于芳任网站编辑运营中心主任，许世杰任执行主任。2008 年 11 月 12 日，中国职业技术教育学会会长、国家总督学顾问、教育部原副部长张天保在中国职业技术教育学会 2008 年学术年会上点击开通中国职业技术教育网，并进行了为期 3 个月的试运营。

CFB039－20081100

中国职业技术教育学会增补香港职教专家为名誉顾问

2008 年 11 月，经中央政府驻港联络办教科部、教育部港澳台办推荐，中国职业技术教育学会依据《中国职业技术教育学会章程》，聘请香港职业训练局执行干事、理事会成员邱霜梅为名誉顾问，聘请香港职业训练局副执行干事李爱莲，香港专业教育学院沙田分校院长、高级助理执行干事冯建强，香港专业教育学院葵涌分校院长祁志纯为名誉理事。

CFB040 –20081109

中国职业技术教育学会举办民办职业教育论坛

2008 年 11 月 9 –10 日，中国职业技术教育学会在广州举办中国改革开放 30 周年与民办职业教育发展高峰论坛。论坛以“新形势，新问题，新挑战——中国民办职业教育的自强之路”为主题，围绕在新形势下如何加强民办职业教育的内涵建设，不断提高质量展开深入讨论。论坛由广东岭南职业技术学院、广东白云学院、苏州工业园区职业技术学院、宁波大红鹰学院 4 所民办院校承办。日本、韩国、新加坡和中国台湾地区的 7 所民办职业院校的代表应邀参加。全国人大常委、教育科学文化卫生委员会委员吴启迪，中国职业技术教育学会会长张天保出席论坛并讲话。

CFB041 –20081112

中国职业技术教育学会 2008 年学术年会召开

2008 年 11 月 12 –13 日，中国职业技术教育学会 2008 年学术年会暨第二次理事会在江苏省南京市举行。大会围绕“坚持科学发展，全面提高质量”的主题，针对当前职业教育教学改革的形势和任务分专题进行研讨。教育部副部长陈希委托职业教育与成人教育司司长黄尧对大会的召开表示祝贺。中国职业技术教育学会会长张天保，顾问王明达，国家总督学王湛，以及职业院校领导、教师和职教专家近 700 人参加会议。张天保在讲话中指出，这次年会是在我国改革开放 30 年、全党全国人民深入学习贯彻十七大精神、开展学习实践科学发展观活动的时候召开，具有特殊而且重要的意义。他希望在职教同人的共同努力下，把此次年会办成谋全局、想大事、互学习、共切磋、求和谐、促发展的年会。

CFB042 –20081121

第四届中国中青年职业教育论坛举行

2008 年 11 月 21 日，第四届中国中青年职业教育论坛暨 2008 年中国职业技术教育学科建设与研究生培养研讨会在广东技术师范学院举行。来自全国各地职业教育领域的数百名专家、学者参加活动。中青年职教论坛的主题是“职业教育理论与制度创新，人性、知识与社会”。与会代表采用主题发言和自由辩论相结合的形式，围绕论坛主题进行了深入讨论。

第三节 其他有关社团及其活动

CFC001 -19900607

中国职工教育和职业培训协会成立

1990年6月7日，中国职工教育和职业培训协会成立。中国职协是具有法人资格的全国性社团，由全国各级各类企业、事业及行政单位从事职工教育、职业培训、职业技能鉴定工作的部门或个人自愿结合组成，受劳动和社会保障部、民政部的业务指导和监督管理。其宗旨是：为促进我国职工教育、职业培训和职业技能鉴定事业的发展，为全面提高劳动者的素质，培养有理想、有道德、有文化、有纪律的劳动者服务。主要任务和业务是：组织、推动和开展具有中国特色的适应社会主义市场经济需要的职工教育、职业培训、职业技能鉴定领域的理论学术研究，总结、交流、推广先进的工作经验和研究成果，为政府部门的决策提供参考依据和建议；参与国家有关法律、法规和政策的研究制定；开展职工教育、职业培训、职业技能鉴定领域的业务咨询、业务培训；开展与国外有关组织、部门和人士的交流与合作，开展国外培训；指导、协调各分会、专业委员会及会员单位开展相关活动；编辑出版会刊《中国培训》及有关书刊。

CFC002 -19911115

中国煤炭教育协会成立

经民政部登记注册，1991年11月15日，中国煤炭教育协会成立。该协会挂靠单位为中国煤炭工业协会，业务主管单位为国家教委。协会下设高等教育、职工教育、职业技术教育、基础教育4个分会。中国煤炭教育协会是全国煤炭行业性协会，由煤炭院校、社会有关高等院校、煤炭企业、煤炭工业和煤矿安全管理部门等单位自愿组成。

CFC003 -19920803

中国纺织服装教育学会成立

1992年8月3日，中国纺织服装教育学会成立。该学会是经国家教委批准，民政部登记注册，具有独立法人资格的由全国纺织行业的企事业单位和社会团体自愿组成的学术性、非营利性、全国性的社会团体。目前，该学会有团体会员150个；下设高等教育分会、高职高专教育分会、中等职业教育分会、职工教育分会4个分支机构；内设秘书处、学术培训部、咨询联络部、教材编辑出版部等；主办有《纺织教育》会刊和《纺织高校基础科学学报》。

CFC004－19921223

中国建设教育协会成立

1992年12月23－26日，中国建设教育协会成立大会暨首届理事会议在山东烟台召开。首届理事会聘请侯捷任名誉理事长，张哲民、冯克心、韩友真、罗玉清、许昌华为顾问；选举叶如棠为理事长，秦兰仪、祝自玉、张玉祥、王德楼、施昌田、谢维义为副理事长，赵铁凡为秘书长。中国建设教育协会是经民政部批准登记，在建设部指导下，为全国建设教育工作服务的专业性社会团体，由建设类高等学校、中等专业学校、技工学校、各类职工学校和建设事业各行业教育管理部门等自愿组成。协会下设普通高等教育委员会、成人高等教育委员会、普通中专教育委员会、成人中专教育委员会、技工教育委员会、职工培训教育委员会、职业高中教育委员会和继续教育委员会8个专业教育委员会，办有《高等建筑教育》《建设职业技术教育》《建设技校报》《建设职工教育》4种定期刊物。

CFC005－19930315

中国交通教育研究会成立

1993年3月15日，中国交通教育研究会成立。该研究会是经民政部登记注册的全国性一级社会团体，具有独立法人资格，业务主管部门是交通部，同时受国家教委的业务指导。该研究会由全国交通行业的教育部门、教育研究组织、交通类院校和培训中心、交通企事业单位和关心交通教育事业的人士自愿组成的非营利的全国性组织，是国家教委主管的中国高等教育学会、中国职业技术教育学会、中国成人教育协会、中国教育发展战略研究会的常务理事或理事单位。研究会下设高等教育研究分会、航海教育研究分会、职工教育分会、职业教育分会和技工教育分会5个分支机构，现有会员单位364个。各省交通教育研究会和交通航海类、公路类专业毕业生就业工作协助组是该研究会的团体会员。该研究会及下设分支机构主办的刊物有《交通教育通讯》《高教发展与评估》《航海教育研究》《交通职业教育》《中国公路职工教育》等。

CFC006－19940601

中国水利教育协会成立

经水利部和国家教委批准，民政部核准登记注册，1994 年 6 月 1 日，中国水利教育协会成立。该协会由水利部主管，中国水利学会代管，业务指导部门为水利部人事劳动教育司；由全国水利系统教育培训主管部门、水利类中高等院校、水利培训中心、部分大中型企事业单位和有关个人自愿参加组成；单位会员 300 余个，个人会员 100 余名。协会设有高等教育分会、职业技术教育分会和职工教育分会等分支机构。主要业务范围包括：开展教育培训学术理论研究，总结交流水利教育理论与实践经验；组织开展相关业务培训、技术咨询服务，组织编辑发行协会期刊和有关图书资料；承担水利教育行政主管部门委托的调查研究、统计分析、评估咨询等工作任务；开展国内外、行业内外教育合作与交流活动，组织开展出国留学、考察与培训活动；会同有关部门、机构开展教育扶困、智力扶贫工作；开展形式多样的服务活动。

CFC07－20031123

中华全国工商业联合会民办高等教育协会成立

2003 年 11 月 23 日，中华全国工商业联合会民办高等教育协会（简称"全国工商联民办高教协会"）成立。该协会是由全国工商联领导下的民办高等教育行业及相关行业工商联会员自愿组成的、非营利性的全国性行业组织。协会是党和政府联系非公有制经济人士创办的民办高等院校桥梁和纽带，政府管理民办高等院校的助手。协会宗旨是：在全国工商联和教育部的直接领导下，严格遵守我国宪法、民办教育促进法等法律、法规和政策，认真贯彻党的教育方针，牢固树立爱国、敬业、诚信、守法、优质的办学理念，代表会员的利益，维护会员的合法权益，不断提高会员素质，为促进民办高等教育的健康发展提供有效服务。

附录 1　中华全国工商业联合会民办高等教育协会成员名单

会　　长：金会庆　（安徽三联集团总裁）

常务副会长：朱传礼　（教育部高职高专人才培养工作委员会顾问）

副 会 长：邵　巍　（教育部留学服务中心副主任）

罗晓明　（北京吉利大学副董事长）

朱德炎　（上海邦德职业技术学院董事长）

贺惠山　（广东岭南职业技术学院董事长）

金秋萍　（江南大学太湖学院党委书记）
李　昌　（吉林俄语专修学院院长）
张少龙　（中共中央统战部处长）
周继庭　（北京科技职业学院董事长）
黄玉林　（江西城市学院院长）
孙建中　（石家庄外语翻译学院董事长）
鲍莉萍　（金肯职业技术学院董事长）
金妙莲　（安徽三联学院副院长）
肖　川　（厦门华天涉外职业技术学院董事长）
王贤俊　（大连艺术学院董事长）
常务理事：杨义青　（安徽文达信息技术职业学院教授）
王玉民　（太湖创意职业技术学院院长）
康　正　（广州涉外经济职业技术学院执行董事）

CFC008 – 20041209

全国行业协会成就汇报展览会举行

2004 年 12 月 9 – 11 日，全国行业协会成就汇报展览会在北京展览馆举行。此次活动由民政部、国家发展和改革委员会、国务院国有资产监督管理委员会联合主办。来自全国各地、各行业的 400 余家行业学会（协会）参加了此次活动。在展会上，中国职业技术教育学会展示了学会成立以来的主要工作情况和成绩。全国人大常委会副委员长许嘉璐、民政部副部长姜力、中国职业技术教育学会会长王明达等参观了展览。

CFC009 – 20060130

《交通行业特有职业（工种）标准》编制统稿会召开

2006 年 1 月 30 – 31 日，中国交通教育研究会召开《交通行业特有职业（工种）标准》编制统稿会。交通部职业技能鉴定指导中心翁垒副主任、刘大鹏处长，中国交通教育研究会常务副会长于兰英等参加会议。各位编写专家及生产一线专家针对筑路机械操作工、中小型施工机械操作工、港口维护工 3 个职业 9 个工种的标准编写内容、模式等作了研讨。

CFC010 -20060521

“技能中国·技师培养课程开发论坛”举办

根据教育部关于“技能中国年”的总体部署，2006年5月21-22日，中国职工教育和职业培训协会在湖南省长沙市举办了“技能中国·技师培养课程开发论坛”。企业和技工院校的代表84人参加会议。会议在技师培养的课程开发方面达成共识：课程开发在技能人才培养中占有重要地位；技师培养课程开发必须紧密结合生产实际；四步流程法、模板开发法是现代技能人才培养课程开发中值得借鉴的方法；技师培训教学应采用课题训练模式；开发技师课程应把握五项原则；构建课程体系应注意两方面问题；技师培养课程开发及相关工作尚待进一步完善。针对技师培养课程开发工作中存在的问题，会议建议加强四方面工作：研究并尽快出台一批高技能人才培养计划、培训大纲；组织开展对技师、高级技师能力特点和形成规律的研究；组织开展技师课程开发工作规律的研究；组织开展技师、高级技师职业技能标准的研究。

CFC011 -20060526

中国职协举办2005年度学习型组织表彰大会

2006年5月26-28日，由中国职工教育和职业培训协会主办的2005年度学习型组织优秀组织奖和年度人物奖暨2006年学习型组织发展论坛在北京举行。全国人大常委会副委员长、全国妇联主席顾秀莲，全国政协副主席张怀西，劳动和社会保障部副部长张小建出席会议。来自全国有关省（市、自治区）行政部门、企业、学校等单位的代表，以及学习型组织研究专家近200人参加会议。北京城建第五建设工程公司等121家单位被授予“2005年学习型组织优秀组织奖”，王亮等77人被授予“2005年学习型组织年度人物奖”。

第七章　传　　媒

第一节　学术期刊

CGA001 －19800201

新中国成立后第一种职业教育类专业期刊创办

1980 年 2 月 1 日，吉林技工师范学院（后更名为吉林职业师范学院、吉林工程技术师范学院）创办《技工教育》杂志。这是新中国成立后第一种面向全国公开发行的职业教育类专业期刊。《技工教育》初为季刊，1982 年改为双月刊，1983 年改为月刊，1984 年更名为《职业技术教育》。

CGA002 －1980 －1989

职业技术教育期刊相继创办

在 20 世纪 80 年代，随着我国职业教育的兴起，一些部委、地方及院校陆续创办起一批职教刊物。1980 年，除《技工教育》外，《机械中专》（后更名《机械职业教育》）创办。1981 年，《教学研究》（后更名为《中原职业技术教育》）创办。1982 年，《交通中专教育》（1995 年更名为《交通职业教育》）、《电子中专教育》创办。1983 年，《中等农业教育》（1998 年更名为《农业职业教育》，并由季刊改为双月刊）、《煤炭中专教育》（1996 年更名为《煤炭职业技术教育》）、《冶金中专教育》（后更名为《冶金职业技术教育》）、《教育资料》（1986 年更名为《城乡建设中专》，1992 年更名为《建设职业技术教育》）创办。1984 年，《中等林业教育》《轻工中专教育》《公安教学参考》（1987 年更名为《公安教育》中专版，1990 年更名为《警察教育》）、《教学通讯》（1988 年更名为《长江水利教育》）创办。1985 年，《化工职业技术教育》《铁路中专教育》（后更名为《铁路职业技术教育》）、《职教通讯》《职教论坛》创办。1987 年，《船舶中专信息》创办。1988 年，《世界职业技术教育》创办。1989 年，《水利职业技术教育》创办。与此同时，《湖北中专》《黑龙江中专》《陕西中专教育》等地方性职业教育类刊物也纷纷创办。这些期刊为推动我国职业教育的改革与发展作出了很大贡献。

附录　各家职教期刊创办单位

《机械职业教育》由机械工业部高等专科、中等专业教育研究室，机械工业中专教育研究会和机械工业技工学校教育协会合办。

《中原职业技术教育》由河南省职教学会和河南职业技术师范学院联合创办。

《交通职业教育》由交通中等专业教育研究会创办。

《电子中专教育》由中国电子教育学会创办。

《农业职业教育》由全国农业职业教育研究会创办。

《煤炭职业技术教育》由中国煤炭教育协会创办。

《冶金职业技术教育》由冶金工业部主管，委托株洲冶金工业学校创办。

《建设职业技术教育》由原城乡建设部教育局创办，1992 年改由中国建设教育协会主办。

《中等林业教育》由国家林业局职业教育研究中心创办。

《轻工中专教育》由中国轻工中专教育研究会创办。

《警察教育》由公安部委托上海市第一人民警察学校主办、全国 17 个省市 30 所警校联办。

《长江水利教育》由长江水利水电学校和长江职工大学合办。

《化工职业技术教育》由原化工部教育司中专处和全国化工职业技术教育研究会创办。

《铁路职业技术教育》由全国铁路中专教育研究会创办。

《职教通讯》由江苏省教委委托常州技术师范学院、江苏省职教科研中心创办。

《职教论坛》由南昌职业技术师范学院创办。

《船舶中专信息》由中国船舶工业总公司中专教育研究会创办。

《世界职业技术教育》由西安交通大学职业技术教育学院创办。

《水利职业技术教育》由全国水利职业技术教育学会创办。

CGA003 －19850510
《教育与职业》复刊

随着中华职业教育社组织的恢复和各项工作的开展，1985 年 5 月 10 日，我国最早创办的职业教育期刊《教育与职业》杂志在上海复刊。中共中央总书记胡耀邦为杂志题词："重放光彩"。《教育与职业》杂志是著名教育家黄炎培先生于 1917 年 10 月在上海创办，并以其作为中华职业教育社研究、宣传、推行职业教育的阵地。邹韬奋先生首任《教育与职业》杂志主编。自 1917 年 10 月创刊至 1949 年，《教育与职业》杂志出版发行历经 32 年，共出版 208 期。1949 年，《教育与职业》杂志按中华职业教育社的安排停刊。1988 年，《教育与职业》杂志迁至北京出版。复刊后的《教育与职业》由中华职业教育社主办，中共中央统战部主管，面向国内外公开发行。《教育与职业》杂志以教育性、统战性、民间性为其特色，以研究职教理论、深化职教改革、沟通教育与职业、促进教育事业同经济建设和社会发展更好地结合为其宣传重点。

CGA004 －19930600

《中国职业技术教育》创刊

1993 年 6 月，国家教委职业技术教育司、职业技术教育中心研究所和中国职业技术教育学会共同创办《中国职业技术教育》杂志。李鹏、孙起孟、李铁映等党和国家领导人分别为创刊题词。孙起孟、何东昌担任杂志顾问。有关部委、机构的负责同志组成指导委员会，王明达担任指导委员会主任，杨金土、刘来泉、孟广平担任副主任。陈德才任主编，高建军任副主编。1996 年，杂志由双月刊改为月刊。自 1998 年起，杂志主要主办单位改为职业技术教育中心研究所，同时，增加高等教育出版社副总编辑蒋鉴为指导委员会副主任。杂志的定位是集政策指导性、学术理论性和应用服务性于一体。

CGA005 －20011101

《职业技术教育》进入中国期刊方阵

建设中国期刊方阵是新闻出版总署根据我国期刊业发展的实际情况以及面临的形势，为推动 21 世纪期刊出版业繁荣与发展而采取的一项重大战略举措。2001 年 4 月，新闻出版总署向全国下发建设"中国期刊方阵"的工作方案。经中宣部和新闻出版总署评比审核，于 2001 年 11 月 1 日批准 1518 种期刊进入"中国期刊方阵"。"中国期刊方阵"首次以阵容形式展示了中国期刊的不同层次和发展现状，并以此为导向，对未来期刊的一体发展提供了不同类型的标高。《职业技术教育》入选中国期刊方阵，成为职业技术教育类专业期刊的唯一代表。

CGA006－20080908

《职业技术教育》被评定为RCCSE核心期刊

2007年5月，武汉大学中国科学评价研究中心、图书馆、信息管理学院成立由60多人参加的“中国学术期刊评价课题组”。2008年9月8日，课题组完成研究任务，并编著《中国学术期刊评价研究报告——RCCSE权威、核心期刊排行榜与指南》。本次RCCSE权威期刊和核心期刊评选共遴选6170种中文学术期刊，在分学科及分学报类型两种评价中，共计1324种学术期刊进入核心区。教育学类学术期刊评选中，共有172种教育学类期刊，有34种期刊进入核心区，其中有9种权威期刊，25种核心期刊。吉林工程技术师范学院主办的《职业技术教育》入选RCCSE学术期刊，总排名第21位，在核心期刊中排在第12位，是全国职业教育、成人教育类期刊中唯一进入核心区的学术期刊。

CGA007－20081201

四种职教类专业期刊获评中文核心期刊

2008年12月1日，北京大学图书馆主编的《中国核心期刊要目总览》（2008年版）出版。《职业技术教育》《教育与职业》《职教论坛》《中国职业技术教育》入编《中国核心期刊要目总览》，被评定为教育类核心期刊。此次核心期刊的评价采用了定量评价和定性评审相结合的方法。定量评价指标体系采用了被索量、被摘量、被引量、他引量、被摘率、影响因子、获国家奖或被国内外重要检索工具收录、基金论文比、Web下载量9个评价指标，选作评价指标统计源的数据库及文摘刊物达到80余种，统计到的文献数量共计32400万余篇次，涉及期刊12400余种。参加核心期刊评审的学科专家达5500余位。经过定量筛选和专家定性评审，从我国正在出版的中文期刊中评选出1980余种核心期刊。此次入选核心期刊的《职业技术教育》等4种期刊都是创办时间较早，并在国内职业技术教育战线有较大影响的学术期刊，且都是中国职业技术教育学会期刊编辑专业委员会成员单位主办的刊物。

第二节　重要活动

CGB001－19850423

首次中专教育编辑工作座谈会召开

1985年4月23－27日，经《交通中专教育》《商业中专教育》《中等农业教育》编辑部（室）联合发起，在济南交通学校召开了首次中专教育编辑工作座谈会。参加会议的有来自交通、商业、农业、机械、电子、林业、煤炭、冶金、轻工、兵工和内蒙古共 11 个编辑部的代表，共 15 人。会议邀请交通部教育局中专处处长、交通中专教育研究会理事长高贯中，济南交通学校党委书记、交通中专教育研究会副理事长张福荣以及交通中专教育研究会副秘书长滕卫滨、沈以华等出席会议。与会代表分别介绍了各编辑部的机构设置，管理措施、经费来源、发行范围、通讯员队伍建设等情况，同时交流了组稿、审稿、编辑、校对、印刷出版等办刊方面的经验，并决定 1986 年的座谈会委托《机械中专》《中等林业教育》《轻工中专教育》编辑部筹办，由《中等林业教育》牵头。

CGB002 – 19860000

第二次中专教育编辑工作座谈会召开

1986 年，由《机械中专》《中等林业教育》《轻工中专教育》三个编辑部联合组织在无锡机械学校召开第二次中专教育编辑工作座谈会。参加会议的有《机械中专》《中等林业教育》《轻工中专教育》《公安教学参考》《中等农业教育》《商业职业技术教育》《兵工中专教育》《交通中专教育》《电子中专教育》《煤炭中专教育》《北京中专教育》《冶金中专教育》《内蒙古中专》13 家中专教育编辑部的代表和几个部委系统有关学校的中专教育研究室的同志。同时，座谈会邀请了中国职业技术教育学会（筹）乔世慧和《职教论坛》杂志社的代表参加。会议除交流论文和办刊经验外，主要协商成立中专期刊编辑研究会筹备组的工作，并推荐袁友忠任组长，高贯中任副组长，刘际远任秘书长，白孝温任副秘书长。筹备组秘书处设在《机械中专》编辑部。

CGB003 – 19870000

第三次中专教育编辑工作座谈会召开

1987 年，由《公安教育》《商业职业技术教育》《中等农业教育》三个编辑部联合组织在上海召开第三次中专教育编辑工作座谈会。轻工、林业、兵工、机械、交通、北京、电子、冶金、核工、铁路、煤炭、广播电视、湖北、湖南、内蒙古、化工、《职教论坛》《有色金属高教研究》《中等水产教育通讯》等 22 家编辑部的代表与会。座谈会除交流论文与介绍工作经验外，为有利于中专事业的发展，决定试办全国性的中专教育期刊——《中等专业教育》（试刊），并由《机械中专》《交通中专教育》《商业职业技术教育》《轻工中专教育》《中等林业教育》《公安教育》《中等农业教育》7 家编辑部轮流组稿和分担印刷工本费，其他各家编辑部承担试刊邮寄费。试刊得到国家教委职业技术教育司、中国职业技术教育学会筹备组的支持，并由筹备组组长、原教育部中专司司长李蔺田题写刊名，赠阅全国 2000 多所全日制中专学校和各级主管部门。

CGB004－19910527

职教期刊编辑研究会筹备

1991 年 5 月 27 日，第四次中专教育期刊编辑工作座谈会暨职业技术教育期刊编辑研究会（筹）1991 年度学术交流会在无锡机械学校召开。这次会议是在各个期刊经过整顿之后，在中国职业技术教育学会的支持下召开的。会上，中国职业技术教育学会理事、中专期刊编辑研究会筹备组副组长高贯中传达了中国职教学会领导的指示。会议商定，要抓紧筹备组建职业技术教育期刊编辑研究会，与会代表认真讨论了《研究会章程（草案）》，酝酿研究会组织形式与领导成员。会议决定增补《教育与职业》《职业教育研究》《职教论坛》和《湖北中专》编辑部为筹备组成员，并委托《中等林业教育》编辑部接替筹备组秘书处的工作，完成最后的筹备工作。会议决定：努力办好各自的教育期刊，坚持“依靠领导，加强协作，提高质量，办出特色”的十六字方针，办出各自的特色，更好地为各行业培养人才的职教事业服务；认真做好研究会成立前的准备工作，创造条件，尽早得到中国职业技术教育学会的批准；不定期编印《筹备组简报》，以及时报告筹备组工作进展情况，报道各编辑部的状况与经验，传递教育的改革与动态以及上级精神，以便于各期刊提高办刊质量。

CGB005－19911019

中国职业技术教育学会期刊编辑专业委员会成立

1991 年 10 月 19 日，中国职业技术教育学会正式批准成立中国职业技术教育学会期刊编辑专业委员会，明确该委员会是中国职业技术教育学会下属的专业研究机构，其宗旨是：以马列主义、毛泽东思想为指导，团结和组织广大职业技术教育期刊编辑、出版工作者，开展编辑出版工作的学术研究和交流，探索职教期刊编辑出版的规律和特点，为办好刊物、提高质量、推动具有中国特色的职业技术教育的发展服务。期刊编委会的秘书处设在《中等林业教育》编辑部。1992 年 5 月 16－20 日，在济南交通高等专科学校召开了中国职教学会期刊编辑专业委员会正式成立大会。出席这次会议的有 22 个委员单位的 25 名代表，中国职业技术教育学会秘书处办公室主任乔世慧到会祝贺。与会者研究落实了中国职教学会交办的有关宣传工作，总结交流了期刊编辑出版的经验，商讨了委员会今后工作的有关事宜。会议对期刊委成立之前的筹建工作进行了回顾和总结。会议认为，期刊编辑专业委员会的诞生走过了一段曲折的历程。自 7 年前在济南召开第一次中专教育期刊研讨会之后，每年有例会，每次有新成员，截至成立大会前，成员已发展至 34 家，研究会也逐步走向正规化、合法化。

附录　首届中国职业技术教育学会期刊委组成名单

主任委员：高贯中　（《交通中专教育》编委会主任）
常务副主任委员：侯文权　（《中等林业教育》编委会副主任）
副主任委员：辛振镒　（《教育与职业》副主编）
秘书长：尹福荣　（《中等林业教育》副主编）
副秘书长：白孝温　（《交通中专教育》编委）
袁吉林　（《职教论坛》副主编）
徐冲　（《湖北中专》主编）
顾问：王毓峰　（《中等林业教育》编委会主任）
袁友忠　（《机械中专》编委会主任）
齐树华　（《职业教育研究》主编）
张福荣　（《交通中专教育》原主编）
舒以太　（《电力职业技术教育》主编）

CGB006－19921021

《教育与职业》庆祝创刊 75 周年

1992 年 10 月 21 日，《教育与职业》杂志社在北京举行创刊 75 周年庆祝会。全国人大常委会副委员长、中华职业教育社理事长孙起孟及国家各相关部委、各民主党派中央有关负责人、北京市各区县负责人和职业教育界人士共 400 人出席会议。《教育与职业》杂志社社长、中华职业教育社副理事长黄大能回顾了《教育与职业》杂志 75 年来的发展历程，号召全体职教同人进一步解放思想，为宣传、研究、发展与社会主义现代化建设联系最密切的职业教育作出应有的贡献。

CGB007 – 19930415

中国职业技术教育学会期刊委 1993 年年会召开

1993 年 4 月 15 – 18 日，中国职业技术教育学会期刊编辑专业委员会 1993 年年会在武汉电力学校召开。参加这次会议的有 28 家编辑部的 35 名代表。中国期刊协会的沈迎选、马俊青和中电联职教处处长杨福生应邀出席。中国职业技术教育学会副会长孟广平、湖北省出版局期刊处处长胡文启会见与会代表并合影留念。会议主要听取、讨论期刊委主任委员高贯中所作的工作报告，通过了本年度的工作计划。决定：1. 申请加入中国编辑学会、中国期刊协会；2. 继续办好《中国职教动态》；3. 建立《中国职教动态》上海、江苏、北京、陕西、江西、湖北、内蒙古等省、市、自治区通讯站；4. 搞好电视剧《春潮涌动》的制作和发行工作；5. 成立优秀期刊、优秀编辑两个评审小组；6. 《编辑动态》继续不定期出版；7. 编辑出版《校办产业概览》；8. 成立经济技术开发组（暂定名），并尽快写出可行性报告。会议决定增补张玉阶为学术组副组长。

CGB008 – 19930529

中国职业技术教育学会期刊编辑专业委员会先后加入中国期刊协会和中国编辑学会

1993 年 5 月 29 日，经中国期刊协会常务理事会批准，正式接纳中国职业技术教育学会期刊编辑专业委员会为中国期刊协会团体会员，会员证书为第 210004 号。8 月 12 日，中国编辑学会发出通知，决定吸收中国职业技术教育学会期刊编辑专业委员会为团体会员。

CGB009 – 19940403

首届优秀职教期刊及优秀编辑评选工作启动

1994 年 4 月 3 日，中国职业技术教育学会期刊编辑专业委员会 1994 年年会决定评选优秀期刊、优秀编辑。同年 10 月 5 日，期刊委在湖南株洲冶金工业学校召开首届优秀职教期刊及优秀编辑评审会。根据会议审定的评审办法，经过各评审委员单独评审和会议综合评审，以及中国职教学会期刊委批准，评出优秀职教期刊一等奖 13 家，优秀编辑 30 名。

附录 1　首届全国优秀职教期刊、优秀编辑名单

一、首届全国优秀职教期刊

1. 一等奖

《上海职教》《教育与职业》《职教论坛》《电力职业技术教育》《广播电

视教育》《冶金职业技术教育》《陕西中专教育》《湖南职教》《交通中专教育》《水利职业技术教育》《湖北中专》《辽宁中专教育》《内蒙古中专教育》

2. 二等奖

《机械中专》《中等农业教育》《武汉中专教育》《武汉职教》《电子中专教育》《核工中专教育》《铁路中专教育》《警察教育》《建设职教》《中专思想政治工作》

3. 优秀信息奖

《船舶中专信息》

二、首届全国职教期刊优秀编辑

《教育与职业》宁杲，《职教论坛》袁吉林、张翌鸣、胡耀华，《机械中专》徐凌，《上海职教》张玉阶、成立强，《电力职业技术教育》陈本锜，《广播电视教育》熊先进，《冶金职教》尹志诚，《陕西中专教育》乔继丰，《交通中专教育》李祖璋、贺曙初、王建华，《水利职业技术教育》李湘，《中等林业教育》顾旭初、徐洁，《武汉中专教育》冯杰，《武汉职教》郭维三，《湖北中专》李开桂，《辽宁中专教育》单治国，《核工中专教育》王松年，《铁路中专教育》陈谟臣，《建设职教》王奇玲，《内蒙古中专教育》席金友，《中专思想政治工作》孙永昶，《船舶中专信息》程川吉，《中等水产教育》于洪海，《中等农业教育》胡玄鼎，《警察教育》薛金凤

附录 2　第二届全国优秀职教期刊、优秀编辑名单

一、第二届全国优秀职教期刊

1. 一等奖

《职业技术教育》《湖南职教》《上海职教》《交通职业与成人教育》《水利职业技术教育》《电力职业技术教育》《冶金职业技术教育》《现代技能开发》《湖北中专》《职中生之友》《职教论坛》《职教通讯》《陕西中专教育》《中等林业教育》

2. 二等奖

《化工职业技术教育》《全国中专教育动态》《铁路中专教育》《内蒙古职教》《云南职教》《煤炭职业技术教育》《江苏中专教育》《地矿职业技术教育》《警察教育》

3. 优秀信息奖

《船舶中专信息》

二、第二届全国职教期刊优秀编辑

《湖南职教》易志勇、朱日红、章仙踪、谭圣林，《职业技术教育》王保国、颜景信、宋晓辉、刘海，《内蒙古职教》席全友、李铁军，《云南职教》李开林，《船舶中专信息》程川吉，《全国中专教育动态》张树宽，《化工职业技术教育》曾凡蕊，《水利职业技术教育》王亚平，《江苏中专教育》陈曼玲，《交通职业与成人教育》施肇基、朱谦阳，《上海职教》邓纪成、张玉阶，《中等林业教育》张雯菲，《电力职业技术教育》刘智平，《冶金职业技术教育》尹志诚，《湖北中专》李开桂、董珉

CGB010 – 19940423

中国职业技术教育学会期刊委 1994 年年会召开

1994 年 4 月 23 – 26 日，中国职业技术教育学会期刊编辑专业委员会在南京林业学校召开 1994 年年会。参加会议的有 28 家编辑部的 43 名代表。会议听取了高贯中主任委员代表委员会所作的工作报告；中国职业技术教育学会副秘书长王萍代表中国职教学会向会议召开表示祝贺，并作《职教刊物也要有自己的风格和特色》的讲话；中国编辑学会副会长高斯到会并讲话；会议还听取了有关专家作的关于知识产权的讲座。会议对 1993 年的工作作了回顾，认为 1993 年年会拟定的年度工作任务基本完成。经过协商讨论，决定编辑出版《职教期刊编辑理论与实践》；同意在职业高中类的职教期刊编辑部中发展会员。

CGB011 – 19950601

中国职业技术教育学会期刊编辑专业委员会第二届委员会组成

1995 年 6 月 1 – 5 日，中国职业技术教育学会期刊编辑专业委员会在山西大同煤炭学校召开 1995 年年会。这届年会协商产生第二届期刊委领导人名单，并修改工作条例。《交通职业技术教育》编委主任高贯中当选主任委员，期刊委秘书处由南京迁至武汉。

附录　第二届中国职业技术教育学会期刊委组成名单

主　　任：高贯中　（《交通职业技术教育》编委主任）

副 主 任：黄　强　（《湖北中专》编委主任）

　　　　　辛振镒　（《教育与职业》副主编）

　　　　　袁吉林　（《职教论坛》主编）

秘 书 长：徐　冲　（《湖北中专》主编）

副秘书长：尹志诚　朱谦阳
学术组组长：张玉阶　（《上海职教》副主编）
副　组　长：尹志诚　（《冶金职业技术教育》主编）
宣传组组长：朱谦阳　（《交通职业技术教育》副主编）
副　组　长：顾旭初　（《中专林业教育》编辑）
咨询组成员：谭方正　（《水利职业技术教育》编辑部）
　　　　　　尹福荣　（《中等林业教育》编辑部）
　　　　　　白孝温　（《中国职教动态》编辑部）
　　　　　　刘际远　（《机械中专》编辑部）
　　　　　　龚厚武　（《内蒙古职教》编辑部）
　　　　　　朱博文　（《煤炭中专》主编）

CGB012 – 19960000

中国职业技术教育学会期刊委 1996 年主任办公扩大会议召开

1996 年初，中国职业技术教育学会职业教育期刊编辑专业委员会在北京召开主任办公扩大会议，除主任委员、副主任委员、秘书长、副秘书长参加外，还邀请水利、化工、电子三个编辑部的代表参加。会上研究了 1996 年的工作，安排并决定在全国职教系统开展评选优秀论文的工作，并组成评选领导小组。会后对《中国职教动态》的停办意见向中国职教学会秘书处作了陈述。

CGB013 – 19970621

中国职业技术教育学会期刊委 1997 年年会召开

1997 年 6 月 21 – 24 日，中国职业技术教育学会期刊编辑专业委员会 1997 年年会在江西省井冈山市召开，有 28 个编辑部的 30 名代表参加了会议。与会代表共同回顾了本会成立走过的历程及各个时期的中心工作所取得的成果。大会对《第二次优秀职教期刊评审标准（草案）》进行审议，并就评委的产生、规模、评审办法、步骤、时间、地点进行讨论。经民主推荐，办公会集中审定，产生了由辛振镒、张玉阶、徐冲、尹志诚、朱谦阳、包兴华、刘智平、于志晶、郑齐仁 9 人组成的评委班子。

CGB014 – 19980304

中国职业技术教育学会期刊委 1998 年主任办公扩大会议召开

1998 年 3 月 4 日，中国职业技术教育学会期刊编辑专业委员会在北京召开主任办公扩大会议，会议总结了1997年的工作，研究了1998年的工作要点及编写《中国职教期刊要览》等事宜。同年5月，《中国职教期刊要览》编写组全体成员再次齐聚北京，确定书的结构和分工，并对重点文章进行了初审。

CGB015－20030816

《中国职业技术教育》庆祝创刊10周年

2003年8月16日，由教育部职业技术教育中心研究所、中国职业技术教育学会和高等教育出版社主办的《中国职业技术教育》在杂志创刊10周年之际，把原计划的10周年纪念庆典改为召开“学习‘三个代表’重要思想，推进职教改革与发展”座谈会，邀集教育部、劳动和社会保障部、企业集团及部分省市的代表研究职教在实践“三个代表”重要思想中改革发展的方向性问题。10年来，《中国职业技术教育》杂志伴随职业教育改革的大潮，不断成长壮大。全国人大常委会原副委员长孙起孟为杂志题词：“十年奋斗继往开来。”教育部原部长何东昌发来贺信，鼓励编辑部为推动职教发展作出更大贡献。

CGB016－20031015

中国职业技术教育学会期刊编辑专业委员会第三届委员会组成

2003年10月15日，中国职业技术教育学会期刊编辑专业委员会在湖南省张家界市召开会议。各职教期刊社（部）的30余名代表参加会议。中国职业技术教育学会常务副会长刘来泉，教育部职成教司办公室主任、中国职业技术教育学会副秘书长谢俐与会并发表讲话。刘来泉指出，这些年来，期刊委开展了许多很有成效的活动，扩大了自身影响，推动了整个战线工作，各刊物的办刊质量和水平有很大提高，不但刊物的声音越来越大，而且使整个战线的声音在社会影响越来越大，成绩是显著的。谢俐提出四点意见：第一，要站在讲政治的高度看待期刊工作，解决好为谁服务和怎样服务的立场、方法问题；第二，积极配合党和政府的中心工作办刊，增强职业教育行政的推动力量；第三，要办出特色，带出队伍；第四，要形成合力。受期刊委第二届委员会委托，副主任委员兼秘书长于志晶向会议报告工作情况，副主任委员董成仁就《中国职业教育学会期刊编辑专业委员会工作条例（修改草案）》向会议作了说明。会议对新一届期刊编辑专业委员会的主任委员、副主任委员和秘书长等进行了等额选举。中国职业技术教育学会理事、中国期刊协会理事、《职业技术教育》杂志社社长兼总编辑于志晶编审当选期刊委第三届委员会主任委员兼秘书长。

CGB017 －20041222

中国职业技术教育学会期刊委 2004 年年会召开

2004 年 12 月 22 日，中国职业技术教育学会期刊编辑专业委员会 2004 年年会在江西省南昌市举行。来自全国各地的 24 家职业教育期刊社（部）的 33 位代表参加会议。会议交流了办刊情况、面临的问题和困难、改革和发展思路等。根据中国职教学会的工作安排和期刊委的特点，会议对期刊委 2005 年的工作进行了讨论。

CGB018 －20060705

中国职业技术教育学会期刊委 2006 年年会召开

2006 年 7 月 5 日，中国职业技术教育学会期刊编辑专业委员会 2006 年年会在黑龙江省哈尔滨市召开。来自全国各地的 24 家职教期刊的代表共计 30 余人与会。中国职业技术教育学会常务副会长刘来泉结合 2004 年 11 月召开的全国职教会的基本精神，分析了全国职业教育的发展形势。会上还传达了教育部 2006 年职业教育工作要点和中国职业技术教育学会 2006 年工作要点，报告了期刊委一年来的工作情况。同时，会议讨论了下一时期的活动安排。

CGB019 －20070808

《教育与职业》庆祝创刊 90 周年

2007 年 8 月 8 日，《教育与职业》杂志在北京人民大会堂举行纪念创刊 90 周年座谈会。全国政协副主席、中华职业教育社副理事长张榕明，中共中央统战部副部长、中华职业教育社特约顾问楼志豪，民盟中央副主席、中华职业教育社副理事长、《教育与职业》杂志社社长李重庵，中华职业教育社名誉副理事长、《教育与职业》杂志社名誉社长黄大能，中国期刊协会会长石峰，中华职业教育社总干事、《教育与职业》杂志总编辑陈广庆等出席座谈会。来自全国各地的 200 余位职业教育界和出版界人士参加会议。座谈会由李重庵主持。张榕明在谈话中指出：“《教育与职业》作为我国第一本职业教育杂志，长期以来，致力于倡导和宣传职业教育，为推动我国职业教育事业发展作出了积极贡献。”“在新世纪新阶段，《教育与职业》杂志应立足于中国职业教育改革和发展的实际，以倡导学术创新、促进学术交流、提高学术水平为目标，充分反映职业教育领域的前沿资讯，深入探讨当前社会关注的重大职业教育问题，大力宣传职业教育改革方面的最新研究成果，继续谱写无愧于时代的新篇章。”

CGB020－20070810

中国职业技术教育学会期刊委 2007 年年会召开

2007 年 8 月 10 日，中国职业技术教育学会期刊编辑专业委员会 2007 年年会在吉林省长春市举行。来自全国各地的 23 家职业教育期刊社（部）的 26 位代表参加了会议。与会者围绕“新形势下职教期刊的办刊、质量、发展”的主题进行了交流和研讨，期刊委主任委员于志晶向会议报告了期刊委一年来的工作情况。

CGB021－20081220

中国职业技术教育学会期刊委 2008 年年会召开

2008 年 12 月 20－22 日，中国职业技术教育学会期刊编辑专业委员会 2008 年年会在江苏省南通市召开。会议的主要议程是，分析和研究当前职业教育面临的形势和任务，交流各刊社（部）办刊及编辑管理经验，总结 2008 年度期刊编辑专业委员会的工作，确定 2009 年的活动。来自全国各地的 16 家职教期刊社的社长、总编辑共 24 位代表参加会议。

第三节 其他媒体及出版

CGC001－19831103

开展《中国人名词典》（教育界部分）词条释文编纂工作

根据 1983 年 5 月中共中央组织部、宣传部《关于批转〈中国人名词典〉编委会的报告的通知》精神，教育部承担了新中国成立以来的教育战线的人物词目条文的编写任务。1983 年 11 月 3 日，《中国人名词典》（教育界部分）人物选收工作座谈会在武汉召开。会议确定中等专业教育等 4 类教育方面人物选取与平衡的标准和原则，由各部门、各地、各校提出本部门、本地区拟收人物名单。1986 年 1 月 10 日，《中国人名词典》（教育界部分）名单初审工作座谈会在天津召开。座谈会明确职业技术教育及普通教育、成人教育等方面的人物选收由各省、市、自治区党委和教育行政部门确定；中等专业技术教育、高等教育方面人物选取以中央部委和学科、门类为主进行平衡。1986 年 8 月 25 日，《中国人名词典》（教育界部分）词条释文审定会在山东省烟台市召开。1987 年 6 月 5 日，《中国人名词典》（教育界部分）编纂工作正式完成，上报《中国人名词典》编委会。

附录 《中国人名词典》(教育界部分)选收任务情况

	选收人数	男	女	60岁以上	51~60岁	50岁以下	已故	教授	副教授	学部委员	博士生导师	学科评议组成员
中等专业教育	59 0.21%	55	4	35	17	3	4	1	20			
职业技术教育	48 0.17%	42	6	20	18	8	2	0	2			

CGC002－19870101

《中国教育报》增设“职业技术教育”专刊

1987年1月1日起,《中国教育报》增设“职业技术教育”等专刊。同年,《中国教育报》发表王明达的《加速发展农村职业技术教育》的文章,报道湖南省把职业教育的重点转向农村,推广不包分配、回乡行医的卫生职业学校的经验,沅江县乡乡举办初中毕业生职业培训班以及一些地区进行初中“三加一”的实验,沙市把发展职业技术教育纳入经济建设轨道的做法,并发表《面向农村,面向基层》《提高新一代农民的文化技术素质》等社论。

CGC003－19981007

《中国职教期刊要览》出版

1998年3月4日,中国职业技术教育学会期刊编辑专业委员会主任办公扩大会议在北京召开。会议总结了1997年的工作,研究了1998年的工作要点及编写《中国职教期刊要览》等事宜。5月6日,编写组全体成员再次齐聚北京,确定书的结构和分工,对重点文章进行了初审。10月7日,《中国职教期刊要览》在武汉以内部资料形式印刷出版。中国职业技术教育学会期刊编委会主任委员高贯中担任本书编写组组长。中国职业技术教育学会副秘书长王萍为本书作序。中国职业技术教育学会常务副会长孟广平题词“精诚耕耘十三载,执著贡献一片心”;中国期刊协会常务副会长张伯海题词“办职教期刊是为社会广泛开发智力、培养人才服务的十分重要的信息、舆论工作”;中国编辑学会常务副会长邵益文题词,职教期刊“在报刊如林的中国,能争得一席之地,诚不易也”。本书具有工具性和资料性兼容的特点,系统地介绍了我国职业教育期刊的基本情况。

CGC004－19991202

职业技术教育网开通

1999 年 12 月 2 日，由《职业技术教育》杂志社、吉林职业师范学院职业技术教育研究所主办的职业技术教育网（http：//www. cctve. com. cn/）开通。网站设立动态、杂志、专题、研讨、课题、名校、教材、人物、会议九个栏目，及内参、热点、优秀教案库、优秀说课稿库、优秀课件库、优秀论文库、对口升学试题库七大资源库，突出资讯、研究、服务功能。

CGC005－20000401

中华职业教育社网站开通

2000 年 4 月 1 日，中华职业教育社网站（http：//www. zhzjs. org. cn/）正式开通，主要栏目包括社章、历史简介、领导人简介、组织机构、社内新闻、温暖工程、理论研究等，方便了各地方社与总社、社员与组织之间的联系，使广大社员和全社会可以及时有效地了解中华职业教育社及其开展的工作。

CGC006－20000901

江苏职业技术教育网开通

2000 年 9 月 1 日，江苏职业技术教育网正式开通（http：//www. jsve. edu. cn/）。该网由江苏省教育厅主管，江苏省职业教育信息资源中心主办。网站创立的宗旨是：促进各类职业学校建网、上网、用网，推进全省职业学校信息化建设；方便全省各类职业学校之间的信息交流、沟通，实现资源共享；更好地促进江苏职教与兄弟省市职教间的交流协作；架构起职业教育与社会广泛交流的平台，让社会了解职教、支持职教，充分发挥职教优势，广泛开展科技推广、技术培训和岗位培训，为社会提供更为直接有效的服务。

CGC007－20020726

中国职业教育与成人教育网开通

2002 年 7 月 26 日，中国职业教育与成人教育网（http：//www. cvae. com. cn/ ）在长春开通。该网是教育部《面向 21 世纪教育振兴行动计划》中“现代远程职业教育与成人教育资源建设”项目的组成部分，也是教育部教育信息化建设规划的一个内容。开通仪式由教育部职业教育与成人教育司司长黄尧主持，国家总督学顾问张天保代表教育部对网站开通表示祝贺。中国职业教育与成人教育网由教育部职业教育与成人教育司主管，职业技术教育中心研究所主办，为教育部和各地教育行政部门发布有关职业教育与成人教育的政策法规信息提供电子政务服务；为各级各类职业教育与成人教育机构提供招生、毕业生就业信息发布、教学信息与教学经验交流等服务；提供现代远程教育服务，为职业教育与成人教育优质资源提供跨时空传送的共享平台。

CGC008 –20030101

《中国职业技术教育学会动态》创刊

2003 年 1 月 1 日，《中国职业技术教育学会动态》创刊。该报由中国职业技术教育学会秘书处主办，中国职业技术教育学会期刊编辑专业委员会主任委员单位《职业技术教育》杂志社承办。中国职业技术教育学会会长王明达以《努力办好〈动态〉，推动事业发展》为题撰写了发刊词。王明达指出：“学会要通过《动态》这一窗口，及时、准确地向有关领导和部门反映会员单位特别是基层单位的工作情况和实际问题，并把有关政策措施方面的动态传递给大家，做到下情上达、上情下达，既当好理论研究的参谋，也当好传递信息资讯的助手。”

CGC009 –20070607

中国职教科研网开通

2007 年 6 月 7 –9 日，中国职业技术教育学会科研工作委员会在河北省石家庄市召开 2007 年年会暨职业教育科研创新培训会。在此次会议上，中国职教科研网（http：//www. cver. edu. cn/）正式开通。中国职教科研网由中国职业技术教育学会科研工作委员会秘书处委托河北师范大学维护。

CGC010 –20081112

中国职业技术教育网开通

2008 年 5 月 21 日，教育部国家总督学顾问、中国职业技术教育学会会长张天保批示学会“建立网站很必要”，要求将网站建设成为与基层沟通交流的重要渠道。2008 年 11 月 12 日，在中国职业技术教育学会 2008 年学术年会上，张天保点击开通中国职业技术教育网（http：//www. chinazy. org/）。网站的开通标志着中国职业技术教育学会系统工作网络化和信息化建设跨出重要的一步。中国职业技术教育网的宗旨是：坚持围绕中心、服务大局、紧贴基层的方向，坚持正确的舆论导向，力图以理论创新引领实践创新，努力把网站办成宣传职业技术教育大政方针的阵地，展示职业技术教育改革和发展成果的窗口，剖析职业技术教育重点难点问题的论坛，搭建职业技术教育有关机构沟通与交流的桥梁。不断完善网站功能，全心全意服务职业教育。